U0916751

资治通鉴全本新注

（全十四册）

第三册

卷四六至卷六八（汉纪三十八至汉纪六十）

［宋］司马光　编著
张大可　注释

華中科技大學出版社
http://press.hust.edu.cn
中国·武汉

第三册目录

卷四六　汉纪三十八

汉章帝建初元年至元和元年（76—84年）

【起柔兆困敦（丙子，76年），尽阏逢涒滩（甲申，84年），凡九年】

【大事提要】

本卷记事起公元76年，讫公元84年，凡九年，当汉章帝建初元年至元和元年，章帝在位的前期。此时期马太后临朝，章帝垂拱。马太后识大体，抑制外家，章帝三位舅舅马廖、马防、马光不得封侯。章帝为明帝贾贵人所生，马太后养为己子。章帝韬晦孝谨，多次要求太后封爵舅氏，而太后谢世，坟土未干，章帝即裁制舅家，诸马失势，却放纵窦皇后外戚，于是窦宪得势，专横跋扈。章帝宽仁，平反冤狱，废酷刑，慎选举，量才用人，讷谏，奖励直臣，劝农桑，以宽缓纠明帝之苛猛，政治出现开明的新气象。西域不宁，耿恭困守疏勒抗击北匈奴一年有余，被救回国，全军只存活十三人，可见其艰苦卓绝。西羌开始暴动，马防平定了暴乱。章帝诏令诸儒会议白虎观，亲临裁决《白虎议奏》，是东汉文化思想建设的一件大事。

肃宗孝章皇帝[1]上

建初元年（丙子，76年）

春，正月，诏兖、豫、徐三州禀[2]赡[3]饥民。上问司徒鲍昱：“何以消复[4]旱灾？”对曰：“陛下始践天位，虽有失得，未能致异。臣前为汝南[5]太守，典治楚事[6]，系者千余人，恐未能尽当其罪。夫大狱一起，冤者过半。又，诸徙者骨肉离分，孤魂不祀。宜一切还诸徙家，蠲除禁锢，使死生获所[7]，则和气[8]可致。”帝纳其言。

校书郎[9]杨终[10]上疏曰：“间者北征匈奴，西开三十六国[11]，百姓频年[12]服役，转输[13]烦费[14]；愁困之民足以感动天地，陛下宜留念省察[15]！”帝下其章[16]，第五伦亦同终议。牟融、鲍昱皆以为：“孝子无改父之道[17]，征伐匈奴，屯戍西域，先帝所建，不宜回异[18]。”终复上疏曰："秦筑长城，功役繁兴；胡亥[19]不革[20]，卒亡四海。故孝元弃珠崖[21]之郡，光武绝西域之国[22]，不以介鳞[23]易我衣裳[24]。鲁文公[25]毁泉台[26]，《春秋》讥之曰：'先祖为之而己毁之，不如勿居而已，'[27]以其无妨害于民也；襄公[28]作三军[29]，昭公[30]舍[31]之，君子大其复古[32]，以为不舍则有害于民也。今伊吾之役[33]，楼兰之屯兵[34]，久而未还，非天意也。"帝从之。

丙寅[35]，诏："二千石勉劝农桑；罪非殊死[36]，须秋按验[37]。有司明慎选举[38]，进[39]柔良，退[40]贪猾，顺时令，理冤狱[41]。"是时承永平故事，吏政尚严切[42]。尚书决事，率[43]近于重。尚书沛国陈宠[44]以帝新即位，宜改前世苛俗，乃上疏曰："臣闻先王之政，赏不僭[45]，刑不滥[46]；与其不得已，宁僭无滥[47]。往者断狱严明，所以威惩奸慝[48]；奸慝既平，必宜济之以宽。陛下即位，率[49]由此义，数诏群僚，弘崇晏晏[50]，而有司未悉奉承，犹尚深刻；断狱者急于篣格酷烈[51]之痛，执宪者[52]烦[53]于诋欺放滥之文[54]，或因公行私，逞纵威福[55]。夫为政犹张[56]琴瑟，大弦急[57]者小弦绝[58]。陛下宜隆[59]先王之道[60]，荡涤[61]烦苛之法[62]，轻薄棰楚[63]以济[64]群生，全广至德[65]以奉天心！"帝深纳宠言，每事务于宽厚。

（以上为第一段，写汉章帝初即位，纳鲍昱、陈宠之言，平冤狱，慎选举，劝农桑，政治出现新气象。）

【注释】

[1]肃宗孝章皇帝：名炟，汉明帝第五子，母贾贵人，马皇太后母养为嫡，即位为章帝，庙号肃宗。东汉第三代皇帝，公元 76 年至公元 88 年在位。传见《后汉书》卷三，《伏侯古今注》："炟之字曰著。" [2]禀（lǐn）：通"廪"，给予粮食。 [3]赡：供给。禀赡，开仓赈济。 [4]消复：清除。 [5]汝南：郡名，治所平舆，在今河南平舆县北。 [6]楚事：指永平十三年楚王刘英谋反案。 [7]死生获所：使已死去的和还活着的人都获得照顾，各得其所。 [8]和气：祥和之气。谓平反冤狱，使人际出现祥和气氛，可导致天时祥和而消除旱灾。 [9]校书郎：东汉设兰台书府，置令史，召文学之士于兰台校书，职级同郎官，称校书郎。 [10]杨终：字子山，蜀郡成都（今四川成都市）人。年少知名，明帝征诣兰台，拜校书郎。章帝时受诏删《太史公书》为十余万言，即编选《史记》读本。精通《春秋》，著《春秋外传》十二篇行于世，又改定《春秋》章句十五万言。传见《后汉书》卷四十八。 [11]三十六国：汉武帝时归附汉朝的共有西域三十六个城

邦小国。东汉时分为五十五国。［12］频年：连年。［13］转输：转运粮饷。［14］烦费：指人民负担了沉重的战争费用。［15］留念省察：留意体恤。［16］帝下其章：章帝将杨终的奏章交外朝廷议。汉家制度，国家大政，均要廷议。［17］孝子无改父之道：引自《论语·学而》孔子之言。孔子曰："父在观其志，父没观其行。三年无改于父之道，可谓孝矣。"［18］回异：反其道而异，即改变，更易。［19］胡亥：秦二世皇帝。［20］不革：不革新，不变易。指秦二世不改变秦始皇政苛事烦的政治。［21］珠崖：郡名，在今海南省。汉武帝元鼎六年（前111）置。汉元帝初元二年（前47）罢郡，事详《资治通鉴》卷二十八元帝初元二年。［22］光武绝西域之国：事详《资治通鉴》卷四十三光武帝建武二十二年。［23］介鳞：兽甲鱼鳞，喻未化之远夷，这是汉代统治者对居于海南岛上少数民族的贬称。［24］衣裳：指讲究礼仪的中国。［25］鲁文公：春秋时鲁国君，僖公之子，名姬兴，公元前625年至公元前609年在位。［26］泉台：即郎台，鲁庄公三十一年筑台于郎，台成更名泉台。在鲁南郊，即今山东曲阜市东南。［27］"《春秋》讥之"三句：《春秋》指《春秋公羊传》。鲁文公十六年因其母声姜薨，国人以为蛇妖出泉台而毁之。公羊作者认为，泉台为先祖所筑，毁坏它等于彰先祖之恶，不如不居住让其自坏。［28］襄公：春秋时鲁国君，名午，公元前572年至公元前542年在位。［29］三军：鲁国原有上、下两军，襄公十一年增中军而为上、中、下三军。［30］昭公：襄公子稠，继襄公为鲁君，公元前541年至公元前510年在位。昭公五年裁中军，仍为二军。［31］舍：裁撤。［32］君子：公羊传作者。大：称赞。复古：恢复祖宗之法，舍鲁中军，复为二军。［33］伊吾之役：指永平十六年窦固取伊吾，置屯兵。［34］楼兰之屯兵：指永平十六年班超在楼兰（即鄯善）杀匈奴使之事。［35］丙寅：正月二十三日。［36］殊死：指必判死刑的大罪。［37］按验：复审。［38］选举：选贤任能，考选吏员。［39］进：提升。［40］退：排斥、罢免。［41］理冤狱：平反冤案。［42］严切：严苛酷烈。［43］率：一律。［44］陈宠：字昭公，沛国洨县（故治在今安徽灵璧县东南）人。少为州郡吏，章帝即位，征为尚书。为官宽柔，历太山、广汉二郡太守，大司农、廷尉、大鸿胪三卿，官至司空。传见《后汉书》卷四十六。［45］僭：过度，过分。不当赏而赏，有如僭越，故谓之僭。［46］滥：泛滥。不当罚而罚谓之滥。［47］宁僭无滥：引自《左传》襄公二十九年蔡大夫声子之言，曰："善为国者，赏不僭而刑不滥。……若不幸而过，宁僭无滥。"意谓政宽比起严苛来，宁宽勿严。［48］奸慝：奸巧邪恶。［49］率：一向。［50］弘崇晏晏：指提倡宽和之政。弘崇，发扬光大。晏晏，温和的样子。［51］箠格酷烈：严刑拷打。箠，通"搒"。［52］执宪者：执法的人。［53］烦：繁。指人为复杂化，执法人故意把案子搅乱。［54］诋欺放滥之文：诬陷不实，以及夸诞泛滥的文书。［55］逞纵威福：滥用职权，恣意作威作福。［56］张：调试。［57］急：弦绷得太紧。［58］绝：弦断。胡三省注引《新序》，子贡非难鲁大夫藏孙行猛政，曰："夫政犹张琴瑟也，大弦急则小弦绝矣，故曰：'罚得则奸邪止，赏得则下欢悦。'"［59］隆：兴隆，发扬。［60］先王之道：古代圣明君王的宽宏之道。［61］荡涤：洗涤，扫除，废除。［62］烦苛之法：繁杂苛酷的法令。［63］轻薄棰楚：减轻酷刑。［64］济：拯救。［65］全广至德：推广恩德。

酒泉太守段彭等兵会柳中，击车师，攻交河城[1]，斩首三千八百级，获生口三千余人。北匈奴惊走，车师复降。会关宠已殁，谒者王蒙等欲引兵还；耿恭军吏范羌，时在军中，固请迎恭。诸将不敢前，乃分兵二千人与羌，从山北[2]迎恭，遇大雪丈余，军仅能至。城中夜闻兵马声，以为虏来，大惊。羌遥呼曰："我范羌也，汉遣军迎校尉耳。"城中皆称万岁。开门，共相持涕泣。明日，遂相随俱归。虏兵追之，且战且行。吏士素饥困，发[3]疏勒时，尚有二十六人，随路死没，三月至玉门[4]，唯余十三人，衣屦穿决[5]，形容枯槁[6]。中郎将郑众为恭以下洗沐，易衣冠[7]，上疏奏："恭以单兵守孤城，当匈奴数万之众，连月逾年，心力困尽，凿山为井。煮弩为粮，前后杀伤丑虏数百千计，卒全[8]忠勇，不为大汉耻，宜蒙显爵，以厉[9]将帅。"恭至雒阳，拜骑都尉。诏悉罢戊、己校尉及都护官，征还班超。

超将发还，疏勒举国忧恐；其都尉黎弇曰："汉使弃我，我必复为龟兹所灭耳，诚不忍见汉使去。"因为刀自刭。超还至于阗，王侯以下皆号泣，曰："依汉使如父母，诚不可去！"互抱超马脚不得行。超亦欲遂其本志[10]，及更还疏勒。疏勒两城已降龟兹，而与尉头[11]连兵。超捕斩反者，击破尉头，杀六百余人，疏勒复安。

甲寅[12]，山阳、东平[13]地震。

东平王苍上便宜三事[14]。帝报书曰："间吏民奏事亦有此言；但明智浅短，或谓傥是，复虑为非，不知所定。得王深策，恢然[15]意解；思惟嘉谋，以次奉行。特赐王钱五百万。"后帝欲为原陵、显节陵起县邑，苍上疏谏曰："窃见光武皇帝躬履俭约之行，深睹始终之分[16]，勤勤恳恳，以葬制为言[17]；孝明皇帝大孝无违，承奉遵行；谦德之美，于斯为盛。臣愚以园邑之兴，始自强秦[18]。古者丘陇[19]且不欲其著明，岂况筑郭邑、建都郛[20]哉！上违先帝圣心，下造无益之功，虚费国用，动摇百姓，非所以致和气、祈丰年也。陛下履[21]有虞[22]之至性，追祖祢之深思[23]，臣苍诚伤二帝纯德之美不畅于无穷也！"帝乃止。自是朝廷每有疑政，辄驿使咨问，苍悉心以对，皆见纳用。

秋，八月，庚寅[24]，有星孛于天市。

初，益州西部都尉[25]广汉[26]郑纯，为政清洁，化行夷貊，君长感慕，皆奉珍内附[27]；明帝为之置永昌郡，以纯为太守。纯在官十年而卒。后人不能抚循夷人，九月，哀牢王类牢杀守令反，攻博南[28]。

阜陵王延[29]数怀怨望，有告延与子男鲂造逆谋者；上不忍诛，冬十一月，贬延为阜陵侯，食一县，不得与吏民通。

北匈奴皋林温禺犊王将众还居涿邪山[30]，南单于与边郡及乌桓共击破之。是岁，南部次饥[31]，诏禀给之。

（以上为第二段，写耿恭困守西域疏勒孤城抗击北匈奴一年多，被救回朝，班超不受征召，留守西域。）

【注释】

[1]交河城：在今新疆吐鲁番市西。[2]山北：天山北面。交河城在天山之南，疏勒城在天山之北。时值大雪，故王蒙欲弃耿恭不救而还。[3]发：从疏勒出发。[4]玉门：关名，即今甘肃玉门关。[5]衣屦穿决：衣服破烂，鞋子穿洞。[6]形容枯槁：面容憔悴。[7]易衣冠：换上新衣帽。[8]卒全：完全，俱全。[9]厉：通“砺”。[10]本志：立功边外、上报国家、下觅封侯的志愿。《后汉书》班超传载，班超曾为抄书吏，一次投笔而叹曰：“大丈夫无它志略，犹当效傅介子、张骞立功异域，以取封侯，安能久事笔研间乎？”此其本志也。和帝永元七年（95）封班超为定远侯。[11]尉头：西域国名，在疏勒东北，当今新疆乌什县西。[12]甲寅：三月十二日。[13]山阳、东平：山阳，郡名，治所昌邑，在今山东金乡县西。东平，国名，治所无盐，在今山东东平县东。[14]便宜三事：宜行易施的三项事。[15]恢然：豁然，恍然大悟。[16]始终之分：初始与终结的分际。谓节俭之行，应始终如一。[17]葬制为言：光武帝主张节葬，建原陵，所制地不过二三顷。事见《资治通鉴》卷四十四，光武建武二十六年。明帝建节陵，亦遵其制。[18]园邑之兴，始自强秦：园邑，指在帝王陵前建寝殿园林，并置县邑。秦始皇葬骊山陵，建高冢，徙三万家置骊邑。其后西汉因之，诸陵皆起陵园邑，至汉元帝乃止。[19]丘陇：指坟冢。《礼记》曰：“古也墓而不坟。”古人埋葬，只有墓穴，而不起坟冢，故言不欲显明。[20]郛（fú）：城外面围着的大城。[21]履：践行。[22]有虞：即传说的古代圣王虞舜，至孝。[23]追祖祢之深思：追念祖、父的遗命。祖，指光武帝。祢，指明帝。大父称祖，生父死后称祢。[24]庚寅：八月二十日。[25]益州西部都尉：官名，边郡所设部都尉，是巡抚所属地区少数民族的专职地方军事长官。益州西部都尉驻节不韦县，在今云南保山市东北。章帝升格置为永昌郡。[26]广汉：郡名，治所雒县，在今四川广汉市。[27]奉珍内附：进献珍宝贡物内附。[28]博南：县名，县治在今云南永平县西南。[29]阜陵王延：光武帝子，原为淮阳王，因谋逆

而徙封为阜陵王。事见上卷永平十六年。［30］涿邪山：即蒙古国南境古尔班察汗山。北匈奴皋林温禺犊王本居涿邪山，永平十六年祭肜等北伐，将众远遁，今复还。［31］南部次饥：南匈奴大饥。次，据章校，有些版本“次”作“大”。

二年（丁丑，77年）

春，三月，甲辰[1]，罢伊吾卢屯兵，匈奴复遣兵守其地。

永昌、越巂、益州[2]三郡兵及昆明夷卤承等击哀牢[3]王类牢于博南，大破，斩之。

夏，四月，戊子[4]，诏还坐楚、淮阳事[5]徙者四百余家。

上欲封爵诸舅，太后不听。会大旱，言事者以为不封外戚之故，有司请依旧典[6]。太后诏曰：“凡言事者，皆欲媚朕以要福耳。昔王氏五侯[7]同日俱封，黄雾四塞[8]，不闻澍雨之应[9]。夫外戚贵盛，鲜[10]不倾覆；故先帝防慎舅氏，不令在枢机之位，又言‘我子不当与先帝子等’，今有司奈何欲以马氏比阴氏乎！且阴卫尉[11]，天下称之，省中[12]御者[13]至门，出不及履[14]，此蘧伯玉[15]之敬也；新阳侯[16]虽刚强，微失理，然有方略[17]，据地谈论[18]，一朝无双[19]；原鹿贞侯[20]，勇猛诚信；此三人者，天下选臣，岂可及哉！马氏不及阴氏远矣。吾不才，夙夜累息[21]，常恐亏先后[22]之法，有毛发之罪[23]吾不释[24]，言之不舍昼夜[25]，而亲属犯之不止，治丧起坟，又不时觉，是吾言之不立而耳目之塞也。

“吾为天下母，而身服大练[26]，食不求甘，左右但著帛布，无香薰之饰者，欲身率[27]下也。以为外亲见之，当伤心自敕[28]；但笑言‘太后素好俭[29]’。前过濯龙[30]门上，见外家问起居者，车如流水，马如游龙，仓头[31]衣绿褠[32]，领袖正白[33]，顾视御者，不及远矣[34]。故不加谴怒，但绝岁用[35]而已，冀以默愧其心[36]；犹懈怠[37]无忧国忘家之虑[38]。知臣莫若君，况亲属乎！吾岂可上负先帝[39]之旨，下亏先人[40]之德，重袭西京败亡之祸[41]哉！”固不许[42]。

帝省诏悲叹，复重请曰：“汉兴，舅氏之封侯，犹皇子之为王也。太后诚存谦虚，奈何令臣独不加恩三舅[43]乎！且卫尉年尊，两校尉有大病，如令不讳[44]，使臣长抱刻骨之恨。宜及吉时，不可稽留[45]。”太后报曰：“吾反覆念之，思令两善[46]，岂徒欲获谦让之名而使帝受不外施[47]之嫌哉！昔窦太后欲封王皇后之兄[48]，丞相条侯[49]言：‘高祖约，无军功不侯。’今马氏无功于国，岂得与阴、郭中兴之后[50]等邪！常观富贵之家，禄位重叠，犹再实之木，其根必伤[51]。且人所以愿封侯者，欲上奉祭祀，下求温饱耳；今祭祀则受太官之赐，衣食则蒙御府[52]余资，斯岂不可足，而必当得一县[53]乎！吾计[54]之孰[55]矣，勿有疑也！

夫至孝之行，安亲为上[56]。今数遭变异[57]，谷价数倍，忧惶昼夜，不安坐卧，而欲先营外家之封，违慈母之拳拳[58]乎！吾素刚急，有匈中气[59]，不可不顺也。子之未冠[60]，由于父母，已冠成人，则行子之志。念帝，人君也；吾以未逾三年之故，自吾家族，故得专之[61]。若阴阳调和，边境清静，然后行子之志；吾但当含饴弄孙[62]，不能复关政[63]矣。”上乃止。

太后尝诏三辅：诸马婚亲有属托郡县、干乱吏治者，以法闻[64]。太夫人[65]葬起坟微高[66]，太后以为言，兄卫尉廖等即时减削。其外亲有谦素[67]义行[68]者，辄[69]假借温言[70]，赏以财位；如有纤介[71]，则先见严恪之色[72]，然后加谴[73]。其美车服、不遵法度者，便绝属籍[74]，遣归田里。广平、巨鹿、乐成王[75]，车骑朴素，无金银之饰，帝以白太后，即赐钱各五百万。于是内外从化[76]，被服如一[77]；诸家惶恐，倍于永平时。置织室，蚕[78]于濯龙[79]中，数往观视，以为娱乐。常与帝旦夕言道政事及教授小王[80]《论语》经书，述叙平生，雍和终日。

（以上为第三段，写马太后识大体，抑制外家，章帝三舅，马氏兄弟不得封侯。）

【注释】

[1]甲辰：三月八日。 [2]永昌、越巂（xī）、益州：皆益州属郡，当今云南及四川西南部地区。越巂郡治邛都，在今四川西昌市。益州郡治滇池，在今云南昆明市晋宁区。 [3]哀牢：西南夷部族名，在今云南盈江县一带。 [4]戊子：四月二十二日。 [5]坐楚、淮阳事：坐，株连犯罪。楚事，指楚王英狱事。淮阳事，指淮阳王刘延徙封阜陵王事。 [6]旧典：旧例。指西汉外戚

以恩泽封侯的惯例。[7]王氏五侯：成帝建始元年（前32）正月壬子同日封舅父王谭、王商、王立、王根、王逢时五人关内侯。[8]黄雾四塞：事见《资治通鉴》卷三十，成帝建始元年。[9]澍雨之应：风调雨顺的感应。澍（shù），及时雨。[10]鲜：很少。[11]阴卫尉：指明帝舅阴兴，官至卫尉。明帝欲封阴兴侯爵及拜大司马，阴兴坚辞不受。事见《后汉书》卷三十二。[12]省中：禁中。[13]御者：宦官。[14]出不及履：阴兴飞奔出迎宫中使者，有时连鞋子都来不及穿。[15]蘧伯玉：春秋时卫国的贤大夫，谦恭有礼，知名当世。[16]新阳侯：阴兴之弟阴就，嗣父封宣恩侯，后改封为新阳侯。[17]方略：谋略规划。[18]据地谈论：即席论议。[19]一朝无双：满朝百官，找不出第二人。[20]原鹿贞侯：阴兴兄阴识，以从光武帝征伐有功封原鹿侯，死后谥曰贞侯。阴就、阴识、阴兴三人同传，见《后汉书》卷三十二。识本传，就、兴附传。[21]夙夜累息：日夜警惕。累息，屏气呼吸，不敢出大气。[22]先后：指光武帝光烈皇后阴丽华。[23]毛发之罪：喻小过。[24]不释：不肯宽恕。[25]言之不舍昼夜：日夜不停地规劝、告诫。[26]大练：大帛，一种白色的厚绢。[27]身率：以身作则为表率。[28]伤心自敕：惊心觉悟而自我省察。[29]素好俭：一向节俭。素，一向。[30]濯龙：近洛阳北宫的园池名。[31]仓头：即苍头，仆人之称。古代奴仆，头著青巾。[32]绿褠：绿色单衣。[33]领袖正白：衣领袖口雪白。奴仆领袖正白，表示已不从事劳动，而成为高级的帮闲者。[34]顾视御者，不及远矣：马太后回头看看自己的车夫，远远赶不上外戚马氏家的奴仆。[35]绝岁用：停拨皇室给外戚的费用。[36]默愧其心：内心感悟而惭愧。[37]犹懈怠：依然懒散奢僭。[38]无忧国忘家之虑：没有公忠体国的忧患意识。[39]先帝：指光武帝、明帝。[40]先人：马太后指其父马援。[41]西京败亡之祸：指西汉外戚败亡之祸，如诸吕（吕禄、吕产等）、窦婴、上官桀及上官安父子、霍禹等皆触法被诛。[42]固不许：坚决不给外戚诸马封爵。[43]三舅：章帝三舅，即卫尉马廖，两校尉马防、马光。[44]不讳：指三位舅父万一死亡。[45]稽留：滞留，拖延。[46]两善：不封外戚，一使国家无滥封，二使外戚得安全，是为两善。[47]外施：指以恩泽封爵外家。[48]窦太后欲封王皇后之兄：窦太后，景帝母。王皇后，景帝皇后王娡，其兄王信。窦太后向景帝言，皇后兄王信可封侯，受到丞相周亚夫的反对而未果。事见《资治通鉴》卷十六景帝中三年。[49]条侯：西汉开国功臣周勃之子周亚夫，因平吴楚七国之乱，官至丞相，封条侯。传附《史记》《汉书》两书《周勃传》中。[50]阴、郭中兴之后：阴丽华、郭圣通，两位是辅佐光武帝中兴的贤明皇后。[51]再实之木，其根必伤：《淮南子》语："再实之木根必伤，掘藏之家后必殃。"比喻富贵盛极，将使根基动摇，招来祸殃。[52]太官、御府：皆官署名。太官令掌御厨膳食，御府令掌禁中衣服。汉家制度，皇后外家，祭祀时由掌御厨房的太官供给，所穿用衣物由掌御库的御府供给。[53]一县：指得一个县的封邑。[54]计：考虑，盘算。[55]孰：通"熟"，熟虑，周到。[56]至孝之行，安亲为上：最高的孝行，是使父母平安。[57]变异：指天灾。[58]拳拳：情意诚恳的样子。[59]匈中气：胸部胀疼。匈，通"胸"。[60]未冠：未成年。古时男子二十行加冠礼，表示成年。[61]"吾以"三句：我考虑到因为你对先帝服丧未满三年，又关系着我家族的事，所以专断裁决。三年，儒家礼法，子为父母服三年之丧。专，专断，裁决。［62］含饴弄孙：拿着糖果、抱着孙儿玩耍。饴，麦芽糖。［63］关政：干预政治。［64］以法闻：绳之以法，并上奏朝廷。马援为三辅（关中）扶风茂陵（今陕西兴平市）人，故马太后特诏三辅约束马氏外戚。［65］太夫人：马太后之母。［66］起坟微高：汉制，列侯起坟高四丈，关内侯以下至庶人各有差。马太后母葬，起坟稍稍过制，马太后责备其兄马廖，令其削减。［67］谦素：一向谦让。［68］义行：行为温良。［69］辄：每每。［70］假借温言：给予好言好语褒奖。［71］纤介：细微的过失。［72］严恪之色：严厉的脸色，俗谓板起面孔。［73］谴：责备。［74］绝属籍：削除外戚的名册，即断绝关系，不准居留京师。［75］广平、巨鹿、乐成王：汉明帝共九子，除章帝外，诸子八王。广平王刘羡，巨鹿王刘恭，乐成王刘党，皆明帝子。［76］向外从化：内，指宫内；外，指外朝，皆一致追随马太后，崇尚节俭。［77］被服如一：诚心追随节俭，表（被）里（服）如一。［78］蚕：作动词用。［79］濯龙：近北宫的御花园。马太后植桑养蚕于园中。［80］小王：未就国的诸年幼皇子。

马廖虑美业[1]难终[2]，上疏劝成德政[3]曰：“昔元帝罢服官[4]，成帝御浣衣[5]，哀帝去乐府[6]，然而侈费不息，至于衰乱者，百姓从行不从言也。夫改政移风，必有其本[7]。《传》曰[8]：‘吴王[9]好剑客，百姓多创瘢；楚王[10]好细腰，宫中多饿死。’长安语[11]曰‘城中[12]好高结[13]，四方[14]高一尺[15]；城中好广眉[16]，四方且半额[17]；城中好大袖[18]，四方全匹帛[19]。’斯言如戏，有切事实[20]。前下制度未几，后稍不行；虽或吏不奉法，良由[21]慢起京师[22]。今陛下[23]素简所安[24]，发自圣性[25]，诚令斯事一竟[26]，则四海诵德，声熏天地[27]，神明可通，况于行令乎！”太后深纳之。

初，安夷县[28]吏略妻[29]卑湳种[30]羌人妇，吏为其夫所杀，安夷长宗延追之出塞。种人恐见诛，遂共杀延而与勒姐、吾良[31]二种相结为寇。于是烧当羌[32]豪滇吾之子迷吾率诸种俱反，败金城[33]太守郝崇。诏以武威太守北地[34]傅育为护羌校尉[35]，自安夷徙居临羌[36]。迷吾又与封养种豪布桥等五万余人共寇陇西、汉阳[37]。秋，八月，遣行车骑将军马防、长水校尉耿恭将北军五校[38]兵及诸郡射士[39]三万人击之。第五伦上疏曰：“臣愚以为贵戚可封侯以富之，不当任以职事。何者？绳以法则伤恩，私以亲则违宪。伏闻马防今当西征，臣以太后恩仁，陛下至孝，恐卒[40]有纤介[41]，难为意爱。”帝不从。

马防等军到冀[42]，布桥等围南部都尉于临洮[43]，防进击，破之，斩首虏四千余人，遂解临洮围；其众皆降，唯布桥等二万余人屯望曲谷[44]不下[45]。

十二月，戊寅[46]，有星孛于紫宫[47]。

帝纳窦勋女[48]为贵人[49]，有宠。贵人母，即东海恭王[50]女沘阳公主[51]也。

第五伦上疏曰：“光武承王莽之余，颇以严猛为政，后代因之，遂成风化；郡国所举，类多办职俗吏[52]，殊未有宽博之选[53]以应上求者也。陈留[54]令刘豫，冠军[55]令驷协，并以刻薄[56]之姿，务为严苦，吏民愁怨，莫不疾[57]之。而今之议者反以为能，违天心[58]，失经义；非徒应坐[59]豫、协，亦宜谴举者[60]。务进仁贤以任时政[61]，不过数人，则风俗自化矣。臣尝读书记，知秦以酷急亡国，又目见王莽亦以苛法自灭，故勤勤恳恳，实在于此。又闻诸王、主、贵戚，骄奢逾制，京师尚然，何以示远[62]！故曰：‘其身不正，虽令不行。’[63]以身教者从，以言教者讼[64]。”上善之。伦虽天性峭直[65]，然常疾俗吏苛刻，论议每依宽厚云。

（以上为第四段，写章帝征讨西羌。马廖、第五伦上疏请实行宽政以代苛猛。）

【注释】

[1]美业：指马太后倡节俭政治。 [2]难终：难以长期坚持到底。 [3]劝成德政：勉励马太后坚持节俭政治到底，成为一代政风。 [4]元帝罢服官：汉元帝罢齐三服官，事见《资治通鉴》卷二十八，初元五年。 [5]御浣衣：穿用洗过的衣服。 [6]去乐府：哀帝裁撤乐府，事见《资治通鉴》卷三十三，绥和二年。 [7]改政移风，必有其本：改变政风，变易风俗，一定要从根本着手。本，指京师为政之本，帝王之行，为臣民慕化之本。 [8]《传》曰：古书上说。传，泛指古书。 [9]吴王：指春秋时吴王阖闾。 [10]楚王：指春秋时楚灵王。 [11]语：谚语。[12]城中：长安城中。长安为西汉京师。 [13]高结：高发髻。 [14]四方：全国各地，与城中相对。 [15]高一尺：发髻高一尺。此乃谚语夸张之言。以下谚语同此。 [16]广眉：画宽眉。古人美容，眉毛用彩笔图画。 [17]半额：画眉宽达半个额头。 [18]大袖：宽大的衣袖。[19]全匹帛：衣袖用了整匹布帛。 [20]斯言如戏，有切事实：这些谚语，听起来像是玩笑话，实际上包含了真理。 [21]良由：来由，事情的起因。 [22]慢起京师：政令不行，逐渐从京师

洛阳先行破坏开始。［23］陛下：指马太后。［24］素简所安：安于一贯的简朴生活。［25］圣性：天生的本性。圣，是对皇太后的尊称。［26］一竟：一以贯终，坚持到底。［27］声熏天地：四海之内，颂声震天动地。熏，蒸，充塞。［28］安夷县：属金城郡，县治在今青海海东市乐都区。［29］略妻：强娶。［30］卑湳种：西羌种姓之一。［31］勒姐、吾良：西羌种姓之名。［32］烧当羌：西羌最强大的种姓，居青海湖东广大地区。［33］金城：郡名，治所允吾，在今青海民和县。［34］北地：郡名，治所富平，在今宁夏灵武市西南。［35］护羌校尉：巡护西羌的特设武官，屯驻安夷，后徙临羌。［36］临羌：县名，县治在今青海西宁市西。［37］陇西、汉阳：郡名。陇西郡治狄道，在今甘肃临洮县。汉阳郡治冀县，在今甘肃甘谷县。［38］北军五校：汉武帝置禁卫北军八校：中垒、屯骑、越骑、长水、胡骑、射声、步兵、虎贲共八校。东汉省中垒、胡骑、虎贲，北军为五校。长水校尉，即北军五校之一。［39］射士：骑射部队。西羌缘据山林，不便短兵相击，故以射士征讨。［40］卒（cù）：仓猝，突然。［41］纤介：细小差错。对马防或有失败的委婉说法。［42］冀：县名，汉阳郡治。［43］临洮：县名，县治在今甘肃岷县，为陇西郡南部都尉治。［44］望曲谷：地名，在汉临洮县西南。［45］不下：不降。［46］戊寅：十二月十六日。［47］有星孛于紫宫：在紫微宫星区出现彗星。［48］窦勋女：即章帝窦皇后，史失其名，以父字称。窦勋，窦融之孙，坐法诛。窦勋女入宫，此立为贵人，为后诸窦擅权伏笔。［49］贵人：位次皇后的妃子。［50］东海恭王：刘强，光武帝子，初为皇太子，废为东海王，谥为恭。传见《后汉书》卷四十二。［51］沘（bǐ）阳公主：东海王刘强之女，窦勋之妻。［52］办职俗吏：能治办事务的庸俗之吏。［53］宽博之选：宽宏博学之人。［54］陈留：县名，为陈留郡治所，在今河南开封市东南。［55］冠军：县名，属南阳郡，县治在今河南邓州市西北。［56］刻薄：严酷寡恩。［57］疾：痛恨。［58］违天心：严酷政治违背上天宽仁之心。［59］坐：治罪。［60］谴举者：责罚举荐的人。［61］任时政：担任现时的治国大政。［62］示远：昭示远方，为全国表率。［63］“故曰”三句：引自《论语·子路》篇孔子之言。［64］讼：议论纷纷。［65］峭直：刚正耿直。

三年（戊寅，78 年）

春，正月，己酉[1]，宗祀明堂[2]，登灵台[3]，赦天下。

马防击布桥，大破之，布桥将种人万余降，诏征防还。留耿恭击诸未服者，斩首虏千余人，勒姐、烧何等十三种数万人，皆诣恭降。恭尝以言事忤[4]马防，监营谒者[5]承旨[6]，奏恭不忧军事[7]，坐征[8]下狱，免官。

三月，癸巳[9]，立贵人窦氏[10]为皇后。

初，显宗之世，治虖沱、石臼河[11]，从都虑[12]至羊肠仓[13]，欲令通漕[14]。太原[15]吏民苦役，连年无成，死者不可胜算。帝以郎中邓训[16]为谒者，监领其事。训考量[17]隐括[18]，知其难成，具以上言。

夏，四月，己巳[19]，诏罢其役，更用驴辇[20]，岁省费亿万计，全活徒士[21]数千人。训，禹之子也。

闰月[22]，西域假司马班超率疏勒、康居、于阗、拘弥兵一万人攻姑墨石城[23]，破之，斩首七百级。

冬，十二月，丁酉[24]，以马防为车骑将军[25]。

武陵[26]溇中蛮[27]反。

是岁，有司奏遣广平王羡、巨鹿王恭、乐成王党[28]俱就国；上性笃爱，不忍与诸王乖离，遂皆留京师。

（以上为第五段，写马防大破西羌，邓训谏止修治滹沱河通漕工程。）

【注释】

[1]己酉：正月十七日。[2]宗祀明堂：在明堂举行隆重的祭祀祖宗及天地的仪礼。明堂中建有太庙之室，陈祖宗神主。明堂，天子宣明政教之堂。[3]灵台：皇家望星台。[4]忤：冒犯。耿恭上言马防荐窦固镇抚凉州，而马氏与窦氏均外戚，互为水火，故马防恨之。[5]监营谒者：此指派往马防军中为监者的谒者。谒者，郎中令属官，掌宾赞受事的司礼官。[6]承旨：秉承马防加害耿恭的旨意。[7]不忧军事：不勤于军事，玩忽军情。[8]坐征：触罪被征召。[9]癸巳：三月二日。[10]贵人窦氏：即窦勋女，见前建初二年。[11]虖沱、石臼河：虖沱，即今河北之滹沱河，源出山西五台山。石臼河是滹沱河上游的一条支水，与汾河上游相邻，今已湮。[12]都虑：石臼河边地名。[13]羊肠仓：汾阳故城积粟的粮仓，地近汾水。汾阳故城在今山西阳曲县西北。[14]通漕：交通漕运。明帝永平十年，兴修沟通滹沱河与汾河的一条运河，即从都虑至羊肠仓，以漕运山东之粮至太原。因缺乏科学考察，历年不成。[15]太原：郡名，治所晋阳，在今太原市西南。[16]邓训：字平叔，东汉开国功臣邓禹第六子。敢直言，为谒者，受命治滹沱水利，凿运河，邓训深入考察上疏章帝停止工程，存活役工数千人。后为张掖太守，招抚西羌，造福一方。传附《后汉书》卷十六《邓禹传》。[17]考量：调查测量。[18]隐括：矫正邪曲的器具，引申为审度、查核，此指对河道曲直陡缓作测量。[19]己巳：四月九日。[20]驴辇：用畜力驮运。[21]徒士：做苦工的差役。此指修运河的民夫。[22]闰月：建初三年闰八月。[23]姑墨石城：姑墨，西域国名。石城，在今新疆温宿县西北。[24]丁酉：十二月十一日。[25]车骑将军：东汉大臣加车骑将军号，为实际执政的宰臣。马防拜车骑将军，是马氏外戚预政之始。[26]武陵：郡名，治所临沅，在今湖南常德市。[27]溇中蛮：居于溇水（源出湖北鹤峰县西北）流域的少数民族。[28]广平王羡、巨鹿王恭、乐成王党：三王皆明帝之

子，章帝之弟。明帝诸子共八王，事详《后汉书》卷五十《孝明八王列传》。

四年（己卯，79年）

春，二月，庚寅[1]，太尉牟融薨。

夏，四月，戊子[2]，立皇子庆[3]为太子。

己丑[4]，徙[5]巨鹿王恭为江陵王，汝南王畅为梁王，常山王昞[6]为淮阳王。

辛卯[7]封皇子伉为千乘王，全为平春王。

有司连据旧典，请封诸舅；帝以天下丰稔，方垂无事，癸卯[8]，遂封卫尉廖为顺阳侯，车骑将军防为颍阳侯，执金吾[9]光为许侯。太后闻之曰："吾少壮时，但慕竹帛[10]，志不顾命[11]。今虽已老，犹戒之在得[12]，故日夜惕厉[13]，思自降损[14]，冀[15]乘此道，不负先帝[16]。所以化导[17]兄弟，共同斯志，欲令瞑目之日，无所复恨，何意老志复不从[18]哉！万年之日长恨矣！"廖等并辞让，愿就关内侯[19]，帝不许。廖等不得已受封爵而上书辞位[20]，帝许之。五月，丙辰，防、廖、光皆以特进就第[21]。

甲戌[22]，以司徒鲍昱为太尉，南阳太守桓虞为司徒。

六月，癸丑[23]，皇太后马氏崩。帝既为太后所养，专以马氏为外家，故贾贵人[24]不登极位，贾氏亲族无受宠荣者。及太后崩，但加贵人王赤绶[25]，安车一驷[26]，永巷宫人[27]二百，御府[28]杂帛[29]二万匹，大司农黄金千斤[30]，钱二千万而已。

秋，七月，壬戌[31]，葬明德皇后。

校书郎[32]杨终建言："宣帝博征群儒，论定[33]《五经》[34]于石渠阁。方今天下少事，学者得成其业，而章句之徒[35]，破坏大体。宜如石渠故事，永为后世则[36]。"帝从之。冬，十一月，壬戌[37]，诏太常[38]："将[39]、大夫[40]、博士[41]、郎官及诸儒会白虎观[42]，议《五经》同异。"使五官中郎将[43]魏应[44]承制问[45]，侍中淳于恭奏[46]，帝亲称制临决[47]，作《白虎议奏》[48]，名儒[49]丁鸿、楼望、成封、桓郁、班固、贾逵及广平王羡皆与焉。固，超之兄也。

（以上为第六段，写汉章帝诏诸儒会议白虎观，章帝亲临会议，并裁决《白虎议奏》。）

【注释】

［1］庚寅：二月五日。［2］戊子：四月四日。［3］皇子庆：章帝长子，宋贵人所生，立为皇太子。后因窦皇后谋陷，宋贵人自杀，太子庆被废为清河王。传见《后汉书》卷五十五。［4］己丑：四月五日。［5］徙：迁徙，调转。此指改封诸王。［6］巨鹿王恭、汝南王畅、常山王昞：三王为明帝子，章帝弟。［7］辛卯：四月七日。［8］癸卯：四月十九日。［9］执金吾：官名，列卿，掌京师治安。［10］但慕竹帛：向往青史留名。竹帛，竹简、帛书，指代史册。［11］命：寿考长短。［12］已老，犹戒之在得：引自《论语·季氏》篇孔子之言："君子有三戒……及其老也，血气既衰，戒之在得。"［13］惕厉：警惕思危。［14］降损：抑制欲望。［15］冀：希望。［16］先帝：指汉明帝。［17］化导：教化引导，即规劝。［18］何意老志复不从：没想到临到暮年我的夙志还不受人遵从。老志，谓年已老，仍坚守不欲封侯外家的志意。［19］关内侯：次于侯国，食采邑于京畿（西汉京畿在关内），为秦汉二十级爵的第十九级。［20］上书辞位：上奏皇帝，辞去官职，即马廖辞去卫尉，马防辞去车骑将军，马光辞去执金吾。章帝封马氏三舅为侯，而解其重权，既恩泽外家，又抑其骄恣，一箭双雕。［21］特进就第：加官特进，回归列侯第。今语谓之明升暗降，以特进回报马氏三兄弟之辞位。［22］甲戌：五月二十日。［23］癸丑：六月三十日。［24］贾贵人：明帝贾贵人，章帝之生母。［25］加贵人王赤绶：加，升级。汉制，贵人为绿绶，即印信为绿色绣带；诸侯王为赤绶。章帝使生母贾贵人印信从绿带升级为红带，与诸侯王等，以示加恩。［26］安车一驷：用四马拉的软轮车一辆。安车，用蒲草裹轮使其行走平稳之车，是专用于尊礼老年大臣或征起老年大儒的公车。［27］永巷宫人：禁中宫婢。永巷，宫中长廊。［28］御府：禁中府库，有御府令。［29］杂帛：各色绸缎。［30］大司农黄金千斤：国库黄金一千斤。大司农，九卿之一，掌财赋，所入为国用。斤，黄金单位，即一镒，二十四两，合钱一万。［31］壬戌：七月九日。［32］校书郎：官名，掌校图书，以郎官为之，称校书郎。［33］论定：写定标准本，颁行天下。汉宣帝集诸儒于石渠阁校定五经，事见《资治通鉴》卷二十七，甘露三年。［34］《五经》：即《诗经》《书经》《礼记》《易经》《春秋》。［35］章句之徒：指只懂字句意义，解说蔓衍、支离烦琐的迂阔儒生。此等儒生被斥为"破碎大道"的"章句小儒"。章句，分章断句，并逐字逐句解说经义。两汉今文经学立于学官，所以章句之学盛行。［36］则：法则，准则。此指标准读本。［37］壬戌：十一月十一日。［38］太常：九卿之一，职掌宗庙礼仪。［39］将：将军。［40］大夫：郎中令属官有太中大夫、中大夫、谏大夫等，掌议论。［41］博士：太学讲官，并备朝廷顾问。［42］白虎观：汉北宫中殿名。［43］五官中郎将：官名，掌禁卫中郎。［44］魏应：字君伯，任城（今山东济宁市）人。少好学，习《鲁诗》，明帝永平初为博士，迁侍中，历官大鸿胪、光禄大夫，章帝建初四年为五官中郎将。魏应经明行修，受诏与诸儒讲论于白虎

观。魏应专掌难问，侍中淳于恭上奏。魏应传见《后汉书》卷七十九《儒林传》下。［45］承制问：奉圣旨发问。即代表皇帝发问。［46］淳于恭奏：淳于恭代表会议的群臣，将讨论结果上奏皇帝。淳于恭，字孟孙，北海淳于县（在今山东安丘市东北）人。王莽时隐于琅邪山。章帝建初元年受征，除议郎，迁为侍中。与诸儒讲论于白虎观，专掌奏对。传见《后汉书》卷三十八。［47］帝亲称制临决：章帝亲自批复并出席白虎观裁决。［48］《白虎议奏》：书名。诸儒考定五经异同并上奏章帝，经过御批后汇总的文件，称《白虎观奏议》。其后章帝又命班固统稿，写成定本，称《白虎通义》，简称《白虎通》。［49］名儒：大儒，知名当世。此所列六大名儒，成封无传，余五人《后汉书》皆有传。丁鸿、桓郁同传，班固与其父班彪同传，贾逵传见卷三十六，楼望传见卷七十九《儒林传》。

五年（庚辰，80年）

春，二月，庚辰朔[1]，日有食之；诏举直言极谏[2]。

荆、豫诸郡兵[3]讨溇中蛮，破之。

夏，五月，辛亥[4]，诏曰："朕思迟[5]直士，侧席[6]异闻[7]，其先至者，各已发愤吐懑[8]，略闻子大夫[9]之志矣。皆欲置于左右，顾问省纳。建武诏书又曰：'尧试臣以职，不直以言语笔札。'[10]今外官多旷[11]，并可以补任。"

戊辰[12]，太傅赵熹薨。

班超欲遂平西域，上疏请兵曰："臣窃见先帝欲开西域，故北击匈奴，西使外国，鄯善、于阗即时向化，今拘弥、莎车、疏勒[13]、月氏、乌孙、康居[14]复愿归附，欲共并力，破灭龟兹[15]，平通汉道。若得龟兹，则西域未服者百分之一耳。前世议者皆曰：'取三十六国[16]，号为断匈奴右臂[17]。'今西域诸国，自日之所入，莫不向化，大小欣欣，贡奉不绝，唯延耆[18]、龟兹独未服从。臣前与官属三十六人奉使绝域，备遭艰厄，自孤守疏勒，于今五载，胡夷情数，臣颇识之，问其城郭小大，皆言倚汉与依天等。以是效[19]之，则葱岭可通，龟兹可伐。今宜拜龟兹侍子白霸为其国王，以步骑数百送之，与诸国连兵，岁月之间，龟兹可禽。以夷狄攻夷狄，计之善者也！臣见莎车、疏勒田地肥广，草牧饶衍，不比敦煌、鄯善间也，兵可不费中国而粮食自足。且姑墨、温宿[20]二王，特为龟兹所置，既非其种，更相厌苦，其势必有降者；若二国来降，则龟兹自破。愿下臣章[21]，参考行事，诚有万分，死复何恨！臣超区区[22]特蒙神灵，窃冀未便僵仆[23]，目见西域平定，陛下举万年之觞[24]，荐勋祖庙[25]，布大喜于天下[26]。”书奏，帝知其功可成，议欲给兵。平陵[27]徐干上疏，愿奋身佐超，帝以干为假司马，将弛刑[28]及义从[29]千人就超。

先是莎车以为汉兵不出，遂降于龟兹，而疏勒都尉番辰亦叛。会徐干适至，超遂与干击番辰，大破之，斩首千余级。欲进攻龟兹，以乌孙兵强，宜因其力，乃上言："乌孙大国，控弦十万，故武帝妻以公主[30]，至孝宣帝卒得其用[31]，今可遣使招慰，与共合力。”帝纳之。

（以上为第七段，写班超抚定西域。）

【注释】

[1]庚辰朔：二月一日。[2]诏举直言极谏：即举贤良。两汉选举，每逢大灾异或日食，皇帝下诏举贤良议政，直言极谏为其入选条件。其制始创于汉文帝。[3]荆、豫诸郡兵：荆州、豫州两部所属各郡兵。荆州治所汉寿县，在今湖南常德市东。豫州治所谯县，在今安徽亳州市。[4]辛亥：五月三日。[5]迟：希望，渴望。[6]侧席：不坐正席，而就侧坐，表示礼贤下士。[7]异闻：听取不同意见。[8]发愤吐懑：畅所欲言，吐发积郁和苦闷。[9]子大夫：诸位贤士。子，敬称之词。[10]“建武诏书又曰”三句：引据光武帝曾下的诏书言词。尧帝放勋考核官员（试臣），要看他们是否称职，而不仅仅看他们说的一套和写的一套。[11]多旷：多有缺额。[12]戊辰：五月二十日。[13]拘弥、莎车、疏勒：西域国名。此三国皆在今新疆境内。拘弥在今于田县。莎车在今莎车县。疏勒在今喀什市。[14]月氏、乌孙、康居：西域国名。此三国在今中亚地区。[15]龟兹：西域国名，地当通西域的北道中段要冲，在今新疆库车市。[16]三十六国：西域有广狭两义范围。广义范围，犹言西方世界，汉朝以西国家皆称西域。狭义范围，即玉门关以西，葱岭以东，当今新疆地区，汉武帝时为三十六国，其后分为五十五国。[17]断匈奴右臂：汉武帝结乌孙，伐匈奴，臣服西域三十六国，称断匈奴右臂。伐朝鲜，为断匈奴左臂。[18]延耆：即焉耆，西域国名，在今新疆焉耆县。据章校，有的版本“延”作“焉”。[19]效：效验，证明。[20]姑墨、温宿：西域相邻两小国。姑墨在今新疆温宿县。温宿在今新疆乌什县。[21]愿下臣章：请求把臣的奏章付下廷议。[22]区区：渺小的个人。班超自谦之词。[23]僵仆：犹言死亡。[24]举万年之觞：高举庆祝万年和平的酒杯。谓平定西域是千秋万年之大计。[25]荐勋祖庙：祭献祖庙告成功。[26]布大喜于天下：布告全国，普天同庆。[27]平陵：县名，县治在今陕西咸阳市西北。[28]弛刑：从军赎罪的囚徒。[29]义从：志愿从军的壮士。[30]“乌孙大国”三句：乌孙在中亚据有巴尔喀什湖以南以东广大地区，为西域大

国，控弦十万，故汉武帝结乌孙共伐匈奴，以宗室江都王刘建女刘细君为公主，远嫁乌孙结和亲。事见《资治通鉴》卷二十七，元封六年。［31］孝宣帝卒得其用：汉宣帝时，汉与乌孙联兵大破匈奴。事见《资治通鉴》卷二十四，本始三年。

六年（辛巳，81年）

春，二月，辛卯[1]，琅邪孝王京[2]薨。

夏，六月，丙辰[3]，太尉鲍昱薨。

辛未晦[4]，日有食之。

秋，七月，癸巳[5]，以大司农邓彪[6]为太尉。

武都太守廉范[7]迁蜀郡太守。成都民物丰盛，邑宇逼侧[8]，旧制，禁民夜作以防火灾，而更相隐蔽[9]，烧者日属[10]。范乃毁削先令。但严使储水而已。百姓以为便，歌之曰："廉叔度，来何暮！不禁火，民安作。昔无襦[11]，今五绔[12]。"

帝以沛王[13]等将入朝，遣谒者赐貂裘[14]及太官食物、珍果，又使大鸿胪[15]窦固持节[16]郊迎。帝亲自循行邸第[17]，豫[18]设帷床，其钱帛、器物无不充备。

（以上为第八段，写廉范为官，注重民生，百姓爱戴。）

【注释】

［1］辛卯：二月十八日。［2］琅邪孝王京：光武帝子。［3］丙辰：六月十五日。［4］辛未晦：六月三十日。［5］癸巳：七月二十二日。［6］邓彪（？—93）：字智伯，南阳新野（旧治在今河南新野县南）人。历仕明帝、章帝、和帝三朝。官至太傅。传见《后汉书》卷四十四。［7］廉范：字叔度，京兆杜陵（在今西安市长安区东南）人。长期历官地方太守，所在政绩卓著。传见《后汉书》卷三十一。［8］邑宇逼侧：城中民房紧聚在一起。逼侧，迫近，拥挤。［9］更相隐蔽：平民暗中用火，互相隐瞒。［10］烧者日属：火灾天天发生。［11］襦：短衣。［12］绔：通"裤"。［13］沛王：刘辅，光武帝子。［14］貂裘：貂皮袍。［15］大鸿胪：九卿之一，掌藩国及归义蛮夷事务。［16］持节：皇帝特使，持符节以示信。［17］邸第：藩王在京师所设的宾馆。章帝亲到沛王宾馆视察陈设。［18］豫：同"预"，预先。

七年（壬午，82年）

春，正月，沛王辅、济南王康、东平王苍、中山王焉[1]、东海王政[2]、琅邪王宇[3]来朝。诏沛、济南、东平、中山王赞拜不名[4]；升殿乃拜，上亲答[5]之，所以宠光荣显，加于前古。每入宫，辄以辇[6]迎，至省阁[7]乃下，上为之兴席改容[8]，皇后亲拜于内[9]；皆鞠躬辞谢不自安[10]。三月，大鸿胪奏遣诸王归国，帝特留东平王苍于京师。

初，明德太后为帝纳扶风[11]宋杨二女为贵人，大贵人生太子庆；梁松弟竦[12]有二女，亦为贵人，小贵人生皇子肇[13]。窦皇后无子，养肇为子。宋贵人有宠于马太后，太后崩，窦皇后宠盛，与母沘阳公主[14]谋陷宋氏，外令兄弟求其纤过[15]，内使御者[16]侦伺得失[17]。宋贵人病，思生兔[18]，令家求之，因诬言欲为厌胜之术[19]，由是太子出居承禄观。夏六月，甲寅[20]，诏曰："皇太子有失惑无常[21]之性，不可以奉宗庙。大义灭亲[22]，况降退乎[23]！今废庆为清河王。皇子肇，保育皇后，承训怀衽[24]，今以肇为皇太子。"遂出宋贵人姊妹置丙舍[25]，使小黄门蔡伦[26]案之。二贵人皆饮药自杀，父议郎杨免归本郡。庆时虽幼，亦知避嫌畏祸，言不敢及宋氏；帝更怜之，敕皇后令衣服与太子齐等。太子亦亲爱庆，入则共室，出则同舆。

己未[27]，徙广平王羡[28]为西平王。

秋，八月，饮酎毕[29]，有司[30]复奏遣东平王苍归国，帝乃许之，手诏赐苍曰："骨肉天性，诚不以远近[31]为亲疏，然数见颜色，情重昔时[32]。念王久劳，思得还休[33]，欲署大鸿胪奏，不忍下笔，顾授小黄门[34]；中心恋恋[35]，恻然[36]不能言。"于是车驾祖送[37]，流涕而诀；复赐乘舆服御、珍宝、舆马，钱布以亿万计。

九月，甲戌[38]，帝幸偃师[39]，东涉卷津[40]，至河内[41]，下诏曰："车驾行秋稼，观收获，因涉郡界[42]，皆精骑轻行，无他辎重。不得辄修道桥，远离城郭，遣吏逢迎，刺探起居[43]，出入前后，以为烦扰。动务省约，但患不能脱粟[44]瓢饮[45]耳。"己酉[46]，进幸邺[47]；辛卯[48]，还宫。

冬，十月，癸丑[49]，帝行幸长安，封萧何末孙熊为酂侯[50]。进幸槐里[51]、岐山[52]；又幸长平[53]，御池阳宫[54]，东至高陵[55]；十二月丁亥[56]，还宫。

东平献王苍疾病，驰[57]遣名医、小黄门侍疾，使者冠盖[58]不绝于道。又置驿马[59]，千里传问起居。

（以上为第九段，写汉章帝宠爱窦皇后而废太子，对东平王关爱有加。）

【注释】

[1]沛王辅、济南王康、东平王苍、中山王焉：四王皆光武帝子，为章帝叔父，故特礼赞拜不名。［2］东海王政：光武帝子东海王刘强之子。［3］琅邪王宇：光武帝子琅邪王刘京之子。以上六王皆光武帝诸子孙一系亲王。［4］赞拜不名：司仪谒者引荐时只称王，不称名。［5］答：答谢回礼。［6］辇：宫中帝后专用的人力车。［7］省阁：禁中阁门。［8］兴席改容：在座位上站立起来，表示迎请，并面带笑容。［9］皇后亲拜于内：皇后以侄媳晚辈礼在帘内拜礼诸叔父亲王。［10］皆鞠躬辞谢不自安：诸王见帝后特礼，都鞠躬辞谢，诚惶诚恐，心内不安。［11］扶风：县名，县治在今陕西兴平市。［12］梁松弟竦：梁松、梁竦二人传附其父《梁统传》，见《后汉书》卷三十四。梁松陷害马援，又飞书诽谤朝廷，下狱死。梁竦为外戚窦氏陷以恶逆，亦下狱死。［13］皇子肇：即汉和帝。［14］沘阳公主：光武帝子东海王刘强之女。［15］纤过：细小的过失。指罗织宋贵人娘家兄弟的细小过失。［16］御者：指服侍宋贵人的宦者、车夫。［17］侦伺得失：暗中侦察宋贵人的行动。［18］思生兔：想吃生的菟丝子。兔，菟丝子，一种富有营养、可入药的植物。［19］厌胜之术：作法术诅咒害人。此指窦氏诬陷宋贵人有诅咒皇上之罪。［20］甲寅：六月十八日。［21］失惑无常：精神恍惚，喜怒无常。［22］大义灭亲：语见《左传》隐公四年。［23］况降退乎：何况仅仅是降退身份而已。指对皇太子刘庆，理应大义灭亲，今不过仅仅是废为清河王而已。古制，皇太子无过，皇帝更易太子，将遭大臣反对。因太子为储君，国之根本，不宜轻易动摇。汉高祖屡次欲更易太子，遭大臣反对而作罢。［24］承训怀衽：指皇子刘肇为窦皇后亲自训导，并在怀抱中慈养。［25］丙舍：宫中之室，以甲、乙、丙为次。丙舍，在南宫深室中。［26］蔡伦（？—127）：字敬仲，桂阳（今广东连州市）人，善技巧，改进造纸术，对人类文化有大贡献。元初元年（114）以久宿卫，封龙亭侯。蔡伦因受窦皇后指使，诬陷宋贵人。后安帝亲政，追究伦罪，饮药而死。传见《后汉书》卷七十八。［27］己未：六月二十三日。［28］广平王羡：明帝子。［29］饮酎毕：指建初七年八月酎祭高庙的宴会之后。酎（zhòu），多次复酿的醇酒，专用于祭祀宗庙。［30］有司：此指主管藩王事务的大鸿胪。［31］远近：血缘关系的远近。［32］数见颜色，情重昔时：由于多次见面，感情比先前更深。［33］念王久劳，思得还休：考虑到叔王久在京师操劳辛苦，还是应该就国休息。［34］欲署大鸿胪奏，不忍下笔，顾授小黄门：我不忍心在大鸿胪的奏章上签批，特写这封信派贴身的小黄门送达。［35］恋恋：留恋，顾恋。［36］恻然：悲哀的样子。［37］车驾祖送：章帝亲自饯行。［38］甲戌：九月十日。［39］偃师：县名，县治在今河南洛阳市偃师区。［40］卷津：卷县之河津。卷县在今河南原阳县西北，其北即河津。［41］河内：郡名，治所怀县，在今河南武陟县西南。［42］因涉郡界：

趁便来到河内郡界内。［43］刺探起居：打探皇帝行止，以便趋前侍候。［44］脱粟：指吃脱粟的粗米饭。春秋时晏婴相齐，以节俭力行重于齐，食脱粟之饭，味不重肉，妾不衣帛。［45］瓢饮：指简陋的生活。《论语·雍也》篇，孔子赞美颜渊，说："贤哉，回也！一箪食，一瓢饮，在陋巷，人不堪其忧，回也不改其乐。贤哉，回也。"［46］己酉：九月己丑朔，无己酉。［47］邺：县名，魏郡治所，在今河北临漳县西南。［48］辛卯：九月二十七日。［49］癸丑：十月十九日。［50］酂侯：西汉开国功臣萧何封爵，今以其后裔萧熊嗣封。［51］槐里：县名，县治在今陕西兴平市。［52］岐山：山名，在今陕西岐山县东北。［53］长平：山坂名，其上建有长平观，在池阳县南。汉池阳县治在今陕西泾阳县。［54］池阳宫：行宫名，在池阳县，因以为名。［55］高陵：县名，县治在今陕西西安市高陵区。［56］丁亥：十二月甲午朔，无丁亥。［57］驰：快马奔驰，兼程赶路。［58］冠盖：仕宦之冠服车盖。此指皇帝特派的高级冠盖使者一批又一批前往东平国问疾。［59］置驿马：驿站备马，本是古代常设的通信系统。此谓特置的专门驿使，即御派专使，驰行千里问王起居，表达皇上的关切之情。

八年（癸未，83 年）

春，正月，壬辰[1]，王薨。诏告中傅[2]"封上王自建武以来章奏，并集览焉。"遣大鸿胪持节监丧，令四姓小侯[3]、诸国王[4]、主[5]悉会葬[6]。

夏，六月，北匈奴三木楼訾大人稽留斯[7]等率三万余人款五原塞降。

冬，十二月，甲午[8]，上行幸陈留、梁国、淮阳、颍阳[9]；戊申[10]，还宫。

太子肇之立也，梁氏私相庆[11]；诸窦闻而恶之。皇后欲专名外家[12]，忌梁贵人姊妹，数谮[13]之于帝，渐致疏嫌[14]。是岁，窦氏作飞书[15]，陷梁竦以恶逆，竦遂死狱中，家属徙九真[16]，贵人姊妹以忧死。辞语连及梁松妻舞阴公主[17]，坐徙新城[18]。

顺阳侯马廖，谨笃自守，而性宽缓，不能教勒子弟，皆骄奢不谨。校书郎杨终与廖书，戒之曰："君位地尊重，海内所望。黄门郎年幼[19]，血气方盛，既无长君[20]退让之风，而要结[21]轻狡无行之客[22]，纵而莫诲[23]，视成任性，览念前往[24]，可为寒心[25]！"廖不能从。防、光兄弟资产巨亿[26]，大起第观[27]，弥亘街路[28]，食客常数百人。防又多牧马畜，赋敛羌、胡。帝不喜之，数加谴敕[29]，所以禁遏甚备[30]。由是权势稍损，宾客亦衰。

廖子豫为步兵校尉[31]，投书怨诽[32]。于是有司并奏防、光兄弟奢侈逾僭[33]，浊乱圣化[34]，悉免就国[35]。临上路，诏曰："舅氏一门俱就国封，四时陵庙[36]无助祭先后[37]者，朕甚伤之。其令许侯[38]思愆田庐[39]，有司勿复请[40]，以慰朕渭阳之情[41]。"光比防稍为谨密，故帝特留之，后复位特进。豫随廖归国，考击物故[42]。后复有诏还廖京师。

（以上为第十段，写汉章帝抑制母后外戚，舅家诸马失势。）

【注释】

[1]壬辰：正月二十九日。[2]中傅：宦官名，朝廷派往藩国司监护之职的宦官。[3]四姓小侯：樊（光武帝母族）、阴（光武帝妻族）、郭（光武帝妻族）、马（明帝妻族）等四家外戚的青年男子。[4]诸国王：各封国亲王。[5]主：各公主。[6]会葬：齐集东平国奔丧吊唁。[7]三木楼訾大人稽留斯：据胡三省注，稽留斯，北匈奴部落名，居于三木楼山。[8]甲午：十二月七日。[9]陈留、梁国、淮阳、颍阳：四郡国名，为司隶东部相邻之郡国。陈留属兖州。梁国、淮阳（即陈国）、颍阳，属豫州。颍阳，疑是颍川之误。颍川郡治阳翟，在今河南禹州市。颍阳，县名，属颍川郡，在阳翟东南。[10]戊申：十二月二十一日。[11]私相庆：梁姓外家暗中高兴，互相庆贺。[12]专名外家：独占外家。太子刘肇为梁贵人所生，窦皇后所养，即有两姓外家。窦皇后陷害梁氏，即要独占刘肇的感情，只认窦家为外戚。[13]谮：诋毁，说坏话。[14]渐致疏嫌：致使梁贵人逐渐被章帝疏远嫌弃。[15]飞书：匿名信。[16]九真：边郡名，属交州，在今越南境内。[17]舞阴公主：光武帝长公主。[18]坐徙新城：判处流放新城。新城，县名，属河南尹，临近京师洛阳，在今河南伊川县西南。[19]黄门郎年幼：指马廖两弟马防、马光，俱为黄门郎。[20]长君：西汉文帝窦皇后兄，谦让知礼，不敢以富贵骄人。[21]要结：交结。[22]轻狡无行之客：轻浮狡诈而无品行的朋友。[23]纵而莫诲：放纵不加教诲。[24]览念前往：借鉴思考历史往事。览，借鉴。[25]可为寒心：真替马氏担心。寒心，担忧。[26]巨亿：万亿。[27]大起第观：建筑豪华住宅。[28]弥亘街路：连绵相接，布满道路。[29]谴敕：章帝颁下手谕责备。谴，斥责。敕，皇帝手谕。[30]禁遏甚备：限制阻遏马氏子弟的方法，十分周备。意谓所有劝诫抑制的方法都用尽了。[31]步兵校尉：官名，东汉禁卫五校尉之一，掌上林苑门卫兵。[32]投书怨诽：向上级写信发牢骚。怨诽，抱怨，诽谤，发牢骚。[33]奢侈逾僭：骄奢淫侈，超越礼制。[34]浊乱圣化：使圣明的教化蒙上污垢。[35]悉免就国：马氏子弟一概免官，回到封国上去。即罢斥出京师。[36]四时陵庙：春、夏、秋、冬四季祭祀陵庙。[37]先后：马太后。[38]许侯：指马光。[39]思愆田庐：留马光于

京，守田庐而思过，以便四时助祭洒扫马太后墓。［40］有司勿复请：主管藩王的部门（大鸿胪）不要再弹劾，请求马光就国。［41］渭阳之情：《诗经·秦风》篇名。秦康公之舅，即晋公子重耳，出亡在外，后由秦归晋。时秦康公为秦太子，送重耳于渭阳，留诗赠别，诗序中有言："我见舅氏，如母存焉。"章帝引此，以言舅甥之谊，思母马太后之情。［42］考击物故：受刑而死。考击，遭审问考掠。物故，死亡。

诸马既得罪，窦氏益贵盛。皇后兄宪为侍中、虎贲中郎将，弟笃为黄门侍郎[1]，并侍宫省，赏赐累积；喜交通[2]宾客。司空第五伦上疏曰："臣伏见虎贲中郎将窦宪[3]，椒房之亲[4]，典司禁兵，出入省闼[5]，年盛志美，卑让乐善，此诚其好士交结之方。然诸出入贵戚者，类多瑕衅禁锢之人[6]，尤少守约安贫之节[7]；士大夫无志之徒[8]，更相贩卖[9]，云集其门，盖骄佚[10]所从生也。三辅论议者[11]至云，'以贵戚废锢[12]，当复以贵戚浣濯[13]之，犹解醒[14]当以酒也。'诐险趣势之徒[15]，诚不可亲近。臣愚愿陛下、中宫[16]严敕[17]宪等闭门自守，无妄交通士大夫，防其未萌[18]，虑于无形[19]，令宪永保福禄，君臣交欢，无纤介之隙，此臣之所至愿也！"

宪恃宫掖声势[20]，自王、主[21]及阴、马诸家[22]，莫不畏惮。宪以贱直[23]请夺沁水公主园田[24]，主逼畏[25]不敢计[26]。后帝出过园，指以问宪，宪阴喝[27]不得对[28]。后发觉，帝大怒，召宪切责曰："深思前过夺主田园时，何用愈赵高指鹿为马[29]！久念使人惊怖。昔永平中，常令阴党、阴博、邓叠三人更相纠察[30]，故诸豪戚莫敢犯法者。今贵主尚见枉夺，何况小民哉！国家弃宪，如孤雏[31]、腐鼠耳！"宪大惧，皇后为毁服深谢[32]，良久乃得解[33]，使以田还主。虽不绳其罪，然亦不授以重任。

臣光曰：人臣之罪，莫大于欺罔，是以明君疾之。孝章谓窦宪何异指鹿为马，善矣；然卒不能罪宪[34]，则奸臣安所惩[35]哉！夫人主之于臣下，患在不知其奸，苟或知之而复赦之，则不若不知之为愈也。何以言之？彼或为奸而上不之知，犹有所畏；既知而不能讨，彼知其不足畏也，则放纵而无所顾矣！是故知善而不能用，知恶而不能去，人主之深戒也。

下邳周纡[36]为雒阳令，下车[37]，先问大姓主名[38]；吏数闾里豪强以对数。纡厉声怒曰："本问贵戚若马、窦等辈，岂能知此卖菜佣乎！"于是部吏望风旨[39]，争以激切为事[40]，贵戚局蹐[41]，京师肃清。窦笃夜至止奸亭，亭长霍延拔剑拟[42]笃，肆詈恣口[43]。笃以表闻，诏召司隶校尉、河南尹诣尚书谴问[44]；遣剑戟士[45]收纡，送廷尉诏狱[46]数日，贳出[47]之。

（以上为第十一段，写汉章帝放纵窦皇后外戚，窦宪得势骄横。）

【注释】

［1］黄门侍郎：本宦官，通达内外。秦汉时，外廷亲近之臣，加此衔，给事宫中。［2］交通：交结。［3］窦宪：窦皇后之兄。［4］椒房之亲：皇后的至亲。椒房，皇后所居之房，借指皇后。［5］省闼：宫廷。［6］瑕衅禁锢之人：瑕衅，指品德亏损之人；禁锢，指因罪过受政治禁锢之人。［7］尤少守约安贫之节：指瑕衅禁锢之人，尤其很少具有安守本分和清贫的节操。［8］无志之徒：节行堕落的人。［9］更相贩卖：互相吹捧作交易。［10］骄佚：骄恣放纵。［11］三辅论议者：关中的贤达长者。论议者，指能左右舆论的人。［12］废锢：罢官禁锢。［13］浣濯：洗涤。此喻恢复政治名誉。［14］酲（chéng）：饮酒过度而出现的病态。［15］诐险趣势之徒：诐险，指不正派的阴险的人。趣势，指趋炎附势的人。［16］陛下、中宫：指皇帝、皇后两宫。［17］严敕：严格训令。［18］防其未萌：防患于未生成（萌，萌芽）之时。［19］虑于无形：居安思危，预先有准备。［20］宪恃宫掖声势：窦宪仗恃皇亲的威势。［21］王、主：刘氏诸亲王、公主。［22］阴、马诸家：阴氏、马氏外戚家族。［23］贱直：贱价。［24］请夺沁水公主园田：借皇后之势报请有司强行购买明帝女沁水公主的园田。［25］逼畏：逼于威势而畏惧。［26］不敢计：不敢计较。［27］阴喝：暗中恐吓、喝阻。［28］不得对：窦宪左右的人，不敢以实情回答章帝之问。［29］"召宪"三句：章帝切责窦宪："想想你强夺沁水公主庄园的罪过，你的气焰简直超过了赵高的指鹿为马，长久地使人惊骇害怕。"愈，超过。赵高指鹿为马，秦二世时权奸中车府令赵高，凭借权势，在秦二世面前当着朝臣指鹿为马，威压朝臣附和自己，以孤立秦二世，欲谋大逆。事见《资治通鉴》卷八秦二世三年。［30］阴党、阴博、邓叠三人更相纠察：阴、邓两家皆外戚，故令其互相监视揭发，以抑制外戚逾侈。［31］孤雏：小鸟。［32］毁服深谢：脱去皇后之服，深深赔罪求饶。［33］良久乃得解：过了很长时间，章帝才消了怒气。解，解脱，平息。指章帝平息了怒气，解脱了窦宪之罪。［34］罪宪：治宪之罪。［35］惩：戒惧，顾忌。［36］周纡（？—97）：字文通，下邳郡徐县（今江苏泗洪县南）人，历官洛阳令、御史中丞、司隶校卫、将作大匠。执法不阿，权贵疾之。传见《后汉书》卷七十七。［37］下车：乘公车赴任。［38］大姓主名：指豪强首领。［39］望风旨：望，了解。风旨，通"讽旨"，指周纡暗示的打击豪强的意

图。［40］争以激切为事：争相使用严厉的手段打击不法贵戚为能事。［41］局蹐：弯腰并足而立，形容恐惧的样子。［42］拟：比画刺杀之状。［43］肆詈恣口：放肆地破口大骂。［44］诏召司隶校尉、河南尹诣尚书谴问：司隶校尉，掌治京师治安；河南尹，京师行政长官，均为列卿。尚书，主收受章奏。章帝下诏召聚尚书府训话，责其不抚佑外戚。［45］剑戟士：执法的武装巡捕，左右都候掌之。［46］诏狱：奉皇帝诏令拘禁犯人的监狱。［47］贯出：保释出狱。

帝拜班超为将兵长史[1]，以徐干为军司马[2]，别遣卫候[3]李邑护送乌孙使者。邑到于阗，值龟兹攻疏勒，恐惧不敢前，因上书陈西域之功不可成，又盛毁超："拥爱妻，抱爱子，安乐外国，无内顾心。"超闻之叹曰："身非曾参而有三至之谗[4]，恐见疑于当时矣！"遂去其妻。帝知超忠，乃切责邑曰："纵超拥爱妻，抱爱子，思归之士千余人，何能尽与超同心乎！"令邑诣超受节度，诏："若邑任在外者，便留与从事[5]。"超即遣邑将乌孙侍子还京师。徐干谓超曰："邑前亲毁君，欲败西域，今何不缘诏书留之，更遣他吏送侍子乎？"超曰："是何言之陋也！以邑毁超，故今遣之。内省不疚，何恤人言[6]！快意留之，非忠臣也。"

帝以侍中会稽郑弘[7]为大司农。旧交趾七郡[8]贡献转运，皆从东冶[9]泛海而至，风波艰阻，沉溺相系[10]。弘奏开零陵、桂阳峤道[11]，自是夷通，遂为常路。在职二年，所省息以亿万计。遭天下旱，边方有警，民食不足，而帑藏殷积[12]。弘又奏宜省贡献，减徭费以利饥民；帝从之。

（以上为第十二段，写班超、郑弘公忠体国，尽心职守。）

【注释】

［1］将兵长史：长史为将军僚属，主持日常事务，如参谋长之职。将兵长史，代将军领兵。［2］军司马：将军僚属，军法长官。［3］卫候：警卫官。［4］曾参而有三至之谗：曾参，春秋时孔子弟子，有仁孝之行，而有鲁人告其母，说曾参杀人，连续三人均如此说，曾参母也信以为真。事见《资治通鉴》卷三，周赧王七年。［5］留与从事：诏书令班超有权留下李邑作部属从事官。［6］内省不疚，何恤人言：无愧于心，怕什么流言。语出《论语·颜渊》篇孔子之言："内省不疚，夫何忧何惧。"疚，病也。恤，考虑，顾虑。《逸诗》云："礼义不愆，何恤人之言。"［7］郑弘：字巨君，会稽山阴（今浙江绍兴市）人。官至太尉。传见《后汉书》卷三十三。［8］交趾七郡：交趾，州名，治所番禺，在今广州市。交趾州所属七郡，当今两广地区及越南北部。七郡为南海、苍梧、郁林、合浦、交趾、九真、日南。［9］东冶：县名，属会稽郡，县治在今福建福州市。

[10]沉溺相系：沉船事件，不断发生。相系，连接不断。［11］开零陵、桂阳峤道：开凿从零陵（今湖南永州市零陵区）至桂阳（今湖南郴州市）的山道。［12］帑藏殷积：国库充实。

元和元年[1]（甲申，84年）

春，闰正月，辛丑[2]，济阴悼王长[3]薨。

夏，四月，己卯[4]，分东平国，封献王子尚为任城王。

六月，辛酉[5]，沛献王辅[6]薨。

陈事者多言“郡国贡举[7]，率非功次[8]，故守职益懈[9]，而吏事浸疏[10]，咎在州郡。”有诏下公卿朝臣议。大鸿胪韦彪上议曰：“夫国以简贤[11]为务[12]，贤以孝行为首[13]，是以求忠臣必于孝子之门[14]。夫人才行[15]少能相兼，是以孟公绰[16]优[17]于赵、魏[18]老[19]，不可以为滕、薛[20]大夫。忠孝之人，持心[21]近厚[22]；锻炼之吏[23]，持心近薄[24]。士宜以才行为先，不可纯以阀阅[25]。然其要归[26]，在于选二千石[27]。二千石贤，则贡举皆得其人矣。”彪又上疏曰：“天下枢要，在于尚书[28]，尚书之选，岂可不重！而间者多从郎官超升此位，虽晓习文法，长于应对，然察察小慧[29]，类无大能。宜鉴啬夫[30]捷急之对，深思绛侯[31]木讷之功也。”帝皆纳之。彪，贤[32]之玄孙也。

秋，七月，丁未[33]，诏曰：“律云：‘掠者[34]唯得榜、笞、立[35]’；又《令丙》[36]，棰[37]长短有数[38]。自往者大狱以来，掠考多酷，钻钻[39]之属，惨苦无极[40]。念其痛毒[41]，怵然[42]动心！宜及秋冬治狱[43]，明为其禁[44]。”

八月，甲子[45]，太尉邓彪罢，以大司农郑弘为太尉。

癸酉[46]，诏改元[47]。丁酉[48]，车驾南巡。诏：“所经道上州县[49]，毋得设储跱[50]。命司空自将徒支拄桥梁[51]。有遣使奉迎，探知起居，二千石当坐。”

九月，辛丑[52]，幸章陵[53]；十月，己未[54]，进幸江陵[55]；还，幸宛[56]。召前临淮太守宛人朱晖[57]，拜尚书仆射[58]。晖在临淮，有善政，民歌之曰：“强直自遂[59]，南阳朱季，吏畏其威，民怀其惠。”时坐法免[60]，家居，故上召而用之。十一月，己丑[61]，车驾还宫。尚书张林上言："县官[62]经用不足，宜自煮盐[63]，及复修武帝均输[64]之法。"朱晖固执以为不可，曰："均输之法，与贾贩无异，盐利归官，则下民穷怨，诚非明主所宜行。"帝因发怒切责诸尚书，晖等皆自系狱[65]。三日，诏敕出之，曰："国家乐闻驳义[66]，黄发无愆[67]；诏书过[68]耳，何故自系！"晖因称病笃，不肯复署议[69]。尚书令以下惶怖[70]，谓晖曰："今临得谴让[71]，奈何称病，其祸不细[72]！"晖曰："行年八十，蒙恩得在机密，当以死报。若心知不可，而顺旨雷同，负臣子之义！今耳目无所闻见[73]，伏待死命。"遂闭口不复言。诸尚书不知所为[74]，乃共劾奏晖[75]。帝意解[76]，寝其事[77]。后数日，诏使直事郎[78]问晖起居，太医视疾，太官赐食，晖乃起谢[79]；复赐钱十万，布百匹，衣十领。

（以上为第十三段，写汉章帝量才用人，废酷刑，纳谏奖励直臣。）

【注释】

[1]元和元年：是年八月改元。 [2]辛丑：闰正月十四日。 [3]济阴悼王长：明帝子刘长，封济阴王，谥曰悼。 [4]己卯：四月二十四日。 [5]辛酉：六月七日。 [6]沛献王辅：光武帝子，封沛王，谥曰献。 [7]贡举：保举任用的人才。汉制，公卿及郡国守相，都有责任向朝廷举荐人才，贡举得人有赏，贡举不得人有罚。[8]功次：按功绩实效，依次举用。[9]守职益懈：指郡国所贡举的人，不称职，日益不负责任。 [10]吏事浸疏：行政效率日渐低落。 [11]简贤：选贤。 [12]为务：为政的首要任务。 [13]贤以孝行为首：贤才的标准，第一推孝行。[14]求忠臣必于孝子之门：引自《孝经纬》之文。今存《孝经》而纬书已亡。 [15]才行：才能与品德。 [16]孟公绰：春秋时鲁国大夫。 [17]优：绰有余裕。 [18]赵、魏：指晋国的六卿赵氏、魏氏。 [19]老：古代，大夫的家臣称老。 [20]滕、薛：春秋时小国，与鲁国为邻。这两句话引自《论语·宪问》孔子之言，意谓孟公绰可以称职地做晋国诸卿赵氏、魏氏的家臣，但不可胜任滕、薛这样小国的大夫。 [21]持心：用心。 [22]厚：仁厚。 [23]锻炼之吏：即酷吏。 [24]薄：刻薄寡恩。 [25]纯以阀阅：只注重门第出身和积资历升迁。阀阅，明其等曰阀，积功曰阅。 [26]要归：关键，根本。 [27]二千石：指郡国守相。 [28]天下枢要，在于尚书：国家的行政中枢，集中在宫廷尚书处。这里语意双关，其一，尚书职掌收受章奏，公卿、二千石上书皆集于尚书，是为枢要。又，东汉三公权轻，事归台阁，东汉尚书为实际宰相，故曰枢要。[29]察察小慧：精细的小聪明。 [30]啬夫：上林苑中掌虎圈杂役的小吏。 [31]绛侯：指西汉名臣周勃，厚重少文，不善言辞。汉文帝一次入上林，问上林尉禽兽多少，上林尉不能对，虎圈啬夫从旁对答如流。汉文帝欲大用啬夫，遭到廷尉张释之的反对，他认为周勃木讷并不损害他为

贤相。文帝乃止。事见《资治通鉴》卷十四，汉文帝三年。［32］贤：韦贤，汉元帝时丞相。传见《汉书》卷七十三。［33］丁未：七月二十三日。［34］掠者：审问官。［35］唯得榜、笞、立：只能从下列三种刑讯中录取口供：一鞭打（榜），二棍击（笞），三站立。［36］《令丙》：法律编号，丙集文件。［37］棰：刑杖。［38］长短有数：长短大小有定规。汉制，棰长五尺，木大一寸；其竹，末薄半寸。［39］钻钻：锥刺肌肤之刑。［40］惨苦无极：凄惨的呼声震天，悲苦到极点。［41］痛毒：痛苦。［42］怵然：惊惧的样子。［43］宜及秋冬治狱：应于秋冬两季审理案件。［44］明为其禁：明令禁止酷刑审讯。［45］甲子：八月十一日。［46］癸酉：八月二十日。［47］改元：改建初九年为元和元年。［48］丁酉：九月十四日。［49］所经道上州县：据章校，有的版本“州”作“郡”。［50］储跱：预为置办招待物资。储，积蓄。跱（zhì），置办。［51］“命司空”句：诏命司空亲自率领徒吏搭架桥梁。［52］辛丑：九月十八日。［53］章陵：陵名、县名。东汉皇室祖墓在舂陵县，建武二年建陵庙，置陵令，初名昌陵，后改为章陵，并改舂陵县为章陵县。陵及县治均在今湖北枣阳市。［54］己未：十月七日。［55］江陵：县名，为南郡郡治，在今湖北江陵县。［56］宛：县名，为南阳郡郡治，在今河南南阳市。［57］朱晖（4—91）：字朱季，为人刚正，官至尚书令。传见《后汉书》卷四十三。［58］尚书仆射：官名，主领尚书，位次尚书令。［59］强直自遂：刚正自信。［60］坐法免：胡三省注引《东观汉记》曰：“坐考长史，囚死狱中，州奏免官”。据此，朱晖乃一酷吏。［61］己丑：十一月七日。［62］县官：朝廷。［63］自煮盐：国家盐铁专卖，由政府经营制盐。公元前119年汉武帝施行。［64］均输：由国家控制物资转运，用以垄断商业利润，增加国库收入。武帝元鼎二年（前115）试行，元封元年（前110）置均输官主其事。［65］自系狱：自投监狱囚禁。［66］驳义：反驳诏书的意见。义，据章校，有的版本“义”作“议”。［67］黄发无愆：朱老没有过错。黄发，指老年，时朱晖年八十，故诏书称“黄发”。［68］过：过分。［69］署议：在议案上署名。［70］惶怖：张皇失措。［71］今临得谴让：现在正值受到皇帝斥责之际。［72］其祸不细：其祸不小。意谓若称病，朝廷以抗旨罪临之，则其祸不测。［73］今耳目无所闻见：意谓，现在已耳不明，目不见，什么也听不见，看不见。［74］不知所为：不知怎么办。［75］乃共劾奏晖：于是就一起署名上奏，弹劾朱晖。［76］帝意解：章帝怒气已消。［77］寝其事：搁置不办。［78］直事郎：当班的郎官。［79］晖乃起谢：朱晖这才上衙办事（起），并上奏谢恩请罪。皇帝加礼，晖乃起谢，所谓强直自遂，大都类此。

鲁国孔僖[1]、涿郡崔骃[2]同游[3]太学，相与论“孝武皇帝，始为天子，崇信圣道，五六年间，号胜文、景；及后恣己[4]，忘其前善。”邻房生梁郁上书，告“骃、僖诽谤先帝，刺讥当世[5]”，事下有司。骃诣吏受讯。僖以书自讼[6]曰：“凡言诽谤者，谓实无此事而虚加诬之也。至如孝武皇帝，政之美恶，显在汉史，坦[7]如日月，是为直说书传实事，非虚谤也。夫帝者，为善为恶，天下莫不知，斯皆有以致之[8]，故不可以诛于人也。且陛下即位以来，政教未过，而德泽有加，天下所具也[9]，臣等独何讥刺哉！假使所非实是，则固应悛改[10]，倘其不当，亦宜含容[11]，又何罪焉！陛下不推原大数[12]，深自为计[13]，徒[14]肆私忌[15]以快其意，臣等受戮，死即死耳；顾天下之人，必回视易虑[16]，以此事窥陛下心[17]，自今以后，苟见不可之事，终莫复言者矣。齐桓公[18]亲扬其先君之恶以唱管仲[19]，然后群臣得尽其心。今陛下乃欲为十世之武帝[20]远讳实事，岂不与桓公异哉！臣恐有司卒[21]然见构，衔恨蒙枉，不得自叙，使后世论者擅以陛下有所比方[22]，宁可复使子孙追掩[23]之乎！谨诣阙伏待重诛。”书奏，帝立诏勿问[24]，拜僖兰台令史[25]。

十二月，壬子[26]，诏：“前以妖恶禁锢三属[27]者，一皆蠲除[28]之，但不得在宿卫[29]而已。”

庐江[30]毛义，东平郑均[31]，皆以行义称于乡里。南阳张奉慕义名，往候之，坐定而府檄[32]适至[33]，以义守[34]安阳[35]令，义捧檄而入，喜动颜色；奉心贱之，辞去。后义母死，征辟[36]皆不至，奉乃叹曰：“贤者固不可测。往日之喜，乃为亲屈[37]也。”均兄为县吏，颇受礼遗[38]，均谏不听，乃脱身为佣[39]，岁余得钱帛，归以与兄曰：“物尽可复得[40]；为吏坐臧[41]，终身捐弃[42]。”兄感其言，遂为廉洁。均仕为尚书，免归。帝下诏褒宠义、均，赐谷各千斛，常以八月长吏[43]问起居，加赐羊酒。

武威太守孟云上言：“北匈奴复愿与吏民合市。”诏许之。北匈奴大且渠伊莫訾王等驱牛马万余头来与汉交易，南单于遣轻骑出上郡[44]钞之，大获而还。

帝复遣假司马[45]和恭等将兵八百人诣班超。超因发疏勒、于阗兵击莎车。莎车以赂诱疏勒王忠，忠遂反，从之，西保乌即城[46]。超乃更立其府丞成大为疏勒王，悉发其不反者以攻忠，使人说康居[47]王执忠以归其国，乌即城遂降。

（以上为第十四段，写汉章帝表彰直言与廉吏，加强西域武备。）

【注释】

［1］孔僖（？—88）：字仲和，鲁国（今山东曲阜市）人，孔子后裔。官至临晋令。传见《后汉书》卷七十九上《儒林列传》。［2］崔骃（？—92）：东汉文学家，字亭伯，涿郡安平（今河北安平县）人，为车骑将军窦宪辟为府掾，改主簿。传见《后汉书》卷五十二。［3］同游：同窗，同学。［4］恣己：放纵自己。［5］刺讥当世：借古讽今，批评时政。［6］自讼：自我申诉，答辩。［7］坦：明白。［8］有以致之：有什么样的事，招致什么样的评论。［9］天下所具也：天下之人所共知。据章校，有的版本“具”下有“知”字。具知，一一知晓。［10］所非实是，则固应悛改：所批评的是实事，那么本应改正。非，批评。悛，悔悟。［11］倘其不当，亦宜含容：假使批评不当，也应包容。［12］推原大数：推按本原，从大处着眼。大数，国家大事，根本。［13］深自为计：深远地考虑百年大计。［14］徒：只是。［15］肆私忌：一味忌讳。［16］回视易虑：回顾以言受诛的往事，必然改变思考的方式。［17］窥陛下心：揣摩皇上心意。窥，偷视。此为揣摩之意。［18］齐桓公：春秋五霸之一，齐国国君，公元前685年至公元前643年在位。［19］管仲：佐齐桓公称霸的名相。传见《史记》卷六十二。齐桓公亲扬先君之恶以唱管仲，事见《国语·齐语·管仲对桓公以霸术章》。管仲佐齐公子召忽与齐桓公争位，兵败被缚，齐桓公亲迎于郊，历数齐前任国君齐襄公的失政之举，以求教于管仲，管仲对以霸术。［20］十世之武帝：以帝位相承为数，十世即武、昭、宣、元、成、哀、平、光武、明九帝，及章帝，是为十世。［21］卒：通“猝”。［22］有所比方：意谓将章帝比于古之昏君。比方，比较。［23］子孙追掩：此指章帝，如不能纳善，难免后人批评，难道还能让子孙也追溯掩饰？［24］立诏勿问：立即下诏，不要受理梁郁的小报告而审问崔骃、孔僖。［25］兰台令史：官名，掌印及文书。兰台，国家图书及档案馆。［26］壬子：十二月一日。［27］以妖恶禁锢三属：明帝时治楚王英等大狱，以妖恶罪株连被禁锢的人。三属，指三族，即父族、母族、妻族。［28］一皆蠲除：全部平反，免除禁锢之罪。［29］不得在宿卫：不能任宫官禁卫，即郎官之属。［30］庐江：郡名，治所舒县，在今安徽庐江县西南。［31］郑均：字仲虞，东平任城（今山东济宁市东南）人，历官尚书、议郎。传见《后汉书》卷二十七。［32］府檄：南阳太守委任毛义为安阳县令的文书。檄，文告，此指委任状。［33］适至：恰好到达。［34］守：代理。较低一级官行使较高一级官的职权称守。时毛义为安阳县尉。［35］安阳：县名，县治在今河南安阳市东南。［36］征辟：政府对布衣士人征召任职叫征辟。朝廷征召称征起，三公九卿及郡国守相征召称辟举。［37］为亲屈：指毛义为博母亲欢心而屈身为县令。［38］颇受礼遗：经常贪污受贿。礼遗，接受送礼，受贿的委婉说法。［39］佣：为人做工。［40］物尽可复得：财物用尽可以再赚得。［41］坐臧：被定贪污罪。臧，通“赃”。［42］捐弃：废弃。［43］长吏：大吏，即各级政府正长官。郡守、县令、县长，即为郡县长吏。［44］上郡：郡名，治所肤施，在今陕西榆林市东南。［45］假司马：副军政长官。［46］乌即城：在今新疆喀什市西。［47］康居：西域国名，故地在今哈萨克斯坦东南部，锡尔河以北。王治卑阗城，筑于都赖水，即今塔拉斯河上。

【点评】

本卷点评四大史事：一、耿恭下狱；二、马太后辞世；三、白虎观会议；四、梁郁告密。

一、耿恭下狱。耿恭字伯宗，耿弇弟耿广之子。将门虎子，耿恭少壮有将帅之才。永平十七年（74），耿恭为骑都尉刘张的司马，出击车师，任戊校尉，驻屯金蒲城。永平十八年（75），北匈奴单于遣左鹿蠡王率领两万骑兵击车师，杀车师后王安得，围攻金蒲城。耿恭激励将士，击退匈奴，转守有涧水的疏勒城，作长守之计。果然匈奴大举来攻，切断涧水，耿恭掘井十五丈得水，坚持战斗。这时焉耆、龟兹攻杀了都护陈睦，车师复叛，与匈奴联合大发兵围攻疏勒城。耿恭孤军困守，以数千之众敌数万匈奴之师，双方攻战一年有余。耿恭粮食吃完，乃煮铠弩，食其筋革。耿恭只剩下几十个战士，仍坚守不降。匈奴单于敬佩耿恭坚强，要劝降这位良将。耿恭假意投降，让匈奴使者进城，然后亲手杀了匈奴使者，放在城墙上烧烤。耿恭这一残忍的极端做法，意在表示必死，绝无降意。单于大怒，又一次增兵围攻。这时汉朝援兵赶来，救出了耿恭，数千战士，只剩下二十六人。存活战士身体虚弱，等回到玉门关，只剩下十三人。耿恭回朝，被授予骑都尉之职。这时已是章帝在位，马太后临朝。章帝建初元年（76），耿恭迁长水校尉，奉命率领五校士三千人随车骑将军马防出征西羌，任副帅。马防是马太后的哥哥，并无将帅之才，凭皇亲国戚的身份任高职。第二年马防被召回京师，实际讨羌的统帅是耿恭。耿恭俘虏了叛羌一千余人，获牛羊四万余头，勒姐、烧何等部数万羌人投降，基本平定了叛羌。对于如何善后，巩固胜利成果，耿恭上疏，举荐窦固镇抚凉州，马防驻屯汉阳为后援。窦固是窦融的侄儿，窦融在河西很有声望，窦固有军事才能，永平十六年（73）东汉第一次开通西域就是窦固领兵北伐匈奴取得的胜利。耿恭的这一建议是安边的良策，尽忠报国的表现。耿恭哪里知道马氏、窦氏两家皇亲国戚互不服气有嫌隙，马防为后援更是带气。马防要置耿恭于死地，指控耿恭成天打猎游戏，不关心军事，敌人来了不战斗，只是紧闭营门贪生怕死。这完全是捏造的罪名。耿恭被召回京，罢了官，打入监狱。

耿恭血战西域，大胜西羌，为国尽良言，却莫名其妙地下狱，这是马太后以章帝名义制造的又一桩冤案。自马援蒙冤以来，东汉一朝善战良将大多蒙冤。镇抚西羌的名将皇甫规、张奂、段颎，以及第三次通西域的班勇，都受到不公平的待遇。马援蒙冤，为颠倒是非、混淆黑白的错案提供了样板。马太后还算开明，千方百计地约束娘家兄弟，但亲情的偏听偏信蒙住了她的双眼，或许是为了维护娘家利益，睁一只眼闭一只眼，章帝为了讨好太后和舅舅，明知是冤也要这么办。光武帝制造的马援案，明帝制造的楚王英谋反扩大案，章帝制造的耿恭下狱案，三代帝王都算是东汉英明有为的国君，在政治最开明的时期，尚且如此，东汉一朝的政治就可想而知了。

二、马太后辞世。章帝建初四年（79）六月三十日，马太后辞世。马太后是伏波将军马援的小女。马援蒙冤，家道败落。马太后时年十三岁，堂兄马严上书光武帝愿送马援女入后宫，服侍皇家。马太后被选入太子宫，得到太子的宠爱。太子即位，是为汉明帝。马太后被封为贵人，加上阴太后喜欢，于是被立为皇后。马皇后没有生育，明帝说："儿子不一定要亲生，要的是有爱心。"章帝为明帝贾贵人所生，马皇后养以为子，百般爱护，视同己出。章帝也极为孝顺，只认马皇后为生母，只承认马家兄弟是自己的舅舅。章帝即位，马皇后被尊为太后，临朝听政。章帝多次要封马廖、马防、马光三个舅舅为侯，都被马太后阻止。马太后抑制外家，考虑的是身后马家的安全。马太后临终前，章帝违背马太后的约束，强行册封三个舅舅为侯，这是章帝亲政前夕的一次权力专断的预演。一是让马太后亲眼看到三个舅舅册封为侯，太后可以放心。二是利用三个舅舅辞封的谦让，顺坡下驴，不准辞封，允准辞官，实际是收了三个舅舅的权力，赐以"特进"身份回家养老。马太后临终的遗恨大概就在这里。

章帝一心一意地孝敬马太后都是真的。马太后辞世后，章帝没有把生母贾贵人尊为太后，只不过把贾贵人印信的绿色绣带改为红色绣带，即稍微提高贵人品秩，加派二百名宫女，赏赐车一辆、各色绸缎二万匹、黄金一千斤、钱两千万而已。马太后付出了爱心，得到了养子的高额回报，马氏家族再兴，她提供了一个成功的榜样。章帝窦皇后无子，抱养梁贵人所生子刘肇为己子，立为太子，即位后是为汉和帝，窦皇后为了汉和帝只认窦氏为外家，不认梁氏为外家，窦皇后耍了一个小聪明，她制造流言，诬陷梁贵人之父梁竦有罪，诛杀了梁家，梁贵人忧愁而死。和帝永元九年（97），窦太后死，还没有下葬，梁贵人的姐姐梁嫕就上书揭发真相，窦氏家族遭受灭顶之灾。窦太后用尽心机，搬起石头砸了自己的脚，这就叫作聪明反被聪明误。马太后高明于梁太后，不但聪明，更有智慧。马太后没有杀贾贵人，也没有迫害贾氏家族，这就是马太后的智慧，马太后的品德。马太后抑制娘家人，也是她深谋远虑的智慧和高贵品德的表现。只不过马氏兄弟太暴戾，不珍惜自己，才受到章帝惩治，这不是马太后的过错。

三、白虎观会议。章帝建初四年（79），校书郎杨终上奏效法西汉宣帝会集诸儒在石渠阁讨论经义的做法，在白虎观召开学术大会，统一经义。章帝准奏，召开了白虎观会议，并且亲临裁定讨论纪要，企图编成一本统一思想、作为永久法则的书，称《白虎议奏》，又名《白虎通》。这是汉代经学发展和汉代思想史上的一次重要会议，由皇帝亲自主持的一次百家争鸣的学术大会。参加讨论的学者阵容庞大，当代大儒家李育、魏应、杨终、淳于恭、丁鸿、楼望、张酺、成封、鲁恭、桓郁、召训、班固、贾逵等参加会议。诸儒有今古文学者，也有谶纬学者。章帝爱好古文，古文经学家占了主导地位，班固、贾逵都是古文经学家。

东汉初，由于谶纬的发展，古文经学的兴起，动摇了今文经学的主导地位，思想领域出现了极其复杂的矛盾。光武帝宣布图谶为国宪，图谶把经学神学化，把孔子说成神，把六艺说成神书，遭到了古今文两派经学家的反对。汉初大儒桓谭、范升、陈元、郑兴、杜林、卫宏、刘昆、桓荣、尹敏都反对谶纬，皇权的强力压制只是表面上压服了诸儒，实际上强力压制更激化了矛盾，白虎观会议就是要消除矛盾，统一思想。

《白虎议奏》是白虎观会议的成果，全书记录了四十三条名词解释，内容涉及社会、礼仪、风习、国家制度、伦理道德，以及哲学范畴的名词天地、五行、人、性情等。古文经学的观点在讨论中占了主导地位，谶纬的许多简单粗糙的神学说教被清除了。而加强专制集权的三纲教义更加强化与神化，为东汉绝对君权提供了理论基础。

思想的统一不可能通过一次会议完成。作为统一学术思想的会议，白虎观会议是一次彻底的失败，相反，正是这种统一，阻碍了经学的发展。白虎观会议后，社会兴起了以王符、崔寔、仲长统、荀悦等为代表的社会批判思潮。但作为遏制谶纬学的发展、恢复经学原有面貌的举措，白虎观会议开辟了一条通道，学术应当自由讨论，只有百家争鸣学术才能发展，思想才能统一。白虎观会议后，统一经学的努力一直在进行。到东汉末，郑玄遍注群经，对两汉经学做了统一的整理。

四、梁郁告密。太学生鲁国人孔僖与涿郡人崔骃两人讨论学术，涉及对汉武帝的议论，被邻房的一个太学生梁郁偷听到了，梁郁上书向章帝打小报告，揭发两人诽谤先帝，罪名如成立，重则杀头，轻则下狱或驱逐出太学。崔骃被官员传讯，孔僖赶紧上书申辩，认为讨论汉武帝的功过，只是复述了一遍历史，说的功与过都是事实，符合事实的说话不是诽谤，即使说错了，皇帝也应宽容，这样才能听到臣民的声音。章帝还算开明，指示主管官员撤销控告案，还给了孔僖一个小官做。章帝欣赏孔僖的勇气与直言，且谈论的是十代以前的皇帝，章帝赦免了孔僖、崔骃的过错。两人是幸运者，章帝也得到纳谏的美名。可恶的是梁郁这种人，偷听别人的话来揭发，损人利己，甚至是损人不利己。在一个以言论就可定罪的社会里，身边的这种人防不胜防，所以告密与以言论定罪这样的制度必须铲除。

卷四七　汉纪三十九

汉章帝元和二年至汉和帝永元三年（85—91年）

【起旃蒙作噩（乙酉，85年），尽重光单阏（辛卯，91年），凡七年】

【大事提要】

本卷记事起公元85年，讫公元91年，凡七年，当章帝元和二年至和帝永元三年。国内政治平稳，章帝坚持尊儒祭孔、倡导儒学的路线，推行新历。章帝驾崩，窦太后临朝，窦宪更加恣意妄为，因惧诛而发兵北击匈奴，肃靖了北疆，却也立了大功。东汉政府高价赎回南匈奴的俘虏归还北匈奴，挑动南北匈奴斗争，以夷制夷策略收到成效，为窦宪的北征奠定了基础。班超在西域，大败莎车，打通了西域南道交通。又大破月氏侵犯，威震西域。由于傅育、张纡两任护羌校尉邀功自炫，失信西羌，又多杀戮，逼使西羌大叛，严重影响了西疆的安宁。邓训接任护羌校尉，恩威并用，羌人远遁。

肃宗孝章皇帝下

元和二年（乙酉，85年）

春，正月，乙酉[1]，诏曰："令云：'民有产子者，复[2]勿算[3]三岁。'今诸怀妊[4]者，赐胎养谷[5]人三斛[6]，复其夫勿算一岁。著以为令[7]！"又诏三公曰[8]："安静之吏，悃愊无华[9]，日计不足，月计有余[10]。如襄城[11]令刘方，吏民同声谓之不烦[12]，虽未有他异，斯亦殆近之矣[13]！夫以苛为察，以刻为明[14]，以轻为德，以重为威[15]，四者或兴，则下有怨心[16]。吾诏书数下，冠盖接道[17]，而吏不加治[18]，民或失职[19]，其咎[20]安在？勉思旧令，称朕意焉！"

北匈奴大人[21]车利涿兵[22]等，亡来入塞[23]，凡七十三辈。时北虏衰耗，党众离畔，南部[24]攻其前，丁零[25]寇其后，鲜卑[26]击其左[27]，西域[28]侵其右[29]，不复自立，乃远引[30]而去。

南单于长[31]死，单于汗之子宣立，为伊屠於闾鞮单于[32]。

《太初历》[33]施行百余年，历稍后天[34]。上命治历编䜣、李梵等综校其状[35]，作《四分历》[36]；二月，甲寅[37]，始施行之。

帝之为太子也，受《尚书》于东郡[38]太守汝南张酺[39]。丙辰[40]，帝东巡，幸东郡，引酺及门生并郡县掾史并会庭中。帝先备弟子之仪，使酺讲《尚书》一篇，然后修君臣之礼；赏赐殊特，莫不沾洽[41]。行过任城[42]，幸郑均[43]舍，赐尚书禄[44]以终其身，时人号为“白衣尚书”。

乙丑[45]，帝耕于定陶[46]。辛未[47]，幸泰山，柴告岱宗[48]；进幸奉高[49]。壬申[50]，宗祀五帝[51]于汶上明堂[52]；丙子[53]，赦天下。进幸济南[54]。三月，己丑[55]，幸鲁[56]；庚寅[57]，祠[58]孔子于阙里[59]，及七十二弟子[60]，作六代之乐[61]，大会孔氏男子[62]二十以上者六十二人。帝谓孔僖[63]曰：“今日之会，宁于卿宗有光荣乎？”对曰：“臣闻明王圣主，莫不尊师贵道。今陛下亲屈万乘，辱临敝里，此乃崇礼先师，增辉圣德[64]；至于光荣，非所敢承！”帝大笑曰：“非圣者子孙焉有斯言乎！”拜僖郎中[65]。

壬辰[66]，帝幸东平[67]，追念献王[68]，谓其诸子曰：“思其人，至其乡；其处在，其人亡。”因泣下沾襟。遂幸献王陵[69]，祠以太牢[70]，亲拜祠坐[71]，哭泣尽哀。献王之归国也，骠骑府[72]吏丁牧、周栩以献王爱贤下士，不忍去之，遂为王家大夫[73]数十年，事祖及孙[74]。帝闻之，皆引见，既愍[75]其淹滞[76]，且欲扬献王德美，即皆擢[77]为议郎[78]。乙未[79]，幸东阿[80]，北登太行山，至天井关[81]。夏，四月，乙卯[82]，还宫。庚申[83]，假于祖祢[84]。

五月，徙江陵王恭[85]为六安王。

秋，七月，庚子[86]，诏曰：“《春秋》重三正[87]，慎三微[88]。其定律无以十一月、十二月报囚[89]，止用冬初十月而已[90]。”

（以上为第一段，写汉章帝尊儒祭孔，推行新历。）

【注释】

［1］乙酉：正月五日。［2］复：免除。［3］算：算赋，汉代人头税。成人年十五以上，不分男女，每年纳税一百二十钱，称一算。西汉初，汉高祖为恢复生产，鼓励人口增殖，曾令妇女产子者，免除其夫算赋三年。今又重申此制。［4］怀妊：怀孕。［5］赐胎养谷：赏赐孕妇养胎稻谷。［6］人三斛：每人三斛。六石四斗为一斛。［7］著以为令：著，记载。将本诏书载入法令，成为常例。［8］又诏三公曰：据章校，有的版本"曰"下有"夫俗吏矫饰外貌，似是而非，朕甚餍之，甚苦之！"十八字。［9］安静之吏，悃愊无华：埋头苦干的官吏，诚诚恳恳而朴实无华。悃愊，虔诚。［10］日计不足，月计有余：每天考校，看不出成效；积久而按月考校，大大超出一般的成效。计，考校。不足、有余，指官吏治政成效不足或超出常规水平。［11］襄城：县名，县治在今河南襄城县。［12］不烦：政令不烦苛，不扰民。［13］虽未有他异，斯亦殆近之矣：虽然没有其他特出表现，但这就差不多接近我的要求。斯，指像刘方这样的官吏。殆，庶几，差不多。［14］以苛为察，以刻为明：以苛暴为洞察，以刻深为英明。苛，暴虐。刻，深细苛求。［15］以轻为德，以重为威：以从轻发落罪犯为有仁德，以重刑制裁为树立威望。轻，指过于宽容，重罪轻判。重，与轻相反，指加重判罪。［16］四者或兴，则下有怨心：这四种治政方法如果推行起来，那么处于下位的老百姓将怨声载道。四者，指前文"以苛为察，以刻为明，以轻为德，以重为威"四种政治。或，如果。兴，作，推行。下，指处下位的老百姓。［17］冠盖接道：谓宣诏的使者四出，一批又一批。冠盖，指戴官帽、乘官车的使者。盖，车盖。［18］吏不加治：政风未走上正轨。［19］民或失职：百姓仍有人触犯法网。失职，失公民之职，指犯法。［20］咎：过失。［21］大人：部落酋长。［22］车利涿兵：大人名。［23］入塞：入关归附。［24］南部：居于漠南的匈奴南部，即归附汉朝的南匈奴。［25］丁零：居于西伯利亚贝加尔湖四周的古部族名。［26］鲜卑：古部族名，居于今内蒙古东部及东北三省西部，在匈奴之东。［27］左：匈奴东部。［28］西域：指居于今新疆境内的各城邦小国，西汉时有三十六国，东汉时有五十余国，皆归附汉朝。［29］右：匈奴西部。［30］远引：远逃。北匈奴在汉兵及四围各部族联合打击下向西远逃至乌孙、康居地。［31］南单于长：即湖邪尸逐侯鞮单于，公元63年至公元85年在位。［32］伊屠於闾鞮单于：伊伐於虑鞮单于栾提汗之子，栾提宣，公元85年至公元88年在位。［33］《太初历》：汉武帝太初元年所颁行的新历，以建寅之月为岁首。［34］历稍后天：按历法推算的晦朔弦望稍晚于实际观测的天步运行。后天，即历法规定稍晚于天步。例如十五日月圆，称望，现在稍晚一二日，在十六日或十七日才见月圆。［35］综校其状：综合各家历法推步，考校（观测）天步运行，重新订正历法。［36］作《四分历》：编定新历法，叫《四分历》。《后汉书·律历志》载："自太初元年始用《三统历》，施行百有余年"云云。按：《三统历》为刘歆所造，为王莽所用，以十二月建丑之月为正。光武中兴，废《三统历》，复用《太初历》，至是始改《四分历》，仍用《太初历》的建寅之月为正，而完善其推步。［37］甲寅：二月四日。［38］东郡：郡名，治所濮阳，在今河南濮阳县西南。［39］张酺（？—104）：字孟侯，汝南郡细阳县（县

治在今安徽太和县东）人。章帝刘炟为太子时，张酺曾为太子侍讲，授《尚书》。酺守正不阿，历仕章帝、和帝两朝，官至司徒。传见《后汉书》卷四十五。［40］丙辰：二月六日。［41］沾洽：蒙受甘露，喻得到赏赐。［42］任城：封国名，治所任城县，在今山东济宁市东南。［43］郑均：好黄老术，一度征起为尚书，数纳忠言，章帝十分敬重。因病免，致仕归家。传见《后汉书》卷二十七。［44］赐尚书禄：因郑均曾为尚书，今赐以领尚书禄终身。尚书禄，六百石，月俸七十斛（石）。［45］乙丑：二月十五日。［46］定陶：县名，县治在今山东菏泽市定陶区。［47］辛未：二月二十一日。［48］柴告岱宗：在泰山顶上燔柴祭天。柴，祭名，焚木祭天。岱宗，泰山别名。［49］奉高：县名，县治在今山东泰安市东。［50］壬申：二月二十二日。［51］宗祀五帝：祭祀五天帝。［52］汶上明堂：公元前110年汉武帝封禅泰山，在汶水岸建祭祀及朝会大礼堂，称汶上明堂，在奉高县西南。［53］丙子：二月二十六日。［54］济南：封国名，治所东平陵，在今山东济南市东。［55］己丑：三月十六日。［56］鲁：县名，县治在今山东曲阜市。［57］庚寅：三月十七日。［58］祠：祭奠。［59］阙里：里名，孔子所居旧址，在曲阜城内。［60］七十二弟子："七十二"为古人习惯说法。举成数言七十。《史记·仲尼弟子列传》记载，孔子高足共七十七人。［61］六代之乐：黄帝乐名《云门》，尧乐名《咸池》，舜乐名《大韶》，禹乐名《大夏》，汤乐名《大护》，周乐名《大武》。［62］孔氏男子：孔子后裔男子。［63］孔僖（？—88）：孔子后裔，世传家学《古文尚书》及《毛诗》。历官兰台令史、东观校书郎、临晋令。传见《后汉书》卷七十九上。［64］增辉圣德：发扬光大皇帝尊师的神圣品德。［65］郎中：官名，侍从皇帝。［66］壬辰：三月十九日。［67］东平：光武帝子刘苍封国，治所无盐，在今山东东平县东。［68］献王：东平王刘苍，光武帝子。传见《后汉书》卷四十二。本传载，刘苍死后谥为"宪"而非"献"，沛王刘辅（刘苍兄）才谥为"献"。《谥法》："博闻多能曰宪"。［69］献王陵：应为宪王陵。［70］太牢：猪、牛、羊三牲具称太牢。［71］亲拜祠坐：章帝亲到宪王祠堂祭拜牌位。宪王刘苍为章帝亲叔。［72］骠骑府：骠骑将军府。刘苍辅政，曾任车骑将军。［73］为王家大夫：为东平王国大夫。［74］事祖及孙：献王苍、怀王忠及今王敞，是为祖孙三代。［75］愍：怜悯。［76］淹滞：久居下位没有升迁。［77］擢：升迁。［78］议郎：郎官名，侍从皇帝。［79］乙未：三月二十二日。［80］东阿：县名，县治在今山东阳谷县东。［81］天井关：太行山关名，在今山西晋城市南。［82］乙卯：四月六日。［83］庚申：四月十一日。［84］假于祖祢：到祖庙告祭巡察四方的情况。假，至。此礼仪出于《尚书·舜典》，一岁巡四岳，归告于祖庙。［85］江陵王恭：明帝子。传见《后汉书》卷五十。［86］庚子：七月二十三日。［87］《春秋》重三正：《春秋》，指孔子所修鲁国编年史《春秋》，书法用周历，年始则书"王正月"，以象征天子纪纲。《后汉书·章帝纪》载此诏曰："《春秋》于春每月书'王'者，重三正，慎三微也。"三正，天、地、人。［88］慎三微：天、地、人三正，对应在历法上就是十一月、十二月、正月三微月。十一月，为天正，周历之始月，是时阳气始发动于地下；十二月，为地正，殷历之始月，是时万物皆孕育待出；正月为人正，夏历之始月，万物皆萌芽而出，人得加功展业，三正之历，谨守上天好生之德，以三微月为岁始。［89］报囚：处决死囚。［90］止用冬初十月而已：从今以后只准在十月处决死囚。

冬，南单于遣兵与北虏温禺犊王战于涿邪山[1]，斩获而还。武威太守孟云上言："北虏以前既和亲，而南部复往抄掠，北单于谓汉欺之，谋欲犯塞，谓宜还南所掠生口[2]以慰安其意。"诏百官议于朝堂。太尉郑弘、司空第五伦以为不可许，司徒桓虞[3]及太仆袁安[4]以为当与之。弘因大言[5]激厉[6]虞曰："诸言当还生口者，皆为不忠！"虞廷叱[7]之，伦及大鸿胪[8]韦彪[9]皆作色变容[10]。司隶校尉[11]举奏[12]弘等，弘等皆上印绶谢[13]。诏报曰："久议沈滞[14]，各有所志，盖事以议从[15]，策由众定，訚訚[16]衎衎[17]，得礼之容，寝嘿[18]抑心[19]，更非朝廷之福。君何尤[20]而深谢！其各冠履[21]！"帝乃下诏曰："江海所以长百川[22]者，以其下[23]之也。少加屈下[24]，尚何足病！况今与匈奴君臣分定，辞顺约明[25]，贡献累至，岂宜违信，自受其曲[26]！其敕度辽及领中郎将[27]庞奋倍雇[28]南部所得生口以还北虏；其南部斩首获生，计功受赏，如常科[29]。"

（以上为第二段，写东汉政府挑动南北匈奴恶斗，高价购买南匈奴的俘虏归还北匈奴，两面讨好，坐收渔人之利。）

【注释】

［1］涿邪山：在蒙古国南境，即今古尔班察汗山。［2］掠生口：俘获人众家畜。生，指人众；口，指牛羊等牲畜。［3］桓虞：字仲春，冯翊（今陕西西安市高陵区）人。章帝建初四年（79）以南阳太守为司徒。东汉司徒为丞相，三公之一。［4］袁安（？—90）：历仕明帝、章帝、和帝三朝，官至司空、司徒。此时为太仆（九卿之一，掌皇帝车马），后代桓虞为司徒。传见《后汉书》卷四十五。［5］大言：夸大言词。这里即指下文的指斥桓虞为"不忠"。［6］激厉：声色俱厉。［7］叱：呵斥，批评郑弘无礼。［8］大鸿胪：九卿之一，掌民族事务。［9］韦彪：字孟达，扶风平陵（在今陕西咸阳市东北）人，仕明帝、章帝、和帝三朝，官至大鸿胪，行司徒事，著有《韦卿子》十二篇行于世。传见《后汉书》卷二十六。［10］作色变容：大惊失色。［11］司隶校尉：官名，汉武帝始置，察举京师及京畿地区，位列九卿。［12］举奏：弹劾。［13］上印绶谢：奉上官印请罪。即作引咎辞职的表示。［14］久议沈滞：议而不决。沈滞，此指不果决办事。［15］议从：指经过讨论达成共识，一致认同。［16］訚（yín）訚：忠正的样子。［17］衎（kàn）衎：和乐的样子。［18］寝嘿：沉默不言。［19］抑心：抑制真实心意，即说违心话。［20］君何尤：

你们有何罪过。[21]冠履：作动词用，谓戴好官帽，穿好官服鞋袜。[22]长百川：指长江、东海比千万条河流长而大，而容百川。长（cháng），长，大。[23]下：地势低下。[24]少加屈下：谓中国稍稍受点委曲，以示气度宏大。[25]辞顺约明：指北匈奴言辞恭顺，誓约明显。[26]曲：理亏。[27]度辽及领中郎将：度辽将军兼护匈奴中郎将。此两职专为设防匈奴而置。[28]倍雇：用加倍的价钱赎买。[29]如常科：按常例规定赏赐南匈奴。东汉一面赏赐南匈奴去掠夺北匈奴生口，一面又加倍出大价钱赎买南匈奴所掠生口归还北匈奴，这就是“少加屈下”的内容。即东汉政府出钱挑动南北匈奴争斗以收渔人之利。

三年（丙戌，86年）

春，正月，丙申[1]，帝北巡[2]；辛丑[3]，耕于怀[4]；二月，乙丑[5]，敕侍御史[6]、司空[7]曰：“方春所过，毋得有所伐杀[8]；车可以引避[9]，引避之，騑马[10]可辍解[11]，辍解之。”戊辰[12]，进幸中山[13]，出长城；癸酉[14]，还，幸元氏[15]；三月，己卯[16]，进幸赵[17]；辛卯[18]，还宫。

太尉郑弘[19]数陈侍中[20]窦宪[21]权势太盛，言甚苦切，宪疾之。会弘奏宪党尚书张林、雒阳令杨光在官贪残。书奏，吏与光故旧，因以告之，光报宪。宪奏弘大臣，漏泄密事[22]，帝诘让[23]弘。夏，四月，丙寅[24]，收弘印绶。弘自诣廷尉[25]，诏敕出[26]之，因乞骸骨[27]归，未许。病笃[28]，上书陈谢曰：“窦宪奸恶，贯天达地，海内疑惑，贤愚疾恶，谓‘宪何术以迷主上！近日王氏之祸[29]，昞然[30]可见。’陛下处天子之尊，保万世之祚[31]，而信谗佞之臣，不计存亡之机[32]；臣虽命在晷刻[33]，死不忘忠，愿陛下诛四凶[34]之罪，以厌[35]人鬼愤结之望！”帝省章，遣医视弘病，比至，已薨。

以大司农[36]宋由为太尉。

司空第五伦以老病乞身[37]；五月，丙子[38]，赐策罢[39]，以二千石俸终其身。伦奉公尽节，言事无所依违[40]。性质悫[41]，少文采，在位以贞白[42]称。或问伦曰：“公有私乎？”对曰：“昔人有与吾千里马者，吾虽不受，每三公有所选举[43]，心不能忘，亦终不用[44]也。若是者，岂可谓无私乎！”

以太仆袁安为司空。

秋，八月，乙丑[45]，帝幸安邑[46]，观盐池[47]。九月，还宫。

烧当羌[48]迷吾复与弟号吾[49]及诸种反。号吾先轻入[50]，寇陇西[51]界，督烽掾[52]李章追之，生得号吾，将诣郡。号吾曰："独杀我，无损于羌；诚得生归，必悉罢兵，不复犯塞。"陇西太守张纡放遣之，羌即为解散，各归故地。迷吾退居河北归义城[53]。

疏勒[54]王忠从康居[55]王借兵，还据损中[56]，遣使诈降于班超；超知其奸而伪许之。忠从轻骑诣超，超斩之，因击破其众，南道遂通。

楚许太后[57]薨。诏改葬楚王英，追爵谥曰楚厉[58]侯。

帝以颍川郭躬[59]为廷尉。决狱[60]断刑[61]，多依矜恕[62]，条诸重文可从轻者四十一，奏之[63]，事皆施行。

博士[64]鲁国曹褒上疏，以为"宜定文制，著成汉礼。"太常[65]巢堪以为"一世大典，非褒所定，不可许。"帝知诸儒拘挛[66]，难与图始[67]，朝廷礼宪[68]，宜以时立，乃拜褒侍中。玄武司马[69]班固[70]以为"宜广集诸儒，共议得失。"帝曰："谚言：'作舍道边，三年不成。'会礼[71]之家，名为聚讼[72]，互生疑异，笔不得下。昔尧作《大章》[73]，一夔足矣[74]。"

（以上为第三段，写太尉郑弘敢言，弹劾窦宪过恶；班超打通西域南道交通。）

【注释】

[1]丙申：正月二十二日。[2]北巡：视察北方。[3]辛丑：正月二十七日。[4]怀：县名，县治在今河南武陟县西。[5]乙丑：二月二十一日。[6]侍御史：官名，御史中丞属官，掌监察，随车驾出巡，举劾道路不法。[7]司空：东汉改御史大夫为司空，职司监察及工程，随车驾出巡治道路。[8]伐杀：指车驾践踏庄稼。[9]引避：绕道。[10]骓马：皇帝车乘用四马，中间两马称服马，两边的两马称骓马。[11]辍解：解除骓马，只用两马驾车。[12]戊辰：二月二十四日。[13]中山：封国名，治所卢奴，在今河北定州市。[14]癸酉：二月二十九日。[15]元氏：县名，县治在今河北元氏县西北。[16]己卯：三月六日。[17]赵：封国名，治所邯郸，在今河北邯郸市。[18]辛卯：三月十八日。[19]郑弘：字巨君，会稽山阴县（今浙江绍兴市）人。仕明帝、章帝两朝，官至太尉。传见《后汉书》卷三十三。[20]侍中：官名，皇帝亲随。[21]窦宪：章帝窦皇后兄，东汉功臣窦融玄孙，官至大将军，专权擅政，为和帝所杀。传附《窦融传》，见《后汉书》卷二十三。[22]漏泄密事：汉制，泄露机密为大不敬，重者杀

头。此为窦宪恃势陷害郑弘之罪。［23］诘让：斥责，追究泄密责任。［24］丙寅：四月二十三日。［25］自诣廷尉：主动到廷尉自首请罪。廷尉，九卿之一，掌刑狱。［26］出：免罪释放。［27］乞骸骨：辞职的委婉用语。［28］病笃：病重。郑弘忧愤成疾。［29］王氏之祸：谓王莽篡国之祸，可为鉴戒。［30］昞然：同“炳然”，显明。［31］祚：君位，国运。［32］存亡之机：指国家存亡的关键。［33］晷（guī）刻：顷刻时间。晷，测日影的仪器。［34］四凶：帝尧时四位大臣，即驩兜、共工、鲧、三苗，天下恶之，为帝舜所诛。［35］厌：满足。［36］大司农：九卿之一，掌财赋。［37］乞身：即乞骸骨。［38］丙子：五月三日。［39］赐策罢：皇帝允准大臣辞职，赐策规定待遇。此为荣耀终身。［40］依违：言语模棱两可。［41］质悫：朴实诚恳。［42］贞白：忠正清白。［43］三公：即太尉、司徒、司空。有所选举：当举荐、征辟人才之时。［44］亦终不用：最终还是没有举荐送马者。［45］乙丑：八月二十四日。［46］安邑：县名，为河东郡治，在今山西夏县西北。［47］盐池：在安邑县西南。［48］烧当羌：西羌最大的种姓，东汉时居于青海湖东湟水南至赐支河曲广大地区，土地肥美，又近塞内，常雄西羌诸种，威胁东汉西疆。［49］迷吾、号吾：烧当羌酋长滇吾之子。兄弟二人于章帝元和三年反汉。［50］轻入：轻敌直入。［51］陇西：郡名，辖洮水流域，与金城郡同为御西羌的边郡。陇西郡治狄道，在今甘肃临洮县。［52］督烽掾：郡掾之一，督掌烽燧。［53］归义城：招降羌人的边城，在今青海贵德县北大河北岸。［54］疏勒：西域国名，王都疏勒，在今新疆喀什市。［55］康居：西域国名，王都卑阗城，在今中亚哈萨克斯坦塔拉斯河上。［56］损中：据胡三省注，应为桢中城，见《汉书·西域传》。《后汉书·班超传》亦作“损中”，李贤注未详。其城当在疏勒之西。［57］楚许太后：楚王刘英之母，光武帝许美人。［58］厉：《谥法》曰：“杀戮无辜曰厉。”［59］郭躬（？—94）：字仲孙，颍川阳翟（今河南禹州市）人，精通律令，官至廷尉。传见《后汉书》卷四十六。［60］决狱：审讯狱案。［61］断刑：判罪量刑。［62］矜恕：哀怜宽恕。［63］条诸重文可从轻者四十一，奏之：条列出四十一条处罚最重的法令、案例，奏请减轻。［64］博士：官名，奉常属官，备朝廷顾问，为太学讲官。［65］太常：九卿之一，掌宗庙礼仪。［66］拘挛：拘束，墨守教条。［67］难与图始：难以依靠诸儒革新创始新的局面。［68］礼宪：礼仪规章。［69］玄武司马：官名，掌宫城玄武门护卫。［70］班固（32—92）：东汉史学家、文学家，著《汉书》行于世。与父班彪同传，见《后汉书》卷四十。［71］会礼：聚诸儒议礼。［72］聚讼：议论纷纷，各执一端。［73］《大章》：尧时乐名。［74］一夔足矣：正乐，委托夔一人就够了。夔，传说的尧时乐师。

章和元年（丁亥，87年）

春，正月，帝召褒，受以叔孙通《汉仪》十二篇[1]，曰：“此制散略，多不合经，今宜依礼条正，使可施行。”

护羌校尉[2]傅育[3]欲伐烧当羌，为其新降，不欲出兵，乃募人斗[4]诸羌、胡[5]；羌、胡不肯，遂复叛出塞，更依迷吾。育请发诸郡兵数万人共击羌。未及会，三月，育独进军。迷吾闻之，徙庐落去。育遣精骑三千穷追之，夜，至三兜谷[6]，不设备，迷吾袭击，大破之，杀育及吏士八百八十人。及诸郡兵到，羌遂引去。诏以陇西太守张纡为校尉，将万人屯临羌[7]。

夏，六月，戊辰[8]，司徒桓虞免。癸卯[9]，以司空袁安为司徒，光禄勋[10]任隗[11]为司空。隗，光之子也。

齐王晃[12]及弟利侯刚，与母太姬更相诬告。秋，七月，癸卯，诏贬晃爵为芜湖侯，削刚户三千，收太姬玺绶。

壬子[13]，淮阳顷王昞[14]薨。

鲜卑入左地[15]，击北匈奴，大破之，斩优留单于[16]而还。

羌豪迷吾复与诸种寇金城塞[17]，张纡遣从事[18]河内司马防，与战于木乘谷[19]；迷吾兵败走，因译使[20]欲降，纡纳之。迷吾将人众诣临羌，纡设兵大会，施毒酒中，伏兵杀其酋豪八百余人，斩迷吾头以祭傅育冢，复放兵击其余众，斩获数千人。迷吾子迷唐，与诸种解仇[21]，结婚交质[22]，据大、小榆谷[23]以叛，种众炽盛，张纡不能制。

壬戌[24]，诏以瑞物仍集[25]，改元章和[26]。是时，京师四方屡有嘉瑞，前后数百千，言事者咸以为美。而太尉掾[27]平陵何敞[28]独恶之，谓宋由、袁安曰："夫瑞应依德而至，灾异缘政而生。今异鸟翔于殿屋，怪草生于庭际，不可不察！"由、安惧不敢答。

八月，癸酉[29]，帝南巡。戊子[30]，幸梁[31]；乙未晦[32]，幸沛[33]。

日有食之。

九月，庚子[34]，帝幸彭城[35]。辛亥[36]，幸寿春[37]；复封阜陵侯延[38]为阜陵王。己未[39]，幸汝阴[40]。冬，十月，丙子[41]，还宫。

北匈奴大乱，屈兰储等五十八部、口二十八万诣云中、五原、朔方、北地[42]降。

曹褒依准旧典，杂以《五经》[43]《谶记》[44]之文，撰次天子至于庶人冠、婚、吉、凶[45]终始制度，凡百五十篇，奏之。帝以众论难一，故但纳之，不复令有司平奏[46]。

是岁，班超发于阗诸国兵共二万五千人击莎车[47]，龟兹王发温宿、姑墨、尉头[48]兵合五万人救之。超召将校及于阗王议曰："今兵少不敌，其计莫若各散去[49]；于阗从是而东，长史亦于此西归[50]，可须夜鼓声而发[51]。"阴缓所得生口[52]。龟兹王闻之，大喜，自以万骑于西界遮[53]超，温宿王将八千骑于东界徼[54]于阗。超知二虏已出，密召诸部勒兵[55]，驰赴[56]莎车营。胡大惊乱，奔走，追斩五千余级；莎车遂降，龟兹等因各退散。自是威震西域。

（以上为第四段，写傅育、张纡两任护羌校尉失信西羌，以杀戮为功，逼使西羌大叛，朝廷失控。班超在西域大败莎车，东汉国威远扬。）

【注释】

[1]帝召褒，受以叔孙通《汉仪》十二篇：据章校，有的版本"受"作"授"。叔孙通，秦博士，归汉官至奉常、太子太傅。与诸儒共制《汉仪》十二篇。传见《汉书》卷四十三。［2］护羌校尉：官名，掌护巡西羌。［3］傅育：章帝建初二年（77）继吴裳为东汉第二任护羌校尉。［4］斗：煽动挑斗。［5］羌、胡：西羌、匈奴。［6］三兜谷：地名，今地不详，应在青海湖西，塞外西羌腹地。胡三省注，谓"在建威南"。建威，县名，在今甘肃西和县。姑录以备考。［7］临羌：县名，县治在今青海湟源县。［8］戊辰：六月二日。［9］癸卯：六月丁卯朔，无癸卯。癸卯为七月八日。［10］光禄勋：秦官郎中令，九卿之一，武帝太初元年更名光禄勋，掌禁卫皇宫。［11］任隗（?—92）：东汉初功臣任光之子，官至司空。传见《后汉书》卷二十一。［12］齐王晃：光武帝刘秀兄刘縯之曾孙。［13］壬子：七月十七日。［14］淮阳顷王昞：刘昞，明帝刘炟之子。传见《后汉书》卷五十。［15］左地：匈奴东部地。［16］优留单于：东汉时北匈奴第二任单于。［17］金城塞：金城郡边塞。金城郡治允吾，在今青海民和县。［18］从事：护羌校尉属官。［19］木乘谷：地名，今地不详，当在青海贵德县西。［20］译使：翻译使者。［21］解仇：西羌各部互相仇杀，凡大举侵犯汉边，各部则解仇通好。［22］结婚交质：互相嫁娶，交换人质。［23］大、小榆谷：川谷名，在青海贵德县河曲一带。［24］壬戌：七月二十七日。［25］瑞物仍集：祥瑞不断出现。仍，多次，连续不断。［26］改元章和：是年七月二十七日之前为"元和四年"，七月二十七日改元章和。章，明也，明和气之致祥。［27］太尉掾：太尉府属官，掌日常事务。［28］何敞：字文高，扶风平陵（今陕西咸阳市西北）人，历仕章帝、和帝两朝，东汉名臣。传见《后汉书》卷四十三。［29］癸酉：八月八日。［30］戊子：八月二十三日。［31］梁：封国名，治所睢阳，在今河南商丘市。［32］乙未晦：八月三十日。［33］沛：郡名，治所相县，在今安徽濉溪县西。［34］庚子：九月五日。［35］彭城：县名，为楚国治所，在今江苏徐州

市。［36］辛亥：九月十六日。［37］寿春：县名，为九江郡治所，在今安徽寿县。［38］阜陵侯延：刘延，光武帝子，封阜陵王。章帝建初元年贬为侯，今复为王。［39］己未：九月二十四日。［40］汝阴：县名，属汝南郡，县治在今安徽阜阳市。［41］丙子：十月十二日。［42］云中、五原、朔方、北地：北方边郡。云中郡治在今内蒙古托克托县北，五原郡治在包头市西，朔方郡治在磴口县北，北地郡治在今宁夏吴忠市西南。［43］《五经》：诗、书、礼、易、春秋。［44］《谶记》：神秘的解经预言书。［45］冠、婚、吉、凶：加冠礼、婚姻礼、吉礼、丧葬礼。［46］平奏：评议、讨论后上奏。［47］于阗、莎车：西域国名。于阗国王都西城，在今新疆和田县南。莎车国王都莎车，在今新疆莎车县。［48］龟兹、温宿、姑墨、尉头：西域国名。龟兹王城延城在今新疆库车市。温宿王城在今新疆乌什县。姑墨王城在今新疆温宿县。尉头王城在今新疆阿合奇县。［49］散去：谓解莎车之围散去。［50］长史亦于此西归：时西域都护阙置，班超为西域都护长史，行都护事。西归，西回疏勒。［51］须夜鼓声而发：等到夜半击鼓为号一齐出发。须，等待。班超扬言散去，此用计分散敌势，以期在运动中集中优势兵力歼敌。［52］阴缓所得生口：暗中放松监管俘虏，使其逃归，报告汉兵将散去的假情报。［53］遮：阻击。［54］徼：伏击。徼、遮，二字为互文。［55］勒兵：集结部队作战斗动员。据章校，有的版本“兵”下有“鸡鸣”二字。［56］驰赴：奔袭。

二年（戊子，88年）

春，正月，济南王康、阜陵王延、中山王焉来朝[1]。上性宽仁，笃于亲亲，故叔父济南、中山二王，每数入朝，特加恩宠，及诸昆弟并留京师[2]，不遣就国。又赏赐群臣，过于制度，仓帑[3]为虚。何敞奏记[4]宋由曰：“比年[5]水旱，民不收获；凉州缘边，家被凶害[6]；中州内郡[7]，公私屈竭[8]；此实损膳节用[9]之时。国恩覆载[10]，赏赉过度，但闻腊赐[11]，自郎官以上，公卿、王侯以下，至于空竭帑藏，损耗国资。寻公家之用，皆百姓之力。明君赐赉[12]，宜有品制；忠臣受赏，亦应有度[13]。是以夏禹玄圭[14]，周公束帛[15]。今明公位尊任重，责深负大[16]，上当匡正纲纪[17]，下当济安元元[18]，岂但空空无违[19]而已哉！宜先正己以率群下，还所得赐，因陈得失，奏王侯就国，除苑囿之禁，节省浮费，赈恤穷孤[20]，则恩泽下畅，黎庶悦豫[21]矣。”由不能用。

尚书[22]南阳宋意[23]上疏曰：“陛下至孝烝烝[24]，恩爱隆深，礼宠诸王，同之家人，车入殿门[25]，即席不拜[26]，分甘损膳[27]，赏赐优渥[28]。康、焉幸以支庶[29]，享食大国，陛下恩宠逾制[30]，礼敬过度[31]。《春秋》之义，诸父、昆弟，无所不臣[32]，所以尊尊卑卑[33]，强干弱枝[34]者也。陛下德业隆盛，当为万世典法，不宜以私恩损上下之序，失君臣之正。又西平王羡等六王[35]，皆妻子成家[36]，官属备具[37]，当早就蕃国，为子孙基址[38]；而室第相望，久磐[39]京邑，骄奢僭拟[40]，宠禄隆过。宜割情不忍[41]，以义断恩[42]，发遣康、焉，各归蕃国，令羡等速就便时[43]，以塞众望[44]。”帝未及遣。

壬辰[45]，帝崩于章德前殿，年三十一。遗诏：“无起寝庙，一如先帝法制。”

范晔论曰[46]：魏文帝[47]称明帝察察[48]，章帝长者[49]。章帝素知人，厌[50]明帝苛切[51]，事从宽厚；奉承明德太后[52]，尽心孝道；平徭简赋[53]，而民赖其庆，又体之以忠恕，文[54]之以礼乐。谓之长者，不亦宜乎！

（以上为第五段，写汉章帝驾崩，在位时厚赏亲王，尽孝太后，制礼作乐，史家称其为宽厚仁君。）

【注释】

[1]来朝：诸侯王赴京朝见皇帝。此次来朝的济南王刘康、阜陵王刘延、中山王刘焉，皆光武帝子，章帝诸叔。 [2]留京师：诸侯王留任京师王邸。汉制，诸侯王朝会礼毕，各就国，不得留京师；若留京师，则为殊礼。 [3]仓帑：国库。仓，粮仓；帑，钱库。 [4]奏记：下级呈送上级的署名公文。此为太尉掾何敞呈奉太尉宋由的公文。 [5]比年：连年。 [6]家被凶害：每家均遭受西羌扰边的祸害。 [7]中州内郡：中原各州，内地各郡。 [8]屈竭：枯竭。 [9]损膳节用：指皇帝应减少饮食，节省费用，以思振奋国家。 [10]国恩覆载：国家恩典，如同天覆地载。 [11]腊赐：腊，祭礼百神。汉代以阴历冬至后第三个戌日为腊日。民俗以十二月八日为腊日。腊祭日，按定规赏赐百官腊祭费，称腊赐。 [12]赐赉：赐送。 [13]有度：指国家赏赐有一定限额、法度。《后汉书·何敞传》李贤注引《汉官仪》曰：“腊赐大将军、三公钱各二十万，牛肉二百斤，粳米二百斛；特进、侯十五万；卿十万；校尉五万；尚书三万；侍中、将、大夫各二万；千石、六百石各七千；虎贲、羽林郎二人共三千，以为祀门户直。” [14]夏禹玄圭：玄圭，黑色的玉印。《尚书·禹贡》：“禹锡玄圭，告厥成功。”夏禹治水功成，尧赐以玄圭。 [15]周公束帛：周公姬旦受赏，只接受绸缎，而不受币。《后汉书·何敞传》李贤注曰：“《尚书》曰：召公出取币，入锡周公。” [16]责深负大：责任深重，肩负大任。 [17]匡正纲纪：整治制度。 [18]济

安元元：周济安抚百姓黎民。［19］空空无违：勤勤恳恳、自守清正。空空，通“悾悾”，勤恳的样子。［20］赈恤穷孤：赈济贫穷，抚恤孤弱。［21］悦豫：欢乐。［22］尚书：官名，职掌内廷文书。东汉政归台阁而权重。主官为尚书令。［23］宋意（？—90）：字伯志，南阳安众（今河南邓州市东北）人，官至司隶校尉。传见《后汉书》卷四十一。［24］烝烝：不断进取。［25］车入殿门：门，指司马门。太子、亲王、百官入宫，到了司马门都要下车，故又称止车门。章帝殊礼待诸亲王，车入殿门。［26］即席不拜：入席就座，不行君臣礼。汉制，臣属对君王，须先行礼而后才能就席。［27］分甘损膳：节省膳食，把御厨饮食分赐诸王。［28］优渥：优裕。［29］支庶：旁支庶子。嫡长子之外，诸子皆为支庶。刘康、刘焉，于章帝为亲叔，于宗法为支庶。［30］恩宠逾制：恩德宠爱，超过标准。［31］礼敬过度：敬礼诸王的礼仪，超过君臣制度定规。［32］无所不臣：国君的宗室，无论尊长，皆为臣属，应敬臣礼。因《春秋》主旨尊王，故云此为《春秋》之义。［33］尊尊卑卑：尊者应受尊敬，卑者应守卑下的本分。［34］强干弱枝：加强皇帝权威为强干，卑下诸侯王为弱枝。［35］西平王羡等六王：此六王为明帝诸子，章帝诸弟。明帝九子，章帝继大统，诸子为八王，章和二年时已有二王谢世，还有六王。章帝不愿诸弟就国，皆留京师。六王为西平王羡、彭城王恭、乐成王党、下邳王衍、梁王畅、淮阳王昞。［36］皆妻子成家：指六王都已长大成人，娶妻生子，自立门户。［37］官属备具：谓诸王封国官员已具。［38］基址：基础。［39］磐：盘桓，留恋。［40］骄奢僭拟：骄傲奢侈，超过法制规定。［41］宜割情不忍：应该断然克制感情用事。［42］以义断恩：以服从国家大义切断私恩。［43］速就便时：迅速就国以顺应时势。［44］以塞众望：用以满足舆情众望。［45］壬辰：正月甲午朔，无壬辰。［46］范晔（398—445）：南朝刘宋史学家。字蔚宗，顺阳（今河南淅川县东）人。历官宣城太守、左卫将军、太子詹事。著《后汉书》行于世。传见《宋书》卷六十九。论曰：节引自《后汉书·章帝纪》史论。［47］魏文帝：曹丕。［48］察察：精明。［49］长者：德行高尚的人。［50］厌：不满。［51］苛切：指政治苛刻急切。［52］明德太后：章帝养母明帝马皇后，伏波将军马援之女。［53］平徭简赋：减轻徭役赋税。［54］文：修饰。

太子即位，年十岁，尊皇后曰皇太后。

三月[1]，用遗诏徙西平王羡为陈王，六安王恭为彭城王。

癸卯[2]，葬孝章皇帝于敬陵[3]。

南单于宣死，单于长之弟屯屠何[4]立，为休兰尸逐侯鞮单于。

太后临朝[5]，窦宪[6]以侍中内干机密[7]，出宣诰命；弟笃为虎贲中郎将[8]，笃弟景、瑰并为中常侍[9]，兄弟皆在亲要之地[10]。宪客崔骃[11]以书戒宪曰：“《传》曰：‘生而富者骄，生而贵者傲。’生富贵而能不骄慠者，未之有也。今宠禄初隆，百僚观行，岂可不‘庶几夙夜，以永终誉[12]’乎！昔冯野王[13]以外戚居位，称为贤臣；近阴卫尉[14]克己复礼，终受多福。外戚所以获讥于时[15]，垂愆于后[16]者，盖在满而不挹[17]，位有余而仁不足[18]也。汉兴以后，迄于哀、平，外家二十，保族全身，四人而已[19]。《书》曰：‘鉴于有殷’，可不慎哉！”[20]

庚戌[21]，皇太后诏：“以故太尉邓彪[22]为太傅，赐爵关内侯，录尚书事[23]，百官总己以听。”窦宪以彪有义让[24]，先帝[25]所敬，而仁厚[26]委随[27]，故尊崇之。其所施为，辄外令彪奏，内白太后，事无不从[28]。彪在位，修身而已，不能有所匡正。宪性果急[29]，睚眦之怨[30]，莫不报复。永平时，谒者韩纡考劾宪父勋狱[31]，宪遂令客斩纡子，以首祭勋冢。

癸亥[32]，陈王羡、彭城王恭、乐成王党、下邳王衍、梁王畅始就国。

夏，四月，戊寅[33]，以遗诏罢郡国盐铁之禁，纵民煮铸。

五月，京师旱。

北匈奴饥乱，降南部者岁数千人。秋，七月，南单于上言：“宜及北虏分争，出兵讨伐，破北成南，共为一国[34]，令汉家长无北念[35]。臣等生长汉地，开口仰食，岁时赏赐，动辄亿万，虽垂拱[36]安枕，惭无报效之义，愿发国中[37]及诸郡[38]故胡[39]新降[40]精兵，分道并出，期十二月同会虏地。臣兵众单少，不足以防内外[41]，愿遣执金吾[42]耿秉[43]、度辽将军[44]邓鸿及西河、云中、五原、朔方、上郡太守并力而北，冀因圣帝威神，一举平定。臣国成败，要在今年，已敕诸部严[45]兵马，唯裁哀省察！”太后以示耿秉。秉上言：“昔武帝单极天下[46]，欲臣虏[47]匈奴，未遇天时，事遂无成。今幸遭天授，北虏分争，以夷伐夷[48]，国家之利，宜可听许。”秉因自陈受恩，分[49]当出命效用[50]。太后议欲从之。尚书宋意上书曰：“夫戎狄简贱[51]礼义，无有上下[52]，强者为雄，弱即屈服。自汉兴以来，征伐数矣，其所克获，曾不补害。光武皇帝躬服金革之难[53]，深昭天地之明，因其来降，羁縻畜养，边民得生，劳役休息，于兹四十余年[54]矣。今鲜卑[55]奉顺，斩获万数，中国坐享大功而百姓不知其劳，汉兴功烈[56]，于斯为盛，所以然者，夷虏相攻，无损汉兵者也。臣察鲜卑侵伐匈奴，正是利其抄掠[57]；及归功圣朝，实由贪得重赏。今若听南虏还都北庭，则不得不禁制鲜卑；鲜卑外失暴掠之愿，内无功劳之赏，豺狼贪婪，必为边患。今北虏西遁，请求和亲，宜因其归附，以为外捍[58]，巍巍之业，无以过此。若引兵费赋，以顺南虏，则坐失上略，去安即危矣。诚不可许。”

会齐殇王子都乡侯畅[59]来吊国忧[60]，太后数召见之，窦宪惧畅分宫省之权，遣客刺杀畅于屯卫之中[61]，而归罪于畅弟利侯刚，乃使侍御史与青州刺史杂考[62]刚等。尚书颍川韩棱以为“贼在京师，不宜舍近问远，恐为奸臣所笑。”太后怒，以切责[63]棱，棱固执其议。何敞说宋由曰：“畅宗室肺府，茅土藩臣，来吊大忧，上书须报，亲在武卫，致此残酷[64]。奉宪之吏[65]，莫适讨捕[66]，踪迹不显，主名[67]不立。敞备数股肱[68]，职典贼曹[69]，欲亲至发所[70]，以纠其变[71]。而二府执事以为三公不与贼盗[72]，公纵奸慝[73]，莫以为咎。敞请独奏案之[74]。”由乃许焉。二府闻敞行，皆遣主者[75]随之。于是推举[76]，具得事实[77]。太后怒，闭宪于内宫。宪惧诛，因自求击匈奴以赎死。

冬，十月，乙亥[78]，以宪为车骑将军，伐北匈奴，以执金吾耿秉为副；发[79]北军五校[80]、黎阳[81]、雍营[82]、缘边十二郡[83]骑士及羌、胡兵[84]出塞。

公卿举故张掖太守邓训[85]代张纡为护羌校尉。迷唐率兵万骑来至塞下，未敢攻训，先欲胁小月氏胡[86]。训拥卫[87]小月氏胡，令不得战。议者咸以羌、胡相攻，县官[88]之利，不宜禁护。训曰：“张纡失信，众羌大动，凉州吏民，命悬丝发。原诸胡所以难得意者，皆恩信不厚耳。今因其追急，以德怀之，庶能有用。”遂令开城及所居园门[89]，悉驱群胡妻子内[90]之，严兵守卫。羌掠无所得，又不敢逼诸胡，因即解去。由是湟中[91]诸胡皆言：“汉家常欲斗我曹；今邓使君待我以恩信，开门内我妻子，乃是得父母也！”咸欢喜叩头曰：“唯使君所命！”训遂抚养教谕，大小莫不感悦。于是赏赂诸羌种，使相招诱，迷唐叔父号吾将其种人八百户来降。训因发湟中秦[92]、胡、羌兵四千人出塞，掩击迷唐于写谷[93]，破之，迷唐乃去大、小榆，居颇岩谷[94]，众悉离散。

（以上为第六段，写窦太后临朝，窦宪专权自恣。张掖太守邓训代张纡为护羌校尉，恩威并用，羌人远遁。）

【注释】

[1]三月：据章校，有的版本“月”下有“丁酉”二字。丁酉，三月五日。[2]癸卯：三月十一日。[3]敬陵：章帝陵，在京师洛阳城东南三十九里。[4]南单于宣、长、屯屠何：南单于宣，即伊屠于闾鞮单于栾提宣，公元85年至公元88年在位，为南匈奴第六任单于。南单于长，即湖邪尸逐侯鞮单于栾提长，公元63年至公元85年在位，为南匈奴第五任单于，在单于宣之前。屯屠何，栾提长之弟栾提屯屠何，继栾提宣为第八任单于，号休兰尸逐侯鞮单于。[5]太后临朝：窦太后摄政称制。汉制，太后临朝，在前殿朝群臣，太后东面，少帝西面。群臣奏事，书写两份，一份呈太后，一份呈少帝。[6]窦宪（？—92）：东汉扶风平陵（今陕西咸阳市西北）人，字伯度，窦太后之兄，恃势专权，任车骑将军。永元元年（89）击北匈奴，追至燕然山。官至大将军，其弟窦笃、窦景、窦瑰皆幸贵，横暴京师。永元四年（92），和帝诛宪，族灭窦氏。传见《后汉书》卷二十三。[7]干机密：主持中枢事务。干，主管。[8]虎贲中郎将：官名，为虎贲中郎主官。[9]中常侍：官名，出入禁中，常侍左右。原为士人，后用宦官。[10]亲要之地：指侍中、中常侍为亲近皇帝的显要之地。[11]崔骃（？—92）：东汉文学家，字亭伯，涿郡安平（今河北安平县）人。官至窦宪车骑将军府主簿。传见《后汉书》卷五十二。[12]庶几夙夜，以永终誉：要兢兢业业日夜小心，才能用以求得荣耀终身。引自《诗经·周颂·振鹭》。庶几，差不多，大概。[13]冯野王：字君卿，西汉名将冯奉世之子，为汉元帝冯昭仪之兄。官至大鸿胪，以外戚居位而不骄于人，称为贤臣。传见《后汉书》卷七十九。[14]阴卫尉：即阴兴，光武帝阴皇后之母弟，官至卫尉，谦让不受侯封，赢得光武帝的赞赏。传见《后汉书》卷三十二。[15]获讥于时：被当世人讥讽。[16]垂愆于后：遭后人指责。[17]满而不挹：容器注满水而不舀出，必将外溢，喻权势太大而不知收敛。[18]位有余而仁不足：官位太高而品德不足以相配。[19]外家二十，保族全身，四人而已：指西汉一朝，从高祖刘邦至哀帝、平帝，历十代帝王，外戚二十家，只有四家善终。胡三省注外家二十曰：吕氏、张氏、薄氏、窦氏、王氏、陈氏、卫氏、李氏、赵氏、上官氏、史氏、许氏、霍氏、印成王氏、元后王氏、赵氏、傅氏、丁氏、冯氏、卫氏。唯文帝薄太后、窦后、景帝王后、印成王后四人，保族全家。事详《汉书》卷九十七《外戚传》和卷九十八《元后传》。[20]“《书》曰”三句：引自《尚书·召诰》之辞。[21]庚戌：三月十八日。[22]邓彪：章帝时一度为太尉，视事四年致仕，故称故太尉。传见《后汉书》卷四十四。[23]录尚书事：录，总领。东汉大臣加“录尚书事”为宰相职。[24]彪有义让：邓彪父邓邯，封鄳乡侯，父卒，彪让国于弟邓凤，明帝高其节。[25]先帝：指汉明帝。[26]仁厚：品德忠厚。[27]委随：性情随和。仁厚委随，今谓之老好人，故窦宪抬他出来做傀儡。[28]“其所施为”四句：意谓窦

宪有所动作，就让邓彪在外朝秉承他的意旨上奏，窦宪则入宫向太后解说，这样内外一致，没有一件事不被准奏。这是效法王莽当年抬出孔光做傀儡的故技。［29］果急：果决急躁。［30］睚眦之怨：瞪眼睛这样细小的仇怨。眦，原文作“眦”，据章校改。［31］韩纡考劾宪父勋狱：事见《资治通鉴》卷四十五明帝永平五年。［32］癸亥：三月癸巳朔，无癸亥。［33］戊寅：四月十七日。［34］共为一国：据章校，有的版本“共”作“并”。［35］令汉家长无北念：使汉家永远没有北方的顾虑。谓共灭北匈奴，南匈奴为汉家保塞，永无北方之患。［36］垂拱：本指天子垂衣拱手，无为而治。这里指无所事事。［37］国中：指南匈奴所辖领地。［38］诸郡：据章校，有的版本“郡”作“部”。［39］故胡：指南匈奴旧部。［40］新降：新近来降的北匈奴。［41］内外：内部治安与对外作战。［42］执金吾：官名，掌京师治安。［43］耿秉（？—91）：字伯初，扶风茂陵（今陕西兴平市东北）人，官至征西将军。传见《后汉书》卷十九。［44］度辽将军：武官名，巡护匈奴。［45］严：戒严，进入战备状态。［46］单极天下：倾尽全国的力量。单，通“殚”，耗尽。［47］臣虏：臣服，征服。［48］以夷伐夷：谓用南匈奴之众以伐北匈奴。［49］分：职分。［50］出命效用：拼命报效国家。［51］简贱：简慢、轻视。［52］上下：指君臣尊卑之分。［53］躬服金革之难：亲身蒙受战阵之苦。［54］四十余年：光武帝建武二十四年（48）接受南匈奴投降，至本年章和二年（88），共四十一年。［55］鲜卑：古民族名，居于匈奴左地，在今内蒙古东部及黑龙江、吉林毗连地区。［56］功烈：功业。［57］正是利其抄掠：严衍《资治通鉴补》：“正”改“止”。［58］外捍：外藩。［59］畅：刘畅，封都乡侯。其父齐殇王刘石，乃光武帝兄刘縯之孙。［60］来吊国忧：来京师吊唁，参加章帝的葬礼。［61］杀畅于屯卫之中：据《后汉书·何敞传》：“刺杀畅于城门屯卫之中。”［62］“而归罪于”两句：窦宪既杀刘畅，又诬陷刘刚，派侍御史与青州刺史联合审讯刘刚，既转移案件，又绝后患，真是如意算盘，一箭双雕。杂考：联合审讯。［63］切责：严厉责备。［64］亲在武卫，致此残酷：谓刘畅在禁卫军中，竟惨遭杀害。［65］奉宪之吏：护法之臣，指负责治安的部门、官吏。［66］莫适讨捕：没有目的地追捕，即盲目追捕。［67］主名：凶手。［68］股肱：喻重要职务，有如手足。［69］贼曹：主管破案捕盗的部门。［70］发所：出事现场。此指到刘刚封邑青州利邑去参与联合审讯。［71］以纠其变：以督察事态的发展。［72］二府执事以为三公不与贼盗：二府，指司徒、司空，宋由在太尉府，三府合为三公。西汉丙吉为丞相，不过问民间事务，认为有地方官或主管部门办理，丞相职务只是调和督理大臣，于是成为故事。据章校，有的版本“为”下有“故事”二字。［73］奸慝：奸恶，巨盗。［74］敞请独奏案之：何敞请求单独具名上奏，参与破案。因窦宪后台有皇太后袒护，韩棱上言遭切责，何敞冒死罪鸣不平，故请独奏，不牵连太尉宋由受责。［75］主者：主管贼曹的官员。［76］推举：推敲举发，即严明审案。［77］具得事实：真相大白。［78］乙亥：十月十七日。［79］发：动员，发动，征调。［80］北军五校：北军五校指屯骑、越骑、步兵、长水、射声五校尉所掌宿卫兵。［81］黎阳：指黎阳营，统领幽、冀、并三州骑兵。黎阳在今河南浚县。［82］雍营：指屯驻在雍县（在今陕西宝鸡市凤翔区）护卫西汉诸陵的营兵。［83］缘边十二郡：指上郡、西河、五原、云中、定襄、雁门、朔方、代郡、上谷、渔阳、安定、北地。［84］羌、胡兵：由归义的羌人、匈奴人组成的骑兵，由护羌校尉与度辽将军率领。［85］邓训（40—92）：字叔平，南阳新野（今河南新野县）人。东汉开国功臣邓禹第六子，和帝邓皇后父，官至护羌校尉。传见《后汉书》卷十六。东汉一朝前后有二十二任护羌校尉，邓训为第四任。前三任为吴棠、傅育、张纡。［86］小月氏胡：月氏人原居甘肃河西走廊，西汉初为匈奴所破，西迁中亚，留居的部分月氏人退入祁连山及湟水流域，与羌人杂居，称小月氏胡。［87］拥卫：派兵守卫。［88］县官：代指天子，国家。［89］园门：护羌校卫所居寺舍后园之门。［90］内：通“纳”，收留。［91］湟中：湟水流域腹地。此指青海湖区东北一带，小月氏胡聚居地。［92］秦：指汉兵。［93］写谷：《东观汉记》作“雁谷”，在今青海湟源县东。［94］颇岩谷：今地不详，当在青海贵德县以西腹地。

孝和皇帝[1]上

永元元年（己丑，89年）

春，迷唐欲复归故地；邓训发湟中六千人，令长史[2]任尚将之，缝革为船[3]，置于箄[4]上以渡河，掩击迷唐，大破之，斩首前后一千八百余级，获生口二千人，马牛羊三万余头，一种[5]殆尽。迷唐收其余众西徙千余里，诸附落[6]小种皆畔之。烧当豪帅东号，稽颡归死[7]，余皆款塞纳质[8]。于是训绥接归附[9]，威信大行，遂罢屯兵[10]，各令归郡，唯置弛刑徒[11]二千余人，分以屯田[12]、修理坞壁[13]而已。

窦宪将征匈奴，三公、九卿诣朝堂上书谏，以为：“匈奴不犯边塞，而无故劳师远涉，损费国用，徼功万里[14]，非社稷之计。”书连上，辄寝[15]，宋由惧，遂不敢复署议[16]，而诸卿稍自引止[17]；唯袁安、任隗[18]守正不移，至免冠朝堂固争[19]，前后且[20]十上[21]，众皆为之危惧，安、隗正色自若。侍御史鲁恭[22]上疏曰：“国家新遭大忧[23]，陛下方在谅暗[24]，百姓阙然[25]，三时不闻警跸之音[26]，莫不怀思皇皇[27]，若有求而不得。今乃以盛春之月兴发军役，扰动天下以事戎夷，诚非所以垂恩中国，改元正时[28]，由内及外[29]也。万民者，天之所生；天爱其所生，犹父母爱其子，一物有不得其所，则天气为之舛错[30]，况于人乎！故爱民者必有天报。夫戎狄者，四方之异气，与鸟兽无别；若杂居中国，则错乱天气，污辱善人[31]，是以圣王之制，羁縻[32]不绝而已。今匈奴为鲜卑所破，远藏于史侯河[33]西，去塞数千里，而欲乘其虚耗[34]，利其微弱，是非义之所出也。今始征发，而大司农调度不足，上下相迫，民间之急，亦已甚矣。群僚百姓咸曰不可，陛下[35]奈何以一人之计[36]，弃万人之命，不恤其言乎！上观天心，下察人志，足以知事之得失。臣恐中国不为中国，岂徒匈奴而已哉！”尚书令韩棱、骑都尉朱晖[37]、议郎京兆乐恢[38]，皆上疏谏，太后不听。

又诏使者为宪弟笃、景并起邸第，劳役百姓。侍御史何敞上疏曰：“臣闻匈奴之为桀逆久矣，平城之围[39]，慢书之耻[40]，此二辱者，臣子所为捐躯而必死，高祖、吕后忍怒含忿，舍而不诛。今匈奴无逆节之罪，汉朝无可惭之耻，而盛春东作[41]，兴动大役，元元怨恨，咸怀不悦。又猥为卫尉[42]笃、奉车都尉[43]景缮修馆第，弥街绝里[44]。笃、景亲近贵臣，当为百僚表仪。今众军在道，朝廷焦唇，百姓愁苦，县官无用[45]，而遽起[46]大第，崇饰玩好，非所以垂[47]令德[48]、示无穷[49]也。宜且罢工匠，专忧北边[50]，恤民之困。”书奏，不省。

窦宪尝使门生赍书诣尚书仆射[51]郅寿[52]，有所请托，寿即送诏狱，前后上书，陈宪骄恣，引王莽以诫国家；又因朝会，刺讥宪等以伐匈奴、起第宅事，厉音正色[53]，辞旨甚切。宪怒，陷寿以买公田、诽谤[54]，下吏[55]，当诛，何敞上疏曰：“寿机密近臣，匡救为职，若怀默不言，其罪当诛。今寿违众正议[56]以安宗庙，岂其私邪！臣所以触死瞽言[57]，非为寿也。忠臣尽节，以死为归；臣虽不知寿，度其甘心安之[58]。诚不欲圣朝行诽谤之诛，以伤晏晏之化[59]，杜塞忠直，垂讥无穷。臣敞谬与机密，言所不宜，罪名明白，当填牢狱，先寿僵仆，万死有余。”书奏，寿得减死论[60]，徙合浦[61]，未行，自杀。寿，恽之子也。

夏六月，窦宪、耿秉出朔方鸡鹿塞[62]，南单于出满夷谷[63]，度辽将军邓鸿出稒阳塞[64]，皆会涿邪山[65]。宪分遣副校尉阎盘、司马耿夔[66]、耿谭将南匈奴精骑万余，与北单于战于稽洛山[67]，大破之，单于遁走；追击诸部，遂临私渠北鞮海[68]，斩名王已下万三千级，获生口甚众，杂畜百余万头，诸裨小王率众降者，前后八十一部二十余万人。宪、秉出塞三千余里，登燕然山[69]，命中护军[70]班固刻石勒功，纪汉威德而还。遣军司马[71]吴汜、梁讽奉金帛遗北单于，时虏中乖乱[72]，汜、讽及北单于于西海[73]上，宣国威信，以诏致赐，单于稽首[74]拜受。讽因说令修呼韩邪故事[75]，单于喜悦，即将其众与讽俱还；到私渠海，闻汉军已入塞[76]，乃遣弟右温禺鞮王奉贡入侍，随讽诣阙[77]。宪以单于不自身到，奏还其侍弟[78]。

秋，七月，乙未[79]，会稽山崩。

九月，庚申[80]，以窦宪为大将军，中郎将刘尚[81]为车骑将军，封宪武阳侯，食邑二万户；宪固辞封爵，诏许之。旧，大将军位在三公下，至是，诏宪位次太傅下、三公上；长史、司马秩中二千石[82]。封耿秉为美阳侯。

窦氏兄弟骄纵，而执金吾景尤甚，奴客[83]缇骑[84]强夺人财货，篡取罪人，妻略妇女；商贾闭塞，如避寇仇；又擅发缘边诸郡突骑有才力者。有司莫敢举奏，袁安劾景"擅发边民[85]，惊惑吏民；二千石不待符信[86]而辄承景檄，当伏显诛[87]。"又奏"司隶校尉河南尹阿附贵戚[88]，不举劾[89]，请免官案罪。"并寝不报[90]。驸马都尉[91]瓌，独好经书，节约自修。

尚书何敞上封事[92]曰："昔郑武姜之幸叔段[93]，卫庄公之宠州吁[94]，爱而不教，终至凶戾[95]。由是观之，爱子若此，犹饥而食[96]之以毒，适[97]所以害之也。伏见大将军宪，始遭大忧，公卿比奏，欲令典干[98]国事；宪深执谦退，固辞盛位，恳恳勤勤，言之深至，天下闻之，莫不说[99]喜。今逾年未几[100]，入礼未终[101]，卒然[102]中改，兄弟专朝，宪秉[103]三军[104]之重，笃、景总宫卫之权，而虐用百姓，奢侈僭逼[105]，诛戮无罪，肆心[106]自快。今者论议汹汹[107]，咸谓叔段、州吁复生于汉。臣观公卿怀持两端[108]，不肯极言[109]者，以为宪等若有匪懈之志[110]，则已受吉甫褒申伯之功[111]；如宪等陷于罪辜，则自取陈平、周勃顺吕后之权[112]，终不以宪等吉凶为忧也！臣敞区区[113]诚欲计策两安[114]，绝其绵绵，塞其涓涓[115]，上不欲令皇太后损文母之号、陛下有誓泉之讥[116]，下使宪等得长保其福祐也。驸马都尉瓌，比请退身，愿抑家权[117]，可与参谋，听顺其意，诚宗庙至计[118]，窦氏之福！"时济南王康[119]尊贵骄甚，宪乃白出敞为济南太傅。康有违失，敞辄谏争，康虽不能从，然素敬重敞，无所嫌牾[120]焉。

冬，十月，庚子[121]，阜陵质王延薨[122]。

是岁，郡国九大水[123]。

（以上为第七段，写邓训大破西羌。窦宪出击北匈奴，大获全胜，居功骄恣，窦氏气焰，炙手可热。）

【注释】

[1]孝和皇帝：章帝刘炟第四子，讳肇，窦太后养以为子，故废长立之，为东汉第四代皇帝，公元89年至公元105年在位。《伏侯古今注》曰："'肇'之字曰'始'。" [2]长史：护羌校尉长史，掌理军务。 [3]缝革为船：羊皮筏。 [4]箄：木筏。 [5]一种：一部种落，指西羌迷唐部。 [6]附落：归附迷唐的西羌小部落。 [7]稽颡归死：叩头归附请死，即投降。 [8]款塞纳质：在边塞进贡。 [9]绥接归附：安置归降的羌众。 [10]罢屯兵：撤退屯驻击羌的部队，即班师各回本郡。 [11]弛刑徒：汉制，有战事，囚徒从军可减刑，称弛刑徒。弛刑，缓刑，减刑。[12]分以屯田：将二千弛刑徒分部屯田。 [13]坞壁：哨所城塞。 [14]徼功万里：在万里之外战场上求功名。 [15]辄寝：一一搁置，不被批准。 [16]署议：在上奏议案中署名。 [17]引止：停止建言。 [18]袁安、任隗：袁安时为司徒，任隗时为司空。 [19]免冠朝堂固争：在朝会殿堂上摘下官帽强谏。 [20]且：将近。 [21]十上：上呈十次奏章。 [22]鲁恭（31—112）：字仲康，扶风平陵（今陕西兴平市东北）人，历仕章帝、和帝、安帝三朝，官至司徒。传见《后汉书》卷二十五。 [23]大忧：指章帝崩。 [24]谅暗（ān）：专称天子守丧。 [25]阙然：寂然，不安的样子。 [26]三时不闻警跸之音：天子出巡戒严，出称警，入称跸。和帝在章和二年二月即位，第二年春议击匈奴，因在谅暗，不出，故已历夏、秋、冬三时不闻警跸之音。 [27]怀思皇皇：深切思念。皇皇，通"煌煌"，鲜明，引申为深切。 [28]改元正时：改变年号正朔。是年改元永元。新君即位第二年改元，应施惠政于民，故鲁恭上疏有是议。 [29]由内及外：先安定内部，施恩百姓，然后再及外事。 [30]舛错：天象变异，天行失步。 [31]善人：指汉民。[32]羁縻：笼络安抚。 [33]史侯河：今地不详。 [34]虚耗：虚弱困惫。 [35]陛下：据章校，有的版本"下"下有"独"字。 [36]一人之计：指为窦宪一个人赎罪立功考虑。 [37]朱晖：字文季，南阳宛（今河南南阳市）人，官至尚书令。时为骑都尉（骑将官名）。传见《后汉书》卷四十三。 [38]乐恢：字伯奇，京兆长陵（今陕西咸阳市东北）人，官至尚书仆射，为窦宪迫害自杀。时为议郎（掌谏议）。传见《后汉书》卷四十三。 [39]平城之围：平城，在今山西大同市东北。公元前200年，高祖北伐匈奴，被困平城。事详《资治通鉴》卷十一高帝七年。 [40]慢书之耻：慢书，不恭敬的书信。匈奴冒顿单于致书吕太后，慢言不敬。事详《资治通鉴》卷十二惠

帝七年。［41］东作：春耕。岁起于东，人始耕作，故谓春耕为东作。［42］卫尉：官名，掌卫皇宫。［43］奉车都尉：官名，掌皇帝车马。［44］弥街绝里：满街断巷。谓窦氏宅第，工程浩大，连片占满几条街。［45］县官无用：国家财政萎缩。［46］遽起：突然兴建，即超计划兴建。［47］垂：留下，发扬。［48］令德：美德。［49］示无穷：昭示久远，以为表率。［50］专忧北边：全力进行讨伐北匈奴的战争。［51］尚书仆射：尚书省副长官。［52］郅寿：字伯考，历官冀州刺史、尚书仆射。因上书以王莽比拟窦宪，被窦宪迫害自杀。寿为光武帝时名臣郅恽之子，父子同传。见《后汉书》卷二十九。［53］厉音正色：声音严厉，脸色严肃。［54］诽谤：诽谤朝廷，罪大逆。［55］下吏：交付审判。［56］违众正议：不附和众人，坚持真理。［57］触死瞽言：冒死上言。瞽言，不看对象，放肆大言。典出《论语·季氏》篇：孔子曰："侍于君子有三愆，……未见颜色而言谓之瞽。"［58］度其甘心安之：揣度郅寿，他甘心尽忠正直言而死。［59］晏晏之化：宽厚的教化。晏晏，宽容的样子。［60］减死论：改判死刑以下的重罪。［61］合浦：郡名，治所合浦，在今广西合浦县东北。［62］鸡鹿塞：边塞名，在今内蒙古磴口县西北。［63］满夷谷：地名，在今内蒙古包头市北。［64］稒阳塞：稒阳县边塞，县治在今内蒙古包头市东。［65］涿邪山：在今蒙古国古尔班察汗山。［66］司马耿夔：司马，车骑将军窦宪副官，主军政。耿夔传见《后汉书》卷十九。［67］稽洛山：山名，在涿邪山北。［68］私渠北鞮海：湖泊名，在今蒙古国境内。［69］燕然山：今蒙古国杭爱山。［70］中护军：官名，禁军将领。［71］军司马：官名，将军部属，主军法。［72］乖乱：混乱。［73］西海：蒙古高原上湖名，今地不详。［74］稽首：行叩拜礼。［75］修呼韩邪故事：效法呼韩邪单于归附汉朝。［76］汉军已入塞：汉军已回中国。［77］诣阙：到京师洛阳。［78］还其侍弟：遣还匈奴使者单于弟右温禺鞮王。侍，入侍汉皇为人质。［79］乙未：七月十一日。［80］庚申：九月七日。［81］中郎将刘尚：中郎将，中郎主管，掌卫皇宫。刘尚，此和帝时刘尚，与光武帝时武威将军刘尚同名。［82］"旧，大将军位在三公下"五句：旧，指东汉中兴之初。太尉、司徒、司空为三公，皆有"大"字，建武二十七年去"大"。将军有四等，第一为大将军，位在丞相（司徒）下。今以窦宪克敌功大，升级大将军位在太傅之下，三公之上。大将军副官长史、司马各一人，原秩千石，今秩中二千石，与九卿等列。［83］奴客：家奴、宾客。［84］缇骑：执金吾骑兵侦缉队员，二百人，身着黄赤色缇衣，而称缇骑。缇，黄赤色丝织品。［85］边民：据章校，有的版本"民"作"兵"。［86］二千石不待符信：二千石，指郡守、郡尉，他们未见调兵虎符，只凭窦景签发的公文就擅自调兵。符信，指调兵的虎符或符节。［87］当伏显诛：应明正典刑。［88］阿附贵戚：攀附外戚窦氏。［89］不举劾：不举发劾奏犯法的贵戚。［90］并寝不报：袁安的两道奏章均被留中，得不到回音。［91］驸马都尉：官名。驸，通副。驸马都尉为奉车都尉之副，为陪侍天子乘车的近臣。［92］上封事：汉制，大臣有密奏，不经由尚书转呈，称上封事。［93］郑武姜之幸叔段：郑武姜，郑庄公之母，偏爱少子叔段。郑庄公立，武姜请以郑国的大邑京封叔段，谓之京城太叔，成尾大不掉之势。后来京城太叔欲偷袭郑国都，被庄公讨伐，兵败出奔共，而称共叔段。事详《春秋左传》鲁隐公元年。［94］卫庄公之宠州吁：卫庄公姬杨，卫桓公姬完之父，宠庶子州吁。州吁好兵，卫庄公不禁；大夫石碏谏，不听。及桓公立，州吁乃弑桓公而自立，卫人杀州吁，卫国不宁。事详《春秋左传》鲁隐公三年、四年。［95］凶戾：凶暴。［96］食（sì）：拿食物给人吃。［97］适：恰恰。［98］典干：职掌。［99］说：通“悦”。［100］逾年未几：刚一年多一点。谓章帝崩，三年之丧才过了一年多。［101］入礼未终：入礼，义晦。据章校，有的版本“人”作“大”。大礼，指三年之丧礼。［102］卒然：突然。卒，通“猝”。［103］秉：执掌。［104］三军：全国之军。［105］僭逼：淫逸超越礼制。［106］肆心：恣意妄为。［107］论议汹汹：议论纷纷。［108］怀持两端：心怀两端，没有是非。［109］极言：畅所欲言，直言。［110］匪懈之志：勤劳王事，忠贞不贰。匪懈，不懈怠，兢兢业业。［111］吉甫褒申伯之功：吉甫，即尹吉甫，西周第十一任王周宣王时贤大夫。申伯，申国国君，周宣王之舅，有美德令誉，尹吉甫作诗赞美他。［112］陈平、周勃顺吕后之权：陈平、周勃，两人为西汉开国功臣，《史记》《汉书》两书中均有传。高祖崩，吕太后临朝，违高祖之约，大封诸吕为王，时陈平为相，周勃为太尉，顺从吕太后之意，权宜听从封诸吕为王，而暗中策划诛除诸吕。事详《资治通鉴》卷十三高后纪。［113］区区：一点点心意。［114］计策两安：规划使国家（皇室）与外戚两族都得到平安的谋略。［115］绝其绵绵，塞其涓涓：断绝灾害的引线，堵塞祸乱的源头。胡三省注引周人《金人铭》曰：“涓涓不壅，终为江河；绵绵不绝，或成网罗。”涓涓，细流。绵绵，细丝。［116］不欲令皇太后损文母之号、陛下有誓泉之讥：不让皇太后有损“文德之母”的美名，也不使陛下留下“黄泉相见”的遗憾。文母，周武王之母，仪范天下，诗人颂之。誓泉之讥，郑庄公平定共叔段之乱，归罪于母亲的偏爱致祸，置武姜于城颍，并发誓说：“不及黄泉，勿相见也。”后经颍考叔劝谏，母子和好如初。［117］驸马都尉瑰，比请退身，愿抑家权：驸马都尉窦瑰，多次请求致仕，愿为表率抑制窦家的权势。［118］至计：最高的谋略。［119］济南王康：光武帝少子刘康。［120］嫌牾：嫌厌抵牾，即互相不快而发生冲突。［121］庚子：十月十八日。［122］阜陵质王延薨：阜陵王刘延，光武帝子，死后谥为质。《谥法》曰：“名实不爽曰质。”［123］郡国九大水：有九个郡国发生大水灾。

二年（庚寅，90 年）

春，正月，丁丑[1]，赦天下。

二月，壬午[2]，日有食之。

夏，五月，丙辰[3]，封皇弟寿为济北王，开为河间王，淑为城阳王；绍封[4]故淮南顷王[5]子侧为常山王。

窦宪遣副校尉阎砻[6]将二千余骑掩击北匈奴之守伊吾[7]者，复取其地。车师[8]震慑，前、后王各遣子入侍。

月氏求尚公主，班超拒还其使，由是怨恨，遣其副王谢将兵七万攻超。超众少，皆大恐；超譬[9]军士曰："月氏兵虽多，然数千里逾葱岭来，非有运输，何足忧邪！但当收谷坚守，彼饥穷自降，不过数十日决[10]矣！"谢遂前攻超，不下，又钞掠无所得。超度其粮将尽，必从龟兹[11]求食，乃遣兵数百于东界要[12]之。谢果遣骑赍金银珠玉以赂龟兹，超伏兵遮击[13]，尽杀之，持其使首以示谢。谢大惊，即遣使请罪，愿得生归，超纵遣之。月氏由是大震，岁奉贡献。

初，北海哀王[14]无后，肃宗以齐武王首创大业而后嗣废绝[15]，心常愍之，遗诏令复齐、北海二国。丁卯[16]，封芜湖侯无忌[17]为齐王，北海敬王庶子威[18]为北海王。

六月，辛卯[19]，中山简王焉[20]薨。焉，东海恭王[21]之母弟，而窦太后，恭王之甥[22]也；故加赙钱[23]一亿，大为修冢茔，平夷吏民冢墓以千数，作者万余人，凡征发摇动六州十八郡。

诏封窦宪为冠军侯，笃为郾侯，瑰为夏阳侯；宪独不受封。

秋七月，乙卯[24]，窦宪出屯凉州[25]，以侍中邓叠[26]行征西将军[27]事为副。

北单于以汉还其侍弟，九月，复遣使款塞称臣，欲入朝见。冬十月，窦宪遣班固、梁讽迎之。会南单于复上书求灭北庭，于是遣左谷蠡王师子等将左右部八千骑出鸡鹿塞，中郎将耿谭遣从事[28]将护之，袭击北单于。夜至，围之，北单于被创，仅而得免，获阏氏[29]及男女五人，斩首八千级，生虏数千口。班固至私渠海而还。是时，南部党众益盛，领户三万四千，胜兵五万[30]。

（以上为第八段，写班超在西域以少胜众，大败月氏国的侵犯，威震西域。窦宪遣将监护南匈奴，再次大破北匈奴。）

【注释】

[1]丁丑：正月二十六日。 [2]壬午：二月二日。 [3]丙辰：五月七日。 [4]绍封：续封，封前王嗣子继续宗祠。 [5]淮南顷王：孝明帝子刘昞。章和元年，刘昞薨，未及立嗣，而章帝崩，今乃绍封。 [6]阎砦：《汉书·西域传》作"阎槃"。胡三省认为即前出征北匈奴战于稽落山之阎槃。槃，作"盘"。据章校："乙十一行本正作'盘'。" [7]伊吾：城名，原为匈奴呼衍王庭，在今

新疆哈密市西。［8］车师：西域国名，西汉宣帝时分为前、后两部，其地在今新疆吐鲁番市、奇台县一带。［9］譬：比譬，宣喻。［10］决：谓决出胜负，可稳操胜券。［11］龟兹：西域国名，王城延城，在今新疆库车市。［12］要：同“徼”，伏击。［13］遮击：拦击。［14］北海哀王：讳刘基，为光武帝兄刘伯升次子刘兴之孙，元和三年薨，无后。［15］齐武王首创大业而后嗣废绝：齐武王，光武帝兄刘伯升，首举义旗，因功高震主，为更始帝刘玄所害。光武帝封其二子为王，长子刘章为齐王，因追谥刘伯升为齐武王；伯升次子刘兴为北海王。齐王刘章之孙刘晃因罪国除；北海王刘兴之孙刘基无后，至是齐武王继嗣绝。章帝怜之，遗诏令复齐、北海二国。传见《后汉书》卷十四《宗室四王三侯列传》。［16］丁卯：五月十八日。［17］无忌：齐王刘晃之子，今复齐国，继嗣为齐王。［18］北海敬王庶子威：刘威，刘基之弟，北海王刘睦之子，今继嗣为北海王。［19］辛卯：六月十二日。［20］中山简王焉：中山王刘焉，光武帝子，谥为简。《谥法》：“一德不懈曰简。”光武帝十子封王，共一传，见《后汉书》卷四十二。［21］东海恭王：刘强，初为太子，后废为东海王，谥为恭。《谥法》：“既过能改曰恭。”刘强、刘焉为同母亲兄弟，母为光武帝郭皇后。［22］窦太后，恭王之甥：窦太后母沘阳公主，东海王刘强女。［23］赙钱：奠仪钱。［24］乙卯：七月七日。［25］凉州：州名，领陇西、武威等十郡，治所武威郡姑臧，在今甘肃武威市。［26］邓叠：窦宪心腹，官至卫尉，封穰侯。窦宪败，连坐被诛。［27］行征西将军：行，代理。邓叠以侍中代理征西将军之职，高于侍中，故称行。［28］从事：将军副官。耿谭为使匈奴中郎将，属吏有从事。［29］阏氏：单于皇后。［30］胜兵五万：能动员参战的丁男有五万。

三年（辛卯，91年）

春，正月，甲子[1]，帝用曹褒新礼[2]，加元服[3]；擢褒监羽林左骑[4]。

窦宪以北匈奴微弱，欲遂灭之，二月，遣左校尉耿夔、司马任尚出居延塞[5]，围北单于于金微山[6]，大破之，获其母阏氏[7]，名王已下五千余级，北单于逃走，不知所在[8]。出塞五千余里而还，自汉出师所未尝至也。封夔为粟邑侯。

窦宪既立大功，威名益盛，以耿夔、任尚等为爪牙，邓叠、郭璜为心腹，班固、傅毅[9]之徒典文章，刺史、守、令，多出其门，赋敛吏民[10]，共为赂遗。司徒袁安、司空任隗举奏诸二千石并所连及，贬秩免官[11]四十余人，窦氏大恨；但安、隗素行高，亦未有以害之。尚书仆射[12]乐恢[13]，刺举[14]无所回避，宪等疾之。恢上书曰：“陛下富于春秋[15]，纂承大业[16]，诸舅不宜干正王室[17]，以示天下之私。方今之宜，上以义自割，下以谦自引[18]，四舅[19]可长保爵土之荣，皇太后永无惭负宗庙之忧，诚策之上者也。”书奏，不省。恢称疾乞骸骨，归长陵；宪风厉[20]州郡，迫胁[21]恢饮药死。于是朝臣震慑[22]，望风承旨[23]，无敢违者。袁安以天子幼弱，外戚擅权，每朝会进见，及与公卿言国家事，未尝不喑呜流涕；自天子及大臣，皆恃赖[24]之。

冬，十月，癸未[25]，上行幸长安，诏求萧、曹[26]近亲宜为嗣者，绍其封邑[27]。

诏窦宪与车驾会长安。宪至，尚书以下议欲拜之，伏称万岁[28]，尚书韩棱正色[29]曰：“夫上交不谄，下交不渎[30]；礼无人臣称万岁之制！”议者皆惭而止。尚书左丞[31]王龙私奏记[32]、上牛酒[33]于宪，棱举奏龙，论为城旦[34]。

龟兹、姑墨、温宿诸国皆降。十二月，复置西域都护、骑都尉、戊己校尉[35]官。以班超为都护，徐干为长史。拜龟兹侍子白霸为龟兹王，遣司马姚光送之。超与光共胁龟兹，废其王尤利多而立白霸，使光将尤利多还诣京师。超居龟兹它乾城[36]，徐干屯疏勒，惟焉耆、危须、尉犁以前没都护[37]，犹怀二心，其余悉定。

初[38]，北单于既亡，其弟右谷蠡王於除鞬自立为单于[39]，将众数千人止[40]蒲类海[41]，遣使款塞[42]。窦宪请遣使立於除鞬为单于，置中郎将领护，如南单于故事。事下公卿议，宋由等以为可许；袁安、任隗奏以为：“光武招怀南虏[43]，非谓可永安内地，正以权时之算[44]，可得捍御北狄[45]故也。今朔漠[46]已定，宜令南单于反其北庭，并领降众，无缘更立於除鞬以增国费。”事奏，未以时定[47]。安惧宪计遂行，乃独上封事曰：“南单于屯先父[48]举众归德，自蒙恩以来四十余年[49]，三帝[50]积累以遗陛下，陛下深宜追述先志，成就其业。况屯首创大谋，空尽北虏，辍而弗图[51]，更立新降；以一朝之计，违三世之规，失信于所养[52]，建立于无功[53]。《论语》曰[54]：‘言忠信，行笃敬，虽蛮貊行焉。’今若失信于一屯，则百蛮不敢复保誓矣。又，乌桓、鲜卑新杀北单于[55]，凡人之情，咸畏仇雠，今立其弟，则二虏怀怨。且汉故事[56]，供给南单于，费直岁一亿九十余万，西域岁七千四百八十万；今北庭弥远，其费过倍，是乃空尽天下而非建策之要[57]也。”诏下其议，安又与宪更相难折[58]。宪险急负势，言辞骄讦[59]，至诋毁[60]安，称光武诛韩歆、戴涉故事[61]，安终不移；然上竟从宪策。

（以上为第九段，写窦宪扶植北匈奴残部另立单于与南匈奴抗衡，以夷制夷。）

【注释】

[1]甲子：正月十九日。[2]曹褒新礼：曹褒重新修订的汉仪。曹褒（？—102），字叔通，鲁国薛（在今山东滕州市南）人，官至将作大匠。曹褒博学，为儒家宗师。传见《后汉书》卷三十五。[3]加元服：行加冠礼。元，首。元服，帽子。[4]监羽林左骑：为羽林左监，主领羽林左骑。[5]居延塞：边塞名，县名，属张掖属国。塞城在今内蒙古额济纳旗。[6]金微山：今阿尔泰山。[7]阏氏：张敦仁《资治通鉴刊本识误》校正，“氏”下脱“斩”字，应属下读。即下句为：“斩名王已下五千余级。”[8]北单于逃走，不知所在：此役金微山之战，彻底消除了匈奴边患。北匈奴不能在蒙古高原立足，西迁欧洲，影响世界历史至大。[9]傅毅：字武仲，扶风茂陵（今陕西兴平市东北）人，东汉文学家。窦宪为车骑将军，征傅毅为主记室；宪为大将军，以傅毅为司马。传见《后汉书》卷八十上。[10]赋敛吏民：强征暴敛，凌辱吏民。据章校，有的版本“赋”上有“竞”字。[11]免官：据章校，有的版本“官”下有“者”字。[12]尚书仆射：尚书台副主官。[13]乐恢：见本卷永平元年。[14]刺举：监察检举。[15]富于春秋：年少。时和帝年十三岁。[16]纂承大业：继承皇位。[17]干正王室：主政中枢。[18]上以义自割，下以谦自引：在上位的（指和帝），要用大义割舍私爱（意谓解除诸窦权力）；在下位的（指诸窦），要谦让辞职。[19]四舅：即窦宪、窦笃、窦景、窦瑰。[20]风厉：暗示切责。风，通“讽”。[21]迫胁：逼迫要挟。[22]震慑：胆寒。[23]望风承旨：见风转舵，迎合办事。[24]恃赖：依靠。[25]癸未：十月十二日。[26]萧、曹：指西汉功臣萧何、曹参。[27]绍其封邑：续封萧何、曹参嫡系后裔以爵邑。[28]伏称万岁：拜伏叩头，呼喊万岁。[29]正色：脸色严肃。[30]上交不谄，下交不渎：引自《易经·系辞下》。意谓与在上位的人交往，不可谄媚；跟在下位的人交往，不可辱慢。[31]尚书左丞：官名，尚书省有左丞、右丞各一人。左丞掌理文书，右丞管理印章纸笔。[32]私奏记：私自上书。[33]上牛酒：进献珍馐食品。[34]论为城旦：判处王龙三年苦役，共五年徒刑。城旦，筑墙苦役。判此罪者，三年城旦舂，然后为宗庙打柴一岁，为官府服役一岁，免为庶人。[35]西域都护、骑都尉、戊己校尉：诸官为巡护西域诸国兵、民政务之官。骑都尉掌兵，加都护衔，主政。戊己校尉掌屯田。章帝建初元年罢置诸官，今复置。[36]它乾城：西域都护府治所，在今新疆库车市西南。[37]焉耆、危须、尉犁以前没都护：没，陷没。明帝永平十八年焉耆等国附从龟兹攻没西域都护陈睦。焉耆、危须、尉犁，三小国，紧邻，在今新疆焉耆县。[38]初：据章校，有的版本“初”上有“庚辰，上至自长安”七

字。庚辰，十二月十日。［39］於除鞬自立为单于：公元91年至公元93年在位。［40］止：驻屯。［41］蒲类海：即今新疆巴里坤湖，在哈密市西北。［42］款塞：叩关请求归附。［43］南虏：指南匈奴。［44］权时之算：临时措施。［45］北狄：指北匈奴。［46］朔漠：北方大漠。［47］未以时定：在未定可否之时。即等待皇帝裁决期间。［48］南单于屯先父：南单于屯，即休兰尸逐侯鞮单于栾提屯屠何，为现任单于（88—93年在位）。先父，先人。此指醢落尸逐鞮单于栾提比，公元48年至公元56年在位。公元48年栾提比效稽侯珊呼韩邪单于故事，率南匈奴归附东汉。［49］蒙恩以来四十余年：指南匈奴自栾提比于光武帝建武二十四年（48）归汉，至此和帝永元三年（91），已历44年。［50］三帝：指光武帝、明帝、章帝。［51］辍而弗图：半途而废。辍，停止。图，指消灭北匈奴。［52］所养：指南匈奴。［53］无功：指北匈奴於除鞬。［54］《论语》曰：引自《论语·卫灵公》篇，孔子答子张之言。［55］乌桓、鲜卑新杀北单于：章和元年（87），乌桓、鲜卑杀优留单于。［56］故事：旧例。［57］非建策之要：不是正确的决策。［58］更相难折：互相辩难。［59］宪险急负势，言辞骄讦：窦宪阴险，言辞窘急时以势压人，言辞傲慢，进行人身攻击。急，指理屈词穷。讦，揭人之短。［60］诋毁：谩骂攻击。［61］光武诛韩歆、戴涉故事：韩歆、戴涉皆光武帝大司徒，因直谏触怒光武帝，两人无罪被诛。事详《资治通鉴》卷四十三，韩歆被责免自杀，在建武十五年；戴涉下狱死，在建武二十年。

【点评】

本卷集中点评窦宪其人其事，重点点评北征匈奴的历史功绩。

一、太尉郑弘弹劾窦宪过恶。窦宪是东汉开国功臣安丰侯窦融的第四代孙。窦宪父窦勋、祖窦穆因纵诞不法，与轻浮子弟交游，请托郡县，干乱政事被诛杀。导火索是窦穆假传阴太后诏书，命令六安侯刘盱休掉妻子，改娶窦穆之女。永平五年（62），刘盱妇家揭发窦穆的丑恶，汉明帝大怒，下诏诸窦罢官，窦穆遣归故里，窦勋因尚东海王刘强女沘阳公主留居京师。后窦穆在乡里又犯罪，死平陵狱，窦勋死洛阳狱，窦氏门庭衰落。谒者韩纡曾审问窦勋，窦宪含恨在心。章帝建初二年册立窦宪妹妹为皇后，窦宪拜为郎，稍迁为侍中、虎贲中郎将。弟窦笃为黄门侍郎，窦景、窦瑰为中常侍。窦氏一门又显贵起来。诸侯王，以及外戚阴氏、马氏莫不畏惮。窦宪公然以低价强买沁水公主的园田。沁水公主是章帝之妹，窦宪也敢欺压。郑弘上书弹劾窦宪，说他奸恶“上达于天，下通地下”，请求章帝以虞舜诛除“四凶”的决心，诛杀窦宪，用以避免国家重蹈王莽颠覆国家之祸，并“消除人神共有的愤怒”。作为一个贵族纨绔子弟，窦宪兄弟确实是恶棍。

二、窦宪犯禁。汉章帝驾崩，和帝即位，窦太后临朝，窦宪肆无忌惮，为所欲为。他为了报复韩纡审判父亲窦勋的往事，杀了韩纡的儿子，用韩纡儿子的人头去祭奠父亲的坟冢。皇室都乡侯刘畅到京师吊唁明帝，受到窦太后的亲爱，窦宪担心刘畅被重用，分了他的权柄。刘畅是光武帝兄刘伯升的第五代孙。进京有禁军保护。窦宪派刺客在禁军营房杀了刘畅，嫁祸于刘畅之弟刘刚。刘刚在青州，不在京师。窦太后派侍御史与青州刺史组成合议庭审问刘刚。尚书韩棱抗辩说："盗贼在京师，不应舍近求远，恐为奸臣所笑。"窦太后大怒，严厉斥责韩棱，韩棱坚持不屈。太尉府掾何敞自告奋勇冒死请求参加合议庭会审。司徒府、司空府也派出了会审官员。在三公府与侍御史青州刺史组成的大合议庭的审理中，查出了真凶就是窦宪。窦太后感到脸面无光，把窦宪禁闭在内宫，释放了刘刚。韩棱、何敞坚持正义，为平反冤案，敢与皇太后对抗，大勇精神令人敬佩。

三、窦宪北伐匈奴。窦宪有将帅之才，他害怕被诛杀，请求立功赎罪，北伐匈奴。汉章帝章和二年（88）冬十月十七日任命窦宪为车骑将军，以执金吾耿秉为副帅，班固为中护军，准备大举北伐匈奴。这道出征诏书引起轩然大波，满朝文武上奏谏止，窦太后不听。袁安、任隗在朝堂上脱帽强争也改变不了窦太后的决心。和帝永元元年（89）六月，窦宪率众出征，多路深入，汉匈两军主力在稽洛山决战，大破匈奴，单于逃走，斩名王以下一万三千级，获牲口杂畜一百余万头。汉军登燕然山刻石颂功而回。这篇刻石为班固所写，史称《燕然山铭》，范晔载于《后汉书》卷二十三《窦宪传》中。

窦宪北伐匈奴是汉朝对匈奴作战的重大胜利。匈奴经过这次打击，以后逐渐消亡了。汉武帝动员全国之力，前后征战数十年才打败了匈奴。当然窦宪时的匈奴，力量大衰，而窦宪运用的部队，主力是沿边各郡的地方部队，以及归义的羌胡，中央禁军数量不多，然而获此盖世功勋，不能不钦佩窦宪的军事才能，以及窦太后的全力支持。窦宪是为了立功赎罪，窦太后为的是捞回面子，重振窦家雄风，主观动机渺小，而客观功业巨大，有利于中原农耕民族的发展，这是应当肯定的。

窦宪急躁暴戾，本性难移，作恶多端，随着窦太后之死，诸窦被诛杀，窦氏家族再度衰落。

卷四八　汉纪四十

汉和帝永元四年至元兴元年（92—105年）

【起玄黓执徐（壬辰，92年），尽旃蒙大荒落（乙巳，105年），凡十四年】

【大事提要】

本卷记事起公元92年，讫公元105年，凡十四年，当和帝永元四年至元兴元年，载和帝一朝史事。和帝是一个平庸之君，没有大作为，尚不昏暴，友爱诸王，留居京师，为了减轻民劳，停止岭南进贡鲜荔枝。和帝诛杀权臣窦宪是一快事，班固受牵连下狱死，所作《汉书》未完，由其妹班昭完成。班超在西域，不断进取，大破焉耆，西域五十六国附汉。班超派使者甘英出使大秦。班超年迈，荣归故里，至洛阳一月而卒。北匈奴残部被歼，南匈奴争位内乱，匈奴势衰，鲜卑兴起。东汉最大的边患仍是西羌，叛服不定，耗损东汉国力。东汉重置西海郡，用以安抚羌人。和帝驾崩，邓太后临朝，明察善断，避免了一场宫廷冤狱大案的发生。

孝和皇帝下

永元四年（壬辰，92年）

春，正月，遣大将军左校尉[1]耿夔授於除鞬印绶，使中郎将[2]任尚持节卫护屯伊吾，如南单于故事[3]。

初，庐江周荣[4]辟袁安府，安举奏窦景及争立北单于事，皆荣所具草[5]，窦氏客太尉掾徐齮深恶[6]之，胁[7]荣曰："子为袁公腹心之谋，排奏[8]窦氏，窦氏悍士[9]、刺客满城中，谨备之矣！"荣曰："荣，江淮孤生[10]，得备宰士[11]，纵为窦氏所害，诚所甘心！"因敕[12]妻子："若卒遇飞祸[13]，无得殡殓，冀[14]以区区腐身[15]觉悟朝廷。"

三月，癸丑[16]，司徒袁安薨。

闰月，丁丑[17]，以太常丁鸿[18]为司徒。

夏，四月，丙辰[19]，窦宪还至京师。

六月，戊戌朔[20]，日有食之。丁鸿上疏曰："昔诸吕擅权，统嗣几移[21]；哀、平之末，庙不血食[22]。故虽有周公[23]之亲而无其德，不得行其势也。今大将军虽欲敕身自约[24]，不敢僭差；然而天下远近，皆惶怖承旨。刺史[25]、二千石[26]初除[27]，谒辞[28]、求通待报[29]，虽奉符玺[30]，受台敕[31]，不敢便去[32]，久者至数十日，背王室，向私门，此乃上威损，下权盛也。人道悖于下，效验见于天，虽有隐谋，神照其情，垂象见戒，以告人君[33]。禁微[34]则易，救末[35]则难；人莫不忽于微细以致其大[36]，恩不忍诲[37]，义不忍割[38]，去事之后[39]，未然之明镜[40]也。夫天不可以不刚[41]，不刚则三光[42]不明；王不可以不强[43]，不强则宰牧从横[44]。宜因大变，改政匡失，以塞[45]天意！"

丙辰[46]，郡国十三地震。

旱，蝗。

窦氏父子兄弟并为卿、校，充满朝廷，穰侯邓叠、叠弟步兵校尉[47]磊及母元、宪女婿射声校尉[48]郭举、举父长乐少府[49]璜共相交结；元、举并出入禁中，举得幸太后[50]，遂共图为杀害[51]，帝阴知[52]其谋。是时，宪兄弟专权，帝与内外臣僚莫由亲接，所与居者阉宦而已。帝以朝臣上下莫不附宪，独中常侍钩盾令[53]郑众[54]，谨敏有心几[55]，不事豪党，遂与众定议诛宪，以宪在外[56]，虑其为乱，忍而未发；会宪与邓叠皆还京师。时清河王庆[57]，恩遇尤渥[58]，常入省宿止[59]；帝将发其谋，欲得《外戚传》[60]，惧左右，不敢使，令庆私从千乘王[61]求，夜，独内之[62]；又令庆传语郑众，求索故事[63]。庚申[64]，帝幸北宫[65]，诏执金吾、五校尉[66]勒兵屯卫南、北宫，闭城门，收捕郭璜、郭举、邓叠、邓磊，皆下狱死，遣谒者仆射[67]收宪大将军印绶，更封为冠军侯[68]，与笃、景、瑰皆就国。帝以太后故，不欲名诛[69]宪，为选严能相督察之[70]。宪、笃、景到国，皆迫令自杀[71]。

初，河南尹[72]张酺[73]，数以正法绳治窦景[74]，及窦氏败，酺上疏曰："方宪等宠贵，群臣阿附唯恐不及，皆言宪受顾命之托，怀伊、吕[75]之忠，至乃复比邓夫人于文母[76]，今严威既行，皆言当死，不顾其前后[77]，考折厥衷。臣伏见夏阳侯瑰每存忠善，前与臣言，常有尽节之心，检敕[78]宾客，未尝犯法。臣闻王政骨肉之刑，有三宥之义[79]，过厚不过薄[80]。今议者欲为瑰选严能相，恐其迫切[81]，必不完免[82]，宜裁加[83]贷宥[84]，以崇厚德。”帝感其言，由是瑰独得全。窦氏宗族宾客以宪为官者[85]，皆免归故郡。

初，班固奴尝醉骂洛阳令种兢，兢因逮考窦氏宾客，收捕固，死狱中，固尝著《汉书》，尚未就，诏固女弟曹寿妻昭[86]踵而成之。

华峤论曰[87]：固之序事[88]，不激诡[89]，不抑抗[90]，赡[91]而不秽[92]，详[93]而有体[94]，使读之者亹亹而不厌[95]，信哉其能成名也！固讥[96]司马迁是非颇谬于圣人，然其论议，常排死节[97]，否正直[98]，而不叙杀身成仁之为美[99]，则轻仁义，贱守节甚矣！

（以上为第一段，写汉和帝诛杀窦宪，班固被牵连下狱死，所写《汉书》未竟，由其妹班昭续写完成。）

【注释】

[1]左校尉：大将军部属有左、右校尉。 [2]使中郎将：使匈奴中郎将之省称。南匈奴归附，置此官，持节，主护南匈奴。今以任尚为使匈奴中郎将，持节，屯伊吾，主护北匈奴。 [3]如南单于故事：待遇如同南单于。 [4]周荣：字平孙，庐江舒县（今安徽庐江县西南）人，辟司徒袁安府，历官尚书令，颍川、山阳二郡太守。传见《后汉书》卷四十五。 [5]具草：一一起草。指袁安弹劾窦景、反对封立北匈奴单于两道奏章，皆为周荣起草。 [6]深恶：深为痛恨。[7]胁：威胁，恫吓。 [8]排奏：上奏章排斥。 [9]悍士：剽悍的武士。 [10]孤生：一介书生。 [11]宰士：为宰相府辟士。 [12]敕：告诫。 [13]卒遇飞祸：突然遭遇飞来之祸。卒，通“猝”。 [14]冀：希望。 [15]区区腐身：区区遗体。 [16]癸丑：三月十四日。 [17]丁丑：闰三月九日。 [18]丁鸿（？—94）：字孝公，颍川定陵（今河南舞阳县北）人。精通欧阳《尚书》，章帝时参与白虎观奏议，官拜侍中兼射声校尉。和帝即位迁太常，继袁安为司徒，上封事诛窦宪。传见《后汉书》卷三十七。 [19]丙辰：四月十八日。 [20]戊戌朔：六月一日。[21]统嗣几移：刘姓皇统继嗣差点转移。 [22]庙不血食：刘姓宗庙香火断绝。血食，祭祀用三牲，故称血食。 [23]周公：西周佐武王辅成王的周公旦，武王之弟，成王之叔。 [24]敕身自约：洁身自好。 [25]刺史：官名，汉武帝划全国为十三部，每部置刺史一人，职司纠察郡守。西汉成帝改为州牧，成为方镇。 [26]二千石：郡国守相。 [27]初除：指任命之后，走马上任之时。 [28]谒辞：初除之官，赴任时晋见大将军辞行，称谒辞。 [29]求通待报：通名大将军，

等待接见或不接见的回答。［30］奉符玺：得到皇帝诏书。［31］受台敕：初除者到尚书台接受指令。［32］不敢便去：谓新任高级官员，即使有诏书、台敕，但未得大将军窦宪的回报，不敢离京赴任。［33］垂象见戒，以告人君：上天留下天象变易，用以告诫人君。此指戊戌朔的日食。［34］禁微：在细微之时禁止祸乱。［35］救末：已成事实之后挽救灾祸。末，末尾，指灾祸不可收拾之时。［36］人莫不忽于微细以致其大：人们没有不是因为忽视细微，以致终于酿成大祸。［37］恩不忍诲：恩情太重就不忍教诲。［38］义不忍割：仁义太深就不忍割爱。［39］去事之后：灾祸发生过后。［40］未然之明镜：祸伏于隐微，事后才知这隐微已昭如明镜。［41］刚：刚正。［42］三光：日、月、星。［43］强：加强君权。［44］宰牧从横：臣僚横行。［45］塞：回报。［46］丙辰：六月十九日。［47］步兵校尉：掌领禁卫步兵。［48］射声校尉：掌领禁卫射击部队。［49］长乐少府：护卫皇太后所居长乐宫。［50］举得幸太后：郭举得到窦太后的宠爱。［51］共图为杀害：共谋废杀和帝刘肇。［52］阴知：暗中了解。［53］钩盾令：官名，少府属官，掌禁苑。［54］郑众（？—114）：字季产，南阳犨（在今河南叶县西）人，与和帝定策诛窦宪，以功迁大长秋，封鄛乡侯。东汉宦官用权，自郑众始。传见《后汉书》卷七十八。［55］心几：心计，有城府。［56］以宪在外：时窦宪出屯凉州。［57］清河王庆（78—106）：章帝长子刘庆，章帝宋贵人子，建初四年立为皇太子，因遭窦皇后谮毁，废为清河王。传见《后汉书》卷五十五。［58］尤渥：特别优厚。［59］入省宿止：入宫与和帝同起居。［60］《外戚传》：指《汉书·外戚传》，找诛外戚的历史根据。［61］千乘王：和帝兄刘伉，封千乘王。［62］夜，独内之：夜里刘庆送来《外戚传》，和帝单独召见。内，通“纳”。［63］求索故事：找出前汉文帝诛薄昭、武帝诛窦婴的例证。［64］庚申：六月二十三日。［65］帝幸北宫：和帝前往北宫，靠近禁卫北军。［66］执金吾、五校尉：执金吾掌宫外警戒，北军五校尉掌宿卫兵，有屯骑校尉、越骑校尉、步兵校尉、长水校尉、射声校尉。［67］谒者仆射：官名，为谒者主官。谒者，典司礼仪。［68］更封为冠军侯：永元元年窦宪北征匈奴还，以功封武阳侯，宪固辞不受；今更封冠军侯，迫其以侯就国，让出政权。更封，改封。［69］名诛：正名诛之，即判罪正法。［70］为选严能相督察之：替窦宪等选择严厉而干练的人作封国相，负责监督。［71］皆迫令自杀：宪、笃、景兄弟三人皆由严能相逼迫自杀。［72］河南尹：官名，京师洛阳行政长官，位列九卿。［73］张酺：字孟侯，汝南细阳县（旧治在安徽太和县东）人，精通《尚书》，历仕汉明帝、章帝、和帝三朝，官至太尉。传见《后汉书》卷四十五。［74］数以正法绳治窦景：多次依法制裁窦景。据《张酺传》记载，酺为魏郡太守，魏郡人郑据上奏窦景罪，窦景依势派执金吾掾持私信请托张酺严办郑据的儿子以为报复。张酺不受请托，逮捕夏猛下狱。张酺调任河南尹，窦景家人击伤市卒，张酺依法治罪。［75］伊、吕：伊，伊尹，名阿衡，佐商汤王贤相。吕，吕尚，名姜子牙，佐周文王、武王贤相。［76］比邓夫人于文母：邓夫人，窦宪死党穰侯邓叠之母。文母，西周武王之母，有文德之贤名。群臣中趋炎附势之徒以文母比拟邓夫人。［77］不顾其前后：据章校，有的版本“不”下有“复”字。［78］检敕：约束教诲。［79］王政骨肉之刑，有三宥之义：圣王之政，对于惩治亲族犯罪，应有三次赦免之义。见《礼记·文王世子》。宥，宽宥，赦免。［80］过厚不过薄：宁肯失之于厚道，而不要失之于刻薄。［81］迫切：逼迫严惩。［82］完免：保全性命。［83］裁加：稍稍。［84］贷宥：宽大。［85］以宪为官者：依靠窦宪做官的人。［86］固女弟曹寿妻昭：班固妹妹，为曹寿妻，名班昭。东汉史学家，继班固续成《汉书》的八表及天文志。又作《女诫》，论妇女之行，在中国历史上有很大影响。和帝召班昭入宫给皇后及诸贵人讲学，赐号“大家”，故史称曹大家。传见《后汉书》卷八十四。［87］华峤（?—293）：字叔骏，西晋平原高唐（今山东禹城市西南）人，官至秘书监。著有《汉后书》（一称《后汉书》）行于世，早佚。论曰云云，即引自该书。传附《晋书》卷四十三《华表传》。［88］序事：记叙史事。［89］不激诡：不偏激，不诋毁。［90］不抑抗：不压抑，不虚誉。抑，退。抗，进。［91］赡：内容丰富。［92］秽：芜杂。［93］详：详尽。［94］体：有体例，有章法。［95］亹亹而不厌：津津有味而不厌烦。［96］讥：讥刺，批评。班固在《汉书·司马迁传》后赞中批评司马迁：“又其是非颇缪于圣人，论大道则先黄老而后六经，序游侠则退处士而进奸雄，述货殖则崇势利而羞贱贫，此其所蔽也。”［97］然其论议，常排死节：班固评论人物，常常贬斥死节。《汉书·龚胜传》记龚胜义不出仕王莽，绝食十四日而死，班固叙老父悼词曰：“龚生竟夭天年，非吾徒也。”［98］否正直：否定刚正、言直之士。《汉书》载王陵、汲黯两位直臣事迹，论两人为戆。［99］不叙杀身成仁之为美：谓《汉书》不立“忠义传”。

初，窦宪纳妻，天下郡国皆有礼庆[1]。汉中郡[2]亦当遣吏，户曹[3]李郃[4]谏曰：“窦将军椒房之亲[5]，不修德礼而专权骄恣[6]，危亡之祸，可翘足[7]而待；愿明府[8]一心王室，勿与交通[9]。”太守固遣之，郃不能止，请求自行，许之。郃遂所在迟留以观其变，行至扶风[10]而宪就国。凡交通者皆坐免官，汉中太守独不与焉。

帝赐清河王庆奴婢、舆马、钱帛、珍宝，充牣其第[11]。庆或时不安，帝朝夕问讯，进膳药[12]，所以垂意甚备。庆亦小心恭孝，自以废黜，尤畏事慎法，故能保其宠禄焉。

帝除袁安子赏为郎，任隗子屯为步兵校尉，郑众迁大长秋[13]。帝策勋班赏，众每辞多受少，帝由是贤之，常与之议论政事，宦官用权自此始矣。

秋，七月，己丑[14]，太尉宋由以窦氏党策免，自杀。

八月，辛亥[15]，司空任隗薨。

癸丑[16]，以大司农尹睦为太尉。太傅邓彪以老病上还枢机职[17]，诏许焉，以睦代彪录尚书事。

冬，十月[18]，以宗正刘方[19]为司空。

武陵、零陵、澧中蛮叛[20]。

护羌校尉邓训卒，吏、民、羌、胡旦夕临[21]者日数千人。羌、胡或以刀自割，又刺杀其犬马牛羊，曰："邓使君已死，我曹亦俱死耳！"前乌桓吏士[22]皆奔走道路，至空城郭[23]；吏执，不听[24]，以状白校尉徐傿[25]，傿叹息曰："此为义也！"乃释之。遂家家为训立祠[26]，每有疾病，辄请祷求福。

蜀郡太守聂尚代训为护羌校尉，欲以恩怀诸羌，乃遣译使招呼迷唐，使还居大、小榆谷。迷唐既还，遣祖母卑缺[27]诣尚，尚自送至塞下，为设祖道[28]，令译田汜等五人护送至庐落[29]。迷唐遂反，与诸种共生屠裂汜等[30]，以血盟诅[31]，复寇金城塞[32]。尚坐免。

（以上为第二段，写李郃有先知之明，回护汉中太守免受窦宪案的牵连。邓训去世，西羌再次反叛。）

【注释】

［1］礼庆：送贺礼。［2］汉中郡：治所南郑，在今陕西汉中市。［3］户曹：郡守属官，主民事农桑祭祀。［4］李郃：字孟节，汉中南郑县（今陕西汉中市）人，精通五经和方术，安帝时官至司空。传见《后汉书》卷八十二上。［5］椒房之亲：国舅之亲。椒房，皇后所居宫称椒房。［6］专权骄恣：专断朝政，横行恣意。［7］翘足：形容时间之短暂，立刻，马上，一抬脚的功夫。［8］明府：对郡太守的敬称。［9］交通：交结。［10］扶风：郡名，为关中三辅之一，治所在长安城中。［11］充牣其第：塞满了清河王府。［12］进膳药：赐送饮食和医药。［13］大长秋：官名，掌皇后事务。［14］己丑：七月二十三日。［15］辛亥：八月十五日。［16］癸丑：八月十七日。［17］枢机职：指录尚书事。［18］十月：据章校，有的版本"月"下有"己亥"二字。己亥，十月四日。［19］刘方：字伯况，平原人。［20］武陵、零陵、澧中蛮叛：武陵郡、零陵郡及澧中所居少数民族起事反抗东汉朝廷。武陵郡治所临沅，在今湖南常德市。零陵郡治所泉陵，在今湖南永州市零陵区。澧中，澧水流域，在湖南境西北。［21］旦夕临：早晚哭灵。［22］前乌桓吏士：邓训任乌桓校尉时的旧部属。乌桓治所在幽州马城，在今河北怀安县。［23］至空城郭：邓训旧部属奔走道路，使马城为之一空。［24］吏执，不听：巡捕官员逮捕擅离职守的邓训旧部属，仍不能制止。不听，不听禁令。［25］校尉徐傿：继邓训为乌桓校尉的徐傿。［26］立祠：立牌位。［27］卑缺：迷吾之母，迷唐之祖母。［28］祖道：饯行。［29］庐落：今地不详。［30］生屠裂汜等：活活将田汜等五人破腹挖心杀死。［31］以血盟诅：用人血盟誓。［32］金城

塞：金城郡边塞。金城郡治所允吾，在今青海民和县。金城郡属县有金城县，在今甘肃兰州市西之西固城。

五年（癸巳，93 年）

春，正月，乙亥[1]，宗祀[2]明堂[3]，登灵台[4]，赦天下。

戊子[5]，千乘贞王伉[6]薨。

辛卯[7]，封皇弟万岁为广宗王。

甲寅[8]，太傅邓彪薨。

戊午[9]，陇西地震。

夏，四月，壬子[10]，绍封阜陵殇王兄鲂[11]为阜陵王。

九月，辛酉[12]，广宗殇王万岁薨，无子，国除。

初，窦宪既立於除鞬为北单于，欲辅归北庭，会宪诛而止。於除鞬自畔还北，诏遣将兵长史王辅以千余骑与任尚共追讨，斩之，破灭其众。

耿夔之破北匈奴也，鲜卑因此转徙据其地。匈奴余种留者尚有十余万落，皆自号鲜卑[13]；鲜卑由此渐盛。

冬，十月，辛未[14]，太尉尹睦薨。

十一月，乙丑[15]，太仆张酺为太尉。酺与尚书张敏等奏“射声校尉曹褒，擅制汉礼，破乱圣术，宜加刑诛。”书凡五奏。帝知酺守学不通[16]，虽寝其奏，而汉礼遂不行。

是岁，武陵郡兵破叛蛮，降之。

梁王畅[17]与从官卞忌祠祭求福，忌等谄媚云：“神言王当为天子。”畅与相应答，为有司所奏，请征诣诏狱[18]。帝不许，但削成武、单父二县[19]。畅惭惧[20]，上疏深自刻责[21]曰：“臣天性狂愚[22]，不知防禁，自陷死罪，分伏显诛[23]。陛下圣德，枉法[24]曲平[25]，横赦[26]贷[27]臣，为臣受污[28]。臣知大贷[29]不可再得，自誓束身约妻子[30]，不敢复出入失绳墨[31]，不敢复有所横费[32]，租入有余，乞裁食睢阳、谷熟、虞、蒙、宁陵五县[33]，还余所食四县[34]。臣畅小妻[35]三十七人，其无子者，愿还本家[36]，自选择谨敕奴婢[37]二百人，其余所受虎贲、官骑及诸工技、鼓吹、仓头、奴婢，兵弩、厩马，皆上还本署[38]。臣畅以骨肉近亲，乱圣化[39]，污清流[40]，既得生活，诚无心面目[41]以凶恶复居大宫[42]，食大国[43]，张官属[44]，藏杂物[45]，愿陛下加恩开许。”上优诏[46]不听。

护羌校尉贯友[47]遣译使构离诸羌[48]，诱以财货，由是解散[49]。乃遣兵出塞，攻迷唐于大、小榆谷，获首虏八百余人，收麦数万斛，遂夹[50]逢留大河[51]筑城坞，作大航[52]，造河桥[53]，欲度兵击迷唐。迷唐率部落远徙，依赐支河曲[54]。

单于屯屠何死，单于宣弟安国立[55]。安国初为左贤王，无称誉；及为单于，单于适之子右谷蠡王师子以次转[56]为左贤王[57]。师子素勇黠[58]多知[59]，前单于宣及屯屠何皆爱其气决，数遣将兵出塞，掩击北庭，还，受赏赐，天子[60]亦加殊异[61]。由是国中尽敬师子而不附安国，安国欲杀之；诸新降胡，初在塞外[62]数为师子所驱掠，多怨之。安国委计降者[63]，与同谋议。师子觉其谋，乃别居五原[64]界，每龙庭[65]会议，师子辄称病不往。度辽将军皇甫棱知之，亦拥护不遣，单于怀愤益甚。

（以上为第三段，写北匈奴残部被歼，南匈奴争单于位分裂，北方鲜卑坐大。护羌校尉贯友大破西羌。）

【注释】

[1]乙亥：正月十一日。[2]宗祀：祭祀祖先。[3]明堂：明政教之堂，举行重大典礼的皇家大会堂。[4]灵台：观天台。[5]戊子：正月二十四日。[6]千乘贞王伉：千乘王刘伉，章帝子，谥曰贞。[7]辛卯：正月二十七日。[8]甲寅：正月乙丑朔，无甲寅日。甲寅为二月二十四日。[9]戊午：正月无戊午，当为二月二十八日。[10]壬子：四月二十日。[11]鲂：刘鲂，阜陵殇王刘冲之兄。刘冲，阜陵王刘延之子，刘延为光武帝子。传附《刘延传》，见《后汉书》卷四十二。[12]辛酉：九月一日。[13]鲜卑：古代北方民族名。南北朝时北魏政权即为鲜卑拓跋氏所建。[14]辛未：十月庚寅朔，无辛未。辛未为十一月十二日。[15]乙丑：十一月六日。[16]守学不通：迂腐不通达。守学，死抱经文，教条主义。[17]梁王畅：刘畅，明帝子。传见《后汉书》卷五十。[18]诏狱：京师监狱，审讯直接由皇帝过问的重大案件。[19]成武、单父二县：成武县治在今山东成武县，单父县治在今山东单县。[20]惭惧：惭愧，恐惧。[21]深自刻责：深深地自我责备。[22]狂愚：狂妄愚蠢。[23]分伏显诛：为臣职分应甘服死罪。显诛，明正典刑。[24]枉法：曲法。[25]曲平：曲法申恩，宽大

处理。［26］横赦：不应赦而赦，勉强赦罪。［27］贷：宽假。［28］为臣受污：替臣蒙受恶名。天下以赦畅为纳污，所以是替畅受污。污，恶行，恶名。［29］大贷：赦死罪。［30］束身约妻子：约束自身，约束妻子。［31］不敢复出入失绳墨：再不敢在王国内外有越轨行为。绳墨，木工正曲直的器具，喻法度。［32］横费：滥用，浪费。［33］乞裁食睢阳、谷熟、虞、蒙、宁陵五县：乞求仅仅留下睢阳等五县为食邑。裁，通“才”，仅仅，只。睢阳，梁国治所，在今河南商丘市。谷熟，县治在今河南商丘市东南。虞，县治在今河南虞城县北。蒙，县治在今河南商丘市东北。宁陵，县治在今河南宁陵县。［34］还余所食四县：剩下四县下邑（今安徽砀山县）、尉氏（今河南尉氏县）、薄（今山东曹县南）、郾（今河南漯河市郾城区）奉还朝廷。［35］小妻：小妾。［36］本家：娘家。［37］谨敕奴婢：谨慎小心的奴婢。［38］“其余”三句：梁王刘畅上奏，自愿把所得朝廷赏赐，都送还原来所属的机关。本署，指赏赐品原所属的机关。如虎贲郎，原属朝廷虎贲中郎将所领禁卫。官骑，即驺骑，皇家名马，原属太仆。诸工技，各色工匠，原属少府尚方令。鼓吹，乐队，原属黄门。仓头，管家头目。奴婢，奴仆，属永巷、御府、奚官等令。兵弩，武器，属考工令。厩马，属太仆。［39］乱圣化：扰乱圣明的教化。［40］污清流：污秽清廉的政风。［41］无心面目：无颜，无脸。［42］以凶恶复居大宫：以罪恶之身仍为大国封王。［43］食大国：食邑大封国。［44］张官属：设置官员僚属。［45］藏杂物：享受优厚的生活。杂物，即什物，指生活器具。这里以丰藏生活器具指代优裕的生活。［46］优诏：下恩诏。［47］贯友：东汉第六任护羌校尉，代聂尚继任。［48］构离诸羌：挑拨离间西羌各部落。［49］解散：诸羌联盟解散。［50］夹：沿河两岸。［51］逢留大河：叫做逢留的这段黄河。指今青海贵德县所在一段河曲。［52］作大航：制造大木筏。［53］造河桥：建黄河桥。［54］赐支河曲：即古析支河曲，在今青海阿尼玛卿山河曲，黄河上源。［55］单于宣弟安国立：单于宣，即伊屠於闾鞮单于栾提宣，公元 85 年至公元 88 年在位。单于宣弟继栾提屯屠何为单于，是为安国单于，公元 93 年至公元 94 年在位。［56］以次转：依单于继承顺序升转。［57］左贤王：匈奴俗，单于以下的首领分为左右。左尊右卑。左贤王高于右贤王，位仅次单于，是为储君。安国单于原为左贤王，今已为单于，依次则右谷蠡王师子当为左贤王。［58］勇黠：勇敢善战而狡黠。［59］多知：智慧过人。知，通“智”。［60］天子：东汉皇帝。［61］加殊异：另眼相待，特加殊礼。［62］在塞外：指南匈奴疆域之外，即在漠北。［63］安国委计降者：据章校，有的版本“国”下有“因是”二字。［64］五原：郡名，治所九原，在今内蒙古包头市西。［65］龙庭：单于所居王城。此时单于龙庭设于西河郡美稷县，在今内蒙古准格尔旗境内。

六年（甲午，94 年）

春，正月，皇甫棱免，以执金吾朱徽行度辽将军[1]。时单于与中郎将[2]杜崇不相平，乃上书告崇；崇讽[3]西河太守令断单于章[4]，单于无由自闻，崇因与朱徽上言：“南单于安国，疏远故胡[5]，亲近新降[6]，欲杀左贤王师子及左台且渠[7]刘利等；又，右部降者，谋共迫胁安国起兵背畔，请西河、上郡、安定[8]为之儆备[9]。”帝下公卿议，皆以为：“蛮夷反覆，虽难测知，然大兵聚会，必未敢动摇。今宜遣有方略[10]使者之单于庭，与杜崇、朱徽及西河太守并力，观其动静。如无他变，可令崇等就安国会其左右大臣，责其部众横暴为边害者，共平罪诛[11]。若不从命，令为权时方略[12]，事毕之后，裁行赏赐[13]，亦足以威示百蛮[14]。”于是徽、崇遂发兵造其庭。安国夜闻汉军至，大惊，弃帐[15]而去，因举兵欲诛师子。师子先知，乃悉将庐落[16]入曼柏城；安国追到城下，门闭，不得入。朱徽遣吏譬和之[17]，安国不听；城既不下，乃引兵屯五原。崇、徽因发诸郡骑追赴之急，众皆大恐，安国舅骨都侯喜为等虑并被诛，乃格杀[18]安国，立师子为亭独尸逐侯鞮单于[19]。

己卯[20]，司徒丁鸿薨。

二月，丁未[21]，以司空刘方为司徒，太常张奋[22]为司空。

夏，五月，城阳怀王淑[23]薨，无子，国除。

秋，七月，京师旱。

西域都护班超发龟兹、鄯善等八国兵合七万余人讨焉耆，到其城下，诱焉耆王广、尉犁王泛等于陈睦故城[24]，斩之，传首京师；因纵兵钞掠，斩首五千余级，获生口万五千人，更立焉耆左侯[25]元孟为焉耆王。超留焉耆半岁，慰抚之。于是西域五十余国悉纳质内属，至于海滨[26]，四万里外，皆重译[27]贡献。

南单于师子立，降胡五六百人夜袭师子，安集掾[28]王恬将卫护士与战，破之。于是降胡遂相惊动，十五部二十余万人皆反，胁立前单于屯屠何子薁鞬日逐王逢侯为单于，遂杀略吏民，燔烧邮亭[29]、庐帐，将车重向朔方[30]，欲度幕北[31]。九月，癸丑[32]，以光禄勋[33]邓鸿行车骑将军事，与越骑校尉冯柱、行度辽将军朱徽将左右羽林、北军五校士及郡国迹射[34]、缘边兵，乌桓校尉任尚将乌桓、鲜卑，合四万人讨之。时南单于及中郎将杜崇屯牧师城[35]，逢侯将万余骑攻围之。冬，十一月，邓鸿等至美稷，逢侯乃解围去，向满夷谷[36]。南单于遣子将万骑及杜崇所领四千骑，与邓鸿等追击逢侯于大城塞[37]，斩首四千余级。任尚率鲜卑、乌桓要击逢侯于满夷谷，复大破之，前后凡斩万七千余级。逢侯遂率众出塞，汉兵不能追而还。

以大司农陈宠为廷尉[38]。宠性仁矜，数议疑狱[39]，每附经典，务从宽恕，刻敝[40]之风，于此少衰[41]。

帝以尚书令江夏黄香[42]为东郡太守，香辞以："典郡从政，才非所宜，乞留备冗官[43]，赐以督责小职，任之宫台烦事[44]。"帝乃复留香为尚书令，增秩二千石，甚见亲重。香亦祗勤物务[45]，忧公如家[46]。

（以上为第四段，写汉军大败南单于，班超在西域大破焉耆国，西域五十六国都顺服汉朝。）

【注释】

[1]度辽将军：屯五原郡曼柏县，在今内蒙古五原县南黄河北。[2]中郎将：使匈奴中郎将，屯美稷，监护南单于。[3]讽：暗示。[4]断单于章：截获安国单于的奏章。[5]故胡：指南匈奴本部。[6]新降：新附的北匈奴残部。[7]左台且渠：匈奴王号名。[8]西河、上郡、安定：界邻南匈奴的边郡。西河郡治所离石，在今山西吕梁市离石区。上郡治所肤施，在今陕西榆林市东南。安定郡治所临泾，在今甘肃镇原县东南。[9]儆备：戒备。[10]有方略：有谋略。[11]共平罪诛：由汉匈双方共同平议（审理），该判罪的判罪，该杀头的杀头。[12]权时方略：临机应变，便宜行事。[13]裁行赏赐：裁量赐物，论功行赏。[14]威示百蛮：向匈奴人显示威信。据章校，有的版本"蛮"下有"帝从之"三字。[15]帐：单于所居帐落。[16]庐落：部属所居帐落。[17]遣吏譬和之：据章校，有的版本"譬"上有"晓"字。[18]格杀：斗杀。[19]亭独尸逐侯鞮单于：公元94年至公元98年在位。[20]己卯：正月二十一日。[21]丁未：二月二十日。[22]张奋（?—102）：字稺通，东汉初名臣张纯之子，行义好施，为官清廉，官至司空。传见《后汉书》卷三十五。[23]城阳怀王淑：刘淑，章帝子。传见《后汉书》卷五十五。[24]陈睦故城：西域都护陈睦所居故城。永平十八年（75），龟兹、焉耆趁汉大丧（明帝崩），攻没陈睦。[25]焉耆左侯：焉耆大臣，有左右将、左右侯。[26]海滨：西海之滨。西海，指里海、地中海。[27]重译：几次辗转翻译。[28]安集掾：使匈奴中郎将属官，以安集匈奴为名。[29]邮亭：邮驿亭障。[30]朔方：郡名，治所朔方城，在今内蒙古乌拉特前旗东南。[31]幕北：即漠北。幕，通"漠"。[32]癸丑：九月乙卯朔，无癸丑。癸丑，十月二十九日。[33]光禄勋：九卿之一，掌领诸郎，禁卫皇宫。[34]迹射：善射的特种部队，能寻迹而射。[35]牧师城：在美稷县。[36]满夷谷：地名，在内蒙古包头市北。[37]大城塞：即大城县，县治在今内蒙古杭锦旗东南。[38]大司农：九卿之一，掌财赋。陈宠（?—106）：字昭公，沛国洨（在

今安徽灵璧县东南）人，历官二郡（太山、广汉）太守，三卿（大司农、廷尉、大鸿胪），官至司空。传见《后汉书》卷四十六。廷尉：九卿之一，掌刑狱。［39］数议疑狱：多次审理疑难案件。［40］刻敝：苛刻舞弊。［41］少衰：略有收敛。［42］黄香（?—106）：字文强，江夏安陆（今湖北安陆市）人，卒官魏郡太守。传见《后汉书》卷八十上。［43］留备冗官：留居朝廷备员散官。［44］任之宫台烦事：留任尚书令。宫，谓宫中。台，尚书台。尚书出纳王命，故云宫台烦事。［45］祗勤物务：谨慎地勤劳众务，即尽忠职守。［46］忧公如家：忧劳国事如同家事。

七年（乙未，95年）

春，正月，邓鸿等军还，冯柱将虎牙营[1]留屯五原；鸿坐逗留[2]失利，下狱死。后帝知朱徽、杜崇失胡和，又禁其上书，以致[3]胡反，皆征[4]，下狱死。

夏，四月，辛亥朔[5]，日有食之。

秋，七月，乙巳[6]，易阳地裂[7]。

九月，癸卯[8]，京师地震。

乐成王党[9]坐贼杀人[10]，削东光、鄡二县[11]。

八年（丙申，96年）

春，二月，立贵人[12]阴氏为皇后[13]。后，识之曾孙也。

夏，四月[14]，乐成靖王党[15]薨。子哀王崇立，寻死，无子，国除。

五月，河内[16]、陈留[17]蝗。

南匈奴右温禺犊王乌居战畔出塞。秋，七月，度辽将军庞奋、越骑校尉冯柱追击破之，徙其余众及诸降胡二万余人于安定、北地。

车师[18]后部王涿鞮反，击前王尉毕大，获其妻子。

九月，京师蝗。

冬，十月，乙丑[19]，北海王威以非敬王子，又坐诽谤[20]，自杀[21]。

十二月，辛亥[22]，陈敬王羡[23]薨。

丁巳[24]，南宫宣室殿火。

护羌校尉贯友卒，以汉阳太守史充[25]代之。充至，遂发湟中羌、胡出塞击迷唐。迷唐迎败充兵，杀数百人。充坐征，以代郡太守吴祉[26]代之。

（以上为第五段，写汉与匈奴、汉与西羌仍不断发生战斗。和帝册立阴皇后。）

【注释】

[1]虎牙营：精锐部队的称号。[2]逗留：运动部队失期，贻误军机。[3]致：致使，逼使。[4]征：召还京师。[5]辛亥朔：四月一日。[6]乙巳：七月二十六日。[7]易阳地裂：易阳县（在今河北邯郸市永年区）大地震裂。[8]癸卯：九月二十五日。[9]乐成王党：刘党，明帝子。传见《后汉书》卷五十。[10]坐贼杀人：被控杀人。[11]东光、鄡二县：东光县治在今河北东光县东。鄡县县治在今河北辛集市东。[12]贵人：位次皇后的嫔妃称号，光武帝时始置。[13]阴氏为皇后：史失其名，光武帝阴丽华阴皇后之兄阴识之曾孙。性狷狭，永元十五年因与和帝邓贵人（后为邓皇后）争宠，以巫蛊诅咒事发被废，忧死。传见《后汉书》卷十上。[14]四月：据章校，有的版本“月”下有“癸亥”二字。癸亥，四月十八日。[15]乐成靖王党：明帝子。[16]河内：郡名，治所怀县，在今河南武陟县西南。[17]陈留：郡名，治所陈留，在今河南开封市东南。[18]车师：古西域国名，西汉宣帝时分为前后两部。后王都务涂谷，在今新疆奇台县西南。前王都交河城，在今新疆吐鲁番市西。[19]乙丑：十月二十三日。[20]诽谤：非议朝政或皇帝，称诽谤，罪大逆。[21]自杀：北海王刘威为北海敬王刘睦庶子，光武帝兄刘縯曾孙。永元二年复齐、北海二王，立刘威为北海王，今又被指控为非敬王子，而迫令自杀。史载疏略，内幕不详。[22]辛亥：十二月十日。[23]陈敬王羡：明帝子，和帝刘肇叔父。传见《后汉书》卷五十。[24]丁巳：十二月十六日。[25]史充：东汉第七任护羌校尉，上任不到一年免。[26]吴祉：东汉第八任护羌校尉。

九年（丁酉，97年）

春，三月，庚辰[1]，陇西[2]地震。

癸巳[3]，济南安王康[4]薨。

西域长史王林击车师后王，斩之。

夏，四月，丁卯[5]，封乐成王党子巡为乐成王。

五月，封皇后父屯骑校尉[6]阴纲为吴房侯，以特进[7]就第。

六月，旱，蝗。

秋，八月，鲜卑寇肥如[8]，辽东[9]太守祭参[10]坐沮败，下狱死。

闰月，辛巳[11]，皇太后窦氏[12]崩。初，梁贵人[13]既死，宫省事秘，莫有知帝为梁氏出者。舞阴公主[14]子梁扈遣从兄[15]禅奏记[16]三府，以为“汉家旧典[17]，崇贵母氏，而梁贵人亲育圣躬[18]，不蒙尊号，求得申议[19]。”太尉张酺言状[20]，帝感恸良久[21]，曰：“于君意若何？”酺请追上尊号[22]，存录诸舅[23]。帝从之。会贵人姊南阳樊调妻嫕[24]上书自讼[25]曰：“妾父竦冤死牢狱[26]，骸骨不掩；母氏年逾七十，及弟棠等远在绝域[27]，不知死生。愿乞收竦朽骨，使母、弟得归本郡。”帝引见嫕，乃知贵人枉殁[28]之状。三公上奏，“请依光武黜吕太后故事[29]，贬窦太后尊号，不宜合葬先帝，”百官亦多上言者。帝手诏曰：“窦氏[30]虽不遵法度，而太后[31]常自减损[32]。朕奉事十年[33]，深惟大义[34]：礼，臣子无贬尊上之文[35]，恩不忍离[36]，义不忍亏[37]。按前世，上官太后[38]亦无降黜，其勿复议！”丙申[39]，葬章德皇后[40]。

烧唐羌[41]迷唐率众八千人寇陇西，胁塞内诸种羌合步骑三万人击破陇西兵，杀大夏长[42]。诏遣行征西将军刘尚、越骑校尉赵世副之，将汉兵、羌、胡共三万人讨之。尚屯狄道，世屯枹罕[43]；尚遣司马寇盱临诸郡兵，四面并会[44]。迷唐惧，弃老弱，奔入临洮南[45]。尚等追至高山，大破之，斩虏千余人。迷唐引去，汉兵死伤亦多，不能复追，乃还。

九月，庚申[46]，司徒刘方策免[47]，自杀。

甲子，追尊梁贵人为皇太后，谥曰恭怀，追复丧制[48]。冬，十月，乙酉[49]，改葬梁太后及其姊大贵人于西陵[50]。擢樊调为羽林左监[51]。追封谥皇太后父竦为褒亲愍[52]侯，遣使迎其丧，葬于恭怀皇后陵旁。征还竦妻子；封子棠为乐平侯，棠弟雍为乘氏侯，雍弟翟为单父侯，位皆特进，赏赐以巨万[53]计，宠遇光于当世，梁氏自此盛矣。

清河王庆始敢求上母宋贵人冢[54]，帝许之，诏太官[55]四时给祭具。庆垂涕曰：“生虽不获供养，终得奉祭祀，私愿足矣！”欲求作祠堂，恐有自同恭怀梁后之嫌，遂不敢言，常泣向左右，以为没齿之恨[56]。后上言：“外祖母王[57]年老，乞诣雒阳疗疾，”于是诏宋氏悉归京师[58]，除庆舅衍、俊、盖、暹等皆为郎。

十一月，癸卯[59]，以光禄勋河南[60]吕盖为司徒。

十二月，丙寅[61]，司空张奋罢。壬申[62]，以太仆韩棱为司空。

西域都护定远侯[63]班超遣掾甘英使大秦[64]、条支[65]，穷西海，皆前世所不至，莫不备其风土[66]，传[67]其珍怪焉。及安息[68]西界，临大海[69]，欲渡，船人谓英曰："海水广大，往来者逢善风[70]，三月乃得渡[71]，若遇迟风[72]，亦有二岁者；故入海，人皆赍三岁粮，海中善使人思土恋慕[73]，数有死亡者。"英乃止。

（以上为第六段，写窦太后死，和帝平反梁贵人冤狱追尊为皇太后。西域汉使甘英出使大秦国，未能成功。）

【注释】

[1]庚辰：三月十日。[2]陇西：郡名，治所狄道，在今甘肃临洮县。[3]癸巳：三月二十三日。[4]济南安王康：济南王刘康，光武帝子，谥曰安。传见《后汉书》卷四十二。[5]丁卯：四月二十八日。[6]屯骑校尉：北军禁卫五校尉之一。[7]特进：加官，位次三公，用以尊礼大臣或外戚。[8]肥如：辽西郡属县，县治在今河北卢龙县北。[9]辽东：郡名，治所襄平，在今辽宁辽阳市。[10]祭参：明帝时太仆祭肜之子。祭肜为光武帝功臣祭遵之弟。遵、肜、参三人同传，见《后汉书》卷二十。祭参本传载，参守辽东，"鲜卑入郡界，参坐沮败，下狱死。"[11]辛巳：闰八月十四日。[12]皇太后窦氏：东汉功臣窦融之曾孙，章帝窦皇后，和帝刘肇养母。[13]梁贵人：和帝刘肇生母，为窦皇后迫害忧死。事见《资治通鉴》卷四十六章帝建初八年。[14]舞阴公主：光武帝长公主，梁松之妻，梁贵人养母。梁贵人是梁松弟梁竦之女。[15]从兄：堂兄。[16]奏记：署名文书，报告。[17]旧典：惯例。[18]亲育圣躬：皇帝生母。[19]申议：申理评议。[20]言状：说明事实。[21]感恸良久：动情地哭泣很长时间。[22]追上尊号：追封梁贵人尊号。尊号，指皇后谥号。和帝追封梁贵人曰恭怀皇后。[23]存录诸舅：存问录用诸舅。和帝封舅梁棠乐平侯，梁雍乘氏侯，梁翟单父侯，位皆特进。[24]嫕（yì）：梁嫕，和帝刘肇姨母。[25]讼：申诉。[26]竦冤死牢狱：章帝建初八年（83），诸窦陷害梁竦恶逆，死狱中，家属徙九真。[27]绝域：人迹罕至的极远之地，指九真郡，在今越南境内。[28]枉殁：冤死。[29]光武黜吕太后故事：光武帝以文帝母薄太后配祠高庙，尊号曰高皇后，迁吕太后庙于园。事见《资治通鉴》卷四十四光武中元元年。[30]窦氏：指诸窦，即窦宪兄弟。[31]太后：指窦太后。[32]减损：克制。[33]奉事十年：当作母亲，侍奉十年。十年，和帝嗣位至是凡十年。[34]深惟大义：深思母子大义。[35]礼，臣子无贬尊上之文：按礼法，做臣子和儿子的，不能贬抑长上、君王和父母。[36]恩不忍离：从感情上说，不忍父母（章帝与窦皇后）坟穴分开。[37]义不忍亏：从大义上说，也不忍做这样损害父母的事。[38]上官太后：昭帝上官皇后，上官桀之女。上官桀父子谋逆被诛，不累及上官后。事见《资治通鉴》卷二十二昭帝元凤元年。[39]丙申：闰八月二十九日。[40]章德皇后：即窦太后。[41]烧唐羌：据章校，有的版本"唐"作"当"。[42]大夏长：大夏县县长。大夏为陇西属县，县治在

今甘肃广河县。［43］枹罕：陇西郡属县，县治在今甘肃临夏市东北。［44］四面并会：四面合围。［45］临洮南：临洮南山。临洮，陇西郡属县，县治在今甘肃岷县。［46］庚申：九月二十四日。［47］策免：发布公文罢免。［48］追复丧制：重新按皇后礼服丧。［49］乙酉：十月十九日。［50］西陵：在章帝敬陵之西，故曰西陵。敬陵在洛阳东南。［51］羽林左监：羽林中郎将属官，掌领禁军羽林郎左骑。［52］愍：《谥法》："在国逢难曰愍。"［53］巨万：一亿。［54］宋贵人冢：宋贵人，清河王刘庆之母。刘庆为章帝长子，最早立为皇太子。窦皇后陷害宋贵人，迫令自杀，刘庆太子亦被废。宋贵人冢，在洛阳城北樊濯聚。［55］太官：少府属官，掌膳食。［56］没齿之恨：终生的遗憾。没齿，没齿之年，终生。［57］外祖母王：宋贵人母亲姓王，史失其名。［58］诏宋氏悉归京师：宋贵人父宋杨，即清河王刘庆外祖，章帝时任议郎，建初七年（82）窦皇后构陷宋贵人，宋氏归故里右扶风槐里（今陕西兴平市），被地方监管，今诏还京师。其时宋杨已故，所以清河王上奏只称外祖母王。［59］癸卯：十一月八日。［60］河南：即京师河南尹之省称。［61］丙寅：十二月一日。［62］壬申：十二月七日。［63］定远侯：《东观汉记》载：以汉中郡南郑县之西乡千户封班超，为定远侯。［64］大秦：古代中国对西方罗马帝国的称呼。［65］条支：古西域国名，在今伊拉克北境。［66］备其风土：详备地考察其风土人情。［67］传：取得，带回。［68］安息：古西域国名，在今伊朗北境。［69］临大海：到了波斯湾海边。［70］善风：好风，既平和而又顺风。［71］三月乃得渡：船行三个月才靠得陆地。［72］迟风：逆风。［73］思土恋慕：怀恋故土，想念不已。

十年（戊戌，98 年）

夏，五月，京师大水[1]。

秋，七月，己巳[2]，司空韩棱薨。八月，丙子[3]，以太常太山巢堪为司空。

冬，十月，五州雨水[4]。

行征西将军刘尚、越骑校尉赵世坐畏懦征[5]，下狱，免。谒者王信领尚营屯枹罕，谒者耿谭领世营屯白石[6]。谭乃设购赏[7]，诸种颇来内附。迷唐恐，乃请降；信、谭遂受降罢兵。十二月，迷唐等帅种人诣阙贡献[8]。

戊寅[9]，梁节王畅[10]薨。

初，居巢侯刘般薨，子恺当嗣，称父遗意，让其弟宪，遁逃久之，有司奏绝恺国[11]。肃宗美其义，特优假[12]之，恺犹不出。积十余岁，有司复奏之，侍中贾逵[13]上书曰："孔子称'能以礼让为国乎何有'[14]。

有司不原乐善之心，而绳[15]以循常之法[16]，惧非长[17]克让之风[18]，成[19]含弘之化[20]也。”帝纳之，下诏曰：“王法崇善，成人之美，其听宪嗣爵；遭事之宜，后不得以为比[21]。”乃征恺，拜为郎。

南单于师子死，单于长之子檀立，为万氏尸逐鞮单于[22]。

十一年（己亥，99年）

夏，四月，丙寅[23]，赦天下。

帝因朝会，召见诸儒，使中大夫[24]鲁丕[25]与侍中贾逵、尚书令黄香等相难[26]数事，帝善丕说，罢朝，特赐衣冠，丕因上疏曰：“臣闻说经者，传先师之言，非从己出，不得相让[27]；相让则道不明，若规矩权衡[28]之不可枉[29]也。难者[30]必明其据[31]，说者[32]务立其义[33]，浮华无用之言，不陈于前，故精思不劳而道术[34]愈章[35]。法异者各令自说师法[36]，博观其义[37]，无令刍荛[38]以言得罪，幽远独有遗失也。”

（以上为第七段，写西羌归降。和帝下诏褒扬刘恺让爵。中大夫鲁丕上奏，讨论经学要博采众长，不搞一言堂，不以言论定罪。）

【注释】

[1]京师大水：洛阳发生大水灾。[2]己巳：七月癸巳朔，无己巳。己巳为八月八日。[3]丙子：八月十五日。[4]五州雨水：五个州（占半个中国）下雨不止。雨，降雨。[5]坐：被指控。畏懦：畏惧敌人，懦弱无能。[6]白石：县名，原属金城，此时属陇西郡，县治在今甘肃临夏县。[7]设购赏：悬赏购杀迷唐。[8]诣阙贡献：到京师洛阳进贡。[9]戊寅：十二月十九日。[10]梁节王畅：梁王刘畅，明帝子，谥节。[11]有司奏绝恺国：主管部门上奏请求撤销居巢侯国。绝，撤销。[12]假：宽贷，缓办。[13]贾逵（30—101）：东汉经学家，天文学家，字景伯，扶风平陵（今陕西咸阳市西北）人，历官侍中及左、右中郎将。传见《后汉书》卷三十六。[14]“孔子称”句：孔子说：“能够用礼让来治理国家，还有什么困难呢？”见《论语·里仁》篇。[15]绳：依法办理。[16]循常之法：依据常规的法理。[17]长：发扬。[18]克让之风：克己礼让的风气。[19]成：完成。[20]含弘之化：含容宽厚的教化。[21]后不得以为比：往后不准援引为例。[22]万氏尸逐鞮单于：栾提檀，公元98年至公元124年在位。[23]丙寅：四月九日。[24]中大夫：官名，掌论议拾遗。[25]鲁丕（36—111）：字叔陵，扶风平陵（今陕西咸阳市西北）人，经学家，官至侍中、左中郎将。传见《后汉书》卷二十五。[26]相难：讨论经义，互相辩难。[27]不得相让：经义分歧，因各守师法，而不得谦让。[28]规矩：古代画圆形和方形的用具，即圆规和曲尺。规，圆规。矩，取直角的方矩。

权：秤砣。衡：尺寸。［29］不可枉：不能随意改变标准。经义师法，也如同度量衡，不可随意改变。［30］难者：发问的人。［31］据：根据。［32］说者：答疑解经的人。［33］务立其义：务必据师法申说大义。［34］道术：经义的道理要旨。［35］愈章：更加明白。［36］法异者各令自说师法：各自所承师法不同，就只说自己师傅的看法。［37］博观其义：不同师法的各家之义，可以并存博览。［38］刍荛：割草打柴的人。鲁丕自谦，称己言为刍荛浅薄之言。

十二年（庚子，100年）

夏，四月，戊辰[1]，秭归[2]山崩。

秋，七月，辛亥朔[3]，日有食之。

九月，戊午[4]，太尉张酺免。丙寅[5]，以大司农张禹[6]为太尉。

烧当羌豪迷唐既入朝，其余种人不满二千，饥窘[7]不立，入居金城。帝令迷唐将其种人还大、小榆谷；迷唐以汉作河桥[8]，兵来无常，故地不可复居，辞以种人饥饿，不肯远出。护羌校尉吴祉等多赐迷唐金帛[9]，令籴谷市畜，促使出塞，种人更怀猜惊[10]。是岁，迷唐复叛，胁将湟中诸胡寇钞[11]而去，王信、耿谭、吴祉[12]皆坐征。

十三年（辛丑，101年）

秋，八月，己亥[13]，北宫盛馔门阁[14]火[15]。

迷唐复还赐支河曲，将兵向塞。护羌校尉周鲔[16]与金城太守侯霸[17]及诸郡兵、属国[18]羌、胡合三万人[19]至允川[20]。侯霸击破迷唐，种人瓦解，降者六千余口，分徙汉阳、安定、陇西[21]。迷唐遂弱，远逾赐支河首，依发羌[22]居。久之，病死，其子来降，户不满数十。

荆州[23]雨水。

冬，十一月，丙辰[24]，诏曰："幽、并、凉[25]州户口率少，边役众剧[26]，束修[27]良吏进仕路狭。抚接夷狄，以人为本，其令缘边郡口十万以上，岁举孝廉一人，不满十万,二岁举一人，五万以下，三岁举一人。"

鲜卑寇右北平[28]，遂入渔阳[29]，渔阳太守击破之。

戊辰[30]，司徒吕盖以老病致仕[31]。

巫蛮[32]许圣以郡收税不均，怨恨，遂反；辛卯[33]，寇南郡。

（以上为第八段，写西羌降而后叛，遭到汉军沉重打击后瓦解流离。）

【注释】

[1]戊辰：四月十六日。[2]秭归：县名，县治在今湖北秭归县。[3]辛亥朔：七月一日。[4]戊午：九月九日。[5]丙寅：九月十七日。[6]张禹（?—113）：此与西汉成帝时丞相张禹为同名人。字伯达，赵国襄国（今河北邢台市）人，官至太傅。传见《后汉书》卷四十四。[7]饥窘：饥饿穷困。[8]汉作河桥：永元五年护羌校尉贯友所建之桥。[9]金帛：钱财和布帛。[10]猜惊：猜疑惊恐。[11]寇钞：大肆抢掠。[12]王信、耿谭、吴祉：谒者王信，屯枹罕；谒者耿谭，屯白石；护羌校尉吴祉，屯金城。[13]己亥：八月二十五日。[14]盛馔门阁：御厨房阁门。[15]火：失火。[16]周鲔：东汉继吴祉为护羌校尉，第九任。[17]侯霸：一年后继周鲔为护羌校尉，第十任。[18]属国：内附的羌、胡，安置于沿边诸郡，专置典属国巡护。属国所领多为骑兵，汉人与归附羌、胡混编。[19]三万人：据章校，有的版本"人"下有"出塞"二字。[20]允川：地名，河水支流允川流经地，在大小榆谷之西。[21]汉阳、安定、陇西：皆郡名，在今甘肃东部地区。汉阳郡治所冀县，在今甘肃甘谷县。安定郡治所临泾，在今甘肃镇原县东南。陇西郡治所狄道，在今甘肃临洮县。[22]发羌：西羌别种。一说发羌为唐吐蕃之祖先。[23]荆州：州名，治所襄阳，辖境当今两湖地区。[24]丙辰：十一月十四日。[25]幽、并、凉：幽州辖境当今河北北部及辽宁地区；并州辖境当今山西及陕北地区；凉州辖境当今甘肃地区，当时三州最大的郡有十万户，若干小郡户不满二千，凉州敦煌郡只有七百四十八户。[26]边役众剧：边郡的差役多而重。剧，沉重。[27]束修：谓束发自修，终生奉公守法。[28]右北平：郡名，治所土垠，在今河北唐山市丰润区。[29]渔阳：郡名，治所渔阳，在今北京市密云区西南。[30]戊辰：十一月二十六日。[31]致仕：退休。[32]巫蛮：居于巫山地区的少数民族。此地有巫县，县治在今重庆巫山县。[33]辛卯：十一月癸卯朔，无辛卯，辛卯，十二月十九日。

十四年（壬寅，102年）

春，安定降羌烧何[1]种反，郡兵击灭之。时西海[2]及大、小榆谷左右无复羌寇，隃麋[3]相[4]曹凤上言："自建武以来，西羌犯法者，常从烧当种起，所以然者，以其居大、小榆谷，土地肥美，有西海鱼盐之利，阻大河以为固。又，近塞诸种，易以为非，难以攻伐，故能强大，常雄诸种，恃其拳勇[5]，招诱羌、胡。今者衰困，党援坏沮[6]，亡逃栖窜，远依发羌。臣愚以为宜及此时建复西海郡县[7]，规固二榆[8]，广设屯田，隔塞羌、胡交关[9]之路，遏绝[10]狂狡[11]窥欲之源[12]。又殖谷富边，省委输之役[13]，国家可以无西方之忧。”上从之，缮修故西海郡，徙金城西部都尉以戍之[14]，拜凤为金城西部都尉，屯龙耆[15]。后增广屯田，列屯夹河，合三十四部[16]。其功垂立，会永初中[17]，诸羌叛，乃罢。

三月，戊辰[18]，临辟雍[19]飨射[20]，赦天下。

夏，四月，遣使者督荆州兵万余人，分道讨巫蛮许圣等，大破之。圣等乞降，悉徙置江夏[21]。

阴皇后多妒忌，宠遇浸衰[22]，数怀恚恨[23]。后外祖母邓朱，出入宫掖，有言后与朱共挟巫蛊[24]道者；帝使中常侍张慎与尚书陈褒案[25]之，劾以大逆无道，朱二子奉、毅，后弟辅皆考死[26]狱中。六月，辛卯[27]，后坐废，迁于桐宫，以忧死。父特进纲自杀，后弟轶、敞及朱家属徙日南比景[28]。

秋，七月，壬子[29]，常山殇王侧[30]薨，无子，立其兄防子侯章为常山王。

三州大水。

班超久在绝域，年老思土，上书乞归曰："臣不敢望到酒泉郡[31]，但愿生入玉门关[32]。谨遣子勇随安息献物入塞，及臣生在，令勇目见中土。”朝廷久之未报[33]，超妹曹大家[34]上书曰："蛮夷之性，悖逆侮老[35]；而超旦暮入地[36]，久不见代[37]，恐开奸宄之原，生逆乱之心。而卿大夫咸怀一切[38]，莫肯远虑，如有卒暴[39]，超之气力不能从心，便为上损国家累世之功，下弃忠臣竭力之用，诚可痛也！故超万里归诚[40]，自陈苦急[41]，延颈逾望[42]，三年于今，未蒙省录[43]。妾窃闻古者十五受兵[44]，六十还之[45]，亦有休息，不任职也。故妾敢触死为超求哀[46]，丐超余年[47]，一得生还，复见阙庭，使国家无劳远之虑，西域无仓卒之忧，超得长蒙文王葬骨[48]之恩，子方哀老[49]之惠。”帝感其言，乃征超还。八月，超至雒阳，拜为射声校尉；九月，卒。

超之被征，以戊己校尉[50]任尚代为都护。尚谓超曰："君侯在外国三十余年，而小人[51]猥承君后[52]，任重虑浅，宜有以诲[53]之！”超曰："年老失智。君数当大位，岂班超所能及哉！必不得已，愿进愚言：

塞外吏士，本非孝子顺孙，皆以罪过徙补边屯[54]；而蛮夷怀鸟兽之心，难养易败。今君性严急，水清无大鱼，察政不得下和[55]，宜荡佚[56]简易，宽小过，总大纲[57]而已。”超去，尚私谓所亲曰：“我以班君当有奇策，今所言，平平耳。”尚后竟失边和，如超所言。

（以上为第九段，写东汉安羌，重置西海郡。班超年老，荣归故里，八月到达洛阳，九月去世。）

【注释】

[1]烧何：西羌种落名，与烧当别是一种。 [2]西海：指今青海湖。 [3]隃麋（mí）：侯国名，属右扶风，故城在今陕西千阳县东。[4]相：凡封国皆置相，治民官。侯国相，与县令同等。[5]拳勇：勇力。《诗经·小雅·巧言》：“无拳无勇。”毛传云：“拳，力也。” [6]党援坏沮：外援崩坏。 [7]建复西海郡县：重新建立西海郡。西汉平帝元始四年（4）王莽为相，始置西海郡，治所在今青海海晏县。 [8]规固二榆：牢固地控制大、小榆谷。规，设谋。 [9]交关：交通。[10]遏绝：杜绝，堵死。 [11]狂狡：疯狂狡黠之徒，即野心家。 [12]窥欲之源：钻空子的源泉。全句意谓堵死野心家的非分之念。 [13]省委输之役：减少向边地运粮的劳役。 [14]徙金城西部都尉以戍之：将驻屯在金城（在今甘肃兰州市西固城）的西部都尉迁移到故西海郡要害地。[15]屯龙耆：即西部都尉移屯于龙耆城。龙耆旧城在今青海民和县东下川口。 [16]合三十四部：沿黄河两岸的屯田卫戍点有三十四处。合，总计。 [17]会永初中：当永初年间。永初，安帝第一个年号，107—112年，凡七年。永初元年西羌（塞外羌）、东羌（归附汉朝的塞内羌）联合大暴动，汉羌斗争进入新阶段。湟水流域的屯田，功败垂成。 [18]戊辰：三月二十七日。 [19]辟雍：太学。 [20]飨射：举行宴会及射礼。 [21]江夏：郡名，治所西陵，在今湖北武汉市新洲区。 [22]宠遇浸衰：宠爱恩遇，日渐淡薄。 [23]恚恨：愤怒、仇恨。 [24]巫蛊：巫师为蛊，故曰巫蛊。其术是刻木像人诅咒以害人。汉武帝晚年，太子刘据就死于巫蛊之祸，今又重现。[25]案：审理。 [26]考死：拷打致死。考，通“拷”。凡牵涉巫蛊案，皆无中生有，苦刑拷逼，锻炼成狱，以至于死。 [27]辛卯：六月二十二日。 [28]日南比景：日南，郡名；比景，县名。在今越南境内。 [29]壬子：七月十三日。 [30]常山殇王侧：常山王刘侧，明帝子淮阳王刘昞少子，谥为殇。事附《刘昞传》，见《后汉书》卷五十。[31]酒泉郡：治所禄福，在今甘肃酒泉市。[32]玉门关：关名，属敦煌郡。在今甘肃玉门市西北。 [33]朝廷久之未报：朝廷拖延很久（三年）不作回答。 [34]曹大家：班超妹班昭，嫁扶风曹寿，博学高才，帝数召入宫为皇后诸贵人讲学，号曰大家，故史称曹大家。大家，宫中相尊之号。 [35]悖逆侮老：违犯礼义，轻侮老人。 [36]日暮入地：谓班超命入夕阳，眼看就要死亡。 [37]代：接替。 [38]卿大夫咸怀一切：朝中大臣都抱着一时权宜之计。一切，一时权宜。 [39]卒暴：爆发突然事件。 [40]归

诚：倾诉诚心。［41］自陈苦急：亲自陈述艰难困苦。［42］延颈逾望：伸长脖子遥望。逾，胡三省注：“当作‘踰’，读曰遥，传写误作‘逾’。”［43］省录：查验，提上议事日程。［44］十五受兵：十五岁从军扛武器。［45］六十还之：六十岁退役还家。［46］触死为超求哀：冒死罪为班超求情。［47］丐超余年：乞求班超的晚年。［48］文王葬骨：周文王葬无主之枯骨。典出《新序》，周文王作灵台，掘地得死人之骨，命吏埋葬。［49］子方哀老：田子方怜爱老马。子方，田子方，战国时魏文侯师，见魏文侯弃置老马，认为“少尽其力，老而弃之，非仁也”，于是收而养之。［50］戊己校尉：官名，掌西域屯田兵。［51］小人：任尚谦称。［52］猥承君后：接替您的工作。猥，谦辞，犹言辱。［53］诲：指教。［54］皆以罪过徙补边屯：大都是犯法有过的人，才贬徙到塞外戍边。［55］察政不得下和：苛察秋毫的政治，得不到在下位人的拥护。［56］荡佚：放松管理达到随便自然的程度，不拘小节。［57］宽小过，总大纲：宽恕小的过失，只抓大的原则。

初，太傅[1]邓禹[2]尝谓人曰：“吾将百万之众，未尝妄杀一人，后世必有兴者。”其子护羌校尉训，有女曰绥，性孝友，好书传，常昼修妇业[3]，暮诵经典，家人号曰：“诸生[4]。”叔父陔曰：“尝闻活千人者子孙有封。兄训为谒者，使修石臼河[5]，岁活数千人[6]，天道可信，家必蒙福。”绥后选入宫为贵人，恭肃小心，动有法度[7]，承事阴后，接抚同列[8]，常克己[9]以下之，虽宫人隶役，皆加恩借[10]，帝深嘉焉。尝有疾，帝特令其母、兄弟入亲医药，不限以日数，贵人辞曰：“宫禁至重，而使外舍[11]久在内省[12]，上令陛下有私幸之讥，下使贱妾获不知足之谤，上下交损[13]，诚不愿也！”帝曰：“人皆以数入[14]为荣，贵人反以为忧邪！”每有燕会[15]，诸姬竞自修饰，贵人独尚质素，其衣有与阴后同色者，即时解易[16]，若并时进见[17]，则不敢正坐离立[18]，行则偻身自卑[19]，帝每有所问，常逡巡后对[20]，不敢先后言。阴后短小[21]，举指[22]时失仪，左右掩口而笑，贵人独怆然[23]不乐，为之隐讳，若已之失。帝知贵人劳心曲体[24]，叹曰：“修德之劳，乃如是乎！”后阴后宠衰，贵人每当御见[25]。辄辞以疾。时帝数失皇子，贵人忧继嗣不广，数选进才人[26]以博帝意。阴后见贵人德称日盛，深疾[27]之；帝尝寝病，危甚[28]，阴后密言：“我得意[29]，不令邓氏复有遗类[30]！”贵人闻之，流涕言曰：“我竭诚尽心以事皇后，竟不为所祐[31]。今我当从死[32]，上以报帝之恩，中以解宗族之祸，下不令阴氏有人豕之讥[33]。”即欲饮药[34]。宫人赵玉者固禁止之，因诈言“属[35]有使来，上疾已愈”，贵人乃止。明日，上果瘳[36]。及阴后之废，贵人请救，不能得；帝欲以贵人为皇后，贵人愈称疾笃，深自闭绝[37]。冬，十月，辛卯[38]，诏立贵人邓氏为皇后；后辞让，不得已，然后即位。郡国贡献，悉令禁绝[39]，岁时但供纸墨而已。帝每欲官爵邓氏，后辄哀请[40]谦让，故兄骘[41]终帝世不过虎贲中郎将。

丁酉[42]，司空巢堪罢。

十一月，癸卯[43]，以大司农沛国徐防[44]为司空。防上疏，以为："汉立博士十有四家[45]，设甲乙之科[46]以勉劝[47]学者。伏见太学试博士弟子，皆以意说[48]，不修家法[49]，私相容隐，开生奸路。每有策试[50]，辄兴诤讼[51]，论议纷错[52]，互相是非。孔子称‘述而不作’[53]，又曰‘吾犹及史之阙文’[54]。今不依章句，妄生穿凿，以遵师为非义，意说为得理，轻侮道术[55]，浸以成俗[56]，诚非诏书实选[57]本意。改薄从忠，三代常道[58]；专精务本，儒学所先[59]。臣以为博士及甲乙策试，宜从其家章句[60]，开五十难[61]以试之，解释多者为上第，引文明者为高说[62]。若不依先师，义有相伐[63]，皆正以为非[64]。”上从之。

是岁，初封大长秋郑众为鄛乡侯[65]。

（以上为第十段，写和帝册立邓皇后。）

【注释】

[1]太傅：官名，皇帝师傅。汉代太傅，尊礼大臣，无实职。[2]邓禹：东汉开国功臣，传见《后汉书》卷十六。[3]昼修妇业：白天尽职女红。[4]诸生：学生。[5]修石臼河：事见《资治通鉴》卷四十六章帝建初三年。[6]岁活数千人：每年从苦役中救活数千人。[7]法度：宫中规矩。[8]接抚同列：交接诸嫔妃。[9]克己：克制自己，谦虚下人。[10]恩借：既有恩惠，又和颜悦色。借，假借以辞色。[11]外舍：外家。[12]内省：内禁。[13]上下交损：上，指和帝刘肇；下，指贵人邓绥。交损，同时受到损害。和帝有损偏心，邓贵人有损不知足。[14]数入：皇帝数入嫔妃之宫，即多次蒙幸。[15]燕会：宴会。[16]解易：更换。[17]并时进见：邓贵人与阴皇后同时进见和帝。[18]正坐离立："正"与"离"互文同义，皆"并"也。指邓贵人不敢与阴皇后并肩而坐，并肩而立。[19]行则偻身自卑：行走时微屈身躯，表示自己

身份卑微。［20］逡巡后对：逡巡，本义指动作迟疑；这里指说话迟延，谓邓贵人回答和帝问话，总是拖延在阴皇后之后回答。［21］短小：矮小。［22］举指：据章校，有的版本“指”作“止”。［23］怆然：凄怆，深深同情而悲怜。［24］劳心曲体：苦心和委曲。［25］御见：和帝召见。［26］才人：地位低于贵人、美人的嫔妃之号。［27］疾：通“嫉”。［28］危甚：和帝病情恶化。［29］得意：得遂心意，指做皇太后，大权在握，可为所欲为。［30］不令邓氏复有遗类：全家诛灭，不留下一个活口。［31］祐：宽容。［32］从死：从殉皇帝而死。［33］人豕之讥：落下人豕的话柄。人豕，吕太后残害戚夫人，断其手足，挖眼，割耳，饮哑药，然后弃置厕中，称为“人彘”。事见《资治通鉴》卷十二惠帝元年。［34］饮药：服毒。［35］属：适才，刚才。［36］上果瘳：和帝病情果然好转。［37］闭绝：杜门不出。［38］辛卯：十月二十四日。［39］郡国贡献，悉令禁绝：各郡、各封国的进贡，一律禁止。汉制，郡国贡献，一式两份，一份送皇帝，一份送皇后。邓皇后禁绝自己的一份。［40］哀请：真心诚意请辞。［41］兄骘：邓皇后兄邓骘，邓训长子，安帝时官至大将军。传见《后汉书》卷十六。［42］丁酉：十月三十日。［43］癸卯：十一月六日。［44］徐防：字谒卿，沛国铚（在今安徽宿州市西）人，十四年拜司空，十六年拜司徒，延平元年迁太尉，录尚书事。传见《后汉书》卷四十四。［45］汉立博士十有四家：《易》有施、孟、梁丘贺、京房四家；《书》有欧阳和伯、夏侯胜、夏侯建三家；《诗》有申公、辕固、韩婴三家；《春秋》有严彭祖、颜安乐两家；《礼》有戴德、戴圣两家，凡十四家博士。［46］设甲乙之科：考试定出甲乙等级。《汉书·儒林传》载，汉制，博士弟子，每年考试一次，甲等录取四十人任郎中，乙等录取二十人为太子舍人，丙等录取四人为郡国文学掌故（掌教育之官）。［47］勉劝：鼓励。［48］意说：自我发挥创意为说。［49］家法：墨守师训，即太学十四家博士所立家法。［50］策试：射策为试。策，编简。考试时列题于简，置诸案上，考生随意投射，取而作答，称为策射。［51］诤讼：互相批驳。［52］纷错：纷纭交错。［53］孔子称“述而不作”：孔子说：“我只是转述先圣之言，不自创作。”语见《论语·述而》篇。［54］又曰“吾犹及史之阙文”：孔子又说：“我还能够看到史书存疑的地方。”语见《论语·卫灵公》篇。［55］轻侮道术：轻视侮慢经典的传统解说。［56］浸以成俗：逐渐成为风气。［57］实选：依实学遴选人才。［58］改薄从忠，三代常道：改变浇薄的习俗而崇尚厚道，这是三代的正常发展。司马迁有言：“夏之政忠，忠之敝小人以野，故殷人承之以敬；敬之敝小人以鬼，故周人承之以文；文之敝小人以僿（一作薄），故救僿莫若以忠。三王之道若循环，终而复始。”（《史记·高祖本纪赞》）。司马迁原意，忠，指政治质朴；僿（sài），即薄，虚伪，指政治繁文礼缛，重形式主义，缺少忠厚的内容。纠正虚伪莫过于提倡纯朴。这里引用是断章取义。［59］专精务本，儒学所先：专心而精密地研究师传基本意义，是儒家学者的最高守则。本，墨守师承之本，乃是窒息思想的保守主义，最为儒学所尊。［60］其家章句：所学的某家师承。章句，分章断句解说经义。［61］开五十难：出五十道题。［62］解释多者为上第，引文明者为高说：解答问题最多的为第一等，将引文注明出处的为最高级。按：据此标准考试，只要死背经文师说，就最优秀。［63］义有相伐：申说经义而违背师承。伐，攻伐，驳难，此指违背师说。［64］皆正以为非：都要纠正，凡违背师承都是错的。［65］封大长秋郑众为鄛乡侯：郑众定策诛窦宪，论功封侯。东汉宦官封侯自郑众始。

十五年（癸卯，103 年）

夏，四月，甲子晦[1]，日有食之。时帝遵肃宗故事，兄弟皆留京师，有司以日食阴盛，奏遣诸王就国。诏曰："甲子之异，责由一人。诸王幼稚，早离顾复[2]，弱冠相育[3]，常有《蓼莪》《凯风》之哀[4]。选懦之恩，知非国典，且复宿留[5]。"

秋，九月，壬午[6]，车驾南巡，清河、济北、河间三王[7]并从。

四州雨水。

冬，十月，戊申[8]，帝幸章陵[9]；戊午[10]，进幸云梦[11]。时太尉张禹留守，闻车驾当幸江陵[12]，以为不宜冒险远游，驿马上谏[13]。诏报曰："祠谒既讫[14]，当南礼大江[15]；会得君奏，临汉回舆而旋[16]。"十一月，甲申[17]，还宫。

岭南[18]旧贡生龙眼、荔枝，十里一置，五里一候[19]，昼夜传送。临武长[20]汝南唐羌上书曰："臣闻上不以滋味为德，下不以贡膳[21]为功。伏见交趾七郡[22]献生龙眼[23]等，鸟惊风发[24]；南州土地炎热，恶虫猛兽，不绝于路，至于触犯死亡之害。死者不可复生，来者犹可救也。此二物升殿，未必延年益寿。"帝下诏曰："远国珍羞[25]，本以荐奉[26]宗庙，苟有伤害，岂爱民之本，其敕太官勿复受献！"是岁，初令郡国以日北[27]至按薄刑[28]。

（以上为第十一段，写汉和帝亲爱诸王，留居京师。为了减轻民劳，停止岭南进贡鲜荔枝。）

【注释】

［1］甲子晦：四月三十日。［2］早离顾复：早早失去亲人照顾。顾复，典出《诗经·小雅·蓼莪》。诗曰："父兮生我，母兮鞠我。……顾我复我，出入腹我。"郑玄笺曰："顾，旋视也；复，反覆也。"［3］弱冠相育：抚育到成人。此句上承"早离"，谓不能抚育到成人。弱冠，二十曰弱冠。［4］常有《蓼莪》《凯风》之哀：常会引起《蓼莪》《凯风》所吟咏的哀伤。《诗经·蓼莪》是一首追念父母的诗，引语如前"早离顾复"条注。《凯风》见《诗经·邶风》，是一首思母诗篇。诗曰："凯

风自南，吹彼棘心。棘心夭夭，母氏劬劳。”［5］选懦之恩，知非国典，且复宿留：不忍心遣送幼弱的诸王，明知违背国家法典，仍暂时留宿京师。选懦，柔弱怯懦。且，将，暂且。［6］壬午：九月二十日。［7］清河、济北、河间三王：清河王刘庆，济北王刘寿，河间王刘开，皆和帝刘肇兄弟。［8］戊申：十月十七日。［9］章陵：东汉皇室祖陵（光武帝刘秀父祖陵）所在，置县，亦即皇室故里，在今湖北枣阳市。［10］戊午：十月二十七日。［11］云梦：泽名，为古帝王巡游之地，在今湖北云梦县南。［12］江陵：县名，为南郡治所，在今湖北江陵县。［13］驿马上谏：发驿使车马呈上奏章，劝阻和帝远行。［14］祠谒既讫：谓幸章陵，祭祀祖庙已毕。［15］南礼大江：南下观礼长江。［16］临汉回舆而旋：只到汉水就掉转车头而返回京师。［17］甲申：十一月二十三日。［18］岭南：五岭以南。［19］十里一置，五里一候：为运送龙眼、荔枝，每十里设一个驿站，每五里设一个路标。置，驿站。候，即堠，记里程的标志。龙眼、荔枝，产于两广，距洛阳三千里。［20］临武长：临武县县长。临武县治，在今湖南临武县，为岭南入贡赴洛阳的必经之路。［21］贡膳：贡供美味。［22］交趾七郡：岭南交趾州辖七郡，为南海、苍梧、郁林、合浦、交趾、九真、日南。［23］献生龙眼：贡送鲜龙眼。［24］鸟惊风发：急如星火，如惊鸟之飞，狂风之发。［25］珍羞：美味。［26］荐奉：祭祀供奉。［27］日北：太阳行至北回归线，即夏至日，在阳历的6月21日或22日。［28］按薄刑：审决轻罪犯。

十六年（甲辰，104年）

秋，七月，旱。

辛酉[1]，司徒鲁恭免。

庚午[2]，以光禄勋张酺为司徒；八月，己酉[3]，酺薨。冬，十月，辛卯[4]，以司空徐防为司徒，大鸿胪陈宠为司空。

十一月，己丑[5]，帝行幸缑氏[6]，登百岯山[7]。

北匈奴遣使称臣贡献，愿和亲，修呼韩邪故约。帝以其旧礼不备[8]，未许；而厚加赏赐，不答其使[9]。

元兴元年（乙巳，105年）

春，高句骊[10]王宫[11]入辽东[12]塞，寇略六县。

夏，四月，庚午[13]，赦天下，改元。

秋，九月，辽东太守耿夔[14]击高句骊，破之。

冬，十二月，辛未[15]，帝崩于章德前殿。初，帝失皇子，前后十数，后生者辄隐秘养于民间，群臣无知者。及帝崩，邓皇后乃收皇子于民间。长子胜，有痼疾[16]；少子隆，生始百余日，迎立以为皇太子，是夜，即皇帝位。尊皇后曰皇太后，太后临朝。是时新遭大忧，法禁未设。宫中亡大珠一箧[17]；太后念欲考问，必有不辜[18]，乃亲阅[19]宫人，观察颜色，即时首服[20]。又，和帝幸人[21]吉成御者[22]共枉[23]吉成以巫蛊事，下掖庭考讯[24]，辞证明白[25]。太后以吉成先帝左右[26]，待之有恩，平日尚无恶言，今反若此，不合人情[27]；更自呼见实核[28]，果御者所为，莫不叹服以为圣明。

北匈奴重遣使诣敦煌贡献，辞以国贫未能备礼，愿请大使，当遣子入侍。太后亦不答其使，加赐而已。

雒阳令广汉王涣[29]，居身平正，能以明察发擿[30]奸伏[31]，外行猛政，内怀慈仁。凡所平断[32]，人莫不悦服，京师以为有神，是岁卒官，百姓市道[33]，莫不咨嗟流涕。涣丧西归，道经弘农[34]，民庶皆设槃案于路[35]，吏问其故，咸言："平常持米到雒，为吏卒所钞[36]，恒亡其半[37]，自王君在事，不见侵枉，故来报恩。"雒阳民为立祠、作诗，每祭，辄弦歌[38]而荐[39]之。太后诏曰："夫忠良之吏，国家之所以为治也，求之甚勤，得之至寡，今以涣子石为郎中，以劝劳勤。"

（以上为第十二段，写和帝驾崩，邓太后临朝，明察善断，避免了一场宫中冤狱大案。洛阳令王涣清廉正直，死后，百姓为之立祠祭祀。）

【注释】

[1]辛酉：七月四日。[2]庚午：七月十三日。[3]己酉：八月二十二日。[4]辛卯：十月五日。[5]己丑：十一月丙辰朔，无己丑。己丑，十二月四日。[6]缑（gōu）氏：县名，县治在今河南洛阳市偃师区南缑氏镇。[7]百岯山：即百丕山，在今缑氏镇南。[8]旧礼不备：指北匈奴平时未能遵守过去汉匈和亲时的礼数，向汉朝纳贡称臣。[9]不答其使：皇帝不接见北匈奴使臣，不回答其请。[10]高句骊：古东夷国名，亦作"高句丽"。王都国内城，在今吉林集安市。[11]宫：高句骊王高宫，事详《后汉书》卷八十五《东夷列传》。[12]辽东：郡名，治所襄平，在今辽宁辽阳市。[13]庚午：四月甲申朔，无庚午。庚午，五月十八日。[14]耿夔：字定公，历官五原、辽东、云中等郡太守，官至度辽将军。传见《后汉书》卷十九。[15]辛未：十二月二十二日。[16]痼疾：瘫痪病。[17]箧：小竹箱。[18]不辜：无辜。下狱拷问，辞所连及，必有无辜受害者。[19]阅：调查审问。[20]首服：出首认罪。[21]和帝幸人：和帝宠爱的人，指宫妃吉成。[22]吉成御者：侍奉吉成的宫婢。[23]共枉：共同诬枉。

[24]下掖庭考讯：交给掖庭令审问。掖庭令，宫中事务总管，宦者。［25］辞证明白：证据确凿。辞，告者之辞。证，佐证。［26］先帝左右：先帝身边的亲信。先帝，指章帝。［27］不合人情：不合人之常情。吉成在先帝宠爱之时对邓皇后无有恶言，今和帝已死，邓太后临朝而又待吉成以恩，反为巫蛊，不合人情。［28］实核：寻根究底，审考其实。［29］王涣（？—105）：字稚子，广汉郪（在今四川三台县西南）人，为东汉循吏，终官洛阳令。传见《后汉书》卷七十六《循吏列传》。［30］发擿：举报揭发。［31］奸伏：隐藏的奸人。［32］平断：审决。［33］百姓市道：张敦仁《资治通鉴刊本识误》校字“市”作“币”。［34］弘农：郡名，治所弘农，在今河南灵宝市北。［35］设槃案于路：以盘案盛祭物陈列于王涣灵牌所经的道路。槃，同“盘”。［36］钞：掠夺，此指勒索。［37］恒亡其半：常损失一半。恒，常。［38］弦歌：赞颂王涣的祭诗，被之管弦以歌之。［39］荐：祭奠。

【点评】

本卷点评不同类型和社会地位的几个人物，以小喻大，从一件事看一个人的品性与人格魅力。点评五事如次。

一、张酺守正。张酺字孟侯，汝南细阳（在今安徽太和县）人。西汉赵王张敖之后，少小从祖父学习《尚书》，又为太常桓荣弟子，经明行修，讲学乡里，聚徒以百数。历仕汉明帝、章帝、和帝三朝，官至太尉。永元四年（92），和帝打击窦宪权贵集团，不分青红皂白，全面清洗。窦宪有三个弟弟，窦笃、窦景、窦瑰。窦景跋扈，窦瑰谨守法度，约束家奴宾客，没有过错。张酺上书和帝为窦瑰申诉。张酺认为，窦宪得势之时，文武官员趋炎附势唯恐不及，众口一词称赞窦宪有伊尹、吕尚的忠心。而今，这些唱赞歌的人见风转舵，又众口一词说窦家的人全都该杀。自己了解窦瑰，忠心善良，有报国之心，没有过错，应网开一面。张酺是一个严正有操守、秉持正义的贤士。他多次打击窦家恶霸的行为。张酺为魏郡太守，窦景派人请托张酺枉法办案，张酺逮捕法办了窦景的请托人。张酺调任河南尹，窦景的家人在光天化日之下打伤街头的巡视人员，张酺毫不留情惩办了窦景的人。当时窦景任执金吾，炙手可热。张酺不畏权势，为时人所重。张酺出来为窦家说话，极有分量，和帝轻办了窦瑰。

东汉政治，自和帝打击窦氏外戚始，朝中存在三股势力，即外戚、宦官、朝官士大夫。和帝不是窦太后的亲生子，窦太后临朝，外戚得势。和帝夺回权力，依靠宦官。中常侍郑众为和帝策划，发动流血政变打击权势外戚，为东汉政治开了一个恶例。张酺为窦氏说话，表明朝官士大夫与外戚既有斗争，又可以联合。外戚势力过大，宦官与朝官士大夫都排挤外戚，但决不联手。东汉中后期，一再上演诸侯入继大统，小皇帝身边主要是宦官，所以宦官势力有皇权护身，越来越大，桓、灵以后达于巅峰，东汉也就灭亡了。

二、班固下狱。班固以写《汉书》与司马迁齐名，并称“班马”，或《史》《汉》。华峤评论说：“班固记述史事，不偏激毁谤，不贬抑虚誉，内容丰富而不芜杂，详尽而有条理，使阅读的人津津有味而不厌倦，班固能成名是令人信服的！班固讥评司马迁，认为司马迁的是非背离了圣人的原则，然而班固对人物的评论，常常排斥死节之士，非议正直的人，而不记叙杀身成仁是美德，这是轻视仁义，卑贱守节到了极点！”华峤是西晋著名史学家，他对班固的评论是中肯的。华峤肯定《汉书》是实录，丰赡而文字华美，批评班固讥评司马迁不公允，在对待死节、公正、忠义等大节上班固不如司马迁。班固还讥评司马迁受腐刑，不能做到明哲保身，而自己却下狱而死。班固受窦宪案牵连下狱有些冤屈，窦宪任用班固是公事，而班固也并没有卷入窦宪谋反案。再说，窦宪也没有谋反，但窦宪专横霸道应当打击，碍于窦太后的面子，不定谋反罪不能打击窦宪，朝廷于是控告窦宪同党邓叠、邓磊兄弟及其母亲邓元等人有谋害和帝意图，如此株连，窦氏谋反罪成立。再由窦氏扩大到班固头上，更没道理。因此班固下狱是皇帝与外戚权力之争的牺牲品，着实令人同情。但是班固趋附权势，借窦家势力，也是罪有应得。史书没有记载班固本身有什么恶行，但他的一个家奴竟敢辱骂洛阳县令种兢，种兢并非柔弱之辈，他借助手中权力逮捕窦氏宾客，把班固也牵连进去。班固死得冤，也是自找。文如其文，华峤批评《汉书》的缺点，不就是班固人格缺点的显现吗？在人格上，班固不如司马迁。

班固死时，《汉书》没有写完，由他的妹妹班昭完成。班昭是一位才女，她替兄长完成未竟事业，名垂千古，可使人折腰。

三、西羌迷唐反叛。西羌居于今青海境。迷唐是西羌中烧当羌部种酋。其父迷吾，在章帝建初元年（76）反叛，汉朝官兵征讨。章帝元和元年（84），迷吾打败官军，杀了护羌校尉傅育。张纡继任护羌校尉，用招降办法，骗诱迷吾投降、会盟，用毒酒灌醉羌人，杀降八百余人，此为反人道的卑鄙屠杀。迷吾之子迷唐与汉朝有血海深仇，双方血战了十余年，迷唐种人绝大部分被消灭、投降。迷唐率领一千余众远走赐支河。蜀郡太守聂尚继任护羌校尉，改征剿为招抚，迷唐接受招降，还回原居住地大、小榆谷。迷唐派祖母卑缺为特使到聂尚驻地献礼。聂尚隆重接待卑缺，亲自设宴送行，派翻译官田汜等五人护送卑缺回到迷唐驻地。迷唐会聚诸种羌人头目，将田汜等五人屠杀分尸，报当年张纡杀降之仇。由此种下了东汉与西羌不可和解的仇怨。护羌校尉聂尚被罢了官。

四、甘英通使大秦。和帝永元六年（94），西域都护班超杀焉耆王，传首京师，西域北道畅通。班超因功封定远侯。班超目光远大，他不满足开通西域，他要探险全世界。永元七年（95），班超派甘英向西去交通大秦，即罗马帝国。甘英首次越过葱岭，经过今阿富汗、伊朗、巴勒斯坦，都是前人没有走过的路。甘英记载沿途的风土人情，收购土特产品，带回中国，扩大了中国对西方的了解，是东西方文化交流的使者。可惜甘英怕水，到了地中海东岸，望洋而叹，折返回来，说要水行三个月才能到达大秦，缺少船只水手，没法到达。就这样，当时东西方两个强大帝国失之交臂，甘英的怯懦，难辞其咎。

五、皇太后邓绥审案。和帝永元十七年（105），改元元兴，十二月，和帝驾崩。皇后邓绥立婴孩皇子刘隆即位，是为殇帝。邓皇后被尊为皇太后。在新旧皇帝交替之时，宫中发生一些混乱，有一个叫吉成的宫女，受到和帝的宠信，身边的其他宫女妒忌，趁和帝之死，合起来诬陷吉成，妄说吉成使用巫蛊诅咒和帝，这引起了邓太后的警觉。和帝对吉成有恩，吉成在和帝死后还要诅咒，太不合人情。邓太后决定亲自审讯宫女，结果真相大白，吉成获救。吉成诅咒和帝，若屈打成招，不只吉成一个人会人头落地，还会牵连家属，祸及三族，不知会有多少人伏尸法场。邓绥太后，料理国丧，万机事务缠身，还能有心思来平反冤案，这一件善事，就足可称道了。

卷四九　汉纪四十一

汉殇帝延平元年至汉安帝元初二年（106—115 年）

【起柔兆敦牂（丙午，106 年），尽旃蒙单阏（乙卯，115 年），凡十年】

【大事提要】

本卷记事起公元 106 年，讫公元 115 年，凡十年，当殇帝延平元年至安帝元初二年，载安帝一朝前期史事。此时实际执政者为邓太后，安帝垂拱。邓太后名绥，平定西羌的护羌校尉邓训之女，宽仁果决，临大事方寸不乱，是东汉继明德马太后又一贤太后。殇帝、安帝，皆邓太后策立。此时东汉内灾外患严重，邓太后倡导节俭，停止方国贡献，敕令各级官员如实奏报灾情，约束外戚，关注西域、西羌军事。邓太后敕令减刑狱，复核死罪。邓太后挫败了司空周章发动的宫廷政变，安帝得以不废。东汉国力支绌，裁撤西域都护。西羌大起叛乱，官军连战皆败，徙金城郡治以避其锋。西疆汉阳、安定、武都、汉中诸郡，并受羌祸，三辅告急。大将军邓骘提出丢弃边郡之议，受到郎中虞诩的批评。虞诩赴任武都太守，用增灶法神速到任，大破羌人，稳固了西疆。政论家仲长统著《昌言》，论东汉皇权过度集权之弊。

孝殇皇帝[1]

延平元年（丙午，106 年）

春，正月，辛卯[2]，以太尉张禹为太傅，司徒徐防为太尉，参录尚书事。太后以帝在襁褓，欲令重臣居禁内。乃诏禹舍[3]宫中，五日一归府[4]；每朝见，特赞[5]，与三公绝席[6]。

封皇兄胜为平原王。

癸卯[7]，以光禄勋梁鲔为司徒。

三月，甲申[8]，葬孝和皇帝于慎陵[9]，庙曰穆宗。

丙戌[10]，清河王庆、济北王寿、河间王开、常山王章始就国；太后特加庆以殊礼[11]。庆子祜，年十三，太后以帝幼弱，远虑不虞，留祜与嫡母耿姬居清河邸[12]。耿姬，况[13]之曾孙也；祜母，犍为左姬[14]也。

夏，四月，鲜卑寇渔阳[15]，渔阳太守张显率数百人出塞追之。兵马掾[16]严授谏曰：:“前道险阻，贼势难量，宜且结营[17]，先令轻骑[18]侦视[19]之。”显意甚锐[20]，怒，欲斩之。遂进兵。遇虏伏发，士卒悉走[21]，唯授力战，身被十创[22]，手杀数人而死。主簿[23]卫福、功曹[24]徐咸皆自投赴显，俱没于陈。

丙寅[25]，以虎贲中郎将邓骘为车骑将军、仪同三司[26]。骘弟黄门侍郎悝为虎贲中郎将，弘、阊皆侍中。

司空陈宠薨。

五月，辛卯[27]，赦天下。

壬辰[28]，河东[29]垣[30]山崩。

六月，丁未[31]，以太常尹勤为司空。

郡国三十七雨水。

己未[32]，太后诏减太官、导官、尚方、内署[33]诸服御、珍膳、靡丽难成之物[34]，自非供陵庙[35]，稻粱米[36]不得导择[37]，朝夕一肉饭[38]而已。旧太官、汤官[39]经用岁且二万万，自是裁数千万。及郡国所贡，皆减其过半；悉斥卖[40]上林[41]鹰犬；离宫、别馆储峙米糒、薪炭，悉令省之[42]。

丁卯[43]，诏免遣掖庭宫人及宗室没入者皆为庶民[44]。

秋，七月，庚寅[45]，敕司隶校尉、部刺史[46]曰：“间者[47]郡国或有水灾，妨害秋稼，朝廷惟咎[48]，忧惶悼惧[49]。而郡国欲获丰穰虚饰之誉，遂覆蔽灾害[50]，多张垦田[51]，不揣流亡[52]，竞增户口，掩匿盗贼，令奸恶无惩[53]，署用非次[54]，选举乖宜[55]，贪苛惨毒[56]，延及平民[57]。刺史垂头塞耳[58]，阿私下比[59]，不畏于天，不愧于人[60]。假贷之恩[61]，不可数恃[62]，自今以后，将纠其罚[63]。二千石长吏[64]其各实核所伤害[65]，为除田租刍稿[66]。”

八月，辛卯[67]，帝崩。癸丑[68]，殡[69]于崇德前殿。太后与兄车骑将军骘、虎贲中郎将悝等定策禁中，其夜，使骘持节以王青盖车[70]迎清河王子祜，斋[71]于殿中。皇太后御崇德殿，百官皆吉服[72]陪位，引拜[73]祜为长安侯[74]。乃下诏，以祜为孝和皇帝嗣，又作策命[75]。有司读策毕，太尉奉上玺绶，即皇帝位，太后犹临朝。

诏告司隶校尉、河南尹、南阳太守[76]曰："每览前代，外戚宾客浊乱奉公[77]，为民患苦，咎在执法怠懈，不辄行其罚[78]故也。今车骑将军骘等虽怀敬顺之志，而宗门广大，姻戚不少，宾客奸猾，多干[79]禁宪[80]，其明加检敕[81]，勿相容护[82]。"自是亲属犯罪，无所假贷。

九月，六州大水。

丙寅[83]，葬孝殇皇帝于康陵[84]。以连遭大水[85]，百姓苦役，方中[86]秘藏[87]及诸工作事[88]，减约十分居一[89]。

乙亥[90]，殒石于陈留[91]。

诏以北地梁慬[92]为西域副校尉。慬行至河西，会西域诸国反，攻都护任尚于疏勒；尚上书求救，诏慬将河西四郡[93]羌、胡五千骑驰赴之。慬未至而尚已得解，诏征尚还，以骑都尉段禧为都护，西域长史赵博为骑都尉。禧、博守它乾城[94]，城小，梁慬以为不可固，乃谲说龟兹王白霸，欲入共保其城；白霸许之，吏民固谏，白霸不听。慬既入，遣将急迎段禧、赵博，合军八九千人。龟兹吏民并叛其王，而与温宿、姑墨数万兵反，共围城，慬等出战，大破之。连兵数月，胡众败走，乘胜追击，凡斩首万余级，获生口数千人，龟兹乃定。

冬，十月，四州大水，雨雹。

清河孝王庆病笃，上书求葬樊濯宋贵人[95]冢旁。十二月，甲子[96]，王薨。

乙酉[97]，罢鱼龙曼延戏[98]。

尚书郎[99]南阳樊准[100]以儒风浸衰[101]，上疏曰："臣闻人君不可以不学。光武皇帝受命中兴，东西诛战，不遑启处[102]，然犹投戈讲艺[103]，息马论道。孝明皇帝庶政万机[104]，无不简心[105]，而垂情古典[106]，游意经艺，每飨射[107]礼毕，正坐[108]自讲，诸儒并听，四方欣欣。又多征名儒，布在廊庙[109]，每燕会[110]则论难衎衎[111]，共求政化，期门、羽林介胄之士[112]，悉通《孝经》，化自圣躬[113]，流及蛮荒，是以议者每称盛时，咸言永平[114]。今学者益少，远方尤甚，博士倚席不讲[115]，儒者竞论浮丽[116]，忘蹇蹇之忠，习诶诶之辞[117]。臣愚以为宜下明诏，博求幽隐[118]，宠进儒雅，以俟圣上讲习之期。”太后深纳其言，诏：“公、卿、中二千石各举隐士、大儒，务取高行[119]，以劝后进，妙简[120]博士，必得其人。”

（此上为第一段，写邓太后临朝，倡导节俭，敕令各级官员如实反映灾情民生，约束外戚，关注西域军事。冷静处置殇帝之死，安帝平稳即位。）

【注释】

[1]孝殇皇帝：和帝刘肇之子，名隆，东汉第六位皇帝，公元106年在位。刘隆即位还是一个只三个多月的婴儿，只在位八个多月即夭亡。胡三省注引《伏侯古今注》曰：“隆之字曰盛。”[2]辛卯：正月十三日。[3]舍：留宿。[4]归府：回家，归自己的府第。[5]特赞：在三公之前先独赞。赞，呼其名而朝拜皇帝。[6]与三公绝席：不与三公联席而坐，独坐于百僚之上。[7]癸卯：正月二十五日。[8]甲申：三月七日。[9]慎陵：东汉和帝陵，在今洛阳市东南。[10]丙戌：三月九日。[11]殊礼：给予优厚的礼遇。[12]清河邸：清河王刘庆在京师的王邸。邸，即诸侯王在京的府第。[13]况：耿况，东汉初开国功臣之一耿弇之父，为王莽上谷太守，助光武帝平定河北，功封隃麋侯。[14]左姬：清河王刘庆之妾，刘祜之母。耿姬为刘庆嫡妻，故为刘祜之嫡母，即大母。此为殇帝死，刘祜得入继大统伏笔。[15]渔阳：郡名，治所在今北京市密云区西南。[16]兵马掾：郡太守属官，掌军政的助理。[17]结营：在有利地势扎寨。[18]轻骑：轻装骑兵。[19]侦视：侦察。[20]意甚锐：决战锐气高昂。[21]走：逃跑。[22]创：受伤。[23]主簿：官名，中央及地方凡开府治事均设此官，掌理文书，处理日常事务。[24]功曹：助郡太守掌理人事的属官。[25]丙寅：四月十九日。[26]仪同三司：官名，东汉从邓骘起始置此官，即位比三公。邓骘及其弟悝、弘、阊，皆邓训之子，和帝邓绥皇后的兄弟。[27]辛卯：五月十五日。[28]壬辰：五月十六日。[29]河东：郡名，治所安邑，在今山西夏县西北。[30]垣：即东垣县，县治在今山西垣曲县东南。[31]丁未：六月一日。[32]己未：六月十三日。[33]太官、导官、尚方、内署：皆少府属官。太官管理皇宫膳食，导官管理食粮采购，尚方制造刀剑，内署管理衣物。[34]靡丽难成之物：华贵而代价高昂的物品。[35]供陵庙：祭祀皇帝祖考陵墓以及供奉祖庙的物品。[36]稻粱米：稻谷粱米。[37]导择：精碾。[38]朝夕一肉饭：一天只吃一次肉菜的饭。[39]汤官：少府属官，管理皇帝点心、食品。[40]斥卖：拍卖。[41]上林：东都上林苑，在洛阳西。[42]“离宫”二句：散布于全国各地的离宫、别馆，所储蓄的米粮、薪炭，一律裁省，不再贮存。离宫、别馆，在京师之外所建造的宫殿，供皇帝巡幸居住。[43]丁卯：六月二十一日。[44]“诏免”句：皇宫中无位号的一般宫婢和皇族宗室妇女因犯罪而被囚入宫廷做奴婢的人，邓太后下诏皆释放回家当普通平民。掖庭，深宫。[45]庚寅：七月十五日。[46]部刺史：十三州刺史。司州（京畿地

区）设司隶校尉，不置刺史。［47］间者：最近以来。［48］朝廷惟咎：政府检查过失，承担责任。［49］忧惶悼惧：忧愁惶恐，战战兢兢。［50］覆蔽灾害：遮盖灾情。［51］多张垦田：夸张虚报垦田数字。［52］不揣流亡：不问流亡。揣，估量。这里为过问，关怀。［53］令奸恶无惩：使得奸恶罪犯逃避国法惩处。因隐瞒盗贼，于是未加惩处。［54］署用非次：任用官员，不按法律规定。［55］选举乖宜：向朝廷推荐人才，背离标准。［56］贪苛惨毒：贪污严酷达到惨烈地步。［57］延及平民：一切后果转嫁到善良的平民身上。［58］垂头塞耳：指部刺史低着头，塞着耳朵，不闻不问。［59］阿私下比：徇私情，包庇下属。［60］不畏于天，不愧于人：上不怕天，下不愧人。语出《诗经·小雅·何人斯》，原文作“不愧于人，不畏于天”。［61］假贷之恩：朝廷的宽大政策。［62］数恃：一贯依恃。［63］将纠其罚：一定从严惩处。［64］二千石长吏：指郡国守相。［65］各实核所伤害：各郡切实查清本郡的实际灾情。［66］为除田租刍稿：替灾区免除田租赋税及缴纳的军马草料。［67］辛卯：八月丙午朔，无辛卯。辛卯疑为辛亥，即八月六日，在癸丑之前。［68］癸丑：八月八日。［69］殡：未下葬的灵柩。［70］青盖车：皇太子所乘之车。皇孙则乘绿盖车。［71］斋：斋戒。拥立新君前夕的虔诚之举。［72］吉服：礼服。迎立新君，改丧服为吉服。［73］引拜：引导上殿拜邓太后加封。［74］祜为长安侯：白衣不可为天子，故先加封刘祜为侯，效法汉宣帝即位故事。［75］又作策命：草拟以刘祜为和帝继嗣的诏命。［76］诏告司隶校尉、河南尹、南阳太守：下诏给司隶校尉、河南尹、皇族故乡南阳郡守，令其尽职，裁抑不法贵族。［77］外戚宾客浊乱奉公：皇后家族及其宾客，扰乱执法的官吏。奉公，指秉公执法的官吏。［78］不辄行其罚：不敢依法惩处。［79］干：冒犯。［80］禁宪：禁令。［81］明加检敕：正大光明地严加约束。［82］勿相容护：不允许互相包庇。［83］丙寅：九月乙亥朔，无丙寅。［84］康陵：殇帝陵。在洛阳东南慎陵墓区内。［85］连遭大水：据章校：“水”字作“忧”。连遭大忧，指国家接连有大变故。包括六州大水灾、皇帝夭亡等。［86］方中：墓穴中。［87］秘藏：殉葬物。［88］诸工作事：其他各项工程。［89］减约十分居一：裁省百分之九十，只留下百分之十。十分居一，裁省九分而留其一分。［90］乙亥：九月一日。［91］陈留：郡名，治所在今开封市东南。［92］梁慬：字伯威，北地郡弋居县（在今甘肃宁县南）人，安帝时抚护西域及羌人的名将。传见《后汉书》卷四十七。［93］河西四郡：即武威、张掖、酒泉、敦煌。［94］它乾城：西域都护治所，在今新疆库车市西南。［95］宋贵人：章帝妃，清河王刘庆之母，樊濯县人。樊濯，郡属及今地，皆不详。［96］甲子：十二月二十一日。［97］乙酉：十二月甲辰朔，无乙酉。乙酉，疑为己酉。己酉，十二月六日。［98］鱼龙曼延戏：鱼龙戏，在水池里变化成比目鱼和黄龙的舞蹈戏。曼延戏，装扮成百兽舞蹈的游戏。鱼龙曼延之戏，起于汉武帝元封三年。［99］尚书郎：即尚书侍郎，六曹尚书属官，每曹六人，秩四百石。［100］樊准：字幼陵，南阳郡湖阳（在今河南唐河县湖阳镇）人，光武帝舅樊宏的族曾孙。传见《后汉书》卷三十二。［101］儒风浸衰：经学教育日益恶化。［102］不遑启处：没有闲暇时间。［103］投戈讲艺：在战争停顿的间隙抓紧学习。投戈，放下武器，指战争间隙。讲艺，学习儒家经典。下句“息马论道”是对偶重文。［104］庶政万机：日理万机。庶，众。［105］简心：操心。［106］垂情古典：留意古代典籍。［107］飨射：古代学校于春秋二季举行的练武选贤的礼仪活动，又称乡射礼。飨，宴会。射，射箭比武。［108］正坐：端坐。［109］布在廊庙：安置在政府各部门。廊庙，指朝廷各机构。［110］燕会：即宴会。［111］论难衎衎：讨论辩难，十分融洽。衎（kàn）衎，和乐的样子。［112］介胄之士：甲胄之士，此指期门郎、羽林郎禁卫军。［113］化自圣躬：向往儒学教化，从皇帝本身做起。［114］永平：明帝年号，指代明帝。［115］博士倚席不讲：太学讲官占据讲席却不讲学。［116］竞论浮丽：争相追求浮华的表面文章。［117］习谀谀之辞：精通谄媚阿谀的言辞。［118］博求幽隐：广求隐逸之士。［119］高行：高尚的德行。［120］妙简：精选。

孝安皇帝[1]上

永初[2]元年（丁未，107年）

春，正月，癸酉朔[3]，赦天下。

蜀郡徼外[4]羌内属。

二月，丁卯[5]，分清河国封帝弟常保为广川王。

庚午[6]，司徒梁鲔薨。

三月，癸酉[7]，日有食之。

己卯[8]，永昌[9]徼外僬侥种夷陆类等举种内附。

甲申[10]，葬清河孝王于广丘[11]，司空、宗正护丧事，仪比东海恭王[12]。

自和帝之丧，邓骘兄弟常居禁中。骘不欲久在内，连求还第，太后许之。夏，四月，封太傅张禹、太尉徐防、司空尹勤、车骑将军邓骘，城门校尉邓悝、虎贲中郎将邓弘、黄门郎邓阊皆为列侯[13]，食邑各万户，骘以定策功增三千户；骘及诸弟辞让不获，遂逃避使者[14]，间关诣阙[15]，上疏自陈[16]，至于五六，乃许之。

五月，甲戌[17]，以长乐卫尉[18]鲁恭[19]为司徒。恭上言：“旧制立秋[20]乃行薄刑[21]，自永元十五年以来，改用孟夏。而刺史、太守因以盛夏征召农民，拘对考验[22]，连滞无已[23]；上逆时气[24]，下伤农业。按《月令》‘孟夏[25]断薄刑’者，谓其轻罪已正，不欲令久系[26]，故时断之也。臣愚以为今孟夏之制，可从此令；其决狱案考，皆以立秋为断[27]。”又奏：“孝章皇帝欲助三正[28]之微，定律著令，断狱皆以冬至之前[29]。小吏不与国同心者，率十一月[30]得死罪贼，不问曲直[31]，便即格杀[32]，虽有疑罪，不复谳正[33]。可令大辟之科[34]，尽冬月乃断[35]。”朝廷皆从之。

丁丑[36]，诏封北海王睦孙寿光侯普[37]为北海王。

九真[38]徼外、夜郎[39]蛮夷，举土内属。

西域都护段禧等虽保龟兹，而道路隔塞，檄书不通[40]。公卿议者以为“西域阻远[41]，数有背叛，吏士屯田，其费无已。”六月，壬戌[42]，罢西域都护[43]，遣骑都尉[44]王弘发关中兵迎禧及梁慬、赵博[45]，伊吾卢、柳中[46]屯田吏士而还。

初，烧当羌[47]豪东号之子麻奴随父来降，居于安定[48]。时诸降羌布在郡县，皆为吏民豪右[49]所徭役[50]，积以愁怨。及王弘西迎段禧，发金城、陇西、汉阳[51]羌数百千骑与俱，郡县迫促发遣。群羌惧远屯不还，行到酒泉，颇有散叛，诸郡各发兵邀遮[52]，或覆其庐落[53]；于是勒姐、当煎[54]大豪东岸等愈惊，遂同时奔溃。麻奴兄弟因此与种人俱西出塞[55]，滇零与钟羌[56]诸种大为寇掠，断陇道[57]。时羌归附既久，无复器甲，或持竹竿木枝以代戈矛，或负板案以为楯[58]，或执铜镜以象兵[59]，郡县畏懦不能制[60]。丁卯[61]，赦除诸羌相连结谋叛逆者罪。

秋，九月，庚午[62]，太尉徐防以灾异、寇贼策免。三公以灾异免，自防始。辛未[63]，司空尹勤以水雨漂流[64]策免。

（以上为第二段，写邓太后减轻刑狱，复核死罪。东汉裁撤西域都护，征召羌人迎接西域将士，郡县催逼，羌人大起反叛。）

【注释】

［1］孝安皇帝：章帝之孙，清河王刘庆之子，名祜。东汉第七任皇帝，公元107年至公元125年在位。胡三省注引《伏侯古今注》曰：“祜之字曰福。”［2］永初：安帝第一个年号，公元107年至113年，凡七年。［3］癸酉朔：正月一日。［4］徼外：塞外。［5］丁卯：二月二十五日。［6］庚午：二月二十八日。［7］癸酉：三月二日。［8］己卯：三月八日。［9］永昌：郡名，治所不韦，在今云南保山市东北。［10］甲申：三月十四日。［11］广丘：县名，后更名甘陵县，县治在今河北清河县东南。［12］仪比东海恭王：葬礼规格比照东海恭王。东海王刘

强，光武帝长子，初为太子，后被废为东海王，死谥恭王。传见《后汉书》卷四十二。东海恭王的隆重葬礼见《资治通鉴》卷四十五明帝永平元年。［13］皆为列侯：诸大臣以定策功尽封为侯。张禹，安乡侯；徐防，龙乡侯；尹勤，福亭侯；邓骘，上蔡侯；邓悝，叶侯；邓弘，西平侯；邓阊，西华侯。［14］逃避使者：躲开朝廷使者，不奉诏。［15］间关诣阙：绕道辗转到皇宫门前。［16］上疏自陈：上书请求辞去侯位。［17］甲戌：五月三日。［18］长乐卫尉：官名，太后长乐宫警卫长。［19］鲁恭（32—112）：字仲康，扶风平陵县（在今陕西咸阳市西）人，安帝时官至司徒。鲁恭精通《鲁诗》，主张平狱。传见《后汉书》卷二十五。［20］立秋：二十四节气之一。［21］行薄刑：审理轻罪犯。［22］拘对考验：拘捕传讯，对簿公堂，调查取证。［23］连滞无已：一次又一次审问，拖延个没完没了。［24］逆时气：冒犯天时。［25］孟夏：夏季第一月，即四月。［26］久系：长久拘押不判决。［27］其决狱案考，皆以立秋为断：凡孟夏所立案审理的轻罪徒，判决的最后期限，至立秋之日为止。［28］三正：天、地、人。［29］断狱皆以冬至之前：断狱，指全部重罪犯的判决，都要在冬至日之前审断完毕。冬至，二十四节气之一，在阳历的12月22日前后，在农历则在十一月的上半月中。［30］率十一月：据章校，“率”下有“入”字，是。［31］曲直：是非。此指冤枉。［32］格杀：明正典刑，诛杀。［33］谳正：复审纠正。［34］大辟之科：立案的死刑重罪。［35］尽冬月乃断：对死刑判决可延长至农历十二月底。［36］丁丑：五月六日。［37］北海王睦孙寿光侯普：北海王刘睦，其父刘兴，光武帝兄刘伯升之次子，继嗣光武帝二兄刘仲，封北海王。刘睦嗣位北海王，传子刘基，基死无子。和帝封睦庶子刘威为北海王，立七年，因罪自杀。今又绍封刘睦庶孙刘普为北海王。刘睦、刘普，传见《后汉书》卷十四。［38］九真：郡名，在今越南中部。［39］夜郎：西南夷国名，西汉武帝时内属为牂牁郡属国，仍保留王号。夜郎治所在今贵州桐梓县东南。［40］檄书不通：交通受阻，连紧急公文都无法送出。檄书，羽檄奏书，紧急公文。［41］阻远：道路险阻而又遥远。［42］壬戌：六月二十二日。［43］罢西域都护：撤销西域都护。东汉西域都护，和帝永元三年（91）置。［44］骑都尉：低于将军的武官。［45］迎禧及梁慬、赵博：迎，救援，迎接。禧，段禧，西域都护。梁慬，西域副校尉。赵博，西域长史。［46］伊吾卢、柳中：西域屯守城名。伊吾卢在今新疆哈密市西，柳中在今吐鲁番市东南。［47］烧当羌：东汉时西羌的最大部族。烧当羌酋东号归降，见《资治通鉴》卷四十七和帝永元元年。［48］居于安定：西羌本居于今青海高原，归附后安置于内郡则称东羌。东号降，被安置于安定郡。安定郡治所临泾，在今甘肃泾川县。［49］豪右：豪强。秦汉时富人居于里门右侧，故称豪右。［50］徭役：使役。［51］金城、陇西、汉阳：皆郡名。金城郡治所允吾，在今青海民和县。陇西郡治所狄道，在今甘肃临洮县。汉阳郡治所冀县，在今甘肃甘谷县。［52］邀遮：伏击拦捕。［53］覆其庐落：追查逃亡羌兵的所属部落，将其整个部落居地帐落踏平。［54］勒姐、当煎：西羌种族名。［55］出塞：逃出所归属的郡县，回到塞外西羌居地。据章校，有的版本“塞”下有“先零别种”四字。先零羌，居于青海湖周围。［56］钟羌：居于陇西郡临洮谷，今甘肃洮河上游。［57］断陇道：切断关中通凉州的陇山通道。从此，西羌反抗东汉的斗争进入了新阶段，成为东汉西疆长期的边患。［58］负板案以为楯：举负桌面当作盾牌。［59］执铜镜以象兵：用妇女化妆用的铜镜反射阳光象征明晃晃的兵器。［60］畏懦不能制：畏惧软弱，束手无策。［61］丁卯：六月二十七日。［62］庚午：九月一日。［63］辛未：九月二日。［64］水雨漂流：大雨造成水灾，冲毁民屋。

仲长统[1]《昌言》曰：光武皇帝愠[2]数世之失权[3]，忿强臣之窃命[4]，矫枉过直[5]，政不任下，虽置三公，事归台阁[6]。自此以来，三公之职，备员[7]而已；然政有不治，犹加谴责。而权移外戚之家，宠被近习之竖[8]，亲其党类[9]，用其私人，内充京师，外布州郡[10]，颠倒贤愚[11]，贸易选举[12]，疲驽守境[13]，贪残牧民，挠扰百姓[14]，忿怒四夷，招致乖叛[15]，乱离斯瘼[16]，怨气并作[17]，阴阳失和，三光亏缺[18]，怪异数至，虫螟食稼，水旱为灾。此皆戚宦之臣所致然也[19]，反以策让三公，至于死、免，乃足为叫呼苍天，号咷[20]泣血者矣！又，中世[21]之选三公也，务于清悫谨慎[22]，循常习故者[23]，是乃妇女之检柙[24]，乡曲之常人[25]耳，恶[26]足以居斯位[27]邪！势既如彼，选又如此[28]，而欲望三公勋立于国家，绩加于生民，不亦远[29]乎！昔文帝之于邓通，可谓至爱，而犹展申徒嘉之志[30]。夫见任如此，则何患于左右小臣哉！至如近世[31]，外戚、宦竖，请托不行，意气不满，立能陷人于不测之祸，恶可得弹正者哉[32]！曩者[33]任之重而责之轻，今者[34]任之轻而责之重。光武夺三公之重，至今而加甚；不假后党以权，数世而不行；盖亲疏之势异也[35]！今人主诚专委三公，分任责成，而在位病民[36]，举用失贤，百姓不安，急讼不息，天地多变，人物多妖，然后可以分此罪矣！

壬午[37]，诏太仆、少府减黄门鼓吹以补羽林士[38]；厩马[39]非乘舆常所御者[40]，皆减半食；诸所造作，非供宗庙园陵之用[41]，皆且止。

庚寅[42]，以太傅张禹为太尉，太常周章[43]为司空。

大长秋郑众[44]、中常侍蔡伦[45]等皆秉势豫政，周章数进直言，太后不能用。初，太后以平原王胜[46]有痼疾[47]，而贪殇帝孩抱，养为己子，故立焉。及殇帝崩，群臣以胜疾非痼，意咸归之。太后以前不立胜，恐后为怨，乃迎帝而立之。周章以众心不附，密谋闭宫门，诛邓骘兄弟及郑众、蔡伦，劫尚书，废太后于南宫，封帝为远国王[48]而立平原王。事觉，冬，十一月，丁亥[49]，章自杀。

戊子[50]，敕司隶校尉、冀、并二州刺史，“民讹言[51]相惊，弃捐旧居，老弱相携，穷困道路[52]。其各敕所部长吏躬亲晓喻[53]：若欲归本郡，在所为封长檄[54]；不欲[55]，勿强。”

十二月，乙卯[56]，以颍川太守张敏[57]为司空。

诏车骑将军邓骘、征西校尉任尚将五营[58]及诸郡兵五万人，屯汉阳[59]以备羌。

是岁，郡国十八地震，四十一大水，二十八大风，雨雹。

鲜卑大人燕荔阳诣阙朝贺。太后赐燕荔阳王印绶、赤车[60]、参驾[61]，令止乌桓校尉所居宁城[62]下，通胡市[63]，因筑南、北两部质馆[64]。鲜卑邑落百二十部各遣入质。

（以上为第三段，写仲长统《昌言》论君王过度集权之弊。邓太后挫败司空周章发动的宫廷政变，汉安帝得以不废。）

【注释】

[1]仲长统：字公理，山阳高平（在今山东邹县西南）人，东汉政论家，著有《昌言》行于世。《昌言》书已佚，《后汉书》仲长统传中有摘要。传见《后汉书》卷四十九。 [2]愠：痛恨。 [3]数世之失权：指西汉后期元、成、哀、平时政权旁落外戚手中。 [4]强臣之窃命：权臣控制了国家政权。 [5]矫枉过直：纠正弯曲，超过中正。此指光武帝集权以纠正权臣窃命的过失而做出了改正过火的行为，导致三公无权，朝政反旁落于群竖。 [6]台阁：指尚书台。东汉尚书出纳章奏，总枢机之任。三公须加“录尚书事”，才能参与行政。 [7]备员：定员备位，充数摆样子。 [8]宠被近习之竖：恩宠只施加给皇帝身边的侍从小人。近习之竖，指宦官奴仆。 [9]党类：同流合污之朋党。 [10]内充京师，外布州郡：在朝内充斥政府各部门，在地方遍布州郡盘踞要津。 [11]颠倒贤愚：愚人统治智者。 [12]贸易选举：推荐人才用作交易。 [13]疲驽守境：愚钝之人守卫疆土。驽，劣马，喻庸才。 [14]贪残牧民，挠扰百姓：治民之官，贪污残暴，逼迫扰乱人民。牧民，治民。 [15]忿怒四夷，招致乖叛：触怒四方周边民族，引起叛乱。 [16]乱离斯瘼：政治纷乱，瓦解瘫痪。离，分离，瓦解。瘼，病，此指积重难返。语出《诗经・小雅・四月》：“乱离瘼矣。” [17]并作：并发。 [18]三光亏缺：日、月、星三光不明。 [19]此皆戚宦之臣所致然也：水旱虫灾、三光不明等等一切灾异，都是外戚和宦官专权所引起的上天警告。 [20]号咷：

放声大哭。［21］中世：指西汉中期以后。［22］清悫谨慎：慎下省“者”字，指清廉忠厚、谨慎小心的人。此等人，今谓之和事佬，老好人。［23］循常习故者：循规蹈矩，熟悉典故文案的人。［24］妇女之检柙：妇人的美德。检柙，自我约束，规规矩矩。［25］乡曲之常人：乡间里巷的平庸人。［26］恶：怎能。［27］斯位：指三公大臣的高位。［28］势既如彼，选又如此：形势既然是三公无权，而用人又尽庸碌之辈。［29］远：要求与实际相差很远。［30］展申徒嘉之志：展，伸展，此指行使宰相职权。申徒嘉，汉文帝时宰相，他曾经惩治文帝宠臣邓通，差点将邓通置于死地。事见《资治通鉴》卷十四文帝后元二年。［31］近世：指东汉中期以后。［32］“外戚、宦竖，请托不行，意气不满，立能陷人于不测之祸”等句：意谓外戚、宦官专权，朝廷官员如果敢于对他们的请托不满，立即就要遭受不测之祸，又怎能纠正他们的胡作非为呢！立能陷人，立即能使人消失。陷人，指被人暗害。［33］曩者：从前，指西汉前期。［34］今者：今世，指东汉一朝。［35］“光武夺三公之重”五句：意谓，自光武帝剥夺了三公的权力之后，到现在更加过分；而光武帝也不把权力分给外戚共享，但几代以后就行不通，这是因为皇帝与三公和外戚的亲疏关系不同。后党，外戚。光武限制外戚干政，但明帝、章帝之后就行不通，外戚重又用事。［36］病民：使百姓受害。［37］壬午：九月十三日。［38］减黄门鼓吹以补羽林士：减少御宴乐队的人数，将所减定员转拨给羽林军以增加羽林武士的人数。黄门鼓吹，定员一百四十五人，供皇帝宴享奏乐。羽林士，左监定员八百人，右监定员九百人。［39］厩马：皇帝御用马。［40］非乘舆常所御者：不是皇帝经常使用的挽车御马。［41］非供宗庙园陵之用：指尚方所造器物，只限于制造供祭享宗庙陵园的器物。［42］庚寅：九月二十一日。［43］周章：字次叔，南阳随县（今湖北随州市）人，官至司空。周章反对立安帝，欲发动宫廷政变立和帝长子刘胜，事败自杀。传见《后汉书》卷三十三。［44］郑众：字季产，助和帝诛窦宪，官拜大长秋。东汉宦官用权自郑众始。传见《后汉书》卷七十八。［45］蔡伦：即东汉改进造纸术的宦官，与郑众同传。［46］平原王胜：和帝长子，初为太子，被废为平原王。［47］痼疾：废疾，不治之症。这是邓太后为了排斥刘胜当太子而制造的借口。［48］远国王：流放到边远地区作王。［49］丁亥：十一月十九日。［50］戊子：十一月二十日。［51］讹言：谣言。［52］穷困道路：流民饥困于道路。［53］晓喻：诱导。［54］“若欲”二句：流离他乡之民，愿归本乡者，由所在地政府出具加封的长简文书，以便获得政府安置。长檄，即长牒，书于长简上的公文。［55］不欲：指不愿意回归本郡的人。［56］乙卯：十二月十八日。［57］张敏：字伯达，河间鄚县（今河北任丘市北）人，历官郡太守、司隶校尉，为政简约，用刑平正，官至司空。传见《后汉书》卷四十四。［58］五营：京师北军五校尉兵，即屯骑、步兵、越骑、长水、射声五校。［59］汉阳：郡名，治所冀县，在今甘肃甘谷县。［60］赤车：车帷、车廉、车衡、车轴皆红色。［61］参驾：三马驾车。［62］宁城：上谷郡属县，县治在今河北张家口市万全区。［63］通胡市：开放边塞汉胡交易市场。［64］质馆：外国朝贡的人质所居宾馆。质，留居出使国以示信的人质。

二年（戊申，108 年）

春，正月，邓骘至汉阳；诸郡兵未至，钟羌数千人击败骘军于冀西[1]，杀千余人。梁慬还，至敦煌，逆诏慬留为诸军援[2]。慬至张掖[3]，破诸羌万余人，其能脱者十二三；进至姑臧[4]，羌大豪三百余人诣慬降，并慰譬，遣还故地。

御史中丞樊准以郡国连年水旱，民多饥困，上疏："请令太官、尚方、考功、上林池御诸官[5]，实减无事之物；五府调省中都官吏、京师作者[6]。又，被灾之郡，百姓凋残[7]，恐非赈给所能胜赡[8]，虽有其名，终无其实。可依征和元年故事[9]，遣使持节慰安，尤困乏者徙置荆、扬孰郡[10]。今虽有西屯之役[11]，宜先东州之急[12]。"太后从之，悉以公田赋与贫民[13]，即擢准与议郎吕仓并守[14]光禄大夫。二月，乙丑[15]，遣准使冀州、仓使兖州禀贷[16]，流民咸得苏息[17]。

夏，旱。五月，丙寅[18]，皇太后幸雒阳寺[19]及若卢狱[20]，录囚徒[21]。雒阳有囚，实不杀人而被考自诬[22]，羸困舆见[23]，畏吏不敢言，将去，举头若欲自诉。太后察视觉之，即呼还问状，具得枉实[24]。即时收雒阳令下狱抵罪[25]。行未还宫，澍雨[26]大降。

六月，京师及郡国四十大水，大风，雨雹[27]。

秋，七月，太白入北斗[28]。

闰月[29]，广川王常保[30]薨，无子，国除。

癸未[31]，蜀郡徼外羌举土内属。

冬，邓骘使任尚及从事中郎河内司马钧率诸郡兵与滇零等数万人战于平襄[32]，尚军大败，死者八千余人，羌众遂大盛，朝廷不能制。湟中诸县[33]，粟石万钱，百姓死亡不可胜数，而转运难剧[34]。故左校令[35]河南庞参[36]先坐法输作若卢[37]，使其子俊上书[38]曰："方今西州[39]流民扰动，而征发不绝，水潦不休，地力不复[40]，重之以大军[41]，疲之以远戍[42]，农功消于转运，资财竭于征发，田畴[43]不得垦辟，禾稼不得收入，搏手困穷[44]，无望来秋，百姓力屈[45]，不复堪命[46]。臣愚以为万里运粮，远就羌戎，不若总兵养众[47]，以待其疲。车骑将军骘宜且振旅[48]，留征西校尉任尚，使督凉州士民转居三辅[49]，休徭役[50]

以助其时，止烦赋[51]以益其财，令男得耕种，女得织纴[52]，然后畜精锐，乘懈沮[53]，出其不意，攻其不备，则边民之仇报，奔北[54]之耻雪矣。”书奏，会樊准上疏荐参，太后即擢参于徒中，召拜谒者，使西督三辅诸军屯。十一月，辛酉[55]，诏邓骘还师，留任尚屯汉阳为诸军节度[56]。遣使迎拜骘为大将军。既至，使大鸿胪亲迎，中常侍郊劳[57]，王、主[58]以下候望于道，宠灵显赫[59]，光震都鄙[60]。

滇零自称天子，于北地招集武都参狼[61]、上郡、西河诸杂种羌断陇道，寇钞三辅，南入益州，杀汉中太守董炳。梁慬受诏当屯金城，闻羌寇三辅，即引兵赴击，转战武功、美阳[62]间，连破走之，羌稍退散。

十二月，广汉[63]塞外参狼羌降。

是岁，郡国十二地震。

（以上为第四段，写邓太后节省支出，赈济灾民。朝廷征讨西羌，互有胜败。）

【注释】

［1］冀西：冀县之西。［2］“逆诏”句：即朝廷所遣迎接梁慬的使者宣读诏书，令其为讨羌诸军的后援。援，后援，机动预备队。［3］张掖：河西四郡之一，在河西走廊中部。治所觻得，在今甘肃张掖市西北。［4］姑臧：县名，武威郡治所，在今甘肃武威市。［5］太官、尚方、考功、上林池御诸官：皆少府属官。太官管理皇帝膳食，尚方制造刀剑，考功制作器物。上林池御，共有十池监，分掌上林苑各园池林木鸟兽。［6］五府调省中都官吏、京师作者：五府尽量减少征调进京人员，缩小官员编制，以及营建工匠。五府，指太傅府、太尉府、司徒府、司空府、大将军府（或车骑将军府）。调，征调。省，裁减，缩小编制。中都官吏，京师官员。［7］凋残：凋零残破。［8］恐非赈给所能胜赡：不是政府的救济所能满足需要。胜赡，充分供给。［9］征和元年故事：汉武帝征和元年赈给百姓，史实缺载。征和四年下轮台诏，与民休息，曰：“当今务在禁苛暴，止擅赋，力本农桑，毋乏武备而已。”［10］孰郡：丰收的郡县。孰，通“熟”，指丰收。［11］西屯之役：西疆的军事活动，指讨西羌之战。［12］宜先东州之急：应当首先救济东方冀州、兖州灾区人民。［13］悉以公田赋与贫民：把政府控制的公田全部分配给贫民耕种。赋，分配并出租。［14］守：兼职。［15］乙丑：二月十九日。［16］禀贷：赈济。禀，给。贷，施。［17］苏息：起死回生。［18］丙寅：五月一日。［19］皇太后幸雒阳寺：邓绥皇太后巡察洛阳市政官府。寺，官府。［20］若卢狱：少府所属特别监狱，关押审讯将相大臣。［21］录囚徒：审讯囚犯。录，过问，审理。［22］被考自诬：屈打成招。考，通“拷”，苦刑拷打。［23］羸困舆见：骨瘦如柴（羸），困苦委形，躺在竹床上。舆，竹编的舆床，抬卧被苦刑折磨致残的罪囚。［24］枉

实：见枉之实。即蒙冤的实情。［25］抵罪：被判因失职而应得的罪。［26］澍雨：及时雨。［27］大风，雨雹：据《东观汉记》载，这次风灾，拔树发屋；这次冰雹，大如鸡蛋。［28］太白入北斗：太白星进入北斗。按照古代的天文占法的解释，太白入北斗，象征宰相有凶。［29］闰月：据章校，有的版本“月”下有“辛丑”二字。辛丑，为闰七月七日。［30］广川王常保：清河王刘庆少子，安帝之弟。［31］癸未：闰七月乙未朔，无癸未。癸未，八月二十日。［32］平襄：县名，县治在今甘肃通渭县西。［33］湟中诸县：金城郡湟水流域各县，即临羌、破羌、允吾等县。［34］转运难剧：运输十分困难。［35］左校令：官名，将作大匠属官，有左、右校令。左校令掌左营罪徒劳工。［36］庞参（?—136）：字仲达，河南缑氏（在今河南洛阳市偃师区东南）人，历官护羌校尉、度辽将军，为东汉安边名将。传见《后汉书》卷五十一。［37］坐法输作若卢：犯法被拘系在若卢监狱。［38］子俊上书：罪徒不能直接上书皇帝，故庞参使其子庞俊上书。［39］西州：指西部的凉州。［40］水潦不休，地力不复：被水淹过的土地，若不轮休，无法恢复地力。［41］重之以大军：加之大军过境。重，又。［42］疲之以远戍：征发戍边，使农夫精疲力竭。［43］田畴：田野。［44］搏手困穷：两手相搓，无计可施，窘迫困顿。［45］力屈：力竭。［46］不复堪命：不能再有承受力。［47］总兵养众：收聚兵力休息，养精蓄锐。［48］振旅：暂时班师。［49］转居三辅：迁居关中。［50］休徭役：停止征调民夫及兵役。［51］止烦赋：停止征收苛重的田租赋税。［52］织纴：纺织缝纫。［53］乘懈沮：抓住敌人懈怠以及士气低落的时机。［54］奔北：败溃。［55］辛酉：十一月二十九日。［56］节度：调度。［57］郊劳：在京郊迎接慰劳。这是立大功还朝的重臣所享受的隆重待遇。［58］王、主：诸侯王及诸公主。［59］宠灵显赫：隆重的恩遇使邓骘声势显赫。［60］光震都鄙：声威广播，震动了京师及地方边邑。光，通“广”。［61］参狼：西羌部种名，居于武都郡。武都郡治所下辨，在今甘肃成县。［62］武功、美阳：二县名，属左扶风。二县相邻，美阳在武功北。武功县治在今陕西武功县西，美阳县治在武功县西北。［63］广汉：郡名，属益州。广汉郡与武都郡连界，在武都之南。故广汉郡内的参狼羌与武都郡内的参狼羌为同种。

三年（己酉，109年）

春，正月，庚子[1]，皇帝加元服[2]，赦天下。

遣骑都尉任仁督诸郡屯兵救三辅。仁战数不利，当煎、勒姐羌攻没破羌县，钟羌攻没临洮县[3]，执陇西南部都尉。

三月，京师大饥，民相食。壬辰[4]，公卿诣阙谢[5]；诏“务思变复，以助不逮”[6]。

壬寅[7]，司徒鲁恭罢。恭再在公位[8]，选辟[9]高第至列卿、郡守者数十人，而门下耆生[10]，或不蒙荐举，至有怨望者。恭闻之，曰：“学之不讲，是吾忧也[11]，诸生不有乡举[12]者乎！”终无所言，亦不借之议论。学者受业，必穷核[13]问难[14]，道成[15]，然后谢遣[16]之。学者曰：“鲁公谢与议论[17]，不可虚得。”

夏，四月，丙寅[18]，以大鸿胪九江夏勤为司徒。

三公以国用未足，奏令吏民入钱谷得为关内侯[19]、虎贲、羽林郎、五官[20]、大夫[21]、官府吏[22]、缇骑[23]、营士[24]各有差[25]。

甲申[26]，清河愍王虎威薨，无子。五月，丙申[27]，封乐安王宠子延平为清河王，奉孝王后。

六月，渔阳乌桓与右北平[28]胡千余寇代郡、上谷[29]。

汉人韩琮随匈奴南单于入朝，既还，说南单于云：“关东水潦，人民饥饿死尽，可击也。”单于信其言，遂反。

秋，七月，海贼张伯路等寇滨海九郡，杀二千石、令、长；遣侍御史[30]巴郡庞雄督州郡兵击之，伯路等乞降，寻复屯聚。

九月，雁门[31]乌桓率众王无何允与鲜卑大人丘伦等及南匈奴骨都[32]合七千骑寇五原[33]，与太守战于高渠谷[34]，汉兵大败。

南单于围中郎将[35]耿种于美稷[36]。冬十一月，以大司农陈国何熙行车骑将军事，中郎将庞雄为副，将五营及边郡兵二万余人，又诏辽东太守耿夔率鲜卑及诸郡[37]共击之。以梁慬行度辽将军事。雄、夔击南匈奴薁鞬日逐王，破之。

十二月，辛酉[38]，郡国九地震。

乙亥[39]，有星孛于天苑[40]。

是岁，京师及郡国四十一雨水，并、凉二州大饥，人相食。

太后以阴阳不和，军旅数兴，诏岁终飨遣卫士勿设戏作乐[41]，减逐疫侲子之半[42]。

（以上为第五段，写司徒鲁恭为官公正，两为三公，用人不徇私情。乌桓侵扰边郡。）

【注释】

[1]庚子：正月九日。 [2]皇帝加元服：安帝行加冠礼。是年安帝十六岁。古男子二十加冠，以示成人。皇帝行加冠礼始得亲政。元服，加于首上之服，即冠。 [3]临洮县：县名，陇西郡南

部都尉治，县治在今甘肃岷县。［4］壬辰：三月二日。［5］公卿诣阙谢：三公九卿因京师大饥而到宫门前向皇帝请罪。［6］诏“务思变复，以助不逮”：诏书说：“众卿要致力于思变补过，以辅佐朕（皇上）能力的不足。”务，致力于。变复，思变以回到正确的轨道上。［7］壬寅：三月十二日。［8］恭再在公位：鲁恭两次在三公位。和帝永元十二年，代吕盖为司徒；安帝永初元年代梁鲔为司徒。［9］选辟：选举征辟。［10］门下耆生：鲁恭的弟子，有的已是老年。耆，六十岁老人之称。［11］学之不讲，是吾忧也：学问没有解释明白，这是我所忧虑的。此引孔子之言，见《论语·述而》篇。［12］乡举：故乡郡县长官举荐。［13］穷核：穷尽义理，考核探究。［14］问难：反复讨论。［15］道成：学成。［16］谢遣：赞誉并让其离去。［17］谢与议论：赞誉学成的评语。［18］丙寅：四月七日。［19］关内侯：秦汉二十级爵之第十九级，位仅次列侯。［20］虎贲、羽林郎、五官：皆郎官之名。［21］大夫：有光禄大夫、太中大夫、中散大夫、谏议大夫。［22］官府吏：三公九卿各官府执事人员。［23］缇骑：身着赤黄色衣的骑士，即执金吾部属。［24］营士：北军五校营兵。［25］各有差：卖官钱分别等级各有差等。［26］甲申：四月二十五日。［27］丙申：五月七日。［28］右北平：郡名，郡治土垠，在今河北唐山市丰润区。［29］代郡、上谷：皆郡名。代郡治高柳，在今山西阳高县。上谷郡治沮阳，在今河北怀来县东南。［30］侍御史：御史大夫府属官，受公卿奏事，审理弹劾案件。［31］雁门：郡名，郡治阴馆，在今山西代县西北。［32］骨都：据章校，有的版本“都”下有“侯”字，是。骨都侯，匈奴王号名。［33］五原：郡名，郡治九原，在今内蒙古包头市西。［34］高渠谷：地名，在九原境内。据《东观汉记》载：“战九原高梁谷”，梁与渠两字相似，不知孰误。［35］中郎将：此为“使匈奴中郎将”之省称。［36］美稷：县名，为南单于庭，属西河郡，县邑在今内蒙古准格尔旗西北。［37］诸郡：据章校，有的版本“郡”下有“兵”字，是。［38］辛酉：十二月五日。［39］乙亥：十二月十九日。［40］有星孛于天苑：有彗星出现在天苑星区。《晋书·天文志》：“天苑十六星在昴、毕南，天子之苑囿，养兽之所也。”［41］诏岁终飨遣卫士勿设戏作乐：邓太后下诏，年终举行欢送交班卫士的仪式时，停止游戏作乐的节目。西汉旧制，宫廷卫士，年终移交换班，皇帝设宴招待旧卫士，交接仪式极为隆重。文武百官出席，各就各位，礼宾官（谒者）持节引导旧卫士从端门进宫，军政官拿着旗帜、乐器在旁并行，站定位置；再由侍御史持节慰劳，并问疾苦，接受诉状；然后宴会作乐，观看摔角游戏；礼成，复员旧卫士，回乡种田。［42］减逐疫侲子之半：逐疫童子依定员减半。侲（zhèn）子，逐疫童子。定员一百二十人，十岁以上，十二岁以下。侲，善。

四年（庚戌，110 年）

春，正月，元会[1]，彻乐，不陈充庭车[2]。

邓骘在位，颇能推进贤士，荐何熙[3]、李郃[4]等列于朝廷，又辟弘农杨震[5]、巴郡陈禅[6]等置之幕府，天下称之。震孤贫好学，明欧阳

《尚书》，通达博览，诸儒为之语曰："关西孔子杨伯起。"教授二十余年，不答州郡礼命[7]，众人谓之晚暮[8]，而震志愈笃。骘闻而辟之，时震年已五十余，累迁荆州刺史、东莱太守。当之郡，道经昌邑[9]，故所举荆州茂才王密为昌邑令，夜怀金十斤以遗震。震曰："故人知君，君不知故人，何也？"密曰："暮夜无知者。"震曰："天知，地知，我知，子知，何谓无知者！"密愧而出。后转涿郡太守。性公廉[10]，子孙常蔬食[11]、步行[12]；故旧或欲令为开产业[13]，震不肯，曰："使后世称为清白吏子孙，以此遗之，不亦厚乎！"

张伯路复攻郡县，杀守令。党众浸盛[14]；诏遣御史中丞王宗持节发幽、冀诸郡兵，合数万人，征宛陵[15]令扶风法雄[16]为青州刺史，与宗并力讨之。

南单于围耿种数月，梁慬、耿夔击斩其别将于属国故城[17]，单于自将迎战，慬等复破之，单于遂引还虎泽[18]。

丙午[19]，诏减百官及州郡县奉各有差。

二月，南匈奴寇常山[20]。

滇零遣兵寇褒中[21]，汉中太守郑勤移屯褒中。

任尚军久出无功，民废农桑，乃诏尚将吏民[22]，还屯长安，罢遣南阳、颍川、汝南吏士。

乙丑[23]，初置京兆虎牙都尉于长安，扶风都尉于雍[24]，如西京三辅都尉故事[25]。

谒者庞参[26]说邓骘，"徙边郡不能自存者入居三辅"，骘然之，欲弃凉州，并力北边。乃会公卿集议，骘曰："譬若衣败坏，一以相补，犹有所完[27]，若不如此，将两无所保[28]。"郎中陈国虞诩[29]言于太尉张禹曰："若大将军之策，不可者三：先帝开拓土宇，劬劳[30]后定，而今惮小费，举而弃之。此不可一也。凉州既弃，即以三辅为塞[31]，则园陵单外[32]，此不可二也。喭曰：'关西出将，关东出相[33]。'烈士武臣，多出凉州，土风壮猛，便习兵事。今羌、胡所以不敢入据三辅为心腹之害者，以凉州在后故也。凉州士民所以推锋执锐[34]，蒙矢石于行陈[35]，父死于前，子战于后，无反顾[36]之心者，为臣属于汉故也。今推而捐之[37]，割而弃之[38]，民庶[39]安土重迁，必引领而怨曰：'中国弃我于夷狄！'虽赴义从善之人，不能无恨。如卒然起谋[40]，因天下之饥敝，乘海内之虚弱，豪雄相聚，量材立帅[41]，驱氐、羌以为前锋，席卷而东[42]，虽贲、育[43]为卒，太公[44]为将，犹恐不足当御；如此，则函谷[45]以西，园陵旧京非复汉有，此不可三也。议者喻以补衣犹有所完，诩恐其疽食侵淫[46]而无限极也！"禹曰："吾意不及此，微子之言[47]，几败国事！"诩因说禹："收罗凉土豪杰，引其牧守子弟于朝[48]，今诸府各辟数人[49]，外以劝厉答其功勤[50]，内以拘致防其邪计[51]。"禹善其言，更集四府[52]，皆从诩议。于是辟西州豪杰为掾属，拜牧守、长吏子弟为郎，以安慰之。

邓骘由是恶诩，欲以吏法中伤之[53]。会朝歌[54]贼宁季等数千人攻杀长吏，屯聚连年，州郡不能禁，乃以诩为朝歌长。故旧皆吊[55]之，诩笑曰："事不避难，臣之职也[56]。不遇盘根错节，无以别利器[57]，此乃吾立功之秋[58]也！"始到，谒河内太守马棱。棱曰："君儒者，当谋谟庙堂[59]，乃在朝歌，甚为君忧之！"诩曰："此贼犬羊相聚，以求温饱耳，愿明府不以为忧！"棱曰："何以言之？"诩曰："朝歌者，韩、魏之郊[60]，背太行[61]，临黄河，去敖仓[62]不过百里，而青、冀之民流亡万数，贼不知开仓招众，劫库兵[63]，守成皋[64]，断天下右臂，此不足忧也。今其众新盛，难与争锋[65]；兵不厌权[66]，愿宽假辔策[67]，勿令有所拘阂[68]而已。"及到官，设三科以募求壮士[69]，自掾史以下各举所知，其攻劫者为上，伤人偷盗者次之，不事家业者为下，收得百余人。诩为飨会[70]，悉贯其罪[71]，使入贼中诱令劫掠[72]，乃伏兵以待之，遂杀贼数百人。又潜遣贫人能缝者佣作贼衣[73]，以采线[74]缝其裾，有出市里[75]者，吏辄禽[76]之。贼由是骇散[77]，咸称神明，县境皆平。

（以上为第六段，写大将军邓骘欲丢弃边郡以避西羌，受到郎中虞诩的批评。邓骘怀恨，借刀杀人，任用虞诩为朝歌长，虞诩到任，盗贼悉平，一方安定。）

【注释】

[1]元会：元旦朝会。 [2]彻乐，不陈充庭车：在元会上不奏乐，不进行御用车的展览。陈，陈列，展览。充庭车，每逢大朝会，展览皇帝的车辆仪仗，称充庭车。因本年大饥馑，又有战事，

从简。［3］何熙：字孟孙，陈国（今河南周口市淮阳区）人，历官司隶校尉、大司农。传附《班梁列传》，见《后汉书》卷四十七。［4］李郃：字孟节，汉中南郑（今陕西汉中市）人，官至司空、司徒。传见《后汉书》卷八十二上。［5］杨震（约 54—124）：字伯起，弘农华阴（今陕西华阴市）人，官至太尉，敢直谏，为权奸不容，饮鸩而死。传见《后汉书》卷五十四。［6］陈禅（?—127）：字纪山，巴郡安汉（在今四川南充市）人，曾为辽东太守，东胡归义。传见《后汉书》卷五十一。［7］不答州郡礼命：不接受地方州郡长官的征辟。［8］晚暮：迟暮，指年已老才出仕。［9］昌邑：县名，县治在今山东金乡县西北。［10］性公廉：品性公正廉洁。［11］蔬食：素食。［12］步行：徒步走路，不乘用公家车骑。［13］为开产业：替子孙置产业。开，置。［14］浸盛：日益众多。［15］宛陵：县名，县治在今安徽宣城市。［16］法雄：字文强，扶风郿（在今陕西眉县东）人，战国时齐襄王法章之后裔，历官宛陵令、青州刺史、南郡太守，所在有政声。传见《后汉书》卷三十八。［17］属国故城：指西河郡属国都尉治美稷县。［18］虎泽：地名，在今内蒙古鄂尔多斯市东胜区东南。［19］丙午：正月二十一日。［20］常山：封国名，治所元氏，在今河北元氏县西北。［21］褒中：县名，属汉中郡，县治在今陕西汉中市西北。［22］吏民：据章校，有的版本“民”作“兵”，是。［23］乙丑：二月十日。［24］雍：县名，县治在今陕西宝鸡市凤翔区。［25］如西京三辅都尉故事：仿效西汉置三辅都尉的前例。西京，长安，此指西汉。西京三辅都尉，京兆有京辅都尉，冯翊有左辅都尉，扶风有右辅都尉。三辅都尉统辖地方兵团。东汉在京兆置虎牙都尉，在扶风置扶风都尉，统地方兵团以御羌。［26］庞参：东汉安羌名将。传见《后汉书》卷五十一。［27］一以相补，犹有所完：牺牲一件坏衣去补另一件，还可以有一件好衣。此为邓骘欲弃守凉州的托词。［28］两无所保：据章校，有的版本“保”下有“公卿皆以为然”六字。［29］虞诩：字升卿，陈国武平（在今河南柘城县南）人，为人刚正不阿，仕安帝、顺帝两朝，九次被降职，三次入狱，刚正之性，终老不改。传见《后汉书》卷五十八。［30］劬劳：勤劳。［31］即以三辅为塞：等于是把关中地区作为边塞。［32］园陵单外：祖宗坟墓形势单薄，表露在外。西汉诸帝墓在三辅，三辅既为边塞，祖陵安全不可保障。［33］关西出将，关东出相：秦汉时民谚。秦将白起、王翦，汉兴公孙贺、傅介子、李广、李蔡、赵充国、辛武贤等名将皆出于雍凉。［34］推锋执锐：手执兵器。［35］蒙矢石于行陈：冒着敌人的箭矢滚石而冲锋陷阵。蒙，冒犯，承受。［36］反顾：回头看，退缩。［37］推而捐之：把他们推开扔掉。［38］割而弃之：把他们舍割丢弃。［39］民庶：民众。［40］卒然起谋：突然起而反抗朝廷。卒，通“猝”。［41］量材立帅：推选贤能为统帅。［42］席卷而东：像卷席子一样向东挺进。［43］贲、育：孟贲、夏育，传说的古代勇士。［44］太公：西周开国宰相姜子牙。［45］函谷：关名，在今河南灵宝市西。［46］疽食侵淫：脓疮溃烂，日益扩大，以致体无完肤。疽，恶疮。食，通“蚀”，溃烂。［47］微子之言：没有您的建言。微，无，没有。［48］引其牧守子弟于朝：吸引凉州地方官子弟在京师做官。［49］令诸府各辟数人：规定京师各部门都要任用几个凉州人。［50］外以劝厉答其功勤：外表是奖励、回报他们父兄的功勋。答，回报。［51］内以拘致防其邪计：内里实际是控制他们做人质，以防止凉州地方出事。拘致，控制，以做人质。邪计，奸计，指损害凉州稳定的计谋。［52］四府：太傅、太尉、司徒、司空四府，集议以驳大将军邓骘弃凉州之议。［53］以吏法中伤之：用约束官吏之法来惩治虞诩，公报私仇。［54］朝歌：县名，县治在今河南淇县。［55］吊：担心，安慰。［56］事不避难，臣之职也：做事不逃避艰难，这是臣下应有的责任。［57］不遇盘根错节，无以别利器：不砍削盘根错节的树，就无法识别工具的锋利。［58］秋：收获时节，喻关键时机，紧要时刻。［59］庙堂：朝廷。［60］韩、魏之郊：战国时韩、魏两国的交界地。［61］背太行：背靠太行山。［62］敖仓：秦汉时筑于军事要地的大粮仓，在今河南荥阳市北黄河渡口上。［63］劫库兵：夺取武器库。［64］成皋：军事要塞，又县名。旧城在今河南荥阳市西北。［65］争锋：用强力争胜。［66］兵不厌权：兵不厌诈。权，权谋。［67］宽假辔策：放宽法律尺度。辔策，马缰绳和马鞭，用以喻法律。［68］拘阂：手脚受拘束。［69］设三科以募求壮士：制定三等标准招募勇士。即下文的公开抢劫的人为上等，打架及偷盗的人为中等，游手好闲的人为下等。这些都是恶少年，虞诩招募他们深入敌人内部为奸细，用其所长。［70］飨会：宴会。［71］贳其罪：赦免他们的罪行。［72］诱令劫掠：引出变民离开老巢，出来抢东西。［73］佣作贼衣：受雇为起事的变民制衣。［74］采线：特定的彩线。［75］出市里：出现在市邑乡里。［76］禽：通“擒”。［77］骇散：受惊逃散。

三月，何熙军到五原曼柏［1］，暴疾，不能进；遣庞雄与梁慬、耿种将步骑万六千人攻虎泽，连营稍前。单于见诸军并进，大恐怖，顾让韩琮曰：“汝言汉人死尽，今是何等人也！”乃遣使乞降，许之。单于脱帽徒跣［2］，对庞雄等拜陈［3］，道死罪［4］，于是赦之，遇待如初，乃还所钞［5］汉民男女，及羌所略转卖入匈奴中者合万余人。会熙卒，即拜梁慬为度辽将军。庞雄还，为大鸿胪。

先零羌复寇褒中，郑勤欲击之，主簿段崇谏，以为“虏乘胜，锋不可当，宜坚守待之。”勤不从，出战，大败，死者三千余人，段宗及门下史王宗、原展以身扞刃［6］，与勤俱死。徙金城郡居襄武［7］。

戊子［8］，杜陵园火［9］。

癸巳［10］，郡国九地震。

夏，四月，六州蝗［11］。

丁丑［12］，赦天下。

王宗、法雄与张伯路连战，破走之。会赦到［13］，贼以军未解甲［14］，不敢归降。王宗召刺史太守共议，皆以为当遂击之［15］，法雄曰：“不然。

兵凶器，战危事，勇不可恃，胜不可必。贼若乘船浮海，深入远岛，攻之未易也。及有赦令，可且罢兵以慰诱其心，势必解散，然后图之，可不战而定也。”宗善其言，即罢兵。贼闻，大喜，乃还所略人；而东莱郡[16]兵独未解甲，贼复惊恐，遁走辽东，止海岛上。

秋，七月，乙酉[17]，三郡大水。

骑都尉任仁与羌战累败，而兵士放纵[18]，槛车征诣廷尉，死。护羌校尉段禧[19]卒，复以前校尉侯霸代之，移居张掖[20]。

九月，甲申[21]，益州郡地震。

皇太后母新野君[22]病，太后幸其第，连日宿止；三公上表固争，乃还宫。冬，十月，甲戌[23]，新野君薨，使司空护丧事，仪比东海恭王。邓骘等乞身行服[24]，太后欲不许，以问曹大家[25]，大家上疏曰：“妾闻谦让之风，德莫大焉。今四舅[26]深执忠孝，引身自退，而以方垂未静[27]，拒而不许，如后有毫毛加于今日，诚恐推让之名不可再得[28]。”太后乃许之。及服除[29]，诏骘复还辅朝政，更授前封[30]，骘等叩头固让，乃止。于是并奉朝请[31]，位次三公下，特进、侯上[32]，其有大议，乃诣朝堂，与公卿参谋。

太后诏阴后家属皆归故郡[33]，还其资财五百余万。

（以上为第七段，写汉军大胜匈奴、海贼而败于西羌，徙金城郡治以避其锋。）

【注释】

[1]曼柏：县名，属五原郡，县治在今内蒙古鄂尔多斯市东胜区东北。[2]单于脱帽徒跣：单于脱下官帽，赤脚行走，表示请罪。单于，即万氏尸逐单于栾提檀，公元98年至公元124年在位。[3]拜陈：叩拜陈说。[4]道死罪：口称该死。[5]钞：掳掠。[6]以身扞刃：段崇、王宗、原展等人，为了护卫郑勤，以身抵挡敌人的兵刃。[7]金城郡居襄武：将金城郡治所迁到襄武。襄武，县名，属陇西郡，县治在今甘肃漳县。[8]戊子：三月四日。[9]杜陵园火：宣帝杜陵园失火。[10]癸巳：三月九日。[11]六州蝗：蝗灾波及六州。据《东观汉记》载，六州为司隶、豫、兖、徐、青、冀。[12]丁丑：四月二十三日。[13]会赦到：恰好赦书到来。[14]军未解甲：指政府军未解除戒备。解甲，脱下盔甲，指解除戒备。[15]当遂击之：立即发起总攻。[16]东莱郡：在山东半岛尖端地区，治所黄县，在今山东龙口市东。[17]乙酉：七月三日。[18]放纵：无纪律约束，恣意所为。[19]段禧：东汉第十一任护羌校尉，安帝永初

元年接替侯霸，今又以侯霸继任。侯霸则为第十任、第十二任护羌校尉。［20］移居张掖：护羌校尉治所原在金城郡令居（在今甘肃永登县西北），永初二年因金城羌人起事暂移治于陇西郡狄道县（今甘肃临洮县），现移治河西张掖郡觻得（今甘肃张掖市西北）。［21］甲申：九月三日。［22］新野君：邓绥太后之母，封新野君。汉制，妇人封君，仪比公主。［23］甲戌：十月二十三日。［24］乞身行服：乞身，指辞官。行服，守三年之丧。［25］曹大家（约 49—120）：即东汉史学家班昭，和帝时常入宫为后妃讲学，因其夫为曹世叔，宫中尊称为曹大家。传见《后汉书》卷八十四。［26］四舅：指邓骘、邓悝、邓弘、邓阊。［27］方垂未静：边疆战乱未宁。［28］毫毛加于今日，诚恐推让之名不可再得：若四舅不守丧，今后有了过错，即使很小，也会让人联系起来指责，那时再想谦让，也来不及了。毫毛，喻细微之过。［29］服除：服丧期满。［30］更授前封：重新提出封拜四舅为侯。前封，指安帝初即位封四舅为侯，皆辞不受，见前永初元年。［31］并奉朝请：四舅皆享受出入宫禁的特权。奉朝请，定期进宫朝见皇帝。［32］位次三公下，特进、侯上：四舅朝会时位次在三公之下，在特进及列侯之上。［33］诏阴后家属皆归故郡：和帝阴皇后被废，家属远徙日南郡，今下诏还归本土南阳郡。阴后家徙日南事见上卷和帝永元十四年。

五年（辛亥，111 年）

春，正月，庚辰朔[1]，日有食之。

丙戌[2]，郡国十地震。

己丑[3]，太尉张禹免。甲申[4]，以光禄勋颍川李修为太尉。

先零羌寇河东，至河内，百姓相惊，多南奔渡河，使北军中候[5]朱宠将五营士屯孟津[6]，诏魏郡、赵国、常山、中山缮作坞候[7]六百一十六所。羌既转盛，而缘边二千石、令、长多内郡人，并无守战意，皆争上徙郡县以避寇难[8]。三月，诏陇西徙襄武[9]，安定徙美阳[10]，北地徙池阳[11]，上郡治衙[12]。百姓恋土，不乐去旧[13]，遂乃刈其禾稼，发彻室屋，夷营壁，破积聚[14]。时连旱蝗饥荒，而驱蹙[15]劫掠[16]，流离分散，随道死亡[17]，或弃捐老弱[18]，或为人仆妾，丧其太半[19]。复以任尚为侍御史，击羌于上党羊头山[20]，破之；乃罢孟津屯。

夫余王寇乐浪。高句骊王宫与涉貊寇玄菟。

夏，闰四月，丁酉[21]，赦凉州、河西四郡[22]。

海贼张伯路复寇东莱，青州刺史法雄击破之；贼逃还辽东，辽东人李久等共斩之，于是州界清静。

秋，九月，汉阳人杜琦及弟季贡、同郡王信等与羌通谋，聚众据上邽[23]城。冬，十二月，汉阳太守赵博遣客杜习刺杀琦；封习讨奸侯。杜季贡、王信等将其众据樗泉营[24]。

是岁，九州蝗，郡国八雨水。

（以上为第八段，写先零羌侵扰深入内地河东。）

【注释】

[1]庚辰朔：正月一日。 [2]丙戌：正月七日。 [3]己丑：正月十日。 [4]甲申：正月五日。 [5]北军中候：官名，职掌北军五营监察事。 [6]孟津：黄河渡口，军事要冲地，在今河南孟州市南。 [7]缮作坞候：修筑碉堡城寨及哨所。 [8]皆争上徙郡县以避寇难：边疆郡守令长，都争着上书把郡、县政府迁移到安全地带逃避灾难。[9]陇西徙襄武：陇西郡治所从狄道（今甘肃临洮县）移治襄武（在今甘肃漳县）。 [10]安定徙美阳：安定郡治所从临泾（在今甘肃泾川县）内移至右扶风美阳县（在今陕西武功县西北）。 [11]北地徙池阳：北地郡治所从富平（在今宁夏吴忠市）内徙至左冯翊的池阳（在今陕西泾阳县）。 [12]上郡治衙：上郡治所从肤施（今陕北榆林市东南）内徙左冯翊衙县（在今陕西黄龙县西南）。据章校，有的版本“治”作“徙”，是。[13]不乐去旧：不愿离开故土。 [14]“遂乃刈其禾稼”四句：指政府采取逼民祸民的措施，派出军队，毁坏庄稼，拆除房屋，夷平城墙营寨，烧毁粮储。遂乃，于是就。刈，铲除。发彻，拆除。夷，平。 [15]驱蹙：驱赶迫促。 [16]劫掠：趁机抢夺。 [17]随道死亡：沿途死亡。[18]弃捐老弱：将老弱丢弃在半道上。 [19]太半：大半。 [20]上党羊头山：上党郡（治所在今山西长子县）的羊头山。其山主峰在今山西沁源县北。 [21]丁酉：闰四月十九日。 [22]赦凉州、河西四郡：赦凉州、河西四郡不愿内迁之民。 [23]上邽：县名，县治在今甘肃天水市。[24]樗泉营：地名，具体所在不详。

六年（壬子，112年）

春，正月，甲寅[1]，诏曰：“凡供荐新味[2]，多非其节[3]，或郁养强孰[4]，或穿掘萌芽[5]，味无所至而夭折生长[6]，岂所以顺时育物[7]乎！《传》曰：‘非其时不食。’[8]自今当奉祠陵庙[9]及给御者[10]，皆须时乃上。”凡所省二十三种。

三月，十州蝗。

夏，四月，乙丑[11]，司空张敏罢。己卯[12]，以太常刘恺为司空。

诏建武元功二十八将皆绍封[13]。

五月，旱。

丙寅[14]，诏令中二千石下至黄绶，一切复秩[15]。

六月，壬辰[16]，豫章员溪原山崩[17]。

辛巳[18]，赦天下。

侍御史唐喜讨汉阳贼王信，破斩之。杜季贡亡，从滇零。是岁，滇零死，子零昌立，年尚少，同种狼莫为其计策，以季贡为将军，别居丁奚城[19]。

七年（癸丑，113 年）

春，二月，丙午[20]，郡国十八地震。

夏，四月，乙未[21]，平原怀王胜[22]薨，无子；太后立乐安夷王宠[23]子得为平原王。

丙申晦[24]，日有食之。

秋，护羌校尉侯霸、骑都尉马贤击先零别部牢羌于安定，获首虏千人。

蝗。

元初元年（甲寅，114 年）

春，正月，甲子[25]，改元。

二月，乙卯[26]，日南地坼[27]，长百余里。

三月，癸亥[28]，日有食之。

诏遣兵屯河内通谷冲要[29]三十六所，皆作坞壁，设鸣鼓，以备羌寇。

夏，四月，丁酉[30]，赦天下。

京师及郡国五旱，蝗。

五月，先零羌寇雍城[31]。

蜀郡[32]夷寇蚕陵[33]，杀县令。

九月，乙丑[34]，太尉李修罢。

羌豪号多与诸种钞掠武都、汉中，巴郡板楯蛮[35]救之，汉中五官掾[36]程信率郡兵与蛮共击破之。号多走还，断陇道[37]，与零昌[38]合，侯霸、马贤与战于枹罕[39]，破之。

辛未[40]，以大司农山阳司马苞为太尉。

冬，十月，戊子朔[41]，日有食之。

凉州刺史皮杨击羌于狄道，大败，死者八百余人。

是岁，郡国十五地震。

（以上为第九段，写西羌为害东汉西疆沿边诸郡，汉阳、安定、武都、汉中并受侵扰。）

【注释】

[1]甲寅：正月十一日。 [2]供荐新味：进贡皇上的新鲜食品。 [3]多非其节：许多食品不在自然生长时节长成。古人认为人工栽培，违反了自然本性。 [4]郁养强孰：在蓄火的地窖温室中强行培植成熟。孰，通“熟”。 [5]穿掘萌芽：人工助植物幼芽破土而出。 [6]味无所至而夭折生长：还没长出滋味就提早收摘。味无所至，指未成熟。夭折生长，指提早收摘。 [7]顺时育物：顺应天时，育养万物。 [8]“《传》曰”二句：语出《论语·乡党》篇：“不时，不食。”不到成熟时节的食品，不吃。 [9]奉祠陵庙：供奉宗庙及陵庙的食品。 [10]给御者：供给皇上的食品。 [11]乙丑：四月癸酉朔，无乙丑。乙丑，疑为丁丑之误。丁丑，四月五日。 [12]己卯：四月七日。 [13]诏建武元功二十八将皆绍封：下诏，对追随光武帝的开国功臣云台二十八将，后裔绝国的，一律恢复封国。元功，开国功臣。明帝时追奖功臣，图画二十八将于南宫云台，史称云台二十八将。有邓禹、吴汉等人。二十八人名见《后汉书》卷二十二《马武传》后。 [14]丙寅：五月二十五日。 [15]诏令中二千石下至黄绶，一切复秩：中二千石，为九卿，青绶。四百石至二百石的低级官吏，黄绶。安帝永初四年减百官俸禄，今下诏恢复各级官员原来的俸禄。[16]壬辰：六月二十一日。 [17]豫章员溪原山崩：豫章郡员溪县的原山崩塌。员溪县，今地不详。豫章郡治所在今江西南昌市。 [18]辛巳：六月十日。 [19]丁奚城：在今宁夏灵武市西南。[20]丙午：二月戊辰朔，无丙午。丙午，三月九日。 [21]乙未：四月二十九日。 [22]平原怀王胜：平原王刘胜，和帝刘肇长子，谥为怀。 [23]乐安夷王宠：乐安王刘宠，和帝弟刘伉之子。[24]丙申晦：四月三十日。 [25]甲子：正月二日。 [26]乙卯：二月二十四日。 [27]地坼：大地震使地裂。 [28]癸亥：三月二日。 [29]通谷冲要：山口要道。限隔并州与冀州的太行山与恒山，其间有许多山谷通道，在冲要之处建筑哨所碉堡。 [30]丁酉：四月七日。 [31]雍城：即雍县县城，在今陕西宝鸡市凤翔区。 [32]蜀郡：郡名，治所成都，在今四川成都市。据章校，“蜀郡”前有“秋七月”三字。 [33]蚕陵：县名，县治在今四川茂县西北。 [34]乙丑：九月七

日。［35］巴郡板楯蛮：巴郡，辖今四川东北部地区，治所江州，在今重庆市。板楯蛮，古代巴人的一支，居于嘉陵江上游，今四川阆中市一带。［36］五官掾：郡守属官，助理军事及人事等事务。［37］断陇道：切断雍州与凉州之间的陇山通道。［38］零昌：西羌大酋长。［39］枹罕：县名，县治在今甘肃临夏市东北。［40］辛未：九月十三日。［41］戊子朔：十月一日。

二年（乙卯，115年）

春，护羌校尉庞参以恩信招诱诸羌，号多等帅众降；参遣诣阙，赐号多侯印，遣之。参始还治令居[1]，通河西道。

零昌分兵寇益州，遣中郎将尹就讨之。

夏，四月，丙午[2]，立贵人荥阳阎氏为皇后[3]。后性妒忌，后宫李氏生皇子保[4]，后鸩杀李氏。

五月，京师旱，河南及郡国十九蝗。

六月，丙戌[5]，太尉司马苞薨。

秋，七月，辛巳[6]，以太仆泰山马英为太尉。

八月，辽东鲜卑围无虑[7]；九月，又攻夫犁营[8]，杀县令。

壬午晦[9]，日有食之。

尹就击羌党吕叔都等，蜀人陈省、罗横应募刺杀叔都，皆封侯，赐钱。

诏屯骑校尉班雄屯三辅。雄，超之子也。以左冯翊司马钧行征西将军[10]，督关中诸郡兵八千余人。庞参将羌、胡兵七千余人，与钧分道并击零昌。参兵至勇士[11]东，为杜季贡所败，引退[12]。钧等独进，攻拔丁奚城，杜季贡率众伪逃。钧令右扶风仲光等收羌禾稼[13]，光等违钧节度[14]，散兵[15]深入，羌乃设伏要击[16]之，钧在城中，怒而不救。冬十月，乙未[17]，光等兵败，并没[18]，死者三千余人，钧乃遁还[19]。庞参既失期，称病引还[20]。皆坐征[21]，下狱，钧自杀。时度辽将军梁慬亦坐事抵罪[22]。校书郎中[23]扶风马融[24]上书称参、慬智能，宜宥过责效[25]。诏赦参等，以马贤代参领护羌校尉[26]，复以任尚为中郎将，代班雄屯三辅。

怀[27]令虞诩说尚曰："兵法：弱不攻强，走不逐飞[28]，自然之势也。今虏皆马骑，日行数百里，来如风雨，去如绝弦[29]，以步追之，势不相及，所以虽屯兵二十余万，旷日而无功也。为使君计，莫如罢诸郡兵，各令出钱数千,二十人共市一马[30]，以万骑之众，逐数千之虏，追尾[31]掩截[32]，其道自穷[33]。便民利事，大功立矣！”尚即上言，用其计，遣轻骑击杜季贡于丁奚城，破之。

太后闻虞诩有将帅之略，以为武都太守。羌众数千遮[34]诩于陈仓崤谷[35]，诩即停军[36]不进，而宣言“上书请兵，须到当发。”羌闻之，乃分钞傍县[37]。诩因其兵散，日夜进道，兼行百余里[38]，令吏士各作两灶，日增倍之[39]，羌不敢逼。或问[40]曰:“孙膑减灶[41]而君增之；兵法日行不过三十里，以戒不虞[42]，而今日且二百里[43]：何也？”诩曰:“虏众多，吾兵少，徐行[44]则易为所及，速进则彼所不测。虏见吾灶日增，必谓郡兵来迎，众多行速，必惮追我。孙膑见弱[45]，吾今示强，势有不同故也。”既到郡，兵不满三千，而羌众万余，攻围亦亭[46]数十日。诩乃令军中，强弩勿发，而潜发小弩[47]；羌以为矢力弱，不能至，并兵急攻[48]。诩于是使二十强弩共射一人[49]，发无不中，羌大震，退。诩因出城奋击[50]，多所伤杀。明日，悉陈其兵众[51]，令从东郭门出，北郭门入，贸易衣服[52]，回转数周[53]；羌不知其数，更相恐动[54]。诩计贼当退，乃潜遣[55]五百余人于浅水设伏[56]，候其走路[57]；虏果大奔[58]，因掩击[59]，大破之，斩获甚众，贼由是败散。诩乃占相地势[60]，筑营壁百八十所，招还流亡，假赈[61]贫民，开通水运[62]。诩始到郡，谷石千，盐石八千，见户万三千；视事三年，米石八十，盐石四百，民增至四万余户，人足家给，一郡遂安。

十一月，庚申[63]，郡国十地震。

十二月，武陵[64]澧中蛮[65]反，州郡讨平之。

己酉[66]，司徒夏勤罢。

庚戌[67]，以司空刘恺为司徒，光禄勋袁敞[68]为司空。敞，安之子也。

前虎贲中郎将邓弘[69]卒。弘性俭素[70]，治欧阳《尚书》[71]，授帝禁中[72]。有司奏赠弘骠骑将军，位特进，封西平侯。太后追弘雅意[73]，不加赠位、衣服，但赐钱千万，布万匹；兄骘等复辞不受。诏封弘子广德[74]为西平侯。将葬，有司复奏发五营轻车骑士[75]，礼仪如霍光故事[76]。太后皆不听，但白盖双骑[77]，门生挽送。后以帝师之重，分西平之都乡，封广德弟甫德为都乡侯。

（以上为第十段，写西羌叛乱，为害日益猖獗，三辅告警。虞诩赴任武都太守，用增灶法骗诱羌人，神速到任，大破羌人，安定一方。）

【注释】

[1]还治令居：护羌校尉治所，从张掖还治令居。参见本卷前永初四年移治事。[2]丙午：四月二十一日。[3]立贵人荥阳阎氏为皇后：贵人，位次于皇后。阎贵人，荥阳（在今河南荥阳市东北）人，因其母与邓弘之妻为亲姐妹，故得邓太后之力为皇后，即安思阎皇后，名阎姬。传见《后汉书》卷十下《皇后纪》。[4]保：即顺帝刘保。[5]丙戌：六月二日。[6]辛巳：七月二十八日。[7]无虑：县名，辽东郡属县，县治在今辽宁北镇市南。[8]夫犁营：驻镇于夫犁县的政府军。夫犁县治在今辽宁义县东。[9]壬午晦：九月三十日。[10]行征西将军：兼职征西将军。征西将军，讨西羌军总指挥。[11]勇士：县名，治阳郡属县，县治在今甘肃榆中县东。[12]引退：领兵败退。此役庞参失期，未能与司马钧会合，造成两路失败。[13]收羌禾稼：收割羌人庄稼，一断其粮饷，二诱其出战。[14]违钧节度：仲光等违背司马钧的调度，擅自分兵深入。[15]散兵：分兵。[16]要击：拦腰截击。要，通“腰”。[17]乙未：十月十三日。[18]并没：同时战死。指仲光等将领同时战死，所率三千人全军覆没。据《后汉书》卷八十七《西羌传》载，此役右扶风太守仲光、安定太守杜恢、北地太守盛包三将同时战死。[19]遁还：逃回。[20]引还：撤退。[21]坐征：以罪征还。[22]坐事抵罪：因他事（非军事失职）被控而判罪。[23]校书郎中：官名，以郎中职在兰台校书。[24]马融（79—166）：东汉著名经学家、文学家。字季长，右扶风茂陵（今陕西兴平市东北）人。遍注群经，有门生千余人，郑玄、卢植皆出其门。传见《后汉书》卷六十上。[25]宥过责效：宽赦罪过，责其戴罪立功。[26]马贤代参领护羌校尉：马贤两为护羌校尉，即第十四和十七两任。此为第十四任。[27]怀：县名，为河内郡治所，县治在今河南武陟县西南。[28]走不逐飞：地下跑的追不过天上飞的。[29]来如风雨，去如绝弦：指羌骑来时如暴风骤雨，去时像离弦的箭。[30]二十人共市一马：以二十个步兵的费用足可购买一马。即一个骑兵可代二十个步兵。据《汉书·赵充国传》，一个骑兵相当于十个步兵的费用。[31]追尾：尾随追击。[32]掩截：出其不意包围（掩），或拦击（截）。[33]其道自穷：羌人一定会走投无路。[34]遮：拦截。[35]陈仓：县名，县治在今陕西宝鸡市。崤谷：崤山山谷。[36]停军：驻军于陈仓。[37]分钞傍县：羌人分兵掳掠陈仓周围之县。[38]兼行百余里：加倍赶路，日行一百余里。[39]日增倍之：每天增加一倍。即第一天每个战士做两个

炉灶，第二天每个战士加倍做四个炉灶。［40］或问：有人提出疑问。［41］孙膑减灶：公元前341年齐魏马陵之战，齐军师孙膑用减灶退兵之计诱使魏将庞涓追击，在马陵中伏被擒。事见《资治通鉴》卷二周显王二十八年。［42］以戒不虞：进军日行不过三十里，目的是保持战斗力用以防备预料不到的情况发生。［43］今日且二百里：现今每天行军将近二百里。［44］徐行：缓慢进军。［45］见弱：示人以弱。［46］赤亭：邮亭名，在下辨县境。下辨为武都郡治所，在今甘肃成县。［47］潜发小弩：只在敌人逼近时用小弓射杀。潜发，射暗箭，指不滥射。［48］并兵急攻：合兵强攻。［49］使二十强弩共射一人：用二十张强弓合射一人，志在杀灭敌人有生力量，并进行心理战。［50］奋击：拼命反击。［51］悉陈其兵众：集合全军。［52］贸易衣服：兵士从东城门出去，从北城门进入，入城后改换服装。［53］回转数周：全军出城又进城，回转了几次，造成疑兵，让敌人以为增加了几倍兵力。［54］更相恐动：互相转告，引起恐惧。［55］潜遣：暗中派出伏兵。［56］于浅水设伏：在羌人退路渡河的水浅处设埋伏，使伏击成功。［57］候其走路：扼住退路。［58］大奔：大败而逃。［59］掩击：围击，追杀。［60］占相地势：察度地形，于险处筑碉堡城寨。［61］假赈：借贷周济。［62］开通水运：开凿水道。虞诩从沮县（今陕西略阳县东）到下辨开通一条供漕运的水路。［63］庚申：十一月九日。［64］武陵：郡名，治所临沅，在今湖南常德市。［65］澧中蛮：居于澧水流域的蛮族。澧水，在常德市北，流经澧县注入洞庭湖。［66］己酉：十二月二十八日。［67］庚戌：十二月二十九日。［68］袁敞：字叔平，章帝时司徒袁安之子，官至司空。父子同传，见《后汉书》卷四十五。［69］邓弘：邓骘之弟，为虎贲中郎将，因遭母丧辞官，故称“前虎贲中郎将”。［70］俭素：节俭朴素。［71］治欧阳《尚书》：精通欧阳氏今文《尚书》，即西汉欧阳生所传伏生《尚书》。［72］授帝禁中：在宫中教授安帝欧阳《尚书》学。［73］雅意：素志，一向坚守的志节。［74］广德：邓弘长子。［75］五营轻车骑士：五营，即北军五校尉，动员北军的轻骑兵护送邓弘灵柩。［76］礼仪如霍光故事：西汉辅政昭帝宣帝的大将军霍光，死后举行隆重国葬，宣帝派太中大夫、侍御史持节护灵柩，赐黄肠题凑的御用棺木，用禁卫军五校送葬。［77］白盖双骑：用白盖丧车，只派两骑护送。

【点评】

本卷史事点评下列四事。

一、东汉裁撤西域都护。班超在西域和睦各国，联防抗击北匈奴，人民安居乐业，依附汉朝没有赋税。西域各国臣民视班超为父母，亲爱如家人。公元102年，班超回朝，任尚继任为西域都护，违背班超和睦政策，崇尚严苛，加上贪污、欺压西域各国，数年间西域人民愤怨不已，纷纷起来反抗，中西交通阻断，汉朝官兵的屯田区域成了几个孤岛。安帝永初元年（107）六月，东汉政府决定撤销西域都护以及伊吾卢、柳中等屯田战士，全部回朝。班超和数万将士，历时三十年的惨淡经营，被一个不称职的任尚一朝毁弃，教训是极为深刻的。

二、南匈奴反叛。南匈奴自西汉宣帝时呼韩邪单于归附以来，受到汉朝保护，安置内地沿边诸郡。东汉政府每年抚慰物资财币一亿多，恩不可谓不重，情不可谓不深。一个投靠南匈奴的汉奸叫韩琮，在安帝永初三年（109）六月随南匈奴栾提檀单于入朝。韩琮沿途察看，看到中原大雨成灾，人民饥困，东汉朝廷被西羌之乱闹得焦头烂额。韩琮和栾提檀朝见安帝回去后，劝说单于反叛，栾提檀觉得确实是个好时机，于是起兵反汉。在南匈奴煽动下，雁门郡的乌桓部落也反叛。乌桓与南匈奴联兵在五原郡高渠谷大败汉军。这一年，东汉有九个郡国发生地震，京师及四十一个郡大雨成灾，并州、凉州大灾荒，人吃人。南匈奴的反叛，使陷入困境的东汉政府雪上加霜。南匈奴恩将仇报，未脱野蛮习俗，匈奴人不但没有复兴，还日渐衰微，并终被历史抹去。当然最可恨的还是汉奸韩琮。他和西汉时的中行说是一类人，背叛民族，唆使外族人杀戮同胞，只不过是为了从异族人嘴里分一些余弃。凡是汉奸都是民族的罪人，将永远被钉在历史的耻辱柱上。

三、仲长统著《昌言》。仲长统，东汉政论家。他看到东汉朝廷孱弱不堪，国家武备不能讨平小小的西羌叛乱，满朝文武极少贤才，忧心如焚，写作《昌言》告诉人民原因，大声疾呼改善政治。仲长统认为光武帝过度集权，三公高位虚设，皇帝大权旁落，小人当道，政治体制被扭曲。祸乱根源，就是皇帝过度集权之弊。仲长统说，西汉文帝时，申屠嘉对于汉文帝的嬖宠邓通敢于传讯，灭了得势小人的威风，得到汉文帝的支持。如此，皇帝身边的亲信不敢为非。东汉建立后，三公即司徒、司空、太尉没有权力，三公在位只是摆摆样子，而发生灾变，却要三公承担责任。三公无权，皇帝一人管不过来，大权不是旁落外戚，就是旁落宦竖，于是东汉朝廷外戚与宦竖控制了朝政。外戚与宦竖，又引进自己的亲戚宾友，成为私党，充斥于京师，布满于州郡，这些人只知贪残，压迫百姓，触怒四方外族，引起叛乱，致使国家瘫痪。于是怨愤之气，一时迸发，阴阳二光，失去秩序，怪异事情，不断出现，地震、水旱、虫害不断，这都是皇后家族和宦官擅权引发的警告。纠弊的办法是，把权力还给三公，如果再出现天谴的警告，惩罚三公才是合理的啊。仲长统看到了国家的积弊，他利用古时人们的信仰，用天变、灾害来抨击时政，用心良苦，用意纯正，目的是想唤醒朝廷，重用朝官，抑制外戚和宦官。邓太后虽然贤明，哪肯放下手中的权力？邓太后临终前，邓康进言太后归权皇帝，立即遭罢免。仲长统的呼喊，只不过是言论而已。

四、虞诩增灶惑敌。虞诩，字升卿，陈国武平人。虞诩为人刚正不阿，仕安帝、顺帝两朝，九次被降职，三次入狱，刚正之气，终老不改，是一个铮铮铁骨的大丈夫。安帝永初四年（110），大将军邓骘没有能力靖乱西羌，竟然采纳谒者庞参建议，收缩力量，放弃凉州，全力对付南匈奴。虞诩当时只是一个初级禁卫官，没有资格参加朝议，就进言太尉张禹，提出凉州不可放弃的三大理由：第一，先帝流血流汗开拓的疆土不可丢弃；第二，弃了凉州，三辅关中地方就成了边塞，西汉皇室祖宗坟墓没有保护；第三，关西出将，关东出相。关西人民擅长征战，丢弃关西，就是丢了捍卫国家的长城之士。再说，关西人民多少年来与敌人战斗，保卫了国家，怎么能为了省几个军费就丢弃他们呢？张禹认为虞诩说得对，重新举行四府会议，否定了邓骘的主张，保有了河西。邓骘觉得没面子，就恶毒地想借刀杀人。当时朝歌盗贼群起，朝廷派兵征剿都没有取胜。邓骘认为虞诩一个文士，哪有能力制服惯匪。于是推荐虞诩任朝歌县长，冠冕堂皇地公报私仇，想借刀杀人。虞诩面对邓骘设下的陷阱，不怨天，不尤人，勇敢地接受挑战。虞诩到任，很快就平定了盗匪，他使用的巧计，被盗贼认为有神灵相助。虞诩的声誉上达朝廷。邓太后认为他有将帅之才，在安帝元初二年（115），调任虞诩为武都郡太守。西羌痛恨虞诩，集合了几千人在陈仓崤谷伏击虞诩。虞诩到了谷口，宣称等待援军再行进，以麻痹羌人。趁羌人放松戒备，虞诩日夜兼程推进，第一天奔驰一百余里，虞诩命战士每人造两个灶；第二天加倍，每人造四个灶。连续几天行军，每天将近二百里。羌人尾追，看到炊灶倍增，认为官军的援军源源不断增加，不敢发动进攻。虞诩甩掉羌人，从容抵达武都郡府，官军只有三千人，羌虏数万人来进攻，虞诩用计破敌，保一郡平安。战国时孙膑用减灶方法，示敌以弱，大破魏军，虞诩用增灶方法，示敌以强。兵法说，部队行军每日不能超过三十里，以保持战斗力，虞诩每天行军将近二百里，为的是迅速甩掉羌人的追击。形势不同，兵法活用。虞诩不仅有才，更有节操，敢于对抗炙手可热的大将军、皇亲国戚。虞诩是一代人杰。虞诩的大勇，来自对国家的忠诚，公而忘私，着实令人敬佩。

卷五〇　汉纪四十二

汉安帝元初三年至延光三年（116—124年）

【起柔兆执徐（丙辰，116年），尽阏逢困敦（甲子，124年），凡九年】

【大事提要】

本卷记事起公元116年，讫公元124年，凡九年，当安帝元初三年至延光三年，载安帝一朝后期史事。这一时期灾害严重。十三个郡国地震，三十三个郡国大水，二十七个郡国大雨，三十七个郡国地震，四十一个郡国冰雹。当时的思想观念，认为朝政阴盛阳衰，外戚势重，上天示警。德高望重的大臣司空袁敞不阿附邓太后，太后以他事策免逼迫袁敞自杀。邓太后堂弟越骑校尉邓康建言太后归政皇帝被罢官。邓太后临终恋权不放，等到驾崩，安帝亲政，邓氏外戚立即遭到报复，邓骘等诸舅被贬杀。安帝乳母王圣、亲信宦官江京等一群奸佞得势，谗害太子刘保，刘保被废为济阴王。群小又陷害太尉杨震。公元107年羌人反叛，羌祸导致国库空虚，十余年间军费支出达二百四十亿。班勇受命重新开通西域。匈奴入侵车师，朝廷上主张闭玉门关弃西域之声再起，尚书令陈忠严厉驳斥，诏令班勇为长史驻屯柳中。

孝安皇帝中

元初三年（丙辰，116年）

春，正月，苍梧、郁林、合浦[1]蛮夷反；二月，遣侍御史任逴督州郡兵讨之。

郡国十地震。

三月，辛亥[2]，日有食之。

夏，四月，京师旱。

五月，武陵蛮反，州郡讨破之。

癸酉[3]，度辽将军邓遵率南单于击零昌[4]于灵州[5]，斩首八百余级。

越巂[6]徼外夷举种内属[7]。

六月，中郎将任尚遣兵击破先零羌于丁奚城[8]。

秋，七月，武陵蛮复反，州郡讨平之。

九月，筑冯翊北界[9]候坞[10]五百所以备羌。

冬，十一月，苍梧、郁林、合浦蛮夷降。

旧制：公卿、二千石、刺史不得行三年丧，司徒刘恺[11]以为“非所以师表百姓，宣美风俗。”丙戌[12]，初听大臣行三年丧。

癸卯[13]，郡国九地震。

十二月，丁巳[14]，任尚遣兵击零昌于北地[15]，杀其妻子，烧其庐舍[16]，斩首七百余级。

四年（丁巳，117年）

春，二月，乙巳朔[17]，日有食之。

乙卯[18]，赦天下。

壬戌[19]，武库灾[20]。

任尚遣当阗种羌榆鬼等刺杀杜季贡[21]，封榆鬼为破羌侯。

司空袁敞[22]，廉劲不阿权贵，失邓氏[23]旨。尚书郎张俊有私书与敞子俊，怨家封上之[24]。夏，四月，戊申[25]，敞坐策免，自杀；俊等下狱当死。俊上书自讼[26]；临刑，太后诏以减死论[27]。

己巳[28]，辽西[29]鲜卑连休等入寇，郡兵与乌桓大人於秩居等共击，大破之，斩首千三百级。

六月，戊辰[30]，三郡雨雹。

尹就坐不能定益州[31]，征抵罪；以益州刺史张乔领其军屯，招诱叛羌，稍稍降散。

秋，七月，京师及郡国十雨水。

九月，护羌校尉任尚[32]复募效功种羌号封刺杀零昌；封号封为羌王。

冬，十一月，己卯[33]，彭城靖王恭[34]薨。

越巂夷以郡县赋敛烦数，十二月，大牛种封离等反，杀遂久[35]令。

甲子[36]，任尚与骑都尉马贤共击先零羌狼莫，追至北地，相持六十余日，战于富平河上[37]，大破之，斩首五千级，狼莫逃去。于是西河[38]虔人种羌万人诣邓遵降，陇右[39]平。

是岁，郡国十三地震。

（以上第一段，写东汉十三个郡国发生地震、冰雹灾害，西疆羌祸仍在继续，汉军疲于征战。）

【注释】

[1]苍梧、郁林、合浦：皆郡名，三郡同属交州。苍梧郡治所广信，在今广西梧州市；郁林郡治所布山，在今广西桂平市西；合浦郡治所合浦，在今广西合浦县东北。[2]辛亥：三月二日。[3]癸酉：五月二十五日。[4]零昌：人名，先零羌酋长。[5]灵州：县名，县治在今宁夏灵武市西北。[6]越嶲：郡名，治所邛都，在今四川西昌市。[7]徼外夷举种内属：边塞外蛮夷，整个部落归附中国。内属，归附。[8]丁奚城：边城名，在今宁夏灵武市南。[9]冯翊北界：左冯翊北边郡界，当今陕北沿旬邑县、黄陵县、洛川县、宜川县一线。[10]候坞：哨所，碉堡城寨。[11]刘恺：字伯豫，汉宣帝庶子刘嚣之玄孙，官至司徒。传见《后汉书》卷三十九。[12]丙戌：十一月十一日。[13]癸卯：十一月二十八日。[14]丁巳：十二月十二日。[15]北地：郡名，治所富平，在今宁夏吴忠市。[16]庐舍：据章校，有的版本“舍”作“落”，是。[17]乙巳朔：二月一日。[18]乙卯：二月十一日。[19]壬戌：二月十八日。[20]武库灾：京师洛阳兵器库失火。[21]杜季贡：汉阳（今甘肃甘谷县）人，亡入先零羌中为将军，屯居丁奚城。[22]袁敞（？—117）：字叔平，精通《易经》，历仕和帝、安帝两朝，官至司空。传见《后汉书》卷四十五。[23]邓氏：指邓太后邓绥以及邓骘兄弟。[24]封上之：即上封事，臣民直接上奏皇帝的秘密奏疏。汉制，臣民举报重大事件才上封事。这里指揭发尚书郎张俊与袁敞之子袁俊通信，泄漏政府机密。[25]戊申：四月五日。[26]自讼：自我分辨，诉冤。[27]减死论：改判减刑一等，免死罪。[28]己巳：四月二十六日。[29]辽西：郡名，治所阳乐，在今辽宁义县西。[30]戊辰：六月二十六日。[31]益州：州名，辖境当今四川及云、贵地区。治所蜀郡，在今四川成都市。[32]护羌校尉任尚：据《后汉书·西羌传》，安帝元初二年至顺帝永建四年，护羌校尉为马贤；安帝元初二年至五年，任尚为中郎将，与马贤并肩作战。[33]己卯：十一月九日。[34]彭城靖王恭：彭城王刘恭，明帝子，死后谥为靖，传见《后汉书》卷五十。[35]遂久：县名，县治在今云南丽江市。[36]甲子：十二月二十五日。[37]富平河上：指流经富平（今宁夏吴忠市）的黄河岸上。[38]西河：郡名，治所离石，在今山西吕梁市离石区。羌人出没于西河郡北界，当今内蒙古准格尔旗一带。[39]陇右：指凉州东部，即今甘肃东部地区。陇，陇山。

五年（戊午，118年）

春，三月，京师及郡国五旱。

夏，六月，高句骊[1]与涉貊[2]寇玄菟[3]。

永昌、益州、蜀郡[4]夷皆叛应封离，众至十余万，破坏二十余县，杀长吏，焚掠百姓，骸骨委积，千里无人。

秋，八月，丙申朔[5]，日有食之。

代郡[6]鲜卑入寇，杀长吏；发缘边甲卒、黎阳营兵[7]屯上谷[8]以备之。冬，十月，鲜卑寇上谷，攻居庸关[9]，复发缘边诸郡黎阳营兵、积射士步骑二万人屯列[10]冲要[11]。

邓遵募上郡[12]全无种羌雕何刺杀狼莫；封雕何为羌侯。自羌叛十余年间，军旅之费，凡用二百四十余亿，府帑[13]空竭，边民及内郡死者不可胜数，并、凉二州[14]遂至虚耗。及零昌、狼莫死，诸羌瓦解，三辅[15]、益州无复寇警。诏封邓遵为武阳侯，邑三千户。遵以太后从弟，故爵封优大[16]。任尚与遵争功，又坐诈增首级、受赇枉法赃千万已上，十二月，槛车[17]征尚，弃市，没入财物。邓骘子侍中凤尝受尚马，骘髡[18]妻及凤以谢罪。

是岁，郡国十四地震。

太后弟悝、阊皆卒，封悝子广宗为叶侯，阊子忠为西华侯。

（以上为第二段，写羌祸导致东汉政府国库空虚，十余年间耗费240多亿。）

【注释】

[1]高句骊：古国名，亦作“高句丽”，在今朝鲜半岛北部。 [2]涉貊：部族名。 [3]玄菟：郡名，治所在今辽宁沈阳市东。 [4]永昌、益州、蜀郡：皆郡名，属益州。永昌郡治所不韦，在今云南保山市东北。益州郡治所滇池，在今云南昆明市晋宁区。蜀郡治所成都，在今四川成都市。 [5]丙申朔：八月一日。 [6]代郡：郡名，治所高柳，在今山西阳高县。 [7]黎阳营兵：屯驻黎阳（今河南浚县）营地的政府军。 [8]上谷：郡名，治所沮阳，在今河北怀来县东南。 [9]居庸关：关名，在今北京市昌平区西北。 [10]屯列：驻屯布防。 [11]冲要：边塞要地。 [12]上郡：郡名，治所肤施，在今陕西榆林市东南。 [13]府帑（tǎng）：国库。 [14]并、凉二州：东汉西北疆。并州当今山西大部及陕北、内蒙古西部地区。凉州当今甘肃、宁夏两省区。

[15]三辅：关中地区。 [16]优大：优厚。 [17]槛车：有栅栏的囚车。 [18]髡：刑名。剃光头发，三年刑。这里指自剃头发，象征服刑以求宽赦。

六年（己未，119年）

春，二月，乙巳[1]，京师及郡国四十二地震。

夏，四月，沛国[2]、勃海[3]大风，雨雹[4]。

五月，京师旱。

六月，丙戌[5]，平原哀王得[6]薨，无子。

秋，七月，鲜卑寇马城塞，杀长吏，度辽将军邓遵及中郎将马续率南单于追击，大破之。

九月，癸巳[7]，陈怀王竦[8]薨，无子，国除。

冬，十二月，戊午朔[9]，日有食之，既。

郡国八地震。

是岁，太后征和帝弟济北王寿、河间王开[10]子男女年五岁以上四十余人，及邓氏近亲子孙三十余人，并为开邸第[11]，教学经书，躬自监试。诏从兄河南尹豹、越骑校尉康[12]等曰："末世[13]贵戚食禄之家，温衣美饭[14]，乘坚驱良[15]，而面墙术学[16]，不识臧否[17]，斯故祸败之所从来也。"

豫章[18]有芝草生，太守刘祗欲上之，以问郡人唐檀，檀曰："方今外戚豪盛，君道微弱，斯岂嘉瑞乎！"祗乃止。

益州刺史张乔遣从事杨竦将兵至楪榆[19]，击封离等，大破之，斩首三万余级，获生口千五百人。封离等惶怖，斩其同谋渠帅，诣竦乞降。竦厚加慰纳，其余三十六种皆来降附。竦因奏长吏奸猾，侵犯蛮夷者九十人，皆减死论。

初，西域诸国既绝于汉，北匈奴复以兵威役属[20]之，与共为边寇。敦煌[21]太守曹宗患之，乃上遣行长史[22]索班将千余人屯伊吾[23]以招抚之。于是车师[24]前王及鄯善[25]王复来降。

初，疏勒王安国死，无子，国人立其舅子遗腹为王；遗腹叔父臣磐在月氏，月氏纳而立之。后莎车畔于阗，属疏勒[26]，疏勒遂强，与龟兹、于阗为敌国焉。

（以上为第三段，写邓太后注重教育宗室子弟和外戚子弟。益州刺史张乔大破乱羌。）

【注释】

[1]乙巳：二月十二日。[2]沛国：封国名，治所相县，在今安徽淮北市。[3]勃海：郡名，治所南皮，在今河北南皮县东北。[4]雨雹：下冰雹。[5]丙戌：六月二十六日。[6]平原哀王得：平原王刘得，本乐安王刘宠之子，继嗣平原王刘胜，死谥哀。刘宠，章帝孙，千乘王刘伉之子。刘胜，和帝之长子，与刘宠为从兄弟。诸王传见《后汉书》卷五十五。[7]癸巳：九月四日。[8]陈怀王竦：陈王刘竦，明帝子陈王刘羡之孙，死谥怀。[9]戊午朔：十二月一日。[10]济北王寿、河间王开：二王刘寿、刘开，皆章帝子，和帝弟。二王传见《后汉书》卷五十五。[11]开邸第：建造官舍，延师讲学。[12]河南尹豹、越骑校尉康：邓豹、邓康，邓太后堂兄。[13]末世：衰乱之世。[14]温衣美饭：穿轻暖之衣，吃美味的饭食。[15]乘坚驱良：坐坚固的车，骑千里良马。[16]面墙术学：面对学术如同面对墙壁，看不远，看不见。面墙，喻不学无术。[17]不识臧否：不懂是非善恶。臧，美、善。否，坏、恶。[18]豫章：郡名，治所南昌，在今江西南昌市。[19]楪榆：县名，县治在今云南大理市北洱海西岸。[20]以兵威役属：用兵力威逼，役使西域诸国而臣属北匈奴。[21]敦煌：郡名，治所敦煌，在今甘肃敦煌市西。[22]行长史：代理长史。长史，边郡太守助理，掌领郡兵。敦煌为边郡，有长史。[23]伊吾：宜禾都尉府，在今新疆哈密市西。[24]车师：西域国名，汉宣帝时分车师为前、后两部。车师前王治交河城，在今新疆吐鲁番市西。车师后王治务涂谷城，在今新疆奇台县西南。[25]鄯善：西域国名，国王治所在扜泥城，在今新疆若羌县。[26]莎车、于阗、疏勒：西域国名，三国皆在今新疆之南疆。莎车王城在今新疆莎车县，于阗王城在今新疆于田县，疏勒王城在今新疆喀什市。

永宁元年（庚申，120年）

春，三月，丁酉，济北惠王寿[1]薨。

北匈奴率车师后王军就共杀后部司马[2]及敦煌长史索班等，遂击走其前王，略有北道[3]。鄯善逼急，求救于曹宗，宗因此请出兵五千人击匈奴，以报索班之耻，因复取西域；公卿多以为宜闭玉门关，绝西域。太后闻军司马班勇[4]有父风，召诣朝堂问之。勇上议曰："昔孝武皇帝患匈奴强盛，于是开通西域，论者以为夺匈奴府藏[5]，断其右臂。光武中兴，未遑外事，故匈奴负强[6]，驱率诸国；及至永平，再攻敦煌，河西诸郡，城门昼闭。孝明皇帝深惟庙策[7]，乃命虎臣[8]出征西域，故匈奴远遁，边境得安；及至永元，莫不内属。会间者羌乱，西域复绝，北虏遂遣责诸国，备其逋租[9]，高其价直，严以期会[10]，鄯善、车师皆怀愤怨，思乐事汉，其路无从；前所以时有叛者，皆由牧养失宜，还为其害故也。今曹宗徒耻于前负，欲报雪[11]匈奴，而不寻出兵故事，未度[12]当时之宜也。夫要功[13]荒外[14]，万无一成，若兵连祸结[15]，悔无所及。况今府藏未充，师无后继，是示弱[16]于远夷，暴短[17]于海内，臣愚以为不可许也。旧敦煌郡有营兵三百人，今宜复之，复置护西域副校尉，居于敦煌，如永元故事[18]，又宜遣西域长史将五百人屯楼兰[19]，西当焉耆、龟兹[20]径路[21]，南强鄯善、于阗心胆，北捍[22]匈奴，东近敦煌，如此诚便。"

尚书复问勇："利害云何[23]？"勇对曰："昔永平之末，始通西域，初遣中郎将居敦煌[24]，后置副校尉于车师[25]，既为胡虏节度，又禁汉人不得有所侵扰，故外夷归心，匈奴畏威。今鄯善王尤还[26]，汉人外孙，若匈奴得志，则尤还必死。此等虽同鸟兽，亦知避害，若出屯楼兰，足以招附其心，愚以为便。"

长乐卫尉[27]镡显、廷尉綦母参[28]、司隶校尉[29]崔据难曰："朝廷前所以弃西域者，以其无益于中国而费难供[30]也。今车师已属匈奴，鄯善不可保信[31]，一旦反覆，班将[32]能保北虏[33]不为边害乎？"勇对曰："今中国置州牧[34]者，以禁郡县奸猾盗贼也。若州牧能保盗贼不起者，臣亦愿以要斩[35]保匈奴之不为边害也。今通西域则虏势必弱，虏势弱则为患微矣；孰与归其府藏，续其断臂[36]哉？今置校尉以捍抚西域，设长史以招怀诸国，若弃而不立，则西域望绝，望绝之后，屈就北虏，缘边之郡将受困害，恐河西城门必须复有昼闭之儆[37]矣！今不廓开[38]朝廷之德而拘屯戍之费，若此，北虏遂炽，岂安边久长之策哉！"

太尉属[39]毛轸难曰："今若置校尉，则西域骆驿遣使[40]，求索无厌[41]，与之则费难供，不与则失其心，一旦为匈取所迫，当复求救，则为役大矣。"勇对曰："今设以西域归匈奴，而使其恩德大汉，不为钞盗，则可矣。如其不然，则因西域租入之饶，兵马之众，以扰动缘边。是为富仇雠之财，增暴夷之势也。置校尉者，宣威布德[42]，以系诸国内向之心而疑匈奴觊觎之情，而无费财耗国之虑也。且西域之人，无他求索，其来入者不过禀食而已；今若拒绝，势归北属夷虏[43]，并力以寇并、凉，则中国之费不止十亿。置之诚便。"

于是从勇议，复敦煌郡营兵三百人，置西域副校尉居敦煌，虽复羁縻[44]西域，然亦未能出屯。其后匈奴果数与车师共入寇钞[45]，河西大被其害。

沈氐羌[46]寇张掖[47]。

夏，四月，丙寅[48]，立皇子保为太子，改元，赦天下。

（以上为第四段，写班勇受命，重新开拓西域。）

【注释】

[1]济北惠王寿：济北王刘寿，章帝子，死谥惠。传见《后汉书》卷五十五。[2]后部司马：西域戊己校尉部属军司马。东汉戊己校尉，和帝时置，镇车师后部。[3]略有北道：控制了丝绸之路的北道交通。[4]班勇：班超之子，字宜僚，少有父风，安帝延光二年为西域长史，屯田柳中，立功西域。传附班超传，见《后汉书》卷四十七。[5]府藏：府库。[6]负强：恃强。[7]庙策：制胜之策。[8]虎臣：指班勇之父班超。[9]逋租：积欠的贡赋。此指匈奴追索西域各国属汉以后历年停贡匈奴的贡赋。[10]严以期会：严格地限定时间交纳。[11]报雪：报伊吾之役，雪索班被杀之耻。[12]度：审时度势。[13]要功：希求建功。"要"通"邀"。[14]荒外：荒服之外。此指边远的西域。[15]兵连祸结：战事绵延，祸患不止。[16]示弱：显示出弱点。[17]暴短：暴露出短处。[18]如永元故事：恢复明帝时旧制。永元，当作"永平"，汉明帝年号。明帝十六年（73）北征匈奴，取伊吾卢地，复通西域。[19]楼兰：即鄯善。[20]焉耆、龟兹：西域国名。焉耆王城南河城，在今新疆焉耆县。龟兹王城延城，在今新疆库车市。[21]径路：要道。[22]捍：抵抗。[23]利害云何：详细陈说利害。[24]遣中郎将居敦煌：指郑众，明帝时为中郎将，镇敦煌。[25]置副校尉于车师：指耿恭、关宠。事详《资治通鉴》卷三十七明帝永平十八年。[26]尤还：鄯善王名。[27]长乐卫尉：官名，长乐宫警卫长，列卿。[28]綦母参：人名，綦母，复姓。亦作綦毋。[29]司隶校尉：官名，职掌京师治安。[30]费难供：耗费难以供给。[31]不可保信：不能担保守信用。[32]班将：对班勇的尊称。[33]北虏：指北匈奴。[34]州牧：一州的行政长官。此泛指各级地方行政长官。[35]要斩：腰斩。要，通"腰"。[36]归其府藏，续其断臂：谓弃西域，等于是把府库还给匈奴，把已斩断的右臂重新接起来。归，还。续，接。[37]儆：与"警"字通。明帝永平中，北匈奴胁迫西域诸国共侵犯汉边，河西郡县，城门昼闭。[38]廓开：大开，推广。[39]太尉属：太尉府掾属。

[40]骆驿遣使：指西域诸国不断地遣使前来中国。[41]厌：满足。[42]宣威布德：显示威力，传布恩德。[43]势归北属夷虏：度其形势，西域各国必然臣服匈奴。[44]羁縻：笼络维系。[45]寇钞：劫掠边境。[46]沈氐羌：居于上郡、西河郡一带羌人的称号。[47]张掖：郡名，治所觻得，在今甘肃张掖市西北。[48]丙寅：四月十一日。

己巳[1]，绍封陈敬王子崇为陈王，济北惠王子苌为乐成王，河间孝王子翼为平原王[2]。

六月，护羌校尉马贤将万人讨沈氐羌于张掖，破之，斩首千八百级，获生口千余人，余虏悉降。时当煎等[3]大豪饥五等，以贤兵在张掖，乃乘虚寇金城[4]，贤还军出塞[5]，斩首数千级而还。烧当、烧何种闻贤军还，复寇张掖，杀长吏。

秋，七月，乙酉朔[6]，日有食之。

冬，十月，己巳[7]，司空李郃[8]免。癸酉[9]，以卫尉庐江[10]陈褒为司空。

京师及郡国三十三大水。

十二月，永昌徼外掸国王雍曲调[11]遣使者献乐及幻人[12]。

戊辰[13]，司徒刘恺请致仕[14]；许之，以千石禄归养。

辽西鲜卑大人乌伦、其至鞬[15]各以其众诣度辽将军邓遵降。

癸酉[16]，以太常[17]杨震为司徒。

是岁，郡国二十三地震。

太后从弟越骑校尉康[18]，以太后久临朝政，宗门盛满，数上书太后，以为宜崇公室[19]，自损私权[20]，言甚切至[21]，太后不从。康谢病不朝，太后使内侍者问之；所使者乃康家先婢[22]，自通“中大人”[23]，康闻而诟[24]之。婢怨恚，还，白康诈疾而言不逊。太后大怒，免康官，遣归国[25]，绝属籍[26]。

初，当煎种饥五同种大豪卢忽、忍良等千余户别留允街[27]，而首施两端。

（以上为第五段，写马贤征讨西羌。二十三郡国大水。邓太后堂弟越骑校尉邓康建言太后归政皇帝被罢官。）

【注释】

[1]己巳：四月十四日。[2]“绍封”三句：下诏策封宗室三王。陈王刘崇，明帝刘庄之孙，陈敬王刘羡之子。乐成王刘苌，章帝子济北惠王刘寿庶子，继嗣明帝子乐成王刘党一系为后嗣，故绍封为王。平原王刘翼，章帝孙，河间王刘开庶子。[3]当煎等：当煎，西羌种落名。据章校，有的版本“等”作“种”，是。[4]金城：郡名，治所允吾，在今青海民和县。[5]贤还军出塞：据章校，有的版本“军”下有“追之”二字，此句应为“贤还军追之出塞”。[6]乙酉朔：七月一日。[7]己巳：十月十六日。[8]李郃：字孟节，汉中南郑（今陕西汉中市）人，官至司空、司徒。传见《后汉书》卷八十二上。[9]癸酉：十月十二日。[10]庐江：郡名，治所舒县，在今安徽庐江县西南。[11]雍曲调：掸国国王名。[12]幻人：魔术师。[13]戊辰：十二月十六日。[14]致仕：辞官退休。[15]乌伦、其至鞬：皆辽西鲜卑酋长名。[16]癸酉：十二月二十一日。[17]太常：官名，九卿之一，掌宗庙祭祀。[18]太后从弟越骑校尉康：邓康，邓珍之子，为邓太后堂弟。事附祖父《邓禹传》，见《后汉书》卷十六。[19]崇公室：尊重皇权。[20]自损私权：劝喻邓太后放弃权力。[21]切至：极为恳切。[22]康家先婢：原先是邓康家的奴婢。[23]自通“中大人”：自我通报称为“中大人”。宫婢年迈者，宫中皆称“中大人”。[24]诟：斥骂。[25]遣归国：勒令回到封国上去。邓康在永初中封夷安侯。[26]绝属籍：断绝血亲关系，从宗谱中除名。[27]允街：县名，县治在今甘肃永登县东南。

建光元年[1]（辛酉，121年）

春，护羌校尉马贤召卢忽，斩之，因放兵[2]击其种人，获首虏二千余，忍良等皆亡出塞。

幽州[3]刺史巴郡冯焕[4]、玄菟太守姚光、辽东[5]太守蔡讽等将兵击高句骊，高句丽王宫遣子遂成诈降而袭玄菟、辽东，杀伤二千余人。

二月，皇太后寝疾[6]，癸亥[7]，赦天下。三月，癸巳[8]，皇太后邓氏崩。未及大敛[9]，帝复申前命[10]，封邓骘为上蔡侯，位特进[11]。

丙午[12]，葬和熹皇后。

太后自临朝以来，水旱十载，四夷外侵，盗贼内起，每闻民饥，或达旦不寐[13]，躬自减彻[14]以救灾厄[15]，故天下复平，岁还丰穰。

上始亲政事，尚书陈忠[16]荐隐逸[17]及直道之士[18]颍川杜根、平原[19]成翊世之徒，上皆纳用之。忠，宠之子也。初，邓太后临朝，根为郎中，与同时郎上书言：“帝年长[20]，宜亲政事。”太后大怒，皆令盛以缣囊[21]，于殿上扑杀[22]之，既而载出城外，根得苏[23]；太后使人检视[24]，根遂诈死[25]，三日，目中生蛆，因得逃窜，为宜城[26]山中酒家保[27]，积十五年。成翊世以郡吏亦坐谏太后不归政抵罪[28]。帝皆征诣公车，拜根侍御史，翊世尚书郎。或问根曰："往者遇祸，天下同义[29]，知故[30]不少，何至自苦如此？"根曰："周旋[31]民间，非绝迹之处，邂逅发露[32]，祸及亲知，故不为也。"

戊申[33]，追尊清河孝王[34]曰孝德皇，皇妣左氏[35]曰孝德后，祖妣宋贵人[36]曰敬隐后。初，长乐太仆[37]蔡伦[38]受窦后讽旨诬陷宋贵人，帝敕使自致廷尉[39]，伦饮药死。

夏，四月，高句丽复与鲜卑入寇辽东，蔡讽追击于新昌[40]，战殁。功曹掾[41]龙端、兵马掾[42]公孙酺以身捍讽，俱殁于陈。

丁巳[43]，尊帝嫡母耿姬[44]为甘陵大贵人。

甲子[45]，乐成王苌[46]坐骄淫不法，贬为芜湖侯。

己巳[47]，令公卿下至郡国守相各举有道之士[48]一人。尚书陈忠以诏书既开谏争，虑言事者必多激切[49]，或致不能容[50]，乃上疏豫通广帝意[51]曰："臣闻仁君广山薮[52]之大，纳切直之谋，忠臣尽謇谔之节[53]，不畏逆耳之害[54]，是以高祖舍周昌桀、纣之譬[55]，孝文喜袁盎人豕之讥[56]，武帝纳东方朔宣室之正[57]，元帝容薛广德自刎之切[58]。今明诏崇高宗[59]之德，推宋景[60]之诚，引咎克躬，咨访群吏。言事者见杜根、成翊世等新蒙表录，显列二台[61]，必承风响应[62]，争为切直。若嘉谋[63]异策，宜辄纳用；如其管穴[64]，妄有讥刺，虽苦口逆耳，不得事实，且优游宽容[65]，以示圣朝无讳[66]之美；若有道之士对问高者，宜垂省览，特迁一等[67]，以广直言之路。"书御[68]，有诏，拜有道高第士沛国施延为侍中。

初，汝南薛包，少有至行[69]，父娶后妻而憎包，分出之。包日夜号泣，不能去[70]，至被驱扑[71]，不得已，庐于舍外[72]，旦入洒扫。父怒，又逐之，乃庐于里门[73]，晨昏不废[74]。积岁余，父母惭而还[75]之。及父母亡，弟子[76]求分财异居；包不能止，乃中分[77]其财，奴婢引[78]其老者，曰："与我共事久，若[79]不能使也。"田庐取其荒顿[80]者，曰："吾少时所治，意所恋也。"器物取朽败者，曰："我素所服食，身口所安也。”弟子数破其产，辄复赈给[81]。帝闻其名，令公车特征[82]，至，拜侍中。包以死自乞，有诏赐告归，加礼如毛义[83]。

（以上为第六段，写邓太后驾崩，汉安帝亲政，下诏求贤。）

【注释】

[1]建光元年：永宁二年七月改元。[2]放兵：纵兵。[3]幽州：东汉十三州之一，辖境当今河北北部及辽宁地区，治所广阳郡蓟县，在今北京市。[4]冯焕：幽州刺史，巴郡（治所在今重庆市）人。[5]玄菟、辽东：两郡名，为幽州东北边郡。玄菟郡治所在今辽宁沈阳市东。辽东郡治所襄平，在今辽宁辽阳市。[6]寝疾：卧病。[7]癸亥：二月十二日。[8]癸巳：三月十三日。[9]大敛：尸首入棺。[10]帝复申前命：安帝重又发布先前的任命。永初元年（107），安帝初即位，封邓骘上蔡侯，骘坚辞，故此重申前命。[11]特进：加官名。朝会时，特进位在三公之下，百官之上。[12]丙午：三月二十六日。[13]达旦不寐：通宵不能安睡。[14]减彻：减少膳食费用，撤除饮食时的乐队伴奏。[15]救灾厄：赈济灾荒。[16]陈忠（?—125）：安帝时直臣，官至司隶校尉，陈宠之子。陈宠，和帝时官至司空。父子同传，见《后汉书》卷四十六。[17]隐逸：隐居的士人。[18]直道之士：正直的士人。[19]颍川、平原：两郡名。颍川郡治所阳翟，在今河南禹州市。平原郡治所在今山东平原县南。[20]帝年长：指安帝刘祜，延平元年入继大统即帝位已年十三，而邓太后犹临朝称制。[21]盛以缣囊：装入白绢的口袋中。缣，素绢。[22]扑杀：即扑刑，将人装入口袋中捶打至死。[23]苏：苏醒，活转过来。[24]检视：验尸，是否死亡。[25]诈死：装死。[26]宜城：县名，县治在今湖北宜城市南。[27]保：堂倌，此指酒店招待员。[28]抵罪：判罪。[29]天下同义：全天下的人都同情支持杜根。[30]知故：至交。[31]周旋：辗转隐藏。[32]邂逅发露：万一碰到熟人认出，则形迹就要败露。[33]戊申：三月二十八日。[34]清河孝王：即安帝之父刘庆。[35]皇妣左氏：安帝之母左姬，清河王刘庆小妻。[36]祖妣宋贵人：安帝祖母，章帝之妃宋贵人。[37]长乐太仆：官名，掌皇太后车马。[38]蔡伦：即东汉发明造纸术的蔡伦，封龙亭侯。传见《后汉书》卷七十八。章帝时蔡伦为小黄门，迫害宋贵人事见《资治通鉴》卷四十六章帝建初七年。[39]自致廷尉：自己到廷尉府自首。[40]新昌：县名，县治在今辽宁海城市。[41]功曹掾：郡太守人事助理。[42]兵马掾：郡太守军事助理。[43]丁巳：四月七日。[44]嫡母耿姬：安帝大母，清河王刘庆正妻耿夫人。[45]甲子：四月十四日。[46]乐成王苌：刘苌，安帝堂兄弟，济北王刘寿庶子，继嗣刘党后裔为乐成王。刘党，明帝之子，传国两次绝嗣，以刘苌继嗣。传见《后汉书》卷五十。[47]己巳：四月十九日。[48]举有道之士：推举有学问的直言之士。此为举贤良临时所拟的科名。[49]激切：指贤良对策的政论文，言论激烈而切直，批评切中要害而无隐饰。[50]不能容：指安帝不能忍受。[51]上疏豫通广帝意：上奏事先提请安帝留意，阔胸襟。豫通，事先警醒。[52]山薮：高山大湖，喻胸襟大，如山之高，水之深。[53]謇谔

之节：赴难敢言的操守。謇，又作“蹇”，难也。语出《易经》卷四《蹇卦》：“王臣蹇蹇。”谔，直言。《史记》卷四十三《赵世家》载赵简子赞其直臣周舍曰：“吾闻千羊之皮，不如一狐之腋；诸大夫朝，徒闻唯唯，不闻周舍之鄂鄂，是以忧也。”鄂，同“谔”。［54］不畏逆耳之害：忠臣谏君，不怕触怒龙颜。典出《孔子家语》，孔子之言：“忠言逆耳而利于行。”［55］舍：丢弃。这里指宽宥，不追究。周昌：汉高祖时直臣，曾比譬刘邦好色如桀、纣之主，高祖舍而不罪。［56］人豕之讥：袁盎以吕太后迫害戚夫人为人豕的故事谏汉文帝不宜尊宠慎夫人。事详《资治通鉴》卷十三文帝二年。［57］宣室之正：宣室，未央宫前正殿，汉武帝在这里举行家宴，使其姑母窦太主的姘夫董偃入殿，东方朔谏之。事详《资治通鉴》卷十八武帝元光五年。［58］薛广德自刎之切：薛广德，汉元帝时御史大夫，谏说元帝不宜乘船，并以自杀相迫。事详《资治通鉴》卷二十八元帝永光元年。［59］高宗：商王武丁，商代中兴之主，号高宗。［60］宋景：春秋时宋景公，天象变异，反躬自省而不罪大臣。［61］二台：指御史台、尚书台。杜根、成翊世平反升迁，杜根为侍御史，成翊世为尚书郎，被视为显任。［62］承风响应：效法响应，蔚然成风。［63］嘉谋：善谋。［64］管穴：喻见解浅陋之言，如从管中看天，从小孔中读文。［65］优游宽容：大度包容。［66］无讳：没有禁忌。［67］特迁一等：越级一等任用。［68］书御：奏章进呈。［69］至行：孝行。［70］不能去：不愿离开父母。［71］驱扑：殴打赶走。［72］庐于舍外：在大房门外侧旁建一房舍。庐，作动词用，建一房舍。［73］里门：指村舍巷口。［74］晨昏不废：每天早晚请安，从不间断。［75］还：让其回家。［76］弟子：兄弟子侄。［77］中分：平分。［78］引：领。［79］若：你们，指兄弟子侄们。［80］荒顿：荒芜。［81］赈给：救助，供给。［82］特征：只征起薛包一人，谓当时无双。［83］加礼如毛义：比照毛义的待遇加于薛包。即赐谷千斛，每年八月地方官慰问，加赐羊酒。毛义事见《资治通鉴》卷四十六章帝元和元年。

帝少号聪明，故邓太后立之。及长，多不德，稍不可太后意[1]；帝乳母王圣知之。太后征济北、河间王子[2]诣京师；河间王子翼，美容仪，太后奇之，以为平原怀王后[3]，留京师。王圣见太后久不归政，虑有废置，常与中黄门[4]李闰、江京候伺左右，共毁短[5]太后于帝，帝每怀忿惧[6]。及太后崩，宫人先有受罚者[7]怀怨恚，因诬告太后兄弟悝、弘、阊先从尚书邓访取废帝故事，谋立平原王[8]。帝闻，追怒，令有司奏悝等大逆无道，遂废西平侯广宗、叶侯广德、西华侯忠、阳安侯珍、都乡侯甫德皆为庶人[9]，邓骘以不与谋，但免特进，遣就国；宗族免官归故郡[10]，没入骘等赀财田宅。徙邓访及家属于远郡，郡县迫逼，广宗及忠皆自杀。又徙封骘为罗侯[11]；五月，庚辰[12]，骘与子凤并不食[13]而死。骘从弟河南尹豹、度辽将军舞阳侯遵、将作大匠畅皆自杀；唯广德兄弟以母与阎后[14]同产[15]，得留京师。复以耿夔为度辽将军，征乐安侯邓康[16]为太仆。丙申[17]，贬平原王翼为都乡侯，遣归河间[18]。翼谢绝宾客，闭门自守，由是得免。

初，邓后之立也，太尉张禹、司徒徐防欲与司空陈宠共奏追封后父训，宠以先世无奏[19]请故事[20]，争之，连日不能夺[21]；及训追加封谥，禹、防复约宠俱遣子奏礼[22]于虎贲中郎将骘，宠不从；故宠子忠不得志于邓氏。骘等败，忠为尚书，数上疏陷成其恶[23]。

大司农京兆[24]朱宠痛骘无罪遇祸，乃肉袒舆榇[25]上疏曰："伏惟和熹皇后圣善之德，为汉文母[26]。兄弟忠孝，同心忧国[27]，社稷是赖[28]；功成身退，让国逊位，历世贵戚，无与为比，当享积善履谦[29]之佑。而横为宫人单辞[30]所陷，利口倾险，反乱国家[31]，罪无申证[32]，狱不讯鞠[33]，遂令骘等罹此酷陷[34]，一门七人，并不以命[35]，尸骸流离[36]，冤魂不反[37]，逆天感人[38]，率土丧气[39]。宜收还冢次[40]，宠树遗孤[41]，奉承血祀[42]，以谢亡灵。"宠知其言切[43]，自致廷尉；陈忠复劾奏宠，诏免官归田里。众庶多为骘称枉者，帝意颇悟[44]，乃谴让州郡，还葬骘等于北芒[45]，诸从兄弟皆得归京师。

帝以耿贵人兄牟平侯宝监羽林左军车骑[46]；封宋杨[47]四子皆为列侯，宋氏为卿、校[48]、侍中大夫、谒者、郎吏十余人；阎皇后兄弟显、景、耀，并为卿、校，典禁兵。于是内宠始盛。

帝以江京尝迎帝于邸[49]，以为京功，封都乡侯，封李闰为雍乡侯，闰、京并迁中常侍。京兼大长秋[50]，与中常侍[51]樊丰、黄门令[52]刘安、钩盾令[53]陈达及王圣、圣女伯荣扇动[54]内外，竞为侈虐；伯荣出入宫掖，传通奸赂。司徒杨震上疏曰："臣闻政以得贤为本，治以去秽[55]为务；是以唐、虞[56]俊乂[57]在官，四凶[58]流放，天下咸服，以致雍熙[59]。方今九德[60]未事，嬖幸[61]充庭。阿母[62]王圣，出自贱微，得遭千载[63]，奉养圣躬，虽有推燥居湿[64]之勤，前后赏惠，过报劳苦[65]，而无厌之心[66]不知纪极[67]，外交属托[68]，扰乱天下，损辱清朝[69]，尘点[70]日月。夫女子、小人，近之喜，远之怨，实为难养[71]。

宜速出阿母，令居外舍，断绝伯荣，莫使往来；令恩德两隆[72]，上下俱美。”奏御，帝以示阿母等，内幸皆怀忿恚。

而伯荣骄淫尤甚，通[73]于故朝阳侯刘护从兄瑰，瑰遂以为妻，官至侍中，得袭护爵。震上疏曰：“经制[74]，父死子继，兄亡弟及，以防篡[75]也。伏见诏书，封故朝阳侯刘护再从兄瑰袭护爵为侯；护同产弟威，今犹见在。臣闻天子专封[76]，封有功；诸侯专爵，爵有德。今瑰无他功行[77]，但以配阿母女[78]，一时之间，既位侍中，又至封侯，不稽旧制[79]，不合经义，行人喧哗[80]，百姓不安。陛下宜鉴镜既往，顺帝之则[81]。”尚书广陵翟酺[82]上疏曰：“昔窦、邓之宠，倾动四方，兼官重绂[83]，盈金积货，至使议弄神器[84]，改更社稷[85]，岂不以势尊威广[86]以致斯患乎！及其破坏[87]，头颡堕地[88]，愿为孤豚[89]，岂可得哉！夫致贵无渐，失必暴[90]；受爵非道，殃必疾[91]。今外戚宠幸，功均造化[92]，汉元[93]以来未有等比。陛下诚仁恩周洽[94]，以亲九族，然禄去公室，政移私门[95]，覆车重寻，宁无摧折[96]！此最安危之极戒[97]，社稷之深计也。昔文帝爱百金于露台[98]，饰帷帐于皂囊[99]，或有讥其俭者，上曰：‘朕为天下守财耳，岂得妄用之哉！’今自初政[100]以来，日月未久，费用赏赐，已不可算。敛天下之财，积无功之家[101]，帑藏单尽[102]，民物凋伤[103]，卒有不虞[104]，复当重赋，百姓怨叛既生，危乱可待也。愿陛下勉求[105]忠贞之臣，诛远[106]佞谄之党，割情欲之欢，罢宴私之好，心存亡国所以失之，鉴观兴王[107]所以得之，庶[108]灾害可息，丰年可招矣。”书奏，皆不省[109]。

（以上为第七段，写汉安帝报复诸舅，贬杀邓氏兄弟，汉安帝乳母王圣、亲信宦官江京等一帮贪婪小人得势。）

【注释】

[1]稍不可太后意：略使邓太后失望。[2]济北、河间王子：济北王刘寿之子刘懿，河间王刘开之子刘翼，皆安帝刘祜的从兄弟。[3]以为平原怀王后：以刘翼为平原王刘胜的后嗣。刘胜，和帝长子，早夭，无后。[4]中黄门：宦官名，位次中常侍。[5]毁短：说邓太后的坏话，挑拨离间。[6]忿惧：又忿恨又恐惧。[7]先有受罚者：早先曾受过邓太后处罚的宫女。[8]平原王：指刘翼。[9]“遂废”句：邓氏外戚，邓广宗、邓广德、邓忠、邓珍、邓甫

德等，一律免职夺爵为平民。庶人，平民。［10］故郡：故里所在之郡。邓氏故里在南阳郡新野县（今属河南）。［11］罗侯：罗县侯。罗县属长沙郡，汉时为荒远之地。邓骘原为上蔡侯。上蔡县属富庶的汝南郡。［12］庚辰：五月一日。［13］不食：绝食。［14］阎后：安帝皇后。［15］同产：同胞姐妹。［16］乐安侯邓康：乐安侯，应为夷安侯。邓禹三子为侯，第三子邓珍为夷安侯。邓康，邓珍之子，因谏邓太后让权被从家谱中除名，故不及祸。［17］丙申：五月十七日。［18］河间：刘翼父刘开的封国。治所乐成，在今河北献县东南。［19］先世无奏：指汉代和帝以前的几任皇帝没有追封皇后生父的上奏。［20］请故事：指陈宠要求张禹、徐防找出先例。［21］夺：绝断。［22］奏礼：据章校，有的版本"奏"作"奉"，是。［23］陷成其恶：罗织邓家罪状。胡三省评论，陈宠坚守原则是对的，其子陈忠为报私仇诬陷邓家是不对的。［24］京兆：郡名，即西汉京师长安地区，治所在今西安市。［25］肉袒舆榇：露出臂膀，车拉着棺材。以示死谏。［26］文母：周文王之母太任，有贤德之名。以邓太后比拟汉代的文母。［27］忧国：据章校，有的版本"国"下有"宗庙有主"四字。［28］社稷是赖：国家安定有了保证。指邓太后与邓骘谋立安帝，使皇室有了皇帝。据章校，有的版本，"社稷"作"王室"。［29］积善履谦：积善之人，必然脚踏福地。谦，谦逊而得福。典出《易经·坤卦·文言》："积善之家，必有余庆。"［30］单辞：单方面的指控。［31］利口倾险，反乱国家：贫嘴利舌最为险恶，危害国家。利口，巧言利舌。这两句是化用，语出《论语·阳货》篇："恶利口之覆邦家者。"［32］申证：明证，确凿证据。［33］狱不讯鞠：判案不审问，不调查。讯，审问。鞠，同"鞫"，查证。［34］罹此酷陷：遭受这样的残酷灾祸。［35］一门七人，并不以命：一家七口，死于非命。七人，邓骘，邓骘堂弟邓豹、邓遵、邓畅，邓畅之子邓凤，邓凤的堂弟邓广宗、邓忠，共是七人。［36］尸骸流离：尸首流散各地。［37］冤魂不反：冤魂不能返回祖先坟墓。指被贬死的邓氏不得安葬故土。［38］逆天感人：违背天理，伤害人和。［39］率土丧气：普天之下都在哀伤叹息。［40］收还家次：收尸还归故土安葬。［41］宠树遗孤：安抚抚养遗留下来的孤儿。［42］奉承血祀：祀奉香火。［43］言切：言论过激。［44］颇悟：颇有醒悟。［45］北芒：山名，在洛阳北临黄河之土山。［46］监羽林左军车骑：掌领羽林军的左军车骑。羽林军，皇宫禁卫军，分左、右监，各掌左、右车骑。［47］宋杨：安帝祖母宋贵人之父。［48］卿、校：卿，指九卿。校，指禁军诸校卫官。［49］迎帝于邸：迎立安帝于清河邸。清河邸，清河王在京师的官邸。［50］大长秋：官名，职掌皇后事务，或用宦官，或用士人。［51］中常侍：宫中官名，皇帝的贴身宦官。［52］黄门令：诸黄门宦官之长。［53］钩盾令：宦官，掌禁苑中游乐园。［54］扇动：摇动。［55］去秽：排除奸人。秽，污秽，喻奸人。［56］唐、虞：唐尧、虞舜。［57］俊乂：俊杰之士。［58］四凶：传说中唐虞时代的四大奸恶，即混沌、穷奇、梼杌、饕餮，被虞舜流放。［59］雍熙：和睦。［60］九德：九种高尚品德。《尚书·皋陶谟》所载九德为："宽而栗（豁达而谨慎）、柔而立（温和而有主见）、愿而恭（小心而庄重）、乱而敬（有干才而又认真。乱，治乱之才）、扰而毅（柔顺而果断）、直而温（正直而温和）、简而廉（大度而有原则）、刚而塞（刚正而不闭塞）、强而义（勇敢而又善良)。”［61］嬖幸：得宠小人。［62］阿母：保姆。［63］得遭千载：得遇千载难逢的机会。指王圣为安帝保姆。［64］推燥居湿：让出干地，自居湿地，喻母亲养育子女的献身精神，此指王圣侍奉安帝的辛劳。语出《孝经援神契》，曰：“母之于子也，鞠养殷勤，推燥居湿，绝少分甘也。”［65］过报劳苦：报答已超过了奉献劳苦而应得的回报。［66］无厌之心：永不满足的贪心。［67］纪极：约束极限，指自我克制。［68］外交属托：交接于外朝，为人说项。［69］损辱清朝：使清明的朝廷蒙受损害和污垢。［70］尘点：玷污。［71］“夫女子”四句：典出《论语·阳货》篇孔子之言，原文是：“孔子曰：唯女子与小人为难养也，近之则不逊，远之则怨。”难养，难以对待。［72］恩德两隆：恩与德两旺。王圣养护安帝有恩，安帝报赏王圣有德。［73］通：通奸。［74］经制：永存的法则，正常的制度。［75］防篡：防止篡夺。［76］专封：掌握封赏的权力。［77］功行：功劳品德。［78］配阿母女：取了皇帝保姆的女儿。［79］不稽旧制：不符合原有制度。稽，相合。［80］喧哗：议论纷纷。［81］顺帝之则：坚守君王的立场。［82］广陵翟酺：广陵，郡名，治所在今扬州市。翟酺，字子超，广汉雒（今四川广汉市）人，历仕安帝、顺帝两朝，官至将作大匠。传见《后汉书》卷四十八。［83］兼官重绂：身兼数职，掌握几颗印。绂，印纽。［84］议弄神器：干预政权。［85］改更社稷：更换皇帝。［86］势尊威广：权势太重，威望太高。［87］破坏：破败，垮台。［88］头颡堕地：人头落地。［89］愿为孤豚：想当一只猪仔。［90］致贵无渐，失必暴：富贵不是逐渐积累，就会突然丧失。暴，突然。［91］受爵非道，殃必疾：官爵不是正道得来，祸殃必然迅速来临。疾，速。［92］功均造化：外戚所受之禄与创造国家的皇室相等。功，指禄。造化，造物主，此指国家的缔造者皇室。［93］汉元：汉初。［94］仁恩周洽：恩德普施。［95］禄去公室，政移私门：皇帝手中已不能握有禄位，国家政权落入私人手中。［96］覆车重寻，宁无摧折：重走覆车之路，怎能不遭挫败！［97］极戒：已达最危险的警戒线。［98］文帝爱百金于露台：汉文帝不愿花费一百金修建露台。爱，吝惜，不愿花费。一百金，等于十家中人之产。一金，即一镒，为二十四两黄金。露台，观天象之台。［99］饰帷帐于皂囊：收集臣下送奏章的黑色绸袋拼合制作帷帐。饰，制作。皂囊，黑色的绸袋。皂，黑色。［100］初政：指安帝亲政。［101］积无功之家：国家财产转移到无功于国的私人手中。［102］帑藏单尽：国库枯竭。单，通“殚”。［103］民物凋伤：民生凋敝。［104］卒有不虞：突然发生变故。不虞，指未料到的变故，如战争、水旱之灾等。［105］勉求：努力寻求。［106］诛远：诛杀或疏远。［107］兴王：创业之君。［108］庶：庶几，差不多。［109］皆不省：全然不理。

秋，七月，己卯[1]，改元[2]，赦天下。

壬寅[3]，太尉马英薨。

烧当羌忍良等，以麻奴兄弟本烧当世嫡[4]，而校尉马贤[5]抚恤不至，常有怨心，遂相结，共胁将诸种寇湟中[6]，攻金城[7]诸县。八月，贤将先零种击之，战于牧苑[8]，不利。麻奴等又败武威、张掖郡兵于令居[9]，因胁将先零、沈氐诸种四千余户缘山西走，寇武威。贤追到鸾鸟[10]，招引之，诸种降者数千，麻奴南还湟中。

甲子[11]，以前司徒刘恺为太尉。初，清河相叔孙光坐臧抵罪[12]，遂增禁锢二世[13]。至是，居延都尉[14]范邠复犯臧罪，朝廷欲依光比；刘恺独以"《春秋》之义，善善及子孙，恶恶止其身，所以进人于善也[15]。如今使臧吏禁锢子孙，以轻从重[16]，惧及善人[17]，非先王详刑[18]之意也。"陈忠亦以为然。有诏："太尉议是。"

鲜卑其至鞬寇居庸关。九月，云中太守成严击之，兵败，功曹杨穆以身捍严[19]，与之俱殁[20]；鲜卑于是围乌桓校尉徐常于马城[21]。度辽将军耿夔与幽州刺史庞参发广阳、渔阳、涿郡[22]甲卒救之，鲜卑解去。

戊子[23]，帝幸卫尉冯石府，留饮十余日，赏赐甚厚，拜其子世为黄门侍郎[24]，世弟二人皆为郎中。石，阳邑侯鲂[25]之孙也，父柱尚显宗女获嘉公主，石袭公主爵，为获嘉侯，能取悦当世，故为帝所宠。

京师及郡国二十七雨水。

冬，十一月，己丑[26]，郡国三十五地震。

鲜卑寇玄菟。

尚书令祋讽[27]等奏，以为"孝文定约礼之制[28]，光武皇帝绝告宁之典[29]，贻则万世[30]，诚不可改，宜复断大臣行三年丧。"尚书陈忠上疏曰："高祖受命，萧何创制，大臣有宁告之科[31]，合于致忧之义[32]。建武之初，新承大乱，凡诸国政，多趣简易，大臣既不得告宁而群司[33]营禄念私[34]，鲜循[35]三年之丧以报顾复之恩[36]者，礼义之方，实为凋损[37]。陛下听大臣终丧，圣功美业[38]，靡以尚兹[39]。《孟子》曰[40]：'老吾老以及人之老，幼吾幼以及人之幼，天下可运于掌。'臣愿陛下登高北望，以甘陵之思[41]揆度臣子之心，则海内咸得其所。"时宦官不便之，竟寝忠奏。庚子[42]，复断二千石以上行三年丧。

袁宏论曰：古之帝王所以笃化美俗，率民[43]为善，因其自然而不夺其情，民犹有不及者，而况毁礼止哀，灭其天性乎！

十二月，高句骊王宫[44]率马韩[45]、涉貊数千骑围玄菟[46]，夫余王[47]遣子尉仇台将二万余人与州郡并力讨破之。是岁，宫死，子遂成立。玄菟太守姚光上言，欲因其丧，发兵击之，议者皆以为可许。陈忠曰："宫前桀黠[48]，光不能讨，死而击之，非义也。宜遣使吊问，因责让前罪，赦不加诛，取其后善。"帝从之。

（以上为第八段，写二十七郡国大雨，三十五郡国地震，西羌、鲜卑、高句骊侵扰，国家多事。）

【注释】

［1］己卯：七月一日。［2］改元：改永宁二年为建光元年。［3］壬寅：七月二十四日。［4］世嫡：嫡亲后裔。［5］校尉马贤：护羌校尉马贤。［6］湟中：湟水流域。［7］金城：县名，县治在今甘肃兰州市西固区。［8］牧苑：军马场。此指金城郡界内的军马场。［9］令居：县名，县治在今甘肃永登县西北。［10］鸾鸟：县名，武威郡属县，在今甘肃永昌县。［11］甲子：八月十六日。［12］坐臧抵罪：被控贪污判刑。臧，通"赃"。［13］增禁锢二世：增，加刑，其两代子孙被管制不得做官。禁锢，犹今之剥夺政治权利，书名另册，禁锢在家，不得出仕。［14］居延都尉：官名，即居延属国都尉，掌护居延城及内附的胡人。居延城，在今内蒙古额济纳旗北居延海边。［15］"《春秋》之义"四句：依据《春秋》的大义，对美好德行的报偿，应延及子孙，对罪恶的惩处只限于本身，为的是鼓励人们向善。《春秋》，指《春秋公羊传》，昭公二十年传原文："君子之善善也长，恶恶也短。恶恶止其身，善善及子孙。"［16］以轻从重：将轻罪重判。［17］惧及善人：刑太滥，恐怕会殃及善良的人。［18］详刑：详察用刑。［19］以身捍严：用身体遮护成严。［20］殁：战死。［21］马城：在今河北怀安县。［22］广阳、渔阳、涿郡：三郡皆属幽州。广阳治所蓟县，在今北京市。渔阳郡治所渔阳，在今北京市密云区西南。涿郡治所涿县，在今河北省涿州市。［23］戊子：九月十日。［24］黄门侍郎：官名，皇帝近侍，给事黄门（宫门）之内。［25］侯鲔：历仕中兴三朝，光武帝时官至司空。传见《后汉书》卷三十三。［26］己丑：十一月十二日。［27］祋（duì）讽：人名。［28］孝文定约礼之制：汉文帝遗诏，三年之丧，以日代月，规定三十六日即可释服。据章校，有的版本"文"下有"皇帝"二字。［29］光武皇帝绝告宁之典：光武帝又规定臣僚因父母之丧不得长期告假。绝，禁止。告宁，告假归家。［30］贻则万世：留下万世遵守的规矩。［31］宁告之科：指大臣守丧三年的法规。［32］致忧之义：哀伤的大义。［33］群司：百官。［34］营禄念私：追求功名利禄。［35］鲜循：很少遵行。［36］报顾复之恩：报答父母顾我复我之恩。典出《诗经·小雅·蓼我》云："父母生兮我，顾我复我，欲报之德，昊天罔极。"［37］凋损：衰敝，损害。［38］圣功美业：圣明君王美好的功业。［39］靡以尚兹：没有任何功业可以超过这三年之丧的大礼。［40］《孟子》

曰：引语见《孟子·梁惠王上》。［41］甘陵之思：指安帝对其生父刘庆的怀念之情。甘陵，刘庆之墓，在今河北清河县东，位于洛阳市西北。［42］庚子：十一月二十三日。［43］率民：导民。［44］宫：高宫。［45］马韩：当时朝鲜半岛南部三韩之一。三韩成品字形，中部是辰韩国，西南是马韩国，东南是弁辰国。［46］玄菟：郡名，其时郡治已北移至高句骊县，在今辽宁沈阳市东南。［47］夫余王：居地在今辽宁昌图县。［48］桀黠：桀骜狡猾。

延光元年（壬戌，122年）

春，三月，丙午[1]，改元，赦天下。

护羌校尉马贤追击麻奴，到湟中，破之，种众散遁。

夏，四月，京师、郡国四十一雨雹[2]，河西[3]雹大者如斗。

幽州刺史冯焕、玄菟太守姚光数纠发[4]奸恶，怨者诈作玺书[5]，谴责焕、光，赐以欧刀[6]，又下辽东都尉庞奋，使速行刑。奋即斩光，收焕[7]。焕欲自杀，其子绲疑诏文有异，止焕曰："大人在州，志欲去恶，实无他故。必是凶人妄诈，规肆奸毒[8]。愿以事自上，甘罪无晚。"焕从其言，上书自讼，果诈者所为，征奋，抵罪。

癸巳[9]，司空陈褒免。五月，庚戌[10]，宗正彭城刘授为司空。

己巳[11]，封河间孝王子德[12]为安平王，嗣乐成靖王[13]后。

六月，郡国蝗。

秋，七月，癸卯[14]，京师及郡国十三地震。

高句骊王遂成还汉生口，诣玄菟降，其后涉貊率服，东垂[15]少事。

虔人羌与上郡胡反，度辽将军耿夔击破之。

八月，阳陵[16]园寝火。

九月，甲戌[17]，郡国二十七地震。

鲜卑既累杀郡守，胆气转盛[18]，控弦[19]数万骑，冬，十月，复寇雁门、定襄；十一月，寇太原[20]。

烧当羌麻奴饥困，将种众诣汉阳[21]太守耿种降。

是岁，京师及郡国二十七雨水。

帝数遣黄门常侍及中使伯荣往来甘陵，尚书仆射陈忠上疏曰："今天心未得[22]，隔并屡臻[23]，青、冀[24]之域，淫雨漏河[25]，徐、岱[26]之滨[27]，海水盆溢[28]，兖、豫[29]蝗蝝滋生[30]，荆、扬[31]稻收俭薄[32]，并、凉[33]二州羌戎叛戾，加以百姓不足，府帑虚匮。陛下以不得亲奉孝德皇园庙，比遣中使致敬甘陵，朱轩[34]骈[35]马，相望道路，可谓孝至矣。然臣窃闻使者所过，威权翕赫[36]，震动郡县，王、侯、二千石至为伯荣独拜车下，发民修道，缮理[37]亭传[38]，多设储偫[39]，征役无度，老弱相随，动有万计，赂遗仆从，人数百匹[40]，顿踣呼嗟[41]，莫不叩心[42]。河间托叔父之属，清河有陵庙之尊，及剖符大臣，皆猥为伯荣屈节车下，陛下不问，必以为陛下欲其然也[43]。伯荣之威，重于陛下，陛下之柄，在于臣妾，水灾之发，必起于此。昔韩嫣托副车之乘，受驰视之使，江都误为一拜，而嫣受欧刀之诛[44]。臣愿明主严天元之尊[45]，正乾刚之位[46]，不宜复令女使干错万机[47]。重察左右，得无石显[48]漏泄之奸？尚书纳言[49]，得无赵昌谮崇之诈[50]？公卿大臣，得无朱博阿傅之援[51]？外属近戚，得无王凤害商之谋[52]？若国政一由帝命，王事每决于己，则下不得逼上，臣不得干君，常雨大水必当霁止，四方众异不能为害。”书奏，不省。

时三府[53]任轻，机事专委尚书，而灾眚变咎[54]，辄切免三公，陈忠上疏曰：“汉兴旧事[55]，丞相所请，靡有不听。今之三公，虽当其名而无其实，选举诛赏，一由尚书，尚书见任，重于三公，陵迟[56]以来，其渐久矣。臣忠心常独不安。近以地震，策免司空陈褒，今者灾异，复欲切让三公。昔孝成皇帝以妖星守心[57]，移咎丞相，卒不蒙上天之福，徒乖宋景之诚[58]；故知是非之分，较然[59]有归矣。又尚书决事，多违故典，罪法无例[60]，诋欺为先[61]，文惨言丑[62]，有乖章宪[63]。宜责求其意，割而勿听，上顺国典，下防威福[64]，置方员于规矩，审轻重于衡石[65]，诚国家之典，万世之法也！”

（以上为第九段，写四十一郡国冰雹。尚书仆射陈忠上奏汉安帝抑制群小，尊重三公九卿大臣以息灾害。）

【注释】

[1]丙午：三月二日。 [2]郡国四十一雨雹：四十一个郡国下冰雹。据章校，有的版本，“四”为“二”。 [3]河西：地区名，今甘肃河西走廊地区，当时为武威、张掖、酒泉、敦煌四郡。 [4]纠发：纠察举发。 [5]玺书：盖皇帝印的诏书。 [6]欧刀：刑刀。 [7]收焕：拘捕

冯焕。［8］规肆奸毒：严密而大胆策划的奸人毒计。［9］癸巳：四月十九日。［10］庚戌：五月七日。［11］己巳：五月二十六日。［12］河间孝王子德：河间王刘开，章帝之子，死谥孝。其子刘德，过继乐成王为后嗣，封为安平王。即改乐成国为安平国。［13］乐成靖王：明帝子刘党，封乐成王，死谥靖，两传以后，两度绝嗣。［14］癸卯：七月一日。［15］东垂：东部边疆。［16］阳陵：景帝陵。［17］甲戌：九月壬寅朔，无甲戌。甲戌，十月三日。［18］胆气转盛：胆量越来越大。［19］控弦：挽弓的骑士。［20］雁门、定襄、太原：东汉北方沿边诸郡。［21］汉阳：郡名，治所冀县，在今甘肃甘谷县。［22］天心未得：上天未回心转意。［23］隔并屡臻：水旱灾连连发生。隔并，指水旱灾交替。［24］青、冀：青州，今山东半岛。冀州，今河北中部。［25］淫雨漏河：过度下雨，黄河水满溢出河床。［26］徐、岱：徐州、泰山。［27］滨：沿海地区。［28］海水盆溢：海水上涨倒灌。［29］兖、豫：兖，兖州，今山东西部地区。豫，豫州，今河南。［30］蝗蝝滋生：蝗虫繁衍。蝝，蝗子。［31］荆、扬：荆，荆州，今两湖地区。扬，扬州，安徽、江西、江苏等地区。［32］稻收俭薄：稻谷歉收。［33］并、凉：并，并州，今山西。凉，凉州，今甘肃。［34］朱轩：红色马车，使者所乘。［35］骈：并。［36］翕赫：闹嚷嚷十分显赫。［37］缮理：修治。［38］亭传：亭障驿传。［39］多设储偫：多设仓廪，充实储备物资。［40］赂遗仆从，人数百匹：人民给中使及伯荣的随从行贿，以求自保，就要花费几百匹绢。［41］顿踣呼嗟：走投无路的小民，倒毙在地上呻吟。［42］叩心：哀号之声，叩击心灵。［43］陛下欲其然也：皇帝本意就是要这样。指纵容伯荣作威作福。［44］嫣受欧刀之诛：嫣，韩嫣，汉武帝宠臣，经常与汉武帝一起出入、休息，炙手可热。江都王刘非入朝，在上林苑遇见韩嫣乘坐皇帝副车，误认为是汉武帝，拜倒路旁，韩嫣不为礼，江都王泣于窦太后，韩嫣被诛。［45］严天元之尊：严肃元首的尊严。［46］正乾刚之位：庄重地坐皇帝之位。即大权独揽。［47］干错万机：干预国家大事。［48］石显：汉元帝时弄权宦官，常漏泄机密以谋利作奸。［49］纳言：进言。［50］赵昌谮崇之诈：赵昌，哀帝时尚书令，与哀帝宠幸的董贤勾结，陷害敢言直臣尚书仆射郑崇，崇死狱中。事见《资治通鉴》卷三十四哀帝建平四年。［51］朱博阿傅之援：朱博，哀帝时丞相，阿谀外戚傅氏以为党援。事详《资治通鉴》卷三十四哀帝建平二年。［52］王凤害商之谋：成帝时外戚王凤谋害丞相王商。事详《资治通鉴》卷三十成帝河平四年。［53］三府：司徒、司空、太尉三府。三府长官称三公。［54］灾眚变咎：灾变错误。灾、变，指天变及自然灾害。眚、咎，错误，指人祸。［55］汉兴旧事：汉朝旧例。据章校，有的版本“兴”作“典”。汉典旧事，指汉朝法律成例。［56］陵迟：衰替，指三公权力逐渐丧失。［57］妖星守心：火星徘徊于心宿附近。成帝时荧惑守心，切让丞相翟方进，使之自杀。事见《资治通鉴》卷三十三成帝绥和二年。［58］徒乖宋景之诚：汉家以灾变追究三公的做法，只不过是违背宋景公的美德。春秋时宋景公头曼不肯将天灾转嫁大臣，终于蒙受上天之福。［59］较然：鲜明。［60］罪法无例：随意定罪。［61］诋欺为先：不依法律，一味欺骗。［62］文惨言丑：语言尖刻恶毒。［63］有乖章宪：违背法典。［64］下防威福：对下防止被人利用作威作福。［65］置方员于规矩，审轻重于衡石：运用方矩和圆规去画方和圆，用秤去称轻重。喻办事应依规矩法典。

汝南太守山阳王龚[1]，政崇宽和，好才爱士。以袁阆为功曹，引进郡人黄宪[2]、陈蕃[3]等；宪虽不屈，蕃遂就吏。阆不修异操而致名当时，蕃性气高明，龚皆礼之，由是群士莫不归心。

宪世贫贱，父为牛医。颍川荀淑[4]至慎阳[5]，遇宪于逆旅[6]，时年十四；淑竦然[7]异之，揖与语，移日[8]不能去，谓宪曰："子，吾之师表也。"既而前至袁阆所，未及劳问，逆曰："子国有颜子[9]，宁识之乎？"阆曰："见吾叔度耶？"是时同郡戴良[10]，才高倨傲[11]，而见宪未尝不正容，及归，罔然[12]若有失也。其母问曰："汝复从牛医儿来邪？"对曰："良不见叔度，自以为无不及；既睹其人，则瞻之在前，忽然在后[13]，固难得而测矣。"陈蕃及同郡周举尝相谓曰："时月之间[14]，不见黄生，则鄙吝之萌[15]复存乎心矣。"太原郭泰[16]，少游汝南，先过袁阆，不宿而退[17]；进，往从宪，累日[18]方还。或以问泰，曰："奉高[19]之器[20]，譬诸氿滥[21]，虽清而易挹[22]。叔度汪汪若千顷陂[23]，澄之不清，淆不之浊，不可量也。"宪初举孝廉，又辟公府[24]。友人劝其仕，宪亦不拒之，暂到京师[25]，即还，竟无所就，年四十八终。

范晔论曰：黄宪言论风旨[26]，无所传闻；然士君子见之者靡不服深远，去玼吝[27]，将以道周性全[28]，无德而称[29]乎！余曾祖穆侯[30]以为："宪，隤然[31]其处顺，渊乎其似道[32]，浅深莫臻其分[33]，清浊未议其方[34]，若及门于孔氏，其殆庶乎[35]！"

（以上为第十段，写名士黄宪的器量风采。）

【注释】

[1]王龚：字伯宗，山阳郡高平县（今山东独山湖东岸）人，仕安帝、和帝两朝，历官郡守、司隶校尉、太仆、太常、司空，官至太尉。传见《后汉书》卷五十六。 [2]黄宪：字叔度，汝南慎阳县（在今河南正阳县北）人，东汉名士，不受征辟，年四十八卒，天下号为"征君"。传见《后汉书》卷五十三。 [3]陈蕃：字仲举，汝南平舆县（在今河南汝南县东南）人，仕桓、灵二帝，为党人领袖，官至太尉，与大将军窦武谋诛宦官，事泄，被宦官王甫所害。传见《后汉书》卷六十六。 [4]荀淑：字季和，颍川郡颍阴县（今河南许昌市）人，东汉经学家。传见《后汉书》

卷六十二。［5］慎阳：县名，县治在今河南正阳县。［6］逆旅：旅店。［7］竦然：惊异的样子。［8］移日：日影移晷，很长的时间。［9］颜子：即孔子弟子颜回。荀淑以黄宪比颜子。［10］戴良：字叔鸾，与黄宽同县人，生性高傲，自比当世孔子，大禹转世，终身不仕。传见《后汉书》卷八十三。［11］倨傲：高傲看不起人。［12］罔然：失意的样子。［13］瞻之在前，忽然在后：看看好像在前面，忽然又到后面去了。这两句话是颜回赞颂孔子的学问高深莫测之语，见《论语·子罕》篇。［14］时月之间：三月之间。三月为一时。［15］鄙吝之萌：卑鄙可耻的念头。［16］郭泰：又作郭太，字林宗，太原郡介休（今山西介休市）人，东汉末太学生领袖，经学家，门徒数千人。传见《后汉书》卷六十八。［17］退：告退，返还。［18］累日：一连住了几天。［19］奉高：袁阆之字。［20］器：识量。［21］氿（guǐ）滥：泉水支流。［22］挹：舀取。［23］千顷陂：千顷大湖。［24］辟公府：被三公府征召。［25］暂到京师：只在京师作短暂停留。［26］风旨：见解。［27］去玼吝：扫除了头脑中的污秽念头。玼，通“疵”。［28］道周性全：道德周备，心性完美。［29］无德而称：道德至大无可以拟，故无法称名。［30］曾祖穆侯：范晔曾祖穆侯范汪，字玄平，西晋安北将军。汪生宁，宁生泰，泰生晔。［31］隤然：柔顺的样子。［32］渊乎其似道：所具道义如同深渊，不可测量。［33］浅深莫臻其分：深浅无法估计。［34］清浊未议其方：清浊不能干扰他的心田。方，方寸，指心。［35］若及门于孔氏，其殆庶乎：若果黄宪赶上给孔子做学生，那就差不多了。殆，近，近于为圣人。

二年（癸亥，123 年）

春，正月，旄牛夷[1]反，益州刺史张乔击破之。

夏，四月，戊子[2]，爵乳母王圣为野王君。

北匈奴连与车师入寇河西，议者欲复闭玉门、阳关[3]以绝其患。敦煌太守张珰上书曰：“臣在京师，亦以为西域宜弃，今亲践其土地，乃知弃西域则河西不能自存。谨陈西域三策：北虏呼衍王常展转蒲类、秦海之间[4]，专制[5]西域，共为寇钞。今以酒泉属国吏士二千余人集昆仑塞[6]，先击呼衍王，绝其根本，因发鄯善兵五千人胁车师后部，此上计也。若不能出兵，可置军司马，将士五百人，四郡[7]供其犁牛、谷食[8]，出据柳中[9]，此中计也。如又不能，则宜弃交河城[10]，收鄯善等悉使入塞，此下计也。”朝廷下其议。陈忠[11]上疏曰：“西域内附日久，区区东望扣关者数矣，此其不乐匈奴、慕汉之效也。今北虏已破车师，势必南攻鄯善，弃而不救，则诸国从矣。若然，则虏财贿[12]益增，胆势益殖，威临南羌[13]，与之交通，如此，河西四郡危矣。河西既危，不可不救，则百倍之役兴，不訾之费[14]发矣。议者但念西域绝远，恤之烦费，不见孝武苦心勤劳之意也。方今敦煌孤危，远来告急；复不辅助，内无以慰劳吏民[15]，外无以威示百蛮，蹙国减土[16]，非良计也。臣以为敦煌宜置校尉，按旧增四郡屯兵，以西抚诸国。”帝纳之，于是复以班勇为西域长史[17]，将兵五百人出屯柳中。

秋，七月，丹阳[18]山崩。

九月，郡国五雨水。

冬，十月，辛未[19]，太尉刘恺罢；甲戌[20]，以司徒杨震为太尉，光禄勋东莱[21]刘熹为司徒。大鸿胪耿宝自候[22]震，荐中常侍李闰兄于震曰："李常侍国家所重，欲令公辟其兄；宝唯传上意耳。”震曰："如朝廷欲令三府辟召，故宜有尚书敕。”宝大恨而去。执金吾[23]阎显亦荐所亲于震，震又不从。司空刘授闻之，即辟此二人；由是震益见怨。时诏遣使者大为王圣修第[24]；中常侍樊丰及侍中周广、谢恽等更相扇动，倾摇朝廷。震上疏曰："臣伏念方今灾害滋甚，百姓空虚，三边[25]震扰，帑藏匮乏，殆非社稷安宁之时。诏书为阿母兴起第舍，合两为一[26]，连里竟街[27]，雕修缮饰[28]，穷极巧伎[29]，攻山采石[30]，转相迫促，为费巨亿。周广、谢恽兄弟，与国无肺府枝叶之属[31]，依倚[32]近幸奸佞之人，与之分威共权，属托[33]州郡，倾动大臣，宰司辟召，承望旨意，招来海内贪污之人，受其货赂，至有臧锢弃世之徒[34]，复得显用；白黑浑淆，清浊同源，天下讙哗，为朝结讥[35]。臣闻师言，上之所取，财尽则怨，力尽则叛，怨叛之人，不可复使[36]，惟陛下度之！”上不听。

鲜卑其至鞬自将万余骑攻南匈奴于曼柏[37]，薁鞬日逐王战死，杀千余人。

十二月，戊辰[38]，京师及郡国三地震。

陈忠荐汝南周燮[39]、南阳冯良[40]学行深纯，隐居不仕，名重于世；帝以玄纁羔币[41]聘之，燮宗族更劝之曰："夫修德立行，所以为国，君独何为守东冈之陂[42]乎？”燮曰："夫修道者度其时而动，动而不时，焉得亨[43]乎！”与良皆自载至近县[44]，称病而还。

（以上为第十一段，写匈奴入侵车师，朝廷主张闭玉门关弃西域之声再度鹊起，尚书令陈忠严厉驳斥，诏令班勇为西域长史，驻屯柳中。）

【注释】

［1］旄牛夷：居于旄牛县的夷人。旄牛县在今四川汉源县。［2］戊子：四月二十日。［3］玉门、阳关：二关名。玉门关，在今甘肃敦煌市西北。阳关，在敦煌市西南。［4］展转蒲类、秦海之间：往来放牧于蒲类海与秦海之间。蒲类海，指今新疆巴里坤湖。秦海，李贤注认为指大秦国之海，即地中海。以当时地望形势来看，秦海应为中亚的巴尔喀什湖。［5］专制：控制。［6］昆仑塞：亭障名，即敦煌郡广至县县治昆仑障，在今甘肃瓜州县西南。［7］四郡：指河西四郡，武威、酒泉、张掖、敦煌。［8］供其犁牛、谷食：提供屯垦物资。［9］柳中：城名，在今新疆吐鲁番市东南，班勇为西域长史驻屯于此。［10］交河城：在今吐鲁番市西。［11］陈忠：字伯始，司空陈宠之子，精通刑律，主张缓刑，疾恶群小，礼待大臣，疏奏多言时务。历官尚书、尚书令、司隶校尉、江夏太守。陈忠言西域事，时任尚书令。传见《后汉书》卷四十六。［12］财贿：财富。贿，西域各国之贡赋。［13］南羌：南山羌，即居于祁连山以及山南湟中之羌人。［14］不訾之费：无法估量的费用。訾，计量。［15］慰劳吏民：安抚守边的敦煌吏民。［16］蹙国减土：伤害国家，削减领土。［17］西域长史：官名，西域都护长史，为都护的参谋官。不置都护时，长史为全权军政官。［18］丹阳：郡名，治所宛陵，在今安徽宣城市。［19］辛未：十月六日。［20］甲戌：十月九日。［21］东莱：郡名，治所黄县，在今山东龙口市东。［22］候：晋见。［23］执金吾：官名，督巡三辅的治安长官。［24］大为王圣修第：大规模地为安帝奶娘王圣修建住宅。［25］三边：东、西、北三面边疆。其时，东有鲜卑、乌桓，西有西羌，北有匈奴。［26］合两为一：合两坊的街市建成为一姓的住宅。［27］连里竟街：两坊相连，占完了一整条街。［28］雕修缮饰：雕刻装饰。［29］穷极巧伎：穷尽人间工艺，即巧夺天工。［30］攻山采石：凿山开石。［31］与国无肺府枝叶之属：跟皇室没有亲属关系，甚至连枝叶都谈不上。府，同“腑”。［32］依倚：投靠。［33］属托：请托。［34］臧锢弃世之徒：因贪赃而被剥夺政治权利受人唾弃的人。［35］为朝结讥：给朝廷引来讥刺。［36］不可复使：不可以再驱使。［37］曼柏：城名，南匈奴内附的治所，在今内蒙古鄂尔多斯市东胜区西北。［38］戊辰：十二月四日。［39］周燮：字彦祖，汝南安城县（在今河南汝南县东南）人，精通《礼》《易》，品行廉正，为乡里所称，称病不受征召，终老田园。传见《后汉书》卷五十三。［40］冯良：字君郎，志行高洁，逃隐不受征召。与周燮同传。［41］玄纁羔币：以黑色绸缎及羊羔作为聘礼。币，礼品。［42］东冈之陂：周燮住汝南安城，有先人草庐在城东山坡上。［43］亨：通。［44］自载至近县：自己主动坐私车到所在就近的县府说明不受征召的原因。汉制，公府辟召，无故不应征，是为大不敬。

三年（甲子，124年）

春，正月，班勇至楼兰，以鄯善归附，特加三绶[1]，而龟兹王白英犹自疑未下；勇开以恩信，白英乃率姑墨、温宿[2]，自缚诣勇，因发其兵步骑万余人到车师前王庭[3]，击走匈奴伊蠡王于伊和谷，收得前部五千余人，于是前部始复开通；还，屯田柳中。

二月，丙子[4]，车驾东巡。辛卯[5]，幸泰山。三月，戊戌[6]，幸鲁[7]；还，幸东平[8]，至东郡[9]，历魏郡、河内[10]而还。

初，樊丰、周广、谢恽等见杨震连谏不从，无所顾忌，遂诈作诏书，调发司农钱谷[11]、大匠见徒材木[12]，各起冢舍、园池、庐观[13]，役费无数。震复上疏曰："臣备台辅[14]，不能调和阴阳，去年十二月四日，京师地动，其日戊辰[15]；三者皆土[16]，位在中宫，此中臣、近官持权用事之象也。臣伏惟陛下以边境未宁，躬自菲薄[17]，宫殿垣屋倾倚[18]，枝拄而已[19]。而亲近幸臣，未崇断金[20]，骄溢[21]逾法[22]，多请徒士[23]，盛修第舍[24]，卖弄威福，道路讙哗，地动之变，殆为此发。又，冬无宿雪[25]，春节未雨[26]，百僚焦心，而缮修不止，诚致旱之征也。惟陛下奋乾刚之德[27]，弃骄奢之臣，以承皇天之戒！"震前后所言转切[28]，帝既不平之，而樊丰等皆侧目[29]愤怨，以其名儒，未敢加害。会河间男子赵腾上书指陈得失，帝发怒，遂收考诏狱，结[30]以罔上不道[31]。震上疏救之曰："臣闻殷、周哲王[32]，小人怨詈，则还自敬德[33]。今赵腾所坐，激讦谤语[34]，为罪与手刃犯法有差，乞为亏除[35]，全腾之命，以诱刍荛舆人之言[36]。"帝不听，腾竟伏尸都市。及帝东巡，樊丰等因乘舆在外，竞修第宅，太尉部掾高舒召大匠令史[37]考校[38]之，得丰等所诈下诏书，具奏，须行还上之，丰等惶怖。会太史言星变逆行，遂共谮震云："自赵腾死后，深用怨怼[39]；且邓氏故吏，有恚恨之心。"壬戌[40]，车驾还京师，便时太学[41]，夜，遣使者策收震太尉印绶；震于是柴门[42]绝宾客。丰等复恶之，令大鸿胪[43]耿宝奏："震大臣，不服罪，怀恚望。"有诏，遣归本郡[44]。震行至城西夕阳亭[45]，乃慷慨谓其诸子、门人曰："死者，士之常分。吾蒙恩居上司，疾奸臣狡猾而不能诛，恶嬖女[46]倾乱而不能禁，何面目复见日月！身死之日，以杂木为棺，布单被[47]，裁[48]足盖形，勿归冢次[49]，勿设祭祀！”因饮鸩[50]而卒。弘农太守移良承樊丰等旨，遣吏于陕县[51]留停震丧，露棺道侧，谪[52]震诸子代邮行书[53]；道路皆为陨涕[54]。

（以上为第十二段，写群小陷害太尉杨震。）

【注释】

[1]特加三绶：特别赠赐鄯善王有三条绣带的王印。 [2]龟兹、姑墨、温宿：西域国名。龟兹王城在今新疆库车市。姑墨王城在今温宿县。温宿王城在今乌什县。 [3]车师前王庭：治交河城，在今新疆吐鲁番市西南。 [4]丙子：二月十三日。 [5]辛卯：二月二十八日。 [6]戊戌：三月五日。 [7]鲁：封国名，治所鲁县，在今山东曲阜市。 [8]东平：封国名，治所在今山东东平县东。 [9]东郡：郡名，治所在今河南濮阳市南。 [10]魏郡、河内：两郡名。魏郡治所邺县，在今河北磁县东南。河内郡治所怀县，在今河南武陟县西。 [11]司农钱谷：大司农掌管的粮钱。 [12]大匠见徒材木：将作大匠所掌管的建筑工人及建材。将作大匠，掌修宫室。[13]冢舍、园池、庐观：住宅、花园、亭台。 [14]台辅：三公辅佐。 [15]其日戊辰：去年十二月四日为戊辰。 [16]三者皆土：戊辰日，戊与辰为天干、地支序数之五,五属土，故曰三者皆有土。 [17]躬自菲薄：对自己十分节俭。 [18]倾倚：倾斜。 [19]枝拄而已：仅仅是加固支撑而已。 [20]未崇断金：不遵尚断金之义，即不与主上同心。断金，典出《易经·系辞》，曰：“二人同心，其利断金。” [21]骄溢：骄傲奢侈。 [22]逾法：超越礼制法度。 [23]多请徒士：大量征调囚徒军工。 [24]盛修第舍：大修私宅。 [25]宿雪：越冬的积雪。 [26]春节未雨：立春已过，仍未下雨。 [27]奋乾刚之德：振奋起阳刚的独断精神。乾刚，指男性。 [28]转切：率直。 [29]侧目：横目，怒目。 [30]结：终审。 [31]罔上不道：欺君犯大逆不道之罪。[32]哲王：圣王。 [33]小人怨詈，则还自敬德：小民咒骂，仍反躬自省，培养恩德。 [34]激讦谤语：言辞激烈，诽谤政府。 [35]亏除：减除，赦免。 [36]以诱刍荛舆人之言：用以诱导小民关心国家大事。刍荛，樵夫。《诗经·大雅·板》：“询于刍荛。”舆人，赶车人。《左传》僖公二十八年，晋文公与楚战于城濮，“听舆人之诵曰”云云。 [37]大匠令史：将作大匠属吏。令史，掌管具体事务。 [38]考校：核查。 [39]怨怼：怨恨。 [40]壬戌：三月二十九日。 [41]便时太学：车驾停留在太学休息，以待吉日入宫。[42]柴门：杜门谢客。[43]大鸿胪：九卿之一，职掌典礼及少数民族事务。 [44]本郡：故乡本郡。杨震故乡在弘农华阴。 [45]夕阳亭：洛阳城西之亭，送行人饯行分别之地。 [46]嬖女：指伯荣。 [47]布单被：用单层麻布遮盖尸身。[48]裁：通“才”，仅仅。 [49]勿归冢次：不要葬于祖宗墓地。 [50]鸩：毒酒。 [51]陕县：县名，县治在今河南三门峡市。 [52]谪：处罚。 [53]代邮行书：代驿吏当差，传送文书。[54]陨涕：落泪。

太仆征羌侯来历[1]曰："耿宝托元舅之亲，荣宠过厚，不念报国恩，而倾侧[2]奸臣，伤害忠良，其天祸亦将至矣。"历，歙之曾孙也。

夏，四月，乙丑[3]，车驾入宫。

戊辰[4]，以光禄勋冯石为太尉。

南单于檀死，弟拔立，为乌稽侯尸逐鞮单于。时鲜卑数寇边，度辽将军耿夔与温禺犊王呼尤徽将新降者连年出塞击之，还使屯列冲要。耿夔征发烦剧[5]，新降者皆怨恨，大人阿族[6]等遂反，胁呼尤徽欲与俱去。呼尤徽曰："我老矣，受汉家恩，宁死，不能相随！"众欲杀之，有救者，得免。阿族等遂将其众亡去。中郎将马翼与胡骑追击，破之，斩获殆尽。

日南[7]徼外蛮夷内属。

六月，鲜卑寇玄菟。

庚午[8]，阆中[9]山崩。

秋，七月，辛巳[10]，以大鸿胪耿宝为大将军。

（以上为第十三段，写南匈奴叛离。）

【注释】

[1]来历：字伯珍，东汉开国功臣来歙之曾孙。仕和帝、安帝、顺帝三朝，官至车骑将军。传见《后汉书》卷十五。[2]倾侧：偏向，投靠。[3]乙丑：四月二日。[4]戊辰：四月五日。[5]征发烦剧：征调的人力物力频繁而量大。[6]阿族：人名，鲜卑一部的酋长。[7]日南：郡名，当今越南中部地区。[8]庚午：六月八日。[9]阆中：县名，县治在今四川阆中市。[10]七月，辛巳：七月壬辰朔，无辛巳。辛巳，八月二十日。据章校，有的版本，"七月"作"八月"，是。

王圣、江京、樊丰等谮太子乳母王男、厨监邴吉等，杀之，家属徙比景[1]；太子思男、吉，数为叹息。京、丰惧有后害[2]，乃与阎后妄造虚无[3]，构谗太子及东宫官属。帝怒，召公卿以下，议废太子。耿宝等承旨，皆以为当废。太仆来历与太常桓焉[4]、廷尉犍为张皓议曰："经说，年未满十五，过恶不在其身；且男、吉之谋，太子容有不知；宜选忠良保傅[5]，辅以礼义。废置事重，此诚圣恩所宜宿留[6]！"帝不从。

焉，郁之子也。张皓退，复上书曰："昔贼臣江充造构谗逆[7]，倾覆[8]戾园[9]，孝武[10]久乃觉寤[11]，虽追前失，悔之何及。今皇太子方十岁，未习保傅之教，可遽责[12]乎！"书奏，不省。九月，丁酉[13]，废皇太子保为济阴王，居于德阳殿[14]西钟下[15]。来历[16]乃要结光禄勋祋讽、宗正[17]刘玮、将作大匠薛皓、侍中闾丘弘[18]、陈光、赵代、施延、太中大夫九江[19]朱伥等十余人，俱诣鸿都门[20]证太子无过。帝与左右患之，乃使中常侍奉诏胁[21]群臣曰："父子一体，天性自然；以义割恩[22]，为天下也。历、讽等不识大典[23]，而与群小共为讙哗，外见忠直，而内希后福[24]，饰邪违义[25]，岂事君之礼！朝廷广开言路，故且一切假贷[26]；若怀迷不反[27]，当显明刑书[28]。"谏者莫不失色。薛皓先顿首曰："固宜如明诏。"历怫然[29]，廷诘皓曰："属通谏何言，而今复背之？大臣乘朝车，处国事，固得辗转若此[30]乎！"乃各稍自引起[31]。历独守阙[32]，连日不肯去[33]。帝大怒。尚书令陈忠与诸尚书遂共劾奏历等，帝乃免历兄弟官，削国租[34]，黜历母武安公主[35]不得会见。

陇西郡始还狄道[36]。

烧当羌豪麻奴死，弟犀苦立。

庚申晦[37]，日有食之。

冬，十月，上行幸长安；十一月，乙丑[38]，还雒阳。

是岁，京师及诸郡国二十三地震，三十六大水、雨雹[39]。

（以上为第十四段，写王圣、江京集团谗害太子刘保，太子被废为济阴王。）

【注释】

[1]比景：县名，在今越南洞海市。[2]后害：后患。[3]妄造虚无：捏造证据。[4]桓焉：字叔元，明帝师桓荣之孙，和帝时太常桓郁之子。祖孙三代修明经学，同传。见《后汉书》卷三十七。[5]保傅：少保、少傅。[6]宿留：停留。[7]造构谗逆：捏造证据谗害太子，犯下欺君之罪。逆，欺君大逆。[8]倾覆：推倒。[9]戾园：指戾太子刘据。[10]孝武：汉武帝。[11]觉寤：醒悟。[12]遽责：重加责备。[13]丁酉：九月七日。[14]德阳殿：洛阳宫中大殿，每年元旦举行朝会之殿，可容纳万人。[15]西钟下：殿西厢钟楼下。[16]来历：字伯珍，开国功臣来歙第四代孙。来历要结（即为首联合）公卿上书谏阻安帝废太子，时任太仆。顺帝立，迁

来历为卫尉，官至车骑将军，朝廷咸称为社稷臣。传见《后汉书》卷十五。［17］宗正：九卿之一，掌皇室事务。［18］闾丘弘：人名。闾丘为复姓。［19］九江：郡名，治所阴陵，在今安徽定远县西北。［20］鸿都门：皇宫宫门。［21］胁：威胁。［22］以义割恩：用大义割断父子之情。［23］不识大典：不识大体。［24］内希后福：内心不过是希望谋求未来的福祉。［25］饰邪违义：掩饰邪恶，违背大义。［26］一切假贷：一概宽大。［27］怀迷不反：执迷不悟。反，回心转意。［28］显明刑书：鲜明地按国法惩治。［29］怫然：变脸色，严肃的样子。［30］辗转若此：反复无常竟至如此。［31］乃各稍自引起：但是其他官员也陆续地站起来退出朝去。［32］守阙：守在鸿都门下。［33］连日不肯去：接连几天不肯离去。［34］削国租：夺走来历封国征羌国的租赋。［35］武安公主：明帝之女，安帝的祖姑，来历之母，来棱妻。［36］陇西郡始还狄道：陇西郡治所迁回狄道县。安帝永初五年（111），陇西郡徙治襄武，在今甘肃漳县。狄道，在今甘肃临洮县。［37］庚申晦：九月三十日。［38］乙丑：十一月六日。［39］雨雹：下冰雹。

【点评】

本卷点评下列四事。

一、袁敞蒙冤。袁敞字叔平，汝南郡汝阳县人。汉汝阳在今河南商水县西南。汝南袁氏是东汉著名经学传世的世家大族。袁敞父袁安，袁敞兄子袁汤，袁汤子袁逢、袁隗，五人皆位三公，史称四世三公。袁敞精通《易经》，历官将军、大夫、侍中，出为东郡太守，征拜太仆、光禄勋，元初三年（116）为司空。袁敞仕和帝、安帝两朝，德高望重，为国之干城。他品性刚正廉洁，不阿权贵，大将军邓骘深为不满，想方设法抓袁敞的辫子。一个偶然事件使袁敞落入陷阱。尚书郎张俊要举奏两位同僚尚书郎朱济、丁盛品行不修，两人抓住张俊与袁敞儿子袁俊有私交通信，朱济、丁盛恶人先告状，诬陷张俊泄露国家机密，把张俊、袁俊一并打入死囚牢中。袁敞被罢官，自杀。张俊上疏申辩，邓太后下诏减死一等。邓太后为了维护外戚权势，容不下贤士立于朝。邓太后临朝，在位三公，张禹、尹勤、梁鲔、徐防、张敏、李修、司马苞、马英等，都是庸才。断送西域、征讨西羌屡败的任尚，因趋附邓氏而不被罢黜。邓太后所得贤名，无非是提倡节俭，平反几桩冤案，有谦让之风而已。袁敞蒙冤，彰显了邓氏外戚的跋扈，也预示了邓氏的灭亡。

二、杜根避祸有智慧。尚书郎杜根因上书邓太后劝其归政皇帝，遭到捕杀，抛尸城外，杜根只是休克昏死，复苏后诈死，三天三夜不吃不喝不动，乃至眼中生蛆，这才躲过了检查人员的眼睛，得以逃亡山中，在一家酒店做杂活。杜根艰苦生活了十五年，直至邓太后死，安帝亲政后才出山，安帝征用其为侍御史。有人问杜根，天下的人都愿意保护你，为何跑到山中吃苦？杜根回答："躲藏在民间亲友中，一旦暴露，株连亲友，我杜根不做这样的事。"杜根的选择是绝佳的避祸方法。一个被通缉的逃亡犯，亲友本身就是被追查的线索，或者亲友因害怕而揭发报案，所以往往投亲靠友的逃亡犯大多以悲剧告终。秦始皇通缉张耳、陈馀，张耳、陈馀两人逃到谁也不认识的外黄县，找了一个村庄当看门人，躲过了劫难。东汉末张俭逃亡，祸及万家。杜根躲到深山，藏身酒家，智慧高人一等。这智慧来源于杜根不愿株连亲友的高尚品德。

三、名士黄宪的器量风采。黄宪，字叔度，汝南郡慎阳县人。汉慎阳县治在今河南正阳县北。黄宪出生在一个贫困的牛医之家，没有条件入名门受教大师。他年十四就知名当时，汝南太守王龚征召当地名士为郡吏，袁阆、陈蕃应召为郡功曹，黄宪不就征，于是名气越来越大。当时的学问泰斗，颍川荀淑称赞黄宪是当代颜渊，可以当他的老师，太原郭林宗造访称赞黄宪的学问气度如同汪洋大海，深不可测。同郡戴良，恃才傲物，自比是当世孔子，大禹转世，谁也看不起，可是见了黄宪，甘拜下风，失魂落魄，称赞黄宪高不可攀。但是黄宪没有留下一言一行可为后世效法的事迹。黄宪何以有如此大的名声呢？一是他不苟言笑，使人莫测高深。二是他安贫乐道，一辈子不做官。假名士做不到，真名士也很少有这等境界。郭林宗有学问，但不做官，与天下士子交游被奉为领袖。名士们需要互相标榜，还需要树立一尊雕像供人膜拜，黄宪就是这样应运而生的。

四、安帝废太子。安帝长子刘保，李妃所生。安帝皇后阎氏无子，妒忌李氏，杀之。安帝永宁元年（120），刘保六岁，被立为皇太子。安帝为清河王刘庆妃耿氏所生，耿氏兄耿宝，牟平侯耿舒之孙。安帝入继大统即位为皇帝，耿宝为帝舅，任大将军。耿宝趋附皇后，与中常侍樊丰和江京、安帝乳母王圣、皇后兄阎显等结为同党，借故害死太子乳母王男、太子厨监邴吉。然后称太子怨恨，请安帝废太子。这是皇后阎氏在背后策划的一场不流血的宫廷政变，废储君太子为自己的未来清除障碍。安帝延光三年（124），安帝不顾大臣谏阻，强行废太子刘保为济阴王。第二年安帝崩，阎皇后与阎显兄弟及中常侍江京、樊丰等册立济北王刘寿之幼子北乡侯为皇帝，史称少帝。阎皇后被尊为太后，临朝。阎显兄弟妒忌大将军耿宝，以耿宝与樊丰、王圣结党为名，予以诛杀，乱了自己同盟，为废太子济阴王复辟奠定基础。少帝立，半年后夭亡，阎太后与阎显兄弟还想如法炮制，征济北王、河间王幼子入京，还没到达，中黄门孙程等抢先发动宫廷政变，拥立济阴王刘保即位，是为顺帝，阎显一党伏诛。

光武帝废嫡立贤，乱了宗法。明帝刘庄为光武帝第四子，此后章帝刘炟为明帝第五子，和帝刘肇为章帝第四子，而安帝则是诸侯王子入继大统，故安帝不费力气就废了太子。阎皇后又开了诸侯王子入继大统的先例，导致宫廷政变、宦官得势的局面。东汉一朝有五位诸侯王子入继大统：安帝刘祜，北乡侯刘懿，质帝刘缵，桓帝刘志，灵帝刘宏。东汉一朝有七位太后临朝：明德马皇后，章德窦皇后，和熹邓皇后，安思阎皇后，顺烈梁皇后，桓思窦皇后，灵思何皇后。以上七位皇后，尊为皇太后后皆临朝，其中邓太后、阎太后、梁太后、窦太后四位太后均贪权立幼，外戚势盛。幼君年长，依靠宦官夺权，宦官势盛。于是东汉宫廷政变，流血的与不流血的，不断发生，中央政局动荡不宁。究其所以，光武帝自乱宗法，开了恶例；三公权轻，无法制衡内宫，此为光武帝过度集权之弊。安帝废太子及其后果，把光武帝肇启的两大政治积弊彰显无遗。

卷五一　汉纪四十三

汉安帝延光四年至汉顺帝阳嘉二年（125—133 年）

【起旃蒙赤奋若（乙丑，125 年），尽昭阳作噩（癸酉，133 年），凡九年】

【大事提要】

本卷记事起公元 125 年，讫公元 133 年，凡九年，当安帝延光四年至顺帝阳嘉二年，载顺帝一朝前期史事。顺帝在位十九年，国家多事，史分两卷。顺帝为皇太子被废，借宦官之力得以即位，宦官孙程等十九人皆封为侯，由此，宦官势力炽盛。阎太后临朝，阎氏兄弟共掌权要，威福自专而庸劣无才，阎太后贪权立幼，策立年幼的北乡侯刘懿入继大统，半年后病亡，阎氏根基不牢，顷刻倒台。顺帝亲政，欲有一番作为，征召名士及敢言之士上书言事。受征士人郎𫖮上疏言七事，皆有益于国。尚书令左雄建言延长地方官任期，少调动以省送往迎来之费，加大考核力度以清吏治。名士樊英徒有虚名，受朝廷征召而无奇策善言。司马光认为此等浮华之士乃少正卯之流，应加诛辟，何以征召。顺帝才劣，近于昏庸。西域用兵，敦煌太守张朗违反军令冒进，侥幸立功受赏，西域长史班勇克期进兵受罚，顺帝赏罚错位。司隶校尉虞诩惩奸被下狱。李固、马融、张衡等人对策，建言裁减宦官，宦官子弟不得入仕，提倡孝悌之礼，重民生，使百姓能养育妻子，社会自然和谐，顺帝皆不纳。

孝安皇帝下

延光四年（乙丑，125 年）

春，二月，乙亥[1]，下邳惠王衍[2]薨。

甲辰[3]，车驾南巡。

三月，戊午朔[4]，日有食之。

庚申[5]，帝至宛[6]，不豫[7]。乙丑[8]，帝发自宛；丁卯[9]，至叶[10]，崩于乘舆[11]。年三十二。

皇后与阎显兄弟[12]、江京、樊丰等谋曰："今晏驾道次[13]，济阴王在内，邂逅[14]公卿立之，还为大害。”乃伪云“帝疾甚”，徙御卧车[15]，所在上食、问起居如故。驱驰行四日，庚午[16]，还宫。辛未[17]，遣司徒刘熹诣郊庙、社稷，告天请命[18]；其夕，发丧。尊皇后曰皇太后。太后临朝[19]。以显为车骑将军、仪同三司[20]。太后欲久专国政，贪立幼年，与显等定策禁中[21]，迎济北惠王子北乡侯懿[22]为嗣。济阴王以废黜，不得上殿亲临梓宫[23]，悲号不食；内外群僚莫不哀之。

甲戌[24]，济南孝王香[25]薨，无子，国绝。

乙酉[26]，北乡侯即皇帝位。

夏，四月，丁酉[27]，太尉冯石为太傅，司徒刘熹为太尉，参禄尚书事；前司空李郃为司徒。

阎显忌大将军耿宝位尊权重[28]，威行前朝，乃风有司奏“宝及其党与中常侍樊丰、虎贲中郎将谢恽、侍中周广、野王君王圣、圣女永等更相阿党[29]；互作威福，皆大不道。”辛卯[30]，丰、恽、广皆下狱，死；家属徙比景。贬宝及弟子林虑侯承皆为亭侯，遣就国；宝于道自杀。王圣母、子徙雁门。于是以阎景为卫尉，耀为城门校尉，晏为执金吾，兄弟并处权要，威福自由。

己酉[31]，葬孝安皇帝于恭陵[32]，庙曰恭宗。

九月[33]，乙巳[34]，赦天下。

秋，七月，西域长史班勇发敦煌、张掖、酒泉六千骑及鄯善、疏勒、车师前部兵击后部王军就，大破之，获首虏八千余人，生得军就及匈奴持节使者，将至索班没处斩之，传首京师。

冬，十月，丙午[35]，越巂[36]山崩。

（以上为第一段，写汉安帝驾崩，阎皇后与外戚阎显兄弟专权，立幼年的北乡侯刘懿为帝。）

【注释】

[1]乙亥：二月戊子朔，无乙亥。乙亥，三月十八日。[2]下邳惠王衍：下邳王刘衍，明帝子，死谥惠。传见《后汉书》卷五十。[3]甲辰：二月十七日。[4]戊午朔：三月一日。[5]庚申：三月三日。[6]宛：县名，为南阳郡治所，在今河南南阳市。[7]不豫：不适，生病。[8]乙丑：三月八日。[9]丁卯：三月十日。[10]叶：县名，县治在今河南叶县。[11]崩于

乘舆：死在轿内。［12］阎显兄弟：阎显兄弟共四人。阎太后临朝，阎氏兄弟共掌枢要兵权。阎显为车骑将军，弟阎景为卫尉，阎耀为城门校尉，阎晏为执金吾。兄弟执权要，威福自由。事见《后汉书》卷十下《皇后纪》。［13］晏驾道次：死在半道。［14］邂逅：偶然，万一。［15］徙御卧车：把安帝尸身从轿子转移到卧车上。［16］庚午：三月十三日。［17］辛未：三月十四日。［18］告天请命：祷告上天，请求降福。［19］太后临朝：阎太后临朝主政。［20］仪同三司：官名，权位比照三公。［21］定策禁中：不朝会与大臣谋，而在宫禁中决策。［22］北乡侯懿：刘懿，济北王刘寿之子。刘寿，章帝子。［23］亲临梓宫：亲到棺木前哭奠安帝。［24］甲戌：三月十七日。［25］济南孝王香：济南王刘香，光武帝子刘康之孙，死谥孝。［26］乙酉：三月二十八日。［27］丁酉：四月十一日。［28］大将军耿宝位尊权重：东汉三公为虚位，大将军为首辅执政大臣，录尚书事为实际政务官，耿宝为大将军，故位尊权重。［29］阿党：结为朋党。［30］辛卯：四月五日。［31］己酉：四月二十三日。［32］恭陵：在洛阳东北。［33］九月：应为六月之误。［34］乙巳：六月二十日。［35］丙午：十月二十二日。［36］越巂：郡名，治所邛都，在今四川西昌市。

北乡侯病笃，中常侍孙程谓济阴王谒者[1]长兴渠[2]曰："王以嫡统，本无失德；先帝用谗，遂至废黜。若北乡侯不起，相与共断[3]江京、阎显，事无不成者。"渠然之。又中黄门南阳王康，先为太子府史，及长乐太官丞[4]京兆王国等并附同于程。江京谓阎显曰："北乡侯病不解[5]，国嗣宜以时定[6]，何不早征诸王子，简[7]所置乎！"显以为然。辛亥[8]，北乡侯薨；显白太后，秘不发丧，更征诸王子，闭宫门，屯兵自守。

十一月，乙卯[9]，孙程、王康、王国与中黄门黄龙、彭恺、孟叔、李建、王成、张贤、史泛、马国、王道、李元、杨佗、陈予、赵封、李刚、魏猛、苗光等聚谋于西钟下，皆截单衣为誓。丁巳[10]，京师及郡国十六地震。是夜，程等共会崇德殿[11]上，因入章台门。时江京、刘安及李闰、陈达等俱坐省门[12]下，程与王康共就斩京、安、达。以李闰权势积为省内所服，欲引为主，因举刃胁闰曰："今当立济阴王，毋得摇动[13]！"闰曰："诺。"于是扶闰起，俱于西钟下迎济阴王即皇帝位，时年十一。召尚书令、仆射以下从辇幸南宫，程等留守省门，遮捍内外[14]，帝登云台，召公卿、百僚，使虎贲、羽林士屯南、北宫诸门。

阎显时在禁中[15]，忧迫不知所为，小黄门樊登劝显以太后诏召越骑校尉冯诗、虎贲中郎将阎崇将兵屯平朔门以御程等。显诱诗入省，谓曰：“济阴王立，非皇太后意，玺绶[16]在此。苟尽力效功，封侯可得。”太后使授之印曰：“能得济阴王者，封万户侯；得李闰者，五千户侯。”诗等皆许诺。辞以“卒被召[17]，所将众少。”显使与登迎吏士于左掖门外，诗因格杀[18]登，归营屯守。

显弟卫尉景遽从省中还外府[19]，收兵至盛德门。孙程传召诸尚书使收景。尚书郭镇时卧病，闻之，即率直宿羽林出南止车门，逢景从吏士拔白刃呼曰：“无干兵[20]！”镇即下车持节诏之，景曰：“何等诏[21]！”因斫[22]镇，不中。镇引剑击景堕车，左右以戟叉其胸，遂禽之，送廷尉狱，即夜死。

戊午[23]，遣使者入省，夺得玺绶，帝乃幸嘉德殿，遣侍御史持节收阎显及其弟城门校尉耀、执金吾晏，并下狱，诛；家属皆徙比景。迁太后于离宫。己未[24]，开门[25]，罢屯兵[26]。壬戌[27]，诏司隶校尉[28]：“惟阎显、江京近亲，当伏辜诛，其余务崇宽贷。”封孙程等皆为列侯：程食邑万户，王康、王国食九千户，黄龙食五千户，彭恺、孟叔、李建食四千二百户，王成、张贤、史泛、马国、王道、李元、杨佗、陈予、赵封、李刚食四千户，魏猛食二千户，苗光食千户：是为十九侯，加赐车马、金银、钱帛各有差；李闰以先不豫谋，故不封。擢孙程为骑都尉[29]。初，程等入章台门，苗光独不入。诏书录功臣[30]，令王康疏名[31]，康诈疏光入章台门。光未受符策[32]，心不自安，诣黄门令自告[33]。有司奏康、光欺诈主上；诏书勿问。以将作大匠来历为卫尉。祋讽、闾丘弘[34]等先卒，皆拜其子为郎。朱伥、施延、陈光、赵代皆见拔用，后至公卿。征王男、邴吉家属还京师，厚加赏赐。帝之见废也，监太子家小黄门籍建、傅[35]高梵[36]、长秋长赵熹、丞[37]良贺[38]、药长夏珍皆坐徙朔方[39]；帝即位，并擢为中常侍。

初，阎显辟崔骃之子瑗[40]为吏，瑗以北乡侯立不以正，知显将败，欲说令废立，而显日沈醉，不能得见，乃谓长史[41]陈禅曰：“中常侍江京等惑蛊[42]先帝，废黜正统，扶立疏孽[43]。少帝即位，发病庙中，周勃之征，于斯复见[44]。今欲与君共求见说将军，白太后，收京等，废少帝，引立济阴王，必上当天心，下合人望，伊、霍之功[45]不下席而立，则将军兄弟传祚于无穷；若拒违天意，久旷神器[46]，则将以无罪并辜元恶[47]；此所谓祸福之会，分功之时也。”禅犹豫未敢从。会显败，瑗坐被斥；门生苏祇欲上书言状，瑗遽止之。时陈禅为司隶校尉，召瑗谓曰：“弟[48]听祇上书，禅请为之证。”瑗曰：“此譬犹儿妾屏语[49]耳，愿使君勿复出口！”遂辞归，不复应州郡命。

己卯[50]，以诸王礼葬北乡侯。

司空刘授以阿附恶逆，辟召非其人[51]，策免。十二月，甲申[52]，以少府河南陶敦为司空。

杨震门生虞放、陈翼诣阙追讼震事；诏除震二子为郎，赠钱百万，以礼改葬于华阴潼亭[53]，远近毕至。有大鸟高丈余集震丧前；郡以状上。帝感震忠[54]，诏复以中牢具祠[55]之。

议郎陈禅[56]以为：“阎太后与帝无母子恩，宜徙别馆，绝朝见[57]，”群臣议者咸以为宜。司徒掾汝南周举谓李郃曰：“昔瞽瞍[58]常欲杀舜，舜事之逾谨；郑武姜谋杀庄公，庄公誓之黄泉[59]，秦始皇怨母失行[60]，久而隔绝，后感颍考叔、茅蕉[61]之言，复修子道；书传美之。今诸阎新诛，太后幽在离宫，若悲愁生疾，一旦不虞，主上将何以令于天下！如从禅议，后世归咎明公。宜密表朝廷，令奉太后，率群臣朝觐如旧，以厌天心，以答人望！”郃即上疏陈之。

（以上为第二段，写中官孙程等十九人与朝官联合推倒外戚阎氏兄弟，迎立济阴王即位，是为汉顺帝。）

【注释】

[1]谒者：官名，掌宾赞受事。诸侯王亦置谒者。[2]长兴渠：人名。长兴，复姓。[3]断：铲除。[4]长乐太官丞：官名，掌长乐宫皇太后膳食。[5]病不解：病不愈。解，散，病情好转。[6]国嗣宜以时定：皇帝继承人要及时确定。[7]简：选择。[8]辛亥：十月二十七日。[9]乙卯：十一月二日。[10]丁巳：十一月四日。[11]崇德殿：南宫正殿。[12]省门：即禁门，此指章台门。[13]毋得摇动：不要动摇变卦。[14]遮捍内外：截断宫内与外朝的交通。[15]阎显时在禁中：在北宫。[16]玺绶：天子玺绶。[17]卒被召：突然被召。卒，通“猝”。[18]格杀：斗杀。[19]外府：卫尉府。[20]无干兵：不要碰兵器，即不要挡路。

[21]何等诏：什么诏书。[22]斫：砍。[23]戊午：十一月五日。[24]己未：十一月六日。[25]开门：解除戒严令，打开洛阳城门。[26]罢屯兵：撤除戒严部队。[27]壬戌：十一月九日。[28]诏司隶校尉：下诏给司隶校尉。司隶校尉治京师治安，故以诏嘱之。[29]骑都尉：官名，掌皇宫羽林骑兵。[30]录功臣：簿录功臣。[31]疏名：疏奏名单。[32]光未受符策：苗光一直没有得到封侯的策文。[33]自告：自首。[34]祋讽、闾丘弘：据章校，有的版本"讽"下有"刘玮"二字，是。[35]傅：太子中傅。[36]高梵：人名。[37]丞：长秋丞。[38]良贺：人名。[39]朔方：北方边郡，治所临戎，在今内蒙古磴口县北。[40]崔骃之子瑗：崔骃，东汉文学家。字亭伯，涿郡安平（今河北安平县）人。其子崔瑗，亦有文名。父子同传，见《后汉书》卷五十二。[41]长史：大将军阎显之长史。[42]惑蛊：迷惑。[43]疏孽：疏远的支族。[44]周勃之征，于斯复见：周勃诛除吕氏所立少帝的苗头，今天又重现了。征，征兆。见，通"现"。[45]伊、霍之功：效法商伊尹、西汉霍光扶危安宗庙之功。伊尹，名阿衡，辅助商汤王建立殷朝。汤死后，长孙帝太甲立，暴虐无道，伊尹流放太甲到桐宫守汤王之墓，太甲改过自新，伊尹迎太甲回宫主政，殷朝复兴。事见《史记》卷三《殷本纪》。霍光，辅助西汉昭帝中兴的大臣。昭帝崩，无子，迎立昌邑王刘贺即帝位，刘贺荒淫，即位二十七天就被霍光废除，改立汉武帝孙刘询即位，是为汉宣帝。霍光传见《汉书》卷六十八。[46]神器：指帝位。[47]元恶：首恶，大恶。[48]弟：但。[49]屏语：私语。[50]己卯：十一月二十六日。[51]辟召非其人：刘授辟召耿宝、阎显所请托的人。见上卷安帝延光二年。[52]甲申：十二月一日。[53]潼亭：潼关西之邮亭。[54]帝感震忠：据章校，有的版本"忠"下有"直"字。[55]中牢具祠：备办中牢祭祀。中牢，即少牢，有羊、豕二牲。[56]陈禅：字纪山，巴郡安汉县（在今四川南充市北）人。仕安帝、顺帝两朝，官至司隶校尉。传见《后汉书》卷五十一。[57]绝朝见：断绝母子关系，不再相见。[58]瞽瞍：传说虞舜姚重华之父，与后妻多次谋害舜，舜孝谨无怨言。[59]誓之黄泉：黄泉，地下之泉。颍考叔感喻庄公事详《左传》隐公元年。[60]秦始皇怨母失行：失行，指秦始皇母庄襄王太后与假宦官嫪毐私通。秦始皇诛嫪毐，幽囚母亲，齐人茅焦说秦始皇以统一天下大局为重，要礼敬母亲，秦始皇迎请母亲回咸阳宫。事详《资治通鉴》卷六秦王九年。[61]茅蕉：据章校，有的版本"蕉"作"焦"，是。

孝顺皇帝[1]上

永建元年（丙寅，126年）

春，正月，帝朝太后于东宫，太后意乃安。

甲寅[2]，赦天下。

辛未[3]，皇太后阎氏崩。

辛巳[4]，太傅冯石、太尉刘熹以阿党权贵免。司徒李郃罢[5]。

二月，甲申[6]，葬安思皇后。

丙戌[7]，以太常桓焉为太傅；大鸿胪朱宠为太尉，参录尚书事；长乐少府朱伥为司徒。

封尚书郭镇为定颍侯[8]。

陇西钟羌反，校尉马贤击之，战于临洮[9]，斩首千余级，羌众皆降；由是凉州复安。

六月，己亥[10]，封济南简王错子显为济南王[11]。

秋，七月，庚午[12]，以卫尉来历为车骑将军。

八月，鲜卑寇代郡，太守李超战殁。

司隶校尉虞诩[13]到官数月，奏冯石、刘熹，免之，又劾奏中常侍[14]程璜、陈秉、孟生、李闰等，百官侧目[15]，号为苛刻。三公劾奏："诩盛夏多拘系无辜[16]，为吏民患。"诩上书自讼曰："法禁者，俗之堤防；刑罚者，民之衔辔。今州曰任郡，郡曰任县，更相委远[17]，百姓怨穷；以苟容[18]为贤，尽节[19]为愚。臣所发举，臧[20]罪非一。三府恐为臣所奏，遂加诬罪。臣将从史鱼死，即以尸谏[21]耳！"帝省其章，乃不罪诩。

中常侍张防卖弄权势，请托受取[22]；诩案之，屡寝不报[23]。诩不胜其愤，乃自系廷尉，奏言："昔孝安皇帝任用樊丰[24]，交乱嫡统，几亡社稷。今者张防复弄威柄，国家之祸将重至矣。臣不忍与防同朝，谨自系以闻，无令臣袭杨震之迹！"书奏，防流涕诉帝，诩坐论输左校[25]；防必欲害之，二日之中，传考四狱[26]。狱吏劝诩自引[27]，诩曰："宁伏欧刀[28]以示远近[29]！喑呜[30]自杀，是非孰辨邪！"浮阳侯孙程、祝阿侯张贤相率乞见[31]，程曰："陛下始与臣等造事[32]之时，常疾奸臣，知其倾国[33]。今者即位而复自为，何以非先帝乎！司隶校尉虞诩为陛下尽忠，而更被拘系；常侍张防臧罪明正，反构[34]忠良。今客星守羽林[35]，其占宫中有奸臣；宜急收防送狱，以塞[36]天变。"时防立在帝后，程叱防曰："奸臣张防，何不下殿！"防不得已，趋就东箱。程曰："陛下急收防，无令从阿母[37]求请！"帝问诸尚书，尚书贾朗素与防善，证诩之罪；帝疑焉，谓程曰："且出，吾方思之！"于是诩子颉与门生百余人，举幡候中常侍高梵车[38]，叩头流血，诉言枉状。梵入言之，防坐徙边，贾朗等六人或死或黜；即日赦出诩。程复上书陈诩有大功，语甚切激。帝感悟，复征拜议郎；数日，迁尚书仆射。

诩上疏荐议郎南阳左雄[39]曰："臣见方今公卿以下，类多拱默[40]，以树恩[41]为贤，尽节为愚，至相戒曰，'白璧不可为，容容多后福[42]。'伏见议郎左雄，有王臣蹇蹇之节[43]，宜擢在喉舌之官[44]，必有匡弼之益。"由是拜雄尚书。

（以上为第三段，写司隶校尉虞诩惩治奸佞遭诬陷下狱，孙程营救获赦免，调任为议郎。）

【注释】

[1]孝顺皇帝：安帝刘祜之子，名保，公元126年至公元144年在位。胡三省注引《伏侯古今注》曰："保之字曰守。"[2]甲寅：正月二日。[3]辛未：正月十九日。[4]辛巳：正月二十九日。[5]司徒李郃罢：司徒李郃因瘟疫流行而被免职。罢，即免职。[6]甲申：二月二日。[7]丙戌：二月四日。[8]郭镇为定颍侯：因擒阎显功封侯。[9]临洮：县名，县治在今甘肃岷县。[10]己亥：六月十九日。[11]封济南简王错子显为济南王：济南王，光武帝子刘康的封爵。简王错，刘康之子刘错，死后谥简。刘错传子刘香，安帝延光四年死，无子，国绝。刘显为刘错庶子，今绍封为济南王。[12]庚午：七月二十一日。[13]虞诩：字升卿，陈国武平（今河南柘城县南）人，敢直言，为东汉名臣。传见《后汉书》卷五十八。[14]中常侍：官名，秦置，宦者与士人兼用，给事殿省，常导引应对。汉因之。和熹太后称制，不接公卿，中常侍专用宦官。这里程璜、陈秉、孟生、李闰均为宦官。[15]侧目：横目怒视。[16]盛夏多拘系无辜：按照汉代法制观念，盛夏为天地万物生长之时节，不当杀伐拘系。三公欲致罪虞诩，借此为言。[17]更相委远：互相推卸责任。[18]苟容：苟且因循。[19]尽节：尽忠守职。[20]臧：通"赃"。[21]尸谏：《韩诗外传》记载，春秋时卫国大夫史鱼生病将死时对儿子说："我多次推荐蘧伯玉是个贤才，但得不到重用；我又多次揭发弥子瑕是个奸佞，但得不到排斥。我是卫国的大臣，既不能任用贤才，又不能清除奸佞，我死后不能停棺正堂，就停在侧屋好了。"卫国国君听到后，立即任用蘧伯玉，赶走弥子瑕。[22]受取：接受贿赂。[23]屡寝不报：虞诩请求惩奸的奏章，多次搁置，得不到回答。[24]樊丰：安帝中常侍，他迫害太尉杨震事，见上卷安帝延光三年。[25]诩坐论输左校：虞诩被判罪为输作左校。左校，将作大匠部属有左校令，掌左工徒。输作左校，即送往左校作苦役。[26]传考四狱：过了四次公堂，遭受苦刑。[27]自引：即自裁，自杀以免受酷刑。[28]伏欧刀：伏罪受刑。欧刀，刑刀。[29]以示远近：以昭示远近之人。[30]喑呜：抽泣伤叹，引恨。[31]相率乞见：联名求见顺帝。[32]造事：指谋立顺

帝。［33］倾国：败坏国家。［34］构：陷害。［35］客星守羽林：有一颗新星徘徊在虚、危南的羽林星区。［36］塞：杜绝。［37］阿母：顺帝另一保姆宋娥。［38］举幡候中常侍高梵车：幡，招魂幡。候，等候，拦车呼冤。宫中权贵出行，清道戒严，禁止行人通行。汉代提倡孝道，送丧行人仍可靠边通行。虞诩等一百余人假冒送丧，靠近高梵坐车喊冤。［39］左雄：字伯豪，南阳郡涅阳（在今河南南阳市西南）人，官至司隶校尉。传见《后汉书》卷六十一。［40］拱默：拱手沉默，形容小心谨慎、不敢言事的样子。［41］树恩：广结人缘。［42］白璧不可为，容容多后福：谓做人要圆滑。切不可做一块清白的玉石，碌碌庸庸才有无限后福。容容，"庸庸"之假借。［43］王臣蹇蹇之节：敢于赴难的操守。蹇，难也。［44］喉舌之官：东汉称尚书为喉舌之官，指其出纳王命。

浮阳侯孙程等怀表上殿争功，帝怒；有司劾奏"程等干乱悖逆[1]，王国等皆与程党，久留京都，益其骄恣。"帝乃免程等官，悉徙封远县；因遣十九侯就国，敕洛阳令促期发遣。

司徒掾周举[2]说朱伥曰："朝廷[3]在西钟下时，非孙程等岂立！今忘其大德，录其小过；如道路夭折[4]，帝有杀功臣之讥。及今未去，宜急表之！"伥曰："今诏指方怒，吾独表此，必致罪谴[5]。"举曰："明公[6]年过八十，位为台辅，不于今时竭忠报国，惜身[7]安宠[8]，欲以何求！禄位虽全，必陷佞邪之讥；谏而获罪，犹有忠贞之名。若举言不足采，请从此辞！"伥乃表谏，帝果从之。

程徙封宜城侯[9]；到国，怨恨恚怼[10]，封还印绶、符策，亡归京师，往来山中。诏书追求，复故爵土，赐车马、衣物，遣还国。

冬，十月，丁亥[11]，司空陶敦免。

朔方以西，障塞[12]多坏，鲜卑因此数侵南匈奴；单于忧恐，上书乞修复障塞。庚寅[13]，诏："黎阳营兵[14]出屯中山[15]北界；令缘边郡增置步兵，列屯塞下，教习战射。"

以廷尉张皓为司空。

班勇更立车师后部故王子加特奴为王。勇又使别校诛斩东且弥[16]王，亦更立其种人为王；于是车师六国悉平[17]。

勇遂发诸国兵击匈奴，呼衍王亡走，其众二万余人皆降。生得单于从兄，勇使加特奴手斩之，以结车师、匈奴之隙[18]。北单于自将万余骑入后部，至金且谷[19]；勇使假司马曹俊救之，单于引去，俊追斩其贵人骨都侯。于是呼衍王遂徙居枯梧河[20]上，是后车师无复虏迹[21]。

（以上为第四段，写孙程争功受贬谪，班勇大破北匈奴。）

【注释】

[1]干乱悖逆：无限贪求，扰乱政事，大逆不道。干，求。[2]周举：字宣光，汝南汝阳（在今河南商水县西南）人。传见《后汉书》卷六十一。[3]朝廷：指顺帝。[4]道路夭折：死于半道。[5]罪谴：得罪皇上而受责备。[6]明公：对宰相的尊称。[7]惜身：明哲保身。[8]安宠：固宠。指看重权位。[9]程徙封宜城侯：孙程原封浮阳侯，现迁徙为宜城侯。浮阳，在今河北沧县。宜城，在今湖北宜城市。[10]恚怼：愤恨不平。[11]丁亥：十月九日。[12]障塞：哨卡亭障及要塞城堡。[13]庚寅：十月十二日。[14]黎阳营兵：东汉屯驻于黎阳（今河南浚县）的常备兵。[15]中山：封国名，治所卢奴，在今河北定州市。[16]东且弥：西域国名，王城在今新疆乌鲁木齐市。[17]车师六国悉平：以车师为首的六国，全都归附中国。六国为前车师、后车师、东且弥、移支（在今新疆巴里坤湖西北，居车师市东）、蒲类（在巴里坤湖南）、卑陆（在今新疆阜康市）。[18]以结车师、匈奴之隙：班勇让车师王加特奴亲手杀死匈奴呼衍王堂兄，用以播下车师与北匈奴结仇的种子，以达到以夷制夷的目的。[19]金且谷：地名，在今新疆奇台县境。[20]枯梧河：今地不详。[21]是后车师无复虏迹：从此以后，车师国再也没有北匈奴骑兵的踪影。

二年（丁卯，127年）

春，正月，中郎将张国以南单于兵击鲜卑[1]其至鞬，破之。

二月，辽东鲜卑寇辽东玄菟；乌桓校尉[2]耿晔发缘边诸郡兵及乌桓出塞击之，斩获甚众；鲜卑三万人诣辽东降。

三月，旱。

初，帝母李氏瘗[3]在洛阳北，帝初不知；至是，左右白之，帝乃发哀，亲到瘗所，更以礼殡。六月，乙酉[4]，追谥为恭愍皇后，葬于恭陵[5]之北。

西域城郭诸国皆服于汉，唯焉耆王元孟[6]未降，班勇奏请攻之。于是遣敦煌太守张朗将河西四郡兵三千人配勇，因发诸国兵四万余人分为两道击之，勇从南道，朗从北道，约期俱至焉耆。而朗先有罪，欲徼功自赎[7]，遂先期至爵离关[8]，遣司马将兵前战，获首虏二千余人，元孟惧诛，逆遣使乞降。张朗径入[9]焉耆，受降而还。朗得免诛，勇以后期征，下狱，免[10]。

秋，七月，甲戌朔[11]，日有食之。

壬午[12]，太尉朱宠、司徒朱伥免。庚子[13]，以太常刘光为太尉、录尚书事，光禄勋汝南许敬为司徒。光，矩之弟也[14]。敬仕于和、安之间，当窦、邓、阎氏之盛，无所屈桡[15]；三家既败，士大夫多染污者，独无谤言及于敬，当世以此贵之。

初，南阳樊英[16]，少有学行，名著海内，隐于壶山[17]之阳，州郡前后礼请，不应；公卿举贤良、方正、有道，皆不行；安帝赐策书征之[18]，不赴。是岁，帝复以策书、玄纁[19]，备礼征英，英固辞疾笃。诏切责郡县，驾载上道[20]。英不得已，到京，称疾不肯起；强舆入殿[21]，犹不能屈。帝使出就太医养疾，月致羊酒。其后帝乃为英设坛[22]，令公车令导，尚书奉引，赐几、杖[23]，待以师傅之礼，延问得失，拜五官中郎将。数月，英称疾笃；诏以为光禄大夫，赐告归[24]，令在所送谷，以岁时致牛酒。英辞位不受，有诏譬旨，勿听[25]。

英初被诏命，众皆以为必不降志[26]。南郡王逸素与英善，因与其书[27]，多引古譬喻，劝使就聘[28]。英顺逸议而至；及后应对无奇谋深策[29]，谈者以为失望。河南张楷[30]与英俱征，谓英曰："天下有二道，出与处也[31]。吾前以子之出，能辅是君也，济斯民也。而子始以不訾之身[32]怒万乘之主，及其享受爵禄，又不闻匡救之术，进退无所据[33]矣。"

（以上为第五段，写汉顺帝对边将赏罚错位，张朗违背军令冒进受赏，班勇守纪被罚。名士樊英徒有虚名，受朝廷征召无嘉言奇策。）

【注释】

[1]鲜卑：古族名，东胡的一支。秦汉时，游牧于今西喇木伦河与洮儿河之间，附属于匈奴。北匈奴西迁后进入匈奴故地，势力渐盛。 [2]乌桓校尉：官名，护乌桓校尉之省称，主管安抚和防卫乌桓。 [3]瘗（yì）：埋葬。 [4]乙酉：六月十一日。 [5]恭陵：安帝刘祜陵，在今洛阳市东北。 [6]焉耆王元孟：焉耆，西域国名，王城在今新疆焉耆县。其王元孟，和帝永元六年（94）为班超所立。 [7]欲徼功自赎：想争得头功以赎罪。 [8]爵离关：关名，在焉耆境

内。［9］径入：长驱直入。［10］勇以后期征，下狱，免：班勇蒙受延误日期的罪名，被征还下狱，免职为庶人。胡三省对此评论说，夏王朝法律规定：在约定日期超前冒进的，杀无赦；在约定日期未按期赶到的，杀无赦。张朗超前冒进争头功，依法应该杀头，而班勇按期行动并没有延误日期。东汉政府用刑，不明是非，班勇免职之后，西域大势无可挽回。［11］甲戌朔：七月一日。［12］壬午：七月九日。［13］庚子：七月二十七日。［14］光，矩之弟也：刘矩，桓帝时官至太尉。传见《后汉书》卷七十六。据《刘矩传》，刘光为刘矩之叔，非弟也。［15］无所屈桡：不肯屈服于权贵。［16］樊英：字季齐，南阳鲁阳（今河南鲁山县）人，精通《易》学，著有章句，世称樊氏学。传见《后汉书》卷八十二上。［17］壶山：即今河南泌阳县大狐山。［18］策书征之：皇帝下诏书征召。［19］玄纁：黑色绸缎，指代币帛。玄纁礼征，即送上一份厚礼。［20］驾载上道：强行架上公车上道。［21］强舆入殿：强行用轿子抬进宫中。［22］设坛：设立讲坛。［23］赐几、杖：赏赐给他几案、手杖。［24］赐告归：准其带着官衔归家养病。［25］有诏譬旨，勿听：有诏书宣示加官旨意，不准辞职。［26］必不降志：一定不会改变志节。指坚决拒征。［27］与其书：写信给樊英。［28］劝使就聘：劝导樊英接受征召。［29］应对无奇谋深策：回答皇帝对策，没有什么有益于国的内容。［30］张楷：字公超，河南梁县（在今河南汝州市西）人，精通《古文尚书》《严氏春秋》，作《尚书注》行于世。传见《后汉书》卷三十六。［31］天下有二道，出与处也：天下的为人之道有两个基点，即如何出仕做官和如何避世隐退。［32］不訾之身：无价之身。［33］进退无所据：出仕与隐退都没有原则。

臣光曰：古之君子，邦有道则仕，邦无道则隐[1]。隐非君子之所欲也。人莫己知而道不得行，群邪共处而害将及身，故深藏以避之。王者举逸民[2]，扬仄陋[3]，固为其有益于国家，非以徇世俗之耳目[4]也。是故有道德足以尊主[5]，智能足以庇民[6]，被褐怀玉，深藏不市[7]，则王者当尽礼而致之[8]，屈己以访之[9]，克己以从之[10]，然后能利泽施于四表[11]，功烈格于上下[12]。盖取其道不取其人[13]，务其实不务其名[14]也。

其或礼备而不至，意勤而不起，则姑内自循省而不敢强致其人[15]，曰[16]："岂吾德之薄而不足慕乎[17]？政之乱而不可辅乎[18]？群小在朝而不敢进乎[19]？诚心不至而忧其言之不用乎[20]？何贤者之不我从也[21]？"苟其德已厚矣，政已治矣，群小远矣[22]，诚心至矣，彼将扣阍而自售[23]，又安有勤求而不至者哉[24]！荀子[25]曰："耀蝉[26]者，务在明其火[27]，振其木[28]而已；火不明，虽振其木，无益也。今人主有能明其德，则天下归之，若蝉之归明火也。”或者人主耻不能致[29]，乃至诱之以高位，胁之以严刑[30]。使彼诚君子邪，则位非所贪，刑非所畏，终不可得而致也[31]；可致者，皆贪位畏刑之人也[32]，乌足贵哉[33]！

若乃孝弟著于家庭[34]，行谊隆于乡曲[35]，利不苟取，仕不苟进[36]，洁己安分，优游卒岁[37]，虽不足以尊主庇民，是亦清修之吉士[38]也；王者当褒优安养，俾遂其志[39]。若孝昭之待韩福[40]，光武之遇周党[41]，以励廉耻，美风俗，斯亦可矣，固不当如范升之诋毁[42]，又不可如张楷之责望也。

至于饰伪以邀誉[43]，钓奇以惊俗[44]，不食君禄而争屠沽之利[45]，不受小官而规[46]卿相之位，名与实反[47]，心与迹违[48]，斯乃华士[49]、少正卯[50]之流，其得免于圣王之诛幸矣，尚何聘召之有哉！

（以上为第六段，写司马光对浮华之士的批评。）

【注释】

［1］邦有道则仕，邦无道则隐：政治清明就出来做官，政治混乱就隐退保身。语出《论语·卫灵公》篇，原文作：“邦有道则仕，邦无道则可卷而怀之。”卷而怀之，指把本领收藏起来。［2］举逸民：起用隐逸之士。《论语·尧曰》篇：“举逸民，天下之民归心焉。”［3］扬仄陋：语出《尚书·尧典》：“明明扬仄陋。”明明，明察贤者。扬仄陋，举荐卑微隐逸之人。仄，侧倾，在下位的人。陋，隐也。［4］徇世俗之耳目：追随世俗的浅见舆论。［5］有道德足以尊主：有道术德行辅佐君王，能够使君王更加尊贵。［6］智能足以庇民：智慧和才能，足以保护人民。［7］被褐怀玉，深藏不市：道德之士，就像身穿粗短衣而怀揣美玉一样，深藏不露，没有好价钱则不肯出售。褐，粗短衣。［8］王者当尽礼而致之：作为君王，应当用高规格的礼仪招致贤者。［9］屈己以访之：放下架子察访贤能之士。据章校，有的版本“以”下有“下之，虚心以”五字。如此则为两句：“屈己以下之，虚心以访之。”［10］克己以从之：克制自己听从贤者之言。［11］四表：全国四面八方。［12］功烈格于上下：功业能贯通天上地下。以上二句化用《尚书·尧典》：“光被四表，格于上下”的典故。格，至，通达。［13］取其道不取其人：君王尊礼贤者，是为了取用他的治国之术，而不是为了取用这个人。［14］务其实不务其名：只取实际，不取虚名。［15］“其或”三句：还有这样一些人，如果君王征用的礼节完全具备，诚意已经表达，贤者仍然不肯出仕，那么君王应该首先自我反省，而不应强迫征召。［16］曰：反省的内容是……，自我反省说。

[17]德之薄而不足慕乎：难道是品德太薄，得不到贤者的仰慕吗？［18］政之乱而不可辅乎：难道是政治黑暗，不值得贤者辅佐吗？［19］群小在朝而不敢进乎：难道是邪恶小人当权使贤者不敢仕进吗？［20］诚心不至而忧其言之不用乎：难道是诚意不够使贤者担忧他们的主张得不到采纳吗？［21］何贤者之不我从也：为什么贤者不肯辅佐我呢？［22］群小远矣：群小已被排斥，远离朝廷。［23］扣阍而自售：叩门而自我推荐。阍，看门人。［24］安有勤求而不至者哉：哪有辛勤寻找而不来的呢！［25］荀子（约前313—238）：名况，又名孙卿，战国后期赵人，为楚国兰陵令。荀子是古代杰出的思想家，著有《荀子》传于世。传见《史记》卷七十四。［26］耀蝉：火光照蝉，捕而为食。［27］明其火：以明亮的火诱捕蝉。［28］振其木：摇动树枝。［29］人主耻不能致：有的君主不能忍受贤者的拒绝，征召而不至。耻，耻于，不能容忍。［30］诱之以高位，胁之以严刑：用高官厚禄引诱，用严刑威逼。胁，逼迫。［31］“使彼诚君子邪”四句：如果他是一个道德高尚的君子，那么高位不是他所追求的，严刑不是他所畏惧的，结果，仍然得不到他。［32］“可致者”二句：可用厚禄和严刑招致的人，都是追求利禄和贪生怕死的人。［33］乌足贵哉：哪能值得看重！［34］孝弟著于家庭：在家有孝敬父母和友爱兄弟的美德。［35］行谊隆于乡曲：品行道义在乡里广为人传颂。谊，通“义”。［36］利不苟取，仕不苟进：不义之财不随便谋求，不义之官不随便仕进。［37］洁己安分，优游卒岁：廉洁安分，终老天年。［38］吉士：良民。［39］王者当褒优安养，俾遂其志：对洁身自好的人，君王也应当褒扬安抚他们，使他们保持志节。［40］孝昭之待韩福：韩福，涿郡的孝悌之士。《汉书·昭帝纪》载，元凤元年（前80）三月，赐郡国所选有行义之士涿郡韩福等五人回归乡里，令地方官按时给以生活补贴，让他们成为乡里楷模。［41］光武之遇周党：周党，太原处士，与会稽严光等被征至京师，不愿做官，光武帝不加罪而赐帛礼遣之。事见《资治通鉴》卷四十一光武建武五年。［42］范升之诋毁：范升，字辩卿，代郡（治所高柳，在今山西阳高县）人，精通《论语》《孝经》《梁丘易》《老子》等。为光武帝博士，曾上疏弹劾周党等不仕为狂傲虚伪，请致以罪，光武帝不纳。传见《后汉书》卷三十六。［43］饰伪以邀誉：掩饰伪善，窃取荣誉。［44］钓奇以惊俗：故意做出惊人之举以钓取名誉。［45］争屠沽之利：像屠夫酒贩一样斤斤计较小利。［46］规：谋求。［47］名与实反：名不副实。［48］心与迹违：表里不一。［49］华士：见于《韩非子》，西周初齐人，沽名钓誉为太公望所杀。［50］少正卯：春秋时鲁人，讲学与孔子唱对台戏，孔子为鲁司寇，上台后七天就杀了少正卯。

时又征广汉杨厚[1]、江夏黄琼[2]。琼，香之子也。厚既至，豫陈汉有三百五十年之厄[3]以为戒，拜议郎。琼将至，李固以书逆遗之[4]曰：“君子谓伯夷隘，柳下惠不恭[5]。不夷不惠，可否之间[6]，圣贤居身之所珍也[7]。诚欲枕山栖谷[8]，拟迹巢、由[9]，斯则可矣；若当辅政济民，今其时也。自生民以来，善政少而乱俗多，必待尧、舜之君，此为士行其志终无时矣。尝闻语曰：'峣峣者易缺，皦皦者易污[10]。'盛名之下，其实难副。近鲁阳樊君被征初至，朝廷设坛席[11]，犹待神明，虽无大异，而言行所守，亦无所缺；而毁谤布流，应时折减[12]者，岂非观听望深，声名太盛乎[13]！是故俗论皆言'处士纯盗虚声[14]'。愿先生弘此远谟[15]，令众人叹服，一雪此言耳！"琼至，拜议郎，稍迁尚书仆射。琼昔随父在台阁，习见故事[16]，及后居职，达练官曹[17]，争议朝堂，莫能抗夺[18]。数上疏言事，上颇采用之。

李固，郃之子[19]，少好学，常改易姓名，杖策驱驴，负笈从师[20]，不远千里，遂究览坟籍[21]，为世大儒。每到太学，密入公府，定省父母[22]，不令同业[23]诸生知其为郃子也。

三年（戊辰，128 年）

春，正月，丙子[24]，京师地震。

夏，六月，旱。

秋，七月，茂陵园寝灾[25]。

九月，鲜卑寇渔阳[26]。

冬，十二月，己亥[27]，太傅桓焉免。

车骑将军来历罢。

南单于拔死，弟休利立，为去特若尸逐就单于[28]。

帝悉召孙程等还京师。

（以上为第七段，写杨厚、黄琼被征就任议郎，名实相符。）

【注释】

[1]杨厚（72—153）：字仲桓，广汉郡新都县（今四川成都市新都区）人，精通图谶学，善预言。传见《后汉书》卷三十上。 [2]黄琼（86—164）：字世英，江夏郡安陆县（在今湖北安陆市）人，章帝时魏郡太守黄香之子，官至司空。传见《后汉书》卷六十一。 [3]三百五十年之厄：西汉建国至顺帝永建二年，已历 333 年（前 206—127）。其时东汉政治已经腐败，内忧外患严重，杨厚借图谶之学，说汉兴三百五十年后有厄难，以警醒执政者。 [4]李固以书逆遗之：李固派人在中途迎黄琼，并将信送到黄琼手中。 [5]君子谓伯夷隘，柳下惠不恭：君子曾批评伯夷心胸狭隘，而柳下惠傲慢。君子，指孟轲。语见《孟子·公孙丑》。伯夷，西周初贤士，本孤竹国君之子，因让位而隐于首阳山。周武王灭纣，伯夷不食周粟，饿死于首阳山。传见《史记》卷六十一。柳下惠，

春秋时鲁国贤人，事迹散见于《论语》《孟子》等书。［6］不夷不惠，可否之间：一个人应在伯夷与柳下惠之间，树立做人的准则。［7］圣贤居身之所珍也：是圣贤立身最为珍视的。［8］诚欲枕山栖谷：一个真正的隐士，应当头枕山峰，身卧山谷。［9］拟迹巢、由：效法巢父、许由。这也是一种处世原则。拟，比拟，效法。巢父、许由，传说中的圣贤，不当君王。［10］语曰："峣峣者易缺，皦皦者易污"：俗话说："山太高则容易缺，玉太白则容易污染。"峣峣，山高峻的样子。皦皦，洁白的样子。［11］设坛席：设立讲坛。［12］毁谤布流，应时折减：诽谤的流言广为传播，一时之间名声一落千丈。［13］岂非观听望深，声名太盛乎：难道不是名声太大，众人听其名已久，因而期望过高吗！［14］处士纯盗虚声：凡隐居之士，徒有虚名。［15］弘此远谟：推行这深远的谋划。［16］"琼昔随父在台阁"二句：琼父黄香，和帝时曾一度为尚书令。琼随父在京，明习故事。［17］达练官曹：明习官场之事。达，明。练，习。［18］莫能抗夺：没有人能驳倒他的议论。［19］李固，郃之子：李固（93—146），字子坚，汉中南郑（今陕西汉中市）人，安帝时司徒李郃之子。李固直言敢谏，为外戚梁冀所害。官至太尉。传见《后汉书》卷六十三。［20］负笈从师：背着书箱求师。［21］坟籍：泛指古本秘籍。［22］密入公府，定省父母：李固秘密地到三公府探望父母。定省，按时问安。［23］同业：同学。［24］丙子：正月六日。［25］茂陵园寝灾：西汉武帝陵茂陵墓园寝殿发生火灾。据章校，有的版本"茂"上有"丁酉"二字。丁酉，七月二十九日。［26］渔阳：郡名，治所在今北京市密云区。［27］己亥：十二月四日。［28］去特若尸逐就单于：公元128年至公元140年在位。

四年（己巳，129年）

春，正月，丙寅[1]，赦天下。

丙子[2]，帝加元服[3]。

夏，五月，壬辰[4]，诏曰："海内颇[5]有灾异，朝廷修政，太官减膳，珍玩不御[6]。而桂阳太守文砻，不惟[7]竭忠宣畅本朝[8]，而远献大珠以求幸媚，今封以还之！"

五州雨水。

秋，八月，丁巳[9]，太尉刘光、司空张皓免。

尚书仆射虞诩上言："安定、北地、上郡，山川险厄[10]，沃野千里，土宜畜牧，水可溉漕。顷遭元元之灾[11]，众羌内溃，郡县兵荒，二十余年。夫弃沃壤之饶，捐自然之财，不可谓利；离河山之阻，守无险之处，难以为固。今三郡未复[12]，园陵单外[13]，而公卿选懦[14]，容头过身[15]，张解设难[16]，但计所费，不图其安[17]。宜开圣听，考行所长[18]。”九月，诏复安定、北地、上郡还旧土[19]。

癸酉[20]，以大鸿胪庞参为太尉、录尚书事。太常王龚[21]为司空。

冬，十一月，庚辰[22]，司徒许敬免。

鲜卑寇朔方[23]。

十二月，乙卯[24]，以宗正弘农刘崎为司徒。

是岁，于阗王放前杀拘弥[25]王兴，自立其子为拘弥王，而遣使者贡献，敦煌太守徐由上求讨之。帝赦于阗罪，令归拘弥国；放前不肯。

五年（庚午，130 年）

夏，四月，京师旱。

京师及郡国十二蝗。

定远侯班超之孙始尚帝姑阴城公主[26]。主骄淫无道[27]；始积忿怒，伏刃杀主[28]。冬，十月，乙亥[29]，始坐腰斩，同产[30]皆弃市。

（以上为第八段，写汉顺帝纳虞诩之策，加固北疆边防。班始怒杀所尚荒淫公主，被腰斩。）

【注释】

［1］丙寅：正月一日。［2］丙子：正月十一日。［3］帝加元服：顺帝举行加冠礼。是年顺帝十五岁。［4］壬辰：五月二十九日。［5］颇：频繁。［6］珍玩不御：停止地方进贡奇珍异宝。［7］不惟：不思，不领会。［8］宣畅本朝：宣示本朝因遇灾而厉行节俭的意愿。［9］丁巳：八月二十五日。［10］险厄：险要。［11］顷遭元元之灾：近年来百姓连遭灾害。元元，黎民百姓。［12］三郡未复：指安定、北地、上郡等三郡治所内迁，境土至今未恢复原有旧界。［13］园陵单外：指西京诸陵孤悬于外，没有屏障。［14］选懦：懦弱苟安。［15］容头过身：不能将头挺正高昂，而缩头缩脑。形容胆小苟安的样子。［16］张解设难：张口论辩，头头是道。［17］但计所费，不图其安：只斤斤计量小费，不考虑边境的安定。［18］宜开圣听，考行所长：皇上应广泛听取意见，考察采取最好的策略。［19］还旧土：治所迁还原地。三郡移治在安帝永初五年。安定郡由美阳迁回临泾，北地郡由池阳迁回灵武，上郡由衙县迁回肤施。［20］癸酉：九月十二日。［21］王龚：字伯宗，山阳高平（今山东独山湖东岸）人，官至司空。传见《后汉书》卷五十六。［22］庚辰：十一月二十日。［23］朔方：郡名，治所临戎，在今内蒙古磴口县北。［24］乙卯：十二月二十五日。［25］拘弥：西域国名，王城宁弥，在今新疆于田县东北。［26］阴城公主：清河王刘庆之女，顺帝刘保之姑。［27］骄淫无道：恣意淫乱。［28］伏刃杀主：怀揣利刀杀了公主。［29］乙亥：十月二十日。［30］同产：同胞兄弟姐妹。

六年（辛未，131 年）

春，二月，庚午[1]，河间孝王开薨；子政嗣。政慠很[2]不奉法[3]，帝以侍御史吴郡沈景有强能，擢为河间相。景到国，谒王[4]，王不正服[5]，箕踞殿上[6]；侍郎赞拜[7]，景峙不为礼，问王所在[8]。虎贲曰：“是非王邪！”[9]景曰：“王不正服，常人何别[10]！今相谒王，岂谒无礼者邪！”王惭而更服[11]，景然后拜；出，住宫门外，请王傅责之[12]曰：“前发京师，陛见受诏[13]，以王不恭，相使检督[14]。诸君空受爵禄，曾无训导[15]之义！”因奏治其罪，诏书让政[16]而诘责傅[17]。景因捕诸奸人，奏案其罪，杀戮尤恶[18]者数十人，出冤狱百余人。政遂为改节[19]，悔过自修。

帝以伊吾[20]膏腴之地，傍近西域，匈奴资之以为钞暴[21]；三月，辛亥[22]，复令开设屯田，如永元时事[23]，置伊吾司马[24]一人。

初，安帝薄于艺文[25]，博士不复讲习[26]，朋徒相视怠散[27]，学舍颓敝[28]，鞠为园蔬[29]，或牧儿、荛竖[30]薪刈[31]其下。将作大匠翟酺[32]上疏请修缮，诱进后学[33]，帝从之。秋，九月，缮起太学[34]，凡所造构二百四十房，千八百五十室。

护乌桓校尉耿晔遣兵击鲜卑，破之。

护羌校尉韩皓[35]转湟中屯田置两河间[36]，以逼群羌。皓坐事征，以张掖太守马续[37]代为校尉。两河间羌以屯田近之，恐必见图，乃解仇诅盟[38]，各自儆备[39]；续上移田还湟中[40]，羌意乃安。

帝欲立皇后，而贵人有宠者四人，莫知所建，议欲探筹[41]，以神定选[42]。尚书仆射[43]南郡胡广[44]与尚书冯翊郭虔、史敞上疏谏曰：“窃见诏书，以立后事大，谦不自专，欲假之筹策，决疑灵神；篇籍所记，祖宗典故，未尝有也。恃神卜筮[45]，既未必当贤；就值其人，犹非德选[46]。夫岐嶷形于自然[47]，伣天必有异表[48]，宜参良家[49]，简求[50]有德，德同以年，年钧以貌[51]；稽之典经，断之圣虑[52]。”帝从之。

恭怀皇后弟子乘氏侯商之女[53]，选入掖庭为贵人，常特被引御[54]，从容辞曰[55]：“夫阳以博施为德[56]，阴以不专为义[57]。《螽斯》则百福所由兴也[58]。愿陛下思云雨之均泽，小妾得免于罪。”帝由是贤之。

（以上为第九段，写侍御史沈景训导诸侯王。汉顺帝重整太学，选贤士，立皇后。）

【注释】

[1]庚午：二月十七日。[2]慠很：骄傲凶狠。[3]不奉法：不守法。[4]谒王：拜见河间王刘政。[5]王不正服：刘政不穿官服。正服，礼服，官服。封王的官服即王袍。[6]箕踞殿上：两脚伸直坐于殿上。这是一种不礼貌的行为。[7]侍郎赞拜：掌司仪的侍郎呼沈景之职名拜见河间王。[8]“景峙不为礼”二句：沈景故意倨傲不礼拜河间王，反问王在哪里。[9]虎贲曰：“是非王邪！”：虎贲郎指着河间王对沈景说：“那不是王吗！”[10]王不正服，常人何别：大王不穿王袍，与普通老百姓有什么区别！[11]王惭而更服：河间王刘政自感惭愧而更换了服装。[12]请王傅责之：请出河间王的师傅进行责备。[13]陛见受诏：在皇帝面前接受诏书。[14]检督：考核督察。[15]训导：教导。[16]让政：斥责刘政。[17]诘责傅：追究王的师傅失职。[18]尤恶：大恶。[19]改节：改变作风。[20]伊吾：今新疆哈密市。[21]匈奴资之以为钞暴：北匈奴凭借伊吾为侵扰中国的基地。钞暴，掳掠侵扰。[22]辛亥：三月二十九日。[23]永元时事：明帝永元二年屯田伊吾。[24]伊吾司马：主管武装屯垦的官员。[25]薄于艺文：轻视知识，不学无术。[26]博士不复讲习：太学教官不再讲经研习。[27]朋徒相视怠散：门徒学生一个比一个懒惰而离散。[28]学舍颓敝：学校房舍倒塌损坏。[29]鞠为园蔬：校园变成菜园，或长满野草。鞠，育，生长。[30]荛竖：樵夫。[31]薪刈：刈薪的倒装，打柴。[32]翟酺：字子超，广汉雒县（今四川广汉市）人，官至将作大匠。传见《后汉书》卷四十八。[33]诱进后学：劝引后辈学生进入太学学习。[34]缮起太学：重建太学。[35]韩皓：右扶风太守，顺帝永建四年代马贤为护羌校尉，为东汉第十五任护羌校尉。[36]两河间：指今青海贵德县河曲地带。这一段河曲，上段为赐支河，下段为逢留大河，史称两河。[37]马续：顺帝永建六年代韩皓为东汉第十六任护羌校尉。[38]解仇诅盟：羌人各部互相解除仇怨，结盟发誓。[39]儆备：戒备。[40]续上移田还湟中：马续上奏，将屯田区转移到湟中。湟中，湟水流域，在逢留大河之北。据章校，有的版本，“移”下有“屯”字，是。[41]探筹：在神灵前抽签。[42]以神定选：由神灵来决定皇后的人选。[43]尚书仆射：尚书令副手。[44]胡广（91—172）：字伯始，南郡华容（今湖北潜江市南）人，历事安、顺、冲、质、桓、灵六帝，为三公三十余年，为人圆滑，是一个典型的世故官僚，不倒翁。传见《后汉书》卷四十四。[45]恃神卜筮：依靠神灵，信任卜卦。[46]就值其人，犹非德选：即使神卜赶巧得到贤才，也不可能是上好德行。[47]夫岐嶷形于自然：说到聪明智慧，自然形于外表。意谓人的聪明才智有生动的表现，不必问神。语出《诗经·大雅·生民》：“克岐克嶷。”郑玄笺云：“岐岐然意有所知，其貌嶷嶷然有所识别也。”[48]俔天必有异表：天生的才德一定有与众不同的外

貌。典出《诗经·大雅·大明》："文王嘉止，大邦有子。大邦有子，伣天之妹。"说文王聘太姒为妻，太姒才貌好比是上帝之妹。伣（qiàn），譬。［49］宜参良家：除四贵人之外，应该广求良家女子。［50］简求：选择。［51］德同以年，年钧以貌：品德相同，则考虑年龄相当；年龄又相当，则选择貌美的。［52］稽之典经，断之圣虑：依据经典，再由皇上的感觉来决断。［53］恭怀皇后弟子乘氏侯商之女：恭怀皇后，和帝之母梁贵人，和帝即位追尊为恭怀皇后。乘氏侯梁商之女，即顺帝皇后梁妠，其母，即梁商妻是恭怀皇后妹妹之女。其时梁妠为顺帝所宠四贵人之一。［54］常特被引御：经常被顺帝召唤陪侍。［55］从容辞曰：很大方地推辞说。［56］夫阳以博施为德：作为男人要广泛施恩才是美德。［57］阴以不专为义：作为妇人以不专宠才叫懂得大义。［58］《螽斯》则百福所由兴也：《螽斯》这篇诗所赞颂螽斯子孙繁衍，就是这个缘故。螽（zhōng）斯（sī），蝗类昆虫。《诗经·周南·螽斯》以螽斯起兴，颂扬后妃子孙众多。螽斯雌性不妒忌，雄性广施雨露，故其子孙繁衍。

阳嘉元年（壬申，132年）

春，正月，乙巳[1]，立贵人梁氏为皇后[2]。

京师旱。

三月，扬州六郡[3]妖贼章河等寇四十九县，杀伤长吏。

庚寅[4]，赦天下，改元。

夏，四月，梁商加位特进；顷之，拜执金吾。

冬，耿晔遣乌桓戎末魔[5]等钞击鲜卑，大获而还。鲜卑复寇辽东属国，耿晔移屯辽东无虑城[6]以拒之。

尚书令左雄上疏曰："昔宣帝以为吏数变易[7]，则下不安业；久于其事，则民服教化[8]；其有政治者[9]，辄以玺书勉励[10]，增秩赐金[11]，公卿缺则以次用之[12]。是以吏称其职，民安其业，汉世良吏，于兹为盛[13]。今典城百里，转动无常[14]，各怀一切，莫虑长久[15]。谓杀害不辜为威风，聚敛整办为贤能[16]；以治己安民为劣弱[17]，奉法循理为不治[18]。髡钳之戮，生于睚眦[19]；覆尸之祸，成于喜怒[20]。视民如寇雠[21]，税之如豺虎[22]。监司项背相望[23]，与同疾疢[24]，见非不举，闻恶不察[25]。观政于亭传，责成于期月[26]；言善不称德，论功不据实[27]。虚诞者获誉，拘检者离毁[28]；或因罪而引高，或色斯而求名[29]，州宰不覆[30]，竞共辟召[31]，踊跃升腾[32]，超等逾匹[33]。或考奏捕案，而亡不受罪[34]，会赦行赂，复见洗涤[35]，朱紫同色，清浊不分[36]。故使奸猾枉滥[37]，轻忽去就[38]，拜除如流，缺动百数[39]。乡官、部吏[40]，职贱禄薄[41]，车马衣服，一出于民[42]，廉者取足，贪者充家[43]；特选、横调[44]，纷纷不绝[45]，送迎烦费，损政伤民[46]。和气未洽，灾眚不消，咎皆在此[47]。臣愚以为守相、长吏惠和有显效[48]者，可就增秩，勿移徙；非父母丧，不得去官[49]。其不从法禁[50]，不式王命[51]，锢之终身[52]，虽会赦令，不得齿列[53]。若被劾奏[54]，亡不就法[55]者，徙家边郡，以惩其后[56]。其乡部亲民之吏[57]，皆用儒生清白任从政者[58]，宽其负算[59]，增其秩禄；吏职满岁，宰府州郡乃得辟举。如此，威福之路塞[60]，虚伪之端绝，送迎之役损，赋敛之源息[61]，循理之吏得成其化，率土之民各宁其所矣。”帝感其言，复申无故去官之禁[62]，又下有司考吏治真伪，详所施行[63]；而宦官不便，终不能行。

（以上为第十段，写尚书令左雄进言，延长地方官的任期，少调动以省送往迎来之费，加大考核力度以清吏治。）

【注释】

[1]乙巳：正月二十八日。[2]立贵人梁氏为皇后：策立梁妠为皇后。是年梁妠二十六岁，顺帝刘保十八岁。[3]扬州六郡：为九江、丹阳、庐江、会稽、吴、豫章六郡。[4]庚寅：三月十三日。[5]戎末魔：据章校，有的版本“魔”作“瘣”，是。戎末瘣，乌桓大人名。[6]无虑城：在今辽宁北镇市南。[7]为吏数变易：地方官调动频繁。[8]久于其事，则民服教化：地方官相对任职较久，人民才会接受教化。[9]有政治者：有政绩的地方官。[10]辄以玺书勉励：就下诏书嘉奖。[11]增秩赐金：提级增加俸禄，或赏赐黄金。[12]以次用之：依考课次序录用。[13]汉世良吏，于兹为盛：汉代地方官人才辈出，汉宣帝时最多，如尹翁归、韩延寿、朱邑、龚遂、黄霸等。[14]转动无常：经常调动。[15]各怀一切，莫虑长久：各任地方官自有一套打算，没有人为国家的长久考虑。[16]聚敛整办为贤能：善于搜刮民财备办贡物的地方官被认为贤能。[17]以治己安民为劣弱：把守法安民的地方官看做懦弱愚劣。治己，克己，守法。[18]奉法循理为不治：依照法规办事的地方官被看做无行政才能。[19]髡钳之戮，生于睚眦：髡钳徒刑，起因于小怨小忿。髡（kūn），髡刑，剃光头发，受此刑者，五年徒刑。钳，铁链锁颈，重于髡刑。睚眦，怒目而视，形容小怨小忿。[20]覆尸之祸，成于喜怒：伏尸的杀头惨祸，竟决定于一时的喜怒。[21]视民如寇雠：把人民当强盗。[22]税之如豺虎：苛捐杂税，

比虎狼还要凶暴。［23］监司项背相望：朝廷派出的督察人员一批接一批，后出发的可以望见前一批的脖子和脊背。［24］与同疢疢：全都害了狂热病。疢（chèn），热病。［25］见非不举，闻恶不察：发现错误并不检举，听到邪恶也不纠正。［26］观政于亭传，责成于期月：考察只停留在宾馆，责其成效要求在一年之内。亭传，接待钦差的驿传。地方官整饰驿传，安排好生活，督察钦差也就停留在驿传了解地方政绩。［27］言善不称德，论功不据实：说地方官好，没有具体的措施；夸地方官有功，说不出什么事实。德，德政措施。［28］虚诞者获誉，拘检者离毁：虚夸的人获得声誉，诚实的人遭到诽谤。拘检，拘谨，实干。［29］或因罪而引高，或色斯而求名：有的人因罪恶将要败露而引退以示清高，有的人一瞧上司脸色不对就辞官表示机鉴先识。色斯，变脸色。典出《论语·乡党》篇："色斯举矣。"［30］覆：按核，复查。［31］竞共辟召：争相辟举引荐。［32］踊跃升腾：物价直线上涨，喻身价百倍。踊跃，翻跟斗，喻直线上升。［33］超等：超越正常提升的等次，指破格提升。逾匹：超过同辈。［34］或考奏捕案，而亡不受罪：有的一旦败露，被上奏收审，通缉捉拿，他们就逃亡免罪。［35］会赦行赂，复见洗涤：赶上大赦令颁布，或贿赂上司，就可把罪行洗刷得干干净净。［36］朱紫同色，清浊不分：红色与紫色混同，清洁跟污浊不分。［37］奸猾枉滥：奸猾之人到处充斥。［38］轻忽去就：不在乎被免职和任职。轻忽，随随便便，满不在乎。去，免职。就，任职。［39］拜除如流，缺动百数：任免像流水一样，一个空缺出现会牵动几百人轮转调动。拜，任职。除，免职。［40］乡官、部吏：指地方乡官，或各级政府部属小吏。［41］职贱禄薄：职位低贱，俸禄微薄。［42］一出于民：一切从民众中支出。指各级大小官吏的车马衣服，无不取之于民。［43］廉者取足，贪者充家：清廉的官吏只取够个人的生活费用，贪婪的官吏还要满足他的整个家族。［44］特选、横调：国家常赋之外，还要生出特别捐税，横加勒索。特、横，皆临时苛税。选、调，征收。［45］纷纷不断：指盘剥民众的花样层出不穷，没完没了。［46］送迎烦费，损政伤民：迎新送旧的巨大费用，既损害政风又祸害人民。［47］和气未洽，灾眚不消，咎皆在此：气氛未能融洽，灾变不能消除，一切过错的原因就在这里。眚，灾愆。［48］惠和有显效：性情温和，政绩显明。［49］去官：辞职。［50］不从法禁：违法犯禁，指不遵守朝廷命令的人。［51］不式王命：不与朝廷保持一致。式，效法，遵守。［52］锢之终身：剥夺政治权利终身。锢，禁锢，书名于另册，不准做官，限制行动自由，老死于家。［53］齿列：等列，一视同仁。［54］劾奏：遭到弹劾。［55］亡不就法：弃官逃亡避开法律制裁。［56］徙家边郡，以惩其后：把畏罪潜逃官吏的家属充军边郡，用以警告后来的赃官。［57］乡部亲民之吏：县级以下的乡官，直接与人民接触。［58］任从政者：能胜任治政的人。［59］宽其负算：减免他们（儒生）的积欠和算赋。算，汉制成人每人每年向政府交纳一算（120 钱）人头税，称算赋。儒生未有俸禄，从事学业，故宽贷之。［60］威福之路塞：作威作福的道路被阻塞。［61］赋敛之源息：横征暴敛的源头也随之消失。［62］复申无故去官之禁：重申政府各级官吏不得无故辞职，以便考察。［63］又下有司考吏治真伪，详所施行：又下令主管单位制定考核各级官吏真伪的细则，认真执行。详，认真。

雄又上言："孔子曰'四十不惑'[1]，《礼》称强仕[2]。请自今，孝廉年不满四十，不得察举，皆先诣公府，诸生试家法[3]，文吏课笺奏[4]，副之端门[5]，练其虚实[6]，以观异能[7]，以美风俗[8]；有不承科令者，正其罪法[9]。若有茂材异行[10]，自可不拘年齿[11]。"帝从之。

胡广、郭虔、史敞上书驳之曰："凡选举因才，无拘定制[12]。六奇之策，不出经学[13]；郑、阿之政，非必章奏[14]；甘、奇显用，年乖强仕[15]；终、贾扬声，亦在弱冠[16]。前世以来，贡举之制，莫或回革[17]。今以一臣之言，刬戾旧章[18]，便利未明，众心不厌[19]。矫枉变常，政之所重[20]，而不访台司[21]，不谋卿士[22]；若事下之后，议者剥异[23]，异之则朝失其便，同之则王言已行[24]。臣愚以为可宜下百官[25]，参其同异[26]，然后览择胜否[27]，详采厥衷[28]。"帝不从。

辛卯[29]，初令"郡国举孝廉，限年四十以上；诸生通章句，文吏能笺奏，乃得应选。其有茂才异行，若颜渊、子奇，不拘年齿。"

久之，广陵所举孝廉徐淑，年未四十；台郎[30]诘之，对曰："诏书曰：'有如颜回、子奇，不拘年齿。'是故本郡以臣充选。"郎不能屈[31]。左雄诘之曰："颜回闻一知十，孝廉闻一知几邪？"淑无以对；乃罢却之[32]。郡守坐免[33]。

袁宏论曰：夫谋事作制[34]，以经世训物[35]，必使可为也[36]。古者四十而仕，非谓弹冠之会必将是年也[37]，以为可仕之时在于强盛，故举其大限以为民衷。且颜渊、子奇，旷代一有[38]，而欲以斯为格[39]，岂不偏乎！

然雄公直[40]精明，能审核真伪[41]，决志行之[42]。顷之，胡广出为济阴太守，与诸郡守十余人皆坐谬举免黜[43]；唯汝南陈蕃、颍川李膺、下邳陈球[44]等三十余人得拜郎中。自是牧、守畏栗[45]，莫敢轻举。迄于永嘉[46]，察选清平，多得其人。

闰月，庚子[47]，恭陵百丈庑灾[48]。

上闻北海郎𫖮[49]精于阴阳之学。

（以上为第十一段，写左雄建言，举荐孝廉，年龄限制在四十以上，并加以严格的科举考试，朝廷得到了一批人才。）

【注释】

［1］孔子曰“四十不惑”：孔子说“四十岁做事才不迷惑”。语见《论语·为政》篇。［2］《礼》称强仕：语出《礼记·曲礼》，原文：“四十曰强而仕。”［3］先诣公府，诸生试家法：四十岁以上被举荐的孝廉，先到三公府，接受所学师承的家法考试。家法，两汉经学各有师承，一家之学称家法。［4］文吏课笺奏：出身公职的孝廉，则考试公文程式。［5］副之端门：把副本送到皇宫端门。端门，皇宫正南门，尚书在此接受章奏。［6］练其虚实：检查他们功底的虚实。［7］以观异能：用以观察他们的特长。［8］以美风俗：严格考试以促使政风好转。［9］有不承科令者，正其罪法：有不遵守这些规定的，依法定罪。［10］茂材异行：优秀才干与特长异能。［11］不拘年齿：不受年龄限制。［12］凡选举因才，无拘定制：凡是被举荐的人，只看其才干，不要规定限制条件。［13］六奇之策，不出经学：指陈平六出奇计佐高祖定天下，这些都不是从经学中来。［14］郑、阿之政，非必章奏：子产治郑，选贤用能，晏子治东阿，请托不行，并非他们精于章奏。［15］甘、奇显用，年乖强仕：秦甘罗、齐子奇得到荣耀的官位，年龄远不到强壮而仕的四十岁。战国时秦甘罗十二岁为使于赵，完成使命，位为上卿。事详《史记》卷七十一《樗里子甘茂列传》。子奇年十八，齐君使治东阿，东阿大治。事载《说苑》。［16］终、贾扬声，亦在弱冠：终军、贾谊显扬声名，年龄也只在二十左右。终军，西汉武帝时人，年十八为谏大夫，出使南越，不辱君命。传见《汉书》卷六十四下。贾谊，汉文帝时人，年十八为汉文帝博士。传见《汉书》卷四十八。［17］莫或回革：从没有人提出改变。［18］刬戾旧章：删改扭转传统规章。刬，削，删改。戾，通“捩”（liè），扭转。［19］便利未明，众心不厌：利益还未显现，难以服众心。厌，满。［20］矫枉变常，政之所重：纠正违失和变革常规，是政治上的重大事件。［21］不访台司：没有征求各政府部门意见。访，访问，征求。访，与下文“谋”字为互文。［22］不谋卿士：没有与公卿大臣协商。［23］若事下之后，议者剥异：若将左雄建言用诏书颁布，议论的人必将有反驳的不同意见。剥异，驳辩所持不同意见。剥，剖析。［24］异之则朝失其便，同之则王言已行：如果不同意反驳意见，则执行起来有困难，朝廷失去威望；如果同意反驳意见，则是反对左雄建言，可是左雄的建言已成皇帝命令。异之，指异于驳义，而同于左雄之言。同之，指同于驳义，而以左雄之言为非。［25］宣下百官：将左雄建言宣示文武百官讨论。［26］参其同异：比较赞同与反驳两方意见。［27］览择胜否：听取不同意见选择好的意见。［28］详采厥衷：广泛听取意见后再权衡决定。［29］辛卯：十一月十八日。［30］台郎：尚书郎。［31］屈：反驳对方使之屈服。［32］罢却之：把徐淑罢黜，送还故乡。［33］郡守坐免：广陵郡守举荐未执行新法被免职。［34］谋事作制：谋划事业，建立制度。［35］经世训物：切合社会所用，为万事的准绳。［36］必使可为也：一定要切合实际可以推行。［37］古者四十而仕，非谓弹冠之会必将是年也：古时规定四十岁才做官，并不是一条绝对的规定。四十而仕，指人到中年，精力旺盛，见解成熟，

这只是方向性的指示，并非凡做官必须以四十岁为起点线。弹冠，指入仕做官。［38］旷代一有：绝代奇才，天下无双。［39］格：标准。［40］公直：公正。［41］能审核真伪：能洞察考核人情的真伪。［42］决志行之：坚定意志推行。［43］坐谬举免黜：被指控推荐不实而被免职罢黜。［44］陈蕃、李膺、陈球：均东汉末清流领袖，为桓、灵时大臣。［45］畏栗：畏惧战栗。［46］永嘉：桓帝的第三个年号。［47］庚子：闰十二月二十八日。［48］恭陵百丈庑灾：安帝刘祜恭陵的寝殿百丈走廊失火。［49］郎𫖮（yǐ）：字雅光，北海安丘（今山东安丘市）人，精通《京氏易》，善说灾异。传见《后汉书》卷三十下。

二年（癸酉，133 年）

春，正月，诏公车征𫖮，问以灾异。𫖮上章曰："三公上应台阶，下同元首[1]，政失其道，则寒阴反节[2]。今之在位，竞托高虚[3]，纳累钟之奉[4]，亡天下之忧[5]。栖迟偃仰，寝疾自逸[6]，被策文，得赐钱，即复起矣，何疾之易而愈之速[7]！以此消伏[8]灾眚[9]，兴致升平，其可得乎！今选牧、守，委任三府[10]；长吏不良，既咎州、郡[11]，州、郡有失，岂得不归责举者[12]！而陛下崇之弥优，自下慢事愈甚[13]，所谓'大网疏，小网数'[14]。三公非臣之仇，臣非狂夫之作[15]，所以发愤忘食，恳恳不已[16]者，诚念[17]朝廷，欲致兴平。臣书不择言[18]，死不敢恨！"因条便宜七事[19]："一，园陵火灾，宜念百姓之劳，罢缮修之役[20]。二，立春以后阴寒失节[21]，宜采纳良臣[22]，以助圣化[23]。三，今年少阳之岁[24]，春当旱，夏必有水，宜遵前典，惟节惟约。四，去年八月，荧惑出入轩辕[25]，宜简出宫女，恣其姻嫁[26]。五，去年闰十月[27]，有白气从西方天苑趋参左足，入玉井[28]，恐立秋以后，将有羌寇畔戾之患，宜豫告诸郡，严为备御。六，今月十四日乙卯，白虹贯日[29]，宜令中外官司[30]，并须[31]立秋然后考事[32]。七，汉兴以来三百三十九岁[33]，于时三期[34]，宜大蠲[35]法令，有所变更。王者随天，譬犹自春徂[36]夏，改青服绛[37]也。自文帝省刑，适三百年[38]，而轻微之禁，渐已殷积[39]。王者之法，譬犹江、河[40]，当使易避而难犯也。"

二月，𫖮复上书荐黄琼、李固，以为宜加擢用。又言："自冬涉春，讫无嘉泽[41]，数有西风，反逆时节[42]，朝廷劳心[43]，广为祷祈，荐祭山川[44]，暴龙移市[45]。臣闻皇天感物，不为伪动[46]；灾变应人，要在责己[47]。若令雨可请降，水可攘止[48]，则岁无隔并[49]，太平可待。然而灾害不息者，患不在此也！”书奏，特拜郎中；辞病不就。

三月，使匈奴中郎将赵稠遣从事将南匈奴兵出塞击鲜卑，破之。

（以上为第十二段，写受征士人朗𫖮上书言七事，皆有益于国。）

【注释】

[1]三公上应台阶，下同元首：三公在天上象征台阶，在人间与君王同体。台阶，指天上的三台星，两两相对共六颗星。据胡三省注引《黄帝泰阶六符经》的解释，上阶是天子，中阶是诸侯百官，下阶是庶民。三阶和平相处，则阴阳顺适，风雨及时。元首，指国君。 [2]政失其道，则寒阴反节：政治失去正常轨道，则天象冷热也会反常。 [3]今之在位，竞托高虚：现今居于高位的人，争相请托谋私利。高虚，尸位素餐，使高位虚设。 [4]纳累钟之奉：领取厚重的俸禄。纳，领取。钟，六石四斗为一钟。累钟，若干钟。古代俸禄以粟米多寡为计量单位。秦汉官制用石来计量品秩，如二千石、一千石等等。奉，通“俸”。 [5]亡天下之忧：一点也不忧虑国家的事。亡，读“无”。 [6]栖迟偃仰，寝疾自逸：游乐休息，装病卧床，自我安乐。栖迟偃仰，语出《诗经·小雅·北山》。毛氏注曰：栖迟，游息也。偃仰，卧也。寝疾，装病卧床。 [7]何疾之易而愈之速：是什么样的病，卧床时那么容易而痊愈又是那样快。[8]消伏：消除。[9]灾眚：灾害。[10]今选牧、守，委任三府：现在州牧、郡守的人选，由三公负责。 [11]长吏不良，既咎州、郡：州郡的主事官吏不称职，理所当然责备州牧郡守。长吏，主事的官员。咎，责备，追究。[12]归责举者：追究不称职官员的推荐者。 [13]陛下崇之弥优，自下慢事愈甚：皇上对下宠爱越是宽容，在下恃宠怠慢公事就愈发厉害。 [14]所谓“大网疏，小网数”：这就是常说的，大网疏，小网密。此大网疏，指对三公宽；小网密，指对州牧郡守严。 [15]狂夫之作：疯子发作，胡乱伤人。 [16]悬悬不已：恳切陈述不止。 [17]诚念：心系。 [18]书不择言：笔下放肆，不知选择温和言词。 [19]条便宜七事：条陈有益于国的七件事。 [20]罢缮修之役：停止修缮陵园，以减徭役。 [21]阴寒失节：突然寒冷反常。 [22]采纳良臣：任用贤良。 [23]以助圣化：用以推广圣王教化。 [24]少阳之岁：古代迷信的倒霉年岁，具体说法不详。 [25]荧惑出入轩辕：火星进出在轩辕星区。 [26]简出宫女，恣其姻嫁：选出不宜于在皇宫的宫女，释放她们，任其婚嫁。简，选。恣，听其自由。 [27]闰十月：应为闰十二月，脱“二”字。 [28]“有白气”二句：有一道白气从西方天苑星区出现，迅速穿过参星区西南的左足星区，又进入玉井星区。天苑、参、左足、玉井，皆天上星座名。 [29]白虹贯日：一条白虹穿过太阳。《晋书·天文志》云：“凡白虹者，百殃之本，众乱所基。”[30]中外官司：京师（中）及地方（外）所有审案法官。 [31]并须：一律等到。 [32]立秋然后考事：立秋之后才能审决案件。 [33]汉兴以

来三百三十九岁：指西汉建立至顺帝阳嘉二年，已历三百三十九年。即公元前 206 至公元 133 年，整 339 年。［34］于时三期：在这三百三十九年中，已越过了三个循环期。［35］蠲：删改。［36］徂：往。［37］改青服绛：春天穿青色服，夏天穿绛色服，各随时令。绛，红色。［38］自文帝省刑，适三百年：汉文帝十三年，至今顺帝阳嘉二年，即公元前167至公元133年，整300年。［39］轻微之禁，渐已殷积：一次次的轻微过失，日渐积累而成大罪。此句谓，法律过宽，人们易犯，积小而成大罪。［40］“王者之法”三句：法律如长江、黄河浩浩荡荡，使人望而生畏，则避开不轻易触犯。郎𫖮对策，要加重刑法，反映了当时社会矛盾日益尖锐。江、河，长江、黄河。［41］嘉泽：甘露，喜雨。［42］反逆时节：气候反常。春天应吹东风，却刮西风。［43］朝廷劳心：政府忧心。［44］荐祭山川：祭祀山川百神。［45］暴龙移市：在烈日下舞龙求雨，同时转移市场。《礼记》载，岁旱，鲁穆公问于县子。县子曰：“为之徙市可也。”［46］皇天感物，不为伪动：上天爱护万物，但不会为虚伪的行为所诱动。［47］灾变应人，要在责己：灾难因警人而发，所以人要责备自己。［48］水可攘止：水灾可以用祷祈来避免。攘，通“禳”，祈禳。［49］岁无隔并：年年丰收。隔并，丰年与歉年相间。

初，帝之立也，乳母宋娥与其谋，帝封娥为山阳君，又封执金吾梁商子冀为襄邑侯。尚书令左雄上封事[1]曰：“高帝约，非刘氏不王，非有功不侯。孝安皇帝封江京、王圣等，遂致地震之异[2]。永建二年封阴谋之功[3]，又有日食之变。数术之士，咸归咎于封爵。今青州饥虚，盗贼未息，诚不宜追录小恩，亏失大典。”诏不听。

雄复谏曰：“臣闻人君莫不好忠正而恶谗谀[4]，然而历世之患，莫不以忠正得罪，谗谀蒙幸[5]者，盖听忠难，从谀易也。夫刑罪[6]，人情之所甚恶，贵宠[7]，人情之所甚欲，是以时俗[8]为忠者少而习谀者多；故令人主数闻其美，稀知其过，迷而不悟，以至于危亡。臣伏见诏书，顾念阿母旧德宿恩[9]，欲特加显赏。按尚书故事[10]，无乳母爵邑之制，唯先帝时阿母王圣为野王君，圣造生谗贼废立之祸[11]，生为天下所咀嚼[12]，死为海内所欢快。桀、纣[13]贵为天子，而庸仆羞与为比者，以其无义也；夷、齐[14]贱为匹夫，而王侯争与为伍者，以其有德也。今阿母[15]躬蹈俭约，以身率下，群僚蒸庶[16]，莫不向风[17]；而与王圣并同爵号，惧违本操，失其常愿[18]。臣愚以为凡人之心，理不相远，其所不安，古今一也。百姓深惩王圣倾覆之祸，民萌[19]之命危于累卵，常惧时世复有此类[20]，怵惕之念未离于心[21]，恐惧之言未绝于口。乞如前议[22]，岁以千万给奉阿母，内足以尽恩爱之欢，外可不为吏民所怪。梁冀之封，事非机急[23]，宜过灾厄之运，然后平议[24]可否。”于是冀父商让还冀封；书十余上，帝乃从之。

夏，四月，己亥[25]，京师地震。五月，庚子[26]，诏群公、卿士各直言厥咎[27]，仍各举敦朴士一人。左雄复上疏曰：“先帝封野王君，汉阳地震[28]，今封山阳君[29]而京城复震，专政在阴，其灾尤大[30]。臣前后瞽言[31]，封爵至重，王者可私人以财，不可以官，宜还阿母之封[32]以塞灾异。今冀已高让[33]，山阳君亦宜崇其本节。”雄言切至，娥亦畏惧辞让；而帝恋恋不能已，卒封之[34]。

是时，大司农刘据以职事被谴[35]，召诣尚书，传呼促步[36]，又加以捶扑[37]。雄上言：“九卿位亚三事[38]，班在大臣，行有佩玉之节[39]，动则有庠序之仪[40]。孝明皇帝始有扑罚[41]，皆非古典。”帝纳之，是后九卿无复捶扑者。

戊午[42]，司空王龚免。六月，辛未[43]，以太常鲁国孔扶为司空。

（以上为第十三段，写左雄上奏谏阻汉顺帝给乳母宋娥封爵。）

【注释】

[1]上封事：上书密奏。汉制，臣下言非常事，越过尚书直陈皇上的密奏，称上封事。[2]致地震之异：招致地震的灾异。安帝封江京、王圣为侯，导致地震，事见上卷安帝建光元年。[3]永建二年封阴谋之功：阴谋之功，指孙程等拥立顺帝之功，已在安帝延光四年顺帝即位之初封侯。永建二年封阴谋之功，不见于史。[4]恶谗谀：厌恶阿谀谄媚。[5]蒙幸：蒙受宠幸。[6]刑罪：犯罪服刑。[7]贵宠：富贵荣华。[8]时俗：社会风气。[9]旧德宿恩：先前哺育的恩德。[10]尚书故事：尚书主管档案文书，其中没有乳母封侯的先例。[11]圣造生谗贼废立之祸：王圣造谣陷害致有废立太子之祸。事见上卷安帝延光三年。谗贼，造谣而致祸害。[12]咀嚼：诅咒。[13]桀、纣：夏桀王、殷纣王。[14]夷、齐：伯夷、叔齐。[15]阿母：保姆，指宋娥。[16]群僚蒸庶：百官及众庶百姓。蒸，众。[17]向风：蔚然成风。[18]惧违本操，失其常愿：恐怕有违她的本心操守，不是她的愿望。[19]民萌：民众。萌，氓，普通群众。[20]常惧时世复有此类：百姓经常担心颠覆大祸又要重演。[21]怵惕之念未离于心：恐惧心理从未消失。[22]乞如前议：请求依照前议，对保姆宋娥不封侯而每年赏赐一千万。前议，左雄先有上书。[23]事非机急：不是机要紧迫之事。[24]平议：廷议，讨论。[25]己

亥：四月二十九日。［26］庚子：五月一日。［27］直言厥咎：直言政治得失。咎，指政治失误。［28］先帝封野王君，汉阳地震：先帝，指安帝。野王君，安帝乳母王圣封爵。安帝延光二年（123）封王圣，当年京师及三个郡国发生地震，汉阳是三郡之一。［29］山阳君：顺帝保姆宋娥封爵。［30］专政在阴，其灾尤大：政治集中在女人身上，灾难更大。［31］瞽言：瞎说。此左雄谦虚之言，亦为臣下对君王的套话。［32］还阿母之封：请保姆宋娥归还封爵。［33］冀已高让：梁冀已经辞让，表现了崇高的德行。［34］卒封之：终于封宋娥为山阳君。［35］以职事被谴：因办事不当，遭受责罚。［36］传呼促步：大声吆喝催促快走。［37］捶扑：棍棒殴打。［38］三事：三公。［39］行有佩玉之节：行动有佩玉的礼节。古时各级政府官员的礼服皆有佩玉，行走时发出摩擦之声。［40］动则有庠序之仪：举止有教养的仪态。庠序，学校。［41］孝明皇帝始有扑罚：从汉明帝起，大臣有过受捶打于朝堂之上。明帝是亲手殴打。至是尚书催促，执事人可打大臣。廷杖往往当场毙命。［42］戊午：五月十九日。［43］辛未：六月八日。

丁丑[1]，洛阳宣德亭[2]地坼，长八十五丈；帝引公卿所举敦朴之士，使之对策，及特问以当世之敝，为政所宜。李固对曰："前孝安皇帝变乱旧典，封爵阿母，因造妖孽[3]，改乱嫡嗣[4]，至令圣躬狼狈[5]，亲遇其艰。既拔自困殆[6]，龙兴即位[7]，天下喁喁[8]，属望风政[9]。积敝之后，易致中兴[10]，诚当沛然，思惟善道[11]，而论者犹云'方今之事，复同于前[12]'；臣伏在草泽[13]，痛心伤臆[14]！实以汉兴以来三百余年，贤圣相继十有八主[15]，岂无阿乳之恩，岂忘贵爵之宠？然上畏天威，俯案经典[16]，知义不可，故不封也。今宋阿母虽有大功、勤谨之德，但加赏赐，足以酬其劳苦；至于裂土开国，实乖旧典[17]。闻阿母体性谦虚，必有逊让，陛下宜许其辞国之高，使成万安之福。夫妃、后之家所以少完全[18]者，岂天性当然？但以爵位尊显，颛总权柄[19]，天道恶盈[20]，不知自损[21]，故致颠仆。先帝宠遇阎氏，位号太疾，故其受祸曾不旋时[22]，《老子》曰：'其进锐者其退速也[23]。'今梁氏戚为椒房，礼所不臣[24]，尊以高爵，尚可然也；而子弟群从[25]，荣显兼加，永平、建初故事，殆不如此。宜令步兵校尉冀及诸侍中还居黄门之官[26]，使权去外戚，政归国家，岂不休乎[27]？又，诏书所以禁侍中、尚书、中臣子弟[28]不得为吏、察孝廉者，以其秉威权，容请托故[29]也。而中常侍在日月之侧[30]，声势振天下，子弟禄任，曾无限极[31]，虽外托谦默[32]，不干州郡[33]，而谄伪之徒，望风进举[34]。今可为设常禁，同之中臣[35]。昔馆陶公主[36]为子求郎，明帝不许，赐钱千万，所以轻厚赐，重薄位[37]者，为官人失才，害及百姓也。窃闻长水司马[38]武宣[39]、开阳城门候[40]羊迪[41]等，无他功德，初拜便真[42]，此虽小失而渐坏旧章。先圣法度，所宜坚守，故政教一跌[43]，百年不复，《诗》云：'上帝板板，下民卒瘅[44]，刺周王变祖法度，故使下民将尽病也。今陛下之有尚书，犹天之有北斗也。斗为天喉舌，尚书亦为陛下喉舌。斗斟酌元气，运乎四时[45]；尚书出纳王命，赋政四海[46]，权尊势重，责之所归，若不平心，灾眚必至，诚宜审择其人，以毗圣政[47]。今与陛下共天下者，外则公、卿、尚书，内则常侍、黄门，譬犹一门之内，一家之事。安则共其福庆，危则通其祸败[48]。刺史、二千石，外统职事，内受法则[49]。夫表曲者景必邪[50]，源清者流必洁，犹叩树本[51]，百枝皆动也。由此言之，本朝号令，岂可蹉跌[52]！天下之纪纲，当今之急务也。夫人君之有政，犹水之有堤防；堤防完全，虽遭雨水霖潦[53]，不能为变[54]；政教一立，暂遭凶年[55]，不足为忧。诚令堤防穿漏，万夫同力，不能复救；政教一坏，贤智驰骛[56]，不能复还；今堤防虽坚，渐有孔穴[57]。譬之一人之身，本朝[58]者，心腹也，州、郡者，四支也，心腹痛则四支不举[59]。故臣之所忧，在腹心之疾，非四支之患也。苟坚堤防，务政教，先安心腹，整理本朝，虽有寇贼、水旱之变，不足介意也；诚令堤防坏漏，心腹有疾，虽无水旱之灾，天下固可以忧矣。又宜罢退[60]宦官，去其权重[61]，裁置常侍二人[62]，方直[63]有德者省事左右；小黄门五人，才智闲雅者[64]给事殿中。如此，则论者厌塞[65]，升平可致也！"

扶风功曹马融对曰："今科条品制[66]，四时禁令，所以承天顺民者，备矣，悉矣，不可加矣。然而天犹有不平之效，民犹有咨嗟之怨[67]者，百姓屡闻恩泽之声而未见惠和之实也。古之足民者，非能家赡而人足之，量其财用，为之制度[68]。故嫁娶之礼俭，则婚者以时矣[69]；丧祭之礼约，则终者掩藏矣[70]；不夺其时[71]，则农夫利矣。夫妻子以累[72]其心，产业以重其志[73]，舍此[74]而为非者，有必不多矣！"

太史令南阳张衡[75]对曰："自初举孝廉，迄今二百岁矣[76]，皆先孝行[77]；行有余力，始学文法[78]。辛卯诏书[79]，以能章句、奏案为限[80]；虽有至孝，犹不应科[81]，此弃本而取末。曾子[82]长于孝，然实鲁钝，文学不若游、夏，政事不若冉、季[83]。今欲使一人兼之，苟外有可观，内必有阙，则违选举孝廉之志[84]矣。且郡国守相，剖符宁境[85]，为国大臣，一旦免黜十有余人[86]，吏民罢[87]于送迎之役，新故交际，公私放滥，或临政为百姓所便而以小过免之，是为夺民父母使嗟号也[88]。《易》不远复[89]，《论》不惮改[90]，朋友交接且不宿过[91]，况于帝王，承天理物[92]，以天下为公者乎！中间以来[93]，妖星见于上[94]，震裂著于下[95]，天诫详矣[96]，可为寒心！明者销祸于未萌，今既见矣，修政恐惧，则祸转为福矣[97]。"

上览众对，以李固为第一，即时出阿母还舍[98]，诸常侍悉叩头谢罪，朝廷肃然。以固为议郎；而阿母、宦者皆疾之，诈为飞章[99]以陷其罪。事从中下[100]，大司农南郡黄尚等请之于梁商[101]，仆射黄琼复救明其事[102]。久乃得释，出为洛令[103]，固弃官归汉中。融博通经籍，美文辞；对奏，亦拜议郎。衡善属文，通贯《六艺》[104]，虽才高于世，而无骄尚之情；善机巧，尤致思于天文、阴阳、历算，作浑天仪，著《灵宪》。性恬憺，不慕当世[105]；所居之官辄积年不徙。

太尉庞参，在三公中最名忠直，数为左右所毁[106]。会所举用忤帝旨[107]，司隶承风案之[108]。时当会茂才[109]、孝廉，参以被奏，称疾不会。广汉上计掾段恭因会上疏[110]曰："伏见道路行人、农夫、织妇皆曰：'太尉参竭忠尽节，徒以直道不能曲心[111]，孤立群邪之间，自处中伤之地[112]。'夫以谗佞伤毁忠正，此天地之大禁，人臣之至诫[113]也！昔白起赐死，诸侯酌酒相贺[114]；季子来归，鲁人喜其纾难[115]。夫国以贤治，君以忠安；今天下咸欣陛下有此忠贤，愿卒宠任以安社稷。"书奏，诏即遣小黄门视参疾，太医致羊酒[116]。后参夫人疾前妻子，投于井而杀之；洛阳令祝良奏参罪。秋，七月，己未[117]，参竟以灾异免。

八月，己巳[118]，以大鸿胪施延为太尉。

鲜卑寇马城[119]，代郡太守击之，不克。顷之，其至犍[120]死。鲜卑由是抄盗差稀[121]。

（以上为第十四段，写李固、马融、张衡对策言时政，建言顺帝裁减宦官，不得举荐宦官子弟入仕，提倡孝悌之礼，重民生，使能养育妻子。）

【注释】

［1］丁丑：六月八日。［2］宣德亭：亭名，在洛阳市南郊，平城门外。［3］因造妖孽：指王圣兴风作浪。［4］改乱嫡嗣：指顺帝刘保为皇太子被废。［5］圣躬狼狈：陛下陷于危境。［6］拔自困殆：脱离困苦。［7］龙兴即位：如龙腾飞登上帝位。［8］天下喁喁：全国人心向往。喁喁，众鱼口向上争食，喻人心向慕。［9］属望风政：渴望善政蔚成风气。［10］积敝之后，易致中兴：政治衰败之后，容易中兴。［11］诚当沛然，思惟善道：真是应当放开胸襟，谋求改革。沛然，宽广的样子。［12］方今之事，复同于前：谓顺帝即位以来的政治，与从前一模一样。［13］伏在草泽：生活在乡间。草泽，野草荒泽，喻乡间。［14］痛心伤臆：悲痛到极点。［15］贤圣相继十有八主：谓汉兴三百余年，已历十八任皇帝。［16］上畏天威，俯案经典：上惧上天的威严，下考经典。［17］实乖旧典：实际违背了原先的规定。［18］少完全：很少保全。［19］颛总权柄：掌握政权。颛，同“专”。［20］天道恶盈：天道厌恶盛满。［21］自损：自我克制。［22］受祸曾不旋时：脚后跟还没转过来，已大祸临头。安帝建光元年阎氏始盛，延光四年受诛，不满五年而败，故云“受祸曾不旋时”，形容时间之速。［23］其进锐者其退速也：前进太猛，后退必速。［24］今梁氏戚为椒房，礼所不臣：现在梁氏立为皇后，按礼教天子不把妻子的父母役使为臣属。椒房，皇后所居宫殿之称。不臣，不得役使为臣。［25］群从：众多堂兄弟。［26］还居黄门之官：梁冀兄弟原为黄门侍郎。［27］岂不休乎：难道不是一件美事吗？［28］中臣子弟：朝官子弟。［29］容请托故：容易请托主事官员作弊。［30］在日月之侧：在皇帝皇后身边。［31］曾无限极：前途无量。［32］外托谦默：表面上沉默，不作请托。［33］不干州郡：不干预州郡事务。［34］谄伪之徒，望风进举：谄媚虚伪之徒，自会望风进举。指州郡长官阿私宦官，进举其子弟。［35］为设常禁，同之中臣：为中常侍子弟设禁令，可比照中朝百官子弟，也一律不得参与保荐推举。［36］馆陶公主：光武帝女刘红夫，韩光之妻。她为子求郎，明帝不许。事见《资治通鉴》卷四十五明帝永平十八年。［37］轻厚赐，重薄位：厚重的赏赐与低级的官位相比较。即赏赐轻，官位重。［38］长水司马：官名，长水校尉司马之省称。司马，掌军政。北军五校尉各有司马，秩千石。［39］武宣：人名。［40］开阳城门候：掌开阳城门的守卫官。京师城门各有候一人，秩六百石。［41］羊迪：人名。［42］初拜便真：汉制，初拜官称守，岁满为真。京师官千石至六百石，都要先守一岁，然后补真。［43］跌：损伤，走下坡路。此指法制破坏。［44］《诗》云：“上帝板板，下民卒瘅”：《诗经·大雅·板》说：“周厉王为政尽反先王及天之道，天下之民都遭殃。”板，反也。瘅，病。［45］斗斟酌元气，运乎四时：北斗斟满元气，运行四时。胡三省注《天文志》云：“斗为帝车，运乎中央，临制四方。分阴阳，建四时，均

五行，移节度，定诸纪；皆系于斗。”这是古人的一种天道观念，并感应于人间政治。［46］赋政四海：传达到全国。赋，布。［47］以毗圣政：用以辅佐君王。毗，辅。［48］安则共其福庆，危则通其祸败：谓有福同享，有祸同当。胡三省评议说：这样的议论，发表在小人宠幸充满朝廷之时，委曲婉转，十分得体。可是仍然被认为太过刚直，不能容忍，真是可悲。［49］外统职事，内受法则：刺史、二千石，对外统摄政事，代表朝廷；对内则受朝廷约束。［50］表曲者景必邪：测表不正，日影必然歪斜。表，测日影的标杆。景，通“影”。［51］叩树本：敲击树干。［52］蹉跌：差错。［53］雨水霖潦：连绵大雨浇淹。［54］不能为变：不会成灾。［55］暂遭凶年：暂逢凶年。只要政治完善，虽遇凶年，也不必担忧。［56］贤智驰骛：贤者智者齐集奔走。［57］渐有孔穴：政治上逐渐有了漏洞。胡三省注云：“谕嬖幸之门也。当此之时，不可以言渐矣，固特婉其辞耳。”［58］本朝：京师，中央。［59］举：动弹。［60］罢退：罢黜。［61］去其权重：削减他们的权力。［62］裁置常侍二人：裁减中常侍，只留二人。西汉中常侍宦官与士人杂用。东汉专用宦官，明帝时为四人，和帝时增至十人，又小黄门由十人增至二十人。和帝、顺帝皆借宦官之力从外戚手中夺权，于是宦官日渐权重，手握王权，口含天宪，不再是深宫中的等闲皇家奴仆了。［63］方直：方正。［64］才智闲雅者：有聪明才智而风度翩翩的小黄门。［65］论者厌塞：批评政治的言论自然停止。［66］科条品制：法令规章。［67］咨嗟之怨：嗟叹抱怨。［68］为之制度：规定出合理的用度。［69］嫁娶之礼俭，则婚者以时矣：嫁娶节俭，那么男女双方就可及时婚配。［70］丧祭之礼约，则终者掩藏矣：葬礼简单，那么送终的人可以及时掩埋死者了。［71］不夺其时：农忙时节不征徭役。［72］累：牵挂。［73］产业以重其志：有家业就可以加重人民守法的意志。［74］舍此：指不丢弃产业与妻子。［75］张衡（78—139）：字平子，南阳西鄂（今河南南召县南）人，东汉天文学家、文学家，制浑天仪、地动仪，观天测地。著有天文学著作《灵宪》。时任太史令，官至侍中。传见《后汉书》卷五十九。［76］自初举孝廉，迄今二百岁矣：汉武帝元光元年初举孝廉，至顺帝阳嘉二年，整二百年。即公元前 134 至公元 133 年。［77］先孝行：以孝行为根本，为优先位置。［78］始学文法：然后才追求学问。［79］辛卯诏书：指阳嘉元年（132），即去年十一月十八日纳左雄之言所下诏书。［80］以能章句、奏案为限：以能读通经书、会写公文为标准。［81］不应科：不能入选应对。［82］曾子：孔子弟子曾参。［83］游、夏、冉、季：言偃子游、卜商子夏、冉求子有、仲由子路，皆孔子高足。［84］志：本意，目的。［85］剖符宁境：谓守相为身负朝命的守土大臣。剖符，封疆大吏执符以示信。符分为二,一半留朝廷，一半为本官所执。［86］一旦免黜十有余人：一旦，一个早上，一下子，指一次。阳嘉元年因郡守触犯新选举法，所荐非实，一次免黜济阴郡守胡广等十余人。［87］罢：通“疲”。［88］是为夺民父母使嗟号也：因小过免黜老百姓欢迎的父母官，从而使人民哀号无已。［89］《易》不远复：《易经》上说：“不要走得太远才回头。”语出《易经·复卦》：“不远复，无祇悔。”［90］《论》不惮改：《论语》上说：“不要害怕改正过错。”语出《论语·学而》篇，原文为：“过则勿惮改。”［91］朋友交接且不宿过：朋友相交没有隔夜不忘的仇根。［92］承天理物：承受天命，治理万物。［93］中间以来：近年来。［94］妖星见于上：天上出现妖星。胡三省引《古今注》说："是年四月壬寅，太白昼见；五月癸巳，又昼见。"［95］震裂著于下：地下发生裂地的大地震。指永建三年（128）京师洛阳大地震。［96］天诫详矣：上天警告是这样明显。［97］修政恐惧，则祸转为福矣：整顿政治，心怀恐惧，这样才能转祸为福。［98］出阿母还舍：让保姆宋娥出宫回到家中。［99］诈为飞章：狡诈地制作匿名信。［100］事从中下：皇帝发出查办的诏书，不经尚书，直接由皇宫中发出。［101］请之于梁商：请求时为执金吾的梁商营救。执金吾掌京师治安，有权过问。［102］仆射黄琼复救明其事：尚书仆射黄琼又上书营救，说明原委。［103］洛令：洛阳县令。据《后汉书》李固本传，"洛"，应为"雒"，广汉郡雒县令。在今四川广汉市。李固至半道弃官归本郡。［104］《六艺》：儒家《六经》。［105］性恬憺，不慕当世：性情恬淡，不羡慕当时世俗所看重的金钱富贵。［106］数为左右所毁：不断遭到皇帝身边的人诋毁。［107］会所举用忤帝旨：正巧又赶上他举荐的人触犯了皇帝的旨意。［108］承风案之：看准风向弹劾庞参。司隶校尉，察举百官，故可弹劾太尉之罪。［109］时当会茂才：正好要与所举茂才会晤。［110］广汉上计掾段恭因会上疏：广汉郡的上计掾借朝会机会上奏。上计掾，掌郡国户口财粮统计，每年随郡国所举茂才进京，受计（向朝廷报告一郡户口及财赋）之日，公卿皆会于廷。［111］曲心：说违心的话，办违心的事。［112］自处中伤之地：自己处于被中伤的位置上。［113］人臣之至诫：据章校，有的版本"臣"作"主"，是。信谗害忠，这是人主最大的警戒，千万不能逾越此线。［114］白起赐死，诸侯酌酒相贺：秦白起被赐死，诸侯国君举杯庆贺。白起被范雎逼迫，有怨言，秦昭王赐死。事见《资治通鉴》卷五周赧王五十年。［115］季子来归，鲁人喜其纾难：姬友回归鲁国，鲁人欢呼他拯救危难。季子，即姬友，又称季友。庆父、叔牙及季友三人为春秋时鲁桓公之子，鲁庄公之弟。庄公夫人哀姜不育，故无嫡子，而欲立庶子斑。庆父与哀姜私通，而叔牙党庆父，欲立庆父为君，被庄公和季友鸩杀。庄公卒，季友立公子斑为鲁君，庆父杀之，立公子开，是为鲁闵公。季友出奔陈国。闵公二年，庆父又杀闵公欲自立。两年之间，庆父连弑二君，鲁国大乱，流言曰："庆父不死，鲁难未已。"此时季友归国与鲁大夫共逐庆父，才安定了鲁国。事详《左传》。［116］太医致羊酒：御医视疾，又赏赐羔羊美酒。［117］己未：七月二十日。［118］己巳：八月一日。［119］马城：代郡属县，县治在今河北怀安县。［120］其至犍：鲜卑大人之名。据章校，有的版本"犍"作"鞬"。［121］差稀：稀少。

【点评】

本卷集中点评顺帝的即位与施政，有下列五项。

一、顺帝即位。延光四年（125）十一月四日，以中常侍孙程等十九位宦官为核心，发动政变，诛杀阎党宦官江京、刘安、陈达以及阎显、阎崇、阎景兄弟，夺回政权，迎立废太子济阴王刘保即位，是为顺帝。顺帝得以即位，原因有三。其一，刘保为和帝长子，法统当立，无其他和帝子可以代替。阎太后贪权立幼，迎立诸侯王子北乡侯，既是婴孩，又半岁而亡，毫无影响。其二，刘保被废，仍封为王，未出宫，住在崇德大殿西厢钟楼下，得到孙程等一大批忠于帝胄的宦官保护，这也是政变的中坚力量。第三，阎显兄弟，庸懦才劣又暴戾贪婪。北乡侯初立，自己立脚未稳就同党争权内讧，杀大将军耿宝、安帝乳母王圣、中常侍樊丰等，削弱了自身力量，又极不得人心。阎氏外戚，根基不牢，在朝臣中很孤立，没有呼应的人。阎太后性妒凶残，杀刘保生母，在宫中也不得人心。阎太后临朝，败亡顺理成章。

顺帝一朝，政治昏暗。东汉政治以和、安二帝为分水岭。和帝之前光武、明帝、章帝三朝为鼎盛期，政治较为开明。和帝、安帝两朝维持表面的平稳，邓太后掌权时期连年灾害，内有西羌之乱，外有匈奴、乌桓扰边，国家已呈衰败迹象。顺帝即位，外戚势力抬头，后期任用顽劣无比的梁冀为大将军，国势急剧走下坡路。司马光批评顺帝昏愚超过西汉成帝。王夫之《读通鉴论》认为顺帝为中上之君，但无忠良之臣，所以国势不张。王夫之说："帝之废居西钟下也，顺以全生，群奸不忌，非不智也。安帝崩，不得上殿亲临，非号不食，非不仁也。孙程等拯之危亡之中而登天位，一上殿争功，而免官就封，不使终持国政，非不断也。谅虞诩之谏逐张防，听李固之言出阿母，任左雄之策请吏治，非不明也。樊英、黄琼、郎𫖮，公车接轮，纳翟酺之说，广拓学宫，非不知务也。"据此，顺帝作为一国之君，还像一个君，只是没有丙吉、宋璟、张九龄、韩琦、姚崇、杜黄裳这样的大臣为辅，国是以不治。人才代代有，君不明，则臣不才。左雄、虞诩未尽其用，李固、张衡未得其用，梁冀之流放心以用，这就是顺帝之昏。顺帝不立，阎氏奸计得逞，东汉或许即行大乱。从粉碎阎党角度说，顺帝即位，延长了东汉国祚。

二、顺帝赏罚错位。班勇完成了东汉第三次开通西域的伟业，立下重大功勋。公元125年，班勇大破北匈奴，西域各城邦国都服从于汉朝，唯有焉耆王未附。顺帝派敦煌太守张朗将河西四郡兵入援班勇，约期分两道攻击。班勇从南道，张朗从北道。张朗想独贪功劳，先期冒进，侥幸取胜，受赏。班勇按期到达，因无功，征还下狱，罢官。军事冒进，犯兵家大忌，张朗受班勇节制，冒进是不听将令的行为，应当受罚，因侥幸有功却受赏。班勇克期，是纪律严明的表现，反而被判重罪，顺帝判事不明，赏罚错位。

三、樊英受征。南阳樊英，海内知名，安帝赐策书征召，樊英不就。顺帝再次用策书征召，樊英开始推辞，顺帝诏令郡县逼迫，樊英就征。到了京师，顺帝隆重接待，赐几杖，以师傅礼召见，问得失，拜五官中郎将。樊英如同竹笋，嘴尖皮厚腹中空，始终没说出一句善言，出一条治国良策，自觉脸上无光，称疾告归。顺帝赐以光禄大夫品秩，带薪回乡，命令地方岁时致以牛酒。司马光批评说，帝王征召贤士，诚心敬重，像樊英这样没有真才实学的浮华之士，要用对待少正卯的方法加以诛杀，用以纯正风俗。顺帝重赏虚名之士，失重贤之旨。

四、班始忿杀公主。班超孙子班始尚清河王之女阴城公主，是顺帝的姑姑。阴城公主放纵淫荡，甚至把情夫带回家，让情夫睡在床上，逼班始藏在床下。班始不堪，怒杀公主。顺帝将班始处以腰斩，量刑至此，也算得当。顺帝将班始同胞兄弟姐妹全部处死，则是滥用刑法，逞专制淫威，不可谓明。

五、顺帝求言。顺帝征召士人，问以灾异。北海士人郎𫖮上书言七事，皆有益于国，又荐黄琼、李固，以为宜加擢用。阳嘉二年（133）六月八日，洛阳宣德亭地裂，顺帝召集公卿所举荐的淳朴之士对策，问以当世政治的弊端，应当如何改进。李固、马融、张衡对策，建言顺帝裁减宦官，不得举荐宦官子弟入仕，提倡孝悌之礼，重民生，使百姓能温饱，养育妻子。顺帝借此整肃了一番宫禁，及时遣乳母还舍，诸常侍叩头谢罪，朝廷肃然。顺帝欲有一番作为，这就是王夫之所说的中上之君，贤臣为辅，可以为善。由于东汉大权长期落入太后、外戚、宦官、群小之手，积重难返，顺帝非有为之君，整肃朝纲，昙花一现，很快又皇权旁落。等到梁冀当朝，顺帝只是一个傀儡。

卷五二　汉纪四十四

汉顺帝阳嘉三年至汉冲帝永嘉元年（公元 134—公元 145）

【起阏逢阉茂（甲戌，134 年），尽旃蒙作噩（乙酉，145 年），凡十二年】

【大事提要】

本卷记事起公元 134 年，讫公元 145 年，凡十二年，当顺帝阳嘉三年至冲帝永嘉元年，载顺帝一朝后期史事。这一时期，权落梁皇后外戚梁氏。皇后父梁商为大将军，梁商无治国之才，从事中郎李固劝说梁商让贤，梁商不听。梁商子梁冀为河南尹，初任一方即残暴自恣，梁氏父子结纳宦官曹节、曹腾等以固宠，挑起宦官内讧，兴大狱，政治一片乌烟瘴气。梁商恋权，尚无大恶，天时干旱，还能劝顺帝下诏求言。尚书令周举、太史令张衡建言裁宫女，减御膳，皇上亲贤远佞，总政要，不信图谶。李固反对用兵岭南言七不可，建言选贤良任郡守，招抚叛乱。张乔等人到任，兵不血刃，岭南安定。梁商死，顺帝竟然任命顽劣无赖梁冀为大将军，司马光批评顺帝昏庸甚于西汉成帝。皇甫规献奏安羌之策，顺帝不采纳。八使巡风，御史张纲弹劾梁冀，梁冀深恨之，欲置之于死地。顺帝崩，冲帝即位，梁太后感念李固，李固当政，罢贪残，任贤才，清剿东南盗匪，梁冀冷眼，伺机反扑。

孝顺皇帝下

阳嘉三年（甲戌，134 年）

夏，四月，车师后部司马率后王加特奴[1]掩击北匈奴于阊吾陆谷，大破之；获单于母。

五月，戊戌[2]，诏以春夏连旱，赦天下。上亲自露坐德阳殿[3]东厢请雨。以尚书周举[4]才学优深，特加策问。举对曰："臣闻阴阳闭隔，则二气否塞[5]。陛下废文帝、光武之法，而循亡秦奢侈之欲，内积怨女，外有旷夫[6]。自枯旱以来，弥历年岁[7]，未闻陛下改过之效，徒劳至尊暴露风尘[8]，诚无益也，陛下但务其华[9]，不寻其实[10]，犹缘木希鱼[11]，却行求前[12]。诚宜推信革政[13]，崇道变惑[14]，出后宫不御之女[15]，除太官重膳之费[16]。《易传》曰：'阳感天不旋日。'[17]惟陛下留神裁察！”帝复召举面问得失，举对以“宜慎官人[18]，去贪污，远佞邪。”帝曰：“官贪污、佞邪者为谁乎[19]？”对曰：“臣从下州超备机密[20]，不足以别群臣[21]。然公卿大臣数有直言者，忠贞也；阿谀苟容[22]者，佞邪也。”

太史令张衡亦上疏言：“前年京师地震土裂[23]，裂者，威分[24]；震者，民扰也[25]。窃惧圣思厌倦[26]，制不专已[27]，恩不忍割，与众共威[28]。威不可分，德不可共[29]。愿陛下思惟所以稽古率旧[30]，勿使刑德八柄不由天子[31]，然后神望允塞[32]，灾消不至矣！”

衡又以中兴[33]之后，儒者争学《图纬》[34]，上疏言：“《春秋元命包》[35]有公输班与墨翟，事见战国；又言别有益州[36]，益州之置在于汉世。又刘向父子领校秘书[37]，阅定九流[38]，亦无《谶录》。则知《图谶》成于哀、平之际，皆虚伪之徒以要世取资[39]，欺罔较然[40]，莫之纠禁[41]。且律历[42]、卦候[43]、九宫[44]、风角[45]，数有征效[46]，世莫肯学，而竞称不占之书[47]，譬犹画工恶图犬马而好作鬼魅[48]，诚以实事难形而虚伪不穷也[49]！宜收藏[50]《图谶》，一禁绝之，则朱紫无所眩[51]，典籍无瑕玷[52]矣！”

秋，七月，钟羌良封等复寇陇西、汉阳。诏拜前校尉马贤为谒者，镇抚诸种。冬，十月，护羌校尉马续[53]遣兵击良封，破之。

十一月，壬寅[54]，司徒刘崎、司空孔扶免，用周举之言也。乙巳[55]，以大司农黄尚为司徒，光禄勋河东王卓为司空。

耿贵人数为耿氏请，帝乃绍封耿宝子箕为牟平侯。

（以上为第一段，写汉顺帝因干旱求言，尚书周举、太史令张衡等建言，裁宫女，减御膳，皇上亲贤远佞，总政要，不要信图谶。）

【注释】

[1]加特奴：据章校，有的版本“奴”下有“等”字。[2]戊戌：五月四日。[3]德阳殿：北宫正殿。[4]周举（?—149）：字宣光，汝南汝阳（今河南商水县西南）人，有直节，历官

司隶校尉、光禄大夫。传见《后汉书》卷六十一。［5］否塞：闭塞。［6］内积怨女，外有旷夫：宫内聚集宫女太多，不能婚配，则宫外光棍必多。［7］弥历年岁：已过了一整年。弥，满。［8］暴露风尘：暴露在烈日风尘之中。指前文"露坐德阳殿"。［9］务其华：致力于表面文章。［10］寻其实：找出根本原因。［11］缘木希鱼：爬上树去希望得鱼。语出《孟子·梁惠王上》："缘木求鱼。"［12］却行求前：倒退着走，却希望前进。语出《韩诗外传》："夫明镜所以照形，往古所以知今。恶知往古之所以危亡，无异却行而求达于前人也。"［13］推信革政：推出诚信来革新政治。［14］崇道变惑：崇尚正轨，消除人民的疑惑。［15］出后宫不御之女：不御之女，未被皇帝召幸过的宫女，应予释放出宫。［16］重膳之费：超过需要的山珍海味。［17］《易传》曰："阳感天不旋日"：语出《易·稽览图·中孚传》："阳感天不旋日，诸侯不旋时，大夫不过期。"郑玄注："阳者，天子，为善一日，天立应以善；为恶一日，天立应以恶。"皇帝所作所为，上天将立即回报，不过一天。［18］慎官人：慎重选贤用人。［19］官贪污、佞邪者为谁乎：贪官是谁？奸佞小人又是谁？［20］臣从下州超备机密：周举说，我从外州破格升迁到机枢位置上。下州，外州对京师而言称下州。超，越级升迁，即破格提拔。周举原为冀州刺史，擢升为尚书。机密，代指枢密岗位。［21］不足以别群臣：现在还没有能力鉴别群臣谁优谁劣。别，鉴别。［22］苟容：看眼色办事。［23］前年京师地震土裂：前年，应为昨年。阳嘉二年六月八日，京师地震，宣德亭地裂长八十五丈。［24］裂者，威分：地裂象征权力分割。威，威权。［25］震者，民扰也：地震象征人民惊扰。［26］圣思厌倦：皇上思虑厌倦，不理朝政。［27］制不专己：自己不作裁断。［28］恩不忍割，与众共威：皇上舍不得割断宠爱的人，将权力与他们共享。［29］威不可分，德不可共：权力不可分割，恩德不可共享。［30］稽古率旧：考求古制，遵循旧典。［31］勿使刑德八柄不由天子：不要使刑德八柄脱离天子之手。《周礼》载：天子控制臣子的刑杀与恩德共有八种手段：一是爵位，使臣下尊贵；二是俸禄，使臣下富有；三是赏赐，使臣下欢喜；四是安置，控制臣下的行动；五是生活，使臣下享福；六是剥夺，使臣下贫困；七是废黜，使臣下不敢犯罪；八是诛杀，使臣下不敢叛逆。［32］神望允塞：八柄使天子的神圣威望永远充实。［33］中兴：指东汉兴起。［34］《图纬》：图谶纬书之学，研究预言的神秘学术。［35］《春秋元命包》：汉代流行的一种预言书。［36］益州：有大小两个范围的益州。小益州为郡，汉武帝元封二年（前109）置益州郡，治所在今云南昆明市晋宁区东，辖今云南中部地区；大益州为监察区，后为郡之上的行政建制，元封五年汉武帝（前106）置十三州刺史，益州，辖今四川、云南及贵州一部分地区。总之，州、郡益州皆为汉所置，而《春秋元命包》载之。［37］刘向父子领校秘书：西汉成帝、哀帝之时，刘向及其子刘歆校定皇室秘藏图书，是中国学术史上一件划时代的大事。刘向父子同传，见《汉书》卷三十六。［38］阅定九流：校定九家学派图书。见《汉书·艺文志》。九家为儒、道、阴阳、法、名、墨、纵横、杂、农。［39］要世取资：欺世盗名以骗取钱财。［40］欺罔较然：欺诈的意图，十分明显。［41］莫之纠禁：政府却没把图谶列入禁令。［42］律历：历法之学。［43］卦候：《易经》八卦之学。［44］九宫：阴阳星象之学。［45］风角：一种占卜之学。以占候四方、四隅的风向来预测吉凶。［46］征效：应验。［47］不占之书：指无法考察应验的谶纬之学。［48］画工恶图犬马而好作鬼魅：一个拙劣的画工，厌恶画狗画马却十分爱好画鬼画妖。［49］诚以实事难形而虚伪不穷也：真实原因是实在的事物难以惟妙惟肖，而虚假的鬼怪可以随意涂抹。诚，真诚，实在是。不穷，永远画不完。［50］收藏：收缴。［51］朱紫无所眩：使红色与紫色不再混淆。眩，眼花。［52］典籍无瑕玷：使儒家经典不再受到玷污。［53］马续：顺帝永建六年（131）为护羌校尉，为东汉第十六任。［54］壬寅：十一月十一日。［55］乙巳：十一月十四日。

四年（乙亥，135年）

春，北匈奴呼衍王侵车师后部。帝令敦煌太守发兵救之，不利。

二月，丙子[1]，初听[2]中官得以养子袭爵。初，帝之复位，宦官之力也，由是有宠，参与政事。御史张纲[3]上书曰："窃寻文、明二帝[4]，德化尤盛，中官常侍，不过两人，近幸赏赐，裁满数金，惜费重民，故家给人足。而顷者以来，无功小人，皆有官爵，非爱民重器[5]、承天顺道者也。"书奏，不省。纲，皓之子也。

旱。

谒者马贤击钟羌，大破之。

夏，四月，甲子[6]，太尉施延免。戊寅[7]，以执金吾梁商为大将军，故太尉宠参为太尉。

商称疾不起且[8]一年；帝使太常桓焉[9]奉策就第即拜[10]，商乃诣阙受命[11]。商少通经传，谦恭好士，辟汉阳巨览[12]、上党陈龟[13]为掾属，李固为从事中郎，杨伦[14]为长史。

李固以商柔和自守，不能有所整裁[15]，乃奏记[16]于商曰："数年以来，灾怪屡见。孔子曰：'智者见变思形，愚者睹怪讳名。'[17]天道无亲，可为祇畏[18]。诚令王纲一整，道行忠立，明公踵伯成之高，全不朽之誉[19]，岂与此外威凡辈耽荣好位者同日而论哉[20]！"商不能用。

秋，闰八月，丁亥朔[21]，日有食之。

冬，十月，乌桓寇云中。度辽将军耿晔追击，不利。十一月，乌桓围晔于兰池城[22]；发兵数千人救之，乌桓乃退。

十二月，丙寅[23]，京师地震。

（以上为第二段，写御史张纲上奏顺帝赏赐亲信应有节度，从事中郎李固劝说梁商让大将军之位于贤者，皆未被采纳。）

【注释】

[1]丙子：二月十六日。 [2]初听：首次允许，即破例第一回。允许宦官养子袭嗣爵位。胡三省评论说：曹操就是踏着这个宦官养子的阶梯，而转移了汉家天下，这有着久远的历史原因。[3]张纲（98—143）：字文纪，犍为武阳（今四川眉山市彭山区）人，司空张皓之子。历官侍御史、广陵太守。传见《后汉书》卷五十六。 [4]文、明二帝：西汉文帝、东汉明帝。 [5]重器：重视礼器，喻重视社稷。 [6]甲子：四月五日。 [7]戊寅：四月十九日。 [8]且：将近。 [9]桓焉（?—143）：字叔元，经学世家桓荣之孙，为安帝师，官至太傅。传见《后汉书》卷三十七。[10]奉策就第即拜：桓焉带着封拜梁商为大将军的策文，到梁商家里去宣读。 [11]商乃诣阙受命：汉制，封爵或任命三公，在金銮殿上举行隆重的仪式，受命人在谒者、光禄勋的赞礼下向皇帝三跪九叩首。典礼完成，就站到已封拜的官位上，听皇帝讲话。西汉只有卫青因立有大功，汉武帝派特使在军中封拜卫青为大将军。梁商因外戚而贵，不敢享受就第即拜的殊礼，赶紧起床到金銮殿上受封。诣阙，指赶到殿上。 [12]巨览：人名。 [13]陈龟：字叔珍，上党泫氏（今山西高平市）人，少有志节。桓帝时，终官度辽将军，乞骸骨；复征为尚书，弹劾梁冀不食而死。传见《后汉书》卷五十一。 [14]杨伦：字仲理，陈留东昏（今河南兰考市北）人，习《古文尚书》。杨伦前后三次征起，皆以直谏不合辞官归家，闭门授徒，卒于家。传见《后汉书》卷七十九上。 [15]整裁：整顿吏治，裁汰冗员。 [16]奏记：公文报告。 [17]“孔子曰”三句：此处所引“孔子曰”两句话不见儒家典籍，乃纬书之语。意谓智慧的人，看见灾变，就要思考它产生的原因；愚笨的人，看见怪异，忌讳提起，以视而不见来回避。 [18]祇畏：敬畏。 [19]明公踵伯成之高，全不朽之誉：大将军应当追随伯成的高节而功成身退，保全美名。明公，对梁商的尊称。踵，追随，效法。伯成，《庄子》所载寓言人物，传说他是虞舜时一位封国诸侯，夏朝建立，他辞位去当了农夫。高，高风亮节。 [20]岂与此外戚凡辈耽荣好位者同日而论哉：这岂是那些贪恋荣华禄位的凡庸外戚能比拟的吗？耽，嗜好，贪恋。 [21]丁亥朔：闰八月一日。 [22]兰池城：属云中郡，在今内蒙古托克托县北。 [23]丙寅：十二月乙酉朔。无丙寅。据章校，有的版本“丙”作“甲”。甲寅，十二月三十日。

永和元年（丙子，136年）

春，正月，己巳[1]，改元，赦天下。

冬，十月，丁亥[2]，承福殿火。

十一月，丙子[3]，太尉庞参罢。

十二月，象林[4]蛮夷反。

乙巳[5]，以前司空王龚为太尉。

龚疾宦官专权，上书极言其状。诸黄门使客诬奏龚罪；上命龚亟自实[6]。李固奏记于梁商曰："王公以坚贞之操，横为谗佞所构[7]，众人闻知，莫不叹栗[8]。夫三公尊重，无诣理[9]诉冤[10]之义，纤微感慨，辄引分决[11]，是以旧典[12]不有大罪，不至重问[13]。王公卒有他变[14]则朝廷获害贤之名，群臣无救护之节矣！语曰：'善人在患，饥不及餐。'[15]斯其时也！"商即言之于帝，事乃得释。

是岁，以执金吾梁冀为河南尹。冀性嗜酒，逸游自恣[16]，居职多纵暴非法[17]。父商所亲客洛阳令吕放以告商，商以让冀。冀遣人于道刺杀放，而恐商知之，乃推疑放之怨仇，请以放弟禹为洛阳令，使捕之，尽灭其宗、亲、宾客百余人[18]。

武陵太守上书，以蛮夷率服，可比汉人，增其租赋。议者皆以为可。尚书令虞诩曰："自古圣王，不臣异俗[19]。先帝旧典[20]，贡赋多少，所由来久矣；今猥[21]增之，必有怨叛。计其所得，不偿所费，必有后悔。"帝不从。澧中、溇中蛮[22]各争贡布非旧约，遂杀乡吏，举种反。

（以上为第三段，写梁冀为河南尹，初任方面，即残暴违法。朝廷加征赋税，逼反蛮夷。）

【注释】

[1]己巳：正月十五日。[2]丁亥：十月七日。[3]丙子：十一月二十七日。[4]象林：县名，日南郡属县，在今越南南部。[5]乙巳：十二月二十六日。[6]上命龚亟自实：皇上命王龚立即去廷尉辨明真假。自实，自己诉说实情。[7]构：陷害。[8]叹栗：叹息恐惧。[9]诣理：到廷尉府。[10]诉冤：自我申辩。[11]纤微感慨，辄引分决：即便是细小过失，也只好自杀了结。[12]旧典：原有的法令。[13]不至重问：指按照旧典，三公若无重罪，决不审问。因审讯三公重狱，一般为自我辩诬，不进行审讯。重问，即重案审讯，指由多个大臣组成合议庭审讯的国家级大案。成帝时审理丞相薛宣、御史大夫翟方进，用五个二千石九卿会审，以示大臣狱重。[14]王公卒有他变：指王龚会突然自杀。卒，通"猝"。哀帝时，丞相王嘉被召廷尉对簿，王嘉以将相不对理陈冤而自杀，于是相沿成故事。若王龚不愿对簿公堂，只有自杀一条路了。[15]语曰："善人在患，饥不及餐"：俗话说：好人在受罪，来不及去吃饭。喻当速救良人，吃饭的功夫也没有。[16]逸游自恣：好逸游乐，纵情任性。[17]居职多纵暴非法：身居要

位，却残暴不法。［18］“使捕之”二句：使吕放之弟洛阳令吕禹捕杀仇家，株连仇家的宗族、亲戚、宾客百余人。［19］不臣异俗：不把风俗不同的少数民族当作自己的臣民。［20］先帝旧典：指东汉历届皇帝的惯例。汉兴，令武陵诸蛮，大人每岁输布一匹，儿童每岁输布二丈。［21］猥：猝也，突然。［22］澧中、溇中蛮：居于澧水、溇水流域的蛮族。

二年（丁丑，137年）

春，武陵蛮二万人围充城[1]，八千人寇夷道[2]。

二月，广汉属国都尉击破白马羌。

帝遣武陵太守李进击叛蛮，破平之。进乃简选良吏，抚循蛮夷，郡境遂安。

三月，司空王卓薨。丁丑[3]，以光禄勋郭虔为司空。

夏，四月，丙申[4]，京师地震。

五月，癸丑[5]，山阳君宋娥坐构奸诬罔[6]，收印绶，归里舍。黄龙、杨佗、孟叔、李建、张贤、史泛、王道、李元、李刚等九侯坐与宋娥更相赂遗[7]，求高官增邑[8]，并遣就国，减租四分之一[9]。

象林蛮区怜[10]等攻县寺[11]，杀长吏。交趾刺史樊演发交趾、九真兵万余人救之；兵士惮远役，秋，七月，二郡兵反，攻其府[12]。府虽击破反者，而蛮势转盛。

冬，十月，甲申[13]，上行幸长安。扶风田弱荐同郡法真[14]博通内、外学[15]，隐居不仕，宜就加衮职[16]。帝虚心欲致之，前后四征，终不屈。友人郭正称之曰：“法真名可得闻，身难得而见。逃名而名我随，避名而名我追[17]，可谓百世之师者矣！”真，雄之子也。

丁卯[18]，京师地震。

太尉王龚以中常侍张昉等专弄国权，欲奏诛之。宗亲有以杨震行事[19]谏之者，龚乃止。

十二月，乙亥[20]，上还自长安。

（以上为第四段，写宋娥势力倒台，张昉等奸佞依然得势。）

【注释】

［1］充城：县名，县治在今湖南张家界市。［2］夷道：县名，县治在今湖北宜都市。

[3]丁丑：三月三十日。［4］丙申：四月十九日。［5］癸丑：五月六日。［6］坐构奸诬罔：被指控结党为奸和诬陷欺诈。［7］更相赂遗：互相贿赂。［8］求高官增邑：谋求高官、增加封邑户口。［9］减租四分之一：采邑租税为封君的收入，今惩罚九侯，减少其采邑租税收入的四分之一。［10］区怜：人名。［11］县寺：县衙，县政府。［12］攻其府：指交趾、九真二郡反者攻击郡政府。［13］甲申：十月十日。［14］法真(100—188)：字高卿，安帝时青州刺史法雄之子，博学高行，终身不仕。传见《后汉书》卷八十三《隐逸传》。［15］内、外学：东汉崇尚图谶，以六经为外学，纬书为内学。内学有七纬，为《易纬》《稽览图》《乾凿度》《坤灵图》《通卦验》《是类谋》《辨终备》。［16］衮职：指三公之位。［17］逃名而名我随，避名而名我追：逃避名声，名声随着他；躲避名声，名声追赶他。［18］丁卯：十一月二十三日。［19］杨震行事：指安帝太尉杨震弹劾中常侍樊丰等，反为所害。事见《资治通鉴》卷五十安帝延光三年。［20］乙亥：十二月二日。

三年（戊寅，138年）

春，二月，乙亥[1]，京师及金城、陇西地震，二郡山崩。

夏，闰四月，己酉[2]，京师地震。

五月，吴郡[3]丞羊珍反，攻郡府；太守王衡破斩之。

侍御史贾昌与州郡并力讨区怜，不克，为所攻围；岁余，兵谷不继。帝召公卿百官及四府[4]掾属问以方略；皆议遣大将，发荆、扬、兖、豫四万人赴之。李固驳曰："若荆、扬无事，发之可也。今二州盗贼磐[5]结不散，武陵、南郡蛮夷未辑[6]，长沙、桂阳[7]数被征发，如复扰动，必更生患，其不可一也。又，兖、豫之人卒被征发，远赴万里，无有还期，诏书迫促，必致叛亡，其不可二也。南州[8]水土温暑，加有瘴气[9]，致死亡者十必四五，其不可三也。远涉万里，士卒疲劳，比至岭南，不复堪斗，其不可四也。军行三十里为程[10]，而去日南九千余里，三百日乃到，计人禀五升[11]，用米六十万斛，不计将吏驴马之食，但负甲自致[12]，费便若此，其不可五也。设军所在，死亡必众，既不足御敌，当复更发，此为刻割心腹[13]以补四支[14]，其不可六也。九真、日南相去千里，发其吏民犹尚不堪，何况乃苦四州之卒以赴万里之艰哉！其不可七也。前中郎将尹就讨益州叛羌，益州谚曰：'虏来尚可，尹来杀我。'后就征还，以兵付刺史张乔；乔因其将吏，旬月之间破殄寇虏[15]。此发将无益之效，州郡可任之验[16]也。宜更选有勇略仁惠任将帅者，以为刺史、太守，悉使共住交趾。今日南兵单无谷[17]，守既不足，战又不能，可一切徙其吏民，北依交趾，事静之后，乃命归本；还募蛮夷使自相攻，转输金帛[18]以为其资；有能反间[19]致头首[20]者，许以封侯裂土之赏。故并州刺史长沙祝良、性多勇决，又南阳张乔，前在益州有破虏之功，皆可任用。昔太宗[21]就加魏尚[22]为云中守，哀帝即拜龚舍[23]为泰山守；宜即拜良等，便道之官[24]。”四府悉从固议，即拜祝良为九真太守，张乔为交趾刺史。乔至，开示[25]慰诱[26]，并皆降散。良到九真，单车入贼中[27]，设方略[28]，招以威信[29]，降者数万人，皆为良筑起府寺[30]。由是岭外复平。

（以上为第五段，写李固反对朝廷用兵岭南七不可，建议慎选刺史、郡守，张乔等人到任，岭南叛乱兵不血刃得以平息。）

【注释】

[1]乙亥：二月三日。[2]己酉：闰四月八日。[3]吴郡：郡名，治所吴县，在今江苏苏州市。[4]四府：大将军、太尉、司徒、司空四府。[5]磐结：如磐石之坚，树根之结。[6]未辑：未安定。[7]长沙、桂阳：两郡名。长沙郡治所临湘，在今湖南长沙市。桂阳郡治所郴县，在今湖南郴州市。[8]南州：东汉南部州郡，南疆，即五岭以南之地。[9]瘴气：南方生于夏季的湿热毒气。[10]程：一站路，一日程途。大军运行，日程三十里。[11]禀五升：每日给粮五升。古升小，人日耗五升。禀，给也。[12]负甲自致：指大军自己携带，即随军所费，还未计算后勤费用。[13]心腹：喻内地，本土。[14]四支：喻边地。[15]旬月：一月。破殄：击破，消灭。益州刺史张乔破益州羌，事见《资治通鉴》卷四十九安帝元初二年至卷五十元初五年。[16]州郡可任之验：州郡长官可堪大任的明证。验，显明的证据。这里指朝廷派将发兵没有效果，只要贤明州郡长官足可胜任，张乔就是明证。[17]兵单无谷：兵力单薄而又缺粮。[18]金帛：金银绸缎。[19]反间：深入隐蔽于敌人之中作策反间谍。[20]致头首：杀死诸蛮首领。[21]太宗：汉文帝庙号。[22]魏尚：文帝时云中太守，因在一次报功中杀敌首级差了六颗被治罪。汉文帝知道后赦罪复任为云中太守。事见《资治通鉴》卷十四文帝十四年。[23]龚舍：楚人，哀帝两次征起，皆病免，不久，哀帝遣使拜为泰山太守。传见《汉书》卷七十二。[24]便道之官：从小道赴任。因九真、交趾两郡城被围，大道不通，从径道赴任。[25]开示：开诚布公宣示政策。[26]慰诱：安抚诱导。[27]单车入贼中：单独乘车进入蛮营中，不带兵将以示诚心。[28]设方略：讲说利弊，指示出路。[29]招以威信：宣示政府的威望和信誉。[30]皆为良筑起府寺：大家替祝良重建郡府官舍。

秋，八月，己未[1]，司徒黄尚免。九月，己酉[2]，以光禄勋长沙刘寿为司徒。

丙戌[3]，令大将军、三公举刚毅、武猛、谋谟任将帅者各二人，特进、卿、校尉各一人。

初，尚书令左雄荐冀州刺史周举为尚书；既而雄为司隶校尉，举故冀州刺史冯直任将帅。直尝坐臧受罪[4]，举以此劾奏雄[5]。雄曰："诏书使我选武猛，不使我选清高。"举曰："诏书使君选武猛，不使君选贪污也！"雄曰："进君，适所以自伐[6]也。"举曰："昔赵宣子[7]任韩厥[8]为司马，厥以军法戮宣子仆[9]，宣子谓诸大夫曰：'可贺我矣！吾选厥也任其事[10]。'今君不以举之不才误升诸朝，不敢阿君以为君羞[11]；不寤君之意与宣子殊也。"雄悦，谢曰："吾尝事冯直之父，又与直善；今宣光以此奏吾，是吾之过也！"天下益以此贤之[12]。

是时，宦官竞卖恩势[13]，唯大长秋良贺清俭退厚[14]。及诏举武猛，贺独无所荐。帝问其故，对曰："臣生自草茅[15]，长于宫掖，既无知人之明，又未尝交加士类[16]。昔卫鞅因景监以见，有识知其不终[17]。今得宦举者，匪荣伊辱[18]，是以不敢！"帝由是赏之。

冬，十月，烧当羌那离等三千余骑寇金城，校尉马贤击破之。

十二月，戊戌朔[19]，日有食之。

大将军商以小黄门南阳曹节[20]等用事于中，遣子冀、不疑与为交友；而宦官忌其宠，反欲陷之。中常侍张逵、蘧政、杨定等与左右连谋，共谮商及中常侍曹腾[21]、孟贲，云"谷征诸王子，图议废立，请收商等案罪。"帝曰："大将军父子，我所亲，腾、贲，我所爱，必无是，但汝曹共妒之耳。"逵等知言不用，惧迫[22]，遂出，矫诏收缚腾、贲于省中，帝闻，震怒，敕宦者李歙急呼腾、贲释之；收逵等下狱。

（以上为第六段，写司隶校尉左雄、尚书周举公忠廉直，而大将军梁商与其子梁冀勾结宦官曹节、曹腾等人固宠，挑起宦官内讧而兴大狱。）

【注释】

[1]己未：八月二十日。[2]己酉：九月庚午朔，无己酉。己酉，十月十一日。[3]丙戌：九月十七日。[4]坐臧受罪：被控贪污受刑。[5]举以此劾奏雄：周举因此弹劾左雄举荐非人。[6]自伐：自找祸害。[7]赵宣子：春秋时晋卿，即赵衰之子赵盾。[8]韩厥：晋大夫，至晋景公时置六卿，韩厥亦为晋六卿之一。[9]厥以军法戮宣子仆：秦、晋战于河曲，赵宣子率领中军，举韩厥为司马，韩厥杀了赵宣子的赶车夫。大家都替韩厥捏一把汗，认为他将受赵宣子的责罚。想不到赵宣子却对大家说："你们应向我祝贺，我选用了一个非常称职的人。"[10]任其事：胜任其事，很称职。[11]不敢阿君以为君羞：我绝不阿附你，使你蒙羞。[12]贤之：以左雄贤良而更加敬重，因左雄闻过则改。贤，作动词用，敬重。[13]宦官竞卖恩势：宦官仗恃皇帝宠信而争相挟势卖恩。卖恩，送人情，结党营私。[14]清俭退厚：淡泊谦让。退厚，指不与小人们争夺名位。[15]生自草茅：出生在贫困的乡间。草茅，草泽，指代乡野。[16]交加士类：与有学问的士人交往。[17]卫鞅因景监以见，有识知其不终：卫鞅，即商鞅。卫鞅入秦，请托秦孝公宠幸的宦官景监推荐，才得到晋见和重用。商鞅变法，用刑太酷，秦赵良认为他不得善终。事见《资治通鉴》卷二周显王三十一年。[18]匪荣伊辱：良贺谓，士人得我推荐，不仅不以为荣，反而使他感到羞辱。[19]戊戌朔：十二月一日。[20]曹节：字汉丰，南阳新野（在今河南新野县）人，桓帝时为中常侍，灵帝时以定策封长安乡侯，擅权乱政。传见《后汉书》卷七十八《宦者列传》。[21]曹腾：即曹操祖父，奉事安、顺、桓、灵四帝的大宦官，封费亭侯。传亦见《宦者列传》。[22]惧迫：恐惧大祸临头。

四年（己卯，139年）

春，正月，庚辰[1]，逵等伏诛；事连弘农太守张凤、安平相杨皓，皆坐死；辞所连染[2]，延及[3]在位大臣。商惧多侵枉[4]，乃上疏曰："《春秋》之义[5]，功在元帅[6]，罪止首恶[7]。大狱一起，无辜者众，死囚久系，纤微成大[8]，非所以顺迎和气，平政成化[9]也。宜早讫竟[10]，以止逮捕之烦。"帝纳之，罪止坐者。

二月，帝以商少子虎贲中郎将不疑为步兵校尉。商上书辞曰："不疑童孺，猥[11]处成人之位。昔晏平仲辞鄁殿以安其富[12]，公仪休不受鱼飧以定其位[13]；臣虽不才，亦愿固福禄于圣世！"上乃以不疑为侍中、奉车都尉。

三月，乙亥[14]，京师地震。

烧当羌那离等复反；夏，四月，癸卯[15]，护羌校尉马贤[16]讨斩之，获首虏千二百余级。

戊午[17]，赦天下。

五月，戊辰[18]，封故济北惠王寿子安为济北王[19]。

秋，八月，太原旱[20]。

（以上为第七段，写梁商谏止大狱蔓延。）

【注释】

[1]庚辰：正月十三日。［2］辞所连染：口供牵引。［3］延及：株连。［4］侵枉：牵连无辜。［5］《春秋》之义：《春秋》所书大义。这里《春秋》指《左传》《公羊传》。［6］功在元帅：公元前589年齐晋鞌之战，晋军统帅郤克战胜归来，范文子（晋大夫，士燮）归功元帅。事详《左传》成公二年。［7］罪止首恶：公元前658年晋献公借道虞国灭亡虢国下阳，《春秋》书作："虞师晋师灭下阳。"《公羊传》解释认为虞国弱小之国，借道大国以伐邻，是为首恶，故书于晋国之上。事详《公羊传》僖公二年。［8］纤微成大：久拖不决的案件，细小的过失，也会变成大案件。［9］顺迎和气，平政成化：时当正月，应颁行恩惠以迎接春天的和气，使政治平和，教化人民。［10］宜早讫竟：尽快尽早结束审案，不再追究和扩大。［11］猥：乃，竟然。［12］晏平仲辞鄁殿以安其富：据章校，"安"应作"守"，二字皆通。晏平仲，齐景公时国相晏婴，齐大夫庆封乱政，被逐出齐国，齐景公将鄁殿的六十个单位的土地赏赐给晏平仲，晏子相辞不受，他认为财富过多，会导致灭亡，不受鄁殿，不是厌恶财富，正是为了守财富。事详《左传》襄公二十八年。鄁殿，地名，在今山东昌邑市西北郊。［13］公仪休不受鱼飧以定其位：公仪休，春秋时鲁相。他爱吃鱼，有人送他鱼，他拒辞不受。公仪休说："我当国相，有条件吃鱼，我若接受鱼的贿赂，而被免职，那时没人送鱼，反而没条件吃鱼了。"事详《史记》卷一百二十《循吏列传》。［14］乙亥：三月九日。［15］癸卯：四月八日。［16］护羌校尉马贤：顺帝永和元年（136）马贤第二次被授职为护羌校尉，此是东汉第十七任护羌校尉。［17］戊午：四月二十三日。［18］戊辰：五月三日。［19］安为济北王：济北王刘寿，章帝子，三传至刘多，去年刘多死，无子；今以刘寿庶子刘安绍封。［20］太原旱：太原郡旱。太原郡辖今晋中地区，治所晋阳，在今太原市西南郊。

五年（庚辰，140年）

春，二月，戊申[1]，京师地震。

南匈奴句龙王吾斯、车纽等反，寇西河[2]；招诱右贤王合兵围美稷[3]，杀朔方、代郡[4]长吏。夏，五月，度辽将军马续与中郎将梁并[5]等发边兵及羌、胡合二万余人掩击，破之。吾斯等复更屯聚，攻没城邑。

天子遣使责让单于；单于本不预谋，乃脱帽避帐，诣并谢罪[6]。并以病征，五原太守陈龟代为中郎将[7]。龟以单于不能制下[8]，逼迫单于及其弟左贤王皆令自杀。龟又欲徙单于近亲[9]于内郡，而降者遂更狐疑。龟坐下狱，免。

大将军商上表曰："匈奴寇畔，自知罪极；穷鸟困兽，皆知救死，况种类繁炽，不可单尽[10]。今转运日增，三军疲苦，虚内给外，非中国之利。度辽将军马续，素有谋谟[11]，且典边日久，深晓兵要；每得续书，与臣策合。宜令续深沟高垒[12]，以恩信招降[13]，宣示购赏[14]，明为期约[15]，如此，则丑类[16]可服，国家无事矣！"帝从之，乃诏续招降畔虏。

商又移书续等曰："中国安宁，忘战日久。良骑夜合[17]，交锋接矢[18]，决胜当时[19]，戎狄之所长而中国之所短也；强弩乘城[20]，坚营固守[21]，以待其衰[22]，中国之所长而戎狄之所短也。宜务先所长而观其变[23]，设购开赏，宣示反悔[24]，勿贪小功以乱大谋[25]。"于是右贤王部抑鞮等万三千口皆诣续降。

己丑晦[26]，日有食之。

初，那离等既平，朝廷以来机为并州刺史，刘秉为凉州刺史。机等天性虐刻[27]，多所扰发[28]；且冻、傅难种羌遂反，攻金城[29]，与杂种羌、胡大寇三辅[30]，杀害长吏。机等并坐征。于是拜马贤为征西将军，以骑都尉耿叔为副，将左右羽林五校士[31]及诸州郡兵十万人屯汉阳[32]。

九月，令扶风、汉阳筑陇道坞[33]三百所，置屯兵。

辛未[34]，太尉王龚以老病罢。

且冻羌寇武都，烧陇关[35]。

壬午[36]，以太常桓焉[37]为太尉。

匈奴句龙王吾斯等立车纽为单于，东引乌桓，西收羌、胡等数万人攻破京兆虎牙营[38]，杀上郡都尉及军司马，遂寇掠并、凉、幽、冀四州。乃徙西河治离石[39]，上郡治夏阳[40]，朔方治五原[41]。十二月，遣使匈奴中郎将张耽将幽州、乌桓诸郡营兵击车纽等，战于马邑[42]，斩首三千级，获生口甚众。车纽乞降，而吾斯犹率其部曲与乌桓寇钞。

（以上为第八段，写梁商主张以恩德信誉招降北方匈奴。）

【注释】

［1］戊申：二月十七日。［2］西河：郡名，辖今内蒙古、陕西、山西三省交会地带，跨黄河两岸。治所平定，在今内蒙古鄂尔多斯市东胜区；东汉永和五年（140）移治离石，在今山西吕梁市离石区。［3］美稷：县名，南单于庭，县治在今内蒙古准格尔旗西北。［4］朔方、代郡：朔方郡在内蒙古西北部，治所临戎，在今内蒙古磴口县北。代郡治所高柳，在今山西阳高县。［5］中郎将梁并：使匈奴中郎将梁并。［6］脱帽避帐，诣并谢罪：南匈奴单于脱下官帽，离开王帐，到使匈奴中郎将梁并处请罪。［7］“并以病征”二句：适逢梁并因病征还京师，使匈奴中郎将为陈龟。［8］制下：控制下属。［9］单于近亲：单于的皇亲近族。［10］单尽：消灭干净。单，通“殚”，亦尽也。［11］素有谋谟：一贯有谋略。［12］深沟高垒：深挖壕沟，加固营垒。［13］以恩信招降：用恩德信誉招抚降敌。［14］宣示购赏：明确颁布奖赏条例。［15］明为期约：限定投降日期。［16］丑类：凶恶之徒。此为贬称。［17］夜合：夜战。据章校，“夜”，别本作“野”。野合，旷野交战，亦通。［18］交锋接矢：短兵相接。［19］决胜当时：拼命战斗，立即决出胜负。［20］强弩乘城：用强弓登城而守。［21］坚营固守：筑造坚固营垒死守。［22］以待其衰：等待敌人士气低落，寻找战机。［23］宜务先所长而观其变：汉军应当首先发挥自己的优势，即坚营固守以观察形势的变化。［24］设购开赏，宣示反悔：设立奖赏，宣讲政策，使敌人后悔而归降。［25］勿贪小功以乱大谋：不要出战图一时痛快，扰乱了长久安边的大计。［26］己丑晦：五月三十日。［27］虐刻：暴虐残忍。［28］扰发：侵扰征调。［29］金城：县名，金城郡属县，在今甘肃兰州市西固区。［30］三辅：关中地区。［31］左右羽林五校士：左右羽林军及北军五校禁卫军。五校，即屯骑、越骑、步兵、长水、射声五校尉。［32］汉阳：郡名，治所冀县，在今甘肃甘谷县。［33］筑陇道坞：在扶风与汉阳两郡的陇山通道上步步设防，修建坞壁城堡。［34］辛未：九月十四日。［35］陇关：即大震关，在今甘肃张家川县西南陇山上。［36］壬午：九月二十五日。［37］桓焉：字叔元，明经笃行，为顺帝师，官至太尉。传见《后汉书》卷三十七。［38］京兆虎牙营：驻防长安的虎牙士。［39］徙西河治离石：西河郡治所从平定移治离石县。［40］上郡治夏阳：上郡治所肤施，今移治左冯翊的夏阳县。夏阳在今陕西韩城市南。［41］朔方治五原：朔方郡治从临戎移至五原县。五原，在今内蒙古包头市西。［42］马邑：县名，县治在今山西朔州市。秦汉时为北方重要边塞。

初，上命马贤讨西羌，大将军商以为贤老，不如太中大夫宋汉[1]；帝不从。汉，由之子也。贤到军，稽留不进[2]。武都太守马融上疏曰：“今杂种诸羌转相钞盗[3]，宜及其未并[4]，亟遣深入，破其支党[5]；而马贤等处处留滞[6]。羌、胡百里望尘，千里听声[7]，今逃匿避回，漏出其后[8]，则必侵寇三辅，为民大害。臣愿请贤所不可用关东兵五千[9]，裁假部队之号[10]，尽力率厉[11]，埋根行首以先吏士[12]；三旬之中，必克破之。臣又闻吴起为将，暑不张盖，寒不披裘；今贤野次垂幕[13]，珍肴杂遝[14]，儿子侍妾[15]，事与古反[16]。臣惧贤等专守一城，言攻于西而羌出于东，且其将士将不堪命[17]，必有高克溃叛之变[18]也。”安定人皇甫规[19]亦见贤不恤[20]军事，审[21]其必败，上书言状。朝廷皆不从。

（以上为第九段，写马贤不懂军事而任护羌校尉。）

【注释】

[1]宋汉：字仲和，宋由之子。宋由仕章帝、和帝两朝，官至太尉。传见《后汉书》卷二十六。[2]稽留不进：迟留不向前推进。[3]转相钞盗：多股羌人辗转轮番抢掠诸县。[4]未并：没有会合统一。[5]支党：从属部落。[6]处处留滞：进军迟缓，走走停停。[7]羌、胡百里望尘，千里听声：羌人、匈奴人，在百里之外就看到了政府军的尘土，在千里之外就听到了动静。形容政府军行进迟缓，机密全失。[8]逃匿避回，漏出其后：远远躲开，迂回绕到政府军后方。[9]臣愿请贤所不可用关东兵五千：马融请求把马贤认为不可使用的关东兵五千人归他统率。这五千人是从关东各郡临时征发的民兵。[10]裁假部队之号：临时编拟一个部队番号。裁，通“才”。才假，仅仅借用，临时编拟。[11]尽力率厉：努力鼓励。厉，通“砺”。[12]埋根行首以先吏士：勇往直前，以为全军先锋。埋根，《后汉书·马融传》李贤注：“言不退。”行首，进行在前头，即做先锋。[13]野次垂幕：行军驻宿荒野，已到夜晚。垂幕，临近黑夜。幕，通“暮”。[14]珍肴杂遝：山珍海味摆列一大堆。[15]儿子侍妾：妻妾儿女在前侍候。[16]事与古反：言今马贤为将骄淫奢侈与古之吴起同士卒共甘苦，行事相反。[17]且其将士将不堪命：将要发生将士不听命令的局势。且，将要。不堪命，不能忍受，无法接受马贤的贻误军机的将令。[18]高克溃叛之变：高克，春秋时郑文公将，率军御狄人，贪财而玩忽使命，滞留河上成天游荡，结果全军溃散。[19]皇甫规：字威明，安定朝那（在今甘肃平凉市西北）人，东汉安羌名将。传见《后汉书》卷五十五。[20]恤：考虑。[21]审：洞悉。

六年（辛巳，141年）

春，正月，丙子[1]，征西将军马贤与且冻羌战于射姑山[2]，贤军败；贤及二子皆没，东、西羌[3]遂大合。闰月，巩唐羌寇陇西，遂及三辅，烧园陵，杀掠吏民。

二月，丁巳[4]，有星孛于营室[5]。

三月，上巳[6]，大将军商大会宾客，燕于洛水[7]；酒阑[8]，继以《薤露之歌》[9]。从事中郎[10]周举闻之，叹曰："此所谓哀乐失时[11]，非其所也，殃将及乎[12]？"

武都太守赵冲[13]追击巩唐羌，斩首四百余级，降二千余人。诏冲督河西四郡兵为节度。

安定上计掾皇甫规上疏曰："臣比年以来，数陈便宜[14]：羌戎未动，策其将反；马贤始出，知其必败；误中之言，在可考校[15]。臣每惟贤等拥众四年，未有成功，悬师之费[16]，且百亿计，出于平民，回入奸吏[17]，故江湖之人，群为盗贼，青、徐荒饥[18]，襁负流散[19]。夫羌戎溃叛，不由承平[20]，皆因边将失于绥御[21]，乘常守安则加侵暴[22]，苟竞小利则致大害[23]，微胜则虚张首级[24]，军败则隐匿不言。军士劳怨，困于猾吏[25]，进不得快战以徼功[26]，退不得温饱以全命[27]，饿死沟渠，暴骨中原[28]；徒见王师之出，不闻振旅之声[29]。酋豪泣血，惊惧生变[30]，是以安不能久，叛则经年[31]，臣所以搏手扣心而增叹[32]者也！愿假臣两营、二郡屯列坐食之兵五千[33]，出其不意，与赵冲共相首尾。土地山谷，臣所晓习；兵势巧便[34]，臣已更之[35]；可不烦方寸之印[36]，尺帛之赐，高可以涤患[37]，下可以纳降[38]。若谓臣年少、官轻，不足用者，凡诸败将，非官爵之不高，年齿之不迈[39]。臣不胜至诚[40]，没死自陈[41]！"帝不能用。

（以上为第十段，写皇甫规上奏安羌之策，顺帝不予采用。）

【注释】

[1]丙子：正月二十一日。 [2]射姑山：在今甘肃庆阳市北。 [3]东、西羌：内附羌人居于安定、北地、上郡、西河等郡者称东羌。金城塞外以及居于陇西、汉阳、金城等边郡的羌人称西羌。 [4]丁巳：二月三日。 [5]有星孛于营室：在营室星区出现孛星。《晋书·天文志》："营室二星，天子之宫也……又为军粮之府及土功事。" [6]上巳：古代以农历三月上旬的巳日为上巳节，宫人及百姓皆到河边洗沐祈祷消灾。顺帝永和六年上巳为癸巳日，三月九日。后来以农历三月三日为上巳节。 [7]燕于洛水：在洛水之滨大宴宾客。 [8]酒阑：行酒令到了高潮。 [9]继以《薤露之歌》：接着唱《薤露歌》。薤（xiè），一种开紫色花的小草。《薤露歌》情调哀伤，用作挽

歌。其词曰："薤上露，何易晞。露稀明朝更复落，人死一去何时归。"译意：薤草上的露水哟，太阳一出就晒干。露水晒干明朝又出现，只是人死不再还。［10］从事中郎：官名，大将军府掾属，参决谋议。［11］哀乐失时：演奏哀乐不是时候。祈福节突然唱起哀乐，是人们一种压抑感情的突发，所以周举为之叹息。［12］殃将及乎：难道将有祸事发生吗？《左传》庄公二十年，郑伯闻王子颓舞乐，对虢叔曰："哀乐失时，殃咎必至。"［13］武都太守赵冲：《后汉书·西羌传》作"武威太守"，这里依《顺帝纪》。按：下文以赵冲督河西四郡兵，宜从《西羌传》。［14］便宜：有便于国之建言。［15］考校：验证。［16］悬师之费：出征军费。［17］回入奸吏：出征军费辗转回到了奸吏手中。［18］青、徐荒饥：青州、徐州闹饥荒。青州，辖今山东半岛。徐州，辖今苏北地区。青徐二州为人口稠密地区。［19］襁负流散：人民拖儿带女流散。襁，背婴儿的背带，称襁褓。［20］承平：太平。羌人叛乱，并不是因为太平无事而起。［21］绥御：安抚治理。［22］乘常守安则加侵暴：羌人平常安分时，地方官则侵扰暴虐。［23］苟竞小利则致大害：羌人叛乱，仍不加安抚，为了贪图小利而进剿，终会酿成大祸。［24］微胜则虚张首级：偶有小胜，就虚报斩敌首级浮夸战功。［25］困于猾吏：受奸猾官员压制。［26］快战以徼功：速战以立战功。［27］全命：活命。［28］暴骨中原：抛尸原野。［29］振旅之声：捷报消息。［30］酋豪泣血，惊惧生变：羌人酋长，哭干眼泪，继而泣血，惊恐惧怕而产生变乱。［31］安不能久，叛则经年：保持安定不能持久，而叛乱起来一年又一年。［32］搏手扣心而增叹：击手捶胸，无限悲痛。［33］假臣两营、二郡屯列坐食之兵五千：此句意谓，从雍营、虎牙营、安定、陇西的地方军中拨付五千人给我统领。假，借，拨付。两营，指扶风雍营、京兆虎牙营。二郡，指安定、陇西两郡。屯列坐食之兵，担任留守未出征的预备队。［34］兵势巧便：指掌握形势，运用兵队作战的经验、谋略。［35］更之：对军事有实践经验。更，经。［36］不烦方寸之印：不需封官许愿。不烦，不劳。［37］涤患：根除祸乱。［38］纳降：迫使羌人投降。［39］迈：往也，指时间流逝。年迈，即年老。［40］不胜至诚：万分诚恳。［41］没死自陈：冒着死罪，陈述我的心怀。

庚子[1]，司空郭虔免。丙午[2]，以太仆赵戒为司空。

夏，使匈奴中郎将张耽、度辽将军马续率鲜卑到谷城[3]，击乌桓于通天山[4]，大破之。

巩唐羌寇北地。北地太守贾福与赵冲击之，不利。

秋，八月，乘氏忠侯梁商病笃，敕子冀等曰："吾生无以辅益朝廷，死何可耗费帑藏[5]！衣衾、饭含[6]、玉匣[7]、珠贝之属，何益朽骨！百僚劳扰[8]，纷华[9]道路，只增尘垢[10]耳。宜皆辞之。"丙辰[11]，薨；帝亲临丧[12]。诸子欲从其诲，朝廷不听，赐以东园秘器[13]、银镂、黄肠[14]、玉匣。及葬，赐轻车、介士[15]，中宫亲送[16]。帝至宣阳亭[17]，瞻望车骑[18]。壬戌[19]，以河南尹、乘氏侯梁冀为大将军，冀弟侍中不疑为河南尹。

臣光曰：成帝不能选任贤俊，委政舅家，可谓暗[20]矣；犹知王立[21]之不材，弃而不用。顺帝援大柄，授之后族，梁冀顽嚚[22]凶暴，著于平昔，而使之继父之位，终于悖逆[23]，荡覆汉室；校[24]于成帝，暗又甚焉！

初，梁商病笃，帝亲临幸，问以遗言。对曰："臣从事中郎周举，清高忠正，可重任也。"由是拜举谏议大夫。

九月，诸羌寇武威。

辛亥晦[25]，日有食之。

冬，十月，癸丑[26]，以羌寇充斥，凉部震恐，复徙安定居扶风，北地居冯翊[27]。十一月，庚子[28]，以执金吾张乔行车骑将军事，将兵万五千人屯三辅。

荆州盗贼起，弥年[29]不定；以大将军从事中郎李固为荆州刺史。固到，遣吏劳问境内，赦寇盗前衅[30]，与之更始[31]。于是贼帅夏密等率其魁党六百余人自缚归首，固皆原[32]之，遣还，自相招集，开示威法[33]；半岁间，余类悉降，州内清平。奏南阳太守高赐等臧秽[34]；赐等重赂大将军梁冀，冀为之千里移檄[35]，而固持之愈急[36]，冀遂徙固为泰山[37]太守。时泰山盗贼屯聚历年，郡兵常千人追讨，不能制；固到，悉罢遣归农，但选留任战者[38]百余人，以恩信招诱之。未满岁，贼皆弭散[39]。

（以上为第十一段，写汉顺帝任用顽劣嚚张的梁冀为大将军，司马光认为汉顺帝比汉成帝更加昏庸。李固外任地方，盗贼平息，社会安定。）

【注释】

[1]庚子：三月十六日。[2]丙午：三月二十二日。[3]谷城：在今山西临县。[4]通天山：即石楼山，在今山西石楼县。[5]帑藏：国家库藏。[6]饭含：古代葬礼，含于死者之口的物品。大夫饭以玉，含以贝；士人饭以珠，含以贝。贝，用贝壳作的钱币。也就是，给死者口里塞上玉石、珍珠、贝币，供死者在地下为饮食之费，称饭含。[7]玉匣：金线穿玉片织成的金缕玉衣。[8]百僚劳扰：指给大臣举行隆重国葬，百官送葬，骚扰不安。[9]纷华：喧哗。[10]只增尘

垢：只会增加我的污点。［11］丙辰：八月四日。［12］临丧：吊丧。［13］东园秘器：东园府所做葬器。东园，少府属官，专为皇家制作葬器。［14］银镂、黄肠：东园秘器棺椁，棺用白银雕花称银镂，椁用黄心柏木称黄肠。［15］赐轻车、介士：诏赐政府派出兵车及甲士送葬。此仿效宣帝时霍光葬礼。［16］中宫亲送：皇后梁妠亲自送葬。梁妠，梁商之女。［17］帝至宣阳亭：顺帝刘保送丧到宣阳亭。宣阳亭在洛阳正南门宣阳门外。［18］瞻望车骑：顺帝刘保在亭上遥望丧葬车骑远远离去。［19］壬戌：八月十日。［20］暗：昏庸。［21］王立：成帝舅，王凤之弟，不成材器，成帝摒弃不用。事见《资治通鉴》卷三十二成帝元延元年。［22］顽嚚（yín）：顽固愚昧。［23］悖逆：指梁冀弑杀质帝大逆。［24］校：考核，比较。［25］辛亥晦：九月三十日。［26］癸丑：十月二日。［27］复徙安定居扶风，北地居冯翊：安帝永初五年（111）安定郡治所从临泾移至扶风美阳，北地郡治所从富平移至左冯翊池阳；顺帝永建四年（129）移还本治，今又内迁安定治美阳，北地治池阳。［28］庚子：十一月二十日。［29］弥年：连年。［30］前衅：先前过愆。［31］更始：重新做人。［32］原：赦免。［33］自相招集，开示威法：李固让夏密等回去招集旧部，宣讲政府自新的法令。［34］臧秽：贪污丑事。臧，通“赃”。［35］千里移檄：檄，紧急军情文书，日行千里。梁冀为了替贪官高赐说情，动用紧急情报传驿送信。［36］持之愈急：追查更紧。持，抓住不放。［37］泰山：郡名，治所奉高，在今山东泰安市东。［38］任战者：有战斗力的士兵。［39］弭散：消散。

汉安元年（壬午，142年）

春，正月，癸巳[1]，赦天下，改元。

秋，八月，南匈奴句龙吾斯与薁鞬、台耆等复反，寇掠并部[2]。

丁卯[3]，遣侍中河内杜乔、周举、守光禄大夫周栩、冯羡、魏郡栾巴、张纲、郭遵、刘班分行州郡[4]，表贤良，显忠勤；其贪污有罪者，刺史、二千石驿马上之[5]，墨绶以下便辄收举[6]。乔等受命之部[7]，张纲独埋其车轮于洛阳都亭[8]，曰：“豺狼当路，安问狐狸[9]！”遂劾奏“大将军冀、河南尹不疑，以外戚蒙恩，居阿衡之任[10]，而专肆贪叨[11]，纵恣无极[12]，谨条其无君之心十五事[13]，斯皆臣子所切齿者也。”书御[14]，京师震竦[15]。时皇后宠方盛，诸梁姻戚满朝[16]，帝虽知纲言直[17]，不能用也。杜乔至兖州，表奏泰山太守李固政为天下第一，上征固为将作大匠。八使所劾奏，多梁冀及宦者亲党；互为请救[18]，事皆寝遏[19]。侍御史河南种暠[20]疾之，复行案举[21]。廷尉吴雄、将作大匠李固亦上言：“八使所纠，宜急诛罚。”帝乃更下八使奏章，令考正其罪[22]。

梁冀恨张纲，思有以中伤[23]之。时广陵[24]贼张婴寇乱扬、徐间积十余年，二千石不能制[25]，冀乃以纲为广陵太守。前太守率多求兵马，纲独单车之职[26]。既到，径诣婴垒门[27]；婴大惊，遽走闭垒[28]。纲于门罢遣吏民[29]，独留所亲者十余人[30]，以书喻婴[31]，请与相见。婴见纲至诚，乃出拜谒[32]。纲延置上坐[33]，譬之曰："前后二千石多肆贪暴[34]；故致公等怀愤相聚[35]；二千石信有罪[36]矣，然为之者又非义也[37]。今主上仁圣，欲以恩德服叛，故遣太守来，思以爵禄相荣[38]，不愿以刑罚相加，今诚转祸为福之时也。若闻义不服[39]，天子赫然震怒，荆、扬、兖、豫大兵云合[40]，身首横分[41]，血嗣俱绝[42]。二者利害，公其深计[43]之！"婴闻，泣下曰："荒裔愚民[44]，不能自通朝廷，不堪侵枉[45]，遂复相聚偷生，若鱼游釜中[46]，知其不可久，且以喘息须臾[47]间耳！今闻明府[48]之言，乃婴等更生之辰[49]也！"乃辞还营。明日，将所部万余人与妻子面缚归降[50]。纲单车入婴垒，大会[51]，置酒为乐，散遣部众，任从所之[52]；亲为卜居宅[53]、相田畴[54]；子孙[55]欲为吏者，皆引召之，人情悦服，南州晏然。朝廷论功当封，梁冀遏[56]之。在郡一岁，卒，张婴等五百余人为之制服行丧[57]，送到犍为，负土成坟[58]。诏拜其子续为郎中，赐钱百万。

（以上为第十二段，写汉顺帝委派八使巡风，张纲弹劾梁冀，梁冀怀恨，想借盗贼之手杀害张纲，任命张纲为广陵太守，张纲到任，十余年为乱的盗匪请降。）

【注释】

[1]癸巳：正月十四日。[2]并部：并州部。[3]丁卯：八月二十一日。[4]分行州郡：顺帝派出杜乔、周举等八使分部巡查州郡政治。此为顺帝时一大政治事件，史称八使巡风。[5]驿马上之：对郡国守相二千石高官失职贪污，派驿马快速上奏。[6]墨绶以下便辄收举：县令以下赃官八使可就地惩治。墨绶，县令、县长印绶为黑色。收举，收案举劾。[7]受命之部：接受使命各到所分之部巡察。[8]洛阳都亭：京师洛阳近郊的驿亭。[9]豺狼当路，安问狐狸：豺狼在道，哪有工夫去找狐狸。豺狼，指梁冀兄弟。狐狸，指地方贪官。[10]居阿衡之任：居宰相之位。阿衡，商朝官名，宰相之职。伊尹为商贤相，任阿衡，因此阿衡又为伊尹的代称。这里是泛指。[11]专肆贪叨：一味贪污。[12]纵恣无极：恣情纵欲没有边际。据章校，在"极"下有"多树谄谀以害忠良，诚天威所不赦，大辟所宜加也"二十字。[13]条其无君之心十五事：一

条一条罗列了十五件目无君上的违法大事。［14］书御：奏章呈进宫去。［15］京师震竦：此事震动了京城。［16］诸梁姻戚满朝：梁家宗室亲友布满朝廷。［17］言直：切中要害。［18］互为请救：皇亲和宦官交互营救。［19］事皆寝遏：所弹劾的事全被搁置。寝，奏章已达皇帝被留中。遏，奏章被尚书阻截。［20］种暠（103—163）：字景伯，河南郡洛阳人，桓帝时官至司徒。传见《后汉书》卷五十六。［21］复行案举：再次弹劾。［22］考正其罪：调查定罪。考，复核。［23］中伤：陷害。［24］广陵：郡名，治所广陵，在今江苏扬州市。［25］二千石不能制：广陵太守无法控制局面。［26］单车之职：单车上任，不请兵相随。［27］径诣婴垒门：长驱直闯张婴的军营垒门。［28］遽走闭垒：急匆匆跑进军营关闭垒门拒守。［29］纲于门罢遣吏民：据章校，"门"下有"外"字；"民"字作"兵"，则本句应为："纲于门外罢遣吏兵。"张纲在张婴军垒门前令随从官员及士兵退回去。［30］独留所亲者十余人：只留下十几个亲信随员。［31］以书喻婴：写信开导张婴。［32］乃出拜谒：于是出营门拜见。［33］纲延置上坐：张纲请张婴到郡府，安排在首席的贵宾座位上。［34］多肆贪暴：从前太守多数都十分贪污凶暴。［35］怀愤相聚：胸怀愤恨而聚合起事。［36］二千石信有罪：真正的罪过在郡太守身上。［37］然为之者又非义也：但是你们的做法也不合大义。［38］思以爵禄相荣：我考虑的是让你们立功赎罪，把爵位官禄送给你们。［39］若闻义不服：如果明白了大义仍不归服，后果就要自负。义，指朝廷的恩德政策。［40］云合：会合。［41］横分：切断。［42］血嗣俱绝：子孙同时被灭，无人祭祀。祭祀用牲，故子孙祭祀称血嗣。［43］深计：深切考虑。［44］荒裔愚民：荒野愚民。［45］不堪侵枉：忍受不了贪官污吏的迫害诬枉。［46］鱼游釜中：鱼游锅中，喻朝不保夕。［47］喘息须臾：得到片刻的喘息，喻活一天算一天。［48］明府：英明的府君。对太守的尊称。［49］更生之辰：获得新生的日子。［50］面缚归降：当面捆绑，向张纲投降。［51］大会：举行全体大宴会。［52］任从所之：任凭各人投奔。［53］卜居宅：选择住宅。［54］相田畴：安置田亩。相，寻找，量度。［55］子孙：据章校，有的版本"孙"作"弟"，即"子孙"应用"子弟"，是。［56］遏：阻止。［57］制服行丧：制作丧服穿在身上。即守丧。［58］负土成坟：运土垒坟。

是时，二千石长吏有能政者［1］，有洛阳令［2］任峻［3］、冀州刺史京兆苏章［4］、胶东相陈留吴祐［5］。洛阳令自王涣之后，皆不称职；峻能选用文武吏，各尽其用，发奸不旋踵［6］，民间不畏吏，其威禁猛于涣［7］，而文理政教［8］不如也。章为冀州刺史；有故人为清河太守，章行部，欲案其奸臧［9］，乃请太守为设酒肴［10］，陈平生之好甚欢［11］。太守喜曰："人皆有一天，我独有二天［12］！"章曰："今夕苏孺文与故人饮者，私恩［13］也；明日冀州刺史案事［14］者，公法［15］也。"遂举正其罪［16］；州境肃然。后以摧折权豪忤旨［17］，坐免［18］。时天下日敝［19］，民多愁苦，论者日夜称章[20]，朝廷遂不能复用[21]也。祐为胶东[22]相，政崇仁简，民不忍欺。啬夫[23]孙性[24]，私赋民钱，市衣以进其父[25]，父得而怒曰："有君如是，何忍欺之！"促归伏罪[26]。性惭惧诣阁[27]，持衣自首。祐屏左右[28]问其故，性具谈父言。祐曰："掾以亲故受污秽之名，所谓'观过斯知仁矣[29]。'"使归谢其父，还以衣遗[30]之。

冬，十月，辛未[31]，太尉桓焉、司徒刘寿免。

罕羌邑落五千余户指赵冲降，唯烧何种据参䜌[32]未下。甲戌[33]，罢张乔军屯。

十一月，壬午[34]，以司隶校尉下邳[35]赵峻为太尉，大司农胡广为司徒。

（以上为第十三段，写苏章惩贪，铁面无私。吴祐仁厚清廉，民不欺诈。）

【注释】

[1]二千石长吏有能政者：在二千石郡守中有办事能力的人。 [2]洛阳令：洛阳县令，治京师之民，亦为二千石。 [3]任峻：人名。与三国时任峻别为一人。此任峻，渤海人；三国时任峻，中牟人。据章校，有的版本"洛阳令"下有"渤海"二字。 [4]苏章：字孺文，扶风郡平陵（今陕西咸阳市西）人，此称京兆，泛言之，平陵在京兆地区。传见《后汉书》卷三十一。 [5]吴祐：字季英，陈留长垣（今河南长垣市）人。传见《后汉书》卷六十四。 [6]发奸不旋踵：举发奸人只在一转身之间。即捉奸能立即破案。旋踵，转过脚后跟。 [7]其威禁猛于涣：任峻的威严禁令超过了王涣。 [8]文理政教：推行文化教育。 [9]案其奸臧：惩治他的贪赃罪。 [10]乃请太守为设酒肴：于是请清河太守作客，摆下丰盛的宴会。 [11]陈平生之好甚欢：畅叙平生的友情，十分欢好。 [12]二天：有两个天。第二层天，指故友苏章必能掩盖自己的过恶。 [13]私恩：私交。 [14]案事：调查案件。 [15]公法：国法。 [16]遂举正其罪：苏章终于揭发了友人清河太守的过恶，办了他的罪。遂，竟，终于。 [17]摧折权豪忤旨：打击权贵冒犯了圣旨。[18]坐免：以罪免职。 [19]天下日敝：全国政治一天天腐败。 [20]论者日夜称章：论政的人天天称扬苏章。 [21]朝廷遂不能复用：朝廷终于没有再任用。 [22]胶东：侯国名，属北海国，治所在今山东平度市。 [23]啬夫：乡官名，掌一乡的狱事，征赋税。 [24]孙性：人名。[25]私赋民钱，市衣以进其父：私自向乡民摊派，敛钱买衣送给父亲。 [26]促归伏罪：孙性之父催促孙性回胶东自首请罪。 [27]性惭惧诣阁：孙性十分惭愧恐惧，来到胶东相府。 [28]屏左右：让左右之人回避。 [29]观过斯知仁矣：仔细考察某人所犯的过失，就知道他是什么样的人。语出《论语·里仁》篇孔子之言。 [30]遗：赠送。 [31]辛未：十月二十六日。 [32]参䜌：县名，县治在今甘肃庆阳市西北。 [33]甲戌：十月二十九日。 [34]壬午：十一月七日。

[35]下邳：县名，县治在今江苏邳州市南。

二年（癸未，143年）

夏，四月，庚戌[1]，护羌校尉赵冲[2]与汉阳太守张贡击烧当羌于参䜌，破之。

六下，丙寅[3]，立南匈奴守义王兜楼储为呼兰若尸逐就单于[4]。时兜楼储在京师，上亲临轩授玺绶[5]，引上殿，赐车马、器服、金帛甚厚。诏太常、大鸿胪与诸国侍子于广阳门外祖会[6]，飨赐[7]，作乐、角抵、百戏[8]。

冬，闰十月，赵冲击烧当羌于阿阳[9]，破之。

十一月，使匈奴中郎将扶风马寔遣人刺杀句龙吾斯。

凉州自九月以来，地百八十震，山谷坼裂[10]，坏败城寺[11]，民压死者甚众。

尚书令黄琼以前左雄所上孝廉之选，专用儒学、文吏，于取士之义犹有所遗，乃奏增孝悌及能从政为四科[12]；帝从之。

建康元年[13]（甲申，144年）

春，护羌从事[14]马玄为诸羌所诱，将羌众亡出塞，领护羌校尉[15]卫琚追击玄等，斩首八百余级。赵冲复追叛羌到建威鹯阴河[16]；军渡竟[17]，所将降胡六百余人叛走。冲将数百人追之，遇羌伏兵，与战而殁[18]。冲虽死，而前后多所斩获，羌遂衰耗。诏封冲子为义阳亭侯。

夏，四月，使匈奴中郎将马寔击南匈奴左部[19]，破之。于是，胡、羌、乌桓悉诣寔降。

辛巳[20]，立皇子炳为太子，改元，赦天下。太子居承光宫，帝使侍御史种暠监太子家[21]。中常侍高梵从中单驾出迎太子[22]，时太傅杜乔等疑不欲从而未决，暠乃手剑当车曰："太子，国之储副，人命所系[23]。今常侍来，无诏信[24]，何以知非奸邪？今日有死而已！"梵辞屈[25]，不敢对，驰还奏之。诏报[26]，太子乃得去，乔退而叹息，愧暠临事不惑[27]；帝亦嘉其持重，称善者良久。

扬、徐盗贼群起，盘互连岁[28]。秋，八月，九江[29]范容、周生等寇掠城邑，屯据历阳[30]，为江、淮巨患；遣御史中丞冯绲[31]督州兵讨之。

庚午[32]，帝崩[33]于玉堂前殿。太子即皇帝位，年二岁。尊皇后曰皇太后。太后临朝[34]。丁丑[35]，以太尉赵峻为太傅，大司农李固为太尉，参录尚书事[36]。

九月，丙午[37]，葬孝顺皇帝于宪陵[38]，庙曰敬宗。

是日，京师及太原、雁门地震。

庚戌[39]，诏举贤良方正之士，策问之。皇甫规对曰："伏惟孝顺皇帝初勤王政，纪纲四方，几以获安[40]；后遭奸伪，威分近习[41]，受赂卖爵，宾客交错，天下扰扰，从乱如归[42]，官民并竭[43]，上下穷虚[44]。陛下体兼乾坤[45]，聪哲纯茂[46]，摄政之初，拔用忠贞，其余维纲[47]，多所改正，远近翕然[48]望见太平，而灾异不息，寇贼纵横，殆以奸臣权重之所致也。其常侍尤无状[49]者，宜亟黜遣[50]，披扫凶党[51]，收入财贿，以塞痛怨[52]，以答天诫[53]。大将军冀、河南尹不疑，亦宜增修谦节，辅以儒术，省去游娱不急之务[54]，割减庐第无益之饰[55]。夫君者，舟也；民者，水也[56]；群臣，乘舟者也；将军兄弟，操楫者也[57]。若能平志毕力[58]，以度元元，所谓福也；如其怠弛，将沦波涛[59]，可不慎乎！夫德不称禄[60]，犹凿墉之趾以益其高[61]，岂量力审功，安固之道哉！凡诸宿猾[62]、酒徒、戏客，皆宜贬斥，以惩不轨；令冀等深思得贤之福，失人之累[63]。"梁冀忿之，以规为下第，拜郎中；托疾，免归，州郡承冀旨，几陷死者再三，遂沈废于家[64]，积十余年[65]。

扬州刺史尹耀、九江太守邓显讨范容等于历阳，败殁。

冬，十月，日南蛮夷复反，攻烧县邑。交趾刺史九江夏方招诱降之。

十一月，九江盗贼徐凤、马勉攻烧城邑，凤称无上将军，勉称皇帝，筑营于当涂山[66]中，建年号，置百官。

十二月，九江贼黄虎等攻合肥[67]。

是岁，群盗发宪陵[68]。

（以上为第十四段，写顺帝驾崩，冲帝即位，诏举贤良对策，皇甫规借对策讥刺梁冀非治国之才，被列为下第，禁锢乡里十余年。）

【注释】

[1]庚戌：四月八日。[2]护羌校尉赵冲：汉安元年以武威太守赵冲为护羌校尉，东汉第十八任护羌校尉。[3]丙寅：六月二十五日。[4]呼兰若尸逐就单于：公元143年至公元147年在位。[5]上亲临轩授玺绶：顺帝刘保亲自到殿上主持封授单于仪式，颁发玉玺王印。[6]于广阳门外祖会：在广阳门外给栾提兜楼储饯行。[7]飨赐：赐宴。[8]作乐、角抵、百戏：在宴会上作乐、观看摔交角力和各种节目。[9]阿阳：县名，县治在今甘肃静宁县。[10]山谷拆裂：即山拆谷裂，山崩谷裂。[11]坏败城寺：震塌城墙官舍。[12]能从政：据章校，有的版本“政”下有“者”字，是。四科：入选孝廉的四种人，即儒生、文吏、孝悌、能从政者。[13]建康元年：是年四月改元。[14]护羌从事：官名，助理护羌校尉参议军事。[15]领护羌校尉：代理护羌校尉。[16]建威鹯阴河：建威，县名，在威都县北，属武都郡。此“建威”为“武威”之误。鹯（zhān）阴河，在武威东南，入河之口有鹯阴县，即今甘肃靖远县。[17]军渡竟：全军刚渡河完毕。[18]与战而殁：赵冲与兵士一起全军阵亡。[19]南匈奴左部：即句龙吾斯的残余部众。[20]辛巳：四月十五日。[21]监太子家：官名，太子宫总管。[22]高梵从中单驾出迎太子：高梵从皇宫中乘一辆车出宫迎接太子进宫。[23]人命所系：天下人民生命的寄托。[24]无诏信：没有诏书取信。[25]辞屈：理短。[26]诏报：顺帝发出正式诏书通令杜乔、种暠。[27]愧暠临事不惑：杜乔惭愧自己不如种暠遇事不糊涂。[28]盘互连岁：一股股的起事民众互相呼应，盘结在一起有好几年。[29]九江：郡名，治所阴陵，在今安徽定远县西北。[30]历阳：县名，县治在今安徽和县。[31]冯绲：字鸿卿，巴郡宕渠（在今四川渠县东北）人，官至廷尉。传见《后汉书》卷三十八。[32]庚午：八月六日。[33]帝崩：顺帝刘保死，年三十岁。[34]太后临朝：梁太后梁妠临朝称制，政权落入大将军梁冀之手。[35]丁丑：八月十三日。[36]参录尚书事：参决尚书事务。即太傅赵峻、太尉李固共同执掌政权。东汉三公加“录尚书事”才有实权。[37]丙午：九月十七日。[38]宪陵：顺帝陵，在今洛阳市西。[39]庚戌：九月十六日。[40]几以获安：国家差不多出现太平景象。[41]威分近习：威权旁落左右亲近人之手。[42]从乱如归：人民投奔叛乱者，如同归家。[43]官民并竭：政府与人民都走投无路。即官民矛盾尖锐，严重对立。[44]上下穷虚：国家与人民都财穷力尽。[45]陛下体兼乾坤：陛下，指皇太后梁妠，以慈母之身君临天下。[46]聪哲纯茂：聪明圣洁，品性纯洁。[47]维纲：法令规章。[48]翕然：和睦团结。[49]无状：不成体统，无善行。[50]宜亟黜遣：应立即淘汰。[51]披扫凶党：凶人奸党一齐扫除。[52]收入财贿，以塞痛怨：没收奸人的财富，用以安抚人民的痛苦。塞痛怨，即平民愤。[53]以答天诫：用以回答上天的警告。[54]省去游娱不急之务：裁除游乐的不急需开支。[55]割减庐第无益之饰：削减个人居宅的豪华装饰。[56]君者，舟也，庶人者，水也：语出《孔子家语》孔子之言，曰：“君者，舟也；庶人者，水也。水所以载舟，

亦所以覆舟。君以此思危，则危可知也。”［57］操楫者也：持桨划船的人。楫，桨也。［58］平志毕力：意志坚定，全力以赴。［59］将沦波涛：国家之舟将要沉没于波涛之中。［60］德不称禄：品德与禄位不相称。即才德不称职。［61］犹凿墉之趾以益其高：好比是挖墙脚来垒高墙头。墉，城墙。［62］宿猾：老奸巨猾之徒。［63］令冀等深思得贤之福，失人之累：责令梁冀等深刻反省得贤才的福气和误交朋友的严重后果。［64］沈废于家：被埋没禁锢在家中。［65］积十余年：皇甫规被禁锢在家累计达十余年。顺帝建康元年（144）被禁锢，至桓帝延熹二年（159）梁冀伏诛复出，共十六年。［66］当涂山：当涂县之山，当涂县属九江郡，县治在今安徽淮南市东北。［67］合肥：县名，属九江郡，县治在今安徽合肥市。［68］群盗发宪陵：一群“强盗”发掘了顺帝的宪陵。

孝冲皇帝[1]

永嘉元年（乙酉，145 年）

春，正月，戊戌[2]，帝崩于玉堂前殿，梁太后以扬、徐盗贼方盛，欲须所征诸王侯到乃发丧。太尉李固曰：“帝虽幼少，犹天下之父。今日崩亡，人神感动，岂有人子[3]反共掩匿乎！昔秦皇沙丘之谋及近日北乡之事，皆秘不发丧，此天下大忌，不可之甚者也！”太后从之，即暮发丧。

征清河王蒜及渤海孝王鸿之子缵皆至京师[4]。蒜父曰清河恭王延平；延平及鸿皆乐安夷王宠之子，千乘贞王伉[5]之孙也。清河王为人严重，动止有法度[6]，公卿皆归心[7]焉。李固谓大将军冀曰：“今当立帝，宜择长年，高明有德，任亲政事者[8]，愿将军审详大计[9]，察周、霍之立文、宣[10]，戒邓、阎之利幼弱[11]！”冀不从，与太后定策禁中。丙辰[12]，冀持节以王青盖车迎缵入南宫。丁巳[13]，封为建平侯。其日，即皇帝位，年八岁。蒜罢归国。

将卜山陵[14]，李固曰：“今处处寇贼，军兴费广，新创宪陵，赋发非一[15]；帝尚幼小，可起陵于建陵茔内[16]，依康陵制度[17]。”太后从之。己未[18]，葬孝冲皇帝于怀陵。

太后委政宰辅，李固所言，太后多从之，宦官为恶者一皆斥遣[19]，天下咸望治平；而梁冀深忌疾之。

初，顺帝时所除官多不以次[20]；及固在事，奏免百余人。此等既怨，又希望冀旨[21]，遂共作飞章[22]诬奏固曰："太尉李固，因公假私，依正行邪[23]，离间近戚[24]，自隆支党[25]。大行在殡，路人掩涕[26]，固独胡粉饰貌[27]，搔头弄姿，盘旋偃仰，从容冶步[28]，曾无惨怛伤悴之心[29]。山陵未成，违矫旧政[30]，善则称己，过则归君；斥逐近臣，不得侍送[31]。作威作福，莫固之甚矣！夫子罪莫大于累父，臣恶莫深于毁君[32]，固之过衅，事合诛辟[33]。"书奏，冀以白太后，使下其书；太后不听。

广陵贼张婴复聚众数千人反，据广陵。

二月，乙酉[34]，赦天下。

西羌叛乱积年，费用八十余亿。诸将多断盗牢禀[35]，私自润入，皆以珍宝货赂左右[36]。上下放纵[37]，不恤军事，士卒不得其死者，白骨相望于野。左冯翊梁并以恩信招诱叛羌；离湳、狐奴等五万余户皆诣并降，陇右[38]复平。

太后以徐、扬盗贼益炽，博求将帅。三公举涿令北海滕抚[39]有文武才；诏拜抚九江都尉，与中郎将赵序助冯绲，合州郡兵数万人共讨之。又广开赏募，钱、邑各有差[40]。又议遣太尉李固，未及行。三月，抚等进击众贼，大破之，斩马勉、范容、周生等千五百级。徐凤以余众烧东城县[41]。夏，五月，下邳[42]人谢安应募，率其宗亲设伏击凤，斩之。封安为平乡侯。拜滕抚中郎将，督扬、徐二州事。

丙辰[43]，诏曰："孝殇皇帝即位逾年，君臣礼成。孝安皇帝承袭统业，而前世遂令恭陵在康陵之上[44]，先后相逾[45]，失其次序。今其正之！"

六月，鲜卑寇代郡。

秋，庐江[46]盗贼攻寻阳[47]，又攻盱台[48]。滕抚遣司马王章击破之。

九月，庚戌[49]，太傅赵峻薨。

滕抚进击张婴；冬，十一月，丙午[50]，破婴，斩获千余人。丁未[51]，中郎将赵序坐畏懦、诈增首级[52]，弃市。

历阳[53]贼华孟自称黑帝，攻杀九江太守杨岑。滕抚进击，破之，斩孟等三千八百级，虏获七百余人。于是东南悉平，振旅而还。以抚为左冯翊。

永昌[54]太守刘君世，铸黄金为文蛇，以献大将军冀；益州刺史种暠纠发逮捕，驰传上言。冀由是恨暠。会巴郡[55]人服直聚党数百人，自称天王，暠与太守应承讨捕，不克，吏民多被伤害；冀因此陷之，传逮暠、承。李固上疏曰："臣伏闻讨捕之伤，本非暠、承之意，实由县吏惧法畏罪，迫逐深苦[56]，致此不详[57]。比盗贼群起，处处未绝。暠、承以首举大奸而相随受罪[58]，臣恐沮伤州县纠发之意，更共饰匿[59]，莫复尽心！"太后省奏，乃赦暠、承罪，免官而已。金蛇输司农[60]，冀从大司农杜乔借观之，乔不肯与；冀小女死，令公卿会丧，乔独不往；冀由是衔[61]之。

（以上为第十五段，写冲帝即位不足半年而亡，质帝即位，梁太后临朝，李固当政，罢贪残，任用贤才，清剿东南盗贼，梁冀怀恨，伺机反扑。）

【注释】

[1]孝冲皇帝：名炳，顺帝刘保之子，虞贵人所生。二岁即位，只在位五个月即夭逝，故谥为冲。胡三省注引《伏侯古今注》曰："炳之字曰明。" [2]戊戌：正月六日。 [3]人子：当作"人臣"。 [4]"征清河王"句：刘蒜与刘缵，堂兄弟，均乐安王刘宠之孙。刘蒜父刘延平，与刘缵父刘鸿为亲兄弟，刘宠之子。刘延平继嗣清河王，故刘蒜为清河王。刘鸿为千乘王，刘缵即帝位后，刘鸿徙封渤海王，故此称缵为渤海孝王鸿之子。刘蒜、刘缵兄弟二人同时被征，因在诸侯王入继大统问题上朝廷大臣与大将军梁冀意见不统一。 [5]千乘贞王伉：千乘王刘伉，刘宠之父，章帝之子，建初四年封千乘王，死后谥为贞。刘宠继嗣后，和帝永元七年改千乘国曰乐安国。 [6]动止有法度：行为举止，循规蹈矩。 [7]公卿皆归心：满朝公卿大臣一致主张立清河王刘蒜为帝。归心，倾心，一致赞成。 [8]任亲政事者：能亲自胜任朝政。 [9]审详大计：深思熟虑国家大计。审，同"详"，仔细。 [10]周、霍之立文、宣：指周勃立文帝，霍光立宣帝。 [11]邓、阎之利幼弱：指邓绥皇太后立殇帝刘隆及安帝刘祜，阎姬皇太后立北乡侯，立幼以贪权，贻害国家，邓、阎两外戚亦受祸，希望梁冀引以为戒。 [12]丙辰：正月二十四日。 [13]丁巳：正月二十五日。 [14]卜山陵：为冲帝刘炳选择墓地。 [15]赋发非一：又要加重征收赋税，势将引起不止一端政治波动。 [16]可起陵于建陵茔内：据章校，"建陵"应作"宪陵"，是。谓冲帝陵可在顺帝陵墓旁建造。 [17]依康陵制度：依照康陵规模及前例安葬冲帝。康陵，殇帝陵，建于和帝慎陵墓园内。 [18]己未：正月二十七日。 [19]"宦官"句：即黄门宦官中为非作歹之徒，全遭李固清洗。据章校，"宦"上有"黄门"二字。 [20]除官多不以次：升官大多不是依资历逐级升迁。意

即受左右小人影响，将无能奸佞之辈越级提升。［21］又希望冀旨：又为了迎合讨好梁冀的心意。［22］飞章：匿名信。［23］依正行邪：表面上正人君子，实际行为是个奸邪之人。［24］离间近戚：挑拨皇室宗亲与皇帝的感情。［25］自隆支党：自己拉起山头结成私党。［26］大行在殡，路人掩涕：先帝出殡安葬之时，路上行人都在悲伤。大行，皇帝死，讳称大行。［27］固独胡粉饰貌：李固却在脸上涂抹进口化妆品。胡粉，产于龟兹国的化妆品。［28］盘旋偃仰，从容冶步：左顾右盼，俯仰做作，不慌不忙地按照常规走路。从容，舒缓俯仰的样子。冶步，修治仪容，行步中仪。［29］曾无惨怛伤悴之心：丝毫没有一点忧伤悲痛的感情。［30］山陵未成，违矫旧政：先帝山陵还未建成，李固就改变了旧有的规章制度。［31］侍送：侍奉在君侧，君死为君送葬。［32］夫子罪莫大于累父，臣恶莫深于毁君：儿子的罪过没有比连累父母更大的了，臣下的罪恶没有比诋毁君王更大的了。本条上一句中的"罪"与下一句中的"恶"为互文，即罪恶，罪过。［33］固之过衅，事合诛辟：李固的罪过，应当杀头。过衅，过错，罪恶。合，应当。诛辟，杀头。［34］乙酉：二月二十四日。［35］断盗牢禀：克扣军粮。断盗，裁割，克扣。牢、禀，义同，即廪食。［36］私自润入，皆以珍宝货赂左右：指各级将领层层中饱私囊，然后又用金银财宝贿赂长官左右之人。［37］上下放纵：上上下下肆无忌惮，层层包庇。［38］陇右：地区名。陇山之西称陇右，当今甘肃东部地区，在陇山之西黄河之东。［39］滕抚：字叔辅，北海国剧县（在今山东昌乐县西）人，官至左冯翊。传见《后汉书》卷三十八。［40］钱、邑各有差：悬赏的钱和封爵采邑按功劳大小定有等级。［41］东城县：县治在今安徽定远县东南。［42］下邳：县名，县治在今江苏邳州市南。［43］丙辰：五月二十六日。［44］前世遂令恭陵在康陵之上：前世，指安帝。康陵，即殇帝陵。安帝即位，葬殇帝，未给殇帝建陵，而葬于和帝慎陵园内。恭陵，即安帝陵。安帝继殇帝为大统，单独有陵，故规模体制在康陵之上。［45］先后相逾：后辈超过了先辈。殇帝为东汉第五任皇帝，在先；安帝为东汉第六任皇帝在后，而后帝之陵反而超过了先帝之陵。［46］庐江：郡名，治所舒县，在今安徽庐江县西南。［47］寻阳：县名，县治在今湖北黄梅县西南。［48］盱台（yí）：县名，属下邳国，县治在今江苏盱眙县北。［49］庚戌：九月二十二日。［50］丙午：十一月十九日。［51］丁未：十一月二十日。［52］诈增首级：虚报斩敌人数。［53］历阳：县名，属九江郡，县治在今安徽和县。［54］永昌：郡名，治所不韦，在今云南保山市东北。［55］巴郡：郡名，治所江州，在今重庆市。［56］迫逐深苦：强人民作战，陷入深深的痛苦之中。［57］致此不详：造成官民受损伤的局面，原来是县吏不了解形势造成的。详，审也，审知敌人形势。［58］暠、承以首举大奸而相随受罪：种暠、应承因出头揭发了大奸而立即受到惩处。首举大奸，语意双关，既指公开贼情，又指种暠揭发梁冀收受黄金文蛇事件。［59］更共饰匿：互相隐瞒。［60］金蛇输司农：金蛇收归国库，由大司农收藏。［61］衔：恨。

【点评】

本卷点评顺帝后期政治，三大史事，从正反两个方面看出，东汉政治昏暗，顺帝心明志衰，国家不振，无可救药。

一、招抚岭南。侍御史贾昌与岭南州郡联兵征讨南人部落反叛，一年多没有攻克，官军反而被围困。顺帝诏公卿大臣与四府合议征讨方略，一致主张大发兵征讨。议郎李固独持异议，陈述了七条不可大发兵的理由，只要州郡长官称职，无须征讨，就可招抚。四府一致采纳李固建议，朝廷调任长沙人并州刺史祝良为九真太守，南阳人张乔为交州刺史。两人到任，张乔开诚布公，宣慰诱导，交趾叛乱的部落大多投降，一部分解散。祝良乘单车直接进入叛军大营，陈说利害前途，展示政府威望和信誉，叛军感悟，纷纷向官军投降。叛乱投降的有几万人。五岭地区，秩序全部恢复。事实生动证明，少数民族地区的反叛，是贪官污吏的盘剥暴行引起的。只要有一个清廉的官吏，百姓视之如父母。祝良不是以暴易暴，用大军征讨，而是单车宣慰，就这一点诚信就感动了九真的叛众，不仅放下武器，还自动修建郡府官舍。

二、皇甫规献策安羌。皇甫规，字威明。张奂，字然明。段颎，字纪明。三人的字都有一个“明”字，都是凉州人，三人又都是安羌名将，故三人合传，史称“凉州三明”，传见《后汉书》卷六十五。东汉被西羌之祸困扰一百余年，最后为三明所安抚。征西将军马贤，既不懂军事，又无爱民之心，征讨四年，耗费数十亿钱财，还为祸一方。皇甫规，安定朝那（今甘肃平凉市西北）人。这是夷汉混杂的地区，皇甫规自幼生于斯地，熟悉边地风土民情，胸藏韬略，他上书朝廷献安羌之策，请兵五千，不要军饷，不要高官，只为效忠国家，安定社会。当时皇甫规为安定郡上计掾，人微言轻，汉顺帝没有采纳。

皇甫规在上书中指出祸乱原因，是地方贪官暴吏逼使民反，而征讨之将克剥兵士，不爱民，也不爱兵，虚夸战功，讳言失败，所以长年无功。

三、八使巡风。顺帝汉安元年（142）八月，顺帝派遣侍中林乔、周举，守光禄大夫周栩、冯羡、栾巴、张纲、郭遵、刘班八人，分行州郡，举荐贤良，表彰尽忠勤劳的官吏，平反冤狱，惩治贪黩，史称“八使巡风”。张纲，廷尉张皓之子。张皓，犍为武阳人。武阳县旧治在今四川眉山市彭山区东。张皓是西汉名相张良第六代孙。张皓、张纲继承了祖上刚强、正义的传统，父子皆为东汉名臣，不畏权势，护持大义。张纲字文纪，少明经学，“虽为公子，而厉布衣之节”。司徒府征辟，张纲以对策高第为侍御史，极端不满汉顺帝宠信宦官，发愿说：“秽恶满朝，不能奋身出命扫国家之难，虽生吾不愿也。”八使巡风，唯张纲最年轻，官位最低，其他七位都是硕学大儒，多历显位。张纲抓住这样一次难得的机会要干一番大事业，他在洛阳都亭大使出行与朝廷送行的祖道地点，即上路的地点，把车轮埋在地下，表示不去地方拍苍蝇，要留在京师抓大老虎。张纲说：“豺狼当路，安问狐狸。”豺狼即指大将军梁冀。张纲气势如虹，视死如归，弹劾大将军梁冀、河南尹梁不疑。这件事震动了京城。当时梁皇后正受宠爱，梁氏姻亲党羽满朝，汉顺帝不受理张纲的奏书，也不治张纲的罪。张纲忠诚，所言都是事实，这一点顺帝心里还算明白。

梁冀不满，利用手中职权，公报私仇。广陵大盗张婴聚众数万人，杀刺史二千石，寇乱扬州、徐州十多年，官军征讨不能取胜。梁冀点名要尚书省委派张纲任广陵太守，意在借刀杀人。张纲受命，没有推辞，单车上任，不带军队，他以个人的胆识毅力和智慧，劝降张婴，得一方安宁。后来张纲离任，张婴复叛。所谓盗贼横行，都是官逼民反，黎民百姓要求很低，他们只要一个像张纲这样的清官，让他们能生存下去。贪官恶吏，不让民众生存，民众只能拿起刀枪棍棒，在死中求活。八使巡风，其他各使，未见史载一个字的政绩，只不过是走了一番过场。张纲的壮烈行为，也只是走了一个过场。东汉政权，已不可能自上而下改革了，除了走向灭亡，无药可救。

卷五三　汉纪四十五

汉质帝本初元年至汉桓帝永寿二年（146—156年）

【起柔兆阉茂（丙戌，146年），尽柔兆涒滩（丙申，156年），凡十一年】

【大事提要】

本卷记事起公元146年，讫公元156年，凡十一年，当质帝本初元年至桓帝永寿二年，载质帝及桓帝一朝前期史事。不学无术的外戚梁冀，为了一句"跋扈将军"就随意毒杀质帝，此时外戚势力最为嚣张，名臣李固、杜乔皆为梁冀害死。桓帝以诸侯入继大统，受制于外戚梁氏，不甘于傀儡地位，而与宦官结盟，结果皇权不落于外戚之手，则落于宦官之手。宦官浊流为朝官士大夫看不起，宦官心灵受辱，则横暴变本加厉。皇帝愈是贴近宦官，必然愈是疏远朝官士大夫。外戚失势，朝官士大夫被疏远，二者合流对抗宦官，其势必然把皇权更加推入宦官怀抱。于是皇帝、宦官、外戚、朝官士大夫，相互的权力之争陷入恶性循环。桓灵时期，宦官专权达于鼎盛，东汉政权进入了黑暗期。梁冀目空一切，大起宅第，扩建范围，僭越制度，自掘坟墓。太学生刘陶上奏桓帝纳谏亲贤，建言召李膺入朝治事，桓帝不听。三十二个郡国大闹蝗灾。崔寔《政论》倡言治乱邦要用重典。司马光认为宽严相济，才是治国常典。鲜卑兴起，侵扰北疆。

孝质皇帝[1]

本初元年（丙戌，146年）

夏，四月，庚辰[2]，令郡、国举明经[3]诣太学，自大将军以下皆遣子受业；岁满课试[4]，拜官有差。又千石、六百石、四府掾属、三署郎、四姓小侯先能通经者，各令随家法，其高第者上名牒，当以次赏进[5]。自是游学增盛，至三万余生。

五月，庚寅[6]，徙乐安王鸿为勃海王。

海水溢，漂没民居。

六月，丁巳[7]，赦天下。

帝少而聪慧，尝因朝会，目梁冀曰："此跋扈[8]将军也！"冀闻，深恶之。闰月，甲申[9]，冀使左右置毒于煮饼[10]而进之；帝苦烦盛[11]，使促召太尉李固。固入前，问帝得患所由；帝尚能言，曰："食煮饼。今腹中闷，得水尚可活。"时冀亦在侧，曰："恐吐，不可饮水。"语未绝而崩。固伏尸号哭[12]，推举侍医[13]，冀虑其事泄，大恶[14]之。

将议立嗣，固与司徒胡广、司空赵戒先与冀书曰："天下不幸，频年[15]之间，国祚三绝[16]。今当立帝，天下重器[17]，诚知太后垂心[18]，将军劳虑，详择其人，务存圣明；然愚情眷眷[19]，窃独有怀[20]。远寻[21]先世废立[22]旧仪，近见[23]国家践祚[24]前事，未尝不询访公卿，广求群议，令上应天心，下合众望。《传》曰：'以天下与人易，为天下得人难。'[25]昔昌邑之立，昏乱日滋；霍光忧愧发愤[26]，悔之折骨[27]。自非博陆忠勇，延年奋发，大汉之祀，几将倾矣[28]。至忧至重，可不熟虑！悠悠万事，唯此为大[29]；国之兴衰，在此一举。"冀得书，乃召三公、中二千石、列侯，大议所立。固、广、戒及大鸿胪杜乔皆以为清河王蒜明德著闻[30]，又属最尊亲[31]，宜立为嗣，朝廷[32]莫不归心。而中常侍曹腾尝谒[33]蒜，蒜不为礼，宦者由此恶之。初，平原王翼既贬归河间[34]，其父请分蠡吾县[35]以侯之；顺帝许之。翼卒，子志嗣；梁太后欲以女弟妻志，征到夏门亭[36]。会帝崩；梁冀欲立志。众论既异，愤愤不得意，而未有以相夺[37]。曹腾等闻之，夜往说冀曰："将军累世有椒房之亲[38]，秉摄万机[39]，宾客纵横，多有过差。清河王严明，若果立，则将军受祸不久矣！不如立蠡吾侯，富贵可长保也。"冀然其言，明日，重会公卿，冀意气凶凶[40]，言辞激切[41]，自胡广、赵戒以下莫不慑惮[42]，皆曰："惟大将军令！"独李固、杜乔坚守本议。冀厉声[43]曰："罢会[44]！"固犹望众心可立，复以书劝冀[45]，冀愈激怒。丁亥[46]，冀说太后，先策免固[47]。戊子[48]，以司徒胡广为太尉；司空赵戒为司徒，与大将军冀参录尚书事；太仆袁汤为司空。汤，安子孙也。庚寅[49]，使大将军冀持节以王青盖车迎蠡吾侯志入南宫；其日，即皇帝位，时年十五。太后犹临朝政。

秋，七月，乙卯[50]，葬孝质皇帝于静陵[51]。

大将军掾朱穆奏记劝戒梁冀曰："明年丁亥之岁，刑德合于乾位[52]，《易经》龙战之会[53]，阳道将胜，阴道将负。愿将军专心公朝[54]，割除私欲，广求贤能，斥远佞恶，为皇帝置师傅，得小心忠笃敦礼之士，将军与之俱入[55]，参劝讲授[56]，师贤法古[57]，此犹倚[58]南山、坐平原也，谁能倾[59]之！议郎大夫之位，本以式序[60]儒术高行之士[61]，今多非其人，九卿之中亦有乖其任者，惟将军察焉！"又荐种暠、栾巴等，冀不能用。穆，晖之孙[62]也。

九月，戊戌[63]，追尊河间孝王为孝穆皇，夫人赵氏曰孝穆后，庙曰清庙，陵曰乐成陵[64]；蠡吾先侯曰孝崇皇，庙曰烈庙，陵曰博陵[65]；皆置令、丞，使司徒持节奉策书玺绶，祠以太牢[66]。

冬，十月，甲午[67]，尊帝母匽氏[68]为博园贵人。

滕抚性方直，不交权势，为宦官所恶；论讨贼功当封，太尉胡广承旨奏黜之；卒于家。

（以上为第一段，写梁冀毒死质帝，违逆公卿迎立蠡吾侯刘志即位，是为桓帝。太尉李固被罢免。）

【注释】

[1]孝质皇帝：名缵，章帝曾孙，渤海王刘鸿之子，诸侯王入继大统，年八岁即位。公元145年至公元146年在位。质帝在位一年零三个月，为梁冀所弑。胡三省注引《伏侯古今注》曰："缵之字曰继。" [2]庚辰：四月二十五日。 [3]明经：精通经学的大儒。 [4]岁满课试：学习一年以后进行考试。《汉书·儒林传》：太学生员，"一岁皆辄课，能通一艺以上，补文学掌故缺；其高第可以为郎中，太常籍奏。"这里指在太学专办官员子弟班，由郡国举荐明经大儒为教师。[5]"又千石"四句：千石至六百石的中级官员、四府（大将军、太尉、司徒、司空）部属官员、三署郎、四姓小侯等已能通晓经书，注明各人所学师法，由太常奏上高等生的姓名录，按顺序给以赏赐。三署郎，五官郎及左、右中郎。四姓小侯，即外戚子弟，初为樊、郭、阴、马四姓，明帝永平六年（66）初设四姓小侯讲官，后又有窦家、阎家，至此许多外家早已衰落，而今有外戚梁氏兴起，仍沿用四姓小侯之名。当以次赏进，按排名顺序给予赏赐。 [6]庚寅：五月六日。 [7]丁巳：六月三日。 [8]跋扈：横蛮。 [9]甲申：闰六月一日。 [10]煮饼：汤饼。 [11]帝苦烦盛：据章校，"盛"作"甚"，是。质帝口干涩苦，胸中十分烦闷。 [12]伏尸号哭：伏在质帝尸上号哭。[13]推举侍医：追查值班太医救护不力之罪。推举，推为追查，举为弹劾。 [14]大恶：深切痛

恨。［15］频年：连年。［16］国祚三绝：皇帝位统，三次断绝。顺帝、冲帝、质帝三帝驾崩，前后仅三年。［17］重器：指帝位。［18］垂心：深切关心。［19］眷眷：深切思念。［20］窃独有怀：我们最关心的一件大事。［21］远寻：查考远古的历史。［22］先世废立：古代君王的废立。［23］近见：看看近代的历史。［24］国家践祚：指汉代各次国君即位。［25］“《传》曰”三句：古书上说：“把天下送给别人十分容易，为天下选得人才十分困难。”据胡三省注，此为《孟子》之言。传，源指古书。［26］忧愧发愤：忧愁揪心而奋发有为。［27］悔之折骨：即折骨之悔，后悔到极点。［28］大汉之祀，几将倾矣：大汉政权，差点倾覆在昌邑王手里。西汉昭帝逝世，无子，大将军霍光征昌邑王刘贺入继大统，因昌邑王昏乱，霍光与大司农田延年等废昌邑王刘贺而改立宣帝。事见《资治通鉴》卷二十四昭帝元平元年。［29］悠悠万事，唯此为大：国家之事千头万绪，只有选择皇帝即位才是最大的事。［30］明德著闻：圣明的德行久已著闻。［31］最尊亲：清河王刘蒜与质帝为堂兄弟，同为乐安王刘宠之孙。蒜为兄，是最尊；又同出一祖，是最亲。［32］朝廷：据章校应作“朝臣”。［33］谒：晋见。［34］平原王翼既贬归河间：平原王刘翼，本是河间王刘开之子，与安帝刘祜为堂兄弟。邓绥皇太后以刘翼为平原王刘胜继嗣，而刘胜为和帝之子。刘祜疑心邓太后要罢黜自己改立刘翼，于是怀恨刘翼。邓太后死，刘祜立即贬刘翼为都乡侯，逐回河间。事见《资治通鉴》卷五十安帝建光元年。［35］蠡吾县：县治在今河北博野县。［36］夏门亭：在洛阳北门外。［37］相夺：驳斥对方，夺回主动权。此指梁冀不欲立刘蒜而志欲立刘志，但找不出理由来驳斥公卿众臣。［38］累世有椒房之亲：几代都为皇亲。椒房，皇后所居之房。和帝之母章帝梁贵人，梁竦之女，和帝即位尊为恭怀皇后。顺帝梁皇后梁妠，梁商之女，为恭怀皇后内侄孙。两梁皇后皆出自梁氏一门血亲，故称累世椒房。［39］秉摄万机：手握日理万机之权。［40］意气凶凶：面目狰狞。［41］言辞激切：言语偏激强硬。［42］慑惮：慑服恐惧。［43］厉声：变脸大声说话。［44］罢会：散会。指终止廷议。［45］固犹望众心可立，复以书劝冀：李固以众心属于清河王刘蒜，犹望可以立为帝，于是在廷议终止后又写信劝说梁冀。胡三省对此评论说，李固不能揭发梁冀逆弑质帝的大恶使之受国法惩治，即使事不成，也是为国尽忠壮烈而死；李固做不到这一点，却又低头周旋其间，想通过立长君来治梁冀之罪，结果免不了被梁冀害死，可以说是李固忠心有余而才能不及，故事终不成。［46］丁亥：闰六月四日。［47］策免固：下诏罢了李固的官。［48］戊子：闰六月五日。［49］庚寅：闰六月七日。［50］乙卯：七月二日。［51］静陵：质帝陵，在洛阳东南。［52］明年丁亥之岁，刑德合于乾位：明年是丁亥年，刑罚与恩德相会在北方。乾位，北方之位。按阴阳家的说法，干支纪年，该年有丁、壬出现时，恩德在北方；该年有亥、卯出现时，刑罚在北方；而明年为丁亥，是刑罚与恩德相会于北方。这意味着国家政治是以德治还是以刑治，是谁战胜谁，明年是关键年。这是朱穆假为此说劝梁冀施德政。［53］《易经》龙战之会：语出《易经·坤卦》上六爻辞“龙战于野”，预示阳道将获得胜利，阴道将失败。在朝廷上，公卿为阳道，外戚依女宠专权为阴道。［54］专心公朝：一心为公。［55］将军与之俱入：谓大将军梁冀与所选为帝讲学的师傅一同入宫，陪同皇帝听讲。［56］参劝讲授：陪同皇帝听讲，并努力配合师傅给皇帝灌输知识。［57］师贤法古：师与法为互文，谓效法古代先贤。［58］倚：背靠。［59］倾：倾陷，推倒。［60］式序：安置。［61］儒术高行之士：精通儒学、品行高尚的士人。［62］穆，晖之孙：朱穆（100—163），字公叔，章帝时尚书令朱晖之孙。穆为人刚直，敢直谏。桓帝时官至冀州刺史、尚书。与朱晖同传，见《后汉书》卷四十三。［63］戊戌：九月癸丑朔，无戊戌。戊戌，九月十六日。［64］乐成陵：河间王刘开之王陵，在今河北献县。［65］博陵：蠡吾侯刘翼之陵，在今河北博野县。［66］太牢：牛、羊、猪各一头。［67］甲午：十月十二日。［68］匽氏：桓帝刘志之母，姓匽，名明，蠡吾侯刘志的小妾，故只尊为博园贵人。

孝桓皇帝[1]上之上

建和元年（丁亥，147 年）

春，正月，辛亥朔[2]，日有食之。

戊午[3]，赦天下。

三月，龙见谯[4]。

夏，四月，庚寅[5]，京师地震。

立阜陵王代兄勃遒亭侯便为阜陵王[6]。

六月，太尉胡广罢，光禄勋杜乔为太尉。自李固之废，朝野丧气，群臣侧足而立[7]；唯乔正色无所回桡[8]，由是朝野皆倚望焉。

秋，七月，渤海孝王鸿薨，无子；太后立帝弟蠡吾侯悝为渤海王，以奉鸿祀。

诏以定策功，益封梁冀万三千户，封冀弟不疑为颍阳侯，蒙为西平侯，冀子胤为襄邑侯，胡广为安乐侯，赵戒为厨亭侯，袁汤为安国侯。又封中常侍刘广等皆为列侯。

杜乔谏曰："古之明君，皆以用贤、赏罚为务。失国之主，其朝岂无贞干之臣[9]，典诰之篇[10]哉？患得贤不用其谋，韬书不施其教[11]，闻善不信其义，听谗不审其理[12]也。陛下自藩臣即位，天人属心[13]，不急忠贤之礼而先左右之封[14]，梁氏一门，宦者微孽[15]，并[16]带无功之绂[17]，裂劳臣之土[18]，其为乖滥[19]，胡可胜言[20]！夫有功不赏，为善失其望；奸回不诘[21]，为恶肆其凶。故陈资斧而人靡畏[22]，班爵位而物无劝[23]。苟遂斯道，岂伊伤政为乱而已，丧身亡国，可不慎哉！"

书奏，不省。

八月，乙未[24]，立皇后梁氏[25]。梁冀欲以厚礼迎之，杜乔据执旧典[26]，不听。冀属乔举汜宫为尚书，乔以宫为臧罪，不用。由是日忤[27]于冀。九月，丁卯[28]，京师地震。乔以灾异策免。冬，十月，以司徒赵戒为太尉，司空袁汤为司徒，前太尉胡广为司空。

宦者唐衡、左悺共谮[29]杜乔于帝曰："陛下前当即位，乔与李固抗议[30]，以为不堪奉汉宗祀。"帝亦怨之。

十一月，清河刘文与南郡妖贼刘鲔交通，妄言"清河王当统天下"，欲共立蒜。事觉，文等遂劫清河相谢暠曰："当立王为天子，以暠为公。"暠骂之，文刺杀暠。于是捕文、鲔，诛之。有司劾奏蒜；坐贬爵为尉氏侯，徙桂阳[31]，自杀。

梁冀因诬李固、杜乔，云与文、鲔等交通，请逮按罪；太后素知乔忠，不许。冀遂收固下狱；门生渤海[32]王调贯械上书[33]，证固之枉，河内[34]赵承等数十人亦要鈇锧[35]诣阙通诉；太后诏赦之。及出狱，京师市里皆称万岁。冀闻之，大惊，畏固名德终为己害，乃更据奏前事[36]。大将军长史吴佑伤固之枉[37]，与冀争之；冀怒，不从。从事中郎马融主为冀作章表，融时在坐，佑谓融曰："李公之罪，成于卿手。李公若诛，卿何面目视天下人！"冀怒，起，入室；佑亦径去。固遂死于狱中；临命，与胡广、赵戒书曰："固受国厚恩，是以竭其股肱[38]，不顾死亡，志欲扶持王室，比隆文、宣[39]。何图[40]一朝梁氏[41]迷谬[42]，公等曲从[43]，以吉为凶，成事为败[44]乎！汉家衰微，从此始矣。公等受主厚禄，颠而不扶[45]，倾覆大事，后之良史岂有所私！固身已矣，于义得矣，夫复何言！"广、戒得书悲惭[46]，皆长叹流涕而已。

冀使人胁[47]杜乔曰："早从宜[48]，妻子可得全。"乔不肯。明日，冀遣骑至其门，不闻哭者，遂白太后收系之；亦死狱中。

冀暴固、乔尸[49]于城北四衢[50]，令："有敢临者[51]加其罪。"固弟子汝南[52]郭亮尚未冠[53]，左提章、钺，右秉鈇锧[54]，诣阙上书，乞收固尸，不报[55]；与南阳董班俱往临哭，守丧不去。夏门亭长呵之曰："卿曹何等腐生[56]！公犯诏书，欲干试有司乎[57]！"亮曰："义之所动，岂知性命！何为以死相惧邪！”太后闻之，皆赦不诛。杜乔故掾陈留杨匡，号泣星行[58]，到洛阳，著故赤帻[59]，托[60]为夏门亭吏，守护尸丧，积十二日；都官从事[61]执之以闻，太后赦之。匡因诣阙上书，并乞李、杜二公骸骨，使得归葬，太后许之。匡送乔丧还家，葬讫，行服[62]，遂与郭亮、董班皆隐匿，终身不仕。

梁冀出吴佑为河间相，佑自免归，卒于家。

冀以刘鲔之乱，思朱穆之言，于是请种暠为从事中郎，荐栾巴[63]为议郎，举穆高第[64]，为侍御史。

是岁，南单于兜楼储死，伊陵尸逐就单于[65]车儿立。

（以上为第二段，写梁冀借拥立桓帝之功，排除政敌，害死李固、杜乔，朝廷奸邪结炽，正义丧尽。）

【注释】

[1]孝桓皇帝：名志，章帝曾孙，蠡吾侯刘翼之子，东汉第十一任皇帝，公元147年至公元167年在位。胡三省注引《伏侯古今注》："志之字曰意。" [2]辛亥朔：正月一日。 [3]戊午：正月八日。 [4]谯：县名，县治在今安徽亳州市。 [5]庚寅：四月十一日。 [6]便为阜陵王：阜陵王刘延，光武帝子，传国五世至刘代，代死无子，国绝。今以刘代之兄刘便亲绍封。据《后汉书》卷四十二《光武十王列传》，勃遒亭侯刘便亲，此作"勃遒亭侯便"，当从《后汉书》。 [7]侧足而立：侧身站立，即不敢正面站立，形容危惧的样子。 [8]回挠：低头屈服。 [9]贞干之臣：国家栋梁之臣。桢干，筑墙的夹板器具，喻国之栋梁。贞，通"桢"。 [10]典诰之篇：典策诏诰，指治国的法令规章汇编。 [11]韬书不施其教：韬书，指国家藏有典策诰令。此句意谓，亡国之君即使得到了好的法令规章，也不得施行。 [12]听谗不审其理：亡国之君听到谗言也分辨不出好坏。不审其理，不察谗言之所以为谗的道理。 [13]属心：归心。 [14]不急忠贤之礼而先左右之封：不把征召礼用贤能作为当务之急，而把封爵左右放在第一位。 [15]微孽：卑微小人。[16]并：梁氏与宦官。 [17]带无功之绂：佩带上无功而得封侯拜官的印绶。 [18]裂劳臣之土：取得应归功臣的采邑土地。裂，裂地分封。劳臣之土，应归于功臣的爵土，今却被梁氏与宦官所取得。 [19]乖滥：乖张错乱。 [20]胡可胜言：简直不可用语言形容。胡，曷。 [21]奸回不诘：邪曲不受惩处。 [22]陈资斧而人靡畏：把砍头的利斧放在面前也无人畏惧。资，利。[23]班爵位而物无劝：颁布封爵官位却没人动心。班，通"颁"。物，人物。 [24]乙未：八月十八日。 [25]立皇后梁氏：指桓帝立梁女莹为皇后。梁女莹，皇太后梁妠及大将军梁冀的妹妹。[26]旧典：据胡注引《汉书旧仪》载，汉制，聘皇后，黄金万斤。吕后为惠帝娶鲁元公主女，超典制为二万斤。还有其他种种礼仪规格。梁冀欲仿效惠帝纳后故事，杜乔不同意。 [27]忤：冒犯。

[28]丁卯：九月二十一日。［29］谮：诬陷，说坏话。［30］抗议：对抗众人之议，即反对。[31]桂阳：郡名，治所郴县，在今湖南郴州市。［32］渤海：郡名，治所南皮，在今河北南皮县北。［33］贯械上书：颈戴刑具到宫门上书。［34］河内：郡名，治所怀县，在今河南武陟县西南。［35］要鈇锧：腰挂刀斧，并带上铡刀砧板。要，通“腰”。鈇锧，腰斩刑具。贯械与要鈇锧，均表示死谏。［36］乃更据奏前事：于是再次提出刘文刘鲔谋反事件株连李固。更，再次，重又。[37]吴佑：字季英，陈留长垣（在今河南长垣市东北）人，因为李固言，被梁冀出为河间相。传见《后汉书》卷六十四。伤，痛惜。［38］竭其股肱：尽一个大臣的忠贞职责。［39］比隆文、宣：文，指汉文帝；宣，指汉宣帝，两帝均为群臣迎立的汉宗室，能中兴汉朝。今迎立诸侯王入继大统，亦欲使东汉的中兴之业上比文帝、宣帝。［40］何图：怎能想到。［41］一朝梁氏：指梁太后及大将军梁冀等一门梁氏。［42］迷谬：愚昧而专横。［43］曲从：曲意随从。［44］成事为败：功败垂成。指立刘蒜为帝事。［45］颠而不扶：谓汉朝大厦将倾而不扶持。［46］悲惭：悲哀惭愧。［47］胁：威逼。［48］早从宜：及早安排自己的归宿。即令杜乔自杀。［49］暴固、乔尸：将李固、杜乔露尸街头以示众。［50］城北四衢：在洛阳城北面四通路口的夏门亭。[51]临者：吊丧的人。［52］汝南：郡名，治所平舆，在今河南平舆县西北。［53］未冠：未加冠，即年未满二十，未成年。［54］左提章、钺，右秉鈇锧：左手拿着奏章及大斧，右手拿着铡刀及砧板。［55］不报：不通报。［56］腐生：迂腐儒生，书呆子。［57］公犯诏书，欲干试有司乎：公然冒犯皇帝圣旨，想要试试官府法律的厉害吗！公，明目张胆。［58］号泣星行：杨匡号啕大哭，日夜兼行从陈留赶到洛阳。星行，夜行。［59］著故赤帻：杨匡穿戴上原来当部属时的官装。赤帻，红色头巾，这里指官装。［60］托：冒充。［61］都官从事：官名，司隶校尉的部属，掌京都官监察，劾举不法。［62］行服：穿孝服。［63］栾巴：字叔元，魏郡内黄（在今河南内黄县西北）人，顺帝时八使巡风之一。传见《后汉书》卷五十七。［64］举穆高第：因朱穆考绩最优而保举。[65]尸逐就单于：全称为“去持若尸逐就单于”，公元128年至公元140年在位。

二年（戊子，148年）

春，正月，甲子[1]，帝加元服[2]。庚午[3]，赦天下。

三月，戊辰[4]，帝从皇太后幸大将军冀府。

白马羌寇广汉属国[5]，杀长吏。益州刺史率板楯蛮讨破之。

夏，四月，丙子[6]，封帝弟顾为平原王，奉孝崇皇祀[7]；尊孝崇皇夫人[8]为孝崇园贵人。

五月，癸丑[9]，北宫掖庭中德阳殿及左掖门火，车驾移幸南宫。

六月，改清河为甘陵[10]。立安平孝王得子经侯理为甘陵王[11]，奉孝德皇[12]祀。

秋，七月，京师大水。

三年（己丑，149年）

夏，四月，丁卯晦[13]，日有食之。

秋，八月，乙丑[14]，有星孛于天市[15]。

京师大水。

九月，己卯[16]，地震。庚寅[17]，地又震。

郡、国五山崩。

冬，十月，太尉赵戒免；以司徒袁汤为太尉，大司农河内张歆为司徒。

是岁，前朗陵侯相荀淑卒。淑少博学有高行[18]，当世名贤李固、李膺[19]皆师宗之[20]。在朗陵[21]，莅事明治，称为神君。有子八人：俭、绲、靖、焘、汪、爽、肃、专，并有名称[22]，时人谓之八龙。所居里旧名西豪[23]，颍阴令渤海苑康[24]以为昔高阳氏[25]有才子八人，更命其里曰高阳里。

膺性简亢[26]，无所交接[27]，唯以淑为师，以同郡陈寔[28]为友。荀爽尝就谒膺，因为其御；既还，喜曰："今日乃得御李君矣！"其见慕如此。

陈寔出于单微[29]，为郡西门亭长[30]。同郡钟皓[31]以笃行称，前后九辟公府，年辈远在寔前，引与为友。皓为郡功曹[32]，辟司徒府；临辞，太守问："谁可代卿者？"皓曰："明府欲必得其人，西门亭长陈寔可。"寔闻之曰："钟君似不察人，不知何独识我！"太守遂以寔为功曹。时中常侍侯览[33]托太守高伦用吏，伦教署为文学掾[34]，寔知非其人，怀檄请见[35]，言曰："此人不宜用，而侯常侍不可违，寔乞从外署[36]，不足以尘明德[37]。"伦从之。于是乡论怪其非举，寔终无所言。伦后被征为尚书，郡中士大夫送至纶氏[38]，伦谓众人曰："吾前为侯常侍用吏。陈君密持教还而于外白署，比[39]闻议者以此少[40]之，此咎由故人[41]畏惮强御[42]，陈君可谓'善则称君，过则称己[43]'者也。"寔固自引愆[44]，闻者方叹息，由是天下服其德。后为太丘[45]长，修德清静[46]，百姓以安。邻县民归附者，寔辄训导譬解发遣[47]，各令还本。

司官行部[48]，吏虑民有讼[49]者，白欲禁之；寔曰："讼以求直[50]，禁之，理将何申！其勿有所拘。"司官闻而叹息曰："陈君所言若是，岂有冤于人乎！"亦竟无讼者。以沛相[51]赋敛违法[52]，解印绶去[53]；吏民追思之。

钟皓素与荀淑齐名，李膺常叹曰："荀君清识难尚[54]；钟君至德可师[55]。"皓兄子瑾母[56]，膺之姑也。瑾好学慕古，有退让风，与膺同年，俱有声名，膺祖太尉修常言："瑾似我家性[57]，'邦有道，不废；邦无道，免于刑戮[58]。'"复以膺妹妻之。膺谓瑾曰："孟子以为'人无是非之心，非人也[59]'，弟于是何太无皂白[60]邪！"瑾尝以膺言白皓。皓曰："元礼祖、父在位[61]，诸宗并盛，故得然乎！昔国子好招人过[62]，以致怨恶，今岂其时邪！必欲保身全家，尔道为贵。"

（以上为第三段，写李膺、陈寔、钟皓等名士风采。）

【注释】

[1]甲子：正月十九日。 [2]帝加元服：桓帝刘志行加冠礼。当年刘志十七岁。 [3]庚午：正月二十五日。 [4]戊辰：三月二十四日。 [5]广汉属国：安帝时以蜀郡北部都尉为广汉属国都尉。治所阴平，在今甘肃文县。 [6]丙子：四月三日。 [7]"封帝弟"二句：封刘顾为平原王，侍奉孝崇皇帝的香火祭祀。桓帝即位，追尊其父蠡吾侯刘翼为孝崇皇。仿效汉高祖尊其父太公为"太上皇"故事，只称"皇"，去"帝"字。 [8]孝崇皇夫人：据章校，应为"孝崇皇夫人马氏"，即脱"马氏"二字，应补。刘翼夫人马氏，即刘顾之母。 [9]癸丑：五月十日。 [10]改清河为甘陵：甘陵，清河王章帝子刘庆的王陵，在清河。桓帝害死清河王刘蒜后，仍对"清河"之名心存余悸，于是以刘庆墓名为封国名。 [11]立安平孝王得子经侯理为甘陵王：安平王刘得，河间王刘开之子，桓帝刘志叔父。经侯刘理，与桓帝为从兄弟，今立为甘陵王，奉刘庆之祀。 [12]孝德皇：刘庆子刘祐入嗣大统为安帝，尊刘庆为孝德皇。 [13]丁卯晦：四月三十日。 [14]乙丑：八月三十日。 [15]有星孛于天市：在天市星区出现孛星。 [16]己卯：九月十四日。 [17]庚寅：九月二十五日。 [18]高行：高尚德行。 [19]李膺（109—168）：字元礼，颍川襄城（今河南襄城县）人，东汉党人领袖八俊之一，历官河南尹、司隶校尉、长乐少府。传见《后汉书》卷六十七。 [20]皆师宗之：李固、李膺等都把荀淑尊为师长。 [21]朗陵：侯国县名，县治在今河南确山县南。 [22]并有名称：都在当世有名。 [23]西豪：里名，属颍阴县（即今河南许昌市）。 [24]苑康：字仲真，渤海重合县（在今山东乐陵市西）人，东汉党人领袖八龙之一，官至泰山太守。传见《后汉书》卷六十七。 [25]高阳氏：传说的五帝之一颛顼的号。高阳氏有贤子八

人，曰苍舒、隤敳、梼戭、大临、庞降、庭坚、仲容、叔达。［26］简亢：梗直严正。亢，心性高傲。［27］无所交接：不与达官贵人交往。［28］陈寔（104—187）：字仲弓，颍川许县（在今河南许昌市东）人，有高行，只做过闻喜、太丘两任县长，朝廷多次征召欲拜陈寔为三公，坚辞不就，隐终于家。传见《后汉书》卷六十二。［29］单微：寒微，贫贱。单，孤也，薄也。［30］为郡西门亭长：陈寔曾任颍川郡（治所阳翟，今河南禹州市）西门亭长。［31］钟皓：字季明，颍川长社（在今河南长葛市东北）人，以诗律教授门徒千余人。钟皓长于陈寔，两人为忘年交，与陈寔同传。［32］郡功曹：官名，助郡太守掌人事。［33］中常侍侯览：据章校，“侍”下有“山阳”二字，是。侯览（？—172）：山阳防东（在今山东单县东北）人，桓、灵帝时大宦官，倾陷党人的骨干人物，官至长乐太仆。传见《后汉书》卷七十八。［34］文学掾：郡太守属官，掌郡学教育。［35］怀檄请见：陈寔怀揣高伦所下手令进见高伦。檄，通告，此指高伦所下署某人为文学掾的手令，陈寔秘密送还。［36］寔乞从外署：陈寔请求将某人由郡功曹选用。外署，即由郡功曹正式选用。外与内相对。内，指由郡太守下令选用，即今之所谓走后门，令从内出。［37］尘明德：使清明之德沾上灰尘。此明德指高伦。［38］纶氏：县名，县治在今河南登封市西南。［39］比：等到。［40］少：轻视，看不起。［41］故人：高伦自称。汉代长者在门生故吏面前多自称故人。［42］强御：强梁，恶霸。此指中常侍侯览。［43］善则称君，过则称己：把善行归于尊长，把过错归于自己。语出《礼记·坊记》。［44］寔固自引愆：陈寔仍坚持自己承担过失。［45］太丘：县名，县治在今河南永城市西北。［46］修德清静：广施恩德，为政清静。［47］发遣：送回原籍。［48］司官行部：上级主管官员到地方巡察。［49］讼：控诉。这里指百姓向巡察官诉冤。［50］讼以求直：控诉是为了求得公平。［51］沛相：沛国相。太丘县属沛国。沛国治所相县，在今河南永城市东，安徽濉溪县西，河南、安徽两省交界处。［52］赋敛违法：沛国相加收苛税。［53］解印绶去：太丘长陈寔拒绝向人民加收苛税，挂印辞官而去。［54］荀君清识难尚：荀淑的清高品德和卓越见识，难以追踪。［55］钟君至德可师：钟皓的高尚品德可以为老师。［56］皓兄子瑾母：钟瑾之母为钟皓之嫂。［57］瑾似我家性：李修说，在钟瑾身上遗传着李家的品性。［58］邦有道，不废；邦无道，免于刑戮：国家清平，钟瑾将会做官不被废弃；国家昏暗，也不会受刑诛。此四句语出《论语·公冶长》。孔子评南容之言，孔子将侄女嫁给南容。李修引此语评价钟瑾，亦以李膺之妹嫁钟瑾。［59］人无是非之心，非人也：语见《孟子·公孙丑上》。［60］太无皂白：简直是黑白不分。皂，黑色。［61］元礼祖、父在位：元礼，李膺字。李膺祖李修为太尉，父李益为赵国相。［62］国子好招人过：国子，春秋时齐国大夫国佐，性情直率，好言人之过。周王室卿士单朝曾评论国佐说：“在国家政治昏乱时，毫无保留地揭发别人的过失，将是怨恨的根本。”不久，国佐在齐国被诛杀。

和平元年（庚寅，150年）

春，正月，甲子[1]，赦天下，改元。

乙丑[2]，太后诏归政于帝，始罢称制。二月，甲寅[3]，太后梁氏崩。

三月，车驾徙幸北宫。

甲午[4]，葬顺烈皇后[5]。增封大将军冀万户，并前合三万户；封冀妻孙寿为襄城君，兼食阳翟租[6]，岁入五千万，加赐赤绂，比长公主[7]。寿善为妖态[8]以蛊惑[9]冀，冀甚宠惮之。冀爱监奴[10]秦宫，官至太仓令，得出入寿所，威权大震，刺史、二千石皆谒辞[11]之。冀与寿对街为宅[12]，殚极土木[13]，互相夸竞，金玉珍怪，充积藏室[14]；又广开园圃，采土筑山，十里九阪[15]，深林绝涧，有若自然[16]，奇禽驯兽飞走其间。冀、寿共乘辇车[17]，游观第内，多从倡伎[18]，酣讴竟路[19]，或连日继夜以骋娱恣[20]。客到门不得通，皆请谢门者[21]；门者累千金。又多拓林苑，周遍近县，起兔苑于河南城西，经亘[22]数十里，移檄所在调发生兔，刻其毛[23]以为识，人有犯者，罪至死刑。尝有西域贾胡不知禁忌，误杀一兔，转相告言，坐死者十余人。又起别第于城西，以纳奸亡[24]；或取良人悉为奴婢，至数千口，名曰自卖人。冀用寿言，多斥夺诸梁在位者[25]，外以示谦让，而实崇孙氏[26]。孙氏宗亲冒名[27]为侍中、卿、校、郡守、长吏者十余人，皆贪饕凶淫[28]。各使私客籍属县富人[29]，被以他罪，闭狱掠拷[30]，使出钱自赎，赀物[31]少者至于死。又扶风[32]人士孙奋[33]，居富而性吝，冀以马乘遗之[34]，从贷钱五千万，奋以三千万与之。冀大怒，乃告郡县，认奋母为其守藏婢[35]，云盗白珠十斛、紫金千斤以叛[36]，遂收考奋兄弟死于狱中，悉没其赀财亿七千余万。冀又遣客周流四方，远至塞外，广求异物，而使人复乘势[37]横暴，妻略妇女[38]，殴击吏卒[39]；所在怨毒[40]。

侍御史朱穆自以冀故吏，奏记[41]谏曰："明将军地有申伯之尊[42]，位为群公[43]之首，一日行善，天下归仁；终朝为恶，四海倾覆。顷者官民俱匮[44]，加以水虫为害[45]，京师诸官费用增多，诏书发调，或至十倍，各言官无见财[46]，皆当出民，搒掠[47]割剥[48]，强令充足。公赋[49]既重，私敛[50]又深，牧守长吏多非德选，贪聚无厌[51]，遇民如虏[52]，或绝命于棰楚[53]之下，或自贼[54]于迫切之求。又掠夺百姓，皆托之尊府[55]，遂令将军结怨天下，吏民酸毒[56]，道路叹嗟[57]。昔永和之末[58]，纲纪少弛[59]，颇失人望，四五岁耳，而财空户散，下有离心，马勉之徒乘敝而起，荆、扬之间几成大患；幸赖顺烈皇后初政清静，内外同力，仅乃讨定。今百姓戚戚[60]，困于永和，内非仁爱之心可得容忍，外非守国之计所宜久安也。夫将相大臣，均体元首[61]，共舆而驰，同舟而济，舆倾舟覆[62]，患实共之。岂可以去明即昧[63]，履危自安[64]，主孤时困而莫之恤[65]乎！宜时易宰守非其人者[66]，减省第宅园池之费，拒绝郡国诸所奉送[67]，内以自明，外解人惑[68]；使挟奸之吏无所依托[69]，司察之臣[70]得尽耳目[71]。宪度既张[72]，远迩清壹[73]，则将军身尊事显，德耀无穷[74]矣！”冀不纳。冀虽专朝纵横[75]，而犹交结左右宦官，任其子弟、宾客为州郡要职，欲以自固恩宠[76]。穆又奏记极谏[77]，冀终不悟，报书云：“如此，仆亦无一可邪！”然素重穆，亦不甚罪也。

冀遣书诣乐安太守陈蕃，有所请托，不得通。使者诈称[78]他客求谒蕃；蕃怒，笞杀之。坐左转修武令[79]。

时皇子有疾，下郡县市珍药[80]；而冀遣客赍书诣京兆[81]，并货牛黄[82]。京兆尹南阳延笃[83]发书收客，曰：“大将军椒房外家，而皇子有疾，必应陈进医方，岂当使客千里求利乎！”遂杀之。冀惭而不得言。有司承旨求其事，笃以病免。

夏，五月，庚辰[84]，尊博园匽贵人曰孝崇后，宫曰永乐；置太仆、少府以下，皆如长乐宫故事。分巨鹿[85]九县为后汤沐邑。

秋，七月，梓潼[86]山崩。

（以上为第四段，写梁冀专权自恣，勾结宦官同恶相济，大起宅第，扩建苑囿。）

【注释】

[1]甲子：正月一日。［2］乙丑：正月二日。［3］甲寅：二月二十二日。［4］甲午：四月三日。［5］顺烈皇后：即梁太后梁妠。［6］兼食阳翟租：襄城、阳翟二县皆属颍川郡。孙寿本封襄城君，同时兼收阳翟县田租。［7］加赐赤绂，比长公主：汉制，诸公主仪服同三公王

侯，印带为紫色，长公主仪服同诸侯王，印带为赤色。今以梁冀妻孙寿仪服与长公主同。［8］妖态：妖艳狐媚之态。史载孙寿善于作愁眉、啼妆、堕马髻、折腰步、龋齿笑。［9］蛊惑：迷惑。［10］监奴：奴仆总管。［11］谒辞：晋见，辞行。［12］对街为宅：在街道两侧相对为宅。［13］殚极土木：最高标准的土木建筑。殚，尽，顶点。［14］充积藏室：装满秘藏的房舍。［15］十里九阪：十里，言梁冀私宅花园之广；九阪，言园内假山曲折之多。［16］深林绝涧，有若自然：人工所造的树林幽深，山涧流水，好像天然生成。《后汉书》梁冀本传载，梁园“采土筑山，十里九阪，以象二崤，深林绝涧，有若自然，奇禽驯兽，飞走其间。”［17］辇车：人力车。［18］多从倡伎：众多歌者乐队相随从。［19］酣讴竟路：整个路途都有歌者演唱。［20］骋娱恣：纵情娱乐。［21］请谢门者：请托门房通报致以谢仪。谢，送礼，贿赂。［22］经亘：直径，方圆。［23］刻其毛：剪掉一撮兔毛。［24］奸亡：作奸犯法之徒以及逃亡犯。［25］斥夺诸梁在位者：梁冀免掉一些梁家宗室的在位官员，假示谦让。［26］实崇孙氏：骨子里是扶植孙氏宗族。［27］冒名：指攀附孙氏。［28］贪饕凶淫：贪婪、残忍、凶恶、荒淫。［29］各使私客籍属县富人：梁冀、孙寿各自派出私人暗探到地方各县调查富人，造名册上报。籍属，立名册上报。［30］闭狱掠拷：逮捕关在监狱中，然后苦刑拷打。［31］赀物：财物。［32］扶风：关中三辅之一右扶风。东汉时治所槐里，在今陕西兴平市。［33］士孙奋：人名。士孙，复姓。［34］冀以马乘遗之：梁冀送给士孙奋一匹坐骑。［35］认奋母为其守藏婢：指定士孙奋的母亲为梁冀家的库房婢女。［36］叛：背叛主人而逃亡。［37］乘势：仗势。［38］妻略妇女：奸淫抢掠妇女。［39］殴击吏卒：随意殴打地方官员及士兵。［40］所在怨毒：所到之处，遭人民刻骨怨恨。［41］奏记：下级给上级的署名文书。［42］地有申伯之尊：申伯，申国伯爵，周宣王舅。这里喻梁冀地位为国舅。［43］群公：三公。［44］匮：困乏。［45］水虫为害：水灾、蝗灾。［46］见财：库存财物。见，通“现”，现有。［47］搒掠：拷打强索。［48］割剥：榨取，如同割肉剥皮。［49］公赋：国家征赋。［50］私敛：地方官员个人盘剥。［51］厌：饱，满足。［52］遇民如虏：地方官对待人民如同对待强盗。［53］棰楚：拷打。［54］自贼：自杀。［55］尊府：指大将军梁冀府。［56］酸毒：酸苦怨毒。［57］道路叹嗟：人民叹息哀号于路途。［58］永和之末：顺帝永和末年。永和，顺帝年号之一，136—141年。［59］纲纪少弛：国家法纪松弛。［60］戚戚：悲哀。［61］均体元首：大臣与皇帝同为一体。均体，一体。元首，指皇帝。［62］舆倾舟覆：车翻船沉。喻国家败亡。［63］岂可以去明即昧：怎能离开光明而靠近黑暗。即，就。［64］履危自安：怎能踏上危险之途而求得身体的安全。［65］恤：考虑，关怀。［66］时易宰守非其人者：及时撤换不称职的郡县长官。［67］诸所奉送：各种名目的进献。［68］内以自明，外解人惑：对内表明品德高洁，对外消除人民的疑惑。［69］使挟奸之吏无所依托：使仗势为恶之徒没有依靠。［70］司察之臣：主管监察的官员。［71］得尽耳目：得以尽其职守，为国耳目。［72］宪度既张：法令制度得以贯彻。张，张大，贯彻。［73］远迩清壹：远近清平。［74］德耀无穷：功德的光辉永远照耀。［75］专朝纵横：专权自恣。［76］自固恩宠：巩固自己受恩宠的地位。[77]极谏：苦口婆心劝谏。[78]诈称：冒充。[79]坐左转修武令：陈蕃被控降职为修武县令。左转，贬迁。修武，属河内郡，县治在今河南获嘉县。[80]市珍药：购买珍贵药物。[81]京兆：指京兆尹延笃，长安市长。[82]货牛黄：购买牛黄。牛黄，牛胆囊中所凝成的块状物，为名贵中药。[83]延笃（？—167）：字叔坚，南阳犨县（在今河南叶县西北）人。博通经传及百家之言。传见《后汉书》卷六十四。[84]庚辰：五月十九日。[85]巨鹿：县名，县治在今河北平乡县西南。[86]梓潼：县名，属广汉郡，县治在今四川梓潼县。

元嘉元年（辛卯，151 年）

春，正月朔[1]，群臣朝会，大将军冀带剑入省[2]。尚书蜀郡张陵[3]呵叱令出，敕[4]虎贲、羽林[5]夺剑。冀跪谢，陵不应，即劾奏冀，请廷尉论罪[6]。有诏，以一岁俸赎[7]；百僚肃然。河南尹不疑尝举陵孝廉，乃谓陵曰："昔举君，适所以自罚也！"陵曰："明府不以陵不肖，误见擢序，今申公宪以报私恩[8]！"不疑有愧色。

癸酉[9]，赦天下，改元。

梁不疑好经书，喜待士，梁冀疾之，转不疑为光禄勋[10]；以其子胤为河南尹。胤年十六，容貌甚陋[11]，不胜冠带[12]；道路见者莫不蚩笑[13]。不疑自耻兄弟有隙，遂让位归第，与弟蒙闭门自守。冀不欲令与宾客交通，阴使人变服[14]至门，记往来者。南郡太守马融、江夏太守田明初除[15]，过谒不疑[16]；冀讽有司奏融在郡贪浊，及以他事陷明，皆髡笞[17]徙朔方[18]。融自刺不殊[19]，明遂死于路。

夏，四月，己丑[20]，上微行[21]，幸河南尹梁胤府舍。是日，大风拔树，昼昏。尚书杨秉[22]上疏曰："臣闻天不言语，以灾异谴告。王者至尊，出入有常，警跸[23]而行，静室[24]而止，自非郊庙之事，则銮旗不驾[25]。故诸侯入诸臣之家，《春秋》尚列其诫[26]；况于以先王法服[27]而私出槃游[28]，降乱尊卑[29]，等威无序[30]，侍卫守空宫，玺绂[31]委女妾！设有非常之变[32]，任章之谋[33]，上负先帝，下悔靡[34]及！"帝不纳。秉，震之子也。

京师旱，任城、梁国[35]饥，民相食。

司徒张歆罢，以光禄勋吴雄为司徒。

北匈奴呼衍王寇伊吾，败伊吾司马毛恺，攻伊吾屯城。诏敦煌太守马达将兵救之；至蒲类海[36]，呼衍王引去。

秋，七月，武陵蛮反。

冬，十月，司空胡广致仕[37]。

（以上为第五段，写尚书张陵廷责梁冀。汉桓帝私幸梁冀之子河南尹梁胤府第。）

【注释】

[1]正月朔：正月一日。 [2]冀带剑入省：梁冀带剑入禁中。 [3]张陵：字处冲，蜀郡成都人，官至尚书。传见《后汉书》卷三十六。 [4]敕：下令。 [5]虎贲、羽林：此指值班警卫虎贲郎、羽林郎。 [6]论罪：治罪。 [7]以一岁俸赎：停俸一年用以赎罪。 [8]今申公宪以报私恩：今天我伸张国法，正是报答你当初推荐我的私恩。 [9]癸酉：正月十六日。 [10]光禄勋：九卿之一，掌宫廷禁卫。 [11]容貌甚陋：容貌十分丑陋。 [12]不胜冠带：穿戴上官冠礼服更加丑陋。 [13]蚩笑：哑然失笑。 [14]变服：便衣。 [15]初除：刚接受任命。 [16]过谒不疑：因过其门而晋见梁不疑。 [17]髡笞：处以髡刑，即剃光头发，同时杖罚。 [18]徙朔方：充军朔方郡。朔方郡治所临戎，在今内蒙古磴口县北。 [19]不殊：不死。马融自杀未遂。 [20]己丑：四月三日。 [21]微行：秘密出行。 [22]杨秉（82—165）：字叔节，安帝时太尉杨震之中子，精通欧阳《尚书》兼《京氏易》，官至太尉。传见《后汉书》卷五十四。 [23]警跸：禁止人行，即戒严。 [24]静室：清宫。 [25]自非郊庙之事，则銮旗不驾：皇帝除非祭天或祭宗庙，否则銮驾从不起行。郊，在南郊祭天。庙，祭祀宗庙。銮旗，天子之旗。 [26]《春秋》尚列其诫：《春秋》条列记载为诫鉴。春秋时陈灵公如夏征舒之家，为夏征舒所弑；齐庄公如崔杼之家，亦为崔杼所弑。《春秋》及《左传》载其事。 [27]先王法服：历代先王穿用的龙袍。法服，指龙袍。 [28]槃游：转游，乐游。槃，同“盘”。 [29]降乱尊卑：降低了皇尊身份，使尊卑淆乱。 [30]等威无序：使等级威严失去了顺序。 [31]玺绂：天子印绶。 [32]非常之变：指宫廷政变。 [33]任章之谋：任章，宣帝时代郡太守任宣之子。任宣参与霍禹谋反被诛，任章逃亡到渭城（今陕西咸阳市），深夜混入皇家祭庙，冒充卫士，手执铁戟，站立门口欲刺杀宣帝，幸被发觉，诛死。 [34]靡：莫。 [35]任城、梁国：两封国名。任城国治所在今山东济宁市。梁国治所睢阳，在今河南商丘市。 [36]蒲类海：今新疆巴里坤湖。 [37]致仕：退休。

十一月，辛巳[1]，京师地震。诏百官举独行之士。涿郡[2]举崔寔[3]，诣公车，称病，不对策；退而论世事，名曰《政论》。其辞曰：“凡天下所以不治者，常由人主承平日久，俗渐敝而不悟，政浸衰[4]而不改，习乱安危，怢不自睹[5]。或荒耽[6]耆欲[7]，不恤万机；或耳蔽箴诲[8]，厌伪忽真[9]；或犹豫歧路[10]，莫适所从[11]；或见信之佐，括囊守禄[12]；或疏远之臣，言以贱废[13]；是以王纲纵弛于上[14]，智士郁伊于下[15]。悲夫！

“自汉兴以来，三百五十余岁[16]矣，政令垢玩，上下怠懈，百姓嚣然[17]，咸复思中兴之救矣！且济时拯世之术，在于补绽决坏[18]，枝拄邪倾[19]，随形裁割[20]，要措斯世于安宁之域[21]而已。故圣人执权[22]，遭时定制[23]，步骤之差，各有云设[24]。不强人以不能，背急切而慕所闻[25]也。盖孔子对叶公[26]以来远[27]，哀公以临人[28]，景公以节礼[29]，非其不同，所急异务也[30]。俗人[31]拘文牵古[32]，不达权制[33]，奇伟所闻，简忽所见[34]，乌可与论国家之大事哉！故言事者虽合圣听[35]，辄见掎夺[36]。何者？其顽士[37]暗于时权[38]，安习所见，不知乐成，况可虑始，苟云率由旧章[39]而已；其达者或矜名妒能[40]，耻策非己[41]，舞笔奋辞以破其义[42]。寡不胜众，遂见摈弃[43]，虽稷、契[44]复存，犹将困焉[45]。斯贤智之论所以常愤郁而不伸者也。

“凡为天下者，自非上德，严之则治，宽之则乱。何以明其然也？近孝宣皇帝明于君人之道，审于为政之理，故严刑峻法，破奸轨之胆[46]，海内清肃，天下密如[47]，算计见效，优于孝文[48]。及元帝即位，多行宽政，卒以堕损[49]，威权始夺[50]，遂为汉室基祸之主[51]。政道得失，于斯可鉴[52]。昔孔子作《春秋》，褒齐桓，懿[53]晋文，叹管仲之功；夫岂不美文、武[54]之道哉？诚达权救敝[55]之理也。圣人能与世推移[56]，而俗士苦不知变，以为结绳之约[57]，可复治乱秦之绪[58]，干戚之舞[59]，足以解平城之围。夫熊经鸟伸[60]，虽延历[61]之术，非伤寒之理[62]；呼吸吐纳，虽度纪之道，非续骨之膏[63]。盖为国之法，有似理身[64]，平则致养，疾则攻焉[65]。夫刑罚者，治乱之药石也；德教者，兴平之粱肉也。夫以德教除残[66]，是以粱肉养疾也；以刑罚治平，是以药石供养也。方今承百王之敝[67]，值厄运之会[68]，自数世以来，政多恩贷[69]，驭委其辔，马骀其衔[70]，四牡横奔，皇路险倾[71]，方将拑勒鞬辀以救之[72]，岂暇鸣和銮，调节奏哉[73]！昔文帝虽除肉刑，当斩右趾者弃市，笞者往往至死[74]。是文帝以严致平，非以宽致平也。”寔，瑗[75]之子也。山阳仲长统[76]尝见其书，叹曰："凡为人主，宜写一通，置之坐侧。"

臣光曰：汉家之法已严矣，而崔寔犹病其宽，何哉？盖衰世[77]之君，率多柔懦，凡愚之佐[78]，唯知姑息[79]，是以权幸之臣[80]有罪不坐，豪猾之民犯法不诛；仁恩所施，止于目前；奸宄得志，纪纲不立。故崔寔之论，以矫一时之枉，非百世之通义也。孔子曰："政宽则民慢[81]，慢则纠之以猛；猛则民残[82]，残则施之以宽。宽以济猛，猛以济宽，政是以和[83]。"斯不易之常道矣。

闰月，庚午[84]，任城节王崇[85]薨；无子，国绝。

以太常黄琼为司空。

帝欲褒崇梁冀，使中朝[86]二千石以上会议其礼。特进胡广、太常羊溥、司隶校尉祝恬、太中大夫边韶等咸称冀之勋德宜比周公，锡[87]之山川、土田、附庸[88]。黄琼独曰："冀前以亲迎之劳，增邑万三千户；又其子胤亦加封赏。今诸侯以户邑为制，不以里数为限，冀可比邓禹，合食四县[89]。"朝廷从之。于是有司奏："冀入朝不趋[90]，剑履上殿[91]，谒赞不名[92]，礼仪比萧何；悉以定陶、阳成余户增封为四县[93]，比邓禹；赏赐金钱、奴婢、彩帛、车马、衣服、甲第，比霍光；以殊元勋[94]。每朝会，与三公绝席[95]。十日一入，平尚书事[96]。宣布天下，为万世法。"冀犹以所奏礼薄，意不悦。

（以上为第六段，写崔寔著《政论》，认为治国要不断革新，以合时变，治乱要用重刑。司马光认为一味用重刑只是矫枉，宽严相济才是治国之道。）

【注释】

[1]辛巳：十一月二十八日。[2]涿郡：郡名，治所涿县，在今河北涿州市。[3]崔寔：字子真，一名台，字元始。涿郡安平（在今石家庄市东）人，东汉著名政论家，著有《政论》行于世。传见《后汉书》卷五十二。[4]政浸衰：政治日渐衰败。[5]习乱安危，怢不自睹：习惯了乱与危，安于现状，麻木不知警惕。怢，忽视，不在意。不自睹，看不见，分不清。[6]荒耽：荒淫沉溺。[7]耆欲：奢侈。耆，通"嗜"。[8]耳蔽箴诲：耳朵像被遮蔽一样，听不进任何劝告。箴，规劝。[9]厌伪忽真：喜欢听假话，轻忽真话。厌，满足。[10]犹豫歧路：徘徊在十字路口。喻有的人君在正邪之间摇摆不定。[11]莫适所从：不明是非正邪，不知所从。[12]见信之佐，括囊守禄：亲信大臣，闭口不言，只求保持禄位。括囊，把口袋结起来，喻闭起

嘴巴。［13］疏远之臣，言以贱废：疏远的臣下，说一点真实情况，只因地位卑贱而不被采纳。废，指言不被采纳而废。［14］王纲纵弛于上：国家法纪从上面先行破坏。纵弛，松弛，瓦解。［15］智士郁伊于下：才智之士在下受抑制。郁伊，委屈不申的样子。［16］三百五十余岁：此从西汉开国之年始，公元前 206 年至桓帝元嘉元年，公元 151 年，总计 357 年。［17］嚣然：号呼的样子。即怨声载道。［18］补绽决坏：缝补裂坏。绽，衣缝。［19］枝拄邪倾：将倾斜的房屋加以支撑。邪，通“斜”。［20］随形裁割：补衣支屋要随形状裁制用料，喻治政要根据实际情况采取措施。［21］措斯世于安宁之域：把当前社会安置在和平安宁的境界。措，安置，治理。［22］执权：当权。［23］遭时定制：依据所遇到的时势，颁定制度，不循旧章。［24］步骤之差，各有云设：步骤差异，即不同的实践，则各有不同的理论。［25］背急切而慕所闻：违背当前急需要办的事，而去追求遥远无边的理想。慕，追慕，寻求。所闻，指理想境界。［26］叶公：公，对县令之尊称。叶公，叶县县令，名高，春秋时楚大夫。［27］来远：招来远人。孔子回答叶公说，好的政治就是能招来远人。［28］临人：治理人民。孔子回答鲁哀公说，好的政治就是用好的官吏去治理人民。［29］节礼：简化礼仪。孔子回答齐景公说，好的政治就是减少烦琐礼仪。［30］非其不同，所急异务也：孔子回答不同，并不是他的政治主张不同，而是针对不同的情势提出所要急切办理的不同的要务。［31］俗人：迂腐之人。［32］拘文牵古：墨守条文，受古制约束。［33］不达权制：不懂权变改制。［34］奇伟所闻，简忽所见：对一点新鲜事物感到奇怪惊讶，眼前所见的现实变化漠然处之。简忽，轻视。［35］合圣听：皇帝喜欢。［36］辄见掎夺：每每被奸邪之人在背后掣肘改变了皇帝的心志。掎，从背后牵制。夺，夺走圣听，转移了皇帝心志。［37］顽士：保守分子。［38］暗于时权：不懂时势权变。［39］率由旧章：一概遵循旧制。［40］矜名妒能：自夸自己的声名而妒忌贤能。［41］耻策非己：懊恨好的策谋不是出自自己之手，因而加以反对。［42］舞笔奋辞以破其义：飞舞笔墨，振振有词，用来曲解不是出于自己之手的善策嘉谋。［43］寡不胜众，遂见摈弃：具有真知灼见的智士，因寡不敌众而被排斥。［44］稷、契：周朝始祖后稷，商朝始祖契。［45］犹将困焉：也将受困，束手无策。［46］破奸轨之胆：使奸邪之人吓破胆。轨，内奸。［47］密如：安定貌。［48］算计见效，优于孝文：宣帝时政令的设计规划，能见到实效，超过了孝文帝。［49］堕损：堕落损坏。［50］威权始夺：国家权威开始转移。［51］基祸之主：指汉元帝是奠定西汉衰亡祸患的君主。［52］鉴：借鉴。［53］懿：赞美。［54］文、武：指周文王、周武王。［55］达权救敝：通达权变，用以拯救衰败的社会。［56］与世推移：随着时世的变化而变化。［57］结绳之约：用结绳记事的简约方法。［58］乱秦之绪：指乱秦之世，千头万绪。［59］干戚之舞：手执兵器的军乐之舞。干，盾牌。戚，钺，大斧。《礼记》记载，周时用朱红色的木盾和玉石制的大斧作为舞蹈器具的军乐舞，名叫《大武》，是歌颂武王伐纣的胜利。《书经》记载，大禹舞干戚于两阶，有苗归服。［60］熊经鸟伸：喻运动锻炼。像熊那样缘树而运动四肢，像鸟那样展翅高空而伸足。熊经，指熊善攀树，悬吊树上而投下。［61］延历：延年。指做熊经鸟伸的运动能延年益寿。［62］非伤寒之理：不是治疗伤寒重病的办法。谓运动可健身而延年，但不是治病的办法。［63］呼吸吐纳，虽度纪之道，非续骨之膏：作深呼吸运动，可以强健身体，但不是连折断骨的药物。度纪，延年，健身。膏，糊状的药。［64］理身：调养身体。［65］平则致养，疾则攻焉：平时注意营养，有了疾病就用药物治疗。攻，指用药攻疾。［66］以德教除残：用恩义道德铲除残暴。［67］承百王之敝：承受历代君王遗留下来的积敝。［68］值厄运之会：又正当艰难时势。［69］恩贷：指法纪宽松，使犯罪之人多蒙赦免。［70］驭委其辔，马骀其衔：政治过宽，如同赶车人丢掉了缰绳，马儿脱去了口勒。委，弃。骀，脱。［71］四牡横奔，皇路险倾：拉车的四匹雄马横冲直撞，而道路又狭窄倾斜。皇路，大路。［72］方将拑勒鞬辀以救之：谓四马横奔之时，也正是应当紧急地勒马刹车以救难的时候。拑勒，以木衔马口。拑，马辔。鞬辀，束住车辕，今语谓之刹车。［73］岂暇鸣和銮，调节奏哉：怎么能慢条斯理，调节铃铛的节奏。和、銮，分别挂于车、马上的铃铛，马动车行，则和、銮齐鸣应和。［74］“文帝虽除肉刑”三句：指文帝废除肉刑，表面上宽刑，实际上是加重了惩处，当斩右趾的判死刑，判笞刑的被活活打死。事详《资治通鉴》卷十五文帝十三年、景帝元年。［75］瑗：崔瑗。事见《资治通鉴》卷五十一安帝延光四年。［76］仲长统：字公理，山阳高平（在今山东独山湖东岸）人，东汉末政论家，著有《昌言》行于世。传见《后汉书》卷四十九。［77］衰世：末世。［78］凡愚之佐：衰世的辅佐大臣，多为凡庸之辈。［79］姑息：得过且过。［80］权幸之臣：指当权的奸臣。［81］民慢：人民轻视法纪。［82］民残：人民受到残害。［83］和：和谐，稳定。［84］庚午：闰十二月十八日。［85］任城节王崇：任城王刘崇，光武帝子东平王刘苍之孙，死谥节。章帝元和元年分东平国为任城国，以封刘苍少子刘尚。刘尚死，以其侄刘崇嗣封，今又绝祀。［86］中朝：指外朝三公、九卿。［87］锡：赏赐。胡广等提议以山川、土田、附庸赐梁冀，即要求封梁冀为诸侯王，效法西汉尊王莽故事。［88］附庸：指附着于田土上的人民。［89］合食四县：前后所封，总计食邑四县。东汉初功臣受封，最重者食邑四县。［90］入朝不趋：趋，小跑。大臣上殿，要趋迎皇帝，今梁冀可以徐行。［91］剑履上殿：可以带剑入朝。［92］谒赞不名：谒者唱名朝拜时，不呼梁冀之名，而只称大将军。［93］增封为四县：梁冀初封襄邑县，袭封乘氏县，今又增定陶县、阳成县，合为四县。［94］以殊元勋：元勋，三公大臣。加梁冀特殊之礼，不同于一般大臣。［95］绝席：另坐专席，示高于三公。［96］平尚书事：处理尚书重要事务。平，平议，处理。

二年（壬辰，152年）

春，正月，西域长史王敬为于阗所杀。初，西域长史赵评在于阗，病痈死[1]。评子迎丧，道经拘弥。拘弥王成国与于阗王建素有隙，谓评子曰：“于阗王令胡医持毒药着创中，故致死耳！”评子信之，还，以告敦煌太守马达。会敬代为长史，马达令敬隐核[2]于阗事。敬先过拘弥，成国复说云："于阗国人欲以我为王；今可因此罪诛建，于阗必服矣。"敬贪立功名，前到于阗，设供具[3]，请建而阴图[4]之。或以敬谋告建，建不信，曰："我无罪，王长史何为欲杀我？"旦日，建从官属数十人诣敬，坐定，建起行酒，敬叱左右执之。吏士并无杀建意，官属悉得突走[5]。时成国主簿秦牧随敬在会，持刀出，曰："大事已定，何为复疑！"即前斩建。于阗侯、将输僰等遂会兵[6]攻敬，敬持建头上楼宣告曰："天子使我诛建耳！"输僰不听，上楼斩敬，县首于市。输僰自立为王；国人杀之，而立建子安国。马达闻王敬死，欲将诸郡兵出塞击于阗；帝不听，征达还，而以宋亮代为敦煌太守。亮到，开募于阗[7]，令自斩输僰；时输僰死已经月，乃断死人头送敦煌而不言其状，亮后知其诈，而竟不能讨也。

丙辰[8]，京师地震。

夏，四月，甲辰[9]，孝崇皇后匽氏崩；以帝弟平原王石为丧主，敛送制度比恭怀皇后。五月，辛卯[10]，葬于博陵。

秋，七月，庚辰[11]，日有食之。

冬，十月，乙亥[12]，京师地震。

十一月，司空黄琼免。十二月，以特进赵戒为司空。

（以上为第七段，写西域长史王敬贪求功名，人为制造了于阗国的动乱，也搭上了自己的性命，由是汉朝威令不复行于西域。）

【注释】

[1]病痈死：生疮溃烂而死。 [2]隐核：暗中察访。 [3]设供具：设宴。 [4]阴图：暗中布下埋伏。 [5]突走：突围逃走。 [6]会兵：合兵。 [7]开募于阗：开于阗自新之路，悬赏购杀输僰以赎罪立功。开，开示，指示。募，悬赏。 [8]丙辰：正月十五日。 [9]甲辰：四月辛亥朔，无甲辰。甲辰，五月二十五日。 [10]辛卯：五月十二日。 [11]庚辰：七月二日。[12]乙亥：十月二十八日。

永兴元年（癸巳，153年）

春，三月，丁亥[1]，帝幸鸿池[2]。

夏，四月[3]，丙申[4]，赦天下，改元。

丁酉[5]，济南悼王广[6]薨；无子，国除。

秋，七月，郡、国三十二蝗，河水溢。百姓饥穷流冗[7]者数十万户，冀州尤甚。诏以侍御史朱穆为冀州刺史。冀部令长闻穆济河，解印绶去者四十余人。及到，奏劾诸郡贪污者，有至自杀，或死狱中。宦者赵忠丧父，归葬安平，僭为玉匣[8]；穆下郡案验，吏畏其严，遂发墓剖棺，陈尸出之。帝闻，大怒，征穆诣廷尉，输作左校[9]。太学书生颍川刘陶[10]等数千人诣阙上书讼穆曰："伏见弛刑徒[11]朱穆，处公忧国，拜州之日，志清奸恶。诚以常侍贵宠，父子兄弟布在州郡，竞为虎狼，噬食小民，故穆张理天纲[12]，补缀漏目[13]，罗取残祸[14]，以塞天意[15]。由是内官[16]咸共恚疾，谤讟烦兴[17]，谗隙仍作[18]，极其刑谪[19]，输作左校。天下有识，皆以穆同勤禹、稷而被共、鲧[20]之戾，若死者有知，则唐帝怒于崇山，重华忿于苍墓[21]矣！当今中官近习[22]，窃持国柄[23]，手握王爵，口衔天宪[24]，运赏则使饿隶富于季孙[25]，呼噏[26]则令伊、颜化为桀、跖[27]；而穆独亢然[28]不顾身害，非恶荣而好辱，恶生而好死也，徒感王纲之不摄[29]，惧天纲之久失，故竭心怀忧，为上深计。臣愿黥首系趾[30]，代穆输作。"帝览其奏，乃赦之。

冬，十月，太尉袁汤免，以太常胡广为太尉。司徒吴雄、司空赵戒免，以太仆黄琼为司徒，光禄勋房植为司空。

武陵蛮詹山[31]等反，武陵太守汝南应奉[32]招降之。

车师后部王阿罗多与戊部候[33]严皓不相得，忿戾而反，攻围屯田，杀伤吏士。后部侯炭遮领余民畔阿罗多，诣汉吏降。阿罗多迫急，从百余骑亡入北匈奴。敦煌太守宋亮上立后故王军就质子卑君[34]为王。后阿罗多复从匈奴中还，与卑君争国，颇收其国人。戊校尉严详虑其招引北虏，将乱西域，乃开信告示，许复为王；阿罗多乃诣详降。于是更立阿罗多为王，将卑君还敦煌，以后部人三百帐[35]与之。

（以上为第八段，写三十二郡国大蝗灾。冀州刺史朱穆惩治宦官赵忠越礼葬父。敦煌太守宋亮抚定车师后王。）

【注释】

[1]丁亥：三月十二日。[2]鸿池：池名，在洛阳东。[3]四月：据张敦仁《资治通鉴刊本识误》校正作五月。[4]丙申：五月二十二日。[5]丁酉：五月二十三日。[6]济南悼王广：济南王刘广，刘显之子，死谥悼。济南国为光武帝子刘康封国。刘显为刘康庶孙，顺帝永建元年绍封。[7]流冗：流散。[8]玉匣：金缕玉衣。诸侯王葬礼可用。今宦者用以葬其父，是为僭。[9]输作左校：判处在左校营做苦工。将作大匠有左校令，专掌囚徒做苦工。胡三省注评论此事说：桓帝不追究赵忠玉匣为僭，反以朱穆发墓为罪，昏暗之君颠倒是非，也就没有是非了。[10]刘陶：一名伟，字子奇，颍川颍阴（在今河南许昌市）人，经学家。灵帝时官至侍御史，以直谏犯颜死狱中。传见《后汉书》卷五十七。[11]弛刑徒：减刑罚做苦工的罪徒。[12]张理天纲：伸张国法。[13]补缀漏目：补好法纪的破网，喻严厉执法，决不使奸恶漏网。目，网眼。[14]罗取残祸：打击残贼祸首。[15]以塞天意：用以上合上天惩恶之意。[16]内官：中官，宦官。[17]谤讟（dú）烦兴：诽谤之言频繁兴起。[18]谗隙仍作：钻空子说坏话连连不断。[19]极其刑谪：最后使用刑罚惩治。[20]禹、稷而被共、鲧：谓朱穆如同禹、稷之贤而遭受如同共、鲧的命运。禹，大禹，夏朝开国之主。稷，后稷，周朝始祖。共，共工。鲧，禹父名姒鲧。在尧舜时代，禹、稷为贤人；共工、姒鲧为乖戾奸凶之人，二人后来受到虞舜的惩处。[21]唐帝怒于崇山，重华忿于苍墓：谓如果人死后仍有知觉，那么唐尧、虞舜都将在他们的坟墓中感到愤怒。唐帝，传说的古帝王尧，号陶唐，所以此称唐帝。崇山，山名。在今湖南张家界市，传说尧死葬崇山。重华，传说的古帝王虞舜之名。虞舜继尧为帝。苍，苍梧，山名。在今湖南宁远县，传说舜死葬于苍梧之野。尧、舜两人为传说的五帝中的二帝。传见《史记》卷一《五帝本纪》。[22]近习：皇帝左右亲信。[23]窃持国柄：指中官近习是窃国大盗。国柄，国家政权。[24]口衔天宪：王法衔在中官近习的口中。天宪，国法。[25]季孙：鲁大夫季孙氏，三桓之一，富于鲁公室。[26]呼噏：吹口气。[27]令伊、颜化为桀、跖：使伊尹（商王朝贤明宰相）、颜渊（孔子高徒）变成夏桀王和盗跖（传说中战国时大盗）。此句谓，中官近习可以任意颠倒黑白，一发怒，好人受殃。[28]亢然：昂首直立的样子。[29]不摄：不振。[30]黥首系趾：脸上刺字，脚带铁镣。[31]詹山：人名。[32]应奉：字世叔，汝南南顿（在今河南项城市北），官至司隶校尉。传见《后汉书》卷四十八。[33]戊部候：官名，西域戊、己两校尉各有部候，负责戒备事务。戊部候居车师后部金满城，在今新疆奇台县西北。[34]军就质子卑君：安帝延光四年（125），班勇斩后部王军就，其子卑君入质在敦煌。“后”应为“后部”。[35]三百帐：三百户。帐，游牧人帐篷。

二年（甲午，154年）

春，正月，甲午[1]，赦天下。

二月，辛丑[2]，复听刺史、二千石行三年丧。

癸卯[3]，京师地震。

夏，蝗。

东海朐山[4]崩。

乙卯[5]，封乳母马惠子初为列侯。

秋，九月，丁卯朔[6]，日有食之。

太尉胡广免；以司徒黄琼为太尉。闰月[7]，以光禄勋尹颂为司徒。

冬，十一月，甲辰[8]，帝校猎[9]上林苑[10]，遂至函谷关[11]。

泰山、琅邪[12]贼公孙举、东郭窦等反，杀长吏。

永寿元年（乙未，155 年）

春，正月，戊申[13]，赦天下，改元。

二月，司隶、冀州饥，人相食。

太学生刘陶上疏陈事曰："夫天之与帝，帝之与民，犹头之与足，相须[14]而行也。陛下目不视鸣条之事[15]，耳不闻檀车之声[16]，天灾不有痛于肌肤，震食[17]不即损于圣体，故蔑[18]三光之谬[19]，轻上天之怒。伏念高祖之起，始自布衣，合散扶伤[20]，克成帝业，勤亦至矣；流福遗祚[21]，至于陛下。陛下既不能增明烈考之轨[22]，而忽高祖之勤[23]，妄假利器，委授国柄[24]，使群丑[25]刑隶[26]，芟刈小民[27]，虎豹窟于麑场，豺狼乳于春囿[28]，货殖者[29]为穷冤之魂，贫馁者作饥寒之鬼，死者悲于窀穸[30]，生者戚于朝野[31]，是愚臣所为咨嗟长怀叹息者也！且秦之将亡，正谏[32]者诛，谀进[33]者赏，嘉言结于忠舌[34]，国命出于谗口[35]，擅阎乐于咸阳[36]，授赵高以车府[37]，权去己而不知，威离身而不顾。古今一揆[38]，成败同势；愿陛下远览强秦之倾，近察哀、平[39]之变，得失昭然，祸福可见。臣又闻危非仁不扶，乱非智不救[40]；窃见故冀州刺史南阳朱穆、前乌桓校尉臣同郡李膺，皆履正清平[41]，贞高绝俗[42]，斯实中兴之良佐，国家之柱臣也，宜还本朝，夹辅王室[43]。臣敢吐不时之义[44]于讳言之朝[45]，犹冰霜见日，必至消灭；臣始悲天下之可悲[46]，今天下亦悲臣之愚惑也。"书奏，不省。

夏，南阳大水。

司空房植免；以太常韩缜为司空。

巴郡、益州郡山崩。

秋，南匈奴左薁鞬台耆、且渠伯德等反，寇美稷；东羌复举种应之。安定属国都尉敦煌张奂[47]初到职，壁中唯有二百许人，闻之，即勒兵而出；军吏以为力不敌，叩头争止之。奂不听，遂进屯长城[48]，收集兵士，遣将王卫招诱东羌，因据龟兹县[49]，使南匈奴不得交通。东羌诸豪遂相率与奂共击薁鞬等，破之。伯德惶恐，将其众降，郡界以宁。羌豪遗奂马二十匹，金鐻[50]八枚。奂于诸羌前以酒酹地[51]曰："使马如羊，不以入厩；使金如粟，不以入怀。"悉以还之。前此八都尉率好财货，为羌所患苦；及奂正身洁己，无不悦服，威化大行。

（以上为第九段，写太学生刘陶上疏汉桓帝讷谏亲贤，召还李膺入朝治事，汉桓帝不听。安定属国都尉张奂安定东羌，打败犯边的南匈奴。）

【注释】

［1］甲午：正月二十四日。［2］辛丑：二月二日。［3］癸卯：二月四日。［4］朐山：山名，在东海郡朐县境内，在今江苏连云港市南。［5］乙卯：二月十六日。［6］丁卯朔：九月一日。［7］闰月：闰九月。［8］甲辰：十一月九日。［9］校猎：围猎。［10］上林苑：东汉上林苑在洛阳西。［11］函谷关：关名，在河南灵宝市东北。［12］泰山、琅邪：两郡名。泰山郡治所奉高，在今山东泰安市东。琅邪郡治所开阳，在今山东临沂市北。［13］戊申：正月十四日。［14］相须：相辅相成，互为依靠。［15］鸣条之事：鸣条，山名，在山西夏县西。夏朝末主桀王败没于鸣条，被商汤王俘虏，流放而死。［16］檀车之声：战车厮杀之声。此指商纣王败亡之事。《诗经·大雅·大明》："牧野洋洋，檀车煌煌。"檀车，兵车。［17］天灾、震食：天灾，指水灾、旱灾、虫灾。震食，指地震、日食。这些自然灾害都没有直接损害皇帝本身。［18］蔑：轻视。［19］三光之谬：日、月、星变异。［20］合散扶伤：聚合流散之民，扶助伤残之民。［21］流福遗祚：把帝王的福分流传下来。［22］增明烈考之轨：发扬光大祖宗的事业。［23］忽高祖之勤：忽视汉高祖创业的艰辛。勤，勤劳，艰辛。［24］妄假利器，委授国柄：错误地把国家政权交给别人。妄，错谬。假、授，交出。利器、国柄，皆指政权。［25］群丑：奸凶之人。［26］刑隶：指宦官。［27］芟刈小民：宰割百姓。［28］虎豹窟于麑场，豺狼乳于春囿：虎豹在鹿场中掘洞，豺狼在花园中养育幼崽。麑（ní），鹿崽。乳，养哺。［29］货殖者：增殖财富的富人。［30］死者悲于窀穸：已死的人在漫漫长夜中悲号。窀（zhūn），厚。穸（xī），夜。窀夜，长夜。又，"窀穸"也指坟墓。［31］生者戚于朝野：活着的人，无论在朝在野，无不愁苦。戚，忧戚。［32］正谏：说真话、直话。［33］谀进：阿谀奉承，说假话。［34］嘉言结于忠舌：善言

出于忠贞之口却被冻结。结于忠舌，指把忠贞之口冻结起来。[35]国命出于谗口：国家命运系于奸佞人之口。[36]擅阎乐于咸阳：意为让阎乐在咸阳首都专横。阎乐，赵高女婿，为咸阳令，迫秦二世自杀。[37]授赵高以车府：任命赵高为中车府令，掌握了宫门。[38]一揆：一理。[39]哀、平：西汉哀帝、平帝。[40]臣又闻危非仁不扶，乱非智不救：臣又听说，危急之势，只有仁爱才能扶持；败乱之局，只有智士才能拯救。[41]履正清平：行为正直，洁身自爱。[42]贞高绝俗：高尚忠贞，超越凡俗。[43]宜还本朝，夹辅王室：应该回到政府任职，为皇室辅佐。[44]不时之义：不合时宜的大义。[45]讳言之朝：禁忌拒谏之朝。[46]臣始悲天下之可悲：臣先前感到国家将倾而天下之人皆麻木可悲可叹。[47]张奂（104—181）：字然明，敦煌渊泉（今甘肃瓜州县东）人，东汉安羌名将。官至大司农、太常。传见《后汉书》卷六十五。[48]长城：陕北蒙恬所筑长城。[49]龟兹县：上郡属国都尉治所，因安置内附龟兹人而得名，在今陕西榆林市北。[50]金鐻：金器，形制不详。[51]以酒酹地：以酒洒地而发誓。酹（lèi），洒酒地上以示祭天地。

二年（丙申，156年）

春，三月，蜀郡属国[1]夷反。

初，鲜卑檀石槐[2]，勇健有智略，部落畏服，乃施法禁，平曲直，无敢犯者，遂推以为大人。檀石槐立庭于弹汗山[3]、歠仇水上，去高柳北三百余里，兵马甚盛；东、西部大人皆归焉。因南抄缘边，北拒丁零[4]，东却夫余[5]，西击乌孙，尽据匈奴故地，东西万四千余里。

秋，七月，檀石槐寇云中[6]。以故乌桓校尉李膺为度辽将军。膺到边，羌、胡皆望风畏服，先所掠男女，悉诣塞下送还之。

公孙举、东郭窦[7]等聚众至三万人，寇青、兖、徐三州[8]，破坏郡县。连年讨之，不能克。尚书选能治剧[9]者，以司徒掾颍川韩韶为嬴[10]长。贼闻其贤，相戒不入嬴境。余县流民万余户入县界；韶开仓赈之，主者[11]争谓不可。韶曰："长活沟壑之人，而以此伏罪，含笑入地矣。"太守素知韶名德，竟无所坐。韶与同郡荀淑、钟皓、陈寔皆尝为县长，所至以德政称，时人谓之"颍川四长[12]"。

初，鲜卑寇辽东，属国都尉段颎率所领驰赴之。既而恐贼惊去，乃使驿骑诈赍玺书召颎[13]，颎于道伪退[14]，潜于还路设伏；虏以为信然，乃入追颎，颎因大纵兵，悉斩获之。坐诈为玺书，当伏重刑[15]；以有功，论司寇[16]；刑竟[17]，拜议郎[18]。至是，诏以东方盗贼昌炽[19]，令公卿选将帅有文武材者。司徒尹颂荐颎，拜中郎将[20]，击举、窦等，大破斩之，获首万余级，余党降散。

封颎为列侯。

冬，十二月，地震[21]。

封梁不疑子马为颍阴侯，梁胤子桃为城父侯。

（以上为第十段，写鲜卑檀石槐兴起，侵扰北疆，段颎平定山东乱匪。）

【注释】

[1]蜀郡属国：安帝延光元年（122）以蜀郡西部都尉为属国都尉。在今四川雅安市名山区北。[2]檀石槐（？—181）：鲜卑首领。东汉末建庭于高柳北弹汗山（在今山西阳高县西北），制定法律，从汉朝输入铁器，制作兵器和工具。檀石槐统一鲜卑各部，据有匈奴故地，为东汉末北方劲敌。[3]弹汙山：据章校，“汙”应作“汗”，是。[4]丁零：极北方种族名，居于西伯利亚贝加尔湖畔。[5]夫余：东夷种族名，居于今辽宁昌图县一带。[6]云中：郡名，治所在今内蒙古托克托县东北。[7]公孙举、东郭窦：泰山、琅邪两郡民变首领。[8]青、兖、徐三州：青州，在山东半岛；兖州，在山东西部；徐州，在江苏北部。[9]剧：繁乱。[10]嬴：县名，属泰山郡，县治在今山东济南市莱芜区西北。[11]主者：主仓粟之吏。[12]颍川四长：并称颍川荀淑、韩韶、陈寔、钟皓四人。荀淑为当涂长，韩韶为嬴长，陈寔为太丘长，钟皓为林虑长。[13]使驿骑诈赍玺书召颎：派遣驿传骑兵带上伪造的诏书征召段颎。[14]颎于道伪退：段颎在进军的半路上假装奉诏撤退。[15]重刑：死刑。[16]论司寇：判二岁刑。[17]刑竟：服刑期满。[18]议郎：官名，郎官之一，属光禄勋，但不入直宿卫，而掌言议，参与朝政。[19]昌炽：盛多，如烈火炽盛。[20]中郎将：官名，职掌禁卫中郎，有五官、左、右三中郎将。东汉时，出征将领常加“中郎将”衔率师出征。[21]地震：据章校，有的版本“地”上有“京师”二字。即此次为“京师地震”。

【点评】

本卷点评两大史事：一是梁冀跋扈，二是崔寔《政论》。一实一虚，以察东汉国运。

一、梁冀跋扈。梁冀字伯卓，安定乌氏（今甘肃平凉市西北）人。东汉权臣外戚，历仕顺、冲、质、桓四朝，官至大将军，专断朝政二十年。

梁冀出身贵戚，父梁商为大将军，在顺帝朝总揽朝政。商女梁妠，顺帝永建三年（128）选入掖庭，阳嘉元年（132）立为皇后。梁商死，未及葬，顺帝拜梁冀为大将军，梁冀弟梁不疑为河南尹。梁冀，梁皇后之兄。顺帝死，冲帝立，梁皇后尊为太后，临朝，历冲帝、质帝、桓帝三朝。梁冀在顺帝朝为大将军，执掌朝政，到桓帝延熹二年（159）诛死，擅权跋扈达二十年之久。梁冀少为纨绔子弟，斗鸡走狗，酗酒赌博，恣意妄为。梁冀说话词不达意，无学无德。就这样一个流氓式的贵族少爷，因父为大将军，妹为顺帝贵人，梁冀官运通亨。初为黄门侍郎，转侍中，虎贲中郎将，越骑校尉、步兵校尉、执金吾、河南尹、大将军，一路高升。梁贵人为皇后，梁冀秉政，权倾内外。

梁冀生性阴毒，视人命如草芥。父梁商好友吕放为洛阳令，曾告语梁商管束梁冀，梁冀怀恨，派人在路上杀了吕放，栽赃于吕放的仇家，然后捕了这一家的全族、宾客达一百多人。梁冀任大将军后，更是无法无天。一个西域商人误杀梁冀兔园一只兔，牵连相坐十余人被处死。百官任免，先要到梁冀府谢恩送礼。辽东太守侯猛，拜见梁冀没有事先递进名帖，梁冀假托他事将侯猛腰斩。宫卫近侍，多为梁冀私党，皇帝起居动静，梁冀了如指掌。事无大小，一决于梁冀。皇帝完全成了一个傀儡。

梁冀妒贤嫉能，兄弟也不能幸免。其弟梁不疑好读经书，喜欢与士人交接，梁冀十分不满。梁不疑任河南尹，梁冀调转梁不疑为光禄勋，改任自己的儿子梁胤为河南尹。梁胤年十六，形貌丑恶，有乃父之风，加上衣冠不整，路人见了都要耻笑，却任河南尹。梁不疑辞官家居。梁冀监视梁不疑，发现士人与梁不疑交往，就借故陷害，充军或致死。大儒南郡太守马融、江夏太守田明，上任时曾去拜访梁不疑，被梁冀侦知，借故将二人判刑流放朔方。马融自杀得救，田明死于半路。

梁冀性极奢侈贪婪。朝廷内外，地方要员，多为私党，个个都是贪官。梁冀专权时，民变四起，都是这帮贪官所逼。扶风人士孙奋也是一个贪财聚敛之徒，为关中首富。梁冀派人送给士孙奋一匹马，向士孙奋索钱五千万，士孙奋只给了三千万，梁冀大怒，指使地方官诬告士孙奋母亲为官奴婢，偷盗宫物白珠十斛，紫金千斤，于是收拷士孙奋兄弟，活活打死狱中，抄没其家资一亿七千万。全国四方地方官进贡，要备上两份礼物，一份先贡梁冀，一份后贡皇帝。梁冀俨然是一个太上皇。

梁冀大造私宅，穷极壮丽，占了京城一整条街。后花园建造假山，十里九陂，取象崤山。又在洛阳城西建造兔园，周回数十里。又在洛阳城西盖别墅，选取良家妇女为奴婢，多至数千人，称“自卖人”。梁冀心犹未足，又在京城辟大林苑，比拟皇帝禁苑。范围东界荥阳，南达鲁阳，西至弘农，北到淇县，封域达千里。

桓帝立，梁冀以拥立之功，享崇殊礼，入朝不趋，剑履上殿，唱拜不呼其名而称大将军，仪比萧何，食邑四县比邓禹，宅第比霍光，梁冀还认为礼薄。当梁太后死，桓帝长大，梁冀的大限就到了，但他还不知收敛。延熹二年（159）诛梁冀，党羽上至公卿，下至列校、刺史、二千石高官五十七人，政吏宾客为朝官被罢免者三百余人，朝廷为之一空。抄没其家资，合三十余亿，因减当年天下租税之半。梁冀巨贪，亘古未有，是中国历史上最大的贪污权臣。

梁冀贵盛时，一门前后七人封侯，梁氏诸女三人为皇后，六人为贵人，父子二人为大将军，夫人及女食邑为封君者七人，诸男尚公主者五人。一衣裙带，皇权旁落，凶狡人专权，为害之巨，竟至于此。这就是东汉专制政体结出的恶果。

二、崔寔《政论》。崔寔，字子真，又名台，字元始。涿郡安平人。东汉著名政论家。所著《政论》受到东汉另一政论家仲长统的高度评价，认为凡是当帝王的人都应当把崔寔的《政论》抄下来当座右铭，天天温习。

司马光摘抄的《政论》有两个中心内容。第一项中心内容是治国者要懂得社会在不断变化，不能墨守古训，治国之策要适应形势而变革，这是进步思想。《政论》指出，顽固守旧的人，不懂时势权变，安于现状，因循守旧，不乐于成就事业，更谈不上创新，只知道苟且偷安，照章办事。更有甚者，只知贪求名声，妒忌贤能，懊恨好的策谋不是出于自己之手，于是舞文弄墨来曲解不是出于自己之手的善策佳谋，使得合宜的谋略寡不敌众，终于被抛弃。《政论》认为，这些保守人士，充斥于朝，成了奸倭佞臣的帮凶，不除掉这些人，即使后稷、子契在世也束手无策。崔寔一针见血，洞穿了专制政体的惰性。

《政论》第二项中心内容是论治国者要懂得治乱邦应用重刑。治乱要用重刑，原则上没有错，但针对东汉政治没有说到点子上。东汉自明帝起，兴大狱，用重刑，继任者，即使在宽柔的顺帝朝，在权臣掌控中实际是更为苛酷，看看梁冀的滥杀无辜，刑不只是重，而是无法无天。全国四方民变，恰恰是因贪官污吏为政苛暴，把良民逼上梁山。法律的权威、政府的公信力，是建立在公平公正上的。不公平公正的刑法是暴政。政府为暴，人民有权利反暴，汤武革命，诛杀桀纣，就是儒家学说中的民主性成分。不过这都是早期儒家的学说，至于东汉图谶化的儒学，早把民主性扼杀了。即使是敏睿的崔寔也麻痹了，司马光自然也不懂，或者懂了也不说。如果只是抽象地谈用刑的轻重，司马光的评论没有错。治乱用重典，治国可不能一味地用重典，宽严相济才是常道。

卷五四　汉纪四十六

汉桓帝永寿三年至延熹六年（157—163 年）

【起强圉作噩（丁酉，157 年），尽昭阳单阏（癸卯，163 年），凡七年】

【大事提要】

本卷记事起公元 157 年，讫公元 163 年，凡七年，当桓帝永寿三年至延熹七年，载桓帝一朝中期史事。这一时期的最重大政治事件是桓帝诛除了梁冀，外戚梁氏垮台。单超、徐璜、具瑗、左悺、唐衡五宦官为发难功臣，同日封侯，世谓之“五侯”。宦官势盛，当时流行政治民谚：“左回天，具独坐，徐卧虎，唐雨堕。”宦官子弟布列州郡，地方廉吏刘矩、刘宠以恩信治民，百姓感戴，这样的清官凤毛麟角，无补大局。太学生刘陶上奏，阻止了朝廷铸造重币，避免了又一轮通货膨胀。皇甫规讨平三辅及河西叛羌，冯绲讨平荆州武陵蛮的叛乱。边警四起。南匈奴、乌桓、鲜卑相互策应侵扰北方沿边九郡。桓帝迫于形势需要与舆情，重新起用皇甫规、张奂、段颎三大安边名将。桓帝还惩治了一批任职州郡的宦官子弟。

孝桓皇帝上之下

永寿三年（丁酉，157 年）

春，正月，己未[1]，赦天下。

居风[2]令贪暴无度，县人朱达等与蛮夷同反，攻杀令，聚众至四五千人。夏，四月，进攻九真，九真太守儿式战死。诏九真都尉魏朗讨破之。

闰月，庚辰晦[3]。日有食之。

京师蝗。

或上言：“民之贫困以货轻钱薄[4]，宜改铸大钱。”事下四府[5]，群僚及太学能言之士议之。太学生刘陶上议曰：“当今之忧，不在于货，在乎民饥。窃见比年[6]已来，良苗尽于蝗螟之口，杼轴空于公私之求[7]。

民所患者，岂谓钱货之厚薄，铢[8]两之轻重哉！就使当今沙砾化为南金，瓦石变为和玉[9]，使百姓渴无所饮，饥无所食，虽皇、羲[10]之纯德，唐、虞[11]之文明，犹不能以保萧墙之内[12]也。盖民可百年无货，不可一朝有饥，故食为至急也。议者不达[13]农殖之本，多言铸冶之便。盖万人铸之，一人夺之，犹不能给；况今一人铸之，则万人夺之乎！虽以阴阳为炭[14]，万物为铜，役不食之民，使不饥之士[15]，犹不能足无厌之求[16]也。夫欲民殷财阜[17]，要在止役禁夺[18]，则百姓不劳而足。陛下愍海内之忧戚，欲铸钱齐货[19]以救其弊，犹养鱼沸鼎之中，栖鸟烈火之上；水、木，本鱼鸟之所生也，用之不时，必至焦烂。愿陛下宽锲薄之禁[20]，后冶铸之议[21]，听民庶之谣吟，问路叟之所忧[22]，瞰三光之文耀[23]，视山河之分流[24]，天下之心，国家大事，粲然皆见，无有遗惑者矣。伏念当今地广而不得耕，民众而无所食，群小竞进，秉国之位，鹰扬天下，鸟钞求饱，吞肌及骨，并噬无厌[25]。诚恐卒[26]有役夫[27]、穷匠[28]起于版筑之间，投斤攘臂[29]，登高远呼，使愁怨之民响应云合[30]，虽方尺之钱[31]，何有能救其危也！”遂不改钱。

冬，十一月，司徒尹颂薨。

长沙蛮反，寇益阳[32]。

以司空韩缜为司徒；以太常北海孙朗为司空。

（以上为第一段，写太学生刘陶上奏，阻止了朝廷铸造重币，避免了通货膨胀。）

【注释】

[1]己未：正月癸未朔，无己未。己未，疑为乙未，正月十四日。［2］居风：县名，属九真郡。九真郡在今越南中部。居风县治在今越南清化市西北。［3］庚辰晦：闰五月三十日。[4]货轻钱薄：铜钱太轻太薄。货，宝货，即钱。［5］四府：大将军、太尉、司徒、司空四府。[6]比年：连年。［7］杼轴空于公私之求：由于政府征赋与官吏贪污，使民间织布机空闲。杼，织梭。轴，机轴。公，指国家赋税。私，指官吏私求。横征暴敛，使人民失去了再生产的能力。[8]铢：重量单位，一两为二十四铢。［9］和玉：名贵的卞和之玉。［10］皇、羲：传说的上古圣王天皇氏、伏羲氏。［11］唐、虞：唐尧、虞舜。［12］萧墙之内：朝廷内部。萧墙是国君所用屏风，人臣至此肃然起敬。［13］达：通晓。［14］阴阳为炭：把整个天地的阴阳二气作为炭火。[15]役不食之民，使不饥之士：驱使人民整天整夜不吃饭，不休息，一刻不停地做工。［16］无

厌之求：永不满足的贪求。［17］财阜：财物丰盛。［18］止役禁夺：停止徭役，禁止贪官污吏的掠夺。［19］齐货：统一货币。［20］宽锲薄之禁：放宽刻薄的禁令。锲，刻也。［21］后冶铸之议：暂缓讨论铸重钱的议案。［22］听民庶之谣吟，问路叟之所忧：垂听小民的呻吟，询问路旁老人的忧虑。谣吟，民间申诉痛苦的歌谣。［23］瞰三光之文耀：查考日月星三光明暗的变异。瞰，视也。日月有食，星有错行，故视其光泽变异。［24］视山河之分流：察看山脉走向，河水分流。此指山崩、川竭等灾异引起的变化，古人认为是亡国的警告。［25］“鹰扬天下”四句：鹰扬天下，鹰击长空。此喻群小凶残如同苍鹰。下文三句说苍鹰捕鸟求饱，连皮带骨，一块吞下还不满足。噬，吞食。［26］卒：通“猝”，突然。［27］役夫：指秦末陈胜、吴广。［28］穷匠：指西汉成帝时山阳铁官徒苏令。［29］投斤攘臂：丢下斧头，卷起袖子，振臂呼喊。斤，砍柴的斧头。投斤，指放下劳动的工具起来造反。［30］响应云合：如响应声，如云之合。［31］方尺之钱：夸张之言，谓天下已乱，即使有大如方尺的钱也无济于事。［32］益阳：县名，县治在今湖南益阳市东。

延熹元年（戊戌，158年）

夏，五月，甲戌晦[1]，日食之。太史令陈授因小黄门徐璜陈“日食之变咎在大将军冀”。冀闻之，讽洛阳收考授，死于狱。帝由是怒冀[2]。

京师蝗。

六月，戊寅[3]，赦天下，改元。

大雩[4]。

秋，七月，甲子，太尉黄琼免；以太常胡广为太尉。

冬，十月，帝校猎广成[5]，遂幸上林苑。

十二月，南匈奴诸部并叛，与乌桓、鲜卑寇缘边九郡。帝以京兆尹陈龟[6]为度辽将军。龟临行，上疏曰：“臣闻三辰不轨[7]，擢士为相[8]；蛮夷不恭[9]，拔卒为将。臣无文武之材而忝[10]鹰扬之任[11]，虽殁躯体，无所云补。今西州边鄙，土地塉埆[12]，民数更寇虏，室家残破，虽含生气，实同枯朽。往岁并州[13]水雨，灾螟互生[14]，稼穑荒耗[15]，租更空阙[16]。陛下以百姓为子，焉可不垂抚循之恩哉！古公、西伯[17]天下归仁，岂复舆金辇宝以为民惠乎[18]！陛下继中兴之统，承光武之业，临朝听政而未留圣意[19]。且牧守不良，或出中官[20]，惧逆上旨，取过目前[21]。呼嗟之声，招致灾害[22]，胡虏凶悍，因衰缘隙[23]；而令仓库单[24]于豺狼之口，功业无铢两之效[25]，皆由将帅不忠，聚奸所致。前凉州刺史祝良，初除到州，多所纠罚，太守令长，贬黜将半，政未逾时[26]，功效卓然，实应赏异，以劝功能[27]；改任牧守，去斥奸残；又宜更选匈奴、乌桓护羌中郎将、校尉[28]，简练文武，授之法令[29]；除并、凉二州今年租、更[30]，宽赦罪隶，扫除更始[31]；则善吏知奉公之佑[32]，恶者觉营私之祸[33]，胡马可不窥长城，塞下无候望之患[34]矣。"帝乃更选幽、并刺史，自营[35]、郡太守、都尉以下，多所革易。下诏为陈将军除并、凉一年租赋，以赐吏民。龟到职，州郡重足震栗[36]，省息经用，岁以亿计。

诏拜安定属国都尉张奂为北中郎将[37]，以讨匈奴、乌桓等。匈奴、乌桓烧度辽将军[38]门，引屯赤坑[39]，烟火相望，兵众大恐，各欲亡去。奂安坐帷中，与弟子讲诵自若，军士稍安。乃潜诱乌桓，阴与和通，遂使斩匈奴、屠各渠帅，袭破其众，诸胡悉降。奂以南单于车儿不能统理国事，乃拘之，奏立左谷蠡王为单于。诏曰："《春秋》大居正[40]；车儿一心向化，何罪而黜！其遣还庭！"

大将军冀与陈龟素有隙，谮其沮毁国威，挑取功誉[41]，不为胡虏所畏，坐征还，以种暠为度辽将军。龟遂乞骸骨归田里，复征为尚书。冀暴虐日甚，龟上疏言其罪状，请诛之，帝不省。龟自知必为冀所害，不食七日而死[42]。种暠到营所，先宣恩信，诱降诸胡，其有不服，然后加讨；羌虏先时有生见获[43]质于郡县者，悉遣还之；诚心怀抚，信赏分明，由是羌、胡皆来顺服。暠乃去烽燧，除候望[44]，边方晏然[45]无警；入为大司农。

（以上为第二段，写南匈奴、乌桓、鲜卑联合侵犯缘边九郡，度辽将军陈龟、继任者种暠、北中郎将张奂，共同努力，安定了北疆。）

【注释】

[1]甲戌晦：五月二十九日。 [2]帝由是怒冀：《资治通鉴考异》又载，袁宏《后汉纪》，梁冀还以私怨专杀议郎邴尊，更增加了桓帝之怒。 [3]戊寅：六月四日。 [4]大雩（yú）：举行盛大的求雨大典。雩，呼喊求雨之祭。 [5]广成：苑名，在今河南伊川县西。 [6]陈龟：字叔珍，上党泫氏（今山西高平市）人。传见《后汉书》卷五十一。 [7]三辰不轨：日月星三辰运行越出

常轨。［8］擢士为相：提拔贤士为宰相。［9］不恭：不附。［10］忝：惭愧，谦辞。［11］鹰扬之任：统帅之任。语出《诗经·大雅·大明》："维师尚父，时维鹰扬。"鹰扬，喻尚武如鹰之飞扬。［12］埆（jǐ）埆（què）：瘠薄。［13］并州：辖境当今山西省。［14］灾螟互生：水灾蝗虫交相而至。［15］稼穑荒耗：庄稼荒废。［16］租更空阙：田赋与役钱都无力承担。租，三十税一的田赋。更，代役钱，称更赋。汉制，成人每人每年戍边三日，称徭戍，可拿钱三百代替。成人轮流到京师服役一年；又每年需在地方服役一月，均可纳钱代役，每月二千。［17］古公、西伯：古公，西周先公古公亶父，因避狄从邠地迁到岐山，从之者归之如市。西伯，即周文王，天下至仁，百姓拖儿带女来归附他。［18］岂复舆金辇宝以为民惠乎：难道古公、西伯还需用车辆载着金银财宝向人民施加恩惠吗？辇，人力车。此谓人民归义，不是金钱所能买。［19］未留圣意：谓没有专注精力听政。［20］或出中官：有的牧守本出自宦官推荐。［21］惧逆上旨，取过目前：唯恐冒犯皇帝旨意，只求得过且过。［22］呼嗟之声，招致灾害：人民呼喊哀叹之声，引起天谴而致灾害。［23］胡虏凶悍，因衰缘隙：外族凶恶剽悍，趁我国势衰落，人民怨恨的空隙，起兵作乱。［24］单：通"殚"，尽。指国库被贪官污吏这群豺狼吃光。［25］铢两之效：喻细微功勋。指战事无尺寸之功。［26］逾时：超过一季，三个月。［27］实应赏异，以劝功能：实在应当奖赏祝良的功绩和才能，用以鼓励大家立功。［28］中郎将、校尉：此指护匈奴中郎将，护乌桓校尉，护羌校尉。［29］简练文武，授之法令：选用文武全才，将法令交给他们，即授以实权。［30］"除并、凉"句：并、凉二州，免除今年的田租更赋。除，免除。［31］宽赦罪隶，扫除更始：赦免宽大罪犯，给以重新做人的机会。扫除，不追究前过，一切扫除。更始，重新做人。［32］奉公之佑：奉公守法得福。［33］营私之祸：营求私利得祸。［34］塞下无候望之患：边境上再无打扰朝廷的警报发生。候望，斥候瞭望。［35］营：地方驻军。指京兆虎牙营、扶风雍营等。［36］重足震栗：小心谨慎，恐惧战栗。重（chóng）足，并足而立，小心恐惧的样子。［37］北中郎将：为使匈奴中郎将之别称，驻节并州西河郡美稷县。［38］度辽将军：屯五原，在今内蒙古包头市西。［39］赤坑：今地不详。［40］《春秋》大居正：《春秋》大义崇尚正统。栾提车儿在桓帝即位之年建和元年立，自立为单于以来，一心向化，故桓帝宽宥之。以为这样做才符合《春秋》书"元年，春，正月"，尊崇正统的大义。［41］谮其沮毁国威，挑取功誉：梁冀捏造罪状，指控陈龟损害国家威严，谋取个人声誉。谮，捏造。挑，亦取也。［42］不食七日而死：陈龟上书后，绝食七天饿死。东汉朝官反对外戚，以死相抗，陈龟继郑弘为第二人，亦仅此二人而已。郑弘在章帝时官至太尉，因反对窦宪被罢官而死。［43］生见获：被活捉，生俘。［44］除候望：撤除哨所。［45］晏然：安然，太平无事。

二年（己亥，159年）

春，二月，鲜卑寇雁门[1]。

蜀郡夷寇蚕陵[2]。

三月，复断[3]刺史、二千石行三年丧。

夏，京师大水。

六月，鲜卑寇辽东[4]。

梁皇后恃姊、兄荫势[5]，恣极奢靡，兼倍前世，专宠妒忌，六宫莫得进见。及太后崩，恩宠顿衰。后既无嗣，每宫人孕育，鲜得全者。帝虽迫畏梁冀，不敢谴怒，然进御转希[6]，后益忧恚。秋，七月，丙午[7]，皇后梁氏崩。乙丑[8]，葬懿献皇后于懿陵。

梁冀一门，前后七侯，三皇后[9]，六贵人，二大将军，夫人、女食邑称君者七人，尚公主者三人，其余卿、将、尹、校[10]五十七人。冀专擅威柄，凶恣日积，宫卫近侍，并树[11]所亲，禁省起居[12]，纤微[13]必知。其四方调发，岁时贡献，皆先输上第于冀[14]，乘舆乃其次焉[15]。吏民赍货求官[16]、请罪者，道路相望。百官迁召[17]，皆先到冀门笺檄谢恩[18]，然后敢诣尚书[19]。下邳吴树为宛令，之官[20]辞冀，冀宾客布在县界，以情托树[21]，树曰："小人奸蠹[22]，比屋可诛[23]。明将军处上将之位，宜崇贤善以补朝阙[24]。自侍坐以来[25]，未闻称一长者，而多托非人，诚非敢闻！"冀默然不悦[26]。树到县，遂诛杀冀客为人害者数十人。树后为荆州刺史，辞冀，冀鸩[27]之，出，死车上。辽东太守侯猛初拜，不谒冀，冀托以他事腰斩之。郎中[28]汝南袁著，年十九，诣阙上书曰："夫四时之运，功成则退，高爵厚宠，鲜不致灾[29]。今大将军位极功成，可为至戒；宜遵县车之礼[30]，高枕颐神[31]。传曰：'木实繁者披枝害心[32]。'若不抑损盛权[33]，将无以全其身矣！"冀闻而密遣掩捕[34]，著乃变易姓名，托病伪死，结蒲为人，市棺殡送[35]；冀知其诈，求得，笞杀之。太原郝絜、胡武，好危言高论[36]，与著友善，絜、武尝连名奏记三府，荐海内高士，而不诣冀[37]；冀追怒之，敕中都官[38]移檄禽捕，遂诛武家，死者六十余人。絜初逃亡，知不得免，因舆榇奏书冀门[39]，书入，仰药而死，家乃得全。安帝嫡母耿贵人薨，冀从贵人从子[40]林虑侯承求贵人珍玩，不能得，冀怒，并族其家十余人。涿郡崔琦[41]以文章为冀所善，琦作《外戚箴》《白鹄赋》[42]以风；冀怒。琦曰："昔管仲相齐，乐闻讥谏之言[43]；萧何佐汉，乃设书过之吏[44]。今将军累世台辅，任齐伊、周[45]，而德政未闻，黎元涂炭[46]，不能结纳贞良以救祸败[47]，反欲钳塞士口[48]，杜蔽主听[49]，将使玄黄改色[50]、鹿马易形[51]乎！"冀无以对，因遣琦归。琦惧而亡匿，冀捕得，杀之。

冀秉政几二十年[52]，威行内外，天子拱手，不得有所亲与，帝既不平之；及陈授死[53]，帝愈怒。和熹皇后从兄子郎中邓香妻宣，生女猛[54]，香卒，宣更适梁纪；纪，孙寿之舅也。寿以猛色美，引入掖庭，为贵人，冀欲认猛为其女，易猛姓为梁[55]。冀恐猛姊婿议郎邴尊沮败宣意[56]，遣客刺杀之。又欲杀宣[57]，宣家与中常侍袁赦相比[58]，冀客登赦屋，欲入宣家，赦觉之，鸣鼓会众以告宣。宣驰入白帝，帝大怒，因如厕，独呼小黄门史[59]唐衡[60]，问："左右与外舍不相得者，谁乎[61]？"衡对："中常侍单超、小黄门史左悺与梁不疑有隙；中常侍徐璜、黄门令具瑗常私忿疾外舍放横，口不敢道。"于是帝呼超、悺入室[62]，谓曰："梁将军兄弟专朝，迫胁内外，公卿以下，从其风旨[63]，今欲诛之，于常侍意如何？"超等对曰："诚国奸贼，当诛日久；臣等弱劣，未知圣意如何耳。"帝曰："审然者，常侍密图之[64]。"对曰："图之不难，但恐陛下腹中狐疑[65]。"帝曰："奸臣胁国[66]，当伏其罪，何疑乎！"于是召璜、瑗，五人共定其义，帝啮[67]超臂出血为盟。超等曰："陛下今计已决，勿复更言[68]，恐为人所疑。"

冀心疑超等，八月，丁丑[69]，使中黄门张恽入省宿[70]，以防其变[71]。具瑗敕吏收恽[72]，以"辄从外入，欲图不轨[73]。"帝御前殿[74]，召诸尚书入，发其事[75]，使尚书令尹勋持节勒丞、郎[76]以下皆操兵[77]守省阁[78]，敛诸符节送省中[79]，使具瑗将[80]左右厩驺[81]、虎贲[82]、羽林[83]、都候剑戟士[84]合千余人[85]，与司隶校尉张彪共围冀第，使光禄勋袁盱持节[86]收冀大将军印绶，徙封比景都乡侯。冀及妻寿即日皆自杀；不疑、蒙[87]先卒。悉收梁氏、孙氏中外宗亲[88]送诏狱[89]，无少长皆弃市；他所连及公卿、列校、刺史、二千石，死者数十人。太尉胡广、司徒韩缜、司空孙郎皆坐阿附梁冀，不卫宫，止长寿亭[90]，减死一等[91]，免为庶人。故吏、宾客免黜者三百余人，朝廷为空。是时，事猝从中发[92]，使者交驰[93]，公卿失其度[94]，官府市里鼎沸[95]，数日乃定；百姓莫不称庆[96]。收冀财货，县官斥卖[97]，合三十余万万，以充王府用，减天下税租之半，散其苑囿，以业穷民[98]。

壬午[99]，立梁贵人为皇后[100]，追废懿陵为贵人冢[101]。帝恶梁氏，改皇后姓为薄氏[102]，久之，知为邓香女，乃复姓邓氏。

（以上为第三段，写汉桓帝诛除梁冀。）

【注释】

[1]雁门：郡名，辖今山西北部，治所阴馆，在今山西朔州市东南。[2]蚕陵：县名，属蜀郡，因蚕陵山而得名，县治在今四川茂县西北。[3]复断：再次禁止。安帝建光元年（121）断二千石行三年之丧，桓帝永兴二年（154）听二千石行三年之丧，今又复断之。[4]辽东：郡名，辖辽宁东部，治所襄平，在今辽宁辽阳市。[5]梁皇后恃姊、兄荫势：梁皇后，桓帝懿献皇后梁女莹，为顺帝皇后梁妠、大将军梁冀之妹。她仗恃姐、兄之势，专宠六宫。荫，庇也。[6]进御转希：恩宠相会日益减少。[7]丙午：七月八日。[8]乙丑：七月二十七日。[9]七侯，三皇后：梁冀祖梁雍封乘氏侯；梁冀封襄邑侯，又嗣乘氏侯；梁冀子梁胤封襄邑侯；梁冀二弟梁不疑封颍阳侯；梁蒙封西平侯；梁不疑子梁马封颍阴侯；梁胤子梁桃封城父侯，是为七侯。和帝母章帝梁贵人，追谥恭怀皇后，顺帝梁皇后，桓帝梁皇后，是为三皇后。[10]卿、将、尹、校：指九卿、中郎将、河南尹、京兆尹、诸校尉。[11]树：安置。[12]禁省起居：皇帝起居。[13]纤微：细微。[14]先输上第于冀：地方献给皇帝的贡物，把上品先送赠梁冀。上第，上品。[15]乘舆乃其次焉：献给皇帝的竟是次品。[16]赍货求官：带着金银财宝行贿求官。[17]迁召：升迁、调职。[18]笺檄谢恩：呈递书信谢恩。奏、笺、檄，本指文体。奏，上达天子；笺，达于皇后、太子；檄，征召公文。这里笺檄泛指书信。伴随书信的是重礼致谢，言梁冀收受贿赂。[19]然后敢诣尚书：然后才敢到尚书府上表谢恩。[20]之官：上任。[21]冀宾客布在县界，以情托树：梁冀宾客党羽，散布在宛县境内的很多，梁冀请托吴树照应。[22]奸蠹：社会公害。[23]比屋可诛：即使在邻县的也应诛杀。比屋，隔壁房间，喻邻县。[24]补朝阙：臣下宜为善以弥补朝廷的阙失。[25]自侍坐以来：自我进屋以来。侍坐，陪坐，吴树谦语。[26]默然不悦：大不高兴，沉下脸来不说一句话。[27]鸩：用鸩羽所浸的毒酒。[28]郎中：郎官之一，禁卫宫门。[29]鲜不致灾：很少不招来灾祸。鲜，少。[30]县车之礼：指光荣引退。西汉元帝时，御史大夫薛广德致仕，将皇帝赏赐的安车悬挂起来，表示荣誉。县，通“悬”。[31]高枕颐神：高卧养神。[32]木实繁者披枝害心：谓树木枝叶太多，会使枝叶伤折，最终损害树根。《史记·范雎蔡泽列传》范雎引此语作“木实繁者披其枝，披其枝者伤其心”。心，指树根。[33]抑损盛权：裁抑控制梁冀的权力。[34]密遣掩捕：秘密派人逮捕袁著。[35]结蒲

为人，市棺殡送：袁著家人用蒲草结扎成尸体，购买棺材安葬。［36］危言高论：公开评论政治。危言，正言，切中要害之言。［37］不诣冀：郝絜、胡武推荐名士，只上书司徒、司空、太尉三府，而不上书大将军梁冀府，故不诣冀，不到冀府。［38］中都官：指司隶校尉部属。［39］舆榇奏书冀门：用车拉着棺木直到梁冀门前呈上书信，表示服罪自杀。榇，棺材。［40］贵人从子：耿贵人的内侄耿承。［41］崔琦：字子玮，涿郡（治所在今河北涿州市）人，文学家。传见《后汉书》卷八十上。［42］《外戚箴》《白鹄赋》：崔琦所作讽喻梁冀的文章。《后汉书》崔琦传载《外戚箴》，结尾处有“日不常中，月盈有亏，履道者固，仗势者危”的句子，直言讽谏。［43］讥谏之言：讥刺逆耳之言。［44］设书过之吏：专门设置记载过失的官员。［45］任齐伊、周：责任与商伊尹、周朝周公相等。［46］黎元涂炭：老百姓生活于泥涂炭火之中。［47］结纳贞良以救祸败：结交忠良，挽救败亡之祸。［48］钳塞士口：钳制堵塞士人之口。［49］杜蔽主听：蒙蔽皇上视听。［50］将使玄黄改色：将使天地变色。喻改换朝代。天，玄色；地，黄色。［51］鹿马易形：秦末宦者赵高在秦二世面前指鹿为马，以试探群臣附己与反对者，终于导致秦朝败亡。［52］冀秉政几二十年：顺帝永和六年（141）梁冀为大将军，至今延熹二年（159），已十九年。［53］陈授死：太史令陈授死，在延熹元年五月。［54］猛：邓猛，即桓帝邓皇后，延熹二年梁冀被诛后立为皇后，立七年被废，忧死。传见《后汉书》卷十下《皇后纪下》。本传作讳“猛女”。［55］易猛姓为梁：据《皇后纪》邓猛女本传，猛随母至梁纪家，“因冒姓梁氏”，故入宫为梁贵人。“易猛姓为梁”五字从《后汉书·梁冀传》，应删。梁冀只是欲使猛为女以固宠而已。猛母更嫁梁纪，纪为冀妻孙寿之舅，猛已冒姓梁，则猛与冀为兄妹行辈，今却要指认为女，是悖人伦也。［56］沮败宣意：沮败，坏败，阻止。宣为邴尊岳母。梁冀欲认猛为女，据此文意，已征得宣的同意，梁冀担心邴尊出来阻止，故暗杀之。胡三省引李贤注，谓梁冀恐邴尊害败宣意，“不从其改梁姓”，此释“易猛姓为梁”五字，实误。应为“不从猛为冀女”，才能与前后文相协。［57］又欲杀宣：铲除邓香妻宣，即切断了邓猛与邓家的关系，而梁冀成了改姓梁的梁猛之父，是唯一娘家人。梁冀为了固宠，心狠手辣如此，其败也固宜。［58］相比：相邻。［59］小黄门史：小黄门书史。［60］唐衡：颍川人，与下文的左悺，河南人；单超，河南人；徐璜，下邳人；具瑗，魏郡人，共五宦官协谋诛除梁冀，同日受封为侯，世称“五侯”，东汉政权从此由外戚转入宦官手中，更为黑暗。五侯传见《后汉书》卷七十八《宦者列传》。［61］左右与外舍不相得者，谁乎：桓帝问唐衡说：在我身边的人跟外舍合不来的，还有谁？左右，指宦官。外舍，外朝，此指外戚梁冀。［62］入室：入帝寝秘室。［63］从其风旨：听从梁冀指使。［64］审然者，常侍密图之：真是这样的，你们秘密铲除他。［65］腹中狐疑：心里犹疑，中途变卦。［66］胁国：祸害国家。［67］啮：口咬。［68］勿复更言：不要再对别人提起这事。［69］丁丑：八月十日。［70］使中黄门张恽入省宿：中黄门，高于小黄门的宦官。张恽，梁冀之党，未有圣旨，竟听梁冀之言进入宫中值宿，由此可见梁冀的拔扈专横，目中无君。［71］以防其变：防范单超等发动铲除外戚的宫廷政变。［72］具瑗敕吏收恽：具瑗为黄门令，总管诸黄门，因与桓帝有密约，于是趁机逮捕张恽发难。

[73]辄从外入，欲图不轨：擅自从宫外进入，图谋非法。[74]帝御前殿：桓帝登上前殿政事堂。[75]发其事：公开诛除梁冀之事。[76]勒丞、郎：统领尚书左右丞及尚书郎。[77]操兵：手执武器。[78]守省阁：守卫尚书府。[79]敛诸符节送省中：敛，收聚。把所有代表皇帝及朝廷的印信、符节集中起来送入宫中。[80]使具瑗将：诏令具瑗统率如下武装。[81]左右厩驺：厩驺，管理皇帝御马的骑士，有未央厩及左、右厩。[82]虎贲：虎贲郎。[83]羽林：羽林郎。[84]都候剑戟士：巡察皇宫的剑戟士，由左、右都候率领。[85]合千余人：总计聚集的宫中武装力量有一千多人。[86]持节：皇帝专使"持节"。[87]不疑、蒙：两人为梁冀之弟。[88]中外宗亲：在朝中和在地方上做官的梁、孙两姓宗室。[89]诏狱：皇帝直接过问的最高监狱。[90]不卫宫，止长寿亭：胡广等被控事发后不保卫皇宫，停留在长寿亭观望。[91]减死一等：应得死罪，减一等处分。[92]事猝从中发：诛梁冀事突然从皇宫中发动。[93]使者交驰：使者穿梭奔驰。[94]公卿失其度：三公九卿大臣不知所措。[95]鼎沸：像鼎中开水一样沸腾。[96]百姓莫不称庆：老百姓没有不欢天喜地庆祝的。[97]县官斥卖：政府拍卖。[98]散其苑囿，以业穷民：将梁氏花园田亩分配给贫民耕种。业，耕作之业。[99]壬午：八月十五日。[100]立梁贵人为皇后：即立邓香女梁猛为皇后。[101]追废懿陵为贵人冢：懿陵，桓帝懿献梁皇后陵，今降格为贵人冢。[102]改皇后姓为薄氏：改现任皇后梁猛为薄猛。西汉文帝母薄太后，一家忠良，以为吉姓。

诏赏诛梁冀之功，封单超、徐璜、具瑗、左悺、唐衡皆为县侯，超食二万户，璜等各万余户，世谓之五侯[1]。仍以悺、衡为中常侍。又封尚书令尹勋等七人皆为亭侯[2]。

以大司农黄琼为太尉，光禄大夫中山祝恬为司徒，大鸿胪梁国盛允为司空。

是时，新诛梁冀，天下想望异政[3]，黄琼首居公位，乃举奏州郡素行暴污[4]，至死徙者十余人，海内翕然[5]称之。

琼辟汝南范滂[6]。滂少厉清节[7]，为州里所服。尝为清诏使[8]，案察冀州，滂登车揽辔，慨然有澄清天下之志。守令臧[9]污者，皆望风解印绶去；其所举奏，莫不厌塞众议[10]。会诏三户[11]掾属举谣言，滂奏刺史、二千石权豪之党二十余人。尚书责滂所劾猥多[12]，疑有私故；滂对曰："臣[13]之所举，自非叨秽[14]奸暴，深为民害，岂以污简札哉！间以会日[15]迫促，故先举所急，其未审者，方更参实[16]。臣闻农夫去草，嘉谷必茂；忠臣除奸，王道以清。若臣言有贰[17]，甘受显戮！”尚书不能诘[18]。

尚书令陈蕃上疏荐五处士[19]，豫章徐稚[20]、彭城姜肱[21]、汝南袁闳[22]、京兆韦著、颍川李昙；帝悉以安车、玄纁[23]备礼征之，皆不至。

稚家贫，常自耕稼，非其力不食，恭俭义让，所居服其德；屡辟公府，不起。陈蕃为豫章太守，以礼请署功曹；稚不之免[24]，既谒而退[25]。蕃性方峻[26]，不接宾客，唯稚来，特设一榻，去则县之[27]。后举有道[28]，家拜太原太守[29]，皆不就。稚虽不应诸公之辟，然闻其死丧，辄负笈赴吊[30]。常于家豫炙鸡一只[31]，以一两绵絮渍[32]酒中暴干[33]，以裹鸡，径到所赴冢隧外[34]，以水渍绵[35]，使有酒气，斗米饭，白茅为藉[36]，以鸡置前，醊酒[37]毕，留谒则去[38]，不见丧主。

肱与二弟仲海、季江俱以孝友著闻，常同被而寝，不应征聘。肱尝与弟季江俱诣郡，夜于道为盗所劫，欲杀之，肱曰：“弟年幼，父母所怜，又未聘娶，愿杀身济弟[39]。”季江曰：“兄年德在前[40]，家之珍宝，国之英俊，乞自受戮，以代兄命。”盗遂两释焉，但掠夺衣资而已。既至，郡中见肱无衣服，怪问其故，肱托以他辞，终不言盗。盗闻而感悔，就精庐[41]求见征君[42]，叩头谢罪，还所略物。肱不受，劳以酒食而遣之[43]。帝既征肱不至，乃下彭城，使画工图[44]其形状。肱卧于幽暗[45]，以被韬面[46]，言患眩疾[47]，不欲出风[48]，工竟不得见之。

闳，安之玄孙也，苦身修节[49]，不应辟召。

著隐居讲授，不修世务。

昙继母苦烈[50]，昙奉之逾谨，得四时珍玩，未尝不先拜而后进[51]，乡里以为法[52]。

帝又征安阳[53]魏桓，其乡人劝之行，桓曰：“夫干禄求进，所以行其志也[54]。今后宫千数，其可损乎？厩马万匹，其可减乎？左右权豪，其可去乎？”皆对曰：“不可。”桓乃慨然叹曰：“使桓生行死归[55]，于诸子何有哉！”遂隐身不出。

（以上为第四段，写诛除梁冀的五宦官单超、徐璜、具瑗、左悺、唐衡同日封侯，世谓之五侯，外戚失势，宦官势增。朝官士大夫间隙求生，尚书令陈蕃荐贤五隐士，皆不应征召。）

【注释】

［1］五侯：单超，新丰侯；徐璜，武原侯；具瑗，东武阳侯；左悺，上蔡侯；唐衡，汝阳侯。［2］尹勋等七人皆为亭侯：尹勋，宜阳都乡亭侯；霍谞，邺都亭侯；张敬，山阳曲乡亭侯；欧阳参，修武仁亭侯；李玮，宜阳金门亭侯；虞放，冤句吕都亭侯；周永，下邳高迁乡亭侯。［3］天下想望异政：全国盼望出现新的政治局面。［4］素行暴污：一向凶暴贪污。［5］翕然：一片欢洽。［6］范滂（137—169）：字孟博，汝南征羌（今河南漯河市郾城区东南）人，历官清诏使、光禄勋主事、汝南功曹。与太学生相结，反对宦官。在第二次党祸中死狱中。传见《后汉书》卷六十七《党锢列传》。［7］少厉清节：青年时就磨砺节操，有清廉的名声。厉，通“砺”。［8］清诏使：太尉府派出的巡察使。［9］臧：通“赃”。［10］厌塞众议：符合众议。［11］三户：据章校，有的版本“户”作“府”，是。三府，司徒、司空、太尉。［12］猥多：众多。［13］臣：范滂自称。尚书发问是代表皇帝，故范滂回答称臣。［14］叨秽：贪浊污秽。叨，贪也。［15］会日：三府会聚朝廷的期限。［16］参实：参验考实。［17］贰：虚假。［18］诘：反驳。［19］处士：隐士。［20］徐稚（97—168）：字孺子，豫章南昌（今江西南昌市）人，东汉著名隐士。传见《后汉书》卷五十三。［21］姜肱（97—173）：字伯淮，彭城广戚（今江苏沛县东）人。与徐稚齐名，同传。［22］袁闳：字夏甫，出身世族，为章帝司徒袁安的第四代孙。与世隔绝，筑土室而居。传见《后汉书》卷四十五。［23］玄纁：玄，黑色；纁，浅红色。本指黑色、浅红色的丝织品。这里指代币帛礼品。［24］稚不之免：徐稚不上任，要求免职。［25］既谒而退：进见陈蕃后，立即告辞。［26］蕃性方峻：陈蕃性情方正严肃。［27］县之：把床吊起来。县，通“悬”。［28］后举有道：安帝建光元年（121）举有道之士，徐稚被举荐。［29］家拜太原太守：徐稚不就征召，就在他家里宣读太原太守的委任状。［30］负笈赴吊：带着书箱前往吊丧。汉代被举的人，即为举者门生，有守丧的义务。徐稚虽不就征召，但却对举者一一守丧。［31］豫炙鸡一只：预先烤好一只鸡。［32］渍：浸泡。［33］暴干：晒干。［34］径到所赴冢隧外：径直赶到所要祭奠的坟墓墓道外。［35］以水渍绵：用水浸泡酒绵，使之散出酒味。［36］白茅为藉：用白茅草为垫子。［37］醊酒：把酒洒到地上。［38］留谒则去：留下名帖后就离去。［39］济弟：救弟。［40］年德在前：年长德高，在己之前。［41］精庐：姜肱教授弟子的学堂。［42］征君：对姜肱的尊称，因曾被征召。［43］遣之：送走。［44］图：绘画。［45］肱卧于幽暗：姜肱睡在黑暗的房中。［46］以被韬面：用被子盖住脸面。韬，深藏。［47］言患眩疾：称说害了眼花的病。［48］不欲出风：不能见光和被风吹。［49］苦身修节：袁闳筑土室独居十八年，困苦身体，保持名节。［50］苦烈：据章校，有的版本作“酷烈”。酷烈，凶暴。［51］先拜而后进：先礼拜继母而后献上四时珍玩。［52］乡里以为法：乡里人都效法他的孝行。［53］安阳：县名，县治在今河南安阳市。［54］干禄求进，所以行其志也：当官食禄求升迁，是为了实现治世理想。［55］生行死归：谓当官若忤逆权贵，是生时去，死后回。

帝既诛梁冀，故旧恩私，多受封爵：追赠皇后父邓香为车骑将军，封安阳侯；更封后母宣为昆阳君，兄子康、秉[1]皆为列侯，宗族皆列校、郎将，赏赐以巨万计。中常侍侯览上缣五千匹[2]，帝赐爵关内侯，又托以与议诛冀，进封高乡侯；又封小黄门刘普、赵忠等八人为乡侯，自是权势专归宦官矣；五侯尤贪纵[3]，倾动内外[4]。时灾异数见，白马[5]令甘陵李云[6]露布上书[7]，移副三府[8]曰："梁冀虽恃权专擅，虐流天下，今以罪行诛，犹召家臣扼杀之耳[9]，而猥封[10]谋臣[11]万户以上；高祖闻之，得无见非[12]！西北列将[13]，得无解体！孔子曰：'帝者，谛也[14]。'今官位错乱，小人谄进[15]，财货公行[16]，政化日损；尺一拜用，不经御省[17]，是帝欲不谛乎[18]！"帝得奏震怒，下有司逮云，诏尚书都护剑戟送黄门北寺狱[19]，使中常侍管霸与御史、廷尉杂考[20]之。时弘农五官掾[21]杜众伤[22]云以忠谏获罪，上书"愿与云同日死"，帝愈怒，遂并下廷尉。大鸿胪陈蕃上疏曰："李云所言，虽不识禁忌，干上逆旨，其意归于忠国而已。昔高祖忍周昌不讳之谏[23]，成帝赦朱云腰领之诛[24]，今日杀云，臣恐剖心之讥[25]，复议于世矣！"太常杨秉、洛阳市长[26]沐茂、郎中上官资并上疏请云[27]。帝恚甚[28]，有司[29]奏以为大不敬[30]；诏切责蕃、秉，免归田里，茂、资贬秩二等。时帝在濯龙池[31]，管霸[32]奏云等事，霸跪言曰："李云草泽愚儒[33]，杜众郡中小吏，出于狂戆，不足加罪。"帝谓霸曰："'帝欲不谛'，是何等语，而常侍欲原之邪！"顾使小黄门可其奏，云、众皆死狱中，于是嬖宠[34]益横。太尉琼自度力不能制，乃称疾不起，上疏曰："陛下即位以来，未有胜政[35]，诸梁秉权，竖宦充朝，李固、杜乔既以忠言横见残灭，而李云、杜众复以直道继踵[36]受诛，海内伤惧，益以怨结[37]，朝野之人，以忠为讳。尚书周永，素事梁冀，假其威势[38]，见冀将衰，乃阳毁示忠[39]，遂因奸计[40]，亦取封侯[41]。又，黄门[42]挟邪[43]，群辈相党，自冀兴盛，腹背相亲[44]，朝夕图谋，共构奸轨[45]；临冀当诛，无可设巧[46]，复托其恶以要爵赏[47]。陛下不加清征[48]，审别真伪[49]，复与忠臣并时显封，粉墨杂糅[50]，所谓抵[51]金玉于砂砾，碎珪璧于泥涂[52]，四方闻之，莫不愤叹[53]。臣世荷国恩[54]，身轻位重，敢以垂绝之日[55]，陈不讳之言。”书奏，不纳。

冬，十月，壬申[56]，上行幸长安。

中常侍单超疾病；壬寅[57]，以超为车骑将军。

十二月，己巳[58]，上还自长安。

烧当、烧何、当煎、勒姐等八种羌寇陇西金城塞[59]，护羌校尉段颎[60]击破之，追至罗亭[61]，斩其酋豪以下二千级，获生口万余人。

诏复以陈蕃为光禄勋，杨秉为河南尹。单超兄子匡为济阴太守，负势贪放[62]。兖州刺史第五种[63]使从事[64]卫羽案之，得臧五六千万，种即奏匡，并以劾超。匡窘迫，赂客任方刺羽。羽觉其奸，捕方，囚系洛阳。匡虑杨秉穷竟其事，密令方等突狱亡走[65]。尚书召秉诘责[66]，秉对曰：“方等无状[67]，衅[68]由单匡，乞槛车[69]征匡，考核其事，则奸慝[70]踪绪[71]，必可立得。”秉竟坐论作左校[72]。时泰山贼叔孙无忌寇暴徐、兖，州郡不能讨，单超以是陷第五种，坐徙朔方；超外孙董援为朔方太守，稸怒[73]以待之。种故吏孙斌知种必死，结客追种，及于太原，劫[74]之以归，亡命数年，会赦得免。种，伦之曾孙也。

是时，封赏逾制[75]，内宠猥盛[76]。陈蕃上疏曰：“夫诸侯上象四七[77]，藩屏上国[78]，高祖之约，非功臣不侯。而闻追录[79]河南尹邓万世父遵之微功，更爵尚书令黄隽先人之绍封[80]，近习[81]以非义授邑，左右[82]以无功传赏[83]，至乃一门之内，侯者数人，故纬象失度[84]，阴阳谬序[85]。臣知封事已行[86]，言之无及，诚欲陛下从是而止[87]。又，采女[88]数千，食肉衣绮[89]，脂油[90]粉黛，不可赀计[91]。鄙谚言‘盗不过五女门[92]’，以女贫家也；今后宫之女，岂不贫国乎！”帝颇采其言，为出宫女五百余人，但赐隽爵关内侯，而封万世南乡侯。

帝从容[93]问侍中陈留爰延[94]：“朕何如主也？”对曰：“陛下为汉中主[95]。”帝曰：“何以言之？”对曰：“尚书令陈蕃任事则治，中常侍黄门与政[96]则乱：是以陛下可与为善，可与为非。”帝曰：“昔朱云廷折栏槛，今侍中面称朕违[97]，敬闻阙矣。”拜五宫中郎将，累迁大鸿胪。会客星经帝坐[98]，帝密以问延，延上封事[99]曰：“陛下以河南尹邓万世有龙潜之旧[100]，封为通侯[101]，恩重公卿，惠丰[102]宗室；加顷引见[103]，与之对博[104]，上下媟黩，有亏尊严[105]。臣闻之，帝左右者，所以咨政德也。善人同处，则日闻嘉训；恶人从游，则日生邪情。惟陛下远谗谀之人，纳謇謇之士，则灾变可除。”帝不能用。延称病，免归。

（以上为第五段，写汉桓帝重赏宦官亲信，诛杀谏臣李云等，政治更加昏暗。）

【注释】

[1]康、秉：邓香之二子，邓康、邓秉，邓皇后邓猛之二兄。[2]上缣五千匹：进献缣绸五千匹。缣，细密的丝织品。[3]贪纵：贪婪横暴。[4]倾动内外：宫内宫外都被五侯的威势所震慑。[5]白马：县名，属东郡，县治在今河南滑县东。[6]李云：字行祖，甘陵人，直谏死狱中。传见《后汉书》卷五十七。[7]露布上书：不封上书，使共闻知。[8]移副三府：将奏书抄录副本，同时上呈司徒、司空、太尉三府。[9]犹召家臣扼杀之耳：诛杀梁冀不过是缢死一个家奴罢了。[10]猥封：滥封。猥，众也。[11]谋臣：指单超等五侯。[12]得无见非：怎能不生气！高祖与大臣杀白马盟：无功而侯者，天下共诛之。非，非议。[13]西北列将：西北诸将，皇甫规、段颎等。[14]帝者，谛也：帝的意思就是能洞察万物。谛，审视。这句话出自纬书《春秋运斗枢》。[15]谄进：靠谄媚手段得以升迁。[16]财货公行：贿赂公然施行。[17]尺一拜用，不经御省：任官诏书，不经皇帝过目。尺一，写诏书的简札长尺一。[18]是帝欲不谛乎：难道是皇帝不想做帝真成瞎子了吗！谛，视也；谛又与帝同音。帝不想做帝，即不想洞察万物，变成瞎子。[19]诏尚书都护剑戟送黄门北寺狱：桓帝颁下诏书，令尚书监督左右都候剑戟士押送李云到黄门北寺狱。都护，监督。北寺狱，黄门所属诏狱。[20]杂考：会审考问。[21]弘农五官掾：弘农郡五官掾。五官掾，总管郡属诸曹事。[22]伤：哀伤，同情。[23]“昔高祖”句：周昌比汉高祖为桀、纣，高祖不加罪。不讳之谏，冒犯龙颜，不可赦免的谏言。[24]“成帝”句：成帝赦朱云直谏之罪，事见《资治通鉴》卷三十二成帝元延元年。腰领之诛，腰斩杀头之诛。[25]剖心之讥：殷纣王时比干谏君，被剖心而死。这里指，李云若被诛，桓帝将蒙受殷纣之暴的批评。[26]洛阳市长：管理洛阳商市的财税官，属大司农。[27]请云：为李云求情，救云。[28]帝恚甚：桓帝更加生气。[29]有司：主管部门。这里指三公及尚书。[30]以为大不敬：认为陈蕃等救云的上奏是大不敬。大不敬，即蔑视皇帝罪，重者杀头，轻者免官。[31]濯龙池：在北宫附近的御园。[32]管霸：中常侍。[33]草泽愚儒：乡间书呆子。[34]嬖宠：指宦官。[35]胜政：优于前朝之政。[36]继踵：相继，紧接着。踵，脚后跟。[37]海内伤惧，益以怨结：全天下悲伤恐惧，更加怨恨。[38]假其威势：依恃梁冀威势横行霸道。[39]阳毁示忠：表面上揭发梁冀来表示忠诚。[40]遂因奸计：奸计终于得逞。[41]亦取封侯：周永被封为下邳高迁乡亭侯。[42]黄门：黄门宦官。[43]挟邪：挟恃邪恶势

力。［44］腹背相亲：指宦官内结皇后，外附梁冀。［45］共构奸轨：一起策划奸谋。［46］无可设巧：无法弄巧，无路可走。［47］复托其恶以要爵赏：反过来攻击梁冀之恶用以谋求封爵和赏赐。［48］清征：据《后汉书·黄琼传》，“征”作“澂”。澂，通“澄”。清澂，即澄清，辨析。［49］审别真伪：分别真假。［50］粉墨杂糅：白墨混淆。［51］抵：投。［52］碎珪璧于泥涂：打碎璧玉和进稀泥。［53］愤叹：愤怨叹息。［54］臣世荷国恩：我世代受国重恩。黄琼父黄香为和帝时尚书令，甚见亲信，故为此言。［55］垂绝之日：临死之时。［56］壬申：十月五日。［57］壬寅：十月戊辰朔，无壬寅。壬寅，十一月六。［58］己巳：十二月三日。［59］寇陇西金城塞：侵扰陇西郡和金城要塞。陇西郡治所狄道，在今甘肃临洮县。金城塞，即金城县，属金城郡，在今兰州市西固区，控扼黄河津度，为要塞。［60］段颎：字纪明，武威姑臧（今甘肃武威市）人，东汉安羌名将，为东汉第二十、二十二两任护羌校尉。官至太尉。传见《后汉书》卷六十五。［61］罗亭：靠近积石山的亭名，在今青海同德县以西。［62］负势贪放：仗势贪污放纵。［63］第五种：第五为复姓，名种。字光先，东汉名臣第五伦（仕光武、明、章三朝，官至司空）之曾孙。官至兖州刺史。与第五伦同传，见《后汉书》卷四十一。［64］从事：官名，治中从事之省称，佐刺史察举非法，掌理文书，为刺史自辟。［65］突狱亡走：越狱逃亡。［66］诘责：质问，追究罪犯越狱的责任。［67］无状：无行状，没有品行，无法无天。［68］衅：事情起因。［69］槛车：有栅槛的囚车。［70］奸慝：奸恶。［71］踪绪：踪迹头绪。即内情。［72］论作左校：判处在左校营做苦工。［73］稸怒：蓄藏愤怒，极大的愤怒。稸，通“蓄”。［74］劫：用武力夺取囚车。［75］逾制：超过标准，越过制度。［76］猥盛：众盛。［77］诸侯上象四七：四七，指二十八宿。诸侯封国，如同天上的二十八宿，环绕北斗，拱卫中央。［78］藩屏上国：为京师的藩篱。即拱卫中央。上国，京师。［79］追录：对已死之人追叙功勋，使其后嗣得封赏，称追录，追封。桓帝以皇后邓猛之故，追叙安帝时邓遵破羌之功，而绍封其子河南尹邓万世为南乡侯。［80］绍封：据章校，应作“绝封”。此谓尚书令黄隽祖先之爵已断，今又另封黄隽以爵位。［81］近习：指宦官。［82］左右：皇帝身边的人无功受赏。［83］传赏：授赏。近习与左右二句为互文。［84］纬象失度：天象失序。［85］阴阳谬序：阴阳错乱。［86］封事已行：封爵之事已行。［87］从是而止：到此而止。［88］采女：宫女。［89］衣绮：穿绫罗绸缎。［90］脂油：胭脂。［91］不可赀计：费用无法计算。赀，量也。［92］盗不过五女门：家庭失盗，超不过五女在门。此为当时俗谚。嫁女陪嫁妆，使家贫困，比失盗还甚。此喻后宫太盛，虚耗国库。桓帝时后宫近万人。［93］从容：宽容大度。［94］爰延：字季平，陈留外黄（在今河南民权县西北）人。传见《后汉书》卷四十八。［95］中主：中材之主，治政可以为上，可以为下，将取决于辅佐大臣的素质。［96］与政：预政，参与政治。与，通“预”。［97］面称朕违：当面说朕过失。［98］客星经帝坐：一颗不明星象穿行太微宫帝星旁。帝坐，天帝星坐。古以北极第二星，即小熊座 β 星为帝星。［99］上封事：送进秘密奏章。［100］龙潜之旧：皇帝的老朋友。龙潜，指桓帝未即位时。［101］通侯：列侯。［102］恩重、惠丰：二者为互文，均是恩惠特别厚重的意思。

［103］加顷引见：加上不时宣召。［104］对博：对阵赌博游戏。［105］上下媟黩，有亏尊严：上下嬉戏，损害陛下尊严。媟黩，狎习相慢，尊卑无别。

三年（庚子，160年）

春，正月，丙申[1]，赦天下，诏求李固后嗣。初，固既策罢，知不免祸，乃遣三子基、兹、燮皆归乡里。时燮年十三，姊文姬为同郡赵伯英妻，见二兄归，具知事本[2]，默然独悲曰："李氏灭矣！自太公[3]已来，积德累仁，何以遇此！"密与二兄谋，豫[4]藏匿燮，托言还京师，人咸信之。有顷，难作，州郡收基、兹，皆死狱中。文姬乃告父门生王成曰："君执义先公，有古人之节；今委君以六尺之孤[5]，李氏存灭，其在君矣！"成乃将燮乘江东下，入徐州界，变姓名为酒家佣，而成卖卜于市，各为异人[6]，阴相往来[7]。积十余年，梁冀既诛，燮乃以本末告酒家，酒家具车重厚遣之[8]，燮皆不受。遂还乡里，追行丧服，姊弟相见，悲感傍人[9]。姊戒燮曰："吾家血食将绝，弟幸而得济[10]，岂非天邪！宜杜绝众人，勿妄往来，慎无一言加于梁氏！加梁氏则连主上，祸重至矣，唯引咎而已。"燮谨从其诲。后王成卒，燮以礼葬之，每四节[11]为设上宾之位而祠焉。

丙午[12]，新丰侯单超卒，赐东园秘器[13]，棺中玉具[14]；及葬，发五营骑士[15]、将作大匠起冢茔。其后四侯[16]转横，天下为之语曰："左回天，具独坐，徐卧虎，唐雨堕[17]。"皆竞起第宅，以华侈相尚，其仆从皆乘牛车而从列骑[18]，兄弟姻戚，宰州临郡[19]，辜较[20]百姓，与盗无异，虐遍天下；民不堪命，故多为盗贼焉。

中常侍侯览[21]，小黄门段珪，皆有田业近济北[22]界，仆从宾客，劫掠行旅。济北相滕延，一切收捕，杀数十人，陈尸路衢。览、珪以事诉帝，延坐征诣廷尉，免。

左悺兄胜为河东太守，皮氏[23]长京兆赵岐[24]耻之，即日弃官西归。唐衡兄玹为京兆尹，素与岐有隙，收岐家属宗亲，陷以重法，尽杀之。岐逃难四方，靡所不历，自匿姓名，卖饼北海[25]市中；安丘孙嵩[26]见而异之，载与俱归，藏于复壁中。及诸唐死，遇赦，乃敢出。

闰月[27]，西羌余众复与烧何大豪寇张掖，晨，薄[28]校尉段颎军。颎下马大战，至日中，刀折矢尽，虏亦引退。颎追之，且斗且行，昼夜相攻，割肉食雪[29]，四十余日，遂至积石山[30]，出塞二千余里，斩烧何大帅，降其余众而还。

夏，五月，甲戌[31]，汉中[32]山崩。

六月，辛丑[33]，司徒祝恬[34]薨。

秋，七月，以司空盛允为司徒，太常虞放为司空。

长沙蛮反，屯益阳，零陵蛮寇长沙。

九真余贼屯据日南，众转强盛；诏复拜桂阳太守夏方为交趾[35]刺史。方威惠素著，冬十一月，日南贼二万余人相率诣方降。

勒姐、零吾种羌围允街[36]；段颎击破之。

泰山贼叔孙无忌攻杀都尉侯章；遣中郎将宗资[37]讨破之。诏征皇甫规，拜泰山太守。规到官，广设方略，寇虏悉平。

（以上为第六段，写宦官势盛，当时流行的政治民谚说：“左回天，具独坐，徐卧虎，唐雨堕。”宦官子弟布满州郡，搜掠百姓，与盗匪无异。）

【注释】

[1]丙申：正月一日。[2]具知事本：一一了解事情本末。[3]太公：指祖父李郃，安帝时官至三公之司空、司徒。[4]豫：同“预”，事先。[5]六尺之孤：男儿称七尺，十五岁以下未成人称六尺。孤，无父曰孤。[6]各为异人：两人假装互不认识。[7]阴相往来：暗中往来。[8]酒家具车重厚遣之：酒店主人备好车马重礼送李燮归乡。[9]悲感傍人：悲伤感动了旁人。[10]得济：得以活命。[11]四节：四季，指四时之祭。[12]丙午：正月十一日。[13]赐东园秘器：赐御用棺木。[14]玉具：金缕玉衣。[15]五营骑士：北军五校骑士。[16]四侯：左、具、徐、唐。单超死，五侯折一，还有四侯。[17]左回天，具独坐，徐卧虎，唐雨堕：言四侯之横。左悺权力能回天，具瑗唯我独尊，徐璜凶顽如卧虎，唐衡心性如暴风骤雨。回天，指能改变皇帝旨意。[18]从列骑：言四侯出行有骑兵卫士相随。[19]宰州临郡：为州郡之长。[20]辜较：搜刮，竭泽而渔。[21]侯览（？—172）：山阳防东（在今山东单县东北）人，仕桓、灵二帝为中常侍，擅权大宦官。传见《后汉书》卷七十八《宦者列传》。[22]济北：封国名，治所卢县，在今山东肥城市北。[23]皮氏：县名，属河东郡，县治在今山西河津市。[24]赵岐（约110—201）：初名嘉，字台卿，后避难改名岐，字邠卿，京兆长陵（今陕西咸阳市东北）人，仕州郡，以廉直疾恶，人多畏之。受党锢之祸株连，逃匿避难。党锢解，官至太常。赵岐长于治孟子，

东汉经学家，著有《孟子章句》，存今十三经注疏中。传见《后汉书》卷六十四。［25］北海：封国名，治所剧县，在今山东昌乐县。［26］孙嵩：字宾石，北海安丘（在今山东安丘市）人，以复壁藏匿赵岐，知名当世。事附《赵岐传》。［27］闰月：闰正月。［28］薄：逼近。［29］割肉食雪：割吃战马肉，渴饮雪水。［30］积石山：在青海同德县西南。［31］甲戌：五月十一日。［32］汉中：郡名，治所南郑，在今陕西汉中市。［33］辛丑：六月九日。［34］祝恬：字伯休，中山卢奴（今河北定州市）人，历官司隶校尉、光禄大夫、司徒。无传。［35］交趾：又称交州，两汉十三部刺史之一，辖境当今两广大部及越南北部、中部。治所番禺，在今广州市。［36］允街：县名，属金城郡，县治在今甘肃永登县东南。［37］宗资：南阳（今河南南阳市）人，曾为汝南太守，任用范榜为功曹，杜绝宦官请托，打击地方豪强。

四年（辛丑，161年）

春，正月，辛酉[1]，南宫嘉德殿火；戊子[2]，丙署[3]火。

大疫。

二月，壬辰[4]，武库火。

司徒盛允免，以大司农种暠为司徒。

三月，太尉黄琼免；夏，四月，以太常沛国刘矩[5]为太尉。

初，矩为雍丘[6]令，以礼让化民；有讼者，常引之于前，提耳训告[7]，以为忿恚可忍[8]，县官不可入[9]，使归更思。讼者感之，辄各罢去。

甲寅[10]，封河间孝王子参户亭侯博为任城王[11]，奉孝王后[12]。

五月，辛酉[13]，有星孛于心[14]。

丁卯[15]，原陵[16]长寿门火。

己卯[17]，京师雨雹。

六月，京兆、扶风及凉州地震。

庚子[18]，岱山[19]及博尤来山[20]并颓裂[21]。

己酉[22]，赦天下。

司空虞放免，以前太尉黄琼为司空。

犍为属国[23]夷寇钞百姓。益州刺史山昱击破之。

零吾羌与先零诸种反，寇三辅。

秋，七月，京师雩[24]。

减公卿已[25]下奉，贷[26]王侯半租，占卖关内侯、虎贲、羽林、缇骑、营士、五大夫钱各有差[27]。

九月，司空黄琼免，以大鸿胪东莱刘宠[28]为司空。

宠尝为会稽太守，简除烦苛[29]，禁察非法，郡中大治；征为将作大匠。山阴县[30]有五六老叟，自若邪山[31]谷间出，人赍百钱以送宠曰："山谷鄙生[32]，未尝识郡朝[33]，他守时，吏发求[34]民间，至夜不绝，或狗吠竟夕[35]，民不得安。自明府[36]下车[37]以来，狗不夜吠，民不见吏；年老遭值圣明，今闻当见弃去，故自扶[38]奉送。"宠曰："吾政何能及公[39]言邪！勤苦父老[40]！"为人选一大钱[41]受之。

冬，先零、沈氏羌与诸种羌寇并、凉二州，校尉段颎将湟中义从[42]讨之。凉州刺史郭闳贪共其功，稽固[43]颎军，使不得进；义从役久恋乡旧，皆悉叛归。郭闳归罪于颎，颎坐征下狱，输作左校，以济南相胡闳代为校尉[44]。胡闳无威略，羌遂陆梁[45]，覆没营坞[46]，转相招结，唐突[47]诸郡，寇患转盛。泰山太守皇甫规上疏曰："今猾贼就灭，泰山略平，复闻群羌并皆反逆。臣生长邠岐[48]，年五十有九，昔为郡吏，再更叛羌[49]，豫筹其事[50]，有误中之言[51]。臣素有痼疾[52]，恐犬马齿穷，不报大恩，愿乞冗官[53]，备单车一介之使[54]，劳来三辅[55]，宣国威泽[56]，以所习地形兵势佐助诸军[57]。臣穷居孤危之中[58]，坐观郡将已数十年，自鸟鼠[59]至于东岱[60]，其病一也[61]。力求猛敌，不如清平；勤明《孙吴》，未若奉法[62]。前变未远[63]，臣诚戚[64]之，是以越职尽其区区[65]。"诏以规为中郎将，持节监关西兵讨零吾等。十一月，规击羌，破之，斩首八百级。先零诸种羌慕规威信，相劝降者十余万。

（以上为第七段，写地方廉吏刘矩、刘宠以恩信治民，百姓感戴，如此廉吏，凤毛麟角，无补大局。）

【注释】

[1]辛酉：正月二日。[2]戊子：正月二十九日。[3]丙署：宫殿名。[4]壬辰：二月三日。[5]刘矩：字叔方，沛国萧县（今安徽萧县西北）人，官至太尉。传见《后汉书》卷七十六。[6]雍丘：县名，属陈留郡，县治在今河南杞县。[7]提耳训告：提着耳朵，谆谆教导。[8]忿恚可忍：不平的忿恨可以忍耐。[9]县官不可入：县衙法堂不可轻易进去。

［10］甲寅：三月己未朔，无甲寅。甲寅，四月二十六日。［11］“封河间”句：任城王刘尚，光武帝子，章帝元和元年（84）封，三传至刘崇，刘崇死，无子，国除。今以章帝子河间王刘开之庶子参户亭侯刘博为任城王，以为任城王之继嗣。［12］奉孝王后：此为任城孝王刘尚，以刘博为其后嗣。［13］辛酉：五月四日。［14］有星孛于心：在心星区域出现孛星。心星，二十八宿之一，有三颗星。《晋书·天文志》认为，中星最大是皇帝位，前星是太子位，后星是庶子位。［15］丁卯：五月初十日。［16］原陵：光武帝陵，在洛阳西北。［17］己卯：五月二十二日。［18］庚子：六月十三日。［19］岱山：即山东泰山。［20］博尤来山：博县尤来山，在今山东泰安市东南。［21］颓裂：山体崩裂，滑坡。［22］己酉：六月二十二日。［23］犍为属国：安帝永初元年（107），以犍为南部都尉为犍为属国都尉，领朱提、汉阳二县。治所朱提，在今云南昭通市。［24］雩：筑坛祈雨。［25］已：通“以”。［26］贳：即“贷”字的省写。［27］占卖：造册出卖。即出卖一定数量的官爵。此次出卖的官爵有关内侯、禁卫虎贲郎、羽林郎、司隶部属缇骑、北军五校营士、第十二级爵五大夫，价格各有差等。［28］刘宠：字祖荣，东莱牟平（在今山东烟台市福山区）人。传见《后汉书》卷七十六。［29］简除烦苛：提高行政效率，废除烦琐手续，以及烦琐的政令。［30］山阴县：会稽郡治所，在今浙江绍兴市。［31］若邪山：山名，在绍兴市东南。［32］山谷鄙生：山野村民。［33］未尝识郡朝：从未到过郡政府，不识郡太守。［34］发求：征发苛求。［35］竟夕：通夜。［36］明府：对郡太守的尊称。［37］下车：上任。［38］自扶：互相扶持。［39］公：刘宠对诸父老的尊称。［40］勤苦父老：劳驾诸父老相送。［41］为人选一大钱：对相送的人各选一个大钱留作纪念。［42］湟中义从：湟中羌归服汉朝组成的军队，是段颎军的骨干。［43］稽固：停留，阻挠行军。［44］胡闳代为校尉：胡闳代段颎为东汉第二十一任护羌校尉。［45］陆梁：边地被羌占领，沦陷。［46］覆没营坞：攻破营寨哨所。坞，哨卡城堡。［47］唐突：冲犯。［48］臣生长邠岐：皇甫规生地朝那，属凉州安定郡，在今甘肃平凉市西北；邠岐，指邠山、岐山，属三辅右扶风，邠山在今陕西彬州市南，岐山在今陕西岐山县北。邠岐为古名山，皇甫规引以自重桑梓。［49］再更叛羌：两次经历羌人的暴动。［50］豫筹其事：预先估计羌人暴动的局势发展。［51］有误中之言：皇甫规论马贤必败，事见《资治通鉴》卷五十二顺帝永和五年。［52］痼疾：难治之症缠身。［53］冗官：散官。［54］备单车一介之使：只需一辆官车让我做一个使臣。［55］劳来三辅：慰问三辅人民。［56］宣国威泽：宣扬朝廷的威信和恩德。［57］以所习地形兵势佐助诸军：用所熟习的地形及用兵经验，帮助前线各军。［58］臣穷居孤危之中：指皇甫规少时在安定郡为功曹之时。［59］鸟鼠：山名。传说其山鸟鼠同穴，在今甘肃渭源县西南。［60］东岱：东岳泰山。［61］其病一也：西起鸟鼠，东到泰山，全国弊病是一样的，即官逼民反，皇甫规未明白说出，讳言之也。［62］力求猛敌，不如清平；勤明《孙吴》，未若奉法：与其尽力用猛力镇压，不如政治清平；与其奖励精通《孙吴兵法》，不如鼓励将士奉公守法。皇甫规主张安抚为主，讨伐为辅，故有是言。这里的孙吴，指《孙吴兵法》，非指孙武、吴起其人。“孙吴”二字应标书名号。［63］前变未远：西羌自安帝永初元年（107）暴动

以来，时叛时服，已成长期边患。前变未远，指西羌变乱未久，政治苛猛历历在目，可以为鉴。[64]戚：深忧。 [65]越职尽其区区：超越职守尽言，以表区区忠诚。

五年（壬寅，162年）

春，正月，壬午[1]，南宫丙署火。

三月，沈氏羌寇张掖、酒泉。皇甫规发先零诸种羌，共讨陇右[2]，而道路隔绝，军中大疫，死者十三四。规亲入庵庐[3]，巡视将士，三军[4]感悦。东羌遂遣使乞降，凉州复通。

先是安定太守孙隽受取狼藉[5]，属国都尉[6]李翕、督军御史[7]张禀多杀降羌，凉州刺史郭闳、汉阳太守赵熹并老弱不任职，而皆倚恃[8]权贵，不遵法度。规到，悉条奏其罪[9]，或免或诛；羌人闻之，翕然反善[10]，沈氏大豪滇昌、饥恬等十余万口复诣规降。

夏，四月，长沙贼起[11]，寇桂阳、苍梧[12]。

乙丑[13]，恭陵[14]东阙火。戊辰[15]，虎贲掖门火。五月，康陵[16]园寝火。

长沙、零陵贼入桂阳、苍梧、南海[17]，交趾刺史及苍梧太守望风逃奔，遣御史中丞盛修督州郡募兵讨之，不能克。

乙亥[18]，京师地震。

甲申[19]，中藏府[20]丞禄署[21]火。秋七月，己未[22]，南宫承善闼[23]火。

鸟吾羌寇汉阳，陇西、金城诸郡兵讨破之。

艾县[24]贼攻长沙郡县，杀益阳[25]令，众至万余人；谒者马睦督荆州刺史刘度击之，军败，睦、度奔走。零陵[26]蛮亦反。冬十月，武陵[27]蛮反，寇江陵[28]，南郡太守李肃奔走，主簿[29]胡爽扣马首谏[30]曰：“蛮夷见郡无儆备[31]，故敢乘间[32]而进。明府为国大臣，连城千里，举旗鸣鼓，应声十万，奈何委符守之重[33]，而为逋逃之人[34]乎！”肃拔刃向爽曰：“掾促去[35]！太守今急[36]，何暇此计！”爽抱马固谏[37]，肃遂杀爽而走。帝闻之，征肃，弃市[38]；度、睦减死一等；复爽门闾[39]，拜家一人为郎[40]。

尚书朱穆举右校令[41]山阳度尚[42]为荆州刺史。辛丑[43]，以太常冯绲[44]为车骑将军，将兵十余万讨武陵蛮。先是，所遣将帅，宦官多陷以折耗军资[45]，往往抵罪[46]，绲愿请中常侍一人监军财费。尚书朱穆奏"绲以财自嫌，失大臣之节[47]；"有诏勿劾。绲请前武陵太守应奉与俱，拜从事中郎[48]。十一月，绲军至长沙，贼闻之，悉诣营乞降。进击武陵蛮夷，斩首四千余级，受降十余万人，荆州平定。诏书赐钱一亿，固让不受，振旅还京师，推功于应奉，荐以为司隶校尉；而上书乞骸骨，朝廷不许。

（以上为第八段，写良将皇甫规讨平三辅河西的羌乱，冯绲讨平荆州武陵蛮的叛乱。）

【注释】

［1］壬午：正月二十九日。［2］陇右：陇山之东，指安定等郡。［3］庵庐：营帐。庵，草屋。庐，野外营帐。［4］三军：全军。［5］受取狼藉：贪赃取受，声名狼藉。［6］属国都尉：安定属国都尉，治所不详。［7］督军御史：监军侍御史。［8］倚恃：仗势。［9］悉条奏其罪：一条条列出全部罪状上奏。［10］翕然反善：一片和睦归服。［11］长沙贼起：长沙郡发生民变。长沙郡治所临湘，在今湖南长沙市。［12］桂阳、苍梧：两郡名。桂阳郡属荆州，治所在今湖南郴州市。苍梧郡属交州，治所广信，在今广西梧州市。［13］乙丑：四月癸未朔，无乙丑。乙丑，五月十三日。［14］恭陵：安帝陵。［15］戊辰：四月无戊辰。戊辰，五月十六日。［16］康陵：殇帝陵。［17］南海：郡名，属交州，当今广东地区。治所番禺，在今广州市。［18］乙亥：五月二十三日。［19］甲申：六月三日。［20］中藏府：皇宫钱库。［21］丞禄署：中藏府丞所掌的俸禄署。中藏府长官为令，副为丞。［22］己未：七月八日。［23］南宫承善闼：南宫承善门。［24］艾县：属豫章郡，县治在今江西修水县西。［25］益阳：县名，属长沙郡，县治在今湖南益阳市东。［26］零陵：郡名，属荆州，治所泉陵，在今湖南永州市零陵区。［27］武陵：郡名，属荆州，治所临沅，在今湖南常德市。［28］江陵：县名，为荆州南郡治所，在今湖北江陵县。［29］主簿：郡太守属官，助理日常事务，并掌理文书。［30］扣马首谏：拦住马头劝阻。［31］儆备：戒备。［32］乘间：趁机会，钻空子。［33］委符守之重：委弃符节守土之职责。［34］逋逃之人：逃亡犯。［35］掾促去：主簿赶快离去。掾，掾属，此李肃呼胡爽官名。［36］急：窘急。意谓逃命要紧。［37］固谏：强谏。［38］弃市：腰斩于市。［39］复爽门闾：免除胡爽家赋役。［40］拜家一人为郎：征拜胡爽家一人为禁卫官。［41］右校令：将作大匠属官，掌右工徒。［42］度尚（117—166）：字博平，山阳湖陆（今山东鱼台县东南）人，东汉党人领袖八厨之一。官至荆州刺史，终官辽东太守。传见《后汉书》卷三十八。［43］辛丑：十

月二十二日。［44］冯绲：字鸿卿，巴郡宕渠（今四川渠县东北）人，终官廷尉。传见《后汉书》卷三十八。［45］陷以折耗军资：用浪费军资的罪名加以诬陷。［46］抵罪：被判以受诬之罪。［47］绲以财自嫌，失大臣之节：冯绲为了避免贪财的嫌疑，而丢了大臣的节操。［48］从事中郎：出征将军的参谋官。

滇那羌寇武威、张掖、酒泉。

太尉刘矩免，以太常杨秉为太尉。

皇甫规持节为将[1]，还督乡里[2]，既无他私惠[3]，而多所举奏[4]，又恶绝[5]宦官，不与交通[6]。于是中外并怨[7]，遂共诬规货赂群羌[8]，令其文降[9]，帝玺书诮让相属[10]。

规上书自讼[11]曰："四年之秋[12]，戎丑蠢戾[13]，旧都惧骇[14]，朝廷西顾[15]。臣振国威灵，羌戎稽首[16]，所省之费一亿以上。以为忠臣之义不敢告劳[17]，故耻以片言自及微效[18]，然比方先事[19]，庶免罪悔[20]。前践州界[21]，先奏孙隽、李翕、张禀；旋师南征，又上[22]郭闳、赵熹，陈其过恶，执据大辟[23]。凡此五臣，支党半国[24]，其余墨绶[25]下至小吏，所连及者复有百余。吏托报将之怨，子思复父之耻[26]，载贽驰车[27]，怀粮步走，交构豪门[28]，竞流谤讟[29]，云臣私报诸羌[30]，雠以钱货[31]。若臣以私财，则家无担石[32]；如物出于官，则文簿易考[33]。就臣愚惑，信如言者，前世尚遗匈奴以宫姬，镇乌孙以公主[34]；今臣但费千万以怀叛羌[35]，则良臣之才略，兵家之所贵，将有何罪负义[36]违理乎！自永初以来[37]，将出不少，覆军有五[38]，动资巨亿，有旋车完封[39]，写之权门，而名成功立，厚加爵封。今臣还本土，纠举诸郡，绝交离亲[40]，戮辱旧故[41]，众谤阴害[42]，固其宜也！"

帝乃征规还，拜议郎，论功当封；而中常侍徐璜、左悺欲从求货[43]，数遣宾客就问功状[44]，规终不答。璜等忿怒，陷以前事[45]，下之于吏[46]。官属欲赋敛请谢[47]，规誓而不听，遂以余寇不绝[48]，坐系廷尉，论输左校[49]。诸公及太学生张凤等三百余人诣阙讼之，会赦，归家。

（以上为第九段，写宦官诬罔皇甫规，良将被罢官。）

【注释】

［1］持节为将：持符节为将，兼使钦差之责。［2］还督乡里：皇甫规是凉州安定朝那人，今领兵征凉州西羌，所以称还。谓回到故乡，监察州郡军政。［3］无他私惠：不树私恩。［4］多所举奏：弹劾了许多地方贪官。［5］恶绝：痛恨拒绝。［6］交通：交结。［7］中外并怨：中，指朝中近习宦官；外，指地方贪官，都怨恨皇甫规，联合起来反对。［8］货赂群羌：收买羌人首领。［9］令其文降：让羌人假投降。文降，文簿虚饰而降，即假报名册。［10］帝玺书诮让相属：桓帝接连下诏书斥责。［11］自讼：自我答辩。［12］四年之秋：延熹四年之秋。［13］戎丑蠢戾：西戎丑类蠢动猖獗。［14］旧都惧骇：旧京长安震动。［15］西顾：注力于西方。［16］稽首：叩首投降。［17］以为忠臣之义不敢告劳：我认为忠臣只有尽义务的本分，没有夸功的职责。不敢告劳，语义双关，用典以杜谗人之口。《诗经・小雅・十月》："黾勉从事，不敢告劳，无罪无辜，谗口嚣嚣。"［18］故耻以片言自及微效：所以没有片言只语自称微薄功劳，那是十分耻辱的事。［19］比方先事：不妨与先前作一下对比。先事，指先前几任败兵之将。［20］庶免罪悔：可以说我没有什么罪过和后悔之事。庶，庶几，差不多，可以说。［21］前践州界：我一踏上凉州之土。前，最初。［22］上：上奏。［23］执据大辟：孙隽等五人，按我所掌握的罪恶，应判死刑。大辟，死刑。［24］支党半国：爪牙遍布半个国家。支党，党羽。［25］墨绶：六百石至一千石的中级官，印绶为黑色丝带。［26］吏托报将之怨，子思复父之耻：部属假称要为长官报仇，儿子一心要为父亲雪耻。谓被弹劾的贪官其部属、儿子会疯狂反扑。［27］载贽驰车：他们用车载着礼品在路上奔驰。贽，礼物，礼金。［28］交构豪门：交结权豪。［29］竞流谤讟：争相散布流言诽谤。［30］云臣私报诸羌：说我私自与诸羌交通。报，回报，来往交通。［31］雠以钱货：送给大量钱物。［32］担石：肩挑的一石粮食。形容家贫无储积。［33］文簿易考：按簿籍登记的钱物很容易查考。［34］就臣愚惑，信如言者，前世尚遗匈奴以宫姬，镇乌孙以公主：退一步说，我很愚庸，真如谣言所说，前朝尚有政府用宫女赏赐匈奴，甚至把公主出嫁给乌孙。遗匈奴以宫姬，指汉元帝以王昭君赐南匈奴呼韩邪单于和亲事。镇乌孙以公主，指汉武帝以江都王刘建女刘细君嫁乌孙昆莫以结西域。［35］费千万以怀叛羌：东汉政府讨羌，前后用去军费三百二十亿，今皇甫规安置归降仅花费一千万，成了近习宦竖攻击的口实。［36］负义：背义。［37］自永初以来：指自羌人从永初年间暴动以来。［38］覆军有五：东汉军队有五次大败，安帝永初二年（108）车骑将军邓骘率军五万，败于冀西，一也；征西校尉任尚率数万之众败于平襄，二也；安帝元初元年（114），征西将军司马钧败于丁奚城，三也；顺帝永和五年（140），征西将军马贤率十万大军败于射姑山，四也；顺帝汉安三年（144），护羌校尉赵冲败没于鹯阴河，五也。［39］有旋车完封：指前述败军之将中，有的把朝廷供应的军饷，还没有启封的整车金银发回洛阳，倾倒在权贵之门，因而名成功立，封官晋爵。旋车，指开往前线的军饷车转回洛阳。［40］绝交离亲：与朋友亲戚断绝了关系。［41］戮辱旧故：诛杀我和我的旧交故友。［42］众谤阴害：众人诽谤，暗中加害。［43］欲从求货：想在皇甫规身上敲诈勒索金银财宝。在近习宦竖看来，出征将领，打胜

仗归来，必多有财货。［44］数遣宾客就问功状：徐璜、左悺多次派遣宾客拜访皇甫规，问他立功情形，意在勒索。［45］陷以前事：重翻旧账，即再次诬陷先前所加的浪费军资事。［46］下之于吏：下诏把皇甫规交付主管官吏审判。［47］官属欲赋敛请谢：皇甫规部属想凑钱送礼，向中官求情。赋敛，此处为大家凑钱。［48］遂以余寇不绝：诬陷皇甫规贪污浪费军饷之罪不成立，于是又诬以未能平定羌人加罪。［49］坐系廷尉，论输左校：被控拘押廷尉狱，判处在左校营做苦工。

六年（癸卯，163年）

春，二月，戊午[1]，司徒种暠薨。

三月，戊戌[2]，赦天下。

以卫尉颍川许栩为司徒。

夏，四月，辛亥[3]，康陵东署[4]火。

五月，鲜卑寇辽东属国[5]。

秋，七月，甲申[6]，平陵[7]园寝火。

桂阳贼李研等寇郡界，武陵蛮复反；太守陈举[8]讨平之。宦官素恶冯绲，八月，绲坐军还，盗贼复发，免。

冬，十月，丙辰[9]，上校猎广成，遂幸函谷关、上林苑。光禄勋陈蕃上疏谏曰："安平之时，游畋宜有节，况今有三空之厄哉！田野空，朝廷空，仓库空。加之兵戎未戢[10]，四方离散，是陛下焦心[11]毁颜[12]，坐以待旦[13]之时也，岂宜扬旗曜武，骋心[14]舆马之观乎！又前秋多雨，民始种麦，今失其劝种之时，而令给驱禽除路之役[15]，非贤圣恤民[16]之意也。"书奏，不纳。

十一月，司空刘宠免。十二月，以卫尉周景[17]为司空。景，荣之孙也。

时宦官方炽，景与太尉杨秉上言："内外吏职，多非其人。旧典，中臣子弟，不得居位秉势[18]；而今枝叶[19]宾客，布列职署[20]，或年少庸人，典据守宰[21]；上下忿患[22]，四方愁毒[23]。可遵用旧章[24]，退[25]贪残，塞灾谤[26]。请下司隶校尉、中二千石、城门、五营校尉、北军中候[27]，各实核所部[28]；应当斥罢，自以状言三府[29]，廉察有遗漏，续上[30]。”帝从之。于是秉条奏牧、守青州刺史羊亮等五十余人，或死或免，天下莫不肃然。

诏征皇甫规为度辽将军。初，张奂坐梁冀故吏，免官禁锢，凡诸交旧[31]，莫敢为言；唯规荐举，前后七上[32]，由是拜武威太守。及规为度辽，到营数月，上书荐奂，“才略兼优，宜正元帅[33]，以从众望。若犹谓愚臣宜充举事者[34]，愿乞冗官，以为奂副。”朝廷从之。以奂代规为度辽将军，以规为使匈奴中郎将。

西州[35]吏民守阙[36]为前护羌校尉段颎讼冤者甚众；会滇那等诸种羌益炽，凉州几亡，乃复以颎为护羌校尉[37]。

尚书朱穆疾[38]宦官恣横[39]，上疏曰：“按汉故事，中常侍参选士人，建武以后，乃悉用宦者。自延平[40]以来，浸益贵盛[41]，假貂珰之饰[42]，处常伯之任[43]，天朝政事，一更其手[44]。权倾海内[45]，宠贵无极，子弟亲戚，并荷荣任[46]，放滥骄溢[47]，莫能禁御[48]，穷破天下，空竭小民。愚臣以为可悉罢省[49]，遵复往初[50]，更选海内清淳之士[51]明达国体[52]者，以补其处[53]，即兆庶黎萌[54]，蒙被圣化矣！”帝不纳。后穆因进见，复口陈[55]曰：“臣闻汉家旧典，置侍中、中常侍各一人，省尚书事；黄门侍郎一人，传发书奏；皆用姓族[56]。自和熹太后[57]以女主称制，不接公卿，乃以阉人为常侍，小黄门通命两宫。自此以来，权倾人主[58]，穷困天下，宜皆罢遣，博选耆儒宿德，与参政事[59]。”帝怒，不应。穆伏不肯起，左右传“出”！良久，乃趋而去。自此中官数因事称诏诋毁之[60]。穆素刚[61]，不得意，居无几[62]，愤懑发疽卒[63]。

（以上为第十段，写汉桓帝迫于舆论与军情，重新起用皇甫规、张奂、段颎等良将，惩治一批任州牧郡守的宦官子弟。）

【注释】

[1]戊午：二月十一日。[2]戊戌：三月二十二日。[3]辛亥：四月五日。[4]康陵东署：康陵东厢房。康陵，殇帝陵。[5]辽东属国：治所昌黎，在今辽宁义县。[6]甲申：七月十日。[7]平陵：西汉昭帝陵，在今陕西咸阳市西北。[8]陈举：据章校，应作“陈奉”，是。[9]丙辰：十月十三日。[10]兵戎未戢：战争未止。戢，止息。[11]焦心：忧心如焚。[12]毁

颜：愁眉不展。［13］坐以待旦：彻夜不能安眠。［14］骋心：用心。［15］令给驱禽除路之役：下令征发农民为皇帝围猎驱赶禽兽、修筑道路服徭役。［16］恤民：体恤关心人民。［17］周景：字仲享，庐江舒县（在今安徽庐江县西南）人，周荣之孙。延熹六年为司空，与太尉杨秉同心辅正，举劾奸猾。传见《后汉书》卷四十五。周荣，章帝、和帝时地方循吏。［18］秉势：掌握权力。［19］枝叶：指宦官亲族。［20］布列职署：布满朝廷各官署。［21］典据守宰：职任地方州郡长官。［22］上下忿患：全国上下对此局面无不愤恨忧患。［23］四方愁毒：全国老百姓愁苦怨恨。毒，受荼毒。［24］遵用旧章：恪守祖宗之法。［25］退：斥退。［26］塞灾谤：消除天灾谴告和人民的讥刺。［27］“请下”句：请下诏检查各部门的贪残官吏。检查部门有司隶校尉，九卿各部，城门校尉，北军五营校尉，北军中候等部门。［28］各实核所部：各部门切实核查所属部下。［29］应当斥罢，自以状言三府：应当罢黜的，主动呈报三府。三府，三公府署的合称。东汉三府为太尉、司徒、司空。［30］廉察有遗漏，续上：复查有遗漏的应罢免的官员，继续上报。廉察，更查，复查。［31］凡诸交旧：所有张奂的各位故交老友。［32］七上：七次推举上奏。［33］宜正元帅：张奂应为度辽将军。［34］充举事者：据张敦仁《资治通鉴刊本识误》校正，“举”应作“军”。充军事者，谓充任军事长官。［35］西州：指凉州。［36］守阙：守在皇宫外请愿。［37］乃复以颎为护羌校尉：于是再次任命段颎为护羌校尉。段颎复任，为东汉第二十二任护羌校尉。［38］疾：痛恨。［39］恣横：肆意横暴。［40］延平：殇帝年号，公元106年。［41］浸益贵盛：宦官地位一天天尊贵隆盛起来。［42］貂珰之饰：皇帝近侍官侍中的帽饰。其冠，冠前有金珰，饰以蝉，在冠的右侧饰以貂尾。西汉士人为侍中，冠戴金蝉貂尾，至东汉逐渐为宦官所垄断。［43］常伯之任：侍中之任。［44］一更其手：政权一一落入宦官之手。［45］权倾海内：宦官权力动摇全国。［46］子弟亲戚，并荷荣任：宦官子弟及亲戚，全都担任国家重任。［47］放滥骄溢：放纵骄慢。［48］禁御：控制。［49］可悉罢省：全部罢黜宦官及子弟亲戚的权力。［50］遵复往初：恢复东汉初宦官不预政的制度。［51］清淳之士：清廉纯朴的士人。［52］明达国体：通达国事。［53］以补其处：用以填补缺位。［54］兆庶黎萌：亿万民众。［55］口陈：口头进呈意见。［56］姓族：有名望的士族。［57］和熹太后：邓绥皇太后。［58］权倾人主：宦官权力盖过皇帝。［59］博选耆儒宿德，与参政事：广选年长的硕学有德士人，参与朝政。［60］中官数因事称诏诋毁之：宦官多次借传达皇帝命令的机会，诟骂朱穆。［61］素刚：一向刚烈。［62］居无几：没过多久。［63］愤懑发疽卒：愤怒到极点，引起毒疮溃烂而死。

【点评】

本卷史事点评下列四事，分述如下。

一、刘陶谏阻铸重币。铸造重币，就是铸造不等值的大钱，如同今之发行大额面值的纸币。铸造大钱就是用通货膨胀的办法转嫁国家财政赤字，祸害黎民百姓。

汉武帝后期，财政枯竭，造白鹿皮币，一方尺白鹿皮，缘以藻缋，面值四十万。王莽制造刀币，契刀一枚值五百，文曰“契刀五百”，错刀一枚值五千，文曰“一刀直五千”。五莽多次改变铸钱面值，每改一次，就有大批民众破产，随后兴大狱。桓帝永寿三年（157），民众贫困交加，有人建议国家改铸大钱，朝廷让四府、群僚广泛讨论，让太学生参加讨论。于是太学生刘陶上奏，抨击铸重币之害。刘陶说：“当今民众的忧患，不是钱币，而是饥馑。即使把沙砾化成黄金，把瓦片变成白玉，民众渴了不能当水喝，饥了不能当饭吃，有什么用？民众可以一百年没有钱币，却不能一天没有饭吃。让民众富裕的唯一办法就是停止官府的重税和官吏的贪污，没有了重税和贪污，民众自然富足。”刘陶一针见血指出，“官府用铸大钱的方法来补救过失，好比把鱼养到沸水中，把鸟放置在烈火燃烧的树上一样。水和树木，本来是鱼和鸟的生命线，但用错地方，一定焦烂。”刘陶又警告说：如今“贪官污吏，凶残如同兀鹰，窃盗匪徒，掠夺好像乌鸦，连皮带肉把民众一口吞下还不满足，臣深忧一朝人民在困苦中崛起，有人振臂一呼，群起响应以求得一条生路，到那时，即使钱大如尺，也挽救不了危亡”。刘陶说理透彻，简洁明快，不可辩驳。东汉朝廷停止铸造重币的讨论，百姓避免了一场通货膨胀的灾难，刘陶之功也。

二、五侯横空出世。延熹二年（159），桓帝与小黄门史唐衡密议诛梁冀。唐衡引宦官左悺、单超、徐璜、具瑗共谋，轻而易举地诛杀了梁冀，恰如王夫之所说，如同瓮中捉鼠。原因是朝官士大夫自李固、杜乔死后，满朝文武噤若寒蝉，听任梁冀为所欲为，胡广之流明哲保身，阿附梁冀以分一杯羹，桓帝又是诸侯王子入继大统，不满处于傀儡的地位，朝官士大夫既不可依靠，而身边的人就是一群宦官。桓帝依靠宦官打倒外戚，夺回权力，就一心一意倒向宦官。而宦官在宫廷糜烂生活和皇帝淫威的熏陶下，养成了阿谀皇帝、崇拜权势的品行。他们只争自己的利益得失，哪管什么国计民生。桓帝依靠中官单超、左悺、具瑗、徐璜、唐衡五人诛杀梁冀，同日封五人为侯，世谓之五侯，其后超死，四侯专横，皆竞起宅第，穷极壮丽。民间语曰：“左回天，具独坐，徐卧虎，唐雨堕”。州郡牧守多为宦官子弟姻戚。他们不仅“剥割萌黎，竞恣奢欲”，而且“拘害明贤，专树党类”，真是“穷暴极毒，莫敢谁何”。宦官五侯横空出世，宦官势力开始达于鼎盛，东汉政治从此进入了黑暗，不久爆发的祸及全国的党锢之祸，就是朝官士大夫与外戚联合反击宦官激起的政治斗争，将在下卷点评中详析，兹从略。

三、五名士皆不应征。尚书令陈蕃举荐五位有大名声的隐逸贤士，豫章徐稚、彭城姜肱、汝南袁闳、京兆韦著、颍川李昙，桓帝派出五辆蒲轮安车，带着布帛礼品、皇帝诏书征起五位名士，五名士全都谢绝，不应征召。五名士中徐稚名声最大，他不应征召的心态也最为典型。徐稚字孺子，豫章南昌人。家贫，自耕为食。陈蕃为豫章太守，在郡不接待宾客，只有徐稚来访，专备一榻，徐稚走后就悬吊起来不再用。陈蕃以礼请徐稚为功曹，徐稚谢绝。稍后朝廷以有道之士名义征拜徐稚为太原太守，徐稚不应征，延熹二年（159），陈蕃为尚书令与仆射胡广联名举荐五名士，徐稚居首，五名士皆不就。郭林宗游说京师，徐稚带话给郭林宗说："巨木就要倒下，不是一根绳子可以把它拴住，为什么每天奔忙辛苦，不能安定下来。"郭林宗听了这话感慨地说："徐稚先生可以做我的老师。"徐稚遵循的原则是："邦有道则仕，邦无道则隐。"这是一种明哲保身的哲学，不符合"天下兴亡，匹夫有责"的大义原则，徐稚的社会责任感不能与郭林宗相比。但徐稚锐敏地看到了东汉政权的衰亡无可救药，所以不应征召，不愿与权奸小人为伍，耐得住安贫乐道仍然值得肯定。五名士都看到了东汉衰亡的前景，不愿为这个政权殉葬。

四、冯绲请监军。桓帝延熹五年（162），朝廷任命太常冯绲为车骑将军，领兵十余万讨武陵蛮。在这之前，几任将领出征，都被宦官诬陷克扣军资，往往无功有罪，冯绲出征，要求桓帝派中常侍一人监军财费，尚书朱穆弹劾冯绲为了避嫌，就要求宦官监军，丢失了大臣的节操。桓帝下诏不准弹劾，也就是批准了冯绲的请求，开了宦官监军的先例。王夫之批评冯绲开了一个恶例，宦官监军，影响深远，唐代、明代的宦官监军，无一不败坏军事。王夫之的批评，指错了目标。良将皇甫规讨平三辅河西的羌乱，冯绲讨平了荆州武陵蛮的叛乱，宦官仍借故将二人下狱。冯绲不请宦官监军，也会有李绲、王绲请宦官监军。唐代、明代，宦官监军，一再误事，乃至崇祯皇帝自毁长城杀袁崇焕，哪一个不是遭宦官的毒手？不是宦官有多大能量，而是皇帝猜疑而信宦官，皇权不受节制可以任意诛杀。宦官制度是专制政体上的一块恶性肿瘤，割除恶性肿瘤，躯体会随之死亡。可是专制政体不除，恶性肿瘤又伴随生长。因此宦官监军是专制之弊的必然发展，而不能怪罪冯绲开了先例。

卷五五　汉纪四十七

汉桓帝延熹七年至九年（164—166年）

【起阏逢执徐（甲辰，164年），尽柔兆敦牂（丙午，166年），凡三年】

【大事提要】

本卷记事起公元164年，讫公元166年，凡三年，当桓帝延熹七年至九年。这一时期最重大的政治事件是爆发了第一次党锢之祸。大司农刘祐、河南尹李膺、廷尉冯绲联手惩治贪残，反被下狱。贤良刘瑜上奏，指出宦官不应裂土分封，宦官子弟不应任职地方。京师太学生与清流士大夫清议朝政，褒贬人物，渐成风气，形成社会舆论。地方功曹岑晊、张俭、范滂等人不接受宦官请托，惩治奸人，触动宦官集团利益，引发党锢之祸。窦贵人被立为皇后，其父窦武为特进、城门校尉，封槐里侯。窦武亲近清流士大夫，李膺出狱任司隶校尉，打击为恶的宦官，毫不手软，蛊惑桓帝的风角师张成推占朝廷有赦令，教子杀人。李膺嫉之如仇，在大赦令中杀死张成父子。宦官借机中伤，诬陷太学生与士大夫结成朋党，诽谤朝廷，扰乱风俗。桓帝大怒，以党人名义逮捕清流士大夫，第一次党锢之祸形成。

孝桓皇帝中

延熹七年（甲辰，164年）

春，二月，丙戌[1]，邟乡忠侯黄琼薨。将葬，四方远近名士会者六七千人。

初，琼之教授于家，徐稚从之咨访大义[2]，及琼贵，稚绝不复交。至是，稚往吊之，进酹[3]，哀哭而去，人莫知者。诸名士推问丧宰[4]，宰曰："先时有一书生来，衣粗薄而哭之哀，不记姓字。"众曰："必徐孺子[5]也。"于是选能言者陈留茅容[6]轻骑追之，及于途[7]。容为沽酒市肉[8]，稚为饮食[9]。容问国家之事，稚不答。更问稼墙之事，稚乃答之。容还，以语诸人，或曰："孔子云：'可与言而不与言，失人[10]。'然则孺子其失人乎？”太原郭泰曰：“不然。孺子之为人，清洁高廉，饥不可得食，寒不可得衣[11]，而为季伟饮酒食肉，此为已知季伟之贤故也！所以不答国事者，是其智可及，其愚不可及也[12]！”

（以上为第一段，写名士徐孺子风采。）

【注释】

[1]丙戌：二月壬寅朔，无丙戌。丙戌，三月十五日。 [2]咨访大义：咨询访问，即学习经义。 [3]进爵：以酒沃地祭奠。 [4]丧宰：丧事主持人。 [5]徐孺子：徐稚，字孺子。豫章郡南昌县（今江西南昌市）人，东汉名士，公府辟举皆不就，终老田园。传见《后汉书》卷五十三。 [6]茅容：字季伟，陈留（在今河南开封市南），有孝行。事附《郭泰传》，见《后汉书》卷六十八。 [7]及于途：在半道追上了徐稚。 [8]容为沽酒市肉：茅容特地打酒买肉招待徐稚。[9]稚为饮食：徐稚认为茅容是贤者，吃了他这一顿饭。 [10]可与言而不与言，失人：语见《论语·卫灵公》篇孔子之言。意谓，见了可以和他谈论的人而不谈，失去了知人的机会。 [11]饥不可得食，寒不可得衣：徐稚即使饿了，没有人可以让他吃饭；即使冷了，没有人可以让他穿衣。意谓徐稚决不接受非贤者之赐，今他既然吃了茅容的饭，是知茅容为贤者，未失人。 [12]所以不答国事者，是其智可及，其愚不可及也：徐稚之所以不谈论国家大事，这是因为他的智慧我们赶得上，他的愚昧我们赶不上。智愚之论，亦孔子之言，见《论语·公冶长》篇，这是称赞宁武子的话。此即《老子》所谓“大智若愚”之意。

泰[1]博学，善谈论。初游洛阳，时人莫识，陈留符融[2]一见嗟异[3]，因以介于河南尹李膺。膺与相见，曰：“吾见士多矣，未有如郭林宗[4]者也。其聪识通朗，高雅密博[5]，今之华夏[6]，鲜见其俦[7]。”遂与为友，于是名震京师。后归乡里，衣冠诸儒送至河上，车数千两，膺唯与泰同舟而济，众宾望之，以为神仙焉。

泰性明知人[8]，好奖训士类[9]，周游郡国。茅容，年四十余，耕于野，与等辈避雨树下，众皆夷踞相对[10]，容独危坐[11]愈恭；泰见而异之，因请寓宿。旦日，容杀鸡为馔[12]，泰谓为己设；容分半食母，余半庋置[13]，自以草蔬[14]与客同饭。泰曰：“卿贤哉远矣[15]！郭林宗犹减三牲之具以供宾旅[16]，而卿如此，乃我友也。”起，对之揖，劝令从学，卒为盛德。巨鹿孟敏[17]，客居太原，荷甑[18]堕地，不顾而去。泰见而问其意，对曰：“甑已破矣！视之何益！”泰以为有分决[19]，与之言，知其德性，因劝令游学，遂知名当世。陈留申屠蟠[20]，家贫，佣为漆工；鄢陵庾乘[21]，少给事县廷为门士；泰见而奇之，其后皆为名士。自余或出于屠沽、卒伍，因泰奖进成名者甚众。

陈国[22]童子魏昭请于泰曰："经师[23]易遇，人师[24]难遭，愿在左右，供给洒扫。"泰许之。泰尝不佳，命昭作粥，粥成，进泰，泰呵之曰："为长者作粥，不加意敬，使不可食！"以杯掷地。昭更为粥重进[25]，泰复呵之。如此者三，昭姿容无变[26]。泰乃曰："吾始见子之面，而今而后，知卿心耳！"遂友而善之。

陈留左原，为郡学生，犯法见斥，泰遇诸路，为设酒肴以慰之。谓曰："昔颜涿聚，梁甫之巨盗[27]。段干木[28]，晋国之大驵[29]，卒为齐之忠臣，魏之名贤；蘧瑗[30]、颜回[31]尚不能无过，况其余乎！慎勿恚恨，责躬[32]而已！"原纳其言[33]而去。或有讥泰不绝恶人者，泰曰："人而不仁，疾之已甚，乱也[34]。"原后忽更怀忿结客[35]，欲报[36]诸生。其日，泰在学，原愧负前言，因遂罢去。后事露，众人咸谢服焉。

或问范滂曰："郭林宗何如人？"滂曰："隐不违亲[37]，贞不绝俗[38]，天子不得臣，诸侯不得友，吾不知其他。"

泰尝举有道，不就，同郡宋冲素服其德，以为自汉元以来[39]，未见其匹，尝劝之仕。泰曰："吾夜观乾象[40]，昼察人事，天之所废，不可支也，吾将优游卒岁[41]而已。"然犹周旋京师[42]，诲诱不息[43]。徐稚以书戒[44]之曰："大木将颠[45]，非一绳所维，何为栖栖不遑宁处[46]！"泰感寤曰："谨拜斯言，以为师表。"

（以上为第二段，写党人精神领袖郭林宗识人，以及善处乱世之道。）

【注释】

[1]泰：即郭泰，字又作太，字林宗。太原介休（故治在今山西介休市东南）人。东汉末大名士，党人精神领袖。传见《后汉书》卷六十八。 [2]符融：字伟明，陈留浚仪（今开封市）人，东汉名士，善知人。传见《后汉书》卷六十八。 [3]一见嗟异：一见成知己，叹其非常人。 [4]郭林宗：郭泰字林宗。 [5]密博：思维细密精博。 [6]华夏：指全中国。 [7]鲜见其俦：没有第二人与他匹敌。俦，匹敌。 [8]明知人：精明善识人。 [9]好奖训士类：喜欢鼓励士人上进。 [10]夷踞相对：杂乱地平坐于地。夷，平；踞，蹲。两腿伸直平坐，意态倨

傲。［11］危坐：正坐，两腿并拢屈地，坐于脚跟之上，衣襟垂直，称正襟危坐。这是有礼貌的正规坐法。［12］为馔：做饭。［13］庋（guī）置：收藏起来。［14］草蔬：素饭素菜。草，粗，素饭。［15］卿贤哉远矣：你真是圣贤，超出常人远矣。［16］郭林宗犹减三牲之具以供宾旅：我郭林宗待客，都要减少对父母的供养。三牲，牛、羊、猪。《孝经》："日用三牲之养。"这里借以指对父母的供养。［17］孟敏：字叔达，巨鹿杨氏（今河北宁晋县）人，不受征辟，知名当世。事附《郭泰传》，见《后汉书》卷六十八。［18］甑：蒸饭陶器。［19］分决：分，有判断力；决，果决。［20］申屠蟠：字子龙，陈留外黄（今河南民权县西北）人，东汉末名士。传见《后汉书》卷五十三。［21］庾乘：字世游，颍川鄢陵（今河南鄢陵县西北）人，东汉末名士。事附《郭泰传》。［22］陈国：封国名，治所陈县，在今河南周口市淮阳区。［23］经师：学问老师。［24］人师：道德老师。［25］更为粥重进：再次做粥，重新送进。［26］姿容无变：脸色不变，仍然温和。［27］颜涿聚，梁甫之巨盗：颜涿聚，春秋时齐国梁甫地方的大盗，后改恶从善，拜孔子为师，成为齐国忠臣。梁甫，又作梁父，古邑名，汉县名，在今山东泰安市东南。［28］段干木：战国时魏隐士，为魏文侯师。［29］大驵：大市侩。侩，双方交易的中介人。［30］蘧瑗：春秋时卫国贤大夫。［31］颜回：孔子最得意的门生，孔子曾称赞他："有颜回者好学，不迁怒，不贰过。"［32］责躬：自我检讨。［33］纳其言：表示相信他的话。［34］人而不仁，疾之已甚，乱也：一个人已经不仁，如果厌恶他太过分，会生出更大的乱子。语见《论语·泰伯》篇孔子之言。［35］结客：约聚党羽。［36］报：报仇。［37］隐不违亲：郭泰退隐，没有违背父母的意愿。介子推不出仕，他的母亲十分支持他。［38］贞不绝俗：保持操守，但绝不厌恶世俗。［39］汉元以来：汉建元以来，即汉初以来。［40］乾象：天象。［41］优游卒岁：得过且过以终天年。［42］周旋京师：仍留在京师与各方应酬。［43］诲诱不息：谆谆地劝导人们从不停止。［44］以书戒：写信警告。据《后汉书·徐稚传》，徐稚托茅容带口信寄语林宗。［45］大木将颠：指东汉行将灭亡。颠，仆倒。［46］何为栖栖不遑宁处：为什么忙忙碌碌不休息，难道没有清静的地方？栖栖，皇皇，忙忙碌碌。宁处，宁静的地方。

济阴黄允[1]，以隽才[2]知名，泰见而谓曰："卿高才绝人，足成伟器，年过四十，声名著矣。然至于此际，当深自匡持[3]，不然，将失之矣！"后司徒袁隗欲为从女[4]求姻，见允，叹曰："得婿如是，足矣。"允闻而黜遣其妻[5]。妻请大会宗亲为别，因于众中攘袂[6]数允隐慝十五事[7]而去，允以此废于时[8]。

初，允与汉中晋文经并恃其才智，曜名远近[9]，征辟不就。托言疗病京师[10]，不通宾客，公卿大夫遣门生旦暮问疾，郎吏杂坐其门[11]，犹不得见；三公所辟召者，辄以询访之，随所臧否[12]，以为与夺[13]。

符融谓李膺曰："二子行业无闻[14]，以豪杰自置[15]，遂使公卿问疾，王臣坐门，融恐其小道破义[16]，空誉违实，特宜察焉[17]。"膺然之[18]。二人自是名论渐衰，宾徒稍省[19]，旬日之间，惭叹逃去，后并以罪废弃。

（以上为第三段，写假名士黄允现形嘴脸。）

【注释】

[1]黄允：字子艾，济阴（今山东菏泽市定陶区）人，东汉假名士。事附《郭泰传》。 [2]隽才：高才。 [3]深自匡持：特别小心，自我扶持。 [4]从女：侄女。 [5]遣其妻：黄允休其妻夏侯氏。 [6]攘袂：卷起袖子。形容愤怒的举动。 [7]数允隐慝十五事：揭发黄允十五件见不得人的隐私。数，数落。 [8]废于时：被人看不起。 [9]曜名远近：名声的光辉照耀远近，即名声远播。 [10]托言疗病京师：声称有病到京师疗养，实为进京提高身价。 [11]郎吏杂坐其门：郎官以下的小官去看望黄允挤满门庭。 [12]随所臧否：随意褒贬。臧，褒扬。否，贬抑。 [13]以为与夺：指三公所荐举征召的人，任用与否，竟然以晋文经、黄允二人的评论作为依据。以为，指晋文经与黄允两人的评论。与夺，任用与不任用的依据。 [14]行业无闻：品行和学业并无建树。 [15]以豪杰自置：自我抬高身价，以豪杰自居。 [16]小道破义：指晋、黄二人用小聪明破坏了大义。 [17]空誉违实，特宜察焉：虚假的声誉与实际不符时，应特别留意考察。 [18]膺然之：李膺赞成符融的话，不与二人交接。李膺时为公认的名士，李膺不出，二人声名顿减。 [19]宾徒稍省：宾客日渐稀少。

陈留仇香[1]，至行纯嘿[2]，乡党无知者[3]。年四十，为蒲亭[4]长。民有陈元，独与母居，母诣香告元不孝，香惊曰："吾近日过元舍，庐落整顿，耕耘以时，此非恶人，当是教化未至耳。母守寡养孤，苦身投老，奈何以一旦之忿，弃历年之勤[5]乎！且母养人遗孤，不能成济[6]，若死者[7]有知，百岁之后，当何以见亡者[8]！"母涕泣而起。香乃亲到元家，为陈人伦孝行，譬以祸福之言，元感悟[9]，卒为孝子。考城令河内王奂署香主簿，谓之曰："闻在蒲亭，陈元不罚而化之，得无少鹰鹯之志[10]邪？"香曰："以为鹰鹯不若鸾凤[11]，故不为也。"奂曰："枳棘之林非鸾凤所集，百里非大贤之路[12]。"乃以一月奉[13]资[14]香，使入太学。郭泰、符融赍刺谒之[15]，因留宿；明旦，泰起，下床拜之曰："君，泰之师，非泰之友也。"香学毕归乡里，虽在宴居[16]，必正衣服，妻子事之若严君；妻子有过，免冠自责，妻子庭谢思过[17]，香冠[18]，妻子乃敢升堂[19]，终不见其喜怒声色之异。不应征辟，卒于家。

（以上为第四段，写学行一致的真名士仇香风采。）

【注释】

[1]仇香：又名览，字季智，陈留考城（在今河南民权县东）人，只做过亭长小官，但抚爱人民的名声远播，故入《后汉书》卷七十六《循吏传》。[2]至行纯嘿：品行高洁，沉默寡言。[3]乡党无知者：不为乡里人所知。[4]蒲亭：属考城县之乡亭。[5]弃历年之勤：抛弃多年养育的辛勤。汉时以孝行治天下，母告子不孝，官府受理则大辟，故仇香劝陈元母免予起诉。[6]成济：成才。[7]死者：指陈元母之夫。[8]何以见亡者：哪有面目去见地下的亡夫呢！[9]元感悟：陈元受到感化醒悟。[10]少鹰鹯之志：缺少雄鹰搏击的勇气。[11]鹰鹯不若鸾凤：与其有苍鹰之勇，不如有鸾凤之和鸣。[12]枳棘之林非鸾凤所集，百里非大贤之路：长满荆棘的丛林不是鸾凤的栖身之所，一个百里的县城不是大贤所走的路。王奂认为仇香有治国之才，应到京师学习，不应在一个县衙中做小吏。[13]奉：俸禄。[14]资：路费。[15]赍刺谒之：郭泰、符融带着名帖去求见仇香。刺，秦汉时书写姓名的帖子，如今之名片。[16]宴居：平常闲居。[17]妻子庭谢思过：老婆孩子到院子里承认错误，表示悔改。[18]香冠：仇香戴正帽子。[19]升堂：进屋。

三月，癸亥[1]，陨石于鄠[2]。

夏，五月，己丑[3]，京师雨雹。

荆州刺史度尚募诸蛮夷击艾县贼，大破之，降者数万人。桂阳宿贼[4]卜阳、潘鸿等逃入深山，尚穷追[5]数百里，破其三屯，多获珍宝。阳、鸿党众犹盛，尚欲击之，而士卒骄富，莫有斗志。尚计缓之则不战，逼之必逃亡[6]，乃宣言：“卜阳、潘鸿作贼十年，习于攻守，今兵寡少，未易可进，当须诸郡所发悉至，乃并力攻之。”申令[7]军中恣听射猎[8]，兵士喜悦，大小皆出。尚乃密使所亲客潜焚其营，珍积皆尽[9]；猎者来还，莫不泣涕。尚人人慰劳，深自咎责[10]，因曰：“卜阳等财宝足富数世，诸卿但不并力耳，所亡少少[11]，何足介意[12]！”众咸愤踊[13]。尚敕令秣马蓐食[14]，明旦，径赴贼屯，阳、鸿等自以深固，不复设备，吏士乘锐[15]，遂破平之。尚出兵三年[16]，群寇悉定，封右乡侯。

（以上为第五段，写荆州刺史度尚巧计破贼，抚定荆州。）

【注释】

[1]癸亥：三月壬申朔，无癸亥。癸亥，四月二十三日。［2］鄠：县名，县治在今陕西西安市鄠邑区。［3］己丑：五月十九日。［4］宿贼：长年为贼。［5］穷追：死死咬住不放。［6］尚计缓之则不战，逼之必逃亡：度尚审时度势，拖延下去，士气低落不肯出战；逼迫过甚，士兵将要逃散。缓，拖延进兵。逼，强令出战。［7］申令：重复宣令。［8］恣听射猎：让兵士自由行动，可以外出打猎。［9］珍积皆尽：军资及个人所藏，全化为灰烬。［10］深自咎责：狠狠地责备自由行动对火灾的责任。［11］所亡少少：被火烧毁的比起卜阳等的聚积，少得可怜。［12］何足介意：值不得耿耿于怀。［13］众咸愤踊：全军感情激动，踊跃请战。［14］秣马蓐食：喂饱战马，早早吃饭。蓐，草席。蓐食，指还未到起床时就吃饭。［15］乘锐：趁着锐气，一鼓作气。［16］尚出兵三年：度尚延熹五年为荆州刺史，至延熹七年，是为三年。

冬，十月，壬寅[1]，帝南巡；庚申[2]，幸章陵[3]；戊辰[4]，幸云梦[5]，临汉水，还，幸新野[6]。时公卿、贵戚车骑万计，征求费役[7]，不可胜极[8]。护驾从事[9]桂阳胡腾[10]上言："天子无外[11]，乘舆所幸，即为京师。臣请以荆州刺史比司隶校尉，臣自同都官从事。"帝从之。自是肃然[12]，莫敢妄干扰郡县[13]。帝在南阳，左右并通奸利[14]，诏书多除人为郎，太尉杨秉上疏曰："太微积星，名为郎位[15]，入奉宿卫，出牧百姓，宜割不忍之恩，以断求欲之路[16]。"于是诏除乃止。

护羌校尉段颎击当煎羌，破之。

十二月，辛丑[17]，车驾还宫。

中常侍汝阳侯唐衡、武原侯徐璜皆卒。

初，侍中寇荣[18]，恂之曾孙也，性矜洁[19]，少所与[20]，以此为权宠所疾。荣从兄子[21]尚帝妹益阳长公主，帝又纳其从孙女[22]于后宫。左右益忌之，遂共陷以罪，与宗族免归故郡[23]，吏承望风旨，持之浸急[24]。荣恐不免[25]，诣阙自讼。未至，刺史张敬追劾荣以擅去边[26]，有诏捕之，荣逃窜数年，会赦，不得除[27]，积穷困[28]，乃自亡命中上书曰："陛下统天理物，作民父母，自生齿以上[29]，咸蒙德泽；而臣兄弟独以无辜，为专权之臣所见批抵[30]，青蝇之人所共构会[31]，今陛下忽慈母之仁，发投杼之怒[32]。残谄之吏，张设机网，并驱争先，若赴仇敌，罚及死没，髡剔坟墓[33]，欲使严朝必加滥罚[34]；是以不敢触突天威[35]而自窜山林，以俟[36]陛下发神圣之听，启独睹之明[37]，救可济之人，援没溺之命[38]。不意滞怒不为春夏息，淹恚不为岁时怠[39]，遂驰使邮驿，布告远近，严文克剥[40]，痛于霜雪[41]，逐臣者穷人途，追臣者极车轨[42]，虽楚购伍员，汉求季布，无以过也[43]。臣遇罚以来，三赦再赎[44]，无验之罪[45]，足以蠲除；而陛下疾臣[46]愈深，有司咎臣甫力[47]，止则见扫灭，行则为亡虏[48]，苟生则为穷人，极死则为冤鬼[49]，天广而无以自覆[50]，地厚而无以自载[51]，蹈陆土而有沉沦之忧[52]，远岩墙而有镇压之患[53]。如臣犯元恶大憝，足以陈原野，备刀锯[54]，陛下当班布臣之所坐，以解众论之疑[55]。臣思入国门[56]，坐于肺石[57]之上，使三槐九棘平臣之罪[58]，而阊阖九重[59]，陷阱步设[60]，举趾触罘罝[61]，动行絓罗网[62]，无缘至万乘之前，永无见信之期。悲夫，久生亦复何聊[63]！盖忠臣杀身以解君怒，孝子殒命以宁亲怨，故大舜不避涂廪、浚井[64]之难，申生不辞姬氏谗邪之谤[65]；臣敢忘斯义，不自毙以解明朝之忿哉[66]！乞以身塞责[67]，愿陛下丐兄弟死命[68]，使臣一门颇有遗类[69]，以崇陛下宽饶之惠[70]。先死陈情[71]，临章泣血[72]！”帝省章愈怒，遂诛荣，寇氏由是衰废[73]。

（以上为第六段，写开国功臣寇恂曾孙寇荣，身为皇亲国戚，生性傲岸廉洁，遭群小构陷致死，寇氏衰落。）

【注释】

[1]壬寅：十月五日。[2]庚申：十月二十三日。[3]章陵：县名，东汉皇室祖先坟墓所在地，县治在今湖北枣阳市南。[4]戊辰：十一月一日。[5]云梦：古泽名，在今湖北安陆市一带。[6]新野：县名，县治在今河南新野县。[7]征求费役：向沿途地方征求用费与民夫。[8]不可胜极：不知用了多少办法。[9]护驾从事：从事为州郡长副官。此为荆州派出的护送皇帝的众事官。[10]胡腾：字子升，官至尚书。事附《窦武传》。[11]天子无外：天子所到之处，无内外之分。[12]肃然：天子扈从队伍，一片整肃。[13]莫敢妄干扰郡县：再没有人敢假借天子权威勒索郡县。荆州刺史察举所部，天子扈从为京师权贵，刺史不得察举。今特命荆州刺史代行司肃校尉之职，胡腾代行司隶部属都官从事，则可察举扈从为奸之事，故全体肃然。[14]左右并通奸利：皇帝左右近习都营私舞弊，受人请托为郎，收取贿赂。[15]太微积星，名为郎位：在太微宫五帝后有二十五颗小星，象征郎官之位。[16]宜割不忍之恩，以断求欲之路：陛下应当舍弃不忍拒绝的小恩，用以断绝左右谋取奸利的道路。[17]辛丑：十二月四

日。［18］寇荣：东汉开国功臣寇恂的曾孙，桓帝时为侍中，得罪权幸被诛死。传见《后汉书》卷十六。［19］性矜洁：性情高傲廉洁。［20］少所与：很少与人交往。［21］从兄子：堂兄弟。［22］从孙女：寇荣的侄孙女。［23］故郡：故乡。寇荣故郡在上谷郡昌平县，在今北京市昌平区东南。［24］吏承望风旨，持之浸急：地方官吏受权贵指使，对寇荣迫害一天天加深。［25］不免：指不免于死。［26］追劾荣以擅去边：幽州刺史张敬抢先弹劾寇荣擅自离开边地的居所。昌平近边。［27］不得除：不得除寇荣之罪。即寇荣在赦外。［28］积穷困：困难越来越多，以至走投无路。［29］生齿以上：一岁以上。男八月生齿，女七月生齿。［30］批抵：打击。抵，亦批，侧击。［31］青蝇之人所共构会：受到青蝇般的小人一窝蜂地陷害。青蝇，《诗经·小雅》中篇名，讽刺周幽王听信谗言。［32］投杼之怒：投杼，扔下织布的梭子。曾参，春秋时大孝子。其母初听人传言说曾参杀人，她不信，而一连三人来说曾参杀人，她沉不住气了，扔下织布梭子逃走。事见《资治通鉴》卷三周赧王七年。［33］髡剔坟墓：将坟前松柏砍光，使坟墓像似受到髡刑一般。据《后汉书·寇荣传》上书，洛阳令袁腾挖了寇荣祖坟，剖棺露尸，砍伐墓木，以迫使寇荣露面。［34］欲使严朝必加滥罚：贪残之吏使严明之朝滥加刑罚。［35］触突天威：冒犯圣怒。此句谓，我寇荣不敢冒犯圣怒，不想使圣朝滥施刑罚才躲起来。［36］俟：等待，期待。［37］启独睹之明：张开独明的眼睛。［38］援没溺之命：伸出手来捞出快要淹死的人。［39］不意滞怒不为春夏息，淹恚不为岁时怠：想不到皇上怒气积留，不因已过春夏而消失；仇恨蓄积，不因时光流逝而冲淡。滞怒，淹恚，指怒气与仇恨蓄积不化，永不消散。［40］严文克剥：严厉的通缉令，限期捉拿。克剥，捉拿。［41］痛于霜雪：读了通缉令仿佛全身裹上了霜雪，痛入骨髓。［42］逐臣者穷人途，追臣者极车轨：缉拿我的人搜索尽了所有的道路，布满了所有通车的路口。［43］虽楚购伍员，汉求季布，无以过也：即使是昔日楚国悬赏捉拿伍员，汉初追索季布，也没有今天这样严厉。伍员，即伍子胥，春秋时楚平王大夫伍奢之子。平王听谗杀伍奢，伍员出亡，楚国悬赏米五万石和执珪的高官捉拿他。伍员终于逃到吴国借兵报仇。季布，项羽之将，汉高祖捉拿他，季布逃亡，终被赦免，后为汉将。［44］三赦再赎：寇荣逃亡三年，已遇三次赦令，又两次颁布赎罪的命令，仍不免除我。即既不赦免寇荣，也不让他赎罪。赎，入钱免罪。［45］无验之罪：无法证实、没有证据的罪名。［46］疾臣：恨臣。［47］有司咎臣甫力：主管单位追究我更加卖力。甫，始。［48］止则见扫灭，行则为亡虏：我停下来就被消灭，只好继续成为一个逃亡犯。见，被。［49］苟生则为穷人，极死则为冤鬼：我残延生命是一个没有出路的人，我快死则是一个冤鬼。苟生，苟延残喘生活。极死，立即死亡。［50］天广而无以自覆：上天宽广，就是不肯覆盖我。［51］地厚而无以自载：大地厚实，就是不肯载我立足。［52］蹈陆土而有沉沦之忧：我脚踏大地也有陷下去的忧虑。［53］远岩墙而有镇压之患：我远远地离开高墙仍有被墙塌埋的危险。［54］如臣犯元恶大憝，足以陈原野，备刀锯：假如我真犯下了十恶不赦的大罪，足以抛尸荒野，该用刀砍锯裂。元恶、大憝，同义，并举以示强调。憝，恶也。［55］陛下当班布臣之所坐，以解众论之疑：皇上应当公开宣布我的罪状，以解除天下人的疑问。班，通“颁”。所坐，所判的罪状。[56]臣思入国门：我也曾想过回到京师洛阳自首。国门，都门。[57]肺石：古代立于宫门前的一块巨大赤石，申冤者立于肺石上三天，然后司法官记录他的诉状呈报。这里是借用表示听从审判。[58]使三槐九棘平臣之罪：听从三公九卿平议我的罪过。三槐，指三公。九棘，指古之三孤、卿、大夫，此指九卿。[59]阊阖九重：天门九重。喻皇上居于深宫，不能到达。阊阖，天门。[60]陷阱步设：每一步都有陷阱。[61]举趾触罘罝：一动脚步就要触上罗网。罘（fú）罝（jū），捕兽的网。[62]罗网：捕鸟的网。[63]久生亦复何聊：像这样愁苦地生活下去又有什么意义。[64]涂廪、浚井：涂廪，给仓房顶上涂泥。浚井，淘井。虞舜之父瞽叟及舜之弟象两人合谋害舜，让舜涂廪，瞽叟从下放火；让舜浚井，象下土实井，舜都机智地逃走。事见《史记》卷一《五帝本纪》。[65]申生不辞姬氏谗邪之谤：申生不逃避后母骊姬的陷害。申生，春秋时晋献公的太子，因后母骊姬欲立自己的儿子姬奚齐嗣为国君，就用计陷害申生，说他要用毒药害死晋献公。申生为了尽孝，不加分辩而自杀。[66]臣敢忘斯义，不自毙以解明朝之忿哉：我不敢忘记古人尽忠尽孝的大义，不去自杀用以消除皇上神圣贤明的忿恨！[67]乞以身塞责：请求用我的生命来杜塞罪责。[68]丐兄弟死命：乞求宽恕我兄弟的性命。[69]颇有遗类：少有后代。[70]以崇陛下宽饶之惠：用以显示皇上宽大的恩典。[71]先死陈情：临死哀诉以表衷情。[72]临章泣血：面对奏章泪尽流血。[73]衰废：门庭衰落。

八年（乙巳，165 年）

春，正月，帝遣中常侍左悺之苦县[1]祠老子[2]。

勃海王悝[3]，素行险僻[4]，多僭傲不法[5]。北军中候[6]陈留史弼[7]上封事曰："臣闻帝王之于亲戚，爱虽隆必示之以威，体虽贵必禁之以度，如是，和睦之道兴，骨肉之恩遂[8]矣。窃闻勃海王悝，外聚剽轻不逞之徒[9]，内荒酒乐[10]，出入无常[11]，所与群居，皆家之弃子[12]，朝之斥臣[13]，必有羊胜、伍被[14]之变。州司[15]不敢弹纠，傅相[16]不能匡辅，陛下隆于友于[17]，不忍遏绝[18]，恐遂滋蔓，为害弥大。乞露臣奏[19]。宣示百僚，平处其法[20]。法决罪定，乃下不忍之诏；臣下固执，然后少有所许[21]：如是，则圣朝无伤亲之讥[22]，勃海有享国之庆[23]；不然，惧大狱将兴矣[24]。"上不听。悝果谋为不道[25]，有司请废之，诏贬为瘿陶王，食一县。

丙申晦[26]，日有食之。诏公、卿、校尉举贤良方正。

千秋万岁殿火。

中常侍侯览兄[27]参为益州刺史，残暴贪婪，累臧[28]亿计。太尉杨秉奏槛车征参，参于道自杀，阅其车重三百余两，皆金银锦帛。秉因奏曰："臣案旧典，宦者本在给使省闼[29]，司昏守夜[30]；而今猥[31]受过宠，执政操权，附会者因公褒举，违忤者求事中伤[32]，居法王公[33]，富拟国家，饮食极肴膳，仆妾盈纨素。中常侍侯览弟参，贪残元恶，自取祸灭；览顾知衅重[34]，必有自疑之意，臣愚以为不宜复见亲近。昔懿公刑邴歜之父，夺阎职之妻，而使二人参乘，卒有竹中之难[35]。览宜急屏斥，投畀有虎[36]，若斯之人，非恩所宥[37]，请免官送归本郡。"书奏，尚书召对秉掾属，诘之曰："设官分职，各有司存。三公统外，御史察内；今越奏近官[38]，经典、汉制，何所依据？其开公具对[39]！"秉使对曰："《春秋传》曰：'除君之恶，唯力是视[40]。'邓通懈慢[41]，申屠嘉召通诘责[42]，文帝从而请之[43]。汉世故事，三公之职，无所不统。"尚书不能诘，帝不得已，竟免览官。司隶校尉韩缤因奏左悺罪恶，及其兄太仆南乡侯称请托州郡，聚敛为奸，宾客放纵[44]，侵犯吏民。悺、称皆自杀。缤又奏中常侍具瑗兄沛相恭臧罪，征诣廷尉。瑗诣狱谢，上还东武侯印绶[45]，诏贬为都乡侯。超及璜、衡袭封者，并降为乡侯[46]，子弟分封者，悉夺爵土。刘普等贬为关内侯，尹勋等亦皆夺爵[47]。

（以上为第七段，写宦官五侯子弟在地方为官，作恶多端犯众怒，汉桓帝接受舆情，五侯袭封者被贬为乡侯。）

【注释】

[1]苦县：县名，属陈国，县治在今河南鹿邑县。 [2]老子：姓李名耳，字聃，道家创始人，《道德经》的作者。传见《史记》卷六十三。 [3]勃海王悝：桓帝刘志之弟。 [4]素行险僻：行为一向阴险邪僻。 [5]僭傲不法：超越礼制，傲慢，不遵守法纪。 [6]北军中候：北军五校监察官，掌理军法。 [7]史弼：字公谦，陈留考城（在今河南民权县东）人。灵帝时为平原相，在公元168年的第二次党祸中，援救被无辜牵连的党人，存活者千余人。传见《后汉书》卷六十四。 [8]遂：完遂，保全。 [9]外聚剽轻不逞之徒：在外交结一些剽悍、轻狂的不法之徒。[10]内荒酒乐：在内疯狂地酗酒作乐。荒，淫乱，疯狂。 [11]出入无常：进出王府没有法度。[12]家之弃子：缺乏教养的浪荡公子。 [13]朝之斥臣：政府斥逐的奸邪之臣。 [14]羊胜、伍被：两人分别是西汉梁孝王刘武、淮南王刘安的家臣，谋叛逆臣，事发被诛。羊胜事详《资治通鉴》卷十六景帝中二年，伍被事详卷十九武帝元狩元年。 [15]州司：州刺史。 [16]傅相：指渤海王刘悝的诸侯王太傅、丞相。 [17]陛下隆于友于：指桓帝碍于兄弟之情，放纵刘悝胡作非

为。友于，友爱兄弟。典出《书经·君陈》篇："惟孝，友于兄弟。"［18］不忍遏绝：不忍心及时阻止。［19］乞露臣奏：请求公开宣布我的奏章。［20］平处其法：由百官公平论断，依法处治。［21］臣下固执，然后少有所许：由臣下出面坚持依法惩治，然后由皇上裁定略加宽大。［22］圣朝无伤亲之讥：圣明的朝廷就不会有伤害亲情的批评。［23］享国之庆：指勃海国享有长存的幸福。享国，享有封国，指国家长存。［24］不然，惧大狱将兴矣：若不这样，将有大狱爆发。诸侯谋逆或僭过度，将兴大狱，会牵连若干无辜人受害，也损害国家政治。［25］谋为不道：谋反。［26］丙申晦：正月三十日。［27］侯览兄：据张敦仁《资治通鉴刊本识误》校正，"兄"应作"弟"，是。［28］臧：通"赃"。［29］给使省闼：只限于在宫门内供差使。［30］司昏守夜：早晚看守门户。司，亦守也。［31］猥：多。［32］附会者因公褒举，违忤者求事中伤：附会宦官的人，宦官就利用国家选荐人才的机会进用他们；冒犯宦官的人，宦官就找借口对他进行中伤。［33］居法王公：宦官家居效法王侯三公。［34］衅重：嫌隙增重。［35］竹中之难：春秋时，齐懿公因私怨将邴歜之父从墓中掘出，并刖其尸；又夺走了阎职的妻子，却任用二人为近侍，使邴歜赶车，使阎职陪乘。两人合谋，在一次出游中，将齐懿公杀死，将尸体藏在竹林中。事详《左传》文公十八年。［36］投畀有虎：送去喂虎。畀（bì），给予。［37］非恩所宥：不能开恩宽宥。［38］越奏近官：太尉杨秉统外朝，何得越位弹劾内官。［39］开公具对：公开地作出详细回答。［40］除君之恶，唯力是视：为君王除去奸恶，要尽全力去办。语出《左传》僖公二十四年晋人寺人披之言。［41］懈慢：举动轻慢长上。［42］诘责：审问斥责。［43］文帝从而请之：汉文帝为邓通讲情。邓通，汉文帝嬖臣。丞相申屠嘉责罚邓通放纵，轻慢皇上，文帝讲情，才免于死。事见《资治通鉴》卷十五文帝后二年。［44］放纵：仗势横行。［45］瑗诣狱谢，上还东武侯印绶：具瑗到廷尉狱自首请罪，主动交出东武侯印章，请求宽大。［46］超及璜、衡袭封者，并降为乡侯：单超、徐璜、唐衡与左悺、具瑗为五侯，同体相依，三人已死，其后嗣袭爵为列侯，今降为乡侯，以示惩处。列侯为县侯。［47］"刘普"二句：指封为十九亭侯的宦官，亦作降爵或夺爵处分。

帝多内宠[1]，宫女至五六千人，及驱役从使[2]复兼倍于此[3]，而邓后恃尊骄忌[4]，与帝所幸郭贵人更相谮诉[5]。癸亥[6]，废皇后邓氏，送暴室[7]，以忧死[8]。河南尹邓万世、虎贲中郎将邓会皆下狱诛。

护羌校尉段颎击罕姐羌，破之。

三月，辛巳[9]，赦天下。

宛陵[10]大姓羊元群罢北海郡，臧污狼藉[11]；郡舍溷轩[12]有奇巧，亦载之以归。河南尹李膺表按其罪；元群行赂宦官，膺竟反坐[13]。单超弟迁为山阳太守，以罪系狱，廷尉冯绲考致其死[14]；中官相党，共飞章[15]诬绲以罪。中常侍苏康、管霸，固天下良田美业，州郡不敢诘，大司农刘祐移书所在，依科品没入之[16]；帝大怒，与膺、绲俱输作左校。

夏，四月，甲寅[17]，安陵[18]园寝火。

丁巳[19]，诏坏郡国诸淫祀[20]，特留[21]洛阳王涣、密县卓茂二祠。

五月，丙戌[22]，太尉杨秉薨。秉为人，清白寡欲，尝称"我有三不惑：酒、色、财也。"

秉既没，所举贤良广陵刘瑜[23]乃至京师上书言："中官不当比肩[24]裂土[25]，竞立胤嗣，继体传爵[26]。又，嬖女充积[27]，冗食[28]空宫，伤生费国[29]。又，第舍增多，穷极奇巧，掘山攻石[30]，促以严刑[31]。州郡官府，各自考事[32]，奸情赇赂[33]，皆为吏饵。民愁郁结[34]，起入贼党[35]，官辄兴兵诛讨其罪，贫困之民，或有卖其首级以要酬赏[36]，父兄相代残身[37]，妻孥相视分裂[38]。又，陛下好微行近习之家，私幸宦者之舍，宾客市买[39]，熏灼道路[40]，因此暴纵，无所不容[41]。惟陛下开广谏道[42]，博观前古，远佞邪之人，放郑、卫之声[43]，则政致和平，德感祥风[44]矣。"诏特召瑜问灾咎之征[45]。执政者欲令瑜依违其辞[46]，乃更策以他事，瑜复悉心对八千余言，有切于前[47]。拜为议郎。

荆州兵朱盖等叛，与桂阳贼胡兰等复攻桂阳，太守任胤弃城走，贼众遂至数万。转攻零陵，太守下邳陈球[48]固守拒之。零陵下湿，编木为城[49]，郡中惶恐。掾史白球遣家避难[50]，球怒曰："太守分国虎符，受任一邦，岂顾妻孥而沮国威乎！复言者斩！"乃弦大木为弓，羽矛为矢，引机发之，多所杀伤。贼激流[51]灌城，球辄于内因地势[52]，反决水淹贼[53]，相拒十余日不能下。时度尚征还京师，诏以尚为中郎将，率步骑二万余人救球，发诸郡兵并势讨击，大破之，斩兰等首三千余级，复以尚为荆州刺史。苍梧太守张叙为贼所执[54]，及任胤皆征弃市。胡兰余党南走苍梧，交趾刺史张磐击破之，贼复还入荆州界。度尚惧为己负[55]，乃伪上言苍梧贼入荆州界，于是征磐下廷尉。辞状未正[56]，会赦见原[57]，磐不肯出狱，方更牢持械节[58]。狱吏谓磐曰："天恩旷然[59]，而君不出，可乎[60]？"磐曰："磐备位方伯[61]，为尚所枉[62]，受罪牢狱。夫事有虚实，法有是非，磐实不辜，赦无所除[63]；如忍以苟免，永受侵辱之耻[64]，生为恶吏，死为敝鬼[65]。乞传尚诣廷尉，面对曲直[66]，足明真伪。尚不征者，磐埋骨牢槛，终不虚出，望尘受枉[67]！”廷尉以其状上[68]，诏书征尚，到廷尉，辞穷[69]，受罪，以先有功得原。

闰月，甲午[70]，南宫朔平署[71]火。

段颎击破西羌，进兵穷追，展转山谷间，自春及秋，无日不战，虏遂败散，凡斩首二万三千级，获生口数万人，降者万余落。封颎都乡侯。

（以上为第八段，写刘祐、李膺、冯绲惩治贪残，反被下狱。刘瑜上奏，宦官不应裂土受封，子弟不应任职地方。）

【注释】

[1]内宠：女宠。[2]驱役从使：侍候有官称宫女的奴仆妇女，亦从民间掠夺而来。[3]兼倍于此：比五六千宫女又加多一倍，即什役宫女有一万多人。[4]邓后恃尊骄忌：皇后邓猛，依恃皇后的尊贵身份，骄傲忌妒。[5]更相谮诉：互相陷害，在桓帝面前告状。[6]癸亥：二月二十七日。[7]暴室：宫禁监狱，囚禁废后及有过宫妃。[8]忧死：忧愤而死。[9]辛巳：三月十六日。[10]宛陵：《汉书·地理志》作“苑陵”，县名，属河南尹，县治在今河南新郑市东北。[11]臧污狼藉：贪赃枉法，声名狼藉。[12]溷轩：厕所。[13]反坐：反被判诬告之罪。[14]考致其死：苦刑拷打致死。[15]飞章：匿名信，流言。[16]移书所在，依科品没入之：大司农刘祐向苏康、管霸所占良田的地方官府发下公文，依照法令一律没收。科品，有关法律条文。[17]甲寅：四月十九日。[18]安陵：西汉惠帝陵，在今陕西咸阳市东北。[19]丁巳：四月二十二日。[20]诏坏郡国诸淫祀：下诏拆除各郡各封国泛滥的祭祠。[21]特留：保留。[22]丙戌：五月二十二日。[23]刘瑜：字季节，广陵（今江苏扬州市）人，汉宗室王光武帝子广陵王刘荆后裔。灵帝时官至侍中。传见《后汉书》卷五十七。[24]比肩：与士人相提并论。[25]裂土：指被封侯，食采邑。[26]竞立胤嗣，继体传爵：中官争先恐后养子为后嗣，继承爵位。东汉著令允许宦官养子袭爵，始于顺帝阳嘉四年。[27]嬖女充积：美女充满皇宫。[28]冗食：吃闲饭。[29]伤生费国：伤害生民，浪费国库。[30]掘山攻石：挖山取石。[31]促以严刑：用严刑逼迫。[32]考事：审案。[33]赇赂：贿赂。[34]民愁郁结：人民愁苦无处申诉而郁结于心。[35]起入贼党：只好群起投入盗贼之中。[36]或有卖其首级以要酬赏：有的贫民甚至卖首级，使其家人拿去领赏。[37]父兄相代残身：老父与兄长争着自杀。[38]妻孥相视分裂：妻子儿女眼睁睁看着死别。分裂，死别。[39]宾客市买：近习宾客，把皇帝的光临作为炫耀资本，如同买了珍贵货物一样。[40]熏灼道路：招摇喧嚷，弄得街巷道路乌烟瘴气。[41]无所不容：什么事都干得出。[42]开广谏道：广开言路。[43]放郑、卫之声：舍弃靡靡的音乐不听。郑、卫之声，指春秋时郑国、卫国流行的长于抒情的轻声乐

曲，被儒家认为是靡靡之音，加以排斥。这里指帝王放纵的淫声。［44］德感祥风：圣恩将给天下带来祥和之风。［45］征：征验。［46］依违其辞：模棱两可，不痛不痒的话。［47］有切于前：言辞比前面的上奏更为激烈。［48］陈球：字伯真，下邳淮浦（在今江苏涟水县）人，官至司空。灵帝时谋诛宦官，事泄不成，死狱中。传见《后汉书》卷五十六。［49］编木为城：树木桩为城墙。［50］遣家避难：疏散家属到安全的内地避难。［51］激流：筑堤提高水位。［52］因地势：顺着地势。［53］反决水淹贼：反过来利用起义农民所筑堤防，决口使水反灌。贼，对起义农民的贬称。［54］执：活捉。［55］己负：使自己负罪。负，负罪。度尚已上报清除"盗贼"，今又复起，恐负欺君之罪，于是虚报交州苍梧郡贼入荆州。［56］辞状未正：所控罪状还未审理核实。正，验证。未正，即在审理中。［57］会赦见原：正好赶上赦令被宽大释放。原，宽大赦免。［58］牢持械节：把刑具的关节更牢固地扣紧。械节，刑具关节。［59］天恩旷然：皇恩浩荡。［60］可乎：反诘问话，你不领皇上恩典的情是不可以的。［61］备位方伯：朝廷委派独当一面的大臣。方伯，古代一方的地方长官，此喻刺史之任。［62］枉：诬害。［63］磐实不辜，赦无所除：我张磐本无罪，赦令对我不起作用。［64］如忍以苟免，永受侵辱之耻：如果忍心接受不明不白的赦免，将永远背受黑锅蒙受耻辱。［65］生为恶吏，死为敝鬼：活着被指为恶官，死后被骂为坏鬼。［66］面对曲直：当面对质，以辨是非。［67］终不虚出，望尘受枉：决不背着罪名出狱，蒙受尘垢诬枉。［68］以其状上：把这一情况上奏皇帝。［69］辞穷：无言对质。［70］甲午：闰七月一日。［71］朔平署：朔平司马署，负责南宫北门警卫。

秋，七月，以太中大夫陈蕃为太尉。蕃让于太常胡广、议郎王畅[1]、弛刑徒李膺，帝不许。

畅，龚之子也；尝为南阳太守，疾其多贵戚豪族，下车[2]，奋厉威猛[3]，大姓有犯[4]，或使吏发屋伐树，堙井夷灶[5]。功曹[6]张敞奏记谏曰："文翁、召父、卓茂[7]之徒，皆以温厚为政，流闻后世。发屋伐树，将为严烈[8]，虽欲惩恶，难以闻远[9]。郡为旧都，侯甸之国[10]，园庙出于章陵[11]，三后生自新野[12]，自中兴以来[13]，功臣将相，继世而隆[14]。愚以为恳恳[15]用刑，不如行恩；孳孳求奸，未若礼贤。舜举皋陶，不仁者远[16]，化人在德[17]，不在用刑。"畅深纳其言，更崇宽政[18]，教化大行。

八月，戊辰[19]，初令郡国有田者亩敛税钱[20]。

九月，丁未[21]，京师地震。

冬，十月，司空周景免；以太常刘茂为司空。茂，恺之子也。

郎中窦武[22]，融之玄孙也，有女为贵人。采女[23]田圣有宠于帝，帝将立之为后。司隶校尉应奉上书曰："母后之重，兴废所因[24]；汉立飞燕，胤祀泯绝[25]。宜思《关雎》[26]之所求，远五禁之所忌[27]。"太尉陈蕃亦以田氏卑微，窦族良家，争之甚固。帝不得已，辛巳[28]，立窦贵人为皇后[29]，拜武为特进、城门校尉，封槐里侯。

十一月，壬子[30]，黄门北寺[31]火。

陈蕃数言李膺、冯绲、刘祐之枉，请加原宥[32]，升之爵任，言及反覆[33]，诚辞恳切，以至流涕；帝不听。应奉上疏曰："夫忠贤武将，国之心膂[34]。窃见左校弛刑徒冯绲、刘祐、李膺等，诛举邪臣，肆[35]之以法；陛下既不听察，而猥受谮诉，遂令忠臣同愆元恶[36]，自春迄冬，不蒙降恕，遐迩[37]观听[38]，为之叹息。夫立政之要，记功忘失[39]；是以武帝舍安国于徒中[40]，宣帝征张敞于亡命[41]。绲前讨蛮荆，均吉甫之功[42]；祐数临督司[43]，有不吐茹之节[44]；膺著威幽、并，遗爱度辽[45]。今三垂蠢动[46]，王旅未振[47]，乞原膺等，以备不虞。"书奏，乃悉免其刑。久之。李膺复拜司隶校尉。时小黄门张让[48]弟朔为野王[49]令，贪残无道，畏膺威严，逃还京师，匿于兄家合柱[50]中。膺知其状，率吏卒破柱取朔，付洛阳狱，受辞毕，即杀之。让诉冤于帝，帝召膺，诘以不先请便加诛之意。对曰："昔仲尼为鲁司寇，七日而诛少正卯。今臣到官已积一旬，私惧以稽留为愆[51]，不意获速疾之罪[52]。诚自知衅责[53]，死不旋踵，特乞留五日，克殄元恶[54]，退就鼎镬[55]，始生之愿也。"帝无复言，顾谓让曰："此汝弟之罪，司隶何愆！"乃遣出。自此诸黄门、常侍皆鞠躬屏气[56]，休沐不敢出宫省。帝怪问其故，并叩头泣曰："畏李校尉。"时朝廷日乱，纲纪颓阤[57]，而膺独持风裁[58]，以声名自高，士有被其容接者，名为登龙门[59]云。

征东海相刘宽[60]为尚书令。宽，崎之子也，历典三郡，温仁多恕，虽在仓卒[61]，未尝疾言遽色[62]。吏民有过，但用蒲鞭[63]罚之，示辱而已，终不加苦。每见父老，慰以农里之言，少年，勉以孝悌之训，人皆悦而化之。

（以上为第九段，写窦贵人立为皇后，其父窦武为特进、城门校尉，封槐里侯。

李膺重新任职司隶校尉，惩治为恶的宦官亲戚，毫不手软。）

【注释】

［1］王畅（?—169）：字叔茂，山阳高平（在今山东独山湖东岸）人，安帝时太尉王龚之子，东汉党人领袖八俊之一，官至司空。传见《后汉书》卷五十六。［2］下车：刚到任。［3］奋厉威猛：振奋法纪，严厉推行。［4］大姓有犯：据《后汉书》王畅本传记载，豪右贪赃二千万以上不自首的人，严厉打击。［5］发屋伐树，堙井夷灶：拆房砍树，填井毁灶，使犯者倾家荡产。［6］功曹：此指南阳太守功曹。［7］文翁、召父、卓茂：三人为政温和，流芳百世。文翁，西汉景帝时循吏，蜀郡太守。传见《汉书》卷八十九。召父，即西汉宣帝时循吏召信臣，与文翁同传。卓茂，光武帝太傅。传见《后汉书》卷二十五。［8］严烈：严厉，严酷。［9］虽欲惩恶，难以闻远：虽然是惩治奸恶，难以留下声名流传后世。［10］郡为旧都，侯甸之国：南阳郡为皇室故郡，光武帝命为南都，又与洛阳京师比邻。侯甸之国，指京师邻近之地。周时，以京师方千里为畿，畿外五百里为甸服，甸外五百里为侯服。［11］园庙出于章陵：章陵为南阳属县，光武帝祖陵在此。这里指章陵是皇帝家乡。［12］三后生自新野：新野亦南阳郡属县，光武帝阴丽华皇后、和帝阴皇后、邓绥皇后，都出生在新野。［13］自中兴以来：自东汉建立以来。［14］继世而隆：代代兴隆。继世，一代接一代。［15］恳恳：与下文“孳孳”互文，勤勉、专注、致力于的意思。［16］舜举皋陶，不仁者远：舜把皋陶从众人中提拔上来，不仁的坏人就远远地躲开了。语出《论语·颜渊》篇子夏之言。原文为：“舜有天下，选于众，举皋陶，不仁者远矣。”［17］化人在德：感化人要用恩德。［18］更崇宽政：改变做法，崇尚宽大。［19］戊辰：八月六日。［20］亩敛税钱：汉制，田税为总收入的三十分之一，自此改为按亩征税。据李贤注，每亩征税十钱。［21］丁未：九月十五日。［22］窦武：字游平，扶风平陵（今陕西咸阳市西北）人，东汉开国功臣窦融的玄孙，以外戚为大将军辅政灵帝，谋诛宦官，事泄诛死。传见《后汉书》卷六十九。［23］采女：嫔妃之号，低于贵人。［24］兴废所因：谓皇后的善恶是国家隆盛与衰败的一个重要因素。［25］胤祀泯绝：后嗣灭绝。西汉成帝以歌伎赵飞燕为皇后，专宠椒房，十余年无子；宫人生子，赵飞燕辄害之，使皇嗣断绝。［26］《关雎》：《诗经·国风》第一篇，也是全书开卷第一篇，描写美貌端庄的女子，才是君子的好配偶。［27］远五禁之所忌：疏远五种禁忌。指有五种出身的妇女，不得为皇后。母亲早死的长女不可娶，因缺少教养；家有遗传病的女子不可娶，因为天所弃；罪徒之家女子不可娶，因为社会所唾弃；叛徒家的女子不可娶，因不是正类；家有背伦行为的女子不可取，因违反人伦。见《韩诗外传》。［28］辛巳：十月二十日。［29］立窦贵人为皇后：名窦妙。［30］壬子：十一月二十一日。［31］黄门北寺：黄门所属宫中监狱北寺狱。［32］原宥：原谅过失，宽大处理。［33］言及反覆：再三恳求。［34］心膂：心脏、手臂。［35］肆：陈，诉诸。［36］令忠臣同愆元恶：使忠臣与大奸同罪。愆，罪过。［37］遐迩：远近。［38］观听：看到听到，指了解李膺等受冤的人们。［39］立政之要，记功忘失：皇上施政的关

键，就是记住臣下的功劳，忘掉臣下的过失。［40］武帝舍安国于徒中：据张敦仁《资治通鉴刊本识误》校正，“舍”应作“拔”，是。西汉景帝时，韩安国为梁大夫，因犯法判刑，后来梁国缺内史，景帝直接从监狱中提拔韩安国为梁国内史。这里“武帝”应是景帝之误。［41］宣帝征张敞于亡命：宣帝征召逃亡犯张敞为冀州刺史。［42］均吉甫之功：谓冯绲在顺帝时讨平荆州蛮族之功可与西周宣王时功臣尹吉甫相等。［43］督司：泛指监察举不法的主司官。这里指刘祐为河南尹、司隶校尉，均有司法之权。［44］有不吐茹之节：具有刚正廉直的节操。语出《诗经·大雅·烝民》称赞仲山甫之言：“柔亦不茹，刚亦不吐。”即不欺软，不怕硬。［45］膺著威幽、并，遗爱度辽：李膺声威震动幽州、并州，遗爱北疆。李膺曾为渔阳太守、乌桓校尉，政绩在幽州，又为度辽将军屯驻并州。是以北疆幽、并两州为李膺著威、遗爱之地。［46］三垂蠢动：指北面、西面、南面三方边陲都有战事。垂，边陲。［47］振：振奋，打胜仗。［48］张让（?—189）：桓、灵时大宦官，为中常侍，与赵忠二人狼狈为奸，能左右桓帝意志。桓帝说：“张常侍是我公，赵常侍是我母。”中平六年为袁绍所杀。传见《后汉书》卷七十八《宦者列传》。［49］野王：县名，属河内郡，县治在今河南沁阳市。［50］合柱：夹墙。［51］稽留为愆：办事迟缓为过失。［52］获速疾之罪：因办事效率而得罪。［53］衅责：因祸受责。［54］克殄元恶：铲除大奸。［55］就鼎镬：接受烹刑。［56］鞠躬屏气：弯腰行走，不敢出大气。［57］颓陁：败坏。陁，据章校，应作“弛”，坏也。［58］风裁：风节，社会秩序。［59］登龙门：龙门，指山陕之间黄河上的禹门口，在今陕西韩城市、山西河津市之间。黄河在这里切断龙门山形成瀑布。传说春夏之交江海数千鲤鱼集于龙门下，争相跳跃，跳越龙门便可化龙，俗称“鲤鱼跳龙门”。此喻李膺为人间龙门，得与交接，如同成仙。［60］刘宽：字文饶，弘农华阴（在今陕西华阴市）人，顺帝时司徒刘崎之子，历任东海、南阳等三郡国守相，官至太尉。传见《后汉书》卷二十五。［61］仓卒：发生突然事变。卒，通“猝”。［62］遽色：变脸色。［63］蒲鞭：用蒲草绳代皮鞭，象征性地责罚犯人。

九年（丙午，166年）

春，正月，辛卯朔[1]，日有食之。诏公卿、郡国举至孝。太常赵典[2]所举荀爽[3]对策曰：“昔者圣人建天地之中而谓之礼，众礼之中，昏礼[4]为首。阳性纯而能施，阴体顺而能化，以礼济乐，节宣其气[5]，故能丰子孙之祥[6]，致老寿之福[7]。及三代之季，淫而无节[8]，阳竭于上，阴隔于下，故周公之戒曰：‘时亦罔或克寿[9]’《传》曰[10]：‘截趾适履[11]，孰云其愚，何与斯人，追欲丧躯[12]’诚可痛也。臣窃闻后宫采女五六千人，从官、侍使复在其外，空赋[13]不辜之民，以供无用之女，百姓穷困于外，阴阳隔塞于内，故感动和气，灾异屡臻[14]。臣愚以为诸未幸御者[15]，一皆遣出，使成妃合[16]，此诚国家之大福也。”诏拜郎中。

司隶、豫州[17]饥，死者什四五，至有灭户[18]者。

诏征张奂为大司农，复以皇甫规代为度辽将军。规自以为连在大位，欲求退避，数上病，不见听。会友人丧至，规越界迎之，因令客密告并州刺史胡芳，言规擅远军营[19]，当急举奏[20]。芳曰：“威明[21]欲避第仕涂，故激发我耳。吾当为朝廷爱才，何能申此子计邪[22]！”遂无所问[23]。

夏，四月，济阴、东郡、济北、平原[24]河水清[25]。

司徒许栩免；五月，以太常胡广为司徒。

庚午[26]，上亲祠老子于濯龙宫，以文罽为坛饰[27]，淳金釦器[28]，设华盖之坐，用郊天乐。

鲜卑闻张奂去，招结南匈奴及乌桓同叛。六月，南匈奴、乌桓、鲜卑数道入塞，寇掠缘边九郡。秋七月，鲜卑复入塞，诱引东羌与共盟诅[29]。于是上郡沈氏、安定先零诸种共寇武威、张掖，缘边大被其毒[30]。诏复以张奂为护匈奴中郎将，以九卿秩[31]督幽、并、凉三州及度辽、乌桓二营[32]，兼察刺史、二千石能否。

初，帝为蠡吾侯，受学于甘陵周福[33]，及即位，擢福为尚书。时同郡河南尹房植[34]有名当朝，乡人为之谣曰：“天下规矩[35]房伯武，因师获印周仲进。”二家宾客，互相讥揣[36]，遂各树朋徒，渐成尤隙[37]。由是甘陵有南北部，党人之议自此始矣。

汝南太守宗资[38]以范滂为功曹，南阳太守成瑨[39]以岑晊[40]为功曹，皆委心听任，使之褒善纠违[41]，肃清朝府[42]。滂尤刚劲，疾恶如仇。滂甥李颂，素无行，中常侍唐衡以属[43]资，资用为吏；滂寝[44]而不召。资迁怒，捶[45]书佐[46]朱零，零仰曰：“范滂清裁[47]，今日宁受笞而死，滂不可违。”资乃止。郡中中人以下，莫不怨之。于是二郡为谣曰：“汝南太守范孟博，南阳宗资主画诺[48]；南阳太守岑公孝，弘农成瑨但坐啸[49]。”

太学诸生三万余人，郭泰及颍川贾彪[50]为其冠，与李膺、陈蕃、王畅更相褒重。学中语曰："天下模楷，李元礼；不畏强御[51]，陈仲举；天下俊秀[52]，王叔茂。"于是中外承风[53]，竞以臧否相尚[54]，自公卿以下，莫不畏其贬议，屣履[55]到门。

（以上为第十段，写郡功曹范滂、岑晊不接受宦官请托，惩治奸人。太学生与士大夫清流领袖请议朝政，褒贬人物，渐成风气。）

【注释】

［1］辛卯朔：正月一日。［2］赵典：字仲经，蜀郡成都（今四川成都市）人。传见《后汉书》卷二十七。［3］荀爽：一名谞，字慈明。东汉末名士，官至司空。曾参与王允谋除董卓。传见《后汉书》卷六十二。［4］昏礼：即婚礼。昏，通"婚"。［5］以礼济乐，节宣其气：用礼克制欢乐，用节制调适气血。［6］丰子孙之祥：有众多子孙的幸福。丰，众盛。［7］致老寿之福：导致长寿的福气。［8］淫而无节：淫乱而没有节制。［9］时亦罔或克寿：从这以后，也就没有能够长寿的君王。罔，无，没有。克，能。语出《尚书·无逸》，原文："自时厥后，亦罔或克寿。"自时厥后，指商朝自祖甲以后，所立君王荒淫无度，也就没有长寿的了。［10］《传》曰：泛指古书。下面引文所出不详。［11］截趾适履：把脚削小以适应鞋子的大小。《淮南子·说林训》作"削足而适履"。这是秦汉时一句流行的话，喻无原则迁就，因小失大。［12］追欲丧躯：为了纵欲，不惜丧生。这比削足适履更加愚蠢。［13］空赋：白白地出了租赋。［14］臻：至。［15］诸未幸御者：那些没有被皇帝召幸过的宫女。［16］一皆遣出，使成妃合：一律释放出宫，让她们早成婚配。妃，通"配"。［17］司隶、豫州：东汉司隶，包括两京地区，即西京长安关中地区，以及洛阳京师地区，当今山西西南部、河南北部等地。豫州，当今河南中部、南部地区。［18］灭户：全家饿死，户籍削除。［19］擅远军营：擅自远离军营。［20］当急举奏：应当立即弹劾，治其擅离职之罪。度辽将军驻屯并州西河郡，并州刺史有察举之权。［21］威明：皇甫规的字。［22］何能申此子计邪：怎能让他的计划得逞？即不能中计。［23］遂无所问：于是不追究。［24］济阴、东郡、济北、平原：四郡为黄河下游流经之地，经常决口的地方，当今山东西部地区。［25］河水清：黄河水终年浑浊，偶然澄清被认为祥瑞，特加记载。［26］庚午：五月己丑朔，无庚午。庚午，六月十二日。［27］以文罽为坛饰：用织花毛毡铺在祭坛上。［28］淳金釦（kòu）器：用纯金镶边的祭器。釦，镶边。［29］盟诅：结盟设誓。［30］大被其毒：大受其害。［31］九卿秩：中二千石。护匈奴中郎将，为比二千石，今加一级俸，为中二千石。［32］二营：指度辽将军营、乌桓校尉营。［33］周福：字仲进，为桓帝师。［34］房植：字伯武，为河南尹，当时名士。［35］规矩：规范、典范。规，校正圆形的器具；矩，校正方形的器具。［36］讥揣：讥讽猜度。［37］尤隙：怨仇。［38］宗资：字叔都，南阳安众（在今河南邓州市东北）人，时为汝南太守，悉以郡事委任功曹范滂。［39］成瑨：字幼平，弘农（在今河南三门峡市陕州区）人，

时为南阳太守，因委任功曹岑晊捕杀桓帝乳母外亲张讯，下狱死。［40］岑晊：字公孝，南阳棘阳（今河南唐河县西北）人。传见《后汉书》卷六十七。［41］褒善纠违：奖励善良，惩治违失奸恶。［42］肃清朝府：整肃政府威信。朝，指朝廷；府，指郡府。朝府，这里只作偏义。［43］属：请托。［44］寝：把任命书搁置起来。［45］捶：拷打。［46］书佐：文书员。［47］清裁：做了公正的裁断。［48］画诺：在公文上画押签字。［49］坐啸：闲坐啸咏，无所事事。［50］贾彪：字伟节，颍川定陵（在今河南舞阳县北）人，太学生首领。党锢事起，曾说窦武等援救党人，知名当世。传见《后汉书》卷六十七。［51］强御：横暴而有势力的人。这里指擅权的宦官。［52］俊秀：才智杰出的人。［53］承风：激发而成一种风气。［54］竞以臧否相尚：互相以发表批评时政的激烈言论而标榜。［55］屣履：拖着鞋子走路，形容急迫。

宛有富贾张泛者，与后宫有亲，又善雕镂玩好之物，颇以赂遗中官，以此得显位，用势纵横[1]。岑晊与贼曹史[2]张牧劝成瑨收捕泛等；既而遇赦，瑨竟诛之，并收其宗族宾客，杀二百余人，后乃奏闻。小黄门晋阳[3]赵津，贪暴放恣，为一县巨患。太原太守平原[4]刘瓆，使郡吏王允[5]讨捕，亦于赦后杀之。于是中常侍侯览使张泛妻上书讼冤，宦者因缘[6]谮诉瑨、瓆。帝大怒，征瑨、瓆，皆下狱。有司承旨，奏瑨、瓆罪当弃市。

山阳[7]太守翟超，以郡人张俭[8]为东部督邮。侯览家在防东[9]，残暴百姓；览丧母还家，大起茔冢。俭举奏览罪，而览伺候遮截，章竟不上。俭遂破览冢宅，藉没资财，具奏其状，复不得御[10]。徐璜兄子宣为下邳[11]令，暴虐尤甚。尝求故汝南太守李暠女不能得，遂将吏卒至暠家，载其女归，戏射杀之。东海相汝南黄浮闻之，收宣家属，无少长，悉考之。掾史以下固争，浮曰："徐宣国贼，今日杀之，明日坐死，足以瞑目矣！"即案宣罪弃市，暴其尸。于是宦官诉冤于帝，帝大怒，超、浮并坐髡钳，输作左校。

太尉陈蕃、司空刘茂共谏，请瑨、瓆、超、浮等罪[12]；帝不悦。有司劾奏之，茂不敢复言。蕃乃独上疏曰："今寇贼在外，四支之疾；内政不理，心腹之患。臣寝不能寐，食不能饱，实忧左右日亲，忠言日疏，内患渐积，外难方深[13]。陛下超从列侯，继承天位[14]，小家畜产百万之资，子孙尚耻愧失其先业，况乃产兼天下，受之先帝，而欲懈怠以自轻忽[15]乎！诚不爱己，不当念先帝得之勤苦邪！前梁氏五侯[16]，毒遍海内，天启圣意，收而戮之。天下之议，冀当小平[17]；明鉴未远，覆车如昨，而近习之权，复相扇结[18]。小黄门赵津、大猾张泛等，肆行贪虐，奸媚左右。前太原太守刘瓆、南阳太守成瑨纠而戮之，虽言赦后不当诛杀，原其诚心[19]，在乎去恶，至于陛下，有何悁悁[20]！而小人道长，荧惑[21]圣听，遂使天威[22]为之发怒，必加刑谴[23]，已为过甚，况乃重罚令伏欧刀[24]乎！又，前山阳太守翟超、东海相黄浮，奉公不桡[25]，疾恶如仇，超没侯览财物，浮诛徐宣之罪，并蒙刑坐，不逢赦怒。览之从横，没财已幸[26]；宣犯衅过，死有余辜。昔丞相申屠嘉召责邓通，洛阳令董宣折辱公主，而文帝从而请之，光武加以重赏，未闻二臣有专命之诛[27]。而今左右群竖[28]，恶伤党类[29]，妄相交构[30]，致此刑谴，闻臣是言，当复啼诉[31]。陛下深宜割塞近习与政之源[32]，引纳[33]尚书朝省之士[34]，简练清高[35]，斥黜佞邪[36]。如是天和于上，地洽于下[37]，休祯符瑞，岂远乎哉！”帝不纳。宦官由此疾蕃弥甚，选举奏议，辄以中诏谴却[38]，长史[39]以下多至抵罪[40]，犹以蕃名臣，不敢加害。

平原襄楷[41]诣阙上疏曰：“臣闻皇天不言，以文象设教[42]。臣窃见太微，天廷五帝之坐[43]，而金、火罚星扬光其中[44]，于占，天子凶；又俱入房、心[45]，法无继嗣[46]。前年冬大寒，杀鸟兽，害鱼鳖，城傍竹柏之叶有伤枯[47]者。臣闻于师曰：‘柏伤竹枯，不出二年，天子当之。’今自春夏以来，连有霜雹及大雨雷电，臣作威作福，刑罚急刻之所感也[48]。太原太守刘瓆，南阳太守成瑨，志除奸邪，其所诛翦，皆合人望。而陛下受阉竖之谮，乃远加考逮[49]。三公上书乞哀瓆等，不见采察而严被谴让，忧国之臣，将遂杜口[50]矣。臣闻杀无罪，诛贤者，祸及三世[51]。自陛下即位以来，频行诛罚[52]，梁、寇、孙、邓并见族灭[53]，其从坐者又非其数。李云上书，明主所不当讳；杜众乞死，谅以感悟圣朝；曾无赦宥而并被残戮[54]，天下之人咸知其冤，汉兴以来，未有拒谏诛贤，用刑太深如今者也！昔文王一妻，诞致十子[55]；今宫女数千，未闻庆育，宜修德省刑[56]以广《螽斯》之祚[57]。按春秋以来，及古帝王，未有河清。臣以为河者，诸侯位也[58]。清者，属阳；浊者，属阴。河当浊而反清者，阴欲为阳，诸侯欲为帝也。京房《易传》曰：'河水清，天下平。'今天垂异，地吐妖，人疠疫[59]，三者并时而有河清，犹春秋麟不当见而见，孔子书之以为异也。愿赐清闲，极尽所言[60]。"书奏，不省。

十余日，复上书曰："臣闻殷纣好色，妲己[61]是出；叶公好龙，真龙游廷[62]。今黄门、常侍[63]，天刑之人[64]，陛下爱待，兼倍常宠[65]，系嗣未兆[66]，岂不为此！又闻宫中立黄、老、浮屠之祠[67]，此道清虚，贵尚无为，好生恶杀，省欲去奢。今陛下耆[68]欲不去，杀罚过理，既乖其道，岂获其祚[69]哉！浮屠不三宿桑下，不欲久生恩爱[70]，精之至也[71]；其守一[72]如此，乃能成道。今陛下淫女[73]艳妇，极天下之丽，甘肥饮美[74]，单天下之味[75]，奈何欲如黄、老乎！"书上，即召入，诏尚书问状。楷言："古者本无宦臣[76]，武帝末数游后宫[77]，始置之耳。"尚书承旨[78]，奏："楷不正辞理[79]，而违背经艺[80]，假借星宿，造合私意[81]，诬上罔事[82]，请下司隶正楷罪法，收送洛阳狱。"帝以楷言虽激切，然皆天文恒象之数[83]，故不诛；犹司寇论刑[84]。自永平[85]以来，臣民虽有习浮屠术者，而天子未之好；至帝，始笃好[86]之，常躬自祷祠[87]，由是其法浸盛[88]，故楷言及之。

符节令[89]汝南蔡衍[90]、议郎刘瑜表救成瑨、刘瓆，言甚切厉[91]，亦坐免官。瑨、瓆竟死狱中。瑨、瓆素刚直，有经术，知名当时，故天下惜之。岑晊、张牧逃窜获免。

晊之亡也，亲友竞匿之；贾彪独闭门不纳，时人望[92]之。彪曰："《传》言'相时而动，无累后人[93]。'公孝[94]以要君致衅[95]，自遗其咎[96]，吾已不能奋戈[97]相待，反可容隐之乎！"于是咸服其裁正。彪尝为新息[98]长，小民困贫，多不养子；彪严为其制，与杀人同罪。城南有盗劫害人者，北有妇人杀子者，彪出按验[99]，掾吏欲引南；彪怒曰："贼寇害人，此则常理；母子相残，逆天违道！"遂驱车北行，按致其罪[100]。城南贼闻之，亦面缚自首。数年间，人养子者以千数。曰："此贾父所生也。"皆名之为贾。

（以上为第十一段，写岑晊、张俭惩治为害地方的宦官亲属，引发党锢之祸。）

【注释】

［1］用势纵横：仗势逞强霸道。［2］贼曹史：助郡守捕盗贼的掾史。［3］晋阳：县名，并州及太原郡治所，在今山西太原市西南。［4］平原：县名，县治在今山东平原县北。［5］王允（137—192）：字子师，太原祁（今山西祁县）人，官至司徒，以谋诛董卓垂名于史。传见《后汉书》卷六十六。［6］因缘：趁机。［7］山阳：郡名，治所昌邑，在今山东金乡县西北。［8］张俭：字元节，山阳高平（在今山东独山湖东岸）人，为山阳太守东部督邮，以惩治中常侍侯览宗亲而知名当世。传见《后汉书》卷六十七。［9］防东：县名，县治在今山东单县东北。［10］复不得御：又不能上达御览。［11］下邳：县名，下邳国治所。在今江苏邳州市南。［12］请瑨、瓆、超、浮等罪：请求赦免成瑨、刘瓆、翟超、黄浮等人的罪。［13］内患渐积，外难方深：内患日益严重，外难正在发展。［14］陛下超从列侯，继承天位：皇上从列侯超越直升，继承了皇位。［15］懈怠以自轻忽：怠惰政事，不看重皇位，稀里糊涂。［16］梁氏五侯：指外戚梁冀一门五侯擅权。五侯为梁冀、子胤、胤子桃、侄马及弟蒙。梁氏一门七侯，五侯未计梁冀祖父雍，及弟不疑。［17］冀当小平：梁氏被诛，天下之民盼望将会有一段太平日子。小平，稍稍太平。［18］扇结：煽动勾结。［19］原其诚心：推其本意。［20］悁悁：怨恨。［21］荧惑：迷惑。［22］天威：皇威。［23］刑谴：用刑法惩处。［24］伏欧刀：受刑刀杀头。［25］不桡：不屈服于权势。［26］览之从横，没财已幸：侯览如此凶暴横行，也只没收其财产而已。从，通“纵”。［27］未闻二臣有专命之诛：没听说申屠嘉、董宣两人因专擅朝命而被诛。申屠嘉责邓通事，见《资治通鉴》卷十四文帝后二年；董宣折辱公主事，见卷四十三光武建武十九年。董宣，洛阳令。光武帝姐湖阳长公主刘黄家奴杀人，公主庇匿，董宣伺机依法惩治，触怒长公主，而光武帝不加罪。专命，专擅朝命。［28］左右群竖：皇上身边的众小丑。［29］恶伤党类：他们怨恨同党受到伤害。［30］妄相交构：狂妄地交相进谗陷害。［31］啼诉：哭诉分辩。［32］割塞近习与政之源：切断宦官干预政治的道路，阻塞源头。［33］引纳：招引采纳，即亲信。［34］尚书朝省之士：指朝廷百官。［35］简练清高：选拔清高人士。［36］斥黜佞邪：排斥奸佞小人。［37］如是天和于上，地洽于下：如果这样，上天祥和，人间融洽。［38］辄以中诏谴却：对陈蕃的奏章，宦官每每借用皇上旨意，斥责退还。［39］长史：指太尉府陈蕃长史。三公府皆有长史，为三公助理。［40］抵罪：被判处罪刑。［41］襄楷：字公矩，平原隰阴（今山东禹城市东）人，天文阴阳学家。传见《后汉书》卷三十下。［42］以文象设教：上天用天象变异来表明它的教化。［43］太微，天廷五帝之坐：太微即天廷，天上星区之名，五帝座在其中。五帝座，西方名为狮子座 β－星。［44］金、火罚星扬光其中：金星、火星这两颗罚星在太微垣中闪闪发光。［45］房、心：房星四颗为天子明堂；心星三颗为天帝正位，中星为天帝，前星为太子，后星为庶子。［46］法无继嗣：金、火入房心，依据五星占，皇上没有后嗣。［47］城傍竹柏之叶有伤枯：

竹柏四季常青，延熹七年冬大寒，洛阳四周竹柏之叶伤冻枯落。这一气象异常被认为是天谴，二年后皇上丧命。［48］“连有”三句：臣下作威作福，刑法严急，上感于天，以霜雹大雨雷电为天谴。感，感应于天。［49］远加考逮：从遥远的太原、南阳把刘瓆、成瑨逮捕到京师洛阳拷问。［50］杜口：闭口不言。［51］祸及三世：胡三省注引汉黄石公《三略》说：伤害贤才，有三世灾难，阻塞贤才，身受其难；引荐贤才，福流子孙；妒忌贤才，声名不全。［52］频行诛罚：连连诛杀。［53］梁、寇、孙、邓并见族灭：指梁冀、寇荣、孙寿、邓万世四族遭灭。［54］并被残戮：指李云、杜众均遭杀害。二人死于延熹二年进谏。［55］诞致十子：生育十子。文王妻太姒生十子，为长子伯邑考，其次为武王发、管叔鲜、周公旦、蔡叔度、曹叔振铎、成叔武、霍叔处、康步封、冉季载。［56］修德省刑：施行德政，减少刑罚。［57］以广《螽斯》之祚：用以获得子孙像螽斯一样繁衍。《螽斯》为《诗经·周南》篇名。螽斯，一种蝗虫类昆虫。该诗赞扬螽斯不妒忌，子孙繁衍。祚，福祚，指多子多福。［58］臣以为河者，诸侯位也：黄河象征封国国君。纬书《孝经援神契》曰：“五岳视三公，四渎视诸侯。”［59］天垂异，地吐妖，人疠疫：指日食、地震、瘟疫，天地人皆有灾而河水清，此清不合时宜，非天下太平的象征。［60］愿赐清闲，极尽所言：希望皇上留出一点时间召见，详细陈述心中的话。［61］妲己：殷纣王宠妃。［62］真龙游廷：真龙降临廷中。《新序》记载的寓言。楚叶公子高爱好画龙，天上真龙闻知，降临拜访，叶公子高魂出七窍。［63］黄门、常侍：黄门郎、中常侍，皆宦官。［64］天刑之人：宦官受腐刑，是上天所弃的人。［65］兼倍常宠：宠爱宦官反而超过宠爱正常人一倍。［66］系嗣未兆：儿子还没苗头。系，据张敦仁《资治通鉴刊本识误》，校正作“继”，是。［67］黄、老、浮屠之祠：祭祀黄帝、老子、佛祖的庙宇。黄老为道教。浮屠，又作佛陀，即佛教。［68］耆：通“嗜”。［69］祚：福。［70］浮屠不三宿桑下，不欲久生恩爱：和尚不在一棵桑树下连续住三夜，不愿久住以免生出爱恋之情。［71］精之至也：这道理精密绝伦。［72］守一：专一修行。［73］淫女：与艳妇同义，即美女。［74］甘肥饮美：吃美味，饮美酒。［75］单天下之味：享尽天下的美味。单，通“殚”，尽。［76］古者本无宦臣：古代不用宦官为臣。即不许宦官过问政治。［77］数游后宫：留恋后宫。［78］尚书承旨：指问襄楷的尚书秉承宦官之意。［79］不正辞理：言词道理不雅正。［80］违背经艺：违背儒家经典礼义。［81］假借星宿，造合私意：假借天文，编造自己的私意。［82］诬上罔事：欺诬皇上，蒙蔽事实。［83］皆天文恒象之数：说的都是正常的天文现象。［84］犹司寇论刑：仍判了二年徒刑。［85］永平：明帝年号，公元58—75年。［86］笃好：崇信，虔诚信仰。［87］躬自祷祠：亲自拜佛。［88］其法浸盛：佛教日益传播开来。［89］符节令：少府属官，掌管符节印信。［90］蔡衍：字孟喜，汝南项县（在今河南沈丘县）人，官至冀州刺史。传见《后汉书》卷六十七。［91］切厉：直率激烈。［92］望：怨恨指责。［93］相时而动，无累后人：看准时机才行动，不要连累后人。语出《左传》隐公十一年君子赞郑庄公之言。［94］公孝：岑晊的字。［95］要君致衅：胁迫长上，闹出大祸。岑晊过激，致兴大狱，太守成瑨被捕，他却逃亡，是以贾彪不纳。［96］自遗其咎：自找祸事。［97］奋戈：举戈。［98］新息：县名，县治在今河南息县。[99]按验：现场验尸。[100]按致其罪：判决杀子之罪。

河南[1]张成，善风角[2]，推占当赦，教子杀人。司隶李膺督促收捕，既而逢宥[3]获免；膺愈怀愤疾，竟按杀之[4]。成素以方伎[5]交通宦官，帝亦颇讯[6]其占；宦官教成弟子牢修上书，告"膺等养太学游士，交结诸郡生徒[7]，更相驱驰[8]，共为部党[9]；诽讪[10]朝廷，疑乱[11]风俗。"于是天子震怒，班[12]下郡国，逮捕党人，布告天下，使同忿疾。案经三府[13]，太尉陈蕃却之[14]曰："今所按者[15]，皆海内人誉[16]，忧国忠公之臣，此等犹将十世宥也[17]，岂有罪名不章[18]而致收掠者乎！"不肯平署[19]。帝愈怒，遂下膺等于黄门北寺狱，其辞所连及，太仆颍川杜密[20]、御史中丞陈翔[21]及陈寔[22]、范滂之徒二百余人。或逃遁不获，皆悬金购募[23]，使者四出相望。陈寔曰："吾不就狱，众无所恃。"乃自往请囚。范滂至狱，狱吏谓曰："凡坐系者，皆祭皋陶。"滂曰："皋陶[24]，古之直臣，知滂无罪，将理之于帝[25]；如其有罪，祭之何益！"众人由此亦止。陈蕃复上书极谏，帝讳其言切，托以蕃辟召非其人，策免之。

时党人狱所染逮者[26]，皆天下名贤，度辽将军皇甫规，自以西州豪杰，耻不得与，乃自上言："臣前荐故大司农张奂[27]，是附党也。又，臣昔论输左校时，太学生张凤等上书[28]讼臣，是为党人所附也，臣宜坐之。"朝廷知而不问。

杜密素与李膺名行相次[29]，时人谓之李、杜，故同时被系。密尝为北海相，行春[30]，到高密[31]，见郑玄[32]为乡啬夫[33]，知其异器，即召署郡职，遂遣就学，卒成大儒。后密去官还家，每谒守令，多所陈托[34]。同郡刘胜，亦自蜀郡告归[35]乡里，闭门扫轨[36]，无所干及[37]。太守王昱谓密曰："刘季陵[38]清高士，公卿多举之者。"密知昱以激己[39]，对曰："刘胜位为大夫[40]，见礼上宾，而知善不荐，闻恶无言，隐情惜己[41]，自同寒蝉，此罪人也。今志义力行之贤[42]而密达[43]之，违道失节之士[44]而密纠[45]之，使明府赏刑得中，令问休扬[46]，不亦万分之一乎！"昱惭服，待之弥厚。

九月，以光禄勋周景为太尉。

司空刘茂免；冬，十二月，以光禄勋汝南宣酆为司空。

以越骑校尉窦武为城门校尉。武在位，多辟名士，清身疾恶，礼赂不通[47]；妻子衣食裁[48]充足而已，得两宫[49]赏赐，悉散与太学诸生及丐施[50]贫民，由是众誉归之。

匈奴乌桓闻张奂至，皆相率还降，凡二十万口；奂但诛其首恶，余皆慰纳之，唯鲜卑出塞去。朝廷患檀石槐不能制，遣使持印绶封为王，欲与和亲。檀石槐不肯受，而寇抄滋甚[51]；自分其地为三部[52]：从右北平[53]以东至辽东，接夫余、涉貊二十余邑，为东部；从右北平以西，至上谷十余邑，为中部；从上谷以西至敦煌、乌孙二十余邑，为西部：各置大人领之。

（以上为第十二段，写司隶校尉李膺疾恶如仇，在教令中杀死蛊惑桓帝的风角师张成父子，宦官借机中伤，诬陷太学生与士大夫结成朋党，诽谤朝廷，扰乱风俗，桓帝大怒，以党人名义逮捕清流士大夫，第一次党锢之祸形成。）

【注释】

[1]河南：据章校，应作“河内”，是。[2]风角：古代占卜的一种迷信方法，以占候四方、四隅的风向来预测吉凶。[3]宥：此指大赦令。[4]竟按杀之：终于判处张成死刑。[5]方伎：方术，此指风角之术。[6]讯：问。[7]生徒：学生。[8]驱驰：驱逐奔驰。此谓尽力效命之意。[9]部党：朋党。[10]诽讪：毁谤。[11]疑乱：扰乱。[12]班：同“颁”。[13]案经三府：逮捕党人的文告经过三府下达。三府，太尉、司徒、司空。[14]却之：退回捕人诏书。[15]按者：被指控的人。[16]人誉：有声誉的人。[17]此等犹将十世宥也：这些人即使犯了过失，也要宽恕十世。典出《左传》襄公二十一年。范宣子囚叔向，祁奚谏宣子说：叔向是国家的柱石，有过“犹将十世宥之”，用于鼓励贤能的人。[18]罪名不章：罪名暧昧不明。章，通“彰”。[19]平署：连名。[20]杜密：字周甫，颍川阳城（在今河南登封市东南）人，党人领袖，八俊之一。传见《后汉书》卷六十七。[21]陈翔：字子麟，汝南邵陵（在今河南漯河市东）人，党人领袖，八及之一。与杜密同传。[22]陈寔：字仲弓，颍川许县（在今河南许昌市东）人。传见《后汉书》卷六十二。[23]悬金购募：悬赏缉拿。[24]皋陶：传说虞舜时的司法官。[25]理之于帝：向天帝申诉。[26]染逮者：受案件牵连的人。[27]荐故大司农张奂：皇甫规荐张奂事，见延熹六年。[28]张凤等上书：皇甫规被下狱，张凤上书陈冤，事见延熹五年。[29]名行相次：声名相等。[30]行春：地方郡国守相，春季出巡所辖各县劝课农桑，叫

行春。[31]高密：县名，属北海国，县治在今山东高密市西。[32]郑玄（127—200）：字康成，北海高密人，东汉大经学家，今本十三经注疏中《毛诗》《三礼》即为郑玄注。传见《后汉书》卷三十五。[33]乡啬夫：乡官名。掌一乡狱讼及税收。[34]陈托：请托。由下文杜密答话可知，杜密请托皆荐贤斥奸之事，不是个人私事。刘胜则明哲保身，故不值得赞誉。[35]自蜀郡告归：从蜀郡太守任上告老还乡。[36]闭门扫轨：关门谢客，不与外界交通。扫轨，扫除车迹，言车不出门。[37]无所干及：从不打扰地方官长。[38]刘季陵：刘胜字季陵。[39]激己：讽刺自己。[40]位为大夫：郡太守犹古之大夫。[41]隐情惜己：隐瞒真情来保护自己的生命。[42]志义力行之贤：言行一致的贤人。[43]达：举荐。[44]违道失节之士：违法乱纪的人。[45]纠：揭发。[46]令问休扬：使你太守名声远播。令问，美好名声。[47]礼赂不通：送礼和贿赂，一概拒绝。[48]裁：通“才”，仅仅。[49]两宫：指天子和皇后。[50]丐施：赠送施舍。丐，与也。[51]寇抄滋甚：扰边掳掠更加厉害。[52]分其地为三部：鲜卑此时领有匈奴旧地，东西万里，仿匈奴之制分为三大部。檀石槐居于中部，统领三部。三部各置首领，称大人。中部当今内蒙古中部。[53]右北平：郡名，治所土垠，在今河北唐山市丰润区。右北平郡正当鲜卑中部。

【点评】

本卷点评两大史事：其一，汉末清议之风；其二，第一次党锢之祸。

一、汉末清议之风。东汉一朝有五位诸侯王子入继大统，七位皇太后临朝。太后临朝，贪权立幼，以诸侯子入继，使外来即位的小皇帝在朝官士大夫中根基不深，便于外戚擅权。幼君长成，不满傀儡地位，依靠宦官扳倒外戚，宦官得势。东汉政治长期是外戚与宦官两大势力博弈，轮番执政。朝官士大夫在夹缝中生存。由于儒学礼义是朝官士大夫的立身之本，通过征辟、举孝廉、皇帝求言对策、入太学明经等渠道入仕，称清流。宦官子弟亲戚宾友靠权力安排入仕称浊流。耿直的朝官士大夫标榜清高，看不起浊流入仕的官员，鄙夷那些依附宦官势力固宠的朝官士大夫。太学生不满宦官子弟侵夺士人的仕途，逐渐与耿直派朝官士大夫相互呼应形成清议之风，成为强大的社会舆论。社会名流互相标榜，指天下名士，为之称号。上曰“三君”，次曰“八俊”，次曰“八顾”，次曰“八及”，次曰“八厨”，比拟上古时代的“八元”“八恺”。《史记·五帝本纪》载，昔高阳氏有才子八人，世得其利，为之“八恺”。高辛氏有才子八人，世谓之“八元”。东汉清议的“三君”为窦武、刘淑、陈蕃。“君”指一代宗师。“八俊”为李膺、荀翌、杜密、王畅、刘祐、魏朗、赵典、朱寓。“俊”指人中英杰。“八顾”为郭林宗、宗慈、巴肃、夏馥、范滂、尹勋、蔡衍、羊陟。“顾”指德行为人楷模。“八及”为张俭、岑晊、刘表、陈翔、孔昱、苑康、檀敷、翟超。“及”指能引导人上进。“八厨”为度尚、张邈、王考、刘儒、胡毋班、秦周、蕃向、王章。“厨”指能用财物救济人。这三十五人都是当时的社会精英，人中豪杰。他们是朝官士大夫耿直派的代表，国家栋梁，反宦官浊流第一线的斗士。陈蕃、窦武、李膺、范滂等在反宦官斗争中为国殉难，他们护持大义、高风亮节的精神，永垂千古。

二、第一次党锢之祸。东汉后期，于公元166—184年，发生了一场遍及全国的大冤狱，史称钩党之狱，又称党锢之祸。这场冤狱，前后有三次高潮，为祸近二十年，其持续之久，规模之大，迫害之虐，都是前所未有的。虽然，钩党之狱的直接受害者是士大夫儒生阶层，但罹其祸毒者，皆“天下善士”，又浩劫全国，故造成了社会的大倒退，使贤愚错位，是非颠倒，法制瓦解，道德沦丧。老百姓也不可避免地承受了社会动乱的实际灾难，生产停滞，经济崩溃，从而激化了阶级矛盾，加速了东汉政权的灭亡。因此，钩党之狱就成为中国古代史上一个引人注目的问题，自然也是本卷点评的一个重大事件。

学术界研究钩党之狱，主要有以下几种观点：1. 钩党之狱是君子与小人之争，士大夫是君子，宦官是小人。2. 党祸是商贾市籍豪强与世家地主争夺参政权的斗争。3. 东汉党争是统治集团内部的派性斗争。这些观点都有它的合理性，各自从不同的侧面揭示了钩党之狱的一些现象。但这些观点都未能揭示钩党之狱的本质。试问：作为皇帝家奴的宦官，士大夫眼里的刑余之人何以能专国？世家地主乃是东汉政权的基础，重农抑商又是两汉的国策，桓、灵二帝站在宦官一边，岂不是东汉皇帝作为商贾市籍豪强的代表来反对立国的基础吗？从理论上和实践上都是说不通的。说到派性斗争，离真理就更加遥远。东汉士大夫多贤人君子，不避斧钺之诛以急国家之难，光明磊落，彪炳史册，而钩党之狱，却专事残害忠良，这又是为什么？所谓派性斗争论，是20世纪60年代特殊背景下提出的观点，而这一观点，恰恰是钩党之狱研究中的一种倒退。因此，关于东汉钩党之狱，应予重新点评。

钩党之狱的实质是一场集权运动，它是桓、灵二帝与宦官合谋发动的。桓、灵二帝相继以诸侯王子身份入继大统，最初都受制于太后。宦官乘势诡称太后、朝官欲废帝诳惑君主，加剧桓、灵二帝的猜忌之心，以假权窃国。桓、灵二帝不仅依靠宦官之力杀逐外戚，而且还利用群小的无耻无行来排抑被猜忌的耿直大臣，以集中皇权。皇帝与宦官互相操纵和利用，为了集权而制造冤狱，这就是钩党之狱产生的直接原因。

论从史出，首先必须把钩党之狱的经过、规模及其影响搞清楚。下面先谈桓帝发动的第一次钩党之狱。

第一次钩党之狱发生在桓帝延熹九年，即公元166年。它的导火线由三大案引发。其一，汝南太守宗资任范滂为功曹，委以政事。滂外甥李颂素无行，范滂寝而不召。凡行违孝悌，不轨仁义者，范滂即逐斥之。郡中豪强莫不怨恨范滂，于是编造谣言，煽动舆论说："汝南太守范孟博，南阳宗资主画诺"，并指范滂所用之人为"范党"。其二，南阳太守成瑨，以岑晊为功曹，亦委以政事，宛地有富商张泛，是桓帝美人外亲，赂遗中官，横行乡里。岑晊劝成瑨捕拿张泛，诛杀其宾客二百余人。其时遇赦，晊先斩后奏。豪强贵戚造作飞语云："南阳太守岑公孝，弘农成瑨但坐啸。"其三，李膺为河南尹，河内张成善风角，因其推占当赦，教子杀人，其实是中官透露朝中消息，以显示张成之能。因张成不但交通宦竖，而且桓帝亦问其占。李膺收拿张成，既而果逢赦令，膺竟杀之。

河南、南阳、汝南是三个大郡，东汉王朝的政治中枢地区。河南是帝城，南阳是帝乡。皇亲贵戚，盘根错节，结纳宦竖，鱼肉百姓。李膺、范滂、岑晊等按治豪强，直接打击宦官势力，并以直行触犯龙颜。其时又值太原太守刘瓆捕讨小黄门晋阳赵津，瓆为除"一县巨患"，"亦于赦后杀之"；山阳太守翟超，籍没中常侍侯览"资财"，东海相黄浮收拿中常侍徐璜兄子下邳令徐宣，"案宣罪弃市，暴其尸"。宦官向桓帝诉冤，"帝大怒"，刘瓆、翟超、黄浮俱被捕拿，公卿大臣交章疏救。桓帝欲致极刑，苦其无辞。三大案发，于是中官讽张成弟子牢修上书诬告李膺结纳朋党，"诽讪朝廷，疑乱风俗"，侯览又使张泛妻上书讼冤。这样一来，本不相干的三大案被中官串联起来，说成是朋党为奸，有意犯禁树威。桓帝震怒，大捕党人。宗资、成瑨下狱死。岑晊遁逃。李膺、范滂等二百余人下狱。这就是第一次钩党之狱。

中常侍王甫治党狱，给党人的颈、手、脚加上"三木"的刑具，蒙头拷打，逼供牵引同党。"钩谓相牵引也"（《后汉书·灵帝纪》李贤注），所以史称党人为"钩党"。可见它完全是宦官诬加给李膺、范滂等人的一顶莫须有的政治帽子。但是一经圣旨钦定，便成法律，以颠倒黑白之事实，"布告天下，使同忿疾"。李膺、范滂等人，既没有组织，也没有什么宣言和主张，"旷年拘录，事无效验"（《后汉书·窦武列传》）。他们都是汉室忠臣。范滂临捕，对他的儿子说："吾欲使汝为恶，则恶不可为；使汝为善，则我不为恶。"所谓钩党之狱，就是这样的一场忠直遭殃、邪曲嚣张的政治大冤狱。

但是，派性斗争论者认为，钩党之狱是由于党人行事操切激怒了皇帝，似乎是咎由自取，这是值得商榷的。

单从权力斗争的现象来看，钩党之狱是东汉政局长期动荡的总爆发。东汉政局不稳是由于外戚、宦官、朝官士大夫三大势力互斗不已，水火不容。外戚借太后之力专国，宦官假皇权肆虐，士大夫标榜清流自重。所谓清流就是以儒学为正宗，凭着孝廉、征辟、策对的正途仕进。这三大势力实质上代表着太后、皇权、相权三种力量，它们之间的斗争，的确像是统治集团内部的派性斗争。但是历史研究绝不只是对历史现象的描述，而应深入地揭示历史发展的本质。东汉外戚、宦官、士大夫三种势力，由于所代表的社会阶层利益不同，因而各派掌权治国所影响的历史面貌也是不同的。派性斗争论不能说明这种区别，它抹杀正义与非正义之分，混淆进步与反动之别，这是不能苟同的。

卷五六　汉纪四十八

汉桓帝永康元年至汉灵帝建宁四年（167—171 年）

【起强圉协洽（丁未，167 年），尽重光大渊献（辛亥，171 年），凡五年】

【大事提要】

本卷记事起公元 167 年，讫公元 171 年，凡五年，当汉桓帝永康元年至汉灵帝建宁四年，载桓灵二帝政权交替五年间史事。这一时期东汉政坛发生剧烈震动，短短五年，社会陷于大分裂，可以说东汉政治处于暴风骤雨、雷击电闪的深夜，最为黑暗。这一时期的重大事件，是第一次党锢之祸解禁，紧接着是第二次党锢之祸兴起，由京师波及全国，被诬为党人者数十万人，邪气旺炽，正义遭压迫，社会大分裂。颍川名士贾彪西行入京劝说外戚皇后父城门校尉窦武与朝官士大夫联手抗衡宦官，于是窦武与尚书令霍谞等共同上奏桓帝为党人申诉，桓帝释放了党人，释放范滂、李膺等二百余人出狱，但禁锢终身。桓帝死，灵帝立，窦太后临朝，窦武与太尉陈蕃等谋诛宦官。灵帝仍是由诸侯入继大统，不满太后临朝，倒向与宦官结盟夺权，宦官抢先发难，陈蕃、窦武被诛，窦太后迁居南宫。第二次党锢之祸兴起，布告天下，全国范围清理党人。李膺、范滂等人慷慨就义，张俭逃亡，祸及万家。州郡长官趋附宦官，抓捕党人并肆意扩大化。平原相史弼抗命，存活者数百上千人。灵帝御座出现青蛇，诏公卿以下各上封事，大司农张奂、郎中谢弼上封事为陈蕃、窦武申冤，张奂下狱，谢弼罢官，遣回乡里以他事诛杀。汉灵帝加冠，大赦天下，唯党人不赦。

孝桓皇帝下

永康元年[1]（丁未，167 年）

春，正月，东羌先零围祋祤，掠云阳[2]，当煎诸种复反。段颎击之于鸾鸟[3]，大破之，西羌遂定。

夫余王夫台寇玄菟；玄菟太守公孙域击破之。

夏，四月，先零羌寇三辅，攻没两营[4]，杀千余人。

五月，壬子晦[5]，日有食之。

陈蕃既免，朝臣震栗，莫敢复为党人言者。贾彪[6]曰："吾不西行[7]，大祸不解。"乃入洛阳，说城门校尉窦武、尚书魏郡霍谞[8]等，使讼之。武上疏曰："陛下即位以来，未闻善政，常侍、黄门，竞行谲诈[9]，妄爵非人。伏寻西京[10]，佞臣执政，终丧天下。今不虑前事之失，复循覆车之轨，臣恐二世之难[11]，必将复及，赵高之变，不朝则夕。近者奸臣牢修造设党议，遂收前司隶校尉李膺等逮考，连及数百人，旷年拘录[12]，事无效验。臣惟膺等建忠抗节[13]，志经王室，此诚陛下稷、禼、伊、吕[14]之佐；而虚为奸臣贼子之所诬枉，天下寒心，海内失望。惟陛下留神澄省[15]，时见理出[16]，以厌[17]神鬼[18]喁喁之心[19]。今台阁近臣[20]，尚书朱寓[21]、荀绲[22]、刘祐、魏朗[23]、刘矩、尹勋等，皆国之贞士[24]，朝之良佐；尚书郎张陵[25]、妫皓、苑康[26]、杨乔、边韶[27]、戴恢等，文质彬彬，明达国典，内外之职，群才并列。而陛下委任近习[28]，专树饕餮[29]，外典州郡，内干心膂[30]，宜以次贬黜[31]，案罪纠罚[32]；信任忠良，平决臧否[33]，使邪正毁誉，各得其所，宝爱天官，唯善是授，如此，咎征[34]可消，天应可待。间者[35]有嘉禾、芝草、黄龙之见。夫瑞生必于嘉士[36]，福至[37]实由善人，在德为瑞，无德为灾[38]。陛下所行不合天意，不宜称庆。"书奏，因以病上还城门校尉、槐里侯印绶。霍谞亦为表请。帝意稍解[39]，使中常侍王甫[40]就狱讯党人范滂等，皆三木[41]囊头[42]，暴于阶下[43]，甫以次辩诘曰："卿等更相拔举[44]，迭为唇齿[45]，其意如何[46]？"滂曰："仲尼之言，'见善如不及，见恶如探汤[47]，'滂欲使善善同其清，恶恶同其污[48]，谓王政之所愿闻，不悟更以为党[49]。古之修善，自求多福。今之修善，身陷大戮。身死之日，愿埋滂于首阳山[50]侧，上不负皇天，下不愧夷、齐。"甫愍然[51]为之改容[52]，乃得并解桎梏[53]。李膺等又多引宦官子弟，宦官惧，请帝以天时宜赦。六月，庚申[54]，赦天下，改元[55]；党人二百余人皆归田里，书名三府[56]，禁锢终身[57]。

（以上为第一段，写城门校尉窦武、尚书霍谞上奏党人之冤，汉桓帝下诏赦免二百余党人出狱，禁锢终身，故史称党锢之祸。）

【注释】

［1］永康元年：本延熹十年，六月改元永康。［2］祋祤、云阳：二县名，属左冯翊。祋祤县治在今陕西铜川市耀州区。云阳县治在今陕西淳化县西北。［3］鸾鸟：县名，属武威郡，县治在今甘肃武威市南。［4］两营：京兆虎牙营、扶风雍营。［5］壬子晦：五月三十日。［6］贾彪：字伟节，颍川定陵（在今河南舞阳县北）人。汉末名士，与同郡荀爽齐名。永康元年，贾彪西行入京说服外戚皇后父城门校尉窦武与朝士大夫联手抗衡宦官，于是窦武与尚书霍谞共同上奏桓帝，释放党人出狱。传见《后汉书》卷六十七。［7］西行：指去京师洛阳。［8］霍谞：字叔智，魏郡邺县（在今河北磁县东南）人。历仕尚仆射、司隶校尉、廷尉等。传见《后汉书》卷四十八。［9］谲诈：欺诈。［10］西京：长安，此代西汉。［11］二世之难：与下文“赵高之变”为同一事，指二世亡秦。秦末，宦官中车府令赵高擅权，关东兵起，赵高发动宫廷之变，谋杀了秦二世，秦朝随之灭亡。［12］旷年拘录：整年拘押审讯。［13］抗节：直节。［14］稷、卨、伊、吕：后稷、契、伊尹、吕尚。后稷，周始祖；卨，“契”，古字商始祖，两人为虞舜的良辅。伊尹，商初贤相。吕尚，即姜子牙，周初功臣。［15］澄省：明彻地省察。［16］时见理出：立即审理释放。［17］厌：满足。［18］神鬼：据章校，应为“人鬼”，是。［19］喁喁之心：盼慕之心。［20］台阁近臣：指尚书署臣僚。长官为令、仆，属员尚书五人，助理尚书称尚书郎。［21］朱寓：沛国人，党人领袖八俊之一。［22］荀绲：荀淑之子。荀淑有八子，皆有名，世称“荀氏八龙”。荀淑，荀卿十一代孙，东汉大儒。传见《后汉书》卷六十二。［23］魏朗：字少英，会稽上虞（在今浙江绍兴市上虞区）人，党人领袖八俊之一。传见《后汉书》卷六十七。刘祐、刘矩、尹勋，已见上卷。刘祐亦八俊之一。［24］贞士：正直的士人。［25］张陵：见前《资治通鉴》卷五十三桓帝元嘉元年。［26］苑康：见前《资治通鉴》卷五十三桓帝建和三年。［27］边韶：字孝先，陈留浚仪（今河南开封市）人，以文章知名，官至尚书令。传见《后汉书》卷八十上。［28］委任近习：只亲信身边左右的小人。［29］专树饕餮：支持奸邪。［30］心膂：心脏和脊梁骨，喻心腹。［31］以次贬黜：陆续罢黜。［32］案罪纠罚：调查罪状，揭发惩处。［33］平决臧否：分辨善恶。［34］咎征：过失的征验，指天象变异所示的谴告。［35］间者：近来。是年，魏郡生嘉禾，巴郡现黄龙。［36］瑞生必于嘉士：祥瑞的产生，必定有贤才出现。［37］福至：福气降临。与上句为互文。［38］在德为瑞，无德为灾：祥瑞出现，有德便是吉祥，无德就是灾祸。［39］帝意稍解：桓帝对党人的态度，逐渐有好转。［40］王甫：大宦官。［41］三木：手铐、脚镣、头枷。五体皆带刑具。［42］囊头：头上盖物，如同戴高帽子。［43］暴于阶下：暴露在大庭之中。［44］更相拔举：互相标榜。［45］迭为唇齿：互相像唇齿一样结成死党。［46］其意如何：想干什么？有何企图？［47］见善如不及，见恶如探汤：看见善良行为，好像赶不上似的，要努

力追赶；碰到邪恶的行为，就像伸手到沸水里一样，立即避开。汤，沸水。语出《论语·季氏》篇孔子之言。［48］使善善同其清，恶恶同其污：使善良的人如同清水一样在一起，使邪恶的人如同污水一样归一处，认为这会受到朝廷的鼓励，从没想到这是结党。善善、恶恶，使善人归于善类，使恶人归于恶类，首个"善""恶"为名词，第二个"善""恶"为动词。［49］不悟更以为党：悟，认识到。范滂之意，我们善人在一起，就把恶人显出来了，即泾渭分明，与恶人划清界限，不是什么结党。［50］首阳山：在今山西永济市南。一说首阳即河南洛阳市偃师区西北的邙山，因日出先照而得名。殷末周初贤人伯夷、叔齐饿死首阳山，故范滂要求埋骨于首阳之侧与贤者共眠。［51］愍然：哀怜的样子。［52］改容：动容，肃然起敬。［53］并解桎梏：解除了所有党人罪徒的刑具。桎，手铐。梏，脚镣。［54］庚申：六月八日。［55］改元：改延熹十年为永康元年。［56］书名三府：将党人造成名册，在三府备案。［57］禁锢终身：终身禁止做官，不得远离住所。如今之剥夺政治权利终身。

范滂往候[1]霍谞而不谢。或让[2]之，滂曰："昔[3]叔向不见祁奚[4]，吾何谢焉！"滂南归汝南[5]，南阳士大夫迎之者，车数千两，乡人殷陶、黄穆侍卫于旁，应对宾客。滂谓陶等曰："今子相随，是重吾祸也[6]！"遂遁还乡里[7]。

初，诏书下举钩党[8]，郡国所奏相连及者，多至百数，唯平原[9]相史弼独无所上。诏书前后迫切州郡，髡笞掾史[10]。从事坐传舍责曰[11]："诏书疾恶党人，旨意恳恻[12]。青州六郡，其五有党，平原何治而得独无？"弼曰："先王疆理天下，画界分境，水土异齐，风俗不同[13]。他郡自有，平原自无，胡[14]可相比！若承望上司[15]，诬陷良善，淫刑滥罚，以逞非理，则平原之人，户可为党。相有死而已，所不能也！"从事大怒，即收郡僚职送狱[16]，遂举奏[17]弼。会党禁中解[18]，弼以俸赎罪[19]。所脱者甚众[20]。

窦武所荐：朱寓，沛人；苑康，勃海人；杨乔，会稽人；边韶，陈留人。乔容仪伟丽[21]，数上言政事，帝爱其才貌，欲妻以公主，乔固辞，不听，遂闭口不食，七日而死。

秋，八月，巴郡言黄龙见。初，郡人欲就池浴，见池水浊，因戏相恐，"此中有黄龙，"语遂行民间，太守欲以为美，故上之。郡吏傅坚谏曰："此走卒戏语耳。"太守不听。

六月，大水，勃海溢。

冬，十月，先零羌寇三辅，张奂遣司马[22]尹端、董卓[23]拒击，大破之，斩其酋豪，首虏万余人，三州清定。奂论功当封，以不事宦官故不果封，唯赐钱二十万，除家一人为郎。奂辞不受，请徙属弘农[24]。旧制，边人不得内徙，诏以奂有功，特许之。拜董卓为郎中。卓，陇西人，性粗猛有谋，羌胡畏之。

十二月，壬申[25]，复瘿陶王悝[26]为勃海王。

丁丑[27]，帝崩[28]于德阳前殿。戊寅[29]，尊皇后曰皇太后。太后临朝[30]。初，窦后既立，御见甚稀，唯采女田圣等有宠。后素忌忍[31]，帝梓宫尚在前殿，遂杀田圣。城门校尉窦武议立嗣，召侍御史河间刘儵，问以国中[32]宗室之贤者，儵称解渎亭[33]侯宏[34]。宏者，河间孝王之曾孙也，祖淑，父苌，世封解渎亭侯。武乃入白太后，定策禁中[35]，以儵守光禄大夫，与中常侍曹节并持节将中黄门、虎贲、羽林千人，奉迎宏，时年十二。

（以上为第二段，写汉桓帝驾崩，汉灵帝即位。）

【注释】

[1]候：拜访。[2]让：责备。[3]昔：从前。此指春秋之时。[4]叔向不见祁奚：晋范宣子欲杀叔向，为祁奚所救，叔向并没有去见祁奚致谢。[5]归汝南：回故郡。[6]重吾祸也：将加重我的灾祸。[7]遁还乡里：悄悄地回到家乡。[8]钩党：互相牵引，指目为党，故称钩党。[9]平原：县名，为平原国治所。县治在今山东平原县南。史弼为平原王国相。[10]髡笞掾史：各州郡治办党人不力，其部属掾史往往受到髡刑和笞打的责罚。[11]从事坐传舍责曰：这里指青州从事（青州刺史助理）在传舍召见史弼，责其治办不力。[12]恳恻：诚恳凄恻。这里作至为明确、十分严厉解。[13]水土异齐，风俗不同：水土有不同，则风俗不同。[14]胡：曷，怎么。[15]承望上司：秉承上级旨意。[16]收郡僚职送狱：捕系平原国诸曹掾史。[17]举奏：弹劾上奏。[18]会党禁中解：正赶上治党人案在半途解除。[19]以俸赎罪：用停止一段时间的俸禄作为惩罚。[20]所脱者甚众：史弼解救的人很多。据《后汉书·史弼传》，解救的人以百计、以千计。[21]容仪伟丽：高大潇洒，一表人才。[22]司马：将军属官，掌军法，参议军事。[23]董卓（?—192）：字仲颖，陇西临洮（今甘肃岷县）人，行伍出身而为并州牧。灵帝死，他带兵入洛，废少帝，立献帝。关东起兵反卓，拉开了东汉末军阀混战的序幕。董卓挟帝西迁长安，为王允所谋杀。传见《后汉书》卷七十二。[24]请徙属弘农：张奂为敦煌渊泉（今甘肃瓜州县东）

人，请求内迁弘农郡。弘农郡治所在今河南灵宝市东北。[25]壬申：十二月二十三日。[26]悝：桓帝之弟。刘悝本为渤海王，因罪于延熹八年贬为瘿陶王，今复原王爵。[27]丁丑：十二月二十八日。[28]帝崩：桓帝刘志死。时年三十六岁。[29]戊寅：十二月二十九日。[30]太后临朝：窦妙皇太后临朝主持政务。窦妙，城门校尉窦武之女。[31]后素忌忍：窦太后一向忌妒而又残忍。[32]国中：在京师洛阳城中。[33]解渎亭：亭侯封邑名，在今河北安国市东北。[34]宏：刘宏，为桓帝刘志再从堂侄，同出章帝子河间王刘开之后，封解渎亭侯。刘宏祖刘淑为刘开第三子，与桓帝父刘翼为兄弟。刘翼，刘开第二子。[35]定策禁中：在皇宫中秘密决定皇位，即不与百官廷议。

孝灵皇帝[1]上之上

建宁元年（戊申，168年）

春，正月，壬午[2]，以城门校尉窦武为大将军。前太尉陈蕃为太傅，与武及司徒胡广参录尚书事[3]。

时新遭大丧，国嗣未立，诸尚书畏惧，多托病不朝[4]。陈蕃移书责之[5]曰："古人立节[6]，事亡如存[7]。今帝祚未立，政事日蹙[8]，诸君奈何委荼蓼之苦，息偃在床[9]，于义安乎！"诸尚书惶怖[10]，皆起视事。

己亥[11]，解渎亭侯至夏门亭，使窦武持节，以王青盖车迎入殿中，庚子[12]，即皇帝位，改元。

二月，辛酉[13]，葬孝桓皇帝于宣陵[14]，庙曰威宗[15]。

辛未[16]，赦天下。

初，护羌校尉段颎既定西羌[17]，而东羌先零等种犹未服，度辽将军皇甫规、中郎将张奂招之连年，既降又叛[18]。桓帝诏问颎曰："先零东羌造恶反逆，而皇甫规、张奂各拥强众，不时辑定[19]，欲令颎移兵东讨[20]，未识其宜[21]，可参思术略[22]。"颎上言曰："臣伏见先零东羌虽数叛逆，而降于皇甫规者，已二万许落；善恶既分，余寇无几。今张奂踌躇[23]久不进者，当虑外离内合[24]，兵往必惊。且自冬践春，屯结不散，人畜疲羸[25]，有自亡之势，欲更招降[26]，坐制强敌耳。臣以为狼子野心，难以恩纳[27]，势穷虽服，兵去复动[28]；唯当长矛挟胁[29]，白刃加颈耳！计东种所余三万余落，近居塞内，路无险折，非有燕、齐、秦、赵从横之势[30]，而久乱并、凉，累侵三辅，西河、上郡，已各内徙[31]，安定、北地，复至单危[32]；自云中、五原，西至汉阳二千余里[33]，匈奴、诸羌，并擅其地，是为痈疽伏疾，留滞胁下[34]，如不加诛，转就滋大[35]。若以骑五千、步万人、车三千两，三冬二夏，足以破定，无虑[36]用费为钱五十四亿，如此，则可令群羌破尽，匈奴长服，内徙郡县，得反本土。伏计永初中[37]，诸羌反叛，十有四年，用二百四十亿；永和[38]之末，复经七年，用八十余亿。费耗若此，犹不诛尽，余孽复起，于兹作害[39]。今不暂疲民，则永宁无期[40]。臣庶竭驽劣[41]，伏待节度[42]。”帝许之，悉听如所上。颎于是将兵万余人，赍十五日粮，从彭阳直指高平[43]，与先零诸种战于逢义山[44]。虏兵盛，颎众皆恐。颎乃令军中长镞利刃[45]，长矛三重[46]，挟以强弩[47]，列[48]轻骑为左右翼，谓将士曰："今去家[49]数千里，进则事成，走必尽死[50]，努力共功名！"因大呼[51]，众皆应声腾赴[52]，驰骑于傍[53]，突而击之[54]，虏众大溃，斩首八千余级。太后赐诏书褒美曰："须东羌尽定，当并录功勤；今且赐颎钱二十万，以家一人为郎中。"敕中藏府[55]调金钱、彩物增助军费，拜颎破羌将军。

（以上为第三段，写段颎大破西羌。）

【注释】

[1]孝灵皇帝：名宏，以宗室子解渎亭侯入继大统，东汉第十二任皇帝。公元168年至公元189年在位。胡三省注引《伏侯古今注》曰："宏之字曰大。" [2]壬午：正月三日。 [3]参录尚书事：窦武、陈蕃、胡广三人共同主持尚书政务。参，三人为参。 [4]不朝：不上朝视事。[5]移书责之：写信责备尚书们。 [6]立节：坚守志节。 [7]事亡如存：侍奉死者如同生时。意谓桓帝刚死，为何不视事。 [8]政事日蹙：推行政事正是艰难之时。 [9]诸君奈何委荼蓼之苦，息偃在床：各位怎么可以辞避辛劳，躺在床上休息？这里用了三个典故，责诸尚书以大义。《诗经·邶风·谷风》："谁谓荼苦，其甘如荠。"谁说苦菜很苦，只要能吞下苦果，其味如同荠菜一样甘甜。荼，苦菜。《诗经·周颂·小毖》："未堪家多难，予又集于蓼。"本来我不能胜任家国之难，我却又遇上许多艰难。堪，任。蓼，辛苦。此诗为周成王思贤求辅。蓼，指三监之叛及淮夷起事。《诗经·小雅·北山》："或息偃在床。" [10]惶怖：惊恐。 [11]己亥：正月二十日。 [12]庚子：正月二十一日。 [13]辛酉：二月十三日。 [14]宣陵：桓帝陵，在洛阳市东南。 [15]庙曰威宗：祭庙称威宗。 [16]辛未：二月二十三日。 [17]既定西羌：已经平定西羌。段颎定西

羌，在去年即桓帝永康元年。［18］东羌……既降又叛：东羌，指居于北地、安定等郡的内属羌人。桓帝延熹四年（161），皇甫规招降东羌。延熹六年（163）至永康元年（167）张奂为度辽将军。东羌自皇甫规招降以来，七年之间，叛服无常。［19］不时辑定：未能按时讨平。［20］令颎移兵东讨：护羌校尉段颎驻兵于金城郡，移兵征东羌，故称东讨。［21］未识其宜：未知是否恰当。［22］可参思术略：可以先制定战略奏上。［23］踌躇：犹豫，徘徊。［24］外离内合：外离，指未归服的羌人；内合，指已归附的羌人，仍在呼应外离之羌。［25］屯结不散，人畜疲羸：指叛羌长久屯结，已经是人疲畜困。［26］更招降：再招降。［27］难以恩纳：很难用恩德感化。［28］兵去复动：政府兵一撤走，羌人就会重新暴动。［29］长矛挟胁：用长矛直刺其胸。挟，交叉刺击。胁，前胸两侧。［30］从横之势：指有辽阔地域，众多援手可以联势纵横驰驱。东羌无此条件。［31］内徙：指西河、上郡治所被迫内迁，事见《资治通鉴》卷五十二顺帝永和五年。［32］单危：势孤而陷于危险境地。西河、上郡内徙后，安定、北地则陷于孤危之境。［33］二千余里：指东汉羌乱以后，北起云中、五原，西至汉阳，即今从内蒙古包头市一带西至甘肃天水市，二千余里，成为西北的战乱之地。［34］为痈疽伏疾，留滞胁下：这好比是脓疮暗疾，隐藏在两胁之下。［35］转就滋大：辗转迅速膨胀。［36］无虑：大略，总计。［37］伏计：我的统计。伏，拜伏，臣对君说话所用套语。永初：指安帝时。［38］永和：指顺帝时。［39］于兹作害：直到今天，仍在作恶。［40］永宁无期：永久的安宁，遥遥无期。［41］庶竭驽劣：竭尽有限的全力。驽，劣马，自谦语。［42］伏待节度：等着朝廷差遣。［43］彭阳、高平：两县名，属安定郡。彭阳县治在今甘肃镇原县东南。高平县治在今宁夏固原市。［44］逢义山：在高平县境内。［45］长镞利刃：长枪利刀。《后汉书·段颎传》作"张镞利刃"，则为拉满弓，举利刀。镞，箭矢，亦可作锋利解。应以"张镞利刃"为是。［46］长矛三重：将使长枪的士卒编为三个梯队。［47］挟以强弩：拉强弓的弓箭手混编在长枪队中。挟，混杂。［48］列：布列。［49］去家：离家。［50］走必尽死：若要逃跑，大家全死。［51］大呼：大声呐喊。［52］众皆应声腾赴：全军步骑随着杀敌的呐喊声，争相奔腾冲向敌人。［53］驰骑于傍：据张敦仁《资治通鉴刊本识误》校正作"颎驰骑于旁"。段颎亲自骑马奔驰在队伍旁指挥。［54］突而击之：段颎带头冲入敌阵。［55］中藏府：皇室府库，属少府。

闰月，甲午[1]，追尊皇祖为孝元皇[2]，夫人夏氏为孝元后，考为孝仁皇[3]，尊帝母董氏为慎园贵人。

夏，四月，戊辰[4]，太尉周景薨，司空宣酆免；以长乐卫尉王畅为司空。

五月，丁未朔[5]，日有食之。

以太中大夫刘矩为太尉。

六月，京师大水。

癸巳[6]，录定策功，封窦武为闻喜侯，武子机为渭阳侯，兄子绍为鄠侯，靖为西乡侯，中常侍曹节[7]为长安乡侯，侯者凡十一人。

涿郡卢植[8]上书说武曰："足下之于汉朝，犹旦、奭[9]之在周室，建立圣主，四海有系[10]，论者以为吾子之功，于斯为重。今同宗相后，披图案牒，以次建之，何勋之有[11]！岂可横叨天功以为己力[12]乎！宜辞大赏，以全身名。"武不能用。植身长八尺二寸，音声如钟，性刚毅，有大节。少事马融，融性豪侈，多列女倡歌舞于前，植侍讲积年，未尝转盼[13]，融以是敬之。

太后以陈蕃旧德，特封高阳乡侯。蕃上疏让曰："臣闻割地之封，功德是为[14]。臣虽无素洁之行[15]，窃慕[16]君子'不以其道得之，不居也[17]'。若受爵不让[18]，掩面就之，使皇天震怒，灾流下民，于臣之身，亦何所寄！"太后不许。蕃固让，章前后十上，竟不受封。

段颎将轻兵[19]追羌，出桥门[20]，晨夜兼行，与战于奢延泽[21]、落川[22]、令鲜水[23]上，连破之；又战于灵武谷[24]，羌遂大败。秋，七月，颎至泾阳[25]，余寇四千落，悉散入汉阳[26]山谷间。

护匈奴中郎将张奂上言："东羌虽破，余种难尽[27]，段颎性轻果[28]，虑负败难常[29]，宜且以恩降[30]，可无后悔。"诏书下颎，颎复上言："臣本知东羌虽众，而软弱[31]易制，所以比陈愚虑[32]，思为永宁之算；而中郎将张奂说虏强难破，宜用招降。圣朝明监[33]，信纳瞽言[34]，故臣谋得行，奂计不用。事势相反，遂怀猜恨[35]，信叛羌之诉，饰润辞意[36]，云臣兵'累见折衄[37]'，又言'羌一气所生，不可诛尽，山谷广大，不可空静，血流污野，伤和致灾。'臣伏念周、秦之际，戎狄为害，中兴以来，羌寇最盛，诛之不尽，虽降复叛。今先零杂种，累[38]以反覆[39]，攻没县邑，剽略人物[40]，发冢露尸[41]，祸及生死，上天震怒，假手行诛[42]。昔邢为无道，卫国伐之，师兴而雨[43]；臣动兵涉夏，连获甘澍[44]，岁时丰稔[45]，人无疵疫[46]。上占[47]天心，不为灾伤；下察人事，众和师克。自桥门以西、落川以东，故宫县邑，更相通属[48]，非为深险绝域之地[49]，车骑安行，无应折衄。案奂为汉吏，身当武职，驻军二年[50]，不能平寇，虚欲修文戢戈[51]，招降犷敌[52]，诞辞空说，僭而无征[53]。何以言之？昔先零作寇，赵充国徙令居内[54]，煎当乱边，马援迁之三辅[55]，始服终叛，至今为鲠[56]，故远识之士，以为深忧。今傍郡户口单少，数为羌所创毒[57]，而欲令降徒与之杂居，是犹种枳棘[58]于良田，养蛇虺[59]于室内也。故臣奉大汉之威，建长久之策，欲绝其本根，不使能殖。本规三岁之费，用五十四亿；今适期年，所耗未半，而余寇残烬[60]，将向殄灭[61]。臣每奉诏书，军不内御[62]，愿卒斯言，一以任臣，临时量宜[63]，不失权便[64]。"

（以上为第四段，写太尉陈蕃辞封。讨伐西羌，段颎主伐，张奂主抚，两人主张相左，于是结怨。）

【注释】

[1]甲午：闰三月戊申朔，无甲午。甲午，四月十七日。[2]皇祖：灵帝之祖刘淑，追尊为孝元皇。[3]考：灵帝之父刘苌，追尊为孝仁皇。[4]戊辰：四月戊寅朔，无戊辰。戊辰，五月二十二日。[5]丁未朔：五月一日。[6]癸巳：六月十七日。[7]曹节：字汉丰，南阳新野（今河南新野县）人，灵帝时擅权宦官，官至尚书令。传见《后汉书》卷七十八。[8]卢植（?—192）：字子干，涿郡涿县（今河北涿州市）人，东汉末经学家。传见《后汉书》卷六十四。[9]旦、奭：周初功臣周公旦、召公奭。[10]四海有系：维系了天下人心。[11]同宗相后，披图案牒，以次建之，何勋之有：皇室宗系，血统有自然的顺序，按照宗谱，依次定立皇位继承人，有什么功劳呢？披图案牒，指考索宗谱。论者以窦武定策禁中立灵帝为大功。卢植认为按宗谱选立，谈不上有功，示意窦武谦让。胡三省注曰："自和帝无嗣，安帝以肃宗之孙入立。冲、质短祚，桓帝以肃宗曾孙入立。桓帝无嗣，又以肃宗玄孙入立。是同宗相后，以次建之也。"[12]横叨天功以为己力：贪取天功以为己有。天功，天的旨意。谓灵帝之立自有自然之势，又得天助。[13]转盼：偷看。[14]功德是为：割地封赏是为酬答其有功德。[15]素洁之行：一向具有清廉的德行。[16]窃慕：私心向慕。[17]不以其道得之，不居也：不用正当的办法取得的东西，君子不接受。语出《论语·里仁》篇孔子之言。原文为："富与贵，是人之所欲也，不以其道得之，不处也。"[18]受爵不让：典出《诗经·小雅·角弓》："受爵不让，至于已斯亡。"接受爵位而不辞让，终于走向灭亡。[19]轻兵：轻装骑兵。[20]桥门：长城门名。因在桥山长城而得名，在今陕西黄陵县西北。[21]奢延泽：泽名，在今内蒙古鄂托克前旗东南城川乡一带。已涸。[22]落川：即今陕西靖边县西北的红柳河，古名奢延水。[23]令鲜水：按段颎进军路线推之，此水当在落川西，灵武谷东，当今宁夏灵武市境内。[24]灵武谷：在今宁夏银川市西北。[25]泾阳：县名，属安定郡，县治在今甘肃平凉市南。[26]汉阳：郡名，郡治冀县，在今甘肃甘谷县。[27]余

种难尽：意谓，总不能全部消灭羌人。张奂主张安抚，故有是言。［28］性轻果：性情轻率而果敢。［29］虑负败难常：应当考虑打仗是胜败无常的。意谓，段颎也不能必保常胜。［30］宜且以恩降：应当在胜利的形势下用恩德招降。［31］软弱：指羌人涣散。［32］比陈愚虑：再次陈述我的愚见。［33］圣朝明监：主上英明。监，通"鉴"。［34］信纳瞽言：采纳信用我的愚见。瞽言，瞎说之言，谦辞。［35］事势相反，遂怀猜恨：按我的计谋，形势发展与张奂预料的完全相反，于是心怀不满。猜狠，因忌妒而怀恨。［36］饰润辞意：张奂把叛羌控诉我的话做了一番修饰打扮。［37］累见折衄：连吃败仗。［38］累：多次。［39］反覆：反复无常。［40］剽略人物：抢夺人民和财物。［41］发冢露尸：挖开坟墓，抛露尸骨。此种行为最为儒家学说熏染的汉民所不能容忍。［42］假手行诛：上天借用我的双手进行讨灭。［43］昔邢为无道，卫国伐之，师兴而雨：从前，邢国政治暴虐，卫国讨伐它，大军出征之日，上天及时降雨。典出《左传》僖公十九年。邢、卫，皆春秋时之国名。卫国大旱，出兵讨伐无道的邢国，师出之日即下大雨。师兴，调动军队出征。雨，作动词用，下雨。［44］甘澍：即甘露，及时雨。［45］丰稔：丰收。［46］疵疫：瘟疫。［47］占：察考。［48］更相通属：互相连接。［49］非为深险绝域之地：谓恢复交通的地域，并不是穷山恶水的绝域。［50］驻军二年：张奂于桓帝延熹九年督并、幽、凉三州及京兆虎牙营、扶风雍营之众，历时两年，未能安羌。［51］虚欲修文戢戈：为掩饰无能力安羌，才提倡讲文息武。虚，掩饰。戢戈，停止战争。［52］犷敌：凶恶的敌人。犷，凶恶的样子。［53］诞辞空说，僭而无征：夸大招降的效果，实际上虚妄而无验证。僭，无信。征，验证。［54］赵充国徙令居内：西汉宣帝时赵充国安羌，招降羌人使移居内地金城郡，置金城属国护理降羌。［55］马援迁之三辅：马援安羌，迁降人于关中，事在光武帝建武十一年。［56］鲠：病。如同一根鱼骨卡在喉咙。［57］创毒：祸害。［58］枳棘：荆棘。［59］蛇虺：毒蛇。［60］残烬：行将熄灭的灰烬。烬，燃烧殆尽的余木。［61］将向殄灭：面临灭绝。［62］军不内御：军事行动，朝廷不作遥控。内，朝内。［63］临时量宜：临机应变。［64］权便：权宜之利，指军机。

八月，司空王畅免，宗正刘宠为司空。

初，窦太后之立也，陈蕃有力焉。及临朝，政无大小，皆委于蕃。蕃与窦武同心戮力[1]，以奖王室，征天下名贤李膺、杜密、尹勋、刘瑜等，皆列于朝廷，与共参政事。于是天下之士，莫不延颈想望太平。而帝乳母赵娆及诸女尚书[2]，旦夕在太后侧，中常侍曹节、王甫等共相朋结[3]，谄事[4]太后，太后信之，数出诏命，有所封拜。蕃、武疾之，尝共会朝堂，蕃私谓武曰："曹节、王甫等，自先帝时操弄国权，浊乱海内[5]，今不诛之，后必难图。"武深然之。蕃大喜，以手推席而起[6]。

武于是引同志尚书令尹勋等共定计策。

会有日食之变，蕃谓武曰："昔萧望之困一石显[7]，况今石显数十辈乎！蕃以八十之年，欲为将军除害，今可因日食斥罢宦官，以塞天变。"武乃白太后曰："故事，黄门、常侍但当给事省内[8]门户，主近署财物[9]耳；今乃使与政事[10]，任重权，子弟布列[11]，专为贪暴。天下匈匈，正以此故，宜悉诛废以清朝廷。"太后曰："汉元[12]以来故事，世有宦官，但当诛其有罪者，岂可尽废邪！"时中常侍管霸，颇有才略，专制省内，武先白收霸及中常侍苏康等，皆坐死。武复数白诛曹节等，太后冘豫[13]未忍，故事久不发。蕃上疏曰："今京师嚣嚣[14]，道路喧哗，言侯览、曹节、公乘昕、王甫、郑飒等，与赵夫人[15]、诸尚书并乱天下，附从者升进，忤逆者中伤，一朝群臣如河中木耳，泛泛东西[16]，耽禄畏害[17]。陛下今不急诛此曹，必生变乱，倾危社稷，其祸难量。愿出臣章宣示左右，并令天下诸奸知臣疾之。"太后不纳。

是月，太白犯房之上将，入太微[18]。侍中刘瑜素善天官，恶之，上书皇太后曰："案《占书》："宫门当闭，将相不利，奸人在主傍；愿急防之。"又与武、蕃书，以星辰错缪[19]，不利大臣，宜速断大计。于是武、蕃以朱寓为司隶校尉，刘祐为河南尹，虞祁为洛阳令。武奏免黄门令魏彪，以所亲小黄门山冰代之，使冰奏收长乐尚书[20]郑飒，送北寺狱。蕃谓武曰："此曹子便当收杀，何复考为！"武不从，令冰与尹勋、侍御史祝瑨杂考[21]飒，辞连及曹节、王甫。勋、冰即奏收节等，使刘瑜内奏。

九月，辛亥[22]，武出宿归府[23]。典中书者先以告长乐五官史[24]朱瑀，瑀盗发武奏，骂曰："中官放纵者，自可诛耳，我曹何罪，而当尽见族灭！"因大呼曰："陈蕃、窦武奏白太后废帝，为大逆！"乃夜召素所亲壮健者长乐从官史[25]共普、张亮等十七人，歃血共盟[26]，谋诛武等。曹节白帝曰："外间切切[27]，请出御德阳前殿。"令帝拔剑踊跃[28]，使乳母赵娆等拥卫左右，取棨信[29]，闭诸禁门，召尚书官属，胁以白刃，使作诏板[30]，拜王甫为黄门令，持节至北寺狱，收尹勋、山冰。冰疑，不受诏，甫格杀之，并杀勋；出郑飒，还兵劫太后[31]，夺玺绶[32]。令中谒者守南宫，闭门绝复道[33]。使郑飒等持节及侍御史谒者捕收武等。武不受诏，驰入步兵营，与其兄子步兵校尉绍共射杀使者。召会北军五校士数千人屯都亭[34]，下令军士曰："黄门、常侍反，尽力者封侯重赏。"陈蕃闻难，将官属诸生八十余人，并拔刃突入承明门，到尚书门，攘臂[35]呼曰："大将军忠以卫国，黄门反逆，何云窦氏不道邪！"王甫时出与蕃相遇，适闻其言，而让[36]蕃曰："先帝新弃天下，山陵未成，武有何功，兄弟父子并封三侯[37]！又设乐饮宴[38]，多取掖庭宫人，旬日之间，赀财巨万，大臣若此，为是道邪[39]！公为宰辅，苟相阿党，复何求贼！"使剑士收蕃，蕃拔剑叱甫，辞色逾厉。遂执蕃，送北寺狱。黄门从官驺[40]蹋蹴蕃[41]曰："死老魅[42]！复能损我曹员数、夺我曹禀假不[43]！"即日，杀之。时护匈奴中郎将张奂征还京师，曹节等以奂新至，不知本谋，矫制[44]以少府周靖行车骑将军、加节，与奂率五营士讨武。夜漏尽[45]，王甫将虎贲、羽林等合千余人，出屯朱雀掖门[46]，与奂等合，已而悉军阙下[47]，与武对陈。甫兵渐盛，使其士大呼武军曰："窦武反，汝皆禁兵，当宿卫宫省，何故随反者乎！先降有赏！"营府[48]兵素畏服中官，于是武军稍稍归甫，自旦[49]至食时[50]，兵降略尽。武、绍走，诸军追围之，皆自杀，枭首洛阳都亭；收捕宗亲宾客姻属，悉诛之，及侍中刘瑜、屯骑校尉冯述，皆夷其族[51]。宦官又谮虎贲中郎将河间刘淑、故尚书会稽魏朗，云与武等通谋，皆自杀。迁皇太后于南宫，徙武家属于日南；自公卿以下尝为蕃、武所举者及门生故吏，皆免官禁锢。议郎勃海巴肃[52]，始与武等同谋，曹节等不知，但坐禁锢，后乃知而收之。肃自载诣县，县令见肃，入阁[53]，解印绶，欲与俱去。肃曰："为人臣者，有谋不敢隐，有罪不逃刑，既不隐其谋矣，又敢逃其刑乎！"遂被诛。

曹节迁长乐卫尉，封育阳侯。王甫迁中常侍，黄门令如故。朱瑀、共普、张亮等六人皆为列侯，十一人为关内侯。于是群小得志，士大夫皆丧气。

蕃友人陈留朱震收葬蕃尸，匿其子逸，事觉，系狱，合门桎梏[54]。震受考掠，誓死不言，逸由是得免。武府掾桂阳胡腾殡敛武尸，行丧，坐以禁锢。武孙辅，年二岁，腾诈以为己子，与令史南阳张敞共匿之于零陵界中，亦得免。

张奂迁大司农，以功封侯。奂深病[55]曹节等所卖[56]，因辞不受。

以司徒胡广为太傅，录尚书事，司空刘宠为司徒，大鸿胪[57]许栩为司空。

冬，十月，甲辰晦[58]，日有食之。

十一月，太尉刘矩免，以太仆沛国闻人袭为太尉。

十二月，鲜卑及涉貊寇幽、并二州。

是岁，疏勒王季父和得杀其王自立。

乌桓大人上谷难楼有众九千余落，辽西丘力居有众五千余落，自称王。辽东苏仆延有众千余落，自称峭王。右北平乌延有众八百余落，自称汗鲁王。

（以上为第五段，写陈蕃、窦武谋诛宦官事泄，宦官抢先发难，陈蕃、窦武被诛，窦太后迁居南宫。陈蕃、窦武所举荐的门生故吏皆被禁锢，此为第二次党锢之祸。）

【注释】

[1]戮力：并力。[2]诸女尚书：宫中决事诸女官。[3]朋结：结成死党。[4]谄事：谄媚奉承。[5]浊乱海内：污浊扰乱了天下。[6]以手推席而起：用手推开案，兴奋地站了起来。[7]萧望之困一石显：萧望之，汉元帝时御史大夫，又为元帝师，甚见亲信，却被宦官石显所害。事见《资治通鉴》卷二十八元帝初元二年。[8]省内：宫内。[9]主近署财物：宦官只掌管少府所掌中藏府、尚方等省内诸署。[10]与政事：参与政务。[11]子弟布列：宦官子弟遍布州郡。[12]汉元：汉初。[13]冘（yóu）豫：犹豫。[14]嚣嚣：即喧哗，人声鼎沸，群情不安。[15]赵夫人：即灵帝乳母赵娆。[16]泛泛东西：一会漂东，一会漂西。泛泛，漂来漂去的样子。这里把满朝文武比喻为河中浮木，没有立场，随波逐流。[17]耽禄畏害：贪图俸禄，畏惧权势。谓满朝大臣，不敢倡言诛宦官。[18]太白犯房之上将，入太微：金星侵入房宿四星的上将星，又深入太微天子廷。房宿四星为四辅，第一星为上将，次星为次将，再次为次相，最上之星为上相。[19]星辰错缪：星宿行次错乱。[20]长乐尚书：太后居长乐宫，因临朝而置尚书，掌臣下所上章奏。[21]杂考：会审，拷取口供。[22]辛亥：九月七日。[23]武出宿归府：窦武因休假出宫回府。[24]长乐五官史：长乐宫尚书仿外朝为五女尚书，以五官史主领之。[25]长乐从官史：长乐宫太后从官。[26]歃血共盟：喝血酒结盟。[27]切切：情况紧急。[28]拔剑踊跃：舞剑腾跳，以壮胆气。[29]取棨信：收取所有印信。棨，木刻的符信，形制如

戟，称棨戟。在宫中各殿通行，臣僚出巡地方，在门卫、关卡处都要验证棨戟。［30］作诏板：写诏令。诏书写在尺一简上，称诏板。［31］劫太后：劫持太后。［32］夺玺绶：夺走太后印玺。［33］复道：两边张有帷幔的殿阁间通道。此复道，指连接洛阳南北宫的通道。［34］都亭：洛阳都亭。［35］攘臂：卷袖伸臂，愤怒的样子。［36］让：责备。［37］兄弟父子并封三侯：六月癸巳，以定策功封窦武为闻喜侯，其子窦机为渭阳侯，两侄窦绍为鄠侯，窦靖为西乡侯，共四侯。此言三侯，指窦武子侄兄弟三侯，有何功而受封。［38］设乐饮宴：大摆宴席，饮酒作乐。［39］为是道邪：做这样的事，难道还有理吗？［40］黄门从官驺：黄门属官骑士。［41］蹋蹴蕃：用脚踢踏陈蕃。［42］死老魅：老不死的妖精。魅，精怪。［43］复能损我曹员数、夺我曹禀假不：你还能裁减我们的人数、减我们的俸禄吗？损、夺，裁减。我曹，我们。禀假，俸禄。［44］矫制：假传皇帝命令。［45］夜漏尽：天将明。［46］朱雀掖门：北宫南掖门。［47］悉军阙下：会合的军队全部抵达宫门之下。［48］营府：指北军五营士。［49］旦：平明。［50］食时：吃早餐的时候。约上午八九点钟。［51］夷其族：诛灭全家。［52］巴肃：字恭祖，勃海高城（在今河北盐山县南）人，党人领袖八顾之一。传见《后汉书卷六十七》。［53］入阁：引入后室。［54］合门桎梏：全家被捕，都带上刑具。［55］深病：深深恼恨。［56］卖：被骗中圈套。［57］大鸿胪：九卿之一，掌归附的少数民族事务。［58］甲辰晦：十月三十日。

二年（己酉，169年）

春，正月，丁丑[1]，赦天下。

帝迎董贵人[2]于河间。三月，乙巳[3]，尊为孝仁皇后，居永乐宫，拜其兄宠为执金吾，兄子重为五官中郎将。

夏，四月，壬辰[4]，有青蛇见于御坐上。癸巳[5]，大风，雨雹，霹雳，拔大木百余。诏公卿以下各上封事。大司农张奂上疏曰："昔周公葬不如礼，天乃动威[6]。今窦武、陈蕃忠贞，未被明宥[7]，妖眚[8]之来，皆为此也，宜急为收葬，徙还家属，其从坐禁锢[9]，一切蠲除。又，皇太后虽居南宫，而恩礼不接，朝臣莫言，远近失望。宜思大义顾复之报[10]。"上深嘉奂言，以问诸常侍，左右皆恶之，帝不得自从[11]。奂又与尚书刘猛等共荐王畅、李膺可参三公之选，曹节等弥疾其言，遂下诏切责[12]之。奂等皆自囚廷尉，数日，乃得出，并以三月俸赎罪。

郎中东郡谢弼上封事曰："臣闻'惟虺惟蛇，女子之祥[13]'。伏惟皇太后定策宫闼，援立圣明，《书》曰：'父子兄弟，罪不相及[14]'，窦氏之诛，岂宜咎延太后[15]！幽隔空宫，愁感天心，如有雾露之疾，陛下当何面目以见天下！孝和皇帝不绝窦氏之恩[16]，前世以为美谈。《礼》，‘为人后者为之子’，今以桓帝为父，岂得不以太后为母哉！愿陛下仰慕有虞[17]蒸蒸[18]之化，《凯风》慰母之念[19]。臣又闻‘开国承家，小人勿用[20]’，今功臣久外，未蒙爵秩，阿母[21]宠私，乃享大封，大风雨雹，亦由于兹。又，故太傅陈蕃，勤身王室，而见陷群邪[22]，一旦诛灭，其为酷滥[23]，骇动天下；而门生故吏，并离徙锢[24]。蕃身已往，人百何赎[25]！宜还其家属，解除禁网。夫台宰重器[26]，国命所系，今之四公[27]，唯司空刘宠[28]断断[29]守善，余皆素餐[30]致寇之人[31]，必有折足覆悚[32]之凶，可因灾异，并加罢黜，征故司空王畅、长乐少府李膺并居政事，庶[33]灾变可消，国祚惟永。”左右恶其言，出为广陵府丞[34]，去官，归家。曹节从子绍为东郡太守，以他罪收弼，掠死于狱。

帝以蛇妖问光禄勋杨赐[35]，赐上封事曰：“夫善不妄来，灾不空发。王者心有所想，虽未形颜色，而五星[36]以之推移，阴阳为其变度。夫皇极不建[37]，则有龙蛇之孽[38]，《诗》云：‘惟虺惟蛇，女子之祥。’惟陛下思乾刚之道[39]，别内外之宜，抑皇甫之权，割艳妻之爱[40]，则蛇变可消，祯祥立应。”赐，秉之子也。

（以上为第六段，写灵帝御座出现青蛇，诏公卿以下各上封事，大司农张奂、郎中谢弼上封事为陈蕃、窦武、窦太后申冤，张奂下狱，谢弼被罢官，遣回乡里，以他罪掠死狱中。）

【注释】

[1]丁丑：正月甲辰朔，无丁丑。丁丑，二月五日。 [2]董贵人：姓董，史失其名。灵帝之母，刘苌夫人，河间（今河北献县东南）人。灵帝即位，追尊其父为孝仁皇，尊其母为慎园贵人，即董贵人。今迎至京师，尊为孝仁皇后。传见《后汉书》卷十下。 [3]乙巳：三月三日。 [4]壬辰：四月二十一日。 [5]癸巳：四月二十二日。 [6]天乃动威：上天震怒。《尚书大传》记载，周公姬旦死后，成王打算安葬周公在洛阳，上天忽然雷电风雨交加，庄稼倒伏，大树拔起，国人十分恐慌。成王改葬周公于毕邑（在今陕西咸阳市西北），表示不敢臣属周公，于是天气正常。[7]明宥：公开赦罪。 [8]妖眚：妖异，指大风、雨雹、霹雳。 [9]从坐禁锢：指株连被禁锢的人。 [10]顾复之报：子女反顾父母的亲恩。这里指灵帝入继大统，为人后嗣，于大义应尽人子之孝。顾复，典出《诗经·小雅·蓼我》：“父兮生我，母兮鞠我，拊我畜我，长我育我，顾我复

我，出入腹我。”［11］帝不得自从：灵帝不能自己作决定。［12］切责：严厉责备。［13］惟虺惟蛇，女子之祥：《诗经·小雅·斯干》之语，原意，做梦见蛇，生女的象征。这里断章取义，谓灵帝之立，是受女子（窦太后）之福。虺，毒蛇。［14］父子兄弟，罪不相及：见《左传》僖公三十三年晋大夫胥臣之言，引《康诰》云：“父不慈，子不祗，兄不友，弟不恭，不相及也。”今本《尚书·康诰》无此语。［15］咎延太后：移罪太后。［16］孝和皇帝不绝窦氏之恩：和帝诛窦宪，仍尊礼窦太后。事见《资治通鉴》卷四十七和帝永元九年。［17］有虞：虞舜。［18］蒸蒸：孝行淳厚的样子。［19］《凯风》慰母之念：想想《凯风》诗是怎样称颂思念母亲的恩情。《诗经·国风·凯风》描写七子尽孝思母之情。诗意：“南风从南方吹来，吹动小小嫩苗。嫩苗是那样的柔弱，母亲真够辛劳。南风从南方吹来，吹动青青的小树，母亲圣明美好，我只怕把母亲辜负。一股凉凉的泉水，滋润故乡的亲人，我们七个儿子，母亲真是劳苦。小小的黄莺，唱出好听的歌声，我们七个儿子，不能安慰母心。”凯风，南风。［20］开国承家，小人勿用：语出《易经·师卦》。［21］阿母：指灵帝乳母赵娆。［22］见陷群邪：被群小诬陷。见，被。［23］酷滥：刑罚太滥。［24］并离徙锢：都遭到流放、禁锢。［25］蕃身已往，人百何赎：陈蕃已死，即使用一百个人的生命也换不回来。典出《诗经·国风·黄鸟》：“如可赎兮，人百其身。”春秋时秦穆公死，以国之三良，子车氏三子从殉，国人哀念，作诗《黄鸟》刺讥穆公以人从殉。诗意：“如果可以替换三良，愿意用一百个人的生命。”这里反用其意。［26］台宰重器：台阁宰臣，是国家的重要职位。［27］今之四公：指太尉闻人袭、司徒刘宠、太傅胡广、司空许栩。［28］司空刘宠：应为司徒刘宠。［29］断断：懔懔直立的样子。［30］素餐：白吃闲饭的人。［31］致寇之人：招引强盗的人。［32］折足覆悚：折断鼎足，食物倾覆。喻使国家败亡。悚，鼎中食物。［33］庶：庶几，差不多。［34］府丞：郡丞。［35］杨赐：字伯献，桓帝时太尉杨秉之子，官至司空。传见《后汉书》卷五十四。据《杨赐传》，灵帝熹平元年（172）青蛇出现在御座，是以问蛇。此系于建宁二年。［36］五星：金木水火土。［37］皇极不建：君王的权威没有树立。皇极，帝王的权威。建，立。［38］孽：妖孽。［39］思乾刚之道：思虑阳刚之道。即树立男性权威，不与内宠厮混。［40］抑皇甫之权，割艳妻之爱：压制皇后家族的权力，割断美妻艳妾的宠爱。典出《诗经·小雅·十月》：“皇父卿士……艳妻煽方处。”此诗讽刺周幽王宠褒姒，妻族皆为卿士。

五月，太尉闻人袭、司空许栩免；六月，以司徒刘宠为太尉，太常汝南许训为司徒，太仆长沙刘嚣为司空。嚣素附诸常侍，故致位公辅。

诏遣谒者冯禅说降汉阳散羌。段颎以春农，百姓布野，羌虽暂降，而县官无廪[1]，必当复为盗贼，不如乘虚放兵[2]，势必殄灭。颎于是自进营[3]，去羌所屯凡亭山[4]四五十里，遣骑司马田晏、假司马夏育[5]将五千人先进，击破之。羌众溃东奔，复聚射虎谷[6]，分兵守谷上下门，颎规一举灭之，不欲复令散走。秋七月，颎遣千人于西县[7]结木为栅，广二十步，长四十里遮之。分遣晏、育等将七千人衔枚夜上西山，结营穿堑，去虏一里许，又遣司马张恺等将三千人上东山[8]，虏乃觉之。颎因与恺等挟东、西山，纵兵奋击，破之，追至谷上下门，穷山深谷之中，处处破之，斩其渠帅[9]以下万九千级。冯禅等所招降四千人，分置安定、汉阳、陇西三郡。于是东羌悉平。颎凡百八十战，斩三万八千余级，获杂畜四十二万七千余头，费用四十四亿，军士死者四百余人；更封新丰县侯，邑万户。

臣光曰:《书》称[10]“天地，万物父母。惟人万物之灵，亶聪明，作元后[11]，元后作民父母。”夫蛮夷戎狄，气类[12]虽殊，其就利避害，乐生恶死，亦与人同耳。御[13]之得其道则附顺服从，失其道则离叛侵扰，固其宜也。是以先王之政，叛则讨之，服则怀[14]之，处之四裔[15]，不使乱礼义之邦而已。若乃视之如草木禽兽，不分臧否[16]，不辨去来[17]，悉艾[18]杀之，岂作民父母之意哉！且夫羌之所以叛者，为郡县所侵冤故也；叛而不即诛[19]者，将帅非其人故也。苟使良将驱而出之塞外，择良吏而牧之，则疆埸之臣也，岂得专以多杀为快邪！夫御之不得其道，虽华夏之民，亦将蜂起[20]而为寇，又可尽诛邪！然则段纪明之为将，虽克捷有功，君子所不与也。

九月，江夏[21]蛮反，州郡讨平之。

丹杨[22]山越[23]围太守陈夤，夤击破之。

（以上为第七段，写段颎用歼灭战平定羌乱，杀人众多，受到司马光的批评。）

【注释】

[1]县官无廪：政府无粮安抚降羌。[2]放兵：纵兵击羌。[3]自进营：亲自进入前线军营。即亲自带队出征。[4]凡亭山：在今甘肃靖远县西北。[5]司马田晏、假司马夏育：护羌校尉属官有司马二人，主军法。假司马为副司马。田晏，官至鲜卑中郎将。夏育，官至护乌丸校尉。[6]射虎谷：地名，在今甘肃天水市西。[7]西县：县名，属汉阳郡，县治在今甘肃天水市西南。射虎谷即在县东北。[8]西山、东山：射虎谷的东西山头。谷口又为木栅，形成围剿羌人的陷阱。[9]渠帅：大帅。[10]《书》称：《书》云。引语出自《尚书·泰誓篇》。[11]亶聪明，

作元后：绝顶聪明的人，作君长。亶，诚。元后，大君。［12］气类：气质种类。［13］御：治理。［14］怀：安抚。［15］处之四裔：安置在四周围边。裔，边。［16］臧否：善恶。否，不善，恶。［17］去来：去，叛离。来，归服。［18］艾：刈。［19］叛而不即诛：对叛乱的人不及时诛杀。［20］蜂起：蜂拥而起。［21］江夏：郡名，治所西陵，在今湖北武汉市新洲区。［22］丹杨：郡名，治所宛城，在今安徽宣城市宣州区。［23］山越：越人，性居山林，故称山越。

初，李膺等虽废锢，天下士大夫皆高尚其道而污秽朝廷[1]，希之者唯恐不及，更共相标榜[2]，为之称号：以窦武、陈蕃、刘淑为三君，君者，言一世之所宗[3]也；李膺、荀翌、杜密、王畅、刘祐、魏朗、赵典、朱寓为八俊，俊者，言人之英[4]也；郭泰、范滂、尹勋、巴肃及南阳宗慈、陈留夏馥、汝南蔡衍、泰山羊陟为八顾[5]，顾者，言能以德行引人者也；张俭、翟超、岑晊、苑康及山阳刘表、汝南陈翔、鲁国孔昱、山阳檀敷为八及，及者，言其能导人追宗[6]者也；度尚及东平张邈、王孝[7]、东郡刘儒、泰山胡母班、陈留秦周、鲁国蕃向、东莱王章为八厨[8]，厨者，言能以财救人者也。及陈、窦用事，复举拔膺等；陈、窦诛，膺等复废[9]。

宦官疾恶膺等，每下诏书，辄申党人之禁。侯览怨张俭尤甚，览乡人朱并素佞邪，为俭所弃，承览意指，上书告俭与同乡二十四人[10]别相署号，共为部党，图危社稷，而俭为之魁。诏刊章捕俭[11]等。冬，十月，大长秋曹节因此讽有司奏"诸钩党者故司空虞放及李膺、杜密、朱寓、荀翌、翟超、刘儒、范滂等，请下州郡考治。"是时上年十四，问节等曰："何以为钩党？"对曰："钩党者，即党人也。"上曰："党人何用为恶[12]而欲诛之邪？"对曰："皆相举群辈[13]，欲为不轨[14]。"上曰："不轨欲如何[15]？"对曰："欲图社稷[16]。"上乃可其奏。

或请李膺曰："可去矣[17]！"对曰："事不辞难，罪不逃刑，臣之节也[18]。吾年已六十，死生有命，去将安之！"乃诣诏狱，考死；门生故吏并被禁锢。侍御史蜀郡景毅子顾为膺门徒，未有录牒[19]，不及于谴[20]，毅慨然曰："本谓膺贤，遣子师之，岂可以漏脱名籍，苟安而已！"遂自表免归。

汝南督邮[21]吴导受诏捕范滂，至征羌[22]，抱诏书闭传舍，伏床而泣，一县不知所为。滂闻之曰："必为我也。"即自诣狱。县令郭揖大惊，出，解印绶，引与俱亡，曰："天下大矣，子何为在此！"滂曰："滂死则祸塞[23]，何敢以罪累君。又令老母流离乎！"其母就与之决，滂白母曰："仲博[24]孝敬，足以供养。滂从龙舒君[25]归黄泉，存亡各得其所。惟大人割[26]不可忍之恩，勿增感戚[27]！"仲博者，滂弟也。龙舒君者，滂父龙舒侯相显也。母曰："汝今得与李、杜[28]齐名，死亦何恨！既有令名[29]，复求寿考[30]，可兼得乎！"滂跪受教，再拜而辞。顾其子曰："吾欲使汝为恶，恶不可为；使汝为善，则我不为恶。"行路闻之，莫不流涕。

凡党人死者百余人，妻子皆徙边，天下豪杰及儒学有行义者[31]，宦官一切指为党人；有怨隙者，因相陷害，睚眦之忿[32]，滥入党中[33]。州郡承旨，或有未尝交关[34]，亦离[35]祸毒，其死、徙、废、禁[36]者又六七百人。

郭泰闻人之死，私为之恸[37]曰："《诗》云：'人之云亡，邦国殄瘁[38]。'汉室灭矣，但未知'瞻乌爰止，于谁之屋[39]'耳！"泰虽好臧否人伦[40]，而不为危言核论[41]，故能处浊世而怨祸不及焉。

张俭亡命困迫，望门投止[42]，莫不重其名行，破家相容[43]。后流转东莱[44]，止李笃家。外黄[45]令毛钦操兵到门，笃引钦就席曰："张俭负罪亡命，笃岂得藏之！若审在此，此人名士，明廷[46]宁宜执之乎[47]？"钦因起抚[48]笃曰："蘧伯玉[49]耻独为君子，足下如何专取仁义！"笃曰："今欲分之，明廷载半去矣[50]。"钦叹息而去。笃导俭经北海戏子然[51]家，遂入渔阳出塞[52]。其所经历，伏重诛[53]者以十数，连引收考[54]者布遍天下，宗亲并皆殄灭，郡县为之残破。俭与鲁国孔褒[55]有旧，亡抵褒，不遇，褒弟融[56]，年十六，匿之。后事泄，俭得亡走，国相收褒、融送狱，未知所坐。融曰："保纳舍藏[57]者，融也，当坐。"褒曰："彼来求我，非弟之过。"吏问其母，母曰："家事任长，妾当其辜。"一门争死，郡县疑不能决，乃上谳[58]之，诏书竟坐褒。及党禁解，俭乃还乡里，后为卫尉，卒，年八十四。夏馥[59]闻张俭亡命，叹曰："孽自己作，空污良善[60]，一人逃死，祸及万家，何以生为！"乃自翦须变形[61]，入林虑山[62]中，隐姓名，为冶家佣[63]，亲突烟炭[64]，形貌毁瘁[65]，积二三年，人无知者。馥弟静载缣帛追求饷[66]之，馥不受曰："弟奈何载祸相饷乎！"党禁未解而卒。

初，中常侍张让父死，归葬颍川，虽一郡毕至，而名士无往者，让甚耻之，陈寔独吊焉。及诛党人，让以寔故，多所全宥。南阳何颙[67]，素与陈蕃、李膺善，亦被收捕，乃变名姓匿汝南间，与袁绍[68]为奔走之交，常私入洛阳，从绍计议，为诸名士罹党事者求救援，设权计[69]，使得逃隐，所全免甚众。

初，太尉袁汤三子，成、逢、隗，成生绍，逢生术[70]。逢、隗皆有名称，少历显官[71]。时中常侍袁赦以逢、隗宰相家，与之同姓，推崇以为外援，故袁氏贵宠于世，富奢甚，不与他公族同。绍壮健有威容，爱士养名，宾客辐凑[72]归之，辎軿[73]、柴毂[74]，填接街陌[75]。术亦以侠气闻。逢从兄子闳，少有操行，以耕学为业，逢、隗数馈之，无所受。闳见时方险乱，而家门富盛，常对兄弟叹曰："吾先公[76]福祚，后世不能以德守之，而竞为骄奢，与乱世争权，此即晋之三郤[77]矣。"及党事起，闳欲投迹深林，以母老，不宜远遁，乃筑土室四周于庭，不为户，自牖纳饮食。母思闳时，往就视，母去，便自掩闭，兄弟妻子莫得见也。潜身十八年，卒于土室。

初，范滂等非讦[78]朝政，自公卿以下皆折节下之[79]，太学生争慕其风，以为文学将兴，处士[80]复用。申屠蟠[81]独叹曰："昔战国之世，处士横议，列国之王至为拥彗先驱[82]，卒有坑儒烧书[83]之祸，今之谓矣。"乃绝迹于梁[84]、砀[85]之间，因树为屋，自同佣人。居二年，滂等果罹党锢之祸，唯蟠超然免于评论。

臣光曰：天下有道，君子扬[86]于王庭以正小人之罪，而莫敢不服。天下无道，君子囊括不言以避小人之祸，而犹或不免。党人生昏乱之世，不在其位，四海横流，而欲以口舌救之，臧否人物，激浊扬清[87]，撩虺蛇之头[88]，跷虎狼之尾[89]，以至身被淫刑[90]，祸及朋友，士类歼灭而国随以亡[91]，不亦悲乎！夫唯郭泰既明且哲，以保其身，申屠蟠见几而作，不俟终日[92]，卓[93]乎其不可及已！

庚子晦[94]，日有食之。

十一月，太尉刘宠免；太仆扶沟郭禧为太尉。

鲜卑寇并州。

长乐太仆曹节病困，诏拜车骑将军。有顷，疾瘳[95]，上印绶，复为中常侍，位特进，秩中二千石。

高句骊王伯固寇辽东，玄菟太守耿临讨降之。

（以上为第八段，追述第二次党锢之祸党人心态。李膺、范滂慷慨就义，张俭逃亡，祸及万家。）

【注释】

[1]污秽朝廷：蔑视政府。 [2]标榜：称扬。 [3]宗：尊崇。 [4]俊、英：才过千人曰俊、曰英。 [5]顾：引也，以德行引导人。 [6]宗：宗仰。 [7]王孝：《后汉书·党锢列传》作王考。 [8]厨：豪爽。 [9]膺等复废：李膺等党人领袖，再次被罢废、禁锢。此列三君、八俊、八顾、八及、八厨共三十五人。陈蕃、窦武、王畅、刘表、度尚、郭林宗等六人，《后汉书》各有专传；荀翌，荀淑之子，附《荀淑传》，张邈附《吕布传》，胡母（guàn）班附《袁绍传》，翟超附《陈蕃传》。王孝，官至冀州刺史；秦周，官至北海相，蕃向，官至郎中，王章，官至少府卿，以及朱寓、赵典等六人六传。其余十九人总为一类传，即《后汉书》卷六十七《党锢列传》。以上名行显者，在《资治通鉴》中随文皆有注。 [10]俭与同乡二十四人：朱并诬告张俭同乡，即山阳郡二十四人为部党，见《党锢列传》。二十四人为：李膺、荀翌、杜密、王畅、刘祐、魏朗、赵典、朱寓为八俊；郭林宗、宗慈、巴肃、夏馥、范滂、尹勋、蔡衍、羊陟为八顾；张俭、岑晊、刘表、陈翔、孔昱、苑康、檀敷、翟超为八及。 [11]诏刊章捕俭：刊，削。刊章，为了不泄露告发者，在下诏收捕党人的公文中削除了朱并的名字，然后在诏书中公布朱并的奏章，收捕被告发的张俭等人。 [12]何用为恶：有什么具体罪恶。 [13]相举群辈：互相勾结推荐。 [14]不轨：不法。 [15]不轨欲如何：不法想干什么？ [16]欲图社稷：想推翻皇帝。 [17]可去矣：赶快逃走。 [18]事不辞难，罪不逃刑，臣之节也：李膺回答说："做事不辞艰难，犯罪不逃刑责，是臣子应守的节操。"语出《左传》襄公三年羊舌赤赞魏绛之言，曰："事君不辟难，有罪不逃刑。" [19]未有录牒：在李膺学生的登记簿上没有景顾的名字。牒，名籍。 [20]不及于谴：没有处罚景毅。 [21]督邮：州、郡派出的监察官。 [22]征羌：县名，侯国名，为征羌侯来歙封邑，县治在今河南漯河市东。 [23]祸塞：祸患停止。 [24]仲博：范滂弟之字。 [25]龙舒君：范滂之父范显，曾为龙舒侯相，故称。 [26]割：舍得放下。 [27]勿增感戚：不要太悲伤。 [28]李、杜：指李膺、杜密。 [29]令名：好名声。 [30]寿考：长寿。 [31]儒学有行义者：儒学名士，学行

兼优者。［32］睚眦之忿：小小的仇怨。睚眦，瞪眼睛，喻些少之怨必报复。［33］滥入党中：陷害为党人。滥，打击泛滥，扩大化。［34］交关：指与党人交结。［35］离：遭遇。［36］死、徙、废、禁：死罪、流放、罢官、禁锢。［37］恸：大哭。［38］人之云亡，邦国殄瘁：人才消亡，国家危亡。殄，尽。瘁，病。语出《诗经·大雅·瞻卬》。［39］瞻乌爰止，于谁之屋：乌鸦飞翔，将落在谁家屋上。喻汉室将亡，谁得其鹿。语出《诗经·小雅·正月》，乌鸦聚集在富人之屋。富人为明君，乌鸦为人民。乌鸦飞翔，人民将起事，思得明君。［40］臧否人伦：评论人物。［41］不为危言核论：从不说尖刻触及对方隐私的话。［42］望门投止：漫无目的乱跑，见有人家，请求收容。［43］破家相容：冒着破家的危险收容张俭。［44］东莱：郡名，治所黄县，在今山东龙口市东。［45］外黄：县名，属陈留郡，距东莱千余里。此"外"字衍，应为黄县。［46］明廷：贤明的县令。对毛钦的尊称。［47］宁宜执之乎：难道张俭真应该被抓起来吗？［48］抚：拍肩膀，表示钦敬。［49］蘧伯玉：春秋时卫国贤大夫。［50］明廷载半去矣：你已经取走了仁义的一半。意谓，毛钦如果不搜捕张俭，便得仁义之半。［51］戏子然：人名。［52］入渔阳出塞：张俭从山东半岛经北海、平原、勃海等郡，即沿渤海湾至今津京从渔阳郡逃入胡中。渔阳郡治所在今北京市密云区西南。出塞，出国境线。［53］重诛：判重罪杀头。［54］连引收考：互相牵引被捕拷问。［55］孔褒：鲁国（今山东曲阜市）人，孔子之后，因受张俭逃匿之祸而死。［56］褒弟融：孔褒弟孔融（153—208），字文举，历官北海相、少府、太中大夫等职。为人恃才负气，为曹操所杀。孔融博通经学，文学亦负盛名，为建安七子之一。传见《后汉书》卷七十。［57］保纳舍藏：保张俭无事而收纳藏于家中。［58］谳：疑狱上奏称谳。［59］夏馥：字子治，陈留圉县（在今河南杞县南）人。党人领袖八顾之一。传见《后汉书》卷六十七。［60］空污良善：凭空牵连善良的人。［61］翦须变形：剃发化妆。翦，同"剪"。［62］林虑山：在今河南林州市。［63］为冶家佣：受雇于冶铁家作工。［64］亲突烟炭：亲身受烟熏火燎。突，被烟火重烤。［65］形貌毁瘁：形容憔悴。［66］饷：馈饷，接济。［67］何颙：字伯求，南阳襄乡（在今湖北枣阳市）人。传亦在《党锢列传》中，见《后汉书》卷六十七。［68］袁绍：字本初，桓帝时太尉袁汤之孙，东汉末大军阀。传见《后汉书》卷七十四上。［69］设权计：设权宜之计。［70］术：袁术，字公路，亦东汉末大军阀。传见《后汉书》卷七十五。［71］少历显官：青年时就做了大官。袁逢，灵帝时官至司空。袁隗，先于逢为三公，献帝初为太傅。［72］辐凑：车辐聚于车毂，喻宾客从四面八方聚集于袁绍之门。［73］辎軿：有篷的大车，指豪华宾客所乘之车。［74］柴毂：木头车，指平民所乘之车。［75］填接街陌：填满街巷，首尾相接。［76］先公：指章帝时司徒袁安。袁绍、袁闳为再从兄弟，是袁安的第四代孙。［77］晋之三郤：郤氏世为晋卿，晋厉公时郤锜、郤准、郤至均为晋大夫，凭借世资，骄奢侵权，为厉公所杀。［78］讦：横议是非，即无情抨击。［79］折节下之：委屈自己，甘居范滂之下。即十分礼敬范滂。［80］处士：隐逸之士。［81］申屠蟠：字子龙，陈留外黄（在今河南民权县西北）人，东汉末隐士。传见《后汉书》卷五十三。［82］拥彗先驱：古代迎接贵宾的一种礼仪，主人拿着扫帚在前引导，表示洒扫迎客。战国时，邹衍入燕，燕昭王拥彗先驱。彗，扫帚。［83］坑儒烧书：秦始皇焚书坑儒。申屠蟠认为此举是对战国时代百家争鸣的政治批判。［84］梁：国名，治所睢阳，在今河南商丘市。［85］砀：县名，县治在今河南永城市北。［86］扬：显扬。［87］激浊扬清：排斥邪恶，奖励清高。［88］撩虺蛇之头：挑弄毒蛇的头。［89］跷虎狼之尾：踢虎狼的屁股。跷，抬脚。［90］淫刑：酷刑。［91］士类歼灭而国随以亡：知识分子被消灭光，国家也随之而灭亡。［92］见几而作，不俟终日：眼看形势不对，立即掉头，等不到天黑。［93］卓：卓越的识见。［94］庚子晦：十月己巳朔，无庚子。庚子，为戊戌之误。戊戌，十月三十日。［95］疾瘳：病愈。

三年（庚戌，170 年）

春，三月，丙寅晦[1]，日有食之。

征段颎还京师，拜侍中。颎在边十余年，未尝一日蓐寝[2]，与将士同甘苦，故皆乐为死战，所向有功。

夏，四月，太尉郭禧罢；以太中大夫闻人袭为太尉。

秋，七月，司空刘嚣罢；八月，以大鸿胪梁国桥玄[3]为司空。

九月，执金吾董宠[4]坐矫永乐太后[5]属请[6]，下狱死。

冬，郁林[7]太守谷永以恩信招降乌浒[8]人十余万，皆内属，受冠带，开置七县。

凉州刺史扶风孟佗遣从事任涉将敦煌兵五百人，与戊己校尉曹宽、西城长史张宴将焉耆、龟兹、车师前、后部，合三万余人讨疏勒，攻桢中城[9]，四十余日，不能下，引去。其后疏勒王连相杀害，朝廷亦不能复治。

初，中常侍张让有监奴[10]，典任家事，威形喧赫[11]。孟佗资产饶赡[12]，与奴朋结[13]，倾竭馈问，无所遗爱[14]。奴咸德之，问其所欲。佗曰："吾望汝曹为我一拜耳！"时宾客求谒让者，车常数百千两，佗诣让，后至，不得进，监奴乃率诸仓头[15]迎拜于路，遂共轝车入门，宾客咸惊，谓佗善于让，皆争以珍玩赂之。佗分以遗让，让大喜，由是以佗为凉州刺史。

（以上为第九段，写凉州刺史孟佗矫情结交中常侍张让管家奴，用钱财贿买得任凉州刺史。）

【注释】

［1］丙寅晦：三月三十日。［2］未尝一日蓐寝：没有在席垫上睡一个安生觉。蓐，席。［3］桥玄（109—183）：字公祖，梁国睢阳（今河南商丘市）人，历官度辽将军、河南尹，官至太尉。传见《后汉书》卷五十一。［4］董宠：灵帝舅，永乐太后之兄。［5］永乐太后：灵帝母孝仁董皇后。［6］属请：董宠假传太后令干扰政务以谋私。［7］郁林：郡名，治所布山，在今广西桂平市西。［8］乌浒：地区名，乌浒人居地，当今广西西南部。［9］桢中城：在疏勒城东，当今新疆喀什市东。［10］监奴：管家奴。［11］威形喧赫：声势显赫。［12］饶赡：富足。［13］朋结：结交为好友。［14］倾竭馈问，无所遗爱：拿出所有家产来馈赠贿赂，毫不吝惜。［15］诸仓头：几个管家奴头。

四年（辛亥，171年）

春，正月，甲子[1]，帝加元服[2]，赦天下，唯党人不赦。

二月，癸卯[3]，地震。

三月，辛酉朔[4]，日有食之。

太尉闻人袭免；以太仆汝南李咸为太尉。

大疫。司徒许训免；以司空桥玄为司徒；夏，四月，以太常南阳来艳为司空。

秋，七月，司空来艳免。

癸丑[5]，立贵人宋氏为皇后[6]。后，执金吾酆之女也。

司徒桥玄免；以太常南阳宗俱为司空，前司空许栩为司徒。

帝以窦太后有援立之功，冬，十月，戊子朔[7]，率群臣朝太后于南宫，亲馈上寿[8]。黄门令董萌因此数为太后诉冤[9]，帝深纳之，供养资奉[10]，有加于前。曹节、王甫疾之，诬萌以谤讪永乐宫[11]，下狱死。

鲜卑寇并州。

（以上为第十段，写灵帝加冠，赦天下，唯党人不赦。）

【注释】

［1］甲子：正月三日。［2］帝加元服：灵帝行加冠礼。是年灵帝十六岁。［3］癸卯：二月十三日。［4］辛酉朔：三月一日。［5］癸丑：七月己未朔，无癸丑。癸丑，八月二十五日。［6］宋氏为皇后：灵帝宋皇后，史失其名，宋酆之女，扶风平陵（在今咸阳市西）人。传见《后汉书》卷十下。［7］戊子朔：十月一日。［8］亲馈上寿：灵帝亲自给太后端菜敬酒祝福。［9］董

萌因此数为太后诉冤：黄门令董萌趁这机会一再陈述皇太后的冤枉。［10］供养资奉：供奉太后的待遇标准。［11］谤讪永乐宫：诽谤灵帝的生母永乐董太后。

【点评】

本卷史事点评，仍以党锢之祸为重心。因本卷所载为桓灵二帝政权交替五年间的史事，最重大事件是党锢之祸扩大化，成为全国性的一场政治大迫害，广大社会精英人士遭荼毒，黑白颠倒，是非混淆，邪气旺炽，正义遭压迫，社会大分裂。可以说这一时期东汉处于最黑暗时期，具体点评两个问题。其一，第一次党锢之祸解禁。其二，第二次党锢之祸。

一、第一次党锢之祸解禁。东汉外戚专权，梁冀权势达于巅峰。桓帝与宦官推倒梁冀，宦官势力达于巅峰，独霸政坛。党锢之祸是宦官向朝官士大夫开刀，下了狠手，置党人于死地，全没了政治的妥协空间，双方成了你死我活的仇敌。失势的外戚站在朝官士大夫一边。第一次党锢解禁，就是外戚与朝官士大夫联盟取得的成果。朝官士大夫可以与外戚联合，但绝不与宦官妥协，这是外戚与宦官不同的政治品质与根基所决定的。外戚是靠裙带关系专权，一心谋取的是皇亲国戚这个小集团的利益，所以窦宪、梁冀等专权误国，终被诛灭，无可非议。但外戚的根基是朝官士大夫，他们沾了皇亲，有了特权，从朝官士大夫中分化出来，失势后回归朝官士大夫，所以当宦官势力独大时，外戚与朝官士大夫自然地联手对抗。至于宦官，原本就是一群不学无术的皇帝家奴，他们深居皇宫，与世隔绝，“不知稼穑之艰难，不恤征戍之劳苦”，至于治国良策更是茫然不知。也就是说，宦官专权，不仅广大劳动人民受到更沉重的剥削和压迫，而且统治阶级本身的大多数也遭受压迫，国家失去了组织生产、调节社会矛盾的职能，只代表一小撮凶恶狡猾人的利益，成为他们专政的工具。正途仕进的朝官士大夫为了维护整个地主阶级的长远利益，他们既忠君，也忧国忧民。他们敢于置个人生死于度外，抗愤而起，排抑宦官，完全是正义的行为。由于宦官为祸全国，他们在有限的权力下，迫不得已果断地采取了先斩后奏的激烈手段来打击宦官，表示正邪不两立，为国除奸，为民除害。“原其诚心，在乎去恶”，士大夫的行为是值得肯定的。

正因为士大夫排抑宦官是正义的行为，所以被禁党人赢得了广泛的社会支持和民众的拥护。于是这次冤狱的严重后果，就是造成了社会的大分裂。一是“正直废放，邪枉炽结”，宦官更加得意，“举动回山海，呼吸变霜露。阿旨曲求，则光宠三族”，无耻之徒，竞相比附。南阳樊陵，“阿附宦官，致位太尉”。扶风孟佗，交结中常侍张让家奴，得凉州刺史。“州牧郡守，承顺风旨，辟召选举，释贤取愚。”法制瓦解，道德沦丧。二是“海内希风之流，遂共相标榜，指天下名士，为之称号”。全国有“三君”“八俊”“八顾”“八及”“八厨”等称号三十五人为学人士子公认的道德楷模。南阳太守王畅敢于纠发豪右；桓帝下令逮捕党人，太尉陈蕃不肯平署。于是王畅、陈蕃与李膺齐名。京师太学生三万余人与诸郡生徒结合成强大的在野舆论集团，转相传颂党人的品德节操，与宦官的“布告天下，使同忿疾”唱对台戏！太学中语曰：“天下模楷李元礼，不畏强御陈仲举，天下俊秀王叔茂。”范滂出狱南归，“始发京师，汝南、南阳士大夫迎之者车数千辆”。李膺免归乡里，居阳城山中，“天下士大夫皆高尚其道，而污秽朝廷”。由此可见，宦官制造的这场冤狱，不但没有加重自己的权威，反而激发了正义。桓帝利用和支持宦官肆虐，使他转化成黑暗势力的总代表，而李膺等人的声名却日益高涨。这生动地说明，公道真理自在人心，至高无上的皇权也不能强奸民意。

中官王甫审讯所谓党人，李膺等连引宦官子弟，宦官恐惧。桓帝皇后父窦武与尚书令霍谞上疏劝桓帝赦党人，宦官顺势下坡，亦“请帝以天时宜赦”，公元167年党人出狱，而党人之名，犹书王府，禁锢终身。所以钩党之狱又称党锢之祸，或党锢之狱。从禁锢党人的角度讲所谓的党人出狱，恰恰是党禁的形成，党禁即禁锢党人。其后又发生了第二次党锢之祸和第三次党锢之祸，是党禁的扩大化。李膺等出狱后，不久桓帝崩殂，十二岁的灵帝以诸侯王子解渎亭侯入继大统，窦太后临朝，窦武执政，起用党人，党禁之锢无形自解。所以第一次党锢之祸解禁，是朝官士大夫与外戚联手对抗宦官的一个事实成果，而法律名义并没有解禁，宦官咬牙切齿，岂能容忍党人东山再起。一场更大的暴风骤雨即将来临，那就是第二次党锢之祸。

二、第二次党锢之祸。第二次党锢之祸发生在灵帝建宁二年（169）。这一次株连面进一步扩大化，无辜受害者成千累万，遍及全国。

中常侍侯览家在山阳防东，“贪侈奢纵”、强夺人宅，“残暴百姓，所为不轨”。延熹九年（166），督邮张俭助太守翟超破侯览家宅，籍没资财，举劾侯览及母罪恶，声名大振。建宁二年（169），侯览丧母还家，大起茔冢。“制度重深，僭类宫省”，“又豫作寿冢，石椁双阙，……虏夺良人，妻略妇子”。张俭具言罪状，再劾侯览，被侯览截留。侯览指使张俭乡人朱并诬告张俭联结钩党，谋大逆。“灵帝诏刊章捕俭等。”大长秋曹节唆使有司奏捕前党，李膺、范滂等百余人，“皆死狱中”。李膺被非法打死，“妻子徙边，门生、故吏及其父兄”均遭株连，“并被禁锢”。宦竖阉丑还肆意扩大打击面，凡“天下豪杰及儒学有行义者，宦官一切指为党人；有怨隙者，因相陷害，睚眦之忿，滥入党中。州郡承旨，或有未尝交关，亦离祸毒，其死、徙、废、禁者，又六七百人”。这仅仅是京师诏狱拷讯的人数。这次党狱波及全国范围，州郡被冤遭屠者不可胜数。“时诏书下举钩党，郡国所奏相连及者多至数百。”青州六郡，五郡有党，“唯弼独无所上”。平原相史弼舍命保护，抗旨不报，“济活者千余人”。由于民众保护党人，于是出现了“一人逃死，祸及万家”的惨况。“俭等亡命，经历之处，皆被收考，辞所连引，布遍天下。”“其所经历，伏重诛者以十数，宗亲并皆殄灭，郡县为之残破。”宦官何以有这样大的能量，使全国成千累万的无辜者惨遭杀害呢？只因“诏书疾恶党人，旨意恳恻”，整个国家机器以专制君主的名义被发动起来制造冤案，海内生灵，在劫难逃。

第一次钩党之狱，桓帝指名逮捕的只是李膺、范滂等二百余名士大夫上层人物。第二次钩党之狱，双方动了杀机。宦官包围了灵帝，不容党人东山再起，陈蕃、窦武，即朝官士大夫与外戚联手谋诛宦官。双方磨刀霍霍，都想一举歼灭对方，这就是第二次党锢之祸的背景。由于灵帝猜忌，又急于铲除外戚势力，夺取太后手中的政权，因而全力支持宦官制造冤狱，所以第二次钩党之狱，一爆发就是暴风骤雨之势，洒向人间都是怨。只有平原一郡，平原相史弼抗旨，存活一千余人，全国一百多郡国，蒙冤罹难者数十万人。灵帝直接过问的诏狱，杀李膺、范滂一百余人，禁锢六七百人，太学生被捕一千余人。党人五服内亲属以及门生故吏凡有官职的人全部免官禁锢。灵帝建宁四年（171），灵帝加冠，大赦天下，唯党人不赦。

卷五七　汉纪四十九

汉灵帝熹平元年至光和三年（172—180年）

【起玄黓困敦（壬子，172年），尽上章涒滩（庚申，180年），凡九年】

【大事提要】

本卷记事起公元172年，讫公元180年，凡九年，当汉灵帝熹平元年至光和三年，载灵帝一朝中期史事。此时期的重大事件，仍是清理党人扩大化，熹平五年（176），兴起了第三次党锢之祸。先是窦太后忧死，汉灵帝俯从舆情，礼葬窦太后。民间流言宦官曹节、王甫幽杀太后。段颎投靠宦官任司隶校尉，在京师大捕所谓流言者一千余人，使党锢之祸扩大化。熹平五年，永昌太守曹鸾上书请求赦免党人，灵帝盛怒，诏令追究党人，罪及五服，这是第三次党锢之祸。公元166年、公元169年、公元176年，连续三次党锢之祸，是非颠倒，正义受摧残。五侯余孽唐衡弟弟唐珍任司空。灵帝立熹平石经，以示倡导儒学，颁布三互法，以示清吏治。所谓三互法，是任官回避制度，指两地相邻有婚姻关系或士人之间有密切关系者，不能交互做官。司马光评论说，国之将亡，法令滋章。灵帝好文学，另设鸿都门学，招收经学以外士人，善言辞、技艺者入学，与太学相抗。灵帝又在西园设立卖官所，三公九卿皆标价出售。司徒刘郃、少府陈球、司隶校尉阳球谋诛宦官，泄密，皆下狱死。

孝灵皇帝上之下

熹平元年（壬子，172年）

春，正月，车驾上原陵[1]。司徒掾陈留蔡邕[2]曰："吾闻古不墓祭[3]。朝廷有上陵之礼[4]，始谓可损[5]；今见威仪[6]，察其本意，乃知孝明皇帝至孝恻隐，不易夺也[7]。礼有烦而不可省[8]者，此之谓也。"

三月，壬戌[9]，太傅胡广薨，年八十二。广周流四公[10]，三十余年，历事六帝[11]，礼任极优[12]，罢免未尝满岁，辄复升进。所辟[13]多天下名士，与故吏陈蕃、李咸并为三司[14]。练达故事，明解朝章[15]，故京师谚曰："万事不理，问伯始[16]；天下中庸[17]，有胡公。"然温柔谨悫[18]，常逊言恭色[19]以取媚于时，无忠直之风[20]，天下以此薄之。

五月，己巳[21]，赦天下。改元[22]。

长乐太仆侯览坐专权骄奢，策收印绶，自杀。

六月，京师大水。

窦太后母卒于比景[23]，太后忧思感疾，癸巳[24]，崩于云台[25]。宦者积怨窦氏，以衣车[26]载太后尸置城南市舍[27]，数日，曹节、王甫欲用贵人礼殡。帝曰："太后亲立朕躬，统承大业，岂宜以贵人终乎！"于是发丧成礼。

节等欲别葬太后，而以冯贵人配祔[28]。诏公卿大会朝堂，令中常侍赵忠监议[29]。太尉李咸时病，扶舆而起，捣椒自随[30]，谓妻子曰："若皇太后不得配食桓帝，吾不生还矣！"既议，坐者数百人，各瞻望良久[31]，莫肯先言。赵忠曰："议当时定[32]！"廷尉陈球[33]曰："皇太后以盛德良家，母临天下，宜配先帝，是无所疑。"忠笑而言曰："陈廷尉宜便操笔。"球即下议曰："皇太后自在椒房，有聪明母仪之德；遭时不造[34]，援立圣明[35]承继宗庙，功烈[36]至重。先帝晏驾，因遇大狱[37]，迁居空宫[38]，不幸早世，家虽获罪，事非太后，今若别葬，诚失天下之望。且冯贵人冢尝被发掘[39]，骸骨暴露，与贼并尸[40]，魂灵污染[41]，且无功于国，何宜上配至尊！"忠省球议，作色俯仰[42]，蚩[43]球曰："陈廷尉建此议甚健[44]！"球曰："陈、窦既冤，皇太后无故幽闭，臣常痛心，天下愤叹！今日言之，退而受罪，宿昔之愿[45]也！"李咸曰："臣本谓宜尔[46]，诚与意合。"于是公卿以下皆从球议。曹节、王甫犹争，以为："梁后家犯恶逆，别葬懿陵[47]，武帝黜废卫后，而以李夫人配食[48]，今窦氏罪深，岂得合葬先帝！"李咸复上疏曰："臣伏惟章德窦后虐害恭怀[49]，安思阎后家犯恶逆[50]，而和帝无异葬之议，顺朝无贬降之文。至于卫后，孝武皇帝身所废弃，不可以为比。今长乐太后[51]尊号在身，亲尝称制，且援立圣明，光隆皇祚[52]。太后以陛下为子，陛下岂得不以太后为母！子无黜母，臣无贬君，宜合葬宣陵，一如旧制。”帝省奏，从之。

秋，七月，甲寅[53]，葬桓思皇后于宣陵[54]。

（以上为第一段，写汉灵帝俯从舆论，礼葬窦太后。）

【注释】

［1］原陵：光武帝刘秀陵。［2］蔡邕（132—192）：东汉文学家、书法家。字伯喈，陈留圉县（今河南杞县南）人，官至左中郎将，史称蔡中郎。传见《后汉书》卷六十下。［3］古不墓祭：上古祭祖只在家中祭牌位，从秦始皇起，才在坟墓旁兴建寝殿，进行墓祭。［4］朝廷有上陵之礼：两汉承秦制，墓侧建寝殿，陈列衣冠几杖，与生前寝殿一模一样。西汉长安诸陵，四时特牲（一牲）祭，东汉皇帝亲自临祭时用太牢（牛、羊、豕三牲）。东汉洛阳诸陵，每月朔望、二十四节、伏、腊及四时皆祭。这就是东汉时的上陵（祭陵）之礼。［5］始谓可损：此为蔡邕个人的最初想法，认为墓祭不合古制，应当裁省。损，裁省。［6］威仪：庄严肃穆的礼仪。或指礼仪场面，或指礼仪队伍。此指皇帝亲临墓祭的庄严雄伟场景。［7］不易夺也：不能随意改变。易，轻易，随意。夺，改变。此指明帝亲临原陵墓祭，一切布置如同生前，更加整肃了墓祭的规格。见《资治通鉴》卷四十四永平元年明帝朝原陵。［8］礼有烦而不可省：礼仪有烦琐的但仍不能减省，这墓祭就是一个例证。［9］壬戌：三月二日。［10］广周流四公：像转圈一样，胡广历官四公，即太傅、太尉、司徒、司空。［11］历事六帝：安、顺、冲、质、桓、灵六帝。胡广世故圆滑，在险恶政治斗争中是一个不倒翁。［12］礼任极优：受到朝廷极优厚的礼遇。［13］辟：推荐，征召。［14］并为三司：并肩担任三公。灵帝始即位的建宁元年，陈蕃为太尉，胡广为司徒，李咸为司空。［15］练达故事，明解朝章：胡广对朝章法典，故事前例，十分熟悉，如数家珍。［16］伯始：胡广的字。［17］中庸：中和之道。实为遇事和稀泥，毫无立场，四平八稳。［18］温柔谨悫：温柔敦厚，谨慎小心。悫，厚道。［19］逊言恭色：对权幸态度谦和，言语卑微。［20］无忠直之风：没有忠直的气节。［21］己巳：五月十六日。［22］改元：改建宁五年为熹平元年。［23］比景：县名，属日南郡，县治在今越南中部洞海市北。［24］癸巳：六月十日。［25］云台：洛阳南宫殿名。窦太后被囚于此。［26］衣车：行李车，没有用帝王所用的辒辌车。［27］城南市舍：城南官家殡仪馆。［28］配祔：合葬。祔，后死者的牌位合食于先祖。夫妇之义，妇祔其夫。曹节等宦官欲贬低窦太后，以冯贵人牌位入桓帝庙，即以冯贵人与桓帝合葬。［29］监议：监临朝议。［30］扶舆而起，捣椒自随：李咸从卧病的床上起来，让人扶上车子，还捣碎花椒带着。吞食大量的花椒可自杀。李咸决心以死争窦太后的葬仪。［31］各瞻望良久：各自互相观望，很久没人敢先发言。［32］议当时定：没人发言，议案就这么决定了。即以冯贵人配祔，太后别葬。［33］陈球：字伯真，下邳淮浦（今江苏涟水县）人。传见《后汉书》卷五十六。［34］遭时不造：遭时不幸。指桓帝驾崩。［35］援立圣明：援引灵帝即位。［36］功烈：功业。［37］因遇大狱：指诛窦陈之变。［38］迁居空宫：谪居冷宫。［39］冯贵人冢尝被发掘：冯贵人早死，其墓曾被

盗发。［40］与贼并尸：冯贵人之尸与其他被盗发的尸体混杂在一起。［41］魂灵污染：灵魂受到污染。［42］作色俯仰：赵忠变脸，同时上下打量陈球，做出一副威迫的样子。［43］蚩：从鼻孔发出嗤冷之声。［44］甚健：理由真是充足。这是一句冷言。［45］宿昔之愿：这是我一向的愿望。［46］臣本谓宜尔：我的本意也是如此。［47］懿陵：桓帝懿献梁皇后先于桓帝崩，葬懿陵，梁冀诛，废懿陵为贵人冢。［48］武帝黜废卫后，而以李夫人配食：戾太子之乱，汉武帝废卫子夫皇后，后自杀。武帝崩，大将军霍光以武帝生前所宠李夫人配食。［49］章德窦后虐害恭怀：章帝窦皇后，不育，性嫉妒。章帝梁贵人生和帝，窦皇后夺其子，养为己子，梁贵人忧死。和帝即位，尊梁贵人为恭怀皇后，但不废窦皇后配食章帝。事见《资治通鉴》卷四十六章帝建初八年。［50］安思阎后家犯恶逆：安帝阎皇后谗废顺帝为太子。后顺帝复立，诛阎氏，但不废阎皇后与安帝配食。［51］长乐太后：即桓思窦妙皇后。［52］光隆皇祚：发扬了汉室皇家的光辉。［53］甲寅：七月二日。［54］宣陵：桓帝陵。

有人书朱雀阙[1]，言："天下大乱，曹节、王甫幽杀[2]太后，公卿皆尸禄[3]，无忠言者。"诏司隶校尉刘猛逐捕，十日一会。猛以诽书言直[4]，不肯急捕[5]。月余，主名不立[6]；猛坐左转谏议大夫，以御史中丞段颎代之。颎乃四出逐捕，及太学游生系者千余人。节等又使颎以他事奏猛，论输左校。

初，司隶校尉王寓依倚宦官，求荐于太常张奂，奂拒之，寓遂陷奂以党罪禁锢。奂尝与段颎争击羌，不相平[7]，颎为司隶，欲逐奂归敦煌[8]而害之；奂奏记哀请于颎[9]，乃得免。

初，魏郡李暠为司隶校尉，以旧怨杀扶风苏谦；谦子不韦瘗而不葬[10]，变姓名，结客报仇。暠迁大司农，不韦匿于庈[11]中，凿地旁达暠之寝室，杀其妾并小儿。暠大惧，以板藉地[12]，一夕九徙。又掘暠父冢，断取其头，标之于市[13]。暠求捕不获，愤恚，呕血死[14]。不韦遇赦还家，乃葬父行丧。张奂素睦[15]于苏氏，而段颎与暠善，颎辟不韦为司隶从事[16]，不韦惧，称病不诣。颎怒，使从事张贤就家杀之，先以鸩[17]与贤父曰："若贤不得不韦，便可饮此！"贤遂收不韦，并其一门六十余人，尽诛之。

勃海王悝之贬瘿陶也，因中常侍王甫求复国，许谢钱五千万[18]；既而[19]桓帝遗诏复悝国[20]，悝知非甫功，不肯还谢钱。中常侍郑飒、中黄门董腾数与悝交通，甫密司察[21]以告段颎。冬，十月，收飒送北寺狱，使尚书令廉忠诬奏"飒等谋迎立悝，大逆不道"，遂诏冀州刺史收悝考实，迫责悝，令自杀；妃妾十一人、子女七十人、伎女[22]二十四人皆死狱中，傅、相以下悉伏诛。甫等十二人皆以功封列侯。

十一月，会稽妖贼许生起句章[23]，自称阳明皇帝，众以万数；遣扬州刺史臧旻、丹阳太守陈寅讨之。

十二月，司徒许栩罢；以大鸿胪袁隗为司徒。

鲜卑寇并州。

是岁，单于车儿死，子屠特若尸逐就单于[24]立。

（以上为第二段，写京师流言宦官王甫、曹节幽杀窦太后。段颎投靠宦官任司隶校尉，以流言为借口，大捕清流士大夫及太学生一千余人，使党锢之祸扩大化。）

【注释】

[1]书朱雀阙：在朱雀门牌楼墙上书写标语。朱雀阙，北宫南门。[2]幽杀：暗杀。[3]尸禄：尸位，白吃闲饭。[4]诽书言直：刘猛认为朱雀门阙上的无头告示，切中要害，是社会舆论的发泄，因此不用心破案。[5]急捕：迅速破案缉凶。[6]主名不立：主犯仍没有找到。[7]不相平：互相怨恨不平。段颎与张奂争击羌事，见上卷灵帝建宁元年。[8]逐奂归敦煌：张奂本敦煌渊泉人，桓帝永康元年内迁弘农郡。[9]奏记哀请于颎：张奂直接写了一封公函信给段颎，向他求情，段颎才消了心头之恨。事详《后汉书·张奂传》。[10]不韦瘗而不葬：苏不韦将父亲偷偷地掩埋，不作正式坟葬。瘗，幽埋。不韦报仇，不愿敌方知其父墓处，故瘗而不葬。苏谦为扶风督邮，曾惩治李暠在美阳作县令的贪赃事，因之积怨。不韦报父仇事，详《后汉书》卷三十一。[11]庑：草料房。[12]以板藉地：用木板铺地。[13]标之于市：将李暠父头插标宣扬于闹市。[14]愤恚，呕血死：愤怒恚恨，吐血而死。[15]睦：和睦，亲善。[16]司隶从事：官名，司隶校尉助理。[17]鸩：毒酒。[18]许谢钱五千万：答应送钱五千万作谢礼。[19]既而：不久。[20]帝遗诏复悝国：刘悝，桓帝之弟。桓帝遗诏复悝为勃海王，事见上卷永康元年。[21]密司察：秘密侦察，揭人隐私。汉制，中官、大臣均不得与诸侯王交通。[22]伎女：歌舞女。[23]句（gōu）章：县名，属会稽郡，县治在今浙江宁波市西北。[24]屠特若尸逐就单于：公元172年至公元178年在位。

二年（癸丑，173年）

春，正月，大疫。

丁丑[1]，司空宗俱薨。

二月，壬午[2]，赦天下。

以光禄勋杨赐为司空。

三月，太尉李咸免。

夏，五月，以司隶校尉段颎为太尉。

六月，北海地震。

秋，七月，司空杨赐免；以太常颍川唐珍为司空。珍，衡之弟也。

冬，十二月，太尉段颎罢。

鲜卑寇幽、并二州。

癸酉晦[3]，日有食之。

三年（甲寅，174年）

春，二月，己巳[4]，赦天下。

以太常东海陈耽为太尉。

三月，中山穆王畅[5]薨，无子，国除。

夏，六月，封河间王利子康[6]为济南王，奉孝仁皇[7]祀。

吴郡司马富春孙坚[8]召募精勇，得千余人，助州郡讨许生。冬，十一月，臧旻、陈寅大破生于会稽，斩之。

任城王博[9]薨，无子，国绝。

十二月，鲜卑入北地，太守夏育率屠各追击，破之。迁育为护乌桓校尉。鲜卑又寇并州。

司空唐珍罢，以永乐少府[10]许训为司空。

（以上为第三段，写五侯余孽唐衡弟弟唐珍任司空。鲜卑侵犯北地郡。）

【注释】

[1]丁丑：正月二十七日。 [2]壬午：二月三日。 [3]癸酉晦：十二月二十九日。 [4]己巳：二月二十六日。 [5]中山穆王畅：中山王刘畅，刘焉之曾孙。刘焉，光武帝子。刘畅死，谥为穆。 [6]河间王利子康：河间王刘利为刘开嫡传第四代孙，与灵帝为再从兄弟。刘开，章帝子。刘利祖父刘政与灵帝祖父刘淑为同父兄弟，均刘开之子。灵帝，刘苌之子，入继大统，今以刘利之子刘康为济南王，奉祀刘苌。 [7]孝仁皇：即灵帝父刘苌。 [8]孙坚（155—191）：字文台，吴郡富春（今浙江杭州市富阳区）人，三国时吴国奠基人，吴主孙权之父。传见《三国志》卷

四十六。［9］任城王博：任城为光武帝子刘尚封国，三传至刘崇，死，无子，国绝。桓帝延熹四年，以章帝子河间王刘开之庶子参户亭侯刘博绍封任城国，奉祀刘尚。今又国绝。［10］永乐少府：官名，掌皇太后永乐宫事务。

四年（乙卯，175年）

春，三月，诏诸儒正《五经》文字[1]，命议郎蔡邕为古文、篆、隶三体书之，刻石[2]，立于太学[3]门外。使后儒晚学咸取正焉。碑始立，其观视及摹写者车乘日千余两，填塞街陌。

初，朝议以州郡相党，人情比周[4]，乃制昏姻之家及两州人士不得对相监临[5]，至是复有三互法[6]，禁忌转密，选用艰难[7]，幽、冀二州久缺不补。蔡邕上疏曰："伏见幽、冀旧壤，铠、马所出，比年兵饥，渐至空耗。今者阙职经时[8]，吏民延属，而三府[9]选举，逾月不定。臣怪问其故，云避三互。十一州有禁，当取二州而已[10]。又，二州之士或复限以岁月[11]，狐疑迟淹[12]，两州悬空，万里萧条，无所管系。愚以为三互之禁，禁之薄者[13]。今但申以威灵，明其宪令[14]，对相部主[15]，尚畏惧不敢营私[16]；况乃三互，何足为嫌[17]！昔韩安国起自徒中，朱买臣出于幽贱[18]，并以才宜，还守本邦，岂复顾循三互，系以末制乎！臣愿陛下上则[19]先帝，蠲除近禁[20]，其诸州刺史器用可换者，无拘日月、三互[21]，以差厥中[22]。"朝廷不从。

臣光曰：叔向有言："国将亡，必多制[23]。"明王之政，谨择忠贤而任之，凡中外之臣，有功则赏，有罪则诛，无所阿私[24]，法制不烦而天下大治。所以然者何哉？执其本[25]故也。及其衰也，百官之任不能择人，而禁令益多，防闲益密，有功者以阂文不赏[26]，为奸者以巧法免诛[27]，上下劳扰[28]而天下大乱。所以然者何哉？逐其末[29]故也。孝灵之时，刺史、二千石贪如豺虎，暴殄烝民[30]，而朝廷方守三互之禁。以今视之，岂不适足为笑而深可为戒哉！

封河间王建孙佗[31]为任城王。

夏，四月，郡、国七大水。

五月，丁卯[32]，赦天下。

延陵[33]园灾。

鲜卑寇幽州。

六月，弘农、三辅螟。

于阗王安国攻拘弥[34]，大破之，杀其王。戊己校尉、西域长史各发兵辅立拘弥侍子定兴为王，人众裁千口。

（以上为第四段，写朝廷立熹平石经，颁布三互之法。司马光评论认为国之将亡，法令烦琐。）

【注释】

［1］正《五经》文字：校正《五经》，写出标准读本。这里所校正的不是传统的五经，即《诗》《书》《礼》(《仪礼》) 以及《易》《春秋》，而是《书》《易》《公羊传》《礼记》《论语》。见陆机《洛阳记》。［2］三体书之，刻石：即刻三体石经。经书刻石，为太学生提供定本，始于西汉平帝时王莽。莽命甄丰摹古文《易》《书》《诗》《左传》于石。东汉灵帝熹平四年诏诸儒正定《易》《书》《诗》《仪礼》《公羊传》《论语》六经，由蔡邕用古文、篆文、隶书三体书写，刻石立于太学门外，称《熹平石经》，又称《三体石经》。古文，先秦大篆；篆，秦代小篆；隶书，秦统一文字后，秦汉时通用今字。［3］太学：在洛阳城南开阳门外。［4］州郡相党，人情比周：相邻的州或郡，人们互相勾结；人在故土做官，人情勾连，互相包庇。相党、比周，为互文，拉帮结派，互相包庇。［5］“乃制昏姻之家”句：于是制定禁规，凡有婚姻关系的家庭，以及两州之间人士，不能交互做官，这就是三互法。例如史弼，迁山阳太守，因其妻为巨鹿薛氏，巨鹿乃山阳郡属县，为避三互，转史弼为平原相。对相监临，两地有密切关系的士人，不得在两地互换交流做官，这是政治上的回避制度。［6］至是复有三互法：到了熹平四年，正式颁布三互法。［7］禁忌转密，选用艰难：汉制，本有回避之法，做官不能在本土，但执行并不严格，西汉韩安国、朱买臣均在本土做官。今行三互法，两州、两郡人不得交互做官，例如并州人在冀州做官，冀州人就不能在并州做官；反之亦是。若严格执行此制，无法选举，导致幽、冀二州地方官久缺不补。［8］阙职经时：指幽冀两州刺史长期出缺。［9］三府：太尉、司徒、司空。［10］十一州有禁，当取二州而已：全国十三州，其余十一州也有三互之禁，但唯有幽、冀二州执行严格。［11］复限以岁月：又加上限以年资的规定。［12］狐疑迟淹：拖延不定。［13］三互之禁，禁之薄者：三互的禁令，是最不合理的。薄，轻薄，最不值得，最不合理。［14］申以威灵，明其宪令：使用政府权威，申明法律。［15］对相部主：即两州两郡交互为官。如冀州人刺幽州，幽州人刺冀州，是为对相部主。［16］尚畏惧不敢营私：只要严明法纪，即使对相部主，因畏惧法律，就不敢为非法之事。［17］况乃三互，何足为嫌：何况三互关系，值不得防嫌。［18］韩安国起自徒中，朱买臣出于幽贱：韩安国，梁人，犯法为罪徒，景帝起用为梁内史；朱买臣，会稽郡寒人，汉武帝用为会稽太

守，均本郡人官本土。［19］则：效法。［20］蠲除近禁：撤销三互之法。［21］无拘日月、三互：不要用年资、三互来限制。［22］以差厥中：这是较为中和的办法。差，较。中，中和，平正。［23］国将亡，必多制：国家将亡时，法令规章必定烦琐。语出《左传》昭公六年晋大夫叔向致书郑子产之言。［24］阿私：偏私。［25］执其本：掌握根本。司马光所言根本，即儒家的贤人政治，重视人治而不重视法制。这是封建专制政治的根本。封建衰世，其法多滥，是法制瓦解，并非法多之弊。司马光所论根本，实非根本。［26］阂文不赏：有功者受条文拘束，得不到奖励。阂，同"碍"，阻碍。［27］为奸者以巧法免诛：作奸犯法的人，却钻法律的空子免罪。［28］上下劳扰：上上下下各级政府，十分辛劳。［29］末：指繁苛之法。衰世之法，多如牛毛，并非法制有弊，而是为法而法，取法之形式以欺民，故法繁而不行。繁苛是其表面，法坏才是实质。［30］暴殄烝民：残暴地杀灭民众。［31］建孙佗：河间王刘建，刘政之子，为灵帝再从父。刘建孙刘佗，为灵帝再从侄。［32］丁卯：五月一日。［33］延陵：西汉成帝陵，在今陕西咸阳市西北。［34］于阗、拘弥：西域国名。于阗，王城西城，在今新疆和田市。拘弥，王城宁弥，在今新疆于田县。

五年（丙辰，176 年）

夏，四月，癸亥[1]，赦天下。

益州郡[2]夷反，太守李颙讨平之。

大雩[3]。

五月，太尉陈耽罢；以司空许训为太尉。

闰月[4]，永昌[5]太守曹鸾上书曰："夫党人者，或耆年渊德[6]，或衣冠英贤[7]，皆宜股肱王室，左右大猷[8]者也；而久被禁锢，辱在涂泥。谋反大逆尚蒙赦宥，党人何罪，独不开恕乎！所以灾异屡见，水旱荐臻[9]，皆由于斯。宜加沛然[10]，以副天心。"帝省奏，大怒，即诏司隶、益州槛车[11]收鸾，送槐里[12]狱，掠杀之。于是诏州郡更考[13]党人门生、故吏、父子、兄弟在位者，悉免官禁锢，爰及五属[14]。

六月，壬戌[15]，以太常南阳刘逸为司空。

秋，七月，太尉许训罢；以光禄勋刘宽为太尉。

冬，十月，司徒袁隗罢；十一月，丙戌[16]，以光禄大夫杨赐为司徒。

是岁，鲜卑寇幽州。

（以上为第五段，写永昌太守曹鸾上奏请赦免党人，灵帝大怒，诏令追究党人五服之内的亲族。此为第三次党锢之祸。）

【注释】

［1］癸亥：四月壬辰朔，无癸亥。癸亥，五月三日。［2］益州郡：在今云南中部地区，治所滇池，在今云南昆明市晋宁区。［3］大雩：举行隆重的求雨大典。［4］闰月：闰五月。［5］永昌：郡名，治所不韦，在今云南保山市东北。［6］耆年渊德：年高德望。［7］衣冠英贤：杰出的知识分子。衣冠，指书香世家。［8］左右大猷：在皇帝身边参决谋议。猷，谋议。［9］水旱荐臻：水灾旱灾交相而至。［10］宜加沛然：应施加甘露。沛然，哗哗下雨的样子，喻甘露，恩典。［11］槛车：有栅槛的囚车。［12］槐里：县名，县治在今陕西兴平市东南。西京诏狱在此。［13］更考：再次审理党人案，清查漏网分子，扩大打击面。［14］五属：即五族，五服以内的亲族。旧时丧服制度以亲疏为差等，有斩衰、齐衰、大功、小功、缌麻五等，统称五服。［15］壬戌：六月三日。［16］丙戌：十一月戊子朔，无丙戌。丙戌，十二月三十日。

六年（丁巳，177年）

春，正月，辛丑[1]，赦天下。

夏，四月，大旱，七州蝗。

令三公条奏长吏苛酷贪污者[2]，罢免之。平原相渔阳阳球[3]坐严酷，征诣廷尉。帝以球前为九江太守讨贼有功，特赦之，拜议郎。

鲜卑寇三边。

市贾小民[4]相聚为宣陵孝子[5]者数十人，诏皆除太子舍人[6]。

秋，七月，司空刘逸免；以卫尉陈球为司空。

初，帝好文学[7]，自造《皇羲篇》五十章，因引诸生能为文赋者并待制鸿都门[8]下；后诸为尺牍[9]及工书鸟篆[10]者，皆加引召，遂至数十人。侍中祭酒[11]乐松、贾护多引无行趣势之徒[12]置其间，憙陈闾里小事[13]；帝甚悦之，待以不次之位[14]；又久不亲行郊庙之礼[15]。会诏群臣各陈政要，蔡邕上封事曰："夫迎气五郊[16]，清庙祭祀[17]、养老辟雍[18]，皆帝者之大业，祖宗所祗奉[19]也。而有司数以蕃国疏丧、宫内产生[20]及吏卒小污[21]，废阙不行，忘礼敬之大，任禁忌之书，拘信小故，以亏大典[22]。自今斋制宜如故典[23]，庶答风霆、灾妖之异[24]。又，古者取士必使诸侯岁贡[25]，孝武之世[26]，郡举孝廉[27]，又有贤良、文学之选[28]，于是名臣辈出，文武并兴。汉之得人，数路而已[29]。夫书画辞赋，才之小者；匡国治政，未有其能[30]。陛下即位之初，先涉经术，听政余日，观省篇章[31]，聊以游意当代博弈[32]，非以为教化取士之本。而诸生竞利，作者鼎沸[33]，其高者颇引经训风喻之言[34]，下则连偶俗语[35]，有类俳优[36]，或窃成文，虚冒名氏[37]。臣每受诏于盛化门[38]，差次录第[39]，其未及者，亦复随辈皆见拜擢[40]。既加之恩，难复收改[41]，但守奉禄，于义已弘，不可复使治民及在州郡[42]。昔孝宣会诸儒于石渠[43]，章帝集学士于白虎[44]，通经释义，其事优大，文武之道，所宜从之[45]。若乃小能小善，虽有可观，孔子以为致远则泥[46]，君子固当志其大者。又，前一切以宣陵孝子为太子舍人，臣闻孝文皇帝制丧服三十六日[47]，虽继体之君[48]，父子至亲，公卿列臣受恩之重，皆屈情从制[49]，不敢逾越[50]。今虚伪小人，本非骨肉[51]，既无幸私之恩[52]，又无禄仕之实[53]，恻隐之心，义无所依[54]。至有奸轨之人通容其中[55]；桓思皇后[56]祖载之时[57]，东郡有盗人妻者[58]，亡在孝中，本县追捕，乃伏其辜。虚伪杂秽，难得胜言[59]。太子官属，宜搜选令德[60]，岂有但取丘墓凶丑之人[61]！其为不祥，莫与大焉[62]，宜遣归田里，以明诈伪。”书奏，帝乃亲迎气北郊及行辟雍之礼。又诏宣陵孝子为舍人者悉改为丞、尉[63]焉。

（以上为第六段，写汉灵帝好文学而兴办鸿都门学，好虚名而滥施恩自称桓帝孝子的趋炎附势之徒为县丞、县尉。）

【注释】

[1]辛丑：正月十五日。 [2]条奏长吏苛酷贪污者：条列上奏地方长官中贪污残暴的人。 [3]阳球：字方正，渔阳泉州（在今天津市武清区）人。光和二年为司隶校尉，诛杀宦官王甫，再欲诛曹节、张让等以清君侧，为宦官所害。传见《后汉书》卷七十七。 [4]市贾小民：洛阳城中市井小民。 [5]相聚为宣陵孝子：纠结了一帮人到桓帝陵前守丧。 [6]太子舍人：太子府值勤警卫官，秩二百石。 [7]帝好文学：据《后汉书·蔡邕传》作“帝好学”，无“文”字，是。文学，在两汉时特指经学，灵帝所好为文苑之学，即“文学”，非“经学”，故不当有“文”字。 [8]鸿都门：洛阳城门名。灵帝光和元年（178），灵帝在鸿都门创文化艺术太学，提倡辞赋、小说、绘画、书法，称鸿都门学，对抗太学。鸿都门学画文学家乐松、江览等三十二人，加以题赞，对抗太学标

榜的八俊等三十二名士。［9］尺牍：指善写公文、信函的人。尺，简。牍，书板。［10］工书鸟篆：善于书写草书的人。鸟篆，指草写的篆书。［11］侍中祭酒：官名，即侍中仆射，东汉改称侍中祭酒。［12］无行趣势之徒：品德低下的趋炎附势之徒。［13］憙陈闾里小事：喜欢说一些乡间琐碎的事。［14］待以不次之位：越级提升。不次，不一级一级升迁。［15］郊庙之礼：在南郊祭天，称郊祀之礼；在皇庙祭祖，称庙祀之礼。［16］迎气五郊：《后汉书·祭礼志》：立春日在东郊迎春，立夏日在南郊迎夏，立秋前十八日在祭坛迎黄灵，立秋日在西郊迎秋，立冬日在北郊迎冬，冬祭神祇，各有一套歌舞。［17］清庙祭祀：皇庙祭祖，也一年五次，为春正月、夏四月、秋七月、冬十月及十二月。［18］养老辟雍：在太学（辟雍）举行敬养三老、五更之礼，以宣扬孝悌之义。明帝敬老，以李躬为三老、桓荣为五更，事见《资治通鉴》卷四十四明帝永平二年。［19］祗奉：敬奉，隆重进行。［20］宫内产生：宫女生产。［21］吏卒小污：小吏宫卫或病或死。妇女生产及死亡等都被认为是不吉的时间，不能举行大典。［22］拘信小故，以亏大典：拘泥于黄道吉日小信的理由，而不举行祭祀大典。亏，损害。［23］自今斋制宜如故典：从现在起，一切斋戒祭祀制度，应恢复从前典制。汉制，祭祀天地，斋戒七日；祭祀山川及宗庙，斋戒五日；其他祭祀，斋戒三日。斋戒前一日有不吉之事，如丧事及妇女生产，斋戒照常进行；如在斋戒已进行的中途有不吉之事，就立即停止斋戒，由副手主持大典。［24］庶答风霆、灾妖之异：差不多可以平息上天震怒，停止大风、雷霆等灾异之变。庶，庶几，差不多。答，指举行祭典来表现和反映对上天的敬礼。［25］诸侯岁贡：各封国每年向朝廷推荐人才，称岁贡。贡，举。［26］孝武之世：汉武帝时。举孝廉、兴太学，皆始于汉武帝。［27］郡举孝廉：汉武帝元光元年（前 134）初令郡国举孝廉各一人。东汉时，郡国每年按二十万人口举一人的比例举荐孝廉。［28］贤良、文学之选：举贤良始于汉文帝前二年（前 178）。举贤良，一般在灾变时诏举直言，或举茂才，西汉、东汉各进行了十五次。选文学，即兴太学，试选通经之士。汉武帝元朔五年（前 124）为博士官初置弟子五十人。成帝时太学达三千人，东汉桓灵时太学诸生有三万人。［29］数路而已：谓汉之选举正途，仅孝廉、贤良、文学几条道路。［30］匡国治政，未有其能：谓文艺小技对治国治民无能为力。［31］观省篇章：指观览文学篇章。［32］聊以游意当代博弈：只不过用以取代博戏、围棋而已。博，又称六博，古代一种二人对弈的棋局，用子十二枚，六黑六白。弈，即围棋。［33］作者鼎沸：雅好文艺的人如鼎中沸水，踊跃非常。［34］高者颇引经训风喻之言：才高的文艺之士，颇能引用经典，旨归讽喻。风，通“讽”，说教。［35］连偶俗语：连成对句的俗语。［36］有类俳优：如同演戏。俳优，古代的歌舞艺人。［37］或窃成文，虚冒名氏：低下的甚至有抄袭拼凑成文，假冒别人的名字。［38］盛化门：宫门名。［39］差次录第：一一定出名次，加以录用。［40］其未及者，亦复随辈皆见拜擢：最次没有取上名次的，也因他们追随在后而都有安置。见拜擢，被录用，安置。［41］既加之恩，难复收改：恩典既然施加，难以把它收回。［42］但守奉禄，于义已弘，不可复使治民及在州郡：只给他们发放俸禄，已是很大的恩义，万万不可让他们去州郡做官，任职治民。奉，同“俸”。弘，大。［43］石渠：西都长安未央宫北殿名。汉宣帝集诸儒于石渠阁统一五经讲义，事见《资治通鉴》卷二十七甘露三年。［44］白虎：洛阳北宫殿名。东汉章帝集学士在白虎观再次统一经义，事见《资治通鉴》卷四十六建初四年。［45］“通经释义”四句：统一经义，影响甚为重大，文治武功的道理，都要符合经义。［46］致远则泥：从大方面来看，小道小理就有很大的局限。《论语·子张》篇：“子夏曰：虽小道，必有可观者焉；致远恐泥，是以君子不为也。”意谓：小技艺也有它可取的地方，但它妨碍远大的事业，所以君子不去掌握它。蔡邕引作孔子之言，或笔误，或另有所本。［47］孝文皇帝制丧服三十六日：文帝遗诏，丧葬从简，儒家三年之丧，以日代月，是为三十六日。事见《资治通鉴》卷十四文帝后七年。［48］继体之君：后嗣继位守成之君。［49］屈情从制：克制感情，遵从制度。指遵孝文帝遗诏，行三十六日之丧。［50］不敢逾越：不敢超越三十六日。［51］本非骨肉：那些市井守丧之民，与桓帝并无骨肉亲情。［52］既无幸私之恩：又没有受到桓帝宠幸的恩惠。［53］又无禄仕之实：又没有做官食禄的实惠。［54］恻隐之心，义无所依：他们的孝心，没有产生的依据。［55］通容其中：混在里面。［56］桓思皇后：即桓帝窦妙皇后。［57］祖载之时：安葬之时。祖，出柩时祖祭于庭。载，升柩于车。［58］盗人妻者：与别人妻子通奸的人。［59］虚伪杂秽，难得胜言：像这类虚伪肮脏的事，难以说完。［60］搜选令德：挑选品德高尚的人。令德，美德。［61］丘墓凶丑之人：坟墓旁的凶恶丑陋之徒。指哭桓帝陵的那群“孝子”。［62］其为不祥，莫与大焉：作为不祥的事，没有比这更严重的了。［63］丞、尉：指县丞、县尉。县丞，县长之副，助理收税及狱讼。县尉，负责逐捕盗贼。

护乌桓校尉夏育上言：“鲜卑寇边，自春以来三十余发[1]，请征幽州诸郡兵出塞击之，一冬、二春，必能禽灭。”先是护羌校尉田晏坐事论刑[2]，被原[3]，欲立功自效[4]，乃请中常侍王甫求得为将。甫因此议遣兵与育并力讨贼，帝乃拜晏为破鲜卑中郎将；大臣多有不同；乃召百官议于朝堂。蔡邕议曰：“征讨殊类[5]，所由尚矣。然而时有同异，势有可否，故谋有得失，事有成败，不可齐也。夫以世宗神武[6]，将帅良猛，财赋充实，所括广远[7]，数十年间，官民俱匮[8]，犹有悔焉[9]。况今人财并乏，事劣昔时[10]乎！自匈奴遁逃，鲜卑强盛，据其故地，称兵[11]十万，才力劲健[12]，意智益生[13]；加以关塞不严[14]，禁网多漏[15]，精金良铁，皆为贼有，汉人逋逃[16]为之谋主，兵利马疾[17]，过于匈奴。昔段颎良将，习兵善战，有事西羌，犹十余年[18]。今育、晏才策未必过颎，鲜卑种众不弱曩时，而虚计二载[19]，自许有成，若祸结兵连，岂得中休[20]，当复征发众人，转运无已，是为耗竭诸夏，并力蛮夷。夫边垂之患，手足之疥搔[21]，中国之困，胸背之瘭疽[22]，方今郡县盗贼尚不能禁，况此丑虏而可伏乎！昔高祖忍平城之耻[23]，吕后弃慢书之诟[24]，方之于今，何者为盛？天设[25]山河，秦筑长城，汉起塞垣，所以别内外，异殊俗也。苟无蹙国内侮[26]之患则可矣，岂与虫蚁之虏校往来之数哉[27]！虽或破之，岂可殄尽[28]，而方令本朝为之旰食[29]乎！昔淮南王安谏伐越[30]曰：'如使越人蒙死以逆执事[31]，厮舆之卒有一不备而归者[32]，虽得越王之首，犹为大汉羞之。'而欲以齐民易丑虏[33]，皇威辱外夷[34]，就如其言，犹已危矣[35]，况乎得失不可量邪[36]！"帝不从。八月，遣夏育出高柳[37]，田晏出云中[38]，匈奴中郎将臧旻率南单于出雁门[39]，各将万骑，三道出塞二千余里。檀石槐命三部大人各帅众逆战，育等大败，丧其节传辎重[40]，各将数十骑奔还，死者什七八。三将槛车征下狱，赎为庶人。

冬，十月，癸丑朔[41]，日有食之。

太尉刘宽免。

辛丑[42]，京师地震。

十一月，司空陈球免。

十二月，甲寅[43]，以太常河南孟彧为太尉。

庚辰[44]，司徒杨赐免。

以太常陈耽为司空。

辽西太守甘陵赵苞[45]到官，遣使迎母及妻子，垂当到郡；道经柳城[46]，值鲜卑万余人入塞寇钞[47]，苞母及妻子遂为所劫质[48]，载以击郡。苞率骑二万与贼对陈，贼出母以示苞，苞悲号，谓母曰："为子无状[49]，欲以微禄奉养朝夕，不图为母作祸。昔为母子，今为王臣，义不得顾私恩，毁忠节，唯当万死，无以塞罪。"母遥谓曰："威豪，人各有命，何得相顾以亏忠义，尔其勉之！"苞即时进战，贼悉摧破，其母妻皆为所害。苞自上归葬[50]，帝遣使吊慰，封鄃侯。苞葬讫，谓乡人曰："食禄而避难，非忠也；杀母以全义，非孝也。如是，有何面目立于天下！"遂欧血[51]而死。

（以上为第七段，写汉灵帝不纳忠言，任用智略不备的夏育、田晏讨伐鲜卑，官兵大败。）

【注释】

［1］三十余发：侵扰边境三十余次。［2］坐事论刑：有罪被判刑。［3］被原：受到宽大。［4］立功自效：立功赎罪。［5］殊类：指周边民族。［6］世宗神武：汉武帝英明威武。世宗，武帝庙号。［7］所括广远：开拓了广远的疆域。［8］官民俱匮：政府与百姓，同时陷入了贫困。匮，乏。武帝末年，“海内虚耗，户口减半”。［9］犹有悔焉：指汉武帝在征和四年（前89）所下轮台诏，深陈既往之悔，而休兵息农。［10］事劣昔时：如今国力不如武帝时强大。事，国事，国力。［11］称兵：举兵，拥兵。［12］劲健：勇猛刚健。［13］意智益生：指鲜卑人的智慧谋略优于匈奴。［14］关塞不严：关卡要塞修缮不固。［15］禁网多漏：禁令不严，许多漏网的走私分子，把战略物资输往鲜卑。汉时边塞有关市，铁器甲兵等严禁贸易。关市不严，则漏出甚多。［16］逋逃：逃亡犯。［17］兵利马疾：武器锋利，战马雄健。［18］“昔段颎”四句：段颎自桓帝延熹二年（159）击西羌，至建宁二年（169）始告成功，凡十一年。［19］虚计二载：妄说两年时间讨平。［20］岂得中休：二载不平，中途岂能将战争停止下来。［21］疥搔：癣疥小疮。［22］胸背之瘭疽：国内困顿，好比是长在胸上、背上的恶疮。［23］平城之耻：平城，在今山西大同市东北。汉高帝七年（前200），率军征匈奴，在平城被围七日七夜，差点全军覆没。不得已忍辱和亲。［24］吕后弃慢书之诟：吕后忍受了匈奴无礼信件的侮辱。惠帝三年（前192），匈奴冒顿单于写信吕后，戏之曰：“两主不乐，无以自娱；愿以其所有，易其所无。”吕后报书逊谢，遗以车马，屈辱和亲。慢书，不礼貌的信。诟，骂。［25］天设：自然生成。［26］蹙国内侮：损国疆土，内地受祸。［27］岂与虫蚁之虏校往来之数哉：岂可与像昆虫蚂蚁一样的野蛮人争长计短呢？蚁，蚂蚁。校，考校，计较。［28］虽或破之，岂可殄尽：即使打了胜仗，难道可以悉数歼灭吗？殄，灭。［29］旰食：勤劳国事，很晚吃饭。旰，日落时。［30］淮南王安谏伐越：淮南王刘安，上书汉武帝谏伐南越。书载《汉书》卷六十四上《严助传》，《资治通鉴》卷十七武帝建元六年引载。［31］越人蒙死以逆执事：谓越人冒死迎战。蒙，犯，冒死。逆执事，迎战汉军。执事，主事之人，指汉军将领。［32］厮：析薪者，即炊事兵。舆：赶车夫。［33］以齐民易丑虏：用中国之民与丑虏交换。意谓战争爆发，将伤害中国之民，即使战胜，也是不合算的交易。齐民，平民。［34］皇威辱外夷：堂堂皇家威严与外夷计长短，本身就是一种屈辱。［35］就如其言，犹已危矣：如同上述分析，打了胜仗也是危险的。［36］况乎得失不可量邪：何况成败得失，还未可预料。［37］高柳：县名，代郡治所，在今山西阳高县。［38］云中：郡名，治所在今内蒙古托克托县东北。［39］雁门：郡名，治所阴馆，在今山西代县西北。［40］丧其节传辎重：全军覆没，大将符节及辎重丧失殆尽。［41］癸丑朔：十月一日。［42］辛丑：十月癸丑朔，无辛丑。辛丑，十一月二十日。［43］甲寅：十二月三日。［44］庚辰：十二月二十九日。［45］赵苞（？—177）：字威豪，甘陵东武城（在今河北清河县东北）人。传见《后汉书》卷八十一。［46］柳城：县名，属辽西郡，县治在今辽宁兴城市。［47］寇钞：劫掠。［48］劫质：被俘作人质。［49］无状：无行，不好。［50］苞自上归葬：赵苞自动离职，上书请求回家埋葬母亲。［51］欧

血：吐血。欧，通“呕”。

光和元年（戊午，178 年）

春，正月，合浦、交趾乌浒蛮反，招引九真、日南民攻没郡县。

太尉孟戫罢。

二月，辛亥朔[1]，日有食之。

癸丑[2]，以光禄勋陈国袁滂为司徒。

己未[3]，地震。

置鸿都门学，其诸生皆敕州郡、三公举用辟召，或出为刺史、太守，入为尚书、侍中，有封侯、赐爵[4]者；士君子皆耻与为列焉。

三月，辛丑[5]，赦天下，改元[6]。

以太常常山张颢为太尉。颢，中常侍奉之弟也。

夏，四月，丙辰[7]，地震。

侍中寺[8]雌鸡化为雄[9]。

司空陈耽免；以太常来艳为司空。

六月，丁丑[10]，有黑气堕帝所御温德殿东庭中，长十余丈，似龙。

秋，七月，壬子[11]，青虹见玉堂[12]后殿庭中。诏召光禄大夫杨赐等诣金商门[13]，问以灾异及消复之术[14]。赐对曰：“《春秋谶》[15]曰：‘天投蜺[16]，天下怨，海内乱。’加四百之期[17]，亦复垂及。今妾媵、阉尹[18]之徒共专国朝，欺罔日月[19]；又，鸿都门下招会群小，造作赋说，见宠于时，更相荐说，旬月之间，并各拔擢。乐松处常伯[20]，任芝居纳言[21]，郤俭、梁鹄各受丰爵不次之宠，而令搢绅之徒[22]委伏畎亩[23]，口诵尧、舜之言，身蹈[24]绝俗之行[25]，弃捐沟壑，不见逮及[26]。冠履倒易[27]，陵谷代处[28]，幸赖皇天垂象谴告[29]。《周书》[30]曰：‘天子见怪则修德，诸侯见怪则修政，卿大夫见怪则修职，士庶人见怪则修身。’唯陛下斥远佞巧之臣，速征鹤鸣之士[31]，断绝尺一[32]，抑止槃游[33]，冀上天还威，众变可弭。”

（以上为第八段，写汉灵帝建立鸿都门学，因灾异求言。）

【注释】

[1]辛亥朔：二月一日。[2]癸丑：二月三日。[3]己未：二月九日。[4]赐爵：赐爵关内侯以下。[5]辛丑：三月二十一日。[6]改元：改熹平七年为光和元年。[7]丙辰：四月七日。[8]侍中寺：侍中官署。[9]雌鸡化为雄：母鸡叫鸣。古代认为母鸡叫鸣，这个家就要离散。侍中署母鸡叫鸣，象征国家要解体。[10]丁丑：六月二十九日。[11]壬子：七月己卯朔，无壬子。壬子，八月五日。[12]玉堂：洛阳南宫前殿。[13]金商门：洛阳南宫有崇德殿、太极殿，殿西有金商门。[14]消复之术：消除灾害、恢复正常的办法。[15]《春秋谶》：神秘预言书，《春秋演孔图》，已佚。[16]蜺：双虹。色鲜盛者为雄，称虹；色暗者雌，曰蜺。[17]四百之期：《春秋演孔图》原文："刘四百之际，褒汉王辅，皇王以期，有名不就。"意味两汉四百年天下已尽。[18]妾媵、阉尹：嫔妃、宦官。[19]欺罔日月：欺罔君后。[20]常伯：指侍中。[21]纳言：指尚书。[22]搢绅之徒：士大夫之代称。搢，插。绅，插笏的赤色腰带。[23]委伏畎亩：埋没在乡间。[24]身蹈：亲身实践。[25]绝俗之行：超越世俗的高尚品德。[26]不见逮及：不被国家录用。[27]冠履倒易：小人治君子，如同帽子与鞋颠倒了位置。[28]陵谷代处：山峰与山谷交换了地方。[29]皇天垂象谴告：上天显示天象表示谴责。[30]《周书》：引语为《周书》逸篇之辞。[31]鹤鸣之士：品德高尚为时所称的士人。鹤，喻君子。《易·系辞》曰："君子居其室，出其言善，则千里之外应之。"[32]断绝尺一：杜绝假传圣旨的渠道。尺一，诏书所用之简。[33]抑止槃游：节制放纵的娱乐。

议郎蔡邕对曰："臣伏思诸异，皆亡国之怪也。天于大汉殷勤不已[1]，故屡出祆变以当谴责，欲令人君感悟[2]，改危即安。今蜺堕、鸡化，皆妇人干政之所致也。前者乳母赵娆，贵重天下，谗谀骄溢[3]，续以永乐门史霍玉[4]，依阻城社[5]，又为奸邪。今道路纷纷，复云有程大人[6]者，察其风声，将为国患；宜高为堤防[7]，明设禁令，深惟赵、霍，以为至戒。今太尉张颢，为玉所进[8]；光禄勋伟璋，有名贪浊；又长水校尉赵玹，屯骑校尉盖升，并叨时幸[9]，荣富优足；宜念[10]小人在位之咎[11]，退思[12]引身避贤之福。伏见廷尉郭禧，纯厚[13]老成；光禄大夫桥玄，聪达方直[14]；故太尉刘宠，忠实守正[15]；并宜为谋主，数见访问[16]。夫宰相大臣，君之四体，委任责成，优劣已分，不宜听纳小吏，雕琢大臣[17]也。又，尚方[18]工技之作，鸿都篇赋之文，可且消息[19]，以示惟忧[20]。宰府孝廉，士之高选，近者以辟召不慎[21]，切责[22]三公，而今并以小文超取选举[23]，开请托之门[24]，违明王之典[25]，众心不厌[26]，莫之敢言；臣愿陛下忍而绝之，思惟万机[27]，以答天望[28]。圣朝既自约厉[29]，左右近臣亦宜从化[30]，人自抑损[31]，以塞咎戒[32]，则天道亏满，鬼神福谦[33]矣。夫君臣不密，上有漏言之戒，下有失身之祸[34]，愿寝臣表[35]，无使尽忠之吏受怨奸仇。”章奏，帝览而叹息；因起更衣[36]，曹节于后窃视之，悉宣语[37]左右，事遂漏露。其为邕所裁黜者[38]，侧目思报[39]。

初，邕与大鸿胪刘郃素不相平，叔父卫尉质又与将作大匠阳球有隙。球即中常侍程璜女夫也。璜遂使人飞章[40]言“邕、质数以私事请托于郃，郃不听。邕含隐切，志欲相中[41]。”于是诏下尚书召邕诘状[42]。邕上书曰：“臣实愚戆[43]，不顾后害，陛下不念忠臣直言，宜加掩蔽[44]，诽谤卒至[45]，便用疑怪[46]。臣年四十有六，孤特一身[47]，得托名忠臣，死有余荣，恐陛下于此不复闻至言[48]矣！”于是下邕、质于洛阳狱，劾以“仇怨奉公[49]，议害大臣，大不敬，弃市。”事奏，中常侍河南吕强[50]愍[51]邕无罪，力为伸请[52]，帝亦更思其章，有诏：“减死一等，与家属髡钳徙朔方[53]，不得以赦令除。”阳球使客追路刺邕，客感其义，皆莫为用。球又赂其部主[54]，使加毒害，所赂者反以其情戒邕[55]，由是得免。

（以上为第九段，写议郎蔡邕对策建言汉灵帝亲近朝官，举用孝廉及士人，远离奸佞，罢斥请托任官的小人，被宦官飞书诬罔，流放朔方郡。）

【注释】

[1]天于大汉殷勤不已：皇天对我大汉朝的恳切感情还没有停止。意谓上天的谴告正是对汉朝的关怀、爱护。 [2]感悟：醒悟。 [3]谗谀骄溢：意谓乳母赵娆说人坏话（谗）、阿谀逢迎（谀），骄淫放纵，达到了不能容忍的地步。 [4]续以永乐门史霍玉：接下来又有永乐宫（董太后所居）的门官霍玉为非作歹。门史，通报守门官。 [5]依阻城社：仗恃董太后。 [6]程大人：宫中一位姓程的宦官。宫中对老年宦官皆称大人。 [7]高为堤防：加高堤防，防患于未然。 [8]进：推荐，引进。 [9]叨时幸：得享一时侥幸。叨，承受。 [10]宜念：应当认真考虑。 [11]小人在位之咎：指小人在高位，必有祸患。 [12]退思：退一步考虑，回头想一想。即换一种思维。 [13]纯厚：忠厚。 [14]聪达方直：聪明通达，廉洁正直。 [15]忠实守正：节操忠直，坚守正道。 [16]数见访问：应经常征询他们的意见。 [17]雕琢大臣：刁难大臣。李贤注：“雕琢，谓

镌削以成其罪也。”［18］尚方：工署名，属少府，制作皇室器用。［19］可且消息：可以暂且停止。［20］惟忧：思忧。［21］辟召不慎：荐拔征召不严。［22］切责：严加申斥。［23］超取选举：破格提拔。［24］开请托之门：大开升官的后门。［25］违明王之典：违背圣明君王的法典。［26］不厌：不服。［27］思惟万机：集中精力处理国家大事。［28］以答天望：用以回报上天的厚望。［29］圣朝既自约厉：皇上既然自我约束上进。此句是要灵帝身作表率。圣朝，指灵帝。厉，通“砺”。［30］亦宜从化：也自然追随变化。［31］人自抑损：上上下下人人自我约束。［32］以塞咎戒：用以消除灾害的警戒。［33］则天道亏满，鬼神福谦：那么上天将把灾祸降给盛满的人，鬼神将把幸福赐给谦虚的人。语出《易经·谦卦》：“天道亏盈而益谦……鬼神害盈而福谦。”这里引语“盈”作“满”，因避汉惠帝刘盈讳而改。［34］君臣不密，上有漏言之戒，下有失身之祸：君臣对话要严守秘密，君不守秘密，就要受到泄密的批评，臣不守秘密，就要受到杀头之祸。戒，讥刺。汉制，臣泄禁中语，为大不敬，杀头。西汉赵充国子赵卬，泄禁中语被杀头。故蔡邕有是言。这里是化用《易经·系辞》之语以为谏。原文：“君不密则失臣，臣不密则失身。”失臣，失去臣僚。失身，杀身。［35］愿寝臣表：希望皇上不要泄漏我的奏章。寝，息。［36］更衣：上厕所。［37］宣语：传播。［38］所裁黜者：被批评的人。［39］侧目思报：横目冷视，图谋报复。［40］飞章：匿名信。［41］邕含隐切，志欲相中：蔡邕心怀不满，想找机会中伤。隐切，含恨在心中。中，中伤。［42］诘状：询问原委。［43］愚戆：愚昧厚直。［44］掩蔽：掩盖遮蔽，保护。［45］卒至：突然出来。卒，通“猝”。［46］疑怪：猜疑。［47］孤特一身：孤单一人。［48］至言：忠言。［49］仇怨奉公：公报私仇。诬指蔡邕以请托不听，志欲中伤，公报私仇。［50］吕强：字汉盛，河南成皋（在今河南荥阳市西北）人，为人清忠奉公，为群宦所害。传见《后汉书》卷七十八《宦者列传》。［51］愍：怜悯，痛惜。［52］力为伸请：竭力求情。［53］髡钳徙朔方：剃光头发，带上脚镣手铐，流放朔方郡。朔方郡治所临戎，在今内蒙古磴口县北。［54］球又赂其部主：阳球又贿赂朔方郡所属州刺史。即并州刺史。［55］戒邕：警告蔡邕，令其有备。

八月，有星孛于天市［1］。

九月，太尉张颢罢；以太常陈球为太尉。

司空来艳薨。冬，十月，以屯骑校尉袁逢为司空。

宋皇后［2］无宠，后宫幸姬众共谮毁。勃海王悝妃宋氏，即后之姑也，中常侍王甫恐后怨之，因谮后挟左道祝诅［3］；帝信之，遂策收玺绶。后自致暴室［4］，以忧死。父不其乡侯酆及兄弟并被诛。

丙子晦［5］，日有食之。

尚书卢植上言："凡诸党锢多非其罪，可加赦恕，申宥回枉[6]。又，宋后家属并以无辜委骸横尸[7]，不得敛葬[8]，宜敕收拾，以安游魂。又，郡守、刺史一月数迁，宜依黜陟以章能否[9]，纵不九载，可满三岁。又，请谒希求，一宜禁塞[10]，选举之事，责成主者[11]。又，天子之体，理无私积[12]，宜弘大务，蠲略细微[13]。"帝不省。

十一月，太尉陈球免；十二月，丁巳，以光禄大夫桥玄为太尉。

鲜卑寇酒泉；种众日多，缘边莫不被毒[14]。

诏中尚方为鸿都文学乐松、江览等三十二人图象立赞[15]，以劝[16]学者。尚书令阳球谏曰："臣案松、览等皆出于微蔑[17]，斗筲小人[18]，依凭世戚，附托权豪，俯眉承睫[19]，徼进明时[20]。或献赋一篇，或鸟篆盈简[21]，而位升郎中，形图丹青[22]。亦有笔不点牍[23]，辞不辨心[24]，假手请字[25]，妖伪百品[26]，莫不蒙被殊恩，蝉蜕滓浊[27]。是以有识掩口[28]，天下嗟叹。臣闻图象之设，以昭劝戒，欲令人君动鉴得失，未闻竖子小人诈作文颂[29]，而可妄窃天官，垂象图素者也。今太学、东观[30]足以宣明圣化，愿罢鸿都之选，以销天下之谤。"书奏，不省。

是岁，初开西邸卖官[31]，入钱各有差：二千石二千万；四百石四百万；其以德次应选者半之，或三分之一；于西园立库以贮[32]之。或诣阙上书占令长[33]，随县好丑，丰约有贾[34]。富者则先入钱，贫者到官然后倍输[35]。又私令左右卖公卿，公千万，卿五百万。初，帝为侯时常苦贫，及即位，每叹桓帝不能作家居[36]，曾无私钱，故卖官聚钱以为私藏。

帝尝问侍中杨奇曰："朕何如桓帝？"对曰："陛下之于桓帝，亦犹虞舜比德唐尧[37]。"帝不悦曰："卿强项[38]，真杨震子孙，死后必复致大鸟[39]矣。"奇，震之曾孙也。

南匈奴屠特若尸逐就单于死，子呼征[40]立。

（以上为第十段，写汉灵帝重用鸿都门学乐松、江览等人，大臣劝谏不听，又公然设西园卖官所，三公九卿皆标价出售。）

【注释】

[1]有星孛于天市：在天市星区出现孛星。 [2]宋皇后：灵帝宋皇后，史失其名。扶风平陵（今陕西咸阳市西北）人。传见《后汉书》卷十下。 [3]挟左道祝诅：用邪道诅咒皇帝。 [4]后自致暴室：宋皇后自行到宫廷监狱暴室投案。 [5]丙子晦：十月三十日。 [6]申宥回枉：申诉冤枉而宽宥。即昭雪冤枉。 [7]委骸横尸：委弃骸骨，尸首纵横。 [8]敛葬：收敛安葬。[9]依黜陟以章能否：按照任免制度以考察能与不能。黜，罢免；陟，升迁。古代黜陟制度，三年小考，九年大考。 [10]请谒希求，一宜禁塞：私人请托以求非分之想，一律禁止。 [11]责成主者：选举人才，应由主管官员负责。 [12]理无私积：皇上不应有个人私产。 [13]蠲略细微：皇上不要去管细小的事。蠲，除。这里为忽略之意，不要去管。 [14]被毒：受害。 [15]图象立赞：画像题词。 [16]劝：鼓励。 [17]微蔑：微贱。蔑，极细微卑贱。 [18]斗筲小人：气量狭小的人。斗，量器。筲，竹编容器，仅容一斗二升，故称斗筲。 [19]俯眉承睫：低眉看眼色，即秉承主子眼色拍马奉承。 [20]徼进明时：在这圣明之世得以侥幸上进。 [21]鸟篆盈简：只写满一简的草书。鸟篆，将篆字写得鸟飞一般的草书。 [22]形图丹青：得以丹青留像。指“图象立赞”。 [23]笔不点牍：根本不会用笔写字。 [24]辞不辨心：词不达意。 [25]假手请字：请别人代为写字。 [26]妖伪百品：作伪花样上百种。 [27]蝉蜕滓浊：像鸣蝉一样，蜕皮翻新。滓浊，污秽的旧皮。 [28]有识掩口：有见识的人，没有不掩口而笑。 [29]诈作文颂：狡猾地写了几篇文章。 [30]东观：洛阳南宫殿名，秘藏图书在此。 [31]开西邸卖官：西邸，皇家西园，灵帝在此设卖官所。 [32]贮：聚储卖官钱。 [33]占令长：登记买某县县令或县长。大县称令，小县称长。 [34]随县好丑，丰约有贾：按照县的肥瘦，官价有高有低。丰，价高。约，减价。贾，通“价”。 [35]倍输：赊买的官，到任后加倍偿还。 [36]作家居：经营私产。居，积也。[37]虞舜比德唐尧：以褒为贬。虞舜亚于唐尧，意谓灵帝不如桓帝。 [38]强项：脖子硬，不随便低头。光武帝时洛阳令董宣不畏强权，惩处光武帝姐家奴横行，光武帝封为强项令。 [39]大鸟：安帝时太尉杨震为宦官所害，安葬时有大鸟聚落在杨震坟前高达一丈多。事见《资治通鉴》卷五十一安帝延光四年。 [40]呼征：呼征单于，公元 178 年至公元 179 年在位。

二年（己未，179 年）

春，大疫。

三月，司徒袁滂免，以大鸿胪刘郃为司徒。

乙丑[1]，太尉桥玄罢，拜太中大夫；以太中大夫段颎为太尉。玄幼子游门次[2]，为人所劫，登楼求货[3]；玄不与。司隶校尉、河南尹围守玄家，不敢迫[4]。玄瞋目呼[5]曰：“奸人无状，玄岂以一子之命而纵国贼[6]乎！”促令攻之[7]，玄子亦死。玄因上言：“天下凡有劫质，皆并杀之，不得赎以财宝，开张奸路[8]。”由是劫质遂绝。

京兆地震。

司空袁逢罢；以太常张济为司空。

夏，四月，甲戌朔[9]，日有食之。

王甫、曹节等奸虐弄权，扇动内外，太尉段颎阿附之。节、甫父兄子弟为卿、校、牧、守、令、长者布满天下，所在贪暴。甫养子吉为沛相，尤残酷，凡杀人，皆磔尸车上[10]，随其罪目，宣示属县[11]，夏月腐烂，则以绳连其骨[12]，周遍一郡乃止，见者骇惧[13]。视事五年，凡杀万余人。尚书令阳球常拊髀[14]发愤曰：“若阳球作司隶，此曹子安得容乎！”既而球果迁司隶。

甫使门生于京兆界辜榷官财物[15]七千余万，京兆尹杨彪[16]发其奸，言之司隶。彪，赐之子也。时甫休沐里舍，颎方以日食自劾[17]。球诣阙谢恩，因奏甫、颎及中常侍淳于登、袁赦、封昺等罪恶，辛巳[18]，悉收甫、颎等送洛阳狱，及甫子永乐少府萌、沛相吉。球自临考甫等[19]，五毒备极[20]；萌先尝为司隶，乃谓球曰：“父子既当伏诛，亦以先后之义[21]，少以楚毒假借老父[22]。”球曰：“尔罪恶无状，死不灭责[23]，乃欲论先后求假借邪！”萌乃骂曰：“尔前奉事吾父子如奴，奴敢反汝主乎！今日临厄相挤，行自及也[24]！”球使以土窒萌口[25]，棰扑交至[26]，父子悉死于杖下；颎亦自杀。乃僵磔甫尸[27]于夏城门，大署榜[28]曰：“贼臣王甫。”尽没入其财产，妻子皆徙比景。

球既诛甫，欲以次表曹节等，乃敕中都官从事[29]曰：“且先去权贵大猾，乃议其余耳。公卿豪右若袁氏儿辈[30]，从事自办之，何须校尉[31]邪！”权门闻之，莫不屏气[32]。曹节等皆不敢出沐[33]。会顺帝虞贵人葬，百官会丧还，曹节见磔甫尸道次，慨然抆泪[34]曰：“我曹可自相食，何宜使犬舐其汁[35]乎！”语诸常侍：“今且俱入，勿过里舍[36]也。”节直入省，白帝曰：“阳球故酷暴吏，前三府奏当免官，以九江微功，复见擢用。愆过之人，好为妄作[37]，不宜使在司隶，以骋毒虐[38]。”帝乃徙球为卫尉。时球出谒陵，节敕尚书令召拜，不得稽留尺一。球被召急，因求见帝，曰：“臣无清高之行，横蒙鹰犬之任[39]，前虽诛王甫、段颎，盖狐狸小丑，未足宣示天下。愿假臣一月，必令豺狼鸱[40]枭[41]各服其辜。”叩头流血。殿上呵叱曰：“卫尉捍诏[42]邪！”至于再三，乃受拜。

（以上为第十一段，写阳球任司隶校尉，矢志除宦官，只诛杀了王甫，半途而废。）

【注释】

［1］乙丑：三月二十二日。［2］玄幼子游门次：桥玄小儿子在门前玩耍。［3］登楼求货：劫质人登楼要求赎金。［4］迫：相逼。［5］瞋目呼：瞪大眼睛呼喊，表示愤怒。［6］纵国贼：放走国贼。［7］促令攻之：督促攻击。［8］开张奸路：赎质，等于是替奸人开路。［9］甲戌朔：四月一日。［10］磔尸车上：把尸卸成几大块装在囚车上。［11］宣示属县：在沛国所属各县巡回展示。［12］绳连其骨：尸体腐烂，肌肉脱落，就用绳索把骨架绑在囚车上。［13］骇惧：震骇恐惧。［14］拊髀：拍大腿。［15］辜榷官财物：侵吞公家财物。［16］杨彪：字文先，杨震的曾孙，灵帝太尉杨赐之子。官至司徒。传见《后汉书》卷五十四。［17］颎方以日食自劾：段颎正因日食而自己引咎辞职。段为中官之党，已离职，无力救王甫，而为阳球所劾。［18］辛巳：四月八日。［19］球自临考甫等：阳球亲自主持严刑逼供，拷打王甫等。［20］五毒备极：五种苦刑全部用遍。五毒，鞭打、棍打、火烧、绳捆、悬吊。［21］以先后之义：王萌提示阳球，他和王萌曾先后做过司隶校尉，看在先后为同僚的情面上。［22］少以楚毒假借老父：少一点苦刑，宽恕老父王甫。［23］死不灭责：死了也抵不了罪责，即死有余辜。［24］今日临厄相挤，行自及也：今天你阳球乘人之危，加劲排挤，行将受到报应。［25］以土窒萌口：用泥土堵住王萌的嘴。［26］棰扑交至：棍鞭齐下。［27］磔甫尸：把王甫尸切成几大块。［28］大署榜：树立一个大标语牌。［29］中都官从事：司隶校尉属官，助理察举百官，治非法。［30］袁氏儿辈：指袁逢、袁隗等袁家势力。诸袁在中常侍袁赦保护下，贵极一时。［31］何须校尉：用不着校尉出场。意谓，杀鸡焉用牛刀。［32］莫不屏气：没有人敢呼大气。［33］出沐：出宫洗沐，即出宫休假。［34］抆泪：擦泪。即禁不住流泪。［35］犬舐其汁：狗舔其血。曹节骂阳球为恶狗，其人品可知矣。［36］今且俱入，勿过里舍：今天我们全体进宫，不要回家。里舍，居所。［37］愆过之人，好为妄作：犯过罪的人，喜欢轻举妄动。［38］以骋毒虐：便于恣意横行。［39］横蒙鹰犬之任：总算是蒙恩作皇家的猎鹰走狗。横，横竖，总算是。鹰犬，阳球自谓有鹰犬之能，司隶校尉治奸猾，亦鹰犬之任。［40］鸱：猫头鹰。［41］枭：凶鸟。［42］捍诏：反抗圣旨。

于是曹节、朱瑀等权势复盛。节领尚书令。郎中梁人审忠上书曰：

"陛下即位之初，未能万机，皇太后念在抚育，权时摄政，故中常侍苏康、管霸应时诛殄。太傅陈蕃、大将军窦武考其党与，志清朝政。华容侯朱瑀知事觉露，祸及其身，遂兴造逆谋，作乱王室，撞蹈省闼[1]，执夺玺绶，迫胁陛下，聚会群臣，离间骨肉母子之恩，遂诛蕃、武及尹勋等。因共割裂城社[2]，自相封赏，父子兄弟，被蒙尊荣，素所亲厚，布在州郡，或登九列[3]，或据三司[4]。不惟禄重位尊之责，而苟营私门，多蓄财货，缮修第舍，连里竟巷，盗取御水[5]，以作渔钓[6]，车马服玩，拟于天家[7]。群公卿士，杜口吞声，莫敢有言，州牧郡守，承顺风旨[8]，辟召选举，释贤取愚。故虫蝗为之生，夷寇为之起。天意愤盈[9]，积十余年；故频岁[10]日食于上，地震于下，所以谴戒[11]人主，欲令觉悟，诛鉏无状[12]。昔高宗以雉雊之变[13]，故获中兴之功；近者神祇启悟陛下，发赫斯之怒[14]，故王甫父子应时馘截[15]，路人士女[16]莫不称善，若除父母之仇。诚怪[17]陛下复忍孽臣之类[18]，不悉殄灭[19]。昔秦信赵高[20]，以危其国；吴使刑臣，身遘其祸[21]。今以不忍之恩，赦夷族之罪，奸谋一成，悔亦何及！臣为郎十五年，皆耳目闻见，瑀之所为，诚皇天所不复赦。愿陛下留漏刻之听[22]，裁省臣表[23]，扫灭丑类，以答天怒。与瑀考验[24]，有不如言，愿受汤镬之诛[25]，妻子并徙，以绝妄言[26]之路。"章寝不报[27]。

中常侍吕强清忠奉公，帝以众例封为都乡侯，强固辞不受，因上疏陈事曰："臣闻高祖重约，非功臣不侯，所以重天爵、明劝戒[28]也。中常侍曹节等，宦官祐薄[29]，品卑人贱，谗谄媚主，佞邪徼宠[30]，有赵高之祸，未被镮裂之诛[31]。陛下不悟，妄授茅土[32]，开国承家，小人是用，又并及家人，重金兼紫[33]，交结邪党，下比群佞。阴阳乖刺[34]，稼穑荒芜，人用不康[35]，罔不由兹。臣诚知封事[36]已行，言之无逮[37]，所以冒死干触[38]陈愚忠者，实愿陛下损改既谬，从此一止[39]。臣又闻后宫采女[40]数千余人，衣食之费日数百金，比谷虽贱而户有饥色[41]，按法当贵而今更贱者，由赋发繁数[42]，以解县官，寒不敢衣，饥不敢食，民有斯厄而莫之恤。宫女无用，填积后庭，天下虽复尽力耕桑，犹不能供。又，前召议郎蔡邕对问于金商门，邕不敢怀道迷国[43]，而切言极对[44]，毁刺贵臣，讥呵[45]宦官。陛下不密其言，至令宣露，群邪项领，膏唇拭舌[46]，竞欲咀嚼，造作飞条[47]。陛下回受诽谤[48]，致邕刑罪，室家徙放，老幼流离，岂不负忠臣哉！今群臣皆以邕为戒，上畏不测之难，下惧剑客[49]之害，臣知朝廷不复得闻忠言矣！故太尉段颎，武勇冠世[50]，习于边事，垂发服戎[51]，功成皓首[52]，历事二主[53]，勋烈独昭[54]。陛下既已式序[55]，位登台司[56]，而为司隶校尉阳球所见诬胁[57]，一身既毙，而妻子远播[58]，天下惆怅[59]，功臣失望。宜征邕更加授任，反颎家属，则忠贞路开，众怨以弭[60]矣。"帝知其忠而不能用。

丁酉[61]，赦天下。

（以上为第十二段，写郎中审忠与中常侍吕强上奏，述曹节奸佞，后宫太盛，平反陈蕃、窦武冤狱，召还蔡邕及段颎家属，灵帝皆充耳不闻。）

【注释】

[1]撞蹋省闼：闹翻了宫禁。即发动宫廷政变。蹋，通"踏"。 [2]割裂城社：割裂国土。指据有采邑。 [3]九列：列位九卿。 [4]三司：三公。 [5]御水：皇宫禁苑之水。 [6]以作渔钓：引御水用作垂钓。 [7]拟于天家：比拟皇上。 [8]承顺风旨：秉承旨意。 [9]天意愤盈：皇天愤怒到极点。 [10]频岁：连年。 [11]谴戒：谴责警告。 [12]诛钽无状：铲除无行奸凶。钽，古"锄"字。 [13]雉雊之变：雉，野鸡。雊，鸣叫。殷高宗武丁时，祭祀成汤，有只野鸡飞落礼鼎耳把上鸣叫。高宗惧而修德，殷朝中兴。 [14]发赫斯之怒：勃然发怒。语出《诗经·大雅·皇矣》："王赫斯怒。"此指奸人授首，是上天发怒的反映。 [15]馘截：被砍下的脑袋。馘（guó），割下的敌人耳朵，用以代首级。 [16]路人士女：行路的男男女女。 [17]怪：抱怨。[18]忍孽臣之类：容忍残余的丑类。 [19]不悉殄灭：不一网打尽。 [20]秦信赵高：事见《资治通鉴》卷八秦二世二年。 [21]吴使刑臣，身遘其祸：吴王余祭信用刑余之人，身遭毒手。《左传》襄公二十九年载，吴伐越，将俘虏用作看门人，让他看管船只。吴王余祭登船，被这看门人砍死。古代看门人称阍人，要断其一足，故称刑人。 [22]留漏刻之听：留下片刻时间来倾听我的意见。漏刻，古代用滴漏方法计时，一昼夜为一百刻度，一刻是很短暂的时间。 [23]裁省臣表：详看我的奏章。裁省，裁断省览。 [24]与瑀考验：敢和朱瑀对证。 [25]受汤镬之诛：愿受烹刑。 [26]妄言：无根据的乱说。 [27]章寝不报：奏章被搁置，没有回音。 [28]重天爵、明劝戒：尊重国家的封爵，使奖惩鲜明。 [29]祐薄：福薄。 [30]佞邪徼宠：使用奸佞邪恶的手

段，邀取恩宠。［31］镮裂之诛：车裂之刑，俗称五马分尸。［32］茅土：采邑。［33］重金兼紫：佩带尊重的金印紫绶。汉制，太尉、司徒之印才是金印紫绶，司空仅银印青绶。［34］阴阳乖剌：阴阳颠倒。剌，同“刺”。［35］不康：不安宁。［36］封事：指群宦的封爵之事。［37］言之无逮：说话也来不及了。即说话于事无补。［38］冒死干触：冒着死罪，干犯触怒忌讳。［39］损改既谬，从此一止：修改错误，到此为止。［40］采女：美女。［41］比谷虽贱而户有饥色：近来，尽管谷价很贱，而贫户之民仍面有饥色。［42］赋发繁数：指政府征收苛赋一次又一次，没完没了。［43］怀道迷国：把治国之道藏起来不管国家走入歧途。这是化用《论语·卫灵公》篇孔子之言。孔子赞扬卫大夫蘧伯玉，曰：“君子哉蘧伯玉！邦有道则仕；邦无道，则可卷而怀之。”这里为避汉高祖刘邦之讳，改“邦”为“国”。［44］切言极对：直言答对。［45］毁刺、讥呵：互文，讥刺，指责。［46］群邪项领，膏唇拭舌：群奸伸直脖子，舔着嘴唇，伸出舌头。［47］竞欲咀嚼，造作飞条：争着想把蔡邕一口吞嚼，制造匿名信进行诬陷。飞条，飞语，匿名信。［48］回受诽谤：间接受诽谤。［49］剑客：刺客。指阳球指使刺客暗杀蔡邕。［50］冠世：盖世。［51］垂发服戎：孩提时投身行伍。垂发，童子垂发。［52］功成皓首：白头了才告成功。谓段颎效力一生。［53］历事二主：段颎历任桓帝、灵帝两朝。［54］勋烈独昭：功业昭著，为功臣之冠。独，独出众人之上。［55］式序：叙录其功，按序升迁。［56］位登台司：位极三公。段颎官至太尉。［57］诬胁：诬陷。［58］远播：远迁，流放。［59］天下惆怅：全国叹息。［60］弭：消失。［61］丁酉：四月二十四日。

上禄[1]长和海上言：“礼，从祖兄弟[2]别居异财，恩义已轻，服属疏末。而今党人锢及五族，既乖典训之文[3]，有谬经常之法[4]。”帝览之而悟，于是党锢自从祖[5]以下皆得解释。

五月，以卫尉刘宽为太尉。

护匈奴中郎将张修与南单于呼征不相能[6]，修擅斩之，更立右贤王羌渠为单于[7]。秋，七月，修坐不先请而擅诛杀，槛车征诣廷尉，死。

初，司徒刘郃兄侍中儵与窦武同谋，俱死，永乐少府陈球说郃曰：“公出自宗室，位登台鼎。天下瞻望，社稷镇卫[8]，岂得雷同[9]，容容无违[10]而已。今曹节等放纵为害，而久在左右，又公兄侍中受害节等，今可表徙卫尉阳球为司隶校尉，以次收节等诛之，政出圣主，天下太平，可翘足而待也！”郃曰：“凶竖[11]多耳目，恐事未会，先受其祸[12]。”尚书刘纳曰：“为国栋梁，倾危不持，焉用彼相[13]邪！”郃许诺，亦与阳球结谋。球小妻，程璜之女，由是节等颇得闻知，乃重赂璜，且胁之。璜惧迫，以球谋告节，节因共白帝曰："郃与刘纳、陈球、阳球交通书疏，谋议不轨。"帝大怒。冬，十月，甲申[14]，刘郃、陈球、刘纳、阳球皆下狱，死。

巴郡[15]板楯蛮反，遣御史中丞萧瑗督益州刺史讨之，不克。

十二月，以光禄勋杨赐为司徒。

鲜卑寇幽、并二州。

（以上为第十三段，写司徒刘郃、少府陈球、司隶校尉阳球谋诛宦官不密，皆下狱死。）

【注释】

[1]上禄：县名，县治在今甘肃成县西。[2]从祖兄弟：同曾祖而不同祖父的堂兄弟。[3]典训之文：此指《尚书·康诰》。《左传》昭公二十年载齐大夫苑何忌概括《康诰》文义之言云："在《康诰》曰：父子兄弟，罪不相及。"按：今本《尚书·康诰》无此文。[4]有谬经常之法：不符合正常的法律。[5]从祖：叔祖。[6]不相能：相争斗气，各不相让。[7]右贤王羌渠为单于：公元179年至公元188年在位。[8]社稷镇卫：国家的柱石。[9]岂得雷同：岂能与奸凶雷同。[10]容容无违：庸庸碌碌，随波逐流。[11]凶竖：凶顽小子，指宦官。[12]恐事未会，先受其祸：恐怕事情还未商妥，就要先受其祸。[13]焉用彼相：国家危而不扶，还用那辅佐干什么。语出《论语·季氏》篇孔子之言："危而不持，颠而不扶，则将焉用彼相矣？"[14]甲申：十月十四日。[15]巴郡：郡名，辖今四川东部地区，治所江州，在今重庆市。

三年（庚申，180年）

春，正月，癸酉[1]，赦天下。

夏，四月，江夏[2]蛮反。

秋，酒泉地震。

冬，有星孛于狼、弧[3]。

鲜卑寇幽、并二州。

十二月，己巳，立贵人何氏为皇后[4]。征后兄颍川太守进[5]为侍中。后本南阳屠家，以选入掖庭，生皇子辩[6]，故立之。

是岁作罼圭、灵昆苑[7]。司徒杨赐谏曰："先帝之制，左开鸿池，右作上林[8]，不奢不约，以合礼中。今猥规郊城之地[9]以为苑囿，坏沃衍[10]，废田园，驱居民，畜禽兽，殆非所谓若保赤子[11]之义。今城外之苑已有五六[12]，可以逞情意[13]，顺四节[14]也。宜惟夏禹卑宫[15]、太宗露台之意[16]，以尉下民之劳。”书奏，帝欲止，以问侍中任芝、乐松；对曰：“昔文王之囿百里，人以为小；齐宣五里，人以为大[17]。今与百姓共之，无害于政也。”帝悦，遂为之。

巴郡板楯蛮反。

苍梧、桂阳贼攻郡县，零陵太守杨琁制马车数十乘，以排囊[18]盛石灰于车上，系布索于马尾[19]；又为兵车，专彀弓弩[20]。及战，令马车居前，顺风鼓灰，贼不得视，因以火烧布然[21]，马惊，奔突[22]贼阵，因使后车弓弩乱发，钲[23]鼓[24]鸣震，群盗波骇破散[25]，追逐伤斩无数，枭其渠帅，郡境以清。荆州刺史赵凯诬奏琁实非身亲破贼，而妄有其功；琁与相章奏[26]。凯有党助，遂槛车征琁，防禁严密，无由自讼[27]；乃噬臂出血，书衣为章[28]，具陈破贼形势，及言凯所诬状[29]，潜令亲属诣阙通之。诏书原琁[30]，拜议郎；凯受诬人之罪[31]。琁，乔[32]之弟也。

（以上为第十四段，写汉灵帝册立何皇后，大建苑囿。零陵太守杨琁平定叛乱，荆州刺史赵凯忌功诬奏杨琁冒功，事核，赵凯被判诬告罪。）

【注释】

[1]癸酉：正月庚子朔，无癸酉。癸酉，二月五日。 [2]江夏：郡名，辖今湖北武汉市东部地区，治所西陵，在今湖北武汉市新洲区。东汉后期移治鄂县，在今湖北黄冈市长江南岸。 [3]有星孛于狼、弧：在东井东南的狼、弧星区出现孛星。 [4]何氏为皇后：何皇后，南阳人，史失其名。生皇子刘辨。传见《后汉书》卷十下。 [5]进：何进，何太后兄。何太后临朝，何进为大将军，谋诛宦官，迟疑不决，反被宦官所害。传见《后汉书》卷六十九。 [6]皇子辨：即东汉末少帝，为董卓所废。 [7]罼圭、灵昆苑：苑囿名，在洛阳宣平门外。罼圭苑有二，东罼圭苑，周围一千五百步，中有鱼梁台；西罼圭苑，周围三千三百步，规模更大。 [8]鸿池、上林：亦苑名，均在洛阳西郊。 [9]猥规郊城之地：大规模圈占城郊之地。猥，众，大规模。 [10]坏沃衍：损坏良田。沃衍，平坦的肥美之地。 [11]若保赤子：保护黎民。语出《尚书·康诰》：“若保赤子，惟民其康乂。”赤子，婴儿。君王视民如赤子。 [12]城外之苑已有五六：东汉初有平乐

苑、上林苑，顺帝阳嘉元年（132）起西苑，桓帝延熹二年（159）建显扬苑，延熹九年（166）建鸿德苑，已有五苑。［13］逞情意：恣意欢乐。逞，快也。［14］四节：春蒐、夏苗、秋狝、冬狩。［15］夏禹卑宫：夏禹建简陋的宫室。［16］太宗露台之意：汉文帝拒绝建高台，其意在养民。太宗，汉文帝庙号。他曾打算建造一座观天的露台，预算造价要费一百金，相当于十家中人之产，文帝决定停建。［17］文王之囿百里，人以为小；齐宣五里，人以为大：见《孟子·梁惠王下》。齐宣王问孟子：周文王有囿方七十里，人们认为太小；我只有方五里之囿，人们却以为太大，这是为什么？孟子回答：文王之囿与人民共享，所以人们认为太小；大王之囿个人专享，所以人们认为太大。任芝、乐松滥引孟子之言以阿意昏暴的灵帝，鸿都文学校长若此，其诸生无行可知矣。［18］排囊：两头开口的布袋。［19］系布索于马尾：将绑袋口的绳索结成活扣，并把另一头绳系在马尾上。马走尾动，拉开绳扣，则袋中石灰飞扬。［20］又为兵车，专彀弓弩：又制造射箭矢的专用战车。彀，把弓箭张满。［21］火烧布然：用火点燃布袋。这样火使马惊，拼命奔驰，而烟火与石灰混合，形成遮天蔽日的滚滚烟尘。［22］奔突：直冲。［23］钲（zhēng）：古时军中的乐器，铜锣。［24］鼓：鼓鸣为进军之号。［25］波骇破散：全军惊骇奔逃，像水波一样扩散开去。［26］琁与相章奏：杨琁上奏章与赵凯答辩。［27］防禁严密，无由自讼：严密防范杨琁，使他无法申辩。［28］噬臂出血，书衣为章：杨琁咬破手臂，撕裂衣襟，写下血书奏章。［29］具陈破贼形势，及言凯所诬状：一一陈述破敌经过，以及赵凯诬陷情况。［30］诏书原琁：下诏赦杨琁无罪。［31］凯受诬人之罪：惩治赵凯的诬告罪。［32］乔：杨乔。见上卷桓帝永康元年。

【点评】

本卷点评三大史事：一、汉灵帝立熹平石经，二、开办鸿都门学，三、第三次党锢之祸。

一、灵帝立熹平石经。汉灵帝熹平四年，公元175年，春季，三月，汉灵帝下诏，命儒家大师校定五经文字，命议郎蔡邕用古文、篆、隶三体书写，刻石立碑于太学门外，使太学生员和全国儒生参观抄写，每天有车千余辆，从四面八方云集，填满大街小巷，热闹非凡。石经之刻，是官方写定的经书标准本。这是中国学术史、经学史上的一件大事。灵帝立熹平石经，对倡导学术严谨与推动学术发展有重大意义，应该肯定。

经书石刻，不始于灵帝，嗣后历代有继承发展，至今立于西安市碑林博物馆。借此，将历代石经的沿革发展与内容，略述于下。

古代明经取士，而经学传写多误，故刻石立于太学以为定本。由于石经之刻，引发而有雕版印刷术之发明，影响至深且远。最早的石经，始刻于王莽。西汉平帝末年，莽命甄丰摹古文《易》《书》《诗》《左传》于石。东汉灵帝时，诏诸儒正定、蔡邕书写《易》《书》《诗》《仪礼》《公羊传》《论语》六经，刻石于太学门外，称为《熹平石经》。魏废帝曹芳时，所刻石经称《正始石经》。东汉和魏所立石经均用古文、篆、隶三体书法以相对照，又称《三体石经》。唐文宗时又立《开成石经》，所刻增至十二经，无《孟子》。五代时蜀主孟昶立《蜀石经》，所刻凡十一经，无《孝经》《尔雅》而有《孟子》。北宋太宗刻十三经石经。南宋高宗御书石经，立于临安太学。清十三经石刻刻于高宗乾隆时，仁宗嘉庆时磨改。今存于西安碑林中十三经石刻即唐《开成石经》十二经，《孟子》朱注石经为康熙年间补刻。《开成石经》中之《孝经》四石为唐玄宗御书，天宝时立，是碑林现存石经中最早的石经。碑林创始于北宋哲宗元祐二年（1087）。石经于元祐五年（1090）移入碑林。十三经石刻共114碑，计经、注刻石65.5万字。其中，《易经》，王弼注；《尚书》，伪孔传；《毛诗》《周礼》《仪礼》《礼记》，均郑玄注；《春秋》三传，《左氏》杜预集解，《公羊传》何休注，《穀梁》范宁注；《论语》，何晏集解；《孝经》，唐玄宗注；《尔雅》，郭璞注；《孟子》，朱熹集解。

汉灵帝立《熹平石经》，在文化上有进步意义，在政治上是为了缓解太学生的愤怒，转移他们攻击宦官的专注力。本来五经文字与宦官毫不相干，由于太学生考试争等第高下，抄写经书文本有差异，往往闹到官府里去争讼。太学生与朝官士大夫的清议，蔑视宦官的高傲，已经让宦官们发疯发狂，乱杀一气。太学生纠缠经学，吵吵闹闹随时可转为对宦官的攻击。六经石刻一立，引导太学生去钻故纸堆，确实使宦官清静了许多，也给汉灵帝脸上增添了一层光彩。

二、汉灵帝立鸿都门学。光和元年（178），汉灵帝在洛阳鸿都门创办学校，收文学艺术类士子入学，与太学相抗，史称鸿都门学。鸿都门学讲习辞赋、小说、绘画、书法。汉灵帝本人爱好文学艺术，加以提倡，无可厚非。文学艺术登上大雅之堂，还成为入仕资本，对中国传统文化的发展有进步意义。但灵帝创办鸿都门学，招收杂家九流，旨在与太学对抗，或者说是扶植制衡太学的新兴力量。汉灵帝为鸿都文学艺术家乐松、江览等三十二人画像题赞，用来对抗党人的“八俊”“八顾”“八及”“八厨”三十二大名士。鸿都学生考试及格给大官做，三公举用辟召，外放为刺史、太守，回朝为侍中、尚书，乃至封侯。考试不及格的就给小官做。但朝官士大夫都鄙视他们为出身“微蔑”，称其品性为“斗筲小人”。太学生不肯与鸿都门学生为伍。鸿都门学是宦官的舆论阵地，自然名声很臭，在世家大族处于上升时期的风头上，根本不是对手。伴随灵帝之死，东汉之灭，鸿都门学式微了。

三、第三次党锢之祸。宦官杀逐党人，引用大批下层豪强和宦官子弟夺占士族官职，激起双方的尖锐矛盾。一方是宦官继续利用各种借口把党锢之祸扩大化，打击士族。熹平五年（176），窦太后死，有流言说王甫杀太后。宦官追查流言，大捕清流朝官士大夫和太学生一千余人。另一方朝官士大夫也是抓住机会就大杀宦官。灵帝光和二年四月，阳球任司隶校尉，一上任就杀了王甫，把王甫尸体砍成肉块在夏城门示众，用大大的字写布告说："这就是贼臣王甫的下场。"宦官与朝官士大夫如同针尖对麦芒，双方势不两立，这是第三次党锢之祸的背景。

第三次钩党之狱发生在灵帝熹平五年，即公元176年，这次是灵帝为了饰过而加重对钩党的迫害，株连党人的远亲旁支。学术界已往的论著一般称东汉两次钩党之狱，把第三次看作是前两次的余波，这是应当辩证的。这一次冤狱发生在灵帝加元服，即亲掌政权之后，分析它的内容，有助于我们对钩党之狱性质的认识和评述，因此是很重要的。

建宁四年，即公元171年，灵帝加元服，大赦天下，唯党人不赦。熹平五年（176），永昌太守曹鸾上书，为党人说话鸣不平，说他们有的年高德重，有的是治国人才，应该解除党禁，"股肱王室"。曹鸾质问说："党人何罪，独不开恕乎！"曹鸾的方切直言恰恰触到了灵帝的忌讳。灵帝览奏，勃然大怒，"即诏司隶、益州槛车收鸾"，关押在槐里狱中，活活打死。又"诏州郡更拷党人门生、故吏、父子、兄弟在位者，悉免官禁锢，爰及五属"。

桓帝制造钩党之狱，造成了社会的分裂，灵帝继位后愈演愈烈，这是形势所逼，已非个人能力所能控制。但是历史背景并不能洗刷昏暴之君制造并扩大冤狱的责任。在专制政体下，掌握了国家权力的最高统治者，其个人的修养、品德将给历史打下善善恶恶的烙印，这是客观的存在。灵帝是比较聪明能干的，还懂一点文学，故其智更能饰诈拒谏。但他并无真才伟略，又是一个贪财鬼，所以与群阉小丑臭味相依，合伙经营西园卖官所。他曾经宣言："张常侍是我公，赵常侍是我母"，纵放张让、赵忠等十二中常侍专国乱政，达到了顶点。史称灵帝是"以小人而乘君子之器"。所以第二次党狱穷治，扩大成为全国性的大冤狱。曹鸾上书，道明真相，这无异于是在给专制的淫威火上加油，于是灵帝变本加厉地导演了株连五服的第三次钩党之狱。从公元166年至公元176年，十年之间，三次钩党之狱，浩劫全国。生灵涂炭，纲纪荡然；是非颠倒，廉耻相冒；天下钳口，人心思乱。汉室江山，气数已尽。灵帝一再扩大冤狱，伴随着正义的被剿杀，他的威信也降到零点。于是中平元年（184）爆发了黄巾大起义，灵帝惧，"乃大赦党人，诛徙之家皆归故郡"。

以上就是东汉三次钩党之狱的始末，范晔评论称之为"主荒政谬"。无疑，范晔的观点是应该肯定的。但是，为什么桓、灵二帝相继演出钩党之祸？宦官为恶，二帝不是不知，尤其是十常侍与黄巾通谋，灵帝亦未加责罚而独对于起而矫弊的士大夫横加屠戮呢？难道桓、灵二帝不想把江山传之万世，以至无穷吗？这才是问题的本质所在。

追本溯源，东汉钩党之狱是秦汉专制制度消极因素的必然发展。秦汉中央集权制度，在加强统一全国、发展经济和繁荣共同文化等方面发挥了巨大作用。但是家天下的中央集权是靠君主独裁政体的形式来维系的，它就不可避免地要产生以意为法、权落群小的弊端。秦始皇集权，不辨赵高之奸；汉武帝集权，不明江充之佞，其结果都给国家带来了灾难。光武帝不悟个人过度集权之害，反其道而行之，致有外戚、宦官、士大夫之争，愈演愈烈而有钩党之狱，这是光武帝始料所不及之事。

太后之权、皇权、相权，这三权的鼎立是封建专制政体的必然产物。三种权力平衡，国家政局稳定；失去平衡，政局动荡。三种权力平衡的关键是加重相权，使皇帝、太后受到牵制，依照封建之法秉政。反之，削弱相权，皇权过分集中，皇帝为所欲为，就会形成以意为法的多中心权力结构，大权必然旁落群小，宦竖小丑成了皇权的代理，国家怎不衰败？东汉政局不稳，主要是“危自上起”，其源盖出于光武帝集权过度，使帝相权力失去了平衡。东汉政论家仲长统早有极中肯的评论。他在《昌言·法诫篇》中说：

光武皇帝愠数世之失权，忿强臣之窃命，矫枉过直，政不任下，虽置三公，事归台阁。自此以来，三公之职，备员而已；然政有不治，犹加谴责。而权移外戚之家，宠被近习之竖，亲其党类，用其私人，内充京师，外布州郡，颠倒贤愚，贸易选举，疲驽守境，贪残牧民，挠扰百姓，忿怒四夷，招致乖叛，乱离斯瘼，怨气并作……此皆戚宦之臣所致然也……

但是，仲长统的议论也仍然只是表象。他只看到了光武帝的集权，却没有看到这是秦汉专制政体的必然发展。当然仲长统更看不到宦官之祸是封建专制政体不可割除的肿瘤。因为宦官专政或群小误国，实质不过就是君主独裁的一种折射。割除这一肿瘤，岂不意味着君主独裁的终结！这是古代政论家不可思议的，所以我们不能苛求前人。

秦汉初制，丞相权大，其职“掌丞天子助理万机”（《汉书·百官公卿表》），君权受到相权牵制，大权不得旁落群小。秦末赵高弄权，拥立二世，须得丞相李斯同意。西汉公卿操废立之权，当国统断续之际，大臣以社稷为重，所立之君既长且贤。周勃诛诸吕，迎立文帝，而有“文景之治”。霍光拥昭立宣，“摧燕王，仆上官，因权制敌，以成其忠”（《汉书·霍光传》），而有“昭宣中兴”。西汉前期没有宦官之祸。汉文帝与宦官赵谈同载，郎中袁盎变色；丞相申屠嘉责罚邓通，文帝改容谢过。

汉武帝封禅改制，削夺相权，以侍中参议朝政，又设中书令出纳章奏，形成了皇帝近侍左右决策的机构，称为“中朝”。“中朝”直接代表皇帝，所以凌驾在以丞相为首的“外朝”之上，这就为宦竖阉丑的登台扫清了道路。光武中兴进一步削弱相权，废丞相，事归台阁。东汉三公只是荣衔，毫无实权。东汉三公诛一宦竖，须得请旨而行。故有陈蕃、窦武之谋泄，何进议诛宦官之败。但是朝廷有过，天象变异，却要策免三公。外朝大臣成了皇帝犯过的替罪羊。于是外戚、宦官乘隙而起。东汉皇帝废立操于外戚、宦官之手。太后贪权立幼，权落外家。幼帝长成与外戚争权，重用宦官。因此宫廷政变，迭次发生，造成了东汉政局长期动荡不稳。士大夫有感于此，激扬气节，以正色立于朝堂，外戚专权与外戚斗，宦官窃柄与宦官争。但是公卿无实权裁抑外戚和群阉小丑，只能以气节相尚，争取舆论。舆论“污秽朝廷”，更加激起皇帝对外朝官僚的猜忌。因此，愈是清廉之臣，就愈是罪尤之臣。皇帝要杀逐这些忠正清廉之臣以释猜忌，就要大兴冤狱，这就是钩党之狱产生的根本原因。

卷五八　汉纪五十

汉灵帝光和四年至中平四年（181—187年）

【起重光作噩（辛酉，181年），尽强圉单阏（丁卯，187年），凡七年】

【大事提要】

本卷记事起公元181年，讫公元187年，凡七年，当汉灵帝光和四年至中平四年，是灵帝执政的后期。这一时期的最大事件是东汉末黄巾大起义。汉灵帝解除党禁，汉朝士大夫一致镇压起义。皇甫嵩、朱俊、傅燮、卢植等人，建立殊勋。黄巾大起义，很快被扑灭，但边境事变方兴未艾。叛贼边章、韩遂、马腾、张纯等，勾结羌人、乌桓，祸乱西北雍凉和北疆幽并，官军征讨乏力，久不建功。昏暴贪残的汉灵帝，没有一丝悔悟，乱政的十常侍不但毫发未损，反而封侯拜爵，立功将士遭斥逐，鲠正大臣遭诛杀，吕强、张钧、刘陶、陈耽蒙冤屈死，汉家气数，不可复振。最大弊政是皇帝登上前台，公然卖官。皇帝如此贪婪，汉祚能够久长吗？

孝灵皇帝中

光和四年（辛酉，181年）

春，正月，初置騄骥[1]厩丞[2]，领受[3]郡国调马[4]。豪右辜榷[5]，马一匹至二百万。

夏，四月，庚子[6]，赦天下。

交趾[7]乌浒蛮久为乱，牧守[8]不能禁。交趾人梁龙等复反，攻破郡县，诏拜[9]兰陵令会稽朱俊[10]为交趾刺史[11]，击斩梁龙，降者数万人，旬月[12]尽定；以功封都亭侯[13]，征为谏议大夫[14]。

六月，庚辰[15]，雨雹如鸡子[16]。

秋，九月，庚寅朔[17]，日有食之。

太尉[18]刘宽[19]免；卫尉[20]许馘为太尉。

闰月，辛酉[21]，北宫东掖庭永巷署灾[22]。

司徒[23]杨赐[24]罢；冬，十月，太常陈耽[25]为司徒。

鲜卑[26]寇幽、并二州[27]。檀石槐[28]死，子和连代立。和连才力不及父而贪淫，后出攻北地[29]，北地人射杀之。其子骞曼尚幼，兄子魁头立。后骞曼长大，与魁头争国，众遂离散。魁头死，弟步度根立。

是岁，帝作列肆[30]于后宫，使诸采女[31]贩卖，更相盗窃争斗；帝著商贾服[32]，从之饮宴为乐。又于西园弄狗，着进贤冠[33]，带绶[34]。又驾四驴，帝躬自操辔[35]，驱驰周旋；京师转相仿效，驴价遂与马齐。

帝好为私稸[36]，收天下之珍货，每郡国贡献，先输中署[37]，名为"导行费"。中常侍[38]吕强[39]上疏谏曰："天下之财，莫不生之阴阳，归之陛下，岂有公私！而今中尚方[40]敛诸郡之宝，中御府[41]积天下之缯[42]，西园引司农[43]之藏，中厩[44]聚太仆[45]之马，而所输之府，辄有导行之财，调广民困，费多献少，奸使因其利，百姓受其敝。又，阿媚之臣，好献其私，容谄姑息，自此而进。旧典：选举委任三府[46]，尚书[47]受奏御而已；受试任用，责以成功，功无可察，然后付之尚书举劾，请下廷尉[48]覆按[49]虚实，行其罪罚；于是三公每有所选，参议掾属[50]，咨其行状[51]，度其器能；然犹有旷职废官，荒秽不治。今但任尚书，或有诏用[52]，如是，三公得免选举之负[53]，尚书亦复不坐[54]，责赏无归，岂肯空自劳苦乎！"书奏，不省。[55]

何皇后性强忌，后宫王美人生皇子协，后鸩[56]杀美人。帝大怒，欲废后；诸中官[57]固请，得止。

大长秋[58]华容侯曹节[59]卒；中常侍赵忠[60]代领大长秋。

（以上为第一段，写朱俊薪露头角，平乱入京任谏大夫。汉灵帝聚敛财货珍宝。）

【注释】

[1]騄骥：千里马之美称。[2]厩丞：皇家养马机构的副职长官。厩，马圈。[3]领受：接受。[4]调马：征调马匹。[5]辜榷：独占、垄断。[6]庚子：四月癸亥朔，无庚子日，史文有误。[7]交趾：郡名，当时中国最南端边郡。治所龙编，在今越南河内市东北。[8]牧守：州郡长官。州称牧，郡称守。[9]拜：授官。[10]朱俊（？—195）：字公伟，会稽上虞（今属浙江）人。因镇压黄巾军有功，官至太尉。传见《后汉书》卷七十一。[11]交趾刺史：刺史，一州之长。作为军事重镇的州，刺史称州牧。汉献帝以前，交趾郡未置州，但设置刺史，以重其地。

［12］旬月：满月，一个月。［13］都亭侯：东汉封爵之一，低于都乡侯，高于关内侯。［14］谏议大夫：官名，属光禄勋，掌议论。［15］庚辰：六月十九日。［16］雨雹如鸡子：落下的冰雹像鸡蛋一般大。雨，降落。［17］庚寅朔：九月一日。初一为朔。［18］太尉：官名，东汉三公之一，掌全国军事。［19］刘宽（130—195）：字文饶，弘农华阴（今属陕西）人，官至太尉，封逯乡侯。传见《后汉书》卷二十五。［20］卫尉：官名，掌宫门警卫禁军，九卿之一。［21］辛酉：闰九月一日。［22］永巷署灾：宫中管宫婢侍使的官署称永巷署。灾，发生火灾。［23］司徒：官名，东汉三公之一，掌民政。［24］杨赐：字伯献，弘农华阴人，历任司空、司徒，封临晋侯。传见《后汉书》卷五十四。［25］陈耽（?—185）：字汉公，东海（郡治郯县，在今山东郯城县西北）人。历任三公。事附见《后汉书·刘陶传》。［26］鲜卑：古民族名，古代东胡的一支。［27］幽、并二州：幽州治所蓟县，在今北京市西南。并州治所晋阳，在今山西太原市西南。［28］檀石槐：鲜卑部落联盟首领，于二世纪中叶统一了蒙古草原的东部、中部和西部。事见《后汉书·鲜卑传》。［29］北地：郡名，东汉后期为羌族所据，后徙寄治所于左冯翊祋（duì）栩（xǔ），在今陕西铜川市耀州区。［30］列肆：成列的店铺。［31］采女：宫女。［32］商贾（gǔ）服：商人衣服。［33］进贤冠：东汉文官戴的帽。［34］绶（shòu）：古代用以系印或装饰品的丝带。［35］辔（pèi）：驾驭牲畜的缰绳。［36］穑：同“蓄”。［37］中署：宫内官署。［38］中常侍：官名，东汉以宦官担任，掌传达诏令、管理文书。［39］吕强：字汉盛，河南成皋（在今河南荥阳市）人。是宦官中的正直者。传见《后汉书》卷七十八。［40］中尚方：宫中官署名，属少府，主造皇室兵器及玩好器物。［41］中御府：宫中官署名，属少府，主管皇室衣物的制作及浣洗。［42］缯：丝织物的总称。［43］司农：官名，即大司农，九卿之一，掌租税钱谷及财政收支。［44］中厩：国君的养马舍。［45］太仆：官名，九卿之一，掌皇帝之车马及马政。［46］三府：即三公府，太尉、司徒、司空的府署。［47］尚书：官名，东汉分六曹尚书，助理皇帝处理政务。［48］廷尉：官名，九卿之一，掌刑狱。［49］覆按：复查，审核。［50］掾（yuàn）属：汉代长官自己任用的下属官吏。［51］行状：人的品行业绩。［52］诏用：谓不由三公、尚书，直接以诏书任用。［53］负：责任。［54］坐：获罪。［55］省（xǐng）：看视。［56］鸩（zhèn）：毒酒。［57］中官：宦官。［58］大长秋：官名，皇后的近侍宦官，负责传达皇后旨意，管理宫中事务。［59］曹节：字汉丰，南阳新野（今河南新野县）人，宦官。传见《后汉书》卷七十八。［60］赵忠：安平（今河北安平县）人，宦官。传见《后汉书》卷七十八。

五年（壬戌，182年）

春，正月，辛未[1]，赦天下。

诏公卿以谣言[2]举刺史、二千石[3]为民蠹害者。太尉许馘、司空[4]张济[5]承望内官[6]，受取货赂，其宦者子弟、宾客[7]，虽贪污秽浊，皆不敢问，而虚纠[8]边远小郡清修有惠化者二十六人，吏民诣阙[9]陈诉。司徒陈耽上言：“公卿所举，率党其私，所谓放鸱枭[10]而囚鸾凤[11]。”帝以让[12]馘、济，由是诸坐谣言征者，悉拜议郎。

二月，大疫。

三月，司徒陈耽免。

夏，四月，旱。

以太常袁隗[13]为司徒。

五月，庚申[14]，永乐宫署灾。

秋，七月，有星孛于太微[15]。

板楯蛮[16]寇乱巴郡[17]，连年讨之，不能克。帝欲大发兵，以问益州[18]计吏[19]汉中程包，对曰：“板楯七姓[20]，自秦世立功，复[21]其租赋。其人勇猛善战。昔永初中，羌入汉川[22]，郡县破坏，得板楯救之，羌死败殆尽，羌人号为神兵，传语种辈，勿复南行。至建和二年[23]，羌复大入，实赖板楯连摧破之。前车骑将军[24]冯绲[25]南征武陵[26]，亦倚板楯以成其功。近益州郡[27]乱，太守李颙亦以板楯讨而平之。忠功如此，本无恶心。长吏[28]乡亭更赋[29]至重，仆役棰楚[30]，过于奴虏，亦有嫁妻卖子，或乃至自刭割，虽陈冤州郡，而牧守不为通理，阙庭[31]悠远，不能自闻，含怨呼天，无所叩愬[32]，故邑落[33]相聚以[34]叛戾[35]，非有谋主僭号[36]以图不轨。今但选明能牧守，自然安集，不烦征伐也！”帝从其言，选用太守曹谦，宣诏赦之，即时皆降。

八月，起四百尺观于阿亭道。

冬，十月，太尉许馘罢；以太常杨赐为太尉。

帝校猎[37]上林苑[38]，历函谷关[39]，遂狩于广成苑。十二月，还，幸太学。

桓典[40]为侍御史[41]，宦官畏之。典常乘骢马[42]，京师为之语曰：“行行[43]且止，避骢马御史！”典，焉[44]之孙也。

（以上为第二段，写宦官庇护贪吏。巴郡板楯蛮民变，亦由贪吏激起，廉吏到任，民变平定。）

【注释】

［1］辛未：正月十四日。［2］谣言：民间议论时政的歌谣谚语。［3］二千石：汉代郡守的俸禄为二千石，故成为郡守的通称。［4］司空：官名，东汉三公之一，掌土木营建和水利工程等。［5］张济：字元江，汝南细阳（今安徽太和县东）人。事附见《后汉书·张酺传》。［6］内官：宦官。［7］宾客：依附豪强的人。［8］虚纠：捏造事实揭发，毫无根据告刁状。［9］诣阙：赴皇宫。［10］鸱（chì）枭：猛禽，喻指邪恶之人。［11］鸾凤：善鸟，喻指善良之人。［12］让：责备。［13］袁隗（?—191）：字次阳，汝南汝阳（今河南商水县西北）人，官至太傅。事附见《后汉书·袁安传》。［14］庚申：五月五日。［15］太微：天穹星区名。即三垣之上垣，位于北斗之南，轸、翼、角、亢之北，由二十颗星组成。［16］板楯（dùn）蛮：古代居于巴郡的一支少数民族，主要分布于今四川渠江与嘉陵江流域一带，因其作战时以木板为盾牌（楯同“盾”），故名。又因他们向统治者缴纳的赋叫賨（cóng），所以又称他们为巴賨或賨民。［17］巴郡：治所江州，在今重庆市。［18］益州：州名，治所雒（luò）县，在今四川广汉市。［19］计吏：记载户籍、到京都上计簿（户籍簿）的郡国官吏。［20］板楯七姓：即罗、朴、昝（zǎn）、鄂、度、夕、龚七姓。［21］复：免除。［22］汉川：汉中地区。［23］建和二年：公元148年。［24］车骑将军：官名，位次于骠骑将军，掌京师兵卫与边防屯警。［25］冯绲（gǔn）（?—168）：字皇卿，巴郡宕渠（今四川渠县东北）人。汉桓帝时为车骑将军，后为廷尉。传见《后汉书》卷三十八。［26］武陵：郡名，治所临沅，在今湖南常德市。［27］益州郡：治所滇池，在今云南昆明市晋宁区。［28］长（zhǎng）吏：汉代称秩在六百石以上的官吏为长吏；又称各县丞、尉秩在四百石至二百石者为长吏。汉代县、令、长之秩在千石至三百石之间，故此，“长吏”指县令、长及丞、尉。［29］更（gēng）赋：汉代以钱代服兵役和戍边的赋税。［30］棰楚：以棍棒捶打。［31］阙庭：皇宫朝廷。［32］叩愬：同“叩诉”，申诉。［33］邑落：村落。［34］以：据章校，他本“以”下有“致”字。［35］叛戾：反叛。［36］僭（jiàn）号：谓与统治王朝对立而擅自称王称帝。［37］校猎：设木栏围野兽而后猎取。［38］上林苑：京郊的御用花园和围猎场所。［39］函谷关：在今河南新安县东。［40］桓典（?—201）：沛郡龙亢（今安徽怀远县西）人。官至御史中丞、光禄勋。传见《后汉书》卷三十七。［41］侍御史：官名，掌察举非法，接受公卿群吏奏事，举劾违失者。［42］骢马：青白杂色之马。［43］行行：踯躅不前的样子。［44］焉：桓焉，汉顺帝初为太傅。传见《后汉书》卷三十七。

六年（癸亥，183年）

春，三月，辛未[1]，赦天下。

夏，大旱。

爵号皇后母为舞阳君。

秋，金城[2]河水溢出二十余里。

五原[3]山岸崩。

初，巨鹿[4]张角[5]奉事黄、老[6]，以妖术教授，号“太平道”。咒[7]符水[8]以疗病，令病者跪拜首过[9]，或时病愈，众共神而信之。角分遣弟子周行四方[10]，转相诳诱，十余年间，徒众数十万，自青、徐、幽、冀、荆、扬、兖、豫八州[11]之人，莫不毕应。或弃卖财产，流移奔赴，填塞道路，未至病死者亦以万数。郡县不解其意，反言角以善道教化，为民所归。

太尉杨赐时为司徒，上书言：“角诳曜[12]百姓，遭赦不悔[13]，稍益[14]滋蔓[15]。今若下州郡捕讨，恐更骚扰，速成其患。宜切敕[16]刺史、二千石，简别[17]流民，各护归本郡，以孤弱[18]其党，然后诛其渠帅[19]，可不劳而定。”会赐去位，事遂留中[20]。司徒掾[21]刘陶[22]复上疏申赐前议，言：“角等阴谋益甚，四方私言，云角等窃入京师，觇视[23]朝政。鸟声兽心，私共鸣呼；州郡忌讳，不欲闻之，但更相告语，莫肯公文。宜下明诏，重募[24]角等，赏以国土[25]，有敢回避[26]，与之同罪。”帝殊不为意，方诏陶次第[27]《春秋条例》。

角遂置三十六方；方，犹将军也，大方万余人，小方六七千，各立渠帅；讹言[28]“苍天[29]已死，黄天[30]当立，岁在甲子，天下大吉”。以白土书京城寺门[31]及州郡官府，皆作“甲子”字。大方马元义等先收[32]荆、扬数万人，期会[33]发于邺[34]。元义数往来京师，以中常侍封谞，徐奉等为内应，约以三月五日内外俱起。

（以上为第三段，写黄巾领袖张角用太平道组织民众起义。）

【注释】

[1]辛未：三月二十一日。 [2]金城：郡名，治所允（qiān）吾（yá），在今甘肃永靖县北。[3]五原：郡名，治所九原，在今内蒙古包头市西北。 [4]巨鹿：郡名，治所瘿陶，在今河北宁晋县西南。 [5]张角（?—184）：东汉末黄巾起义的领袖。 [6]黄、老：黄帝与老子，为太平道所宗奉。 [7]咒：旧时僧、道用来驱鬼降妖的口诀。 [8]符水：溶有符篆烧成灰的水。[9]首过：自己陈述过失。 [10]周行四方：周游布道，行走于四方。 [11]青、徐、幽、冀、荆、扬、兖、豫八州：八个州的治所为：青州治所临菑，在今山东淄博市东北。徐州治所郯县，在

今山东郯城县西北。幽州治所蓟县，在今北京市西南。冀州治所高邑，今河北柏乡县北。荆州治所汉寿，在今湖南常德市东北。扬州治所历阳，在今安徽和县。兖州治所昌邑，在今山东金乡县西北。豫州治所谯县，在今安徽亳州市。［12］诳曜：欺骗迷惑。［13］遭赦不悔：蒙受过赦令，仍不悔改。遭，遇到，受过。［14］稍益：渐渐增加。［15］滋蔓：滋长蔓延。［16］切敕：限期完成的命令，即严厉的命令。［17］简别：选择区分。［18］孤弱：使之孤立削弱。［19］渠帅：头领。［20］留中：指杨赐的上书被留在宫中，不交议也不批答。［21］司徒掾：司徒之属吏。［22］刘陶（?—185）：字子奇，颍川颍阴（今河南许昌市）人。官至尚书令、侍中，封中陵乡侯。传见《后汉书》卷五十七。［23］觇（chàn）视：暗中偷看。［24］重募：谓重赏捕捉。［25］赏以国土：谓封给爵邑。［26］回避：袒护，隐藏。［27］次第：整理编排。［28］讹言：流言，谣言。［29］苍天：指汉王朝。［30］黄天：指黄巾军。［31］寺门：官府之门。［32］先收：首先集中。［33］期会：约期聚集。［34］邺：县名，县治在今河北临漳县西南。

中平元年（甲子，184年）

春，角弟子济南唐周上书告之。于是收马元义，车裂[1]于雒阳[2]。诏三公、司隶[3]按验[4]宫省直卫[5]及百姓有事角道者，诛杀千余人；下[6]冀州逐捕角等。角等知事已露，晨夜驰敕诸方，一时俱起，皆着黄巾以为标帜，故时人谓之“黄巾贼”。二月，角自称天公将军，角弟宝称地公将军，宝弟梁称人公将军，所在燔烧官府，劫略聚邑，州郡失据，长吏多逃亡；旬月之间，天下响应，京师震动。安平、甘陵[7]人各执其王应贼。

三月，戊申[8]，以河南尹[9]何进[10]为大将军[11]，封慎侯，率左右羽林[12]、五营[13]营士屯都亭[14]，修理器械，以镇京师；置函谷、太谷、广成、伊阙、轘辕、旋门、孟津、小平津八关都尉[15]。

帝召群臣会议。北地太守皇甫嵩[16]以为宜解党禁，益出中藏钱[17]、西园厩马[18]以班[19]军士。嵩，规之兄子也。上问计于中常侍吕强，对曰：“党锢久积，人情怨愤，若不赦宥，轻与张角合谋，为变滋大，悔之无救。今请先诛左右贪浊者，大赦党人，料简刺史、二千石能否，则盗无不平矣。”帝惧而从之。壬子[20]，赦天下党人，还诸徙者[21]；唯张角不赦。发天下精兵，遣北中郎将[22]卢植[23]讨张角，左中郎将皇甫嵩、右中郎将朱俊讨颍川[24]黄巾。

（以上为四段，写公元184年黄巾大起义，党人蒙赦。）

【注释】

［1］车裂：古代酷刑，以车撕裂人体。［2］雒阳：县名，东汉京都，在今河南洛阳市白马寺东。［3］司隶：即司隶校尉，官名，掌纠察京都百官违法者，并治所辖各郡，相当于州刺史。［4］按验：审查。［5］直卫：禁卫。［6］下：下令。此指下诏书。［7］安平、甘陵：均王国名。安平国，治所信都，在今河北衡水市冀州区，当时刘续为王。甘陵国，治所甘陵县，在今山东临清市东，当时刘忠为王。［8］戊申：三月三日。［9］河南尹：京师最高行政长官称尹。河南尹，京师洛阳市长。［10］何进（?—189）：字遂高，南阳宛县（今河南南阳市）人。其妹为汉灵帝皇后。灵帝死，立少帝，专断朝政。后与袁绍谋诛宦官，事泄被杀。传见《后汉书》卷六十九。［11］大将军：官名，为将军的最高称号，掌统兵征伐。东汉时位在三公上，为中央政府执政者，但不常设。［12］左右羽林：护卫皇帝的禁卫军，置羽林中郎将统领。其下又有羽林左监统羽林左骑，羽林右监统羽林右骑。［13］五营：大将军直属的五部军营，每部置校尉一人统领。［14］都亭：郡县治所城边的亭称都亭。此指洛阳的都亭。［15］“置函谷”句：在京师洛阳四周，设立郡都尉级的八个军镇关口。函谷关在洛阳西，太谷关在今洛阳东南。广成关在今伊川县西南。伊阙关在今洛阳市西南。轘辕关在今洛阳市偃师区东南。旋门关在今荥阳市西北。孟津关在今孟州市南。小平津关在今洛阳市孟津区东北。都尉，官名。东汉在边郡或关塞之地置都尉，职如太守。［16］皇甫嵩（?—195）：字义真，安定朝那（今甘肃平凉市）人。镇压黄巾军的主将，封槐里侯。传见《后汉书》卷七十一。［17］中藏钱：宫内中藏府所储的钱财。汉代又称之为“禁钱”。［18］西园厩马：即騄骥厩马。［19］班：分发。［20］壬子：三月七日。［21］还诸徙者：指赦免党人妻子徙边者回到各自的家乡。［22］北中郎将：官名，汉代置五官、左、右三署中郎将，统领皇帝侍卫军。北中郎将则置于此时。［23］卢植（?—192）：字子干，涿县（今河北涿州市）人，官至尚书。传见《后汉书》卷六十四。［24］颍川：郡名，治所阳翟，在今河南禹州市。

是时中常侍赵忠、张让、夏恽、郭胜、段珪、宋典等[1]皆封侯贵宠，上常言：“张常侍是我公[2]，赵常侍是我母。”由是宦官无所惮畏，并起第宅，拟则[3]宫室。上尝欲登永安候台[4]，宦官恐望见其居处，乃使中大人[5]尚但谏曰：“天子不当登高，登高则百姓虚散[6]。”上自是不敢复升台榭[7]。及封谞、徐奉事发[8]，上诘责[9]诸常侍曰：“汝曹常言党人欲为不轨，皆令禁锢，或有伏诛者。今党人更为国用，汝曹反与张角通，为可斩未[10]？”皆叩头曰：“此王甫、侯览[11]所为也！”于是诸常侍人人求退，各自征还宗亲、子弟在州郡者。

赵忠、夏恽等遂共谮吕强，云与党人共议朝廷[12]，数读《霍光传》[13]；强兄弟所在并皆贪秽。帝使中黄门[14]持兵[15]召强。强闻帝召，怒曰："吾死，乱起矣！丈夫欲尽忠国家[16]，岂能对狱吏乎！"遂自杀。忠、恽复谮[17]曰："强见召，未知所问而就外自屏[18]，有奸明审。"遂收捕其宗亲，没入财产。

侍中[19]河内向栩[20]上便宜[21]，讥刺左右[22]。张让诬栩与张角同心，欲为内应，收送黄门北寺狱[23]，杀之。郎中[24]中山张钧上书曰："窃惟张角所以能兴兵作乱，万民所以乐附之者，其源皆由十常侍[25]多放父兄、子弟、婚亲、宾客典据州郡，辜榷财利，侵掠百姓，百姓之冤，无所告诉，故谋议不轨，聚为盗贼。宜斩十常侍，县[26]头南郊，以谢百姓，遣使者布告天下，可不须师旅而大寇自消。"帝以钧章示诸常侍，皆免冠徒跣[27]顿首[28]，乞自致雒阳诏狱[29]，并出家财以助军费。有诏，皆冠履视事如故。帝怒钧曰："此真狂子也！十常侍固当有一人善者不[30]！"御史[31]承旨[32]，遂诬奏钧学黄巾道，收掠，死狱中。

（以上为第五段，写汉灵帝尊宠宦官，导致十常侍乱政，颠倒黑白，陷害忠良，黄巾乱起，灵帝仍执迷不悟。）

【注释】

[1]赵忠……等：指赵忠、夏恽等十常侍宦官。事见《后汉书·宦者列传》。[2]公：父亲。[3]拟则：仿照。[4]永安候台：洛阳永安宫中的候台。候台，瞭望台。[5]中大人：宫中老资格的宫婢称中大人。[6]虚散：无故逃散。[7]榭（xiè）：建筑在台上的屋。[8]封谞、徐奉事发：指封谞、徐奉等人勾结黄巾的事情败露。事发，事件被揭发，败露。[9]诘责：质问斥责。[10]未：意同"否"。[11]王甫、侯览：汉桓、灵二帝时的宦官，皆贪残不法，大量夺人田产房屋，放纵宗亲仆从侵凌百姓。熹平元年侯览事发自杀，光和二年王甫被告死于狱中。事见《后汉书·宦者列传》。[12]朝廷：指皇帝。[13]《霍光传》：指《汉书·霍光传》。言吕强等欲效霍光行废立事。[14]中黄门：官名，宦官充任，在宫中侍候皇帝。[15]持兵：带着兵器。[16]国家：指皇帝。[17]谮：说坏话，打小报告。[18]自屏（bǐng）：自杀。[19]侍中：官名，职在侍从皇帝，应对顾问。[20]向栩（xǔ）（？—184）：字甫兴，河内朝歌（今河南淇县）人，官至侍中。传见《后汉书》卷八十一。[21]便宜：谓有利国家而应办的事。[22]左右：指皇帝左右的宦官。[23]黄门北寺狱：汉末党事起，于宫内之北设北寺狱残害党人，因属黄门署，故称黄门北寺狱。[24]郎中：官名，属光禄勋，除宿卫诸殿门外，还内充侍卫，外从作战。[25]十常侍：据《后汉书·宦者列传》，张让等十人为中常侍专权乱政，史称十常侍。[26]县：

“悬”本字。［27］徒跣（xiǎn）：赤脚步行。［28］顿首：头叩地而拜。［29］诏狱：奉皇帝诏令拘禁罪犯的监狱。［30］不（fǒu）：同“否”。［31］御史：官名，即侍御史，掌察举非法，受公卿群吏奏事，有违失者则举劾。［32］承旨：奉承皇帝旨意。

庚子[1]，南阳[2]黄巾张曼成攻杀太守褚贡。

帝问太尉杨赐以黄巾事，赐所对切直，帝不悦。夏，四月，赐坐寇贼免。以太仆弘农邓盛为太尉。已而帝阅录故事，得赐与刘陶所上张角奏，乃封赐为临晋侯，陶为中陵乡侯。

司空张济罢，以大司农张温为司空。

皇甫嵩、朱俊合将四万余人共讨颍川[3]，嵩、俊各统一军。俊与贼波才战，败；嵩进保长社[4]。

汝南[5]黄巾败太守赵谦于邵陵[6]。广阳[7]黄巾杀幽州刺史郭勋及太守刘卫。

波才围皇甫嵩于长社。嵩兵少，军中皆恐。贼依草结营，会大风，嵩约敕军士皆束苣[8]乘城[9]，使锐士间出围外，纵火大呼，城上举燎[10]应之，嵩从城中鼓噪而出，奔击贼陈[11]，贼惊，乱走。会骑都尉[12]沛国曹操[13]将兵适至，五月，嵩、操与朱俊合军，更与贼战，大破之，斩首数万级。封嵩都乡侯[14]。

操父嵩，为中常侍曹腾[15]养子，不能审其生出本末，或云夏侯氏子也。操少机警，有权数[16]，而任侠放荡，不治行业[17]；世人未之奇也，唯太尉桥玄[18]及南阳何颙[19]异焉。玄谓操曰：“天下将乱，非命世之才[20]，不能济[21]也。能安之者，其在君乎！”颙见操，叹曰：“汉家将亡，安天下者，必此人也。”玄谓操曰：“君未有名，可交许子将。”子将者，训之从子劭[22]也，好人伦[23]，多所赏识，与从兄靖[24]俱有高名，好共核论乡党[25]人物，每月辄更其品题[26]，故汝南俗有月旦评焉。尝为郡功曹[27]，府中闻之，莫不改操饰行。曹操往造劭而问之曰：“我何如人？”劭鄙其为人，不答。操乃劫[28]之，劭曰：“子，治世之能臣，乱世之奸雄[29]。”操大喜而去。

朱俊之击黄巾也，其护军司马[30]北地傅燮[31]上疏曰：“臣闻天下之祸不由于外，皆兴于内。是故虞舜先除四凶[32]，然后用十六相[33]，明恶人不去，则善人无由进也。今张角起于赵、魏[34]，黄巾乱于六州，此皆衅发萧墙[35]而祸延四海者也。臣受戎任，奉辞伐罪，始到颍川，战无不克；黄巾虽盛，不足为庙堂[36]忧也。臣之所惧，在于治水不自其源，末流弥增其广耳。陛下仁德宽容，多所不忍，故阉竖[37]弄权，忠臣不进。诚使张角枭夷[38]，黄巾变服[39]，臣之所忧，甫[40]益深耳。何者？夫邪正之人不宜共国，亦犹冰炭不可同器。彼知正人之功显而危亡之兆见，皆将巧辞饰说，共长虚伪。夫孝子疑于屡至[41]，市虎成于三夫[42]，若不详察真伪，忠臣将复有杜邮之戮[43]矣！陛下宜思虞舜四罪之举，速行谗佞之诛，则善人思进，奸凶自息。”赵忠见其疏而恶之。燮击黄巾，功多当封，忠谮诉之；帝识燮言，得不加罪，竟亦不封。

张曼成屯宛下百余日；六月，南阳太守秦颉击曼成，斩之。

交趾土多珍货，前后刺史多无清行，财计盈给[44]，辄求迁代，故吏民怨叛，执刺史及合浦[45]太守来达，自称柱天将军。三府选京令东郡贾琮[46]为交趾刺史。琮到部，讯其反状，咸言“赋敛过重，百姓莫不空单[47]。京师遥远，告冤无所，民不聊生[48]，故聚为盗贼。”琮即移书告示，各使安其资业，招抚荒散，蠲复[49]徭役，诛斩渠帅为大害者，简选良吏试守[50]诸县，岁间荡定[51]，百姓以安。巷路为之歌曰：“贾父来晚，使我先反；今见清平，吏不敢饭[52]！”

皇甫嵩、朱俊乘胜进讨汝南、陈国[53]黄巾，追波才于阳翟，击彭脱于西华[54]，并破之，余贼降散，三郡悉平。嵩乃上言其状，以功归俊，于是进封俊西乡侯，迁镇贼中郎将[55]。诏嵩讨东郡[56]，俊讨南阳。

北中郎将卢植连战破张角，斩获万余人，角等走保广宗[57]。植筑围凿堑[58]，造作云梯[59]，垂[60]当拔之。帝遣小黄门[61]左丰视军，或劝植以赂送丰，植不肯。丰还，言于帝曰：“广宗贼易破耳，卢中郎固垒息军，以待天诛。”帝怒，槛车[62]征植，减死一等；遣东中郎将[63]陇西董卓[64]代之。

巴郡张修以妖术为人疗病，其法略与张角同，令病家出五斗米，号“五斗米师”。秋，七月，修聚众反，寇郡县；时人谓之“米贼”。

八月，皇甫嵩与黄巾战于苍亭[65]，获其帅卜巳。董卓攻张角无功，抵罪。乙巳[66]，诏嵩讨角。

九月，安平王续坐不道，诛，国除。

初，续为黄巾所虏，国人赎之得还，朝廷议复其国。议郎李燮[67]曰："续守藩不称，损辱圣朝，不宜复国。"朝廷不从。燮坐谤毁宗室，输作左校[68]。未满岁，王坐诛，乃复拜议郎。京师为之语曰："父不肯立帝[69]，子不肯立王。"

冬，十月，皇甫嵩与张角弟梁战于广宗，梁众精勇，嵩不能克；明日，乃闭营休士以观其变，知贼意稍懈，乃潜夜勒兵[70]，鸡鸣[71]，驰赴其陈，战至晡时[72]，大破之，斩梁，获首三万级，赴河死者五万许人。角先已病死，剖棺戮尸，传首京师。十一月，嵩复攻角弟宝于下曲阳[73]，斩之，斩获十余万人。即拜嵩为左车骑将军[74]，领[75]冀州牧，封槐里侯。嵩能温恤[76]士卒，每军行顿止，须营幔[77]修立，然后就舍，军士皆食，尔[78]乃尝饭[79]，故所向有功。

（以上为第六段，写皇甫嵩、朱俊等将领平定了黄巾起义。）

【注释】

[1]庚子：三月丙午朔，无庚子。[2]南阳：郡名，治所宛县，在今河南南阳市。[3]川：张敦仁《资治通鉴刊本识误》校正，"川"下脱"黄巾"二字。[4]长社：县名，在今河南长葛市。[5]汝南：郡名，治所平舆，在今河南平舆县北。[6]邵陵：县名，县治在今河南漯河市东北。[7]广阳：郡名，治所蓟县，在今北京市。[8]苣（jù）：用苇秆扎成的火炬。[9]乘城：登城。[10]燎（liáo）：火炬。[11]陈：同"阵"。[12]骑都尉：官名，职责是统率皇帝的羽林骑兵。[13]曹操（155—220）：字孟德，沛国谯县（今安徽亳州市）人。在汉末镇压黄巾军中，逐渐扩大力量。后迎汉献帝都许（今河南许昌市东），遂"挟天子以令诸侯"，统一了北方。官至丞相，封魏公、魏王。其子曹丕建立魏朝后，追尊他为武皇帝。事详见《三国志·魏书·武帝纪》。[14]都乡侯：汉代的封爵名，其级在列侯下，关内侯上，有封地。[15]曹腾：汉安帝、顺帝、冲帝、质帝、桓帝时均为宦官，忠慎廉洁，受到时人好评。传见《后汉书》卷七十八。其养子曹嵩官至太尉。[16]权数：权谋智计。[17]行业：操行学业。[18]桥玄（109—183）：字公祖，梁国睢阳（今河南商丘市南）人，官历三公。传见《后汉书》卷五十一。[19]何颙（yóng）：字伯求，南阳襄乡（今湖北枣阳市东北）人。传见《后汉书》卷六十七。[20]命世之才：经邦济世之才。[21]济：拯救。[22]劭：许劭（150—195），字子将，汝南平舆（今河南平舆县西北）人，与

从兄靖有名当世，以品评人物著称。传见《后汉书》卷六十八。其从叔许训，字季师。汉灵帝初为司徒、司空、太尉等职。［23］人伦：指各类人物。［24］靖：许靖（?—222），字文体。后入蜀，为蜀汉太傅。传见《三国志》卷三十八。［25］乡党：乡里。［26］品题：评论人物，定其高下。［27］功曹：官名，即功曹史，为郡守之主要佐吏，除分掌人事外，还参与全郡政务。［28］劫：强迫。［29］治世之能臣，乱世之奸雄：意谓天下治则可尽其才能成为治国之能臣，天下乱则能发挥其机变智能成为当世之奸雄。［30］护军司马：监护一军之司马。司马，为军府之官，职为综理府事，并参与军事谋划。［31］傅燮（?—187）：字南容，北地灵州（今宁夏灵武市北）人，参与镇压黄巾军有功，但直言忤犯宦官，未得封赏。传见《后汉书》卷五十八。［32］除四凶：指虞舜流放共工至幽州，驱逐驩兜到崇山，赶跑三苗至三危，处死鲧于羽山。见《尚书·舜典》。［33］用十六相：传说虞舜时高阳氏有才子苍舒、隤（tuí）敳（ái）、梼（táo）戭（yǎn）、大临、尨（máng）降、庭坚、仲容、叔达八人，世称为八元；高辛氏也有才子伯奋、仲堪、叔献、季仲、伯虎、仲熊、叔豹、季狸八人，世称为八恺。虞舜任用八元八恺，是为十六相。见《左传》文公十八年。［34］赵、魏：东汉的冀、兖二州是战国赵、魏之地。［35］萧墙：本为古代分隔宫室内外的小墙，后世常用以喻指内部。［36］庙堂：指朝廷。［37］阉竖：宦官。［38］枭夷：杀戮诛灭。［39］变服：谓脱去黄巾之服而穿常人之服。意谓归顺。［40］甫：始，方始。［41］孝子疑于屡至：曾参甚孝，有与曾参同名者杀人，旁人告曾母曾参杀人，曾母不信，后又连续有人告之，曾母遂信以为真。见《战国策·秦策三》。［42］市虎成于三夫：此为战国时庞恭向魏王所作的比喻。大意是：一二人说市上有虎，魏王皆不信，而三人亦说有虎，魏王却信而无疑。意思是说：一件虚有之事，只要多人言说，亦能使人信以为真。见《韩非子·内储说》。［43］杜邮之戮：战国时白起有功于秦，而范睢嫉妒他，进谗言于秦王，秦王便赐死白起于咸阳城西的杜邮。见《史记·白起列传》。［44］盈给：满足。［45］合浦：郡名，治所合浦县，在今广西合浦县东北。［46］贾琮：字孟坚，东郡聊城（今山东聊城市北）人。后为冀州刺史、度辽将军。传见《后汉书》卷三十一。［47］空单：空尽，空无所有。单，通“殚”，尽。［48］聊生：赖以维持生活。［49］蠲（juán）复：免除。［50］试守：试用。［51］荡定：扫荡平定。［52］吏不敢饭：谓吏不敢在民众家吃饭。［53］陈国：郡名，治所陈县，在今河南周口市淮阳区。［54］西华：县名，县治在今河南西华县南。［55］镇贼中郎将：官名，东汉政府要继续镇压黄巾军，故设置此官。［56］东郡：治所濮阳，在今河南濮阳市。［57］广宗：县名，县治在今河北威县东。［58］堑（qiàn）：围城壕沟。［59］云梯：攻城用的长梯。［60］垂：即将。［61］小黄门：官名，由宦官充任，职在侍候皇帝，受尚书奏事，并联络内外。［62］槛车：囚车。［63］东中郎将：官名，东汉位次于将军的统兵将领称中郎将。前卢植已为北中郎将，董卓又为东中郎将，均为新置。［64］董卓（?—192）：字仲颖，陇西临洮（今甘肃岷县）人。汉少帝立，率兵入洛阳，废少帝立献帝，迁都长安，自为太师，后被王允、吕布所杀。传见《后汉书》卷七十二、《三国志》卷六。［65］苍亭：即仓亭，在今山东阳谷县。［66］乙巳：八月三日。［67］李燮：字德公，汉中南郑（今陕西汉中市）人，官至河南尹。其父李固历仕汉顺帝、冲帝、质帝、桓帝四朝，以忠正著称。传见《后汉书》卷六十三。［68］左校：官署名，由左校令统管，掌左工徒。官员等犯罪者常送此作劳工。［69］父不肯立帝：指李燮父李固在汉冲帝与质帝死后，分别执意请立年长有德的清河王刘蒜，不肯立年幼的质帝与较疏的桓帝。［70］潜夜勒兵：暗自在夜间布置军队。［71］鸡鸣：指夜间第一次鸡鸣，古人谓为丑时，即午夜一至二点。［72］晡时：申时，即下午三至五点。［73］下曲阳：县名，县治在今河北晋州市。［74］左车骑将军：官名，车骑将军位次于骠骑将军。掌京师兵卫与边防屯警。此时因镇压黄巾军，故置左、右车骑将军。［75］领：兼任。［76］温恤：体贴抚慰。［77］营幔：士兵所住的行军帐幕。［78］尔：如此。［79］尝饭：吃饭。

北地先零羌[1]及枹罕[2]、河关[3]群盗反，共立湟中[4]义从胡[5]北宫伯玉、李文侯为将军，杀护羌校尉[6]泠征：金城[7]人边章[8]、韩遂[9]素著名西州[10]，群盗诱而劫之，使专任军政，杀金城太守陈懿，攻烧州郡初，武威[11]太守倚恃权贵，恣行[12]贪暴，凉州从事[13]武都苏正和案致其罪。刺史梁鹄惧，欲杀正和以免其负[14]，访于汉阳[15]长史[16]敦煌盖勋[17]。勋素与正和有仇，或劝勋因此报之，勋曰：“谋事杀良，非忠也；乘人之危，非仁也。”乃谏鹄曰：“夫绁食[18]鹰隼[19]，欲其鸷[20]也。鸷而亨[21]之，将何用哉！”鹄乃止。正和诣勋求谢，勋不见，曰：“吾为梁使君[22]谋，不为苏正和也。”怨之如初。

后刺史左昌盗军谷数万，勋谏之。昌怒，使勋与从事辛曾、孔常别屯阿阳[23]以拒贼，欲因军事罪之；而勋数有战功。及北宫伯玉之攻金城也，勋劝昌救之，昌不从。陈懿既死，边章等进围昌于冀[24]，昌召勋等自救，辛曾等疑不肯赴，勋怒曰：“昔庄贾后期，穰苴奋剑[25]。今之从事岂重于古之监军乎！”曾等惧而从之。勋至冀，诮让[26]章等以背叛之罪；皆曰：“左使君若早从君言，以兵临我[27]，庶可自改；今罪已重，不得降也。”乃解围去。

叛羌围校尉[28]夏育于畜官[29]，勋与州郡合兵救育，至狐槃[30]，为羌所败。勋余众不及百人，身被三创[31]，坚坐不动，指木表[32]曰：“尸我于此！”句就[33]种羌滇吾[34]以兵捍众[35]曰：“盖长史贤人，汝曹杀之者为负天[36]。”勋仰骂曰：“死反虏！汝何知，促[37]来杀我！”众相视而惊。滇吾下马与勋，勋不肯上，遂为羌所执。羌服其义勇，不敢加害，送还汉阳。后刺史杨雍表[38]勋领汉阳太守。

（以上为第七段，写雍凉边事，表彰盖勋的忠勇节义。）

【注释】

[1]先零羌：羌族之一支。[2]枹（fú）罕：县名，县治在今甘肃临夏市东北。[3]河关：县名，县治在今甘肃临夏市西北。[4]湟中：地区名，相当于今青海东北部湟水流域两岸地区。[5]义从胡：自愿顺从的少数民族。[6]护羌校尉：官名，汉代置护羌校尉一人，管理西羌事。[7]金城：郡名，故治在今甘肃兰州市西南。[8]边章：金城人，一名允，任督军从事。汉末乱起，边章与韩遂共为领袖，杀刺史、郡守，天下震动。不久边章病死。[9]韩遂：字文约，金城人，与同郡人边章俱著名西州。受羌人、氐民爱戴。韩遂与边章共同起事，边章死后，韩遂与马腾合作，割据凉州三十余年。曹操西征，击败韩遂，不久韩遂为部将所杀。[10]西州：西部州郡，此代指凉州。[11]武威：郡名，治所姑臧，在今甘肃武威市。[12]恣行：放纵行为。[13]从事：汉代州牧刺史的佐吏，有别驾从事史、治中从事史、兵曹从事史、部从事史等，均可简称为从事。[14]负：责任。[15]汉阳：郡名，治所冀县，在今甘肃甘谷县东南。[16]长史：汉代与少数民族邻接之郡的太守属官有长史，辅助太守，掌一郡兵马。[17]盖（gě）勋：字元固，敦煌广至（今甘肃敦煌市西）人。后任越骑校尉等职。传见《后汉书》卷五十八。[18]绁食：豢养。绁（xiè），拴，缚。食（sī），给食，喂养。[19]隼（sǔn）：猛禽。[20]鸷：凶猛。[21]亨（pēng）：通“烹”。[22]使君：汉代人称州、郡长官为使君。[23]阿阳：县名，县治在今甘肃静宁县西南。[24]冀：县名，县治在今甘肃甘谷县东。[25]穰苴（jū）奋剑：春秋齐景公时，燕国、晋国侵齐，景公命司马穰苴为将，统军前往抵抗；又命宠臣庄贾为监军；穰苴便与庄贾约定，明日中午会于军门，而庄贾一贯傲慢，至日落时方至，穰苴遂按军法斩庄贾。事见《史记·司马穰苴列传》。[26]诮让：谴责。[27]以兵临我：对我用兵。[28]校尉：指护羌校尉。[29]畜官：指官府牧场。[30]狐槃：地名，在冀县，在今甘肃甘谷县东南。[31]创（chuāng）：创伤。[32]木表：木标记。[33]句就：羌人之一种。[34]滇吾：羌人名。[35]以兵捍众：用兵器拦阻众人。兵，兵器。捍，遮挡，拦阻。[36]负天：违背天命，违犯天意。[37]促：速，尽快。[38]表：上表推荐。

张曼成余党更以赵弘为帅，众复盛，至十余万，据宛城。朱俊与荆州刺史徐璆[1]等合兵围之，自六月至八月不拔；有司[2]奏征俊。司空张温上疏曰：“昔秦用白起[3]，燕任乐毅[4]，皆旷年历载，乃能克敌。俊讨颍川已有功效，引师南指，方略已设；临军易将，兵家所忌，宜假[5]日月[6]，责其成功。”帝乃止。俊击弘，斩之。

贼帅韩忠复据宛拒俊，俊鸣鼓攻其西南，贼悉众赴之；俊自将精卒掩其东北，乘城而入。忠乃退保小城，惶惧乞降；诸将皆欲听之，俊曰："兵固有形同而势异者。昔秦、项之际[7]，民无定主，故赏附以劝[8]来耳。今海内一统，唯黄巾造逆。纳降无以劝善，讨之足以惩恶。今若受之，更开逆意，贼利则进战，钝则乞降，纵敌长寇，非良计也！"因急攻，连战不克。俊登土山望之，顾谓司马[9]张超曰："吾知之矣。贼今外围周固[10]，内营逼急，乞降不受，欲出不得，所以死战也；万人一心，犹不可当，况十万乎！不如彻[11]围，并兵入城，忠见围解，势必自出，自出则意散，破[12]之道也。"既而解围，忠果出战，俊因击，大破之，斩首万余级。

南阳太守秦颉杀忠，余众复奉孙夏为帅，还屯宛。俊急攻之，司马孙坚[13]率众先登；癸巳[14]，拔宛城。孙夏走，俊追至西鄂[15]精山[16]，复破之，斩万余级。于是黄巾破散，其余州郡所诛，一郡数千人。

十二月，己巳[17]，赦天下，改元[18]。

豫州刺史太原王允[19]破黄巾，得张让宾客书，与黄巾交通，上之。上责怒让；让叩头陈谢，竟亦不能罪也。让由是以事中[20]允，遂传[21]下狱，会赦，还为刺史；旬日[22]间，复以他罪被捕。杨赐不欲使更[23]楚辱[24]，遣客谢[25]之曰："君以张让之事，故一月再征，凶慝[26]难量，幸[27]为深计[28]！"诸从事好气[29]决[30]者，共流涕奉药[31]而进之。允厉声曰："吾为人臣，获罪于君，当伏[32]大辟[33]以谢天下，岂有乳[34]药求死乎！"投杯而起，出就槛车。既至[35]，大将军进与杨赐、袁隗共上疏请之，得减死论。

（以上为第八段，写黄巾余党覆灭，豫州刺史王允揭露宦官而蒙冤。）

【注释】

[1]徐璆（qiū）：字孟玉，广陵海西（今江苏灌南县东南）人。汉献帝曾授以上公之位，卒于太常任上。传见《后汉书》卷四十八。[2]有司：官吏之泛称，或指主管部门。[3]白起：战国秦将，秦昭王时为大良造，统兵攻魏，拔六十一城；后五年攻赵，拔光狼城；后七年攻楚，拔鄢、邓五城；次年又拔郢，烧夷陵，遂东至竟陵。传见《史记》卷七十三。[4]乐毅：战国燕将，燕昭王时为上将军，统兵攻齐，入临淄，经五年，攻下齐国七十余城。传见《史记》卷八十。

[5]假：给予。[6]日月：指时间。[7]秦、项之际：秦末项羽起兵之时。[8]劝：奖励。[9]司马：官名，统兵将领之属官，综理军府事，并参与军事谋划。[10]周固：坚固。[11]彻：通“撤”，撤去。[12]破：据章校，他本“破”字上有“易”字。[13]孙坚(155—191)：字文台，吴郡富春（今浙江杭州市富阳区）人。参与镇压黄巾军，又西讨边章、韩遂，以功封乌程侯。后与袁术联合攻董卓，术表荐为破虏将军、豫州刺史。次子孙权建立吴国称帝后，追尊其为武烈皇帝。传见《三国志》卷四十六。[14]癸巳：十一月二十二日。[15]西鄂：县名，县治在今河南南阳市北。[16]精山：山名，在河南西平县。[17]己巳：十二月二十九日。[18]改元：改年号。十二月二十九日前仍称光和七年，改元后通称中平元年。[19]王允（137—192）：字子师，太原祁县（今山西祁县东南）人。汉献帝初，为司徒吕布诛杀董卓，又被卓部将李傕、郭汜所杀。传见《后汉书》卷六十六。[20]中（zhòng）：中伤。[21]传（zhuàn）：逮捕。[22]旬日：十日。[23]更（gēng）：经过，经受。[24]楚辱：经受狱吏拷打审讯的痛苦之辱。[25]谢：告诉。[26]凶慝（tē）：凶祸。[27]幸：希望。[28]深计：谓令自杀。[29]好（hào）气：谓崇尚气节。[30]决：告别。[31]药：指毒药。[32]伏：承受。[33]大辟：死刑。[34]乳：饮。[35]至：据章校，他本“至”下有“廷尉”二字。

二年（乙丑，185年）

春，正月，大疫。

二月，己酉[1]，南宫云台灾。庚戌[2]，乐城门灾。

中常侍张让、赵忠说[3]帝敛[4]天下田，亩[5]十钱，以修宫室，铸铜人。乐安[6]太守陆康[7]上疏谏曰：“昔鲁宣税亩而螽[8]灾自生，哀公增赋[9]而孔子非之，岂有聚夺民物以营无用之铜人，捐舍圣戒，自蹈亡王之法[10]哉！”内幸[11]谮康援引亡国以譬圣明，大不敬，槛车征诣廷尉。侍御史刘岱表陈解释，得免归田里。康，续[12]之孙也。

又诏发州郡材木文石[13]，部[14]送京师。黄门常侍辄令谴呵不中者[15]，因强折[16]贱买，仅得本贾[17]十分之一，因复货[18]之，宦官[19]复不为即受，材木遂至腐积，宫室连年不成。刺史、太守复增私调，百姓呼嗟。又令西园驺[20]分道督趣[21]，恐动州郡，多受赇赂[22]。刺史、二千石及茂才、孝廉[23]迁除[24]，皆责[25]助军、修宫钱，大郡至二三千万，余各有差。当之官[26]者，皆先至西园谐价[27]，然后得去；其守清[28]者乞不之官，皆迫遣之。时巨鹿太守河内司马直新除，以有清名，减责三百万。直被诏，怅然曰：“为民父母而反割剥百姓以称[29]时求，吾不忍也。”辞疾；不听。行至孟津[30]，上书极陈当世之失，即吞药自杀。书奏，帝为暂绝修宫钱。

以朱俊为右车骑将军。

自张角之乱，所在盗贼外起，博陵[31]张牛角、常山[32]褚飞燕及黄龙、左校、于氐根、张白骑、刘石、左髭文[33]八、平汉大计、司隶缘城、雷公、浮云、白雀、杨凤、于毒、五鹿、李大目、白绕、眭固、苦蝤之徒[34]，不可胜数，大者二三万，小者六七千人。

张牛角、褚飞燕合军攻瘿陶[35]，牛角中流矢，且死，令其众奉飞燕为帅，改姓张。飞燕名燕，轻勇趫捷[36]，故军中号曰“飞燕”。山谷寇贼多附之。部众浸[37]广，殆至百万，号黑山[38]贼，河北诸郡县并被其害，朝廷不能讨。燕乃遣使至京师，奏书乞降，遂拜燕平难中郎将[39]，使领河北诸山谷事，岁得举孝廉、计吏。

司徒袁隗免。三月，以廷尉崔烈[40]为司徒。烈，寔之从兄也。

是时，三公往往因常侍、阿保[41]入钱西园而得之，段颎[42]、张温等虽有功勤[43]名誉，然皆先输货财，乃登公位。烈因傅母[44]入钱五百万，故得为司徒。及拜日，天子临轩[45]，百僚毕会，帝顾谓亲幸者曰：“悔不少靳[46]，可至千万！”程夫人于傍应曰：“崔公，冀州名士，岂肯买官！赖我得是，反不知姝[47]邪！”烈由是声誉顿衰。

北宫伯玉等寇三辅[48]，诏左车骑将军皇甫嵩镇长安以讨之。

时凉州[49]兵乱不止，征发天下役赋无已，崔烈以为宜弃凉州。诏会公卿百官议之，议郎傅燮厉言曰：“斩司徒，天下乃安！”尚书奏燮廷辱大臣。帝以问燮，对曰：“樊哙以冒顿悖逆，愤激思奋，未失人臣之节，季布犹曰‘哙可斩也[50]’。今凉州天下要冲，国家藩卫。高祖初兴，使郦商别定陇右[51]；世宗[52]拓境，列置四郡[53]，议者以为断匈奴右臂。今牧御[54]失和，使一州叛逆；烈为宰相，不念为国思所以弭[55]之之策，乃欲割弃一方万里之土，臣窃惑之！若使左衽[56]之虏得居此地，士劲甲坚，因以为乱，此天下之至虑，社稷之深忧也。若烈不知，是极蔽也，知而故言，是不忠也。”帝善而从之。

夏，四月，庚戌[57]，大雨雹。

五月，太尉邓盛罢，以太仆河南张延为太尉。

六月，以讨张角功，封中常侍张让等十二人为列侯。

秋，七月，三辅螟[58]。

皇甫嵩之讨张角也，过邺[59]，见中常侍赵忠舍宅逾制[60]，奏没入[61]之。又中常侍张让私求钱五千万，嵩不与。二人由是奏嵩连战无功，所费者多，征嵩还，收左车骑将军印绶，削户六千。八月，以司空张温为车骑将军，执金吾[62]袁滂为副，以讨北宫伯玉；拜中郎将董卓为破虏将军[63]，与荡寇将军[64]周慎并统于温。

九月，以特进[65]杨赐为司空。冬，十月，庚寅[66]，临晋文烈侯杨赐薨。以光禄大夫[67]许相为司空。相，训之子也。

谏议大夫刘陶上言："天下前遇张角之乱，后遭边章之寇，今西羌逆类已攻河东[68]，恐遂转盛，豕突[69]上京[70]。民有百走退死之心，而无一前斗生之计，西寇浸[71]前，车骑[72]孤危，假令失利，其败不救。臣自知言数见厌，而言不自裁者，以为国安则臣蒙其庆，国危则臣亦先亡也。谨复陈当今要急八事。"大较[73]言天下大乱，皆由宦官。宦官共谗陶曰："前张角事发，诏书示以威恩，自此以来，各各改悔。今者四方安静，而陶疾害圣政，专言妖孽。州郡不上，陶何缘知？疑陶与贼通情。"于是收陶下黄门北寺狱，掠按日急。陶谓使者曰："臣恨不与伊、吕[74]同畴[75]，而以三仁[76]为辈。今上杀忠謇[77]之臣，下有憔悴之民，亦在不久，后悔何及！"遂闭气而死。前司徒陈耽为人忠正，宦官怨之，亦诬陷，死狱中。

张温将诸郡兵步骑十余万屯美阳[78]，边章、韩遂亦进兵美阳，温与战，辄不利。十一月，董卓与右扶风鲍鸿等并兵攻章、遂，大破之，章、遂走榆中[79]。

温遣周慎将三万人追之。参军事[80]孙坚说慎曰："贼城中无谷，当外转粮食，坚愿得万人断其运道，将军以大兵继后，贼必困乏而不敢战，走入羌中，并力讨之，则凉州可定也！"慎不从，引军围榆中城，而章、遂分屯葵园峡[81]，反断慎运道，慎惧，弃车重[82]而退。

温又使董卓将兵三万讨先零羌，羌、胡围卓于望垣[83]北，粮食乏绝，乃于所渡水中立隁[84]以捕鱼，而潜从隁下过军。比贼追之，决水已深，不得渡，遂还屯扶风[85]。

张温以诏书召卓，卓良久乃诣温；温责让[86]卓，卓应对不顺。孙坚前耳语[87]谓温曰："卓不怖罪而鸱张[88]大语，宜以召不时至，陈军法斩之。"温曰："卓素著威名于河、陇之间，今日杀之，西行无依。"坚曰："明公亲率王师，威震天下，何赖于卓！观卓所言，不假[89]明公，轻上无礼，一罪也；章、遂跋扈经年，当以时进讨，而卓云来可，沮[90]军疑众，二罪也；卓受任无功，应召稽留，而轩昂[91]自高，三罪也。古之名将仗钺[92]临众，未有不断斩以成功者也。今明公垂意[93]于卓，不即加诛，亏损威刑，于是在矣。"温不忍发，乃曰："君且还，卓将疑人。"坚遂出。

是岁，帝造万金堂于西园，引司农金钱、缯帛牣积[94]堂中，复藏寄小黄门、常侍家钱各数千万，又于河间[95]买田宅，起第观。

（以上为第九段，写黄巾军失败，国家稍事安宁，而边患未靖，灵帝又故态复发，聚敛无度，宠幸宦官，杀害忠良。）

【注释】

[1]己酉：二月十日。[2]庚戌：二月二十一日 [3]说（shuì）：劝说。[4]敛：税取。[5]亩：土地面积单位。[6]乐安：郡名，治所临济，在今山东高青县西北。[7]陆康：字季宁，吴郡吴县（今江苏苏州市）人，历任庐江等郡太守，汉献帝时加忠义将军。传见《后汉书》卷三十一。[8]蝝（yuàn）：未生翅的幼蝗虫。鲁宣公十五年实行按田亩收税之制。其年冬，鲁国又发生蝝灾。事见《左传》宣公十五年。[9]哀公增赋：鲁哀公十一年，执政季孙氏欲增加田赋，使冉有访问孔子，孔子以为不宜。事见《左传》哀公十一年。[10]亡王之法：指秦始皇铸十二铜人而终于亡秦。[11]内幸：宫内幸臣，指张让、赵忠等。[12]续：陆续，字智初，曾为州郡吏。传见《后汉书》卷八十一。[13]文石：有花纹之石。[14]部：统，总。[15]中者：谓选中者。[16]折：谓折价。[17]贾（jià）：同"价"。[18]货：卖出。[19]宦官：据张敦仁《资治通鉴刊本识误》，"宦官"作"中者"。[20]驺（zōu）：骑士。[21]督趣（cù）：同"督促"。[22]赇（qiú）赂：贿赂。[23]茂才、孝廉：汉代举用人才的两种科目。茂才，即秀才，指才华优秀者，东汉避光武帝刘秀讳，改称茂才。孝廉，名义上须孝顺父母，行为清廉。[24]迁除：调授官职。[25]责：求，索取。[26]之官：上任。[27]谐价：议定价钱。[28]清：谓清廉。[29]称（chēn）：适合，符合。[30]孟津：关名，在今河南孟州市南。[31]博陵：郡名，治所博陵县，在今河北蠡县南。[32]常山：王国名，治所元氏，在今河北元氏县西北。[33]文：

据张敦仁《资治通鉴刊本识误》，“文”作“丈”。［34］褚飞燕……之徒：此诸头领多以身体特征而得名，如身体轻便者称飞燕，声音大者名雷公，大眼者称大目。［35］瘿陶：县名，县治在今河北宁晋县西南。［36］趫（qiáo）捷：轻便敏捷。［37］浸（qīn）：逐渐。［38］黑山：山名，在今河南浚县西北。［39］平难中郎将：官名，东汉统兵将领多授中郎将之职。平难中郎将此时新置。［40］崔烈：博陵安平（今河北安平县）人，官至司徒、太尉。事附见《后汉书·崔寔传》。崔寔著有《政论》，为当世所称誉。［41］阿保：指皇帝的保姆。［42］段颎（jiǒng）：字纪明，武威姑臧（今甘肃武威市）人，为破羌将军，数与羌人战有功；后为司隶校尉、太尉等。传见《后汉书》卷六十五。［43］功勤：功劳。［44］傅母：保姆。［45］临轩：皇帝在殿前平台上接见臣属称临轩。［46］靳（jìn）：吝惜。［47］姝（shū）：美好。［48］三辅：地区名，汉代称京兆尹、左冯翊、右扶风为三辅，相当于以今西安市为中心的陕西中部地区。［49］凉州：治所原在陇县，在今甘肃张家川县。汉灵帝中平以后至献帝建安末，治所在冀县，在今甘肃甘谷县南。［50］哙可斩也：汉惠帝时，匈奴冒顿单于作书轻慢吕后，吕后大怒，樊哙即说：“臣愿得兵十万，横行匈奴中。”季布却认为高帝率四十万众击匈奴，尚被匈奴围困于平城，樊哙此言是当面欺上，故说“樊哙可斩也”。事见《史记·季布列传》。［51］陇右：地区名，指陇山以西地区，约相当于今甘肃六盘山以西，黄河以东一带。［52］世宗：指汉武帝。［53］四郡：指汉武帝新置的河西四郡，即酒泉、张掖、武威、敦煌四郡。［54］牧御：州牧之统治。［55］弭（mǐ）：安定。［56］左衽（rèn）：衽，衣襟。古代少数民族衣服之前襟向左，故称左衽。［57］庚戌：四月十二日。［58］螟：食禾稼的害虫。［59］邺：县名，县治在今河北临漳县西南。［60］逾制：谓超过人臣建宅的制度。［61］没入：谓没收归国家。［62］执金吾：官名，掌督巡宫外，维护皇宫周围及京都的治安，皇帝出行时，则充护卫及仪仗队。［63］破虏将军：官名，杂号将军之一，主带兵征伐。［64］荡寇将军：官名，亦杂号将军之一，也主征伐。［65］特进：官名，凡列侯功德优盛，朝廷所敬异者，授特进，位在三公下，无具体执掌。［66］庚寅：十月丙申朔，无庚寅。［67］光禄大夫：官名，属光禄勋，掌顾问应对。［68］河东：郡名，治所安邑，在今山西夏县西北。［69］豕突：譬喻横冲直撞，流窜侵扰。［70］上京：指京都洛阳。［71］浸：渐渐。［72］车骑：指车骑将军张温。［73］大较：大概，大略。［74］伊、吕：指商初贤相伊尹，周初太师吕尚。［75］同畴：同辈。“畴”通“俦”。［76］三仁：指商末被纣王疏远、惩罚、处死的微子、箕子、比干三贤。［77］忠謇（jiǎn）：忠心正直。［78］美阳：县名，县治在今陕西武功县西北。［79］榆中：县名，县治在今甘肃兰州市东。［80］参军事：官名，军中参谋军事之官，位任颇重。［81］葵园峡：黄河津渡，在榆中东，今称桑园子峡。［82］车重：辎重车，载军用物资之车。［83］望垣：县名，县治在今甘肃天水市西北。［84］立隁：据章校，有的版本“立”上有“伪”字。隁，“堰”的异体字。［85］扶风：即右扶风，汉代三辅之一。东汉治所在槐里，在今陕西兴平市东南。［86］责让：责备。［87］耳语：附耳低语。［88］鸱（chī）张：鸱鸟张翼，比喻猖狂，嚣张。［89］假：凭借，依恃。［90］沮（jǔ）：阻止。［91］轩昂：倨傲，高傲。［92］仗钺：执钺。钺，大斧。国君命将出征授以钺，表示授予专杀之权。［93］垂意：留意，关照。[94]牣（rèn）积：堆满。[95]河间：王国名，治所乐成，在今河北献县东南。按：汉灵帝为河间孝王刘开之玄孙，其祖父又封为解渎亭侯，亦在河间。

三年（丙寅，186年）

春，二月，江夏[1]兵赵慈反，杀南阳太守秦颉。

庚戌[2]，赦天下。

太尉张延罢。遣使者持节[3]就长安拜张温为太尉。三公在外始于温。

以中常侍赵忠为车骑将军。帝使忠论讨黄巾之功，执金吾甄举谓忠曰："傅南容[4]前在东军[5]，有功不侯，天下失望。今将军亲当重任，宜进贤理屈[6]，以副众心。"忠纳其言，遣弟城门校尉[7]延致殷勤[8]于傅燮。延谓燮曰："南容少答[9]我常侍，万户侯不足得也！"燮正色拒之曰："有功不论，命也。傅燮岂求私赏哉！"忠愈怀恨，然惮其名，不敢害，出为汉阳太守。

帝使钩盾令[10]宋典修南宫玉堂[11]，又使掖庭令毕岚铸四铜人[12]，又铸四钟[13]，皆受二千斛[14]。又铸天禄[15]、虾蟆吐水于平门外桥东，转水入宫。又作翻车[16]、渴乌[17]，施于桥西，用洒南北郊路，以为可省百姓洒道之费。

五月，壬辰晦[18]，日有食之。

六月，荆州刺史王敏讨赵慈，斩之。

车骑将军赵忠罢。

冬，十月，武陵蛮反，郡兵讨破之。

前太尉张延为宦官所谮，下狱死。

十二月，鲜卑寇幽、并二州。

征张温还京师。

（以上为第十段，写鲠直朝官傅燮拒绝与宦官同流合污。）

【注释】

[1]江夏：郡名，治所安陆，在今湖北安陆市北。[2]庚戌：二月十六日。[3]节：符节，皇帝授命的信物。[4]傅南容：傅燮字南容。[5]东军：指朱俊镇压颍川黄巾军的军队。[6]理屈：平反冤狱。理，审理。屈，委屈，冤狱。[7]城门校尉：官名，掌京都城门的屯兵。

[8]殷勤：表示亲切。[9]少答：稍微报答。[10]钩盾令：官名，宦官充任，主管皇帝诸近池苑囿及游观地。[11]玉堂：即玉堂殿。[12]掖庭令：官名，宦官担任，掌后宫贵人、采女事。四铜人：所铸铜人列置于皇宫之仓龙、玄武阙外。[13]四钟：所铸铜钟悬挂于云台及玉堂殿前。[14]斛（hú）：量器名，汉代十斗为一斛。[15]天禄：传说中之兽名，形似狮。[16]翻车：引水车。[17]渴乌：吸水的虹吸筒。[18]壬辰晦：五月三十日。

四年（丁卯，187年）

春，正月，己卯[1]，赦天下。

二月，荥阳[2]贼杀中牟[3]令。三月，河南尹何苗[4]讨荥阳贼，破之；拜苗为车骑将军。

韩遂杀边章及北宫伯玉、李文侯，拥兵十余万，进围陇西[5]，太守李相如叛，与遂连和。

凉州刺史耿鄙率六郡兵讨遂。鄙任治中[6]程球，球通奸利，士民怨之。汉阳太守傅燮谓鄙曰："使君[7]统政日浅[8]，民未知教。贼闻大军将至，必万人一心，边兵多勇，其锋难当；而新合之众，上下未和，万一内变，虽悔无及。不若息军养德，明赏必罚，贼得宽挺[9]，必谓我怯，群恶争势，其离可必。然后率已教之民，讨成离之贼，其功可坐而待也！"鄙不从。夏，四月，鄙行至狄道，州别驾[10]反应贼，先杀程球，次害鄙，贼遂进围汉阳[11]。城中兵少粮尽，燮犹固守。

时北地胡骑数千随贼攻郡，皆夙怀燮恩，共于城外叩头，求送燮归乡里。燮子幹，年十三，言于燮曰："国家昏乱，遂令大人不容于朝。今兵不足以自守，宜听羌、胡之请，还乡里，徐俟有道而辅之。"言未终，燮慨然叹曰："汝知吾必死邪！圣达节[12]，次守节。殷纣暴虐，伯夷不食周粟而死[13]。吾遭世乱，不能养浩然之志[14]，食禄，又欲避其难乎！吾行何之，必死于此！汝有才智，勉之勉之！主簿[15]杨会，吾之程婴[16]也。"

狄道[17]人王国使故酒泉[18]太守黄衍说燮曰："天下已非复汉有。府君宁有意为吾属帅乎？"燮按剑叱衍曰："若剖符之臣[19]，反为贼说邪！"遂麾左右进兵，临阵战殁。耿鄙司马扶风马腾[20]亦拥兵反，与韩遂合，共推王国为主，寇掠三辅。

太尉张温以寇贼未平，免；以司徒崔烈为太尉，五月，以司空许相为司徒；光禄勋[21]沛国丁宫为司空。

初，张温发幽州乌桓[22]突骑三千以讨凉州，故中山[23]相[24]渔阳张纯请将之，温不听，而使涿[25]令辽西公孙瓒将之。军到蓟[26]中，乌桓以牢禀[27]逋县[28]，多叛还本国。张纯忿不得将，乃与同郡故泰山[29]太守张举及乌桓大人[30]丘力居等连盟，劫略蓟中，杀护乌桓校尉[31]公綦稠、右北平[32]太守刘政、辽东[33]太守阳终等，众至十余万，屯肥如[34]。举称天子，纯称弥天将军、安定王，移书州郡，云举当代汉，告天子避位，敕公卿奉迎。

冬，十月，长沙[35]贼区星自称将军，众万余人；诏以议郎孙坚为长沙太守，讨击平之，封坚乌程侯。

十一月，太尉崔烈罢；以大司农曹嵩[36]为太尉。

十二月，屠各胡[37]反。

是岁，卖关内侯，直[38]五百万钱。

前太丘[39]长陈寔[40]卒，海内赴吊者三万余人。寔在乡间，平心率物[41]，其有争讼，辄求判正[42]，晓譬曲直，退无怨者；至乃叹曰："宁为刑罚所加，不为陈君所短[43]"杨赐、陈耽，每拜公卿，群僚毕贺，辄叹寔大位未登，愧于先之。

（以上为第十一段，写忠臣傅燮赴义而死，名士陈寔大志不伸，黯然凋谢。）

【注释】

[1]己卯：正月二十一日。[2]荥阳：县名，县治在今河南荥阳市东北。[3]中牟：县名，县治在今河南中牟县。[4]何苗：何进弟。事附见《后汉书·何进传》。[5]陇西：郡名，治所狄道，在今甘肃临洮县。[6]治中：官名，即治中从事史，州刺史的主要佐吏，职责是居中治事，主众曹文书。[7]使君：汉代人称郡太守为使君。[8]日浅：时间不长。[9]宽挺：宽缓。[10]别驾：官名，即别驾从事史，州牧刺史的主要佐吏，主领众事。州牧、刺史巡行各地时，别驾乘传车从行，故名别驾。[11]汉阳：郡名，治所冀县，在今甘肃甘谷县东南。[12]达节：谓通达事理，不拘常格而自然符合节义。[13]伯夷不食周粟而死：殷商末年，纣王暴虐无道，周武王起兵灭纣而有天下。殷商故诸侯孤竹国之伯夷、叔齐却以为周武王不义，逃隐于首阳山，不食周粟而死。事见《史记·伯夷列传》。[14]浩然之志：正大刚直之志。[15]主簿：官名，汉代中央及郡县官署皆置主簿，以典领文书，办理事务。[16]程婴：春秋时人。晋景公三年，赵

朔被大夫屠岸贾所杀，并灭其族，赵朔妻有遗腹子，程婴与赵朔客公孙杵臼，不惜身死，保住了赵氏遗腹子，并抚养成人，恢复了赵氏封土。事见《史记·赵世家》。［17］狄道：县名，县治在今甘肃临洮县。［18］酒泉：郡名，治所禄福，在今甘肃酒泉市。［19］剖符之臣：执符的大臣。此指郡太守。符，符信，君臣各执一半，合符示信。［20］马腾：字寿成，扶风茂陵（今陕西兴平市东北）人，曾为征西将军。事附见《三国志·蜀书·马超传》。［21］光禄勋：官名，汉九卿之一，掌领宿卫侍从之官。［22］乌桓：少数民族名。又写作乌丸，东胡之一支。居于今山海关外东北及内蒙古地区。［23］中山：王国名，治所卢奴，在今河北定州市。［24］相：官名，朝廷委派的执掌王国行政大权的长官，相当于郡太守。［25］涿：县名，县治在今河北涿州市。［26］蓟：县名，县治在今北京市西南。［27］牢（lào）禀：军粮。［28］逋县（xuàn）：拖欠。县，"悬"本字。［29］泰山：郡名，治所奉高，在今山东泰安市东北。［30］乌桓大人：乌桓部落首领。［31］护乌桓校尉：官名，东汉沿西汉所置，以管辖各地乌桓。［32］右北平：郡名，治所土垠，在今河北唐山市丰润区。［33］辽东：郡名，治所襄平，在今辽宁辽阳市。［34］肥如：县名，县治在今河北卢龙县北。［35］长沙：郡名，治所临湘，在今湖南长沙市。［36］曹嵩：字巨高，沛国谯县（今安徽亳州市）人。曹操之父，官至太尉，后被陶谦部下所杀。事附见《三国志·魏书·武帝纪》。［37］屠各胡：匈奴之一支。［38］直：通"值"，价值。［39］太丘：县名，县治在今河南永城市。［40］陈寔（104—108）：字仲弓，颍川许县（今河南许昌市）人。为太丘长，公正清廉，为世所称。党锢祸起，被牵连，不逃，自请囚禁。党禁解，朝廷多次征召，皆不从命，卒于家，谥为文范先生。传见《后汉书》卷六十。［41］率物：待人接物，处理是非。［42］判正：断定是非曲直。［43］短：批评。

【点评】

黄巾大起义与东汉王朝的关系。黄巾大起义是借助宗教形式发动的。东汉统治者为了加强对人民的思想控制，极力宣扬谶纬迷信思想，以火德自命，用来表示天命所在。农民群众深受谶纬迷信的束缚，反过来以其人之道还治其人之身。顺帝时，琅邪人于吉造了一部《太平清领书》，后称之为《太平经》。东汉末年，《太平经》广泛流传于民间，《太平经》中宣扬的平均、平等以及变革天命的思想为困苦的农民群众所接受，在传经布道中分为几个流派，其中最主要的是"太平道"和"五斗米道"。

太平道的教主是巨鹿人张角，他自称"大贤良师"，通过用符水给人治病传播太平道，在冀州吸引了许多徒众，十余年间，信徒达到十多万人，遍于青、徐、幽、冀、荆、扬、豫等州。张角把信徒组织起来，按地区分为36方，大方一万多人，小方六七千人，各立首领，由他统一指挥。张角利用宗教把他的触角深入统治集团的最高中枢，吸纳皇宫中的宦官入道。经过周密准备，决定在中平元年（184）发动起义。事先向各地道徒传播"苍天已死，黄天当立，岁在甲子，天下大吉"。这是一道谶语，张角用作发动起义的口号，并在各地官府墙壁上用隐语写上“甲子”二字，作为一致起事的时间。张角要从京师心脏地区发动起义，宦官封谞、徐奉等愿做内应。由于弟子叛徒唐周告密，计划泄露，张角被迫通知各方提前在二月起义。波才在颍川，张曼成、赵弘、韩忠、孙夏等人在南阳，彭脱等人在汝南陈国，张角、张宝、张梁兄弟在巨鹿，杀逐太守，攻占城池，形成了几支强大的黄巾军。黄巾军人数极多，遍布大江南北，声势浩大，京师震动。

灵帝以诸侯入继大统，他与太后争权，依靠宦官，宠信张让、赵忠、封谞、段珪、曹节、侯览、蹇硕、程旷、夏恽、郭胜等十常侍。十常侍假借皇权，排斥外戚，打压朝官和士大夫，党羽子弟遍布州郡，残暴百姓，侵夺民宅。十常侍朋比为奸，蛊惑圣心，灵帝竟然称“张常侍是我公，赵常侍是我母”。宦官专权的黑暗政治是激发黄巾大起义的重要原因，而宦官却在“黄天当立”的谶语威胁下倒戈助黄巾。汉灵帝感到士大夫有用，于是质问十常侍说:“你们说党人要造反，杀的杀，禁锢的禁锢，而今倒是你们勾结黄巾军造朝廷的反，该不该杀呢？”十常侍叩头请罪，灵帝信任如故。但灵帝还是采纳了中常侍吕强的谏言，大赦党人，解除党禁，于是各地豪强地主纷纷起兵，配合朝廷所遣中郎将皇甫嵩、朱俊、卢植、董卓等率领的大军，分路镇压黄巾军，到十一月，各路黄巾军均被打败。张角病死，张宝、张梁被杀害。但黄巾军余部坚持战斗了近二十年。青徐黄巾军和冀州黑山军，一度部众达一百万，最终青徐黄巾军被曹操收编为青州兵，冀州黑山军被袁绍击败，此时已进入军阀大混战阶段，东汉已经名存实亡。

波澜壮阔的黄巾军如同暴风骤雨，突然兴起，而短短九个月就遭败绩，根本原因是东汉末年地主与农民两大对立阶级的矛盾还未到你死我活的地步，农民群众还未到不能生活的地步，黄巾大起义前夕没有重大的天灾人祸，黄巾军是靠宗教形式组织起来的，又计划泄露，匆匆而起，黄巾军是乌合之众，而官军与地方豪强则训练有素，且统治阶级一致对抗黄巾军，所以黄巾军很快失败了。东汉末年的腐败政治，表现为统治阶级上层集团的尖锐斗争，宦官专政，制造党锢冤狱，士大夫受到人民的同情。而党锢解禁，士大夫一致起来镇压黄巾起义，宦官一时收敛，人心还向着朝廷。一方面是黄巾基础不牢固，另一方面是汉家旗帜有士大夫的一致拥护而为人心所望。不过黄巾军虽然失败，却沉重地打击了东汉政权，而黄巾军余众的继续反抗，导致豪强集团兴起，为军阀混战打下了基础。由于黄巾军的过快失败，灵帝依然故我，宦官势力立即抬头，宦官集团反攻倒算，杀逐正直士大夫，还杀了吕强。灵帝比宦官还要贪婪，公然设立西园卖官所，朝官、郡守均标价拍卖。于是天下人心失望，诸侯打起了废立的主意，东汉的覆亡不可避免。但以怎样的形式改朝换代，那要看时局怎样发展。总之，黄巾军的沉重一击，注定了东汉政权一蹶不振。黄巾军虽然失败了，却扮演了改朝换代清道夫的角色。

卷五九 汉纪五十一

汉灵帝中平五年至汉献帝初平元年（188—190年）

【起著雍执徐（戊辰，188年），尽上章敦牂（庚午，190年），凡三年】

【大事提要】

本卷记事起公元188年，讫公元190年，凡三年，当汉灵帝中平五年至汉献帝初平元年。三年间，东汉王朝发生剧烈震荡，影响历史的重大事件连续不断发生。主要有五大事件：一、灵帝英年早逝；二、朝士大夫诛灭宦官；三、董卓入京擅废立；四、关东诸侯起兵讨董卓；五、董卓挟帝西迁长安。这一系列大事件，导致东汉王朝在灵帝死后两年间换了两个皇帝，发生了两次宫廷政变，年号换了四个，政局动荡，权臣窃国，天子蒙尘，京都播迁，东汉由治世转入乱世，军阀形成，东汉名存实亡。东汉政治，宦官、外戚、朝士大夫三大势力长期并存。东汉新皇帝继位，年幼的居多，有五任皇帝是诸侯入继大统。桓、灵二帝相继以诸侯入继大统，桓帝十五岁即位，灵帝十二岁即位。少年登基，外戚得势，皇帝长成，依靠宦官抗衡外戚。宦官、外戚分羹，朝士大夫不满。于是，宦官、外戚、朝士大夫三大势力既相争又共存，是东汉政权的三大支柱。灵帝在位，虽然昏暴，正在英年，三大势力尚能维持平衡。灵帝三十四岁突然病逝，皇子年幼，长子刘辩仅十五岁，加之智力平庸，无法掌控政权。皇权出现真空。所以灵帝一死，失去皇权掩蔽的三大势力的斗争立即由明争暗斗转为公开白热化，宦官与朝士大夫势不两立，水火不容。此时外戚代表皇权，却又内部分裂。刘辩即位，史称少帝。少帝母何太后临朝，太后之兄大将军何进掌控朝政。何进倒向朝士大夫，谋诛宦官，而何氏是借助宦官势力登上政治舞台的，因此何太后庇护宦官，何进之弟何苗也党佑宦官。何进本人优柔寡断，执政能力差。于是外戚夹在宦官、朝士大夫两股势力中间左右摇摆。何进没有决断力，也就使朝廷失去了制衡能力。何进宣召董卓等诸侯带兵入洛，想借用外力挟制太后，诛灭宦官。结果宦官先下手为强，杀了何进，袁绍借机兴兵入宫，尽杀宦官，造成一场浩劫，宦官、外戚两股势力均被消灭。三大势力，只剩下朝士大夫一股力量，独木难支，朝政大权落入董卓之手。董卓为了进一步削弱朝士大夫，擅自废立，少帝刘辩被废杀，何太后亦死，九岁的陈留王刘协被立为帝，史称献帝。反对废立的袁绍、曹操等人被逼出京。如果说袁绍诛宦官是第一次宫廷政变，董卓废少帝、立献帝则是第二次宫廷政变。两次宫廷政变，发生在一年之内，年号换了四个：光熹、昭宁、永汉、初平，表明政权动荡激烈。两次宫廷政变，皇权遭践踏，统治集团大洗牌。公元190年，关东兵起，董卓西迁，东汉洛阳二百年帝京，董卓一把火把它化作了瓦砾场。随即，关东诸侯罢兵，各归州郡，互相征伐，形成了军阀混战，东汉也就名存实亡了。

孝灵皇帝下

中平五年（戊辰，188年）

春，正月，丁酉[1]，赦天下。

二月，有星孛[2]于紫宫[3]。

黄巾余贼郭大等起于河西[4]白波谷，寇太原[5]、河东[6]。

三月，屠各胡[7]攻杀并州[8]刺史张懿[9]。

太常[10]江夏刘焉[11]见王室多故，建议以为："四方兵寇，由刺史威轻，既不能禁，且用非其人，以致离叛。宜改置牧伯[12]，选清名重臣以居其任。"焉内欲[13]求交趾[14]牧。侍中[15]广汉董扶[16]私谓焉曰："京师将乱，益州[17]分野[18]有天子气[19]。"焉乃更求益州。会益州刺史郤俭[20]赋敛烦扰[21]，谣言[22]远闻，而耿鄙[23]、张懿皆为盗所杀，朝廷遂从焉议，选列卿、尚书为州牧，各以本秩[24]居任。以焉为益州牧，太仆[25]黄琬[26]为豫州牧，宗正[27]东海刘虞[28]为幽州牧。州任之重，自此而始。焉，鲁恭王[29]之后；虞，东海恭王[30]之五世孙也。虞尝为幽州刺史，民夷怀其恩信，故用之。董扶及太仓令[31]赵韪皆弃官，随焉入蜀。

诏发南匈奴兵配刘虞讨张纯，单于羌渠[32]遣左贤王[33]将骑诣幽州。国人恐发兵无已，于是右部醢落[34]反，与屠各胡合，凡十余万人，攻杀羌渠。国人立其子右贤王[35]於扶罗为持至尸逐侯单于。

夏，四月，太尉曹嵩罢。

五月，以永乐少府[36]南阳樊陵为太尉；六月，罢。

益州贼马相、赵祇等起兵绵竹[37]，自号黄巾，杀刺史郤俭，进击巴郡[38]、犍为[39]，旬月之间，破坏三郡[40]，有众数万，自[41]称天子。州从事贾龙率吏民攻相等，数日破走，州界清静。龙乃选吏卒迎刘焉。

焉徙治绵竹[42]，抚纳离叛，务行宽惠，以收人心。

郡国七大水。

（以上为第一段，写东汉末初置州牧，刘焉入蜀任益州牧。）

【注释】

[1]丁酉：正月十五日。 [2]孛（bèi）：星芒四射之状，因以为彗星的别称。 [3]紫宫：天区名。即三垣中之中垣，又称紫微垣，共由三十七颗星组成，位于北斗星之东北，环拱极星成屏藩状，以象天子之宫，故称紫宫。 [4]河西：《后汉书·灵帝纪》作“西河”，当从之。西河，郡名，治所离石，在今山西吕梁市离石区。 [5]太原：郡名，治所晋阳，在今山西太原市西南。[6]河东：郡名，治所安邑，在今山西夏县西北。 [7]屠各胡：东汉至西晋时匈奴部落之一。[8]并州：州名，州治晋阳，在今山西太原市。 [9]张懿：并州刺史。附见《三国志·蜀书·刘焉传》，作张壹。 [10]太常：官名，汉九卿之一，掌宗庙礼仪，兼选试博士。 [11]刘焉（?—194）：字君郎，江夏（今湖北潜江市西北）人。汉宗亲，后为益州牧，病卒。传见《后汉书》卷七十五、《三国志》卷三十一。 [12]改置牧伯：牧伯即州牧。汉代自武帝置十三部刺史后，长官名称屡有改动。有时称刺史，有时称州牧。此时刘焉又建议复称州牧。刺史只有监察权，由六百石中级官吏充任，州牧则为地方最高一级行政长官，秩二千石。州任之重，自此而始。 [13]内欲：内心想要。 [14]交趾：州名，州治番禺，在今广州市。 [15]侍中：官名，职在侍从皇帝，应对顾问。 [16]董扶：字茂安，善图谶，灵帝时征拜为侍中。事附见《三国志·蜀书·刘焉传》。[17]益州：州名，治所雒县，在今四川广汉市北。 [18]分野：古天文学说将十二星辰的位置与地上州郡的位置相对应，称为分野。 [19]天子气：古人的一种迷信说法，认为真龙天子所在的地方，天空出现一种五色祥云，称天子气。 [20]郤（xì）俭：河南偃师（今河南洛阳市偃师区）人，后为益州黄巾军所杀。事附见《三国志·蜀书·郤正传》。[21]烦扰：冗杂繁乱。[22]谣言：歌谣谚语。 [23]耿鄙：当时为凉州刺史。 [24]本秩：原先官职的俸禄。列卿秩中二千石，尚书秩六百石。 [25]太仆：官名，汉九卿之一，掌皇帝之车马及马政。 [26]黄琬：字子琰，为地方官，有政绩。传见《后汉书》卷六十一。 [27]宗正：官名，汉九卿之一，由皇族中人担任，掌皇族宗室及外戚之有关事务。 [28]刘虞：字伯安，东海郯县（今山东郯城县西北）人，汉宗室，为幽州牧，有政绩，后征为太傅，未得通，被公孙瓒所杀。传见《后汉书》卷七十三。 [29]鲁恭王：即刘余，汉景帝之子，封为鲁王。传见《汉书》卷五十三。 [30]东海恭王：即刘强，汉光武帝之子，封于东海，兼食鲁郡。传见《后汉书》卷四十二。 [31]太仓令：官名，属大司农，主管郡国上缴之粮食。 [32]单于羌渠：匈奴称君长为单于。羌渠，匈奴单于之名。 [33]左贤王：

匈奴诸王称号之一，地位最高，在诸王上。［34］醯（xī）落：南匈奴之部落名。汉光武帝时，匈奴右薁鞬日逐王比依附于汉，称醯落尸逐鞮单于。醯落即其后代之分支，因居于右部，故称右部醯落。［35］右贤王：匈奴诸王称号之一，位次于左贤王。［36］永乐少府：官名，由宦官担任，主管永乐宫中诸官。当时永乐宫为汉灵帝母孝仁皇后所居。［37］绵竹：县名，县治在今四川德阳市北黄许镇。［38］巴郡：治所江州，在今重庆市南岸区。［39］犍（qián）为：郡名，治所武阳，在今四川眉山市彭山区东北。［40］破坏三郡：按《三国志·蜀书·刘焉传》谓马相、赵祇等起兵于绵竹，杀绵竹令李升，"便前破雒县，攻益州杀俭，又到蜀郡、犍为，旬月之间，破坏三郡。"《后汉书·刘焉传》亦同，故李贤注三郡说："绵竹及雒属广汉郡，并蜀郡、犍为郡。"是三郡指广汉郡、蜀郡及犍为郡。《资治通鉴》此谓进击巴郡，恐误。［41］自：据章校，他本"自"上有"相"字，指马相自称天子。［42］徙治绵竹：原益州刺史之治所在雒县，刘焉始迁徙于绵竹。

故太傅[1]陈蕃[2]子逸与术士襄楷会于冀州刺史王芬坐，楷曰："天文不利宦者[3]，黄门、常侍[4]真族灭矣。"逸喜。芬曰："若然者，芬愿驱除！"因与豪杰转相招合，上书言黑山贼攻劫郡县，欲因以起兵。会帝欲北巡河间旧宅[5]，芬等谋以兵徼[6]劫，诛诸常侍、黄门，因废帝，立合肥侯[7]，以其谋告议郎曹操。操曰："夫废立之事，天下之至不祥也。古人有权成败[8]、计轻重[9]而行之者，伊、霍[10]是也。伊、霍皆怀至忠之诚，据宰辅之势，因秉政之重[11]，同众人之欲[12]，故能计从事立。今诸君徒见曩者[13]之易，未睹当今之难，而造作非常[14]，欲望必克[15]，不以危乎！"芬又呼平原华歆[16]、陶丘洪[17]共定计。洪欲行，歆止之曰："夫废立大事，伊、霍之所难。芬性疏[18]而不武[19]，此必无成。"洪乃止。会北方夜半有赤气，东西竟天，太史[20]上言："北方有阴谋，不宜北行。"帝乃止。敕芬罢兵，俄而[21]征之。芬惧，解印绶亡走，至平原，自杀。

秋，七月，以射声校尉[22]马日磾[23]为太尉。日磾，融之族孙也。

八月，初置西园八校尉[24]，以小黄门[25]蹇硕[26]为上军校尉，虎贲中郎将[27]袁绍[28]为中军校尉，屯骑校尉[29]鲍鸿为下军校尉，议郎曹操为典军校尉，赵融为助军左校尉，冯芳为助军右校尉，谏议大夫[30]夏牟为左校尉，淳于琼为右校尉；皆统于蹇硕。帝自黄巾之起，留心戎事；硕壮健有武略，帝亲任之，虽大将军[31]亦领属焉。

九月，司徒[32]许相罢；以司空[33]丁宫为司徒，光禄勋[34]南阳刘弘为司空。

以卫尉[35]条侯董重为票骑将军[36]。重，永乐太后[37]兄子也。

冬，十月，青、徐黄巾复起，寇郡县。

望气者[38]以为京师当有大兵，两宫[39]流血。帝欲厌之[40]，乃大发四方兵，讲武[41]于平乐观下，起大坛，上建十二重华盖[42]，盖高十丈；坛东北为小坛，复建九重华盖，高九丈。列步骑数万人，结营为阵。甲子[43]，帝亲出临军[44]，驻大华盖下，大将军进[45]驻小华盖下。帝躬擐甲[46]、介马[47]，称"无上将军"，行阵三匝[48]而还，以兵授进。帝问讨虏校尉盖勋[49]曰："吾讲武如是，何如？"对曰："臣闻先王曜德不观兵。今寇在远而设近阵，不足以昭果毅[50]，只黩武[51]耳！"帝曰："善！恨见君晚，群臣初无[52]是言也。"勋谓袁绍曰："上甚聪明，但蔽于左右耳。"与绍谋共诛嬖幸[53]，蹇硕惧，出[54]勋为京兆尹[55]。

十一月，王国围陈仓[56]。诏复拜皇甫嵩为左将军[57]，督前将军董卓，合兵四万人以拒之。

张纯与丘力居钞掠[58]青、徐、幽、冀四州，诏骑都尉[59]公孙瓒[60]讨之。瓒与战于属国[61]石门，纯等大败，弃妻子，逾塞走；悉得所略男女。瓒深入无继，反为丘力居等所围于辽西[62]管子城二百余日，粮尽众溃，士卒死者什五六。

董卓谓皇甫嵩曰："陈仓危急，请速救之。"嵩曰："不然，百战百胜，不如不战而屈人兵。陈仓虽小，城守固备，未易可拔。王国虽强，攻陈仓不下，其众必疲，疲而击之，全胜之道也，将何救焉！"国攻陈仓八十余日，不拔。

（以上为第二段，写王芬议废立，虽然胎死腹中，却标志汉室天命已摇摇欲坠。灵帝讲武，设置新军西园八校尉，无补于政局稳定。）

【注释】

[1]太傅：官名，位在三公上，为上公，无职事，多为大官之加号。 [2]陈蕃（?—168）：字仲举，汝南平舆（今河南平舆县北）人。汉桓帝时为太尉，反对宦官专权，有高名，为太学生所敬重。汉灵帝初为太傅，与外戚窦武谋诛宦官，事败被杀。传见《后汉书》卷六十六。 [3]天文

不利宦者：古代术士认为，天象之变化反映人间的变化，从观察天象可预知人间之事。［4］黄门、常侍：皆宦官官名。［5］河间旧宅：汉灵帝即帝位前为解渎亭侯。解渎亭在河间，故河间有其旧宅。河间，国名，治所乐成，在今河北献县东南。［6］徼：通“邀”，拦截。［7］合肥侯：指幽州牧刘虞，封合肥侯。［8］权成败：权衡成功与失败。［9］计轻重：估量付出的代价，值与不值。轻重，指结果的好坏。［10］伊、霍：指伊尹、霍光。伊尹助汤建立商朝，汤死后，历仕辅佐外丙（即卜丙）、仲壬二王，仲壬死后，太甲继位，太甲暴虐乱德，伊尹将他放逐到桐宫。居三年，太甲悔过从善，伊尹又将他迎归，复为商王，事见《史记·殷本纪》。霍光受汉武帝遗命辅佐昭帝。昭帝卒，无子，霍光迎立昌邑王。而昌邑王淫乱无道，霍光又将他废掉，另立宣帝，事见《汉书·霍光传》。［11］因秉政之重：凭借执掌政权的重位。因，凭借，依靠。［12］众人之欲：众人的心愿。众人，指朝中皇亲贵戚及朝野士大夫。［13］曩（nǎng）者：从前。［14］造作非常：指发动政变，行废立之事。［15］克：成功。［16］华歆：字子鱼，平原高唐（今山东禹城市西南）人，后为尚书令，曹魏时为司徒、太尉。传见《三国志》卷十三。［17］陶丘洪：人名。复姓陶丘，名洪。［18］性疏：性情粗疏，思虑不周。［19］不武：不果断。武，刚强。［20］太史：官名，即太史令，属太常，掌天文历算。［21］俄而：一会儿，指时间短暂，此指随即。［22］射声校尉：官名，东汉北军五校尉之一，掌宿卫兵。［23］马日磾：字翁叔，大经学家马融之族孙，后为太傅。事附见《后汉书·马融传》。［24］西园八校尉：西园，即上林苑，在洛阳城西，故别称西园。汉灵帝慑于黄巾起义，遂以西园为名新置八校尉，以加强京都宿卫军。［25］小黄门：官名，由宦官充任，职任侍奉皇帝，受尚书奏事，并联络内外。［26］蹇硕：汉灵帝最宠信的宦官，十常侍之一。［27］虎贲中郎将：官名，属光禄勋，掌虎贲宿卫。［28］袁绍（?—202）：字本初，汝南汝阳（今河南商水县西南）人。初为司隶校尉，与何进谋诛宦官，事泄，进被杀，绍尽诛宦官。董卓入京，绍逃奔冀州，起兵讨卓。后据有冀、青、幽、并四州，为当时地广兵强的大军阀。公元200年在官渡与曹操决战，被曹操大败，全军覆没，不久病死。传见《三国志》卷六、《后汉书》卷七十四。［29］屯骑校尉：官名，东汉北军五校尉之一，掌宿卫兵。［30］谏议大夫：官名，光禄勋属官，掌顾问应对。［31］大将军：汉武帝初置以尊宠卫青，位在三公之上。东汉不常置，秩位或在三公之上，或等同三公，或在三公之下。故灵帝以大将军隶属蹇硕，在三公之下。灵帝死，何进为大将军，秉政，位在三公之上。［32］司徒：三公之一，掌民政。东汉以太尉、司徒、司空为三公。［33］司空：三公之一，掌宫殿、陵寝土木建筑。［34］光禄勋：官名，九卿之一，掌禁军，宿卫宫殿。［35］卫尉：官名，汉九卿之一，掌宫门警卫及宫中巡逻。［36］票骑将军：“票”通“骠”，将军名号。位在大将军之后。［37］永乐太后：汉灵帝母董太后，时居永乐宫，故称永乐太后。［38］望气者：即观天象者。［39］两宫：指汉灵帝之宫与董太后之宫。［40］厌之：镇压、抑制流血事件的发生。［41］讲武：演习军队。［42］华盖：皇帝或贵官所用的伞盖。［43］甲子：十月十六日。［44］临军：检阅军队。［45］大将军进：大将军何进。［46］擐（huàn）甲：穿上铠甲。［47］介马：给马披上铠甲。

[48]行阵三匝：巡视军阵三周。 [49]盖勋（140—191）：字元固，敦煌广至县（今甘肃瓜州县南）人。历官汉阳长史、讨虏校尉、京兆尹等职。董卓入洛，盖勋屡欲讨之，力不从心，忧郁疽发背而死。传见《后汉书》卷五十八。 [50]昭果毅：显示果断而坚强。 [51]黩武：滥用兵，用兵无节制。 [52]初无：全无。 [53]嬖（bì）幸：宠爱之人。此指汉灵帝左右之宦官。 [54]出：外放。指解除盖勋职掌禁军讨虏校尉的军职，外出任京师行政长官。 [55]京兆尹：官名，京师的长官，称京兆尹，位高于郡太守，位列九卿。 [56]陈仓：县名，县治在今陕西宝鸡市东。 [57]左将军：官名，位次上卿，与前、后、右将军掌京都兵卫和边防屯警。 [58]钞掠：侵扰掠夺。 [59]骑都尉：官名，掌羽林骑兵。 [60]公孙瓒（?—199）：字伯珪，辽西令支（今河北迁安市西）人。后割据幽州，败亡于袁绍。传见《三国志》卷八、《后汉书》卷七十三。 [61]属国：指辽东属国，治所昌黎，在今辽宁义县。 [62]辽西：郡名，治所阳乐，在今辽宁义县西。

六年（己巳，189 年）

春，二月，国众疲敝，解围去，皇甫嵩进兵击之。董卓曰："不可！兵法，穷寇勿迫，归众勿追[1]。"嵩曰："不然。前吾不击，避其锐也；今而击之，待其衰也；所击疲师，非归众也；国众且走[2]，莫有斗志，以整击乱，非穷寇也。"遂独进击之，使卓为后拒，连战，大破之，斩首万余级。卓大惭恨，由是与嵩有隙[3]。

韩遂等共废王国，而劫[4]故信都令汉阳阎忠使督统诸部。忠病死，遂等稍争权利，更相[5]杀害，由是浸衰[6]。

幽州牧刘虞到部，遣使至鲜卑中，告以利害，责使送张举、张纯首，厚加购赏[7]。丘力居等闻虞至，喜，各遣译[8]自归。举、纯走出塞，余皆降散。虞上[9]罢诸屯兵，但留降虏校尉[10]公孙瓒，将步骑万人屯右北平[11]。三月，张纯客王政杀纯，送首诣虞。公孙瓒志欲扫灭乌桓，而虞欲以恩信招降，由是与瓒有隙。

夏，四月，丙子朔[12]，日有食之。

太尉马日磾免；遣使即拜幽州牧刘虞为太尉，封容丘侯。

蹇硕忌大将军进，与诸常侍共说帝遣进西击韩遂，帝从之。进阴知其谋，奏遣袁绍收徐、兖二州兵，须绍还而西，以稽[13]行期。

初，帝数失皇子，何皇后生子辩，养于道人[14]史子眇家，号曰"史侯"。王美人生子协，董太后自养之，号曰"董侯"。群臣请立太子。帝以辩轻佻[15]无威仪[16]。欲立协，犹豫未决。会疾笃[17]，属[18]协于蹇硕。丙辰[19]，帝崩[20]于嘉德殿。硕时在内，欲先诛何进而立协，使人迎进，欲与计事；进即驾往。硕司马[21]潘隐与进早旧[22]，迎而目之[23]。进惊，驰[24]从儳道[25]归营，引兵入屯百郡邸[26]，因称疾不入。

（以上为第三段，写幽州公孙瓒与刘虞因政见不同而有隙。灵帝崩于嘉德殿。）

【注释】

[1]穷寇勿迫，归众勿追：《后汉书·皇甫嵩传》注谓《司马兵法》之言。 [2]且走：将要逃走。 [3]隙：间隙，矛盾。 [4]劫：胁迫。 [5]更相：互相。 [6]浸（qīn）衰：渐衰。 [7]购赏：悬赏。 [8]译：译使，翻译。 [9]上：上奏朝廷。 [10]降虏校尉：官名，带兵之中级将领。公孙瓒于石门有功，自骑都尉升为降虏校尉。 [11]右北平：郡名，治所土垠，在今河北唐山市丰润区东南。 [12]丙子朔：按，中平六年四月朔日不是丙子，当从《后汉书·灵帝纪》作丙午。 [13]稽：延迟。 [14]道人：有道术之人。 [15]轻佻（tiāo）：轻薄，不庄重严肃。 [16]威仪：庄重严肃的容貌举止。 [17]疾笃：病情严重。 [18]属：通“嘱”，托付。 [19]丙辰：四月十一日。 [20]帝崩：汉灵帝病逝。按，汉灵帝死时三十四岁。 [21]司马：官名，领兵将领之属官，总理军府事。 [22]早旧：谓早有交情。旧，旧交。 [23]目之：给何进递眼色。 [24]驰：急速。 [25]儳（chán）道：捷径。 [26]百郡邸：地方各郡国在京都的总馆所。

戊午[1]，皇子辩即皇帝位，年十四。尊皇后曰皇太后。太后临朝[2]。赦天下，改元为光熹。封皇弟协为勃海王。协年九岁。以后将军袁隗为太傅，与大将军何进参录尚书事[3]。

进既秉朝政，忿蹇硕图[4]己，阴规[5]诛之。袁绍因进亲客张津，劝进悉诛诸宦官。进以袁氏累世贵宠[6]，而绍与从弟虎贲中郎将术[7]皆为豪杰所归，信而用之。复博征智谋之士。何颙[8]、荀攸[9]及河南郑泰[10]等二十余人，以颙为北军中候[11]，攸为黄门侍郎[12]，泰为尚书，与同腹心。攸，爽[13]之从孙也。

蹇硕疑不自安，与中常侍赵忠、宋典等书曰：“大将军兄弟秉国专朝，今与天下党人谋诛先帝左右，扫灭我曹，但以硕典禁兵，故且沉吟[14]。今宜共闭上阁[15]，急捕诛之。”中常侍郭胜，进同郡人也，太后及进之贵幸，胜有力焉，故亲信何氏；与赵忠等议，不从硕计，而以其书示进。庚午[16]，进使黄门令[17]收硕，诛之，因悉领其屯兵。

票骑将军董重，与何进权势相害[18]，中官[19]挟[20]重以为党助[21]。董太后每欲参干[22]政事，何太后辄相禁塞[23]，董后忿恚[24]，詈[25]曰："汝今辀张[26]，怙[27]汝兄[28]耶！吾敕票骑断何进头，如反手耳！"何太后闻之，以告进。五月，进与三公共奏："孝仁皇后使故中常侍夏恽等交通州郡，辜较[29]财利，悉入西省[30]。故事[31]，蕃后[32]不得留京师；请迁宫本国[33]。"奏可。辛巳[34]，进举兵围票骑府，收董重，免官，自杀。六月，辛亥[35]，董太后忧怖[36]，暴崩[37]。民间由是不附何氏。

辛酉[38]，葬孝灵皇帝于文陵[39]。何进惩[40]蹇硕之谋，称疾，不入陪丧，又不送山陵。

大水。

秋，七月，徙勃海王协为陈留王。

司徒丁宫罢。

袁绍复说何进曰："前窦武欲诛内宠而反为所害者，但坐[41]言语漏泄；五营兵士[42]皆畏服中人，而窦氏反用之[43]，自取祸灭。今将军兄弟[44]并领劲兵，部曲[45]将吏皆英俊名士，乐尽力命[46]，事在掌握，此天赞[47]之时也。将军宜一[48]为天下除患，以垂名后世，不可失也！"进乃白太后，请尽罢中常侍以下，以三署郎[49]补其处。太后不听，曰："中官统领禁省，自古及今，汉家故事，不可废也。且先帝新弃天下，我奈何楚楚[50]与士人共对事[51]乎！"进难违太后意，且欲诛其放纵者[52]。绍以为中官亲近至尊，出纳号令，今不悉废，后必为患。而太后母舞阳君及何苗数受诸宦官赂遗[53]，知进欲诛之，数白太后为其障蔽；又言："大将军专杀左右，擅权以弱社稷。"太后疑以为然。进新贵，素敬惮中官，虽外慕大名而内不能断，故事久不决。

绍等又为画策，多召四方猛将及诸豪杰。使并引兵向京城，以胁太后；进然之。主簿[54]广陵陈琳[55]谏曰："谚称'掩目捕雀'，夫微物尚不可欺以得志，况国之大事，其可以诈立乎！今将军总皇威[56]，握兵要[57]，龙骧虎步[58]，高下在心[59]，此犹鼓洪炉燎毛发[60]耳。但当速发雷霆[61]，行权立断[62]，则天人顺之。而反委释[63]利器[64]，更征外助，大兵聚会，强者为雄，所谓倒持干戈，授人以柄，功必不成，只为乱阶耳！”进不听。典军校尉曹操闻而笑曰：“宦者之官，古今宜有，但世主不当假[65]之权宠，使至于此，既治其罪，当诛元恶[66]，一狱吏足矣，何至纷纷召外兵乎！欲尽诛之，事必宣露，吾见其败也。”

初，灵帝征董卓为少府[67]，卓上书言：“所将湟中[68]义从[69]及秦、胡兵皆诣臣言：‘牢直[70]不毕[71]，禀赐断绝，妻子饥冻。’牵挽臣车，使不得行。羌、胡憋肠[72]狗态，臣不能禁止，辄将顺[73]安慰。增异复上[74]。”朝廷不能制。及帝寝疾，玺书拜卓并州牧，令以兵属皇甫嵩。卓复上书言：“臣误蒙天恩，掌戎十年，士卒大小，相狎[75]弥久，恋臣畜养之恩，为臣奋一旦之命，乞将之[76]北州[77]，效力边垂[78]。”嵩从子郦说嵩曰：“天下兵柄，在大人与董卓耳。今怨隙已结，势不俱存。卓被诏委兵[79]而上书自请，此逆命[80]也。彼度京师政乱，故敢踌躇[81]不进，此怀奸也。二者[82]，刑所不赦。且其凶戾无亲，将士不附。大人今为元帅[83]，杖国威以讨之，上显忠义，下除凶害，无不济也。”嵩曰：“违命虽罪，专诛[84]亦有责也。不如显奏其事，使朝廷裁之。”乃上书以闻。帝以让[85]卓。卓亦不奉诏，驻兵河东以观时变。

何进召卓使将兵诣京师。侍御史[86]郑泰谏曰：“董卓强忍[87]寡义，志欲无厌[88]，若借之朝政，授以大事，将恣凶欲，必危朝廷。明公以亲德之重，据阿衡[89]之权，秉意独断，诛除有罪，诚不宜假卓以为资援也！且事留变生，殷鉴不远[90]，宜在速决。”尚书卢植亦言不宜召卓，进皆不从。泰乃弃官去。谓荀攸曰：“何公未易辅也。”

进府掾[91]王匡，骑都尉鲍信，皆泰山人，进使还乡里募兵；并召东郡太守桥瑁屯成皋[92]，使武猛都尉[93]丁原将数千人寇河内[94]，烧孟津[95]，火照城中，皆以诛宦官为言。

董卓闻召，即时就道，并上书曰：“中常侍张让等，窃幸承宠，浊乱[96]海内。臣闻扬汤止沸[97]，莫若去薪[98]；溃痈[99]虽痛，胜于内食[100]。昔赵鞅兴晋阳之甲以逐君侧之恶[101]，今臣辄鸣钟鼓[102]如[103]

雒阳，请收让等以清奸秽！”太后犹不从。何苗谓进曰：“始共从南阳来，俱以贫贱依省内以致富贵[104]，国家之事，亦何容易。覆水不收[105]，宜深思之，且与省内和也。”卓至渑池[106]，而进更狐疑[107]，使谏议大夫种邵[108]宣诏止之。卓不受诏，遂前至河南[109]，邵迎劳之，因譬令[110]还军。卓疑有变，使其军士以兵胁邵。邵怒，称诏叱之，军士皆披[111]，遂前质责卓；卓辞屈，乃还军夕阳亭。邵，暠之孙也。

（以上为第四段，写少帝刘辩即位，大将军何进与袁绍谋诛宦官，召董卓入京。）

【注释】

[1]戊午：四月十三日。 [2]临朝：太后垂帘，当朝处理政事，称临朝。 [3]录尚书事：东汉以来政归尚书，录尚书事即总揽朝政。录，总领。 [4]图：谓谋害。 [5]阴规：密谋。[6]袁氏累世贵宠：指袁氏自袁安起，四代人皆为三公高官。 [7]术：袁术（?—199），字公路，汝南汝阳（今河南商水县西南）人。董卓专权时逃奔南阳，据有淮南。后一度称帝，被曹操击破。传见《三国志》卷六、《后汉书》卷七十五。 [8]何颙：字伯求，南阳襄乡（今湖北枣阳市）人。东汉末名士，与太傅陈蕃、司校尉李膺等齐名。党锢祸起，亡匿汝南，与袁绍等豪俊交游。党锢解禁，辟司空府，与黄门侍郎荀攸、越骑校尉任琼等共谋诛董卓，事觉被董卓所捕，忧郁而死。[9]荀攸：字公达，颍川颍阴（今河南许昌市）人。后为曹操谋士，任中军师，魏国尚书令。传见《三国志》卷十。 [10]郑泰：《后汉书》作郑太，系范晔避家讳所改。字公业，河南开封（今河南开封市南）人，东汉大经学家郑众之曾孙。传见《后汉书》卷七十。 [11]北军中候：官名，东汉以屯骑、越骑、步兵、长水、射声等五校尉典领禁卫军，称为北军。北军中候即监北军五营。[12]黄门侍郎：又称给事黄门侍郎，官名。职为侍从皇帝，传达诏命。 [13]爽：荀爽，字慈明，汉献帝时为司空。传见《后汉书》卷六十二。 [14]沉吟：犹言沉默，没有行动。 [15]上阁：即尚书台阁，在宫禁中。 [16]庚午：四月二十五日。 [17]黄门令：官名，由宦官担任，主管宫中诸宦官。 [18]相害：互相妒忌。 [19]中官：宦官。 [20]挟：依恃。 [21]党助：为同党相救助，即为党援。 [22]参干：参与。 [23]禁塞：阻止。 [24]忿恚：忿怒。 [25]詈（lì）：骂。 [26]辀（zhōu）张：强横跋扈。 [27]怙：仗恃。 [28]兄：指何进。 [29]辜较：同“辜榷”，垄断，独霸。 [30]西省：指董太后。 [31]故事：先例，谓旧有的制度。 [32]蕃后：指汉平帝母卫姬。王莽摄政时，恐卫姬专权，便令其不得留京师。 [33]迁宫本国：指把董太后迁回原本的侯园，即迁居解渎亭侯国。 [34]辛巳：五月六日。 [35]辛亥：六月七日。[36]忧怖：忧愁惊恐。 [37]暴崩：突然死亡。 [38]辛酉：六月十七日。 [39]文陵：在当时洛阳城西北二十里。 [40]惩：警戒，接受教训。 [41]坐：遭受，因为。 [42]五营兵士：指北军五营兵士。 [43]窦氏反用之：汉灵帝初，窦武与陈蕃谋诛宦官，窦武报告太后，太后犹

豫未忍。后谋泄，宦官遂挟灵帝起兵捕武。窦武拒捕，驰入步兵营，召北军五营士与宦官战。五营士素畏宦官，不肯战，窦武遂兵败自杀。事见《后汉书·窦武传》。［44］将军兄弟：指何进及弟何苗。［45］部曲：部属。部曲原指军队的两级编制。大将军营五部，部有校尉一人，部下有曲，曲有军候一人。［46］力命：尽力效命。［47］赞：帮助。［48］一：全心一意，横下一心，谓果决，果敢。［49］三署郎：光禄勋下属的五官、左、右三署中郎将所统的郎官。［50］楚楚：鲜明貌。此谓抛头露面。［51］对事：同论政事。［52］放纵者：指飞扬跋扈的宦官。放纵，肆无忌惮。［53］赂遗（wèi）：赂赠，贿赂。［54］主簿：官名，汉代中央及郡县官署皆置此官，以典领文书，办理事务。［55］陈琳（?—217）：字孔璋，广陵（治所广陵，在今江苏扬州市）人。后依袁绍，绍败，归曹操。有文才，为建安七子之一。曹操之军国书檄，多出其手。事附见《三国志·魏书·王粲传》。［56］总皇威：总握皇帝之威权。时少帝年幼，何进以大舅的身份辅政，为大将军、录尚书事，军政大权皆由其掌握。［57］兵要：兵权。［58］龙骧虎步：骧，高举。比喻气势威武。［59］高下在心：谓随心所欲。［60］鼓洪炉燎毛发：比喻成事极易。［61］雷霆：谓威势。［62］行权立断：行使权力要坚决果断。［63］委释：放弃。［64］利器：指兵权。［65］假：给予。［66］元恶：元凶，首恶。［67］少府：官名，汉九卿之一，东汉时掌宫中御衣、宝货、珍膳等。［68］湟中：地区名，相当于今青海东北部湟水流域一带。［69］义从：自愿顺从者。［70］牢（lào）直：军粮钱。［71］不毕：不全，欠差。［72］憋（bié）肠：谓性情急躁。［73］将顺：顺从。［74］增异复上：有不同于此者再次上奏。［75］狎（xiá）：亲近。［76］之：往。［77］北州：指并州。［78］边垂：边境。［79］委兵：放弃军队。［80］逆命：违犯诏令。［81］踌躇：徘徊不前。［82］二者：指董卓抗旨、拖延两大罪过。［83］元帅：全军的主将。皇甫嵩以左将军督董卓讨王国，是为全军之主将。［84］专诛：擅自诛杀。［85］让：责备。［86］侍御史：官名，御史大夫属官，给事殿中，职掌监察，秩六百石。［87］强忍：极残忍。［88］厌：通“餍”。满足。［89］阿衡：本商初官名，伊尹任此职。后引申为辅导帝王、主持国政之意。［90］殷鉴不远：指窦武谋诛宦官而犹豫不决，反被宦官所杀事。［91］府掾（yuàn）：此指大将军府之佐吏。［92］成皋：县名，县治在今河南荥阳市汜水镇西。［93］武猛都尉：官名，东汉于边郡关塞之地设都尉，职如太守。其他都尉为临时所置，职在领兵。此武猛都尉亦临时所置之领兵官。［94］河内：郡名，治所怀县，在今河南武陟县西南。［95］孟津：关名，在今河南孟州市南。［96］浊乱：扰乱。［97］扬汤止沸：谓用勺舀沸水再倾下，使之散热而停止沸腾。［98］薪：柴火。［99］溃痈（yōng）：使痈穿破。痈，人身上的一种毒疮。［100］内食：谓痈毒在人体内侵食肌肉。［101］赵鞅兴晋阳之甲以逐君侧之恶：春秋晋定公时，赵鞅起晋阳之兵驱逐荀寅与士吉射，谓为除君侧之恶人。事见《公羊传》定公十三年。［102］鸣钟鼓：谓讨伐罪人。［103］如：往，进入。［104］依省内以致富贵：省内，指宦官。何太后依靠宦官而得入宫，何进兄弟也因此而得富贵。［105］覆水不收：比喻事发则不可收拾。［106］渑池：县名，县治在今河南渑池县西。［107］狐疑：犹豫不决。［108］种邵：字申甫，河南洛阳（今河南洛阳市东）人，后为侍中。其祖种暠，字景伯。汉顺帝与桓帝时，曾为益州刺史，治绩卓著，后为司徒。传见《后汉书》卷五十六。[109]河南：县名，县治在今河南洛阳市。[110]譬令：晓谕劝说。[111]披：退散。

袁绍惧进变计，因胁之曰："交构[1]已成，形势[2]已露，将军复欲何待而不早决之乎？事久变生，复为窦氏[3]矣！"进于是以绍为司隶校尉[4]，假节[5]，专命击断；从事中郎[6]王允为河南尹。绍使雒阳方略武吏[7]司察[8]宦者，而促董卓等使驰驿上奏，欲进兵平乐观。太后乃恐，悉罢中常侍、小黄门使还里舍，唯留进所私人以守省中[9]。诸常侍、小黄门皆诣进谢罪，唯所措置[10]。进谓曰："天下匈匈[11]，正患诸君耳。今董卓垂至[12]，诸君何不早各就国[13]！"袁绍劝进便于此决之[14]，至于再三；进不许。绍又为书告诸州郡，诈宣进意，使捕按[15]中官亲属。

进谋积日，颇泄，中官惧而思变。张让子妇，太后之妹也，让向子妇叩头曰："老臣得罪，当与新妇俱归私门。唯[16]受恩累世[17]，今当远离宫殿，情怀恋恋，愿复一入直[18]，得暂奉望太后陛下颜色，然后退就沟壑[19]，死不恨矣！"子妇言于舞阳君[20]，入白太后；乃诏诸常侍皆复入直。

八月，戊辰[21]，进入长乐宫，白太后，请尽诛诸常侍。中常侍张让、段珪相谓曰："大将军称疾，不临丧，不送葬，今欻[22]入省，此意何为？窦氏事[23]竟复起邪？"使潜听，具闻其语。乃率其党数十人持兵窃自[24]侧闼[25]入，伏省户[26]下，进出，因诈以太后诏召进，入坐省阁。让等诘[27]进曰："天下愦愦[28]，亦非独我曹罪也。先帝尝与太后不快[29]，几至成败[30]，我曹涕泣救解，各出家财千万为礼，和悦上意，但欲托卿门户耳。今乃欲灭我曹种族，不亦大甚乎！"于是尚方监[31]渠穆拔剑斩进于嘉德殿前。让、珪等为诏，以故太尉樊陵为司隶校尉，少府许相为河南尹。尚书得诏版，疑之，曰："请大将军出共议。"中黄门以进头掷与尚书曰："何进谋反，已伏诛矣！"

进部曲将[32]吴匡、张璋在外，闻进被害，欲引兵入宫，宫门闭。虎贲中郎将袁术与匡共斫攻之，中黄门持兵守阁。会日暮，术因烧南宫青琐门，欲以胁出让等。让等入白太后，言大将军兵反，烧宫，攻尚书闼[33]，因将[34]太后、少帝及陈留王，劫省内官属，从复道[35]走北宫。尚书卢植执戈于阁道窗下，仰数[36]段珪；珪惧，乃释太后，太后投阁，乃[37]免。袁绍与叔父隗矫诏召樊陵、许相，斩之。绍及何苗引兵屯朱雀阙下，捕得赵忠等，斩之。吴匡等素怨苗不与进同心，而又疑其与宦官通谋，乃令军中曰："杀大将军即[38]车骑[39]也，吏士能为报仇乎？"皆流涕曰："愿致死！"匡遂引兵与董卓弟奉车都尉[40]旻攻杀苗，弃其尸于苑中。绍遂闭北宫门，勒兵[41]捕诸宦者，无少长皆杀之，凡二千余人，或有无须而误死者。绍因进兵排宫[42]，或上端门屋，以攻省内。

庚午[43]，张让、段珪等困迫，遂将帝与陈留王数十人步出谷门[44]，夜，至小平津[45]，六玺[46]不自随，公卿无得从者，唯尚书卢植、河南中部掾[47]闵贡夜至河上。贡厉声质责让等，且曰："今不速死，吾将杀汝！"因手剑斩数人。让等惶怖，叉手再拜，叩头向帝辞曰："臣等死，陛下自爱！"遂投河而死。

贡扶帝与陈留王夜步逐萤光南行，欲还宫，行数里，得民家露车[48]，共乘之，至雒舍[49]止。辛未[50]，帝独乘一马，陈留王与贡共乘一马，从雒舍南行，公卿稍有至者。董卓至显阳苑[51]，远见火起，知有变，引兵急进；未明，到城西，闻帝在北，因与公卿往奉迎于北芒阪[52]下。帝见卓将兵卒[53]至，恐怖涕泣。群公谓卓曰："有诏却兵。"卓曰："公诸人为国大臣，不能匡正王室，至使国家[54]播荡[55]，何却兵之有！"卓与帝语，语不可了[56]，乃更与陈留王语，问祸乱由起，王答，自初至终，无所遗失。卓大喜，以王为贤，且为董太后所养，卓自以与太后同族，遂有废立之意。

是日，帝还宫，赦天下，改光熹为昭宁。失传国玺，余玺皆得之。以丁原为执金吾[57]。骑都尉鲍信自泰山募兵适至[58]，说袁绍曰："董卓拥强兵，将有异志，今不早图，必为所制；及其新至疲劳，袭之，可禽也！"绍畏卓，不敢发。信乃引兵还泰山。

（以上为第五段，写大将军何进优柔寡断，为宦官所害。袁绍趁机清宫杀灭宦官，实质是一场震动京师的宫廷政变。）

【注释】

［1］交构：谓互相闹矛盾。［2］形势：情况、情势。［3］窦氏：指窦武。［4］司隶校尉：官名，掌纠察京都百官违法者，并治所辖各郡，相当于州刺史。［5］假节：假借，此为授予之意。节，代表皇帝使命的凭证。假节，即有行使皇帝使命的权力。汉司隶校尉本持节，汉元帝时始去节，现又假节，在于加重其权力。［6］从事中郎：官名，此指大将军府之属官，职参谋议。［7］方略武吏：有谋略的武官。［8］司察：监督。［9］省中：宫中。［10］唯所措置：听从处置。［11］匈匈：动乱，纷扰。［12］垂至：将到。［13］就国：回到封爵之地。［14］决之：谓决计诛灭宦官。［15］捕按：逮捕审查。［16］唯：通“惟”，思念。［17］累世：连续几代。［18］入直：入宫侍值。［19］退就沟壑：退而去死。［20］舞阳君：何太后之母。［21］戊辰：八月二十五日。［22］欻（xū）：忽然。［23］窦氏事：指窦武谋诛宦官事。［24］窃自：暗自。［25］侧闼（tà）：侧门。［26］省户：宫门。［27］诘：责问。［28］愦（kuì）愦：纷乱。［29］先帝尝与太后不快：指何后毒死王美人，汉灵帝怒而欲废何后，诸宦官固请得止。事详《后汉书·皇后纪下》。［30］成败：造成失败。［31］尚方监：官名，汉代尚方署属少府，主造皇室所用刀剑兵器及诸玩好器物，设有令、丞主管，由宦官担任。尚方监大概新置于此时。［32］部曲将：汉代将军统兵，都有部曲，每部有校尉一人，部下有曲，每曲有军候一人。［33］尚书闼：尚书门。［34］将：挟持。［35］复道：楼阁间有上下两重通道，架空者称复道，又称天桥。［36］仰数（shǔ）：仰面斥责。［37］乃：据章校，有的版本“乃”作“得”。［38］即：据章校，有的版本“即”上有“者”字。［39］车骑：指何苗。当时何苗为车骑将军。［40］奉车都尉：官名，掌皇帝车舆。［41］勒兵：统率军队。［42］排宫：指攻打南宫。［43］庚午：八月二十七日。［44］谷门：当时洛阳的正北门。［45］小平津：黄河渡口名。在今河南巩义市西北。［46］六玺（xǐ）：汉代皇帝的印玺有六种，用处各异，其文也不同，分别为：“皇帝行玺”“皇帝之玺”“皇帝信玺”“天子行玺”“天子之玺”“天子信玺”。［47］河南中部掾：官名，河南尹置四部督邮监察属县，中部为掾。［48］露车：无车盖围栏的车。［49］雒舍：地名，洛阳北有芒山。雒舍又在芒山之北。［50］辛未：八月二十八日。［51］显阳苑：在当时洛阳之西。［52］北芒阪：即芒山，在洛阳之北。［53］卒（cù）：同“猝”，突然。［54］国家：指皇帝。［55］播荡：流亡，流离失所。［56］了：了解。［57］执金吾：官名，掌督巡宫外，维护皇宫周围及京都之治安，皇帝出行时，则充任护卫及仪仗队。［58］适至：正好到。

董卓之入也，步骑不过三千，自嫌兵少，恐不为远近所服，率四五日辄夜潜出军近营，明旦，乃大陈旌鼓而还，以为西兵复至，雒中无知者。俄而进及弟苗部曲［1］皆归于卓，卓又阴使丁原部曲司马［2］五原吕布［3］杀原而并其众，卓兵于是大盛。乃讽朝廷，以久雨，策免司空刘弘而代之。

初，蔡邕[4]徙朔方[5]，会赦得还。五原太守王智，甫之弟也，奏邕谤讪[6]朝廷；邕遂亡命江海，积十二年。董卓闻其名而辟之，称疾不就。卓怒，詈曰："我能族[7]人！"邕惧而应命，到，署[8]祭酒[9]，甚见敬重，举高第[10]，三日之间，周历三台[11]，迁为侍中。

董卓谓袁绍曰："天下之主，宜得贤明，每念灵帝，令人愤毒[12]！董侯[13]似可，今欲立之，为能胜史侯[14]否？人有小智大痴，亦知复何如为当；且尔[15]，刘氏种不足复遗[16]！"绍曰："汉家君天下四百许年[17]，恩泽深渥[18]，兆民戴之。今上富于春秋[19]，未有不善宣于天下。公欲废嫡立庶，恐众不从公议也！"卓按剑叱绍曰："竖子敢然[20]！天下之事，岂不在我！我欲为之，谁敢不从！尔谓董卓刀为不利乎！"绍勃然[21]曰："天下健者[22]岂惟董公！"引佩刀，横揖，径出。卓以新至，见绍大家，故不敢害。绍县[23]节[24]于上东门[25]，逃奔冀州。

九月，癸酉[26]，卓大会百僚，奋首[27]而言曰："皇帝暗弱[28]，不可以奉宗庙，为天下主。今欲依伊尹、霍光故事[29]，更立陈留王，何如？"公卿以下皆惶恐，莫敢对。卓又抗言[30]曰："昔霍光定策，延年按剑[31]。有敢沮[32]大议，皆以军法从事！"坐者震动。尚书卢植独曰："昔太甲既立不明，昌邑罪过千余，故有废立之事。今上富于春秋，行无失德，非前事之比也。"卓大怒，罢坐。将杀植，蔡邕为之请，议郎彭伯亦谏卓曰："卢尚书海内大儒，人之望也；今先害之，天下震怖。"卓乃止，但免植官，植遂逃隐于上谷[33]。卓以废立议示太傅袁隗，隗报如议。

甲戌[34]，卓复会群僚于崇德前殿，遂胁太后策[35]废少帝，曰："皇帝在丧，无人子之心，威仪不类人君，今废为弘农王，立陈留王协为帝。"袁隗解帝玺绶[36]，以奉陈留王，扶弘农王下殿，北面称臣[37]。太后鲠涕[38]，群臣含悲，莫敢言者。

卓又议："太后踧迫[39]永乐宫[40]，至令忧死，逆妇姑[41]之礼。"乃迁太后于永安宫。赦天下，改昭宁为永汉。丙子[42]，卓鸩杀[43]何太后，公卿以下不布服，会葬，素衣而已。卓又发何苗棺，出其尸，支解节断，弃于道边，杀苗母舞阳君，弃尸于苑枳落[44]中。

诏除[45]公卿以下子弟为郎[46]，以补宦官之职，侍于殿上。

乙酉[47]，以太尉刘虞为大司马[48]，封襄贲侯。董卓自为太尉，领[49]前将军[50]事，加节传[51]、斧钺[52]、虎贲[53]，更封郿侯。

丙戌[54]，以太中大夫[55]杨彪[56]为司空。

（以上为第六段，写董卓大权独揽，擅自废立。）

【注释】

[1]部曲：此指军队。[2]部曲司马：即军司马，官名，为统兵将领之属官，综理军府事，并参与军事谋划。[3]吕布（？—198）：字奉先，五原九原（今内蒙古包头市西北）人，武艺高强。初随丁原，继而杀原归董卓。后又与王允合谋杀卓，逃据徐州，为曹操所杀。传见《三国志》卷七、《后汉书》卷七十五。[4]蔡邕：字伯喈，陈留圉县（今河南杞县）人。博学，善辞章、天文、术数，尤精书法。汉灵帝初为郎中。熹平中奏定六经文字，并自书于碑，使工刻立于太学门外，以供后学取正，史称熹平石经。后得罪宦官，被流徙朔方，遇赦得还。汉献帝初，为司空、侍中、中郎将。董卓被诛后，他受牵连入狱，死于狱中。著作有《独断》《蔡中郎集》等。传见《后汉书》卷六十下。[5]朔方：郡名，治所临戎，在今内蒙古磴口县北之黄河东岸。[6]谤讪（shàn）：毁谤。[7]族：族诛，灭族。[8]署：代理或暂任官职称“署”。[9]祭酒：官名，为五经博士之首。[10]高第：高品第。[11]三台：东汉称尚书为中台，御史为宪台，谒者为外台，合称三台。而蔡邕只为侍御史、治书御史及尚书，未为谒者，称周历三台，为夸张之言。[12]愤毒：愤恨。[13]董侯：指陈留王刘协，因为董太后所养，号董侯。[14]史侯：指少帝刘辩，因养于史道人家，号为史侯。[15]且尔：暂且如此。董卓言此，其欲废汉自立之心，昭然若揭。[16]刘氏种不足复遗：指汉室家天下值不得延续。刘氏种，刘家的后代。[17]君天下四百许年：为君统治天下约四百年。[18]深渥：深厚。[19]富于春秋：谓年纪轻。[20]竖子敢然：小子竟敢如此。[21]勃然：发怒变色的样子。[22]健者：强者。[23]县：“悬”本字。[24]节：指所假司隶校尉之节。[25]上东门：当时洛阳城东面靠北之门。[26]癸酉：九月甲戌朔，无癸酉。[27]奋首：昂首，仰着头。[28]暗弱：愚昧柔弱。[29]伊尹、霍光故事：伊尹，商初大臣，辅佐帝太甲，太甲暴虐，伊尹流放太甲守商汤陵墓，太甲改过，复为商王。霍光，西汉辅佐昭帝的大臣，昭帝死，霍光迎立昌邑王刘贺为帝，刘贺昏暴为霍光所废。董卓引此两人故事为自己行废立事辩护。[30]抗言：高声。[31]延年按剑：当霍光决计废昌邑王后，在未央宫召集群臣会议，群臣皆不敢言，田延年遂按剑而起说：“群臣后应者，臣请剑斩之。”群臣遂赞同。事见《汉书·霍光传》。[32]沮（zǔ）：阻止。[33]上谷：郡名，治所沮阳，在今河北怀来县东南。[34]甲戌：九月一日。[35]策：下策书。[36]绶：系印的丝带。[37]北

面称臣：古时帝王坐北面南，臣子北面而朝。［38］䋁（gěng）涕：哽咽流泪。［39］蹴（cù）迫：紧迫，逼迫。“蹴”通“蹙”。［40］永乐宫：指汉灵帝母董太后。［41］妇姑：古代称儿子之妻为妇，丈夫之母为姑。［42］丙子：九月三日。［43］鸩杀：用鸩酒毒死。［44］枳（zhǐ）落：枳木编成的篱笆。枳，似橘的一种小树；落，篱落，篱笆。［45］除：任命。［46］郎：皇帝侍从官之通称。两汉光禄勋之属官议郎、侍郎等总称为郎。东汉时政归台阁，于尚书台置尚书郎，亦称为郎。［47］乙酉：九月十二日。［48］大司马：官名，汉武帝置大司马代替太尉。东汉光武帝又罢大司马置太尉。汉灵帝末年又并置大司马与太尉。［49］领：兼任。［50］前将军：官名，位次于上卿，与后将军及左、右将军掌京师兵卫和边防屯警。［51］节传（zhuàn）：行使皇帝使命的凭证。［52］斧钺：两种兵器，为皇帝专用的仪仗。［53］虎贲：皇帝之仪卫武士。［54］丙戌：九月十三日。［55］太中大夫：官名，属光禄勋，掌议论。［56］杨彪（142—225）：字文先，弘农华阴（今陕西华阴市东）人。汉献帝时为三公。传见《后汉书》卷五十四。

甲午[1]，以豫州[2]牧黄琬[3]为司徒[4]。

董卓率诸公上书，追理陈蕃、窦武及诸党人，悉复其爵位，遣使吊祠，擢用[5]其子孙。

自六月雨至于是月。

冬，十月，乙巳[6]，葬灵思皇后[7]。

白波贼[8]寇河东，董卓遣其将牛辅击之。

初，南单于於扶罗既立，国人杀其父者遂叛，共立须卜骨都侯[9]为单于。於扶罗诣阙自讼。会灵帝崩，天下大乱，於扶罗将数千骑与白波贼合兵寇郡县。时民皆保聚[10]，钞掠无利，而兵遂挫伤。复欲归国，国人不受，乃止河东平阳[11]。须卜骨都侯为单于一年而死，南庭遂虚其位，以老王行国事。

十一月，以董卓为相国[12]，赞拜[13]不名[14]，入朝不趋[15]，剑履上殿[16]。

十二月，戊戌[17]，以司徒黄琬为太尉，司空杨彪[18]为司徒，光禄勋荀爽[19]为司空。

初，尚书武威周毖[20]，城门校尉[21]汝南伍琼[22]，说董卓矫[23]桓、灵之政，擢用天下名士以收众望，卓从之，命毖、琼与尚书郑泰、长史何颙等沙汰[24]秽恶[25]，显拔幽滞[26]。于是征处士[27]荀爽、陈纪[28]、韩融[29]、申屠蟠[30]。复就拜爽平原[31]相[32]，行至宛陵[33]，迁[34]光禄勋，视事三日，进拜司空。自被征命及登台司[35]，凡九十三日。又以纪为五官中郎将[36]，融为大鸿胪[37]。纪，寔之子；融，韶之子也。爽等皆畏卓之暴，无敢不至。独申屠蟠得征书，人劝之行，蟠笑而不答，卓终不能屈，年七十余，以寿终。卓又以尚书韩馥[38]为冀州牧，侍中刘岱[39]为兖州刺史，陈留孔伷[40]为豫州刺史，东平张邈[41]为陈留太守，颍川张咨[42]为南阳太守。卓所亲爱，并不处显职，但将校[43]而已。

诏除光熹、昭宁、永汉三号[44]。

董卓性残忍，一旦专政，据有国家甲兵、珍宝，威震天下，所愿无极，语宾客曰："我相[45]，贵无上[46]也！"侍御史扰龙宗诣卓白事，不解剑，立挝杀[47]之。是时，雒中贵戚，室第相望，金帛财产，家家充积，卓纵放兵士，突[48]其庐舍，剽虏[49]资物，妻略妇女[50]，不避贵戚[51]，人情崩恐，不保朝夕。

卓购求[52]袁绍急，周毖、伍琼说卓曰："夫废立大事，非常人所及。袁绍不达大体，恐惧出奔，非有他志。今急购之，势必为变。袁氏树恩四世[53]，门生[54]故吏遍于天下，若收豪杰以聚徒众，英雄因之而起，则山东[55]非公之有也。不如赦之，拜一郡守，绍喜于免罪，必无患矣。"卓以为然，乃即拜绍勃海[56]太守，封邟乡侯。又以袁术为后将军[57]，曹操为骁骑校尉[58]。

术畏卓，出奔南阳。操变易姓名，间行[59]东归，过中牟，为亭长[60]所疑，执诣县。时县已被卓书，唯功曹[61]心知是操，以世方乱，不宜拘天下雄隽，因白令释之。操至陈留，散家财，合兵得五千人。

是时，豪杰多欲起兵讨卓者，袁绍在勃海，冀州牧韩馥遣数部从事[62]守之，不得动摇[63]。东郡太守桥瑁[64]诈作京师三公[65]移书[66]与州郡，陈卓罪恶，云"见逼迫，无以自救，企望[67]义兵，解国患难。"馥得移，请诸从事问曰："今当助袁氏邪，助董氏邪？"治中从事刘子惠曰："今兴兵为国，何谓袁、董！"馥有惭色。子惠复言："兵者凶事，不可为首；今宜往视他州，有发动者，然后和[68]之。冀州于他州不为弱也，他人功未有在冀州之右[69]者也。”馥然之。馥乃作书与绍，道卓之恶，听[70]其举兵。

（以上为第七段，写董卓平反党人冤狱，征用名士，外示宽柔，而放纵部属肆意抢掠皇亲国戚和大户，野心勃勃，觊觎神器。）

【注释】

[1]甲午：九月二十一日。[2]豫州：州名，治所谯县，在今安徽亳州市。[3]黄琬（141—192）：字子琰，江夏安陆（今属湖北）人，东汉末名士、大臣，历官议郎、将作大匠、少府、太仆，又为右扶风、豫州牧。董卓西迁，官拜司隶校尉，与王允共谋诛董卓，寻为卓将李傕所害。传附《后汉书》卷六十一《黄琼传》。[4]司徒：官名，东汉三公之一，掌民政。[5]擢用：选拔任用。[6]乙巳：十月三日。[7]灵思皇后：即汉灵帝何皇后，思为谥号。[8]白波贼：东汉末山西的农民起义军，因起义地在西河白波谷（今山西侯马市北），故称之为白波军。[9]须卜骨都侯：须卜，南匈奴异姓贵族之一姓。骨都侯，官名，是异姓大臣中的最高官位。[10]保聚：修筑坞壁聚众自保。保，通“堡”，用砖石修建的防御工事，又称坞壁。[11]平阳：县名，县治在今山西临汾市西南。[12]相国：西汉初年曾置相国，为辅佐皇帝、综理全国政务的最高长官。后改称丞相，东汉时称为司徒，现又增置。[13]赞拜：古时臣下朝拜天子，司仪者在旁唱礼，唱礼时直呼朝拜者的姓名。[14]不名：不直呼姓名，只称官职。[15]趋：此指小步快走，表示恭敬。[16]剑履上殿：带剑穿鞋上殿。古时臣子不能穿鞋带兵器上殿。[17]戊戌：十二月癸卯朔，无戊戌。[18]杨彪：字文先，弘农华阴（今属陕西）人，东汉名臣杨震之曾孙。彪为汉末名士，历官议郎、侍中、京兆尹、司空、太尉。建安年间，彪见汉祚将终，称疾退隐。传附《后汉书》卷五十四《杨震传》。[19]荀爽：一名谞，字慈明，颍川颍阴（今河南许昌市）人。东汉末大臣，官至司空。传附《后汉书》卷六十二《荀淑传》。[20]周毖：字仲远，武威（今属甘肃）人。东汉末大臣，董卓时任尚书，多荐名士任职，护佑汉室，为董卓所害。[21]城门校尉：官名，掌京师城门屯兵，秩比二千石，第四品。[22]伍琼：字德瑜，汝南（治今河南平舆县北）人。董卓时任城门校尉，与周毖同心，荐袁绍为勃海太守，为董卓所害。[23]矫：纠正。[24]沙汰：淘汰。[25]秽恶：指贪官污吏。[26]显拔幽滞：显扬提拔失意不得仕进的人。[27]处士：未作官的士人。[28]陈纪：字元方，陈寔之子，颍川许昌（今河南许昌市）人，东汉末名士，著书《陈子》，历官平原相、侍中、大鸿胪。传见《后汉书》卷六十二。[29]韩融：字元长，颍川舞阳（今属河南）人，东汉末名士，官至太仆。[30]申屠蟠：字子龙，陈留外黄（今河南民权县）人。东汉末名士，官府屡征不就，年七十四，卒于家。[31]平原：王国名，治所平原县，在今山东平原县西南。[32]相：官名，中央政府委派的执掌王国行政大权的长官，相当于郡太守。[33]宛陵：县名，县治在今河南新郑市东北。[34]迁：调任。[35]台司：谓三公府。[36]五官中郎将：官名，汉于光禄勋下置五官、左、右三署中郎将，统领皇帝侍卫军。[37]大

鸿胪：官名，汉九卿之一，掌宾礼。凡附属的少数民族及诸侯王之入朝、迎送、朝会、封授等皆归属大鸿胪掌管。［38］韩馥：字文节，颍川（治今河南禹州市）人，官至冀州牧。关东诸侯讨董卓，袁绍为盟主，胁迫韩馥让出冀州，馥失势自杀。［39］刘岱：字公山，东莱牟平（今属山东）人，东汉末兖州刺史，为关东起兵讨董卓的诸侯之一。初平三年为黄巾军所杀。［40］孔伷：字公绪，东汉末陈留（今河南开封市）人。豫州刺史，为关东起兵讨董卓的诸侯之一。［41］张邈：字孟卓，东汉末年平寿张县（今山东东平县）人。陈留太守，为关东起兵讨董卓的诸侯之一。张邈与曹操友善，后两人反目成仇，邈依附吕布与曹操争兖州。吕布兵败，邈诣袁术求救，为其部下所杀。事附见《三国志·吕布传》。［42］张咨：字子议，颍州人，东汉末为南阳太守，被长沙太守孙坚所杀。［43］将校：谓中郎将及校尉，为中级领兵官。［44］除光熹、昭宁、永汉三号：谓废除上述三个年号，复称中平六年。［45］相：长相，相貌。［46］贵无上：意谓当作皇帝。［47］楇（zhuā）杀：以杖击死。［48］突：冲闯。［49］剽虏：抢夺。［50］妻略妇女：强掠妇女为妻。［51］戚：据章校，有的版本“戚”作“贱”。［52］购求：悬赏捕捉。［53］四世：指袁安、袁汤、袁逢等至袁绍四代。［54］门生：本指门下受业的生徒，但在东汉后期，投身豪门的依附者亦称门生。［55］山东：战国秦汉间称“山东”，一般指崤山以东之地。此处“山东”，应指太行山以东地区。［56］勃海：郡名，治所南皮，在今河北南皮县北。［57］后将军：官名，位次上卿，与前、左、右将军掌京师兵卫和边防屯警。［58］骁（xiāo）骑校尉：官名，为北军五校尉之一。汉光武帝初，本改屯骑校尉为骁骑校尉，后又复称屯骑校尉，此时又再称骁骑校尉。［59］间（jiàn）行：走小路。［60］亭长：乡官名。汉代乡间十里设一亭，置亭长一人，掌地方治安，巡捕盗贼。［61］功曹：官名。汉代县令下亦设功曹史，为县令之佐吏。［62］部从事：官名，即部从事史，州牧刺史之佐使，每郡置一人，主察非法。［63］不得动摇：谓防止袁绍起兵。［64］桥瑁：字元伟，睢阳（今河南商丘市）人。东汉末为东郡太守，关东诸侯讨董卓的发难者。后因与刘岱不和，为刘岱所杀。［65］三公：东汉以太尉、司徒、司空为三公。［66］移书：移送文书。［67］企望：盼望。［68］和：附和。［69］右：上。［70］听：听任。

孝献皇帝[1]甲

初平元年（庚午，190年）

春，正月，关东[2]州郡皆起兵以讨董卓，推勃海太守袁绍为盟主；绍自号车骑将军，诸将皆板授[3]官号。绍与河内太守王匡屯河内，冀州牧韩馥留邺，给其军粮。豫州刺史孔伷屯颍川，兖州刺史刘岱、陈留太守张邈、邈弟广陵太守超、东郡太守桥瑁、山阳太守袁遗、济北相鲍信与曹操俱屯酸枣[4]，后将军袁术屯鲁阳[5]，众各数万。豪杰多归心袁绍者；鲍信独谓曹操曰：“夫略不世出[6]，能拨乱反正者，君也。苟非其人，虽强必毙。君殆天之所启乎！”

辛亥[7]，赦天下。

癸酉[8]，董卓使郎中令[9]李儒鸩杀弘农王辩。

卓议大发兵以讨山东。尚书郑泰[10]曰：“夫政在德，不在众也。”卓不悦曰：“如卿此言，兵为无用邪！”泰曰：“非谓其然也，以为山东不足加大兵耳。明公出自西州[11]，少为将帅，闲习[12]军事。袁本初[13]公卿子弟，生处京师；张孟卓[14]东平长者[15]，坐不窥堂[16]；孔公绪[17]清谈高论[18]，嘘枯吹生[19]；并无军旅[20]之才，临锋决敌[21]，非公之俦[22]也。况王爵不加[23]，尊卑无序，若恃众怙力[24]，将各棋峙[25]以观成败，不肯同心共胆，与齐进退也。且山东承平日久，民不习战；关西[26]顷遭羌寇，妇女皆能挟弓而斗，天下所畏者，无若并、凉之人与羌、胡义从[27]；而明公拥之以为爪牙，譬犹驱虎兕[28]以赴犬羊，鼓烈风以扫枯叶，谁敢御之！无事征兵以惊天下，使患役之民相聚为非，弃德恃众，自亏威重也。”卓乃悦。

（以上为第八段，写关东诸侯起兵讨董卓。）

【注释】

[1]孝献皇帝（181—234）：名协，字伯和。（《谥法》：聪明睿智曰献。东汉最末之皇帝，公元189年至公元220年在位。但即帝位时，东汉已名存实亡，故在位期间皆为傀儡。公元220年被曹丕取代，废为山阳公。事详《后汉书·献帝纪》及《三国志·魏书·武帝纪》。[2]关东：泛指函谷关以东之地。[3]板授：未经诏命之临时授官称为“板授”。[4]酸枣：县名，县治在今河南延津县西南。[5]鲁阳：县名，县治在今河南鲁山县。[6]略不世出：谓谋略高出于世人。[7]辛亥：正月十日。[8]癸酉：正月壬寅朔，无癸酉。[9]郎中令：王国官名，掌王国大夫、郎中，负责宿卫，如朝廷之光禄勋。[10]尚书：少府属官，掌图籍、章奏。郑泰：传见《三国志》卷十六，官至扬州刺史。[11]西州：指凉州。[12]闲习：熟练。[13]袁本初：袁绍字本初。[14]张孟卓：张邈字孟卓。[15]长（zhǎng）者：端庄谨厚者。[16]坐不窥堂：谓坐在堂内也不随便乱看。[17]孔公绪：孔伷字公绪。[18]清谈高论：谓善于高谈阔论。[19]嘘枯吹生：枯的能吹之使生，生的能吹之使枯。意谓言谈虽然动听，而抑扬褒贬不合实际。[20]军旅：军队、军事。[21]临锋决敌：谓冲锋陷阵与敌决胜负。[22]俦（chóu）：同辈，同类。[23]王爵不加：指袁绍等人之官不是由朝廷任命。[24]怙力：倚仗力量。[25]棋峙：谓如棋子之对峙，互不相让。[26]关西：泛指函谷关以西之地。[27]羌、胡义从：羌族及胡

人之自愿随从者，即归降者。［28］兕（sì）：犀牛。古籍中，兕与虎经常并提，为猛兽之代表。

董卓以山东兵盛，欲迁都以避之，公卿皆不欲而莫敢言。卓表[1]河南尹朱俊为太仆以为己副，使者召拜[2]，俊辞，不肯受；因曰："国家西迁，必孤[3]天下之望，以成山东之衅，臣不知其可也。"使者曰："召君受拜而君拒之，不问徙事而君陈之，何也？"俊曰："副相国，非臣所堪也；迁都非计，事所急也。辞所不堪，言其所急，臣之宜也。"由是止不为副。

卓大会公卿议，曰："高祖都关中，十有一世，光武宫雒阳，于今亦十一世矣。按《石包谶》[4]，宜徙都长安，以应天人之意。"百官皆默然。司徒杨彪曰："移都改制，天下大事，故盘庚迁亳[5]，殷民胥怨[6]。昔关中遭王莽残破，故光武更都雒邑，历年已久，百姓安乐，今无故捐[7]宗庙，弃园陵，恐百姓惊动，必有糜沸[8]之乱。《石包谶》，妖邪之书，岂可信用！"卓曰："关中肥饶，故秦得并吞六国。且陇右材木自出，杜陵[9]有武帝陶灶[10]，并功营之，可使一朝而办。百姓何足与议！若有前却[11]，我以大兵驱之，可令诣沧海[12]。"彪曰："天下动之至易，安之甚难，惟明公虑焉！"卓作色[13]曰："公欲沮国计邪！"太尉黄琬曰："此国之大事，杨公之言，得无[14]可思！"卓不答。司空荀爽见卓意壮，恐害彪等，因从容言曰："相国岂乐此邪！山东兵起，非一日可禁，故当迁以图之，此秦、汉之势[15]也。"卓意小解。琬退，又为驳议。二月，乙亥[16]，卓以灾异奏免琬、彪等，以光禄勋赵谦为太尉，太仆王允[17]为司徒。城门校尉伍琼、督军校尉[18]周毖固谏迁都，卓大怒曰："卓初入朝，二君劝用善士，故卓相从，而诸君到官，举兵相图，此二君卖卓，卓何用相负！"庚辰[19]，收琼、毖，斩之。杨彪、黄琬恐惧，诣卓谢，卓亦悔杀琼、毖，乃复表彪、琬为光禄大夫。

卓征京兆尹盖勋为议郎；时左将军皇甫嵩将兵三万屯扶风[20]，勋密与嵩谋讨卓。会卓亦征嵩为城门校尉，嵩长史[21]梁衍说嵩曰："董卓寇掠京邑，废立从意，今征将军，大则危祸，小则困辱。今及卓在雒阳，天子来西，以将军之众迎接至尊，奉令讨逆，征兵群帅，袁氏[22]逼其东，将军迫其西，此成禽也！”嵩不从，遂就征。勋以众弱不能独立，亦还京师。卓以勋为越骑校尉[23]。河南尹朱俊为卓陈军事，卓折[24]俊曰：“我百战百胜，决之于心，卿勿妄说，且污我刀！”盖勋曰：“昔武丁之明，犹求箴谏[25]，况如卿者，而欲杜人之口乎！”卓乃谢之。

卓遣军至阳城[26]，值民会于社下[27]，悉就斩之，驾其车重[28]，载其妇女，以头系车辕[29]，歌呼还雒，云攻贼大获。卓焚烧其头，以妇女与甲兵[30]为婢妾。

丁亥[31]，车驾西迁，董卓收[32]诸富室，以罪恶诛之，没入其财物，死者不可胜计；悉驱徙其余民数百万口于长安，步骑驱蹙[33]，更相蹈藉[34]，饥饿寇掠，积尸盈路。卓自留屯毕圭苑中，悉烧宫庙[35]、官府、居家，二百里内，室屋荡尽，无复鸡犬。又使吕布发诸帝陵及公卿以下冢墓，收其珍宝。卓获山东兵，以猪膏涂布十余匹，用缠其身，然后烧之，先从足起。

三月，乙巳[36]，车驾入长安，居京兆府舍，后乃稍葺[37]宫室而居之。时董卓未至，朝政大小皆委之王允。允外相弥缝，内谋王室[38]，甚有大臣之度，自天子及朝中皆倚允；允屈意承[39]卓，卓亦雅信焉。

（以上为第九段，写董卓胁迫献帝西迁长安，火烧洛阳，东汉二百年帝京，成了一片废墟。）

【注释】

[1]表：上表举荐。[2]召拜：诏命宣召授官。[3]孤：辜负。[4]《石包谶》：当时的一种谶纬书。[5]盘庚迁亳：盘庚，殷商国王，汤之第九代孙。即位后，曾将国都从河北迁到河南之亳，今河南洛阳市偃师区。[6]胥怨：皆怨。[7]捐：遗弃。[8]糜沸：粥在锅中沸腾。用以比喻动乱纷扰。[9]杜陵：县名，县治在今陕西西安市东南。因汉宣帝筑杜陵于此，故名。[10]陶灶：烧制陶器的窑灶。[11]前却：挡在前面阻止。[12]可令诣沧海：可以使他们赴汤蹈海，谓暴力可使百姓不避险难。这里指把百姓赶下海。[13]作色：变脸色。[14]得无：能不。[15]秦、汉之势：指秦、汉建都关中，即因山河形势以制天下。[16]乙亥：二月五日。[17]王允：字子节，太原祁县（今属山西）人。官至司徒。初平三年，与士孙瑞、吕布密谋诛杀了董卓。随后为卓将李傕等所害。[18]督军校尉：统兵之中级将领。[19]庚辰：二月十日。[20]扶风：即右扶风，汉代三辅之一。东汉时治所在槐里，在今陕西兴平市东南。[21]长史：官名，为将军之属官，职责是总理将军幕府事。[22]袁氏：指袁绍。[23]越骑校尉：官名，

东汉北军五校尉之一，掌宿卫兵。［24］折：屈服。［25］武丁之明，犹求箴谏：胡三省谓“武丁”为“武公”传写之误。武公指春秋时卫武公。卫武公已九十五岁，还向国人征求警戒之言。事见《国语·楚语上》。［26］阳城：县名，县治在今河南登封市东南。［27］社下：社，土地神。社下，祭祀土地神的处所。［28］车重：装有货物的车。［29］辕：车前驾牲畜的直木。［30］甲兵：穿甲胄的士兵。［31］丁亥：二月十七日。［32］收：收捕。［33］驱蹙（cù）：驱赶逼迫。［34］蹈藉（jiè）：践踏。［35］宫庙：宫室宗庙。［36］乙巳：三月五日。［37］葺（qì）：修补房屋。［38］外相弥缝，内谋王室：谓王允表面上对董卓敷衍搪塞，暗中却为王室谋划。［39］承：奉承。

董卓以袁绍之故，戊午[1]，杀太傅袁隗[2]、太仆袁基[3]，及其家尺口[4]以上五十余人。

初，荆州刺史王睿与长沙太守孙坚共击零、桂[5]贼，以坚武官，言颇轻之。及州郡举兵讨董卓，睿与坚亦皆起兵。睿素与武陵太守曹寅不相能[6]，扬言当先杀寅。寅惧，诈作按行使者[7]檄[8]移坚，说睿罪过，令收，行刑讫，以状上[9]。坚承檄，即勒兵袭睿。睿闻兵至，登楼望之，遣问“欲何为？”坚前部答曰：“兵久战劳苦，欲诣使君[10]求资直[11]耳。”睿见坚惊曰：“兵自求赏，孙府君[12]何以在其中？”坚曰：“被使者檄诛君！”睿曰：“我何罪？”坚曰：“坐[13]无所知！”睿穷迫，刮金饮之而死。坚前至南阳，众已数万人。南阳太守张咨不肯给军粮，坚诱而斩之；郡中震栗[14]，无求不获。前到鲁阳，与袁术合兵。术由是得据南阳，表坚行破虏将军、领豫州刺史。

诏以北军中候[15]刘表[16]为荆州刺史。时寇贼纵横，道路梗塞，表单马入宜城[17]，请南郡[18]名士蒯良、蒯越[19]，与之谋曰：“今江南宗贼[20]甚盛，各拥众不附，若袁术因之，祸必至矣。吾欲征兵，恐不能集，其策焉出？”蒯良曰：“众不附者，仁不足也；附而不治者，义不足也。苟仁义之道行，百姓归之如水之趣下，何患征兵之不集乎！”蒯越曰：“袁术骄而无谋，宗贼帅多贪暴，为下所患，若使人示之以利，必以众来。使君诛其无道，抚而用之，一州之人有乐存之心，闻君威德，必襁负[21]而至矣。兵集众附，南据江陵，北守襄阳[22]，荆州八郡[23]可传檄而定，公路[24]虽至，无能为也。”表曰：“善！”乃使越诱宗贼帅，至者五十五人，皆斩之而取其众。遂徙治襄阳[25]，镇抚郡县，江南悉平。

董卓在雒阳，袁绍等诸军皆畏其强，莫敢先进。曹操曰："举义兵以诛暴乱，大众已合，诸君何疑！向使[26]董卓倚王室，据旧京，东向以临天下，虽以无道行之，犹足为患。今焚烧宫室，劫迁天子，海内震动，不知所归，此天亡之时也，一战而天下定矣。"遂引兵西，将据成皋，张邈遣将卫兹分兵随之。进至荥阳[27]汴水[28]，遇卓将玄菟徐荣，与战，操兵败，为流矢所中，所乘马被创[29]。从弟洪以马与操，操不受。洪曰："天下可无洪，不可无君！"遂步从操，夜遁去。荣见操将兵少，力战尽日，谓酸枣未易攻也，亦引兵还。

操到酸枣，诸军十余万，日置酒高会，不图进取，操责让[30]之，因为谋曰："诸君能听吾计，使勃海[31]引河内之众临孟津[32]，酸枣诸将守成皋，据敖仓[33]，塞轘辕、太谷[34]，全制其险，使袁将军[35]率南阳之军军丹、析[36]，入武关[37]，以震三辅[38]，皆高垒深壁，勿与战，益[39]为疑兵[40]，示天下形势，以顺诛逆，可立定也。今兵以义动，持疑不进，失天下望，窃为诸君耻之！"邈等不能用。操乃与司马[41]沛国夏侯惇[42]等诣扬州[43]，募兵，得千余人，还屯河内。

顷之，酸枣诸军食尽，众散。刘岱与桥瑁相恶，岱杀瑁，以王肱领东郡太守。青州刺史焦和亦起兵讨董卓，务及诸将[44]西行，不为民人保障，兵始济河[45]，黄巾已入其境。青州素殷实，甲兵甚盛。和每望寇奔北[46]，未尝接风尘、交旗鼓[47]也。性好卜筮[48]，信鬼神，入见其人，清谈干云[49]，出观其政，赏罚淆乱，州遂萧条，悉为丘墟。顷之，和病卒，袁绍使广陵臧洪[50]领[51]青州以抚之。

夏，四月，以幽州牧刘虞为太傅，道路壅塞，信命[52]竟不得通。先是，幽部应接[53]荒外[54]，资费甚广，岁常割青、冀赋调[55]二亿有余[56]以足之。时处处断绝，委输[57]不至，而虞敝衣绳屦[58]，食无兼肉，务存宽政，劝督农桑，开上谷胡市[59]之利，通渔阳盐铁之饶，民悦年登，谷石[60]三十[61]，青、徐士庶避难归虞者百余万口，虞皆收视[62]温恤[63]，为安立生业，流民皆忘其迁徙焉。

五月，司空荀爽薨。六月，辛丑[64]，以光禄大夫种拂[65]为司空。拂，邵之父也。

董卓遣大鸿胪韩融、少府阴修、执金吾胡毋班、将作大匠[66]吴修、越骑校尉王环安集关东，解譬袁绍等。胡毋班、吴修、王环至河内，袁绍使王匡悉收击[67]杀之。袁术亦杀阴修；惟韩融以名德免。

董卓坏五铢钱[68]，更铸小钱，悉取雒阳及长安铜人[69]、钟虡[70]、飞廉[71]、铜马之属以铸之，由是货贱[72]物贵，谷石至数万钱。

冬，孙坚与官属会饮于鲁阳城东，董卓步骑数万猝至，坚方行酒，谈笑，整顿部曲[73]，无得妄动。后骑渐益，坚徐罢坐，导引入城，乃曰："向坚所以不即起者，恐兵相蹈藉，诸君不得入耳。"卓兵见其整，不敢攻而还。

王匡屯河阳津[74]，董卓袭击，大破之。

左中郎将[75]蔡邕[76]议："孝和以下庙号称宗者，皆宜省去，以遵先典。"从之。

中郎将徐荣荐同郡故冀州刺史公孙度[77]于董卓，卓以为辽东太守。度到官，以法诛灭郡中名豪大姓百余家，郡中震栗，乃东伐高句骊[78]，西击乌桓，语所亲吏柳毅、阳仪等曰："汉祚将绝，当与诸卿图正[79]耳。"于是分辽东为辽西、中辽郡，各置太守，越海收东莱[80]诸县，置营州刺史。自立为辽东侯、平州[81]牧，立汉二祖[82]庙，承制[83]，郊祀天地[84]，藉田[85]，乘鸾路[86]，设旄头[87]、羽骑[88]。

（以上为第十段，写董卓西迁后，关东诸侯散归各自领属的州郡，互相征伐，初步形成军阀混战的态势。）

【注释】

[1]戊午：三月十八日。 [2]袁隗：字次阳，袁绍叔父，献帝初任太傅。由于袁绍、袁术起兵讨董卓，卓于是诛杀袁隗及在京袁氏家族。 [3]袁基：袁术之兄。 [4]尺口：指婴儿。 [5]零、桂：指零陵、桂阳二郡。零陵郡治所泉陵，在今湖南永州市零陵区。桂阳郡治郴州市，在今湖南郴州市。 [6]不相能：不相容。 [7]按行使者：中央临时派到地方巡察的官员。 [8]檄：古代官方文书之一种。 [9]以状上：指曹寅要孙坚把诛杀王睿的情况向朝廷奏报。上，上奏。 [10]使君：汉代人称州、郡长官为使君。 [11]资直：衣食之值。指生活用费。 [12]府君：汉

代人称郡守为府君。［13］坐：获罪。［14］震栗：恐惧而颤抖。［15］北军中候：官名，职责是监督北军五营。［16］刘表（142—208）：字景升，东汉皇族之远支，后据有荆州，病死后子琮降于曹操。传见《三国志》卷六，《后汉书》卷七十四下。［17］宜城：县名，县治在今湖北宜城市南。［18］南郡：治所江陵，在今湖北江陵县。［19］蒯良、蒯越：东汉末，两人为荆州牧刘表谋士。良字子柔，中庐（今湖北南漳县）人。越字异度，助刘表平定荆州。曹操平定荆州，以越为光禄勋，并封侯。［20］宗贼：指强宗豪族率领土著的依附农民与政府对抗的武装集团。［21］襁（qiǎng）负：谓用襁褓背负小儿。［22］襄阳：县名，属南郡，县治在今湖北襄阳市。［23］荆州八郡：即南阳、南郡、江夏、零陵、桂阳、长沙、武陵、章陵八郡。［24］公路：袁术字公路。［25］徙治襄阳：荆州治所此前在武陵之汉寿（今湖南常德市西），刘表始徙于襄阳。［26］向使：假使。［27］荥阳：县名，县治在今河南荥阳市东北。［28］汴水：流经荥阳市。［29］被创（chuāng）：受伤。［30］责让：责备。［31］勃海：指袁绍。袁绍当时为勃海太守。［32］孟津：古黄河渡口名，东汉在此置关，在今河南孟州市南。［33］敖：地名，在荥阳西北山上，临黄河，有大仓，名敖仓。［34］轘辕、太谷：均关名。在洛阳东南险要之地。轘辕关在今河南洛阳市偃师区东南。太谷关在今洛阳市东南。［35］袁将军：指袁术。此时袁术为后将军。［36］丹、析：即丹水县与析县。丹水县治所在今河南淅川县西。析县治所在今河南陕州市。［37］武关：在今陕西商洛市商州区东，北接高山，南临绝涧，自古以来为兵家必争之地。［38］三辅：地区名，西汉称京兆尹、左冯翊、右扶风为三辅，相当于以今西安市为中心的陕西中部地区。东汉虽建都洛阳，而以三辅陵庙所在，不改其号，仍称三辅。［39］益：增加。［40］疑兵：用以迷惑敌人的虚设军队。［41］司马：官名，统兵将领之属官，综理军府事，并参与军事谋划。［42］夏侯惇：字子让，沛国谯县（今安徽亳州市）人，曹操之主要将领，官至大将军。传见《三国志》卷九。［43］扬州：州名，汉武帝置十三部州之一。东汉治所历阳，在今安徽合肥市西，末年移治寿春，在今安徽寿县。三国时魏、吴各置扬州。魏扬州治寿春，吴扬州治建业，在今江苏南京市。此时州治在历阳。［44］务及诸将：谓力求赶上在酸枣的诸将领。［45］河：黄河。［46］奔北：败逃。［47］接风尘、交旗鼓：指与对方接触交战。［48］卜筮（shì）：古代用龟甲和蓍草占卜以预测吉凶的方法。用龟甲称卜，用蓍草称筮。［49］清淡干云：谓极能高谈阔论。［50］臧洪：字子源，以义气著称。东汉末，洪为广陵太守张超功曹，劝张超征讨董卓，关东诸侯定盟，洪为司仪，宣读誓词慷慨激昂。后为袁绍定青州，转东郡太守。曹操围攻张超，洪向袁绍请兵救超，绍不允，洪于是反叛袁绍，被袁绍所杀。绍失臧洪，自毁长城。传见《三国志》卷七，《后汉书》卷五十八。［51］领：兼任。［52］信命：信使传达之王命。［53］应接：照应，照顾。［54］荒外：谓八荒之外，即边远之地。［55］赋调：赋税。［56］二亿有余：二亿多钱。［57］委输：运送。以物置于车船上称委，再转运到他处交卸称输。［58］绳屦（jù）：粗制鞋。［59］胡市：与少数民族交易之市。［60］石：汉代容量名。十斗为一石，与斛同。［61］三十：指三十枚五铢钱。［62］收视：收容照顾。［63］温恤：体贴抚慰。［64］辛丑：六月己巳朔，无辛丑。［65］种拂：字颖伯。传见《后汉书》卷五十六。［66］将作大匠：官名，掌宫室、宗庙、陵墓及其他土木营建。［67］击：据章校，有的版本“击”作“系”。［68］五铢钱：汉代自武帝后长期使用的钱币，重五铢，故名。铢，汉重量单位，二十四铢为一两。［69］铜人：指秦始皇所铸之铜人。［70］钟虡（jù）：钟和钟架，架上多以猛兽为装饰，皆为铜制。［71］飞廉：古代传说中的神禽，多以铜铸，作为摆设或装饰物。［72］货贱：货币贬值。［73］部曲：部队。［74］河阳津：即孟津。［75］中郎将：官名，东汉位次于将军的统兵将领。［76］蔡邕：字伯喈，陈郡圉县（今河南杞县）人。东汉末著名文学家、书法家。灵帝时为议郎、校书东观。董卓入京，重其才，举高第。王允诛卓，以邕为卓党而捕，死于狱中。传见《后汉书》卷六十下。［77］公孙度：字升济。传见《三国志》卷八。［78］高句骊：朝鲜古国名。亦作“高句丽”“高丽”“高骊”。［79］正：据章校，有的版本“正”作“王”。［80］东莱：郡名，治所黄县，在今山东龙口市东。［81］平州：平州及上述辽西、中辽郡，皆公孙度自置，均在辽东郡内。［82］二祖：指高祖刘邦及世祖刘秀。［83］承制：秉承皇帝命令，打皇帝旗号。［84］郊祀天地：古代帝王在郊外祭祀天地的大典。［85］藉（jí）田：古代天子、诸侯征用民力所耕之田。而每年春天，天子、诸侯例至田中亲耕，以示重视农业。［86］鸾路：即鸾辂，“路”通“辂”。为天子所乘之车。［87］旄头：皇帝出行时，羽林骑兵披发先驱，称为旄头。［88］羽骑：即羽林骑兵。

【点评】

窃国大盗董卓。本卷点评东汉末大军阀董卓窃国乱政、祸害两京带给人们的历史思考。

董卓字仲颖，陇西郡临洮县（今甘肃岷县）人。临洮为陇西郡南部都尉治，在西汉时是一个防御羌人的边陲重镇。这一带的地理形势山高水险，本是羌中之地。这里的人民与羌人交接，骑马弯弓，养成了勇武剽悍的习性。董卓就是在这样的地理环境和社会习俗中成长起来的雄略人物。

董卓出生于一个武官家族。他父亲董君雅是颍川纶氏县尉。县尉领县兵，维持地方治安。董卓生来力大体壮，有一副好身躯，粗猛有谋。史称他“膂力过人，双带两鞬，左右驰射，为羌胡所畏”（《后汉书·董卓传》）。他青年时游历羌中，尽与羌豪相结，精通羌胡事，被羌胡人视为豪侠好汉。董卓成为大军阀，他的基干队伍就是以羌胡为主体的凉州兵。公元 184 年黄巾大起义，董卓被起用为东中郎将，与北中郎将卢植并击河北、山东黄巾军。公元 185 年董卓被任为破虏将军，受司空张温节制，西征韩遂。汉军六路征讨，五路皆败，董卓独全众而返，屯驻扶风，拜为前将军。公元 189 年，灵帝征董卓为少府，要他交出兵权，董卓抗旨不就。灵帝无奈，只好调派他做并州刺史，而董卓仍不交出凉州兵，以前将军头衔拥众驻屯河东观变。当年四月灵帝死，太子刘辩即位，年十七，史称少帝，朝廷大权旁落外戚何进手中。何进任大将军，与袁绍谋诛宦官，而何进无能，擅召董卓入京相助，实际上是引狼入室，给早就怀有异心的董卓创造了千载难逢的好时机。宦官得知董卓入京，抢先下手杀了何进，袁绍兵围皇宫，尽诛宦官。董卓身经百战，当时东汉朝廷里，没有一个将军是他的对手，因镇压黄巾军而负有盛名的两个中郎将，皇甫嵩和朱俊都十分害怕董卓，听其摆布，于是董卓不把任何朝官放在眼里。

董卓入洛，步骑不过三千。当时京师官兵甚盛。司隶校尉袁绍拥有西园八校尉禁军的指挥权，当时曹操是八校尉之一，任典军校尉。大将军何进被宦官杀了以后，何氏部曲为后将军袁术所控制。济北相鲍信又募来一支山东兵，执金吾丁原有骁将吕布。这些力量合起来十倍于董卓而有余。董卓觉察自己势单力弱，过四五天就将部众在夜里暗地拉出军营，天明又大张旗鼓而还，造成援军不断入京的假象。董卓这一手竟镇住了一时人杰袁绍、袁术、曹操等人，他们纷纷逃出京师，禁军及何进部曲统归于董卓。曹操欲刺杀董卓，董卓防范严密，不得下手，董卓又离间丁原部曲，收买吕布为义子，使吕布杀丁原而并其众，于是董卓势力大盛。

董卓的政治手腕也不凡，且雄略过人。他进兵洛阳，冠冕堂皇发表清君侧诛讨宦官的表章，争取舆论，但是未等董卓入京，二袁已诛除了宦官，少帝派公卿去阻止董卓入京，董卓趁此威迫公卿大臣，堂而皇之施以强权。他对公卿大臣说："诸公大人不能匡正王室，致使国家倾危，有什么资格来阻止我进京！"俗话说：来者不善。董卓入洛，他办的第一件事就是废了少帝，更立少帝弟陈留王刘协为献帝，控制皇权。当时献帝只有九岁，成为董卓任意摆弄的傀儡。他毫不手软地杀了何太后，拔掉了朝官和名士所凭借的旗帜。与之同时，董卓外示宽柔，起用党人名士做朝官，外放大臣为牧伯太守，平反党人冤狱，"以从人望"（《后汉书·董卓传》）。董卓自为太尉，统掌兵权，以朱俊为副，但不让他掌握一兵一卒。

关西是董卓的根本。董卓挟天子以令诸侯，招抚了凉州的马腾、韩遂，又征召了关中潜在的政敌皇甫嵩和京兆尹盖勋。左将军皇甫嵩屯驻扶风，有雄兵三万。盖勋鼓动皇甫嵩起兵响应关东军夹击董卓。本来皇甫嵩的兵谋比董卓还高一筹。但皇甫嵩雄略不足以驾驭董卓，他乖乖地交出了兵权，到洛阳去做城门校尉。董卓为了使皇甫嵩屈服，先给了他一个下马威，逮捕皇甫嵩入狱，然后放出来用为御史中丞。盖勋孤掌难鸣，也只好接受征召，到洛阳去任越骑校尉。这样董卓就有了一个安定的后方。公元190年，关东诸侯起兵讨董卓，于是董卓挟持献帝，迁都到长安。

董卓完成废帝更立后，大权在握，自为相国，入朝时可以带剑穿鞋上殿，朝见皇帝也可以大摇大摆慢步行进。东汉两百年承平，京师贵戚宅地相望，金帛财物，家家殷实。董卓放纵士兵剽掳，随意抄没，淫掠妇女，叫作"搜牢"，意思是牢固封藏的财物也要搜索出来。何太后合葬灵帝文陵，董卓趁机掠取陵中随葬珍宝，又

“奸乱公主，妻略宫人”，严刑挟众，公报私仇，国家法纪全被践踏。董卓公开宣言，“我的面相，无比尊贵”。由于关东兵起，才未能篡逆。

董卓退出洛阳，挟帝西迁，更加暴露了他的凶残。他发掘了诸帝寝陵及公卿冢墓，收其珍宝。董卓是中国历史上最大的一个盗墓贼。董卓还把洛阳及其周围二百里内几百万居民驱赶入关中，将房屋烧光，鸡犬杀尽。被驱赶的人民，沿途缺粮，遭到野蛮的凉州兵的践踏和抢掠，死亡无算，积尸满路。史称“旧京空虚，数百里中无烟火”(《孙坚传》裴注引《江表传》)。东汉两百年政治、经济、文化中心的巍峨帝京，成了一片瓦砾场。接着，董卓又把关中弄得残破不堪，他大肆搜刮，敲剥黎民，筑坞于郿县，高厚七丈，与长安城相同，号曰“万岁坞”，积屯了三十年的军粮，珍藏黄金二三万斤，银八九万斤，绫罗绸缎堆积如山。董卓得意扬扬地声称：“事成，雄据天下；不成，守此足以毕老。”足以看出，董卓把个人的荣辱完全建立在百姓的尸骨上。

董卓为了满足他无止境的贪欲，还椎破了秦时所铸的铜人，又废除了汉时流行的五铢钱，更铸小钱，造成物价飞涨，米谷一斛数十万。平民百姓又蒙受了一次残害。

公元192年四月，司徒王允利用吕布与董卓的矛盾，谋杀了董卓，长安士女出卖衣装首饰，沽酒相庆，士卒皆呼万岁，百姓歌舞于道。董卓的尸体被暴露在街头示众，守尸的士兵，用草绳盘结在卓尸肚脐上，点燃作灯，光明达旦，一直到整个尸体成了一堆灰烬。

卷六〇　汉纪五十二

汉献帝初平二年至四年（191—193 年）

【起重光协洽（辛未，191 年），尽昭阳作噩（癸酉，193 年），凡三年】

【大事提要】

本卷记事起公元 191 年，讫公元 193 年，凡三年，当汉献帝初平二年至初平四年，三年间时局大乱。董卓被关东军驱逐出洛阳，西走长安，为王允所诛灭。凉州兵团残余李傕、郭汜兵入长安杀王允，西京又遭浩劫。两汉四百年，帝京长安、洛阳，惨遭凉州兵团荼毒，成了一片废墟。随着天子西迁，朝纲坠地，关东诸侯互相残杀兼并，中原大混战方兴未艾。河南河北，江淮徐扬，四处烽烟。三年混战，袁绍据冀州，陶谦据徐州，曹操据兖州，袁术据淮南，公孙度据辽东，刘焉据益州，公孙瓒火并刘虞得幽州。孙坚死，刘表稳坐荆州。汉末军阀割据，初具格局。

孝献皇帝乙

初平二年（辛未，191 年）

春，正月，辛丑[1]，赦天下。

关东诸将议：以朝廷[2]幼冲[3]，迫于董卓，远隔关塞[4]，不知存否，幽州牧刘虞，宗室贤俊，欲共立为主。曹操曰："吾等所以举兵而远近莫不响应者，以义动[5]故也。今幼主微弱，制于奸臣，非有昌邑[6]亡国之衅[7]，而一旦改易，天下其孰安之！诸君北面[8]，我自西向[9]。"韩馥、袁绍以书与袁术曰："帝非孝灵子，欲依绛、灌[10]诛废少主、迎立代王故事，奉大司马虞为帝。"术阴有不臣之心，不利国家有长君，乃外托公义以拒之。绍复与术书曰："今西名有幼君，无血脉之属[11]，公卿以下皆媚事卓，安可复信！但当[12]使兵往屯关要，皆自蹙死[13]；东立圣君，太平可冀[14]，如何有疑！又室家见戮[15]，不念子胥[16]，可复北面[17]乎？"术答曰："圣主聪睿，有周成[18]之质，贼卓因危乱之际，威服百寮，此乃汉家小厄之会[19]，乃云今上‘无血脉之属’，岂不诬乎！又曰‘室家见戮，可复北面’，此卓所为，岂国家[20]哉！悽悽[21]赤心，志在灭卓，不识其他！”馥、绍竟遣故乐浪太守张岐等赍议[22]上虞尊号。虞见岐等，厉色叱之曰：“今天下崩乱，主上蒙尘[23]，吾被重恩，未能清雪国耻；诸君各据州郡，宜共戮力[24]尽心王室，而反造逆谋以相垢污[25]邪！”固拒之。馥等又请虞领尚书事，承制封拜[26]，复不听，欲奔匈奴以自绝；绍等乃止。

二月，丁丑[27]，以董卓为太师[28]，位在诸侯王上。

孙坚移屯梁[29]东，为卓将徐荣[30]所败，复收散卒进屯阳人[31]。卓遣东郡太守胡轸督步骑五千击之，以吕布为骑督[32]。轸与布不相得[33]，坚出击，大破之，枭其都督[34]华雄[35]。

或谓袁术曰：“坚若得雒，不可复制，此为除狼而得虎也。”术疑之，不运军粮。坚夜驰见术，画地计校曰：“所以出身不顾者，上为国家讨贼，下慰将军家门之私仇。坚与卓非有骨肉之怨也，而将军受浸润之言[36]，还相嫌疑，何也？”术踧踖[37]，即调发军粮。

坚还屯，卓遣将军李傕说坚，欲与和亲，令坚疏子弟任刺史、郡守者，许表用之。坚曰：“卓逆天无道，今不夷汝三族，县[38]示四海，则吾死不瞑目，岂将与乃[39]和亲邪！”复进军大谷[40]，距雒九十里。卓自出，与坚战于诸陵间，卓败走，却[41]屯渑池[42]，聚兵于陕[43]。坚进至雒阳，击吕布，复破走。坚乃扫除宗庙，祠以太牢[44]，得传国玺于城南甄官井[45]中；分兵出新安[46]、渑池间以要卓[47]。

卓谓长史刘艾曰：“关东军败数矣，皆畏孤，无能为也。惟孙坚小戆[48]，颇能用人，当语诸将，使知忌之。孤昔与周慎西征边、韩[49]于金城，孤语张温，求引所将兵为慎作后驻，温不听。温又使孤讨先零叛羌，孤知其不克而不得止，遂行，留别部司马[50]刘靖将步骑四千屯安定[51]以为声势。叛羌欲截[52]归道，孤小击辄开，畏安定有兵故也。虏谓安定当数万人，不知但靖也。而孙坚随周慎行，谓慎求先将万兵造金城，使慎以二万作后驻。边、韩畏慎大兵，不敢轻与坚战，而坚兵足以断其运道。儿曹[53]用其言，凉州或能定也。温既不能用孤，慎又不能用坚，卒用败走[54]。坚以佐军司马所见略与人同，固自为可[55]；但无故从诸袁儿，终亦死耳！”乃使东中郎将董越屯渑池，中郎将段煨屯华阴[56]，中郎将牛辅屯安邑[57]，其余诸将布在诸县，以御山东。辅，卓之婿也。卓引还长安。孙坚修塞诸陵，引军还鲁阳[58]。

（以上为第一段，写孙坚奋勇击贼，逼迫董卓退出洛阳，龟缩关中。关东诸侯讨卓，孙坚建功为诸侯之冠，为孙氏崛起江东伏笔。）

【注释】

[1]辛丑：正月六日。[2]朝廷：指皇帝。[3]幼冲：幼小。[4]关塞：指函谷关、桃林塞。[5]义动：依道义行动。指关东起兵讨董卓是正义的行动。[6]昌邑：指昌邑王刘贺。汉昭帝死后无子，霍光立刘贺为帝。而刘贺荒淫无道，又为霍光所废。[7]衅：瑕隙，破绽。[8]北面：指向北面幽州的刘虞称臣。[9]西向：指仍臣服于西边长安的汉献帝。[10]绛、灌：指西汉初年的绛侯周勃与大将军灌婴。汉惠帝死后无子，吕太后立后宫美人之幼子为少帝。吕后死后，诸吕企图篡权，周勃、灌婴等即起而诛除诸吕，废杀少帝，又迎代王，立为文帝。事见《汉书·高后纪》。[11]无血脉之属：谓少帝刘辩非灵帝子。[12]但当：只要。[13]蹙死：紧迫而死。[14]冀：希望。[15]室家见戮：指袁隗被杀之事。[16]子胥：即伍子胥。春秋时，伍子胥之父伍奢、兄伍尚被楚平王冤杀。伍子胥逃到吴国，助吴攻楚，入郢都，掘楚平王墓，鞭其尸以报父兄之仇。事见《史记·伍子胥列传》。[17]北面：此指向汉献帝称臣。袁绍的意思是说：汉献帝杀了袁隗等人，哪能不报此仇而再尊他为君？按：杀袁隗者，乃董卓，卓以献帝名义杀之，献帝乃傀儡，袁绍欲立另一傀儡皇帝取代献帝，故而违心说是献帝杀袁隗。[18]周成：周成王。[19]小厄之会：小的危难遭遇。[20]国家：指皇帝。[21]偻偻：恭谨。[22]赍议：谓带着袁绍等人之议。[23]蒙尘：皇帝出奔在外称“蒙尘”。[24]戮（lù）力：并力。[25]垢污：污秽。[26]承制封拜：秉承皇帝之意旨封爵授官。[27]丁丑：二月十二日。[28]太师：官名，位在太傅上。汉代不常置，西汉仅平帝时置，东汉唯献帝初董卓充任。[29]梁：县名，县治在今河南汝州市西。[30]徐荣：董卓部将。辽东襄平（今辽宁辽阳市）人。董卓西迁，徐荣断后，曾在汴水击败曹操，此又击败孙坚。[31]阳人：聚邑名，在当时梁县之西。[32]骑督：统率骑兵的将领。[33]不相得：不相和，有矛盾。[34]都督：统兵官。[35]华雄：董卓骁将。《三国演义》为了突出关羽勇猛故意张冠李戴，在第五回，写华雄打败孙坚，又连伤诸侯二将，于是关羽出战，立斩华雄。[36]浸润之言：指谗毁之言。[37]踧（cù）踖（jí）：局促不安的样子。[38]县：“悬”本字。[39]乃：你。[40]大谷：即太谷关，为汉灵帝所置八关之一，在今河南洛阳市东南。[41]却：退却。[42]渑池：县名，在今河南渑池县西。[43]陕：县名，县治在今河南三门峡市陕州区。[44]太牢：古代祭祀时牛、羊、豕三牲并用称太牢。[45]甄官井：甄官署之井。[46]新安：县名，县治在今河南渑池县东。[47]要卓：拦截董卓。要，拦

截、伏击。［48］戆（zhuàng）：刚直而愚蠢。［49］边、韩：即边章、韩遂。［50］别部司马：官名，大将军领营五部，部有校尉一人，军司马一人，其别营领属为别部司马。此时董卓虽未为大将军，也置别部司马。［51］安定：郡名，治所临泾，在今甘肃镇原县东南。［52］戠：即“截”字。［53］儿曹：小子们。［54］卒用败走：终于因此而败走。［55］固自为可：谓孙坚之才干可用。［56］华阴：县名，县治在今陕西华阴市东。［57］安邑：县名，县治在今山西夏县西北。［58］鲁阳：县名，县治在今河南鲁山县。孙坚讨董卓建行营于此。

夏，四月，董卓至长安，公卿皆迎拜车下。卓抵手[1]谓御史中丞皇甫嵩曰：“义真[2]，怖未乎？”嵩曰：“明公以德辅朝廷，大庆方至，何怖之有！若淫刑[3]以逞[4]，将天下皆惧，岂独嵩乎！”卓党欲尊卓比太公[5]，称尚父[6]，卓以问蔡邕，邕曰：“明公威德，诚为巍巍，然比之太公，愚意以为未可，宜须关东平定，车驾还反旧京，然后议之。”卓乃止。

卓使司隶校尉刘嚣籍[7]吏民有为子不孝、为臣不忠、为吏不清、为弟不顺者，皆身诛，财物没官[8]。于是更相诬引，冤死者以千数。百姓嚣嚣[9]，道路以目[10]。

六月，丙戌[11]，地震。

秋，七月，司空种拂免；以光禄大夫济南淳于嘉为司空。太尉赵谦罢；以太常马日磾为太尉。

初，何进遣云中张杨还并州募兵，会进败，杨留上党[12]，有众数千人。袁绍在河内，杨往归之，与南单于於扶罗屯漳水[13]。韩馥以豪杰多归心袁绍，忌之；阴贬节[14]其军粮，欲使其众离散。会馥将麹义[15]叛，馥与战而败，绍因与义相结。

绍客逢纪谓绍曰：“将军举大事而仰[16]人资给，不据一州，无以自全。”绍曰：“冀州兵强，吾士饥乏，设[17]不能办，无所容立。”纪曰：“韩馥庸才，可密要[18]公孙瓒使取冀州，馥必骇惧，因遣辩士为陈祸福，馥迫于仓卒[19]，必肯逊让。”绍然之，即以书与瓒。瓒遂引兵而至，外托讨董卓而阴谋袭馥，馥与战不利。会董卓入关[20]，绍还军延津[21]，使外甥陈留高干[22]及馥所亲颍川辛评、荀谌、郭图[23]等说馥曰：“公孙瓒将燕、代之卒乘胜来南，而诸郡应之，其锋不可当。袁车骑[24]引军东向[25]，其意未可量也，窃为将军危之！”馥惧，曰："然则为之奈何？"谌曰："君自料宽仁容众为天下所附，孰与袁氏？"馥曰："不如也。""临危吐决[26]，智勇过人，又孰与袁氏？"馥曰："不如也。""世布恩德，天下家受其惠，又孰与袁氏？"馥曰："不如也。"谌曰："袁氏一时之杰，将军资三不如之势，久处其上，彼必不为将军下也。夫冀州，天下之重资[27]也，彼若与公孙瓒并力取之，危亡可立而待也。夫袁氏，将军之旧，且为同盟[28]，当今之计，若举冀州以让袁氏，彼必厚德将军，瓒亦不能与之争矣。是将军有让贤之名，而身安于泰山也。"馥性恇怯[29]，因然其计。馥长史耿武、别驾闵纯、治中李历闻而谏曰："冀州带甲百万，谷支十年。袁绍孤客穷军，仰我鼻息[30]，譬如婴儿在股掌之上[31]，绝其哺乳，立可饿杀，奈何欲以州与之！"馥曰："吾袁氏故吏，且才不如本初，度[32]德而让，古人所贵，诸君独何病[33]焉！"先是，馥从事[34]赵浮、程涣将强弩万张屯孟津[35]，闻之，率兵驰还。时绍在朝歌[36]清水[37]，浮等从后来，船数百艘，众万余人，整兵鼓，夜过绍营，绍甚恶之。浮等到，谓馥曰："袁本初军无斗粮，各已离散，虽有张杨、於扶罗新附，未肯为用，不足敌也。小从事等请以见[38]兵拒之，旬日之间，必土崩瓦解；明将军但当开阁高枕，何忧何惧！"馥又不听，乃避位，出居中常侍赵忠故舍，遣子送印绶以让绍。绍将至，从事十人争弃馥去，独耿武、闵纯杖刀拒之，不能禁，乃止；绍皆杀之。绍遂领冀州牧，承制以馥为奋威将军[39]，而无所将御[40]，亦无官属。绍以广平沮授为奋武将军[41]，使监护诸将，宠遇甚厚。魏郡审配、巨鹿田丰[42]并以正直不得志于韩馥，绍以丰为别驾，配为治中，及南阳许攸、逢纪、颍川荀谌皆为谋主。

绍以河内朱汉为都官从事[43]。汉先为韩馥所不礼，且欲徼迎[44]绍意，擅发兵围守馥第[45]，拔刃登屋，馥走上楼，收得馥大儿，槌折[46]两脚；绍立收汉，杀之。馥犹忧怖，从绍索去[47]，往依张邈。后绍遣使诣邈，有所计议，与邈耳语[48]；馥在坐上，谓为见图[49]，无何[50]，起至溷[51]，以书刀[52]自杀。

（以上为第二段，写关东军盟主袁绍以诈术夺取冀州，开启了军阀混战的局面。）

【注释】

［1］抵（zhǐ）手：拍手。［2］义真：皇甫嵩字义真。［3］淫刑：滥用刑罚。［4］逞：快意。［5］太公：即周初助武王灭商之吕尚。［6］尚父：周人尊吕尚为尚父。［7］籍：登记。［8］没官：没收于官府。［9］嚣嚣：《三国志》作“嗷嗷”，象声词，愁叹声。［10］道路以目：谓路上行人不敢说话，仅瞪眼相看。形容敢怒而不敢言。［11］丙戌：六月二十三。［12］上党：郡名，治所本在长子（今山西长子县西），东汉末移至壶关（今山西长治市北）。［13］漳水：指浊漳水，出于长子县。［14］贬节：减少。［15］麴义：冀州牧韩馥部将，叛投袁绍，替袁绍打败公孙瓒，于是居功自傲，为绍所杀。［16］仰：依赖。［17］设：假使。［18］要（yāo）：邀约。［19］仓卒：同“仓猝”，匆忙。［20］关：指函谷关。［21］延津：渡口名，是当时黄河的重要渡口，在今河南新乡市东南。［22］高干：字元才，袁绍外甥，陈留圉县（今河南杞县西南）人。袁绍委以并州牧。曹操灭袁氏，高干降，后叛离曹操，兵败，逃往荆州，被上洛都尉捕斩。［23］辛评、荀谌、郭图：皆袁绍谋士。［24］袁车骑：指袁绍。时袁绍自号车骑将军。［25］东向：袁绍自河内往东至延津，是为东向。［26］吐决：作出决策。［27］重资：最重要的资本，最重要的凭借。喻冀州地理位置之重。［28］同盟：指同盟讨董卓。［29］恇（kuāng）怯：胆小懦弱。［30］仰我鼻息：犹言靠我生存。鼻息，鼻呼吸之气息。［31］在股掌之上：犹言在掌握之中。［32］度（duó）：比量。［33］病：责难。［34］从事：官名，东汉州牧刺史的佐吏，有别驾从事史、治中从事史、兵曹从事史、部从事史等，均可简称从事。［35］孟津：津渡名，故址在今河南孟州市南。相传周武王会盟八百诸侯于此，原称盟津，后讹作孟津。［36］朝歌：县名，县治在今河南淇县。［37］清水：即淇水，俗称淇水为清水，流经朝歌。据《三国志·袁绍传》注引《九州春秋》，当时袁绍在朝歌清水口。清水口，即淇口，南岸即延津。［38］见（xiàn）：“现”本字。［39］奋威将军：官名，汉杂号将军之一。［40］将御：统率。［41］奋武将军：官名，汉代杂号将军之一。［42］审配、田丰：两人投袁绍后，皆为绍重要谋士。［43］都官从事：官名，汉代司隶校尉下设有都官从事史，主察举百官犯法者。此时袁绍置都官从事，则还兼领司隶校尉之职。［44］徼（yāo）迎：讨好迎合。徼，通“邀”。［45］第：宅第。［46］槌（chuí）折：打断。槌，通“棰”“捶”。［47］索去：要求离去。［48］耳语：附耳低语。［49］见图：被谋害。［50］无何：不久。［51］溷（hùn）：厕所。［52］书刀：书写的刀，即削竹简的刀。

鲍信谓曹操曰：“袁绍为盟主，因权专利，将自生乱，是复有一卓也。若抑之，则力不能制，只以遘难[1]。且可规大河之南以待其变。”操善之。会黑山、于毒、白绕、眭固等十余万众略东郡，王肱不能御。曹操引兵入东郡，击白绕于濮阳，破之。袁绍因表操为东郡太守，治东武阳[2]。

南单于劫张杨[3]以叛袁绍，屯于黎阳[4]。董卓以杨为建义将军[5]、河内太守。

太史[6]望气[7]，言当有大臣戮死者；董卓使人诬卫尉张温与袁术交通，冬，十月，壬戌[8]，笞杀[9]温于市以应之。

青州黄巾寇勃海，众三十万，欲与黑山合。公孙瓒率步骑二万人逆击[10]于东光[11]南，大破之，斩首三万余级。贼弃其辎重，奔走渡河[12]，瓒因其半济薄[13]之，贼复大破，死者数万，流血丹水[14]，收得生口七万余人，车甲财物不可胜算，威名大震。

刘虞子和为侍中，帝思东归，使和伪逃董卓，潜出武关诣虞，令将兵来迎。和至南阳[15]，袁术利虞为援，留和不遣，许兵至俱西，令和为书与虞。虞得书，遣数千骑诣和。公孙瓒知术有异志，止之，虞不听。瓒恐术闻而怨之，亦遣其从弟越将千骑诣术，而阴教术执和，夺其兵，由是虞、瓒有隙[16]。和逃术来北，复为袁绍所留。

是时关东州、郡务相兼并以自强大，袁绍、袁术亦自离贰[17]。术遣孙坚击董卓未返，绍以会稽周昂为豫州刺史，袭夺坚阳城[18]。坚叹曰："同举义兵，将救社稷[19]，逆贼垂破[20]而各若此，吾当谁与戮力[21]乎！"引兵击昂，走之。袁术遣公孙越[22]助坚攻昂，越为流矢所中死。公孙瓒怒曰："余弟死，祸起于绍。"遂出军屯磐河[23]，上书数[24]绍罪恶，进兵攻绍。冀州诸城多叛绍从瓒，绍惧，以所佩勃海太守印绶授瓒从弟范，遣之郡，而范遂背绍，领勃海兵以助瓒。瓒乃自署[25]其将帅严纲为冀州刺史，田楷为青州刺史，单经为兖州刺史，又悉改置郡、县守、令。

初，涿郡刘备[26]，中山靖王之后也，少孤贫，与母以贩履为业，长七尺五寸[27]，垂手下膝[28]，顾自见其耳；有大志，少语言，喜怒不形于色。尝与公孙瓒同师事卢植，由是往依瓒。瓒使备与田楷徇[29]青州有功，因以为平原[30]相[31]。备少与河东关羽[32]、涿郡张飞[33]相友善；以羽、飞为别部司马，分统部曲[34]。备与二人寝则同床，恩若兄弟，而稠人广坐，侍立终日，随备周旋[35]，不避艰险。常山赵云[36]为本郡将吏兵诣公孙瓒，瓒曰："闻贵州人皆愿[37]袁氏，君何独迷而能反乎？"云曰："天下讻讻[38]，未知孰是，民有倒县[39]之厄，鄙州论议，从仁政所在，不为忽[40]袁公，私[41]明将军也。"刘备见而奇之，深加接纳，云遂从备至平原，为备主骑兵。

（以上为第三段，写军阀逐鹿方兴。曹操据有东郡，公孙瓒破黄巾军于河北，南联袁术，北战袁绍，于是二袁交恶。刘备投公孙瓒，为逐鹿河南伏笔。）

【注释】

［1］遘难：造成祸难。遘，通“构”。［2］东武阳：县名，县治在今山东莘县南。［3］张杨：字雅叔，云中（今内蒙古呼和浩特市西南）人。张杨与吕布友善。曹操攻围吕布，时张杨为河内太守，为吕布声援。曹操策反张杨部将杨丑杀张杨，操尽收其部众。［4］黎阳：县名，县治在今河南浚县东。［5］建义将军：官名，东汉杂号将军之一。［6］太史：官名，即太史令，属太常，掌天文历算。［7］望气：即观天象。［8］壬戌：十月一日。［9］笞（chī）杀：用杖打死。［10］逆击：迎击。［11］东光：县名，县治在今河北东光县东。［12］河：大河，黄河。［13］薄：逼近攻击。［14］丹水：水被染红。［15］南阳：郡名，治所宛县，在今河南南阳市。［16］隙：间隙，矛盾。［17］离贰：谓有异心。据章校，有些版本“离”上有“相”字。似有“相”字为好。［18］阳城：县名，县治在今河南登封市东南。［19］社稷：土谷之神，指代国家。［20］垂破：即将破败。［21］戮力：奋力，尽力。［22］公孙越：公孙瓒之弟。［23］磐河：在今山东德州市陵城区。河已枯没。［24］数（shǔ）：数落，责备。［25］署：署置，任用官吏。［26］刘备（161—223）：字玄德，涿郡涿县（今河北涿州市）人，汉景帝之子中山靖王刘胜后裔之支属。汉末起兵，参与镇压黄巾军及军阀混战。后联合孙权大败曹操于赤壁，占有荆州，后又夺取益州。于公元221年称帝，国号汉，史称蜀汉。死后谥为昭烈帝。事详《三国志·蜀书·先主传》。［27］长七尺五寸：指身高七尺五寸，相当于今1.725米。汉一尺约为23厘米。［28］厀（xī）：同“膝”，膝盖。［29］徇：攻取。［30］平原：王国名，治所平原县，在今山东平原县西南。［31］相：官名，王国的相，由中央直接委任，执掌王国行政大权，相当于郡太守。［32］关羽（?—219）：字云长，河东解县（今山西临猗县西南）人。汉末随刘备起兵，为刘备大将。后镇守荆州，被孙权袭杀。传见《三国志》卷三十六。［33］张飞（?—221）：字益德，也作翼德，涿郡（今河北涿州市）人。汉末随刘备起兵，为刘备大将，后为部下刺杀。传见《三国志》卷三十六。［34］部曲：军队。［35］周旋：追逐。［36］赵云（?—229）：字子龙，常山真定（今河北正定县南）人。初随公孙瓒，后归刘备，为刘备大将。传见《三国志》卷三十六。［37］愿：胡三省谓“愿”下当有“从”字。［38］讻（xiōng）讻：喧哗纷扰貌。［39］县（xuán）：“悬”本字。［40］忽：忽略，轻视。［41］私：偏护之意。

初，袁术之得南阳，户口数百万，而术奢淫肆欲，征敛无度，百姓苦之，稍稍[1]离散。既与袁绍有隙，各立党援[2]以相图谋。术结公孙瓒而绍连刘表，豪杰多附于绍。术怒曰：“群竖[3]不吾从而从吾家奴[4]

乎！”又与公孙瓒书曰：“绍非袁氏子。”绍闻大怒。

术使孙坚击刘表，表遣其将黄祖逆战于樊[5]、邓[6]之间，坚击破之，遂围襄阳。表夜遣黄祖潜出发兵，祖将兵欲还，坚逆与战，祖败走，窜岘山[7]中。坚乘胜，夜追祖，祖部曲[8]兵从竹木间暗射坚，杀之。坚所举孝廉长沙桓阶[9]诣表请坚丧，表义而许之。坚兄子贲[10]率其士众就袁术，术复表贲为豫州刺史。术由是不能胜表。

初，董卓入关，留朱俊守雒阳，而俊潜与山东诸将通谋，惧为卓所袭，出奔荆州。卓以弘农杨懿为河南尹；俊复引兵还雒，击懿，走之。俊以河南残破无所资，乃东屯中牟，移书州郡，请师讨卓。徐州[11]刺史陶谦[12]上俊行[13]车骑将军，遣精兵三千助之，余州郡亦有所给。谦，丹阳人。朝廷以黄巾寇乱徐州，用谦为刺史。谦至，击黄巾，大破走之，州境晏然。

刘焉在益州阴图异计。沛人张鲁[14]，自祖父陵以来世为五斗米道[15]，客居于蜀[16]。鲁母以鬼道[17]常往来焉家，焉乃以鲁为督义司马[18]，以张修为别部司马，与合兵掩杀汉中[19]太守苏固，断绝斜谷阁[20]，杀害汉使。焉上书言“米贼断道，不得复通”。又托他事杀州中豪强王咸、李权等十余人，以立威刑。犍为太守任岐及校尉贾龙由此起兵攻焉，焉击杀岐、龙[21]。焉意渐盛，作乘舆[22]车具千余乘，刘表上“焉有似子夏在西河疑圣人[23]”之论。时焉子范为左中郎将，诞为治书御史[24]，璋为奉车都尉[25]，皆从帝在长安，惟小子别部司马瑁素随焉；帝使璋晓喻[26]焉，焉留璋不遣。

公孙度威行海外，中国人士避乱者多归之，北海管宁、邴原、王烈[27]皆往依焉。宁少时与华歆为友，尝与歆共锄菜，见地有金，宁挥锄不顾，与瓦石无异，歆捉而掷之，人以是知其优劣。邴原远行游学，八九年而归，师友以原不饮酒，会[28]米肉送之；原曰：“本能饮酒，但以荒思废业，故断之耳。今当远别，可一饮燕[29]。”于是共坐饮酒，终日不醉。宁、原俱以操尚称，度虚馆以候之[30]。宁既见度，乃庐于山谷[31]，时避难者多居郡南，而宁独居北，示无还志，后渐来从之，旬月[32]而成邑[33]。宁每见度，语唯经典，不及世事；还山，专讲《诗》、

《书》，习俎豆[34]，非学者无见也。由是度安其贤，民化其德。邴原性刚直，清议以格物[35]，度以下心不安之。宁谓原曰："潜龙以不见成德[36]。言非其时，皆招祸之道也。"密遣原逃归，度闻之，亦不复追也。王烈器业[37]过人，少时名闻[38]在原、宁之右[39]。善于教诱，乡里有盗牛者，主得之，盗请罪，曰："刑戮是甘，乞不使王彦方知也！"烈闻而使人谢之，遗[40]布一端[41]。或问其故，烈曰："盗惧吾闻其过，是有耻恶之心，既知耻恶，则善心将生，故与布以劝[42]为善也。"后有老父遗[43]剑于路，行道一人见而守之，至暮，老父还，寻得剑，怪之，以事告烈，烈使推求[44]，乃先盗牛者也。诸有争讼曲直将质之于烈[45]，或至涂[46]而反，或望庐而还，皆相推[47]以直[48]，不敢使烈闻之。度欲以为长史，烈辞之，为商贾以自秽[49]，乃免。

（以上为第四段，写刘表挫败袁术，站稳荆州，陶谦据徐州，刘焉据西州，公孙度据辽东。）

【注释】

[1]稍稍：逐渐。[2]党援：拉帮结派以为后援。[3]竖：小子。[4]家奴：指袁绍。袁绍为袁逢之庶子，袁术之异母兄，又过继给伯父袁成为子，故袁术斥之为家奴。[5]樊：樊城，在襄阳北，与襄阳隔汉水相望，在今湖北襄阳市。[6]邓：邓城，在襄阳东北，在今湖北襄阳市。[7]岘（xiàn）山：距当时襄阳城十里。[8]曲：据章校，有的版本无"曲"字。[9]桓阶：字伯绪，后为曹魏大臣。传见《三国志》卷二十二。[10]贲：孙贲，字伯阳，后为豫章太守、征虏将军。传见《三国志》卷五十一。[11]徐州：治所本在郯县（今山东郯城县西北），东汉末移至下邳（今江苏睢宁县西北）。[12]陶谦（132—194）：字恭祖，后为徐州牧，被曹操所败，不久病死。传见《三国志》卷八、《后汉书》卷七十三。[13]行：代理。[14]张鲁：字公祺，沛国丰县（今江苏丰县）人。汉末据汉中传五斗米道，后归降曹操，为镇南将军，封阆中侯。传见《三国志》卷八。[15]五斗米道：因学道者须出五斗米，故名五斗米道。后世称为天师道。[16]蜀：郡名，治所成都，在今四川成都市中心。[17]鬼道：奉鬼的宗教，即五斗米道。[18]督义司马：官名，刘焉在益州所自置。[19]汉中：郡名，治所南郑，在今陕西汉中市。[20]斜谷阁：指斜谷及阁道。斜谷在今陕西眉县西南，为古褒斜道之北口。阁道即栈道。[21]岐、龙：任岐、贾龙，皆蜀中大姓，土著豪强首领，不服外来的刘焉统治而反叛。刘焉击杀二人，在蜀郡站稳脚跟。[22]乘舆：天子所乘之车。[23]子夏在西河疑圣人：孔子死后，子夏居于魏国西河（今河南安阳市）教授，西河人将子夏比拟于孔子（见《礼记·檀弓》）。刘表此言在于说明刘焉在蜀图谋不轨，使蜀人比拟他为天子。疑，通"拟"，比拟。[24]治书御史：即治书侍御史，官名，掌

以法律评判疑狱是非。[25]奉车都尉：官名，掌皇帝乘舆。[26]晓喻：明白开导。[27]管宁、邴原、王烈：管宁字幼安，邴原字根矩，王烈字彦方，均为当时之名士。后均归曹操，但王烈未至而死。邴原曾为曹操丞相征事，管宁位至曹魏三公。传均见《三国志》卷十一。[28]会：筹集。[29]燕：通"宴"。[30]虚馆以候之：空出宾馆等候他们来。[31]庐于山谷：在山谷中建庐舍。[32]旬月：十个月。[33]邑：聚落。[34]习俎（zhǐ）豆：俎与豆皆古时礼器。习俎豆，犹言习礼节。[35]清议以格物：意谓用评论人物之方式以纠正人们之不善。[36]潜龙以不见（xiàn）成德：《易·乾》有"潜龙勿用"之语，用以比喻圣人君子在未遇有道之时，就应潜隐而不显露。[37]器业：谓器质道德。[38]名闻：名誉声望。[39]右：上。[40]遗（wèi）：赠予。[41]端：古布帛长度名。布六丈为一端。[42]劝：勉励。[43]遗：丢失。[44]推求：分析寻找。[45]质之于烈：谓请王烈评定是非。[46]涂：同"途"。道路。[47]推：推让。[48]直：有理。[49]为商贾以自秽：汉代制度，商人不得为官吏。故王烈为逃避作公孙度之官，就为商人以自秽。

三年（壬申，192年）

春，正月，丁丑[1]，赦天下。

董卓遣牛辅将兵屯陕，辅分遣校尉北地李傕、张掖郭汜[2]、武威张济将步骑数万击破朱俊于中牟，因掠陈留、颍川诸县，所过杀虏无遗。

初，荀淑有孙曰彧[3]，少有才名，何颙见而异之，曰："王佐才也！"及天下乱，彧谓父老曰："颍川四战之地[4]，宜亟[5]避之。"乡人多怀土不能去，彧独率宗族去依韩馥。会袁绍已夺馥位，待彧以上宾之礼。彧度[6]绍终不能定大业，闻曹操有雄略，乃去绍从操。操与语，大悦，曰："吾子房[7]也！"以为奋武司马[8]。其乡人留者，多为傕、汜等所杀。

袁绍自出拒公孙瓒，与瓒战于界桥[9]南二十里。瓒兵三万，其锋甚锐。绍令麴义领精兵八百先登，强弩千张夹承[10]之。瓒轻其兵少，纵骑腾[11]之。义兵伏楯下不动，未至十数步，一时同发，讙呼[12]动地，瓒军大败。斩其所置冀州刺史严纲，获甲首[13]千余级。追至界桥，瓒敛兵还战，义复破之，遂到瓒营。拔其牙门[14]，余众皆走。

初，兖州刺史刘岱与绍、瓒连和，绍令妻子居岱所，瓒亦遣从事范方将骑助岱。及瓒击破绍军。语岱令遣绍妻子，别敕范方："若岱不遣绍家，将骑还！吾定绍，将加兵于岱。”岱与官属议，连日不决，闻东郡程昱[15]有智谋，召而问之。昱曰：“若弃绍近援而求瓒远助，此假人于越以救溺子之说[16]也。夫公孙瓒非袁绍之敌也，今虽坏绍军，然终为绍所禽。”岱从之。范方将其骑归，未至而瓒败。

曹操军顿丘[17]，于毒等攻东武阳[18]。操引兵西入山，攻毒等本屯[19]。诸将皆请救武阳。操曰：“使贼闻我西而还，武阳自解也；不还，我能败其本屯，虏不能拔武阳必矣。”遂行。毒闻之，弃武阳还。操遂击眭固及匈奴於扶罗于内黄[20]，皆大破之。

董卓以其弟旻为左将军，兄子璜为中军校尉[21]，皆典[22]兵事，宗族内外并列朝廷。卓侍妾怀抱中子皆封侯，弄以金紫[23]。卓车服僭拟天子，召呼三台[24]，尚书以下皆自诣卓府启事。又筑坞[25]于郿[26]，高厚皆七丈，积谷为三十年储，自云：“事成，雄据天下，不成，守此足以毕老。”

卓忍[27]于诛杀，诸将言语有蹉跌[28]者，便戮于前，人不聊生。司徒王允与司隶校尉黄琬、仆射[29]士孙瑞、尚书杨瓒密谋诛卓。中郎将吕布，便[30]弓马，膂力[31]过人，卓自以遇人无礼，行止常以布自卫，甚爱信之，誓为父子。然卓性刚褊[32]，尝小失卓意，卓拔手戟[33]掷布，布拳捷[34]，避之，而改容顾谢，卓意亦解。布由是阴怨于卓。卓又使布守中阁[35]，而私[36]于傅婢[37]，益不自安。王允素善待布，布见允，自陈卓几见杀之状[38]，允因以诛卓之谋告布，使为内应。布曰：“如父子何？”曰：“君自姓吕，本非骨肉。今忧死不暇，何谓父子？掷戟之时，岂有父子情邪！”布遂许之。

夏，四月，丁巳[39]，帝有疾新愈，大会未央殿。卓朝服乘车而入，陈兵夹道，自营至宫，左步右骑，屯卫周匝[40]，令吕布等捍卫前后。王允使士孙瑞自书诏以授布，布令同郡骑都尉李肃与勇士秦谊、陈卫等十余人伪著卫士服，守北掖门内以待卓。卓入门，肃以戟刺之；卓衷甲[41]，不入，伤臂，堕车，顾大呼曰：“吕布何在！”布曰：“有诏讨贼臣！”卓大骂曰：“庸狗，敢如是邪！”布应声持矛刺卓，趣[42]兵斩之。主簿[43]田仪及卓仓头[44]前赴其尸，布又杀之，凡所杀三人。布即出怀中诏版[45]以令吏士曰："诏讨卓耳，余皆不问。"吏士皆正立不动，大称万岁。百姓歌舞于道，长安中士女卖其珠玉衣装市酒肉相庆者，填满街肆[46]。弟旻、璜等及宗族老弱在郿，皆为其群下所斫射死。暴卓尸于市，天时始热。卓素充肥[47]，脂流于地，守尸吏为大炷[48]，置卓脐中然[49]之，光明达曙，如是积日。诸袁门生聚董氏之尸，焚灰扬之于路。坞中有金二三万斤，银八九万斤，锦绮奇玩积如丘山。以王允录尚书事[50]，吕布为奋威将军、假节、仪比三司[51]，封温侯，共秉朝政。

卓之死也，左中郎将高阳侯蔡邕在王允坐，闻之惊叹。允勃然[52]叱之曰："董卓国之大贼，几亡汉室，君为王臣，所宜同疾，而怀其私遇，反相伤痛，岂不共为逆哉！"即收付廷尉[53]。邕谢曰："身虽不忠，古今大义，耳所厌[54]闻，口所常玩，岂当背国而向卓也！愿黥首[55]刖足[56]，继成汉史。"士大夫多矜[57]救之，不能得。太尉马日磾谓允曰："伯喈[58]旷世逸才[59]，多识汉事，当续成后史，为一代大典；而所坐[60]至微，诛之，无乃失人望乎！"允曰："昔武帝不杀司马迁，使作谤书[61]流于后世。方今国祚[62]中衰，戎马在郊，不可令佞臣执笔在幼主左右，既无益圣德，复使吾党蒙其讪议[63]。"日磾退而告人曰："王公其无后乎！善人，国之纪[64]也；制作，国之典也；灭纪废典，其能久乎！"邕遂死狱中。

初，黄门侍郎荀攸与尚书郑泰、侍中种辑等谋曰："董卓骄忍无亲，虽资强兵，实一匹夫耳，可直刺杀也。"事垂就而觉，收攸系狱，泰逃奔袁术。攸言语饮食自若，会卓死，得免。

（以上为第五段，写王允诛除董卓，罪及无辜蔡邕，为王允滥杀而败伏笔。）

【注释】

[1]丁丑：正月庚寅朔，无丁丑。 [2]李傕（jué）、郭汜（sì）：皆董卓部将，董卓被杀后，攻入长安。后二人发生矛盾，互相攻击，长安大乱，致使三辅地区遭到毁灭性的破坏。其事附见《三国志·魏书·董卓传》《后汉书·董卓传》。 [3]彧：荀彧（yù）（163—212），字文若，颍川颍阴（今河南许昌市）人。初依袁绍，后归曹操。为曹操重要谋士，任汉侍中兼尚书令，后因反对曹操称魏公，被迫自杀。传见《三国志》卷十、《后汉书》卷七十。 [4]颍川四战之地：谓颍川郡周围无险阻，四面均能遭受攻击。 [5]亟：急速。 [6]度（duó）：揣度，推测。 [7]子房：

张良字子房，汉高祖刘邦的重要谋臣，佐刘邦定天下，建汉朝。［8］奋武司马：官名，当时曹操为奋武将军，以荀彧为司马综理军府事，并参与军事谋划，故称奋武司马。［9］界桥：桥名，在今河北威县东北原漳河上。［10］承：继。［11］腾：奔驰。［12］讙（xuān）呼：喧嚣呼喊。［13］甲首：甲士首级。［14］牙门：古时行军，军前有大旗，称为牙旗。扎营时，将牙旗立于营门，称为牙门。［15］程昱（yù）：字仲德，东郡东阿（今山东阳谷县北）人。后投曹操，为尚书、奋武将军，曹魏初为卫尉。传见《三国志》卷十四。［16］假人于越以救溺子之说：意谓南方之越人习水，北方有人之子被溺，而求救于越人，显然来不及。这大概是当时的成语。［17］顿丘：县名，县治在今河南清丰县西南。［18］东武阳：县名，因置于武水之北故名东武阳，县治在今山东阳谷县西南。［19］屯：营寨。［20］内黄：县名，县治在今河南内黄县西北。［21］中军校尉：官名，为汉灵帝所置西园八校尉之一。［22］典：主管。［23］金紫：指金章紫绶，为侯者所用。［24］三台：指尚书台、御史台、谒者台。［25］坞（wù）：土堡，小城。［26］郿：县名，县治在今陕西眉县东北。［27］忍：忍心，残酷。［28］蹉（cuō）跌：失足。此为失误之意。［29］仆射（yè）：即尚书仆射，官名，东汉尚书令之副手。［30］便：熟习。［31］膂（lǚ）力：体力。［32］刚褊（biǎn）：强硬而狭窄。［33］手戟：便于击刺的小戟。［34］拳捷：勇武迅捷。［35］中阁：内室。［36］私：私通。［37］傅婢：侍女。［38］自陈卓几见杀之状：自述说几乎被董卓所杀的状况。［39］丁巳：四月己未朔，无丁巳，当从《后汉书·献帝纪》作辛巳。辛巳，四月二十三日。［40］周匝：周围。［41］衷甲：谓内穿铠甲外套衣服。［42］趣：催促。［43］主簿：官名，掌文书簿籍及印章。汉制御史台及郡县皆置主簿。曹魏三公府亦置主簿，七品。此时董卓任相国，已置主簿，田仪任其职。［44］仓头：奴仆。［45］诏版：写于木牍上的诏令。［46］肆：集市贸易之处所。［47］充肥：丰满肥胖。［48］炷（zhù）：灯芯。［49］然："燃"本字。［50］录尚书事：录，总领之意。东汉以来，政归尚书，录尚书事即总揽朝政。［51］仪比三司：又称仪同三司。即官非三公而给以三公同等的待遇。［52］勃然：发怒变色貌。［53］廷尉：官名，汉九卿之一，掌刑狱。［54］厌（yàn）：同"餍"。饱，满。［55］黥（qíng）首：古代面部刺字之刑。［56］刖（yuè）足：古代砍掉脚之酷刑。［57］矜（jīn）：怜惜。［58］伯喈：蔡邕字伯喈。［59］旷世逸才：谓举世无双之超众人才。［60］坐：获罪。［61］谤书：诽谤不实的书。此指《史记》，王允妄议。［62］国祚：国家命运。［63］讪（shàn）议：毁谤之议论。［64］纪：纲纪，准则。

青州黄巾寇兖州，刘岱欲击之，济北[1]相鲍信谏曰："今贼众百万，百姓皆震恐，士卒无斗志，不可敌也。然贼军无辎重[2]，唯以钞掠为资[3]，今不若畜[4]士众之力，先为固守；彼欲战不得，攻又不能，其势必离散，然后选精锐，据要害，击之可破也。"岱不从，遂与战，果为所杀。

曹操部将东郡陈宫谓操曰："州今无主，而王命断绝，宫请说州中纲纪[5]，明府[6]寻往牧之[7]，资之以收天下，此霸王之业也。"宫因往说别驾、治中曰："今天下分裂而州无主；曹东郡，命世之才[8]也，若迎以牧州，必宁生民。"鲍信等亦以为然，乃与州吏万潜等至东郡，迎操领兖州刺史。操遂进兵击黄巾于寿张[9]东，不利。贼众精悍，操兵寡弱，操扶循[10]激励，明设赏罚，承间[11]设奇，昼夜会战，战辄禽获，贼遂退走。鲍信战死，操购求[12]其丧[13]不得，乃刻木如信状，祭而哭焉。诏以京兆金尚为兖州刺史，将之部，操逆击之，尚奔袁术。

五月，以征西将军[14]皇甫嵩为车骑将军。

初，吕布劝王允尽杀董卓部曲[15]，允曰："此辈无罪，不可。"布欲以卓财物班赐[16]公卿、将校，允又不从。允素以剑客遇布，布负其功劳，多自夸伐[17]，既失意望，渐不相平。允性刚棱[18]疾恶，初惧董卓，故折节[19]下之。卓既歼灭，自谓无复患难，颇自骄傲，以是群下不甚附之。

允始与士孙瑞议，特下诏赦卓部曲，既而疑曰："部曲从其主耳。今若名之恶逆而赦之，恐适[20]使深自疑，非所以安之也。"乃止。又议悉罢其军，或[21]说允曰："凉州人素惮袁氏而畏关东[22]，今若一旦解兵开关，必人人自危。可以皇甫义真[23]为将军，就领其众，因使留陕以安抚之。"允曰："不然。关东举义兵者，皆吾徒也，今若距险屯陕，虽安凉州[24]，而疑关东之心，不可也。"

时百姓讹言[25]当悉诛凉州人，卓故将校遂转相恐动，皆拥兵自守，更相谓曰："蔡伯喈但以董公亲厚尚从坐；今既不赦我曹而欲使解兵[26]，今日解兵，明日当复为鱼肉[27]矣。"吕布使李肃至陕，以诏命诛牛辅，辅等逆与肃战，肃败，走弘农[28]，布诛杀之。辅恇怯[29]失守，会营中无故自惊，辅欲走，为左右所杀。李傕等还[30]，辅已死，傕等无所依，遣使诣长安求赦。王允曰："一岁不可再赦。"不许。傕等益惧，不知所为，欲各解散，间行[31]归乡里，讨虏校尉武威贾诩[32]曰："诸君若弃军单行，则一亭长能束君矣；不如相率而西，以攻长安，为董公报仇，事济，奉国家[33]以正天下；若其不合[34]，走未晚也。"傕等然之，乃相与结盟，率军数千，晨夜西行。王允以胡文才、杨整修皆凉州大人[35]，召使东，解释之[36]，不假借以温颜[37]，谓曰："关东鼠子[38]，欲何为邪？卿往呼之！"于是二人往，实召兵而还。

傕随道收兵，比至[39]长安，已十余万，与卓故部曲樊稠、李蒙等合围长安城，城峻不可攻，守之八日。吕布军有叟[40]兵内反，六月，戊午[41]，引傕众入城，放兵虏掠。布与战城中，不胜，将数百骑以卓头系马鞍出走，驻马青琐门外，招王允同去。允曰："若蒙社稷之灵，上安国家，吾之愿也；如其不获，则奉身以死之。朝廷[42]幼少，恃我而已，临难苟免，吾不忍也。努力谢[43]关东诸公[44]，勤以国家为念！"太常[45]种拂曰："为国大臣，不能禁暴御侮，使白刃向宫，去将安之！"遂战而死。

傕、汜屯南宫掖门，杀太仆[46]鲁馗[47]、大鸿胪周奂、城门校尉崔烈、越骑校尉王颀，吏民死者万余人，狼藉[48]满道。王允扶帝上宣平门避兵，傕等于城门下伏地叩头，帝谓傕等曰："卿等放兵纵横，欲何为乎？"傕等曰："董卓忠于陛下，而无故为吕布所杀，臣等为卓报仇，非敢为逆也。请事毕诣廷尉受罪。"傕等围门楼，共表请司徒王允出，问"太师何罪？"允穷蹙，乃下见之。己未[49]，赦天下，以李傕为扬武将军[50]，郭汜为扬烈将军[51]，樊稠等皆为中郎将。傕等收司隶校尉黄琬，杀[52]之。

初，王允以同郡宋翼为左冯翊[53]，王宏为右扶风[54]，傕等欲杀允，恐二郡为患，乃先征翼、宏。宏遣使谓翼曰："郭汜、李傕以我二人在外，故未危[55]王公，今日就征，明日俱族，计将安出？"翼曰："虽祸福难量，然王命，所不得避也！"宏曰："关东义兵鼎沸，欲诛董卓，今卓已死，其党与易制耳。若举兵共讨傕等，与山东相应，此转祸为福之计也。"翼不从，宏不能独立，遂俱就征。甲子[56]，傕收允及翼、宏，并杀之；允妻子皆死。宏临命[57]诟[58]曰："宋翼竖儒，不足议大计！"傕尸王允于市，莫敢收者，故吏平陵令京兆赵戬[59]弃官收而葬之。始，允自专[60]讨卓之劳[61]，士孙瑞归功不侯[62]，故得免于难。

臣光曰：易称"劳谦君子有终吉[63]"，士孙瑞有功不伐[64]，以保其身，可不谓之智乎！

傕等以贾诩为左冯翊，欲侯之，诩曰："此救命之计，何功之有！"固辞不受。又以为尚书仆射，诩曰："尚书仆射，官之师长，天下所望，诩名不素重，非所以服人也。"乃以为尚书。

（以上为第六段，写凉州将李傕、郭汜为董卓报仇，诛杀王允。）

【注释】

［1］济北：王国名，治所卢县，在今山东济南市长清区南。［2］辎重：军用器械、粮草、材料等物资。［3］唯以钞掠为资：单靠掠取物资作为给养。［4］畜：同"蓄"。［5］纲纪：州别驾及治中从事等皆可称纲纪。［6］明府：汉代人称郡太守为府君，亦称明府君，简称明府。曹操时为东郡太守，而陈宫为东郡人，故称曹操为明府。［7］牧之：谓为兖州牧。［8］命世之才：经邦济世之人才。［9］寿张：县名，县治在今山东东平县西南。［10］抚循：安抚。［11］承间：找机会，指寻求战机。［12］购求：悬赏寻求。［13］丧：指尸体。［14］征西将军：官名，东汉杂号将军之一，掌统兵征伐。［15］部曲：军队。此指军队的中下级军官。［16］班赐：颁赐，分发赏赐。［17］夸伐：夸耀自己的功劳。［18］刚棱：刚直严正。［19］折节：降低身份，屈从于人。［20］适：正好。［21］或：有人。［22］关东：地区名，泛指函谷关以东中原地区。此指袁绍等人之关东军。［23］皇甫义真：皇甫嵩字义真。［24］凉州：指董卓之凉州军队。［25］讹言：流言，谣言。［26］解兵：让士兵放下武器，即解散军队。［27］为鱼肉：比喻己为鱼肉，当任人宰割。［28］弘农：郡名，治所弘农县，在今河南灵宝市北。［29］恇（kuāng）怯：恐惧畏缩。［30］李傕等还：指李傕等从陈留、颍川还陕县。［31］间（jiàn）行：走小路。［32］贾诩（xǔ）：字文和，武威姑臧（今甘肃武威市）人。初为董卓部下，后归曹操，为谋士。曹魏时官至太尉。传见《三国志》卷十。［33］国家：指皇帝。［34］不合：谓不合本来之计谋。［35］大人：指大家豪右。［36］召使东，解释之：谓召胡文才、杨整修使之东去解散李傕、郭汜等人的军队。［37］温颜：和颜悦色。［38］关东鼠子：指李傕、郭汜等人，时诸人皆在潼关之东。［39］比至：及至。［40］叟（sōu）：汉代称西南地区氐羌系的部分少数民族为"叟"。［41］戊午：六月一日。［42］朝廷：指皇帝。［43］谢：告诉。［44］关东诸公：指袁绍等人。［45］太常：官名，九卿之一，掌宗庙祭祀礼仪，兼选试博士。［46］太仆：官名，九卿之一，掌皇帝车马及马政，秩中二千石。［47］馗：古"逵"字。［48］狼藉：纵横散乱。［49］己未：六月二日。［50］扬武将军：官名，东汉杂号将军之一。［51］扬烈将军：官名，东汉杂号将军之一，此时始置。［52］杀：据章校，有的版本"杀"上有"下狱"二字。［53］左冯（píng）翊（yì）：官名，左冯翊的长官，相当于郡太守。左冯翊本政区名，为汉代三辅之一，东汉时治所在高陵（今陕西西安市高陵区西南）。而左冯翊的长官也称左冯翊，官名与政区名相同。［54］右扶风：官名，右扶风的长官，相当于郡太守。右扶风亦本政区名，汉代三辅之一，东汉时治所在槐里（今陕西兴平市东南）。右扶风的长官也称右扶风，官名与政区名相同。［55］危：指杀害。［56］甲

子：六月七日。［57］临命：将死之时。［58］诟：怒骂。［59］戬：读“jiǎn”。［60］专：独占。［61］劳：功劳。［62］不侯：不封侯。［63］劳谦君子有终吉：《易·谦·九三》之辞，意思是说：有功劳而又谦逊的君子最后必然吉祥。［64］伐：夸耀。

吕布自武关[1]奔南阳，袁术待之甚厚。布自恃有功于袁氏[2]，恣[3]兵钞掠。术患之，布不自安，去从张杨于河内。李傕等购求[4]布急，布又逃归袁绍。

丙子[5]，以前将军赵谦为司徒。

秋，七月，庚子[6]，以太尉马日磾为太傅，录尚书事；八月，以车骑将军皇甫嵩为太尉。

诏太傅马日磾、太仆赵岐[7]杖节[8]镇抚关东。

九月，以李傕为车骑将军、领司隶校尉、假节；郭汜为后将军，樊稠为右将军，张济为骠骑将军，皆封侯。傕、汜、稠筦[9]朝政，济出屯弘农。

司徒赵谦罢。

甲申[10]，以司空淳于嘉为司徒，光禄大夫杨彪为司空，录尚书事。

初，董卓入关[11]，说韩遂、马腾与共图山东[12]，遂、腾率众诣长安。会卓死，李傕等以遂为镇西将军[13]，遣还金城[14]；腾为征西将军，遣屯郿。

冬，十月，荆州刺史刘表遣使贡献。以表为镇南将军荆州牧，封成武侯。

十二月，太尉皇甫嵩免，以光禄大夫周忠为太尉，参录尚书事。

曹操追黄巾至济北，悉降之，得戎卒三十余万，男女百余万口，收其精锐者，号青州兵[15]。

操辟陈留毛玠[16]为治中从事[17]，玠言于操曰：“今天下分崩，乘舆[18]播荡[19]，生民废业，饥馑流亡，公家无经岁之储，百姓无安固之志，难以持久。夫兵义者胜，守位以财，宜奉天子以令不臣[20]，修耕植以畜[21]军资，如此，则霸王之业可成也。”操纳其言，遣使诣河内太守张杨，欲假涂西至长安；杨不听。

定陶董昭[22]说杨曰：“袁、曹虽为一家，势不久群。曹今虽弱，然实天下之英雄也，当故结之[23]。况今有缘，宜通其上事，并表荐之，若事有成，永为深分[24]。”杨于是通操上事，仍表荐操。昭为操作书与李傕、郭汜等，各随轻重致殷勤。

傕、汜见操使，以为关东欲自立天子，今曹操虽有使命，非其诚实，议留操使。黄门侍郎[25]钟繇[26]说傕、汜曰：“方今英雄并起，各矫命专制，唯曹兖州乃心王室[27]，而逆其忠款[28]，非所以副将来之望也！”傕、汜乃厚加报答。繇，皓[29]之曾孙也。

徐州刺史陶谦[30]与诸守相共奏记[31]，推朱俊为太师，因移檄牧伯[32]，欲以同讨李傕等，奉迎天子。会李傕用太尉周忠、尚书贾诩策，征俊入朝。俊乃辞谦议而就征，复为太仆。

公孙瓒复遣兵击袁绍，至龙凑[33]，绍击破之。瓒遂还幽州，不敢复出。

扬州刺史汝南陈温卒，袁绍使袁遗领扬州；袁术击破之，遗走至沛[34]，为兵所杀。术以下邳陈瑀[35]为扬州刺史。

（以上为第七段，写凉州将李傕、郭汜共掌朝政，曹操奉正朔以蓄积政治资本，大败山东黄巾军，收编为青州军，势力渐大。）

【注释】

[1]武关：关名，在今陕西商洛市商州区东。[2]有功于袁氏：指杀董卓为袁氏报仇。[3]恣：放任。[4]购求：悬赏捕捉。[5]丙子：六月十九日。[6]庚子：七月十三日。[7]赵岐：字邠卿。原名赵嘉，字台卿。京兆长安（今陕西咸阳市东北）人。东汉经学家，有《孟子章句》行于世。历仕桓、灵、献帝三朝。此时为太仆。[8]杖节：执持符节。大臣出使，皇帝授予符节作为凭证。[9]筦：同“管”。[10]甲申：九月二十九日。[11]关：指函谷关，在今河南新安县东。[12]山东：泛指崤山以东地区。[13]镇西将军：官名，东汉杂号将军之一。[14]金城：郡名，治所允吾，在今甘肃永靖县北。[15]青州兵：因所改编的军队是青州黄巾军，故号青州兵。[16]毛玠：字孝先，陈留平丘（今河南长垣市西南）人。后为曹操东曹掾，典选举，清正廉直。传见《三国志》卷十二。[17]治中从事：官名，为州牧刺史的主要佐吏，主管众曹文书。[18]乘舆：指皇帝。[19]播荡：流亡在外。[20]不臣：不臣服的人。[21]畜：同“蓄”。[22]董昭：字公仁，济阴定陶（今山东菏泽市定陶区）人。初投袁绍为参军事，后归曹操为重要谋士之一。曹丕称帝，任大鸿胪，封右乡侯。魏明帝即位，进爵乐平侯，转卫尉，迁司徒。[23]当故结之：当因事与他结交。[24]深分（fèn）：深厚的情谊。[25]黄门

侍郎：官名，职为侍从皇帝，传达诏命。［26］钟繇（151—230）：字元常，颍川长社（今河南长葛市东）人。曹操执政时为司隶校尉，经营关中。曹魏时为廷尉、太尉、太傅。传见《三国志》卷十三。［27］乃心王室：谓忠于朝廷。［28］忠款：忠诚。［29］皓：钟皓，字季明。为郡著姓，有高名，不仕高官，居家教授，为士大夫所归慕。传见《后汉书》卷六十二。［30］陶谦：字恭祖，丹阳（今安徽宣城市）人。献帝初，谦为安东将军、徐州牧，封溧阳侯。曹操因谦部下杀其父曹嵩而兵征徐州，陶谦兵败，于兴平元年（194）忧死，以州牧让刘备。［31］奏记：上奏朝廷的表章。［32］牧伯：指州牧、郡守。［33］龙凑：地名，在平原县内。平原县治在今山东平原县西南。［34］沛：县名，县治在今江苏沛县。［35］陈瑀：字公玮，下邳淮浦（今江苏涟水县）人。原任吴郡太守，遭孙策攻击，袁术任为扬州刺史。

四年（癸酉，193 年）

春，正月，甲寅朔，日有食之。

丁卯[1]，赦天下。

曹操军[2]甄城[3]。袁术为刘表所逼，引兵屯封丘[4]，黑山[5]别部及匈奴於扶罗皆附之。曹操击破术军，遂围封丘；术走襄邑[6]，又走宁陵[7]。操追击，连破之。术走九江[8]，扬州[9]刺史陈瑀拒术不纳。术退保阴陵[10]，集兵于淮北，复进向寿春，瑀惧，走归下邳[11]，术遂领其州，兼称徐州伯[12]。李傕欲结术为援，以术为左将军，封阳翟侯，假节。

袁绍与公孙瓒所置青州刺史田楷连战二年，士卒疲困，粮食并尽，互掠百姓，野无青草。绍以其子谭为青州刺史，楷与战，不胜。会赵岐来和解关东，瓒乃与绍和亲，各引兵去。

三月，袁绍在薄落津[13]。魏郡[14]兵反，与黑山贼于毒等数万人共覆邺城[15]，杀其太守。绍还屯斥丘[16]。

夏，曹操还军定陶[17]。

徐州治中东海王朗及别驾琅邪赵昱说刺史陶谦曰："求诸侯莫如勤王[18]，今天子越[19]在西京[20]，宜遣使奉贡。"谦乃遣昱奉章至长安。诏拜谦徐州牧，加安东将军[21]，封溧阳侯。以昱为广陵[22]太守，朗为会稽[23]太守。

是时，徐方[24]百姓殷盛，谷实差丰[25]，流民多归之。而谦信用谗邪，疏远忠直，刑政不治，由是徐州渐乱。许劭避地[26]广陵，谦礼之甚厚，劭告其徒曰："陶恭祖[27]外慕声名，内非真正，待吾虽厚，其势必薄。"遂去之。后谦果捕诸寓士[28]，人乃服其先识。

六月，扶风大雨雹。

华山崩裂。

太尉周忠免，以太仆朱俊为太尉，录尚书事。

下邳阙宣聚众数千人，自称天子；陶谦击杀之。

大雨，昼夜二十余日，漂没民居。

袁绍出军入朝歌鹿肠山，讨于毒，围攻五日，破之，斩毒及其众万余级。绍遂寻山北行，进击诸贼左髭丈八等，皆斩之。又击刘石、青牛角、黄龙左校、郭大贤、李大目、于氐根等，复斩数万级，皆屠其屯壁[29]。遂与黑山贼张燕及四营屠各、雁门乌桓战于常山。燕精兵数万，骑数千匹。绍与吕布共击燕，连战十余日，燕兵死伤虽多，绍军亦疲，遂俱退。

吕布将士多暴横，绍患之，布因求还雒阳。绍承制以布领司隶校尉，遣壮士送布，而阴图之。布使人鼓筝[30]于帐中，密亡去[31]，送者夜起，斫帐被皆坏。明旦，绍闻布尚在，惧，闭城自守。布引军复归张杨。

前太尉曹嵩避难在琅邪[32]，其子操令泰山太守应劭迎之。嵩辎重百余两，陶谦别将守阴平[33]，士卒利嵩财宝，掩袭嵩于华[34]、费[35]间，杀之，并少子德。秋，操引兵击谦，攻拔十余城，至彭城[36]，大战，谦兵败，走保郯[37]。

初，京雒[38]遭董卓之乱，民流移东出，多依徐土，遇操至，坑杀男女数十万口于泗水，水为不流。

操攻郯不能克，乃去，攻取虑[39]、睢陵[40]、夏丘[41]，皆屠之，鸡犬亦尽，墟邑无复行人。

冬，十月，辛丑[42]，京师地震。

有星孛于天市[43]。

司空杨彪免。丙午，以太常赵温为司空，录尚书事。

（以上为第八段，写中原大混战，河南、河北、江淮徐扬，四处烽烟。袁绍与公孙瓒争夺青州。吕布遭袁氏兄弟驱逐，归依河内张杨。曹操得兖州，驱袁术入淮南，又大破徐州牧陶谦。）

【注释】

[1]丁卯：正月十四日。[2]军：驻军。[3]甄城：甄，《三国志·魏书·武帝纪》作“鄄”。据章校，有的版本作“鄄”（juàn）城，县名，县治在今山东鄄城县西北。鄄城是当时黄河边上一个军事重地。《水经注》说它是“河上之邑，最为峻固”。兖州刺史本治昌邑，曹操为兖州牧，移治鄄城。[4]封丘：县名，县治在今河南封丘县。[5]黑山：指黑山军。[6]襄邑：县名，县治在今河南睢县。[7]宁陵：县名，县治在今河南宁陵县南。[8]九江：郡名，西汉时治所在寿春，东汉时迁至阴陵，东汉末又迁寿春。寿春县治在今安徽寿县。[9]扬州：东汉末，扬州刺史治所在寿春。[10]阴陵：县名，县治在今安徽定远县西北。[11]下邳：县名，县治在今江苏睢宁县西北。[12]徐州伯：即徐州牧。本来牧伯连称，而一般只单称牧，袁术却又单称伯。[13]薄落津：渡口名。漳水流过经县西，有漳水津，即名薄落津。经县治所在今河北广宗县东北。[14]魏郡：郡名，治所邺县，在今河北临漳县西南。[15]邺城：邺县之城。邺县，春秋时齐邑，汉置县。袁绍为冀州牧，镇邺，后为曹操封邑，魏置为邺都。故城在今河北临漳县西。[16]斥丘：县名，县治在今河北曲周县东南。[17]定陶：县名，县治在今山东菏泽市定陶区西北。[18]求诸侯莫如勤王：此为《左传》僖公二十五年狐偃对晋文公之言，意思是说，要求被封为诸侯的最好办法莫过于出兵救援王室。[19]越：远。[20]西京：指长安。[21]安东将军：官名，东汉杂号将军之一。[22]广陵：郡名，治所广陵县，在今江苏扬州市。[23]会（kuài）稽：郡名，治所山阴，在今浙江绍兴市。[24]徐方：即徐州。古语多称州为方。[25]差丰：比较丰富。[26]避地：避难之地。[27]陶恭祖：陶谦字恭祖。[28]寓士：指寄居于徐州的他方人士。[29]屯壁：营垒。[30]筝：古时之一种弦乐器。[31]密亡去：暗中逃走而离开。[32]琅邪：王国名，治所开阳，在今山东临沂市北。[33]阴平：县名，县治在今江苏沭阳县西北。[34]华：县名，县治在今山东费县东北。[35]费：县名，县治在今山东费县西北。[36]彭城：县名，县治在今江苏徐州市。[37]郯：县名，县治在今山东郯城县西北，为当时徐州刺史之治所。[38]京雒：犹言京都洛阳。[39]取（qū）虑（lù）：县名，县治在今江苏睢宁县西南。[40]睢陵：县名，县治在今江苏睢宁县。[41]夏丘：县名，县治在今安徽泗县。[42]辛丑：十月二十二日。[43]天市：天区名，即天市垣，为三垣之下垣，位于房心东北，有十九星座。

刘虞与公孙瓒积不相能[1]，瓒数与袁绍相攻，虞禁之，不可，而稍节其禀假[2]。瓒怒，屡违节度，又复侵犯百姓。虞不能制，乃遣驿使[3]奉章陈其暴掠之罪，瓒亦上[4]虞禀粮不周。二奏交驰，互相非毁，朝廷依违[5]而已。瓒乃筑小城于蓟[6]城东南以居之，虞数请会，瓒辄称病不应；虞恐其终为乱，乃率所部兵合十万人以讨之。时瓒部曲放散在外，仓卒掘东城欲走。虞兵无部伍[7]，不习战，又爱民庐舍，敕不听焚烧，戒军士曰："无伤余人，杀一伯珪[8]而已。"攻围不下。瓒乃简募[9]锐士数百人，因风纵火，直冲突之，虞众大溃。虞与官属北奔居庸[10]，瓒追攻之，三日，城陷，执虞并妻子还蓟，犹使领州文书。会诏遣使者段训增虞封邑，督六州事；拜瓒前将军，封易侯。瓒乃诬虞前与袁绍等谋称尊号，胁训斩虞及妻子于蓟市。故常山[11]相孙瑾、掾[12]张逸、张瓒等相与就虞，骂瓒极口，然后同死。瓒传虞首于京师，故吏尾敦[13]于路劫虞首，归葬之。虞以恩厚得众心，北州[14]百姓流旧[15]莫不痛惜。

初，虞欲遣使奉章诣长安，而难其人[16]，众咸曰："右北平田畴[17]，年二十二，年虽少，然有奇材。"虞乃备礼，请以为掾。具[18]车骑将行，畴曰："今道路阻绝，寇虏纵横，称官奉使，为众所指。愿以私行，期于得达而已。"虞从之。畴乃自选家客[19]二十骑，俱上西关[20]，出塞[21]，傍[22]北山[23]，直趣[24]朔方[25]，循间道[26]至长安致命。

诏拜畴为骑都尉[27]。畴以天子方蒙尘[28]未安，不可以荷佩[29]荣宠，固辞不受。得报[30]，驰还，比至[31]，虞已死，畴谒祭[32]虞墓，陈发章表[33]，哭泣而去。公孙瓒怒，购求[34]获畴，谓曰："汝不送章报我，何也？"畴曰："汉室衰颓，人怀异心，唯刘公不失忠节。章报所言，于将军未美，恐非所乐闻，故不进也。且将军既灭无罪之君[35]，又雠守义之臣，畴恐燕、赵[36]之士皆将蹈东海而死，莫有从将军者也。"瓒乃释之。

畴北归无终，率宗族及他附从者数百人，扫地而盟曰："君仇不报，吾不可以立于世！"遂入徐无山[37]中，营深险平敞地而居，躬耕以养父母，百姓归之，数年间至五千余家。畴谓其父老曰："今众成都邑，而莫相统一，又无法制以治之，恐非久安之道。畴有愚计，愿与诸君共施之，可乎？"皆曰："可！"畴乃为约束，相杀伤、犯盗、诤讼[38]者，随轻重抵罪，重者至死，凡一十余条。又制为婚姻嫁娶之礼，与学校讲授之业，班[39]行于众，众皆便之，至道不拾遗。北边翕然[40]服其威信，乌桓、鲜卑各遣使致馈，畴悉抚纳，令不为寇。

十二月，辛丑[41]，地震。

司空赵温免。乙巳[42]，以卫尉张喜为司空。

（以上为第九段，写公孙瓒火并刘虞割据幽州。）

【注释】

[1]积不相能：久不和睦，矛盾很深。[2]稍节其禀（lǐn）假：谓渐渐减少对公孙瓒的供给和借贷。[3]驿使：驿站传送文书之吏。[4]上：上奏。[5]朝廷依违：谓刘虞上奏则依刘虞而违公孙瓒，公孙瓒上奏又依公孙瓒而违刘虞，朝廷没有一定的是非标准。[6]蓟：县名，县治在今北京城西南，为幽州牧的治所。[7]部伍：队伍，指有组织的编队。[8]伯珪：公孙瓒字伯珪。[9]简募：选拔调动。[10]居庸：县名，县治在今北京市延庆区。[11]常山：王国名，治所元氏，在今河北元氏县西北。[12]掾：汉代长官自任用的佐治官吏。[13]尾敦：人名，刘虞的下属官吏。[14]北州：指幽州。[15]流旧：流，指他州流入幽州之人。旧，指幽州的土著。[16]难其人：谓难找到奉奏章至长安的人。[17]田畴：字子泰，右北平无终（今天津市蓟州区）人。后应曹操召辟，助征乌桓有功，但终不受封爵。传见《三国志》卷十一。[18]具：备办。[19]家客：依附豪强之人。[20]西关：即居庸关，在今北京市昌平区西北。[21]塞（sài）：边界险要地。[22]傍：靠近。[23]北山：即阴山。[24]趣：趋赴。[25]朔方：郡名，治所朔台，在今内蒙古杭锦旗北。[26]间道：小路。[27]骑都尉：官名，掌羽林骑兵。[28]蒙尘：皇帝流亡在外称“蒙尘”。[29]荷佩：承受，接受之义。[30]报：回答。[31]比至：及至。[32]谒祭：拜祭。[33]章表：当依下文作“章报”，即回答的文书。[34]购求：悬赏捕捉。[35]君：古代下级官吏可称上级长官为君，自己称为臣。[36]燕、赵：指幽州。幽州为古燕、赵二国之地。[37]徐无山：右北平郡徐无县有徐无山。徐无县治在今河北遵化市东。[38]诤（zhēng）讼：犹言诉讼。[39]班：颁布。[40]翕（xī）然：和顺貌。[41]辛丑：十二月二十三日。[42]乙巳：十二月二十七日。

【点评】

本卷重点点评以下两大问题。

一、凉州兵团的终结。董卓西迁被王允谋杀，但祸患未已，因为董卓的部曲凉州兵团未受损伤。所谓凉州兵团，是一支汉羌混合的队伍。这支军队是董卓长期对西羌作战中精心培植起来的部曲武装，它的基干是湟中义从羌和关中秦胡，有三万余人，扩充的部队中汉人有十余万。董卓倚重的是凉州将、羌胡兵。董卓死后，扰乱长安的四大将李傕、郭汜、张济、樊稠都是凉州人。董卓挟汉献帝西迁，凉州主力部署在潼关以东防范关东诸侯。董卓死后，凉州将以李傕、郭汜为首，打着为董卓报仇的旗号杀向长安。公元192年六月，凉州兵攻破长安，杀王允等公卿百官及长安民众一万余人。公元194年，马腾、韩遂攻长安，又适值天旱大饥荒，谷一斗五十万，豆麦一斗二十万，人相食，白骨委积道路。公元195年，李傕、郭汜争权，连月相攻，死者数万。关中户有数十万，经过这场浩劫，“二三年间，关中无复人迹”。富庶的关中，遭凉州兵扰乱，一片荒残。从公元189年八月董卓入洛，到公元198年四月李傕在长安覆灭，凉州兵在东汉末的历史舞台上活跃了整整十年，带来了极大的破坏。关中和中原的经济遭到极大的摧残，人口死亡数百万。“白骨露于野，千里无鸡鸣。”（曹操《蒿里行》）这就是凉州兵在两汉四百年繁华的东、西两京制造的人间惨剧。当时传播文化的书籍是用手写的简策帛书，传播不广，京师所藏，极为珍贵。不读书的凉州兵，把珍贵的简册帛书毁坏，把缣帛文书制成帷盖、巾囊，造成了无法弥补的损失。李傕、郭汜和他的主子董卓一样，愈是凶残，愈是加速自身的灭亡。他们在自相火并中残杀。樊稠为李傕所杀，郭汜为其部将所杀，张济出关攻战死于穰县。公元198年，曹操以天子名义命驻屯华阴的凉州将段煨讨灭李傕，并夷其三族。伴随李傕之死，凉州兵也就随之消亡。

二、东汉末军阀混战格局的形成。东汉末年的军阀混战，从公元190年至199年（汉献帝初平元年至建安四年），是十年大混战时期，争战异常激烈，黄河两岸，淮河之南，整个中原大地化为战场，城邑村落变成废墟。

东汉军阀混战的形成，有其远因、近因和导火索。先说远因。军阀混战是豪强地主集团割据性的一种表现。东汉豪强集团的兴起是军阀混战的远因。两汉四百年的统一，地主经济得到了高度发展。东汉开国者刘秀就出身贵族官僚地主家庭。他是汉高祖刘邦的九世孙。东汉开国的功臣，云台二十八将，三十二功臣、三百六十五功臣，大多出身“世吏二千石”，或为“乡闾著姓”，是一个以南阳豪强为基干的豪强集团。因此，东汉政权一建立，就显示出严重的兼并性和割据性。它维护豪强地主的利益，造成土地高度集中。如贵族地主济南王刘康，有田八百顷，奴婢一千四百多人。官僚地主郑泰，有田四百顷。东汉政论家仲长统对东汉豪强地主经济势力的膨胀有着生动的描绘。他说：“汉朝中兴以来，豪强富人，居住着几百间富丽堂皇的深宅大院，占据了大片肥沃的土地，役使着成千的奴婢和上万的长工，妖童美妾充满了内庭，女乐倡优排列于深堂。有的兼营商业，车船周游各地，囤积居奇，货物充满都邑。他们的奇物宝货堆满了巨室，马牛猪羊布满了山谷。”（《后汉书·仲长统传》）豪强地主不仅占有巨大的财富，而且在地方上有很大的势力，大都拥有自己的武装，有的多达二三万。有一官半职的豪强，依势作威作福，没有官职的乡绅也武断于乡曲。豪强们的荣耀逸乐不亚于王侯，他们的势力显赫与郡守县令相匹敌。如果中央政权稳固，能够有效地控制豪强地主，地方经济愈发达，国家愈强大。反过来，如果中央政权削弱，国家对豪强控制失御，地方经济愈发达，愈要与中央闹独立。东汉末年就是这一情况。

东汉军阀混战的近因是黄巾大起义动摇了东汉根基，加深加速了封建割据性。汉灵帝为了加强对黄巾军的镇压，在公元188年采纳刘焉的建议，改刺史为州牧。汉承秦制，地方行政为郡、县两级，汉武帝加强对地方的控制，划分全国为十三个部，每部即一州，设置十三个州刺史。州不是一级地方行政机构，刺史只起监察作用，由六百石的中级官充任。州刺史改为州牧，成为地方最高一级行政机构，有领兵治民之权，由二千石高官领牧。朝廷派刘焉为益州刺史，刘虞为幽州刺史，黄琬为豫州刺史。起初这三大州牧的设置，目的是加强对益州、豫州农民军的镇压，以及对幽州张纯叛乱的镇压。很快，州牧增设，各州牧便成了事实上各霸一方的土皇帝。各郡国守相也趁机扩张势力。因此，州牧的设置，加速了地方割据势力的发展，军阀混战只差一根导火索来点燃了。

何进召军阀董卓入京，董卓擅废立，点燃了军阀混战的导火索。公元190年正月，东郡太守桥瑁发起讨伐董卓的战争，他假传京师三公的手谕，草拟讨董卓檄文，列数罪恶，布告各州郡牧守，同时起兵。后将军南阳太守袁术、冀州牧韩馥、豫州刺史孔伷、兖州刺史刘岱、河内太守王匡、渤海太守袁绍、陈留太守张邈、东郡太守桥瑁、山阳太守袁遗、济北相鲍信，共十路诸侯起兵，各有数万兵马，一致推举袁绍为盟主。十路诸侯都在关东中原，所以史称关东军。此外，长沙太守孙坚率军北上讨董卓。曹操起兵陈留，与诸侯会合，称奋武将军。

关东军盟主袁绍与王匡屯驻河内，张邈、刘岱、鲍信、桥瑁、袁遗、曹操屯驻酸枣，袁术、孙坚屯驻南阳，孔伷屯驻颍州，韩馥屯驻邺城，为袁绍后援。关东军从北、东、南三面对京师洛阳夹击。关东军十倍于董卓，又高举堂皇正大之旗，讨灭董卓易如反掌。但各路诸侯同床异梦，每天饮酒宴会，不图进取。曹操孤军深入攻向荥阳，在汴水遭到董卓将徐荣阻击，曹操寡不敌众，大败而归。曹操到酸枣，指陈形势，献计说："袁绍引河内之军，攻占孟津，在洛阳背后切断董卓向西的退路，酸枣诸军，攻取成皋、敖仓，控制轘辕、太谷的险要，深沟高垒，不与董卓决战。袁术率南阳之军，西入武关，据长安。这样一来，董卓就会困死洛阳，一战而定天下。"曹操当时尚有重振汉室之心，所以提出如此建议，并亲冒矢石，奋勇先进。当时能左右局势的袁绍、袁术兄弟，却心怀二志，只做攻击姿态，逼使董卓西迁，不但不去挽救朝廷的败落，而且企图借董卓之手扫荡汉天子朝廷势力。袁氏兄弟，假讨董卓之名，行割据之实，各路诸侯也坐观形势，扩充势力。董卓从容撤出洛阳，浩劫两京。汉献帝西迁，中原无主，各路诸侯立即展开了火并。首先，刘岱杀桥瑁，夺了东郡。袁绍用计，引诱幽州公孙瓒南下攻击冀州，逼使韩馥让出冀州，袁绍自领冀州牧。作为盟主的袁绍，抢夺别人的地盘，关东军联盟不复存在。中原大地，军阀混战就这样形成了。

卷六一　汉纪五十三

汉献帝兴平元年至二年（194—195 年）

【起阏逢阉茂（甲戌，194 年），尽旃蒙大渊献（乙亥，195 年），凡二年】

【大事提要】

本卷记事起公元 194 年，讫公元 195 年，凡二年，当汉献帝兴平元年至二年。两年间军阀大混战，烽烟遍及全国主要地区，主战场有六处：河南、徐州、关中、淮南、江东、河北。袁绍与曹操联手，袁绍战河北，曹操战河南，两个背靠背互无后顾之忧。曹操战河南，两线作战：一是屠徐州，打败陶谦，陶谦困危忧死，让州牧给刘备。二是曹操与吕布争兖州，吕布不敌，败投刘备，曹操稳固地保有兖州，在河南立足，成为显赫大军阀。袁绍战河北与公孙瓒交战，由于逼反臧洪，袁绍掉头灭臧洪，自毁长城，公孙瓒趁机经营幽州。袁术经营淮南，孙策兴起于江东。关中战场主要是凉州兵团李傕与郭汜内讧，长安遭屠，献帝趁机摆脱凉州兵团控制东归，驻扎河东。曹、孙、刘三家兴起，孙、刘两家已初见曙光。

孝献皇帝丙

兴平元年（甲戌，194 年）

春，正月，辛酉[1]，赦天下。

甲子[2]，帝加元服[3]。

二月，戊寅[4]，有司[5]奏立长秋宫。诏曰："皇妣[6]宅兆[7]未卜，何忍言后宫之选乎！"壬午[8]，三公[9]奏改葬皇妣王夫人，追上尊号曰灵怀皇后。

陶谦告急于田楷，楷与平原[10]相[11]刘备救之。备自有兵数千人，谦益以丹阳[12]兵四千，备遂去楷归谦，谦表为豫州刺史，屯小沛[13]。曹操军食亦尽，引兵还。

马腾私有求于李傕，不获而怒，欲举兵相攻；帝遣使者和解之，不从。韩遂率众来和腾、傕，既而复与腾合。谏议大夫[14]种邵[15]、侍中[16]马宇、左中郎将[17]刘范谋使腾袭长安，己为内应，以诛傕等。壬申[18]，腾、遂勒兵屯长平观。邵等谋泄，出奔槐里[19]。傕使樊稠、郭汜及兄子利击之，腾、遂败走，还凉州。又攻槐里，邵等皆死。庚申[20]，诏赦腾等。夏，四月。以腾为安狄将军[21]，遂为安降将军。

曹操使司马荀彧、寿张[22]令程昱[23]守甄城[24]，复往攻陶谦，遂略地至琅邪、东海[25]，所过残灭[26]。还，击破刘备于郯东。谦恐，欲走归丹阳。会陈留太守张邈叛操迎吕布，操乃引军还。

初，张邈少时，好游侠，袁绍、曹操皆与之善。及绍为盟主[27]，有骄色，邈正议责绍；绍怒，使操杀之。操不听，曰："孟卓[28]，亲友也，是非当容之。今天下未定，奈何自相危也！"操之前攻陶谦，志在必死，敕家曰："我若不还，往依孟卓。"后还见邈，垂泣相对。

陈留高柔[29]谓乡人曰："曹将军虽据兖州，本有四方之图，未得安坐守也。而张府君[30]恃陈留之资，将乘间[31]为变，欲与诸君避之，何如？"众人皆以曹、张相亲，柔又年少，不然其言。柔从兄干[32]自河北呼柔，柔举宗从之。

吕布之舍袁绍从张杨也，过邈，临别，把手共誓；绍闻之，大恨。邈畏操终为绍杀己也，心不自安。前九江太守陈留边让[33]尝讥议操，操闻而杀之，并其妻子。让素有才名，由是兖州士大夫皆恐惧。陈宫性刚直壮烈[34]，内亦自疑，乃与从事中郎[35]许汜、王楷及邈弟超共谋叛操。宫说邈曰："今天下分崩，雄杰并起，君以千里之众，当四战之地，抚剑顾盼，亦足以为人豪，而反受制于人，不亦鄙乎！今州军东征[36]，其处空虚，吕布壮士，善战无前，若权[37]迎之，共牧兖州，观天下形势，俟时事之变，此亦纵横[38]之一时也。"邈从之。

时操使宫将兵留屯东郡[39]，遂以其众潜迎布为兖州牧。布至，邈乃使其党刘翊告荀彧曰："吕将军来助曹使君[40]击陶谦，宜亟[41]供其军食。"众疑惑，或知邈为乱，即勒兵设备，急召东郡太守夏侯惇[42]于濮阳；惇来，布遂据濮阳。时操悉军攻陶谦，留守兵少，而督将[43]、大吏[44]多与邈、宫通谋，惇至，其夜，诛谋叛者数十人，众乃定。

豫州刺史郭贡率众数万来至城下，或言与吕布同谋，众甚惧。贡求见荀彧，彧将往，惇等曰："君一州镇[45]也，往必危，不可。"彧曰："贡与邈等，分非素结[46]也，今来速，计必未定，及其未定说之，纵不为用[47]，可使中立。若先疑之，彼将怒而成计。"贡见彧无惧意，谓鄄城未易攻，遂引兵去。

是时，兖州郡县皆应布，唯鄄城、范、东阿不动。布军降者言："陈宫欲自将兵取东阿，又使氾嶷取范[48]。"吏民皆恐。程昱本东阿[49]人，彧谓昱曰："今举州皆叛，唯有此三城，宫等以重兵临之，非有以深结其心，三城必动。君，民之望也，宜往抚之。"昱乃归过范，说其令靳允曰："闻吕布执君母、弟、妻子，孝子诚不可为心[50]。今天下大乱，英雄并起，必有命世[51]能息天下之乱者，此智者所宜详择也。得主者昌，失主者亡。陈宫叛迎吕布而百城皆应，似能有为；然以君观之，布何如人哉？夫布粗中[52]少亲，刚而无礼，匹夫之雄耳。宫等以势假合，不能相君[53]也；兵虽众，终必无成。曹使君智略不世出[54]，殆天所授；君必固范，我守东阿，则田单[55]之功可立也。孰与违忠从恶而母子俱亡乎？唯[56]君详虑之！"允流涕曰："不敢有贰心。"时氾嶷已在县，允乃见嶷，伏兵刺杀之，归，勒兵自守。

徐众[57]评曰：允于曹公未成君臣；母至亲也，于义应去。卫公子开方[58]仕齐，积年不返，管仲以为不怀其亲，安能爱君！是以求忠臣必于孝子之门；允宜先救至亲。徐庶[59]母为曹公所得，刘备遣庶归北，欲为天下者恕[60]人子之情也；曹公亦宜遣允。

昱又遣别骑绝仓亭津[61]，陈宫至，不得渡。昱至东阿，东阿令颍川枣祗[62]已率厉[63]吏民拒城坚守，卒完[64]三城以待操。操还，执昱手曰："微子之力[65]，吾无所归矣。"表昱为东平[66]相，屯范。吕布攻鄄城不能下，西屯濮阳[67]。曹操曰："布一旦得一州，不能据东平，断亢父[68]、泰山之道，乘险要[69]我，而乃屯濮阳，吾知其无能为也。"乃进攻之。

（以上为第一段，写曹操征徐州，暴虐残民，被吕布抄了后路，丢失兖州。幸亏荀彧、程昱应变有方，才保留了三城的根据地。）

【注释】

［1］辛酉：正月十三日。［2］甲子：正月十六日。［3］元服：冠，帽。［4］戊寅：二月一日。［5］有司：指官吏。古代设官分职，各有专司，故称官吏为有司。［6］皇妣（bǐ）：指汉献帝死去的母亲王夫人。［7］宅兆：墓地的界址。［8］壬午：二月五日。［9］三公：东汉以太尉、司徒、司空为三公。［10］平原：王国名，治所平原，在今山东平原县西南。［11］相：官名，中央政府委派的执掌王国行政大权的长官，相当于郡太守。［12］丹阳：郡名，治所宛陵，在今安徽宣城市宣州区。按：丹阳郡与丹阳县之“阳”，均应从木，作“杨”，因丹杨县中多赤柳，故名“丹杨”。后来书籍中多作“丹阳”，严格说来是不正确的。见姚鼐《惜抱轩笔记》卷六。［13］小沛：沛为县名，县治在今江苏沛县。因当时沛县属沛国，故时人称之为小沛。按：豫州刺史的治所本在谯县（今安徽亳州市），而陶谦表刘备为豫州刺史，却驻屯小沛，当时又有豫州刺史郭贡，可见朝命不行，各地私自委任官吏。［14］谏议大夫：官名，属光禄勋，掌议论。［15］种（chóng）邵：字申甫，中平末为谏议大夫。［16］侍中：官名，职在侍从皇帝，应对顾问。［17］左中郎将：官名，汉代于光禄勋下置左、右、五官三署中郎将，统领皇帝侍卫军。［18］壬申：二月戊寅朔，无壬申。［19］槐里：县名，县治在今陕西兴平市东南。［20］庚申：二月戊寅朔，无庚申。按：《后汉书・献帝纪》，马腾、韩遂与郭汜、樊稠战于长平观在兴平元年三月，则此战后之赦诏也必在三月，盖《资治通鉴》于“庚申”前漏书“三月”二字。三月庚申为三月十三日。［21］安狄将军：安狄将军与安降将军均为此时暂置之杂号将军，后世不复再置。［22］寿张：县名，县治在今山东东平县西南。［23］程昱（yù）：字仲德，东郡东阿（今山东阳谷县东北）人。曹操为兖州牧，始受命为官。汉献帝迁许都后，为尚书。曹魏初为卫尉。传见《三国志》卷十四。［24］甄城：亦当作“鄄城”。［25］东海：郡名，治所郯县，在今山东郯城县西北。［26］残减：当从《三国志・武帝纪》作“残戮”，残杀诛戮之意。［27］盟主：指关东起兵讨董卓之盟主。［28］孟卓：张邈字孟卓。［29］高柔：字文惠，陈留圉县（今河南杞县南）人。曹操平河北后始为官。曹魏初为廷尉。魏明帝时多所匡正，后为三公。传见《三国志》卷二十四。［30］张府君：指张邈。汉代人称郡太守为府君。［31］乘间：乘间隙，遇机会。［32］干：高干，袁绍外甥，时从袁绍在河北，后被绍委为并州牧。［33］边让：字文礼，陈留浚仪（今河南开封市）人。善辞章，有才名，为孔融、王朗、蔡邕等名士所推崇。初为大将军何进所召辟，后为九江太守。初平中去官归家。曾有轻侮曹操之言，曹操因使郡太守杀之。传见《后汉书》卷八十下。［34］壮烈：勇敢有气节。［35］从事中郎：官名，为将军之属官，职责是参谋议论。此处指奋武将军曹操之从事中郎。［36］州军东征：指曹操带兖州军征徐州。［37］权：姑且，暂且。［38］纵横：谓任意驰骋发展。［39］东郡：郡名，治所濮阳，在今河南濮阳县西南。［40］使君：东汉人对州牧郡守之尊称。时曹操领兖州牧，刘翊遂称他为曹使君。［41］亟：急速。［42］夏侯惇：字元让，沛

国谯县（今安徽亳州市）人。随曹操起兵，为曹操之主要将领。建安中为河南尹、伏波将军、前将军、大将军等职。传见《三国志》卷九。［43］督将：指领兵的将领。［44］大吏：指掌管州郡事的官吏。［45］镇：镇守者。［46］分（fèn）非素结：本来平素之间就无勾结。［47］纵不为用：即使不为我所用。［48］范：县名，县治在今山东阳谷县北。［49］东阿：县名，县治在今山东阳谷县东北。［50］孝子诚不可为心：意谓孝子真不能忍心如此。［51］命世：谓经邦济世之人。［52］粗中：粗暴。“粗中少亲”一语，见《韩非子·十过》。［53］不能相君：谓陈宫、吕布等人之间不能相互确定君臣关系。［54］不世出：谓非世所常有。［55］田单：战国时齐将。齐湣王时，燕昭王使乐毅攻破齐国，连下七十余城，齐湣王出奔。田单固守即墨（今山东平度市东南）以拒燕。燕昭王死后，子惠王立，田单遂施反间计，燕惠王果罢乐毅而用骑劫，田单遂用火牛阵击败燕军，一举收复七十余城。齐国即以田单为相国，封安平君。事见《史记·田单列传》。［56］唯：表示希望。［57］徐众：东晋人，撰有《三国志评》三卷。［58］开方：春秋时卫国公子，至齐国为齐桓公宠臣。管仲临死前，齐桓公问谁可为相，管仲说：“知臣莫如君。”齐桓公说：“开方如何？”管仲说：“倍（即背）亲以适君，非人情，难近。”后来开方与易牙、竖刁果然乱齐。事见《史记·齐世家》。［59］徐庶：字元直，颍川（治所阳翟，在今河南禹州市）人，初平中避难至荆州，与诸葛亮、崔州平、石广元等友善，后向刘备推荐诸葛亮。曹操破荆州，虏获其母，遂辞刘备投曹操。事附见《三国志·蜀书·诸葛亮传》。［60］恕：宽容。［61］仓亭津：渡口名，为当时的黄河渡口，在范县界。［62］枣祗（zhǐ）：颍川人。从曹操起兵，为东阿令、陈留太守，后又为羽林监、屯田都尉。建安元年（196）建议曹操实行屯田，解决了当时军粮匮乏的难题，为曹操统一北方奠定了物质基础。事附见《三国志·魏书·任峻传》。［63］厉：同“励”，勉励。［64］卒完：终于完全保住。［65］微子之力：无你之力。［66］东平：王国名，治所无盐，在今山东东平县东。此时程昱暂屯范县。［67］濮阳：县名，县治在今河南濮阳县西南。［68］亢（kàng）父（fǔ）：县名，县治在今山东济宁市南。亢父之道很险要，战国时苏秦曾说：“亢父之险，车不得方轨（两车并行叫方轨），马不得并行（即并行）。”（见《战国策·齐策一》）曹操从徐州归兖州要经过此道。［69］要（yāo）：通“邀”，中途拦截。

五月，以扬武将军郭汜为后将军[1]。安集将军[2]樊稠为右将军，并开府[3]如三公，合为六府[4]，皆参选举。李傕等各欲用其所举，若一违之，便忿愤喜怒[5]，主者[6]患之，乃以次第用其所举。先从傕起，汜次之，稠次之，三公所举，终不见用。

河西[7]四郡[8]以去凉州治远，隔以河寇，上书求别置州。六月，丙子[9]，诏以陈留邯郸商为雍州[10]刺史，典治之。

丁丑[11]，京师地震；戊寅[12]，又震。

乙酉晦[13]，日有食之。

秋，七月，壬子[14]，太尉朱俊免。

戊午[15]，以太常杨彪为太尉，录尚书事[16]。

甲子[17]，以镇南将军杨定为安西将军[18]，开府如三公。

自四月不雨至于是月，谷一斛直[19]钱五十万，长安中人相食。帝令侍御史[20]侯汶出太仓[21]米豆为贫人作糜[22]，饿死者如故。帝疑禀赋[23]不实，取米豆各五升于御前作糜，得二盆。乃杖汶五十，于是悉得全济。

八月，冯翊羌寇属县，郭汜、樊稠等率众破之。

吕布有别屯[24]在濮阳西，曹操夜袭破之，未及还；会布至，身自搏战，自旦至日昳[25]，数十合，相持[26]甚急。操募人陷陈，司马陈留典韦[27]将应募者进当[28]之，布弓弩乱发，矢至如雨，韦不视，谓等人[29]曰："虏来十步，乃白之。"等人曰："十步矣。"又曰："五步乃白。"等人惧，疾言"虏至矣！"韦持戟大呼而起，所抵无不应手倒者，布众退。会日暮，操乃得引去；拜韦都尉[30]，令常将亲兵数百人，绕大帐左右。

濮阳大姓田氏为反间，操得入城，烧其东门，示无反意。及战，军败，布骑得操而不识，问曰："曹操何在？"操曰："乘黄马走者是也。"布骑乃释操而追黄马者。操突火而出，至营，自力[31]劳军[32]，令军中促[33]为攻具，进，复攻之，与布相守百余日。蝗虫起，百姓大饿，布粮食亦尽，各引去。九月，操还鄄城。布到乘氏[34]，为其县人李进所破，东屯山阳[35]。

冬，十月，操至东阿。袁绍使人说操，欲使操遣家居邺；操新失兖州，军食尽，将许之。程昱曰："意者[36]将军殆临事而惧，不然，何虑之不深也！夫袁绍有并天下之心，而智不能济也；将军自度[37]能为之下乎？将军以龙虎之威，可为之韩、彭[38]邪！今兖州虽残，尚有三城，能战之士，不下万人，以将军之神武[39]，与文若[40]、昱等收而用之，霸王之业可成也，愿将军更虑之！"操乃止。

十二月，司徒淳于嘉罢，以卫尉赵温为司徒，录尚书事。

马腾之攻李傕也，刘焉二子范、诞皆死。议郎[41]河南庞羲，素与焉善，乃募[42]将[43]焉诸孙入蜀。会天火烧城[44]，焉徙治成都[45]，疽[46]发背而卒。州大吏[47]赵韪等贪焉子璋温仁[48]，共上璋为益州刺史，诏拜颍川扈瑁为刺史。璋将沈弥、娄发、甘宁[49]反，击璋，不胜，走入荆州；诏乃以璋为益州牧。璋以韪为征东中郎将[50]，率众击刘表，屯朐䏰[51]。

徐州牧陶谦疾笃，谓别驾[52]东海[53]麋竺[54]曰："非刘备不能安此州也。"谦卒，竺率州人迎备。备未敢当，曰："袁公路[55]近在寿春[56]，君可以州与之。"典农校尉[57]下邳[58]陈登[59]曰："公路骄豪，非治乱之主，今欲为使君[60]合步骑十万，上可以匡主济民，下可以割地守境；若使君不见听许，登亦未敢听使君也。"北海[61]相孔融[62]谓备曰："袁公路岂忧国忘家者邪！冢[63]中枯骨，何足介意[64]！今日之事，百姓与能[65]；天与不取，悔不可追。"备遂领徐州。

（以上为第二段，写吕布与曹操激战争兖州，刘备渔翁得利，陶谦临终让州牧，刘备第一次得徐州。）

【注释】

[1]后将军：官名，位次于上卿，与前将军、左将军、右将军掌京师兵卫和边防屯警。[2]安集将军：官名，此时暂置的杂号将军。[3]开府：开建府署，辟置僚属。汉制，唯三公可开府，而至东汉末，将军亦可开府。[4]六府：当时李傕为车骑将军开府，再加郭汜、樊稠二府及三公之三府，共为六府。[5]喜怒：好怒，易怒。[6]主者：指主管人事之尚书。[7]河西：地区名，指今甘肃、青海两省黄河以西之地，亦即河西走廊与湟水流域地区。[8]四郡：指武威、张掖、酒泉、敦煌等四郡。[9]丙子：六月一日。[10]雍州：州名，汉武帝置十三部刺史时无雍州，东汉光武帝初，始在关中置雍州，后撤销，复置司隶校尉，汉献帝又于此时分凉州置雍州。雍州治所长安，即今陕西省西安市。凉州治所在武威姑臧，即今甘肃武威市。[11]丁丑：六月二日。[12]戊寅：六月三日。[13]丁酉晦：按六月丙子朔，晦日不是乙酉，《后汉书·献帝纪》作"乙巳晦"，当从。乙巳，六月三十日。[14]壬子：七月七日。[15]戊午：七月十三日。[16]录尚书事：录，总领之意。东汉以来，政归尚书，录尚书事即总揽朝政。[17]甲子：七月十九日。[18]镇南将军、安西将军：均为东汉之杂号将军。[19]直：通"值"，价值。[20]侍御史：官名，掌察举非法，受公卿百官奏事，有违失者则举劾。[21]太仓：京城储粮的大仓。[22]糜（mí）：粥。[23]禀（lǐn）赋：禀，通"廪"，给予粮食。[24]屯：营寨。

[25]日昳（dié）：午后日偏斜之时。［26］相持：谓相持不下，势均力敌。［27］典韦：陈留己吾（今河南宁陵县西南）人，形貌魁梧，勇力过人，曹操之猛将。传见《三国志》卷十八。［28］当：抵挡，抵敌。［29］等人：立等级招募人，够等级者称为等人。［30］都尉：官名，东汉于边郡关塞之地设都尉，职如太守。其他都尉为临时设置的一级领兵将领。此都尉亦是一级领兵将领。［31］自力：强自支持。［32］劳军：慰问军队。［33］促：急速。［34］乘氏：侯国名，国治在今山东巨野县西南。［35］山阳：郡名，治所昌邑，在今山东金乡县西北。［36］意者：料想。［37］度（duó）：忖度，测算。［38］韩、彭：指秦末汉初之韩信、彭越。韩信初属项羽，后归刘邦，善将兵，为大将，助刘邦灭项羽。汉朝建立后，封为楚王，最后为吕后所杀。事见《史记·淮阴侯列传》。彭越于秦末聚众起兵，楚汉战争时将兵归刘邦，助刘邦灭项羽。汉朝建立后，封为梁王。最后为刘邦所杀。事见《史记·彭越列传》。［39］神武：神明威武。［40］文若：荀彧字文若。［41］议郎：官名，郎官之一种，属光禄勋，但不入值宿卫，得参与朝政议论。［42］募：招寻。［43］将：带领，送。［44］城：指绵竹县城，在今四川德阳市北黄许镇。刘焉初为益州牧，设治于此。［45］成都：县名，县治在今四川成都市。［46］疽（jū）：人身上的一种毒疮。［47］州大吏：统管州事之官吏。据《华阳国志》，当时赵韪为州帐下司马。［48］温仁：温和仁慈。［49］甘宁：字兴霸，巴郡临江（今重庆市忠县）人。后投吴，为孙吴名将。［50］征东中郎将：官名，东汉位次于将军的统兵将领称中郎将，征东为其加号。［51］朐（qú）䏰（rùn）：县名，县治在今四川云阳县西。［52］别驾：官名，即别驾从事史，州牧刺史的主要佐吏，主领众事。州牧刺史巡行各地时，别乘传车从行，故名别驾。［53］东海：郡名，郡治郯县，在今山东郯城县西北。［54］麋竺：字子仲，东海朐县（今江苏连云港市海州区）人。竺为陶谦别驾，刘备领徐州牧，竺嫁妹于备。入蜀拜安汉将军。［55］袁公路：袁术字公路。［56］寿春：县名，县治在今安徽寿县。［57］典农校尉：官名，曹操于建安中推行屯田制，在屯田区设有典农校尉，职如太守。而在建安前陈登已为典农校尉，则此官在建安前已有，曹操系沿用旧称，增其品秩。建安前之典农校尉管理州之农事。［58］下邳：县名，治所在今江苏睢宁县西北。汉、魏历为徐州、下邳国、下邳郡治所。［59］陈登：字元龙。初从陶谦为典农校尉，后从曹操为广陵、东城太守，伏波将军。传附见《三国志·魏书·吕布传》。［60］使君：东汉人对州牧郡守之尊称。时刘备为豫州刺史，故陈登称他为使君。［61］北海：王国名，治所剧县，在今山东昌乐县西。［62］孔融（153—208）：字文举，鲁国（治所在今山东曲阜市）人，孔子二十世孙。少即有重名，善为文，为建安七子之一。初为公府所辟，为司空掾、中军候、虎贲中郎将。董卓专权，出为北海相。汉献帝迁许后，为将作大匠、少府等。因多次讥讽反对曹操，为曹操所杀。传见《后汉书》卷七十。［63］冢（zhǒng）：坟墓。［64］介意：放在心上。［65］百姓与能：谓百姓选择贤能之人。

初，太傅马日磾与赵岐俱奉使至寿春，岐守志不桡[1]，袁术惮之。

日磾颇有求于术，术侵侮之，从日磾借节[2]视之，因夺不还，条[3]军中十余人，使促辟[4]之。日磾从术求去，术留不遣，又欲逼为军师[5]，日磾病[6]其失节，呕血而死。

初，孙坚娶钱唐吴氏，生四男策、权、翊、匡及一女[7]。坚从军于外，留家寿春。策年十余岁，已交结知名。舒人周瑜[8]与策同年，亦英达[9]夙成[10]，闻策声问，自舒来造焉，便推结分好[11]，劝策徙居舒；策从之。瑜乃推[12]道旁大宅与策，升堂拜母[13]，有无通共。及坚死，策年十七，还葬曲阿[14]，已乃渡江[15]，居江都[16]，结纳豪俊，有复仇之志。

丹阳太守会稽周昕与袁术相恶，术上策舅吴景领丹阳太守，攻昕，夺其郡，以策从兄贲为丹阳都尉[17]。策以母弟托广陵张纮，径到寿春见袁术，涕泣言曰："亡父昔从长沙入讨董卓，与明使君[18]会于南阳，同盟结好，不幸遇难，勋业不终。策感惟先人旧恩；欲自凭结，愿明使君垂察其诚！"术甚奇之，然未肯还其父兵，谓策曰："孤用贵舅为丹阳太守，贤从伯阳[19]为都尉，彼精兵之地，可还依召募。"策遂与汝南吕范[20]及族人孙河迎其母诣曲阿，依舅氏，因缘召募，得数百人；而为泾县[21]大帅[22]祖郎所袭，几至危殆[23]，于是复往见术。术以坚余兵千余人还策，表拜怀义校尉[24]。策骑士有罪，逃入术营，隐于内厩，策指使人就斩之，讫，诣术谢[25]。术曰："兵人好叛，当共疾之，何为谢也！"由是军中益畏惮之。术初许以策为九江太守，已而更用丹阳陈纪。后术欲攻徐州，从庐江[26]太守陆康求米三万斛；康不与。术大怒，遣策攻康，谓曰："前错用陈纪，每恨本意不遂[27]，今若得康，庐江真卿[28]有也。"策攻康，拔之，术复用其故吏刘勋为太守；策益失望。

侍御史刘繇[29]，岱之弟也，素有盛名，诏书用为扬州刺史；州旧治寿春，术已据之，繇欲南渡江，吴景、孙贲迎置曲阿。及策攻庐江，繇闻之，以景、贲本术所置，惧为袁、孙所并，遂构嫌隙[30]，迫逐景、贲；景、贲退屯历阳[31]，繇遣将樊能、于麋屯横江[32]，张英屯当利口[33]以拒之。术乃自用故吏惠衢为扬州刺史，以景为督军中郎将[34]，与贲共将兵击英等。

（以上为第三段，写袁术经营淮南，孙坚之子孙策年少建功，崭露头角，为孙氏割据江东伏笔。）

【注释】

［1］桡（náo）：屈从。［2］节：符节，皇帝给予使臣的凭证。［3］条：借为“挑”。挑取，挑选。［4］促辟（bì）：急速躲避。辟，通“避”。［5］军师：官名，军队之高级参谋。［6］病：痛恨。［7］生四男策、权、翊、匡及一女：孙策、孙权、孙翊、孙匡，为孙坚所生四子。孙策草创，平定江南，与其父孙坚同传，见《三国志》卷四十六。孙权（182—252），字仲谋。孙策死后，继领其众，仍据有江东六郡。建安十三年（208）与刘备联合，大败曹操于赤壁，奠定了三国鼎立的基础。公元229年称帝，国号吴，建都建业（今江苏南京市）。公元229年至公元252年在位，死后谥为大皇帝。传见《三国志》卷四十七。孙翊、孙匡二人均二十多岁卒。传见《三国志》卷五十一。孙坚一女，孙权之妹，嫁与刘备，史未载其名，民间传说名孙尚香。［8］周瑜（175—210）：字公瑾，庐江舒县（今安徽庐江县西南）人，少与孙策为友，后助孙策创立江东孙氏政权。孙策死后，与张昭同辅孙权，建安十三年率军大破曹操于赤壁。后病卒。传见《三国志》卷五十四。［9］英达：英俊达识。［10］夙成：成熟早。［11］推结分（fèn）好：推分结好。［12］推：让出。［13］升堂拜母：古时情谊深厚之友相访时，往往进入后堂拜望友人之母，称为升堂拜母。［14］曲阿：县名，县治在今江苏丹阳市。［15］江：长江。［16］江都：县名，县治在今江苏扬州市江都区西南。［17］都尉：官名，西汉时辅佐郡守并掌全郡军事之官，东汉初废除，仅在边郡关塞之地置都尉，职如太守。袁术于此时以吴景为太守，孙贲为都尉，盖仿西汉之制，仍以都尉辅助郡守并掌全郡军事。［18］明使君：英明的使君。使君，亦东汉人对州牧郡守之尊称。时袁术自为扬州刺史，故孙策称他为明使君。［19］贤从伯阳：您的堂兄孙伯阳。从，从兄。伯阳，孙贲字伯阳。［20］吕范：字子衡，汝南细阳（今安徽太和县东）人。归孙策后，屡立战功。孙权时，为平南将军、扬州牧等，又封南昌侯。传见《三国志》卷六十五。［21］泾县：县名，县治在今安徽泾县西。［22］大帅：地方武装豪强之头领。［23］危殆：危险。［24］怀义校尉：官名，校尉为统兵之中级武官，怀义为其名号。［25］谢：认错，道歉。指入袁术营擅自杀骑士之事。［26］庐江：郡名，治所舒县，在今安徽庐江县西南。［27］遂：顺，犹言如意。［28］卿：你。［29］刘繇（yáo）：字正礼，东莱牟平（今山东烟台市蓬莱区东南）人。后诏书又命为扬州牧、振武将军，仍未能赴治所，不久病卒。传见《三国志》卷四十九。［30］嫌隙：由猜疑而形成的仇怨。［31］历阳：侯国名，国治在今安徽和县。［32］横江：渡口名，即横江渡，在今安徽和县之长江边，正对马鞍山市之采石。［33］当利口：在今安徽和县东。［34］督军中郎将：官名，中郎将为东汉位次于将军的统兵将军，督军为其称号。

二年（乙亥，195 年）

春，正月，癸丑[1]，赦天下。

曹操败吕布于定陶[2]。

诏即拜[3]袁绍为右将军[4]。

董卓初死，三辅[5]民尚数十万户，李傕等放兵劫掠，加以饥馑，二年间，民相食略尽。李傕、郭汜、樊稠各相与矜功[6]争权，欲斗者数矣，贾诩每以大体[7]责之，虽内不能善，外相含容。

樊稠之击马腾、韩遂也，李利战不甚力，稠叱之曰："人欲截汝父[8]头，何敢如此，我不能斩卿邪！"及腾、遂败走，稠追至陈仓[9]，遂语稠曰："本所争者非私怨，王家事耳。与足下州里人[10]，欲相与善语而别。"乃俱却骑，前接马，交臂相加，共语良久而别。军还，李利告傕："韩、樊交马语，不知所道，意爱甚密"，傕亦以稠勇而得众，忌之。稠欲将兵东出关[11]，从傕索[12]益兵。二月，傕请稠会议，便于坐杀稠。由是诸将转相疑贰[13]。

傕数设酒请郭汜，或留汜止宿。汜妻恐汜爱傕婢妾，思有以间[14]之。会傕送馈[15]，妻以豉[16]为药，擿[17]以示汜曰："一栖不两雄[18]，我固疑将军信李公也。"他日，傕复请汜，饮大醉，汜疑其有毒，绞粪汁[19]饮之，于是各治兵相攻矣。

帝使侍中、尚书和傕、汜，傕、汜不从。汜谋迎帝幸[20]其营，夜有亡者，告傕。三月，丙寅[21]，傕使兄子暹将数千兵围宫，以车三乘[22]迎帝。太尉杨彪曰："自古帝王无在人家者，诸君举事，奈何如是！"暹曰："将军计定矣。"于是群臣步从乘舆[23]以出，兵即入殿中，掠宫人、御物。帝至傕营，傕又徙御府金帛置其营，遂放火烧宫殿、官府、民居悉尽。帝复使公卿和傕、汜，汜留杨彪及司空张喜、尚书王隆、光禄勋刘渊、卫尉士孙瑞、太仆韩融、廷尉宣璠、大鸿胪荣邵、大司农朱俊、将作大匠梁邵、屯骑校尉姜宣等于其营以为质[24]。朱俊愤懑[25]发病死。

夏，四月，甲子[26]，立贵人琅邪伏氏[27]为皇后；以后父侍中完[28]为执金吾。

郭汜飨公卿[29]，议攻李傕。杨彪曰："群臣共斗，一人劫天子，一人质公卿，可行乎！”汜怒，欲手刃之。彪曰：“卿尚不奉国家[30]，吾岂求生邪！”中郎将[31]杨密固谏，汜乃止。傕召羌、胡数千人，先以御物缯彩与之，许以宫人、妇女，欲令攻郭汜。汜阴与傕党中郎将张苞等谋攻傕。丙申[32]，汜将兵夜攻傕门，矢及帝帘帷[33]中，又贯[34]傕左耳。苞等烧屋，火不然[35]。杨奉于外拒汜，汜兵退，苞等因将所领兵归汜。

是日，傕复移乘舆幸北坞[36]，使校尉监坞门，内外隔绝，侍臣皆有饥色。帝求米五斗、牛骨五具[37]以赐左右。傕曰：“朝晡上饭[38]，何用米为？”乃以臭牛骨与之。帝大怒，欲诘责[39]之。侍中杨琦谏曰：“傕自知所犯悖逆，欲转车驾幸池阳[40]黄白城[41]，臣愿陛下忍之。”帝乃止。司徒赵温与傕书曰：“公前屠陷王城，杀戮大臣，今争睚眦之隙[42]，以成千钧之仇[43]，朝廷欲令和解，诏命不行，而复欲转乘舆于黄白城，此诚老夫所不解也。于《易》，一为过，再为涉，三而弗改，灭其顶，凶[44]。不如早共和解。”傕大怒，欲杀温，其弟应谏之，数日乃止。

傕信巫觋[45]厌胜[46]之术，常以三牲[47]祠董卓于省门[48]外；每对帝或言“明陛下”，或言“明帝”，为帝说郭汜无状[49]，帝亦随其意应答之。傕喜，自谓良[50]得天子欢心也。

闰月[51]，己卯[52]，帝使谒者仆射皇甫郦和傕、汜。郦先诣汜，汜从命；又诣傕，傕不肯，曰：“郭多[53]，盗马虏耳，何敢欲与吾等邪，必诛之！君观吾方略[54]士众，足办郭多否邪？郭多又劫质公卿，所为如是，而君苟[55]欲左右[56]之邪！”郦曰：“近者董公之强，将军所知也；吕布受恩而反图[57]之，斯须[58]之间，身首异处，此有勇而无谋也。今将军身为上将，荷[59]国宠荣，汜质公卿而将军胁主，谁轻重乎！张济与汜有谋，杨奉，白波贼帅耳，犹知将军所为非是，将军虽宠之，犹不为用也。”傕呵之令出。郦出，诣省门，白“傕不肯奉诏，辞语不顺。”帝恐傕闻之，亟[60]令郦去。傕遣虎贲[61]王昌呼，欲杀之，昌知郦忠直，纵令去，还答傕，言“追之不及”。

辛巳[62]，以车骑将军李傕为大司马[63]，在三公之右。

（以上为第四段，写凉州将李傕、郭汜内讧，西京长安士民遭荼毒，天子公卿被双方劫为人质，朝纲坠地。）

【注释】

[1]癸丑：正月十一日。[2]定陶：县名，县治在今山东菏泽市定陶区西北。[3]即拜：谓在受官人之地任命其为官。时袁绍在邺，即在邺任命袁绍为右将军。[4]右将军：位次于上卿，与前、后、左将军掌京师兵卫和边防屯警。[5]三辅：地区名，汉代称京兆尹、左冯翊、右扶风为三辅，相当于以今西安市为中心的陕西中部地区。[6]矜功：自夸功绩。[7]大体：大道理，大原则。[8]父：指李傕。李利为李傕之兄子。[9]陈仓：县名，县治在今陕西宝鸡市东。[10]州里人：犹言同乡人。韩遂、樊稠皆凉州人，故称州里人。[11]关：指函谷关，在今河南新安县东。[12]索：求。[13]疑贰：猜疑而生异心。[14]间（jiàn）：离间。[15]馈（kuì）：赠送食物。[16]豉（chǐ）：豆豉。[17]擿（zhāi）：通"摘"，选取。[18]一栖（qī）不两雄：鸟类止息叫栖。此用雄鸡作比喻，意谓两雄鸡同栖一处，必然相斗。《韩非子·扬权》说："一栖两雄，其斗嗰嗰。"嗰（yán）嗰：争斗的样子。[19]粪汁：古人认为粪汁解众毒。[20]幸：古时称皇帝所至为幸。[21]丙寅：三月二十五日。[22]乘（shèng）：古代一车四马为一乘。[23]乘舆：皇帝所乘车称乘舆。[24]质：人质，即留作保证的人。[25]懑（mèn）：愤怒。[26]甲子：四月壬申朔，无甲子，当从《后汉书·献帝纪》作"甲午"，亦即四月二十三日。[27]伏氏：名寿，琅邪东武（今山东诸城市）人。初平元年入宫为贵人，此时立为皇后。后密令其父伏完除曹操，建安十九年（214）事泄露，被曹操所废而死。传见《后汉书》卷十下。[28]完：伏后父伏完，东汉初大司徒伏湛之八世孙，袭爵不其侯。娶汉桓帝女安阳公主，为侍中，后又为执金吾、辅国将军、中散大夫、屯骑校尉。建安十四年（209）卒。事附见《后汉书·伏皇后纪》。[29]飨公卿：宴请公卿。[30]国家：指皇帝。[31]中郎将：官名，东汉位次于将军的统兵将领。[32]丙申：四月二十五日。[33]帘帷：帘子及帷幔。[34]贯：射中穿过。[35]然："燃"的本字，燃烧。[36]坞：土堡，小城。当时李傕、郭汜皆在长安城中各自筑坞。此北坞亦在长安城中。[37]具：牛的腿骨脚骨完整者为一具。[38]朝晡上饭：朝，早晨。晡，申时。意谓整天皆有人奉上皇帝的饮食。[39]诘（jié）责：责问。[40]池阳：县名，县治在今陕西泾阳县西北。[41]黄白城：在池阳县。当时李傕封为池阳侯，故欲挟持汉献帝至黄白城。[42]睚眦之隙：小小的怨恨。睚眦，横眉瞪眼。[43]千钧之仇：钧，古代三十斤为一钧。此句意谓仇怨极深。[44]凶：《易·大过·上六》："过涉灭顶，凶。"赵温之说据此。[45]巫觋（xí）：古人称能以舞降神的男人为巫，女人为觋。[46]厌胜：巫觋以咒语制伏别人。[47]三牲：牛、羊、豖三牲祭品。[48]省门：即宫门。[49]无状：犹言不像样，无礼貌。[50]良：深。[51]闰月：兴平二年闰五月。[52]己卯：闰五月九日。[53]郭多：郭汜之另一名。[54]方略：计谋策略。[55]苟：随便。[56]左右：即佐佑，辅助之意。[57]图：谋害。[58]斯须：片刻。[59]荷（hè）：承受。[60]亟：赶快，急速。[61]虎贲（bēn）：勇士。[62]辛巳：闰五月十一日。[63]大司马：官名，汉武帝置大司马代替太尉，东汉光武帝又罢大司马置太尉。汉灵帝末年又并置大司马与太尉。现又以李傕为大司马，并明确位在三公之上。

吕布将薛兰、李封屯巨野[1]，曹操攻之，布救兰等，不胜而走，操遂斩兰等。操军[2]乘氏，以陶谦已死，欲遂取徐州，还乃定布。荀彧曰："昔高祖保关中[3]，光武据河内[4]，皆深根固本以制天下，进足以胜敌，退足以坚守，故虽有困败而终济大业。将军本以兖州首事，平山东之难[5]，百姓无不归心悦服。且河、济[6]，天下之要地也，今虽残坏，犹易以自保，是亦将军之关中、河内也，不可以不先定。今已破李封、薛兰，若兵分兵东击陈宫，宫必不敢西顾，以其间[7]收熟麦，约食[8]畜谷[9]，一举而布可破也。破布，然后南结扬州[10]，共讨袁术，以临淮、泗。若舍布而东，多留兵则不足用，少留兵则民皆保城，不得樵采[11]，布乘虚寇暴，民心益危，唯甄城[12]、范、卫[13]可全，其余非已之有，是无兖州也。若徐州不定，将军当安所归乎！且陶谦虽死，徐州未易亡也。彼惩往年之败，将惧而结亲[14]，相为表里。今东方皆已收麦，必坚壁清野以待将军，攻之不拔，略之无获，不出十日，则十万之众，未战而先自困耳。前讨徐州，威罚实行[15]，其子弟念父兄之耻，必人自为守，无降心，就[16]能破之，尚不可有也。夫事故[17]有弃此取彼者，以大易小可也，以安易危可也，权一时之势，不患本之不固可也。今三者莫利，惟[18]将军熟虑之。"操乃止。

布复从东缗[19]，与陈宫将万余人来战，操兵皆出收麦，在者不能[20]千人，屯营[21]不固。屯西有大堤，其南树木幽深，操隐兵堤里，出兰兵堤外；布益进，乃令轻兵挑战，既合，伏兵乃悉乘堤[22]，步骑并进[23]，大破之，追至其营而还。布夜走，操复攻拔定陶，分兵平诸县。布东奔刘备，张邈从布，使其弟超将家属保雍丘。[24]

布初见备，甚尊敬之，谓备曰："我与卿同边地人[25]也！布见关东起兵，欲诛董卓。布杀卓东出，关东诸将无安[26]布者，皆欲杀布耳。"请备于账中，坐妇床上，令妇向拜，酌酒饮食，名备为弟。备见布语言无常[27]，外然之而内不悦。

（以上为第五段，写吕布不敌曹操，兵败归依刘备。）

【注释】

[1]巨野：县名，县治在今山东巨野县南。[2]军：驻军。[3]高祖保关中：汉高祖刘邦与项羽争天下时，令萧何保守关中。[4]光武据河内：汉光武帝刘秀经营河北时，令寇恂据守河内。[5]平山东之难：指鲍信等迎曹操领兖州牧，曹操遂破青州黄巾军。[6]河、济：指兖州，因古九州之兖州，东南有济水，西北为黄河。[7]间（jiàn）：空隙。据章校，有些版本“间”下有“勒兵”二字。[8]约食：节约食物。[9]畜谷：储备粮食。畜，同“蓄”。[10]结扬州：谓联合刘繇。当时袁术虽已据有扬州（治所寿春，今安徽寿县），而汉朝廷却任命刘繇为扬州刺史（移治所于曲阿，今江苏丹阳市）。[11]樵采：打柴。[12]甄城：当作“鄄城”。[13]卫：指濮阳，因濮阳古属卫国地。[14]结亲：紧密结合。[15]威罚实行：指兴平元年曹操攻打徐州，大肆屠杀。[16]就：纵使，即使。[17]故：据章校，有的版本“故”作“固”。[18]惟：表示希望。[19]东缗（mín）：县名，县治在今山东金乡县东北。[20]不能：不及，不到。[21]屯营：营寨。[22]乘堤：登堤。[23]进：原作“追”，据章校改。[24]雍丘：县名，县治在今河南杞县。[25]同边地人：吕布为五原郡人，刘备为涿郡人，以中原而论，皆为边地人。[26]安：容纳。[27]无常：无伦次。

李傕、郭汜相攻连月，死者以万数。六月，傕将杨奉谋杀傕，事泄，遂将兵叛傕，傕众稍衰。庚午[1]，镇东将军张济自陕[2]至，欲和傕、汜，迁乘舆权[3]幸弘农[4]。帝亦思旧京，遣使宣谕[5]，十反，汜、傕许和，欲质其爱子。傕妻爱其男，和计未定，而羌、胡数来窥[6]省门，曰：“天子在此中邪！李将军许我宫人，今皆何在？”帝患之，使侍中刘艾谓宣义将军[7]贾诩曰：“卿前奉职公忠，故仍升荣宠；今羌、胡满路，宜思方略。”诩乃召羌、胡大帅[8]饮食[9]之，许以封赏，羌、胡皆引去，傕此单弱。于是复有言和解之计者，傕乃从之，各以女为质。

秋，七月，甲子[10]，车驾出宣平门[11]，当渡桥，汜兵数百人遮桥[12]曰：“此天子非也？”车不得前。傕兵数百人，皆持大戟在乘舆车前，兵欲交，侍中刘艾大呼曰：“是天子也！”使侍中杨琦高举车帷，帝曰：“诸君[13]何敢迫近至尊邪？”汜兵乃却。既渡桥，士众皆称万岁。夜到霸陵[14]，从者皆饥，张济赋给[15]各有差。傕出屯池阳。

丙寅[16]，以张济为票骑将军[17]，开府如三公；郭汜为车骑将军[18]，杨定为后将军[19]，杨奉为兴义将军[20]；皆封列侯。又以故牛辅部曲董承为安集将军。

郭汜欲令车驾幸高陵[21]，公卿及济以为宜幸弘农，大会议之，不决。帝遣使谕汜曰："弘农近郊庙，勿有疑也！"汜不从。帝遂终日不食。汜闻之曰："可且幸近县。"八月，甲辰[22]，车驾幸新丰[23]。丙子[24]，郭汜复谋胁帝还都郿[25]，侍中种辑知之，密告杨定、董承、杨奉，令会新丰。郭汜自知谋泄，乃弃军入南山。[26]

曹操围雍丘，张邈诣袁术求救，未至，为其下所杀。

冬，十月，以曹操为兖州牧。[27]

戊戌[28]，郭汜党夏育、高硕等谋胁乘舆西行。侍中刘艾见火起不止，请帝出幸一营[29]以避火。杨定、董承将兵迎天子幸杨奉营，夏育等勒兵欲止乘舆，杨定、杨奉力战，破之，乃得出。壬寅[30]，行幸华阴[31]。

宁辑将军[32]段煨[33]具服御[34]及公卿已下资储[35]，欲上幸其营。煨与杨定有隙，定党种辑、左灵言煨欲反，太尉杨彪、司徒赵温、侍中刘艾、尚书梁绍皆曰："段煨不反，臣等敢以死保。"董承、杨定胁弘农督邮[36]令言郭汜来在煨营，帝疑之，乃露次[37]于道南。

丁未[38]，杨奉、董承、杨定将攻煨，使种辑、左灵请帝为诏，帝曰："煨罪未著[39]，奉等攻之，而欲令朕有诏邪！"辑固请，至夜半，犹弗听。奉等乃辄攻煨营，十余日不下。煨供给御膳[40]，禀赡百官[41]，无有二意。诏使侍中、尚书告谕定等，令与煨和解，定等奉诏还营。

李傕、郭汜悔令车驾东，闻定攻煨，相招共救之，因欲劫帝而西。杨定闻傕、汜至，欲还蓝田[42]，为汜所遮，单骑亡走荆州。张济与杨奉、董承不相平，乃复与傕、汜合。十二月，帝幸弘农，张济、李傕、郭汜共追乘舆，大战于弘农东涧[43]，承、奉军败，百官士卒死者不可胜数，弃御物、符策[44]、典籍[45]，略无所遗。射声校尉[46]沮儁被创[47]坠马，傕谓左右曰："尚可活否？"儁骂之曰："汝等凶逆，逼劫天子，使公卿被害，宫人流离，乱臣贼子，未有如此也！"傕乃杀之。

壬申[48]，帝露次曹阳[49]。承、奉乃谲[50]傕等与连和，而密遣间使[51]至河东[52]，招故白波帅李乐、韩暹、胡才及南匈奴右贤王去卑；并率其众数千骑来，与承、奉共击傕等，大破之，斩首数千级。

于是董承等以新破傕等，可复东引。庚申[53]，车驾发东[54]，董承、李乐卫乘舆，胡才、杨奉、韩暹、匈奴右贤王于后为拒。傕等复来战，奉等大败，死者甚于东涧。光禄[55]邓渊、廷尉宣播、少府田芬、大司农张义皆死。司徒赵温、太常王绛、卫尉周忠、司隶校尉管郃为傕所遮，欲杀之。贾诩曰："此皆大臣，卿奈何害之！"乃止。李乐曰："事急矣，陛下宜御马。"上曰："不可舍百官而去，此何辜哉！"兵相连缀四十里，方得至陕，乃结营自守。

时残破之余，虎贲、羽林[56]不满百人，傕、汜兵绕营叫呼，吏士失色，各有分散之意。李乐惧，欲令车驾御船过砥柱[57]，出孟津[58]，杨彪以为河道险难，非万乘[59]所宜乘，乃使李乐夜渡，潜具船，举火为应。上与公卿步出营，皇后兄伏德扶后，一手挟绢十匹。董承使符节令[60]孙徽从人间斫之，杀旁侍者，血溅后衣。河岸高十余丈，不得下，乃以绢为辇[61]，使人居前负帝，余皆匍匐[62]而下，或从上自投，冠帻[63]皆坏。既至河边，士卒争赴舟，董承、李乐以戈击之，手指于舟中可掬[64]。帝乃御船，同济者，皇后及杨彪以下才数十人，其宫女及吏民不得渡者，皆为兵所掠夺，衣服俱尽，发亦被截，冻死者不可胜计。卫尉士孙瑞为傕所杀。

傕见河北有火，遣骑候之，适[65]见上渡河，呼曰："汝等将天子去邪！"董承惧射之[66]，以被为幔[67]。既到大阳[68]，幸李乐营。河内太守张杨[69]使数千人负米来贡饷[70]。乙亥[71]，帝御牛车，幸安邑[72]，河东太守王邑奉献绵帛，悉赋[73]公卿以下，封邑为列侯，拜胡才为征东将军[74]，张杨为安国将军[75]，皆假节开府。其垒壁群帅[76]竞求拜职，刻印不给，至乃以锥画之。

乘舆居棘篱[77]中，门户无关闭，天子与群臣会，兵士伏篱上观，互相镇压[78]以为笑。

帝又遣太仆韩融至弘农与傕、汜等连和，傕乃放遣公卿百官，颇归所掠宫人及乘舆器服。已而粮谷尽，宫人皆食菜果。

乙卯[79]，张杨自野王[80]来朝，谋以乘舆还雒阳；诸将不听，杨复还野王。

是时，长安城空四十余日，强者四散，羸[81]者相食，二三年间，关中无复人迹。

沮授说袁绍曰："将军累叶[82]台辅[83]，世济忠义。今朝廷播越[84]，宗庙残毁，观诸州郡虽外托义兵，内实相图，未有忧存社稷恤民之意。今州域[85]粗定，兵强士附，西迎大驾，即宫邺都[86]，挟天子而令诸侯，畜士马以讨不庭[87]，谁能御之！"颍川郭图、淳于琼曰："汉室陵迟[88]，为日久矣，今欲兴之，不亦难乎！且英雄并起，各据州郡，连徒聚众，动[89]有万计，所谓秦失其鹿，先得者王[90]。今迎天子自近，动辄表闻，从之则权轻，违之则拒命，非计之善者也。"授曰："今迎朝廷，于义为得，于时为宜，若不早定，必有先之者矣。"绍不从。

（以上为第六段，写献帝东归，历尽磨难，终于渡过黄河，脱离了李傕、郭汜的掌控，驻跸河东。）

【注释】

[1]庚午：六月庚子朔，庚午当为七月一日。[2]陕：县名，县治在今河南三门峡市陕州区。[3]权：暂且。[4]弘农：县名，县治在今河南灵宝市北。[5]宣谕：传布解说。[6]窥：窃视。[7]宣义将军：官名，暂时设置的将军。[8]大帅：少数民族之头领。[9]饮食：请吃喝。[10]甲子：七月庚午朔，无甲子。[11]宣平门：当时长安城东出北面第一门。[12]遮桥：在桥头阻拦，不准过桥。[13]君：据章校，有的版本"君"作"兵"。[14]霸陵：县名，县治在今陕西西安市东北。[15]赋给：谓分给食物。[16]丙寅：七月庚午朔，无丙寅。[17]票骑将军：官名，位次于大将军。票，又写作"骠"。[18]车骑将军：官名，位次于骠骑将军，掌京师兵卫与边防屯警。[19]后将军：官名，位次上卿，与前、左、右将军亦掌京师兵卫与边防屯警。[20]兴义将军：官名，临时所置之将军。杨奉为白波军首领，现又护卫汉献帝，故朝廷以"兴义"为其将军之号。[21]高陵：县名，县治在今陕西西安市高陵区西南。[22]甲辰：八月六日。[23]新丰：县名，县治在今陕西西安市临潼区东北。[24]丙子：八月己亥朔，无丙子。[25]郿：县名，县治在今陕西眉县东北。[26]南山：汉代新丰县之骊山西接终南山，时人称之为南山。[27]兖州牧：初平三年鲍信等人已推举曹操为兖州刺史，现朝廷才正式任命他为兖州牧。[28]戊戌：十月一日。[29]一营：当时郭汜、杨定、董承、杨奉皆自立营，刘艾不敢直言何营，故请汉献帝任去一营。[30]壬寅：十月五日。[31]华阴：县名，县治在今陕西华阴市东。[32]宁辑将军：官名，暂时设置的将军。[33]段煨：凉州将之一。董卓死后，段煨归依朝廷，以将军屯华阳，不掳掠，修农事，后官至光禄大夫，以善终。[34]具服御：指备办皇帝所用的衣服车马等各种物资。具，筹办。[35]资储：储备的物资。[36]督邮：官

名，汉代郡太守的重要属吏，职责是代表太守督察各县，宣达教令，兼管狱讼捕亡等事。郡有分为二部、四部或五部者，每部各有一督邮。［37］露次：在野外露宿。［38］丁未：十月十日。［39］著：显露。［40］御膳：皇帝的膳食。［41］禀（lǐn）赡百官：供给百官食物。［42］蓝田：县名，县治在今陕西蓝田县西。［43］大战于弘农东涧：《后汉书·献帝纪》将此事叙于十一月庚午（初三）；而《资治通鉴》叙于十二月，不知何据。［44］符策：符，铜虎符、竹使符之类，皇帝赐予将领、使臣之凭证。策，皇帝书写诏命等的简策。［45］典籍：指宫中图书及尚书台的档案等。［46］射声校尉：官名，东汉北军五校尉之一，掌宿卫兵。［47］被创（chuāng）：受伤。［48］壬申：十二月丁酉朔，无壬申。若按《后汉书·献帝纪》作十一月壬申，则为十一月五日。［49］曹阳：涧名，又称七里涧，在今河南灵宝市东。［50］谲（jué）：哄骗。［51］间（jiàn）使：伺间隙而行的使者，亦即从小路秘密行走的使者。［52］河东：郡名，治所安邑，在今山西夏县西北。［53］庚申：十二月二十四日。［54］发东：谓自曹阳涧出发向东而行。［55］禄：据章校，有的版本“禄”下有“勋”字。［56］虎贲、羽林：皇帝的禁卫军。［57］砥柱：山名，原在今河南三门峡市东北黄河中，因山在水中若柱，故名砥柱。又名三门山，因河水至此分流，包山而过，形成三门，南名鬼门，中名神门，北名人门。现已炸毁。［58］孟津：津名。在今河南孟州市南。［59］万乘（shèng）：指皇帝。［60］符节令：官名，属少府，符节台之长官，主管符节事，凡朝廷遣使，掌授符节。［61］辇：古代称人拉的车为辇，后世又专称皇帝的车为辇。［62］匍匐：伏地而行。［63］帻（zé）：包头巾。［64］掬（jū）：以手捧。［65］适：恰好。［66］董承惧射之：董承惧怕李傕兵用箭射他们。［67］幔：围幔，此处用以挡箭。［68］大阳：县名，县治在今山西平陆县西南。［69］张杨：字稚叔，云中（治所在今内蒙古托克托县东北）人。董卓专权时，为建义将军、河内太守。汉献帝至安邑，任命为安国将军，封晋阳侯。后又为大司马，被部下所杀。传见《三国志》卷八。［70］饷：军粮。［71］乙亥：十二月丁酉朔，无乙亥。［72］安邑：县名，县治在今山西夏县西北。［73］赋：分给。［74］征东将军：官名，汉代将军之一。在汉代，征东、征西、征南、征北诸将军与杂号将军同，曹魏以后，则四征为上。［75］安国将军：官名，东汉杂号将军之一，其称号始于此时。［76］垒壁群帅：当时聚集兵力筑壁垒以自保的武装豪强首领。［77］棘篱：用荆棘围成的篱笆墙。［78］镇压：叠压。［79］乙卯：十二月十九日。［80］野王：县名，县治在今河南沁阳市。［81］羸（léi）：病弱。［82］累叶：累世。［83］台辅：指三公宰相。［84］播越：流亡。［85］州域：指冀州之域。［86］即宫邺都：在邺都建立皇宫。［87］不庭：不朝于王庭者，即不服从朝廷者。［88］陵迟：衰微。［89］动：动辄，往往。［90］秦失其鹿，先得者王：《汉书·蒯通传》载：蒯通曰：“秦失其鹿，天下共逐之，高材者先得。”鹿，比喻政权。

初，丹阳朱治[1]尝为孙坚校尉，见袁术政德不立，劝孙策归取江东[2]。时吴景攻樊能、张英等，岁余不克。策说术曰：“家有旧恩在东，愿助舅[3]讨横江；横江拔，因投本土[4]召募，可得三万兵，以佐明使君定天下。”术知其恨[5]，而以刘繇据曲阿，王朗在会稽[6]，谓策未必能定，乃许之，表策为折冲校尉[7]。将兵千余人、骑数十匹，行收兵，比[8]至历阳，众五六千。时周瑜从父尚为丹阳太守，瑜将兵迎之，仍[9]助以资粮，策大喜，曰：“吾得卿，谐[10]也！”进攻横江、当利，皆拔之，樊能、张英败走。

策渡江转斗，所向皆破，莫敢当其锋者。百姓闻孙郎至，皆失魂魄。长吏[11]委[12]城郭，窜伏山草[13]。及策至，军士奉令，不敢虏略，鸡犬菜茹[14]，一无所犯，民乃大悦，竞以牛酒劳军。策为人，美姿颜，能笑语，阔达[15]听受，善于用人，是以士民见者莫不尽心，乐为致死。

策攻刘繇牛渚[16]营，尽得邸阁[17]粮谷、战具。时彭城相薛礼、下邳相丹阳笮融依繇为盟主，礼据秣陵[18]城，融屯县南，策皆击破之。又破繇别将于梅陵[19]，转攻湖孰[20]、江乘[21]，皆下之，进击繇于曲阿。

繇同郡太史慈[22]时自东莱[23]来省繇。会策至，或劝繇可以慈为大将。繇曰：“我若用子义，许子将[24]不当笑我邪！”但使慈侦视[25]轻重。时独与一骑卒遇策于神亭[26]，策从骑十三，皆坚旧将辽西韩当[27]、零陵黄盖[28]辈也。慈便前斗，正与策对，策刺慈马，而擥[29]得慈项上手戟，慈亦得策兜鍪[30]。会两家兵骑并各来赴，于是解散。

繇与策战，兵败，走丹徒[31]。策入曲阿，劳赐将士，发恩布令，告谕诸县：“其刘繇、笮融等故乡部曲来降首[32]者，一无所问；乐从军者，一身行[33]，复除门户[34]；不乐者不强。”旬日之间，四面云集，得见[35]兵二万余人，马千余匹，威震江东。

丙辰[36]，袁术表策行殄寇将军[37]。策将吕范言于策曰：“今将军事业日大，士众日盛，而纲纪[38]犹有不整者，范愿暂领都督[39]，佐将军部分[40]之。”策曰：“子衡[41]既士大夫，加手下已有大众，立功于外[42]，岂宜复屈小职，知军中细事乎！”范曰：“不然。今舍本土而托将军者，非为妻子也，欲济世务也。譬犹同舟涉海，一事不牢，即俱受其败。此亦范计，非但将军也。”策笑，无以答。范出，便释褠[43]，著袴褶[44]，执鞭诣阁下启事，自称领都督，策乃授传[45]，委以众事；由是军中肃睦，威禁大行。

策以张纮[46]为正议校尉[47]，彭城张昭[48]为长史，常令一人居守，一人从征讨，及广陵秦松、陈端等亦参与谋谟。策待昭以师友之礼，文武之事，一以委昭。昭每得北方士大夫书疏，专归美于昭，策闻之，欢笑曰："昔管子[49]相齐，一则仲父，二则仲父，而桓公为霸者宗。今子布贤，我能用之，其功名独不在我乎！"

袁术以从弟胤为丹阳太守。周尚、周瑜皆还寿春。

刘繇自丹徒将奔会稽，许劭曰："会稽富实，策之所贪，且穷[50]在海隅，不可往也。不如豫章[51]，北连豫壤[52]，西接荆州；若收合吏民，遣使贡献，与曹兖州[53]相闻，虽有袁公路隔在其间[54]，其人豺狼，不能久也。足下受王命，孟德、景升[55]必相救济。"繇从之。

初，陶谦以笮融为下邳[56]相，使督广陵[57]、下邳、彭城[58]粮运。融遂断三郡委输[59]以自入，大起浮屠[60]祠，课[61]人诵读佛经，招致旁郡好佛者至五千余户。每浴佛[62]，辄多设饮食，布席于路，经数十里，费以巨亿计[63]。及曹操击破陶谦，徐土不安，融乃将男女万口走广陵，广陵太守赵昱待以宾礼。先是彭城相薛礼为陶谦所逼，屯秣陵，融利[64]广陵资货，遂乘酒酣[65]杀昱，放兵大掠，因过江依礼，既而复杀之。

刘繇使豫章太守朱皓攻袁术所用太守诸葛玄[66]，玄退保西城[67]。及繇溯[68]江西上，驻于彭泽[69]，使融助皓攻玄。许劭谓繇曰："笮融出军，不顾名义者也。朱文明[70]喜推诚以信人。更[71]使密防之。"融到，果诈杀皓，代领郡事。繇进讨融，融败走，入山，为民所杀。诏以前太傅掾华歆为豫章太守。

丹阳都尉朱治逐吴郡太守许贡而据其郡，贡南依山贼严白虎。[72]

（以上为第七段，写孙策年少英雄，借袁术之势经营江东，连战皆捷，威名大振。）

【注释】

[1]朱治：字君理，丹阳故鄣（今浙江安吉县西北）人。初随孙坚征伐，为督军校尉。孙坚死后，又助孙策，领吴郡太守。孙策死，又助孙权，为安国将军，封故鄣侯。传见《三国志》卷

五十六。［2］江东：地区名，从总体而言，长江自西向东流，有江南、江北之称。而长江东流至今安徽境，则偏北斜流，至江苏镇江市又东流而下，这段江水由西南向东北偏斜，古人便称这段江水东岸之地为江东，即长江以南的苏、浙、皖一带；西岸之地为江西，即皖北和淮河下游一带。［3］舅：吴景为孙策之舅。［4］本土：孙策为吴郡人，因指江东为本土。［5］术知其恨：指袁术先许孙策为九江及庐江太守，事后又不兑现，故孙策引以为恨。［6］会（kuài）稽：郡名，治所山阴，在今浙江绍兴市。［7］折冲校尉：官名，校尉为统兵之中级武官，折冲为其名号。［8］比：及，等到。［9］仍：于是。［10］谐：成功。［11］长（zhǎng）吏：汉代称秩六百石以上之吏为长吏，又称县丞、尉秩四百石至二百石者为长吏。汉代县令、县长秩为千石至三百石，此处之长吏，即指县令、县长。［12］委：放弃。［13］山草：谓深山茂草。［14］菜茹：菜蔬。［15］阔达：豁达不拘小节。据章校，有些版本“阔”字上有“性”字。［16］牛渚：山名，又名牛渚圻，在今安徽马鞍山市西南长江边，山之北部突入江中，名采石矶，形势险要，自古为大江南北之重要渡口，为兵家必争之地。［17］邸阁：囤积军粮或物资的仓库。［18］秣陵：县名，县治在今江苏南京市南。［19］梅陵：地名，在今安徽芜湖市境内。［20］湖孰：侯国名，国治在今江苏南京市江宁区东南湖熟镇。［21］江乘：县名，县治在今江苏句容市北。［22］太史慈：字子义，东莱黄县（今山东龙口市东南）人。初随刘繇，后被孙策所执，遂归孙策，为折冲中郎将、建昌都尉。孙权时，仍统领南方。传见《三国志》卷四十九。［23］东莱：郡名，治所在山东龙口市。［24］许子将：许劭字子将，以品评人物著称于世。［25］侦视：暗中察看。［26］神亭：在汉代丹阳县内。汉代丹阳县治在今安徽当涂县东之小丹阳。［27］韩当：字公义，辽西令支（今河北迁安市西）人。初随孙坚，为别部司马。孙坚死后随孙策，为校尉。孙权时，与周瑜等拒破曹操。后为昭武将军，封石城侯。传见《三国志》卷五十五。［28］黄盖：字公覆，零陵泉陵（今湖南永州市）人。初随孙坚，为别部司马。孙坚死，又随孙策。孙权时，与周瑜等拒曹操，建议用火攻，大破曹操于赤壁，为武锋中郎将、武陵太守。传见《三国志》卷五十五。［29］擥：同“揽”，夺取。［30］兜鍪（móu）：头盔。［31］丹徒：县名，县治在今江苏镇江市东南。［32］降首：降服。［33］一身行：一人从军而行。［34］复除门户：免除全家的赋役。［35］见（xiàn）：“现”的本字。［36］丙辰：十二月二十日。［37］殄寇将军：官名，属杂号将军。殄寇之号始于此时。［38］纲纪：法纪，法度。［39］都督：东汉末军事长官或领兵将帅之官名，领兵多少和职权大小没有一定。［40］部分：处分，部署。［41］子衡：吕范字子衡。［42］立功于外：指吕范以前为宛陵令时，曾攻破丹阳之武装集团。［43］释褠（gōu）：脱去单衣。［44］裤褶：便于骑马的一种军服。［45］传（zhuàn）：符信。［46］张纮（hóng）：字子纲，广陵（治所在今江苏扬州市）人。初随孙策，从讨丹阳。后孙策令其奉章至许都，朝廷留为侍御史。孙策死后，曹操又遣之辅孙权，为长史。传见《三国志》卷五十三。［47］正议校尉：官名，校尉为统兵之中级武官，正议为其名号。［48］张昭（156—236）：字子布，彭城（治所在今江苏徐州市）人。汉末避乱过江，依附孙策，为长史、抚军中郎将，深为孙策所信重。孙策死，又辅立孙权，复为长史、军师。赤壁之战前主降曹操，为孙权所不满。官至辅吴将军。传见《三国志》卷五十二。［49］管子：即管仲，名夷吾，春秋时人，辅佐齐桓公，深得桓公信重，尊之为仲父，政事全以委托。某次，主管官吏之官请桓公委任官吏，桓公说："以告仲父。"该官又再请桓公定夺，桓公还是说："以告仲父。"在旁的一人感慨地说："一则告仲父，二则告仲父，易哉为君！"事见刘向《新序·杂事四》。由于齐桓公信任管仲，齐国因而富强，桓公亦得以为春秋第一霸主。［50］穷：困厄。［51］豫章：郡名，治所南昌，在今江西南昌市。［52］豫壤：豫州边界。［53］曹兖州：指曹操，曹操时为兖州牧。［54］袁公路隔在其间：袁公路即袁术。豫章郡在长江之南，豫、兖二州在淮河之北，而当时袁术据有淮南之地，故说隔在其间。［55］孟德、景升：曹操字孟德，刘表字景升。［56］下邳：王国名，治所下邳县，在今江苏睢宁县西北。［57］广陵：郡名，治所广陵县，在今江苏扬州市。［58］彭城：王国名，治所彭城县，在今江苏徐州市。［59］委输：以物置于车船上叫委，再转运至他处交卸叫输。委输即运送。［60］浮屠：又写作浮图，即"佛陀"之梵语译音。［61］课：差遣。［62］浴佛：佛教传说释迦牟尼佛于四月八日诞生时，有九条龙口吐香水洗浴佛身，故每逢佛诞生日，佛教徒便举行浴佛活动。［63］巨亿计：谓以亿亿计算。［64］利：谓贪利，贪图。［65］酒酣（hān）：饮酒尽兴。［66］诸葛玄：诸葛亮之叔父，当时被袁术任命为豫章太守，而汉朝廷却任命朱皓为太守。［67］西城：在当时南昌县西。［68］溯（sù）：逆流而上。［69］彭泽：县名，县治在今江西湖口县东南。［70］朱文明：朱皓字文明。［71］更：据章校，有的版本"更"作"宜"。［72］严白虎：聚集在吴郡之南的地方武装豪强的首领。

张超在雍丘，曹操围之急，超曰："惟臧洪[1]当来救吾。"众曰："袁、曹方睦，洪为袁所表用，必不败好以招祸。"超曰："子源天下义士，终不背本，但恐见制强力，不相及耳。"洪时为东郡太守，徒跣[2]号泣，从绍请兵，将赴其难，绍不与；请自率所领以行，亦不许。雍丘遂溃，张超自杀，操夷其三族。

洪由是怨绍，绝不与通。绍兴兵围之，历年不下。绍令洪邑人陈琳[3]以书喻之，洪复书曰："仆[4]小人也，本乏志用；中因行役，蒙主人[5]倾盖[6]，恩深分厚，遂窃大州[7]，宁乐今日自还接刃乎！当受任之初，自谓究竟大事，共尊王室。岂悟本州[8]被侵，郡将[9]遘厄[10]，请师见拒，辞行被拘，使洪故君遂至沦灭，区区微节，无所获申，岂得复全交友之道、重亏忠孝之名乎！斯所以忍悲挥戈，收泪告绝。行矣孔璋，足下徼利于境外，臧洪投命于君亲；吾子[11]托身于盟主[12]，臧洪策名于长安[13]；子谓余身死而名灭，仆亦笑子生而无闻焉！"

绍见洪书，知无降意，增兵急攻。城中粮谷已尽，外无强救，洪自度[14]必不免，呼将吏士民谓曰："袁氏无道，所图不轨，且不救洪郡将，洪于大义，不得不死；念诸君无事，空与此祸，可先城未败，将妻子出。"皆垂泣曰："明府[15]与袁氏本无怨隙，今为本朝郡将之故，自致残困；吏民何忍当舍明府去也！"初尚掘鼠煮筋角，后无可复食者。主簿启内厨米三升，请稍以为饘粥[16]，洪叹曰："何能独甘此邪！"使作薄糜[17]，遍班[18]士众，又杀其爱妾以食[19]将士。将士咸流涕，无能仰视者。男女七八千人，相枕而死，莫有离叛者。城陷，生执洪。绍大会诸将见洪，谓曰："臧洪，何相负若此！今日服未？"洪据地瞋目曰："诸袁事汉，四世五公[20]，可谓受恩。今王室衰弱，无扶翼之意，欲因际会[21]，希冀[22]非望[23]，多杀忠良以立奸威。洪亲见呼张陈留[24]为兄，则洪府君亦宜为弟，同共戮力，为国除害，奈何拥众观人屠灭！洪惜力劣，不能推刃[25]为天下报仇，何谓服乎！"绍本爱洪，意欲令屈服，原[26]之；见洪辞切，知终不为己用，乃杀之。

洪邑人陈容少亲慕洪，时在绍坐，起谓绍曰："将军举大事，欲为天下除暴，而先诛忠义，岂合天意！臧洪发举为郡将，奈何杀之！"绍惭，使人牵出，谓曰："汝非臧洪俦[27]，空复尔为[28]！"容顾曰："仁义岂有常，蹈之则君子，背之则小人。今日宁与臧洪同日而死，不与将军同日而生也！"遂复见杀，在坐无不叹息，窃相谓曰："如何一日杀二烈士[29]！"

（以上为第八段，写袁绍迂腐，因信守袁曹同盟，不救张超，逼反臧洪，自毁长城，在纵横捭阖中输了曹操一着。）

【注释】

[1]臧洪：字子源，广陵射阳（今江苏淮安市东南）人。袁绍表任为东郡太守。张超被曹操所围，洪得知，向袁绍请兵往救，袁绍不肯，张超遂被曹操灭族，洪因与袁绍矛盾，后被袁绍所杀。传见《三国志》卷七，《后汉书》卷五十八。［2］徒跣：赤脚步行。［3］陈琳：字孔璋，广陵人，与臧洪同郡。初为何进主簿，何进败，避难于冀州，又为袁绍所用，主典文书，后归曹操，仍典理文书。善文学，为建安七子之一。事附见《三国志·魏书·王粲传》。［4］仆：自我之谦称。［5］主人：指袁绍。［6］倾盖：谓初交即有情谊。［7］大州：指青州。袁绍曾使臧洪领青州

刺史。［8］本州：犹言本土。［9］郡将：即郡守。因郡守兼领军事，故有此称。此郡将指张超。［10］遘厄：遇到灾难。［11］吾子："你"的亲爱称呼。［12］盟主：指袁绍。袁绍曾为讨董卓的关东军之盟主。［13］长安：指汉献帝在长安。［14］度（duó）：揣度，推测。［15］明府：汉代人尊称郡守为府君，亦称明府君，简称明府。此称臧洪。［16］饘（zhān）粥：稠粥。［17］薄糜：稀粥。［18］班：分发。［19］食（sì）：拿食物给人吃。［20］四世五公：袁氏自袁安至袁逢、袁隗共四代，其中有四人为三公，一人为上公，故为四世五公。［21］际会：时机。［22］希冀：希望，企图。［23］非望：指称帝。［24］张陈留：指张超之兄张邈。张邈前为陈留太守。［25］推刃：以刀一进一出叫推刃，比喻仇恨极深。［26］原：原谅，恕免。［27］俦（chóu）：伴侣，同类。［28］尔为：如此作为。［29］烈士：坚贞不屈的刚强义士。

公孙瓒既杀刘虞，尽有幽州之地，志气益盛，恃其才力，不恤百姓，记过忘善，睚眦[1]必报。衣冠[2]善士，名在其右[3]者，必以法害之，有材秀[4]者，必抑困使在穷苦之地。或问其故，瓒曰："衣冠皆自以职分当贵，不谢人惠。"故所宠爱，类多商贩、庸儿[5]，与为兄弟，或结婚姻，所在侵暴，百姓怨之。

刘虞从事[6]渔阳[7]鲜于辅[8]等，合率州兵欲共报仇，以燕国阎柔素有恩信，推为乌桓司马[9]。柔招诱胡、汉数万人，与瓒所置渔阳太守邹丹战于潞[10]北，斩丹等四千余级。乌桓峭王[11]亦率种人及鲜卑七千余骑，随辅南迎虞子和与袁绍将麴义合兵十万共攻瓒，破瓒于鲍丘[12]，斩首二万余级。于是代郡[13]、广阳[14]、上谷[15]、右北平[16]各杀瓒所置长吏，复与鲜于辅、刘和兵合，瓒军屡败。

先是有童谣曰："燕南垂，赵北际，中央不合大如砺，唯有此中可避世。"瓒自谓易地当之，遂徙镇易[17]，为围堑十重，于堑里筑京[18]，皆高五六丈，为楼其上；中堑为京，特高十丈，自居焉。以铁为门，斥去左右，男人七岁以上不得入门，专与姬妾居。其文簿、书记皆汲[19]而上之。令妇人习为大声，使闻数百步，以传宣教令。疏远宾客，无所亲信，谋臣猛将，稍稍[20]乖散。自此之后，希复攻战。或问其故。瓒曰："我昔驱畔胡[21]于塞表，扫黄巾于孟津[22]，当此之时，谓天下指麾[23]可定。至于今日，兵革方始，观此，非我所决，不如休兵力耕，以救凶年。兵法，百楼不攻。今吾诸营楼橹[24]数十重，积谷三百万斛，食尽此谷，足以待天下之事矣。”

南单于於扶罗死，弟呼厨泉立，居于平阳[25]。

（以上为第九段，写公孙瓒经营幽州。）

【注释】

[1]睚眦：怒目而视。此指小怨小仇。 [2]衣冠：指官宦人家。 [3]右：上。 [4]材秀：才干优秀。 [5]庸儿：受雇佣的人。庸，通“佣”。 [6]从事：官名，东汉州牧刺史的佐吏，有别驾从事史、治中从事史、兵曹从事史、部从事史等，均可简称从事。 [7]渔阳：郡名，治所渔阳县，在今北京市密云区西南。 [8]鲜于辅：渔阳人。初为幽州牧刘虞从事，后投曹操为左度辽将军。魏文帝即位，任辅国将军。 [9]乌桓司马：官名，东汉置有护乌桓校尉一人，管理各地乌桓。乌桓校尉之佐吏有二司马。 [10]潞：县名，县治在今北京市通州区东。 [11]峭王：东汉末，辽东属国之乌桓大人苏仆延自称峭王。 [12]鲍丘：水名，源于塞外，流经今北京市、天津市入海。上游即今潮河，下游略与今白河平行南流，折东南循今蓟运河下游入海。刘和破公孙瓒即在此。 [13]代郡：治所高柳，在今山西阳高县西南。 [14]广阳：郡名，治所蓟县，在今北京市西南。 [15]上谷：郡名，治所沮阳，在今河北怀来县东南。 [16]右北平：郡名，治所土垠，在今河北唐山市丰润区东南。 [17]易：县名，县治在今河北雄县西北。 [18]京：人工所筑的高山丘。 [19]汲：谓用绳索自下往上引。 [20]稍稍：渐渐，逐渐。 [21]畔胡：畔，通“叛”。叛胡指辽西乌桓丘力居等。汉灵帝光和中，渔阳人张纯引诱丘力居等反叛，以后就不断攻掠东北诸郡。中平五年，张纯、丘力居等又攻掠幽、冀、青、徐四州，朝廷诏公孙瓒出击，张纯等大败。 [22]扫黄巾于孟津：指初平二年公孙瓒击破青州黄巾军于孟津。 [23]指麾：同“指挥”，招手的动作，比喻时间短。 [24]楼橹：古时军中用以瞭望敌军的无顶盖之高楼。 [25]平阳：县名，县治在今山西临汾市西南。

【点评】

本卷着重点评曹孙刘三家的兴起。东汉豪强地主集团分为两个阶层。一是世代官僚地主，史称世族地主，又称世家大族。他们世代为高官，经学传世，在中央和地方都有着坚固的势力。如汝南袁氏四世五公，弘农杨氏四世四公，颍川荀氏世为“冠冕”。他们的门生故吏遍天下，在政治上有很大的号召力。二是地方豪强地主，主要是大商贾兼并土地形成的豪强，史称庶族地主。他们有大量的田产，奴婢以千计，但在政治上受士族地主的压抑。曹操家族是沛国谯县的大豪强，属于宦官集团的大官僚，其父曹嵩曾官至太尉，但仍是庶族地主。所以曹操在政治上的号召力不如士族地主的代表人物袁绍、袁术兄弟强，初起时不能与二袁匹敌。二袁利用他们的政治号召力，在东汉末最早萌动了觊觎汉室之心，成为祸首，这是他们在政治上失败的一个重要因素。曹操、孙权、刘备都是庶族地主的代表人物，大乱初起时他们还想扶持汉室，建立功名；后来看到汉室不可复兴，便各自打着效忠汉室的旗号收揽人心，终于鼎立三分。此外，士族地主集团多谋士，庶族地主集团多武将。士族地主军阀排斥庶族地主，他们手下缺乏能征惯战之将，军队战斗力不强，在混乱中极易被消灭。曹孙刘三家都以庶族地主和平民出身的战将为骨干，又广延世族智士，得到两个阶层豪强地主集团的支持，所以在混战中越战越强，刘备更是屡仆屡起。认识东汉末豪强地主集团的割据性，把握两个阶层的军阀具有重要的意义。

一、曹操崛起于乱世。曹操字孟德，一名吉利，小字阿瞒，沛国谯县人。汉谯县，即今安徽北部的亳州市。曹操生于公元 155 年，死于公元 220 年，享年六十六岁。他二十岁时被举为孝廉，初仕郎官，登上政治舞台，想立功封侯，此其本志。公元 190 年，曹操三十五岁，陈留起兵讨董卓，在风云突变的汉末乱世中，纵横驰骋三十年。他“挟天子以令诸侯”，统一了北方，是奠定三国鼎立局面的第一人物。乱世造就了曹操，培养了他的野心。时人评为“治世之能臣，乱世之奸雄”。

曹操出身于宦官集团的大官僚大地主豪强大族。他的祖父曹腾是历事安帝、顺帝、冲帝、质帝、桓帝五朝的大宦官，位至中常侍，桓帝封为费亭侯。曹操父亲曹嵩是曹腾的养子，出自夏侯氏。《曹瞒传》和《世说新语》都说曹嵩是夏侯惇的叔父，即曹操与夏侯惇是叔伯兄弟。所以曹氏、夏侯氏两族非常亲密，两姓子弟为曹操起家的重要人物。

曹腾是大宦官，恩荫曹嵩仕途一帆风顺，历官司隶校尉、大司农等职，灵帝卖官，曹嵩花了一亿钱买得太尉高官，可见家产之豪富。曹氏家族在汉末做京官和地方官的不只曹嵩一人。曹腾弟曹褒官至颍川太守，褒子曹炽官至侍中、长水校尉。曹炽是曹仁之父。曹腾侄儿曹鼎官至尚书令，另一堂侄官至吴郡太守。这些人都家财万贯，有僮仆上百人。曹鼎侄儿曹洪家财甚至超过曹操，所豢养的家兵达千余人。曹氏家族在政治上和经济上都是显赫的大豪强，给曹操的仕途带来便利，但宦官出身仍属寒门，被官僚士大夫看不起。公元 200 年官渡之战时，袁绍发布的讨操檄文就称曹嵩为“乞丐携养”，诋毁曹操为“赘阉遗丑”。因此曹操不免也有自卑感，这对于曹操所走的道路，以及执政都产生了复杂而微妙的影响。

公元 189 年，大将军何进与袁绍谋诛宦官，曹操参决机要。曹操出身于宦官集团却走了反宦官的道路，由此表现了他的不凡。曹操要在政治上崭露头角，必须侧身于世族名士行列。所以他矫情饰志，力争赢得士族地主集团的支持。梁国桥玄、南阳何颙都十分器重他。桥玄官至太尉，称曹操为“命世之才”，并以妻子儿女相托。

公元210年末，曹操曾发布“明志令”，称他青年时期希望天下太平，做一个清官，或归隐于故里，秋夏读书，冬春射猎。后做典军校尉，想为国家讨贼立功，西征韩遂，死后立一墓碑，刻上“汉故征西将军曹侯之墓”，这就是他的本志。从曹操步入仕途的所作所为来看，这是符合实情的。曹操想以个人的努力来立功封侯，洗刷“赘阉遗丑”的污名，成为一个汉家忠臣。由于董卓构难，形势导使曹操走上了另一条道路，这就是逐鹿中原，与敌竞争，称孤道寡，建立曹氏基业。

曹氏、夏侯氏的豪强资本，加之曹操个人的筹策善计，曹氏集团很快在北方乱世中崛起。

二、刘备转战北方。刘备字玄德，涿郡涿县（今河北涿州市）人。生于公元161年，死于公元223年，享年六十三岁。

刘备是三国时期杰出的政治家，深为曹操所忌服。如果将刘备与曹操、孙权做比较，刘备经历了更为艰难曲折的道路，可以说是屡仆屡起，九折臂而终成良医。刘备从微贱到发迹，直至建立蜀国，既不像孙权那样有父兄之业相承，也没有像曹操那样有雄厚的政治经济实力而起家。刘备一无所有，只有依靠自己的努力，借乱世而成英雄。

刘备的祖先是西汉景帝之子中山靖王刘胜，所以称“帝室之胄”。但支系疏远，家世没落，至刘备这一代到了织席贩鞋为生的地步。公元184年黄巾起义时，刘备二十四岁。他招兵买马，要趁此机会建功立名。因打仗立功出仕，后来官至高唐县（今山东高唐县东）令。关东诸侯起兵讨伐董卓，刘备也领兵参加。不久被青州黄巾军打败，就投奔幽州军阀、同窗师兄公孙瓒。公孙瓒表请刘备为别部司马，为青州刺史田楷助手，对抗冀州袁绍，不久改任平原相。

刘备由于出身寒微，威名不著，与关羽、张飞结义起兵，转战十年，位不过县令。关张二人却始终不离左右。公孙瓒部将真定人赵云也倾心与刘备相结。由于刘备宽厚待人，能得人死力。公元194年，曹操第二次东征徐州，陶谦向公孙瓒告急，刘备奉命救陶谦，正式脱离了公孙瓒集团。这一年冬，陶谦病死，他的部属共推刘备为徐州牧，刘备再三谦让。下邳人陈登，字元龙，时为广陵太守，颇有才干，他看不起一般的士人武将，但十分敬重刘备。他劝刘备说：“我们可以替你集合步骑十万，你用这支军队，进可以辅助天子，安抚百姓，退可以据州自守，这是一个好机会，应该听从我们的主张。”北海相孔融也劝刘备：“今天的事势，人民拥护有才干的人。错过这个机会，后悔莫及。”刘备多年来一直颠沛流离，他何尝不想做州牧。他的谦让是为了争取人心，尤其是需要陈登这样的人来支持。陈登发话，刘备非常高兴地接了官印，出任徐州牧，有了自己的一席之地。

刘备坐领徐州，得到了袁绍和曹操的认可。袁绍对徐州派去的使者说：“刘玄德弘雅有信义，现在徐州人士拥戴他，真是一个恰当的人选。”曹操为了稳住兖州东部边境的局势，并利用刘备对抗袁术，对刘备也采取了笼络的策略。公元196年，曹操迎献帝都许后，以天子名义拜刘备为镇东将军，封宜城亭侯。刘备的名字，在中原日益显赫起来。

三、孙氏兴起江东。三国时吴国的开国之主孙权，十九岁承父兄之业，克平暴乱，历尽艰险，终于创立了吴国。孙权承父兄之业，也就是说孙氏集团的兴起，奠基人是孙权之父孙坚和孙权之兄孙策。孙坚仗义扶持汉室，而使孙氏名声冠江南；孙策创业江东，才使孙权有了承继的基业。孙权父兄三世创业，孙氏集团终于兴起于江东。

孙坚字文台，吴郡富春（今浙江杭州市富阳区）人。《三国志》记载说孙坚是春秋时兵法家孙武之后，陈寿用的是“盖”词，意思是传说、大概是。可能这是孙氏发迹以后的附会，因孙氏世系无考。现在当地人传说，孙坚之父是瓜农出身，民间传说，或许可信。总之孙坚出身最寒微，孙氏基业完全是自身努力创立的，没有任何凭借。孙坚仗义讨董卓可以说是孙氏赢得人心的最初根基。可惜由于孙坚误投袁术，奉袁术为主，公元191年，袁术与刘表争荆州，孙坚为先锋，连败刘表大将黄祖，黄祖退入襄阳。在进围襄阳时，孙坚轻骑到前沿阵地侦察敌情，被流矢所中，死于湖北岘山，时年三十七岁。

孙策字伯符，为孙坚长子，一表人才，好笑语，人称孙郎。孙坚死时，孙策只有十七岁。公元195年，孙策二十岁，领兵征江东，人称小霸王。霸王是秦末项羽的称号。项羽力能扛鼎，率领江东八千子弟打天下，英勇无敌，所向披靡。项羽性情爽直而粗暴，果于杀戮，人人闻之胆寒。这些特点孙策都具备，小霸王之称，当之无愧。

孙坚得人，程普、黄盖、韩当、朱治等都是他的旧部。孙坚死后，其众由孙策堂兄孙贲率领投靠袁术。孙策携母投舅父丹阳太守吴景。孙策聪明英武，好结交朋友，声名远播。舒县（今安徽舒城县）人周瑜与孙策同年，慕名来访，一见如故，两人结为生死之交。孙策到了舒县，在周瑜资助下，招募部曲六七百人。公元194年，孙策率众投附占据寿春的袁术，希望从袁术那里讨还父亲的旧部。

孙策在寿春，很受袁术赏识，表荐为怀义校尉。公元195年，孙策的舅父吴景被扬州刺史刘繇赶出，双方在横江津一带相持不下。孙策趁机对袁术说：“我父亲在江东有威望，我想到江南招募，可得三万精兵，帮助舅父打退敌人，再来替主公效劳。”袁术也知道孙策怀恨想离去，他认为刘繇在曲阿，王朗在会稽，孙策未必能成功，就把孙坚旧部将士千余人交给孙策指挥，并表荐孙策为折冲校尉。

袁术放虎归山，孙策如鱼得水。孙策出寿春时只有千余人马，他沿途招募军队，由于纪律严明，行至历阳（今安徽和县），已拥众五六千人。这时周瑜领兵来迎，孙策力量更为壮大，开始向东南进军，攻击扬州刺史刘繇。

孙策打仗，总是一马当先。敌方将士一听，大都失魂落魄。小儿啼哭，大人说："孙郎来了。"小儿即不敢啼，威名如此。孙策颁下军令，士兵不得掳夺民间财物，"鸡犬菜茹，一无所犯"，受到百姓欢迎。他还优待刘繇降卒，愿从军的，免除家庭赋税徭役，不愿从军的也不强迫。这样一来，不仅刘繇部众不少投奔孙策，而且四方士众云集，半个月功夫，孙策队伍扩大到两万人，马千余匹，"威震江东，形势转盛"。

当时江东各地豪强林立，地方宗族部伍各不统属，主要有吴郡太守许贡，会稽太守王朗，以及地方豪强如乌程邹他、钱铜，吴郡严白虎，前合浦太守王晟及自称吴郡太守驻屯海西的陈瑀等。孙策采取先打弱敌、后打强敌的策略，首先扫荡地方豪强，即先打小敌邹他、钱铜、王晟等，然后拔掉严白虎、陈瑀。三四年间，东灭吴郡太守许贡，降服会稽太守王朗、豫章太守华歆，聚众三万余人，将领除孙坚旧部程普、黄盖、韩当外，又收聚了周瑜、蒋钦、周泰、董袭、凌操等人。谋士有张昭、张纮、秦松等。俨然大家气象。

东汉末太尉乔玄（桥玄）有两女，皆天姿国色，称大乔、小乔。孙策娶了大乔，周瑜娶了小乔。

曹孙刘三家集团的兴起，各自招纳天下豪杰，导致东汉末人才三分，这是三国鼎立形成的最重要的原因。

卷六二　汉纪五十四

汉献帝建安元年至三年（196—198年）

【起柔兆困敦（丙子，196年），尽著雍摄提格（戊寅，198年），凡三年】

【大事提要】

本卷记事起公元196年，讫公元198年，凡三年，当汉献帝建安元年至三年，是中原十年大混战（191—200）的中段。这一时期，袁绍与曹操联手争战，袁绍战河北，曹操战河南，两大集团在扫灭群雄中逐渐胜出。袁绍大致兼并了河北四州：冀、并、青、幽，到公元198年，只有公孙瓒还在幽州挣扎。曹操在河南，迁汉献帝到许，挟天子以令诸侯，在政治上占了制高点，曹操又在许下屯田，保证了军资，因此，优势更为明显。曹操两次南下荆州，挫败张绣，到公元198年，已东灭吕布。西边关中，曹操任钟繇为司隶校尉，督关中诸将，以天子名义招抚马腾、韩遂，西边无事。徐州刘备遭吕布暗算，丢了徐州，投靠了曹操。曹操亦占有河南兖、豫、司、徐四州，足可以与袁绍抗衡。袁绍、曹操两人势力发展，矛盾也在加深。建安二年两人争大将军之位，“一山不能容二虎”的形势已初露端倪。袁术在淮南，妄自称帝，众叛亲离，又遭曹操连续打击，势力大衰，坐以待毙。孙策脱离袁术，征战江东，败刘繇，灭严白虎等豪强，又得周瑜之助，势力大增，在江东已是一枝独秀。

孝献皇帝丁

建安元年（丙子，196年）

春，正月，癸酉[1]，大赦，改元[2]。

董承、张杨欲以天子还雒阳，杨奉、李乐不欲，由是诸将更相疑贰。二月，韩暹攻董承，承奔野王[3]。韩暹屯闻喜[4]，胡才、杨奉之坞乡[5]。胡才欲攻韩暹，上使人喻止之。

汝南、颍川黄巾何仪等拥众附袁术，曹操击破之。

张杨使董承先缮修雒阳宫。太仆赵岐为承说刘表，使遣兵诣雒阳，助修宫室；军资委输[6]，前后不绝。夏，五月，丙寅[7]，帝遣使至杨奉、李乐、韩暹营，求送至雒阳，奉等从诏。六月乙未[8]，车驾幸闻喜。

袁术攻刘备以争徐州，备使司马[9]张飞守下邳[10]，自将拒术于盱眙[11]、淮阴[12]，相持经月，更有胜负。下邳相曹豹，陶谦故将也，与张飞相失[13]，飞杀之，城中乖乱[14]。袁术与吕布书，劝令袭下邳，许助以军粮。布大喜，引军水陆东下。备中郎将[15]丹阳许耽开门迎之。张飞败走，布虏备妻子及将吏家口。备闻之，引还，比至下邳，兵溃。备收余兵东取广陵，与袁术战，又败，屯于海西[16]，饥饿困踧[17]，吏士相食，从事东海麋竺以家财助军。备请降于布，布亦忿袁术运粮不继，乃召备，复以为豫州刺史，与并势击术，使屯小沛[18]。布自称徐州牧。

布将河内郝萌夜攻布，布科头[19]袒衣[20]，走诣都督高顺[21]营。顺即严兵入府讨之，萌败走；比明[22]，萌将曹性击斩萌。

（以上为第一段，写刘备遭反复无常的小人吕布偷袭，一失徐州。）

【注释】

[1]癸酉：正月七日。[2]改元：公元196年正月七日，汉献帝改兴平年号为建安。[3]野王：县名，县治在今河南沁阳市。当时野王为张杨驻屯地。[4]闻喜：县名，县治在今山西闻喜县。[5]坞乡：地名，在当时缑氏县内。缑氏县治在今河南洛阳市偃师区。[6]委输：运送。[7]丙寅：五月二日。[8]乙未：六月一日。[9]司马：官名，将军军府之官，综理军府事，并参与军事谋划。[10]下邳：县名，县治在今江苏睢宁县西北。下邳县又为下邳封国治所。[11]盱（xū）眙（yí）：县名，县治在今江苏盱眙县东北。[12]淮阴：县名，县治在今江苏淮安市淮阴区。[13]相失：不和，闹矛盾。[14]乖乱：混乱，叛乱。[15]中郎将：官名，东汉位次于将军的统兵将领。[16]海西：县名，县治在今江苏灌南县南。[17]踧（cù）：通“蹙”，紧迫。[18]小沛：即沛县，县治在今江苏沛县。因当时沛县属沛国，而沛国之治所在相县（今安徽濉溪县西北），故时人就称沛县为小沛。[19]科头：结发不戴冠称“科头”，犹今言光着头。[20]袒（tǎn）衣：披衣露体。[21]高顺：吕布麾下著名部将，有勇有谋，惜其投主不明，未尽其才。公元198年，吕布失败，高顺亦被害。[22]比明：至天亮。

庚子[1]，杨奉、韩暹奉帝东还[2]，张杨以粮迎道路。秋，七月，甲子[3]，车驾至雒阳，幸故中常侍赵忠宅。丁丑[4]，大赦。八月，辛丑[5]，幸南宫杨安殿。张杨以为己功，故名其殿曰杨安。杨谓诸将曰：

“天子当与天下共之，朝廷自有公卿大臣，杨当出捍[6]外难[7]。”遂还野王，杨奉亦出屯梁[8]，韩暹、董承并留宿卫。癸卯[9]，以安国将军张杨为大司马[10]，杨奉为车骑将军[11]，韩暹为大将军[12]、领[13]司隶校尉[14]，皆假节钺[15]。

是时，宫室烧尽，百官披荆棘，依墙壁间，州郡各拥强兵，委输不至；群僚饥乏，尚书郎[16]以下自出采稆[17]，或饥死墙壁间，或为兵士所杀。

袁术以谶[18]言“代汉者当涂高”，自云名字应之[19]。又以袁氏出陈[20]，为舜后[21]，以黄代赤，德运之次[22]，遂有僭逆之谋。闻孙坚得传国玺[23]，拘坚妻而夺之。及闻天子败于曹阳[24]，乃会群下议称尊号，众莫敢对。主簿[25]阎象进曰：“昔周自后稷[26]至于文王，积德累功，参分天下有其二[27]，犹服事殷。明公虽奕世[28]克昌，未若有周之盛；汉室虽微，未若殷纣之暴也！”术默然。

术聘处士[29]张范；范不往，使其弟承谢之。术谓承曰：“孤以土地之广，士民之众，欲徼福[30]齐桓[31]，拟迹高祖[32]，何如？”承曰：“在德不在强。夫用德以同天下之欲，虽由匹夫之资而兴霸王之功，不足为难。若苟欲僭拟[33]，干时[34]而动，众之所弃，谁能兴之！”术不悦。

孙策闻之，与术书曰：“成汤讨桀称‘有夏多罪[35]’，武王伐纣曰‘殷有重罚[36]’，此二主者，虽有圣德，假使时无失道之过，无由逼而取也。今主上非有恶于天下，徒以幼小[37]，胁于强臣，异于汤、武之时也。且董卓贪淫骄陵[38]，志无纪极[39]，至于废主自兴，亦犹未也，而天下同心疾之，况效尤[40]而甚焉者乎！又闻幼主明智聪敏，有夙成[41]之德，天下虽未被其恩，咸归心焉。使君五世[42]相承，为汉宰辅，荣宠之盛，莫与为比，宜效忠守节，以报王室，则旦、奭[43]之美，率土所望也。时人多惑图纬[44]之言，妄牵非类之文，苟[45]以悦主为美，不顾成败之计，古今所慎，可不孰虑[46]！忠言逆耳，驳议致憎[47]，苟[48]有益于尊明[49]，无所敢辞。”术始自以为有惟南之众，料策必与己合，及得其书，愁沮[50]发疾。既不纳其言，策遂与之绝。

曹操在许[51]，谋迎天子。众以为“山东未定，韩暹、杨奉负功恣睢[52]，未可卒制[53]。”荀彧曰：“昔晋文公纳周襄王而诸侯景从[54]，汉高祖为义帝缟素而天下归心[55]。自天子蒙尘[56]，将军首唱[57]义兵，徒以[58]山东扰乱，未遑[59]远赴。今銮驾[60]旋轸[61]，东京[62]榛芜[63]，义士有存本之思，兆民[64]怀感旧之哀。诚因此时，奉主上以从人望，大顺也；秉至公以服天下，大略也；扶弘义以致英俊，大德也。四方虽有逆节[65]，其何能为？韩暹、杨奉，安足恤[66]哉！若不时定，使豪杰生心，后虽为虑，亦无及矣。”操乃遣扬武中郎将[67]曹洪[68]将兵西迎天子，董承等据险拒之，洪不得进。

议郎董昭[69]，以杨奉兵马最强而少党援，作操书[70]与奉曰：“吾与[71]将军闻名慕义，便推赤心[72]。今将军拔万乘[73]之艰难，反之旧都，翼佐之功，超世无畴[74]，何其休[75]哉！方今群凶猾夏[76]，四海未宁，神器[77]至重，事在维辅[78]，必须众贤，以清王轨[79]，诚非一人所能独建[80]，心腹四支，实相恃赖，一物不备，则有阙[81]焉。将军当为内主，吾为外援，今吾有粮，将军有兵，有无相通，足以相济，死生契阔[82]，相与共之。”奉得书喜悦，语诸将军曰：“兖州诸军近在许耳，有兵有粮，国家所当依仰也。”遂共表操为镇东将军[83]，袭父爵费亭侯[84]。

韩暹矜功专恣[85]，董承患之，因潜召操；操乃将兵诣雒阳。既至，奏韩暹、张杨之罪。暹惧诛，单骑奔杨奉。帝以暹、杨有翼车驾之功，诏一切勿问。辛亥[86]，以曹操领司隶校尉、录尚书事[87]。操于是诛尚书冯硕等三人[88]，讨有罪也；封卫将军董承等十三人[89]为列侯，赏有功也；赠射声校尉沮俊为弘农太守，矜[90]死节也。

操引董昭并坐[91]，问曰：“今孤来此，当施何计？”昭曰：“将军兴义兵以诛暴乱，入朝天子，辅翼王室，此五霸之功也。此下诸将，人殊意异，未必服从，今留匡弼[92]，事势不便，惟有移驾幸许耳。然朝廷播越[93]，新还旧京，远近跂望[94]，冀[95]一朝获安，今复徙驾，不厌[96]众心。夫行非常之事，乃有非常之功，愿将军算其多者[97]。”操曰：“此孤本志也。杨奉近在梁耳，闻其兵精，得无为孤累[98]乎？”昭曰：“奉少党援，心相凭结[99]，镇东、费亭之事[100]，皆奉所定，宜时遣使厚遗[101]答谢，以安其意。说‘京都无粮，欲车驾暂幸鲁阳[102]，鲁阳近许，转运稍易，可无县乏[103]之忧。’奉为人勇而寡虑，必不见疑，比使往来，足以定计，奉何能为累！”操曰：“善！”即遣使诣奉。庚申[104]，车驾出轘辕[105]而东，遂迁都许。己巳[106]，幸曹操营，以操为大将军，封武平侯。始立宗庙社稷[107]于许。

（以上为第二段，写曹操迎献帝都许。）

【注释】

[1]庚子：六月六日。[2]东还：东回洛阳。[3]甲子：七月一日。[4]丁丑：七月十四日。[5]辛丑：八月八日。[6]捍：抵御。[7]外难：外患。此说指朝外犯上的人。[8]梁：县名，县治在今河南汝州市西。[9]癸卯：八月十日。[10]大司马：官名，汉武帝置大司马代替太尉，东汉光武帝又罢大司马置太尉，汉灵帝末年又并置大司马与太尉。[11]车骑将军：官名，位次于大将军与骠骑将军，掌京师兵卫、边防屯警。[12]大将军：官名，为将军的最高称号，掌统兵征伐。东汉时位在三公上，为朝廷执政者，但不常设。[13]领：兼任。[14]司隶校尉：官名，掌纠察京都百官违法者，并治所辖各郡，相当于州刺史。[15]假节钺：即有行使皇帝命令的权力。假，授予。节钺，符节与斧钺，代表皇帝使命的信物。[16]尚书郎：官名，东汉之制，取孝廉之有才能者入尚书台，初入台称守尚书郎中，满一年称尚书郎，三年称侍郎，主作文书起草。[17]稆（lǔ）：同“穞”，野生禾。[18]谶（chèn）：预言未来事象的隐语。[19]名字应之：袁术字公路，“术”有邑中道路之义，而“涂”也有道路之义，袁术便自以为他的名和字都与谶言相应。[20]袁氏出陈：袁氏为春秋陈国大夫辕涛涂之后。[21]舜后：西周初封舜之后人妫满于陈，即春秋时的陈国。[22]以黄代赤，德运之次：秦汉时人以金、木、水、火、土五行相生相克之说来附会王朝的命运，称为五德。又称五行相生相克的运行规律为德运。袁术当时采用五行相生说，即木生火，火生土，土生金，金生水，水生木。汉代又有汉为火德之说，而火为赤色，土为黄色，故袁术就以黄代赤为德运的次序。[23]孙坚得传国玺：初平二年孙坚进兵洛阳击败吕布后，在洛阳城南甄官井中拾得传国玺。[24]天子败于曹阳：兴平二年汉献帝从长安东迁，至曹阳涧被李傕军所败。[25]主簿：官名，汉代中央及郡县官署皆置主簿，以典领文书，办理事务。[26]后稷：周人之始祖，名弃，尧舜时为农官。[27]参分天下有其二：殷商末，周文王施行善政，诸侯多归附，而仍服事殷商。孔子曾说：“三分天下有其二，以服事殷。周之德其可谓至德也已矣。”（《论语·泰伯》）参，通“三”。[28]奕世：累世。[29]处士：未做官的士人。[30]徼（yāo）福：求福。[31]齐桓：春秋时的第一霸主齐桓公。[32]拟迹高祖：摩仿汉高祖刘邦事迹。[33]僭拟：谓超越本分，自比于居上位者。[34]干（gān）时：违背时势。[35]有夏多罪：此语见《尚书·汤誓》。[36]殷有重罚：此语《史记·周本纪》作“殷有重罪”。

[37]徒以幼小：仅由于幼小。[38]骄陵：傲慢凌人。[39]纪极：终极，限度。[40]效尤：仿效错误。[41]夙成：早成。[42]五世：指袁安、袁京、袁汤、袁逢、袁术五代。[43]旦、奭（shì）：指西周初年的周公旦与召公奭，二人辅佐周王，声望极高。[44]图纬：即图谶与纬书，亦即谶书与纬书。谶书预言未来事象，有文有图。纬书附会儒家经典，亦预言未来事象。[45]苟：随便。[46]孰虑：仔细考虑。孰，通"熟"。[47]驳议致憎：谓不同之异议会招致憎恨。[48]苟：如果。[49]尊明：尊敬的明使君。对袁术之尊称。[50]愁沮（jǔ）：忧愁失望。[51]许：县名，后来魏文帝改名许昌，县治在今河南许昌市东。[52]负功恣睢（suī）：仗恃其功而凶暴蛮横。[53]卒（cù）制：很快制服韩暹、杨奉等。卒，通"猝"，很快。[54]晋文公纳周襄王而诸侯景（yǐng）从：景，"影"本字。春秋时，周襄王与母弟王子带（又称太叔、叔带）有矛盾，襄王出奔郑。狐偃谓晋文公曰："求诸侯莫如勤王，诸侯信之，且大义也。"文公遂迎襄王返王城，并杀王子带于隰城。由是诸侯服从，遂定霸业。事见《左传》僖公二十四年、二十五年。[55]汉高祖为义帝缟素而天下归心：按："汉"字不当有，荀彧为汉人，言语中不应有"汉高祖"之称，《三国志·荀彧传》即作"高祖"，《后汉书·荀彧传》也作"汉高祖"，亦不当。缟素，丧服。古时丧服为白色，故以缟素称丧服。汉高祖刘邦入关灭秦后，按楚怀王之命当在关中为王，项羽因此不满怀王，名尊怀王为义帝，实不奉行其命，不久又派人杀义帝。刘邦定关中后，遂东渡黄河，三老董公劝刘邦为义帝发丧，刘邦遂缟素东伐，终取天下。事见《汉书·高帝纪》上。[56]蒙尘：蒙被尘土，指皇帝流亡在外。[57]唱：倡导。[58]徒以：仅因。[59]未遑：没有功夫。[60]銮驾：皇帝之车驾。[61]旋轸（zhěn）：车子转动行驶。轸，车后横木。[62]东京：指洛阳。[63]榛（zhēn）芜：荒芜。[64]兆民：亿万之民，即黎民大众。兆，一万亿。[65]逆节：指反朝廷之人。[66]恤：忧虑。[67]扬武中郎将：官名，东汉位次于将军的统兵将领称中郎将，扬武为其名号。[68]曹洪：字子廉，曹操之从弟，随曹操起兵，累有战功。汉献帝迁许后，为厉锋将军、都护将军等。曹魏建立后，为骠骑将军，封都阳侯。传见《三国志》卷九。[69]董昭：字公仁，济阴定陶（今山东菏泽市定陶区西北）人。助曹操迁汉献帝于许，为河南尹、冀州牧。又助曹操为魏公、魏王。曹魏时，为侍中、卫尉、司徒。传见《三国志》卷十四。[70]作操书：以曹操名义写信。[71]与：赞许、欣赏。[72]推赤心：拿出赤心，真心诚意。[73]万乘（shèng）：指皇帝。[74]畴：同类。[75]休：美善。[76]猾夏：扰乱中原。夏，华夏，指代中原。[77]神器：指皇帝位。[78]维辅：辅佐。维，语气辞。[79]清王轨：清除君王路上的障碍。即扫除奸凶。[80]独建：独力支称，独力建功。[81]阙：通"缺"，缺失，缺陷。[82]契阔：忧劳，勤苦。[83]镇东将军：官名，东汉之杂号将军。[84]费亭侯：曹操祖父曹腾，汉桓帝时封费亭侯，后来曹操之父曹嵩袭封，今曹操又袭封。[85]矜功专恣：自夸其功而专擅放肆。[86]辛亥：八月十八日。[87]录尚书事：录，总领之意。东汉以来，政归尚书，录尚书事即总揽朝政。[88]三人：据《后汉纪》，被诛的还有议郎侯祈、侍中壶崇（《后汉书·献帝纪》作"台崇"）等，不只三人。[89]十三人：据《后汉纪》，十三人是：卫将军董承，辅国将

军伏完，侍中丁冲、种辑，尚书仆射钟繇，尚书郭溥，御史中丞董芬，彭城相刘艾，左冯翊韩斌，东郡太守杨众，议郎罗邵、伏德、赵蕤。［90］矜：崇尚。沮俊于兴平二年东涧之战中被李傕所杀。［91］操引董昭并坐：曹操请董昭与自己同列而坐。引，拉着，请。并坐，指以平等礼敬待客人。［92］匡弼：辅助。［93］播越：流亡。［94］跂（qǐ）望：举踵翘望。［95］冀：希望。［96］厌：通"餍"，满足。［97］多者：谓利多者。［98］累：拖累。［99］心相凭结：指杨奉一心想结交曹操引为依靠。［100］镇东、费亭之事：指诏命曹操为镇东将军，袭爵费亭侯的事。［101］厚遗（wèi）：丰厚的馈赠。［102］鲁阳：县名，县治在今河南鲁山县。［103］县乏：匮乏。县，"悬"本字。［104］庚申：八月二十七日。［105］轘辕：关名，在今河南洛阳市偃师区。［106］己巳：八月甲午朔，无己巳。此己巳当为九月之己巳，即九月七日。《三国志·武帝纪》云"九月车驾出轘辕而东"，而轘辕至许县尚有三百多里，亦需数日才能到达。［107］社稷：社，土神。稷，谷神。古代帝王必立社稷祭祀。

孙策将取会稽。吴人严白虎[1]等众各万余人，处处屯聚，诸将欲先击白虎等。策曰："白虎等群盗，非有大志，此成禽[2]耳。"遂引兵渡浙江[3]。会稽功曹[4]虞翻[5]说太守王朗[6]曰："策善用兵，不如避之。"朗不从。发兵拒策于固陵[7]。

策数渡水战，不能克。策叔父静说策曰："朗负阻城守，难可卒拔。查渎[8]南去此数十里，宜从彼据其内，所谓攻其无备，出其不意者也。"策从之，夜，多然[9]火为疑兵，分军投查渎道，袭高迁[10]屯。朗大惊，遣故丹阳太守周昕等帅兵逆战，策破昕等，斩之。朗遁走；虞翻追随营护朗，浮海至东冶[11]，策追击，大破之，朗乃诣策降。

策自领会稽太守，复命虞翻为功曹，待以交友之礼。策好游猎，翻谏曰："明府喜轻出微行[12]，从官不暇严[13]，吏卒常苦之。夫君人者不重则不威[14]，故白龙鱼服，困于豫且[15]；白蛇自放，刘季害之[16]。愿少留意！"策曰："君言是也。"然不能改。

九月，司徒淳于嘉、太尉杨彪、司空张喜皆罢。

车驾之东迁也，杨奉自梁欲邀之，不及。冬，十月，曹操征奉，奉南奔袁术，遂攻其梁屯，拔之。

诏书下袁绍，责以"地广兵多，而专自树党[17]，不闻勤王之师，但擅相讨伐[18]。"绍上书深自陈诉[19]。戊辰[20]，以绍为太尉，封邺侯。

绍耻班[21]在曹操下，怒曰：“曹操当死数矣，我辄救存之[22]，今乃挟天子以令我乎！”表辞不受。操惧，请以大将军让绍。丙戌[23]，以操为司空，行[24]车骑将军事。

操以荀彧为侍中，守[25]尚书令[26]。操问彧以策谋之士，彧荐其从子蜀郡太守攸[27]及颍川郭嘉[28]。操征攸为尚书[29]，与语，大悦，曰：“公达[30]，非常人也。吾得与之计事，天下当何忧哉！”以为军师[31]。

初，郭嘉往见袁绍，绍甚敬礼之，居数十日，谓绍谋臣辛评、郭图曰：“夫智者审于量主，故百全而功名可立。袁公徒欲[32]效周公之下士，而不知用人之机[33]，多端寡要[34]，好谋无决，欲与共济天下大难，定霸王之业，难矣。吾将更举[35]而求主，子[36]盍[37]去乎！”二人曰：“袁氏有恩德于天下，人多归之，且今最强；去将何之！”嘉知其不寤[38]，不复言，遂去之。操召见，与论天下事，喜曰：“使孤成大业者，必此人也！”嘉出，亦喜曰：“真吾主也！”操表嘉为司空祭酒[39]。

操以山阳满宠[40]为许令，操从弟洪[41]，有宾客在许界[42]数犯法，宠收治之，洪书报[43]宠，宠不听。洪以白操，操召许主者[44]，宠知将欲原[45]客，乃速杀之。操喜曰：“当事不当尔邪[46]！”

（以上为第三段，写孙策定会稽，与袁术决裂。曹操在许都站稳脚跟，招纳人才，荀攸、郭嘉、满宠受到重用。袁绍与曹操争大将军之位，初现裂痕。）

【注释】

[1]严白虎：东汉末吴郡乌程（今浙江湖州市吴兴区）人，当地强族，拥众称霸一方，建安二年为孙策所破。 [2]成禽：成为擒拿的对象。禽，通“擒”。 [3]浙江：水名，即今钱塘江。 [4]功曹：官名，即功曹史，为郡守之主要佐吏，除分掌人事外，还参与一郡政务。 [5]虞翻：字仲翔，会稽余姚（今浙江余姚市）人。初为王朗郡功曹，继归孙策。复为功曹、富春长。孙策死后，孙权以之为都尉，因多次冒犯孙权，被流徙交州，以教学为业，曾训注《老子》《论语》《国语》。传见《三国志》卷五十七。 [6]王朗：字景兴，东海郯县（今山东郯城县西北）人。初为会稽太守，为孙策所破，后归朝廷，为谏议大夫、御史大夫等。曹魏时官至三公，封兰陵侯。曾注《易》《春秋》《孝经》等。传见《三国志》卷十三。 [7]固陵：地名，在东汉之余暨县境，即在今浙江杭州市萧山区西。 [8]查渎：在东汉之余暨县境，在今浙江杭州市萧山区西南。 [9]然：“燃”本字。 [10]高迁：地名，在东汉余暨县境。 [11]东冶：县名，东汉末改东侯官为东冶，县治在今福建福州市。 [12]微行：便装出行，不使人知其尊贵身份。 [13]不暇严：来不及准

备。［14］不重则不威：不尊重则无威严。［15］白龙鱼服，困于豫且（jū）：春秋时，吴王想去民间饮酒，伍子胥以为不可，并举例说："以前天帝之白龙在清冷水中变为鱼，被宋国渔人豫且射中其目。白龙便上告天帝。天帝说鱼本来就是给人射的，豫且有什么罪呢？"伍子胥进一步阐发说："白龙如不变鱼，豫且就不会射他。今大王要去民间饮酒，恐怕会有豫且之害。"吴王便停止了行动。事见《说苑·正谏》。［16］白蛇自放，刘季害之：刘季即刘邦。秦末，刘邦为亭长，替县里送役徒往骊山，途中之某夜，刘邦释放役徒而醉饮，行路中，遇一大蛇当道，刘邦拔剑将蛇斩为两段，行数里，刘邦困卧道旁。后有人至斩蛇处，见一老妇啼哭，问何故啼哭？老妇说："吾子白帝子也，化为蛇，当道，今者赤帝子斩之，故哭。"事见《汉书·高帝纪上》。［17］树党：指袁绍以其子袁谭为青州刺史、袁熙为幽州刺史，外甥高干为并州刺史。［18］擅相讨伐：指袁绍攻讨公孙瓒。［19］陈诉：诉说。［20］戊辰：十月癸巳朔，无戊辰。疑当为十一月戊辰，亦即十一月七日。［21］班：位，位次。［22］救存之：指曹操在荥阳汴水被董卓将徐荣打败后，继收兵从袁绍于河内，袁绍又表荐他为东郡太守。又吕布袭取兖州后，袁绍复与曹操联合，兵援曹操讨吕布。［23］丙戌：十一月二十五日。［24］行：摄行，代理。［25］守：兼任。［26］尚书令：官名，尚书台之长官。东汉政归尚书，尚书令遂为总揽朝政之首脑。［27］攸：荀攸，荀彧之侄，字公达，为曹操重要谋臣。荀攸与荀彧同传，见《三国志》卷十。［28］郭嘉（170—207）：字奉孝，颍川阳翟（今河南禹州市）人。初投袁绍，以袁绍难以成事而离去。后由荀彧推荐与曹操，为司空军师祭酒，多谋善断，为曹操所信重。传见《三国志》卷十四。［29］尚书：官名，东汉分六曹尚书，助理皇帝处理政务，尚书令为其长官。［30］公达：曹操呼荀攸之字，以示敬重。［31］军师：官名，掌监察军务。［32］徒欲：只是表面上。徒，只。［33］机：关键之意。［34］多端寡要：多头办事，不知轻重。多端，指大小事都要管。寡要，抓不住重点。［35］更举：改弦更辙，重新选择。［36］子：你们。［37］盍（hé）：何不。［38］寤：通"悟"，醒悟，理解。［39］司空祭酒：官名，据《三国志》当作"司空军师祭酒"。祭酒本是尊敬的称号，古代宴会祭祀时，要由一位年高望重的长者先举酒致祭，称为祭酒。后来就以祭酒为官名。曹操为司空，设置司空军师祭酒，职责是参谋军事。［40］满宠（?—242）：字伯宁，山阳昌邑（今山东金乡县西北）人。曹操执政时，为许令，秉公执法，不避亲贵。魏明帝时为豫州刺史、征东将军，镇守东南，累立功勋。官至太尉，封昌邑侯。传见《三国志》卷二十六。［41］洪：曹操从弟，字子廉。曹操讨董卓，兵败荥阳，赖洪冒死相救得脱。洪从操征伐，多有功勋，官至厉锋将军。文帝即位，为卫将军，明帝时，转骠骑将军。传见《三国志》卷九。［42］许界：许都境内。［43］报：告诉。［44］主者：主管其事的官吏。［45］原：宽容。［46］当事不当尔邪：身当其事负责处理公务者，难道不应当这样做吗？表示赞许满宠的意思。

北海太守孔融，负其高气[1]，志在靖难[2]，而才疏意广[3]，讫[4]无成功。高谈清教[5]，盈溢官曹，辞气清雅[6]，可玩而诵，论事考实，难可悉行。但[7]能张磔[8]网罗，而目理[9]甚疏；造次[10]能得人心，久久亦不愿附也。其所任用，好奇取异，多剽轻[11]小才。至于尊事名儒郑玄[12]，执子孙礼，易其乡名曰郑公乡，及清俊之士[13]左承祖、刘义逊等，皆备在座席而已，不与论政事，曰："此民望，不可失也！"

黄巾来寇，融战败，走保都昌[14]。时袁、曹、公孙首尾相连，融兵弱粮寡，孤立一隅，不与相通。左承祖劝融宜自托强国[15]，融不听而杀之，刘义逊弃去。青州刺史袁谭[16]攻融，自春至夏，战士所余才数百人，流矢交集，而融犹隐几[17]读书，谈笑自若。城夜陷，乃奔东山[18]，妻子为谭所虏。曹操与融有旧，征为将作大匠[19]。

袁谭初至青州，其土自河[20]而西，不过平原[21]。谭北排田楷[22]，东破孔融，威惠甚著；其后信任群小，肆志奢淫，声望遂衰。

中平以来，天下乱离，民弃农业，诸军并起，率[23]乏粮谷，无终岁之计，饥则寇掠，饱则弃余，瓦解流离，无敌自破者，不可胜数。袁绍在河北，军人仰[24]食桑椹[25]，袁术在江淮，取给蒲蠃[26]，民多相食，州里萧条。羽林监[27]枣祗请建置屯田[28]，曹操从之，以祗为屯田都尉[29]，以骑都尉任峻[30]为典农中郎将[31]。募民屯田许下[32]，得谷百万斛。于是州郡例置田官，所在积谷，仓廪皆满。故操征伐四方，无运粮之劳，遂能兼并群雄。军国之饶，起于祗而成于峻。

袁术畏吕布为己害，乃为子求婚，布复许之。术遣将纪灵等步骑三万攻刘备，备求救于布。诸将谓布曰："将军常欲杀刘备，今可假手于术。"布曰："不然。术若破备，则北连泰山[33]诸将，吾为在术围中，不得不救也。"便率步骑千余驰往赴之。灵等闻布至，皆敛兵而止。布屯沛城西南，遣铃下[34]请灵等，灵等亦请布，布往就之，与备共饮食。布谓灵等曰："玄德[35]，布弟也，为诸君所困，故来救之。布性不喜合斗，喜解斗耳。"乃令军候[36]植戟于营门，布弯弓顾曰："诸君观布射戟小支[37]，中者当各解兵，不中可留决斗。"布即一发，正中戟支。灵等皆惊，言："将军天威也！"明日复欢会，然后各罢。

备合兵得万余人，布恶之，自出兵攻备；备败走，归曹操，操厚遇之，以为豫州牧。或[38]谓操曰："备有英雄之志，今不早图[39]，后必为患。”操以问郭嘉，嘉曰：“有是。然公起义兵，为百姓除暴，推诚杖信以招俊杰，犹惧其未也。今备有英雄名，以穷[40]归己而害之，是以害贤为名也。如此，则智士将自疑，回心择主，公谁与定天下乎！夫除一人之患以沮四海之望，安危之机[41]也，不可不察。”操笑曰：“君得之矣！”遂益其兵，给粮食，使东至沛，收散兵以图吕布。

初，备在豫州，举陈郡袁涣[42]为茂才[43]。涣为吕布所留，布欲使涣作书骂辱备，涣不可，再三强之，不许。布大怒，以兵[44]胁涣曰：“为之则生，不为则死！”涣颜色不变，笑而应之曰：“涣闻唯德可以辱人，不闻以骂！使彼固君子邪，且不耻将军之言；彼诚小人邪，将复将军之意[45]，则辱在此不在于彼，且涣他日之事刘将军，犹今日之事将军也，如一旦去此，复骂将军，可乎？”布惭而止。

（以上为第四段，写曹操在许都挟天子以令诸侯，势力渐盛，孔融失北海，刘备失徐州，两人均投靠曹操。为长远计，曹操在许下屯田，当年获利。）

【注释】

[1]高气：才高气盛。今语言之，自高自大。[2]靖难：平定祸乱。[3]才疏意广：才能小志气大。即俗语志大才疏。[4]讫：终，至今。[5]清教：谓高雅的言教。[6]清雅：高洁文雅。据章校，有的版本“清”作“温”。[7]但：仅，只。[8]张磔（zhé）：张开。[9]目理：细目条理。[10]造次：急遽，很快。[11]剽轻：谓华而不实。[12]郑玄（127—200）：字康成，北海高密（今山东高密市西南）人。东汉末大经学家，博通群经及历算，以教学著述为业，称为纯儒，齐鲁间皆以之为宗师。著作甚多，遍及群经，总计百余万言。传见《后汉书》卷三十五。[13]清俊之士：清雅俊逸的士人。[14]都昌：县名，县治在今山东昌邑市西。[15]强国：指兵强势大的军阀。[16]袁谭：袁绍之长子，为青州刺史。袁绍死后，不得继承父位，因与其弟袁尚产生矛盾，起初二人尚能联合抗击曹操，后遂自相攻击，分别被曹操击破而亡。事附见《三国志·魏书·袁绍传》《后汉书·袁绍传》。[17]隐（yìn）几：靠着几案。[18]东山：都昌县之东山。[19]将作大匠：官名，掌宫室、宗庙、陵墓及其他土木营建。[20]河：黄河。[21]平原：郡名，治所平原县，在今山东平原县西南。[22]田楷：公孙瓒所任命的青州刺史。[23]率：大多。[24]仰：依赖，依靠。[25]桑椹（shèn）：桑树果实。[26]蒲（pú）蠃（luǒ）：蚌蛤之属。[27]羽林监：官名，汉代官制有羽林左右监各一人，左监主羽林左骑，右监主羽林右骑，皆为皇帝禁卫军，属光禄勋。[28]屯田：汉代已有屯田制，但都是军屯，即士兵战时打仗，平时耕种。枣祗建置的此种屯田，是按军事组织的民屯。其办法是：组织农民耕

垦荒地，其收获物按规定的比例交给国家；屯田农民不属地方官管辖，属专设的屯田官管理，又带有军事性质。［29］屯田都尉：官名，曹操初设屯田时，置以管理屯田的官。［30］任峻（?—204）：字伯达，河南中牟（今河南中牟县东）人。当曹操起兵入中牟后，遂率众归曹操，为骑都尉。曹操实行屯田后，为典农中郎将，后官至长水校尉。传见《三国志》卷十六。［31］典农中郎将：曹操实行屯田制设置的郡级官员，职掌屯田民的农业生产、民政和田租，秩二千石。因曹操施行的民屯是承袭两汉的军屯，故屯田民也用军事编制，屯田官也用军职名称。［32］许下：许县附近。［33］泰山：郡名，治所奉高，在今山东泰安市东北。当时臧霸、孙观、吴敦、尹礼、昌豨等各聚兵于泰山。［34］铃下：门卒。［35］玄德：刘备字玄德。［36］军候：官名，军中维持军纪的军官。［37］小支：戟为古代合戈矛为一体的兵器，矛的部分可以直刺，戈的部分可以横击，小支当为横击部分的尾部。［38］或：有人。［39］图：谓设法除掉。［40］穷：困厄。［41］机：关键。［42］袁涣：字曜卿，陈郡扶乐（今河南太康县西北）人。初从袁术与吕布，后归曹操，为谏议大夫、丞相军师祭酒。传见《三国志》卷十一。［43］茂才：东汉荐举人才的科目之一。原来本称秀才，东汉避光武帝刘秀之讳，改称茂才。［44］兵：兵器。［45］复将军之意：谓回书辱骂来报复吕布之骂。

张济自关中引兵入荆州界，攻穰城[1]，为流矢所中死。荆州官属皆贺，刘表曰："济以穷来，主人[2]无礼[3]，至于交锋，此非牧[4]意，牧受吊，不受贺也。"使人纳其众；众闻之喜，皆归心焉。济族子建忠将军[5]绣[6]代领其众，屯宛[7]。

初，帝既出长安，宣威将军[8]贾诩上还印绶，往依段煨于华阴[9]。诩素知名，为煨军所望，煨礼奉甚备。诩潜谋归张绣，或曰："煨待君厚矣，君去安之！"诩曰："煨性多疑，有忌诩意，礼虽厚，不可恃久，将为所图。我去必喜，又望吾结大援于外，必厚吾妻子；绣无谋主，亦愿得诩：则家与身必俱全矣。"诩遂往，绣执子孙礼，煨果善视其家。诩说绣附于刘表，绣从之。诩往见表，表以客礼待之。诩曰："表，平世三公才也，不见事变，多疑无决，无能为也！"

刘表爱民养士，从容自保，境内无事，关西[10]、兖、豫学士归之者以千数。表乃起立学校，讲明经术，命故雅乐郎[11]河南杜夔[12]作雅乐[13]。乐备，表欲庭观之。夔曰："今将军号不为天子，合乐而庭作之，无乃不可乎！"表乃止。

平原祢衡[14]，少有才辩，而尚气刚傲，孔融荐之于曹操。衡骂辱操，操怒，谓融曰："祢衡竖子，孤杀之，犹雀鼠耳！顾[15]此人素有虚名，远近将谓孤不能容之。"乃送与刘表，表延礼以为上宾。衡称表之美盈口，而好讥贬其左右，于是左右因形而谮之曰："衡称将军之仁，西伯[16]不过也，唯以为不能断，终不济[17]者，必由此也。"其言实指表短，而非衡所言也。表由是怒，以江夏太守黄祖性急，送衡与之，祖亦善待焉。后衡众辱祖，祖杀之。

（以上为第五段，写刘表在荆州爱民养士，雍容自保。曹操借刀杀人，假刘表、黄祖之手杀害了祢衡。）

【注释】

[1]穰（rǎng）城：县名，县治在今河南邓州市。[2]主人：指荆州人，亦即刘表。[3]无礼：谓无接待安置之礼。[4]牧：刘表自称。[5]建忠将军：官名，东汉末之杂号将军。[6]绣：张济之族子张绣。初随张济，张济死后，带领其众归附于刘表。曹操下荆州，降曹操，后复叛。官渡之战，又归降曹操，有功，为破羌将军，封侯。传见《三国志》卷八。[7]宛：县名，县治在今河南南阳市。[8]宣威将军：官名，东汉末之杂号将军。[9]华阴：县名，县治在今陕西华阴市东。[10]关西：地区名，指函谷关以西之地。[11]雅乐郎：官名，盖为太乐令之属官，典掌雅乐。[12]杜夔（kuí）：字公良，河南（治所在今河南洛阳市）人。善音律，初为雅乐郎，因中原战乱，避地荆州，为刘表所用。曹操得荆州，以之为军谋祭酒，参太乐事。曹魏初为太乐令、协律都尉。传见《三国志》卷二十九。[13]雅乐：古代帝王用于郊庙朝会之正乐。[14]祢（mí）衡（173—198）：字正平，平原般县（今山东宁津县东南）人。善文学，有才辩。建安初至许都，曹操召为鼓吏，因辱骂曹操被送与荆州刘表，终为黄祖所杀。传见《后汉书》卷八十下。[15]顾：但。[16]西伯：即周文王。文王在商纣时为西伯。[17]济：成功。

二年（丁丑，197年）

春，正月，曹操讨张绣，军于淯水[1]，绣举众降。操纳张济之妻，绣恨之；又以金与绣骁将[2]胡车儿，绣闻而疑惧，袭击操军，杀操长子昂。操中流矢，败走，校尉[3]典韦[4]与绣力战，左右死伤略尽，韦被数十创[5]。绣兵前搏[6]之，韦双挟两人击杀之，瞋目大骂而死。操收散兵，还住舞阴[7]。绣率骑来追，操击破之，绣走还穰，复与刘表合。

是时，诸军大乱，平虏校尉[8]泰山于禁[9]独整众而还，道逢青州兵[10]劫掠人，禁数其罪而击之；青州兵走，诣操。禁既至，先立营垒，不时[11]谒操。或谓禁:“青州兵已诉君矣,宜促诣公辨之。”禁曰:“今贼在后,追至无时,不先为备,何以待敌!且公聪明,谮诉[12]何缘得行!”徐凿堑安营讫,乃入谒,具陈其状。操悦,谓禁曰:“淯水之难,吾犹狼狈,将军在乱能整,讨暴[13]坚垒,有不可动之节,虽古名将,何以加之!”于是录禁前后功,封益寿亭侯。操引军还许。

袁绍与操书,辞语骄慢[14]。操谓荀彧、郭嘉曰:“今将讨不义而力不敌,何如?”对曰:“刘、项之不敌,公所知也。汉祖惟智胜项羽,故羽虽强,终为所禽[15]。今绍有十败,公有十胜,绍虽强,无能为也。绍繁礼多仪,公体任[16]自然,此道[17]胜也。绍以逆动[18],公奉顺以率天下[19],此义[20]胜也。桓、灵以来,政失于宽[21],绍以宽济宽,故不摄[22],公纠之以猛[23],上下知制[24],此治胜也。绍外宽内忌[25],用人而疑之,所任唯亲戚子弟,公外易简[26]而内机明[27],用人无疑,唯才所宜,不间远近[28],此度[29]胜也。绍多谋少决,失在后事[30],公得策辄行,应变无穷[31],此谋胜也。绍高议揖让[32]以收名誉,士之好言饰外[33]者多归之,公以至心[34]待人,不为虚美,士之忠正远见而有实者[35]皆愿为用,此德[36]胜也。绍见人饥寒,恤念[37]之,形于颜色[38],其所不见,虑或不及,公于目前小事,时有所忽,至于大事,与四海[39]接[40],恩之所加,皆过其望[41],虽所不见,虑无不周,此仁[42]胜也。绍大臣争权,谗言惑乱,公御下以道,浸润[43]不行,此明胜也。绍是非不可知,公所是进之以礼,所不是正之以法,此文[44]胜也。绍好为虚势[45],不知兵要[46],公以少克众,用兵如神,军人恃之,敌人畏之,此武[47]胜也。”操笑曰:“如卿所言,孤何德以堪[48]之!”嘉又曰:“绍方北击公孙瓒,可因其远征,东取吕布;若绍为寇,布为之援,此深害也。”彧曰:“不先取吕布,河北未易图也。”操曰:“然,吾所惑[49]者,又恐绍侵扰关中,西乱羌、胡,南诱蜀、汉[50],是我独以兖、豫抗天下六分之五也,为将奈何?”彧曰:“关中将帅以十数,莫能相一,唯韩遂、马腾最强,彼见山东[51]方争,必各拥众自保,今若扶以恩德,遣使连和,虽不能久安,比[52]公安定山东,足以不动。侍中[53]、尚书仆射[54]钟繇[55]有智谋,若属以西事[56],公无忧矣。”操乃表繇以侍中守[57]司隶校尉，持节[58]督[59]关中诸军，持使不拘科制[60]。繇至长安，移[61]书腾、遂等，为陈祸福，腾，遂各遣子入侍[62]。

（以上为第六段，曹操南征张绣受挫，袁绍投书威逼，曹操意气低沉。郭嘉论曹操优于袁绍有十胜之德，以坚其克敌之志。）

【注释】

［1］淯水：水名，即今河南白河，流经当时宛县南。［2］骁（xiāo）将：猛将。［3］校尉：官名，东汉统兵的中级武官。［4］典韦：曹操贴身警卫的部将，陈留郡己吾县（今河南宁陵县西南）人，作战英雄勇，因功拜为都尉。［5］创（chuàng）：伤。［6］搏：肉搏。［7］舞阴：县名，县治在今河南泌阳县西北。［8］平虏校尉：官名，校尉为东汉统兵的中级武官，平虏为其名号。［9］于禁：字文则，泰山巨平（今山东泰安市西南）人。初归曹操于兖州，屡立战功，封益寿亭侯，官至左将军。曹仁被关羽围攻于樊城，于禁救援曹仁，被水淹而降关羽。曹魏初返回，惭恨而死。传见《三国志》卷十七。［10］青州兵：曹操将改编的青州黄巾军称为青州兵。［11］不时：不立即。［12］谮诉：打小报告，背后说坏话。［13］讨暴：指打击青州兵劫掠人者。［14］辞语骄慢：言语傲慢。［15］禽：通“擒”，捉。［16］体任：听任。指本性率真。［17］道：为人之道，做人原则。这里着重指人的本性，个性。［18］逆动：逆天下而动。指袁绍以臣违抗天子之命。［19］奉顺以率天下：谓曹操奉汉献帝以统率天下。［20］义：道义。指曹操挟天子以令诸侯，在政治上占了制高点。［21］宽：政治宽缓。指法制松弛。［22］摄：控制。［23］猛：法治刚猛。［24］制：法令制度，规章纪律。［25］外宽内忌：外表宽厚，内心猜疑。忌，猜疑，狠心。［26］易简：平易近人，不摆架子，随和。［27］机明：精明。［28］不间（jiàn）远近：不分亲疏。间，分别，距离。远，指疏远的外人。近，指亲近的人。［29］度：度量。［30］失在后事：迟后一步，办事决疑，总是赶不上点。［31］应变无穷：随机应变的办法多，应对突发事变的能力强。［32］揖让：谦让。［33］好言饰外：夸夸其谈，装腔作势。［34］至心：诚心。［35］有实者：有真才实学的人。［36］德：品德。［37］恤念：抚恤关怀。［38］形于颜色：怜悯之情表现在脸面上。［39］四海：全天下，全国。［40］接：交接。待人接物。［41］望：希望，期望。［42］仁：仁爱，指普遍的爱心。［43］浸润：指谗言。《论语·颜渊》：“浸润之谮。”郑玄注云：“谮人之言，如水之浸润，渐以成之。”后世因以浸润指谗言。［44］文：文治，教化。［45］虚势：虚张声势。［46］兵要：用兵的诀窍，要领。［47］武：武略。［48］堪：胜任。［49］惑：疑惑，疑问。［50］蜀、汉：指蜀郡与汉中郡。蜀郡治所成都，在今四川成都市。汉中郡治所南郑，在今陕西汉中市。［51］山东：泛指崤山以东之地。［52］比：及，等到。［53］侍中：官名，职在侍从皇帝，应对顾问。［54］尚书仆射：官名，东汉之尚书仆射为尚书令之副手，越到后来职权越重，到东汉末年，便分置左、右仆射。［55］钟繇：字元常，颍川长社（今河南长葛市）人。曹魏大臣，著名书法家。历仕曹操、文帝、明帝三朝。钟繇经营关

中，招集流散，使生产恢复，为曹操提供兵马，独当一面，立下大功，曹魏建立，历官廷尉、太尉、太傅，最后封定陵侯。传见《三国志》卷十一。［56］西事：指安定关中之事。［57］守：兼任。［58］持节：执符节。节，符节，古代使臣执以示信的凭证。以后持节变为官名。曹魏时，加重地方大员的权力，依授予权力的大小又有使持节、持节、假节之分。［59］督：管理，监控。［60］科制：法令。［61］移：送。［62］入侍：谓入朝廷侍候皇帝，实即作为人质。

袁术称帝于寿春，自称仲家[1]，以九江太守为淮南尹[2]，置公卿百官，郊祀天地。沛相陈珪[3]，球[4]弟子也，少与术游；术以书召珪，又劫质其子，期[5]必致珪。珪答书曰："曹将军兴复典刑[6]，将拨平[7]凶慝[8]，以为足下当戮力同心，匡翼汉室；而阴谋不轨，以身试祸，欲吾营私阿附，有死不能也。"术欲以故兖州刺史金尚为太尉，尚不许而逃去，术杀之。

三月，诏将作大匠孔融持节拜袁绍大将军，兼督冀、青、幽、并四州。

夏，五月，蝗。

袁术遣使者韩胤以称帝事告吕布，因求迎妇，布遣女随之。陈珪恐徐、扬合从[9]，为难未已[10]，往说布曰："曹公奉迎天子，辅赞[11]国政，将军宜与协同策谋，共存大计。今与袁术结昏[12]，必受不义之名，将有累卵之危矣！"布亦怨术初不已受[13]也，女已在涂，乃追还绝昏，械送韩胤，枭首[14]许市。

陈珪欲使子登[15]诣曹操，布固不肯。会诏以布为左将军，操复遗布手书，深加尉[16]纳。布大喜，即遣登奉章谢恩，并答操书。登见操，因陈布勇而无谋，轻于去就，宜早图之。操曰："布狼子野心，诚难久养，非卿莫究其情伪[17]。"即增珪秩[18]中二千石[19]，拜登广陵太守。临别，操执登手曰："东方之事，便以相付。"令阴合部众[20]以为内应。

始，布因登求徐州牧不得，登还，布怒，拔戟斫几[21]曰："卿父劝吾协同曹操，绝婚公路[22]；今吾所求无获，而卿父子并显重，但[23]为卿所卖耳！"登不为动容，徐对之曰："登见曹公言：'养将军譬如养虎，当饱其肉，不饱则将噬[24]人。'公曰：'不如卿言。譬如养鹰，饥即为用，饱则扬[25]去。’其言如此。”布意乃解。

袁术遣其大将张勋、桥蕤等与韩暹、杨奉连势，步骑数万趣[26]下邳，七道攻布。布时有兵三千，马四百匹，惧其不敌，谓陈珪曰：“今致术军，卿之由也，为之奈何？”珪曰：“暹、奉与术，卒合[27]之师耳，谋无素定[28]，不能相维，子登策之，比于连鸡，势不俱栖[29]，立可离也。”布用珪策，与暹、奉书曰：“二将军亲拔大驾，而布手杀董卓，俱立功名，今奈何与袁术同为贼乎！不如相与并力破术，为国除害。”且许悉以术军资与之。暹、奉大喜，即回计从布。布进军，去勋营百步，暹、奉兵同时叫呼，并到勋营，勋等散走，布兵追击，斩其将十人首，所杀伤堕水死者殆[30]尽。布因与暹、奉合军向寿春，水陆并进，到钟离[31]，所过虏掠，还渡淮北，留书辱术。术自将步骑五千扬兵[32]淮上，布骑皆于水北大咍笑[33]之而还。

泰山贼帅臧霸[34]袭琅邪[35]相萧建于莒[36]，破之。霸得建资实，许以赂布而未送，布自往求之。其督将高顺谏曰：“将军威名宣播，远近所畏，何求不得，而自行求赂！万一不克[37]，岂不损邪！”布不从。既至莒，霸等不测往意，固守拒之，无获而还。

顺为人清白有威严，少言辞，所将七百余兵，号令整齐，每战必克，名“陷陈营”。布后疏顺，以魏续有内外之亲，夺其兵以与续，及当攻战，则复令顺将，顺亦终无恨意。布性决易[38]，所为无常，顺每谏曰：“将军举动，不肯详思，忽有失得，动辄言误，误岂可数乎！”布知其忠而不能从。

曹操遣议郎王诵[39]以诏书拜孙策为骑都尉[40]，袭爵乌程侯[41]，领会稽太守，使与吕布及吴郡太守陈瑀共讨袁术。策欲得将军号以自重，诵便承制[42]假[43]策明汉将军[44]。

策治严[45]，行到钱唐[46]，瑀阴图袭策，潜结祖郎、严白虎等，使为内应。策觉之，遣其将吕范、徐逸攻瑀于海西[47]，瑀败，单骑奔袁绍。

初，陈王宠[48]有勇，善弩射。黄巾贼起，宠治兵自守，国人畏之，不敢离叛。国相会稽骆俊素有威恩，是时王侯无复租禄，而数见虏夺，或并日而食，转死沟壑，而陈独富强，邻郡人多归之，有众十余万。及州郡兵起，宠率众屯阳夏[49]，自称辅汉大将军。袁术求粮于陈，骆俊拒绝之，术忿恚[50]，遣客诈杀俊及宠，陈由是破败。

秋，九月，司空曹操东征袁术。术闻操来，弃军走，留其将桥蕤等于蕲阳[51]以拒操；操击破蕤等，皆斩之。术走渡淮，时天旱岁荒，士民冻馁，术由是遂衰。

（以上为第七段，写袁术称帝于淮南，招降吕布，由于陈珪离间，拆散袁吕合纵，袁术事孤，遭曹操攻击而衰败。）

【注释】

［1］仲家：第二个皇帝。古时天子称家。袁术称帝，中原有汉献帝，故袁术自称“仲家”。［2］九江：郡名，东汉末九江郡治所在寿春，即今安徽寿县。淮南尹：汉代国都所在之郡称尹，其长官也称尹，故袁术改称九江太守为淮南尹以示为京畿。［3］陈珪：字汉瑜，东汉末下邳维浦（今江苏涟水县）人。时任沛相，阻止袁术、吕布合纵，甚得曹操信任，加秩中二千石。［4］球：陈球，陈珪之伯父，字伯真。东汉大臣，历仁、顺、考、桓、灵五朝，官至太尉。与司徒刘郃谋诛宦官事泄，下狱死。［5］期：希望。［6］典刑：常规旧法。［7］拨平：扫平。［8］凶慝（tè）：凶恶奸邪之人。［9］徐、扬合从（zòng）：指吕布与袁术联合。当时吕布在徐州，袁术据扬州，南北联合，故称合从。［10］未已：没完没了。［11］辅赞：辅助。［12］昏：“婚”本字。［13］布亦怨术初不己受：初平三年李傕杀王允，吕布惧诛逃出长安投归袁术，袁术不纳，吕布逃归河内张杨。不己受，指袁术不收容自己，即指此事。［14］枭（xiāo）首：斩头悬挂木上示众。［15］子登：陈珪之子陈登，字元龙，在广陵有威名，曾为伏波将军。事附见《三国志·魏书·吕布传》。［16］尉：通“慰”，安慰。［17］情伪：真假。［18］秩：官吏的俸禄。［19］中二千石：汉代郡守与王国相之秩为二千石，中二千石则为九卿之秩。［20］阴合部众：暗中结集部队。［21］几（jī）：几案。［22］公路：袁术字公路。［23］但：只是，恐怕是。［24］噬（shì）：吞食。［25］扬：飞扬。［26］趣（qū）：趋赴。［27］卒合：临时聚合，即乌合。卒，通“猝”，仓猝。［28］谋无素定：谓其谋划不是平素所定的，而是临时凑合的。［29］势不俱栖：势必不能栖息在一处。［30］殆：几乎。［31］钟离：侯国名，国治在今安徽凤阳县东。［32］扬兵：显示其兵威。［33］咍笑：嗤笑。［34］臧霸：字宣高，泰山华县（今山东费县东北）人。初与孙观等聚众于开阳（今山东临沂市北）。曹操讨吕布，霸等助布，吕布败后，为曹操所得。后为琅邪相、徐州刺史、镇东将军等。曹魏初，封良成侯。传见《三国志》卷十八。［35］琅邪（yá）：王国名，治所开阳，在今山东临沂市。［36］莒（jǔ）：县名，县治在今山东莒县。［37］克：能。［38］决易：谓决断轻率，欠思考。［39］诵：音“逋”（bǔ）。［40］骑都尉：官名，掌羽

林骑兵。［41］乌程侯：汉灵帝中平四年封孙策父坚为乌程侯，现朝廷始命孙策袭爵。［42］承制：秉承皇帝旨意，即以皇帝名义发号施令。［43］假：授予。［44］明汉将军：此时暂置的将军号，意谓明于尊崇汉室。［45］治严：本作"治装"，东汉避明帝刘庄讳，改称治严，谓整理行装。［46］钱唐：地名，西汉时钱唐为县，其地在今浙江杭州市。［47］海西：县名，县治在今江苏灌南县南。［48］陈王宠：汉明帝子陈敬王刘羡之曾孙。陈国治所陈县，在今河南周口市淮阳区。［49］阳夏（jiǎ）：县名，县治在今河南太康县。［50］忿恚（huì）：愤怒。［51］蕲（qì）阳：即蕲县。按《水经·淮水注》说："蕲水又东南径蕲县。"蕲县在蕲水之北，故汉末三国时又称为蕲阳。蕲县治所在今安徽宿州市南。

操辟陈国何夔[1]为掾[2]，问以袁术何如，对曰："天之所助者顺，人之所助者信。术无信顺之实而望天人之助，其可得乎！"操曰："为国失贤则亡，君不为术所用，亡，不亦宜乎！"操性严，掾属公事往往加杖；夔常蓄毒药，誓死无辱，是以终不见及。

沛国许褚[3]，勇力绝人，聚少年及宗族数千家，坚壁以御外寇，淮、汝、陈、梁[4]间皆畏惮之，操徇淮、汝，褚以众归操，操曰："此吾樊哙[5]也"即日拜都尉[6]，引入宿卫，诸从褚侠客，皆以为虎士[7]焉。

故太尉杨彪与袁术婚姻[8]，曹操恶之，诬云欲图废立，奏收下狱，劾以大逆。将作大匠孔融闻之，不及朝服[9]，往见操曰："杨公四世清德[10]，海内所瞻。《周书》，父子兄弟，罪不相及，况以袁氏归罪杨公乎！"操曰："此国家[11]之意。"融曰："假使成王[12]杀召公，周公可得言不知邪！"操使许令满宠按[13]彪狱，融与尚书令荀彧皆属[14]宠曰："但当受辞，勿加考掠[15]。"宠一无所报，考讯如法。数日，求见操，言之曰："杨彪考讯，无他辞语。此人有名海内，若罪不明白，必大失民望；窃为明公惜之。"操即日赦出彪。初，彧、融闻宠考掠彪，皆怒；及因此得出，乃更善宠。彪见汉室衰微，政在曹氏，遂称脚挛[16]，积十余年不行，由是得免于祸。

马日磾丧[17]至京师，朝廷议欲加礼，孔融曰："日磾以上公[18]之尊，秉髦节[19]之使，而曲媚奸臣[20]，为所牵率[21]，王室大臣，岂得以见胁为辞！圣上哀矜旧臣，未忍追按[22]，不宜加礼。"朝廷从之。金尚丧至京师，诏百官吊祭，拜其子玮为郎中。

冬，十一月，曹操复攻张绣，拔湖阳[23]，禽刘表将邓济；又攻舞阴，下之。

韩暹、杨奉在下邳，寇掠徐、扬间，军饥饿，辞吕布，欲诣荆州；布不听。奉知刘备与布有宿憾，私与备相闻，欲共击布；备阳[24]许之。奉引军诣沛，备请奉入城，饮食未半，于座上缚奉，斩之。暹失奉，孤特[25]，与十余骑归并州，为杼秋[26]令张宣所杀。胡才、李乐留河东，才为怨家所杀，乐自病死。郭汜为其将伍习所杀。

颍川杜袭[27]、赵俨[28]、繁钦[29]避乱荆州，刘表俱待以宾礼。钦数见奇于表，袭喻之曰："吾所以与子俱来者，徒[30]欲全身以待时耳，岂谓刘牧当为拨乱之主而规长者[31]委身哉！子若见能不已，非吾徒也，吾与子绝矣！"钦慨然曰："请敬受命！"及曹操迎天子都许，俨谓钦曰："曹镇东必能匡济华夏。吾知归矣！"遂还诣操，操以俨为朗陵长[32]。

阳安都尉[33]江夏李通[34]妻伯父犯法，俨收治，致之大辟。时杀生之柄，决于牧守，通妻子号泣以请其命。通曰："方与曹公戮力，义不以私废公！"嘉俨执宪[35]不阿，与为亲交。

（以上为第八段，写曹操在许都招纳文武之才，何夔、许褚、杜袭、赵俨、繁钦、李通等均为曹操所举用。）

【注释】

[1]何夔：字叔龙，陈国阳夏人。初为曹操掾属，继为长广、乐安太守，后为魏国太子少傅。传见《三国志》卷十二。 [2]掾（yuàn）：汉代长官属下的佐治官吏。 [3]许褚：字仲康，沛国谯县（今安徽亳州市）人。健壮魁梧，勇力过人，聚众归曹操后，长期为曹操的侍从警卫。曾任校尉、武卫中郎将，曹魏时为武卫将军。传见《三国志》卷十八。 [4]淮、汝、陈、梁：指淮南（即九江）、汝南、陈国、梁国四郡国。 [5]樊哙：汉高祖刘邦之猛将。 [6]都尉：官名，东汉于边郡关塞之地设都尉，职如太守。其他都尉为临时设置的一级领兵将领。此都尉盖领曹操之警卫兵。 [7]虎士：曹操之警卫人员。 [8]杨彪与袁术婚姻：《后汉书·杨彪传》谓杨彪子修为袁术之甥，则杨彪娶袁氏女为妻。 [9]不及朝服：来不及穿朝服。 [10]四世清德：指杨震、秉、赐、彪四代皆以清白著称。 [11]国家：指皇帝。 [12]成王：周成王。周成王时，周公旦、召公奭皆为辅佐。 [13]按：审查。 [14]属（zhǔ）：托付。 [15]考掠：拷打。考，通"拷"。 [16]挛（luán）：抽搐病，即手脚蜷曲不能伸开的病。 [17]马日磾丧：马日磾于兴平元年奉命出使寿春，袁术夺其使节，并扣留不放，日磾忧愤而死。 [18]上公：马日磾为太傅，是为上公。 [19]髦

（máo）节：用旄牛尾装饰的符节，为高级使臣所持。髦，即旄。［20］奸臣：指袁术。［21］牵率：控制。［22］追按：生前未治的罪，死后追加审查。［23］湖阳：县名，县治在今河南唐河县南。［24］阳：通“佯”，假装。［25］孤特：孤单。［26］杼秋：县名，县治在今安徽砀山县东。［27］杜袭：字子绪，颍川定陵（今河南舞阳县北）人。初避乱至荆州，后归曹操，历任西鄂长、丞相军师祭酒、魏国侍中等。传见《三国志》卷二十三。［28］赵俨：字伯然，颍川阳翟（今河南禹州市）人。初与杜袭、繁钦避乱荆州，建安二年归曹操，历任朗陵长、丞相主簿、扶风太守。曹魏时为大司农、征西将军、骠骑将军、司空。传见《三国志》卷二十三。［29］繁钦：字休伯，颍川（治所在今河南禹州市）人。初与赵俨等避乱荆州，后归曹操，官至丞相主簿。长于书记，又善诗赋，为建安时期邺下文学集团的重要成员。事附见《三国志·魏书·王粲传》。［30］徒：仅，只。［31］规长者：规劝有道德的人。［32］朗陵长：朗陵县长。朗陵，县名，县治在今河南确山县西南。长，汉制，县的长官万户以上的大县称令，万户以下的小县称长。［33］阳安都尉：阳安原为县，而汉末一度辖朗陵县，设都尉一人，相当于郡太守，故阳安又称为郡，但不久又废郡复为县。阳安县治所在今河南确山县东北。［34］李通：字文达，江夏平春（今河南信阳市西北）人。建安初率众归曹操，为阳安都尉、汝南太守。传见《三国志》卷十八。［35］宪：法令。

三年（戊寅，198年）

春，正月，曹操还许。三月，将复击张绣。荀攸曰：“绣与刘表相恃为强；然绣以游军仰[1]食于表，表不能供也，势必乖离。不如缓军以待之，可诱而致也；若急之，其势必相救。”操不从，围绣于穰。

夏，四月，使谒者仆射[2]裴茂，诏关中诸将段煨等讨李傕，夷其三族。以煨为安南将军[3]，封阌[4]乡侯。

初，袁绍每得诏书，患其有不便于己者，欲移天子自近，使说曹操以许下埤湿[5]，雒阳残破，宜徙都鄄城[6]以就全实，操拒之。田丰说绍曰：“徙都之计，既不克[7]从，宜早图许，奉迎天子，动[8]托诏书，号令海内，此算之上者。不尔[9]，终为人所禽，虽悔无益也。”绍不从。

会绍亡卒诣操，云田丰劝绍袭许，操解穰围而还，张绣率众追之。五月，刘表遣兵救绣，屯于安众[10]，守险以绝军后。操与荀彧书曰：“吾到安众，破绣必矣。”及到安众，操军前后受敌，操乃夜凿险伪遁。表、绣悉军来追，操纵奇兵步骑夹攻，大破之。他日，彧问操：“前策贼必破，何也？”操曰：“虏遏吾归师[11]，而与吾死地[12]，吾是以知胜矣。”

绣之追操也，贾诩止之曰："不可追也，追必败。"绣不听，进兵交战，大败而还。诩登城谓绣曰："促[13]更追之，更战必胜。"绣谢曰："不用公言，以至于此，今已败，奈何复追？"诩曰："兵势有变，促追之！"绣素信诩言，遂收散卒更追，合战，果以胜还。乃问诩曰："绣以精兵追退军而公曰必败，以败卒击胜兵而公曰必克，悉如公言，何也？"诩曰："此易知耳。将军虽善用兵，非曹公敌也。曹公军新退，必自断后，故知必败。曹公攻将军，既无失策，力未尽而一朝引退，必国内有故[14]也。已破将军，必轻军速进，留诸将断后，诸将虽勇，非将军敌，故虽用败兵而战必胜也。"绣乃服。

（以上为第九段，写曹操第二次南征张绣，因传言袁绍南下，曹操匆忙撤军，不胜而归。）

【注释】

［1］仰：依靠，依赖。［2］谒者仆射（yè）：官名，谒者台长官，主管谒者。谒者掌宾赞受事及上章报问。［3］安南将军：官名，东汉杂号将军之一。［4］阌：音"旻"。［5］埤（pí）湿：低下潮湿。［6］鄄城：县名，县治在今山东鄄城县北，为古代黄河边上的军事重地。［7］克：能。［8］动：动辄，常常。［9］不尔：不如此。［10］安众：侯国名，国治在今河南镇平县东南。［11］遏吾归师：遏，阻挡。《孙子·军争》说："归师勿遏。"［12］死地：不疾战则死亡之地。《孙子·九地》说："投之亡地然后存，陷之死地然后生。"［13］促：速，赶快。［14］故：谓变故。

吕布复与袁术通，遣其中郎将高顺及北地太守雁门张辽[1]攻刘备；曹操遣将军夏侯惇救之，为顺等所败。秋，九月，顺等破沛城，虏备妻子，备单身走。

曹操欲自击布，诸将皆曰："刘表、张绣在后，而远袭吕布，其危必也。"荀攸曰："表、绣新破，势不敢动。布骁猛，又恃袁术，若从横淮、泗间[2]，豪杰必应之。今乘其初叛，众心未一，往可破也。"操曰："善！"比行，泰山屯帅臧霸、孙观、吴敦、尹礼、昌豨等皆附于布。操与刘备遇于梁[3]，进至彭城[4]。陈宫谓布："宜逆击[5]之，以逸待劳，无不克也。"布曰："不如待其来，蹙著泗水中。"冬，十月，操屠彭城。广陵太守陈登率郡兵为操先驱，进至下邳。布自将屡与操战，皆大败，还保城，不敢出。

操遗[6]布书，为陈祸福；布惧，欲降。陈宫曰："曹操远来，势不能久。将军若以步骑出屯于外，宫将余众闭守于内，若向将军，宫引兵而攻其背；若但攻城，则将军救于外。不过旬月[7]，操军食尽，击之，可破也。"布然之，欲使宫与高顺守城，自将骑断操粮道。布妻谓布曰："宫、顺素不和，将军一出，宫、顺必不同心共城守也，如有蹉跌[8]，将军当于何自立乎！且曹氏待公台[9]如赤子，犹舍[10]而归我。今将军厚公台不过曹氏，而欲委[11]全城，捐[12]妻子，孤军远出，若一旦有变，妾岂得复为将军妻哉！"布乃止；潜遣其官属许汜、王楷求救于袁术。术曰："布不与我女，理自当败，何为复来？"汜、楷曰："明上[13]今不救布，为自败耳；布破，明上亦破也。"术乃严兵为布作声援。布恐术为女不至，故不遣救兵，以绵缠女身缚著马上，夜自送女出，与操守兵相触，格射[14]不得过，复还城。

河内太守张杨素与布善，欲救之，不能，乃出兵东市[15]，遥为之势。十一月，杨将杨丑杀杨以应操，别将眭固复杀丑，将其众北合袁绍。杨性仁和，无威刑，下人谋反发觉，对之涕泣，辄原不问，故及于难。

操掘堑围下邳，积久，士卒疲敝，欲还。荀攸、郭嘉曰："吕布勇而无谋，今屡战皆北[16]，锐气衰矣。三军以将为主，主衰则军无奋意。陈宫有智而迟，今及布气之未复，宫谋之未定，急攻之，布可拔也。"乃引沂、泗[17]灌城，月余，布益困迫，临城谓操军士曰："卿曹无相困我，我当自首于明公。"陈宫曰："逆贼曹操，何等明公！今日降之，若卵投石，岂可得全也！"

布将侯成亡其名马，已而复得之，诸将合礼以贺成，成分酒肉先入献布。布怒曰："布禁酒而卿等酝酿，为欲因酒共谋布邪！"成忿惧，十二月，癸酉[18]，成与诸将宋宪、魏续等共执陈宫、高顺，率其众降。布与麾下登白门楼[19]。兵围之急，布令左右取其首诣操，左右不忍，乃下降。

布见操曰："今日已往[20]，天下定矣。"操曰："何以言之？"布曰："明公之所患不过于布，今已服矣。若令布将骑，明公将步，天下不足定也。”顾谓刘备曰：“玄德，卿为坐上客，我为降虏，绳缚我急[21]，独不可一言邪？”操笑曰：“缚虎不得不急。”乃命缓布缚，刘备曰：“不可。明公不见吕布事丁建阳[22]、董太师[23]乎！”操颔[24]之。布目备曰：“大耳儿[25]，最叵[26]信！”

操谓陈宫曰：“公台平生自谓智有余，今竟何如！”宫指布曰：“是子不用宫言，以至于此。若其见从，亦未必为禽也。”操曰：“奈卿老母何？”宫曰：“宫闻以孝治天下者不害人之亲，老母存否，在明公，不在宫也。”操曰：“奈卿妻子何？”宫曰：“宫闻施仁政于天下者不绝人之祀，妻子存否，在明公，不在宫也。”操未复言。宫请就刑，遂出，不顾，操为之泣涕，并布、顺皆缢杀之，传首许市。操召陈宫之母，养之终其身，嫁宫女，抚视其家，皆厚于初。

前尚书令陈纪[27]、纪子群[28]在布军中，操皆礼用之。张辽将其众降，拜中郎将。臧霸自亡匿，操募索得之，使霸招吴敦、尹礼、孙观等，皆诣操降。操乃分琅邪、东海为城阳[29]、利城[30]、昌虑[31]郡，悉以霸等为守、相。

初，操在兖州，以徐翕、毛晖为将。及兖州乱，翕、晖皆叛。兖州既定，翕、晖亡命投霸。操语刘备，令霸送二首，霸谓备曰：“霸所以能自立者，以不为此也。霸受主公生全之恩，不敢违命；然王霸之君，可以义告，愿将军为之辞。”备以霸言白操，操叹息谓霸曰：“此古人之事，而君能行之，孤之愿也。”皆以翕、晖为郡守。陈登以功加伏波将军[32]。

刘表与袁绍深相结约。治中[33]邓义谏表，表曰：“内不失贡职[34]，外不背盟主，此天下之达义也。治中独何怪乎？”义乃辞疾而退。

长沙[35]太守张羡，性屈强，表不礼焉。郡人桓阶说羡举长沙、零陵[36]、桂阳[37]三郡以拒表，遣使附于曹操，羡从之。

（以上为第十段，写曹操讨灭吕布。）

【注释】

[1]张辽：字文远，雁门马邑（今山西朔州市）人。初随丁原、董卓、吕布，吕布败后归曹操，遂为曹操之得力战将，屡立战功，为荡寇将军、征东将军、前将军等。曹魏初，封晋阳侯。传见《三国志》卷十七。 [2]从横：驰骋，横冲直撞。淮、泗间：淮水、泗水间，亦即下邳、广陵一

带。［3］梁：王国名，治所睢阳，在今河南商丘市南。［4］彭城：王国名，治所彭城县，在今江苏徐州市。［5］逆击：迎击。［6］遗（wèi）：给予。［7］旬月：一整月。［8］蹉（cuō）跌：失足，喻失误。［9］公台：陈宫字公台。［10］舍：舍弃。［11］委：托付。［12］捐：舍弃。［13］明上：当时袁术已称帝，故许汜等称他为明上。［14］格射：击射。［15］东市：时张杨驻屯野王，此东市为野王之东市。［16］北：失败。［17］沂、泗：沂水与泗水皆流经下邳县，泗水向东南流，经过下邳县西；沂水向南流，在下邳县西流入泗水，故曹操引二水灌下邳城。［18］癸酉：十二月二十四日。［19］白门楼：下邳城之南门名白门楼。［20］今日已往：犹言从今以后。［21］急：紧。［22］丁建阳：丁原字建阳。吕布初为丁原部下，后被董卓引诱，遂杀丁原而归董卓。［23］董太师：即董卓。董卓曾为太师。吕布归董卓后，最后又杀董卓，故刘备有此言。［24］颔（hàn）：点头。［25］大耳儿：指刘备。因刘备耳大。［26］叵（pǒ）：不可。［27］陈纪：字元方，颍川许县（今河南许昌市东）人。有盛名。董卓执政时，曾为侍中、尚书令。传见《后汉书》卷六十二。［28］群：陈纪之子陈群（?—236），字长文。初为刘备别驾，后归曹操，为司空掾。曹丕执政时为尚书，建置九品中正制。曹魏初，为镇军大将军，领中护军，录尚书事。魏明帝时为司空，封颍阴侯。传见《三国志》卷二十二。［29］城阳：郡名，西汉时为城阳国，东汉并入北海国，这时曹操又分置城阳郡，治所东武县，在今山东诸城市。［30］利城：郡名，汉代为县，这时曹操设为郡，治所在今江苏连云港市赣榆区。［31］昌虑：郡名，汉代为县，这时曹操设为郡，治所在今山东滕州市。［32］伏波将军：官名，东汉的杂号将军。［33］治中：官名，即治中从事史，州牧刺史的主要佐吏，职责是居中治事，主从曹文书。［34］贡职：向朝廷贡献的职责。［35］长沙：郡名，治所临湘，在今湖南长沙市。［36］零陵：郡名，治所泉陵，在今湖南永州市零陵区。［37］桂阳：郡名，治所郴县，在今湖南郴州市。

孙策遣其正议校尉张纮献方物，曹操欲抚纳之，表策为讨逆将军[1]，封吴侯；以弟女配策弟匡，又为子彰取孙贲女；礼辟策弟权、翊；以张纮为侍御史[2]。

袁术以周瑜为居巢[3]长，以临淮鲁肃[4]为东城长。瑜、肃知术终无所成，皆弃官渡江从孙策，策以瑜为建威中郎将。肃因家于曲阿[5]。

曹操表征王朗，策遣朗还。操以朗为谏议大夫[6]，参司空军事[7]。

袁术遣间使[8]赍印绶与丹阳宗帅[9]祖郎等，使激动山越[10]，共图孙策。刘繇之奔豫章[11]也，太史慈遁于芜湖山中，自称丹阳太守。策已定宣城[12]以东，惟泾[13]以西六县未服，慈因进住泾县，大为山越所附。于是策自将讨祖郎于陵阳[14]，禽之。策谓郎曰："尔昔袭孤，斫孤马鞍，今创军立事，除弃宿恨，惟取能用，与天下通耳，非但汝，汝勿恐怖。”郎叩头谢罪，即破械，署门下贼曹[15]。又讨太史慈于勇里[16]，禽之，解缚，捉其手曰：“宁识神亭时[17]邪？若卿尔时得我云何？”慈曰：“未可量也。”策大笑曰：“今日之事，当与卿共之，闻卿有烈义[18]，天下智士也，但所托[19]未得其人耳。孤是卿知己，勿忧不如意也。”即署门下督。军还，祖郎、太史慈俱在前导，军人以为荣。

会刘繇卒于豫章，士众万余人，欲奉豫章太守华歆为主；歆以为“因时擅命[20]，非人臣所宜”，众守之连月，卒谢遣之，其众未有所附。策命太史慈往抚安之，谓慈曰：“刘牧[21]往责吾为袁氏攻庐江，吾先君[22]兵数千人，尽在公路许[23]。吾志在立事，安得不屈意于公路而求之乎？其后不遵臣节[24]，谏之不从，丈夫义交，苟有大故，不得不离，吾交求公路及绝之本末如此，恨不及其生时[25]与共论辩也。今儿子[26]在豫章，卿往视之，并宣孤意于其部曲，部曲乐来者与俱来，不乐来者且安慰之。并观华子鱼[27]所以牧御方规[28]何如。卿须几兵，多少随意。”慈曰：“慈有不赦之罪，将军量同桓、文[29]，当尽死以报德。今并息兵，兵不宜多，将数十人足矣。”左右皆曰：“慈必北去不还。”策曰：“子义[30]舍我，当复从谁！”饯送昌门[31]，把腕别曰：“何时能还？”答曰：“不过六十日。”慈行，议者犹纷纭言遣之非计。策曰：“诸君勿复言，孤断之详矣。太史子义虽气勇有胆烈，然非纵横之人[32]，其心秉道义，重然诺，一以意许知己，死亡不相负，诸君勿忧也。”慈果如期而反，谓策曰：“华子鱼，良德也，然无他方规，自守而已。又，丹阳僮芝，自擅庐陵[33]，番阳[34]民帅别立宗部[35]，言‘我已别立郡海昏[36]上缭[37]，不受发召’，子鱼但睹视之而已。”策拊掌大笑，遂有兼并之志。

袁绍连年攻公孙瓒，不能克，以书谕之，欲相与释憾连和；瓒不答，而增修守备，谓长史[38]太原关靖曰：“当今四方虎争，无有能坐吾城下相守经年者明矣，袁本初其若我何！”绍于是大兴兵以攻瓒。先是瓒别将有为敌所围者，瓒不救，曰：“救一人，使后将恃救，不肯力战。”及绍来攻，瓒南界别营，自度守则不能自固，又知必不见救，或降或溃。绍军径至其门[39]，瓒遣子续请救于黑山诸帅[40]，而欲自将突骑出傍西山[41]，拥黑山之众侵掠冀州，横断绍后。关靖谏曰："今将军将士莫不怀瓦解之心，所以犹能相守者，顾恋其居处老少，而恃将军为主故耳。坚守旷日，或可使绍自退；若舍之而出，后无镇重，易京[42]之危，可立待也。"瓒乃止。绍渐相攻逼，瓒众日蹙[43]。

（以上为第十一段，写孙策在江东收降太史慈，势力日盛。袁绍在幽州困迫公孙瓒。）

【注释】

［1］讨逆将军：官名，属杂号将军，为此时创置。［2］侍御史：官名，掌察举非法，受公卿群吏奏事，有违失者则举劾。［3］居巢：县名，县治在今安徽巢湖市东北。［4］鲁肃（172—217）：字子敬，临淮东城（今安徽定远县东南）人。初被袁术命为东城长，因见袁术不足成事，遂与周瑜渡江从孙策，后为孙权所敬重。建安十三年曹操率军南下，肃与周瑜主战，并建议联合刘备共同抗曹，为孙权所采纳。又助周瑜大破曹军于赤壁。官拜偏将军、横江将军等。传见《三国志》卷五十四。［5］曲阿：县名，县治在今江苏丹阳市。［6］谏议大大：官名，属光禄勋，掌议论。［7］参司空军事：官名，盖曹操始置之官，得参与曹操之军事谋划。以后魏、晋之参军事，位望皆重。［8］间（jiàn）使：从小道秘密行走的使者。［9］宗帅：地方土著豪强以宗族为中心组成的武装集团首领。［10］山越：分布于江淮以南山中的越人及逃入山中的土著汉人，汉魏之际总称之为山越。［11］豫章：郡名，治所南昌，在今江西南昌市。［12］宣城：西汉为县，东汉省。其旧县治在今安徽南陵县东。［13］泾：县名，县治在今安徽泾县西。［14］陵阳：县名，县治在今安徽石台县东北。［15］贼曹：官名，汉代中央公府及地方郡府皆置有贼曹，主治盗贼等事。［16］勇里：地名，在当时泾县境。［17］神亭时：指兴平二年刘繇使太史慈侦察孙策实力，忽于丹阳神亭与孙策相遇，二人交斗，孙策夺得太史慈手戟，太史慈亦夺得孙策兜鍪。［18］有烈义：指太史慈为东莱郡奏曹史时，郡与州有矛盾，都到中央互相告状，太史慈奉郡命至洛阳时，州使奉章已先到，太史慈遂诈取州章而毁去。又孔融被青州黄巾军围困时，太史慈自告奋勇突围赴刘备请兵。此二事在当时人看来，皆为烈义之举。［19］所托：指太史慈依托于刘繇。［20］擅命：指不经朝廷命令而擅自行事。［21］刘牧：指刘繇。兴平元年朝廷任命刘繇为扬州牧，当时袁术已占据扬州治所寿春，刘繇遂屯曲阿。而不久孙策又进攻庐江，刘繇更惧怕，恐被袁、孙所吞并而责问孙策。［22］先君：指其父孙坚。［23］公路许：公路，袁术字公路。许，处所，所在。［24］不遵臣节：指袁术称帝事。［25］生时：指刘繇在世时。［26］儿子：指刘繇之子。［27］华子鱼：华歆字子鱼。［28］牧御方规：统治的方略规划。［29］桓、文：指齐桓公与晋文公。［30］子义：太史慈字子义。［31］昌门：吴县城之西门。［32］纵横之人：战国时纵横家游说列国，朝秦暮楚，有奶便是娘，故以此比喻不守信义的人。［33］庐陵：县名，县治在今江

西泰和县西北。［34］番（pó）阳：县名，县治在今江西鄱阳县东。［35］宗部：当地土著豪强以宗族为中心而组成的武装集团。［36］海昏：侯国名，国治在今江西永修县。［37］上缭（liáo）：地名，在海昏县内。［38］长史：官名，为将军之属官，职责是总理将军幕府事。［39］门：指易县之门。［40］黑山诸帅：即以太行山区为根据地的黑山军首领张燕等。［41］西山：在当时易县之西。［42］易京：公孙瓒在易县城西筑京（人工所筑高丘），称为易京。易县在今河北雄县西北。［43］蹙：紧迫。

【点评】

本卷值得点评的有三大问题。一、曹操挟天子以令诸侯之利弊；二、曹操屯田许下之功过；三、刘备为何轻易丢失徐州。

一、曹操挟天子以令诸侯之利弊。汉献帝刘协是董卓扶植的傀儡，有皇帝之名而无皇帝之实。但皇帝在古代是国家的象征，谁充当他的保护人，谁也就掌握了国家的最高权力，在政治上有发号施令之权，史称挟天子以令诸侯。当汉家天子大旗还没有完全倒下的时候，逐鹿中原，一是抢地盘，二是争皇帝，所以董卓、李傕、郭汜等紧紧抓住汉献帝不放，故能为祸两京。曹操在角逐中，凭借他的智谋和对时机的把握，赢得了“挟天子以令诸侯”的胜利。

献帝东归，争夺皇帝的只有两个人有能力，一是袁绍，二是曹操。河内张杨是倾向袁绍的。当献帝路过河内，袁绍谋士沮授向袁绍献计说：“我们赶快把献帝接到邺城来，这样就可以挟天子以令诸侯，蓄士马以讨叛逆，谁能抵挡呢？”袁绍的另一谋士郭图反对说：“现在英雄并起，各据州郡，正所谓‘秦失其鹿，先得者王’。如果把献帝迎到身边，一举一动都要向他请示，听从则权轻，不听为拒命，没有什么好处。”沮授说：“迎接天子，符合道义，现在时机正好，错过了一定有人抢先。”袁绍听不进沮授的建议，让张杨放走了献帝，果然被曹操抢了先，袁绍后悔不及。

迎接献帝，“挟天子以令诸侯”是其利，而人臣事君，听之则权轻，不听则为拒命，脱不了奸臣的帽子，这就是弊。曹操挟天子得到了汉献帝这张招牌的好处，却也落下了权奸的骂名。但两者相较，还是“挟天子以令诸侯”更有实惠。因为夺取胜利是眼前的事，而身后名是未来的事。这个账袁绍也会算，但他还是输给了曹操，至少有三个原因在其中。其一，袁绍的机权干略不如曹操。郭嘉论袁绍与曹操相比，曹操有十胜，袁绍有十败，语或夸张，而事实不容否认。其二，袁绍个性外宽内忌，刚愎自用，不辨忠奸，见事迟疑，少谋寡断，焉能不败？其三，袁绍过早野心膨胀，要取代汉朝，这也是他不迎献帝的原因。曹操随着事业的发展，野心不断膨胀，汉献帝东归时，曹操还有辅汉之心，荀彧等人佐曹操，亦志在兴复汉室。兴复汉室的这一共同点，也是曹操果决行动的一个原因。

二、曹操屯田许下之功过。用兵打仗，粮草先行，因此解决粮食问题是逐鹿中原和巩固政权的经国大计。曹操陈留起兵之后，就经常苦恼粮食问题。汴水失利，曹操在扬州募兵，因粮食问题，新兵哗变。他东征陶谦，因粮食不足中途退兵。他与吕布争兖州，也一度因粮食不足罢兵自守。这时程昱从自己所辖三县筹得三天军粮，里面还有人肉干。曹操到洛阳迎献帝，因粮食吃光，将士们险些饿死，幸亏新郑令杨沛拿出储存的桑葚干来充饥，才渡过危难。许多小军阀只知烧杀抢掠，不知存抚百姓，由于粮食缺乏而瓦解流离，无敌自破。袁绍军在河北，以桑葚为食。袁术在江淮，取食蒲蠃。刘备在广陵，饥饿困败，军吏士卒人相食。要生存就得生产粮食。公元192年，毛玠就提出“修耕植，蓄军资”，这是迫切问题。随后东阿令枣祗组织军民生产，支援了曹操与吕布争夺兖州。但是靠一般手段，且耕且战，或鼓励农民发展生产，都不能解决大规模军需的燃眉之急。只有大规模屯田，把大量流民或归降的黄巾民众组织起来，密集劳动，才是解决粮食的有效方法。公元196年，曹操定都许昌以后，伴随新都建设，曹操采纳枣祗和韩浩的建议，在许昌试行屯田，任命枣祗为典农都尉，主持其事，当年得谷数百万斛，获得成功。接着，所在州郡例置田官，设置郡级的典农中郎将主持其事，招募流民，组织生产，推广屯田。其后，吴、蜀两国为了解决军粮，也都进行了屯田。屯田成了三国时期招抚流亡的主要形式。

曹操屯田，作为一项国家恢复经济的重大政策加以执行。曹操在《置屯田令》中说：“夫定国之术，在于强兵足食。秦人以急农兼天下，孝武以屯田定西域，此先代之良式也。”秦人，指秦孝公用商鞅变法，奖励耕战。孝武，指汉武帝屯田西域。良式，好的榜样。曹操以秦孝公、汉武帝为榜样，用屯田方式“修耕植以蓄军资”是一个有远见的战略措施。史称曹操屯田“征伐四方，无运粮之劳，遂兼灭群贼，克平天下”。后来曹操打败袁绍，追思枣祗之功，下令褒奖。由于枣祗已死，曹操封其子枣处中。由此可见，屯田对曹操事业的兴起和发展起了重要作用。公元213年，曹操在淮河两岸地区推广军屯，规模更大，生产效率也比民屯高。

曹操兴屯田，安抚了流亡，恢复了生产，增强了实力，在当时起了进步作用。但屯田的实质，不是为了民生，而是用高强度的国家机器迫使贫民为生产军粮而使组织的农民农奴化，从而加深了人身依附，是一种历史的倒退。由于汉末社会大混乱，生产大破坏，人口锐减而又大量流亡，在这一特殊历史条件下，军事化的屯田才得以施行，带有必然性。随着三国鼎立，国家政治稳定，社会秩序恢复，倒退的农奴式生产不合时宜。咸熙元年（264），司马昭为了争取民心，废除了民屯。

三、刘备为何轻易失徐州。刘备是三国时期杰出的政治家，深为曹操所忌惮。如果将刘备与曹操、孙权做比较，刘备经历了更为艰难曲折的道路，屡仆屡起，九折臂而成良医。刘备从微贱到发迹，直至建立蜀汉，既不像孙权那样有父兄之业相承，也没有像曹操那样靠雄厚的政治经济实力起家。刘备一无所有，只有依靠自己的主观努力，借乱世而成英雄。

刘备字玄德，涿郡涿县（今河北涿州市）人。刘备祖先是西汉景帝之子中山靖王刘胜的后代，所以史称“帝室之胄”。《三国演义》叙家谱，说刘备辈分是汉献帝之叔，故称皇叔，这是小说家的增益。据《三国志·先主传》记载，刘备是中山靖王刘胜之子刘贞的后代。刘贞封涿县陆亭侯，早在汉武帝元鼎五年（前 112）坐酎金失侯，家世衰落。刘备祖父刘雄、父刘弘只做过地方小官。刘雄举孝廉，官至东郡范县令。刘备早年丧父，已沦落到与母亲卖鞋织席为业。所以刘备初起之时，名微众寡，只是依附军阀征战。初投公孙瓒，做到平原相。公元 194 年，曹操东征陶谦，公孙瓒派刘备率兵救援陶谦，这一年冬，陶谦忧死，临终让徐州牧给刘备，刘备不敢接受，由于当地大族陈登支持，刘备才敢接受徐州牧。

东汉豪强地主集团分为两个阶层。一是世代官僚地主，史称世族地主，又称世家大族。如汝南袁氏四世五公，颍州荀氏世为“冠冕”。他们的门生故吏遍天下，在政治上有很大的号召力，所以袁绍、袁术一起事就兵强马壮。二是地方豪强地主，主要是大商贾或地方大姓，史称庶族地主。如曹操家族是沛国谯县的大豪强，属于宦官集团的大官僚。曹操本人官历洛阳北部尉、顿丘令、济南相、议郎、典军校尉，与袁绍为盟兄弟，所以有能力逐鹿中原。刘备家世寒微，与关羽、张飞结义起兵，可以说是行伍出身，所以在中原转战十年，位不过县令。由于关羽、张飞皆万人之敌，刘备信义素著，所以才有机会坐领徐州，得到了袁绍和曹操的承认。公元 196 年，曹操迎献帝都许，为了稳住兖州东部边境的局势，借刘备来挡住吕布、袁术，于是以天子名义拜刘备为镇东将军，封宜城亭侯。刘备的名字，在中原日益显赫起来。

由于历史的原因，士族地主集团多智士，庶族地主集团多武将。士族地主集团排斥庶族，他们手下缺乏能征惯战之将，军队战斗力不强，在军阀混战中极易被消灭。曹操、孙权、刘备三家都以庶族地主和平民出身的战将为骨干，又广延智士，得到两个阶层豪强地主的支持，所以在混战中越战越强。而当时逐鹿中原的刘备，在北方始终没得到士族地主集团的支持，身边无谋臣，所以遭吕布暗算，徐州得之易也失之易。后来刘备归依刘表，在荆州请得诸葛亮出山，又得到庞统辅佐，有了谋臣，又有荆州世族的支持，刘备才得以兴盛。

卷六三　汉纪五十五

汉献帝建安四年至五年（199—200 年）

【起屠维单阏（己卯，199 年），尽上章执徐（庚辰，200 年），凡二年】

【大事提要】

本卷记事起公元 199 年，讫公元 200 年，凡二年，当汉献帝建安四年、五年。两年间军阀混乱的局面发生了重大变化。伴随袁曹官渡之战的结果曹胜袁败，中原十年大混乱的局面基本结束，北方统一的形势大局已定，曹操独大，不可以与之争锋。刘备第二次得徐州，旋即丢失，已不能在北方立足。在南方，淮南袁术已被消灭，孙策平定江东。在袁曹官渡两强相斗正酣之际，南方形势也发生了重大变化，孙策被仇家所杀，年仅二十岁的孙权继承父兄之业。他临危受命，举贤任能，果决平叛，站稳脚跟，一股新兴力量崛起。刘表趁曹操无暇南顾，清除了亲曹派异端，攻杀长沙太守张羡，巩固了对江南的统治。西部关中局势稳定。汉中张鲁脱离益州刘璋的控制，又多了一个割据者，但无关大局。

孝献皇帝戊

建安四年（己卯，199 年）

春[1]，黑山贼帅张燕与公孙续率兵十万，三道救之。未至，瓒密使行人[2]赍书告续，使引五千铁骑于北隰[3]之中，起火为应，瓒欲自内出战。绍候[4]得其书，如期举火。瓒以为救至，遂出战。绍设伏击之，瓒大败，复还自守。绍为地道，穿其楼下，施木柱[5]之，度足达半，便烧之，楼辄倾倒，稍至京中[6]。瓒自计必无全，乃悉缢其姊妹、妻子，然后引火自焚。绍趣[7]兵登台，斩之。田楷战死。关靖叹曰：“前若不止将军自行，未必不济。吾闻君子陷人危，必同其难，岂可以独生乎！”策马赴绍军而死。续为屠各[8]所杀。

渔阳田豫[9]说太守鲜于辅曰：“曹氏奉天子以令诸侯，终能定天下，宜早从之。”辅乃率其众以奉王命。诏以辅为建忠将军，都督幽州六郡。

初，乌桓王丘力居死，子楼班年少，从子蹋顿[10]有武略，代立，总摄上谷大人难楼、辽东大人苏仆延、右北平大人乌延等。袁绍攻公孙瓒，蹋顿以乌桓助之。瓒灭，绍承制皆赐蹋顿、难楼、苏仆延、乌延等单于印绶；又以阎柔[11]得乌桓心，因加宠慰以安北边。其后难楼、苏仆延奉楼班为单于，以蹋顿为王，然蹋顿犹秉[12]计策。

（以上为第一段，写乌桓助袁绍灭公孙瓒，为后来曹操北征三郡乌桓伏笔。）

【注释】

[1]春：据章校，有的版本“春”下有“三月”二字。 [2]行人：使者。 [3]北隰（xí）：北面低洼之地。 [4]候：侦候，侦探。 [5]柱：支撑。 [6]京中：公孙瓒所筑京的中心部分，特高十丈，为他自己居住之所。 [7]趣（cù）：催促。 [8]屠各：少数民族名，为匈奴之一支。[9]田豫：字国让，渔阳雍奴（今天津市武清区北）人。初为公孙瓒之东州令，后归曹操，为朗陵令，弋阳、南阳太守等。曹魏中为振威将军、并州刺史等。传见《三国志》卷二十六。 [10]蹋顿：乌桓族首领。助袁绍破公孙瓒，受单于印绶。后曹操征乌桓，战败被杀。事见《三国志·魏书·乌丸传》。 [11]阎柔：曹魏大臣，广阳（今北京市西南）人。年少流落于乌桓，熟习乌桓事务，东汉末，阎柔借乌桓之力杀乌桓校尉邢举而自代，助袁绍破公孙瓒。后归曹操，拜为乌桓校尉，从操征三郡乌桓，因功封关内侯。文帝时为度辽将军，爵特进。 [12]秉：把持，控制。

眭固屯射犬[1]，夏，四月，曹操进军临河，使将军史涣[2]、曹仁渡河击之。仁，操从弟也。固自将兵北诣袁绍求救，与涣、仁遇于犬城[3]，涣、仁击斩之。操遂济河，围射犬；射犬降，操还军敖仓[4]。

初，操在兖州举魏种[5]孝廉。兖州叛，操曰：“唯魏种且不弃孤。”及闻种走，操怒曰：“种不南走越[6]、北走胡[7]，不置汝[8]也！”既下射犬，生禽种，操曰：“唯其才也！”释其缚而用之，以为河内太守，属以河北事。

以卫将军董承为车骑将军[9]。

袁术既称帝，淫侈滋甚，媵御[10]数百，无不兼罗纨[11]，厌[12]粱肉[13]，自下饥困，莫之收恤。既而资实空尽，不能自立，乃烧宫室，奔其部曲陈简、雷薄于潜山[14]，复为简等所拒，遂大穷[15]，士卒散走，忧懑[16]不知所为。乃遣使归帝号于从兄绍曰："禄去汉室久矣，袁氏受命当王，符瑞[17]炳然。今君拥有四州[18]，人户百万，谨归大命，君其兴之！"袁谭自青州迎术，欲从下邳[19]北过。曹操遣刘备及将军清河朱灵[20]邀[21]之，术不得过，复走寿春[22]。六月，至江亭[23]，坐箦床[24]而叹曰："袁术乃至是乎！"因愤慨结病，欧[25]血死。术从弟胤畏曹操，不敢居寿春，率其部曲奉术柩及妻子奔庐江太守刘勋于皖[26]城。故广陵太守徐璆得传国玺[27]，献之。

（以上为第二段，写袁术之死，东汉末第三号大军阀陨落。）

【注释】

[1]射犬：聚邑名，属野王县，县治在今河南沁阳市。[2]史涣：字公刘，与曹操同乡。曹操初起时，即随从曹操，为中军校尉，常监诸将征伐，官至中领军。事附《三国志·魏书·夏侯惇传》。[3]犬城：地址未详，当在射犬之北。[4]敖仓：敖，地名。在当时荥阳县西北山上，下临黄河，上有大仓，名敖仓，秦时所筑。[5]种：音"冲"。[6]越：古代南方的部族称为越或粤，其支系众多，有百越（百粤）之称，散居于今广东、广西、福建和浙江的部分地区。[7]胡：泛指北方匈奴等少数部族。[8]不置汝：不放过你，不饶恕你。[9]车骑将军：官名，位次于骠骑将军，掌京师兵卫与边防屯警。[10]媵（yìng）御：侍妾。[11]罗纨：名贵丝织品。罗为质地软、织有椒眼纹的丝织品。纨为白色细绢。[12]厌：谓过于满足而厌弃。[13]粱肉：谓美食佳肴。[14]潜山：潜为县名，县治在今安徽霍山县东北。县里有天柱山，即潜山。[15]穷：困厄。[16]忧懑（mèn）：忧愁烦闷。[17]符瑞：又称符命、符应，谓天降祥瑞之物以为人君受命之符。[18]四州：指冀、青、幽、并四州。[19]下邳：县名，县治在今江苏睢宁县西北。[20]朱灵：字文博，清河（治在今河北清河县东南）人，初为袁绍将领，后归曹操，因功授横海将军。魏文帝时官至后将军。事附《三国志》卷十七《徐晃传》。[21]邀：阻截。[22]寿春：县名，县治在今安徽寿县。[23]江亭：地名，距寿春八十里。[24]箦（zé）床：无席之竹编床。[25]欧：通"呕"，呕吐。[26]皖：县名，县治在今安徽潜山市。[27]传国玺：孙坚于初平二年在洛阳甄官井中拾得传国玺，后来袁术拘逼孙坚妻而夺取，现由徐璆（qiú）获得而献给朝廷。

袁绍既克公孙瓒，心益骄，贡御稀简[1]。主簿[2]耿包密白绍[3]，宜应天人，称尊号。绍以包白事示军府。僚属皆言包妖妄，宜诛，绍不得已，杀包以自解。

绍简[4]精兵十万、骑万匹，欲以攻许。沮授谏曰："近讨公孙瓒，师出历年[5]，百姓疲敝，仓库无积，未可动也。宜务农息民，先遣使献捷天子；若不得通，乃表曹操隔我王路[6]，然后进屯黎阳[7]，渐营河南[8]，益[9]作舟船，缮修器械，分遣精骑抄其边鄙[10]，令彼不得安，我取其逸，如此，可坐定也。"郭图、审配曰："以明公之神武，引河朔[11]之强众，以伐曹操，易如覆手[12]，何必乃尔！"授曰："夫救乱诛暴，谓之义兵；恃众凭强，谓之骄兵；义者无敌，骄者先灭。曹操奉天子以令天下，今举师南向，于义则违。且庙胜之策[13]，不在强弱。曹操法令既行，士卒精练，非公孙瓒坐而受攻者也。今弃万安之术而兴无名[14]之师，窃为公惧之！"图、配曰："武王伐纣，不为不义；况兵加曹操，而云无名！且以公今日之强，将士思奋，不及时以定大业，所谓'天与不取，反受其咎'[15]，此越之所以霸，吴之所以灭也。监军[16]之计在于持牢[17]，而非见时知几[18]之变也。"绍纳图言。图等因是谮授曰："授监统内外，威震三军，若其浸[19]盛，何以制之！夫臣与主同者亡，此《黄石》[20]之所忌也。且御众于外，不宜知内。"绍乃分授所统为三都督，使授及郭图、淳于琼各典一军。骑都尉清河崔琰[21]谏曰："天子在许，民望助顺，不可攻也！"绍不从。

许下诸将闻绍将攻许，皆惧，曹操曰："吾知绍之为人，志大而智小，色厉[22]而胆薄[23]，忌克[24]而少威，兵多而分画不明，将骄而政令不壹，土地虽广，粮食虽丰，适足以为吾奉[25]也。"孔融谓荀彧曰："绍地广兵强，田丰、许攸智士也为之谋，审配、逢纪忠臣也任其事，颜良、文丑勇将也统其兵，殆[26]难克乎！"彧曰："绍兵虽多而法不整，田丰刚[27]而犯上，许攸贪而不治，审配专[28]而无谋，逢纪果而自用[29]。此数人者，势不相容，必生内变。颜良、文丑，一夫之勇耳，可一战而禽也。"

秋，八月，操进军黎阳，使臧霸等将精兵入青州以捍[30]东方，留于禁屯河上。九月，操还许，分兵守官渡[31]。

袁绍遣人招张绣，并与贾诩书结好。绣欲许之，诩于绣坐上，显谓绍使曰："归谢袁本初[32]，兄弟不能相容[33]，而能容天下国士[34]乎！"

绣惊惧曰："何至于此！"窃谓诩曰："若此，当何归？"诩曰："不如从曹公。"绣曰："袁强曹弱，又先与曹为仇，从之如何？"诩曰："此乃所以宜从也。夫曹公奉天子以令天下，其宜从一也；绍强盛，我以少众从之，必不以我为重，曹公众弱，其得我必喜，其宜从二也；夫有霸王之志者，固将释私怨以明德于四海，其宜从三也。愿将军无疑！"冬，十一月，绣率众降曹操，操执绣手，与欢宴，为子均取绣女，拜扬武将军[35]，表诩为执金吾[36]，封都亭侯[37]。

关中[38]诸将以袁、曹方争，皆中立顾望。凉州牧韦端[39]使从事天水杨阜[40]诣许，阜还，关右[41]诸将问："袁、曹胜败孰在？"阜曰："袁公宽而不断，好谋而少决；不断则无威，少决则后事[42]，今虽强，终不能成大业。曹公有雄才远略，决机无疑，法一而兵精，能用度外[43]之人，所任各尽其力，必能济大事者也。"

曹操使治书侍御史[44]河东卫觊[45]镇抚关中，时四方大有还民，关中诸将多引为部曲。觊书与荀彧曰："关中膏腴之地，顷遭荒乱，人民流入荆州者十万余家，闻本土安宁，皆企望[46]思归；而归者无以自业，诸将各竞招怀以为部曲，郡县贫弱，不能与争，兵家遂强，一旦变动，必有后忧。夫盐，国之大宝也，乱来放散[47]，宜如旧置使者监卖，以其直益[48]市[49]犁牛，若有归民，以供给之，勤耕积粟以丰殖关中，远民闻之，必日夜竞还。又使司隶校尉留治关中以为之主，则诸将日削，官民日盛，此强本弱敌之利也。"彧以白操，操从之。始遣谒者仆射[50]盐监官，司隶校尉[51]治弘农[52]。关中由是服从。

袁绍使人求助于刘表，表许之而竟不至，亦不援曹操。从事中郎[53]南阳韩嵩、别驾[54]零陵刘先说表曰："今两雄相持，天下之重在于将军。若欲有为，起乘其敝可也；如其不然，固将择所宜从。岂可拥甲十万，坐观成败，求援而不能助，见贤而不肯归！此两怨必集于将军，恐不得中立矣。曹操善用兵，贤俊多归之，其势必举袁绍，然后移兵以向江、汉，恐将军不能御也。今之胜计[55]，莫若举荆州以附曹操，操必重德将军；长享福祚，垂之后嗣，此万全之策也。"蒯越亦劝之，表狐疑不断[56]，乃遣嵩诣许曰："今天下未知所定，而曹操拥天子都许，君为我观其衅[57]。”嵩曰：“圣达节，次守节[58]。嵩，守节者也。夫君臣名定，以死守之。今策名[59]委质[60]，唯将军所命，虽赴汤蹈火，死无辞也。以嵩观之，曹公必得志于天下。将军能上顺天子，下归曹公，使嵩可也；如其犹豫，嵩至京师，天子假[61]嵩一职，不获辞命[62]，则成天子之臣，将军之故吏耳。在君为君，则嵩守天子之命，义不得复为将军死也。惟加重思[63]，无为负[64]嵩！”表以为惮使[65]，强之。至许，诏拜嵩侍中、零陵太守。及还，盛称朝廷、曹公之德，劝表遣子入侍。表大怒，以为怀贰[66]，大会寮属，陈兵，持节[67]，将斩之，数[68]曰：“韩嵩敢怀贰邪！”众皆恐，欲令嵩谢。嵩不为动容[69]，徐谓表曰：“将军负嵩，嵩不负将军！”且陈前言。表妻蔡氏谏曰：“韩嵩，楚国之望[70]也；且其言直[71]，诛之无辞[72]。”表犹怒，考杀从行者，知无他意，乃弗诛而囚之。

（以上为第三段，写袁绍骄矜，不合时宜地发动官渡之战。袁曹双方展开外交攻势，曹操赢得关中归附，张绣归降，荆州刘表中立，解除了后顾之忧。袁绍外交，一无所获，此一回合败下阵来。）

【注释】

[1]贡御稀简：进贡皇帝的物品，次数减少，贡物也少。简，粗与少两义皆有。［2］主簿：官名，汉代中央及郡县官署皆置此官，以典领文书，办理事务。［3］密白绍：指耿包秘密向袁绍进言称帝之事。［4］简：选择。［5］历年：连年。［6］王路：谓尊奉天子之路。［7］黎阳：县名，县治在今河南浚县东，是东汉以来的军事重镇。［8］河南：大河以南，司豫、徐、兖等州之地，此为曹操统治区。［9］益：增加。［10］边鄙：近边界的地方。［11］河朔：河北。此指河北袁绍统治区，冀、并、青、幽等州。［12］覆手：反掌。喻其容易。［13］庙胜之策：古代帝王遇大事，必告于宗庙，议于明堂。如遇战争，则须于庙堂之上制定克敌制胜之策略，这就称为庙胜之策。［14］无名：谓无讨伐有罪之名。即师出无名。［15］天与不取，反受其咎：此范蠡对越王勾践之言。越王勾践被吴国打败后，屈服求和，刻苦图强，后乘吴国耗兵力于北方之齐、晋后，起兵大破吴国，将吴王夫差困于姑苏之山。夫差遣使求和，勾践欲允许，范蠡即劝勾践说：“会稽之事，天以越赐吴，吴不取。今天以吴赐越，越其可逆天乎？……且夫天与弗取，反受其咎。”遂继续进兵灭吴，越国因而称霸。事见《史记·越王勾践世家》。［16］监军：指沮授。当时袁绍使沮授监护诸将，故称为监军。［17］持牢：把稳固守。［18］几：谓机宜。［19］浸(jìn)：逐渐。［20］《黄石》：兵书名。［21］崔琰(yán)：字季珪，清河东武城（今山东武城县

西北）人。初从袁绍，为骑都尉。曹操破冀州后，辟为别驾从事，后又为丞相东西曹掾属，主持选举，后被人谗毁，自杀于狱中。传见《三国志》卷十二。［22］色厉：外表厉害。［23］胆薄：胆量小。［24］忌克：妒忌而刻薄。［25］适足以为吾奉：正好作为送给我的礼物。［26］殆：大概。［27］刚：刚直。［28］专：专擅。［29］果而自用：犹言刚愎自用。［30］捍（hàn）：抵御。［31］官渡：地名，在今河南中牟县东北。［32］袁本初：袁绍字本初。［33］兄弟不能相容：指袁绍与袁术有矛盾，互不相容。［34］国士：全国推尊的人士，即天下俊杰之士。［35］扬武将军：官名，东汉杂号将军之一。［36］执金吾：官名，掌督巡宫外，维护皇宫周围及京都的治安。［37］都亭侯：东汉封爵之一，低于都乡侯，高于关内侯。［38］关中：古地区名，指函谷关以西之地。［39］韦端：东汉末京兆（今西安市）人，凉州刺史，后征为太仆。［40］杨阜：字义山，天水冀县（今甘肃甘谷县东南）人。初为州吏，后被曹操任命为金城太守及武都太守。魏明帝时为将作大匠、少府，曾多次上书明帝，谏阻奢侈浪费。传见《三国志》卷二十五。［41］关右：地区名，指函谷关以西之地。［42］后事：思虑决策跟不上形势的发展，俗语称马后炮，此指错过时机。［43］度外：谓法度之外，亦即不按常规。［44］治书侍御史：官名，掌以法律评判疑狱是非。［45］卫觊（jì）：字伯儒，河东安邑（今山西夏县西北）人，以才学著称。初为曹操司空掾属、治书侍御史，后为尚书，与王粲主持整理典章制度。曹魏时仍为尚书。善为文，撰述凡数十篇，又著有《魏官仪》。传见《三国志》卷二十一。［46］企望：盼望。［47］放散：谓管理松弛。［48］直益：谓监卖盐所获的收益。［49］市：购买。［50］谒者仆射（yè）：官名，谒者台长官，主管谒者。谒者掌宾赞受事及上章报问。［51］司隶校尉：官名，掌纠察京都百官违法者，并治所辖各郡，相当于州刺史。［52］弘农：县名，县治在今河南灵宝市北。按：当时的司隶校尉为钟繇，钟繇实治洛阳，现为了招抚关中，暂移治弘农。［53］从事中郎：官名，为将军之属官，职责是参谋议论。此处指镇南将军刘表的从事中郎。［54］别驾：官名，即别驾从事史，州牧刺史的主要佐吏，主领众事。州牧刺史巡行各地时，别乘传车从行，故名别驾。［55］胜计：谓最好的计策。［56］狐疑不断：怀疑犹豫而无决断。［57］衅：破绽，过错。［58］圣达节，次守节：此春秋以前之古语，见《左传》成公十五年，意谓圣人所为，上下进退皆合于节义。其次者，则只能按照常规保守节义而已。［59］策名：书名于策。古时始为官，必先书其名于策。［60］委质：即献置礼物。质，通“贽”，礼物。古时出仕为官，须献置贽于君庭。故策名委质，亦即出仕为官之意。［61］假：授予。［62］不获辞命：意谓得不到天子遣返荆州回复之命。［63］重思：再三思考。［64］负：辜负。［65］惮使：谓惧怕出使去许都。［66］怀贰：有二心，不忠诚。［67］持节：握执朝廷赐予的符节，表示将要诛杀人。［68］数：责备。［69］动容：改容貌，变脸色。［70］望：声望，此谓有声誉之人。［71］直：正直有理。［72］无辞：没有理由，找不到借口。

扬州贼帅郑宝欲略[1]居民以赴江表[2]，以淮南刘晔[3]，高族名人，欲劫之使唱此谋，晔患之。会曹操遣使诣州，有所案问，晔要[4]与归家。宝来候使者，晔留与宴饮，手刃杀之，斩其首以令宝军曰："曹公有令，敢有动者，与宝同罪！"其众数千人皆詟服[5]，推晔为主。晔以其众与庐江太守刘勋，勋怪其故，晔曰："宝无法制，其众素以钞掠[6]为利；仆[7]宿无资[8]，而整齐之，必怀怨难久，故以相与耳！"勋以袁术部曲众多，不能赡[9]，遣从弟偕求米于上缭诸宗帅[10]，不能满数[11]，偕召勋使袭之。

孙策恶勋兵强，伪卑辞以事勋曰："上缭宗民数欺鄙郡，欲击之，路不便。上缭甚富实，愿君伐之，请出兵以为外援。"且以珠宝、葛越[12]赂勋。勋大喜，外内尽贺，刘晔独否，勋问其故，对曰："上缭虽小，城坚池深，攻难守易，不可旬日[13]而举也。兵疲于外而国内虚，策乘虚袭我，则后不能独守。是将军进屈于敌，退无所归，若军必出，祸今至矣。"勋不听，遂伐上缭；至海昏，宗帅知之，皆空壁逃迁，勋了无[14]所得。时策引兵西击黄祖，行及石城[15]，闻勋在海昏，策乃分遣从兄贲、辅将八千人屯彭泽[16]，自与领江夏太守周瑜将二万人袭皖城[17]，克之，得术、勋妻子及部曲三万余人；表汝南李术为庐江[18]太守，给兵三千人以守皖城，皆徙所得民东诣吴[19]。勋还至彭泽，孙贲、孙辅邀击，破之。勋走保流沂[20]，求救于黄祖，祖遣其子射率船军五千人助勋。策复就攻勋，大破之。勋北归曹操，射亦遁走。

策收得勋兵二千余人，船千艘，遂进击黄祖。十二月，辛亥[21]，策军至沙羡[22]，刘表遣从子虎及南阳韩晞，将长矛五千来救祖。甲寅[23]，策与战，大破之，斩晞。祖脱身走，获其妻子及船六千艘，士卒杀溺死者数万人。

策盛兵将徇豫章[24]，屯于椒丘[25]，谓功曹虞翻曰："华子鱼[26]自有名字[27]，然非吾敌也。若不开门让城，金鼓一震，不得无所伤害。卿便在前，具宣孤意。"翻乃往见华歆曰："窃闻明府与鄙郡[28]故王府君[29]齐名中州，海内所宗，虽在东垂，常怀瞻仰。"歆曰："孤不如王会稽。"翻复曰："不审豫章资粮器仗，士民勇果，孰与鄙郡？"歆曰："大不如也。"翻曰："明府言不如王会稽，谦光[30]之谭[31]耳；精兵不如会稽，实如尊教。孙讨逆[32]智略超世，用兵如神，前走[33]刘扬州[34]，君所亲见；南定鄱郡，亦君所闻也。今欲守孤城，自料资粮，已知不足，不早为计，悔无及也。今大军已次椒丘，仆便还去，明日日中迎檄[35]不到者，与君辞矣。”歆曰：“久在江表，常欲北归；孙会稽[36]来，吾便去也。”乃夜作檄，明旦，遣吏赍迎。策便进军，歆葛巾[37]迎策。策谓歆曰：“府君年德名望，远近所归；策年幼稚，宜修[38]子弟之礼。”便向歆拜，礼为上宾。

孙盛[39]曰：“歆既无夷[40]、皓[41]韬邈[42]之风，又失王臣匪躬之操[43]，桡心[44]于邪儒[45]之说，交臂[46]于陵肆之徒[47]，位夺节堕，咎孰大焉！”

策分豫章为庐陵郡[48]，以孙贲为豫章太守，孙辅[49]为庐陵太守。会僮芝[50]病，辅遂进取庐陵，留周瑜镇巴丘[51]。

孙策之克皖城也，抚视袁术妻子；及入豫章，收载刘繇丧，善遇其家。士大夫以是称之。

会稽功曹[52]魏腾尝迕[53]策意，策将杀之，众忧恐，计无所出。策母吴夫人倚大井谓策曰：“汝新造江南，其事未集，方当优贤礼士，舍过录功。魏功曹在公尽规[54]，汝今日杀之，则明日人皆叛汝。吾不忍见祸之及，当先投此井中耳！”策大惊，遽[55]释腾。

初，吴郡太守会稽盛宪举高岱孝廉[56]，许贡来领郡，岱将宪避难于营帅许昭家。乌程邹佗、钱铜及嘉兴王晟等各聚众万余或数千人，不附孙策。策引兵扑讨，皆破之，进攻严白虎。白虎兵败，奔余杭[57]，投许昭。程普[58]请击昭，策曰：“许昭有义于旧君[59]，有诚于故友[60]，此丈夫之志也。”乃舍[61]之。

（以上为第四段，写孙策平定庐江、豫章、会稽三郡，在袁曹官渡之战前夕，据有江东六郡之地。）

【注释】

[1]略：通“掠”，掳掠。 [2]江表：江外。古人从中原看长江以南，称为江外或江表。

[3]刘晔（yè）：字子扬，淮南成德（今安徽寿县东南）人。汉武帝子阜陵王刘延的后代，有名于扬州。归曹操后，为司空仓曹掾、丞相主簿。曹魏初为侍中，多献策谋，为魏文帝所信重。魏明帝

时为太中大夫、大鸿胪，亦得信重。传见《三国志》卷十四。［4］要（yāo）：邀约。［5］詟（zhé）服：畏惧而屈服。［6］钞掠：抢劫。［7］仆：个人的谦称。［8］宿无资：谓以前无名位作为凭借。［9］赡：供给。［10］宗帅：宗民之头领。宗民是当时以宗族聚居的土著人民，且多为越族，又多居于山中，故又称之为山越。［11］不能满数：谓不能满足所求之数。［12］葛越：当时南方产的一种草纤维布，又称葛布。［13］旬日：十日。［14］了无：全无。［15］石城：县名，县治在今安徽马鞍山市东南。［16］彭泽：县名，县治在今江西湖口县东。［17］皖城：皖县之城，故治在今安徽潜山市。［18］庐江：郡名，治所本在舒县（今安徽庐江县西南），刘勋为太守，便移治所于皖县，在今安徽潜山市。［19］吴：郡名，治所吴县，在今江苏苏州市。［20］流沂：地名，在今湖北大冶市东。［21］辛亥：十二月八日。［22］沙羡（yí）：县名，县治在今湖北武汉市江夏区。［23］甲寅：十二月十一日。［24］豫章：郡名，治所南昌，在今江西南昌市。［25］椒丘：地名，在当时南昌县北。［26］华子鱼：华歆字子鱼。［27］自有名字：犹言自有名声，亦即名闻于世。［28］鄙郡：指会稽郡，虞翻为会稽人，故谦称为鄙郡。［29］王府君：指会稽太守王朗。［30］谦光：谓谦逊礼让。［31］谭：通“谈”。［32］孙讨逆：即孙策。时孙策为讨逆将军。［33］走：赶走。［34］刘扬州：指刘繇。刘繇前为扬州刺史。［35］檄（xí）：官方文书之一种。此指华歆之文书。［36］孙会稽：指孙策，孙策时为会稽太守。［37］葛巾：以葛布制成的头巾。［38］修：遵循。［39］孙盛：字安国，东晋人，著有《魏氏春秋》《晋阳秋》《异同杂语》等，对三国人物及事件多有评说。［40］夷：指伯夷，孤竹君之长子，殷商末年，与弟叔齐投奔周，因劝阻周武王伐纣，未被武王接受，遂逃隐于首阳山，不食周粟而死。事见《史记·伯夷列传》。［41］皓：指商山四皓。西汉初年，东园公、绮里季、夏黄公、角（lù）里先生等四人，年皆八十余，以汉高祖刘邦傲慢侮人，遂不愿为汉臣，逃隐于商山。事见《史记·留侯世家》。［42］韬邈：隐匿之意。［43］匪躬之操：谓尽忠而不顾身的节操。《易·蹇·六二》云：“王臣蹇蹇，匪躬之故。”孔颖达疏：“尽忠于君，匪以私身之故而不往济君，故曰匪躬之故。”［44］桡（náo）心：屈从。［45］邪儒：指虞翻。［46］交臂：拱手，表示恭敬。［47］陵肆之徒：指孙策。陵肆，横行霸道。［48］庐陵郡：治所庐陵县，以后孙策又改称为高昌县，县治在今江西吉安市南。［49］孙辅：字国仪，孙贲之弟。初随孙策征讨，为扬武校尉。后为平南将军，领交州刺史。恐孙权不能保江东，谋通曹操，被孙权所废。传见《三国志》卷五十一。［50］僮芝：东汉末丹阳（今属江苏）人。诈称诏书自领庐陵太守，为孙辅所破。［51］巴丘：县名，县治在今湖南岳阳市。［52］功曹：官名，即功曹史，郡守之主要佐吏，除分掌人事外，还参与一郡政务。［53］迕（wǔ）：违背。［54］规：谋划。［55］遽：疾速。［56］孝廉：汉代举用人才的主要科目，被举之人，名义上须孝顺父母，行为清廉。［57］余杭：县名，县治在今浙江杭州市余杭区。［58］程普：字德谋，右北平土垠（今河北唐山市丰润区）人。初从孙坚征伐，孙坚死后，复从孙策，屡立战功。为荡寇中郎将，领零陵太守。孙策死后，又与张昭等辅孙权，为裨将军，领江夏太守。传见《三国志》卷五十五。［59］有义于旧君：指许昭解救了太守盛宪的危难。［60］有诚于故友：

指许昭帮助旧友严白虎。［61］舍：放弃。

曹操复屯官渡[1]，操常从士[2]徐他等谋杀操，入操帐，见校尉许褚，色变，褚觉而杀之。

初，车骑将军董承称受帝衣带中密诏，与刘备谋诛曹操。操从容谓备曰："今天下英雄，惟使君与操耳，本初之徒，不足数也！"备方食，失匕箸[3]，值天雷震，备因曰："圣人云'迅雷风烈必变'[4]，良有以也。"遂与承及长水校尉[5]种辑、将军吴子兰、王服等同谋。会操遣备与朱灵邀[6]袁术，程昱、郭嘉、董昭皆谏曰："备不可遣也！"操悔，追之，不及。术既南走，朱灵等还。备遂杀徐州刺史车胄，留关羽守下邳，行[7]太守事，身还小沛。东海[8]贼昌豨[9]及郡县多叛操为备。备众数万人，遣使与袁绍连兵，操遣司空长史沛国刘岱、中郎将扶风王忠击之，不克。备谓岱等曰："使汝百人来，无如我何。曹公自来，未可知耳[10]！"

（以上为第五段，写刘备第二次得徐州。由于刘备低估曹操的应变能力，认为曹操不会从官渡抽身来争徐州，为其失败伏笔。）

【注释】

［1］曹操复屯官渡：曹操于八月进兵河北黎阳，留于禁屯河南重要渡口延津，令东郡太守刘延在白马布防，置主力于官渡，严阵以待袁绍来犯。九月还许，至是十二月由许返回官渡。［2］常从士：指经常随从的警卫人员。［3］失匕箸：匕，汤匙。箸，筷子。刘备以为曹操说他是英雄，将要图害他，故吃惊而失落匙筷。［4］迅雷风烈必变：此语引自《论语·乡党》的记载，孔子遇见迅雷和烈风，一定会改变容态。［5］长水校尉：官名，东汉北军五校尉之一，掌宿卫兵。［6］邀：截击。［7］行：代理。［8］东海：郡名，治所郯县，在今山东郯城县西北。［9］昌豨（xī）:《三国志·蜀书·先主传》作"昌霸"，则昌豨即昌霸。［10］曹公自来，未可知耳：刘备此言，暗示了他的两种心理。一是畏惧曹操，二是低估曹操的应变能力，认为曹操不会自来。结果曹操亲征，刘备张皇失措。

五年（庚辰，200 年）

春，正月，董承谋泄[1]；壬子[2]，曹操杀承及王服、种辑，皆夷三族。

操欲自讨刘备，诸将皆曰："与公争天下者，袁绍也。今绍方来而弃之东[3]，绍乘人后，若何？"操曰："刘备，人杰也，今不击，必为后患。"郭嘉曰："绍性迟而多疑，来必不速。备新起，众心未附，急击之，必败。"操师遂东。冀州别驾田丰说袁绍曰："曹操与刘备连兵[4]，未可卒[5]解。公举军而袭其后，可一往而定。"绍辞以子疾，未得行。丰举杖击地曰："嗟乎！遭[6]难遇之时，而以婴儿[7]病失其会[8]，惜哉，事去矣！"

曹操击刘备，破之，获其妻子；进拔下邳，禽[9]关羽；又击昌豨，破之。备奔青州[10]，因袁谭以归袁绍。绍闻备至，去邺二百里迎之；驻月余，所亡[11]士卒稍稍[12]归之。

（以上为第六段，写刘备第二次失徐州。由于刘备在袁曹官渡之战袁绍尚未进军之时，为了与袁绍争政治制高点，过早打出衣带诏讨汉贼曹操，曹操全力灭火，袁绍按兵不救，刘备与袁绍两人鹬蚌相争，二人皆失，渔人曹操得利。）

【注释】

[1]董承谋泄：董承受汉献帝衣带诏讨贼曹操，由于刘备在徐州宣布而泄密，董承等被曹操诛杀。 [2]壬子：正月甲戌朔，无壬子，当从《后汉书·献帝纪》作壬午，即正月九日。 [3]绍方来而弃之东：谓袁绍正带兵来进攻，曹操却要放弃反击而东征刘备。方来，指正要来，实际未来。 [4]连兵：谓交兵，交战。 [5]卒：通"猝"，很快。 [6]遭：遇。 [7]婴儿：时袁绍诸子已长成人，无婴儿。田丰此言婴儿，是气话，意谓为了一个小小儿子丢失了决战取胜的机会，实在不值。若婴儿是实指，或袁绍其他小妾所生，就更不值。 [8]会：机会。 [9]禽：通"擒"，捉住。 [10]青州：州名，治所临菑，在今山东淄博市北。 [11]亡：逃散。 [12]稍稍：逐渐。

曹操还军官渡[1]，绍乃议攻许，田丰曰："曹操既破刘备，则许下非复空虚。且操善用兵，变化无方[2]，众虽少，未可轻也，今不如以久持之。将军据山河之固，拥四州[3]之众，外结英雄，内修农战，然后简[4]其精锐，分为奇兵[5]，乘虚迭[6]出以扰河南，救右则击其左，救左则击其右，使敌疲于奔命，民不得安业，我未劳而彼已困，不及三年，可坐克也。今释庙胜之策而决成败于一战，若不如志，悔无及也。"绍不从。丰强谏忤绍，绍以为沮众，械系[7]之。于是移檄[8]州郡，数操罪恶。

二月，进军黎阳。

沮授临行，会其宗族，散资财以与之曰："势存则威无不加，势亡则不保一身，哀哉！"其弟宗曰："曹操士马不敌，君何惧焉！"授曰："以曹操之明略，又挟天子以为资，我虽克伯珪[9]，众实疲敝，而主骄将忲[10]，军之破败，在此举矣。扬雄有言：'六国蚩蚩，为嬴弱姬[11]。'其今之谓乎！"

振威将军[12]程昱以七百兵守鄄城。曹操欲益昱兵二千，昱不肯，曰："袁绍拥十万众，自以所向无前，今见昱少兵，必轻易，不来攻。若益昱兵，过则不可不攻，攻之必克，徒两损其势，愿公无疑。"绍闻昱兵少，果不往。操谓贾诩曰："程昱之胆，过于贲、育[13]矣！"

袁绍遣其将颜良攻东郡太守刘延于白马[14]。沮授曰："良性促狭[15]，虽骁勇，不可独任。"绍不听。夏，四月，曹操北救刘延。荀攸曰："今兵少不敌，必分其势乃可。公到延津[16]，若将渡兵向其后者，绍必西应之，然后轻兵袭白马，掩[17]其不备，颜良可禽也。"操从之。绍闻兵渡，即分兵西邀[18]之。操乃引军兼行[19]趣[20]白马，未至十余里，良大惊，来逆战[21]。操使张辽、关羽先登[22]击之。羽望见良麾盖[23]，策[24]马刺良于万众之中，斩其首而还，绍军莫能当者。遂解白马之围，徙其民，循河而西。

绍渡河追之，沮授谏曰："胜负变化，不可不详。今宜留屯延津，分兵官渡，若其克获，还迎[25]不晚，设其有难，众弗可还。"绍弗从。授临济叹曰："上盈其志，下务其功，悠悠黄河，吾其济乎！"遂以疾辞。绍不许而意恨之，复省其所部，并属郭图。

绍军至延津南，操勒兵驻营南阪[26]下，使登垒望之，曰："可[27]五六百骑。"有顷，复白："骑稍多，步兵不可胜数。"操曰："勿复白。"令骑解鞍放马。是时，白马辎重[28]就道。诸将以为敌骑多，不如还保营。荀攸曰："此所以饵[29]敌，如何去之！"操顾攸而笑。绍骑将文丑与刘备将五六千骑前后至。诸将复白"可上马"。操曰："未也。"有倾，骑至稍多，或分趣辎重。操曰："可矣。"乃皆上马。时骑不满六百，遂纵兵击，大破之，斩丑。丑与颜良，皆绍名将也，再战，悉禽之，绍军夺气[30]。

初，操壮关羽之为人，而察其心神无久留之意，使张辽以其情问之，羽叹曰："吾极知曹公待我厚；然吾受刘将军恩，誓以共死，不可背之。吾终不留，要当[31]立效以报曹公乃去耳。"辽以羽言报操，操义之。及羽杀颜良，操知其必去，重加赏赐。羽尽封其所赐，拜书告辞，而奔刘备于袁军[32]。左右欲追之，操曰："彼各为其主，勿追也。"

操还军官渡，阎柔遣使诣操，操以柔为乌桓校尉[33]。鲜于辅身见操于官渡，操以辅为右度辽将军[34]，还镇幽土[35]。

（以上为第七段，写袁绍进军官渡，曹操迎击，斩杀袁绍先锋大将颜良、文丑。这是袁曹官渡决战之前的序战，北军失利，士气受损。）

【注释】

［1］曹操还军官渡：指曹操东征刘备得胜，从徐州返回官渡。［2］无方：没有固定之规，即无穷之意。［3］四州：指冀、青、幽、并四州。［4］简：选择。［5］奇兵：乘敌不备而突袭的军队。［6］迭：轮流。［7］械系：加脚镣手铐等刑具囚禁起来。［8］檄：此为声讨之文书，为陈琳所作。全文见《三国志·魏书·袁绍传》裴松之注引《魏氏春秋》。《昭明文选》亦录载此文，题为陈孔璋《为袁绍檄豫州》，文字与《魏氏春秋》所载稍有差异。［9］伯珪：公孙瓒字伯珪。［10］忕（tài）：奢侈。［11］六国蚩蚩，为嬴弱姬：此为扬雄《法言·重黎》之文。蚩蚩，谓混乱纷扰。嬴，秦姓。姬，周姓。意思是说，六国之混乱纷扰，使秦国强大而削弱了周室，终于皆被秦国所吞并。［12］振威将军：官名，东汉杂号将军之一。［13］贲、育：指孟贲（bēn）、夏育，皆为古时有名的勇士。［14］白马：县名，县治在河南滑县东。在当时的黄河南岸，其北岸是黎阳。［15］促狭：犹言急躁，沉不住气。［16］延津：渡口名，是当时黄河的重要渡口，在今河南新乡市东南，在当时白马、黎阳之西。［17］掩：袭击。［18］邀：截击。［19］兼行：兼程而行。［20］趣：趋赴。［21］逆战：迎战。［22］先登：先接战。［23］麾盖：旗帜之顶。［24］策：鞭击。［25］还迎：谓还迎留屯延津的大军。［26］南阪（bǎn）：阪，山坡，斜坡。南阪，盖白马山南之阪。［27］可：大概，大约。［28］辎（zī）重：军粮、器械、材料等军用物资。［29］饵：引诱。［30］夺气：震惊恐惧而丧失胆气。［31］要当：总当，必当。［32］袁军：袁绍之军。［33］乌桓校尉：即护乌桓校尉，官名。东汉沿西汉所置，以管辖各地乌桓。［34］右度辽将军：官名，汉代置度辽将军监护南匈奴，现曹操置右度辽将军则为镇抚幽州。［35］幽土：幽州，幽州之境土。

广陵太守陈登治射阳[1]，孙策西击黄祖，登诱严白虎余党，图为后害。策还击登，军到丹徒[2]，须待运粮。初，策杀吴郡太守许贡，贡奴客潜民间，欲为贡报仇。策性好猎，数出驱驰，所乘马精骏[3]；从骑绝不能及，卒遇贡客三人，射策中颊[4]，后骑寻至，皆刺杀之。策创甚，召张昭等谓曰："中国方乱，以吴、越[5]之众，三江[6]之固，足以观成败，公等善相[7]吾弟！"呼权，佩[8]以印绶，谓曰："举江东之众，决机[9]于两阵之间，与天下争衡[10]，卿不如我；举贤任能，各尽其心以保江东，我不如卿。"丙午[11]，策卒，时年二十六。

权悲号，未视事，张昭曰："孝廉[12]！此宁哭时邪！"乃改易权服，扶令上马，使出巡军。昭率僚属，上表朝廷，下移属城，中外将校，各令奉职。周瑜自巴丘将兵赴丧，遂留吴，以中护军[13]与张昭共掌众事。时策虽有会稽[14]、吴郡、丹阳[15]、豫章、庐江[16]、庐陵，然深险之地，犹未尽从，流寓之士，皆以安危去就为意，未有君臣之固，而张昭、周瑜等谓权可与共成大业，遂委心而服事焉。

秋，七月，立皇子冯为南阳王。壬午[17]，冯薨。

汝南黄巾刘辟等叛曹操应袁绍，绍遣刘备将兵助辟，郡县多应之。绍遣使拜阳安都尉[18]李通为征南将军[19]，刘表亦阴招之，通皆拒焉。或劝通从绍，通按剑叱之曰："曹公明哲，必定天下；绍虽强盛，终为之虏耳。吾以死不贰[20]。"即斩绍使，送印绶诣操。

通急录[21]户调[22]，朗陵长赵俨见通曰："方今诸郡并叛，独阳安怀附[23]，复趣收其绵绢，小人乐乱，无乃不可乎？"通曰："公与袁绍相持甚急，左右郡县背叛乃尔，若绵绢不调送[24]，观听者必谓我顾望，有所须待也。"俨曰："诚亦如君虑，然当权其轻重。小缓调，当为君释此患。"乃书与荀彧曰："今阳安郡百姓困穷，邻城并叛，易用倾荡[25]，乃一方安危之机[26]也。且此郡人执守忠节，在险不贰，以为国家宜垂慰抚；而更急敛绵绢，何以劝[27]善！"彧即白操，悉以绵绢还民，上下欢喜，郡内遂安。通击群贼瞿恭等，皆破之，遂定淮、汝[28]之地。

时操制新科[29]，下州郡，颇增严峻，而调绵绢方急。长广[30]太守何夔言于操曰："先王辨九服[31]之赋以殊[32]远近；制三典[33]之刑以平治乱。愚以为此郡宜依远域新邦之典，其民间小事，使长吏[34]临时随宜，上不背正法，下以顺百姓之心。比及三年，民安其业，然后乃可齐之以法也。”操从之。

刘备掠汝、颍[35]之间，自许以南，吏民不安，曹操患之。曹仁曰：“南方以大将[36]军方有目前急，其势不能相救，刘备以强兵临之，其背叛故宜也。备新将绍兵，未能得其用，击之，可破也。”操乃使仁将骑击备，破走之，尽复收诸叛县而还。

备还至绍军，阴欲离绍，乃说绍南连刘表。绍遣备将本兵复至汝南[37]，与贼龚都等合，众数千人。曹操遣将蔡杨击之，为备所杀。

袁绍军阳武[38]，沮授说绍曰：“北兵虽众而劲果不及南，南军谷少而资储不如北；南幸[39]于急战，北利在缓师。宜徐持久，旷以日月。”绍不从。八月，绍进营稍前，依沙埴[40]为屯，东西数十里。操亦分营与相当。

（以上为第八段，写袁曹两军对峙官渡。）

【注释】

[1]射阳：县名，县治在今江苏淮安市东南。 [2]丹徒：县名，县治在今江苏镇江市东南。 [3]精骏：极迅速。 [4]中颊：射中脸的侧面。 [5]吴、越：指江东地区。其地古为吴国、越国之地。 [6]三江：指吴淞江、钱塘江、浦阳江。 [7]相（xiàng）：辅助。 [8]佩：佩带，系带。 [9]机：谓机宜，即依据时机所采取的适宜决策。 [10]争衡：谓在角逐中较量胜负。 [11]丙午：四月四日。 [12]孝廉：孙权十五岁即为阳羡长，不久，吴郡太守朱治又举他为孝廉，故张昭有此称。 [13]中护军：官名，盖为讨逆将军府之属官。 [14]会稽：郡名，治所山阴，在今浙江绍兴市。 [15]丹阳：郡名，治所宛陵，在今安徽宣城市宣州区。 [16]庐江：郡名，治所本在舒县，在今安徽庐江县西南。建安四年刘勋移治所于皖县，在今安徽潜山市。 [17]壬午：七月十二日。 [18]阳安都尉：按：阳安原为县，而汉末一度辖朗陵县，设都尉一人，相当于郡太守，故阳安又称为郡，但不久又废郡复为县。阳安县在今河南确山县东北。 [19]征南将军：官名，东汉杂号将军之一。 [20]贰：二心，异心。 [21]录：征收。 [22]户调（diào）：按户征收绵绢的赋税。 [23]怀附：感怀顺服朝廷。 [24]调送：征发运送。 [25]易用倾荡：容易因此而动荡倾覆。 [26]机：关键。 [27]劝：鼓励。 [28]淮、汝：淮水与汝水，即今淮河与汝河。 [29]科：法令。 [30]长广：按：长广原为县，属东莱郡，县治在今山东莱阳市东。盖曹操遣乐进入青州后，新设为郡。 [31]九服：相传古代天子将所住京都以外的地方，按远近分为九等，称为九服。京都所在之方圆千里地叫王畿，此外方圆五百里为一服，依次类推，有侯

服、甸服、男服、采服、卫服、蛮服、夷服、镇服、藩服。见《周礼·夏官·职方氏》。［32］殊：区别。［33］三典：相传古代治理不同国家所用的轻、中、重三类刑法。《周礼·秋官·大司寇》说："掌建邦之三典，以佐王刑（治理）邦国，……一曰刑新国，用轻典；二曰刑平国，用中典，三曰刑乱国，用重典。"［34］长吏：指县令长。［35］汝、颍：汝水与颍水，即今汝河与颍河。［36］将：据章校，有的版本无"将"字。［37］汝南：郡名，治所平舆，在今河南平舆县北。［38］阳武：县名，县治在今河南原阳县东南。［39］幸：希望。［40］塠：同"堆"。

九月，庚午朔，日有食之。

曹操出兵与袁绍战，不胜，复还，坚壁。绍为高橹[1]，起土山，射营中，营中皆蒙楯[2]而行。操乃为霹雳车[3]，发石以击绍楼，皆破；绍复为地道攻操，操辄于内为长堑以拒之。操众少粮尽，士卒疲乏，百姓困于征赋，多叛归绍者。操患之，与荀彧书，议欲还许，以致绍师[4]。彧报曰："绍悉众聚官渡，欲与公决胜败。公以至弱当至强，若不能制，必为所乘，是天下之大机[5]也。且绍，布衣之雄耳，能聚人而不能用。以公之神武[6]明哲而辅以大顺[7]，何向而不济[8]！今谷食虽少，未若楚、汉[9]在荥阳[10]、成皋[11]间也。是时刘、项莫肯先退[12]者，以为先退则势屈也。公以十分居一之众[13]，画地而守之，扼其喉而不得进，已半年矣。情见势竭，必将有变。此用奇之时，不可失也。"操从之，乃坚壁持之。

操见运者，抚之曰："却[14]十五日为汝破绍，不复劳汝矣。"绍运谷车数千乘至官渡，荀攸言于操曰："绍运车旦暮[15]至，其将韩猛锐而轻敌，击，可破也！"操曰："谁可使者？"攸曰："徐晃[16]可。"乃遣偏将军[17]河东徐晃与史涣邀击猛，破走之，烧其辎重。

冬，十月，绍复遣车运谷，使其将淳于琼等将兵万余人送之，宿绍营北四十里。沮授说绍："可遣蒋奇别为支军[18]于表[19]，以绝曹操之钞[20]。"绍不从。

许攸曰："曹操兵少而悉师拒我，许下余守，势必空弱。若分遣轻军，星行[21]掩袭，许可拔也。许拔，则奉迎天子以讨操，操成禽矣。如其未溃，可令首尾奔命，破之必也。"绍不从，曰："吾要当先取操。"会攸家犯法，审配收系[22]之，攸怒，遂奔操。

操闻攸来，跣[23]出迎之，抚掌[24]笑曰："子卿远来[25]，吾事济矣！"既入坐，谓操曰："袁氏军盛，何以待之？今有几粮乎？"操曰："尚可支一岁。"攸曰："无是，更言之！"又曰："可支半岁。"攸曰："足下不欲破袁氏邪，何言之不实也！"操曰："向言戏之耳。其实可一月，为之奈何？"攸曰："公孤军独守，外无救援而粮谷已尽，此危急之日也。袁氏辎重万余乘，在故市[26]、乌巢[27]，屯军无严备，若以轻兵袭之，不意而至，燔[28]其积聚，不过三日，袁氏自败也。"操大喜，乃留曹洪、荀攸守营，自将步骑五千人，皆用袁军旗帜，衔枚[29]缚马口[30]，夜从间道[31]出，人抱束薪，所历道有问者，语之曰："袁公恐曹操钞掠后军，遣兵以益备[32]。"闻者信以为然，皆自若。既至，围屯，大放火，营中惊乱。会明，琼等望见操兵少，出陈[33]门外，操急击之。琼退保营，操遂攻之。

绍闻操击琼，谓其子谭曰："就[34]操破琼，吾拔其营，彼固无所归矣！"乃使其将高览、张郃[35]等攻操营。郃曰："曹公精兵往，必破琼等，琼等破，则事去矣，请先往救之。"郭图固请攻操营。郃曰："曹公营固，攻之必不拔。若琼等见禽，吾属尽为虏矣。"绍但遣轻骑救琼，而以重兵攻操营，不能下。

绍骑至乌巢，操左右或言"贼骑稍近[36]，请分兵拒之。"操怒曰："贼在背后乃白！"士卒皆殊死[37]战，遂大破之，斩琼等，尽燔其粮谷，士[38]卒千余人，皆取其鼻，牛马割唇舌，以示绍军。绍军将士皆恟惧[39]。郭图惭其计之失，复谮张郃于绍曰："郃快[40]军败。"郃忿惧，遂与高览焚攻具，诣操营降。曹洪疑不敢受，荀攸曰："郃计画不用，怒而来奔，君有何疑！"乃受之。

于是绍军惊扰，大溃。绍及谭等幅巾[41]乘马，与八百骑渡河[42]。操追之不及，尽收其辎重、图书、珍宝。余众降者，操尽坑[43]之，前后所杀七万余人。

沮授不及[44]绍渡，为操军所执，乃大呼曰："授不降也，为所执耳！"操与之有旧，迎谓曰："分野[45]殊异，遂用圮绝[46]，不图今日乃相禽也！"授曰："冀州[47]失策，自取奔北[48]。授知力俱困[49]，宜其见禽。”操曰：“本初[50]无谋，不相[51]用计，今丧乱未定，方当与君图之。”授曰：“叔父、母弟，县命袁氏[52]，若蒙公灵[53]，速死为福。”操叹曰：“孤早相得，天下不足虑也。”遂赦而厚遇焉。授寻[54]谋归袁氏，操乃杀之。

操收绍书中，得许下及军中人书，皆焚之，曰：“当绍之强，孤犹不能自保，况众人乎！”

冀州城邑多降于操。袁绍走至黎阳北岸，入其将军蒋义渠营，把其手曰：“孤以首领[55]相付矣！”义渠避帐[56]而处之，使宣号令。众闻绍在，稍复归之。

或谓田丰曰：“君必见重矣。”丰曰：“公貌宽而内忌[57]，不亮[58]吾忠，而吾数以至言[59]迕[60]之，若胜而喜，犹能救[61]我，今战败而恚，内忌将发，吾不望生。”绍军士皆拊膺[62]泣曰：“向令[63]田丰在此，必不至于败。”绍谓逢纪曰：“冀州诸人闻吾军败，皆当念吾，惟田别驾前谏止吾，与众不同，吾亦惭之。”纪曰：“丰闻将军之退，拊手[64]大笑，喜其言之中也。”绍于是谓僚属曰：“吾不用田丰言，果为所笑。”遂杀之。初，曹操闻丰不从戎[65]，喜曰：“绍必败矣。”及绍奔遁，复曰：“向使绍用其别驾计，尚未可知也。”

审配二子为操所禽，绍将孟岱言于绍曰：“配在位专政，族大兵强，且二子在南，必怀反计。”郭图、辛评亦以为然。绍遂以岱为监军[66]，代配守邺。护军[67]逢纪素与配不睦，绍以问之，纪曰：“配天性烈直[68]，每慕古人之节，必不以二子在南为不义也。愿公勿疑。”绍曰：“君不恶之邪？”纪曰：“先所争者，私情也；今所陈者，国事也。”绍曰：“善！”乃不废配，配由是更与纪亲。冀州城邑叛绍者，绍稍复击定之。

绍为人宽雅[69]，有局度[70]，喜怒不形[71]于色[72]，而性矜愎自高[73]，短于从善，故至于败。

（以上为第九段，写袁绍与曹操官渡决战，袁绍大败。）

【注释】

[1]橹：顶部无覆盖的望楼。 [2]楯（dùn）：盾牌。 [3]霹雳车：用机械原理将石块发射

出去的炮车，因其声响很大，故称为霹雳车。霹雳，极大雷声。［4］致绍师：意谓引来袁绍的军队，使之疲劳而再攻击。［5］大机：谓成败的关键。［6］神武：聪明威武。［7］大顺：指以天子之名义讨伐叛者。［8］济：成功。［9］楚、汉：指秦末之楚王项羽、汉王刘邦。［10］荥阳：县名，县治在今河南荥阳市东北。［11］成皋：县名，县治在今河南荥阳市汜水镇西。［12］刘、项莫肯先退：秦末，刘邦与项羽争天下时，曾在荥阳、成皋间相持很久，最初双方皆不肯退兵，后项羽与刘邦约，中分天下，鸿沟以西为汉地，以东为楚地，项羽因而退兵，刘邦遂乘机而进，终败项羽。［13］公以十分居一之众：谓曹操之兵力太少，只有袁绍军队的十分之一。［14］却：退后。［15］旦暮：指时间短促，犹言很快，即将。［16］徐晃（?—227）：字公明，河东杨县（今山西洪洞县东南）人。初为郡吏，又从杨奉，为骑都尉。后从曹操，为裨将军。官渡之战中破颜良、文丑，为偏将军。后屡从曹操征伐有功，为横野将军、平寇将军。曹魏时为右将军，封阳平侯。传见《三国志》卷十七。［17］偏将军：官名，东汉杂号将军之一。［18］支军：主要军队以外的军队。［19］表：外围。［20］钞：掠取。［21］星行：披星而行。言其赶路急迫。［22］收系：收捕囚禁。［23］跣（xiǎn）：光着脚。［24］抚掌：拍掌。［25］子卿远来：许攸字子远。中华书局标点本《三国志·物书·武帝纪》注引《曹瞒传》已校正为“子远卿来”，当从。［26］故市：地名，在当时酸枣县乌巢泽之北，即在今河南延津县界。［27］乌巢：湖泽名，在今河南延津县东南。［28］燔（fán）：烧。［29］衔枚：古代军队夜袭敌人时，为防止出声，令士兵口里横含一小棍，称为衔枚。［30］缚马口：为防止马叫，将马口缚住。［31］间道：小路。［32］益备：加强防备。［33］陈：同“阵”。［34］就：即使。［35］张郃：字俊乂，河间鄚县（今河北任丘市北）人。初属韩馥，继归袁绍。为宁国中郎将。官渡之战中投曹操，为偏将军。后多次征讨，屡立战功，为荡寇将军。曹魏时官至车骑将军，封鄚侯。传见《三国志》卷十七。［36］稍近：渐近。［37］殊死：拼死，决死。［38］士：据章校，有些版本“士”上有“杀”字。当有之。［39］恟（xiōng）惧：震动恐惧。［40］快：乐，高兴。［41］幅巾：古代男子用绢一幅束发，称为幅巾。袁绍、袁谭等人“幅巾”，即不戴冠，仅用幅巾束发。［42］河：黄河。［43］坑（kēng）：坑杀，活埋。［44］不及：没有赶上。［45］分野：古代将天空星辰分为十二次，即十二部分，与地上州、郡国的位置相对应，称为分野。并认为天象之变化是反映人间变化的。曹操此言的主要意思是说明地区的不同与隔绝。［46］圮（pǐ）绝：隔绝，断绝。［47］冀州：指袁绍。［48］奔北：失败。［49］知力俱困：智谋与力量皆穷尽。知，通“智”。［50］本初：袁绍字本初。［51］相：共同。［52］县命袁氏：县，“悬”本字。谓命运掌握在袁氏手里。［53］灵：神明。［54］寻：接着。［55］首领：头颅。［56］避帐：让出营帐。［57］貌宽而内忌：表面宽容大量而内心忌妒刻薄。［58］不亮：不明白，不相信。［59］至言：真诚有理之言。［60］迕（wǔ）：违背，触犯。［61］救：据章校，有的版本“救”作“赦”。［62］拊（fǔ）膺：捶胸。［63］向令：假使。［64］拊手：拍手，拍掌。［65］丰不从戎：指田丰被袁绍囚禁而不能从军。［66］监军：官名，临时派遣监督军队之官。［67］护军：官名，负责监护协调各将领之关系。［68］烈直：刚强正直。［69］宽雅：宽容闲雅。［70］局度：犹言器量，气度。［71］形：表露。［72］色：面色。［73］矜愎自高：高傲自负，固执己见。

冬，十月，辛亥[1]，有星孛[2]于大梁[3]。

庐江太守李术[4]攻杀扬州刺史严象，庐江梅乾、雷绪、陈兰等各聚众数万在江淮间，曹操表沛国刘馥[5]为扬州刺史。时扬州独有九江[6]，馥单马造合肥[7]空城，建立州治[8]，招怀乾、绪等，皆贡献相继。数年中，恩化大行，流民归者以万数。于是广屯田，兴陂堨[9]；官民有畜[10]，乃聚诸生，立学校；又高为城垒，多积木石，以修战守之备。

曹操闻孙策死，欲因丧伐之。侍御史[11]张纮[12]谏曰："乘人之丧，既非古义，若其不克，成仇弃好，不如因而厚之。"操即表权为讨虏将军[13]，领[14]会稽太守。

操欲令纮辅权内附，乃以纮为会稽东部都尉[15]。纮至吴，太夫人[16]以权年少，委纮与张昭共辅之。纮思惟补察，知无不为。太夫人问扬武都尉[17]会稽董袭[18]曰："江东可保不[19]？"袭曰："江东有山川之固，而讨逆明府[20]恩德在民，讨虏[21]承基，大小用命，张昭秉[22]众事，袭等为爪牙[23]，此地利人和之时也，万无所忧。"权遣张纮之部[24]，或以纮本受北任[25]，嫌[26]其志趣不止于此，权不以介意[27]。

鲁肃将北还，周瑜止之，因荐肃于权曰："肃才宜佐时，当广求其比[28]以成功业。"权即见肃，与语，悦之。宾退，独引肃合榻[29]对饮，曰："今汉室倾危，孤思有桓、文之功[30]，君何以佐之？"肃曰："昔高帝[31]欲尊事义帝[32]而不获者，以项羽为害也。今之曹操，犹昔项羽，将军何由得为桓、文乎！肃窃料之，汉室不可复兴，曹操不可卒[33]除，为将军计，惟有保守江东以观天下之衅[34]耳。若因北方多务[35]，剿除黄祖，进伐刘表，竟长江所极，据而有之[36]，此王业也。"权曰："今尽力一方，冀[37]以辅汉耳，此言非所及也。"张昭毁肃年少粗疏，权益贵重之，赏赐储偫[38]，富拟其旧[39]。

权料[40]诸小将兵少而用薄者，并合之。别部司马[41]汝南吕蒙[42]，军容鲜整[43]，士卒练习[44]。权大悦，增其兵，宠任之。

功曹骆统[45]劝权尊贤接士，勤求损益[46]，飨赐之日，人人别进[47]，问其燥湿[48]，加以密意[49]，诱谕使言，察其志趣。权纳用焉。统，俊之子也。

庐陵太守孙辅恐权不能保江东，阴遣人赍书呼曹操。行人以告，权悉斩辅亲近[50]，分其部曲，徙辅置东[51]。

曹操表征华歆为议郎[52]、参司空军事。庐江太守李术不肯事权，而多纳其亡叛。权以状白曹操曰："严刺史昔为公所用，而李术害之，肆其无道，宜速诛灭。今术必复诡说求救。明公居阿衡之任[53]，海内所瞻，愿敕执事，勿复听受。"因举兵攻术于皖城。术求救于操，操不救。遂屠其城，枭[54]术首，徙其部曲二万余人。

刘表攻张羡[55]，连年不下。曹操方与袁绍相拒，未暇救之。羡病死，长沙复立其子怿。表攻怿及零、桂[56]，皆平之。于是表地方数千里，带甲十余万，遂不供职贡[57]，郊祀天地[58]，居处服用，僭拟乘舆[59]焉。

张鲁以刘璋暗懦[60]，不复承顺，袭别部司马张修[61]，杀之而并其众。璋怒，杀鲁母及弟，鲁遂据汉中，与璋为敌。璋遣中郎将庞羲击之，不克。璋以羲为巴郡[62]太守，屯阆中[63]以御鲁。羲辄召汉昌[64]賨民[65]为兵，或构[66]羲于璋，璋疑之。赵韪数谏不从，亦恚恨。

初，南阳[67]、三辅[68]民流入益州者数万家，刘焉悉收以为兵，名曰东州兵。璋性宽柔，无威略，东州人侵暴旧民，璋不能禁。赵韪素得人心，因益州士民之怨，遂作乱，引兵数万攻璋；厚略荆州[69]，与之连和；蜀郡[70]、广汉[71]、犍为[72]皆应之。

（以上为第十段，写孙权承父兄之业统领江东，招贤平叛，士民归附。刘表平叛，固有荆州。张鲁据汉中。）

【注释】

[1]辛亥：十月十二日。[2]孛（bèi）：即彗星。[3]大梁：星次名。为十二星次之一，与黄道十二宫之金牛宫相当，在二十八宿为胃、昴、毕三宿。[4]李术：孙策所置的庐江太守。[5]刘馥（?—208）：字元颖，沛国相县（今安徽濉溪县西北）人。汉末避乱至扬州，建安初，说服袁术将戚寄等共归曹操，曹操表荐为扬州刺史。赴任后，创立学校，兴修水利，广开

屯田，人民得以安居乐业。传见《三国志》卷十五。［6］扬州独有九江：当时扬州的庐江、丹阳、会稽、吴、豫章等郡皆属孙氏，刘馥为刺史，仅有九江一郡。汉末九江郡的治所寿春，在今安徽寿县。［7］合肥：侯国名，国治在今安徽合肥市。［8］州治：东汉末扬州刺史的治所在寿春，现刘馥移于合肥。［9］陂堨：蓄水的堰塘。［10］畜：同“蓄”。［11］侍御史：官名，掌察举非法，受公卿群吏奏事，有违失者则举劾。［12］张纮：建安三年孙策遣张纮至许都贡献方物，朝廷遂留为侍御史。［13］讨虏将军：官名，为此时创置的杂号将军。［14］领：兼任。［15］会稽东部都尉：东汉于会稽郡置东部都尉，职如太守。东汉末治所在句章，在今浙江余姚市东南。［16］太夫人：孙权之母吴夫人。［17］扬武都尉：官名，东汉于边郡关塞之地设都尉，职如太守。其他都尉为临时设置的一级领兵将领。此扬武都尉为孙策所置的领兵将领。［18］董袭：字元代，会稽余姚（今浙江余姚市）人。武勇过人，孙策入会稽时，投归孙策，为别部司马、扬武都尉。孙策死后又随孙权，数从征讨，屡立战功，为威越校尉、偏将军。传见《三国志》卷五十五。［19］不：同“否”。［20］讨逆明府：指孙策。因孙策为讨逆将军、会稽太守。汉代人尊称太守为明府。［21］讨虏：指孙权。孙权为讨虏将军。［22］秉：操持。［23］爪牙：指武将。［24］之部：谓往会稽东部。［25］受北任：指受许都朝廷之任。［26］嫌：怀疑。［27］介意：放在心上。［28］比：谓类似者。［29］合榻（tà）：谓将两人用的几案合起来。榻，几案。［30］桓、文之功：指春秋时齐桓公、晋文公尊王称霸之功。［31］高帝：指汉高祖刘邦。［32］义帝：秦末农民起义时，项梁立楚怀王孙心为怀王。灭秦后，项羽尊怀王为义帝。不久又将义帝杀害。［33］卒：同“猝”，很快。［34］衅：衅隙，破绽。［35］多务：多事，谓多变故。［36］竟长江所极，据而有之：谓占据全部长江流域。［37］冀：希望。［38］储偫（zhì）：储备。［39］富拟其旧：谓类似鲁肃家旧有之富饶。［40］料：清理。［41］别部司马：官名，东汉时，大将军领营五部，部有校尉一人，军司马一人，其别营领属为别部司马，领兵多少没有一定。汉末，有些杂号将军也置别部司马以领兵。［42］吕蒙（178—219）：字子明，汝南富陂（今安徽阜南县东南）人。少年渡江，依姊夫邓当，邓当为孙策部将。邓当死，孙策使蒙领其兵，为别部司马。孙策死后，又从孙权攻占各地，任横野中郎将。后随周瑜、程普等大破曹操于赤壁，为偏将军。鲁肃死后，又代领其军，袭破关羽，占有荆州，封孱陵侯。传见《三国志》卷五十四。［43］鲜整：华丽而整齐。［44］练习：熟悉。［45］骆统（194—228）：字公绪，会稽乌程（今浙江义乌市）人。初代理乌程相，治理有方，孙权召为功曹，又为建忠中郎将。凌统死后，复领其兵。后随陆逊大破蜀军，为偏将军。多陈善议，为孙权所重。传见《三国志》卷五十七。［46］损益：利弊。［47］别进：个别召进。［48］问其燥湿：谓问其生活居处情况。［49］密意：谓亲切关怀。［50］斩辅亲近：孙辅为孙权从兄，故斩其亲近之人而不及辅。［51］东：指吴郡之东。［52］议郎：官名，郎官之一种，属光禄勋，但不入值宿卫，得参与朝政议论。［53］居阿衡之任：谓居于辅助帝王、主持国政之地位。阿衡，即商初之伊尹，名挚，助汤伐桀有功，商朝建立后，继续辅助商汤，主持国政，汤尊之为阿衡。［54］枭（xiāo）：杀人头悬于木上。［55］张羡：原为刘表所辖之长沙太守，于建安三年举长沙、零陵、桂阳三郡抗拒刘表。［56］零、桂：即零陵郡与桂阳郡。零陵郡治所在泉陵，在今湖南零陵县。桂阳郡治所在郴县，在今湖南郴州市。［57］职贡：指应向朝廷贡纳的方物。［58］郊祀天地：古代帝王于郊外祭祀天地之大典。［59］僭拟乘舆：超越本分类比于天子。［60］暗懦：愚昧而懦弱。［61］张修：刘璋之别部司马。初平二年，刘焉遣督义司马张鲁、别部司马张修合兵袭杀汉中太守苏固，张鲁、张修因驻汉中。［62］巴郡：治所江州，在今重庆市。而庞羲为太守，则迁至阆中。［63］阆中：县名，县治在今四川阆中市。［64］汉昌：县名，汉和帝时始置，县治在今四川巴中市。［65］賨（cóng）民：古代居于渠江、嘉陵江流域的一支少数民族，又称板楯蛮，因秦汉时他们向统治者缴纳的赋叫賨，因而称他们为賨民。［66］构：挑拨。［67］南阳：郡名，治所宛县，在今河南南阳市。［68］三辅：地区名，汉代称京兆尹、左冯翊、右扶风为三辅。相当于以今西安市为中心的陕西中部地区。［69］荆州：指刘表。［70］蜀郡：治所成都，在今四川成都市。［71］广汉：郡名，治所雒县，在今四川广汉市北。［72］犍为：郡名，治所武阳，在今四川广汉市彭山区东北。

【点评】

本卷记载的最大事件是袁曹官渡之战。官渡之战是袁曹势力消长的转折点。当时袁强曹弱，而交战结果是袁败曹胜。曹操此役以少胜众，在中国战争史上写下了辉煌的一笔。曹操为何能以弱抗强？袁绍本有取胜之道，他为何不救刘备，夹击曹操？胜败是兵家常事，一时雄杰的袁绍，为何一蹶不振？点评这些问题，将带给我们深刻的启迪。

一、袁绍发动官渡之战不合时宜。公元200年二月，袁绍发布讨伐曹操的檄文，列举曹操进兵河内、图谋不轨的罪状。此时袁绍刚刚结束与公孙瓒的数年激战，不顾士众疲劳，不听谋臣劝谏，立即发动讨伐许都之战，简选精兵十万，骑万匹，大举南向。曹操迎战，袁曹相遇于官渡，史称官渡之战。袁曹双方的有识之士，都预言袁绍必败，因为袁绍急于南向，时机不对。袁绍智勇双全的大将沮授认为，袁军连年征战，“百姓疲惫，仓库无积”，且曹操奉迎天子，建宫许都，袁军南向，“于义则违”，即师出无名。沮授建议休整士卒，缮治器械，派出少量游兵骚扰河南，造成“彼不得安，我取其逸”的战略，“如此可以不战而胜”。但袁绍听不进去，田丰进谏，他甚至把田丰投入监狱。是什么原因使得袁绍不取稳操胜券的战略而要立即与曹操决一雌雄呢？原因有四：其一，天无二日，人无二王，袁曹两人都是有雄才者，随着势力的膨胀而外亲内疏，明争暗斗，公开破裂是迟早的事。其二，袁绍所并河北冀、并、青、幽四州，战乱没有河南司、豫、兖、徐惨烈，袁绍的实力大于曹操，特别是打败公孙瓒之后，骄傲自大，他要乘胜扩大战果，忘了将士连年征战的疲劳。其三，袁绍与曹操结盟，处处遭曹操暗算，特别是曹操进兵河内，插足自己的地盘，而且是乘人之危，袁绍与公孙瓒决战正酣，曹操给自己背上来了一刀，袁绍被激怒，急于向曹操兴师问罪而冒进，犯了兵家之大忌。其四，袁绍想打败曹操，自己挟天子以令诸侯，甚至是取汉室而代之。这时袁绍的野心比曹操还要大，他曾经讽喻耿苞陈说天命，可见袁绍想当皇帝的欲望已到发昏的地步。袁绍的野心，路人皆知，所以他在外交上节节失利。游说关西，关西接受朝廷节制。拉拢张绣，张绣反而投曹。联盟刘表，刘表坐观成败。只有一个刘备打出衣带诏，堂堂讨逆，袁绍又气愤刘备抢先倡议而见死不救，丧失了战机。这表现了袁绍不识大体，不顾大局，气度偏狭，焉能不败？

二、曹操人杰，非袁绍能敌。袁曹两人相较，郭嘉有袁绍十败、曹操十胜之说，大体得当。其主要方面，曹操取胜有四大原因。其一，曹操机权干略，高袁一筹。就以官渡之战为例，曹操进兵河内，占了地利和实利，挑起了袁曹的公开对立，而又把发动战争的责任转嫁到袁绍身上，确实是道高一尺，先赢一着。两军对峙官渡，后勤保障极其重要。先是曹操派徐晃烧了袁军官渡前线的几千车军粮，袁绍又重新从河北运粮一万多车屯于官渡大营北面的乌巢（今河南延津县）。曹操亲率步骑五千，乘夜赶到乌巢，攻寨烧粮。在这存亡千钧一发之际，袁绍得知曹操偷袭乌巢，却执意只派少数人去援救，而以重兵去劫曹军大营。结果袁军攻打曹军营垒不力，而乌巢的军粮被曹操烧光。袁军军心动摇，全线溃退。其二，曹操个性奸诈，袁绍重义，不是曹操对手。袁曹结盟，划分势力范围，袁绍战河北，曹操战河南，两个背靠合力作战，扫灭群雄，获得了极大的成功。公元 194 年，曹操部将陈宫和陈留太守张邈反叛曹操，迎接吕布入兖州。曹操向袁绍告急，袁绍派大将朱灵引兵救援。事后曹操招诱朱灵投归，挖了袁绍的墙角。袁绍手下大将臧洪，文武双全，替袁绍打下青州，袁绍让其子袁谭守青州，徙臧洪为东郡太守。公元 196 年，曹操攻围张超，张超与臧洪是结盟兄弟，臧洪要救张超，袁绍不许，逼反臧洪，袁绍兴兵攻围臧洪一年有余，才破杀了臧洪，不仅使自己痛失一臂，又贻误了剿灭公孙瓒的时机，大为失计。反观曹操，“宁我负人，毋人负我”，有利可图，绝不放过。曹操进兵河内，背后捅刀子，就是生动的例证。袁曹两人相较，袁绍是君子，曹操是小人。君子与小人斗，小人常胜，君子常败。其三，曹操大度，善于用人，因此能得人死力。徐晃、张辽来自敌垒，投曹后都能效死力。袁绍褊狭，用人好猜忌，又忠奸不分，自己把人才推到了曹操一边。谋士许攸，战将张郃、高览，皆因遭猜忌和被诬陷，临阵倒戈，要了袁绍的命。其四，曹操有识，不耻下问而善听忠言。官渡之战每到关键时刻，曹操就向荀彧、郭嘉问计，得策即行，与袁绍的拒谏饰非形成鲜明对比。

三、袁绍也是英雄。《后汉书·袁绍传》注引《献帝春秋》的记载，袁绍病死，冀州的老百姓奔走相告，街头巷尾，到处是哭声，好像死了亲人一样。当时的老百姓把袁绍看作是一个英雄，而且是不应当死的英雄，难道百姓们都错了吗？有人说这是史家的编造。曹操灭了袁谭，袁尚、袁熙兄弟二人逃奔乌桓，河北士民相随十余万，说明袁绍生前能宽仁待众以及对北边民族的和解政策起了一定的作用。但是袁曹相斗，袁绍失败了，曹操胜利了，这有着多方面的原因。袁绍失败的主要原因有三：一是他个人的谋略智计、气质权术不是曹操对手；二是他外宽内忌，刚愎自用，不能容忍人才而取长补短，官渡之战中以个人之智力对曹氏集团之群士，哪有不败之理？三是个人心胸狭窄，袁绍官渡之战败后，不思更张，反而变本加厉忌刻人才，冤杀田丰，气愤忧死。袁绍死后，又无良辅协调二子，被曹操利用，于是袁绍集团不可避免地覆亡了。

袁绍失败了，但他鹰扬河朔的业绩替曹操统一北方开辟了道路，仍不失为汉末的一个英雄人物。

卷六四　汉纪五十六

汉献帝建安六年至十年（201—205 年）

【起重光大荒落（辛巳，201 年），尽旃蒙作噩（乙酉，205 年），凡五年】

【大事提要】

本卷记事起公元 201 年，讫公元 205 年，凡五年，当汉献帝建安六年至建安十年。这五年是官渡之战后，现存各大军阀调整战略、对内平叛、对外观望、重新洗牌的时期，没有大战役发生，整体形势相对平静。荆州无事，刘表继续保境安民。江东孙权、益州刘璋、汉中张鲁，平定内乱，巩固区域统治。孙权拒绝曹操征质，分庭抗礼。北方仍是激烈的争战地区。官渡之战后，由于袁绍忧死，刘备退出逐鹿中原，南依刘表，中原叱咤风云的英雄只剩了一个曹操。袁绍废长立幼，导致袁氏兄弟相残，曹操趁机各个击破，先破袁尚，后灭袁谭，高干归降，完成了对北方的统一。建安十年，高干复叛，引发河东骚乱，迟滞了曹操北征乌桓，但无损北方大局。

孝献皇帝己

建安六年（辛巳，201 年）

春，三月丁卯朔[1]，日有食之。

曹操就谷[2]于安民[3]。以袁绍新破，欲以其间[4]击刘表。荀彧曰："绍既新败，其众离心，宜乘其困，遂定之；而欲远师[5]江、汉[6]，若绍收其余烬[7]，乘虚以出人后，则公事去矣。"操乃止。夏，四月，操扬兵[8]河[9]上，击袁绍仓亭[10]军，破之。秋，九月，操还许。

操自击刘备于汝南[11]，备奔刘表，龚都等皆散。表闻备至，自出郊迎，以上宾礼待之，益[12]其兵，使屯新野[13]。备在荆州数年，尝于表坐起至厕，慨然流涕。表怪，问备，备曰："平常身不离鞍，髀[14]肉皆消。今不复骑，髀里[15]肉生。日月如流，老将至矣，而功业不建，是以悲耳。”

曹操遣夏侯渊、张辽围昌豨于东海[16]，数月，粮尽，议引军还。辽谓渊曰：“数日已来，每行诸围，豨辄属目[17]视辽，又其射矢更稀；此必豨计犹豫，故不力战。辽欲挑[18]与语，傥[19]可诱也。”乃使谓豨曰：“公有命，使辽传之。”豨果下与辽语。辽为说操神武[20]，方以德怀[21]四方，先附者受大赏。豨乃许降。辽遂单身上三公山[22]，入豨家，拜妻子。豨欢喜，随辽诣操；操遣豨还。

赵韪围刘璋于成都。东州人恐见诛灭，相与力战，韪遂败退，追至江州[23]，杀之。庞羲惧，遣吏程祁宣旨于其父汉昌令畿，索賨兵。畿曰：“郡合部曲，本不为乱，纵[24]有谗谀，要在尽诚，若遂怀异志，不敢闻命。”羲更使祁说之，畿曰：“我受牧恩，当为尽节，汝为郡吏，自宜效力。不义之事，有死不为。”羲怒，使人谓畿曰：“不从太守，祸将及家！”畿曰：“乐羊食子[25]，非无父子之恩，大义然也。今虽羹祁以赐畿，畿啜之矣。”羲乃厚谢于璋。璋擢[26]畿为江阳[27]太守。

朝廷闻益州乱，以五官中郎将[28]牛亶为益州刺史；征璋为卿[29]，不至。

张鲁以鬼道[30]教民，使病者自首其过[31]，为之请祷；实无益于治病，然小人昏愚，竞共事之。犯法者，三原[32]，然后乃行刑；不置长吏[33]，皆以祭酒[34]为治。民、夷便乐之，流移寄在其地者，不敢不奉其道。后遂袭取巴郡。朝廷力不能征，遂就宠[35]鲁为镇民中郎将[36]，领[37]汉宁[38]太守，通贡献而已。

民有地中得玉印者，群下[39]欲尊鲁为汉宁王。功曹[40]巴西阎圃谏曰：“汉川[41]之民，户出十万，财富土沃，四面险固；上匡天子，则为桓、文[42]，次及窦融[43]，不失富贵。今承制[44]署置[45]，势足斩断[46]，不烦于王[47]。愿且不称，勿为祸先。”鲁从之。

（以上为第一段，写官渡之战后各方重新蓄积力量。曹操治乱徐州，刘备南依刘表，益州刘璋、汉中张鲁，保境安民。）

【注释】

[1]三月丁卯朔：三月朔日为丁酉，二月朔日为丁卯。据此三月应为二月之误。朔，初一日。[2]就谷：谓移兵到谷多之处，就地取得给养。[3]安民：地名，东汉东平国寿张县西有安民亭，亭北又有安民山，寿张县治在今山东东平县西南。[4]间（jiàn）：间隙。[5]远师：远出军。[6]江、汉：长江与汉水，指荆州。[7]烬：物体燃烧后剩下的部分。此喻袁绍残余之众。[8]扬兵：炫耀兵力。[9]河：黄河。[10]仓亭：即仓亭津，古黄河渡口。在今山东阳谷县北。[11]汝南：郡名，治所平舆，在今河南平舆县北。[12]益：增加。[13]新野：县名，县治在今河南新野县。[14]髀（bì）：大腿。[15]髀里：大腿内侧。[16]东海：郡名，治所郯县，在今山东郯城县西北。[17]属（zhǔ）目：注目，注视。[18]挑（tiǎo）：挑逗，打动。[19]傥：同"倘"。或许。[20]神武：聪明威武。[21]怀：安抚。[22]三公山：在当时郯县境内。[23]江州：县名，县治在今重庆市中区。[24]纵：即使。[25]乐羊食子：乐羊，战国时魏将。魏文侯令乐羊率兵攻中山，当时乐羊之子正在中山，乐羊受命而不顾，中山人因烹其子，并将其汤送与乐羊，乐羊仍饮之，终于降服中山。事见《战国策·魏策一》。[26]擢（zhuó）：提拔。[27]江阳：郡名，刘璋分犍为郡所置，治所江阳县，在今四川泸州市。[28]五官中郎将：官名，汉于光禄勋下置五官、左、右三署中郎将，统领皇帝侍卫军。[29]卿：指中央政府的九卿。[30]鬼道：指五斗米道。初入道者称为"鬼卒"。[31]自首其过：自己陈述自己的过失。[32]原：原谅，恕免。[33]长吏：指县官。[34]祭酒：张鲁在汉中创立政教合一的政权，其政权中最高统治者称"师君"，以下皆称"祭酒"或"治头大祭酒"。[35]宠：宠命，恩赐任命。[36]镇民中郎将：官名，中郎将为东汉位次于将军的统兵将领，镇民为其名号。[37]领：兼任。[38]汉宁：郡名，即汉中郡，以后建安二十年又复称汉中。汉宁之称盖始于此时。治所在南郑，在今陕西汉中市。[39]群下：谓张鲁的手下人。[40]功曹：官名，即功曹史，郡守之主要佐吏，除分掌人事外，还参与一郡政务。[41]汉川：即汉中。[42]桓、文：春秋五霸中的齐桓公与晋文公。[43]窦融：东汉人，新莽末年曾割据河西五郡，后归降汉光武帝刘秀，以功封安丰侯，任大司农。事见《后汉书·窦融传》。[44]承制：秉承皇帝之命。[45]署置：设置官员。[46]斩断：尽断，专断。[47]王（wàng）：称王，为王。

七年（壬午，202年）

春，正月，曹操军[1]谯[2]，遂至浚仪[3]，治睢阳渠[4]。遣使以太牢[5]祀桥玄[6]。进军官渡。

袁绍自军败，惭愤，发病呕血；夏，五月，薨。

初，绍有三子，谭、熙、尚。绍后妻刘氏爱尚，数称于绍，绍欲以为后[7]而未显[8]言之。乃以谭继兄[9]后，出为青州刺史。沮授谏曰：

"世称万人逐兔[10]，一人获之，贪者悉止，分定故也。谭长子，当为嗣，而斥使居外，祸其始此矣。"绍曰："吾欲令诸子各据一州，以视其能。"于是以中子熙为幽州刺史，外甥高干为并州刺史。

逢纪、审配素为谭所疾，辛评、郭图皆附于谭，而与配、纪有隙[11]。及绍薨，众以谭长，欲立之。配等恐谭立而评等为害，遂矫绍遗命，奉尚为嗣。谭至，不得立，自称车骑将军[12]，屯黎阳。尚少与之兵，而使逢纪随之。谭求益[13]兵，审配等又议不与。谭怒，杀逢纪。秋，九月，曹操渡河攻谭。谭告急于尚，尚留审配守邺[14]，自将助谭，与操相拒。连战，谭、尚数败，退而固守。

尚遣所置河东[15]太守郭援，与高干、匈奴南单于共攻河东，发使与关中诸将马腾等连兵，腾等阴许之，援所经城邑皆下。河东郡吏贾逵[16]守[17]绛[18]，援攻之急；城将溃，父老与援约，不害逵，乃降，援许之。援欲使逵为将，以兵[19]劫[20]之，逵不动。左右引逵使叩头，逵叱之曰："安有国家长吏[21]为贼叩头！"援怒，将斩之，或伏其上以救之。绛吏民闻将杀逵，皆乘城呼曰："负约杀我贤君，宁俱死耳！"乃囚于壶关[22]，着[23]土窖中，盖以车轮。逵谓守者曰："此间无健儿[24]邪，而使义士死此中乎？"有祝公道者，适[25]闻其言，乃夜往，盗引出逵，折械[26]遣去，不语其姓名。

曹操使司隶校尉钟繇围南单于于平阳[27]，未拔而救[28]至。繇使新丰[29]令冯翊张既[30]说马腾，为言利害。腾疑未决。傅干说腾曰："古人有言：'顺德者昌，逆德者亡[31]。'曹公奉天子诛暴乱，法明政治，上下用命，可谓顺道矣。袁氏恃其强大，背弃王命，驱胡虏以陵[32]中国，可谓逆德矣。今将军既事有道[33]，阴怀两端[34]，欲以坐观成败；吾恐成败既定，奉辞责罪，将军先为诛首矣！"于是腾惧。干因曰："智者转祸为福。今曹公与袁氏相持，而高干、郭援合攻河东，曹公虽有万全之计，不能禁河东之不危也。将军诚能引兵讨援，内外击之[35]，其势必举[36]。是将军一举[37]，断袁氏之臂，解一方之急，曹公必重德将军，将军功名无与比矣。"腾乃遣子超将兵万余人与繇会。

初，诸将以郭援众盛，欲释平阳去。钟繇曰："袁氏方强，援之来，关中阴与之通，所以未悉叛者，顾吾威名故耳。若弃而去，示之以弱，所在之民，谁非寇仇，纵吾欲归，其得至乎！此为未战先自败[38]也。且援刚愎[39]好胜，必易[40]吾军，若渡汾[41]为营，及其未济击之，可大克也。”援至，果径前渡汾，众止之，不从。济水未半，繇击，大破之。战罢，众人皆言援死而不得其首。援，繇之甥也。晚后，马超校尉[42]南安庞德[43]，于鞬[44]中出一头，繇见之而哭。德谢繇，繇曰：“援虽我甥，乃国贼也，卿何谢之有！”南单于遂降。

（以上为第二段，写袁绍忧死，因其废长立幼，为袁氏兄弟相残伏笔。）

【注释】

[1]军：驻军。 [2]谯：县名，县治在今安徽亳州市。 [3]浚仪：县名，县治在今河南开封市。 [4]睢（suī）阳渠：水名，在今河南商丘市南。 [5]太牢：古时祭祀，用牛、羊、猪三牲作祭品，称太牢，有时也专指牛一种。 [6]祀桥玄：桥玄在曹操年少未为官时就器重曹操，曹操感其知遇，故祭祀他。 [7]后：嗣子。袁绍想废长立幼，就把袁谭过继给自己已死无后的哥哥作为嗣子。实际是剥夺袁谭的宗子地位，为立袁尚扫清道路。 [8]显：明确。 [9]兄：盖指袁成已死之子。袁绍本袁逢之庶子，过继与伯父袁成为子。大概袁成早有子已死，袁绍就称袁成已死之子为兄。 [10]世称万人逐兔：《慎子·内篇》说：“一兔走，百人逐之，非一兔足为百人分也，由未定也。……积兔在市，行者不顾，非不欲兔也，分（fèn）已定矣。分已定，人虽鄙不争。”世称，满世界的人都认为。 [11]隙：间隙，矛盾。 [12]自称车骑将军：袁绍初起兵讨董卓时，即自称车骑将军，故袁谭也以之自称。 [13]益：增加。 [14]邺：县名，县治在今河北临漳县西南，为袁氏据河北之治所。 [15]河东：郡名，治所安邑，在今山西夏县西北。 [16]贾逵：字梁道，河东襄陵（今山西临汾市东南）人。初为郡吏及县令、长，曹操征马超时，为弘农太守，后为丞相主簿。曹魏初，为豫州刺史，治理有方，魏文帝称之为“真刺史”，命天下刺史效法豫州，加建威将军。传见《三国志》卷十五。 [17]守：试守，试职称守。 [18]绛：即绛邑，县名，在今山西曲沃县东。“守绛”，即试为绛邑长。《三国志·魏书·贾逵传》作“守绛邑长”。 [19]兵：兵器。 [20]劫：威胁，强迫。 [21]长吏：县长。 [22]壶关：县名，县治在今山西长治市北。[23]着（zhuó）：置。 [24]健儿：壮士。 [25]适：正好。 [26]械：刑具。 [27]平阳：县名，县治在今山西临汾市西南。当时匈奴南单于呼厨泉即居平阳。 [28]救：据章校，有的版本“救”作“援”。 [29]新丰：县名，县治在今陕西西安市临潼区东北。 [30]张既（?—223）：字德容，冯翊高陵（今陕西西安市高陵区西南）人。初为新丰令，治绩为三辅第一。又为京兆尹，亦有治绩。后为雍州刺史，曹魏初又为凉州刺史。在二州十余年，政绩卓著，封西乡侯。传见《三国志》卷十五。 [31]顺德者昌，逆德者亡：此为先秦古语，秦末新城三老董公向刘邦言谈中就曾

引用此语。［32］陵：通“凌”，侵侮。［33］道：据章校，有些版本“道”下有“不尽其力”四字。似当有之。［34］阴怀两端：指既附于曹操，又与袁氏暗通。［35］内外击之：谓河东之兵击郭援于内，马腾之兵攻郭援于外。［36］举：攻克。［37］举：举动，行动。［38］未战先自败：意思是说，如果放弃攻打平阳，回兵以避郭援，则马腾等关中诸将必叛，要想回到司隶校尉治所，也不可能，是不战而自取败。［39］刚愎（bì）：傲慢而固执。［40］易：轻视。［41］汾：汾水，流经平阳县东。［42］校尉：官名，东汉统兵的中级武官。［43］庞德：字令明，南安狟（huán）道（又作“獂道”，在今甘肃陇西县东南渭水东岸）人。初从马腾为将，后随马超奔汉中从张鲁。曹操定汉中后，随众降曹操，拜立义将军。后从曹仁屯樊，关羽攻樊，被俘杀。传见《三国志》卷十八。［44］鞬（jiān）：盛弓之袋。

刘表使刘备北侵，至叶[1]，曹操遣夏侯惇、于禁等拒之。备一旦烧屯去，惇等追之。裨将军[2]巨鹿李典[3]曰：“贼无故退，疑必有伏。南道窄狭，草木深，不可追也。”惇等不听，使典留守而追之，果入伏里，兵大败。典往救之，备乃退。

曹操下书责孙权任子[4]，权召群僚会议，张昭、秦松等犹豫不决。权引周瑜诣吴夫人前定议，瑜曰：“昔楚国初封，不满百里之地。继嗣贤能，广土开境，遂据荆、扬[5]，传业延祚，九百余年[6]。今将军承父兄[7]余资，兼六郡[8]之众，兵精粮多，将士用命，铸山为铜，煮海为盐，境内富饶，人不思乱，有何逼迫而欲送质[9]？质一人，不得不与曹氏相首尾[10]，与相首尾，则命召不得不往，如此，便见制于人也。极不过一侯印，仆从十余人，车数乘，马数匹，岂与南面称孤[11]同哉！不如勿遣，徐观其变。若曹氏能率义以正天下，将军事之未晚；若图为暴乱，彼自亡之不暇，焉能害人！”吴夫人曰：“公瑾[12]议是也。公瑾与伯符[13]同年，小一月耳，我视之如子也，汝其兄事之。”遂不送质。

（以上为第三段，写孙权拒绝征质，与曹操分庭抗礼。）

【注释】

［1］叶：县名，县治在今河南叶县南。［2］裨将军：官名，东汉之杂号将军。［3］巨鹿李典：按《三国志·魏书·李典传》，李典为山阳巨野人，非巨鹿郡人，当从《三国志》。李典，字曼成，山阳巨野（今山东巨野县南）人。初平中率宗人部曲随曹操镇压黄巾军，后屡从曹操征讨，为裨将军、捕虏将军。后迁宗人部曲三千余口居邺，受到曹操之嘉奖，为破虏将军。传见《三国志》

卷十八。［4］任子：派儿子作为人质。［5］扬：据章校，有些版本“扬”下有“至于南海”四字。当有之。［6］九百余年：周成王封楚国始祖熊绎于楚（居丹阳，在今湖北秭归县东南），子孙后代不断扩张，遂拥有荆、扬至南海之地，至楚王负刍时被秦所灭，前后经历九百余年。［7］父兄：指孙权父孙坚、兄孙策。［8］六郡：指江东六郡，即会稽、吴、丹阳、豫章、庐陵、庐江等郡。［9］质：人质。［10］相首尾：共首尾，即追随服从之意。［11］南面称孤：即称王之意。古代帝王例皆坐北面南受臣下朝拜，故南面为王，北面为臣。［12］公瑾：周瑜字公瑾。［13］伯符：孙策，字伯符。

八年（癸未，203 年）

春，二月，曹操攻黎阳，与袁谭、袁尚战于城下，谭、尚败走，还邺。夏，四月，操追至邺，收其麦；诸将欲乘胜遂攻之，郭嘉曰：“袁绍爱此二子，莫适立[1]也。今权力相侔[2]，各有党与[3]，急之则相保[4]，缓之则争心生[5]。不如南向荆州以待其变；变成而后击之，可一举定也。”操曰：“善！”五月，操还许，留其将贾信屯黎阳。

谭谓尚曰：“我铠甲不精，故前为曹操所败。今操军退，人怀归志，及其未济，出兵掩之，可令大溃，此策不可失也。”尚疑之，既不益兵，又不易甲。谭大怒，郭图、辛评因谓谭曰：“使先公出将军为兄后者，皆审配之谋也。”谭遂引兵攻尚，战于门外[6]。谭败，引兵还南皮[7]。

别驾[8]北海王修[9]，率吏民自青州往救谭。谭欲更还攻尚，修曰：“兄弟者，左右手也。譬人将斗而断其右手，曰‘我必胜’，其可乎？夫弃兄弟而不亲，天下其谁亲之！彼谗人离间骨肉以求一朝之利，愿塞耳勿听也。若斩佞臣数人，复相亲睦，以御四方，可横行于天下。”谭不从。谭将刘询起兵漯阴[10]以叛谭，诸城皆应之。谭叹曰：“今举州皆叛，岂孤之不德邪！”王修曰：“东莱[11]太守管统，虽在海表，此人不反，必来。”后十余日，统果弃其妻子来赴谭，妻子为贼所杀。谭更以统为乐安[12]太守。

秋，八月，操击刘表，军于西平[13]。

袁尚自将攻袁谭，大破之，谭奔平原[14]，婴城[15]固守。尚围之急，谭遣辛评弟毗[16]诣曹操请救。

刘表以书谏谭曰：“君子违难不适仇国[17]，交绝不出恶声[18]，况忘先人[19]之仇，弃亲戚之好，而为万世之戒，遗同盟[20]之耻哉！若冀州[21]有不弟[22]之傲，仁君[23]当降志辱身，以济事为务，事定之后，使天下平其曲直，不亦为高义邪！”又与尚书曰：“金、木、水、火以刚柔相济[24]，然后克[25]得其和，能为民用。青州[26]天性峭急[27]，迷于曲直。仁君[28]度数[29]弘广，绰然有余，当以大包小，以优容劣，先除曹操以卒[30]先公之恨，事定之后，乃议曲直之计，不亦善乎！若迷而不反，则胡夷将有讥诮[31]之言，况我同盟，复能戮力[32]为君之役哉！此韩卢、东郭自困于前而遗田父之获[33]者也。”谭、尚皆不从。

辛毗至西平见曹操，致谭意，群下[34]多以为刘表强，宜先平之，谭、尚不足忧也。荀攸曰；“天下方有事，而刘表坐保江、汉之间，其无四方之志可知矣。袁氏据四州[35]之地，带甲数十万，绍以宽厚得众心；使[36]二子和睦以守其成业，则天下之难未息也。今兄弟遘恶[37]，其势不两全，若有所并则力专，力专则难图[38]也；及其乱而取之，天下定矣，此时[39]不可失也。”操从之。

后数日，操更欲先平荆州，使谭、尚自相敝，辛毗望操色[40]，知有变，以语郭嘉。嘉白操，操谓毗曰：“谭必可信，尚必可克不[41]?”毗对曰：“明公无问信与诈也，直[42]当论其势耳。袁氏本兄弟相伐，非谓他人能间其间，乃谓天下可定于己[43]也。今一旦求救于明公[44]，此可知也。显甫[45]见显思[46]困而不能取，此力竭也。兵革败于外[47]，谋臣诛于内[48]，兄弟谗阋[49]，国分为二，连年战伐，介胄[50]生虮虱[51]，加以旱蝗，饥馑并臻[52]；天灾应于上，人事困于下，民无愚智，皆知土崩瓦解，此乃天亡尚之时也。今往攻邺，尚不还救，即不能自守；还救，即谭踵其后。以明公之威，应困穷之敌[53]，击疲敝之寇[54]，无异迅风之振秋叶矣。天以尚与明公，明公不取而伐荆州；荆州丰乐，国未有衅[55]。仲虺[56]有言，‘取乱侮亡’。方今二袁不务远略而内相图，可谓乱矣；居者无食，行者无粮，可谓亡矣。朝不谋夕，民命靡[57]继，而不绥[58]之，欲待他年；他年或登[59]，又自知亡而改修厥[60]德，失所以用兵之要矣。今因其请救而抚之，利莫大焉。且四方之寇，莫大于河北，河北平，则六军[61]盛而天下震矣。”操曰：“善！”乃许谭平[62]。

冬，十月，操至黎阳。尚闻操渡河，乃释平原还邺。尚将吕旷、高翔畔[63]归曹操，谭复阴刻将军印以假旷、翔。操知谭诈，乃为子整聘谭女以安之，而引军还。

孙权西伐黄祖，破其舟军，惟城未克，而山寇[64]复动。权还，过豫章[65]，使征虏中郎将[66]吕范平鄱阳[67]、会稽[68]，荡寇中郎将[69]程普讨乐安[70]，建昌都尉[71]太史慈领海昏[72]，以别部司马黄盖、韩当、周泰[73]、吕蒙等守剧县令长[74]，讨山越，悉平之。建安[75]、汉兴[76]、南平[77]民作乱，聚众各万余人，权使南部都尉[78]会稽贺齐[79]进讨，皆平之，复立县邑，料[80]出兵万人；拜齐平东校尉。

（以上为第四段，写袁氏兄弟相残，曹操渔人得利。孙权镇抚山越。）

【注释】

［1］莫适立：意谓没有确立谁为接班人。适，通“嫡”。［2］侔（móu）：相等。［3］各有党与：指袁谭有辛评、郭图等，袁尚有审配等。［4］急之则相保：谓加紧进攻袁谭、袁尚，他们就会相互联合共同抵抗。［5］缓之则争心生：谓不进攻袁谭、袁尚，他们之间就会相互争斗。［6］门外：指邺城门外。［7］南皮：县名，县治在今河北南皮县东北。［8］别驾：官名，即别驾从事史，州牧刺史的主要佐吏，主领众事。州牧刺史巡行各地时，别乘传车从行，故名别驾。此别驾为袁谭之别驾。［9］王修：字叔治，北海营陵（今山东昌乐县东南）人。初为北海相孔融之佐吏、县令，多次解救孔融之危。袁谭为青州刺史时，辟为治中从事史与别驾从事史。曹操破杀袁谭后，遂归曹操，为司空掾、魏郡太守、奉常等。传见《三国志》卷十一。［10］漯（tà）阴：县名，县治在今山东临邑县西。［11］东莱：郡名，治所黄县，在今山东龙口市。［12］乐安：郡名，治所临济，在今山东高青县西南。［13］西平：县名，县治在今河南西平县西。［14］平原：郡名，治所平原县，在今山东平原县西南。［15］婴城：据城。［16］辛毗：字佐治，颍川阳翟（今河南禹州市）人。初随兄辛评从袁绍，袁绍死后在袁谭部。后受袁谭命出使曹操，曹操因表荐为议郎，又为丞相长史。曹魏初为侍中，魏明帝时为卫尉。司马懿与诸葛亮对垒渭滨，毗为大将军军师，使持节节度诸军，虽司马懿亦不能违犯。传见《三国志》卷二十五。［17］君子违难不适仇国：此为《左传》哀公八年载公山不狃之言。意思是说，君子逃避危难也不到仇怨之国去。［18］交绝不出恶声：此为《史记·乐毅列传》载乐毅《报遗燕惠王书》中之言。意思是说，君子即使交情断绝，也不说对方的坏话。［19］先人：指袁绍。［20］同盟：刘表与袁绍同盟。［21］冀州：指袁尚。当时袁尚据有冀州。［22］不弟：没有遵守做弟弟的本分。［23］仁君：对袁谭之尊称。［24］金、木、水、火以刚柔相济：谓金、木、水、火相互依赖才能为人所用。如金属斧头能伐木，但斧头之手柄却须木制；水能灭火，但水要烹饪食物，又必须依赖于火。［25］克：能。［26］青州：指袁谭。

当时袁谭据有青州。［27］峭（qiào）急：严厉急躁。［28］仁君：对袁尚之尊称。［29］度数：度量。［30］卒：完成。［31］讥诮：议论讽刺。［32］戮力：并力。［33］韩卢、东郭自困于前而遗田父之获：战国时淳于髡（kūn）对齐威王说：有一只快犬名叫韩子卢，又有一只狡兔名叫东郭逡（jùn），韩子卢追逐东郭逡，环绕山三座，翻越山五重，兔拼命地跑在前，犬拼死地追于后，最后皆疲惫而死。田父见到，毫不费力地就得了犬和兔。事见《战国策·齐策三》。［34］群下：指曹操部下。［35］四州：冀、幽、青、并四州。［36］使：假如。［37］遘恶：结下仇怨。遘，通“构”，构成，造成。［38］力专则难图：意谓袁谭、袁尚相争，必有一方吞并另一方，两方联合，则力专一，曹操就难以对付。［39］时：时机。［40］色：气色，神态。［41］不（fǒu）：同“否”。［42］直：仅，只。［43］谓天下可定于己：意思是说，袁谭、袁尚最初相攻时，认为其他人不会插手其间，只要把青州、冀州合并一起，就能乘势平定天下。［44］求救于明公：谓袁谭已困惫无力。［45］显甫：袁尚字显甫。［46］显思：袁谭字显思。［47］兵革败于外：指袁绍官渡之败。［48］谋臣诛于内：指田丰、逢纪等被诛杀。［49］谗阋（xì）：因谗言而内争。［50］介胄（zhòu）：即甲胄，铠甲与头盔。［51］虮（jǐ）虱（shì）：虱，寄生人体吸血的一种小昆虫。所生之卵为虮。［52］臻（zhēn）：至，到达。［53］困穷之敌：指袁谭。［54］疲敝之寇：指袁尚。［55］衅：缝隙，裂痕。［56］仲虺（huǐ）：人名。商汤初之左相，曾向汤解释流放夏桀一事，《尚书》以之为《仲虺之诰》。“取乱侮亡”即《仲虺之诰》中言，今存伪古文《尚书》亦有。此言意思是说，混乱之国可以将它取下，有灭亡迹象之国可以欺负它。［57］靡（mǐ）：无。［58］绥：安抚。［59］登：谷物成熟叫登。此指丰收。［60］厥：其。［61］六军：天子之军队。［62］平：讲和。［63］畔：通“叛”，背叛。［64］山寇：指山越，丹阳、豫章、庐陵等郡皆有。［65］豫章：郡名，治所南昌，在今江西南昌市。［66］征虏中郎将：官名，中郎将为东汉位次于将军的统兵将领，征虏为其称号。［67］鄱（pó）阳：县名，县治在今江西鄱阳县东。［68］会稽：以地理情况看，“会稽”二字当为衍文。［69］荡寇中郎将：官名，孙权所置位次于将军的统兵将领。［70］乐安：县名，县治在今江西德兴市东。［71］建昌都尉：官名。东汉于边郡关塞之地设都尉，职如太守。建昌本为县，属豫章郡，县治在今江西奉新县西。孙策分豫章郡之建昌、海昏等六县，以太史慈为都尉，治所在海昏县，在今江西永修县。［72］海昏：县名，汉置。昏，原作昬（mǐn），唐人避唐太宗讳改为昏。故治在今江西永修县东。［73］周泰：字幼平，九江下蔡（今安徽凤台县）人。初随孙策，数有战功，为别部司马。曾随孙权在宣城，被山越所包围，孙权赖泰而免难，后以泰为平虏将军，又为奋威将军，封陵阳侯。传见《三国志》卷五十五。［74］剧县令长：黄盖为石城长，韩当为乐安长，周泰为宜春长，吕蒙为广德长，因各县皆当山越冲要，艰剧难治，故称为剧县。［75］建安：县名，县治在今福建建瓯市。［76］汉兴：县名，县治在今福建浦城县。［77］南平：县名，县治在今福建南平市西南。［78］南部都尉：即会稽南部都尉，治所在建安县。［79］贺齐：字公苗，会稽山阴（今浙江绍兴市）人。郡吏，孙策至会稽后，被举为孝廉，为永宁长。后多次平定地方武装势力，为孙权所信重。加偏将军，为新都郡太守。后又为安东将军、后将军、徐州牧等。传见《三国志》卷六十。［80］料：精选。

九年（甲申，204年）

春，正月，曹操济河，遏淇水入白沟[1]以通粮道。

二月，袁尚复攻袁谭于平原，留其将审配、苏由守邺。曹操进军至洹水[2]，苏由欲为内应，谋泄，出奔操。操进至邺，为土山、地道以攻之。尚武安[3]长尹楷屯毛城[4]，以通上党[5]粮道。夏，四月，操留曹洪攻邺，自将击楷，破之而还；又击尚将沮鹄于邯郸[6]，拔之。

易阳[7]令韩范、涉[8]长梁岐皆举县降。徐晃言于操曰："二袁未破，诸城未下者倾耳而听，宜旌赏[9]二县以示诸城。"操从之，范、岐皆赐爵关内侯[10]。黑山贼帅张燕遣使求助，操拜平北将军[11]。

五月，操毁土山、地道，凿堑[12]围城，周回四十里，初令浅，示若可越。配望见，笑之，不出争利。操一夜浚之，广深二丈，引漳水[13]以灌之，城中饿死者过半。

秋，七月，尚将兵万余人还救邺；未到，欲令审配知外动止，先使主簿[14]巨鹿李孚[15]入城。孚斫问事杖[16]，系著马边，自著平上帻[17]，将三骑，投暮[18]诣邺下；自称都督[19]，历北围，循[20]表[21]而东，步步呵责[22]守围将士，随轻重行其罚。遂历操营前，至南围，当章门[23]，复责怒守围者，收缚之。因开其围，驰到城下，呼城上人，城上人以绳引，孚得入。配等见孚，悲喜，鼓噪[24]称万岁。守围者以状闻，操笑曰："此非徒[25]得入也，方且[26]复出。"孚知外围益急，不可复冒，乃请配悉出城中老弱以省谷，夜，简别[27]数千人，皆使持白幡[28]，从三门[29]并出降。孚复将三骑作降人服，随辈夜出，突围得去。

尚兵既至，诸将皆以为："此归师，人自为战，不如避之。"操曰："尚从大道来，当避之；若循西山来者，此成禽耳。"尚果循西山[30]来，东至阳平亭，去邺十七里，临滏水[31]为营。夜，举火以示城中，城中亦举火相应。配出兵城北，欲与尚对决围。操逆击之，败还，尚亦破走，依曲漳[32]为营，操遂围之。未合，尚惧，遣使求降；操不听，围之益急。尚夜遁，保祁山[33]，操复进围之；尚将马延、张颉等，临陈[34]降，众大溃，尚奔中山[35]。尽收其辎重，得尚印绶、节钺[36]及衣物，以示城中，城中崩沮[37]。审配令士卒曰："坚守死战！操军疲矣，幽州[38]方至，何忧无主！"操出行围[39]，配伏弩射之，几中。

配兄子荣为东门校尉，八月，戊寅[40]，荣夜开门内[41]操兵。配拒战城中，操兵生获之。辛评家系[42]邺狱，辛毗驰往，欲解之，已悉为配所杀。操兵缚配诣帐下，毗逆以马鞭击其头，骂之曰："奴，汝今日真死矣！"配顾曰："狗辈，正由汝曹，破我冀州，恨不得杀汝也；且汝今日能杀生我邪[43]！"有顷，操引见，谓配曰："曩日[44]孤之行围，何弩之多也！"配曰："犹恨其少！"操曰："卿忠于袁氏，亦自不得不尔。"意欲活之。配意气壮烈，终无桡辞[45]，而辛毗等号哭不已，遂斩之。冀州人张子谦先降，素与配不善，笑谓配曰："正南[46]，卿竟何如我？"配厉声曰："汝为降虏，审配为忠臣，虽死，岂羡汝生邪！"临行刑，叱持兵者[47]令北向，曰："我君在北[48]也。"操乃临祀绍墓，哭之流涕；慰劳绍妻，还其家人宝物，赐杂缯絮[49]，禀食之[50]。

初，袁绍与操共起兵，绍问操曰："若事不辑[51]，则方面何所可据？"操曰："足下[52]意以为何如？"绍曰："吾南据河，北阻燕、代[53]，兼戎狄[54]之众，南向以争天下，庶[55]可以济[56]乎？"操曰："吾任天下之智力，以道御[57]之，无所不可。"

九月，诏以操领冀州牧，操让还兖州。

（以上为第五段，写曹操大败袁尚，攻克冀州。）

【注释】

［1］遏淇水入白沟：白沟本为一小水，在今河南浚县西，下接内黄以下的古清河。淇水，原为黄河支流，在卫辉市淇门镇入河。曹操进攻袁尚，为便于通粮运，遂于淇水入黄河之口，用大枋木作堰以断流，使其东入白沟。此后，上起枋堰，下包括今河北威县以南的清河，皆称白沟。［2］洹（yuán）水：流经邺县西南。［3］武安：县名，县治在今河北武安市西南。［4］毛城：地名，在今河北涉县西。［5］上党：郡名，治所本在长子，在今山西长子县西，董卓作乱，移至壶关，在今山西长治市北。［6］邯郸：县名，县治在今河北邯郸市。［7］易阳：县名，县治在今河北邯郸市永年区西。［8］涉：县名，县治在今河北涉县西北。［9］旌赏：表彰奖赏。［10］关内侯：汉代封爵之一种，次于列侯，只有俸禄而无封地。［11］平北将军：官名，此时新置的杂号

将军。［12］堑（qiàn）：壕沟。［13］漳水：流经当时邺县之西，即今漳河。［14］主簿：官名，汉代中央及郡县官署皆置此官，以典领文书，办理事务。［15］李孚：字子宪，巨鹿（治所在今河北宁晋县西南）人。初从袁尚，为主簿。袁尚失败后，又从袁谭为主簿。袁谭死后，投归曹操，为解县长、司隶校尉、阳平太守等。事见《三国志·魏书·贾逵传》注引《魏略列传》。［16］问事杖：即问事所用的杖。事杖，杖刑时用杖的士兵。［17］平上帻（zé）：汉末魏晋时武官所戴的头巾，因帻上平坦，故名。［18］投暮：临暮，傍晚。［19］都督：统兵的将领。［20］循：沿着。［21］表：围城所立的标志。［22］呵（hē）责：呵斥，怒责。［23］章门：邺城有七门，正南门叫章门，又叫中阳门。［24］鼓噪：击鼓呼叫。［25］徒：只。［26］方且：正将，正要。［27］简别：辨别选择。［28］白幡（fān）：白旗。［29］三门：指邺城南面的三道门，即凤阳门、中阳门、广阳门。［30］西山：指邺城以西今山西与河北交界处的太行山脉。也有人认为，西山指太行山脉中的鼓山。［31］滏（fǔ）水：即今滏阳河，在河北临漳县西。［32］曲漳：漳水大弯处。［33］祁山：在当时邺县之南，约在今河南安阳市西。《三国志·魏书·袁绍传》“祁山”又作“滥口”。清代学者谢钟英说：“按当时兵势，祁山即滥口，一地两名。”见《补三国疆域志补注》。［34］陈：同“阵”。［35］中山：王国名，治所卢奴，在今河北定州市。［36］节钺：符节、斧钺。符节示信，斧钺行刑。职位权力的象征用物。［37］崩沮：崩溃，瓦解。［38］幽州：指代袁熙。［39］行围：巡视围城阵地，巡行。［40］戊寅：八月二日。［41］内：同“纳”。［42］系：拘禁。［43］汝今日能杀生我邪：你今日能杀我或使我生存吗！言外之意，能杀我或使我生存的是曹操，而不是你辛毗。［44］曩（nǎng）日：往日。［45］桡（náo）辞：屈服的言辞。［46］正南：审配字正南。［47］持兵者：执兵器行刑者。［48］我君在北：指袁尚逃奔在北。［49］缯（zēng）絮：缯，丝织品的总称。絮，丝絮。［50］禀食（sí）之：用公粮供养他们。［51］辑：成功。［52］足下：古代对人的敬称。［53］燕、代：春秋二国名。其地相当于今河北北部和山西东北部一带。［54］戎狄：古代称西方的游牧部族为戎，北方的游牧部族为狄。这里泛指乌桓、鲜卑、南匈奴等。［55］庶：或许。［56］济：成功。［57］御：驾驭。

初，袁尚遣从事[1]安平牵招[2]至上党[3]督军粮，未还，尚走中山，招说高干以并州迎尚，并力观变，干不从。招乃东诣曹操，操复以为冀州从事；又辟崔琰为别驾，操谓琰曰：“昨按户籍，可得三十万众。故为大州也。”琰对曰：“今九州幅裂，二袁兄弟亲寻干戈[4]，冀方蒸庶[5]，暴骨原野，未闻王师存问风俗，救其涂炭[6]，而校计甲兵，唯此为先，斯岂鄙州士女所望于明公哉！”操改容谢之。

许攸恃功骄嫚，尝于众坐呼操小字曰：“某甲[7]，卿非我，不得冀州也！”操笑曰：“汝言是也。”然内不乐。后竟杀之。

冬，十月，有星孛于东井[8]。

高干以并州降，操复以干为并州刺史。

曹操之围邺也，袁谭复背之，略取甘陵[9]、安平[10]、勃海[11]、河间[12]。攻袁尚于中山，尚败，走故安[13]，从袁熙；谭悉收其众，还屯龙凑[14]。操与谭书，责以负约，与之绝婚，女还，然后进讨。十二月，操军其门[15]，谭拔平原，走保南皮，临清河[16]而屯。操入平原，略定诸县。

曹操表公孙度为武威将军[17]，封永宁乡侯[18]。度曰："我王辽东，何永宁也！"藏印绶于武库[19]。是岁，度卒，子康[20]嗣位，以永宁乡侯封其弟恭[21]。

操以牵招尝为袁氏领乌桓，遣诣柳城[22]，抚慰乌桓。值峭王[23]严[24]五千骑欲助袁谭，又，公孙康遣使韩忠假峭王单于印绶。峭王大会群长[25]，忠亦在坐。峭王问招："昔袁公言受天子之命，假[26]我为单于；今曹公复言当更白天子，假我真单于；辽东复持印绶来。如此，谁当为正？"招答曰："昔袁公承制[27]，得有所拜假；中间违错[28]天子命，曹公代之，言当白天子，更假真单于[29]；辽东下郡，何得擅称拜假也！"忠曰："我辽东在沧海之东，拥兵百余万，又有扶余[30]、涉貊[31]之用，当今之势，强者为右[32]，曹操何得独为是也！"招呵忠曰："曹公允恭明哲[33]，翼戴[34]天子，伐叛柔服[35]，宁静四海。汝君臣顽嚚[36]，今恃险远，背违王命，欲擅拜假，侮弄神器[37]；方当屠戮，何敢慢易[38]咎毁[39]大人[40]！"便捉忠头顿筑[41]，拔刀欲斩之。峭王惊怖，徒跣[42]抱招，以救请忠，左右失色。招乃还坐，为峭王等说成败之效，祸福所归；皆下席跪伏，敬受敕教[43]，便辞辽东之使，罢所严骑。

（以上为第六段，写牵招奉使安辑乌桓，不辱朝命。）

【注释】

[1]从事：官名，东汉州牧刺史的佐吏，有别驾从事史、治中从事史、兵曹从事史、部从事史等，均可简称从事。 [2]牵招：字子经，安平观津（今河北武邑县东南）人。初从袁绍，为督军从事，并统领乌桓骑兵。袁绍死后，又从袁尚。袁尚败后，乃投归曹操。后从曹操征乌桓，为护乌桓校尉。曹魏初为雁门太守，在郡十三年，大兴学校，开凿水利，甚有政绩。传见《三国志》卷

二十六。［3］上党：郡名，治所壶关。［4］寻干戈：使用干戈，即战争之意。［5］蒸庶：众庶，百姓。《诗经·大雅·燕民》郑笺："蒸，众也。"蒸，同"烝"。［6］涂炭：涂，泥；炭，火。比喻困苦的境地，如在泥中火中。［7］某甲：史书避讳之词。曹操一名吉利，小字阿瞒，许攸呼曹操小字，当为"阿瞒"。［8］东井：星名，即井宿，为二十八宿之一，由双子座八星组成。［9］甘陵：王国名，治所甘陵县，在今山东临清市东。［10］安平：王国名，治所信都，在今河北衡水市冀州区。［11］勃海：郡名，治所南皮，在今河北南皮县北。［12］河间：王国名，治所乐成，在今河北献县东南。［13］故安：县名，县治在今河北易县东南。［14］龙凑：地名，在今山东平原县南。［15］军其门：驻军于其门。其门，平原境内的地名，今地不详。［16］清河：水名，在南皮县西。［17］武威将军：官名，为东汉之杂号将军。［18］乡侯：汉代封爵之一种，位在县侯下，亭侯上，食邑为乡。［19］武库：指辽东郡之武库。［20］康：公孙康。公孙度死后，继承其位，后袁尚等逃奔辽东，康斩其首送曹操，以功为左将军，封襄平侯。传见《三国志》卷八。［21］恭：公孙恭。公孙康死后，其子晃、渊皆小，众立恭为辽东太守。曹丕为帝之后，以恭为车骑将军，封平郭侯，后被公孙渊所胁夺。传见《三国志》卷八。［22］柳城：旧县名。西汉为县，属辽西郡，东汉省。旧县治在今辽宁朝阳市南。［23］峭王：辽东属国乌桓首领苏仆廷自称峭王。［24］严：指军队整装待发，处于战备状态。［25］群长：指乌桓各部落之长。［26］假：授。［27］承制：秉承皇帝的意旨。［28］违错：违背。［29］于：据章校，有的版本"于"下有"是也"二字。［30］扶余：古族名，居于松花江流域一带，其地肥沃，宜于耕种，故以农业为主。东汉时，与汉王朝关系密切。公孙度据辽东，曾将宗女嫁扶余王，关系更为密切。［31］涉（huì）貊（mò）：古代少数民族名。其族依涉水而居，故称涉貊。涉水在今辽宁凤城市以东。［32］右：上。［33］允恭明哲：真诚而明智。［34］翼戴：辅助拥戴。［35］柔服：安抚服从者。［36］顽嚚（yín）：愚顽奸诈。［37］神器：此指帝王的权力。［38］慢易：轻侮。［39］咎毁：仇视诽谤。［40］大人：指曹操。［41］顿筑：指按头碰地。［42］徒跣（xiǎn）：光着脚。指事件突发，峭山来不及穿鞋。［43］敕教：告诫之言。

丹阳大都督[1]妫览、郡丞[2]戴员杀太守孙翊。将军孙河[3]屯京城[4]，驰赴宛陵[5]，览、员复杀之；遣人迎扬州刺史刘馥，令住历阳[6]，以丹阳[7]应之。

览入居军府中，欲逼取翊妻徐氏。徐氏绐[8]之曰："乞须晦日[9]，设祭除服[10]，然后听命。"览许之。徐氏潜使所亲语翊亲近旧将孙高、傅婴等与共图[11]览，高、婴涕泣许诺，密呼翊时侍养者[12]二十余人与盟誓合谋。到晦日，设祭。徐氏哭泣尽哀，毕，乃除服，薰香沐浴，言笑欢悦。大小凄怆[13]，怪其如此。览密觇[14]，无复疑意。徐氏呼高、婴置户内，使人召览入。徐氏出户拜览，适[15]得一拜，徐大呼："二君可起！"高、婴俱出，共杀览，余人即就外杀员。徐氏乃还缞绖[16]，奉览，员首以祭翊墓，举军震骇。

孙权闻乱，从椒丘[17]还。至丹阳，悉族诛览、员余党，擢[18]高、婴为牙门[19]，其余赏赐有差。

河子韶，年十七，收河余众屯京城。权引军归吴，夜至京城下营，试攻惊之；兵皆乘城[20]，传檄备警，讙声[21]动地，颇射外人。权使晓喻[22]，乃止。明日见韶，拜承烈校尉[23]，统河部曲[24]。

（以上为第七段，写孙权整顿江东内乱。）

【注释】

[1]大都督：当为丹阳郡的统兵将领。[2]郡丞：辅佐郡守之官。[3]孙河：字伯海，吴郡（今江苏苏州市）人。本姓俞，孙策赐姓孙。历事孙坚、孙策为将军，为孙权领庐江太守，屯京城。至是为妫览、戴员所害。[4]京城：县名，即汉代的丹徒县，孙权自吴（今苏州市）迁于此，改称京城，又称京口，在今江苏镇江市东南。[5]宛陵：县名，县治在今安徽宣城市宣州区。[6]历阳：侯国名，国治在今安徽和县。[7]丹阳：郡名，治所即宛陵。[8]绐（dài）：欺骗。[9]晦日：农历每月的最后一日。[10]除服：除去丧礼之服。[11]图：谓谋杀。[12]侍养者：谓侍候孙翊又受孙翊丰厚的给养者。[13]凄怆（chuàng）：悲哀伤痛。[14]密觇（chān）：秘密地偷偷察看。[15]适：仅，只。[16]缞（cuī）绖（dié）：丧礼服。[17]椒丘：地名，在今江西南昌市新建区。[18]擢（zhuó）：提拔。[19]牙门：即牙门将，领兵的下级军官。[20]乘城：登城。[21]讙（huān）声：喧哗声。[22]晓喻：告诉，解释。[23]承烈校尉：官名，校尉为东汉统兵的中级武官。[24]部曲：军队。

十年（乙酉，205年）

春，正月，曹操攻南皮，袁谭出战，士卒多死。操欲缓之，议郎[1]曹纯[2]曰："今县师[3]深入，难以持久，若进不能克，退必丧威。"乃自执桴[4]鼓以率攻者，遂克之。谭出走，追斩之。

李孚自称冀州主簿，求见操曰："今城中强弱相陵[5]，人心扰乱，以为宜令新降为内所识信者宣传明教。"操即使孚往入城，告谕吏民，使各安故业，不得相侵，城中乃安。操于是斩郭图等及其妻子。

袁谭使王修运粮于乐安[6]，闻谭急，将所领兵往赴之，至高密[7]，闻谭死，下马号哭曰：“无君焉归！”遂诣曹操，乞收葬谭尸，操许之，复使修还乐安，督军粮。谭所部诸城皆服，唯乐安太守管统不下。操命修取统首，修以统亡国忠臣，解其缚，使诣操，操悦而赦之，辟修为司空掾[8]。

郭嘉说操多辟青、冀、幽、并名士以为掾属，使人心归附，操从之。官渡之战，袁绍使陈琳[9]为檄书，数[10]操罪恶，连及家世，极其丑诋[11]。及袁氏败，琳归操，操曰：“卿昔为本初移书，但可罪状孤身，何乃上及父祖[12]邪！”琳谢罪，操释之，使与陈留阮瑀[13]俱管记室[14]。

先是渔阳王松据涿郡，郡人刘放[15]说松以地归操，操辟放参司空军事。

袁熙为其将焦触、张南所攻，与尚俱奔辽西乌桓。触自号幽州刺史，驱率诸郡太守令长，背袁向曹，陈兵数万，杀白马而盟，令曰：“敢违者斩！”众莫敢仰视，各以次歃[16]。别驾代郡韩珩[17]曰：“吾受袁公父子厚恩，今其破亡，智不能救，勇不能死，于义阙矣；若乃北面曹氏[18]，所不能为也。”一坐为珩失色。触曰：“夫举大事，当立大义，事之济否，不待一人，可卒[19]珩志，以厉[20]事君。”乃舍之。触等遂降曹操，皆封为列侯[21]。

夏，四月，黑山贼帅张燕率其众十余万降，封安国亭侯。

故安赵犊、霍奴等杀幽州刺史及涿郡太守，三郡[22]乌桓攻鲜于辅于犷平[23]。秋，八月，操讨犊等，斩之，乃渡潞水[24]救犷平，乌桓走出塞。

（以上为第八段，写曹操灭袁谭，河北悉平。）

【注释】

[1]议郎：官名，郎官之一种，属光禄勋，但不入值宿卫，得参与朝政议论。 [2]曹纯：字子和，曹仁之弟。从曹操攻南皮，其部下斩袁谭首，又从曹操北征三郡乌桓，其部下又获蹋顿，以前后功封高陵亭侯。传见《三国志》卷九。 [3]县（xuán）师：深入敌境而无后援之孤军。县，“悬”本字。 [4]桴（fú）：通“枹”，鼓槌。 [5]陵：通“凌”，侵侮。 [6]乐安：郡名，治所临济，在今山东高青县西北。 [7]高密：县名，县治在今山东高密市西南。 [8]司空掾（yuàn）：官名，司空的僚属。 [9]陈琳：汉末名士，曾为袁绍草檄数曹操罪恶，袁绍败没，琳归曹操，曹

操惜其才，辟为掾属。传附《三国志》卷二十一。［10］数（shǔ）：责备，数落。［11］丑诋：毁谤，诬蔑。［12］上及父祖：陈琳为袁绍所作檄文，见《三国志·魏书·袁绍传》注引《魏氏春秋》，其中涉及曹操父祖之言有："祖父中常侍腾，与左悺、徐璜并作妖孽，饕餮放横，伤化虐民。父嵩，乞丐携养，因赃假位，舆金辇璧，输货权门，窃盗鼎司，倾覆重器。操赘阉遗丑，本无懿德。"《昭明文选》亦载此文，题作《为袁绍檄豫州》，文与《魏氏春秋》所载稍有差异。［13］阮瑀（?—212）：字元瑜，陈留（治所在今河南开封市东南）人。与陈琳并为曹操司空军谋祭酒，管记室，军国书檄多出于二人。有文才，为建安七子之一。传附见《三国志·魏书·王粲传》。［14］记室：官名，东汉置，诸王三公及大将军府皆设有记室令史，掌章表书记文檄。［15］刘放（?—250）：字子弃，涿郡方城（今河北固安县南）人。投归曹操后，历任主簿、记室、郃阳令等，又与孙资同为魏国秘书郎。魏文帝改秘书为中书，放与孙资即为中书监、令，同掌机要。魏明帝即位后，对二人更加宠任，同加散骑常侍，后又加侍中、光禄大夫，放封为方城侯，孙资为中都侯。后二人助司马懿掌握魏政权有功，死后皆得佳谥。传见《三国志》卷十四。［16］歃（shà）：吸饮。［17］韩珩：字子佩，代郡（治所在今山西阳高县）人，事袁绍父子任别驾。袁氏灭，不受曹操征辟，卒于家。［18］北面曹氏：谓臣服于曹氏。［19］卒：完成。［20］厉："励"本字，鼓励。［21］列侯：汉代分爵为二十级，列侯位最高。列侯功大者食县，为侯国，功小者食乡亭。［22］三郡：指辽西、辽东、右北平三郡。［23］犷（guǎng）平：县名，县治在今北京市密云区东北。［24］潞水：即今河北白河。

冬，十月，高干闻操讨乌桓，复以并州叛，执上党太守，举兵守壶关口[1]。操遣其将乐进[2]、李典击之。河内张晟，众万余人，寇崤、渑[3]间，弘农张琰起兵以应之。

河东太守王邑被征，郡掾[4]卫固及中郎将[5]范先等诣司隶校尉钟繇，请留之。繇不许。固等外以请邑为名，而内实与高干通谋。曹操谓荀彧曰："关西诸将，外服内贰[6]，张晟寇乱殽[7]、渑，南通刘表，固等因之，将为深害。当今河东，天下之要地[8]也，君为我举贤才以镇之。"彧曰："西平[9]太守京兆杜畿[10]，勇足以当难，智足以应变。"操乃以畿为河东太守。钟繇促王邑交符[11]，邑佩印绶，径从河北[12]诣许自归。

卫固等使兵数千人绝陕津[13]，杜畿至，数月不得渡。操遣夏侯惇讨固等，未至，畿曰："河东有三万户，非皆欲为乱也。今兵迫之急，欲为善者无主，必惧而听于固。固等势专[14]，讨之不胜，为难未已[15]；讨之而胜，是残一郡之民也。且固等未显绝王命，外以请故君为名，必不害新君，吾单车直往，出其不意，固为人多计而无断，必伪受吾，吾得居郡一月，以计縻[16]之，足矣。”遂诡道[17]从郖津[18]渡。

范先欲杀畿以威众，且观畿去就，于门下斩杀主簿以下三十余人，畿举动自若。于是固曰：“杀之无损，徒有恶名；且制之在我。”遂奉之。畿谓固、先曰：“卫、范，河东之望也，吾仰成[19]而已。然君臣有定义，成败同之，大事当共平议。”以固为都督[20]，行丞[21]事，领功曹；将校吏兵三千余人，皆范先督之。固等喜，虽阳[22]事畿，不以为意。固欲大发兵[23]，畿患之，说固曰：“今大发兵，众情必扰，不如徐以赀[24]募兵。”固以为然，从之，得兵甚少。畿又喻固等曰：“人情顾家，诸将掾史，可分遣休息，急缓[25]召之不难。”固等恶逆众心，又从之。于是善人在外，阴为己援：恶人分散，各还其家。

会白骑[26]攻东垣[27]，高干入濩泽[28]。畿知诸县附己，乃出，单将数十骑，赴坚壁而守之，吏民多举城[29]助畿者，比[30]数十日，得四千余人。固等与高干、张晟共攻畿，不下，略诸县，无所得。曹操使议郎张既西征关中诸将马腾等，皆引兵会击晟等，破之，斩固、琰等首，其余党与皆赦之。

于是杜畿治河东，务崇宽惠。民有辞讼，畿为陈义理，遣归谛思[31]之，父老皆自相责怒，不敢讼；劝耕桑，课畜牧，百姓家家丰实；然后兴学校，举孝弟[32]，修戎事[33]，讲武备，河东遂安。畿在河东十六年，常为天下最[34]。

（以上为第九段，写高干据并州叛，曹操委派杜畿守河东。）

【注释】

[1]壶关口：即壶口关，在今山西长治市东南壶口山下。此地山川相错，地形如壶，故名。[2]乐进（?—218）：字文谦，阳平卫国（今山东莘县）人。初从曹操为帐下吏，屡从征战，后为折冲将军、右将军等。传见《三国志》卷十七。 [3]崤、渑：崤，指崤山，在今河南洛宁县西北。渑，指渑池水，在今河南宜阳县西。 [4]郡掾：官名，汉代郡守之下分曹治事，掾是郡府各曹主要负责人的通称，如主记掾、录事掾、仓曹掾、督邮掾、金曹掾、市掾等。 [5]中郎将：官名，东汉位次于将军的统兵将领。 [6]内贰：内怀异心。 [7]殽：同“崤”。 [8]天下之要地：按：河东郡治所安邑，在今山西夏县西北。当时高干据并州，马腾、韩遂等据关中，往来交通皆由河

东，故为天下之要地。［9］西平：郡名，汉献帝建安中，分金城郡置西平郡；又分临羌县置西都县，为西平郡治所。西都县治在今青海西宁市。［10］杜畿（jī）：字伯侯，京兆杜陵（今陕西西安市长安区东南）人。初为郡吏，荀彧推荐与曹操，曹操以之为司空司直、护羌校尉、西平太守等。河东太守缺，荀彧又再次荐举他，曹操仍任之。为政崇宽惠，奖励耕牧，又崇教化，兴学校，在郡十六年，治绩为全国之最。曹魏初为司隶校尉、尚书仆射。传见《三国志》卷十六。［11］符：任郡守的符节。［12］河北：县名，县治在今山西芮城县东北。［13］陕津：渡口名，又名茅津，黄河渡口之一，在陕县之北。陕县治所在今河南三门峡市陕州区。［14］专：据章校，"专"下有"必以死战"四字。按文意当有之。［15］未已：没有了结。［16］縻（mí）：笼络使其不生异心。［17］诡道：隐秘道路，小道。［18］郖（dòu）津：渡口名，黄河渡口之一，在今河南灵宝市西北。［19］仰成：仰首等待成功，喻坐享其成。［20］都督：官名，此为领郡兵之官。［21］丞：即郡丞，为郡守府中地位最高的佐吏。杜畿以卫固为都督、郡丞、功曹，表面上是把郡的军政大权交给了卫固。［22］阳：表面。［23］发兵：此指征发、征召兵众。［24］赀（zī）：钱财。［25］急缓：偏义副词，紧急之意。［26］白骑：黑山军张白骑的余部。［27］东垣：即垣县，县治在今山西垣曲县西。［28］濩（huò）泽：侯国名，治在今山西阳城县西。［29］举城：谓举河东郡所属之县城。［30］比：及，到了。［31］谛思：仔细思考。［32］孝弟：孝顺父母，敬爱兄长。汉代有孝弟力田的选举科目，被选举者得为郡县中掌教化的乡官。［33］戎事：军事。［34］最：最高，最大。此指政绩第一。

秘书监[1]、侍中[2]荀悦[3]作《申鉴》[4]五篇，奏之。悦，爽之兄子也。时政[5]在曹氏，天子恭己[6]，悦志在献替[7]，而谋无所用，故作是书。其大略曰："为政之术，先屏[8]四患[9]，乃崇[10]五政[11]。伪[12]乱俗，私[13]坏法，放[14]越轨，奢[15]败制：四者不除，则政末[16]由行矣，是谓四患。兴农桑以养其生，审[17]好恶以正其俗，宣文教以章[18]其化，立武备以秉[19]其威，明赏罚以统其法，是谓五政。人不畏死，不可惧以罪[20]；人不乐生，不可劝[21]以善。故在上者，先丰民财以定其志[22]，是谓养生[23]。善恶要乎功罪，毁誉效于准验，听言责事，举名察实，无或[24]诈伪以荡[25]众心。故俗无奸怪，民无淫风，是谓正俗。荣辱者，赏罚之精华也，故礼教荣辱以加君子，化其情也；桎梏[26]鞭扑[27]以加小人，化其形[28]也。若教化[29]之废，推中人[30]而坠于小人之域，教化之行，引中人而纳于君子之涂，是谓章化[31]。在上者必有武备以戒不虞[32]，安居则寄之内政[33]，有事则用之军旅，是谓秉威[34]。赏罚，政之柄也。人主不妄[35]赏，非爱其财也，赏妄行，则善不劝矣；不妄罚，非矜[36]其人也，罚妄行，则恶不惩[37]矣。赏不劝，谓之止善，罚不惩，谓之纵恶。在上者能不止下为善，不纵下为恶，则国法立矣。是谓统法[38]。四患既独[39]，五政又立，行之以诚，守之以固，简而不怠；疏而不失，垂拱[40]揖让[41]，而海内[42]平矣。"

（以上为第十段，摘载荀悦所作《申鉴》有关政体和时事的内容，委婉地表达自己的政治主张，用以讥刺曹操的专权。）

【注释】

[1]秘书监：官名，汉桓帝时始置，掌图书典籍。 [2]侍中：官名，职在侍从皇帝，应对顾问。 [3]荀悦（148—209）：字仲豫，颍川颍阴（今河南许昌市）人。少好学，善解说《春秋》。后应曹操征召，为黄门侍郎、秘书监、侍中等。汉献帝以《汉书》文繁难读，命其改写。悦依《左传》体例，改撰成《汉纪》三十卷，时人称之为"辞约事详"。又撰《申鉴》五篇，阐述他对政治社会的主张。传见《后汉书》卷六十二。 [4]《申鉴》：书名。共五篇，荀悦所作的政论。五篇题目，一曰政体，二曰时事，三曰俗嫌，四曰杂言上，五曰杂言下。《资治通鉴》摘引的是《政体篇》和《时事篇》的内容。 [5]时政：指当时的政权主宰者。 [6]恭己：《论语·卫灵公》："无为而治者，其舜也与？夫何为哉？恭己正南面而已矣。"这段话的本意是说，舜用官得当，故可无为而治，自己所要做的，仅庄严端正地坐在朝廷罢了。后世则以帝王不问政事或大权旁落于权臣为"恭己"。 [7]献替："献可替否"之略语，即进献可行者，除去不可行者。亦即诤言进谏之意。 [8]屏：除去，排除。 [9]四患：四大乱政的积弊。即下文所说的一伪乱俗、二私坏法、三放越轨、四奢败制。 [10]崇：尊崇，提倡。 [11]五政：实施五大新政。即下文所说的一兴农桑、二审好恶、三宣文教、四立武备、五明赏罚。[12]伪：虚假，此指浮华的风俗习惯。[13]私：徇私，谋私。[14]放：放肆，放纵，不遵法度。 [15]奢：奢靡，讲排场。 [16]末：无，没有。 [17]审：审定。[18]章：明。[19]秉：握执。[20]惧以罪：用严刑惩罚来使人畏惧。[21]劝：勉励。[22]定其志：稳定民心。 [23]养生：养育生民。 [24]或：通"惑"，迷惑。 [25]荡：动。[26]桎梏：刑具，脚镣手铐。 [27]扑：刑具，鞭棍。 [28]化其形：使其行为规范。化，感化而形成行为的规范。形，形象，行为。 [29]教化：用教育的方法使之成为风气。 [30]推中人：迫使中间的人。中人，中间的人，指可以为善、也可以为恶的人。 [31]章化：彰明教化。章，通"彰"。 [32]不虞：没有预料到的事。 [33]内政：国政，国内的政治。 [34]秉威：牢牢把住权威。此指维护天子的威严。 [35]妄：乱，随便。 [36]矜：怜悯，怜惜。 [37]惩：惩戒。[38]统法：指法令一统。[39]独：作独字不可解。据章校，有的版本"独"作"蠲"。按《后汉书·荀悦传》正作"蠲"。蠲（juān），除去。 [40]垂拱：专指天子垂衣拱手，是无为而治的专

用语。［41］揖让：拱手作揖，旧时友人相见或主人与客人平等相见的礼仪。此指谦让，与垂拱同意，谓天子谦让无为。［42］海内：全天下，全国。

【点评】

本卷点评三事：一是袁氏兄弟相残；二是益州赵韪反叛刘璋；三是荀悦作《申鉴》。

一、袁氏兄弟相残。袁绍生年，史无明载，但从他二十弱冠为濮阳长，随后守丧六年，归隐洛阳，举为大将军掾的事迹推断，官渡之战时袁绍四十二三岁，略与曹操相当，依相关材料推定，约生于公元158年，官渡败北，正步入不惑的盛壮之年。可是官渡之战后只两年，袁绍就吐血而死。说明官渡失败，注定了袁绍政治上的彻底覆灭。袁绍虽死，而祸犹未已。袁谭、袁尚兄弟不睦，互相攻杀，给曹操分化瓦解、逐个击破提供了可乘之机。

袁绍有三个儿子，依次为谭、尚、熙，外甥高干。绍留次子在身边，却把其他几个放在外任，各据一州。长子袁谭为青州刺史，三子袁熙为幽州刺史，外甥高干为并州刺史。袁绍如此安排诸子，口头上冠冕堂皇，让诸子各据一州以观其能，其实偏爱之情益显。因为袁尚被留在身边，所据之州即冀州，明显将其定为继承人，废嫡立庶，废长立幼，乱了宗法制度，不可避免地要引起内乱。袁绍煞费苦心，把袁谭过继给早已死去的兄长，这样依次袁尚为嫡子，但这样的掩耳盗铃之计是毫无意义的。结果是造成军中以谭、尚为首分裂为两派。审配、逢纪矫诏遗命，奉袁尚为冀州牧，郭图、辛评拥护袁谭以长争位。兄弟火并，曹操坐收渔人之利。公元205年，曹操破冀州，灭袁谭，北上幽州，袁尚、袁熙率残部入乌桓。公元206年又灭高干。袁绍统治河北，极有声望，因此幽、冀吏民追随袁尚、袁熙者十余万户，有可能成为二袁东山再起的凭借。公元207年北征乌桓，迫使辽东太守公孙康斩二袁。至此袁氏家族便彻底覆灭了。

宗法制度不是万灵药，但宗法制度是维系家天下的理论基础，谁破坏了它，谁就要遭到祸殃。袁绍自食恶果，而殷鉴不远，荆州刘表又继其后。才略不世出的曹操也险些重蹈覆辙。感情与理性的矛盾，剪不断，理还乱，英雄也难免。

二、赵韪反叛刘璋。刘焉入蜀，收容南郡、三辅逃入益州的数万家难民，全部编为部曲，称“东州兵”，用以作为自己的统治基础。东州集团的吏士也被大量启用。赵韪，东汉末官吏，曾为太仓令。赵韪追随刘焉入蜀，为东州集团上层大吏。刘焉死后，赵韪拥戴刘璋，任征东中郎将。由于刘璋宽仁，缺少威严，纵容东州人暴虐益州土著，赵韪拍案而起，倒向益州土著，率领军民反叛刘璋，蜀郡、广汉、犍为等郡纷纷响应，很快队伍壮大达数万人。赵韪外联刘表，领兵进围成都。由于东州人害怕益州人报复遭到屠杀，拼死力战，赵韪战败，向东撤退。东州兵紧追赵韪，赵韪在江州（今重庆市）被追上，送了性命。这件事暴露了益州地区政权基础不牢，益州土著的利益被外来人分享，而且外来人还占了上风，矛盾不可调和。中央政权稳固时尚可维持，一旦削弱，矛盾立现。后来刘备入蜀，又带来一个荆州集团。诸葛亮《前出师表》，向后主所荐人才，一共七人，六人是荆州人士，只有张裔一人是益州土著。贤如诸葛亮，也未能大胆启用益州土著，这是形势使然。公元263年邓艾入蜀，光禄大夫谯周建言投降，邓艾不战而下成都。蜀汉政权，基础不固，所以最先灭亡。由赵韪事件，可以观之矣。

三、荀悦作《申鉴》。荀悦是东汉末著名史学家，他长于《春秋》，精熟编年史体。汉献帝因《汉书》文繁难读，命荀悦删摘《汉书》，荀悦便依《左传》体例，改写为编年体《汉纪》三十卷，号称名著，时人评为“辞约事详”。荀悦是尊奉儒家传统的，维护汉献帝的权威，不满曹操专横跋扈，但他手无寸铁，只能在舆论上做文章，而且荀悦也没有孔融那样的胆量，不敢公然与曹操叫板，讽喻的锐气也没有，所以只能转弯抹角以政论形式来表达自己的主张，只是不合时宜的空论，在当时并没有什么影响。

卷六五　汉纪五十七

汉献帝建安十一年至十三年（206—208 年）

【起柔兆阉茂（丙戌，206 年），尽著雍困敦（戊子，208 年），凡三年】

【大事提要】

本卷记事起公元 206 年，讫公元 208 年，凡三年，当汉献帝建安十一年至建安十三年。三年间，神州大地又起大波澜，历史发生重大转折，三分天下的序幕伴随赤壁大战而拉开。北方曹操灭高干，平定三郡乌桓，灭袁尚、袁熙，扫除了袁氏残余势力，巩固了北方的统治，没有了后顾之忧，掉转矛头，大举南下，志欲一鼓作气荡平江南。曹操南下，第一步就是要夺取荆州。江东孙权，此时也已巩固了对江东的统治，抢先于曹操在公元 208 年春发动了争荆州之战，一举歼灭了替荆州防守东大门江夏的黄祖，同时也报了杀父之仇。南依刘表的刘备，在公元 207 年三顾茅庐，请得诸葛亮出山辅佐，诸葛亮献隆中对策，规划三分，第一步也是要夺取荆州。公元 208 年的赤壁之战，就是曹孙刘三家争夺荆州之战。结果，三分荆州，三分天下的序幕由此拉开。

孝献皇帝庚

建安十一年（丙戌，206 年）

春，正月，有星孛[1]于北斗[2]。

曹操自将击高干，留其世子[3]丕[4]守邺，使别驾从事[5]崔琰[6]傅[7]之。操围壶关[8]，三月，壶关降。高干自入匈奴求救，单于不受；干独与数骑亡，欲南奔荆州[9]，上洛[10]都尉王琰[11]捕斩之。并州悉平。

曹操使陈郡梁习[12]以别部司马领并州刺史。时荒乱之余，胡狄[13]雄张[14]，吏民亡叛入其部落，兵家[15]拥众，各为寇害。习到官，诱喻招纳，皆礼召其豪右，稍稍[16]荐举，使诣幕府；豪右已尽，次发诸丁强以为义从[17]；又因大军出征，令诸将分请以为勇力。吏兵已去之后，稍移其家，前后送邺[18]，凡数万口；其不从命者，兴兵致讨，斩首千数，降附者万计。单于[19]恭顺，名王[20]稽颡[21]，服事供职，同于编户[22]。边境肃清，百姓布野，勤劝农桑，令行禁止[23]。长老称咏，以为自所闻识，刺史未有如习者。习乃贡达名士避地州界者河内常林[24]、杨俊[25]、王象[26]、荀纬[27]及太原王凌[28]之徒，操悉以为县长，后皆显名于世。

初，山阳仲长统[29]游学至并州，过高干，干善遇之，访以世事。统谓干曰："君有雄志而无雄材，好士而不能择人，所以为君深戒也。"干雅自多[30]，不悦统言，统遂去之。干死，荀彧举统为尚书郎[31]。著论曰《昌言》[32]，其言治乱，略曰："豪杰之当天命者，未始有天下之分[33]者也，无天下之分，故战争者竞[34]起焉。角[35]智者皆穷[36]，角力者皆负[37]，形不堪复伉[38]，势不足复校[39]，乃始羁首系颈[40]，就我之衔绁[41]耳。及继体[42]之时，豪杰之心既绝，士民之志已定，贵有常家，尊在一人。当此之时，虽下愚之才居之，犹能使恩同天地，威侔[43]鬼神，周、孔[44]数千无所复角其圣，贲、育[45]百万无所复奋其勇矣。彼后嗣之愚主，见天下莫敢与之违，自谓若天地之不可亡也，乃奔其私嗜，骋其邪欲，君臣宣淫[46]，上下同恶，荒废庶政[47]，弃忘人物。信任亲爱者，尽佞谄容说[48]之人也；宠贵隆丰[49]者，尽后妃姬妾之家也。遂至熬天下之脂膏，斫[50]生民之骨髓，怨毒[51]无聊[52]，祸乱并起，中国扰攘[53]，四夷侵叛，土崩瓦解，一朝而去，昔之为我哺乳[54]之子孙者，今尽是我饮血之寇仇[55]也。至于运[56]徙势去，犹不觉悟者，岂非富贵生不仁[57]，沈溺[58]致愚疾邪！存亡以之迭代[59]，治乱从此周复[60]，天道常然[61]之大数[62]也。"

秋，七月，武威[63]太守张猛[64]杀雍州[65]刺史邯郸商；州兵讨诛之。猛，奂之子也。

八月，曹操东讨海贼管承，至淳于[66]，遣将乐进、李典击破之，承走入海岛。

昌豨复叛，操遣于禁讨斩之。

是岁，立故琅邪王容子熙[67]为琅邪王，齐、北海、阜陵、下邳、常山、甘陵、济阴、平原八国皆除[68]。

乌桓乘天下乱，略有汉民十余万户，袁绍皆立其酋豪[69]为单于，以家人子[70]为己女，妻[71]焉。辽西[72]乌桓蹋顿[73]尤强，为绍所厚，故尚兄弟归之，数入塞为寇，欲助尚复故地。曹操将击之，凿平虏渠[74]、泉州渠[75]以通运。

孙权击山贼麻、保二屯[76]，平之。

（以上为第一段，写曹操灭高干，凿平虏渠、泉州渠，为北征乌桓、扫荡袁氏残余做准备。摘载仲长统《昌言》。）

【注释】

[1]孛（bèi）：即彗星。 [2]北斗：星名，由北方的天枢、天璇、天玑、天权、玉衡、开阳、摇光（或作瑶光）等七星组成，形如斗，故名北斗。即今大熊星座的七颗较亮的星。 [3]世子：帝王和诸侯的嫡子称“世子”。 [4]丕：曹丕（187—226），字子桓，曹操之次子。曾为汉五官中郎将、副丞相。曹操死，袭位为魏王。不久代汉称帝，建立魏朝，国都洛阳。史称魏文帝，公元220年至公元226年在位。他爱好文学，曾著《典论·论文》，对我国文学批评的发展有所贡献。纪见《三国志》卷二。 [5]别驾从事：官名，州牧刺史的主要佐吏，主领众事。州牧刺史巡行各地时，别乘传车从行，故名别驾。 [6]崔琰：字珪，东汉末清河东武城（今河北故城县）人。曾为袁绍骑都尉。袁氏灭，曹操辟琰为冀州别驾从事，官至中尉。建安二十一年，因言获罪，被曹操赐死。 [7]傅：辅佐。 [8]壶关：即壶口关，在今山西长治市东南壶口山下。此地山川相错，地形如壶，故名。 [9]奔荆州：欲投靠刘表。 [10]上洛：县名，县治在今陕西商洛市商州区。[11]都尉：官名，东汉于边郡关塞之地设都尉，职如太守。上洛虽非边郡，但西北有峣关，为险塞之地，故置都尉。王琰（yǎn）：人名。 [12]梁习（?—230）：字子虞，陈郡柘（zhè）县（今河南柘城县北）人。初为郡吏，曹操时为司空时，辟召为漳长，又历为乘氏、海西、下邳等县令，皆有治名。曹操败高干后，习以别部司马兼并州刺史。至州后，刚柔兼施，威恩并用，匈奴及大家豪右皆顺从听命。又设置屯田，奖励农耕，为百姓所称颂。在并州二十余年，治绩常为全国之最。魏明帝初为大司农。传见《三国志》卷十五。 [13]胡狄：此指在并州的匈奴人。 [14]雄张：势盛骄横之意。 [15]兵家：指大家豪右拥兵自保者。 [16]稍稍：渐渐。 [17]义从：谓自愿归附从军者。 [18]邺：县名，县治在今河北临漳县西南。曹操击败袁氏占有冀州后，虽然汉献帝所在的许县仍为国都，但曹操却长期住于邺，从这里控制朝廷及全国。 [19]单于：匈奴君长之称号。 [20]名王：匈奴诸部之王。 [21]稽颡（sǎng）：古时一种跪拜礼，拜时头额触地，于丧礼或请罪、投降时行之。此谓匈奴各部王皆投降归顺。 [22]编户：编入民籍之人户。

［23］令行禁止：命令，人们就执行；禁令，人们就停止。［24］常林：字伯槐，河内温县（今河南温县西南）人。被梁习荐举后，曹操任用为南和长，又为博陵太守、幽州刺史，皆有治绩。曹魏初为少府、大司农。魏明帝时为光禄勋、太常，封高阳乡侯。传见《三国志》卷二十三。［25］杨俊：字季才，河内获嘉（今河南新乡市西南）人。曹操召任为曲梁长，后又为安陵令、南阳太守，皆有治绩，又善识拔人才。魏国建立后，为中尉。后因对曹操称赞曹植，为曹丕所恨。曹丕称帝后，被迫自杀。传见《三国志》卷二十三。［26］王象：字羲伯，河内（治所怀县，在今河南武陟县西南）人。少为仆隶，为人牧羊，遇杨俊而得赎。建安中为曹丕所礼遇。曹丕称帝后，为散骑侍郎、常侍，封列侯。受诏撰《皇览》，经数岁而成。因才学出众，当时称之为儒宗。事详见《三国志·魏书·杨俊传》与注引《魏略》。［27］荀纬：字公高，亦河内人。建安中为军谋掾、魏太子庶子，后又为散骑常侍、越骑校尉。有文才，为时人所重。事见《三国志·魏书·王粲传》与注引荀勖《文章叙录》。［28］王凌（?—251）：字彦云，太原祁县（今山西祁县东南）人。初为发干长，又为中山太守，皆有治绩。魏文帝初，为散骑常侍、兖州刺史，后历任青、扬、豫等州刺史，皆得军民之欢心。齐王芳正始初，为征东将军、假节都督扬州诸军事，封南乡侯。后反对司马懿执政，被迫自杀。传见《三国志》卷二十八。［29］仲长统（180—220）：字公理，山阳高平（今山东微山县西北）人。好学博识，不愿仕宦。后为尚书令荀彧荐举，为尚书郎，参丞相军事。对古今政治措施及当代时弊多所指责，因著《昌言》三十四篇。传见《后汉书》卷四十九。［30］自多：自满，自负。［31］尚书郎：官名，东汉之制，取孝廉之有才能者入尚书台，初入台称守尚书郎中，满一年称尚书郎，三年称尚书侍郎，主文书起草。［32］《昌言》：书名。意谓当理之言。［33］分（fèn）：名分。［34］竞：争。［35］角：较量。［36］穷：困厄。［37］负：败。［38］伉（kàng）：敌对。［39］校（jiào）：较量。［40］羁（jī）首系颈：用绳索套在头颈上，表示投降。［41］衔（xián）绁（xiè）：管束、统治。衔，马嚼子。绁，缰绳。［42］继体：谓继帝王之位。［43］侔：相等。［44］周、孔：指周公、孔子。［45］贲（bēn）、育：指孟贲、夏育，古代著名的勇士。［46］宣淫：公开淫荡。［47］庶政：各种政事。指朝政。［48］容说（yuè）：逢迎以取悦于上。说，通“悦”。［49］隆丰：极丰富。［50］斫（zhuó）：砍削。［51］怨毒：指怨恨之人。［52］无聊：无所依赖。［53］扰攘：混乱，纷乱。［54］哺乳：养育之意。［55］寇仇：仇敌。［56］运：运气，气数。［57］不仁：麻木失去知觉。指对治乱漠不关心。［58］沈溺：沉迷不悟之意。沈，同“沉”。［59］迭（dié）代：更替。［60］周复：循环。［61］常然：恒久如此。［62］大数：犹今言规律。［63］武威：郡名，治所姑臧，在今甘肃武威市。［64］张猛：字叔威，本敦煌渊泉（今甘肃瓜州县东）人。父张奂于汉桓帝时为武威太守，治绩卓著。后又为护匈奴中郎将，降服匈奴、乌桓，以功特许迁居于弘农华阴（今陕西华阴市东）。汉献帝初，以河西四郡置雍州，以邯郸商为刺史，张猛为武威太守。二人有矛盾，猛遂杀商。张奂传见《后汉书》卷六十五。张猛事见《三国志·魏书·庞淯传》与注引《典略》。［65］雍州：州名，汉献帝兴平元年分凉州河西四郡置雍州，治所长安，在今陕西西安市。［66］淳于：县名，县治在今山东安丘

市东北。［67］熙：刘熙，汉光武帝第十一子，琅邪孝王刘京之后代。其父刘容死后，琅邪国绝。而刘容在世时，曾遣其弟刘邈至长安贡献，当时曹操在东郡，刘邈对朝廷盛称曹操之忠诚，故曹操感报刘容，复立其子熙为琅邪王。至建安二十一年，刘熙谋欲至江东，被曹操所杀，国亦除。事见《后汉书》卷四十二。［68］“齐、北海”句：皆汉宗室之后代。齐，汉光武帝兄武王刘缜之后。北海，刘缜少子靖王刘兴之后。阜陵，汉光武帝子质王刘延之后。下邳，汉明帝子惠王刘衍之后。常山，汉明帝子顷王刘昞之后。甘陵，汉章帝子清河孝王刘庆之后。济阴，本汉明帝子悼王刘长之国，而刘长死于汉章帝时，无子国已除。据《后汉书》，此“济阴”当是“济北”。济北，章帝子惠王刘寿之后。平原，汉和帝子怀王刘胜始封，刘胜死后无子，又以河间王刘开之子继之。［69］酋（qiú）豪：部落首领。［70］家人子：指袁氏宗亲之女。［71］妻（qī）：以女嫁人。［72］辽西：郡名，治所阳乐，在今辽宁义县西。［73］蹋顿：辽西乌桓大人丘力居之从子。丘力居死后，子楼班年小，蹋顿就代立。后被曹操所杀。事见《三国志·魏书·乌丸传》《后汉书·乌桓传》。［74］平虏渠：上起当时之呼沲（tuó）河，下入泒（gū）水。呼沲河，即今河北之滹沱河。泒水，上游即今沙河，下游循大清河至天津入海。［75］泉州渠：因渠道南起泉州县（今天津市武清区东南）境，故名。渠水上承潞河，即今天津市区一带的海河，下入鲍丘水，合口处在今天津市宝坻区境内。［76］麻、保二屯：麻屯在今湖北嘉鱼县西。保屯与麻屯相近。

十二年（丁亥，207年）

春，二月，曹操自淳于还邺。丁酉[1]，操奏封大功臣二十余人，皆为列侯；因表万岁亭侯荀彧功状，三月，增封彧千户。又欲授以三公，彧使荀攸深自陈让，至于十数，乃止。

曹操将击乌桓。诸将皆曰：“袁尚亡虏耳，夷狄贪而无亲，岂能为尚用。今深入征之，刘备必说刘表以袭许，万一为变，事不可悔。”郭嘉曰：“公虽威震天下，胡[2]恃其远，必不设备，因其无备，卒破[3]击之，可破灭也。且袁绍有恩于民夷[4]，而尚兄弟生存。今四州之民，徒以威附，德施未加，舍[5]而南征，尚因乌桓之资[6]，招其死主之臣[7]，胡人一动，民夷俱应，以生蹋顿之心，成觊觎[8]之计，恐青、冀非己之有也。表坐谈客[9]耳，自知才不足以御备，重任之则恐不能制，轻任之则备不为用，虽虚国[10]远征，公无忧矣。”操从之。行至易[11]，郭嘉曰：“兵贵神速。今千里袭人，辎重[12]多，难以趋利[13]，且彼闻之，必为备；不如留辎重，轻兵兼道以出，掩其不意[14]。”

初，袁绍数遣使召田畴于无终[15]，又即授将军印，使安辑[16]所统，畴皆拒之。及曹操定冀州，河间邢颙[17]谓畴曰："黄巾起来，二十余年，海内鼎沸，百姓流离。今闻曹公法令严。民厌[18]乱矣，乱极则平，请以身先。"遂装[19]还乡里。畴曰："邢颙，天民之先觉[20]者也。"操以颙为冀州从事[21]。畴忿乌桓多杀其本郡冠盖[22]，意欲讨之而力未能。操遣使辟畴，畴戒其门下趣[23]治严[24]。门人[25]曰："昔袁公慕君，礼命[26]五至[27]，君义不屈；今曹公使一来而君若恐弗及者，何也？"畴笑曰："此非君所识也。"遂随使者到军，拜为蓨[28]令，随军次[29]无终。

时方夏水雨[30]，而滨海洿下[31]，泞[32]滞不通，虏亦遮守[33]蹊要[34]，军不得进。操患之，以问田畴。畴曰："此道，秋夏每常有水，浅不通车马，深不载舟船，为难久矣。旧北平郡治在平冈[35]，道出卢龙[36]，达于柳城[37]；自建武[38]以来，陷坏断绝，垂二百载，而尚有微径可从。今虏将以大军当由无终，不得进而退，懈弛无备。若嘿回军，从卢龙口越白檀[39]之险，出空虚之地，路近而便，掩[40]其不备，蹋顿可不战而禽也。"操曰："善！"乃引军还，而署[41]大木表[42]于水侧路傍曰："方今夏暑，道路不通，且俟秋冬，乃复进军。"虏候骑[43]见之，诚以为大军去也。

操令畴将其众为乡导[44]，上徐无山[45]，堑[46]山堙[47]谷，五百余里，经白檀，历平冈，涉鲜卑庭[48]，东指柳城。未至二百里，虏乃知之。尚、熙与蹋顿及辽西单于楼班[49]、右北平单于能臣抵之[50]等右北平单于将数万骑逆[51]军。八月，操登白狼山[52]，卒[53]与虏遇，众甚盛。操车重[54]在后，被甲[55]者少，左右皆惧。操登高，望虏阵不整，乃纵兵击之；使张辽为前锋，虏众大崩，斩蹋顿及名王已下，胡、汉降者二十余万口。

辽东[56]单于速仆丸[57]与尚、熙奔辽东太守[58]公孙康，其众尚有数千骑。或劝操遂击之，操曰："吾方使康斩送尚、熙首，不烦兵矣。"九月，操引兵自柳城还。公孙康欲取尚、熙以为功，乃先置精勇于厩[59]中，然后请尚、熙入，未及坐，康叱伏兵禽之，遂斩尚、熙，并速仆丸首送之。诸将或问操："公还而康斩尚、熙，何也？"操曰："彼素畏尚、熙，吾急之则并力，缓之则自相图，其势然也。"操枭尚首[60]，令三军：

"敢有哭之者斩！"牵招[61]独设祭悲哭，操义之，举为茂才[62]。

时天寒且旱，二百里无水，军又乏食，杀马数千匹以为粮，凿地入三十余丈方得水。既还，科问[63]前谏者，众莫知其故，人人皆惧。操皆厚赏之，曰："孤前行，乘危以徼幸，虽得之，天所佐也，顾[64]不可以为常。诸君之谏，万安之计，是以相赏，后勿难言之。"

（以上为第二段，写曹操平定三桓乌桓，灭袁尚、袁熙，彻底清除袁氏残余。）

【注释】

[1]丁酉：二月五日。[2]胡：指乌桓。[3]破：据章校，有的版本"破"作"然"。[4]民夷：指汉人与乌桓人。[5]舍（shě）：放弃。[6]资：资助。[7]死主之臣：为主尽死之臣。[8]觊（jì）觎（yú）：非分的希望。[9]坐谈客：谓只能空谈道理而无实际才能的人。[10]虚国：指国家军队全部出动。[11]易：县名，县治在今河北雄县西北。[12]辎重：军中之器械、粮草、材料等物资。[13]趋利：犹言获利。[14]掩其不意：乘其不备而袭取。[15]无终：县名，县治在今天津市蓟州区。[16]安辑：犹言安抚。[17]邢颙（yóng）：字子昂，河间鄚（mò）县（今河北任丘市北）人。初不受公府召辟，与田畴交游，后应曹操之召，为冀州从事，又为司空掾。以德行著称，为平原侯家丞、太子少傅、太傅等。魏文帝初，为侍中、尚书仆射、司隶校尉、太常等。传见《三国志》卷十二。[18]厌：憎恶。[19]装：整理行装。[20]先觉：先知。指先知天命，投归明主。[21]从事：官名，东汉州牧刺史的佐吏，有别驾从事史、治中从事史、兵曹从事史、部从事史等，均可简称从事。[22]冠盖：冠，礼帽。盖，车盖。官吏士人之服饰车乘，借指官吏士人。[23]趣：通"促"，赶快，急速。[24]治严：即治装，整理行装。东汉避明帝刘庄讳，改"装"为"严"。[25]门人：门客，依附者。[26]礼命：以礼相聘的任命。[27]五至：五次到达。五，非实指，谓多次。[28]蓨（tiáo）：县名，县治在今河北景县南。[29]次：至。[30]水雨（yù）：当作雨水。雨，降落。[31]洿（wū）下：低下。[32]泞：泥泞。[33]遮（zhē n）守：扼守阻拦。[34]蹊（xī）要：道路要害处。[35]平冈：旧县名。西汉时，为右北平郡治所，东汉取消。县治在今辽宁喀喇沁左翼蒙古族自治县境内。[36]卢龙：即卢龙塞，在今河北喜峰口一带，土色黑，山形似龙，故名卢龙。古时有塞道，自今天津市蓟州区东北经遵化，循滦河（古名濡水）河谷出塞，折东趋大凌河流域，是河北平原通向东北塞外的一条交通要道。[37]柳城：旧县名。西汉时属辽西郡，东汉取消。县治在今辽宁朝阳市南。[38]建武：东汉光武帝年号（25—56）。[39]白檀：旧县名。西汉属渔阳郡，东汉取消。县治在今河北承德市西南，古北口东北，滦河之滨。[40]掩：袭取。[41]署：题字。[42]表：标志。[43]候骑：侦察兵。[44]乡导：同"向导"。[45]徐无山：右北平郡徐无县有徐无山，在今河北遵化市东。[46]堑（qiàn）：挖掘。[47]堙（yīn）：填塞。

[48]鲜卑庭：鲜卑族君长的住所。[49]楼班：辽西乌桓大人丘力居之子。丘力居死后，楼班因年小，由从兄蹋顿代立。楼班年长后，由峭王等奉立为单于，蹋顿为王，后在辽东被公孙康所杀。事见《三国志·魏书·乌丸传》《后汉书·乌桓传》。[50]能臣抵之：人名。按《三国志·魏书·乌丸传》与《后汉书·乌桓传》，右北平单于是乌延，不是能臣抵之。代郡乌丸有能臣抵，盖即能臣抵之。[51]逆：抗拒。[52]白狼山：即今辽宁喀喇沁左翼蒙古族自治县东之白鹿山。[53]卒（cù）：同“猝”，突然。[54]车重：即辎重，军用器械、粮草、材料等物资。[55]被甲：穿铠甲的人。即战士。披（pī），穿着。[56]辽东：指辽东属国，治所昌黎，在今辽宁义县。[57]速仆丸：即苏仆延，辽东属国的乌桓大人，有众千余落，自称峭王。袁绍假称汉献帝之命，以之为单于。后在辽东被公孙康所杀。事见《三国志·魏书·乌丸传》《后汉书·乌桓传》。[58]辽东太守：太守之治所在襄平，在今辽宁辽阳市。[59]厩（jiù）：马棚。[60]枭（xiāo）尚首：指悬袁尚之头于木上以示众。[61]牵招：人名。牵招原为袁绍、袁尚的从事史，故设祭悲哭。[62]茂才：汉代举荐士人科目之一。原称秀才，即才学优秀者，东汉时避光武帝刘秀讳，改称茂才。[63]科问：谓清理，追查。[64]顾：但。

冬，十月，辛卯[1]，有星孛于鹑尾[2]。

乙巳[3]，黄巾杀济南王赟[4]。

十一月，曹操至易水[5]，乌桓单于代郡[6]普富卢、上郡[7]那楼皆来贺。

师还，论功行赏，以五百户封田畴为亭侯[8]。畴曰：“吾始为刘公[9]报仇，率众遁逃，志义不立，反以为利，非本志也。”固让不受。操知其至心[10]，许而不夺。

操之北伐也，刘备说刘表袭许，表不能用。及闻操还，表谓备曰：“不用君言，故为失此大会[11]。”备曰：“今天下分裂，日寻[12]干戈[13]，事会[14]之来，岂有终极乎？若能应之于后者，则此未足为恨也。”

是岁，孙权西击黄祖，虏其人民而还。

权母吴氏疾笃[15]，引见张昭等，属[16]以后事而卒。

初，琅邪诸葛亮[17]寓居襄阳隆中，每自比管仲[18]、乐毅[19]，时人莫之许[20]也，惟颍川徐庶与崔州平谓为信然[21]。州平，烈之子也。

刘备在荆州，访士于襄阳司马徽。徽曰：“儒生俗士，岂识时务，识时务者在乎俊杰。此间自有伏龙[22]、凤雏[23]。”备问为谁，曰：“诸葛孔明、庞士元[24]也。”徐庶见备于新野[25]，备器[26]之。庶谓备曰：“诸葛孔明，卧龙也，将军岂愿见之乎？”备曰：“君与俱来。”庶曰：“此人可就见[27]，不可屈致[28]也，将军宜枉驾[29]顾[30]之。”

备由是诣[31]亮，凡三往，乃见。因屏[32]人曰：“汉室倾颓，奸臣[33]窃命[34]，孤不度[35]德量力，欲信[36]大义[37]于天下，而智术浅短，遂用猖蹶[38]，至于今日。然志犹未已，君谓计将安出？”亮曰：“今曹操已拥百万之众，挟天子而令诸侯，此诚不可与争锋。孙权据有江东，已历三世，国险而民附，贤能为之用，此可与为援而不可图也。荆州北据汉、沔[39]，利尽南海[40]，东连吴、会[41]，西通巴、蜀[42]，此用武之国，而其主不能守，此殆天所以资将军也。益州[43]险塞，沃野千里，天府[44]之土；刘璋暗弱[45]，张鲁在北，民殷国富而不知存恤[46]，智能之士思得明君。将军既帝室之胄[47]，信义著于四海，若跨有荆、益，保其岩阻，抚和戎、越[48]，结好孙权，内修政治，外观时变，则霸业可成，汉室可兴矣。”备曰：“善！”于是与亮情好日密。关羽、张飞不悦，备解之曰：“孤之有孔明，犹鱼之有水也。愿诸君勿复言。”羽、飞乃止。

司马徽[49]，清雅有知人之鉴。同县庞德公[50]素有重名，徽兄事之。诸葛亮每至德公家，独拜床下，德公初[51]不令止。德公从子统[52]，少时朴钝[53]，未有识者，惟德公与徽重之。德公尝谓孔明为卧龙，士元为凤雏，德操为水鉴；故德操[54]与刘备语而称之。

（以上为第三段，写刘备三顾茅庐，诸葛亮发表隆中对，替刘备谋划天下三分。）

【注释】

[1]辛卯：十月三日。 [2]鹑（chún）尾：星次名。南方有井、鬼、柳、星、张、翼、轸七宿，称朱鸟七宿。首位之井、鬼二宿称鹑首，中部之柳、星、张三宿称鹑火，尾部之翼、轸二宿称鹑尾。 [3]乙巳：十月十七日。 [4]济南王赟（yūn）：河间孝王刘开之第五代孙。汉灵帝时，立其父刘康为济南王，以奉灵帝父孝仁皇刘长祀。刘康死，刘赟继承。事见《后汉书》卷五十五。[5]易水：发源于今河北易县西，东流至定兴县西南，合于拒马河。 [6]代郡：治所高柳，在今山西阳高县西南。 [7]上郡：旧郡名。西汉时为郡，治所肤施，在今陕西榆林市东南。东汉初尚置，汉安帝以后，由于羌族、南匈奴、乌桓等少数民族进入，郡遂时迁时废，至汉末全废，后于建安十八年又一度复置。 [8]亭侯：汉制，列侯功大者食禄县、邑，小者食禄乡、亭。食禄于亭者

称亭侯。［9］刘公：指刘虞。刘虞于初平中辟田畴为从事史，使往长安上职贡。田畴得章报返幽州时，刘虞已被公孙瓒所杀。田畴遂矢志为刘虞报仇。［10］至心：至诚之心。［11］大会：大机会。［12］寻：使用。［13］干戈：兵器的通称。此指战争。［14］事会：事机。［15］疾笃：病危。［16］属（zhǔ）：托付。［17］诸葛亮（181—234）：字孔明，琅邪郡阳都（今山东沂南县南）人。建安初，隐居于南阳邓县之隆中（今湖北襄阳市西），知识渊博，留心世事，被称为卧龙。后接受刘备之请，成了刘备的主要谋士。随即帮助刘备联合孙权抗击曹操，取得了赤壁之战的胜利。佐刘备占领荆、益二州，建立了蜀汉政权。刘备称帝，诸葛亮为丞相。刘禅即位，封武乡侯，领益州牧，总揽一切政事。多次北伐，终因积劳成疾，死于军中。传见《三国志》卷三十五。［18］管仲：春秋时人，助齐桓公富国强兵，桓公因之成为春秋第一霸主。［19］乐毅：战国时燕将，曾受燕昭王之命，率军击破齐国，先后攻下七十余城，因功封为昌国君。［20］莫之许：即莫许之，谓没有人同意诸葛亮的自比。许，同意，承认。［21］信然：确实如此。［22］伏龙：卧龙。龙为古代传说中藏于深山、善于变化、能兴云致雨的神异动物。卧龙，指未出山之龙，用以比喻隐居或尚未露头角的杰出人才。此指诸葛亮。［23］凤雏：凤亦古代传说中的瑞鸟。凤雏，幼凤，亦比喻杰出人才。此指庞统。［24］庞士元（179—214）：名统，襄阳（治所在今湖北襄阳市）人。博学多识，初与诸葛亮齐名，被称为凤雏。刘备得荆州后，以之为谋士，与诸葛亮同任军师中郎将。后随刘备入蜀，建议进兵成都，在攻雒城时中流矢而死。传见《三国志》卷三十七。［25］新野：县名，县治在今河南新野县。［26］器：器重。［27］就见：前往拜见。［28］屈致：屈其志节而招致。［29］枉驾：屈驾，谓亲往拜访。［30］顾：看望。［31］诣：去，到。［32］屏（bǐng）：退避。［33］奸臣：指曹操。［34］窃命：指盗用皇帝的权柄。［35］度（duó）：揣量。［36］信（shēn）：通“伸”，伸张。［37］大义：指铲除奸臣，挽救汉室倾颓的局势。［38］猖蹶（jué）：谓挫折，挫败。［39］汉、沔（miǎn）：汉水、沔水。汉水出陕西宁强县嶓冢山后称漾水，流经沔县后称沔水，再流经褒城县合褒水后，始称汉水。［40］南海：东汉之荆州跨有今两广一带，接近南海。［41］吴、会：吴郡与会稽郡，泛指江东地区。［42］巴、蜀：巴郡与蜀郡。［43］益州：州名，刘焉统治之末年又徙治所于成都，在今四川成都市。［44］天府：天然之宝库，指物产富饶。古人认为西蜀沃野千里，无水旱灾害，物产富饶，不知饥馑，故为天府。［45］暗弱：愚昧懦弱。［46］存恤：慰问救济。［47］胄（zhòu）：后裔。［48］戎、越：指西部的氐羌诸族与南方的少数民族。［49］司马徽：字德操，颍川（治今河南许昌市）人。东汉末名士，号水镜先生，善知人。推荐诸葛亮、庞统佐刘备，蜀汉得以兴。［50］庞德公：东汉末隐士。襄阳（今属湖北）人。善知人，称诸葛亮为卧龙，称庞统为凤雏。居襄阳岘山之南，拒刘表征召。后隐于鹿门山，不返。［51］初：一点也不。［52］统：庞统。［53］朴钝：谓天资不聪敏。［54］德操：司马徽字德操。

十三年（戊子，208 年）

春，正月，司徒赵温辟曹操子丕。操表“温辟臣子弟，选举故不以实[1]”；策免之。

曹操还邺，作玄武池以肄[2]舟师。

初，巴郡甘宁[3]将僮客八百人归刘表，表儒人，不习军事，宁观表事势终必无成，恐一朝众散，并受其祸，欲东入吴。黄祖在夏口[4]，军不得过，乃留，依祖三年，祖以凡人畜[5]之。孙权击祖，祖军败走，权校尉[6]凌操将兵急迫之。宁善射，将兵在后，射杀操，祖由是得免。军罢，还营，待宁如初。祖都督苏飞数荐宁，祖不用；宁欲去，恐不免；飞乃白祖，以宁为邾[7]长。宁遂亡奔孙权，周瑜、吕蒙共荐达之，权礼异[8]，同于旧臣。

宁献策于权曰：“今汉祚[9]日微，曹操终为篡盗。南荆[10]之地，山川形便，诚国之西势[11]也。宁观刘表，虑既不远，儿子又劣，非能承业传基者也。至尊[12]当早图之，不可后操[13]。图之之计，宜先取黄祖。祖今昏耄[14]已甚，财谷并乏。左右贪纵，吏士心怨，舟船战具，顿废[15]不修，怠于耕农，军无法伍，至尊今往，其破可必。一破祖军，鼓行而西，据楚关[16]，大势弥[17]广，即可渐规[18]巴、蜀矣。”权深纳之。张昭时在坐，难[19]曰：“今吴下业业[20]，若军果行，恐必致乱。”宁谓昭曰：“国家以萧何之任[21]付君，君居守而忧乱，奚[22]以希慕[23]古人乎！”权举酒属[24]宁曰：“兴霸，今年行讨，如此酒矣，决以付卿。卿但当勉建方略，令必克祖，则卿之功，何嫌张长史[25]之言乎！”

权遂西击黄祖。祖横两蒙冲[26]，挟守沔口[27]，以栟闾[28]大绁[29]系石为叮[30]，上有千人，以弩交射，飞矢雨下，军不得前。偏将军[31]董袭[32]与别部司马[33]凌统[34]俱为前部，各将敢死百人，人被两铠，乘大舸[35]，突入蒙冲里。袭身以刀断两绁，蒙冲乃横流，大兵遂进。祖令都督陈就以水军逆战。平北都尉吕蒙勒前锋，亲枭就首。于是将士乘胜，水陆并进，傅[36]其械，尽锐攻之，遂屠其城。祖挺身[37]走，追斩之，虏其男女数万口。

权先作两函，欲以盛祖及苏飞首。权为诸将置酒，甘宁下席叩头，血涕交流，为权言飞畴昔旧恩[38]："宁不值[39]飞，固已损骸[40]于沟壑，不得致命于麾下[41]。今飞罪当夷戮，特从将军乞其首领。"权感其言，谓曰："今为君置之。若走去何？"宁曰："飞免分裂之祸，受更生之恩，逐之尚必不走，岂当图亡[42]哉！若尔[43]，宁头当代入函。"权乃赦之。凌统怨宁杀其父操，常欲杀宁；权命统不得仇之，令宁将兵屯于他所。

（以上为第四段，写孙权抢先发动争夺荆州之战，一举灭掉镇守荆州东大门江夏的黄祖。）

【注释】

［1］选举故不以实：汉顺帝时，曾有诏书禁止侍中、尚书、中臣（中朝臣）子弟不得为吏。赵温辟曹丕为掾吏，致使曹操愤怒，故借故事而免赵温官。［2］肄（yì）：练习。［3］甘宁（？—215）：字兴霸，巴郡临江（今重庆忠县）人。初依刘表，不被重用，遂至江东投孙权，受到重视。曾从周瑜破曹操，攻曹仁，又从吕蒙拒关羽，以功为西陵太守、折冲将军。后从孙权攻合肥，临阵战死。传见《三国志》卷五十五。［4］夏口：地名，即今湖北武汉市汉口，汉水入长江处。古时汉水自襄阳以下又称夏水，故入江处称夏口。［5］畜：养。［6］校尉：官名，东汉统兵的中级武官。［7］邾：县名，在今湖北黄冈市西北。［8］礼异：礼遇特别优异。［9］汉祚：汉朝政权。［10］南荆：即荆州。从全国而论，荆州在南，故称南荆。［11］西势：谓荆州在江东之西，据上流之形势。［12］至尊：对孙权的尊称。［13］不可后操：谓谋取荆州不可后于曹操，不然，曹操必先夺取。［14］昏耄（mào）：昏乱。［15］顿废：坏废。［16］楚关：即捍关，春秋时楚肃王建以拒蜀之关，故又名楚关。在今湖北长阳土家族自治县西。［17］弥：益，更加。［18］规：谋划。［19］难（nàn）：质问。［20］业业：畏惧的样子。［21］萧何之任：萧何于秦末助刘邦起义，楚汉战争中固守关中，负责输送士卒粮饷。萧何之任，即指留守之任。［22］奚：何。［23］希慕：仰慕。［24］属：托付。［25］张长史：即张昭。张昭时为孙权长史。［26］蒙冲：古代的战船。其制法是用生牛皮蒙船覆背，两厢开掣棹孔，左右前后有弩窗矛穴，使敌人不能靠近，矢石不能伤。［27］沔口：地名，在今湖北武汉市汉口。因汉水上游称沔水，故入江处亦称沔口。［28］栟（bīng）闾（lǘ）：即棕榈，木名。其皮可剥下作绳索。［29］绁（xiè）：绳索。［30］可（dìng）：停船时用以固定船身位置的石墩。［31］偏将军：官名，东汉的杂号将军。［32］董袭：字元代，会稽余姚（今属浙江）人。孙吴大将，从孙权讨黄祖，率敢死队百人，击杀黄祖。后从孙权至濡须击曹军，夜遇暴风，船覆而死。传见《三国志》卷五十五。［33］别部司马：官名，东汉时，大将军领营五部，部有校尉一人，军司马一人，其别营领属为别部司马，领兵多少没有一定。汉末，有些杂号将军也置别部司马以领兵。［34］凌统：字公绩，吴郡余杭（今浙江杭州市余杭区）人。父凌操，先后从孙策、孙权，勇于冲锋陷阵，死于阵中。孙权因以统为别

部司马，仍领父兵。统亦勇猛善战，从周瑜等破曹操，攻曹仁，先后为校尉、荡寇中郎将、偏将军等。传见《三国志》卷五十五。［35］舸（gě）：大船。［36］傅：靠近，接触。［37］挺身：抽身，脱身。［38］旧恩：指苏飞向黄祖荐甘宁，又设法使甘宁至江东之事。［39］值：遇上。［40］损骸（hái）：谓身死。［41］麾下：对孙权的敬称。［42］亡：谓逃亡。［43］若尔：假使如此。

夏，六月，罢三公官，复置丞相、御史大夫［1］。癸巳［2］，以曹操为丞相。操以冀州别驾从事崔琰为丞相西曹掾［3］，司空东曹掾陈留毛玠［4］为丞相东曹掾，元城令河内司马朗［5］为主簿，弟懿［6］为文学掾，冀州主簿卢毓［7］为法曹议令史。毓，植之子也。

琰、玠并典选举，其所举用皆清正之士，虽于时有盛名而行不由本者，终莫得进。拔敦实［8］，斥华伪［9］，进冲逊［10］，抑阿党［11］。由是天下之士莫不以廉节自励，虽贵宠之臣，舆服不敢过度，至乃长吏还者，垢面羸衣［12］，独乘柴车，军吏入府，朝服徒行，吏洁于上，俗移于下。操闻之，叹曰：“用人如此，使天下人自治，吾复何为哉！”

司马懿，少聪达［13］，多大略。崔琰谓其兄朗曰：“君弟聪亮［14］明允［15］，刚断［16］英特［17］，非子所及也！”操闻而辟之，懿辞以风痹［18］。操怒，欲收之，懿惧，就职。

操使张辽屯长社［19］，临发，军中有谋反者，夜，惊乱起火，一军尽扰。辽谓左右曰：“勿动！是不一营尽反，必有造变者［20］，欲以惊动人耳。”乃令军中：“其不反者安坐。”辽将新兵数十人中陈而立，有顷，皆定，即得首谋者，杀之。

辽在长社，于禁屯颍阴［21］，乐进屯阳翟［22］，三将任气［23］，多共［24］不协。操使司空主簿［25］赵俨［26］并参三军［27］，每事训谕，遂相亲睦。

初，前将军［28］马腾与镇西将军［29］韩遂结为异姓兄弟，后以部曲［30］相侵，更为仇敌。朝廷使司隶校尉钟繇、凉州刺史韦端和解之，征腾入屯槐里［31］。曹操将征荆州，使张既说腾，令释部曲还朝，腾许之。已而更犹豫，既恐其为变，乃移［32］诸县促储偫［33］，二千石郊迎，腾不得已，发东[34]。操表腾为卫尉[35]，以其子超[36]为偏将军，统其众，悉徙其家属诣邺。

秋，七月，曹操南击刘表。

八月，丁未[37]，以光禄勋山阳郗虑[38]为御史大夫。

壬子[39]，太中大夫[40]孔融弃市[41]。融恃其才望，数戏侮[42]曹操，发辞偏宕[43]，多致乖忤[44]。操以融名重天下，外相容忍而内甚嫌之。融又上书，"宜准古王畿之制，千里寰内不以封建诸侯[45]。"操疑融所论建渐广，益惮之。融与郗虑有隙[46]，虑承操风旨[47]，构成其罪，令丞相军谋祭酒[48]路粹[49]奏："融昔在北海[50]，见王室不静，而招合徒众，欲规[51]不轨。及与孙权使语，谤讪[52]朝廷。又，前与白衣[53]祢衡跌荡[54]放言[55]，更相赞扬。衡谓融曰'仲尼[56]不死'，融答'颜回[57]复生'，大逆不道，宜极重诛。"操遂收融，并其妻子皆杀之。

初，京兆脂习[58]与融善，每戒融刚直太过，必罹[59]世患。及融死，许下莫敢收者。习往抚尸曰："文举[60]舍我死，吾何用生为！"操收习，欲杀之，既而赦之。

（以上为第五段，写曹操罢三公官，复置丞相，辟举人才，征召关西马腾入京，杀孔融，为大举南下做准备。）

【注释】

[1]复置丞相、御史大夫：西汉初，虽然丞相、御史大夫、太尉称为三公，但丞相却是辅助皇帝、综理一切政务的长官，是中央政府的最高官吏。御史大夫虽为丞相之副，但其地位、禄秩却不如丞相。故西汉初，实为丞相制。至汉哀帝时，改丞相为大司徒，御史大夫为大司空，太尉为大司马，此为三公并列共掌大政的三公制。东汉时，又以司徒、司空、太尉为三公，虽然此时政归尚书，但名义上仍以三公为最高执政者。现曹操罢黜三公，复置丞相、御史大夫，是恢复西汉初的丞相制，而曹操又为丞相，遂总揽朝政大权。 [2]癸巳：六月九日。 [3]丞相西曹掾：官名，曹操为丞相后，下设东、西曹掾，主持选举事务。西曹掾主管府吏署用，东曹掾主管二千石长吏迁除及军吏。 [4]毛玠：字孝先，陈留平丘（今河南长垣市西）人。初为曹操兖州治中从事史，即建议曹操"宜奉天子以令不臣"。曹操为司空与丞相后，玠为东曹掾，与曹崔并典选举，所举皆清正之士。魏国初建，为尚书仆射，仍典选举。传见《三国志》卷十二。 [5]司马朗（171—217）：字伯达，河内温县（今河南温县西南）人。初受曹操召辟，为司空掾，又为成皋令、堂阳长、元城令，后又为兖州刺史，所在"政化大行，百姓称之"。传见《三国志》卷十五。 [6]懿：司马懿（179—

251)，字仲达，司马朗之弟。曹操为丞相后，辟为文学掾，又为主簿。多谋略，善权变。后为太子中庶子，为曹丕所信重。曹魏初，为侍中、尚书右仆射。魏明帝时，为大将军，多次率军与诸葛亮对抗。魏明帝死时，与曹爽共受遗诏辅少帝曹芳。后杀曹爽，独专朝政。其子司马师、司马昭相继专权。至其孙司马炎遂代魏称帝，建立晋朝，追尊他为宣帝。传见《晋书》卷一。［7］卢毓（?—257)：字子家，涿郡涿县（今河北涿州市）人。父植，有名于世。毓初为冀州主簿，后为丞相法曹议令史。曹魏初，为黄门侍郎，又为梁、谯、安平、广平等郡太守，皆有惠政。魏明帝时，为吏部尚书，主选举。高贵乡公即位后，为司空，封容城侯。传见《三国志》卷二十二。［8］敦实：敦厚朴实。［9］华伪：浮华虚伪。［10］冲逊：谦虚恭顺。［11］阿党：阿谀党附。［12］羸（léi）衣：普通旧衣。［13］聪达：聪慧贤达。［14］聪亮：犹言明慧。［15］明允：清明诚实。［16］刚断：刚毅果断。［17］英特：谓英伟出众。［18］风痹（bì)：肢体疼痛或麻木的风湿病。［19］长社：县名，在今河南长葛市东。［20］造变者：带头闹事的人。［21］颍阴：县名，县治在今河南许昌市。［22］阳翟：县名，县治在今河南禹州市。［23］任气：意气用事。［24］共：谓相互。［25］司空主簿：官名，即司空府的主簿。汉代中央及郡县官署皆置主簿，以典领文书，办理事务。［26］赵俨：字伯然，颍川阳翟（今河南禹州市）人。曹魏大臣。历仕曹操、文帝、明帝、齐王芳，官至司空。传见《三国志》卷二十三。［27］三军：全军。春秋时大国有上中下三军，后世遂以三军统称全军。［28］前将军：官名，位次于上卿，与后将军及左、右将军掌京师兵卫和边防屯警。［29］镇西将军：官名，东汉杂号将军之一。［30］部曲：军队。［31］槐里：县名，县治在今陕西兴平市东南。［32］移：官文书之一种。［33］储偫（zhì)：存备，指存备供应马腾的物品。［34］发东：谓出发向东入朝。［35］卫尉：官名，汉九卿之一，掌宫门警卫及宫中巡逻。［36］超：马超（176—222)，字孟起，右扶风茂陵（今陕西兴平市东北）人。初随父腾起兵凉州，曹操征腾入朝后，超为偏将军继领父兵，并与韩遂和好。后与韩遂联合击曹操，在潼关为操所败，又还据凉州。后被杨阜所逐，因入汉中依张鲁，继又投归刘备，为左将军。蜀汉建立后，为骠骑将军。传见《三国志》卷三十六。［37］丁未：八月二十四日。［38］郗（xī）虑：字鸿豫，山阳高平（今山东微山县西北）人。建安初为侍中，后为光禄勋、御史大夫。事见《三国志·魏书·武帝纪》与注引《续汉书》。［39］壬子：八月二十九日。［40］太中大夫：官名，属光禄勋，掌议论。［41］弃市：古代在闹市执行死刑，陈尸街头示众，称为弃市。［42］戏侮：嘲弄侮辱。［43］偏宕（dàng)：谓偏激放纵，超出常规。［44］乖忤（wǔ)：相抵触。［45］千里寰内不以封建诸侯：《周礼·夏官·职方氏》说："方千里曰王畿。"即是说，京城周围方千里之地为国王的领地，不用以封建诸侯。孔融之言盖本此。当时曹操的据点在邺，如按孔融之说，曹操就不能以邺为据点，故使曹操畏惧。［46］隙：间隙，矛盾。［47］风旨：谓从观察而领会的旨意。［48］丞相军谋祭酒：官名，曹操为丞相后新设置的职官，职责是参谋军事。［49］路粹：字文蔚，陈留（治所在今河南开封市）人。建安初为尚书郎，后为军谋祭酒，与陈琳、阮瑀等掌管记室，后又为秘书令。善为文。事见《三国志·魏书·王粲传》与注引《典略》。［50］融昔在北海：指孔融建安初为北海相。[51]规：谋划。[52]谤讪（shàn）：毁谤。[53]白衣：指未做官之人。[54]跌荡：谓行为放纵。[55]放言：放纵言谈。[56]仲尼：孔子名丘，字仲尼。[57]颜回：即颜渊，名回，字子渊。孔子的学生，德行学业均优秀，深得孔子之赞许。[58]脂习：字元升，京兆（治所在今陕西西安市西北）人。为太医令，与孔融亲善。曹魏初，以其年老，赐为中散大夫。事见《三国志·魏书·王修传》注引《魏略·纯固传》。[59]罹（lí）：遭受。[60]文举：孔融字文举。

初，刘表二子，琦、琮。表为琮娶其后妻蔡氏之侄，蔡氏遂爱琮而恶琦，表妻弟蔡瑁、外甥张允并得幸于表，日相与毁琦而誉[1]琮。琦不自宁，与诸葛亮谋自安之术，亮不对。后乃共升高楼，因令去梯。谓亮曰："今日上不至天，下不至地，言出子口，而入吾耳，可以言未？"亮曰："君不见申生[2]在内而危，重耳居外而安乎？"琦意感悟，阴规出计。会黄祖死，琦求代其任，表乃以琦为江夏[3]太守。表病甚，琦归省疾[4]。瑁、允恐其见表而父子相感，更有托后之意，乃谓琦曰："将军命君抚临江夏，其任至重；今释众擅来，必见谴怒[5]。伤亲之欢，重增其疾，非孝敬之道也。"遂遏[6]于户外，使不得见，琦流涕而去。表卒，瑁、允等遂以琮为嗣。琮以侯印授琦，琦怒，投之地，将因奔丧作难。会曹操军至，琦奔江南。

章陵[7]太守蒯越及东曹掾[8]傅巽[9]等劝刘琮降操，曰："逆顺有大体[10]，强弱有定势。以人臣而拒人主，逆道也；以新造之楚[11]而御中国，必危也；以刘备而敌曹公，不当[12]也。三者皆短，将何以待敌？且将军自料何如刘备？若备不足御曹公，则虽全楚不能以自存也；若足御曹公，则备不为将军下也。"琮从之。九月，操至新野[13]，琮遂举州降，以节[14]迎操。诸将皆疑其诈，娄圭[15]曰："天下扰扰[16]，各贪王命以自重，今以节来，是必至诚。"操遂进兵。

时刘备屯樊[17]，琮不敢告备。备久之乃觉，遣所亲问琮，琮令官属宋忠诣备宣旨。时曹操已在宛[18]，备乃大惊骇，谓忠曰："卿诸人作事如此，不早相语，今祸至方告我，不亦太剧[19]乎！"引刀向忠曰："今断卿头，不足以解忿，亦耻丈夫临别复杀卿辈！"遣忠去。乃呼部曲共议，或劝备攻琮，荆州可得。备曰："刘荆州临亡托我以孤遗[20]，背信自济，吾所不为，死何面目以见刘荆州乎！”备将其众去，过襄阳[21]，驻马呼琮；琮惧，不能起。琮左右及荆州人多归备。备过辞表墓，涕泣而去。比到当阳[22]，众十余万人，辎重数千两，日行十余里，别遣关羽乘船数百艘，使会江陵[23]。或谓备曰：“宜速行保江陵，今虽拥大众，被甲者少，若曹公兵至，何以拒之！”备曰：“夫济大事必以人为本，今人归吾，吾何忍弃去！”

习凿齿论曰：刘玄德[24]虽颠沛[25]险难而信义愈明，势逼事危而言不失道。追景升[26]之顾[27]，则情感三军；恋赴义之士[28]，则甘与同败。终济大业，不亦宜乎！

刘琮将王威说琮曰：“曹操闻将军既降，刘备已走，必懈弛无备，轻行单进。若给威奇兵数千，徼[29]之于险，操可获也。获操，即威震四海，非徒保守今日而已。”琮不纳。

操以江陵有军实[30]，恐刘备据之，乃释辎重，轻军到襄阳。闻备已过，操将精骑五千急追之，一日一夜行三百余里，及于当阳之长坂[31]。备弃妻子，与诸葛亮、张飞、赵云等数十骑走，操大获其人众辎重。

徐庶母为操所获，庶辞备，指其心曰：“本欲与将军共图王霸之业者，以此方寸[32]之地也。今已失老母，方寸乱矣，无益于事，请从此别。”遂诣操。

张飞将二十骑拒后，飞据水断桥，瞋目[33]横矛曰：“身[34]是张益德[35]也，可来共决死！”操兵无敢近者。

或谓备：“赵云已北走。”备以手戟擿[36]之曰：“子龙不弃我走也。”顷之，云身抱备子禅[37]，与关羽船会，得济沔，遇刘琦众万余人，与俱到夏口。

（以上为第六段，写曹操兵不血刃得荆州，刘备南走江陵，被曹操追及，兵败当阳县长坂。）

【注释】

[1]誉：称赞。 [2]申生：春秋时晋献公的太子。晋献公宠爱骊姬，而骊姬欲立己子，故谮毁申生，申生被迫自缢而死。申生弟重耳得知后，惧而出奔国外。在国外流亡了十九年后，回国立为国君，是为晋文公。事见《史记·晋世家》。 [3]江夏：郡名，原治所安陆，在今湖北安陆

市。刘表以黄祖为江夏太守，治所沙羡，在今武汉市江夏区。黄祖死后，刘琦为江夏太守，治所夏口，即今汉口。［4］省（xǐng）疾：探望病人。［5］谴怒：责备而生怒。［6］遏（è）：阻止。［7］章陵：郡名，章陵本为县，县治在今湖北枣阳市东。当时始置为郡，设太守。［8］东曹掾：即丞相东曹掾。［9］傅巽（xùn）：字公悌，初为尚书郎，又为丞相东曹掾，以劝刘琮有功，赐爵关内侯。事见《三国志·魏书·刘表传》注引《傅子》。［10］大体：大礼，大原则。［11］楚：指荆州，因荆州古为楚国地。刘表据荆州不久，故为新造。［12］当：抵，敌。［13］新野：县名，县治在今河南新野县。［14］节：符节。刘表为镇南将军、荆州牧时所受朝廷的符节。［15］娄圭：字子伯。投归曹操后，常参与军国大计之谋议。事见《三国志·魏书·崔琰传》注引《魏略》《吴书》。［16］扰扰：据章校，有的版本"扰扰"字作"扰攘"。［17］樊：即樊城，在襄阳北，与襄阳隔汉水相对，在今湖北襄阳市。［18］宛：县名，县治在今河南南阳市。［19］剧：甚，过分。［20］孤遗：父母去世后遗留下来的子女。此指刘琮。［21］襄阳：县名，县治在今湖北襄阳市。［22］当阳：县名，县治在今湖北当阳市东。［23］江陵：县名，南郡治所，县治在今湖北江陵县。［24］刘玄德：刘备字玄备。［25］颠沛：受挫折。［26］景升：刘表字景升。［27］顾：谓临终之托付。［28］赴义之士：指追随刘备的荆州人士。［29］徼：同"邀"，拦截。［30］军实：粮草、器械等物资。［31］长坂：地名，在今湖北当阳市东北。［32］方寸：指心。古人认为思想的器官是心。［33］瞋目：犹言怒目。［34］身：我。［35］张益德：张飞字益德。［36］擿：通"掷"，投掷。［37］禅：刘禅（207—271），字公嗣，小字阿斗，刘备之子。刘备称帝后，立为太子。刘备死后，继位为帝，公元223年至公元263年在位。初期由诸葛亮辅政，政治较好。诸葛亮死后，因信任宦官黄皓，朝政日趋腐败。魏军攻入蜀后，被迫出降。后被封为安乐公。传见《三国志》卷二十三。

曹操进军江陵，以刘琮为青州刺史，封列侯，并蒯越等，侯者凡十五人。释韩嵩之囚，待以交友之礼，使条品[1]州人优劣，皆擢而用之。以嵩为大鸿胪[2]，蒯越为光禄勋[3]，刘先为尚书[4]，邓羲为侍中[5]。

荆州大将南阳文聘[6]别屯在外，琮之降也，呼聘，欲与俱。聘曰："聘不能全州，当待罪而已！"操济汉，聘乃诣操。操曰："来何迟邪？"聘曰："先日不能辅弼刘荆州以奉国家；荆州虽没，常愿据守汉川[7]，保全土境。生不负于孤弱[8]，死无愧于地下[9]，而计不在己，以至于此，实怀悲惭，无颜早见耳！"遂歔欷[10]流涕。操为之怆然[11]，字谓之曰："仲业，卿真忠臣也。"厚礼待之，使统本兵，为江夏[12]太守。

初，袁绍在冀州，遣使迎汝南[13]士大夫。西平和洽[14]，以为冀州土平民强，英杰所利[15]，不如荆州土险民弱，易依倚也，遂从刘表。表以上客待之。洽曰："所以不从本初[16]，辟[17]争地也。昏世之主，不可黩近[18]，久而不去，谗慝[19]将兴。"遂南之武陵[20]。表辟南阳刘望之为从事，而其友二人皆以谗毁为表所诛，望之又以正谏不合，投传[21]告归。望之弟廙[22]谓望之曰："赵杀鸣犊，仲尼回轮[23]。今兄既不能法[24]柳下惠[25]和光同尘[26]于内，则宜模[27]范蠡[28]迁化于外，坐而自绝于时，殆不可也。"望之不从，寻复见害，廙奔扬州[29]。南阳韩暨[30]避袁术之命，徙居山都山[31]。刘表又辟之，遂遁居孱陵[32]。表深恨之，暨惧，应命，除宜城[33]长。河东裴潜[34]亦为表所礼重，潜私谓王畅之子[35]粲[36]及河内司马芝[37]曰："刘牧非霸王之才，乃欲西伯[38]自处，其败无日矣！"遂南适[39]长沙[40]。于是操以暨为丞相士曹属[41]，潜参丞相军事，洽、廙、粲皆为掾属，芝为菅[42]令，从人望也。

（以上为第七段，写曹操安抚荆州，优礼归降将士和官吏，大行封赏，举拔士人。）

【注释】

[1]条品：谓品评人物。 [2]大鸿胪：官名，汉九卿之一，掌宾礼，凡附属的少数民族及诸王入朝、迎送、朝会、封授等皆掌管。 [3]光禄勋：官名，汉九卿之一，掌领宿卫侍从之官。 [4]尚书：官名，东汉分六曹尚书，助理皇帝处理政务，尚书令为其长官。 [5]侍中：官名，职在侍从皇帝，应对顾问。 [6]文聘：字仲业，南阳宛县（今河南南阳市）人。初为刘表大将，后归曹操，为江夏太守。与乐进击关羽有功，为讨逆将军。曹魏初，为后将军，封新野侯。传见《三国志》卷十八。 [7]汉川：汉水。 [8]孤弱：指刘琮。 [9]地下：指刘表。 [10]歔（xū）欷（xī）：哀叹抽泣声。 [11]怆然：悲伤。 [12]江夏：郡名。文聘为太守的治所与以前不同，其治所在安陆，在今湖北安陆市北。 [13]汝南：郡名，治所平舆，在今河南平舆县北。 [14]和洽：字阳士，汝南西平（今河南西平县西）人。初至荆州依刘表，曹操得荆州后，辟为丞相掾属。后为侍中、郎中令。曹丕称帝后，为光禄勋。魏明帝时为太常，封西陵乡侯。传见《三国志》卷二十三。 [15]利：据章校，有的版本"利"下有"四战之地"四字。 [16]本初：袁绍字本初。 [17]辟（bì）：通"避"，躲避。 [18]黩近：谓接近而被玷污。 [19]谗慝（tè）：恶言恶意。 [20]武陵：郡名，治所临沅，在今湖南常德市。 [21]投传（chuàn）：投，扔；传，符信。

扔弃符信，即谓弃官。［22］廙（yì）：刘廙（?—221），字恭嗣，南阳安众（今河南镇平县东南）人。兄刘望之被刘表杀害后，惧奔扬州，遂投曹操，为丞相掾属，又为五官将文学。魏国建立后，为黄门侍郎。曾著书数十篇，皆传于世。传见《三国志》卷二十一。［23］赵杀鸣犊，仲尼回轮：仲尼，孔子。孔子将西至晋国见赵简子，至黄河边听说晋国的窦鸣犊与舜华已被赵简子所杀，孔子对河叹息，决定返回。子贡不明其因，遂请问孔子。孔子解释说："窦鸣犊与舜华是晋国之贤大夫，当赵简子未执政时，须二人帮助其执政，而他执政后，即杀此二人。我曾听说，剖胎杀幼畜，则麒麟不至郊；竭泽而渔，则蛟龙不调和阴阳；覆鸟巢毁其卵，则凤凰不飞翔。鸟兽对不义之事尚知躲避，何况我呢！"遂返回。事见《史记·孔子世家》。［24］法：效法。［25］柳下惠：即春秋时鲁国人展禽，因食邑柳下，死后谥惠，故称柳下惠。据说他任士师（狱官）时，三次被罢黜而不离去。当他在任时并不得意自满，被罢黜时也不埋怨灰心，皆固守其道，不因荣辱而改变立场。参见《论语·微子》与《孟子·万章下》。［26］和光同尘：将光荣和尘浊同样看待。［27］模：仿效，效法。［28］范蠡：春秋末越国大夫，助越王勾践灭吴后，离越出游，至齐国，称鸱（chī）夷子皮。至陶（今山东菏泽市定陶区），称陶朱公，是随其所迁而变化（参见《史记·货殖列传》）。［29］扬州：州名，汉末治所在寿春，在今安徽寿县。［30］韩暨（?—238）：字公至，南阳堵阳（今河南方城县东）人。初为刘表之宜城长，曹操平荆州后，辟为丞相士曹属，后为监冶谒者，用水排（水力鼓风炉）代替马排和人排，功用提高三倍。在职七年，器用充实。魏文帝时为太常，封南乡亭侯。魏明帝时，官至司徒。传见《三国志》卷二十四。［31］山都山：山都县之山。山都县治所在今湖北襄阳市西北。［32］孱（zhàn）陵：县名，县治在今湖北公安市南。［33］宜城：县名，县治在今湖北宜城市南。［34］裴潜（?—244）：字文行，河东闻喜（今山西闻喜县）人。初避乱至荆州，曹操得荆州后，为参丞相军事，又为仓曹属。后任代郡太守、兖州刺史，皆有治绩。曹魏初，为散骑常侍，又为魏郡、颍川典农中郎将，荆州刺史。魏明帝时，为尚书、大司农、尚书令，封清阳亭侯。传见《三国志》卷二十三。［35］子：据章校，"子"应作"孙"。［36］粲：王粲（177—217），字仲宣，山阳高平（今山东微山县西北）人。曾祖父龚、祖父畅皆为汉三公。粲于初平中避乱至荆州依刘表，而未得重用。曹操得荆州后，为丞相掾，后又为军谋祭酒等。博学多识，无所不知，尤善于文学，诗、赋、文皆长，为建安七子之冠，所著诗、赋、论、议近六十篇。建安二十一年随曹操征吴，次年春疾疫流行，于道中病卒。传见《三国志》卷二十一。［37］司马芝：字之华，河内温县（今河南温县西南）人。初避乱至荆州，后归曹操，为菅（jiān）令，以整治豪强著称。又为甘陵、沛郡、阳平太守，皆有治绩。曹魏初，为河南尹，抑强扶弱，私请不行。魏明帝时，为大司农。传见《三国志》卷十二。［38］西伯：即周文王。殷商末，周文王为西伯，得到多数诸侯国的拥戴。［39］适：往。［40］长沙：郡名，治所临湘，在今湖南长沙市。［41］丞相士曹属：官名，丞相府之属官，为曹操所设置，参丞相军事。曹操为丞相后，于丞相府设有参军事一职，以参与军事谋划。［42］菅：县名，县治在今山东济南市章丘区。

冬，十月，癸未朔[1]，日有食之。

初，鲁肃闻刘表卒，言于孙权曰："荆州与国邻接，江山险固，沃野万里，士民殷富，若据而有之，此帝王之资也。今刘表新亡，二子[2]不协，军中诸将，各有彼此[3]。刘备天下枭雄[4]，与操有隙[5]，寄寓于表，表恶[6]其能而不能用也。若备与彼协心，上下齐同，则宜抚安，与结盟好；如有离违[7]，宜别图之，以济大事。肃请得奉命吊[8]表二子，并慰劳其军中用事者[9]，及说备使抚表众，同心一意，共治[10]曹操，备必喜而从命。如其克谐[11]，天下可定也。今不速往，恐为操所先。"权即遣肃行。

到夏口，闻操已向荆州，晨夜兼道[12]，比[13]至南郡[14]，而琮已降，备南走，肃径迎之，与备会于当阳长坂。肃宣权旨，论天下事势，致殷勤[15]之意。且问备曰："豫州[16]今欲何至？"备曰："与苍梧[17]太守吴巨有旧，欲往投之。"肃曰："孙讨虏[18]聪明仁惠，敬贤礼士，江表英豪，咸归附之，已据有六郡，兵精粮多，足以立事。今为君计，莫若遣腹心自结于东，以共济世业[19]。而欲投吴巨，巨是凡人，偏在远郡，行将为人所并，岂足托乎！"备甚悦。肃又谓诸葛亮曰："我，子瑜友也。"即共定交。子瑜者，亮兄瑾[20]也，避乱江东，为孙权长史。备用肃计，进住[21]鄂县[22]之樊口。[23]

曹操自江陵将顺江东下。诸葛亮谓刘备曰："事急矣，请奉命求救于孙将军。"遂与鲁肃俱诣孙权。亮见权于柴桑[24]，说权曰："海内大乱，将军起兵江东，刘豫州收众汉南，与曹操共争天下。今操芟夷[25]大难[26]，略已平矣，遂破荆州，威震四海。英雄无用武之地，故豫州遁逃至此，愿将军量力而处之！若能以吴、越之众与中国抗衡，不如早与之绝；若不能，何不按兵束甲，北面而事之[27]！今将军外托服从之名而内怀犹豫之计，事急而不断，祸至无日矣。"权曰："苟如君言，刘豫州何不遂事之乎？"亮曰："田横[28]，齐之壮士耳，犹守义不辱，况刘豫州王室之胄[29]，英才盖世，众士慕仰，若水之归海。若事之不济[30]，此乃天也，安能复为之下乎！"权勃然[31]曰："吾不能举全吴之地，十万之众，受制于人。吾计决矣！非刘豫州莫可以当曹操者；然豫州新败之后，安能抗此难乎？”亮曰：“豫州军虽败于长坂，今战士还者及关羽水军精甲万人，刘琦合江夏战士亦不下万人。曹操之众，远来疲敝，闻追豫州，轻骑一日一夜行三百余里，此所谓‘强弩之末势不能穿鲁缟[32]者’也。故《兵法》忌之，曰‘必蹶上将军[33]’。且北方之人，不习水战；又，荆州之民附操者，逼兵势耳，非心服也。今将军诚能命猛将统兵数万，与豫州协规同力，破操军必矣。操军破，必北还；如此，则荆、吴[34]之势强，鼎足之形成矣。成败之机，在于今日！”权大悦，与其群下谋之。

是时，曹操遗[35]权书曰：“近者奉辞伐罪[36]，旌麾[37]南指，刘琮束手[38]。今治水军八十万众，方与将军会猎[39]于吴。”权以示臣[40]下，莫不响震[41]失色。长史[42]张昭等曰：“曹公，豺虎也，挟天子以征四方，动以朝廷为辞；今日拒之，事更不顺。且将军大势可以拒操者，长江也；今操得荆州，奄[43]有其地，刘表治水军，蒙冲斗舰[44]乃以千数，操悉浮以沿江，兼有步兵，水陆俱下，此为长江之险已与我共之矣，而势力众寡又不可论。愚谓大计不如迎之。”鲁肃独不言。权起更衣[45]，肃追于宇下[46]。权知其意，执肃手曰：“卿欲何言？”肃曰：“向[47]察众人之议，专欲误将军，不足与图大事。今肃可迎操耳，如将军不可也。何以言之？今肃迎操，操当以肃还付乡党[48]，品[49]其名位，犹不失下曹从事[50]，乘犊车[51]，从吏卒[52]，交游士林[53]，累官[54]故不失州郡也。将军迎操，欲安所归[55]乎？愿早定大计，莫用众人之议也！”权叹息曰：“诸人持议，甚失孤望。今卿廓开[56]大计，正与孤同。”

（以上第八段，写鲁肃与诸葛亮定计，以结盟说孙权，曹操东下逼使孙权下决心，推动了孙刘结盟。）

【注释】

[1]癸未朔：十月一日。[2]二子：指刘琦、刘琮。[3]各有彼此：谓诸将中有的支持刘琦，有的拥护刘琮。[4]枭雄：骁悍雄杰的人物。[5]与操有隙：指刘备曾与董承等合谋诛曹操而未成。[6]恶（wù）：嫉恨。[7]离违：谓各有异心，互相背离。[8]吊：慰问遭丧事者。[9]用事者：当权者。[10]治：对付。[11]克谐：能成功。[12]兼道：加倍赶路。[13]比：及。[14]南郡：郡名，治所江陵，在今湖北江陵县。[15]殷勤：亲切的情意。[16]豫州：尊称刘备。因刘备曾为豫州牧。[17]苍梧：郡名，治所广信，在今广西梧州市。[18]孙讨

虏：指孙权。孙权为讨虏将军。［19］世业：犹言世事。［20］瑾：诸葛瑾（174—241），字子瑜，琅邪阳都（今山东沂南县南）人，诸葛亮之兄。因避乱至江东，为孙权所礼遇，任孙权长史，后为绥南将军，代吕蒙领南郡太守，又为左将军，封宛陵侯。孙权称帝后，为大将军。传见《三国志》卷五十二。［21］住：驻扎。［22］鄂县：县治在今湖北鄂州市。［23］樊口：在鄂州市西，与黄冈市隔江相对。［24］柴桑：县名，县治在今江西九江市西南。［25］芟（shān）夷：削除。［26］大难：指袁术、吕布、袁绍等势力。［27］北面而事之：指投降曹操，向他称臣。［28］田横：战国末齐国的宗室。楚汉相争时，自立为齐王。汉灭楚后，田横率领五百人逃入海岛。汉高帝刘邦使人召他，说："田横来，大者王，小者乃侯耳。不来，且举兵加诛焉。"田横乃与其客二人共赴洛阳。将至，对其客说："横始与汉王俱南面称孤，今汉王为天子，而横乃为亡虏而北面事之，其耻固已甚矣。"遂自杀。事见《史记·田儋列传》。［29］胄：后代。［30］济：成功。［31］勃然：发怒变色。［32］鲁缟（gǎo）：鲁地所产的素绢，以轻薄著称。［33］必蹶（jué）上将军：《孙子·军争》："五十里而争利，则蹶上将军。"蹶，挫败。［34］荆、吴：荆指刘备，吴指孙权。［35］遗（wèi）：送。［36］奉辞伐罪：谓奉朝廷之命，讨伐有罪之人。［37］旌麾：帅旗。［38］束手：谓投降。［39］会猎：会合打猎。战争的喻语。［40］臣：据章校，有的版本"臣"作"群"。［41］响震：谓如听巨响而震惊。［42］长史：官名，将军之属官，职责是总理将军幕府事。［43］奄（yǎn）：覆盖，此谓占据。［44］斗舰：古代战船。其船上设有高三尺左右的挡墙，挡墙下开掣棹孔。船内五尺，又建棚，与挡墙齐。棚上又建挡墙，上无覆背，前后左右立牙旗、幡帜、金鼓。［45］更衣：上厕所。古代帝王换衣休息处备有厕所，宾主如厕，即托言更衣。［46］宇下：屋檐下。［47］向：先前。［48］乡党：乡里，家乡。［49］品：评定。东汉时选拔人才，多由乡里评定其高下。［50］下曹从事：诸曹从事史中之最下者。［51］犊（dú）车：牛车。东汉末，皇帝及士大夫常乘牛车。［52］从吏卒：有吏卒跟随。［53］士林：文士阶层。［54］累官：积功升官。［55］欲安所归：想要得到什么结局。归，归宿，结局。［56］廓开：谓展述。

时周瑜受使至番阳[1]，肃劝权召瑜还。瑜至，谓权曰："操虽托名汉相，其实汉贼也。将军以神武雄才，兼仗父兄之烈[2]，割据江东，地方数千里，兵精足用，英雄乐业[3]，当横行天下，为汉家除残去秽[4]；况操自送死，而可迎之邪！请为将军筹之：今北土未平，马超、韩遂尚在关西[5]，为操后患；而操舍鞍马，仗[6]舟楫[7]，与吴、越争衡；今又盛寒，马无藁草[8]；驱中国[9]士众远涉江湖之间，不习水土，必生疾病。此数者用兵之患也，而操皆冒行之，将军禽操，宜在今日。瑜请得精兵数万人，进住夏口，保为将军破之！"权曰："老贼欲废汉自立久矣，徒忌[10]二袁[11]、吕布、刘表与孤耳；今数雄已灭，惟孤尚存。孤与老贼势不两立，君言当击，甚与孤合，此天以君授孤也。”因拔刀斫[12]前奏案[13]曰：“诸将吏敢复有言当迎操者，与此案同！”乃罢会。

是夜，瑜复见权曰：“诸人徒见操书言水步八十万而各恐慑[14]，不复料其虚实，便开[15]此议[16]，甚无谓[17]也。今以实校之，彼所将中国人不过十五六万，且已久疲；所得表众亦极[18]七八万耳，尚怀狐疑[19]。夫以疲病之卒御狐疑之众，众数虽多，甚未足畏。瑜得精兵五万，自足制之，愿将军勿虑！”权抚[20]其背曰：“公瑾，卿言至此，甚合孤心。子布[21]、元表[22]诸人，各顾妻子，挟持私虑，深失所望；独卿与子敬[23]与孤同耳，此天以卿二人赞[24]孤也。五万兵难卒合[25]，已选三万人，船粮战具俱办。卿与子敬、程公[26]便在前发，孤当续发人众，多载资粮，为卿后援。卿能办之者诚决[27]，邂逅不如意[28]，便还就孤，孤当与孟德决[29]之。”遂以周瑜、程普为左右督[30]，将兵与备并力逆操；以鲁肃为赞军校尉[31]，助画方略。

刘备在樊口，日[32]遣逻吏[33]于水次[34]候望权军。吏望见瑜船，驰往白备，备遣人慰劳之。瑜曰：“有军任，不可得[35]委署[36]；傥能屈威[37]，诚副其所望。”备乃乘单舸[38]往见瑜曰：“今拒曹公，深为得计。战卒有几？”瑜曰：“三万人。”备曰：“恨少。”瑜曰：“此自足用，豫州但观瑜破之。”备欲呼鲁肃等共会语，瑜曰：“受命不得妄委署；若欲见子敬，可别过之。”备深愧喜[39]。

进，与操遇于赤壁[40]。

（以上为第九段，写孙权大将周瑜主战，分析曹军虚实，坚定了孙权抗击曹操的决心。双方相遇于赤壁。）

【注释】

[1]番阳：县名，县治在今江西鄱阳县东。[2]烈：功业。[3]乐业：谓乐于为孙氏政权尽力。[4]除残去秽：谓诛除凶恶奸邪之人。即诛除曹操。[5]关西：地区名，指函谷关以西之地。[6]仗：依凭。[7]舟楫：船只。[8]藁（gǎo）草：喂马的禾秆。[9]中国：指中原。[10]徒忌：只畏惧。[11]二袁：指袁绍、袁术。[12]斫（zhuó）：砍。[13]奏案：批阅奏章的几案。[14]恐慑：恐惧。[15]开：谓陈说。[16]此议：指投降曹操之议。

[17]无谓：没有道理。[18]极：最多。[19]狐疑：犹豫不决。此指刘表的军队是被迫而降，并非真心拥护曹操，故有犹豫观望之心，不会出力死战。[20]抚：以手轻按。[21]子布：张昭字子布。[22]元表：按《三国志·吴书·周瑜传》注引《江表传》作"文表"，当从。秦松字文表。[23]子敬：鲁肃字子敬。[24]赞：辅佐，帮助。[25]卒合：很快结集。卒，同"猝"，很快。[26]程公：程普。当时江东诸将中程普年最长，人们皆称之为程公。[27]能办之者诚决：谓能对付曹操，就能决胜。[28]邂逅不如意：如果碰上原来没有预料到的情况（意即失败）。[29]决：决战。[30]督：统兵大将。[31]赞军校尉：官名，孙权设置的参谋军事之官。[32]日：谓每天。[33]逻吏：巡逻官吏。[34]水次：水边。[35]不可得：不可能。[36]委署：委弃职守，犹言擅离职守。[37]屈威：谓委屈尊严前来相见。[38]单舸（gě）：单独一条船。[39]备深愧喜：指刘备为呼鲁肃之不恰当而深感惭愧，又为周瑜之军纪严明而甚喜悦。[40]赤壁：山名。在江汉流域一带，可以称为赤壁者有五处，但曾为古战场之赤壁确在何地，古今聚讼纷纭。大体说来有三种不同意见：一是根据《括地志》《通典》《元和郡县志》等，认为赤壁在湖北赤壁市，与乌林隔江相对。二是根据《水经注》，认为赤壁即武昌西南的赤矶山。三是近来有力主黄州说者，他们根据苏东坡所说的黄州赤壁，再证以其他记载，认为赤壁即黄州之赤鼻山。但结合当时战况来看，赤壁在今湖北赤壁市西北之说较为可信。按：又有说在嘉鱼县者，其实均指一地，因两政区常有变化。20世纪50年代以来，赤壁市在1986年改为蒲圻市，1998年又更名为赤壁市，故此二说，实为一说。

时操军众，已有疾疫。初一交战，操军不利，引次[1]江北。瑜等在南岸，瑜部将黄盖曰："今寇众我寡，难与持久，操军方连船舰，首尾相接，可烧而走[2]也。"乃取蒙冲斗舰十艘，载燥荻[3]、枯柴，灌油其中，裹以帷幕，上建旌旗，豫备走舸[4]，系于其尾。先以书遗[5]操，诈云欲降。时东南风急，盖以十舰最著前，中江举帆，余船以次俱进。操军吏士皆出营立观，指言盖降。去北军二里余，同时发火。火烈风猛，船往如箭，烧尽北船，延及岸上营落[6]。顷之[7]，烟炎[8]张天[9]，人马烧溺死者甚众。瑜等率轻锐继其后，雷[10]鼓大震[11]，北军大坏[12]。操引军从华容道[13]步走，遇泥泞[14]，道不通，天又大风，悉使羸兵[15]负草填之，骑乃得过。羸兵为人马所蹈藉[16]，陷泥中，死者甚众。刘备、周瑜水陆并进，追操至南郡。时操军兼以饥疫，死者太半。操乃留征南将军[17]曹仁、横野将军[18]徐晃守江陵，折冲将军[19]乐进守襄阳，引军北还。

周瑜、程普将数万众，与曹仁隔江未战。甘宁请先径进取夷陵[20]，往，即得其城，因入守之。益州将袭肃举军降，周瑜表以肃兵益横野中郎将[21]吕蒙。蒙盛称“肃有胆用，且慕化远来，于义宜益，不宜夺也。”权善其言，还肃兵。曹仁遣兵围甘宁。宁困急，求救于周瑜，诸将以为兵少不足分，吕蒙谓周瑜、程普曰：“留凌公绩[22]于江陵，蒙与君行，解围释急，势亦不久。蒙保公绩能十日守也。”瑜从之，大破仁兵于夷陵，获马三百匹而还。于是将士形势自倍，瑜乃渡江，屯北岸，与仁相拒。十二月，孙权自将围合肥[23]，使张昭攻九江之当涂[24]，不克。

刘备表刘琦为荆州刺史，引兵南徇[25]四郡，武陵太守金旋、长沙太守韩玄、桂阳[26]太守赵范、零陵[27]太守刘度皆降。庐江[28]营帅[29]雷绪率部曲数万口归备。备以诸葛亮为军师中郎将[30]，使督零陵、桂阳、长沙三郡，调其赋税以充军实；以偏将军赵云领[31]桂阳太守。

益州牧刘璋[32]闻曹操克荆州，遣别驾张松[33]致敬于操。松为人短小[34]放荡[35]，然识达[36]精果[37]。操时已定荆州，走[38]刘备，不复存录[39]松。主簿杨修[40]白操辟松，操不纳；松以此怨，归，劝刘璋绝操，与刘备相结，璋从之。

习凿齿论曰：昔齐桓一矜其功而叛者九国[41]；曹操暂自骄伐[42]而天下三分。皆勤之于数十年之内而弃之于俯仰之顷[43]，岂不惜乎！

（以上为第十段，写赤壁之战，曹操战败北还，荆州三分，曹孙刘各占其一，因此三分天下的序幕，由此拉开。）

【注释】

[1]次：停驻。[2]走：谓使曹军逃走。[3]荻（dí）：与芦苇相似的一种草本植物。[4]走舸：一种轻快战船。船边亦有挡墙，以防敌兵器，亦设有金鼓旗帜。船中划船者多，战士少，往返极迅速。[5]遗（wèi）：赠予。[6]营落：军营。[7]顷之：不久。[8]炎（yàn）：通“焰”，火光。[9]张（zhàng）天：满天。张，布满，弥漫。[10]雷（léi）：通“擂”，敲击。[11]震：据章校，有的版本“震”作“进”。[12]坏：败。[13]华容道：谓从此道可至华容县。华容县治所在今湖北监利县。[14]泥泞（nìng）：淤积的烂泥。[15]羸（léi）兵：疲弱之兵。[16]蹈藉（jiè）：犹言践踏。[17]征南将军：官名，汉代将军名号之一。在汉代，征东、

征西、征南、征北诸将军与杂号将军同，曹魏以后，则四者为上。［18］横野将军：官名，东汉之杂号将军。［19］折冲将军：官名，属杂号将军，始置于此时。［20］夷陵：县名，县治在今湖北宜昌市东南。［21］横野中郎将：官名，横野本为将军之号，因吕蒙的资历尚浅，故低一等，为中郎将。［22］凌公绩：凌统字公绩。［23］合肥：县名，县治在今安徽合肥市。曹操所置扬州刺史的治所即在合肥，而当时已移至寿春。［24］当涂：县名，县治在今安徽怀远县东南。［25］徇（xùn）：夺取。［26］桂阳：郡名，治所郴县，在今湖南郴州市。［27］零陵：郡名，治所泉陵，在今湖南永州市零陵区。［28］庐江：郡名，治所本在舒县，在今安徽庐江县西南。建安四年刘勋移治所于皖县，在今安徽潜山市。［29］营帅：当地武装集团的首领。［30］军师中郎将：官名，当时由于军事的需要，曹操已设置军师祭酒，现刘备又设置军师中郎将。但军师祭酒只参谋军事，不掌兵权，而军师中郎将却握兵权。［31］领：兼任。［32］刘璋（?—219）：字季玉，江夏竟陵（今湖北潜江市西北）人。继其父刘焉为益州牧。建安十六年迎刘备入蜀，使击张鲁。而刘备却回军成都，璋开城出降，被安置于南郡公安（今湖北公安县西北）。建安二十四年孙权夺取荆州，又以他为益州牧，驻秭归（今湖北秭归县），不久病卒。传见《三国志》卷三十一。［33］张松：蜀郡（治今四川成都市）人。益州别驾从事。劝说刘璋迎刘备入蜀击张鲁，又助刘备取益州，被其兄所害。［34］短小：矮小。［35］放荡：恣意放任，没有约束。［36］识达：见识高超。［37］精果：精明果断。［38］走：赶走。［39］存录：关怀录用。［40］杨修（175—219）：字德祖，弘农华阴（今陕西华阴市东）人，杨彪之子。好学多才，为曹操丞相主簿。自魏太子以下，并争与交好，而修特与曹植亲善。后曹操忌其才，又以其为袁术之甥，恐为后患，便借故杀了他。传见《后汉书》卷五十四、《三国志·魏书·陈思王植传》与注引《典略》。［41］齐桓一矜其功而叛者九国：公元前651年齐桓公大会诸侯于葵丘（今河南兰考县东），《公羊传》僖公十一年说，齐桓公在盟会上矜夸其功，于是诸侯“叛者九国”。［42］骄伐：高傲自大。［43］俯仰之顷：霎时之间。言其时间极短。

曹操追念田畴功，恨前听其让，曰：“是成一人之志而亏王法大制也。”乃复以前爵封畴[1]。畴上疏陈诚，以死自誓。操不听，欲引拜之，至于数四[2]，终不受。有司[3]劾畴[4]：“狷介[5]违道[6]，苟立小节，宜免官加刑。”操下世子[7]及大臣博议[8]。世子丕以“畴同于子文辞禄[9]，申胥逃赏[10]，宜勿夺以优其节。”尚书荀彧、司隶校尉钟繇，亦以为可听。操犹欲侯[11]之，畴素与夏侯惇善，操使惇自以其情喻之[12]。惇就畴宿而劝之，畴揣知其指[13]，不复发言。惇临去，固邀畴，畴曰：“畴，负义逃窜之人[14]耳；蒙恩全活，为幸多矣，岂可卖卢龙之塞以易赏禄哉！纵[15]国私[16]畴，畴独不愧于心乎！将军雅[17]知畴者，犹复如此，若必不得已，请愿效死[18]，刎首于前。”言未卒，涕泣横流。惇具以答操，操喟然[19]，知不可屈，乃拜为议郎[20]。

操幼子仓舒卒，操伤惜之甚。司空掾邴原[21]女早亡，操欲求与仓舒合葬，原辞曰：“嫁殇[22]，非礼[23]也。原之所以自容于明公，公之所以待原者，以能守训典[24]而不易也。若听明公之命，则是凡庸也，明公焉以为哉！”操乃止。

孙权使威武中郎将[25]贺齐[26]讨丹阳黟[27]、歙[28]贼。黟帅陈仆、祖山等二万户屯林历山[29]，四面壁立，不可得攻，军住经月。齐阴募轻捷士，于隐险处，夜以铁戈拓山潜上，县[30]布以援[31]下人。得上者百余人，令分布四面，鸣鼓角[32]，贼大惊，守路者皆逆走，还依众，大军因是得上，大破之。权乃分其地为新都郡[33]，以齐为太守。

（以上为第十一段，写田畴辞封，邴原守义，孙权镇抚山越。）

【注释】

[1]前爵封畴：指建安十二年曹操欲封田畴为亭侯。[2]数四：四次。[3]有司：官吏。古代设官分职，事务有专司，故称有司。[4]劾畴：弹劾、揭发田畴拒封的罪状。[5]狷（juàn）介：此谓拘谨自守，不明大义。[6]违道：谓违抗封爵是违逆君臣大道。[7]世子：诸侯王之嫡子称世子。此指曹丕。[8]博义：由众多朝臣廷议，广泛征求意见，叫博议。[9]子文辞禄：子文，春秋楚人。在楚成王时，子文曾三次为令尹（楚国最高官职），却毫无积蓄，甚至连吃饭都困难，早上吃了晚上就没有。楚成王知道后，便每天早上派人给子文送去食物。但楚成王每次给子文的俸禄，子文总是辞而不受。有人就问子文：“人生求富，子逃之，何也？”子文回答说：“从政（当官）者以庇（庇护）人也。人多旷（穷乏）者，而我取富焉。是勤（劳苦）人以自封（封殖）也，死无日矣。我逃死，非逃富也。”事见《后汉书·何敞传》李贤注引《国语》。[10]申胥逃赏：申胥，即申包胥，春秋楚人。吴国伐楚，攻入郢都，楚昭王出奔，申包胥入秦求救。秦哀公不肯出兵，申包胥遂立于秦庭哭泣，七日七夜不绝声。秦哀公为之感动，出兵救楚。吴兵退后，楚昭王返还郢都，封赏有功者，申包胥说：“吾为君也，非为身也。”遂逃赏。事见《左传》定公三、四、五年。[11]侯：用作动词，封侯。[12]使惇自以其情喻之：谓使夏侯惇从自己的角度去劝喻田畴，不要透露是受曹操的差遣。[13]揣知其指：谓田畴揣测知道夏侯惇是受了曹操的差遣。[14]负义逃窜之人：田畴谓自己不能为刘虞报仇而逃入徐无山中。[15]纵：即使。[16]私：谓独加恩宠。[17]雅：素来。[18]效死：以死报效。[19]喟（kuì）然：感叹貌。[20]议郎：官名，郎官之一种，属光禄勋，但不入值宿卫，得参与朝政议论。[21]邴原：字根矩，北海朱虚（今山东临朐县东）人。曹操为司空，任原为东阁祭酒，历官丞相征事、五官将长史。传见《三

国志》卷十一。［22］殇（shāng）：人未成年而死称殇。［23］非礼：谓生时未为配偶，而死后合葬，于礼不合。［24］训典：先圣明王之礼制法则。［25］威武中郎将：官名。中郎将为位次将军的统兵将领，威武为其称号。［26］贺齐：字公苗，会稽山阴（今浙江绍兴市）人。孙吴大将，官至后将军，假节领徐州牧。传见《三国志》卷六十。［27］黟（yī）：县名，县治在今安徽黟县东。［28］歙（shè）：县名，县治在今安徽歙县。［29］林历山：在今黟县南。［30］县："悬"本字。［31］援：拉引。［32］鸣鼓角：击战鼓，吹号角。［33］新都郡：孙权从歙县分出始新、新定、犁阳（后改称"黎阳"）、休阳四县，与原歙、黟二县共六县，合为新都郡。郡治所在始新县，在今浙江淳安县西。

【点评】

本卷最值得点评的，有两件事情，一是隆中对策，二是赤壁之战。

一、隆中对策。刘备在未得诸葛亮之前，转战了二十多年，先后依附过公孙瓒、陶谦、曹操、袁绍、刘表，两次得徐州，又两次失掉徐州，没有立足之地，势单力薄，寄人篱下，屯驻新野。公元 207 年，刘备在徐庶与司马徽的推荐下，"三顾茅庐"请出了诸葛亮，事业才有了转机。可以说，没有诸葛亮，就没有蜀汉。如此重要的人物出场，正是小说家的用武之地。《三国演义》重笔描写刘备、关羽、张飞一行，从年底直到来年阳春三月，历时数月，"凡三往"才见到了诸葛亮。第三次，刘备到了茅庐，进了草堂，又值诸葛亮正在睡眠，刘备不忍惊醒，又立等了数个时辰，气得张飞要放火烧房子。诸葛亮其实是故意观察，考验刘备的诚心，就如同战国时魏公子请侯嬴，侯嬴故意如市井中怠慢魏公子一样。诸葛亮摆够了架子，才肯相见，刘备也礼敬之极。当时诸葛亮二十七岁，刘备已四十七岁，两人相差了二十岁，刘备又是一个饱经风霜，身为帝室之胄的大人物。刘备并不因诸葛亮年轻而怠慢，他思贤若渴，推心置腹，诚问当今时势。诸葛亮被感动了，幸遇明主，把满肚子才学和盘托出。这一君臣相知的场面，"三顾茅庐"的故事成为中国历史上明主求贤的经典故事流传下来。小说家的悬拟与遥情想象，人们深信不疑。

诸葛亮的"隆中对策"分析大势说："曹操已拥兵百万，'挟天子以令诸侯'，实在不可同他争锋。孙权占据江东，已经历了三代，地险民附，又有贤能之士为他效劳。因此，江东只可联合，而不可去谋取。"那么，刘备的出路在哪里呢？"荆州四通八达，是一个用武的地方。但刘表却没有能力守住它，这大概是上天留给将军的机会吧！还有益州，地势险要，沃野千里，号称天府之国，汉高祖就是凭借这块地方建立了帝业。但益州之主刘璋昏庸无能，加上北面张鲁的威胁，不知道怎样治理。那里的智能之士，都希望得到一个贤明的君主。将军如果你占有了荆益，据险防守，西和诸戎，南抚夷越，外结孙权，内修政理，天下一旦有变，就可两路出击。

荆州之师直捣宛洛，益州之众北出关中。到那时，老百姓谁能不带着好饭美酒欢迎你呢？如果真能这样，那么将军的事业可以成功，衰颓的汉朝就可以复兴了。”

一般认为，诸葛亮的“隆中对策”是预见了天下三分，这是不对的。如果是“预见”，那就是说天下三分是“必然”。纵观中国历代兴亡交替，都是旧王朝衰落，天下大乱，群雄割据混斗，能者得鹿，一统天下诞生新王朝。东汉末群雄纷争，经过三国鼎立而后统一，在中国历史上只有一次，说明它是偶然。因此，三国鼎立是人为的规划。诸葛亮的“隆中对策”是人为规划三分。三国鼎立的形成有多种因素。第一是汉末人才三分，曹操没有笼尽天下英雄，例如诸葛亮、庞统就不北上投曹操。人才三分是第一要素。第二曹操、刘备、孙权，都是人杰，正是棋逢对手，谁也吃不掉谁。第三地理三分，长江天险，划分南北，荆州居长江中游，截分长江上下游，刘表、刘璋的经营给刘备保留了用武之地。诸葛亮正是看到了这样的形势发展，利用古代天时、地利、人和三要素进行形势分析，才得出了天下可以三分的蓝图。此时，江东恰好有个鲁肃，也看到了这张蓝图，向孙权提出，于是有鲁肃与诸葛亮的葛鲁之谋，孙权又是一个识时务的俊杰，他的赞同才有了孙刘联盟。赤壁之战，曹操又犯了错误，不听从程昱、贾诩等谋士的建言，冒进赤壁，推动了孙刘联盟。诸多因素，在赤壁之战中交错，拉开了天下三分的序幕。诸葛亮规划三分的透彻分析，使刘备顿开茅塞，十分高兴。刘备诚恳地请诸葛亮出山辅佐，诸葛亮慨然允诺。二十七岁的诸葛亮走上了政治征途。

诸葛亮一到刘备军中，立即着手扩编军队。他建议刘备用清查游户的办法，迅速把几千人的部队扩大到几万人，成为以后转战各地建立蜀汉的基本力量。

二、赤壁之战。此战孙刘联军以少胜众，以弱胜强，起关键作用的是两个人。一是诸葛亮临危受命，出使江东达成了孙刘联盟，一是周瑜临危受命，统兵出战，打败了曹操。两者缺一不可。曹操奉旨伐罪，以顺讨逆，政治上占了上风。周瑜可以打出“操虽托名汉相，其实汉贼”的旗号，则孙权抗击曹操是清君侧。但打出这个旗号，没有刘备参加是名不正、言不顺的。由于刘备受衣带诏讨贼，有了刘备，曹操就成了汉贼。此外，刘备在荆州驻屯六七年，很有人望，联军有了刘备，曹操所得荆州之兵，就成了狐疑之众，大大丧失战斗力。这正如孙权所说：“非刘豫州莫可以当曹操者。”但孙刘素未有交道，而且孙权志在夺荆州，所以“隆中对策”提出刘备联孙抗曹，只是一厢情愿的事。而历史变化出人意料。曹操兵不血刃下荆州，志得意满，盲目东下发动赤壁之战。曹操给孙权送去了战书。当时曹操声威远播，江东震动。孙权柴桑行营，一片主和声。孙权在和与战之间犹豫不决，眼看江东自身难保。在这危急时刻，诸葛亮受命出使江东，订立同盟，共拒曹操，实际上是引江东之兵击退曹操，为刘备夺荆州，这是多么艰难的使命？如果孙权降曹，诸葛亮将被扣为人质，成为曹操的俘虏。诸葛亮冒难而行，圆满地完成了使命。孙权答应，打败曹操，荆州归刘，这显示了诸葛亮不平凡的外交才干。

诸葛亮在江东是如何说动孙权的呢？他针对孙权观望不决的态度，分析形势，智激孙权。诸葛亮说："现在曹操已统一了北方，又攻破了荆州，提兵对着江东而来。孙将军考虑一下自己的力量，如果能够对抗曹操，就应马上和他断绝关系；如不能对敌，趁早投降。现在孙将军外托服从之名，内心却犹豫不决，紧急关头做不出决断，大祸就要来临了。"孙权听了很不高兴，一下变了脸色，讥讽说："照你说来，刘备为何不投降呢？"诸葛亮趁势接着话茬说："刘将军是大汉王室的后代，英才盖世，天下士人仰慕他就像江河归大海一样。如果事业不成，只是天意，刘将军哪能跪拜在曹操脚下呢？"诸葛亮这一席话既是激使孙权振奋，同时又是警告孙权不能屈抑刘备。要联合必须是平等的联合，共抗曹操，就要承认刘备是荆州的主人。诸葛亮最后分析敌我友三方实力，指出共拒曹操胜利的前景。曹军虽众，远来疲惫，已成强弩之末。刘备尚有精甲两万，又是荆州人望，是一支不可轻视的力量。诸葛亮说："孙将军如能派猛将统兵数万，和刘将军同心协力，一定能够打败曹操。曹操兵败必然北逃，到那时，刘孙两家势力增强，鼎足的局面就形成了。成败之机，在于今日。"孙权英睿明智，大敌当前，他认识到"除了刘备，再也没有敢与曹操抗衡的了"，不得不做出让步，同意鼎足三分，发兵拒操。赤壁之战后，孙权履行了诺言，借荆州给刘备。曹操听到这消息，他正在写字，大吃一惊，把笔掉落在地上。

赤壁之战，孙刘联军统帅是周瑜。当时周瑜34岁，风华正茂，建立赤壁之战大捷的奇功，春风得意可知。宋代大诗人苏东坡《赤壁怀古》盛赞周瑜赤壁建功，说："遥想公瑾当年，小乔初嫁了，雄姿英发。羽扇纶巾，谈笑间，樯橹灰飞烟灭。"羽扇纶巾，是何等的风流儒雅。戏剧舞台上，常见摇羽扇的诸葛亮，其实这是苏东坡盛赞周瑜的形象，艺术家换在了诸葛亮身上。

曹操东下，给孙权下战书，号称八十万众。孙权帐下，以张昭为首的文臣认为曹操挟天子以令诸侯，不可抗拒，极力主张投降。结论是只有投降这一条路。张昭既是文臣之首，他的主张代表了多数人的心情。周瑜挺身而出，力排众议，驳斥了这种投降的论调。他首先指出，"操虽托名汉相，其实汉贼也"。既然是汉贼，那么为汉王朝讨贼，自然是正义之师。这在政治上与精神上建立了支柱，在理论上名正言顺，有了根据，以此号召天下，可以取得更广泛的支持。从眼前来说，正是鼓舞士气，同仇敌忾，为孙氏政权效死而战的机会，是一个立场的大问题。接着他说："将军以神武雄才，兼仗父兄之烈，割据江东，地方数千里，兵精足用，英雄乐业，应当横行天下，为汉家除残去秽；况操自送死，而可迎之邪？"周瑜这番话，正是针对孙权及群臣胆怯心理而发的。但这并未完全解除孙权的担忧。接着他又指出操军不利的四个方面：一、北土未安，操有后患；二、北方步卒，不习水战；三、战线太长，供应不济；四、北兵不习水土，必生疾病。周瑜透过曹军强大的表面现象，洞悉了曹军虚弱的本质，故而得出了正确的结论：“此数者用兵之患也，而操皆冒行之，将军禽操，宜在今日。瑜请得精兵数万人，进住夏口，保为将军破之！”孙权听了周瑜精辟的分析，解除了顾虑，信心倍增，精神大振，说：“孤与老贼势不两立。”猛地拔出佩刀向奏案斫去，大声说：“诸将吏敢复有言当迎操者，与此案同！”孙权表明了自己的决心，并决定联合刘备，共破曹操。

为了坚定孙权的抗曹决心，周瑜单独面见孙权，进一步分析双方的力量对比。周瑜说：“曹操下战书，声称八十万，完全是虚张声势，就把张子布等吓住了。实际上，曹操只有十五六万人，已经十分疲乏，所得七八万荆州水军，尚未心服。曹操用疲病之卒，驱赶着狐疑之众来和东吴较量，是来送死。主公给我五万精兵，就足以对付曹操了。”周瑜这一席话使孙权彻底安下心来，他说：“五万兵一时难以聚合，你先领三万兵前去对敌，我领大军继后。”孙权于是任命周瑜为左督，程普为右督，领兵三万，与曹军在赤壁山（今湖北赤壁市西北）隔江对峙。

周瑜认为以少胜众只可智取，不可力敌。他趁曹军初到水上，还不习水战，且又在行进中没有准备应战，突然向曹军发起了进攻，打了一个胜仗。初战胜利，大大鼓舞了江东士气。曹操停止了前进，把大军收缩在江北，又下令把战船用铁链连接起来，在上边加紧训练士卒。周瑜又用黄盖诈降计，火攻曹军。曹军此役损失惨重，只得退回北方。孙刘联军经过了一年的征战，刘备得了江南四郡，周瑜占了江北的南郡、江夏郡，曹操保有襄阳郡，曹孙刘三分荆州，三国鼎立的局面初步形成。

卷六六　汉纪五十八

汉献帝建安十四年至十八年（209—213 年）

【起屠维赤奋若（己丑，209 年），尽昭阳大荒落（癸巳，213 年），凡五年】

【大事提要】

本卷记事起公元 209 年，讫公元 213 年，凡五年，当汉献帝建安十四年至建安十八年。赤壁之战后，曹孙刘三家三分荆州。刘备入吴借得南郡，壮大了势力，孙刘进入联盟的蜜月期，南北势均，三方又忙于内务，故五年间没有大的战役。孙权建立巩固了江北防线，臣服了岭南地区。曹操破关西马超、韩遂，平息河北关中民变，巩固了对北方的统治，加紧了代汉步伐。曹操加九锡，封魏公，增邑冀州，荀彧不满，忧愁而死。刘备入蜀，从葭萌回军攻取益州。

孝献皇帝辛

建安十四年（己丑，209 年）

春，三月，曹操军至谯[1]。

孙权围合肥[2]，久不下。权率轻骑欲身往突敌，长史[3]张纮谏曰："夫兵[4]者凶器，战者危事也。今麾下[5]恃盛壮之气，忽强暴之虏，三军之众，莫不寒心。虽斩将搴旗[6]，威震敌场，此乃偏将之任，非主将之宜也。愿抑贲、育[7]之勇，怀霸王之计。"权乃止。

曹操遣将军张喜将兵解围，久而未至。扬州别驾[8]楚国蒋济[9]密白刺史，伪得喜书，云步骑四万已以到雩娄[10]，遣主簿[11]迎喜。三部[12]使赍书语城中守将，一部得入城，二部为权兵所得。权信之，遽[13]烧围走。

秋，七月，曹操引水军自涡[14]入淮，出肥水[15]，军合肥，开芍陂[16]屯田。

冬，十月，荆州地震。

十二月，操军还谯。

庐江人陈兰、梅成据灊[17]、六[18]叛，操遣荡寇将军[19]张辽讨斩之，因使辽与乐进、李典等将七千余人屯合肥。

周瑜攻曹仁岁余，所杀伤甚众，仁委[20]城走。权以瑜领南郡太守，屯据江陵；程普领江夏太守，治沙羡[21]；吕范领彭泽[22]太守；吕蒙领寻阳[23]令。刘备表权行车骑将军[24]，领徐州牧。会刘琦卒，权以备领荆州牧，周瑜分南岸地[25]以给备。备立营于油口[26]，改名公安[27]。

权以妹妻[28]备。妹[29]才捷刚猛，有诸兄风，侍婢百余人，皆执刀侍立，备每入，心常凛凛[30]。

曹操密遣九江蒋干往说周瑜。干以才辨独步[31]于江、淮之间，乃布衣葛巾[32]，自托私行诣瑜。瑜出迎之，立谓干曰："子翼[33]良苦[34]，远涉江湖，为曹氏作说客邪！"因延[35]干，与周观营中，行视仓库、军资、器仗讫，还饮宴，示之侍者服饰珍玩之物。因谓干曰："丈夫处世，遇知己之主，外[36]托君臣之义，内结骨肉之恩，言行计从，祸福共之，假使苏、张[37]更生，能移其意乎！"干但笑，终无所言。还白操，称瑜雅量高致，非言辞所能间也。

丞相掾[38]和洽言于曹操曰："天下之人，材德各殊，不可以一节[39]取也。俭素过中[40]，自以处身则可，以此格物[41]，所失或多。今朝廷之议，吏有著新衣、乘好车者，谓之不清；形容不饰、衣裘敝坏者，谓之廉洁。至令士大夫故污辱其衣[42]、藏其舆服[43]；朝府大吏，或自挈[44]壶飧[45]以入官寺[46]。夫立教观俗，贵处中庸[47]，为可继也。今崇一概难堪之行以检[48]殊涂，勉[49]而为之，必有疲瘁。古之大教，务在通人情而已；凡激诡[50]之行，则容隐伪矣。"操善之。

（以上为第一段，写赤壁战后，孙权扩大战果，北进合肥，未能取胜。孙刘联盟进入蜜月期，刘备招亲孙氏。曹操派蒋干游说周瑜，未能得志。）

【注释】

[1]谯：县名，县治在今安徽亳州市。指曹操从赤壁还至谯。[2]合肥：县名，县治在今安徽合肥市。[3]长史：官名，将军之属官，职责是总理将军幕府事。[4]兵：兵器，武

器。［5］麾下：对统帅的敬称。因当时孙权在军中，故以此称。［6］斩将搴（qiān）旗：斩杀敌将，拔取敌旗。［7］贲（bēn）、育：孟奔、夏育，皆古代著名的勇士。［8］别驾：官名，即别驾从事史，州牧刺史的主要佐吏，主领众事。州牧刺史巡行各地时，别乘传车从行，故名别驾。［9］蒋济（?—249）：字子通，楚国平阿（今安徽怀远县西）人。初为郡吏、州别驾，后为曹操丞相主簿、西曹属。魏文帝初，为东中郎将、散骑常侍。魏明帝时为护军将军，对时政之弊端有所谏言。齐王芳时，为领军将军、太尉。传见《三国志》卷十四。［10］雩（yú）娄：县名，县治在今河南商城县东北。［11］主簿：官名，汉代中央及郡县官署皆置主簿，以典领文书，办理事务。［12］三部：三批。［13］遽（jù）：遂，于是。［14］涡（guō）：水名，涡水古为蒗荡渠支流，经今河南扶沟县东，又东南流至今安徽怀远县入淮河。［15］肥水：源出今安徽合肥市紫蓬山，北流二十里分为二，一东流入巢湖，一北流至寿县入淮河。［16］芍陂（bēi）：在今安徽寿县南，因淠水经白芍亭东与附近诸水积而成湖，故名。春秋时楚相孙叔敖所创建，周围一百多里，灌溉附近万顷良田，以后历代时常修治，为古代淮南著名水利。今安丰塘为残存的部分。［17］灊（qián）：县名，县治在今安徽霍山县东北。［18］六：县名，县治在今安徽六安市北。［19］荡寇将军：官名，东汉杂号将军之一种。［20］委：放弃。［21］沙羡（yí）：县名，县治在今湖北武汉市江夏区。［22］彭泽：郡名，孙权所置，治所即彭泽县，在今江西彭泽县。［23］寻阳：县名，县治在今湖北黄梅县西南。［24］车骑将军：官名，位次于骠骑将军，掌京师兵卫与边防屯警。［25］南岸地：指荆江之南岸地区，即零陵、桂阳、武陵、长沙等四郡之地。［26］油口：又名油江口。古油水入长江之口，故名。在今湖北公安县北。东汉末建安十四年（209），刘备领荆州牧，立营于此，时人称为"左公"，因置县改名公安。［27］公安：县名，县治在今湖北公安县。［28］妻（qì）：以女嫁人。［29］妹：孙权女弟，史未载其名。民间传说其名为孙尚香。嫁刘备后，史称孙夫人。［30］凛凛：恐惧貌。［31］独步：谓独一无二，一时无双。［32］葛巾：葛布制成的头巾，尊卑皆用。［33］子翼：蒋干字子翼。［34］良苦：真是辛苦。［35］延：引进，接待。［36］外：表面上，指对公。下文"内"，指对私。［37］苏、张：指战国时的苏秦、张仪，皆以游说著称，先后以合纵连横之术游说各国君主。［38］丞相掾：官名，丞相府的属官。［39］一节：一个规格。［40］过中：过分。［41］格物：要求人，衡量人。［42］污辱其衣：将其衣服弄脏弄坏。［43］舆服：指好车丽服。［44］挈（qiè）：提，拿。［45］壶飧（sūn）：壶盛的饭。［46］官寺：官府。［47］中庸：不偏不倚，中正适宜。［48］检：约束，限制。［49］勉：勉强。［50］激诡：谓矫情立异。

十五年（庚寅，210年）

春，下令曰："孟公绰为赵、魏老则优，不可以为滕、薛大夫[1]。若必廉士而后可用，则齐桓其何以霸世[2]！二三子[3]其佐我明扬仄陋[4]，唯才是举，吾得而用之！”

二月，乙巳朔[5]，日有食之。

冬，曹操作铜爵台[6]于邺。

十二月，己亥[7]，操下令曰：“孤始举孝廉[8]，自以本非岩穴知名之士[9]，恐为世人之所凡愚[10]，欲好作政教以立名誉，故在济南，除残去秽[11]，平心选举。以是为强豪所忿，恐致家祸，故以病还乡里[12]。时年纪尚少，乃于谯东五十里筑精舍[13]，欲秋夏读书，冬春射猎，为二十年规，待天下清乃出仕耳。然不能得如意，征为典军校尉[14]，意遂更欲为国家讨贼立功，使题墓道[15]言‘汉故征西将军曹侯之墓’，此其志也。而遭值董卓之难，兴举义兵[16]。后领兖州，破降黄巾三十万众[17]；又讨击袁术，使穷沮[18]而死；摧破袁绍，枭[19]其二子[20]；复定刘表，遂平天下。身为宰相，人臣之贵已极，意望已过矣。设使国家[21]无有孤，不知当几人称帝，几人称王。或者人见孤强盛，又性不信天命，恐妄相忖度，言有不逊[22]之志，每用耿耿[23]，故为诸君陈道此言，皆肝鬲[24]之要也。然欲孤便尔委捐[25]所典兵众以还执事[26]，归就武平侯国，实不可也。何者？诚恐己离兵为人所祸，既为子孙计，又己败则国家倾危，是以不得慕虚名而处实祸也！然兼封四县，食户三万，何德堪之！江湖未静[27]，不可让位；至于邑土，可得而辞。今上还阳夏[28]、柘[29]、苦[30]三县，户二万，但食武平万户，且以分损[31]谤议，少减[32]孤之责也！”

（以上为第二段，写曹操下举贤令和明志令。）

【注释】

[1]孟公绰为赵、魏老则优，不可以为滕、薛大夫：这是孔子的话，见于《论语·宪问》。孟公绰是春秋鲁国的大夫。赵、魏，是春秋晋国之卿。老，是家臣之长。优，有余。滕、薛，春秋二小国。大夫，是担任国政者。赵、魏二卿的家臣之长，望尊事简，滕、薛虽小国，而大夫任重事繁。孟公绰大概是廉静寡欲而短于才干之人，所以作赵、魏老则有余，而作滕、薛大夫则不可。这是说人的德才各有长短，不可求全责备，而要人尽其才。 [2]齐桓其何以霸世：此指齐桓公任用管仲而称霸诸侯。管仲少时贫困，与鲍叔牙合伙经商，及分财利，管仲欺鲍叔牙而多取。后管仲辅佐齐桓公成为霸主，管仲生活奢侈，富拟公室，故有不廉之名。 [3]二三子：曹操左右的人，此为曹

操称其僚属，犹言你们这些人。［4］明扬仄陋：语出《尚书·尧典》"明明扬仄陋"。上"明"谓明察，下"明"谓贵戚。扬，举。仄，同"侧"。仄陋，指微贱者。意谓悉举贵戚及微贱隐匿者。而曹操此令所说的"明扬仄陋"，则强调明察荐举出身微贱的人，省去了第二个"明"字。［5］乙巳朔：二月一日。［6］铜爵台：爵，同"雀"，故又写作铜雀台。台高十丈，有屋一百间，在楼顶铸有一丈五尺高的大铜雀。遗址在今河北临漳县西。［7］己亥：十二月二十五日。［8］孝廉：汉代举用人才的主要科目。被举之人名义上须孝顺父母，行为清廉。［9］岩穴知名之士：指隐居未做官，而已闻名于世的士人。［10］恐为世人之所凡愚：恐怕自己被世人作为平凡愚拙之辈来看待。［11］除残去秽：指曹操为济南国相时，国内之县令大多阿附贵戚，贪赃枉法，曹操遂奏免其大多数，于是违法乱纪之人都逃离了，境内大治。［12］以病还乡里：称病还乡里。［13］精舍：书斋。［14］典军校尉：官名，汉灵帝中平五年（188）置西园八校尉，典军校尉是其中之一。［15］墓道：墓前之神道。此指墓前的石碑。［16］兴举义兵：指中平六年底曹操起兵讨董卓。［17］破降黄巾三十万众：初平三年（192）青州黄巾军百万入兖州，刺史刘岱被杀，州吏万潜等迎曹操领兖州牧，曹操遂破降黄巾军三十余万。［18］穷沮（jǔ）：穷困败亡。［19］枭（xiāo）：杀人头悬挂木上称枭首。此为斩杀之意。［20］二子：指袁谭、袁尚。［21］国家：指皇帝。［22］不逊：不恭顺，指欲篡皇帝位。［23］耿耿：心忧不安。［24］肝鬲：同"肝膈"。犹言肺腑，内心。［25］委捐：放弃。［26］执事：指掌兵官。［27］江湖未静：指刘备、孙权的势力尚存。［28］阳夏（jiǎ）：县名，县治在今河南太康县。［29］柘（zhè）：县名，县治在今河南柘城县北。［30］苦：县名，县治在今河南鹿邑县东。［31］分损：分担减轻。［32］少减：稍稍减轻。少减与分损同义。

刘表故吏士多归刘备，备以周瑜所给地少，不足以容其众，乃自诣京[1]见孙权，求都督荆州[2]。瑜上疏于权曰："刘备以枭雄[3]之姿，而有关羽、张飞熊虎之将，必非久屈为人用者。愚谓大计，宜徙备置吴，盛为筑宫室，多其美女玩好，以娱其耳目；分此二人各置一方，使如瑜者得挟与攻战，大事可定也。今猥[4]割土地以资业之[5]，聚此三人俱在疆埸[6]，恐蛟龙得云雨，终非池中物也！"吕范亦劝留之。权以曹操在北，方当广揽[7]英雄，不从。备还公安，久乃闻之，叹曰："天下智谋之士，所见略同。时孔明谏孤莫行，其意亦虑此也。孤方危急，不得不往，此诚险涂，殆[8]不免周瑜之手！"

周瑜诣京见权曰："今曹操新败，忧在腹心[9]，未能与将军连兵相事[10]也。乞与奋威[11]俱进，取蜀而并张鲁，因留奋威固守其地，与马超结援，瑜还与将军据襄阳以蹙[12]操，北方可图也。”权许之。奋威者，孙坚弟子奋威将军、丹阳太守瑜[13]也。

周瑜还江陵为行装，于道病困[14]，与权笺曰：“修短命矣，诚不足惜；但恨微志未展，不复奉教命耳。方今曹操在北，疆埸未静；刘备寄寓，有似养虎[15]；天下之事，未知终始[16]，此朝士旰食[17]之秋，至尊垂虑[18]之日也。鲁肃忠烈，临事不苟，可以代瑜。傥[19]所言可采，瑜死不朽矣！”卒于巴丘[20]。权闻之哀恸[21]，曰：“公瑾有王佐之资，今忽短命，孤何赖哉！”自迎其丧于芜湖[22]。瑜有一女、二男，权为长子登[23]娶其女；以其男循[24]为骑都尉，妻以女；胤[25]为兴业都尉，妻以宗女。

初，瑜见友于孙策，太夫人[26]又使权以兄奉之。是时权位为将军，诸将、宾客为礼尚简，而瑜独先尽敬，便执臣节。程普颇以年长，数陵侮瑜，瑜折节[27]下之，终不与校[28]。普后自敬服而亲重之，乃告人曰：“与周公瑾交，若饮醇醪[29]，不觉自醉。”

权以鲁肃为奋武校尉[30]，代瑜领兵，令程普领南郡[31]太守。鲁肃劝权以荆州借刘备，与共拒曹操，权从之。乃分豫章为番阳郡[32]，分长沙为汉昌郡[33]；复以程普领江夏[34]太守，鲁肃为汉昌太守，屯陆口[35]。

初，权谓吕蒙曰：“卿今当涂[36]掌事，不可不学！”蒙辞以军中多务。权曰：“孤岂欲卿治经为博士[37]邪！但当涉猎[38]，见往事耳。卿言多务，孰若孤？孤常读书，自以为大有所益。”蒙乃始就学。及鲁肃过寻阳，与蒙论议，大惊曰：“卿今者才略，非复吴下阿蒙！”蒙曰：“士别三日，即更刮目相待，大兄[39]何见事之晚乎！”肃遂拜蒙母，结友而别。

刘备以从事[40]庞统守[41]耒阳[42]令，在县不治，免官。鲁肃遗备书曰：“庞士元非百里才[43]也，使处治中[44]、别驾[45]之任，始当展[46]其骥足[47]耳！”诸葛亮亦言之。备见统，与善谭[48]，大器[49]之，遂用统为治中，亲待亚于诸葛亮，与亮并为军师中郎将[50]。

（以上为第三段，写刘备入吴借荆州南郡和周瑜之死。）

【注释】

［1］京：县名，即京城，又称京口城。建安十三年孙权自吴（今江苏苏州市）徙治所于丹徒，改称京城，或京口城，在今江苏镇江市。［2］都督荆州：即总督荆州，荆州共八郡，刘备已据江南四郡，现又欲据周瑜所控制的江、汉间四郡。［3］枭雄：骁悍雄杰的人物。［4］猥（wěi）：多。［5］资业之：谓资助其土地，使成霸业。［6］疆埸（yì）：国界。［7］揽：招引，拉拢。［8］殆：几乎。［9］忧在腹心：忧患在内部。因曹操败于赤壁，威望顿减，中原可能有人因此而变乱。［10］相事：谓相与从事于攻战。［11］奋威：指孙瑜，当时为奋威将军。［12］蹙（cù）：逼迫，威胁。［13］瑜：孙瑜（177—215），字仲异，为孙坚之侄。建安九年为丹阳太守，后又为奋威将军。好读书，虽在军中，诵声不绝。传见《三国志》卷五十一。［14］病困：病危。［15］养虎：谓养虎将自遗后患。［16］终始：结果，结局。［17］旰（gàn）食：晚食，指事务繁忙不能按时进食。［18］垂虑：注意思考。［19］傥：通"倘"，倘若，或许。［20］巴丘：山名，在湘江右岸，在今湖南岳阳市境。［21］哀恸（tòng）：悲哀痛哭。［22］芜湖：县名，县治在今安徽芜湖市东。［23］登：孙登（209—241），字子高，孙权长子。魏黄初二年（221）孙权为吴王，立登为太子。吴黄龙元年（229）孙权称帝，登为皇太子。有德行，善理事。后病卒，孙权甚为悲痛。传见《三国志》卷五十九。［24］循：周循，周瑜长子，有父风，早卒。［25］胤（yìn）：周胤，周瑜次子。初为兴业都尉，后以罪徙于庐陵郡。数年后诸葛瑾等连名上书为其说情，孙权已同意再起用，而胤病卒。传附见《三国志》卷五十四。［26］太夫人：孙权母吴夫人。［27］折节：谓降低自己的身份去尊重别人。［28］校（jiào）：计较。［29］醇醪（láo）：味道浓厚的美酒。［30］奋武校尉：官名，校尉为统兵的中级武官，奋武为其名号。［31］南郡：治所在江陵，在今湖北江陵县。［32］番阳郡：番，又写作"鄱"。治所鄱阳县，在今江西鄱阳县东。［33］汉昌郡：治所汉昌县，在今湖南平江县东。［34］江夏：郡名，东汉末江夏郡治所变迁多次，程普领江夏太守时，治所在沙羡，在今湖北武汉市江夏区。［35］陆口：即今湖北赤壁市西北的陆溪口。［36］当涂：当仕路。指做官掌权。［37］博士：官名，自汉武帝置五经博士后，博士遂专掌经学传授。［38］涉猎：广泛涉及，谓读书多而不专精。［39］大兄：对朋友的敬称。［40］从事：官名，东汉州牧刺史的佐吏，有别驾从事史、治中从事史、兵曹从事史、部从事史等，均可简称从事。［41］守：试职称守。［42］耒（lěi）阳：县名，县治在今湖南耒阳市。［43］百里才：谓治理一邑、一县的才能。［44］治中：官名，即治中从事史，州牧史的主要佐吏，职责是居中治事，主众曹文书。［45］别驾：官名，即别驾从事史，亦州牧刺史的主要佐史，主领众事。州牧刺史巡行各地时，别乘传车从行，故称别驾。在诸从事史中，治中与别驾是州牧刺史的主要佐吏，可称之为诸佐吏之长（治中主管内，别驾主管外），故鲁肃有此言。［46］展：放开，施展。［47］骥足：比喻俊逸之才。［48］善谭：谭，同"谈"，犹言畅谈。［49］器：器重。［50］军师中郎将：官名，当时由于军事之需要，曹操已设置军师祭酒，刘备又设置军师中郎将，但军师祭酒只参谋军事，而军师中郎将却握兵权。

初，苍梧士燮[1]为交趾太守。交州[2]刺史朱符为夷贼所杀，州郡扰乱，燮表其弟壹领合浦[3]太守，䵋[4]领九真[5]太守，武领南海[6]太守。燮体器宽厚，中国士人多往依之。雄长一州，偏在万里，威尊无上，出入仪卫甚盛，震服百蛮。

朝廷遣南阳张津为交州刺史。津好鬼神事，常著绛帕头[7]，鼓琴、烧香，读道书，云可以助化[8]，为其将区[9]景所杀，刘表遣零陵赖恭代津为刺史。是时苍梧太守史璜死，表又遣吴巨代之。朝廷赐燮玺书[10]，以燮为绥南中郎将[11]，董督[12]七郡[13]，领交趾太守如故[14]。巨与恭相失，巨举兵逐恭，恭走还零陵[15]。

孙权以番阳太守临淮步骘[16]为交州刺史，士燮率兄弟奉承节度。吴巨外附内违，骘诱而斩之，威声大震。权加燮左将军，燮遣子入质。由是岭南[17]始服属于权。

（以上为第四段，写岭南服属孙权。）

【注释】

[1]士燮（xiè）：字威彦，苍梧广信（今广西梧州市）人。汉末为交趾太守（治所龙编，在今越南河内市东北），交趾得以安定，中原士人避乱者多往依附。其后孙权以步骘（zhì）为交州刺史，燮遂归附于孙氏，又为卫将军，封龙编侯。传见《三国志》卷四十九。 [2]交州：州名。建安八年（203）改交趾为交州，刺史治所广信，在今广西梧州市。 [3]合浦：郡名，治所合浦县，在今广西合浦县东北。 [4]䵋（huì）：音“贿”。 [5]九真：郡名，治所胥浦，在今越南清化省西北。 [6]南海：郡名，治所番禺，在今广东广州市。 [7]帕头：男子束发的头巾。 [8]化：谓羽化成仙。 [9]区：音“欧”，姓氏。 [10]玺（xǐ）书：用皇帝印章封记的文书。 [11]绥南中郎将：官名，中郎将为位次于将军的统兵将领，绥南为其称号。 [12]董督：督察。 [13]七郡：指交州的南海、苍梧、郁林、合浦、交趾、九真、日南七郡。 [14]故：据章校：甲十一行本“故”下有“后”字，乙十一行本同，孔本“后”字作空格。 [15]零陵：郡名，治所泉陵，在今湖南永州市零陵区。 [16]步骘（?—247）：字子山，临淮淮阴（今江苏淮阴市）人。汉末避乱至江东，孙权召为主记，又为鄱阳太守、交州刺史。以威服南土，晋升为平戎将军，封广信侯。孙权称帝后，为骠骑将军，都督西陵，后为丞相。传见《三国志》卷五十二。 [17]岭南：泛指五岭以南地区。

十六年（辛卯，211 年）

春，正月，以曹操世子[1]丕为五官中郎将[2]，置官属，为丞相副。

三月，操遣司隶校尉钟繇讨张鲁，使征西护军[3]夏侯渊[4]等将兵出河东[5]，与繇会。仓曹属[6]高柔谏曰："大兵西出，韩遂、马超疑为袭己，必相扇动。宜先招集三辅[7]，三辅苟平，汉中[8]可传檄而定也。"操不从。

关中诸将果疑之，马超、韩遂、侯选、程银、杨秋、李堪、张横、梁兴、成宜、马玩等十部皆反，其众十万，屯据潼关[9]；操遣安西将军[10]曹仁督诸将拒之，敕命坚壁勿与战。命五官将丕留守邺，以奋武将军[11]程昱参丕军事，门下督广陵徐宣[12]为左护军，留统诸军，乐安国渊[13]为居府长史[14]，统留事。秋，七月，操自将击超等。议者多言："关西兵习长矛，非精选前锋，不可当也。"操曰："战在我，非在贼也。贼虽习长矛，将使不得以刺，诸君但观之。"

八月，操至潼关，与超等夹关而军。操急持[15]之，而潜遣徐晃、朱灵以步骑四千人渡蒲阪津[16]，据河西为营，闰月，操自潼关北渡河。兵众先渡，操独与虎士[17]百余人留南岸断后。马超将步骑万余人攻之，矢下如雨，操犹据胡床[18]不动。许褚扶操上船，船工中流矢死，褚左手举马鞍以蔽操，右手刺船。校尉丁斐放牛马以饵[19]贼，贼乱，取牛马，操乃得渡；遂自蒲阪渡西河[20]，循河为甬道[21]而南。超等退拒渭口[22]，操乃多设疑兵，潜以舟载兵入渭，为浮桥，夜，分兵结营于渭南。超等夜攻营，伏兵击破之。超等屯渭南，遣使求割河以西请和，操不许。九月，操进军，悉渡渭。超等数挑战，又不许；固请割地，求送任子[23]，贾诩以为可伪许之。操复问计策，诩曰："离之而已。"操曰："解[24]！"

韩遂请与操相见，操与遂有旧，于是交马语移时，不及军事，但说京都旧故，拊[25]手欢笑。时秦、胡[26]观者，前后重沓[27]，操笑谓之曰："尔欲观曹公邪？亦犹人也，非有四目两口，但多智耳！"既罢，超等问遂："公何言？"遂曰："无所言也。"超等疑之。他日，操又与遂书[28]，多所点窜[29]，如遂改定者；超等愈疑遂。操乃与克日[30]会战，先以轻兵挑之，战良久，乃纵虎骑[31]夹击，大破之，斩成宜、李堪等。

遂、超奔凉州，杨秋奔安定。

诸将问操曰："初，贼守潼关，渭北道缺[32]，不从河东击冯翊[33]而反守潼关，引日[34]而后北渡，何也？"操曰："贼守潼关，若吾入河东，贼必引守诸津，则西河未可渡，吾故盛兵[35]向潼关；贼悉众南守，西河之备虚，故二将[36]得擅取西河；然后引军北渡，贼不能与吾争西河者，以二将之军也。连车树栅[37]，为甬道而南，既为不可胜[38]，且以示弱。渡渭为坚垒，虏至不出，所以骄之[39]也；故贼不为营垒而求割地。吾顺言许之，所以从其意，使自安而不为备，因畜士卒之力，一旦击之，所谓疾雷不及掩耳[40]。兵之变化，固非一道也。"

始，关中诸将每一部到，操辄有喜色。诸将问其故，操曰："关中长远，若贼各依险阻，征之，不一二年不可定也。今皆来集，其众虽多，莫相归服，军无适主[41]，一举可灭，为功差易[42]，吾是以喜。"

冬，十月，操自长安[43]北征杨秋，围安定[44]。秋降，复其爵位，使留抚其民。

十二月，操自安定还，留夏侯渊屯长安。以议郎张既为京兆尹[45]。既招怀流民，兴复县邑，百姓怀之。

遂、超之叛也，弘农[46]、冯翊县邑多应之，河东民独无异心；操与超等夹渭为军，军食一仰[47]河东。及超等破，余畜[48]尚二十余万斛[49]，操乃增河东太守杜畿秩[50]中二千石[51]。

（以上为第五段，写曹操西征马超、韩遂，平定关中。）

【注释】

[1]世子：长子。 [2]五官中郎将：官名，汉代于光禄勋下置五官、左、右三署中郎将，统领皇帝侍卫军，但不置官属。今曹丕为五官中郎将，却置官属，并为丞相之副，显然提高了其政治地位。 [3]征西护军：官名，护为督统之意。曹操将征西先驱之重任交与夏侯渊，而渊之资序尚不能为征西将军，故改称护军。 [4]夏侯渊（?—219）：字妙才，沛国谯县（今安徽亳州市）人。初随曹操起兵，为别部司马、骑都尉，又为陈留、颍川太守。从曹操征讨袁绍、韩遂等，以勇著称。后为护军将军，封博昌亭侯。又为征西将军，守汉中，为刘备部将黄忠所杀。传见《三国志》卷九。 [5]河东：郡名，治所安邑，在今山西夏县西北。 [6]仓曹属：官名，此指丞相仓曹属，丞相府之属官，主管仓谷事。 [7]三辅：地区名，汉代称京兆尹、左冯翊、右扶风为三辅。相当于以今西安市为中心的陕西中部地区。 [8]汉中：郡名，治所南郑，在今陕西汉中市。时为张鲁

所据。［9］潼关：关名，在今陕西潼关县北。古为桃林塞地，东汉设潼关，地当黄河之曲，秦、晋、豫三省之要冲。关城又雄踞山腰，下临黄河，甚为险要。［10］安西将军：官名，东汉的杂号将军。［11］奋武将军：官名，东汉杂号将军。［12］徐宣（?—236）：字宝坚，广陵海西（今江苏东海县南）人。曹操召为司空掾属、门下督（门下之督将），又为丞相东曹掾、魏郡太守。魏文帝初，为御史中丞、司隶校尉，又为尚书。魏明帝时，为尚书左仆射，封津阳亭侯。传见《三国志》卷二十二。［13］国渊：字子尼。乐安益县（今山东寿光市东）人。曹操召为司空掾属，主管屯田事。又为魏郡太守，入朝为太仆。传见《三国志》卷十一。［14］居府长史：官名，总管留府诸事。［15］持：抓住。此谓拖住马超等，使之不能摆脱。［16］蒲阪津：渡口名，蒲阪县西黄河渡口。蒲阪县治所在今山西永济市蒲州镇。［17］虎士：警卫勇士。［18］胡床：坐具，俗称马扎，从少数民族中传来，故名。隋以后称为交床或交椅。［19］饵（ěr）：引诱。［20］西河：指今山西与陕西间自北向南流的一段黄河。［21］甬道：两边筑墙或用车、树为屏障的通道。［22］渭口：渭水入黄河之处。［23］任子：这里义同“质子”，即以儿子为抵押。［24］解：理解，知晓。［25］拊（fǔ）：拍手。［26］秦、胡：指秦地（即关中）的土著汉族和少数民族人。［27］重沓（tà）：人多拥挤之意。［28］书：信。［29］点窜：谓涂改字句。［30］克日：限定日期。［31］虎骑：比喻勇猛如虎的骑兵。［32］缺：谓缺而不备。［33］冯（píng）翊（yì）：即左冯翊，汉代三辅之一。冯翊的治所原在高陵县，在今陕西西安市高陵区。汉献帝建安初，诏分冯翊西数县为左内史郡，治所高陵，以东数县为冯翊，治所临晋，在今陕西大荔县。［34］引日：拖延时日。［35］盛兵：加强兵力。［36］二将：指徐晃、朱灵。［37］树栅（zhà）：立木为栅栏。［38］为不可胜：意谓造成敌方无法取胜的条件。《孙子·形篇》说：“先为不可胜，以待敌之可胜。”［39］骄之：谓使敌人骄傲无备。［40］疾雷不及掩耳：谓事发太快，使人来不及预防。《淮南子·兵略训》说：“疾雷不及塞耳，疾霆不暇掩目。”［41］适（dí）主：专主，谓统一的主帅。［42］差易：较容易。［43］长安：县名，县治在今陕西西安市西北。［44］安定：郡名，治所临泾，在今甘肃镇原县东南。［45］京兆尹：官名，京兆尹的长官，相当于郡太守。京兆尹本政区名，为汉代三辅之一，治所长安。而京兆尹的长官亦称京兆尹，官名与政区名相同。［46］弘农：郡名，治所弘农县，在今河南灵宝市北。［47］仰：依赖。［48］畜：同“蓄”，积蓄。［49］斛（hú）：古代量器名。汉代以十斗为一斛。［50］秩：俸禄。［51］中二千石：汉代九卿之秩为中二千石，郡太守之秩一般为二千石。此特嘉奖杜畿，故为其增秩。

扶风法正[1]为刘璋军议校尉，璋不能用，又为其州里俱侨客[2]者所鄙，正邑邑[3]不得志。益州别驾张松与正善，自负其才，忖[4]璋不足与有为，常窃叹息。松劝璋结刘备，璋曰：“谁可使者？”松乃举正。璋使正往，正辞谢，佯[5]为不得已而行。还，为松说备有雄略，密谋奉戴以为州主。

会曹操遣钟繇向汉中，璋闻之，内怀恐惧。松因说璋曰："曹公兵无敌于天下，若因张鲁之资以取蜀土，谁能御之！刘豫州，使君之宗室而曹公之深仇也，善用兵；若使之讨鲁，鲁必破矣。鲁破，则益州强，曹公虽来，无能为也！今州[6]诸将庞羲、李异等，皆恃功骄豪[7]，欲有外意[8]。不得豫州，则敌攻其外，民攻其内，必败之道也！"璋然之，遣法正将四千人迎备。主簿巴西黄权[9]谏曰："刘左将军[10]有骁[11]名，今请到，欲以部曲[12]遇之，则不满其心；欲以宾客礼待，则一国不容二君，若客有泰山之安，则主有累卵之危。不若闭境以待时清。"璋不听，出权为广汉[13]长。从事广汉王累，自倒悬于州门以谏，璋一无所纳。

法正至荆州，阴献策于刘备曰："以明将军之英才，乘刘牧之懦弱；张松，州之股肱[14]，响应于内；以取益州，犹反掌也。"备疑未决。庞统言于备曰："荆州荒残，人物殚尽[15]，东有孙车骑[16]，北有曹操，难以得志。今益州户口百万，土沃财富，诚得以为资，大业可成也！"备曰："今指与吾为水火[17]者，曹操也。躁以急，吾以宽；操以暴，吾以仁；操以谲[18]，吾以忠；每与操反，事乃可成耳。今以小利而失信义于天下，奈何？"统曰："乱离之时，固非一道所能定也。且兼弱攻昧[19]，逆取顺守[20]，古人所贵。若事定之后，封以大国，何负于信！今日不取，终为人利耳。"备以为然。乃留诸葛亮、关羽等守荆州，以赵云领留营司马[21]，备将步卒数万人入益州。

孙权闻备西上，遣舟船迎妹；而夫人欲将备子禅还吴，张飞、赵云勒兵截江，乃得禅还。

刘璋敕在所供奉备，备入境如归，前后赠遗[22]以巨亿计。备至巴郡[23]，巴郡太守严颜拊心叹曰："此所谓'独坐穷山，放虎自卫'者也。"备自江州北由垫江水[24]诣涪[25]。璋率步骑三万余人，车乘帐幔[26]，精光耀日，往会之。张松令法正白备，便于会袭璋。备曰："此事不可仓卒[27]！"庞统曰："今因会执之，则将军无用兵之劳而坐定一州也。"备曰："初入他国，恩信未著，此不可也。"璋推备行[28]大司马[29]，领[30]司隶校尉[31]；备亦推璋行镇西大将军[32]，领益州牧。所将吏士，更相之适[33]，欢饮百余日。璋增备兵，厚加资给，使击张鲁，又令督白水[34]军。备并军三万余人，车甲、器械、资货甚盛。璋还成都，备北到葭萌[35]，未即讨鲁，厚树恩德以收众心。

（以上为第六段，写益州牧刘璋请刘备入蜀以拒张鲁。）

【注释】

[1]法正（176—220）：字孝直，右扶风郿县（今陕西眉县）人。初入蜀依刘璋，为新都令，又为军议校尉（参谋军事之官）。后奉命邀刘备入蜀，因向刘备献取蜀之计。刘备得益州后，任命法正为蜀郡太守、扬武将军。后又为尚书令、护军将军。传见《三国志》卷三十七。 [2]侨客：谓他州寄居于益州者。 [3]邑邑：通“悒悒”，忧郁不安。 [4]忖（cǔn）：思量，考虑。 [5]佯（yáng）：假装。 [6]州：据章校，有的版本“州”下有“中”字。 [7]恃功骄豪：依仗功劳而骄傲强横。庞羲曾保护刘璋诸子免于危难，李异曾杀反叛刘璋的赵韪，故二人有功于刘璋。 [8]外意：谓附外之意。 [9]黄权（?—239）：字公衡，巴西阆中（今四川阆中市）人。初为刘璋主簿、广汉长。刘璋降刘备后，始归降刘备，为偏将军。刘备称汉中王、领益州牧后，又为治中从事史。刘备称帝伐吴，以权为镇北将军，督镇江北以防魏军。刘备败退后，道路断绝，权被迫降魏。在魏官至车骑将军。传见《三国志》卷四十三。 [10]刘左将军：即刘备。曹操曾表荐刘备为左将军。 [11]骁（xiāo）：勇健。 [12]部曲：此为部属、部下之意。 [13]广汉：县名，县治在今四川射洪市。 [14]股肱：大腿和胳膊，用以比喻辅助之臣。因张松为州别驾，为州牧的主要佐吏，故法正有此喻。 [15]殚（dān）尽：穷尽。 [16]孙车骑：即孙权。刘备曾表荐孙权为车骑将军。 [17]水火：言水火之性相反。 [18]谲（jué）：欺诈。 [19]兼弱攻昧：此语见《左传》宣公十二年，又伪古文《尚书》以为仲虺（huǐ）之言。意谓兼并弱小者，攻取愚昧者。 [20]逆取顺守：此为西汉初陆贾之言，见《史记·陆贾列传》。以武力夺取天下为逆取，修文教以治天下为顺守。 [21]留营司马：官名，掌留营之军事。 [22]赠遗（wèi）：赠送财物。 [23]巴郡：治所江州，在今重庆市。 [24]垫江水：即涪（fú）水，亦称涪内水。源出今四川松潘县东北，东南流经平武县、绵阳市、射洪市，至重庆市合川区（汉之垫江县）与嘉陵江合。 [25]涪：县名，县治在今四川绵阳市东。 [26]帐幔：帷幕。 [27]仓卒：同“仓猝”，匆忙。 [28]行：代理。 [29]大司马：官名，汉武帝置大司马代替太尉，东汉光武帝又废大司马置太尉。汉灵帝末年又并置大司马与太尉。 [30]领：兼任。 [31]司隶校尉：官名，掌纠察京都百官违法者，并治所辖各郡，相当于州刺史。按：刘备与刘璋之此种推任，纯系空衔。 [32]镇西大将军：官名，镇西将军为杂号将军，加上“大”字，地位又比杂号将军高。 [33]之适：前往，前去。 [34]白水：指白水关。关在白水县，县治在今四川青川县东北。白水军即杨怀、高沛所统之军。 [35]葭（jiā）萌：县名，县治在今四川广元市西南。

十七年（壬辰，212 年）

春，正月，曹操还邺。诏操赞拜[1]不名[2]，入朝不趋[3]，剑履上殿[4]，如萧何[5]故事。

操之西征也，河间[6]民田银、苏伯反，扇动幽、冀。五官将丕欲自讨之，功曹[7]常林[8]曰："北方吏民，乐安厌乱，服化已久，守善者多；银、伯犬羊相聚[9]，不能为害。方今大军在远，外有强敌，将军为天下之镇[10]，轻动远举，虽克不武[11]。"乃遣将军贾信讨之，应时克灭。余贼千余人请降，议者皆曰："公有旧法，围而后降者不赦。"程昱曰："此乃扰攘[12]之际，权时[13]之宜。今天下略定[14]，不可诛之；纵诛之，宜先启闻。"议者皆曰："军事有专无请。"昱曰："凡专命者，谓有临时之急耳。今此贼制在贾信之手，故老臣不愿将军行之也。"丕曰："善。"即白操，操果不诛。既而闻昱之谋，甚悦，曰："君非徒[15]明于军计，又善处人父子之间。"

故事[16]：破贼文书，以一为十；国渊上首级，皆如其实数，操问其故，渊曰："夫征讨外寇，多其斩获之数者，欲以大武功，耸民听也。河间在封域之内，银等叛逆，虽克捷有功，渊窃耻之。"操大悦。

夏，五月，癸未[17]，诛卫尉马腾，夷三族。

六月，庚寅晦[18]，日有食之。

秋，七月，螟。

马超等余众屯蓝田[19]，夏侯渊击平之。

鄜[20]贼梁兴，寇略冯翊[21]，诸县恐惧，皆寄治郡下[22]，议者以为当移就险阻。左冯翊郑浑[23]曰："兴等破散，藏窜山谷，虽有随者，率胁从耳。今当广开降路，宣谕威信，而保险自守，此示弱也。"乃聚吏民，治城郭，为守备，募民逐贼，得其财物妇女，十以七赏。民大悦，皆愿捕贼；贼之失妻子者皆还求降，浑责其得他妇女，然后还之。于是转相寇盗，党与离散。又遣吏民有恩信者分布山谷告谕之，出者相继；乃使诸县长吏[24]各还本治[25]，以安集之。兴等惧，将余众聚鄜城，操使夏侯渊助浑讨之，遂斩兴，余党悉平。浑，泰之弟也。

九月，庚戌[26]，立皇子熙为济阴王，懿为山阳王，邈为济北王，敦为东海王。

（以上为第七段，写曹操安定内部，平定河北关中民变。）

【注释】

[1]赞拜：古时臣下朝拜君王时，司仪者在旁宣唱行礼的仪式，并直呼朝拜者的姓名。[2]不名：不直呼姓名，只称官职。[3]趋：此指小步快走，表示恭敬。[4]剑履上殿：带剑穿鞋上殿。古时臣下不能穿鞋带兵器上殿。[5]萧何：西汉大臣。秦末助汉高祖刘邦定天下，功第一，刘邦为皇帝后，赐予剑履上殿、入朝不趋的待遇。传见《史记》卷五十三、《汉书》卷三十九。[6]河间：郡名，治所乐成，在今河北献县东南。[7]功曹：官名，此为五官中郎将功曹，即曹丕的属吏。[8]常林：字伯槐，河内温县（今属河南）人。曹魏大臣，历仕曹操、文帝、明帝三朝，位列九卿，封高阳方侯。死后葬如公礼。传见《三国志》卷二十三。[9]犬羊相聚：喻其部伍杂乱无力。[10]天下之镇：谓镇守曹操之据点邺城。[11]不武：不足以显示威武。[12]扰攘：混乱，纷乱。[13]权时：暂时。[14]略定：大体已定。[15]徒：仅，只。[16]故事：先例，以往的成规。[17]癸未：五月壬辰朔，无癸未。[18]庚寅晦：六月二十九日。[19]蓝田：县名，县治在今陕西蓝田县西。[20]鄜（fū）：县名，县治在今陕西洛川县东南。[21]冯翊：政区名，官名，左冯翊之省称，为汉代三辅之一，东汉末治所临晋，在今陕西大荔县。[22]寄治郡下：谓将县公署迁到郡城。[23]郑浑：字文公，河南开封（今河南开封市南）人。曹操初召为掾，又为下蔡长、邵陵令，皆有治绩。后为左冯翊、京兆尹，亦有治绩。魏文帝时，又为阳平、沛、山阳、魏等郡太守，所在兴水利，开农田，种果木，治绩卓著。后为将作大匠。传见《三国志》卷十六。[24]长吏：指县令、长。[25]本治：原来的治所。[26]庚戌：九月二十一日。

初，张纮以秣陵[1]山川形胜，劝孙权以为治所。及刘备东过秣陵，亦劝权居之。权于是作石头城[2]，徙治秣陵，改秣陵为建业。

吕蒙闻曹操欲东兵[3]，说孙权夹濡须水口[4]立坞[5]。诸将皆曰："上岸击贼，洗足入船，何用坞为！"蒙曰："兵有利钝，战无百胜，如有邂逅[6]，敌步骑蹙[7]人，不暇及水，其得入船乎？"权曰："善！"遂作濡须坞。

冬，十月，曹操东击孙权。董昭言于曹操曰："自古以来，人臣匡世[8]，未有今日之功；有今日之功，未有久处人臣之势者也。今明公耻有惭德[9]，乐保名节；然处大臣之势，使人以大事疑己，诚不可不重虑也。”乃与列侯诸将议，以丞相宜进爵国公，九锡[10]备物，以彰殊勋。荀彧以为：“曹公本兴义兵以匡朝宁国，秉忠贞之诚，守退让之实；君子爱人以德[11]，不宜如此。”操由是不悦。及击孙权，表请彧劳军于谯，因辄[12]留彧，以侍中[13]、光禄大夫[14]、持节[15]，参丞相军事。操军向濡须，彧以疾留寿春[16]，饮药而卒。彧行义修整而有智谋，好推贤进士，故时人皆惜之。

臣光曰[17]：孔子之言仁也重矣，自子路、冉求、公西赤门人之高第[18]，令尹子文、陈文子诸侯之贤大夫，皆不足以当之[19]，而独称管仲之仁[20]，岂非以其辅佐齐桓，大济生民乎！齐桓之行若狗彘，管仲不羞而相之，其志盖以非桓公则生民不可得而济也。汉末大乱，群生涂炭，自非高世之才不能济也。然则荀彧舍魏武将谁事哉！

齐桓之时，周室虽衰，未若建安之初也。建安之初，四海荡覆，尺土一民，皆非汉有。荀彧佐魏武而兴之，举贤用能，训卒厉兵，决机发策，征伐四克，遂能以弱为强，化乱为治，十分天下而有其八，其功岂在管仲之后乎！管仲不死子纠[21]而荀彧死汉室，其仁复居管仲之先矣！

而杜牧乃以为“彧之劝魏武取兖州则比之高、光[22]，官渡不令还许则比之楚、汉[23]，及事就功毕，乃欲邀名于汉代，譬之教盗穴墙[24]发匮而不与同挈，得不为盗乎！”臣以为孔子称“文胜质则史[25]”，凡为史者记人之言，必有以文之。然则比魏武于高、光、楚、汉者，史氏之文也，岂皆彧口所言邪！用是贬彧，非其罪矣。且使魏武为帝，则彧为佐命元功，与萧何同赏矣；彧不利此而利于杀身以邀名，岂人情乎！

（以上为第八段，写曹操加九锡，荀彧不赞同而被逼杀。司马光认为，荀彧佐曹操取天下，为了济世安民不得已而为之，功比管仲，而德过之。）

【注释】

[1]秣陵：县名，县治在今江苏南京市南。［2］石头城：在秣陵之西，春秋时楚灭越，置金陵邑于此，孙权加以重建，依其山势筑城，改名石头城，用以储藏军粮器械。［3］东兵：向东进军。［4］濡（rú）须水口：濡须水在今安徽境内，源出巢湖，东南流，经无为县，东入长江。入

长江处称为濡须口。［5］坞（wù）：土堡，小城。孙权夹濡须口立坞以拒曹军，称濡须坞，又因其形如偃月，又称偃月坞，故址在今无为县东北。［6］邂逅：偶然碰上。［7］蹙（cù）：逼迫。［8］匡世：救世。［9］耻有惭德：不愿德行亏损而惭耻。此指曹操不愿处高位，董昭谄媚之言。［10］九锡：古代帝王尊礼大臣所赐予的九种器物与待遇。《汉书·武帝纪》注引应劭说，九种器物与待遇为：一车马，二衣服，三乐器，四朱户，五纳陛，六虎贲百人，七鈇钺，八弓矢，九秬（jù）鬯（cháng）。［11］君子爱人以德：此为曾子之言。《礼记·檀弓》载，曾子曰："君子之爱人也以德，细人之爱人也以姑息。"［12］因辄：趁此就。谓曹操趁荀彧至谯劳军而留彧在军中。［13］侍中：官名，职在侍从皇帝，应对顾问。［14］光禄大夫：官名，属光禄勋，掌顾问应对。［15］持节：持符节。节，象征特别权力的凭信。［16］寿春：县名，县治在今安徽寿县。［17］臣光曰：本书之"臣光曰"，皆司马光之评论。［18］高第：高才生。［19］皆不足以当之：谓皆不足以称为有仁德。《论语·公冶长》载：孟武伯问孔子："子路仁乎？"孔子答："由（子路名仲由）也，千乘之国，可使治其赋也，不知其仁也。"又问："求也何如？"答："求也，千室之邑，百乘之家，可使为之宰也，不知其仁也。"又问："赤也何如？"答："赤也，束带立于朝，可使与宾客言也，不知其仁也。"子张又问，楚国的令尹子文与齐国大夫陈文子可以算得上有仁德吗？孔子皆回答说："焉得仁（怎么能算得上仁德呢）？"［20］独称管仲之仁：《论语·宪问》载子路问孔子说："桓公杀公子纠，召忽死之，管仲不死，曰未仁乎？"孔子回答说："桓公九合诸侯，不以兵车，管仲之力也。如其仁，如其仁。"［21］管仲不死子纠：齐桓公和公子纠皆齐襄公之弟。齐襄公无道，二人均畏惧而逃。桓公由鲍叔牙侍奉逃入莒国，公子纠由管仲和召忽侍奉逃往鲁国。襄公被杀后，桓公先入齐国立为君，遂兴兵伐鲁，逼迫鲁国杀公子纠，召忽因而自杀以殉，而管仲不但不死，还做了桓公之相。参见《左传》庄公八年、九年。［22］高、光：指汉高祖刘邦与汉光武帝刘秀。［23］楚、汉：指项羽与刘邦。［24］穴墙：挖墙。［25］文胜质则史：此语见《论语·雍也》。意谓文采多于朴实，则未免虚浮。

十二月，有星孛于五诸侯[1]。

刘备在葭萌[2]，庞统言于备曰："今阴选精兵，昼夜兼道，径袭成都，刘璋既不武，又素无豫备[3]，大军卒至，一举便定，此上计也。杨怀、高沛，璋之名将，各杖强兵，据守关头[4]，闻数有笺谏璋，使发遣将军还荆州。将军遣与相闻，说荆州有急，欲还救之，并使装束，外作归形，此二子既服将军英名，又喜将军之去，计必乘轻骑来见将军，因此执之，进取其兵，乃向成都，此中计也。退还白帝[5]，连引荆州，徐还图之，此下计也。若沈吟[6]不去，将致大困，不可久矣。"备然其中计。

及曹操攻孙权，权呼备自救。备贻[7]璋书曰："孙氏与孤本为唇齿，而关羽兵弱，今不往救，则曹操必取荆州，转侵州界[8]，其忧甚于张鲁。鲁自守之贼，不足虑也。"因求益万兵及资粮，璋但许兵四千，其余皆给半。备因激怒其众曰："吾为益州征强敌，师[9]徒[10]勤瘁，而积财吝赏，何以使士大夫死战乎！"张松书与备及法正曰："今大事垂立[11]，如何释此去乎！"松兄广汉[12]太守肃，恐祸及己，因发其谋。于是璋收斩松，敕关戍[13]诸将文书皆勿复得与备关通[14]。备大怒，召璋白水军督杨怀、高沛，责以无礼，斩之，勒兵径至关头，并其兵，进据涪城。

（以上为第九段，写刘备从葭萌回师攻刘璋。）

【注释】

[1]五诸侯：星名，属井宿，在东井北，由帝师、帝友、三公、博士、太史等五星组成。[2]葭萌：县名，县治在今四川广元市西南。[3]豫备：事先防备。豫，通"预"。[4]关头：指白水关头。[5]白帝：即白帝城。本汉之鱼复县，公孙述据蜀，改名白帝城，在今重庆奉节县东。[6]沈吟：犹豫不决。[7]贻：留下，送。[8]州界：谓益州州界。[9]师：军队。[10]徒：徒然，白白地。[11]垂立：即将成功。[12]广汉：郡名，治所雒县，在今四川广汉市北。[13]关戍（shù）：关口与防守地。[14]关通：禀报，通报。

十八年（癸巳，213年）

春，正月，曹操进军濡须口，号步骑四十万，攻破孙权江西营[1]，获其都督[2]公孙阳。权率众七万御之，相守月余。操见其舟船器仗军伍整肃，叹曰："生子当如孙仲谋[3]；如刘景升[4]儿子，豚[5]犬耳！"权为笺[6]与操，说："春水方生，公宜速去。"别纸言："足下不死，孤不得安。"操语诸将曰："孙权不欺孤。"乃撤军还。

庚寅[7]，诏并十四州[8]，复为九州[9]。

夏，四月，曹操至邺。

初，曹操在谯，恐滨[10]江郡县为孙权所略，欲徙令近内，以问扬州别驾蒋济，曰："昔孤与袁本初对军官渡，徙燕[11]、白马[12]民，民不得走[13]，贼亦不敢抄。今欲徙淮南民，何如？"对曰："是时兵弱贼强，不徙必失之。自破袁绍以来，明公威震天下，民无他志，人情怀土，实不乐徙，惧必不安。”操不从。既而民转相惊，自庐江[14]、九江[15]、蕲春[16]、广陵[17]，户十余万皆东渡江，江西遂虚，合淝以南，惟有皖城[18]。济后奉使诣邺，操迎见，大笑曰：“本但欲使避贼，乃更驱尽之！”拜济丹阳[19]太守。

五月，丙申[20]，以冀州十郡[21]封曹操为魏公[22]，以丞相领冀州牧如故。又加九锡：大辂[23]、戎辂[24]各一，玄牡[25]二驷[26]；衮冕[27]之服，赤舄[28]副[29]焉；轩县之乐[30]，六佾[31]之舞；朱户[32]以居；纳陛[33]以登；虎贲[34]之士三百人；𫓧[35]、钺[36]各一；彤弓[37]一，彤矢百，玈弓[38]十，玈矢千；秬鬯[39]一卣[40]，珪[41]瓒[42]副焉。

大雨水。

（以上为第八段，写建安十八年孙曹江西濡须之战，双方不分胜负。江西之民惧徙反投奔江东。曹操进爵魏公。）

【注释】

[1]江西营：指孙权驻军江西进攻合肥的基地，其营地以濡须坞为大本营。长江在安徽境内偏斜东北流，故古代称濡须口所在的一边为江西，建业所在的一边为江东。[2]都督：东汉末军事长官或领兵将帅之官名，领兵多少和职权大小没有一定。[3]孙仲谋：孙权字仲谋。[4]刘景升：刘表字景升。[5]豚（tún）：小猪。[6]笺：书信。[7]庚寅：正月三日。[8]十四州：指司隶、豫、冀、兖、徐、青、荆、扬、益、凉、雍、并、幽、交等共十四个州。[9]复为九州：是以幽州、并州及司隶校尉之河东、河内、冯翊、扶风等郡并入冀州，以凉州及司隶校尉之京兆尹并入雍州，以司隶校尉之弘农、河南并入豫州，以交州并入荆州、益州。于是只有兖、豫、青、徐、荆、扬、冀、益、雍等九个州。此次省并，冀州地区特别扩大，曹操为冀州牧，大大增强了他的势力。[10]滨：临近。[11]燕：县名，县治在今河南延津县北，在当时的黄河南岸。[12]白马：县名，县治在今河南滑县东，亦在当时的黄河南岸。[13]走：逃走。[14]庐江：郡名，治所本在舒县，在今安徽庐江县西南。建安四年刘勋移治所于皖县，在今安徽潜山市。[15]九江：郡名，东汉末治所在寿春，在今安徽寿县。[16]蕲（qí）春：郡名，治所蕲春县，在今湖北蕲春县西北。按：建安十八年蕲春仍为县，以后吴、魏二国方置蕲春郡，史书以后来的区划书之。[17]广陵：郡名，治所广陵县，在今江苏扬州市。[18]合淝：即合肥。皖城：即皖县城。[19]丹阳：郡名，治所宛陵，在今安徽宣城市宣州区。按：当时丹阳郡为孙权所据，蒋济不得至郡。[20]丙申：五月十日。[21]十郡：指冀州的河东、河内、魏、赵、中山、常山、巨鹿、安平、甘陵、平原十郡。[22]魏公：曹操破袁尚得冀后，居于邺。邺为魏郡治所，曹操进封为公，故以魏为名，后进爵为魏王。又，当时有谶语说：“代汉者当涂高。”据说“当涂高”就

是“魏”，故曹丕代汉为帝，遂以魏为国号。［23］大辂：大车。［24］戎辂：兵车。［25］玄牡（mǔ）：黑色公马。［26］驷：四马驾一车称驷。［27］衮（gǔn）冕：天子、上公所穿绣龙的礼服为衮，礼帽为冕。［28］舄（xì）：复底鞋。［29］副：相配。［30］轩县之乐：县，“悬”本字，古代陈列乐器的制度，天子宫悬，诸侯轩悬。宫悬为四面悬挂，轩悬少去一面，即三面悬挂。［31］佾（yì）：舞的行列。古代的舞佾制度，天子八佾，即纵横皆八人，八八六十四人。诸侯六佾，六八四十八人。［32］朱户：红门。古时天子之居用红门。［33］纳陛：陛，帝王登殿的台阶。古代帝王登台阶时不欲敞露，建台阶时便将台阶纳入檐内，称为纳陛。［34］虎贲（bēn）：警卫勇士。［35］钛（fū）：斧。［36］钺（yuè）：大斧。［37］彤（tóng）弓：朱红色弓。［38］玈（lú）弓：黑弓。［39］秬鬯：黑黍酿成的香酒，用以祭祀。［40］卣（yǒu）：盛酒器。［41］珪：上圆下方的玉器。此指玉制的柄。［42］瓒（zàn）：古礼器，盛灌鬯酒的玉勺。以珪为柄的称珪瓒。

益州从事广汉郑度闻刘备举兵，谓刘璋曰：“左将军悬军[1]袭我，兵不满万，士众未附，军无辎重[2]，野谷是资，其计莫若尽驱巴西[3]、梓潼[4]民内[5]、涪水[6]以西，其仓廪野谷，一皆烧除，高垒深沟，静以待之。彼至，请战，勿许，久无所资，不过百日，必将自走，走而击之，此必禽耳。”刘备闻而恶[7]之，以问法正。正曰：“璋终不能用，无忧也。”璋果谓其群下曰：“吾闻拒敌以安民，未闻动民以避敌也。”不用度计。

璋遣其将刘璝、冷苞、张任、邓贤、吴懿[8]等拒备，皆败，退保绵竹[9]；懿诣军降。璋复遣护军[10]南阳李严[11]、江夏费观[12]督绵竹诸军，严、观亦率其众降于备。备军益强，分遣诸将平下属县。刘璝、张任与璋子循退守雒[13]城，备进军围之。任勒兵[14]出战于雁桥[15]，军败，任死。

秋，七月，魏始建社稷[16]、宗庙。

魏公[17]操纳[18]三女[19]为贵人[20]。

初，魏公操追马超至安定，闻田银、苏伯反，引军还。参凉州军事杨阜[21]言于操曰：“超有信、布[22]之勇，甚得羌、胡心；若大军还，不设备，陇上诸郡[23]非国家之有也。”操还，超果率羌、胡击陇上诸郡县，郡县皆应之，惟冀城[24]奉州郡以固守。

超尽兼陇右[25]之众，张鲁复遣大将杨昂助之，凡万余人，攻冀城，自正月至八月，救兵不至。刺史韦康遣别驾阎温[26]出，告急于夏侯渊[27]，外围数重，温夜从水中潜出。明日，超兵见其迹，遣追获之。超载温诣城下，使告城中云："东方[28]无救。"温向城大呼曰："大军不过三日至，勉之！"城中皆泣，称万岁。超虽怒，犹以攻城久不下，徐徐更诱温，冀[29]其改意。温曰："事君有死无二，而卿乃欲令长者出不义之言乎！"超遂杀之。

已而外救不至，韦康及太守欲降。杨阜号哭谏曰："阜等率父兄子弟以义相励，有死无二，以为使君守此城，今奈何弃垂成之功，陷不义之名乎！"刺史、太守不听，开城门迎超。超入，遂杀刺史、太守，自称征西将军、领并州牧、督凉州军事。

魏公操使夏侯渊救冀，未到而冀败。渊去冀二百余里，超来逆[30]战，渊军不利。氐王千万[31]反应超，屯兴国[32]，渊引军还。

会杨阜丧妻，就超求假[33]以葬之。阜外兄天水姜叙为抚夷将军[34]，拥兵屯历城[35]。阜见叙及其母，觑欷[36]悲甚。叙曰："何为乃尔[37]？"阜曰："守城不能完，君亡不能死，亦何面目以视息[38]于天下！马超背父叛君，虐杀州将[39]，岂独阜之忧责，一州士大夫皆蒙其耻。君拥兵专制而无讨贼心，此赵盾所以书弑君[40]也。超强而无义，多衅[41]，易图耳。"叙母慨然曰："咄[42]！伯奕[43]，韦使君[44]遇难，亦汝之负[45]，岂独义山哉！人谁不死，死于忠义，得其所也。但当速发，勿复顾我；我自为汝当之，不以余年累汝也。"叙乃与同郡赵昂、尹奉、武都李俊等合谋讨超，又使人至冀，结安定梁宽、南安赵衢使为内应。超取赵昂子月为质，昂谓妻异曰："吾谋如是，事必万全，当奈月何？"异厉声应曰："雪君父之大耻，丧元[46]不足为重，况一子哉！"

九月，阜与叙进兵，入卤城[47]，昂、奉据祁山[48]，以讨超。超闻之，大怒，赵衢因谲[49]说超，使自出击之。超出，衢与梁宽闭冀城门，尽杀超妻子。超进退失据，乃袭历城，得叙母。叙母骂之曰："汝背父[50]之逆子，杀君[51]之桀贼[52]，天地岂久容汝，而不早死，敢以面目视人乎！"超杀之，又杀赵昂之子月。杨阜与超战，身被五创[53]。超兵败，遂南奔张鲁。鲁以超为都讲祭酒[54]，欲妻[55]之以女。或谓鲁曰："有人若此，不爱其亲，焉能爱人！”鲁乃止。操封讨超之功，侯者十一人，赐杨阜爵关内侯[56]。

（以上为第十一段，写西部战事，刘备攻蜀，马超丢失关中入汉中。）

【注释】

［1］悬军：谓远来的孤军。［2］辎重：粮草器械等军用物资。［3］巴西：郡名，治所阆中，在今四川阆中市。［4］梓潼：县名，县治在今四川梓潼县。［5］内：水名，又称内江。涪江纳入梓潼水后称内江。［6］涪水：即今涪江。源出四川松潘县东北，东南流，经平武县、绵阳市、射洪市，至重庆市合川区与嘉陵江合。［7］恶：憎恨，讨厌。［8］吴懿：字子远。刘璋时为中郎将。后为蜀汉车骑将军、雍州刺史，封济阳侯。传见《三国志》卷四十五。［9］绵竹：县名，县治在今四川德阳市北黄许镇。［10］护军：官名，负责监护协调各将领的关系。［11］李严：字正方，南阳（治所在今河南南阳市）人。初在荆州为郡吏，后入蜀，刘璋以为成都令，又为护军。降刘备后，为犍为太守、兴业将军。刘备称帝后，为尚书令。刘备临终前，与诸葛亮并受遗诏辅刘禅。刘禅即位后，为前将军，又为骠骑将军。后被废为平民。传见《三国志》卷四十。［12］费观：字宾伯，江夏鄳（méng）县（今河南罗山县西南）人，刘璋母之族侄。刘备入蜀后，与李严俱降刘备。后为蜀汉之巴郡太守、江州刺史、振威将军，封都亭侯。传见《三国志》卷四十五。［13］雒：县名，县治在今四川广汉市北。［14］勒兵：整军，率领军队。［15］雁桥：在当时雒县南。［16］社稷：社，土神；稷，谷神。古代天子、诸侯，必立社稷祭祀。［17］魏公：史书自此以后不再单称曹操姓名，只称其封爵与名。［18］纳：献纳，贡献。［19］三女：指曹宪、曹节、曹华。曹节后立为皇后。［20］贵人：妃嫔之称号。汉光武帝始置，位次于皇后。［21］杨阜：字义山，汉阳冀县（今甘肃甘谷县东南）人。初为凉州别驾，以抗击马超有功，曹操封之为关内侯。又为武都太守，有治绩。魏明帝时为将作大匠、少府，对时政之弊多有谏议。传见《三国志》卷二十五。［22］信、布：韩信、黥布。［23］陇上诸郡：指陇西、南安、汉阳、永阳等郡。［24］冀城：即冀县，时为汉阳郡和凉州的治所。［25］陇右：地区名，指陇山以西地区，约相当于今甘肃六盘山以西、黄河以东一带。［26］阎温：字伯俭，汉阳西县（今甘肃天水市西南）人。传见《三国志》卷十八。［27］夏侯渊：当时夏侯渊屯驻长安。［28］东方：陇右在西方，曹操之军在其东，故言东方。［29］冀：希望。［30］逆：迎。［31］千万：姓杨名千万，仇池氐人之首领，后归服曹魏，被封为百顷氐王。［32］兴国：聚邑名，在今甘肃秦安县东北。［33］假：假期。［34］抚夷将军：官名，属杂号将军。［35］历城：聚邑名，在当时的西县。西县在今甘肃天水市西南。［36］觑欷：即“嘘唏”，悲哀抽泣声。［37］何为乃尔：为何如此？［38］视息：谓生活，生存。视，看。息，呼吸。［39］州将：州刺史。［40］赵盾所以书弑君：赵盾，即赵宣子，春秋时晋国执政之卿。晋灵公即位后，残忍无道，赵宣子多次谏阻，灵公不满，欲杀宣子，宣子惧而出奔。尚未出境，其族人赵穿杀死灵公，宣子遂回国。而太史却记

载："赵盾弑其君。"并公布于朝廷。宣子说："不然。"太史说："子为正卿（执政），亡不越境，反（返）不讨贼，非子而谁！"事见《左传》宣公二年。［41］衅：瑕隙。［42］咄（duō）：表示指责、呵斥。［43］伯奕：姜叙字伯奕。［44］韦使君：指州刺史韦康。［45］负：罪负，罪过。［46］元：首，头。［47］卤城：按："卤"字为"西"字之讹。古"西"字写作"卣"，由"卣"又讹作"卤"。《三国志》中的《杨阜传》与《夏侯渊传》亦如此，非《资治通鉴》独讹。［48］祁山：山名，山上有城，极为严固。在今甘肃礼县东南。［49］谲：欺骗。［50］背父：指马超不顾其父马腾在邺而反，致使马腾被杀。［51］杀君：指马超杀刺史韦康。［52］桀贼：像夏王一样的凶暴之贼。［53］创（chuàng）：创伤。［54］都讲祭酒：张鲁在汉中传五斗米道，创立政教合一的政权，其政权中最高统治者称师君，以下称祭酒。张鲁令入道者都学《老子》，设置都讲祭酒。［55］妻（qì）：以女嫁人。［56］关内侯：汉代封爵之一，次于列侯，只有俸禄而无封地。

冬，十一月，魏初置尚书[1]、侍中[2]、六卿[3]；以荀攸为尚书令[4]，凉茂为仆射[5]，毛玠、崔琰、常林、徐奕[6]、何夔为尚书，王粲、杜袭、卫觊、和洽为侍中，钟繇为大理[7]，王修为大司农[8]，袁涣为郎中令[9]，行[10]御史大夫[11]事，陈群为御史中丞[12]。

袁涣得赏赐，皆散之，家无所储，乏则取之于人，不为皦察之行[13]，然时人皆服其清。时有传刘备死者，群臣皆贺，惟涣独否[14]。

魏公操欲复肉刑[15]，令曰："昔陈鸿胪[16]以为死刑有可加于仁恩者，御史中丞能申其父之论乎？"陈群对曰："臣父纪以为汉除肉刑而增加于笞[17]，本兴仁恻而死者更众[18]，所谓名轻而实重者也。名轻则易犯，实重则伤民。且杀人偿死，合于古制；至于伤人，或残毁其体，而裁剪毛发，非其理也。若用古刑，使淫者[19]下蚕室[20]，盗者刖[21]其足，则永无淫放[22]穿逾[23]之奸矣。夫三千之属[24]，虽未可悉复，若斯数者，时之所患，宜先施用。汉律所杀殊死[25]之罪，仁所不及也，其余逮[26]死者，可易以肉刑。如此，则所刑之与所生足以相贸[27]矣。今以笞死之法易[28]不杀之刑，是重人支体而轻人躯命也。"当时议者，唯钟繇与群议同，余皆以为未可行。操以军事未罢，顾[29]众议而止。

（以上为第十二段，写魏置百官为代汉做准备。曹操欲复肉刑，迫于物议而止。）

【注释】

［1］尚书：官名，东汉时，置六曹尚书，协助皇帝处理政务。魏国所置尚书为五曹，即吏部、

左民、客曹、五兵、度支。［2］侍中：官名，职在侍从皇帝，应对顾问。汉代侍中无定员，而魏国却定员为四人。［3］六卿：卿为汉代三公之下的最高行政长官，共设九卿，而魏国却置六卿，即太常、郎中令、卫尉、太仆、大鸿胪、大司农。［4］尚书令：官名，尚书台的长官。［5］仆射：官名，即尚书仆射，尚书令之副手。［6］徐奕：字秀才，东莞（治所在今山东沂水县南）人。初为曹操司空掾属，又为雍州刺史。魏国建立后，为尚书、尚书令，又为中尉、谏议大夫。传见《三国志》卷十二。［7］大理：官名，即汉代廷尉之职，掌司法刑狱。［8］大司农：官名，魏六卿之一，掌租税钱谷及财政收支，东汉末及魏国还掌屯田。［9］郎中令：官名，即东汉之光禄勋，魏六卿之一，魏文帝时又改称光禄勋，掌领宿卫侍从之官。［10］行：代理。［11］御史大夫：官名，西汉初，御史大夫为丞相之副，丞相缺时，往往以御史大夫递补。其主要职务为监察、执法，兼掌重要文书图籍。与丞相、太尉合称三公。东汉时改称司空。曹操罢三公官，又复置御史大夫。［12］御史中丞：官名，东汉御史台（又称宪台）之长官，掌律令图书，督察诸州刺史与郡国长吏，考察四方文书计簿，劾按公卿奏章。［13］皦（jiǎo）察之行：谓故作清白高尚之行为。［14］涣独否：刘备为豫州刺史时，曾举袁涣为茂才，故袁涣不贺。［15］肉刑：古代残害人体的刑罚。［16］陈鸿胪：陈群父陈纪，曾为大鸿胪。［17］汉除肉刑而增加于笞（chī）：秦、汉初年尚行肉刑，汉文帝十三年将其废除而代以笞刑。笞，用竹板或荆棍打。［18］死者更众：汉文帝用笞刑代替肉刑后，被笞者往往致死。［19］淫者：犯奸淫罪的人。淫，奸淫。［20］下蚕室：指宫刑，即破坏人的生殖机能的酷刑。［21］刖（yuè）：砍去脚的酷刑。［22］淫放：奸淫放荡。［23］穿逾：穿谓穿穴，逾谓越墙，故穿逾即谓盗窃。［24］三千之属：周穆王时作《吕刑》，有墨（黥面）、劓（yì，割鼻）、剕（fèi，刖足）、宫、大辟（死刑），五刑之属凡三千。［25］殊死：斩刑。［26］逮：及。［27］相贸：相互交易，即谓相互抵消。［28］易：替换。［29］顾：顾及，照顾。

【点评】

本卷点评曹操《明志令》和荀彧之死。本卷记事对于曹操来说，已是他的政治晚年。赤壁之战后，曹操北还，从公元210年到220年，这最后十年是曹操的政治生涯晚期，尽管他仍在鞍马征劳，但已失去了吞并天下的锐气。建安十七年（212）征陇右班师，已无后顾之忧，决定用兵淮南。次年，曹操领兵四十万，再次大举南征，发动濡须之战，但未能取胜回军。后来，曹操又兵进汉中而不敢入蜀，秦岭、长江锁住了英雄的脚步，使得曹操无所用武。一方面是孙权、刘备已经壮大，地形地利又起了作用，这是客观条件的限制。另一方面，曹操的主要精力用在逼宫和营建曹氏政权的内政上，他无暇顾及统一天下，只好含恨做周文王，这是主观条件的限制。本卷记载曹操在建安十五年十二月所下《明志令》，以及在建安十八年逼死荀彧这两件事就是鲜明的例证。由此可以看到曹操"名为汉相，实为汉贼"的奸诈嘴脸和权谋艺术，留给人们深深的思考。分述如次。

一、曹操《明志令》。曹操《明志令》载《魏武故事》，见《三国志·武帝纪》裴松之注引，《资治通鉴》摘载据此，是令发布于建安十五年十二月二十五日己亥，史称己亥令，近人按该令内容称为《明志令》。曹操发布此令向天下世人表明他对汉室的忠心，字面确实如此。但实质上却是一纸逼宫的宣言。“设使国家无有孤，不知当几人称帝，几人称王”，非人臣所宜言。曹操言此，已无人臣之心。用通俗话来说，这叫火力侦察。曹操自称《明志令》是效周公《金縢》之作。但周公《金縢》只是誓诸鬼神，而曹操却要宣誓于天下，“此地无银三百两”。曹操让还三县，随后封三子为侯，裁并行政区设置扩大自己所领的冀州地区。曹操不但不“委捐所典兵众”，还要扩大外援为万安计。怎样扩大外援呢？除了封三子为侯，扩大冀州领属地，不久就在建安十六年春正月任命世子曹丕为五官中郎将，设置官属，为副丞相。建安十七年冬，讽喻董昭建言尊立自己为“魏公”，加九锡，步步紧逼帝宫。荀彧表示不满，曹操毫不手软害死荀彧。此后由魏公晋爵魏王，设置百官，车舆服饰用天子排场，对待汉献帝态度粗暴，无所不用其极。这一切都暴露了曹操的“不逊之志”，岂是别人“妄相忖度”！抛开正统观念，如果曹操称帝，如同曹丕代汉，司马懿代魏，尔后宋齐梁陈的禅代，岂曰不仁！但曹操没有这样做，他要躲在汉献帝的背后来完成篡汉的大业，“名为汉相，实为汉贼”。

二、荀彧之死。荀彧替曹操出谋献策，共事二十余年，亲密无间。曹操女安阳公主又是荀彧长子荀恽的妻子。但是荀彧与曹操思想意趣有很大差异。荀彧出身世族，他佐曹操征伐，是希望这位曹丞相兴复汉室。曹操则是蓄谋异志。随着曹操逐渐露出逼宫的面目，两人逐渐产生了裂痕，甚至矛盾公开化。建安十七年（212），曹操讽喻董昭等建言进爵为魏公，加九锡。荀彧表示了不同意见，他认为曹操“本兴义兵以匡朝宁国，秉忠贞之诚，守退让之实；君子爱人以德，不宜如此”。曹操很不满意。正好曹操出征，打破荀彧留守京师的惯例，这次特地要荀彧出京劳军。荀彧觉得十分意外，感到了曹操对他的不信任。荀彧怀着不安的心情出京，到了寿春，曹操又不让他到前线濡须去劳军。荀彧恐慌，不知所措，忧愁而死，一说荀彧是被逼迫饮药而死。荀彧死后不久，曹操就晋爵为魏王。荀彧之死，没有改变曹操进逼汉室的野心。但是，荀彧不同于孔融。孔融旗帜鲜明地反对曹操；而荀彧却是曹操的首席谋士，因此荀彧之死给曹操代汉带来很大的影响。所以曹操只好做周文王，而让其子曹丕来登基了。

卷六七　汉纪五十九

汉献帝建安十九年至二十一年（214—216年）

【起阏逢敦牂（甲午，214年），尽柔兆涒滩（丙申，216年），凡三年】

【大事提要】

本卷记事起公元214年，讫公元216年，凡三年，当汉献帝建安十九年至建安二十一年。此三年，曹、孙、刘三方势力继续发展，三国鼎立的局面基本形成。曹操一方，进兵汉中，扫荡了关中割据势力的残余，灭了韩遂，马超退走。曹操的主要精力用在政治上，紧逼皇帝宝座，完成了晋爵魏王，建置魏国百官，禅代的条件业已完成，只是在等待禅代的时机罢了。刘备的势力得到大发展，属地跨有荆益。由于庞统之死，诸葛亮入蜀，削弱了荆州守备力量。孙权进兵合肥受挫，掉头争荆州，孙刘同盟破裂。由于曹操紧逼，过早入汉中，孙刘中分荆州而和解，但嫌隙已构，为孙刘的夷陵之战埋下了祸根。

孝献皇帝壬

建安十九年（甲午，214年）

春，马超从张鲁求兵，北取凉州[1]，鲁遣超还围祁山[2]。姜叙[3]告急于夏侯渊，诸将议欲须魏公操节度[4]。渊曰："公在邺，反复四千里，比报，叙等必败，非救急也。"遂行，使张郃督步骑五千为前军。超败走。

韩遂在显亲[5]，渊欲袭取之，遂走。渊追至略阳[6]城，去遂三十余里，诸将欲攻之，或言当攻兴国[7]氐。渊以为："遂兵精，兴国城固，攻不可卒[8]拔，不如击长离[9]诸羌。长离诸羌多在遂军，必归救其家。若舍羌独守则孤[10]，救长离则官兵得与野战，必可虏也。"渊乃留督将守辎重，自将轻兵到长离，攻烧羌屯，遂果救长离。诸将见遂兵众，欲结营作堑乃与战。渊曰："我转斗千里，今复作营堑，则士众罢敝[11]，不可复用。贼虽众，易与[12]耳。”乃鼓之，大破遂军，进围兴国。氐王千万奔马超，余众悉降。转击高平[13]、屠各[14]，皆破之。

三月，诏魏公操位在诸侯王上，改授金玺、赤绂、远游冠[15]。

夏，四月，旱。五月，雨水。

初，魏公操遣庐江太守朱光屯皖[16]，大开稻田。吕蒙言于孙权曰：“皖田肥美，若一收孰[17]，彼众必增[18]；宜早除之。”闰月，权亲攻皖城。诸将欲作土山，添攻具，吕蒙曰：“治攻具及土山，必历日乃成；城备既修，外救必至，不可图也。且吾乘雨水以入，若留经日，水必向尽[19]，还道艰难，蒙窃危之。今观此城，不能甚固，以三军锐气，四面并攻，不移时[20]可拔；及水[21]以归，全胜之道也。”权从之。蒙荐甘宁为升城督[22]，宁手持练[23]，身缘城，为士卒先；蒙以精锐继之，手执枹[24]鼓，士卒皆腾踊。侵晨[25]进攻，食时[26]破之，获朱光及男女数万口。既而张辽至夹石[27]，闻城已拔，乃退。权拜吕蒙为庐江太守，还屯寻阳[28]。

（以上为第一段，写夏侯渊在关中败马超、韩遂；孙权在江西攻破皖城。）

【注释】

[1]凉州：州名。汉献帝时治所在冀县，在今甘肃甘谷县东南。[2]祁山：山名，山上有城，极为严固。在今甘肃礼县东南。[3]叙：据章校，有的版本“叙”下有“等”字。按下文有“叙等”，可见此处当有“等”字。[4]节度：指挥调度。此指上报军事活动，须得曹操批示。[5]显亲：县名，县治在今甘肃秦安县西北。[6]略阳：县名，县治在今甘肃秦安县东北。[7]兴国：聚邑名，在今甘肃秦安县东北。兴国氐之首领名阿贵，后被夏侯渊所攻灭。[8]卒：同“猝”，很快。[9]长离：水名，在今甘肃秦安县东北。[10]舍羌独守则孤：谓韩遂抛弃羌族而不救，只独守显亲，其势力必孤弱。[11]罢敝：疲困。罢（pí），通“疲”。[12]易与：谓容易对付。[13]高平：县名，县治在今宁夏固原市。[14]屠各：匈奴族之一种。[15]金玺、赤绂、远游冠：这些物品乃是东汉诸王所佩用，此时曹操虽未为王，但已享受王之待遇。玺，帝王的印章。绂，印绶，系印环的丝绳。[16]皖：县名，县治在今安徽潜山市。[17]收孰：稻成熟而收获。孰，同“熟”。[18]众必增：谓有粮后人必增多。[19]水必向尽：谓上涨的江水必将退尽，不利船行。[20]不移时：谓不超出一个时辰。[21]及水：谓赶上大水。[22]升城督：进攻登城的督将。[23]练：白丝绳。[24]枹（fú）：击鼓槌。[25]侵晨：天刚亮。[26]食时：早饭辰时，相当于今八至九时。[27]夹石：镇戍名，在今安徽桐城市北。[28]寻阳：县名，

县治在今湖北黄梅县北。

诸葛亮留关羽守荆州，与张飞、赵云将兵溯[1]流克巴东[2]。至江州[3]，破巴郡太守严颜[4]，生获之。飞呵[5]颜曰："大军既至，何以不降，而敢拒战！"颜曰："卿等无状[6]，侵夺我州。我州但有断头将军，无降将军也！"飞怒，令左右牵去斫头。颜容止不变，曰："斫头便斫头，何为怒邪！"飞壮而释之，引为宾客。分遣赵云从外水[7]定江阳[8]、犍为[9]，飞定巴西[10]、德阳[11]。

刘备围雒[12]城且一年，庞统为流矢所中，卒。法正笺与刘璋，为陈形势强弱，且曰："左将军从举兵以来，旧心[13]依依[14]，实无薄意[15]。愚以为可图变化，以保尊门[16]。"璋不答。雒城溃，备进围成都。诸葛亮、张飞、赵云引兵来会。

马超知张鲁不足与计事，又鲁将杨昂等数害其能，超内怀於邑[17]。备使建宁[18]督邮[19]李恢[20]往说之，超遂从武都[21]逃入氐中，密书请降于备。备使人止超，而潜以兵资之。超到，令引军屯城北[22]，城中震怖。

备围城数十日，使从事中郎[23]涿郡简雍[24]入说刘璋。时城中尚有精兵三万人，谷帛支一年，吏民咸欲死战。璋言："父子在州二十余年[25]，无恩德以加百姓。百姓攻战三年，肌膏草野者，以璋故也，何心能安！"遂开城，与简雍同舆出降，群下莫不流涕。备迁璋于公安[26]，尽归其财物，佩振威将军[27]印绶。

备入成都，置酒，大飨[28]士卒。取蜀城中金银[29]，分赐将士，还其谷帛[30]。备领益州牧，以军师中郎将诸葛亮为军师将军[31]，益州太守南郡董和[32]为掌军中郎将，并署左将军府事[33]，偏将军马超为平西将军[34]，军议校尉法正为蜀郡太守、扬武将军，裨将军南阳黄忠为讨虏将军，从事中郎麋竺[35]为安汉将军[36]，简雍[37]为昭德将军，北海孙乾[38]为秉忠将军，广汉长黄权[39]为偏将军，汝南许靖[40]为左将军长史[41]，庞羲[42]为司马[43]，李严[44]为犍为太守，费观[45]为巴郡太守，山阳伊籍[46]为从事中郎，零陵刘巴[47]为西曹掾[48]，广汉彭羕[49]为益州治中从事。

（以上为第二段，写诸葛亮率领荆州之兵入援，刘备夺取了益州。）

【注释】

［1］溯：逆流而上。［2］巴东：郡名，治所鱼复，在今重庆市奉节县的白帝城。［3］江州：县名，县治在今重庆市。［4］严颜：刘璋部将，任巴东太守。张飞入蜀，俘获严颜，严颜投降，张飞待为上宾。［5］呵（hē）：怒责。［6］无状：无礼，没有道理。［7］外水：水名，又称蜀外水，即今重庆市西南的长江上游。［8］江阳：郡名，建安中刘璋分犍为郡置，治所江阳县，在今四川泸州市。［9］犍为：郡名，治所武阳，在今四川眉山市彭山区东北。［10］巴西：郡名，治所阆中，在今四川阆中市。［11］德阳：县名，县治在今四川遂宁市东南。［12］雒：县名，县治在今四川广汉市北。［13］旧心：谓原有对刘璋之情。［14］依依：念念不忘。［15］薄意：谓对刘璋刻薄之意。［16］尊门：指刘璋家族。［17］於（wū）邑：郁闷。［18］建宁：郡名，蜀汉后主建兴初，改益州郡为建宁郡，此时尚称益州。建宁（益州）郡治所滇池，在云南昆明市晋宁区。［19］督邮：官名，汉代郡太守的重要属吏，职责是代表太守督察各县，宣传教令，兼司狱讼捕亡等事。郡有分为二部、四部或五部者，每部各有一督邮。［20］李恢（？—231）：字德昂，建宁俞元（今云南澄江市）人。初为郡督邮，后投归刘备。刘备得成都为益州牧后，恢为主簿、别驾从事。后又为庲降都督兼交州刺史。刘备死后，南中地区叛乱，恢助诸葛亮平定，以功封汉兴亭侯，为安汉将军。传见《三国志》卷四十三。［21］武都：郡名，治所下辨，在今甘肃成县西。［22］城北：指成都城北。［23］从事中郎：官名，将军之属官，职责是参谋议论。［24］简雍：字宪和，涿郡（治所在今河北涿州市）人。与刘备同乡，有旧交。刘备至荆州后，为从事中郎，随刘备入益州后，刘璋对他甚爱慕。故刘备围成都，遣雍入城劝说刘璋，刘璋因而出降。以功为昭德将军。传见《三国志》卷三十八。［25］二十余年：自中平五年（188）刘焉入蜀为益州牧，至此共二十七年。［26］公安：县名，刘备在荆州改南郡的油江口为公安，在今湖北公安县东北。［27］振威将军：官名，属东汉的杂号将军。曹操定汉中后，加刘璋振威将军衔，故此时刘备仍以振威将军的印绶给刘璋。［28］飨：设宴犒赏。［29］城中金银：指成都城中公私所有的金银。［30］还其谷帛：谓将谷帛各还其主。［31］军师将军：官名，刘备所创置，官阶高于军师中郎将，仍握兵权。［32］董和：字幼宰，南郡枝江（今湖北枝江市东）人。初为刘璋之江原长、成都令，又为益州太守。刘备定成都后，以和为掌军中郎将（刘备所置），与诸葛亮总领刘备之军府事。办事殷勤，深得诸葛亮之称许。传见《三国志》卷三十九。［33］署左将军府事：即总领左将军府事。刘备为左将军。署，总领。［34］平西将军：官名，与以下的扬武将军、讨虏将军、偏将军，皆属杂号将军。［35］麋（mí）竺：字子仲，东海朐（qú）县（今江苏连云港市南）人。家富实。初为徐州牧陶谦别驾，奉命迎刘备。刘备被吕布袭击后，竺嫁妹与刘备为夫人，并资助财物、奴客，刘备赖以重振。刘备得益州后，任命他为安汉将军。传见《三国志》卷三十八。［36］安汉将

军：官名，与以上讨虏将军及以下昭德将军、秉忠将军，皆刘备所创置的杂号将军。［37］简雍：字宪和，涿郡（今河北涿州市）人。少与刘备相识，追随刘备创业，擅长外交事务。蜀汉建立，官拜昭德将军。简雍本性耿，幽州人读耿为简，于是以简为姓。传见《三国志》卷三十八。［38］孙乾：字公祐，北海（治所在今山东昌乐县西）人。刘备在徐州时，即召他为从事。刘备得益州后又任命他为秉忠将军。传见《三国志》卷三十八。［39］黄权：字公衡，巴西阆中（今属四川）人。少为郡吏，刘璋任州牧，历官主簿、广汉长。刘备领州牧，以权为治中从事。刘备伐吴，以权为镇北将军，督江北军以防曹魏。刘备兵败，黄权降魏，官至车骑将军，仪同三司。传见《三国志》卷四十二。［40］许靖：字文休，汝南平舆（今河南平舆县西北）人。蜀汉大臣，官至太傅、司徒。传见《三国志》卷三十八。［41］左将军长史：官名，职责是总理左将军军府事。［42］庞羲：河南郡（今洛阳市）人。初事刘焉任议郎，后事刘璋任巴西太守。羲嫁女刘璋长子刘循为妻，为璋所亲。刘备定成都，任羲为左将军司马。［43］司马：官名，此左将军司马，总理左将军军府事，并参与军事谋划。［44］李严：一名平，字方正，南阳（今河南南阳市）人。初为刘璋成都令，以护军之职率军拒刘备于绵竹，兵败降，刘备任为裨将军，历官犍为太守、兴业将军、辅汉将军、尚书令。与诸葛亮同受先主遗诏辅后主，为诸葛亮之副。后诸葛亮北伐，李严任前将军，曾运粮饷不力，被罢官，流放梓潼而病死。传见《三国志》卷四十。［45］费观：字宾伯，江夏鄳县（今河南罗山县西南）人。刘璋母为观之族姑，璋又以女妻观。为李严参军，拒刘备于绵竹，随李严降刘备，拜为裨将军。后为巴郡太守、江州刺史。事后主封都亭侯，加振威将军。年三十七卒。［46］伊籍：字机伯，山阳（治所在今山东金乡县东北）人。初依刘表，刘备至荆州后，又归刘备。刘备得益州，任命他为左将军从事中郎（掌参谋议论军事）。后为昭文将军，与诸葛亮、法正等共造《蜀科》。传见《三国志》卷三十八。［47］刘巴：（?—222）：字子初，零陵烝阳（今湖南衡阳市西）人。初依曹操，后从交趾入蜀，会刘备入益州，被迫归刘备。刘备称汉中王，巴为尚书，又为尚书令。传见《三国志》卷三十九。［48］西曹掾：官名，此为左将军西曹掾，左将军的属官。［49］彭羕（yàng）：字永年，广汉（治所在今四川广汉市北）人。为人骄傲自大，轻视旁人，曾为益州书佐，为众人所谤，遂被罚为徒隶。刘备入蜀后，投归刘备，后为治中从事、江阳太守。因不满而欲劝马超一起反叛，下狱诛死。传见《三国志》卷四十。

初，董和在郡，清俭公直，为民夷[1]所爱信，蜀中推为循吏[2]，故备举而用之。备之自新野奔江南也，荆楚群士从之如云，而刘巴独北诣魏公操。操辟为掾，遣招纳长沙、零陵、桂阳。会备略有三郡，巴事不成，欲由交州道还京师。时诸葛亮在临蒸[3]，以书招之，巴不从，备深以为恨。巴遂自交趾入蜀依刘璋。及璋迎备，巴谏曰："备，雄人也，入必为害。"既入，巴复谏曰："若使备讨张鲁，是放虎于山林也。"璋不听，巴闭门称疾。备攻成都，令军中曰："有害巴者，诛及三族。"及得巴，甚喜。是时益州郡县皆望风景[4]附，独黄权闭城坚守，须璋稽服[5]，乃降。于是董和、黄权、李严等，本璋之所授用也；吴懿、费观等，璋之婚亲[6]也；彭羕，璋之所摈弃也；刘巴，宿昔之所忌恨也；备皆处之显任，尽其器能[7]，有志之士，无不竞劝[8]，益州之民，是以大和。初。刘璋以许靖为蜀郡太守。成都将溃，靖谋逾城降备，备以此薄靖，不用也。法正曰："天下有获虚誉而无其实者，许靖是也。然今主公[9]始创大业，天下之人，不可户说[10]，宜加敬重，以慰远近之望。"备乃礼而用之。

成都之围也，备与士众约："若事定，府库百物，孤无预焉。"及拔成都，士众皆舍干戈赴诸藏，竞取宝物。军用不足，备甚忧之，刘巴曰："此易耳。但当铸直百钱[11]，平诸物价，令吏为官市。"备从之。数月之间，府库充实。

时议者欲以成都名田宅[12]分赐诸将。赵云曰："霍去病[13]以匈奴未灭，无用家为。今国贼非但匈奴，未可求安也。须天下都定，各反桑梓[14]，归耕本土，乃其宜耳。益州人民，初罹[15]兵革[16]，田宅皆可归还，令安居复业，然后可役调[17]，得其欢心；不宜夺之，以私所爱也。"备从之。

备之袭刘璋也，留中郎将南郡霍峻[18]守葭萌[19]城。张鲁遣杨昂诱峻求共守城。峻曰："小人头可得，城不可得！"昂乃退。后璋将扶禁、向存等帅万余人由阆水[20]上，攻围峻，且一年[21]。峻城中兵才数百人，伺其怠隙[22]，选精锐出击，大破之，斩存。备既定蜀，乃分广汉为梓潼郡[23]，以峻为梓潼太守。

法正外统都畿[24]，内为谋主，一餐之德、睚眦之怨[25]，无不报复，擅杀毁伤己者数人。或谓诸葛亮曰："法正太纵横[26]，将军宜启主公，抑其威福。"亮曰："主公之在公安也，北畏曹操之强，东惮孙权之逼，近则惧孙夫人生变于肘腋。法孝直[27]为之辅翼，令翻然翱翔[28]，不可复制。如何禁止孝直，使不得少行其意邪！"

诸葛亮佐备治蜀，颇尚严峻，人多怨叹者。法正谓亮曰："昔高祖入关，约法三章[29]，秦民知德。今君假借威力，跨据一州，初有其国，未垂惠抚；且客主之义，宜相降下，愿缓刑弛禁以慰其望。”亮曰：“君知其一，未知其二。秦以无道，政苛民怨，匹夫大呼，天下土崩；高祖因之，可以弘济[30]。刘璋暗弱，自焉以来，有累世之恩，文法羁縻[31]，互相承奉，德政不举，威刑不肃。蜀土人士，专权自恣，君臣之道，渐以陵替[32]。宠之以位，位极则贱；顺之以恩，恩竭则慢。所以致敝，实由于此。吾今威之以法，法行则知恩；限之以爵，爵加则知荣。荣恩并济[33]，上下有节，为治之要，于斯而著矣。”

刘备以零陵蒋琬[34]为广都[35]长。备尝因游观，奄至广都，见琬众事不治，时又沈醉，备大怒，将加罪戮。诸葛亮请曰：“蒋琬社稷之器[36]，非百里之才[37]也。其为政以安民为本，不以修饰为先，愿主公重加察之。”备雅敬亮，乃不加罪，仓卒但免官而已。

（以上为第三段，写刘备入成都，人事安排兼顾新旧人物，团结了各方势力。诸葛亮治蜀，以严法济宽。）

【注释】

[1]民夷：汉族和少数民族人民。 [2]循吏：奉职守法的官吏。 [3]临蒸：县名，东汉末设置，县治在今湖南衡阳市。 [4]景（yǐng）：“影”本字。 [5]稽（qǐ）服：稽首（叩头）服从，亦即降服。 [6]婚亲：刘璋兄刘瑁娶吴懿妹为妻。刘璋母为费观的族姑。 [7]器能：才能。 [8]劝：勉励。 [9]主公：对刘备的尊称。此种称呼始于东汉，将对方尊为自己之主。 [10]户说：向每家每户解说。 [11]直百钱：一钱值一百的钱。 [12]名田宅：私人占有的田地房屋。 [13]霍去病：汉武帝时之名将，多次出击匈奴，打开了通往西域的道路。汉武帝曾为他建造府第，他拒绝说：“匈奴不灭，无以家为也。”事见《汉书·霍去病传》。 [14]桑梓：家乡。古代住宅周围常种桑树和梓树，因以喻称家乡。 [15]罹（lí）：遭遇。 [16]兵革：战争。 [17]役调：服劳役，缴赋税。 [18]霍峻：字仲邈，南郡枝江（今湖北枝江市东）人。初受刘表之命统领家乡的部曲武装，刘表死后，率众归刘备，刘备任他为中郎将。刘备定蜀后，又任他为梓潼太守。传见《三国志》卷四十一。 [19]葭萌：县名，县治在今四川广元市西南。 [20]阆水：水名，又名西汉水，即今嘉陵江。 [21]且一年：将近一年。 [22]怠隙：谓因懈怠而有隙可乘。 [23]梓潼郡：治所梓潼县，在今四川梓潼县。 [24]都畿（jī）：京都及其周围地区。刘备以成都为都，以蜀郡为畿。 [25]睚眦之怨：发怒时瞪眼而视称为睚眦，喻指极小的仇怨。 [26]纵横：谓恣意横行，无所忌惮。 [27]法孝直：法正字孝直。 [28]翻然翱翔：高高地飞翔。指法正迎刘备入益州，

使刘备得以据其地，如鸟之展翅高飞。［29］约法三章：秦末，刘邦率兵入关，“与父老约法三章：杀人者死，伤人及盗抵罪。”事见《汉书·高帝纪》。［30］弘济：成大功。［31］羁（jī）縻（mí）：束缚之意。［32］陵替：谓纪纲废弛，上下失序。［33］济：用。［34］蒋琬（?—246）：字公琰，零陵湘乡（今湖南湘乡市）人。初随刘备入蜀，为广都长、什邡令。后为诸葛亮所重，为丞相府东曹掾、参军。诸葛亮北伐时，常统留府事，足食足兵以相供给，加抚军将军。诸葛亮死后，蒋琬继诸葛亮执政，为大将军、大司马，录尚书事。传见《三国志》卷四十四。［35］广都：县名，县治在今四川成都市双流区。［36］社稷之器：谓具有国家大臣之才能。［37］百里之才：谓治理一县一邑之才能。

秋，七月，魏公操击孙权，留少子临菑侯植[1]守邺。操为诸子高选官属，以邢颙[2]为植家丞[3]；颙防闲[4]以礼，无所屈桡[5]由是不合。庶子[6]刘桢[7]美文辞，植亲爱之。桢以书谏植曰：“君侯采庶子之春华，忘家丞之秋实，为上招谤，其罪不小，愚实惧焉。”

魏尚书令荀攸卒。攸深密有智防[8]，自从魏公操攻讨，常谋谟[9]帷幄，时人及子弟莫知其所言。操尝称，“荀文若[10]之进善，不进不休；荀公达[11]之去恶，不去不止。”又称：“二荀令[12]之论人，久而益信，吾没世不忘。”

初，枹罕[13]宋建因凉州乱，自号河首[14]平汉王，改元，置百官，三十余年。冬，十月，魏公操使夏侯渊自兴国讨建，围枹罕，拔之，斩建。渊别遣张郃等渡河，入小湟中[15]，河西[16]诸羌皆降，陇右[17]平。

帝自都许以来，守位而已，左右侍卫莫非曹氏之人者。议郎赵彦常为帝陈言时策，魏公操恶[18]而杀之。操后以事入见殿中，帝不任[19]其惧，因曰：“君若能相辅，则厚；不尔，幸垂恩相舍。”操失色，俯仰[20]求出。旧仪：三公领兵，朝见，令虎贲[21]执刃挟之。操出，顾[22]左右，汗流浃背[23]；自后不复朝请。

董承女为贵人[24]，操诛承[25]，求贵人杀之。帝以贵人有妊，累为请，不能得。伏皇后由是怀惧，乃与父完书，言曹操残逼[26]之状，令密图之，完不敢发。至是，事乃泄，操大怒，十一月，使御史大夫郗虑持节策[27]收皇后玺绶，以尚书令华歆为副，勒兵[28]入宫收后。后闭户，藏壁中。歆坏户发壁，就牵后出。时帝在外殿，引虑于坐，后被发[29]、徒跣[30]、行泣过[31]，诀[32]曰："不能复相活邪？"帝曰："我亦不知命在何时！"顾谓虑曰："郗公[33]，天下宁[34]有是邪！"遂将后下暴室[35]，以幽死；所生二皇子，皆鸩[36]杀之，兄弟及宗族死者百余人。

十二月，魏公操至孟津[37]。

操以尚书郎高柔为理曹掾[38]。旧法：军征士亡，考竟[39]其妻子。而亡者犹不息。操欲更重其刑，并及父母、兄弟，柔启曰："士卒亡军[40]，诚在可疾[41]，然窃闻其中时有悔者。愚谓乃宜贷[42]其妻子，一可使诱其还心。正如前科[43]，固已绝其意望；而猥[44]复重之，柔恐自今在军之士，见一人亡逃，诛将及己，亦且[45]相随而走[46]，不可复得杀也。此重刑非所以止亡，乃所以益走耳！"操曰："善！"即止不杀。

（以上为第四段，写曹操诛董承，罪及有孕贵人，残忍之极。高柔主刑狱，依法办案，受到曹操称赞。）

【注释】

[1]植：曹植（192—232），字子建，曹操的第四子。建安十六年封平原侯，十九年徙封临菑（zī）侯。曹操曾欲立他为太子，后未遂，故曹丕为帝后，深被猜忌，黄初三年（222）封为鄄城王，魏明帝时封为东阿王，最后封陈王，死后谥为思，故史称陈思王。曹植很有政治抱负，但未得施展。擅长文学，凡散文、辞赋、诗歌，皆为当时之冠，有《曹子建集》传世。传见《三国志》卷十九。［2］邢颙：字子昂，河间鄚县（今河北任丘市东北）人。曹魏大臣。历官丞相门下督、左冯翊、司隶校尉、太常。传见《三国志》卷十二。［3］家丞：官名，东汉列侯食邑千户以上者，置家丞、庶子各一人，职责是侍奉列侯及治理列侯家事。［4］防闲：防备和阻止。［5］屈桡（náo）：退缩，屈服。［6］庶子：官名，又称太子庶子，为太子属官，四百石，第五品，职如三署郎。［7］刘桢：字公干，东平（今山东东平县）人，东汉末名士，建安七子之一，与曹丕友善。传见《三国志》卷二十一。［8］智防：用才智谋虑自我保护。［9］谋谟：谋划。［10］荀文若：荀彧字文若。［11］荀公达：荀攸字公达。［12］二荀令：荀彧为汉尚书令，荀攸为魏尚书令。［13］枹（fú）罕：县名，在今甘肃临夏市东北。［14］河首：宋建自以为居黄河上游，故称河首。［15］小湟中：地区名，今青海东北部湟水流域两岸地区，古时称为湟中。其间有湟中城，在今西宁、张掖两市之间，汉时为小月氏（zhī）所居，称为小湟中。［16］河西：地区名，指今甘肃、青海两省黄河以西之地，即河西走廊与湟水流域一带。［17］陇右：地区名，指陇山以西地区，约相当于今甘肃六盘山以西、黄河以东一带。［18］恶（wù）：憎恨。［19］不任：犹言不胜。［20］俯仰：比喻时间短暂。［21］虎贲：禁卫勇士。［22］顾：回视。［23］汗流浃背：谓出汗很多，湿透了脊背。［24］贵人：妃嫔的称号，汉光武帝始置，位次于皇后。［25］诛承：

曹操诛杀董承在建安五年正月。［26］残逼：残害逼迫。［27］节策：符节与诏策。［28］勒兵：统率军队。［29］被发：散着发。被（pī），通“披”。［30］徒跣（xiǎn）：光着脚。［31］行泣过：边走边哭走过。［32］诀：告别。［33］郗公：郗虑为御史大夫，乃三公之一，故称郗公。［34］宁：竟然，居然。［35］暴（pù）室：汉官署名，属掖庭令，主织作染练。宫中妇女有病者至此室治，而皇后、贵人有罪，亦下此室，故又称暴室狱。［36］鸩：以毒酒毒人。［37］孟津：关名，在今河南孟州市南。［38］理曹掾：官名，汉代公府无理曹，此为曹操所置，为丞相府之属官。［39］考竟：拷打致死。［40］亡军：逃离军队。［41］疾：痛恨。［42］贷：宽免。［43］科：法令，律条。［44］猥（wěi）：突然，猝然。［45］且：将。［46］走：谓逃走。

二十年（乙未，215年）

春，正月，甲子[1]，立贵人曹氏为皇后，魏公操之女[2]也。

三月，魏公操自将击张鲁，将自武都入氐，氐人塞道，遣张郃、朱灵等攻破之。夏，四月，操自陈仓[3]出散关[4]至河池[5]，氐王窦茂众万余人，恃险不服，五月，攻屠之。西平[6]、金城[7]诸将麹演、蒋石等共斩送韩遂首。

初，刘备在荆州，周瑜、甘宁等数劝孙权取蜀。权遣使谓备曰：“刘璋不武[8]，不能自守，若使曹操得蜀，则荆州危矣。今欲先攻取璋，次取张鲁，一统南方，虽有十操，无所忧也。”备报曰：“益州民富地险，刘璋虽弱，足以自守。今暴师[9]于蜀、汉[10]，转运于万里，欲使战克攻取，举不失利，此孙、吴[11]所难也。议者见曹操失利于赤壁，谓其力屈，无复远念；今操三分天下已有其二，将欲饮马于沧海[12]，观兵[13]于吴、会[14]，何肯守此坐须老乎！而同盟[15]无故自相攻伐，借枢[16]于操，使敌乘其隙，非长计也。且备与璋托[17]为宗室，冀凭威灵以匡汉朝。今璋得罪于左右[18]，备独悚惧[19]，非所敢闻，愿加宽贷。”权不听，遣孙瑜率水军住夏口[20]。备不听军过，谓瑜曰：“汝欲取蜀，吾当被发入山[21]，不失信于天下也。”使关羽屯江陵[22]，张飞屯秭归[23]，诸葛亮据南郡[24]，备自住孱陵[25]，权不得已召瑜还。及备西攻刘璋，权曰：“猾虏，乃敢挟诈如此！”备留关羽守江陵，鲁肃与羽邻界；羽数生疑贰，肃常以欢好抚之。

及备已得益州，权令中司马[26]诸葛瑾[27]从备求荆州诸郡。备不许，曰："吾方图凉州，凉州定，乃尽以荆州相与耳。"权曰："此假[28]而不反，乃欲以虚辞引岁[29]也。"遂置长沙[30]、零陵[31]、桂阳[32]三郡长吏。关羽尽逐之。权大怒，遣吕蒙督兵二万以取三郡。

蒙移书长沙、桂阳，皆望风归服，惟零陵太守郝普[33]城守不降。刘备闻之，自蜀亲至公安，遣关羽争三郡。孙权进住陆口[34]，为诸军节度；使鲁肃将万人屯益阳[35]以拒羽；飞书[36]召吕蒙，使舍零陵急还助肃。蒙得书，秘之，夜，召诸将授以方略。晨，当攻零陵，顾谓郝普故人南阳邓玄之曰："郝子太闻世间有忠义事，亦欲为之，而不知时也。今左将军[37]在汉中为夏侯渊所围，关羽在南郡，至尊[38]身自临之。彼方首尾倒县[39]，救死不给，岂有余力复营此哉！今吾计力度虑[40]而以攻此，曾不移日[41]而城必破，城破之后，身死何益于事，而令百岁老母戴白[42]受诛，岂不痛哉！度此家[43]不得外问[44]，谓援可恃，故至于此耳。君可见之，为陈祸福。"玄之见普，具宣蒙意；普惧而出降。蒙迎，执其手与俱下船，语毕，出书示之，因拊手[45]大笑。普见书，知备在公安而羽在益阳，惭恨入地[46]。蒙留孙河[47]，委以后事，即日引军赴益阳。

鲁肃欲与关羽会语，诸将疑恐有变，议不可往。肃曰："今日之事，宜相开譬[48]。刘备负国[49]，是非未决，羽亦何敢重欲干命[50]！"乃邀羽相见，各驻兵马百步上，但[51]诸将军单刀俱会[52]。肃因责数[53]羽以不返[54]三郡，羽曰："乌林之役[55]，左将军身在行间[56]，戮力破敌，岂得徒劳，无一块土，而足下来欲收地邪！"肃曰："不然。始与豫州[57]觐[58]于长阪[59]，豫州之众不当一校[60]，计穷虑极，志势摧弱，图欲远窜[61]，望不及此。主上矜愍豫州之身无有处所，不爱土地士民之力，使有所庇荫[62]以济其患，而豫州私独饰情[63]，愆德堕好[64]。今已藉手[65]于西州[66]矣，又欲翦并荆州之土，斯盖凡夫所不忍行，而况整领人物之主[67]乎！"羽无以答。会闻魏公操将攻汉中，刘备惧失益州，使使求和于权。权令诸葛瑾报命，更寻盟好。遂分荆州，以湘水[68]为界：长沙、江夏[69]、桂阳以东属权，南郡、零陵、武陵[70]以西属备。诸葛瑾每奉使至蜀，与其弟亮但公会相见，退无私面。

（以上为第五段，写孙刘争荆州江南三郡，同盟破裂，虽复修好，而嫌隙已构，遗下后患。）

【注释】

[1]甲子：正月十八日。[2]女：据章校，“女”上脱“中”字。[3]陈仓：县名，县治在今陕西宝鸡市东。[4]散关：亦名大散关，在今宝鸡市西南的大散岭上，形势险要，古为军事重地。[5]河池：县名，县治在今甘肃徽县西。[6]西平：郡名，汉献帝建安中，分金城郡置西平郡，又分临羌县置西都县，为西平郡治所。西都县治在今青海西宁市。[7]金城：郡名，治所允吾，在今甘肃永靖县北。[8]不武：不刚强，懦弱。[9]暴（pù）师：指军队在外，蒙受风霜雨露。[10]蜀、汉：蜀郡与汉中郡。此概指益州。[11]孙、吴：孙武与吴起，春秋战国时期的著名军事家。[12]饮（yìn）马于沧海：在大海给马喝水。意谓出兵到大海边。[13]观兵：检阅军队示人以兵威。[14]吴、会（kuài）：吴郡与会稽郡，概指孙权所据之地。[15]同盟：指刘备与孙权的同盟。[16]枢：门户的转轴。此处言如吴、蜀相攻，正给了曹操打开吴、蜀门户的户枢。[17]托：依托，相依。[18]左右：指孙权。古人言谈或书信中不直称对方，而称其左右之人，是表示对对方的尊敬。[19]悚（sǒng）惧：恐惧。[20]夏口：地名，即今湖北武汉市汉口，为汉水入长江处。古代汉水自襄阳以下又称夏水，故入长江处称夏口。[21]被（pī）发入山：意谓宗室被攻而不能救，无面目立于世间，只有披发入山隐避。此隐喻对抗之意。[22]江陵：县名，县治在今湖北江陵县。[23]秭归：县名，县治在今湖北秭归县。[24]南郡：郡名，此指江南之南郡。南郡治所本在江陵，赤壁之战后，周瑜分南郡之江南地与刘备，刘备遂改油江口为公安，成为荆州牧及江南南郡的治所。公安县县治在今湖北公安县东北。[25]孱（zhàn）陵：县名，县治在今湖北公安县西南。[26]中司马：官名，建安十四年刘备表孙权为车骑将军，此中司马即车骑将军之中司马，车骑将军之属官，总理车骑将军府事，并参与军事谋划。[27]诸葛瑾（174—241）：字子瑜，诸葛亮兄。东汉末移居江南，受到孙权礼遇，遂为孙权长史、中司马，后为南郡太守。孙权称帝后，官至大将军。传见《三国志》卷五十二。[28]假：借。[29]引岁：拖延岁时。[30]长沙：郡名，治所临湘，在今湖南长沙市。[31]零陵：郡名，治所泉陵，在今湖南永州市零陵区。[32]桂阳：郡名，治所郴县，在今湖南郴州市。[33]郝普：字子太，刘备由荆州入蜀，任命他为零陵太守。后被吕蒙所骗而降，在吴官至廷尉。传见《三国志》卷四十五。[34]陆口：地名，在今湖北赤壁市之陆溪口。[35]益阳：县名，县治在今湖南益阳市。[36]飞书：飞快传递的文书。[37]左将军：指刘备。[38]至尊：指孙权。至尊本指至高无上的尊位，古代用以称帝王。而此时孙权并未为帝王，盖为后来吴人追述所记，史书因袭未改。[39]首尾倒县（xuán）：比喻处境极端困难危急。[40]度（duó）虑：考虑。[41]不移日：不超出一日。[42]戴白：头戴白发，形容人老。[43]此家：指郝普。[44]问：音讯，消息。[45]拊手：拍手。[46]惭恨入地：惭愧悔恨到了极点。[47]孙河：按：孙河已早死，

据《三国志·吴书·孙皎传》，此“孙河”当为“孙皎”。［48］开譬：开导劝说。［49］负国：谓违背孙权。［50］重欲干命：谓再想干犯孙氏政权。［51］但：只，仅。［52］单刀俱会：只带刀相会。［53］责数（shǔ）：责备，指责。［54］返：归还。［55］乌林之役：指赤壁之战。乌林与赤壁隔江相对，赤壁在南岸，乌林在北岸。［56］行间：行伍之间，亦即军中。［57］豫州：指刘备。［58］觐（jìn）：会见。［59］长阪：地名，在今湖北当阳市东北绿林山区西部的天柱山。［60］一校：校为古代军队编制单位，汉武帝设八校，一校兵数在700至1200之间。［61］远窜：指刘备欲往交州投吴巨。［62］庇荫：庇护。［63］饰情：谓矫饰掩盖本来面目。［64］愆（qiān）德堕（huī）好：丧失道德，破坏友谊。堕，通“隳”，毁坏。［65］藉（jiè）手：谓有所凭借。［66］西州：指益州。［67］整领人物之主：统治人民之主。［68］湘水：水名，即今湖南的湘江。［69］江夏：郡名，东汉末江夏郡治所变迁多次，此时之治所在沙羡（yí），在今湖北武汉市江夏区。［70］武陵：郡名，治所临沅，在今湖南常德市。

秋，七月，魏公操至阳平[1]。张鲁欲举汉中降，其弟卫不肯，率众数万人拒关坚守，横山筑城十余里。初，操承凉州从事及武都降人之辞，说“张鲁易攻，阳平城下南北山相远，不可守也”，信以为然。及往临履[2]，不如所闻，乃叹曰：“他人商度[3]，少如人意。”攻阳平山上诸屯，山峻难登，既不时拔，士卒伤夷[4]者多，军食且尽，操意沮[5]，便欲拔军截山[6]而还，遣大将军夏侯惇[7]、将军许褚呼山上兵还。会前军夜迷惑，误入张卫别营，营中大惊退散。侍中辛毗、主簿刘晔等在兵后，语惇、褚，言“官兵已据得贼要屯，贼已散走”，犹不信之。惇前自见，乃还白操，进兵攻卫，卫等夜遁。

张鲁闻阳平已陷，欲降，阎圃曰：“今以迫往，功必轻；不如依杜濩赴朴胡[8]，与相拒，然后委质[9]，功必多。”乃奔南山[10]入巴中[11]。左右欲悉烧宝货仓库，鲁曰：“本欲归命[12]国家，而意未得达。今之走避锐锋，非有恶意。宝货仓库。国家之有。”遂封藏而去。操入南郑[13]，甚嘉之。又以鲁本有善意，遣人慰喻之。

丞相主簿[14]司马懿言于操曰：“刘备以诈力虏刘璋，蜀人未附，而远争江陵，此机不可失也。今克汉中，益州震动，进兵临之，势必瓦解。圣人不能违时，亦不可失时也。”操曰：“人苦无足，既得陇，复望蜀[15]邪！”刘晔曰：“刘备，人杰也，有度而迟[16]；得蜀日浅，蜀人未恃也。今破汉中，蜀人震恐，其势自倾。以公之神明，因其倾而压之，无不克也。若少缓之，诸葛亮明于治国而为相，关羽、张飞勇冠三军而为将，蜀民既定，据险守要，则不可犯矣。今不取，必为后忧。”操不从。居[17]七日，蜀降者说“蜀中一日数十惊，守将虽斩之而不能安也。”操问晔曰：“今尚可击不？”晔曰：“今已小定，未可击也。”乃还。以夏侯渊为都护将军[18]，督张郃、徐晃等守汉中；以丞相长史杜袭为驸马都尉[19]，留督汉中事。袭绥怀[20]开导，百姓自乐出徙洛、邺[21]者八万余口。

（以上为第六段，写曹操平定汉中。）

【注释】

[1]阳平：关名，在今陕西勉县西北白马城。今陕西宁强县亦有阳平关，乃后代移置，非古阳平关。 [2]临履：谓亲自察看。 [3]商度（duó）：议论推测。 [4]伤夷：创伤。 [5]沮（jǔ）：失望。 [6]截山：谓用兵把守回归的山路，以防敌方尾随追击。 [7]大将军夏侯惇：按：此时夏侯惇为伏波将军，未为大将军。夏侯惇为大将军在曹丕即王位之后。 [8]杜濩（hù）、朴（piáo）胡：两人名。汉代居于今四川东北部嘉陵江与渠江流域的少数民族，当时称为巴夷，又称为板楯蛮或賨（zōng）人，杜濩、朴胡即为其首领。 [9]委质：献礼称臣。 [10]南山：在今陕西勉县南，四川南江县北。 [11]巴中：地名，在当时巴郡宕渠县之北界。宕渠县县治在今四川渠县东北。 [12]归命：归顺。 [13]南郑：县名，为汉中郡治所，县治在今陕西汉中市。 [14]丞相主簿：官名，丞相府的属官。曹操为丞相时置主簿四人，职责是录省众事。 [15]既得陇，复望蜀：《后汉书·岑彭传》载汉光武帝刘秀与岑彭敕书说：“人苦不知足，既平陇，复望蜀。”曹操援引此语，说明不想再进兵取蜀。 [16]有度（duó）而迟：谓虽有计谋而决断迟缓。 [17]居：过了。 [18]都护将军：官名，职责是监护所在诸将，东汉初已置。 [19]驸马都尉：官名，近侍官的一种，掌副车之马。魏晋以后，皇帝女婿照例加此号，简称驸马，而非实官。 [20]绥怀：安辑怀柔。安抚，慰问。 [21]洛、邺：洛阳与邺城。

八月，孙权率众十万围合肥[1]。时张辽、李典、乐进将七千余人屯合肥；魏公操之征张鲁也，为教[2]与合肥护军[3]薛悌，署函边曰：“贼至，乃发。”及权至，发教，教曰：“若孙权至者，张、李将军出战，乐将军守，护军勿得与战。”诸将以众寡不敌，疑之。张辽曰：“公远征在外，比[4]救至，彼破我必矣。是以教指[5]及其未合[6]逆击[7]之，折其盛势，以安众心，然后可守也。”进等莫对。辽怒曰：“成败之机，在此一战。诸君若疑，辽将独决[8]之。”李典素与辽不睦，慨然曰：“此国家大事，顾君计何如耳，吾可以私憾而忘公义乎！请从君而出。”于是辽夜募敢从之士，得八百人，椎牛[9]犒飨[10]。明旦，辽被甲持戟，先登陷陈[11]，杀数十人，斩二大将，大呼自名，冲垒[12]入至权麾下[13]。权大惊，不知所为，走登高冢，以长戟自守。辽叱权下战，权不敢动，望见辽所将众少，乃聚围辽数重。辽急击围开，将麾下数十人得出。余众号呼曰：“将军弃我乎？”辽复前[14]突围，拔出[15]余众。权人马皆披靡[16]，无敢当者。自旦战至日中，吴人夺气[17]。乃还修守备，众心遂安。

权围合肥十余日，城不可拔，彻[18]军还。兵皆就路，权与诸将在逍遥津[19]北，张辽觇望[20]知之，即将步骑奄[21]至。甘宁与吕蒙等力战捍[22]敌，凌统率亲近扶权出围，复还与辽战，左右尽死，身亦被创[23]，度权已免，乃还。权乘骏马上津桥，桥南已彻，丈余无板；亲近监[24]谷利在马后，使权持鞍缓控[25]，利于后着鞭以助马势，遂得超[26]渡。贺齐率三千人在津南迎权，权由是得免。

权入大船宴饮，贺齐下席涕泣曰：“至尊人主，常当持重[27]，今日之事，几致祸败。群下震怖，若无天地，愿以此为终身之诫！”权自前收其泪曰：“大惭，谨已刻心，非但书绅[28]也。”

（以上为第七段，写孙权争淮南，攻合肥不克。）

【注释】

[1]合肥：县名，县治在今安徽合肥市。[2]教：古代王公大臣向下属发布的指示命令称为教。[3]护军：官名，负责监护协调各将领的关系。[4]比：及。[5]教指：教令的意旨。[6]未合：没有完成包围。[7]逆击：迎击。[8]独决：谓单独出战。[9]椎（chuí）牛：杀牛。[10]犒（kào）飨：以酒食犒劳。[11]陈：通“阵”。[12]垒：营垒。[13]麾下：此指部下。[14]前：据章校，有的版本“前”作“还”。[15]拔出：救出。[16]披靡：溃败。[17]夺气：丧失胆气。[18]彻：通“撤”，撤除。[19]逍遥津：渡口名，在合肥东，当时水上有桥。[20]觇（chān）望：观察窥视。[21]奄（yǎn）：突然。[22]捍：抵御。[23]创（chuāng）：伤。[24]亲近监：官名。[25]持鞍缓控：抓住马鞍，放松控绳。[26]超：跃越。

[27]持重：保重。[28]书绅：古代士大夫用带束腰，下垂的一端（约二、三尺）称绅。《论语·卫灵公》载子张问孔子的问题，孔子答复后，“子张书诸绅”。即把孔子之言书写于绅带上，表示要牢牢记住。后世因把牢记别人之言称为书绅。

九月，巴、賨夷帅朴胡、杜濩、任约，各举其众来附。于是分巴郡[1]，以胡为巴东太守，濩为巴西太守，约为巴郡太守，皆封列侯。

冬，十月，始置名号侯[2]以赏军功。

十一月，张鲁将家属出降。魏公操逆拜[3]鲁镇南将军[4]，待以客礼，封阆中侯，邑万户。封鲁五子及阎圃等皆为列侯[5]。

习凿齿论曰：阎圃谏鲁勿王[6]，而曹公追封之，将来之人，孰不思顺！塞其本源而末流自止，其此之谓欤！若乃不明于此而重焦烂之功[7]，丰爵厚赏止于死战之士，则民利于有乱，俗竞于杀伐，阻兵[8]杖力，干戈不戢[9]矣。曹公之此封，可谓知赏罚之本矣。

程银、侯选、庞德皆随鲁降。魏公操复银、选官爵，拜德立义将军[10]。

张鲁之走巴中也，黄权言于刘备曰：“若失汉中，则三巴[11]不振，此为割蜀之股臂也。”备乃以权为护军，率诸将迎鲁；鲁已降，权遂击朴胡、杜濩、任约，破之。魏公操使张郃督诸军徇[12]三巴，欲徙其民于汉中，进军宕渠[13]。刘备使巴西太守张飞与郃相拒，五十余日，飞袭击郃，大破之。郃走还南郑，备亦还成都。

操徙出故韩遂、马超等兵五千余人，使平难将军[14]殷署等督领，以扶风太守赵俨为关中护军[15]。操使俨发千二百兵助汉中守御，殷署督送之，行者不乐。俨护送至斜谷口[16]，还，未至营，署军叛乱。俨自随步骑百五十人，皆叛者亲党也，闻之，各惊，被甲持兵，不复自安。俨徐喻以成败，慰励[17]恳切，皆慷慨曰：“死生当随护军，不敢有二！”前到诸营，各召料简[18]诸奸结叛者八百余人，散在原野。俨下令：惟取其造谋魁率[19]治之，余一不问；郡县所收送皆放遣，乃即相率还降。俨密白：“宜遣将诣大营[20]，请旧兵[21]镇守关中。”魏公操遣将军刘柱将二千人往，当须到乃发遣[22]。俄而[23]事露，诸营大骇，不可安谕[24]。

俨遂宣言："当差[25]留新兵之温厚[26]者千人，镇守关中，其余悉遣东[27]。"便见主者[28]内诸营兵名籍[29]，立差别之[30]。留者意定，与俨同心，其当去者亦不敢动。俨一日尽遣上道，因使所留千人分布罗落之[31]。东兵[32]寻至，乃复胁谕[33]，并徙千人，令相及共东。凡所全致二万余口。

（以上为第八段，写曹操优抚张鲁；收复关中旧将残余武装，赵俨出色地完成使命。）

【注释】

［1］分巴郡：按：刘璋已将巴郡分为巴东、巴西与巴三郡，非曹操此时所分。并且当时三巴已为刘备所据，曹操不能有其地。此为遥领，虚封，令受封者去收复三巴。巴郡，郡名。治所江州，在今重庆市中区。［2］名号侯：曹操新创的封爵，既无封地，又无租税收入，仅有名号而已。亦即后世所谓的虚封。［3］逆拜：此谓曹操以平等礼接待张鲁。逆，迎。拜，还礼。［4］镇南将军：官名，东汉的杂号将军。［5］列侯：汉代分爵为二十级，列侯位最高。列侯功大者食县邑，为侯国；功小者食乡亭。［6］勿王：不要称王。［7］焦烂之功：《汉书·霍光传》载，霍光死后，其子弟恃贵奢侈，茂陵人徐福多次上书朝廷，请抑制之，未被采纳。后霍氏果然谋反被诛，当时凡告发霍氏谋反者均得到封赏，而徐福却无。有人遂上书说："臣闻：客有过主人者，见其灶直突（直烟囱），傍有积薪。客谓主人更为曲突，远徙其薪，不者且（将）有火患。主人嘿然不应。俄而（不久）家果失火，邻里共救之，幸而得息（熄）。于是杀牛置酒，谢其邻人。灼烂者（烧伤者）在于上行（上座），余各以功次坐，而不录（邀请）言曲突者。人谓主人曰：'乡使（假使）听客之言，不费牛酒，终亡（无）火患。今论功而请宾，曲突徙薪亡恩泽，焦头烂额为上客邪？'"汉宣帝遂赐徐福帛十匹，后又以之为郎。［8］阻兵：拥兵。［9］戢（jí）：停止。［10］立义将军：官名，属杂号将军。［11］三巴：指巴、巴东、巴西三郡。［12］徇：攻占。［13］宕渠：县名，县治在今四川渠县东北。［14］平难将军：官名，曹操所置的杂号将军。［15］关中护军：官名，负责督统协调关中诸将的关系。［16］斜谷口：斜谷口在今陕西眉县西南，为古褒斜道的北口。［17］慰励：安慰鼓励。［18］料简：料理检查。［19］魁率：即魁帅，首领，头目。［20］大营：指曹操军营。［21］旧兵：原有之兵，对殷署所领韩遂、马超之新兵而言。［22］当须到乃发遣：谓等待刘柱所领的军队到了关中，才发遣新兵。［23］俄而：不久。［24］不可安谕：不可用语言解说使他们安定。［25］差（chāi）：选择。［26］温厚：温和敦厚，忠诚老实。［27］遣东：谓派遣东赴曹操营。［28］主者：主管兵籍者。［29］名籍：士兵名籍。［30］立差别之：谓将他们区别为留者与遣者。［31］分布罗落之：谓分布罗列于行者之间，以防止他们变乱。［32］东兵：指刘柱所领的兵。［33］乃复胁谕：再一次胁迫告谕。

二十一年（丙申，216 年）

春，二月，魏公操还邺。

夏，五月，进魏公操爵为王。

初，中尉[1]崔琰荐巨鹿杨训[2]于操，操礼辟之。及操进爵，训发表称颂功德。或笑训希世[3]浮伪[4]，谓琰为失所举。琰从训取表草视之，与训书曰："省[5]表事佳耳。时乎，时乎！会当有变。"时琰本意，讥论者好谴呵[6]而不寻情理也。时有与琰宿不平者，白"琰傲世怨谤，意旨不逊[7]"，操怒，收琰付狱，髡[8]为徒隶[9]。前白琰者复白之云："琰为徒，对宾客虬须[10]直视[11]，若有所瞋[12]。"遂赐琰死。

尚书仆射[13]毛玠伤琰无辜，心不悦。人复白玠怨谤，操收玠付狱，侍中桓阶、和洽皆为之陈理，操不听。阶求按实其事。王曰："言事者白，玠不但谤吾也，乃复为崔琰觖望[14]。此捐君臣恩义，妄为死友[15]怨叹，殆不可忍也。"洽曰："如言事者言，玠罪过深重，非天地所覆载。臣非敢曲理玠以枉大伦[16]也，以玠历年荷宠[17]，刚直忠公，为众所惮，不宜有此。然人情难保，要宜考核[18]，两验其实。今圣恩不忍致之于理[19]，更使曲直之分不明。"操曰："所以不考，欲两全玠及言事者耳。"洽对曰："玠信有谤主之言，当肆之市朝[20]；若玠无此言，言事者加诬大臣以误主听，不加检核，臣窃不安。"操卒不穷治，玠遂免黜，终于家。

是时西曹掾[21]沛国丁仪[22]用事，玠之获罪，仪有力焉；群下畏之侧目[23]。尚书仆射何夔及东曹属[24]东莞徐奕独不事仪，仪谮奕，出[25]为魏郡太守，赖桓阶左右[26]之得免。尚书傅选[27]谓何夔曰："仪已害毛玠，子宜少下之。"夔曰："为不义，适足害其身，焉能害人！且怀奸佞之心，立于明朝，其得久乎！"

崔琰从弟林[28]，尝与陈群共论冀州人士，称琰为首，群以智不存身贬之。林曰："大丈夫为有邂逅[29]耳，即如卿诸人，良足贵乎！"

五月，己亥朔[30]，日有食之。

代郡乌桓三大人[31]皆称单于，恃力骄恣，太守不能治。魏王操以丞相仓曹属[32]裴潜[33]为太守，欲授以精兵。潜曰："单于自知放横日久，今多将兵往，必惧而拒境，少将则不见惮，宜以计谋图之。”遂单车之郡，单于惊喜。潜抚以恩威，单于詟服[34]。

初，南匈奴久居塞内[35]，与编户大同而不输贡赋。议者恐其户口滋蔓，浸[36]难禁制，宜豫为之防。秋，七月，南单于呼厨泉[37]入朝于魏，魏王操因留之于邺，使右贤王[38]去卑监其国。单于岁给绵、绢、钱、谷如列侯，子孙传袭其号。分其众为五部[39]，各立其贵人为帅，选汉人为司马以监督之。

八月，魏以大理[40]钟繇为相国[41]。

冬，十月，魏王操治兵击孙权；十一月，至谯[42]。

（以上为第九段，写曹操晚年骄矜暴虐，听谗言而诛大臣崔琰，废毛玠。）

【注释】

[1]中尉：官名，中尉本秦和汉初之官，汉武帝设执金吾代替中尉，曹操为魏公建立魏国后，又设中尉代替执金吾，二者职掌相同，皆为掌宫室周围治安的长官。 [2]杨训：巨鹿（今河北平乡县西南）人。以清贞守道知名，由崔琰举荐，曹操礼辟，而训竟上表称颂曹操功德，被时人讥为浮伪。 [3]希世：迎合权势。 [4]浮伪：虚伪。 [5]省（xǐng）：看阅。 [6]谴呵（hē）：责备，斥责。 [7]不逊：不恭顺。 [8]髡（kūn）：古代剃发之刑。 [9]徒隶：做苦工的囚徒。 [10]虬（qiú）须：蜷曲的胡须。 [11]直视：目光紧逼注视前方。 [12]瞋（chēn）：忿怒。 [13]尚书仆射：官名，东汉尚书令之副手。 [14]觖（jué）望：因不满而怨恨，犹言怨望。 [15]死友：谓交情至死不变，可以托死的朋友。 [16]大伦：伦常大道。 [17]荷（hè）宠：受宠。 [18]考核：考问核实。 [19]理：狱官，法官。 [20]肆之市朝：杀死后陈尸于市示众。 [21]西曹掾：官名，即丞相西曹掾，主管府吏署用。 [22]丁仪：字正礼，沛国（治所在今安徽濉溪县西北）人。初为曹操西曹掾，与曹植亲善，因助曹植争位太子，曹丕即王位后被诛杀。传见《三国志·陈思王植传》注引《魏略》。 [23]侧目：谓不敢正视。 [24]东曹属：官名，属为公府诸曹之官，正职称掾，副职称属。此为丞相东曹属。丞相东曹主管二千石长吏迁除及军吏。 [25]出：指从丞相府调出。 [26]左右：帮助。 [27]傅选：按：此“傅选”当作“傅巽”。此事见于《三国志·魏书·何夔传》注引《魏书》，而《魏书》正作“傅巽”；并且《后汉书》与《三国志》中均无“傅选”此人，而傅巽在《三国志》中凡八见，《后汉书》中一见，又《三国志·魏书·刘表传》注引《傅子》还有傅巽的小传。 [28]林：崔林（?—244），字德儒，清河东武城（今山东武城县西北）人，崔琰的从弟。初被曹操召为邬长，后为冀州主簿、别驾，又为丞相掾属、魏国御史中丞。魏文帝初，为尚书、幽州刺史，又为大鸿胪。魏明帝时，为光禄勋、司隶校尉，又为司空，封安阳乡侯。传见《三国志》卷二十四。 [29]邂逅：谓偶然碰到之事。 [30]己亥朔：五月

一日。［31］三大人：乌丸部族的三位首领。《三国志·魏书·武帝纪》中有代郡乌丸单于普富卢，《乌丸鲜卑传》中又有能臣氐与修武卢。［32］丞相仓曹属：官名，丞相府之属官，主管仓谷事。［33］裴潜：字文行，河东闻喜（今属山西）人。曹魏大臣，历仕武帝、文帝、明帝三朝，官至尚书令。传见《三国志》卷二十三。［34］詟服：恐惧顺服。［35］久居塞内：南匈奴自汉光武帝建武二十六年（50）入居塞内。［36］浸：渐渐。［37］呼厨泉：南匈奴单于於扶罗之弟。於扶罗死后，呼厨泉在兴平二年（195）立为单于，但未得归国。建安元年（196）汉献帝自长安东归，右贤王去卑与白波帅韩暹等护送献帝至洛阳，又护送至许，然后与单于归国。事见《后汉书·南匈奴列传》。［38］右贤王：匈奴诸王称号之一，位次于左贤王。［39］五部：指左、右、前、后、中五部，分别居于并州各郡，而监国之右贤王居于平阳（在今山西临汾市西南）。［40］大理：官名，即汉之廷尉，魏国建立后改称大理，掌司法刑狱。［41］相国：官名，即丞相。建安十八年魏国建立时置丞相等官，此时改称丞相为相国。［42］谯：县名，县治在今安徽亳州市。

【点评】

孙刘争荆州。地理均势是三国鼎立形成的最重要原因之一。所谓地理均势是围绕荆州争夺而形成的。南北分治以长江为天堑，史称划江而治。三国鼎立，长江上下游分为两个政权，长江上游政权割据益州，四塞天险，割据者自恃有地理优势。长江下游政权，必须夺取荆州，才有割据的地理优势，如果下游政权没有荆州，则西边大门洞开，荆州居高临下，政权难以巩固。所以孙吴的立国方针是极长江所有，南北分治以抗衡北方。现在多了一个刘备，已是孙权的眼中钉，即使是联盟，下游政权绝不会让出荆州。当三国鼎立的局势基本形成，刘备有了益州，孙权就要来讨荆州。无论刘备是否向孙权借了荆州，孙权都是要全力来争的。何况荆州是孙权用全力从曹操手中争来，南郡又确确实实是孙权借给刘备的。

先说荆州的形胜，再说孙刘争荆州的是非。

荆州形胜，兵家必争，曹操占领荆州，逼降孙权以统一天下；孙权占领荆州，要全据长江与曹操抗衡；对于刘备来说，荆州是立身之地，借此而居以待天下之变。荆州成了曹、孙、刘三家逐鹿中原的冲要，它的归属将影响历史步伐的节奏。三方军事斗争从公元208年曹操南下起到公元222年夷陵之战画上句号为止，前后十五年，发生过五次大战役，即五次争荆州。

第一回合，曹操南下，兵不血刃下荆州。

第二回合，赤壁之战，曹、孙、刘三分荆州，拉开了鼎立的序幕。

第三回合，孙、刘两家争荆州江南三郡，联盟发生裂痕。

第四回合，孙权袭杀关羽，夺取荆州，联盟破裂。

第五回合，夷陵之战，荆州归吴，三分地理均势形成。

荆州争夺的五个回合，有三个回合发生在联盟内部，而且一次比一次升级，最终以吴胜蜀败而结束。设若夷陵之战胜败易主，局势难以预料，若果还是三足鼎立，则荆州争夺仍不会结束，不达均势则不停止。

本卷所载是荆州争夺的第三回合，建安二十年（215）孙权索讨江南三郡。荆州形胜的要冲是南郡，孙权索讨的是江南三郡。孙权不直接讨回江陵所在的南郡，正是他斗争艺术高明的表现。江陵是北伐的一个前进基地，刘备肯定不会放手。当时曹操势力还很大，孙、刘两家都不愿同盟破裂，南郡在刘备手中与曹操相抗，也减轻了江东所受压力。孙权如能讨回南三郡，江陵孤立，减杀了荆州居高俯视江东的形势，孙权也可以放心。可惜的是，刘备集团过分看重荆州，把荆州的得失看得比同盟的破裂还要重要，不惜兵戎相见争夺三郡。结果同盟破裂，曹操趁机争汉中，刘备差点益州不保。还是孙权顾大局，让了江南的一个零陵郡与刘备和好，让刘备抽身回头去保益州。汉中是益州的北大门，汉中丢失，益州孤危，所以刘备要全力去争。后来刘备得了汉中，但是只得其地不得其民。刘备争荆州南三郡，丧失了夺取汉中的最好时机，付出了沉重的代价，荆州南三郡也没有得到，大为失计。

假如刘备不争荆州南三郡，甚至不等孙权索讨，主动让出，表达同盟诚意，孙权将全力去争淮南，刘备早日得汉中，曹操将陷入东西两线作战，难以应付。等到刘备夺得雍凉，有了关中，不再依赖荆州为北伐基地，全都给了孙权也无关大局。如果刘备真得了关中，实力大增，孙权或许就不会来讨荆州。历史不能假设，现实利益人皆欲得，孙、刘争荆州，对双方都无可厚非。关键是实力对比，以及策略是否得当，道义是否为正，外交是否尽力。这几个方面，孙权的智慧都高于刘备、诸葛亮，难怪曹操要慨叹："生子当如孙仲谋。"良有以也。

卷六八　汉纪六十

汉献帝建安二十二年至二十四年（217—219 年）

【起强圉作噩（丁酉，217 年），尽屠维大渊献（己亥，219 年），凡三年】

【大事提要】

本卷记事起公元 217 年，讫公元 219 年，凡三年，当汉献帝建安二十二年至建安二十四年。建安二十二年、二十三年无大事，建安二十四年，刘备北进汉中，称汉中王，关羽北伐威震华夏，刘备的事业达于巅峰。螳螂捕蝉，黄雀在后，刘备集团刚刚举起庆贺的酒杯，祝贺的话音未落，一声惊雷，孙权偷袭荆州，关羽走麦城，刘备集团从顶峰跌落下来。北方曹操完成了魏国的百官建制，曹丕争太子位得胜，立为太子。孙权称臣于曹操，上尊号，曹操发誓做周文王，此亦是曹氏代汉的信号。东汉即将寿终正寝，司马光评说东汉一代的兴亡，为本卷，也为东汉画上了句号。

孝献皇帝癸

建安二十二年（丁酉，217 年）

春，正月，魏王操军居巢[1]，孙权保濡须[2]，二月，操进攻之。

初，右护军蒋钦[3]屯宣城[4]，芜湖[5]令徐盛[6]收钦屯吏，表斩之。及权在濡须，钦与吕蒙持诸军节度，钦每称徐盛之善。权问之，钦曰:“盛忠而勤强，有胆略，器用好，万人督也。今大事未定，臣当助国求才，岂敢挟私恨以蔽贤乎？”权善之。

三月，操引军还，留伏波将军[7]夏侯惇，都督[8]曹仁、张辽等二十六军屯居巢。权令都尉徐详[9]诣操请降，操报使修好，誓重结婚[10]。权留平虏将军[11]周泰督濡须；朱然[12]、徐盛等皆在所部，以泰寒门[13]，不服。权会诸将，大为酣乐[14]，命泰解衣，权手自指其创痕[15]，问以所起，泰辄记昔战斗处以对。毕，使复服；权把其臂流涕曰："幼平[16]，卿为孤兄弟，战如熊虎，不惜躯命，被创数十[17]，肤如刻画，孤亦何心不待卿以骨肉之恩，委卿以兵马之重乎！"坐罢，住驾，使泰以兵马道从[18]，鸣鼓角作鼓吹[19]而出；于是盛等乃服。

（以上为第一段，写江东君臣顾大局，团结一心。孙权用人，动之以情。）

【注释】

[1]居巢：县名，县治在今安徽巢湖市东北。[2]濡须：即建安十七年孙权所筑的濡须坞，故址在今安徽无为市东北。[3]蒋钦：字公奕，九江寿春（在今安徽寿县）人。初随孙策，任县长、都尉等。从孙权征合肥，以功为荡寇将军，领濡须督，后为右护军。从孙权讨关羽还，道中病卒。传见《三国志》卷五十五。[4]宣城：西汉为县，东汉撤销。其旧县治在今安徽南陵县东。[5]芜湖：县名，县治在今安徽芜湖市东。[6]徐盛：字文向，琅邪莒县（今山东莒县）人。初从孙权，为别部司马、中郎将。孙权为吴王后，盛为建武将军，领庐江太守。又为安东将军，封芜湖侯。传见《三国志》卷五十五。[7]伏波将军：官名，东汉之杂号将军。[8]都督：此为统领、总领之意，非官名，以后之都督诸军事方为官名。[9]徐详：字子明，吴郡乌程（今浙江湖州市吴兴区）人。孙权为车骑将军时，详与胡综、是仪俱参与军国秘事。孙权称帝后，详与胡综为侍中，兼左右领军。传见《三国志》卷六十二。[10]结婚：建安初，曹操已与孙策结婚姻之好，曹操以弟女嫁孙策小弟匡，又为其子彰娶孙贲女。[11]平虏将军：官名，孙氏所置的杂号将军。[12]朱然（182—249）：字义封，朱治姊之子，本姓施，朱治无子，以之为嗣，遂为朱氏。曾与孙权同学相好，孙权统事后，为折冲校尉、临川太守，后从讨关羽，以功为昭武将军，后又封永安侯。孙权称帝后，为车骑将军、右护军，后又为大司马、右将军。传见《三国志》卷五十六。[13]寒门：出身微贱。[14]酣乐：饮酒尽兴而快乐。[15]创（chuāng）痕：伤疤。[16]幼平：周泰字幼平。[17]被创数十：孙权曾在宣城被数十山越所包围，赖周泰奋勇保卫而得脱，但周泰却身受十二处伤，几乎死亡。后周泰又从孙权讨黄祖，拒曹操，攻曹仁，皆立战功。事见《三国志》卷五十五周泰本传。[18]道（dǎo）从：引导随从。道，通"导"。[19]鼓吹：乐名，主要乐器有鼓、钲、箫、笳，为军中之乐。汉制，边将及万人以上将军始得有鼓吹。

夏，四月，诏魏王操设天子旌旗[1]，出入称警跸[2]。

六月，魏以军师华歆为御史大夫[3]。

冬，十月，命魏王操冕[4]十有二旒[5]，乘金根车[6]，驾六马[7]，设五时副车[8]。

魏以五官中郎将丕为太子。

初，魏王操娶丁夫人，无子；妾刘氏生子昂；卞氏生四子，丕、彰、植、熊。王使丁夫人母养昂。昂死于穰[9]，丁夫人哭泣无节，操怒而出之，以卞氏为继室。植性机警、多艺能[10]，才藻[11]敏赡[12]，操爱之。操欲以女妻[13]丁仪，丕以仪目眇[14]，谏止之。仪由是怨丕，与弟黄门侍郎[15]廙[16]及丞相主簿[17]杨修，数称临菑侯植之才，劝操立以为嗣[18]。修，彪之子也。操以函密访于外，尚书[19]崔琰露版[20]答曰："《春秋》之义，立子以长[21]。加五官将[22]仁孝聪明，宜承正统，琰以死守之。"植，琰之兄女婿也。尚书仆射[23]毛玠曰："近者袁绍以嫡庶不分，覆宗灭国。废立大事，非所宜闻。"东曹掾[24]邢颙曰："以庶代宗[25]，先世之戒也，愿殿下[26]深察之。"丕使人问太中大夫[27]贾诩以自固之术。诩曰："愿将军恢崇德度，躬素士之业，朝夕孜孜[28]，不违子道，如此而已。"丕从之，深自砥砺[29]。他日，操屏[30]人问诩，诩嘿然不对。操曰："与卿言，而不答。何也？"诩曰："属[31]有所思，故不即对耳。"操曰："何思？"诩曰："思袁本初[32]、刘景升[33]父子也。"操大笑。

操尝出征，丕、植并送路侧，植称述功德，发言有章，左右属目[34]，操亦悦焉。丕怅然[35]自失，济阴吴质[36]耳语[37]曰："王当行，流涕可也。"及辞，丕涕泣而拜，操及左右咸歔欷[38]，于是皆以植多华辞而诚心不及也。植既任性而行，不自雕饰，五官将御之以术，矫情自饰[39]，宫人左右并为之称说，故遂定为太子。

左右长御[40]贺卞夫人曰："将军拜太子，天下莫不喜，夫人当倾府藏以赏赐。"夫人曰："王自以丕年大，故用为嗣。我但[41]当以免无教导之过为幸耳，亦何为当重赐遗[42]乎！"长御还，具以语操，操悦，曰："怒不变容，喜不失节，故最为难。"

太子抱议郎[43]辛毗颈而言曰："辛君知我喜不？"毗以告其女宪英，宪英叹曰："太子，代君主宗庙、社稷者也。代君，不可以不戚[44]；主国，不可以不惧。宜戚而[45]惧，而反以为喜，何以能久！魏其不昌乎！"

久之，临菑侯植乘车行驰道[46]中，开司马门[47]出。操大怒，公车令[48]坐死[49]。由是重诸侯科禁[50]，而植宠日衰。植妻衣绣，操登台见之，以违制命[51]，还家赐死。

（以上为第二段，写曹植与曹丕争太子位，曹丕胜出。）

【注释】

[1]旌（jīng）旗：旗帜的总称。[2]警跸（bì）：古时天子出称警，入称跸。警，警戒。跸，禁止行人通行以清道。[3]御史大夫：官名，西汉初，御史大夫为丞相之副，丞相缺时，往往以御史大夫递补。其主要职务为监察、执法，兼掌重要文书图籍。与丞相、太尉合称三公。东汉时改称司空。曹操罢三公官后，又复置御史大夫。[4]冕（miǎn）：古代天子、诸侯、卿大夫所戴的礼帽。[5]旒（liú）：卿大夫以上之冠冕所悬挂的玉串。天子十二旒。诸侯七旒，大夫五旒。[6]金根车：天子专用的特制车。[7]驾六马：古制，天子之车驾六马，诸侯以下四马。[8]五时副车：古时天子外出，其乘舆后从车五辆，按东、西、南、北、中五方，配以青、白、红、黑、黄五色，称为五时副车。[9]昂死于穰（ràng）：《三国志·魏书·武帝纪》载，建安"二年春正月，公到宛（今河南南阳市），张绣降，既而悔之，复反。公与战，军败，为流矢所中，长子昂、弟子安民遇害。公乃引兵还舞阴（今河南泌阳县西北），绣将骑来钞，公击破之。绣奔穰（今河南邓州市）。"据此，曹昂之死在宛不在穰。[10]艺能：才能。[11]才藻：才思文采。[12]敏赡：敏捷富丽。[13]妻（qì）：以女嫁人。[14]眇（miǎo）：偏盲，一眼瞎。[15]黄门侍郎：官名，职为侍从皇帝，传达诏命。[16]廙（yì）：丁廙，字敬礼，丁仪之弟。博学多才，建安中为黄门侍郎，与曹植亲善，曾向曹操盛称曹植。曹丕即王位后，与兄仪被诛杀。传见《三国志·魏书·陈思王植传》注引《文士传》。[17]丞相主簿：官名，丞相府之属官。曹操为丞相时置主簿四人，职责是处理日常众事。[18]嗣（sì）：继位人。[19]尚书：官名，东汉时置六曹尚书，协助皇帝处理政务。魏国所置尚书为五曹，亦协助魏王处理政务。[20]露版：不缄封的文书。[21]立子以长：子，此指嗣子，继位之子。《春秋公羊传》隐公元年："立适以长不以贤，立子以贵不以长。"[22]五官将：指曹丕，时曹丕为五官中郎将。[23]尚书仆射：官名，尚书令之副手。[24]东曹掾：官名，即丞相东曹掾，主二千石迁除及军吏。[25]宗：指宗子，嫡长子。[26]殿下：汉代人对诸侯王的敬称。此称曹操。[27]太中大夫：官名，属光禄勋，掌议论。[28]孜孜：勤谨不怠。[29]砥砺：磨炼。[30]屏（bǐng）：退避。[31]属（zhǔ）：适值，恰好。[32]袁本初：袁绍。[33]刘景升：刘表。[34]属（zhǔ）目：注视。[35]怅然：失意的样子。[36]吴质：字季重，济阴鄄城（今山东鄄城县北）人。博学多才，尤善为文，深受曹丕赏识。曾为朝歌长、元城令，最后官至振威将军，假节都督河北诸军事，封列侯。传见《三国志·魏书·王粲传》及注引《魏略》等。[37]耳语：附耳悄悄言说。[38]歔欷：泣不成声。[39]矫情自饰：违背常情，故意做作，以掩盖本来面目。[40]长御：官名，胡三省注："汉皇后宫有旁侧长御。"[41]但：仅，只。[42]遗（wèi）：给予。[43]议郎：官名，郎官之一种，属光禄勋，但不入值宿卫，得参与朝政议论。[44]戚：忧虑。[45]而：据章校，

有的版本“而”作“宜”。［46］驰道：正道，亦称御路，专供天子行车之路。［47］司马门：即宫门。宫门皆有司马主管，故称司马门。此指邺城魏王宫之司马门。［48］公车令：官名，即公车司马令，主管宫门。［49］坐死：获罪被处死。［50］科禁：违反法制禁令。［51］违制命：违反禁止穿锦绣的命令。

法正说刘备曰：“曹操一举而降张鲁，定汉中，不因此势以图巴、蜀，而留夏侯渊、张郃屯守，身遽[1]北还，此非其智不逮，而力不足也，必将内有忧逼故耳。今策渊、郃才略，不胜国之将帅，举众往讨，必可克之。克之之日，广农积谷，观衅[2]伺隙，上可以倾覆寇敌，尊奖[3]王室，中可以蚕食雍[4]、凉[5]，广拓境土，下可以固守要害，为持久之计。此盖天以与我，时不可失也。”备善其策，乃率诸将进兵汉中，遣张飞、马超、吴兰等屯下辨[6]。魏王操遣都护将军[7]曹洪拒之。

鲁肃卒，孙权以从事中郎[8]彭城严畯[9]代肃，督兵万人镇陆口[10]。众人皆为畯喜，畯固辞以“朴素书生，不闲[11]军事”，发言恳恻[12]，至于流涕。权乃以左护军[13]、虎威将军[14]吕蒙兼汉昌[15]太守以代之。众嘉严畯能以实让。

定威校尉[16]吴郡陆逊[17]言于孙权曰：“方今克敌宁乱，非众不济；而山寇[18]旧恶[19]，依阻深地。夫腹心未平，难以图远，可大部伍[20]，取其精锐。”权从之，以为帐下右部督[21]。会丹阳贼帅费栈作乱，扇动山越。权命逊讨栈，破之。遂部伍东三郡[22]，强者为兵，羸[23]者补户[24]，得精卒数万人；宿恶荡除，所过肃清，还屯芜湖[25]。会稽太守淳于式表“逊枉取民人，愁扰所在[26]。”逊后诣都[27]，言次[28]，称式佳吏。权曰：“式白君，而君荐之，何也？”逊对曰：“式意欲养民，是以白逊；若逊复毁式以乱圣听，不可长[29]也。”权曰：“此诚长者[30]之事，顾[31]人不能为耳。”

魏王操使丞相长史[32]王必典兵督许中事。时关羽强盛，京兆金祎睹汉祚将移，乃与少府[33]耿纪、司直[34]韦晃、太医令[35]吉本、本子邈、邈弟穆等谋杀必，挟天子以攻魏，南引关羽为援。

（以上为第三段，写刘备的两大克星之一陆逊登场。）

【注释】

［1］遽（jù）：仓猝。［2］衅：间隙。［3］尊奖：尊崇辅助。［4］雍：州名。汉献帝兴平元年分凉州河西四郡置雍州，治所长安，在今陕西省西安市。［5］凉：州名。汉献帝时治所在冀县，在今甘肃甘谷县东南。［6］下辨：县名，县治在今甘肃成县西。［7］都护将军：官名，职责是监护所在诸将，东汉初已置。［8］从事中郎：官名，将军之属官，职责是参谋议论。［9］严畯（jùn）：字曼才，彭城（治所在今江苏徐州市）人，精通《诗经》《尚书》、三《礼》。避乱至江东，张昭荐之于孙权。孙权以之为骑都尉、从事中郎。后官至尚书令。著有《孝经传》《潮水论》等。传见《三国志》卷五十三。［10］陆口：地名，在今湖北赤壁市西北之陆溪口。［11］闲：熟习。［12］恳恻：诚恳痛切。［13］左护军：官名。孙权置中、左、右护军各一人，掌禁兵，主武官选举。［14］虎威将军：官名，孙权所置的杂号将军。［15］汉昌：郡名，治所汉昌县，在今湖南平江县东。［16］定威校尉：官名，孙权所置的中级武官。［17］陆逊（183—245）：字伯言，吴郡吴县华亭（今上海市松江区）人，出于江东大族，孙策之婿。初在孙权幕府为官，善于谋略，曾与吕蒙定计袭关羽。后为宜都太守、抚边将军，封华亭侯。刘备攻吴，逊任大都督，用火攻之计，大败刘备于夷陵。又为辅国将军、荆州牧，久镇武昌（今湖北鄂州市）。后又破魏大司马曹休于夹石（今安徽桐城市北）。官至丞相，封江陵侯。传见《三国志》卷五十八。［18］山寇：指山越武装。［19］旧恶：孙氏政权建立后，山越武装就不断与之对立，故称旧恶。［20］可大部伍：谓可大量组织军队。［21］帐下右部督：官名，孙权所置，掌警卫兵。［22］东三郡：指丹阳、新都、会稽三郡。丹阳郡，治所宛陵，在今安徽宣城市宣州区；新都郡，治所始新，在今浙江淳安县西；会稽郡，治所山阴，在今浙江绍兴市。［23］羸（léi）：瘦弱。［24］补户：谓补为编户。［25］芜湖：县名，县治在今安徽芜湖市东。［26］愁扰所在：谓陆逊所在之处，人民皆愁扰。［27］都：指秣陵，在今江苏南京市南。［28］言次：言谈之间。［29］长（zhǎng）：滋长，犹言提倡。［30］长者：谨厚者。［31］顾：但，只是。［32］丞相长史：官名，丞相之主要属官，职责是协助丞相，署理诸曹事。当时曹操为魏王在邺，但仍兼汉丞相，故使长史领兵督许都之朝政。［33］少府：官名，汉九卿之一。东汉时掌宫中御衣、宝货、珍膳等。［34］司直：官名，即丞相司直，丞相之主要属官，职责是监察检举百官之违法者。［35］太医令：官名，属少府，掌诸医。

二十三年（戊戌，218年）

春，正月，吉邈等率其党千余人，夜攻王必，烧其门，射必中肩，帐下督扶必奔南城[1]。会天明，邈等众溃，必与颍川典农中郎将[2]严匡共讨斩之。

三月，有星孛于东方。

曹洪将击吴兰，张飞屯固山[3]，声言欲断军后，众议狐疑[4]。骑都尉[5]曹休[6]曰："贼实断道者，当伏兵潜行；今乃先张声势，此其不能，明矣。宜及其未集，促[7]击兰，兰破，飞自走矣。"洪从之，进，击破兰，斩之。三月，张飞、马超走。休，魏王族子也。

夏，四月，代郡[8]、上谷[9]乌桓无臣氐等反。先是，魏王操召代郡太守裴潜为丞相理曹掾[10]，操美潜治代之功，潜曰："潜于百姓虽宽，于诸胡为峻。今继者必以潜为治过严而事加宽惠。彼素骄恣，过宽必弛[11]；既弛，将摄[12]之以法，此怨叛所由生也。以势料之，代必复叛。"于是操深悔还潜之速。后数十日，三单于反问[13]果至。操以其子鄢陵侯彰[14]行骁骑将军，使讨之。彰少善射御，膂力[15]过人。操戒彰曰："居家为父子，受事为君臣，动[16]以王法从事，尔其戒之！"

刘备屯阳平关[17]，夏侯渊、张郃、徐晃等与之相拒。备遣其将陈式等绝马鸣阁[18]道，徐晃击破之。张郃屯广石[19]，备攻之不能克，急书发益州兵。诸葛亮以问从事[20]犍为杨洪[21]，洪曰："汉中，益州咽喉，存亡之机会，若无汉中，则无蜀矣。此家门之祸也，发兵何疑。"时法正从备北行，亮于是表洪领蜀郡太守；众事皆办，遂使即真。

初，犍为太守李严辟洪为功曹[22]，严未去犍为而洪已为蜀郡；洪举门下书佐[23]何祗有才策，洪尚在蜀郡，而祗已为广汉[24]太守。是以西土咸服诸葛亮能尽时人之器[25]用也。

秋，七月，魏王操自将击刘备，九月，至长安。

曹彰击代郡乌桓，身自搏战，铠[26]中数箭，意气益厉；乘胜逐北，至桑干[27]之北，大破之，斩首、获生以千数。时鲜卑大人轲比能将数万骑观望强弱，见彰力战，所向皆破，乃请服。北方悉平。

南阳[28]吏民苦徭役[29]，冬，十月，宛守将侯音反。南阳太守东里衮[30]与功曹应余迸窜[31]得出；音遣骑追之，飞矢交流，余以身蔽衮，被七创[32]而死，音骑执衮以归。时征南将军曹仁[33]屯樊[34]以镇荆州，魏王操命仁还讨音。功曹宗子卿说音曰："足下顺民心，举大事，远近莫不望风；然执郡将[35]，逆而无益，何不遣之！"音从之。子卿因夜逾城从太守收余民围音，会曹仁军至，共攻之。

（以上为第四段，写北方社会仍有反对曹操的事变，以及孙刘争汉中。大体说，建安二十三年无大事。）

【注释】

[1]南城：许县之南城。[2]典农中郎将：官名，东汉末，曹操实行屯田制所置的官，主管屯田区的农业生产、民政和田租，地位相当于郡太守，但直属中央大司农。颍川典农中郎将管理许下屯田。[3]固山：山名，在今甘肃成县北。[4]狐疑：犹豫不决。[5]骑都尉：官名，掌羽林骑兵（曹操称之为虎豹骑）。[6]曹休（?—228）：字文烈，曹操族子。初从曹操征伐，常领虎豹骑作警卫。后为中领军。魏文帝初，为征东大将军、扬州牧。魏明帝时，为大司马，封长平侯。传见《三国志》卷九。[7]促：急，迅速。[8]代郡：郡名，治所高柳，在今山西阳高县西南。[9]上谷：郡名，治所沮阳，在今河北怀来县东南。[10]丞相理曹掾：官名，曹操所置丞相府之属官，主管司法刑狱。[11]弛（chí）：放纵。[12]摄：执，持。[13]问：音讯，消息。[14]彰：曹彰（?—223），字子文，曹操之子。建安二十一年封鄢陵侯，后为北中郎将、代骁骑将军，讨代郡乌桓有功。魏文帝黄初三年（222）封为任城王。传见《三国志》卷十九。[15]膂（lǚ）力：体力。[16]动：动辄。[17]阳平关：关名，在今陕西勉县西北白马城。今陕西宁强县亦有阳平关，乃后代移置，非古阳平关。[18]马鸣阁：地名，在今四川广元市昭化区西北。[19]广石：地名，在今陕西勉县西。[20]从事：官名，东汉州牧刺史的佐吏，有别驾从事史、治中从事史、兵曹从事史、部从事史等，均可简称从事。[21]杨洪（?—228）：字季休，犍为武阳（今四川眉山市彭山区东北）人。刘璋时为郡吏。刘备得益州后，为蜀郡太守、益州治中从事。后主刘禅时，复为蜀郡太守、忠节将军。传见《三国志》卷四十一。[22]功曹：官名，即功曹史，郡守的主要佐吏，除分掌人事外，还参与一郡政务。[23]门下书佐：官名，又称阁下书佐，郡太守的属吏，负责记录、缮写、起草、宣读等。[24]广汉：郡名，治所雒县，在今四川广汉市北。[25]器：才能，本领。[26]铠（kǎi）：铠甲。[27]桑干：县名，县治在今河北蔚县东北。[28]南阳：郡名，治所宛县，在今河南南阳市。[29]苦徭役：当时曹仁率军屯樊，民众苦于供其徭役。[30]东里衮（gǔn）：人名，姓东里，名衮。[31]迸（bèng）窜：奔散。[32]创（chuāng）：伤。[33]曹仁（168—223）：字子孝，曹操之从弟。初从曹操，为别部司马，常从征战，武勇过人。曹操得荆州后，为征南将军，镇守荆州。曹丕即王位后，为车骑将军，都督荆、扬、益州诸军事，封陈侯。魏文帝初，为大将军，大司马。传见《三国志》卷九。[34]樊：即樊城，在襄阳北，与襄阳隔汉水相对，在今湖北襄阳市。[35]郡将：即郡太守，因太守兼领军事，故可称将。

二十四年（己亥，219年）

春，正月，曹仁屠宛[1]，斩侯音，复屯樊。

初，夏侯渊战虽数胜，魏王操常戒之曰："为将当有怯弱时，不可但恃勇也。将当以勇为本，行之以智计；但知任勇，一匹夫敌耳。"及渊与刘备相拒逾年，备自阳平南渡沔水[2]，缘山稍前，营于定军山[3]。渊引兵争之。法正曰："可击矣。"备使讨虏将军黄忠[4]乘高鼓噪[5]攻之，渊军大败，斩渊及益州刺史赵颙[6]。张郃引兵还阳平。是时新失元帅，军中扰扰[7]，不知所为。督军[8]杜袭与渊司马[9]太原郭淮[10]收敛散卒，号令诸军曰："张将军国家名将，刘备所惮；今日事急，非张将军不能安也。"遂权宜推郃为军主。郃出，勒兵按陈，诸将皆受郃节度，众心乃定。明日，备欲渡汉水来攻，诸将以众寡不敌，欲依水为陈以拒之。郭淮曰："此示弱而不足挫敌，非算也。不如远水为陈，引而致之，半济而后击之，备可破也。"既陈，备疑，不渡。淮遂坚守，示无还心。以状闻于魏王操，操善之，遣使假郃节，复以淮为司马。

二月，壬子晦[11]，日有食之。

三月，魏王操自长安出斜谷[12]，军遮要[13]以临汉中。刘备曰："曹公虽来，无能为也，我必有汉川[14]矣。"乃敛众拒险，终不交锋。操运米北山下，黄忠引兵欲取之，过期不还。翊军将军[15]赵云将数十骑出营视之，值操扬兵[16]大出，云猝与相遇，遂前突其陈，且斗且却。魏兵散而复合，追至营下，云入营，更大开门，偃旗息鼓。魏兵疑云有伏，引去；云雷[17]鼓震天，惟以劲弩于后射魏兵。魏兵惊骇，自相蹂践[18]，堕汉水中死者甚多。备明旦自来，至云营，视昨战处，曰："子龙[19]一身都为胆[20]也！"

操与备相守积月，魏军士多亡[21]。夏，五月，操悉引出汉中诸军还长安，刘备遂有汉中。

操恐刘备北取武都[22]氐以逼关中，问雍州刺史张既，既曰："可劝使北出就谷[23]以避贼，前至者厚其宠赏，则先者知利，后必慕之。"操从之，使既之武都，徙氐五万余落[24]出居扶风[25]、天水[26]界。

武威[27]颜俊、张掖[28]和鸾、酒泉[29]黄华、西平[30]麴演等，各据其郡，自号将军，更相攻击。俊遣使送母及子诣魏王操为质[31]以求助。操问张既，既曰："俊等外假国威，内生傲悖[32]，计定势足，后即反耳。今方事定蜀，且宜两存而斗之，犹卞庄子之刺虎[33]，坐收其敝也。”王曰：“善！”岁余，鸾遂杀俊，武威王秘又杀鸾。

刘备遣宜都[34]太守扶风孟达[35]从秭归[36]北攻房陵[37]，杀房陵太守蒯祺。又遣养子副军中郎将[38]刘封[39]自汉中乘沔水下，统达军，与达会攻上庸[40]，上庸太守申耽举郡降。备加耽征北将军[41]，领上庸太守，以耽弟仪为建信将军[42]、西城[43]太守。

秋，七月，刘备自称汉中王，设坛场于沔阳[44]，陈兵列众，群臣陪位，读奏讫，乃拜受玺绶，御[45]王冠。因驿拜章，上还所假左将军、宜城亭侯印绶[46]。立子禅为王太子。拔牙门将军[47]义阳魏延[48]为镇远将军，领汉中太守，以镇汉川。备还治成都[49]，以许靖为太傅[50]，法正为尚书令[51]，关羽为前将军[52]，张飞为右将军，马超为左将军，黄忠为后将军，余皆进位有差[53]。

遣益州前部司马[54]犍为费诗[55]即授关羽印绶，羽闻黄忠位与己并，怒曰：“大丈夫终不与老兵[56]同列！”不肯受拜。诗谓羽曰：“夫立王业者，所用非一。昔萧、曹[57]与高祖少小亲旧，而陈、韩[58]亡命后至。论其班列，韩最居上，未闻萧、曹以此为怨。今汉中王以一时之功[59]，隆崇[60]汉升[61]；然意之轻重[62]，宁当与君侯[63]齐乎！且王与君侯譬犹一体，同休等戚，祸福共之；愚谓君侯不宜计官号之高下、爵禄之多少为意也。仆一介[64]之使，衔命之人，君侯不受拜，如是便还，但相为惜此举动，恐有后悔耳。”羽大感悟，遽[65]即受拜。

诏以魏王操夫人卞氏为王后。

（以上为第五段，写刘备北取汉中，称汉中王，用以抗衡曹操称魏王。）

【注释】

[1]屠宛：攻破宛城后，屠杀全城军民。 [2]沔水：古代通称汉水为沔水。古阳平关在汉水之北，故刘备至定军山须南渡。 [3]定军山：山名，在今陕西勉县东南。 [4]黄忠（?—220）：字汉升，南阳（治所在今河南南阳市）人。初属刘表，为中郎将，守长沙。后归刘备，从取益州，常冲锋陷阵，勇冠三军，为讨虏将军。后于汉中斩曹操大将夏侯渊，又为征西将军、后将军。传见《三国志》卷三十六。 [5]鼓噪：擂鼓呐喊。 [6]赵颙（yóng）：曹操所任命的益州刺史。 [7]扰扰：纷乱。 [8]督军：官名，监军之官。曹操从汉中东还后，即留杜袭督汉中军

事。［9］司马：官名，将军军府之官，综理军府事，并参与军事谋划。［10］郭淮（?—241）：字伯济，太原阳曲（今山西阳曲县东北）人。初为曹操丞相兵曹议令史，从征汉中，留为征西将军夏侯渊司马。魏文帝时，为雍州刺史。魏明帝时，加建威将军，又为扬武将军。齐王芳正始年间，为左将军、前将军，后又为车骑将军、仪同三司，封阳曲侯。传见《三国志》卷二十六。［11］壬子晦：二月三十日。［12］斜谷：斜谷在今陕西眉县西南，为古褒斜道之北口。古褒斜道北起斜谷，南至褒谷（在陕西勉县褒城镇北），总长四百七十里，为秦蜀之间险要通道。［13］遮要：以兵据守险要之处。斜谷道险，曹操恐被刘备之兵所邀截，故先派兵据守险要之处，然后进临汉中。［14］汉川：汉中。［15］翊（yì）军将军：官名，刘备所置的杂号将军。［16］扬兵：显示兵威。［17］雷：通“擂”，敲击。［18］蹂（róu）践：践踏。［19］子龙：赵云字子龙。［20］一身都为胆：言其胆大，能以孤军抗击曹操大兵。［21］亡：逃亡。［22］武都：郡名，治所下辨，在今甘肃成县西。郡中聚居着白马氐人。［23］就谷：到有粮之地。［24］落：部落。［25］扶风：即右扶风，汉代三辅之一。东汉时治所在槐里，在今陕西兴平市东南。［26］天水：郡名，西汉所置，东汉改称汉阳，曹魏又改称天水。治所冀县，在今甘肃甘谷县东南。［27］武威：郡名，治所姑臧，在今甘肃武威市。［28］张掖：郡名，治所觻（lù）得，在今甘肃张掖市西北。［29］酒泉：郡名，治所禄福，在今甘肃酒泉市。［30］西平：郡名，汉献帝建安中分金城郡置，治所西都，在今青海西宁市。［31］质：人质，留作保证的人。［32］悖（bèi）：逆乱。［33］卞庄子之刺虎：卞庄子，春秋鲁国大夫，以勇著称。卞庄子曾想刺虎，管竖子阻止说：“两虎方且食牛，食甘必争，争则必斗，斗则大者伤，小者死，从伤而刺之，一举必有双虎之名。”卞庄子认为正确。不久，两虎果然争斗，大虎受伤，小虎死亡。卞庄子遂刺受伤的大虎，结果得到两虎。事见《史记·张仪列传》。［34］宜都：郡名，刘备分荆州之南郡置宜都郡，辖夷道、佷（héng）山、西陵三县。治所在夷道，在今湖北宜都市西北。［35］孟达：扶风（治所在陕西兴平市东南）人，初与法正入蜀依刘璋，后归刘备，为宜都太守。后又降魏，魏文帝以之为建武将军、新城太守。魏明帝初，他又反魏投蜀，被魏将司马懿所攻杀。事见《三国志·蜀书·刘封传》及《魏书·明帝纪》注引《魏略》。［36］秭归：县名，县治在今湖北秭归县。［37］房陵：郡名，东汉末置，治所房陵县，在今湖北房县。［38］副军中郎将：官名，刘备所置次于将军的武官。［39］刘封：本罗侯国（今湖南湘阴县北）寇氏之子，刘备至荆州，收为养子。刘备得益州后，任命他为副中郎将，后为副军将军，被赐死。传见《三国志》卷四十。［40］上庸：郡名，治所上庸县，在今湖北竹山县东南。［41］征北将军：官名，东汉的杂号将军。［42］建信将军：官名，亦为杂号将军。［43］西城：郡名，东汉末置，治所西城县，在今陕西安康市西北。［44］沔阳：县名，县治在今陕西勉县东南。［45］御：进。［46］上还所假左将军、宜城亭侯印绶：皆曹操代表朝廷授予刘备，刘备今自称汉中王，故还朝廷的封拜印绶。［47］牙门将军：与后文的镇远将军，皆官名，为刘备所置杂号将军。［48］魏延：字文长，义阳（治所在今湖北枣阳市东）人。初随刘备入蜀，数有战功，为牙门将军，镇守汉中。刘备称帝后，为镇北将军。蜀后主时，为征西大将军，封南郑侯。诸葛亮死后，被杨仪所杀。传见《三国志》卷四十。［49］成都：县名，益州、蜀郡的治所，县治在今四川成都市。［50］太傅：官名，位在三公上，为上公，无职事，多为大官之加号。［51］尚书令：官名，尚书台的长官，东汉政归尚书，尚书令遂为总揽朝政的首脑。［52］前将军：官名，汉代所置，位次上卿，与后将军及左、右将军掌京师兵卫和边防屯警。［53］进位有差：按等级晋升。差，等级。［54］益州前部司马：官名。司马，本将军属官，非州牧刺史之属吏。而东汉末的州牧刺史却仿将军府置吏，置有司马，其职掌大概略同将军府之司马。［55］费诗：字公举，犍为南安（今四川乐山市）人。刘璋时为绵竹令，后降刘备，为益州前部司马。蜀后主时，为谏议大夫。传见《三国志》卷四十一。［56］老兵：轻视武人之称。［57］萧、曹：萧何、曹参，与汉高祖刘邦同乡，协助刘邦起兵而得天下。［58］陈、韩：陈平、韩信。二人皆从项羽部下投归刘邦，刘邦得天下后，封韩信为楚王，而封萧何为酂侯，曹参为平阳侯，故韩信之位最高。［59］一时之功：指黄忠在汉中定军山斩夏侯渊之功。［60］隆崇：特别推重，宠信。［61］汉升：黄忠字汉升。［62］意之轻重：心中的天平，感情上的偏爱。［63］君侯：建安五年曹操曾表封关羽为汉寿亭侯，故费诗称他为君侯。［64］一介：一个，自谦之词。［65］遽：遂，于是。

孙权攻合肥[1]。时诸州兵戍[2]淮南[3]。扬州刺史温恢[4]谓兖州刺史裴潜曰：“此间虽有贼，然不足忧。今水潦[5]方生，而子孝[6]县军[7]，无有远备，关羽骁猾[8]，政恐征南[9]有变耳。”已而关羽果使南郡太守麋芳[10]守江陵[11]，将军傅士仁[12]守公安[13]，羽自率众攻曹仁于樊。仁使左将军于禁、立义将军[14]庞德等屯樊北。八月，大霖雨[15]，汉水溢，平地数丈，于禁等七军[16]皆没。禁与诸将登高避水，羽乘大船就攻之，禁等穷迫，遂降。庞德在堤上，被甲持弓，箭不虚发，自平旦[17]力战，至日过中，羽攻益急；矢尽，短兵接，德战益怒，气愈壮，而水浸盛，吏士尽降。德乘小船欲还仁营，水盛船覆，失弓矢，独抱船覆水中，为羽所得，立而不跪。羽谓曰：“卿兄[18]在汉中，我欲以卿为将，不早降何为！”德骂羽曰：“竖子，何为降也！魏王带甲百万，威振天下；汝刘备庸才耳，岂能敌邪！我宁为国家鬼，不为贼将也！”羽杀之[19]。魏王操闻之曰：“吾知于禁三十年，何意临危处难，反不及庞德[20]邪！”封德二子为列侯。

羽急攻樊城，城得水，往往崩坏，众皆恟惧。或谓曹仁曰：“今日之危，非力所支，可及羽围未合，乘轻船夜走。”汝南[21]太守满宠曰：“山水速疾，冀其不久。闻羽遣别将已在郏[22]下，自许以南，百姓扰扰[23]，羽所以不敢遂进者，恐吾军掎[24]其后耳。今若遁去，洪河[25]以南，非复国家有也，君宜待之。”仁曰：“善！”乃沈白马与军人盟誓，同心固守。城中人马才数千人，城不没者数板[26]。羽乘船临城，立围数重，外内断绝。羽又遣别将围将军吕常于襄阳。荆州刺史胡修、南乡[27]太守傅方皆降于羽。

（以上为第六段，写关羽北伐，擒于禁，杀庞德，威震华夏。）

【注释】

［1］合肥：县名，县治在今安徽合肥市。［2］戍（shù）：守卫。［3］淮南：郡名，魏改汉九江郡为淮南郡，治所寿春，在今安徽寿县。扬州刺史治所亦在此地。当时淮南为孙曹两家必争之要地，淮南为进攻江东的前沿基地，孙权占有则为屏卫江东的门户，孙权之争淮南，均未得手。［4］温恢：字曼基，太原祁县（今山西祁县东南）人。初为县令长，又为曹操丞相主簿，出为扬州刺史。魏文帝时，为侍中，又为魏郡太守、凉州刺史。传见《三国志》卷十五。［5］水潦（liǎo）：雨水。［6］子孝：曹仁字子孝。［7］县军：县，“悬”本字。孤军深入称为悬军。［8］骁（xiāo）猾：骁勇狡猾。［9］征南：指曹仁，时曹仁为征南将军，屯樊城。［10］糜芳：糜竺之弟，初随刘备征战，后为南郡太守，叛迎孙权，关羽因而覆败。传见《三国志》卷三十八。［11］江陵：县名，县治在今湖北江陵县。［12］士仁：姓士名仁，字君义。此据《三国志·蜀书·关羽传》作“傅士仁”，衍“傅”字。事见《三国志·蜀书·杨戏传》附《季汉辅臣赞》。［13］公安：县名，在今湖北公安县东北。［14］立义将军：官名，属杂号将军。［15］霖雨：连绵大雨。［16］七军：曹操得荆州后，以襄阳为重镇，特留于禁、张辽、张郃、朱灵、李典、路招、冯楷等七军驻守襄阳，其后张辽等虽然调走，而其军队仍留归于禁所领，故仍有七军。参见《三国志·魏书·赵俨传》。［17］平旦：清晨。［18］兄：指庞德之从兄庞柔，当时在蜀。［19］之：据章校，有的版本“之”下有“流涕”二字。［20］反不及庞德：于禁于初平三年（192）曹操为兖州牧后就被曹操所用，而庞德原为马超旧将，于建安二十年曹操定汉中时始归降曹操。庞德不降而死，于禁却投降关羽。故曹操说于禁反不及庞德。［21］汝南：郡名，治所平舆，在今河南平舆县北。满宠之治所虽在平舆，而当时曹操命他助曹仁守樊城。故满宠得参与谋划。［22］郏（jiáo）：县名，西汉所置，东汉撤销，汉末又复置。县治在今河南郏县。［23］扰扰：纷乱不安。［24］掎：拖住，牵制。［25］洪河：大河，指黄河。［26］板：城高二尺为一板。［27］南乡：郡名，汉末建安中分南阳郡置，治所南乡县，在今河南淅川县东南。

初，沛国魏讽[1]有惑众才，倾动邺都，魏相国钟繇辟以为西曹掾[2]。荥阳任览，与讽友善；同郡郑袤[3]，泰之子也，每谓览曰："讽奸雄，终必为乱。"九月，讽潜结徒党，与长乐卫尉[4]陈祎谋袭邺；未及期，祎惧而告之。太子丕诛讽，连坐死者数千人，钟繇坐免官。

初，丞相主簿杨修与丁仪兄弟谋立曹植为魏嗣，五官将丕患之，以车载废簏[5]内朝歌长吴质，与之谋。修以白魏王操，操未及推验[6]。丕惧，告质，质曰："无害也。"明日，复以簏载绢以入，修复白之，推验，无人；操由是疑焉。其后植以骄纵见疏，而植故连缀修不止，修亦不敢自绝。每当就植，虑事有阙，忖度操意，豫作答教[7]十余条，敕门下，"教出，随所问答之"，于是教裁[8]出，答已入；操怪其捷，推问，始泄。操亦以修袁术之甥，恶[9]之，乃发修前后漏泄言教，交关诸侯[10]，收杀之。

魏王操以杜袭为留府长史[11]，驻关中。关中营帅[12]许攸[13]拥部曲[14]不归附，而有慢言[15]，操大怒，先欲伐之。群臣多谏"宜招怀攸，共讨强敌"。操横刀于膝，作色[16]不听。袭入欲谏，操逆[17]谓之曰："吾计已定，卿勿复言！"袭曰："若殿下计是邪，臣方助殿下成之；若殿下计非邪，虽成，宜改之。殿下逆臣令勿言，何待下之不阐[18]乎！"操曰："许攸慢吾，如何可置[19]！"袭曰："殿下谓许攸何如人邪？"操曰："凡人也。"袭曰："夫惟贤知贤，惟圣知圣，凡人安能知非凡人邪！方今豺狼当路而狐狸是先[20]，人将谓殿下避强攻弱；进不为勇，退不为仁。臣闻千钧[21]之弩，不为鼷鼠[22]发机；万石[23]之钟，不以莛[24]撞起音。今区区[25]之许攸，何足以劳神武[26]哉！"操曰："善！"遂厚抚攸，攸即归服。

冬，十月，魏王操至洛阳[27]。

（以上为第七段，写曹丕杀魏讽，曹操诛杨修。）

【注释】

[1]魏讽：字子京，沛县（今安徽濉溪县西北）人。东汉末官吏，任西曹掾，联合长乐卫尉陈祎谋袭邺城，杀魏太子曹丕，由于陈祎告密，魏讽被诛，坐死者数十人。[2]西曹掾：官名，此魏相国府之西曹掾。[3]郑袤（mào）：字林叔，荥阳开封（今河南开封南市）人，郑泰之子。初为临菑侯曹植文学。高贵乡公即位后，为光禄勋，魏元帝时为光禄大夫，后入晋。传见《晋

书》卷四十四。［4］长乐卫尉：官名，汉代皇太后宫称长乐宫。长乐宫置卫尉卿，掌宫室警卫。［5］簏（lù）：竹箱。［6］推验：推究检验。［7］教：教令。［8］裁：通“才”。［9］恶（wù）：憎恨。［10］交关诸侯：交关，勾结。此谓杨修与曹植往来勾结。［11］留府长史：官名，总理留府事。曹操置留府于关中（驻长安），在于防备蜀。［12］营帅：地方武装的头领。［13］许攸：此另一许攸，非从袁绍部下投归曹操的许攸。［14］部曲：私人武装。［15］慢言：轻视侮辱之言。［16］作色：脸上变色，指生气。［17］逆：拒绝。［18］阐：明。［19］置：赦免。［20］豺狼当路而狐狸是先：大敌当前，却先对付微弱之小敌。［21］钧：三十斤为一钧。［22］鼷（xī）鼠：一种小鼠。［23］石：四钧为一石，即一百二十斤为一石。［24］莛（tíng）：草茎。以上皆言势力大者不轻易对微小者行动。［25］区区：微小。［26］神武：神明威武，指曹操。［27］操至洛阳：曹操从关中回到洛阳。

陆浑[1]民孙狼等作乱，杀县主簿[2]，南附关羽。羽授狼印，给兵，还为寇贼，自许以南，往往遥应羽，羽威震华夏[3]。魏王操议徙许都以避其锐，丞相军司马[4]司马懿、西曹属[5]蒋济言于操曰：“于禁等为水所没，非战攻之失，于国家大计未足有损。刘备、孙权，外亲内疏，关羽得志，权必不愿也。可遣人劝权蹑[6]其后，许割江南以封权，则樊围自解。”操从之。

初，鲁肃尝劝孙权以曹操尚存，宜且[7]抚辑[8]关羽，与之同仇，不可失也。及吕蒙代肃屯陆口，以为羽素骁雄[9]，有兼并之心，且居国上流，其势难久，密言于权曰：“今令征虏[10]守南郡[11]，潘璋[12]住白帝[13]，蒋钦[14]将游兵万人循江上下，应敌所在，蒙为国家前据襄阳，如此，何忧于操，何赖于羽！且羽君臣矜其诈力，所在反覆，不可以腹心待也。今羽所以未便东向者，以至尊圣明，蒙等尚存也。今不于强壮时图之，一旦僵仆，欲复陈力，其可得邪！”权曰：“今欲先取徐州[15]，然后取羽，何如？”对曰：“今操远在河北，抚集幽、冀[16]，未暇东顾，余[17]土守兵，闻不足言，往自可克。然地势陆通，骁骑所聘，至尊今日取徐州，操后旬必来争，虽以七八万人守之，犹当怀忧。不如取羽，全据长江，形势益张，易为守也。”权善之。

权尝为其子求昏[18]于羽，羽骂其使，不许昏；权由是怒。及羽攻樊，吕蒙上疏曰：“羽讨樊而多留备兵，必恐蒙图其后故也。蒙常有病，乞分士众还建业[19]，以治疾为名，羽闻之，必撤备兵，尽赴襄阳。大军浮江昼夜驰上，袭其空虚，则南郡[20]可下而羽可禽也。”遂称病笃[21]。权乃露檄[22]召蒙还，阴与图计。蒙下至芜湖，定威校尉陆逊谓蒙曰：“关羽接境，如何远下，后不当可忧也？”蒙曰：“诚如来言，然我病笃。”逊曰：“羽矜其骁气，陵轹[23]于人，始有大功，意骄志逸，但务北进，未嫌[24]于我，有相闻病，必益无备，今出其不意，自可禽制。下见至尊，宜好为计。”蒙曰：“羽素勇猛，既难为敌，且已据荆州，恩信大行，兼始有功，胆势益盛，未易图[25]也。”蒙至都，权问：“谁可代卿者？”蒙对曰：“陆逊意思深长，才堪负重，观其规虑，终可大任；而未有远名，非羽所忌，无复是过也[26]。若用之，当令外自韬隐[27]，内察形便，然后可克。”权乃召逊，拜偏将军[28]、右部督以代蒙。逊至陆口，为书与羽，称其功美，深自谦抑，为尽忠自托之意。羽意大安，无复所嫌，稍[29]撤兵以赴樊。逊具启形状，陈其可禽之要。

羽得于禁等人马数万，粮食乏绝，擅取权湘关[30]米；权闻之，遂发兵袭羽。权欲令征虏将军[31]孙皎[32]与吕蒙为左右部大督[33]，蒙曰：“若至尊以征虏能，宜用之；以蒙能，宜用蒙。昔周瑜、程普为左右部督，督兵攻江陵，虽事决于瑜，普自恃久将，且俱是督，遂共不睦，几败国事，此目前之戒也。”权寤[34]，谢蒙曰：“以卿为大督，命皎为后继可也。”

（以上为第八段，写吕蒙献计孙权，谋取荆州。）

【注释】

[1]陆浑：县名，县治在今河南嵩县东北。 [2]县主簿：官名，县令长的主要属吏，与县令长最亲近，主要典领文书，办理事务。 [3]华夏：中原。 [4]丞相军司马：官名，曹操所置丞相府之属吏，主要参与军事谋划。 [5]西曹属：官名，即丞相西曹属，丞相府之属吏，主管府吏署用。 [6]蹑（niè）：追随。 [7]且：暂且。 [8]抚辑：安抚亲睦。 [9]骁（xiāo）雄：勇猛雄杰。 [10]征虏：指孙皎，当时孙皎为征虏将军。 [11]南郡：郡名，治所江陵，在湖北江陵县。 [12]潘璋：字文珪，东郡发干（今山东冠县东）人。孙吴大将，身经百战，官至襄阳太守、平北将军，封溧阳侯。传见《三国志》卷五十五。 [13]白帝：即白帝城。本汉之鱼复县，公孙述据蜀，改名白帝城，在今重庆奉节县东。按：此时白帝城已为刘备所据，潘璋无由得

住。[14]蒋钦：字公奕，九江寿春（今徽寿县）人。孙吴大将，历官别部司马、西部都尉、中郎将、左护军。传见《三国志》卷五十五。[15]徐州：当时广陵（今江苏扬州市）以北皆徐州地。[16]操远在河北，抚集幽、冀：按：此言不实，鲁肃死于建安二十二年，吕蒙代鲁肃屯陆口，亦在同年。而此时曹操正在居巢（今安徽巢湖市），不能说"远在河北"；并且曹操早在十年前已平定幽州和冀州，不能说当时正"抚集幽、冀"。这些错误非始于《资治通鉴》，《三国志·吴书·吕蒙传》已如此记载，清代学者早已指出。[17]余：据章校，有的版本"余"作"徐"。[18]昏："婚"本字。[19]建业：县名，原名秣陵，孙权改称建业，县治在今江苏南京市。[20]南郡：指南郡治所江陵。[21]病笃：病重。[22]露檄：不缄封的檄文。[23]陵轹（lì）：欺压。[24]嫌：怀疑。[25]未易图：陆逊之谋与吕蒙相合，而军事须密，吕蒙不便宣露，故谓关羽不易对付。[26]无复是过也：再没有人超过他了。也就是说，代替吕蒙者，再没有人比陆逊更适合了。[27]韬隐：谓隐晦其真实意图。[28]偏将军：官名，东汉的杂号将军。[29]稍：逐渐。[30]湘关：吴与蜀分荆州，以湘水为界，故置关水上，以通商旅，谓之湘关。又在潇、湘二水合流处有湘口关，在今湖南永州市北。[31]征虏将军：官名，东汉的杂号将军。[32]孙皎：字叔朗，孙坚小弟孙静之子。始从孙权为护军校尉，后为征虏将军，督镇夏口。与吕蒙擒关羽，定荆州有功。传见《三国志》卷五十一。[33]左右部大督：出军时临时设置的两名督军统帅。[34]寤：通"悟"，理解。

魏王操之出汉中也，使平寇将军[1]徐晃屯宛以助曹仁；及于禁陷没，晃前至阳陵陂[2]。关羽遣兵屯偃城[3]，晃既到，诡道[4]作都堑[5]，示欲截其后，羽兵烧屯[6]走。晃得偃城，连营稍前。操使赵俨以议郎参曹仁军事，与徐晃俱前，余救兵未到；晃所督不足解围，而诸将呼责晃，促救仁。俨谓诸将曰："今贼围素固，水潦犹盛，我徒卒单少，而仁隔绝，不得同力，此举适[7]所以敝内外[8]耳。当今不若前军逼围，遣谍通仁，使知外救，以励将士。计北军[9]不过十日，尚足坚守，然后表里俱发，破贼必矣。如有缓救之戮，余为诸君当之。"诸将皆喜。晃营距羽围三丈所[10]，作地道及箭飞书[11]与仁，消息数通。

孙权为笺与魏王操，请以讨羽自效，及乞不漏，令[12]羽有备。操问群臣，群臣咸言宜密之。董昭曰："军事尚权[13]，期于合宜。宜应权以密，而内露之。羽闻权上[14]，若还自护，围则速解，便获其利。可使两贼相对衔持[15]，坐待其敝。秘而不露，使权得志，非计之上。又，围中将吏不知有救，计粮怖惧[16]。傥[17]有他意，为难不小。露之为便。且羽为人强梁[18]，自恃二城守固，必不速退。”操曰：“善！”即敕徐晃以权书射著围里及羽屯中，围里闻之，志气百倍；羽果犹豫不能去[19]。

魏王操自雒阳南救曹仁，群下皆谓：“王不亟[20]行，今败矣。”侍中桓阶独曰：“大王以仁等为足以料事势不[21]也？”曰：“能。”“大王恐二人[22]遗力[23]邪？”曰：“不然。”“然则何为自往？”曰：“吾恐虏众多，而徐晃等势[24]不便[25]耳。”阶曰：“今仁等处重围之中而守死无贰[26]者，诚以大王远为之势[27]也。夫居万死之地，必有死争之心。内怀死争，外有强救，大王按六军以示余力，何忧于败而欲自往？”操善其言，乃驻军摩陂[28]，前后遣殷署、朱盖等凡十二营诣晃。

关羽围头有屯，又别屯四冢[29]，晃乃扬声当攻围头屯而密攻四冢。欲坏，自将步骑五千出战；晃击之，退走。羽围堑鹿角[30]十重，晃追羽，与俱入围中，破之，傅方、胡修皆死，羽遂撤围退，然舟船犹据沔水，襄阳隔绝不通。

（以上为第九段，写曹将徐晃救襄阳，初战打败关羽，而关羽仍恋战不撤。）

【注释】

[1]平寇将军：官名，曹操所置杂号将军。 [2]阳陵陂：堰名，在当时偃城西北。 [3]偃城：地名，在当时襄阳之北，樊城附近，在今湖北襄阳市。 [4]诡道：隐秘的小路。 [5]都堑：长壕沟。谓从隐秘的小路至偃城之后作长壕沟。 [6]屯：营寨。 [7]适：正，恰好。 [8]内外：指曹仁军与徐晃军。 [9]北军：指曹操所派前来救曹仁的军队。 [10]三丈所：约三丈左右。 [11]箭飞书：以箭传递的书信。 [12]令：致使。 [13]权：机变，变通。 [14]上：谓沿长江而上。 [15]衔持：谓控制使之相争。 [16]计粮怖惧：谓计算城中之粮不足以坚持守城，必然产生恐惧心理。 [17]傥：通“倘”，假使，如果。 [18]强梁：强悍果断。 [19]犹豫不能去：盖关羽以为江陵、公安二城防守坚固，而陆逊又无可疑之处，徐晃所射孙权之书，恐系伪造，因此犹豫不撤退。 [20]亟（jí）：急速。 [21]不：同“否”。 [22]二人：指守樊城的曹仁、守襄阳的吕常。 [23]遗力：不尽全力。 [24]势：势力。 [25]不便：不利，不足。 [26]贰：异心。 [27]势：态势。《孙子·计篇》：“计利以听，乃为之势，以佐其外。” [28]摩陂：堰名，在今河南郏县东南。 [29]四冢：地名，在当时樊城附近。冢，据章校，乙十一行本“冢”下有“羽见四冢”四字。 [30]鹿角：用削尖的带枝树木埋插于地，以防敌人逾越，因形似鹿角，故名。

吕蒙至寻阳[1]，尽伏其精兵𦪇𦪇[2]中，使白衣摇橹，作商贾人服，昼夜兼行，羽所置江边屯候，尽收缚之，是故羽不闻知。麋芳、士仁素皆嫌羽轻己，羽之出军，芳、仁供给军资不悉相及，羽言“还，当治之”，芳、仁咸惧。于是蒙令故骑都尉[3]虞翻为书说仁，为陈成败，仁得书即降。翻谓蒙曰：“此谲兵[4]也，当将仁行，留兵备城。”遂将仁至南郡。麋芳城守，蒙以仁示之，芳遂开门出降。蒙入江陵，释于禁之囚，得关羽及将士家属，皆抚尉之，约令军中：“不得干历[5]人家，有所求取。”蒙麾下[6]士，与蒙同郡人，取民家一笠以覆官铠[7]；官铠虽公，蒙犹以为犯军令，不可以乡里故而废法，遂垂涕斩之。于是军中震栗[8]，道不拾遗，蒙旦暮使亲近存恤[9]耆老[10]，问所不足，疾病者给医药，饥寒者赐衣粮。羽府藏财宝，皆封闭以待权至。

关羽闻南郡破，即走南还。曹仁会诸将议，咸曰：“今因羽危惧，可追禽也。”赵俨曰：“权邀[11]羽连兵[12]之难，欲掩[13]制其后，顾[14]羽还救，恐我乘其两疲，故顺辞求效[15]，乘衅[16]因变以观利钝耳。今羽已孤迸[17]，更宜存之以为权害。若深入追北[18]，权则改虞[19]于彼[20]，将生患于我矣，王必以此为深虑。”仁乃解严[21]。魏王操闻羽走，恐诸将追之，果疾敕仁如俨所策。

关羽数使人与吕蒙相闻，蒙辄厚遇其使，周游城中，家家致问，或手书示信。羽人还，私相参讯[22]，咸知家门无恙[23]，见待过于平时，故羽吏士无斗心。

会权至江陵，荆州将吏悉皆归附；独治中从事武陵潘浚[24]称疾不见，权遣人以床就家舆[25]致之，浚伏面着床席不起，涕泣交横，哀哽[26]不能自胜。权呼其字与语，慰谕恳恻[27]，使亲近以手巾拭其面。浚起，下地拜谢，即以为治中[28]，荆州军事，一以咨之。武陵部从事[29]樊伷诱导诸夷，图以武陵附汉中王备。外白差督[30]督万人往讨之，权不听。特召问浚，浚答：“以五千兵往足以擒伷”。”权曰：“卿何以轻之？”浚曰：“伷是南阳旧姓[31]，颇能弄唇吻[32]，而实无才略。臣所以知之者，伷昔尝为州人设馔[33]，比至日中，食不可得，而十余自起，此亦侏儒[34]观一节之验[35]也。”权大笑，即遣浚将五千人往，果斩平之。权以吕蒙为南郡太守，封孱陵侯，赐钱一亿，黄金五百斤，以陆逊领宜都太守。

十一月，汉中王备所置宜都太守樊友委郡走，诸城长吏及蛮夷君长皆降于逊。逊请金、银、铜印以假授初附，击蜀将詹晏等及秭归大姓拥兵者，皆破降之，前后斩获、招纳凡数万计。权以逊为右护军[36]、镇西将军[37]，进封娄侯，屯夷陵[38]，守峡口[39]。

关羽自知孤穷，乃西保麦城[40]。孙权使诱之，羽伪降，立幡旗为象人[41]于城上，因遁走[42]，兵皆解散，才十余骑。权先使朱然、潘璋断其径路[43]，十二月，璋司马马忠获羽及其子平于章乡[44]，斩之，遂定荆州。

初，偏将军吴郡全琮[45]上疏陈关羽可取之计，权恐事泄，寝[46]而不答。及已禽羽，权置酒公安，顾谓琮曰："君前陈此，孤虽不相答，今日之捷，抑亦[47]君之功也。"于是封琮阳华亭侯。权复以刘璋为益州牧，驻秭归，未几，璋卒。

吕蒙未及受封而疾发，权迎置于所馆之侧，所以治护者万方[48]。时有加针[49]，权为之惨戚[50]。欲数见其颜色，又恐劳动，常穿壁瞻之，见小能下食，则喜顾左右[51]，不然则咄唶[52]，夜不能寐。病中瘳[53]，为下赦令，群臣毕贺，已而[54]，竟卒，年四十二。权哀痛殊甚，为置守冢三百家。

权后与陆逊论周瑜、鲁肃及蒙曰："公瑾[55]雄烈，胆略兼人[56]，遂破孟德，开拓荆州，邈[57]焉寡俦[58]。子敬[59]因公瑾致达[60]于孤，孤与宴语[61]，便及大略帝王之业，此一快也。后孟德因获刘琮之势，张言[62]方率数十万众水步俱下，孤普请诸将，咨问所宜，无适先对[63]；至张子布[64]，秦文表[65]俱言宜遣使修檄迎之，子敬即驳[66]言不可，劝孤急呼公瑾，付任以众，逆而击之，此二快也。后虽劝吾借玄德地，是其一短，不足以损其二长也。周公不求备于一人[67]，故孤忘其短而贵其长，常以比方邓禹[68]也。子明[69]少时，孤谓不辞剧[70]易，果敢有胆而已；及身长大，学问开益，筹略奇至，可以次于公瑾，但言议英发[71]不及之耳。图取关羽，胜于子敬。子敬答孤书云：'帝王之起，皆有驱除，羽不足忌[72]。'此子敬内不能办，外为大言耳，孤亦恕之，不苟责也。然其作军[73]屯营，不失令行禁止，部界无废负[74]，路无拾遗，其法亦美矣。”

孙权与于禁乘马并行，虞翻呵禁曰：“汝降虏，何敢与吾君齐马首乎！”抗[75]鞭欲击禁，权呵止之。

孙权之称藩也，魏王操召张辽等诸军悉还救樊，未至而围解。徐晃振旅还摩陂，操迎晃七里，置酒大会；王举酒谓晃曰：“全樊、襄阳，将军之功也。”亦厚赐桓阶，以为尚书。操嫌荆州残民及其屯田在汉川[76]者，皆欲徙之。司马懿曰：“荆楚轻脆易动，关羽新破，诸为恶者，藏窜观望，徙其善者，既伤其意，将令去者不敢复还。”操曰：“是也。”是后诸亡者悉还出。

魏王操表孙权为票骑将军[77]，假节[78]，领荆州牧，封南昌侯。权遣校尉梁寓入贡，又遣朱光等归，上书称臣于操，称说天命。操以权书示外曰：“是儿欲踞吾着炉火上[79]邪！”侍中陈群等皆曰：“汉祚[80]已终，非适[81]今日。殿下功德巍巍[82]，群生注望，故孙权在远称臣。此天人之应，异气齐声，殿下宜正大位，复何疑哉！”操曰：“若天命在吾，吾为周文王[83]矣。”

（以上为第十段写关羽失荆州，走麦城。孙权得胜害怕刘备报仇而向曹操上尊号，称臣，避免两线作战。）

【注释】

[1]寻阳：县名，县治在今湖北黄梅县北。[2]艚(gōu)舻(lù)：大型战船。[3]故骑都尉：虞翻原为骑都尉，因被诽谤流徙于丹阳，吕蒙请他自随，而当时无官职，故以故官称呼。[4]谲(jué)兵：谓以诡计行军。[5]干历：冒犯。[6]麾下：部下。[7]铠(kǎi)：铠甲。[8]震栗：震惊恐惧。[9]存恤：慰问救济。[10]耆(qí)老：老人。古称六十岁老人为耆。[11]邀：当作“徼”，侥幸。[12]连兵：谓关羽与曹仁连兵相斗。[13]掩：乘其不备而袭取。[14]顾：顾虑。[15]求效：请求效力。[16]衅：缝隙，空子。[17]孤迸(bèng)：谓孤军远奔。[18]北：败逃。[19]虞：防备。[20]彼：指关羽。[21]解严：谓解除军队的装束，不再追击关羽。[22]参讯：互相讯问。[23]无恙(yàng)：无灾祸疾病，平安无事。[24]潘浚(？—239)：字承明，武陵汉寿(今湖南常德市武陵区东北)人。初为刘表从事史，刘备领荆州后，又为治中从事史，刘备入蜀后，主持荆州事。孙权败关羽得荆州，又以浚为治中从事史，后又为奋威将军、少府、太常，封刘阳侯。传见《三国志》卷六十一。[25]舆：抬。[26]哽：悲哀而声

气阻塞。［27］恳恻：诚恳痛切。［28］治中：官名，即治中从事史，州牧刺史的主要佐吏，职责是居中治事，主众曹文书。［29］部从事：官名，即部从事史或部郡国从事史，州牧刺史的佐吏，每郡一人，主察非法。［30］差督：选派督将。差（chāi），选派。［31］南阳旧姓：南阳樊氏为汉光武帝母族，故为旧姓。［32］弄唇吻：犹言口头上夸夸其谈。［33］设馔（zhuàn）：设宴，安排酒食。［34］侏儒：逗人欢笑的杂技艺人。［35］观一节之验：谓观其一节目足以验其技艺。［36］右护军：官名，孙权置中、左、右护军各一人，掌禁兵，主武官选举。［37］镇西将军：官名，东汉杂号将军之一。［38］夷陵：县名，县治在今湖北宜昌市东南。［39］峡口：指西陵峡口，在今湖北宜昌市西北。［40］麦城：旧城名，故址在今湖北当阳市东南。［41］象人：假人。［42］遁走：逃走。［43］径路：小路。［44］章乡：乡名，又作"漳乡"，在今湖北当阳市东北。［45］全琮（?—249）：字子璜，吴郡钱唐（今浙江杭州市）人。初为孙权之奋威校尉，又为偏将军，封钱唐侯。孙权称帝后，为卫将军、左护军、徐州牧，又娶公主。后为右大司马、左军师。传见《三国志》卷六十。［46］寝：搁置。［47］抑亦：还是。［48］万方：很多药方。［49］加针：扎针。［50］惨戚：悲伤。［51］左右：据章校，有些版本"右"下有"言笑"二字。当有之。［52］咄唶（jiè）：叹息。［53］中瘳：正在痊愈。［54］已而：过后不久。［55］公瑾：周瑜字公瑾。［56］兼人：胜过别人。［57］邈：远。［58］俦：同辈，同类。［59］子敬：鲁肃字子敬。［60］致达：引荐。［61］宴语：边宴饮边谈论。［62］张言：夸大而言。［63］无适（dí）先对：没有人先回答。［64］张子布：张昭字子布。［65］秦文表：秦松字文表。［66］驳（bó）：提出异议以纠驳。［67］周公不求备于一人：《论语·微子》：周公谓鲁公曰："无求备于一人。"即是说，对人不要求全责备。［68］邓禹：东汉光武帝刘秀之功臣，在刘秀建立东汉政权中，善于出谋划策，亦有战功，但后来却大败于赤眉军。故孙权以他比鲁肃。［69］子明：吕蒙字子明。［70］剧：艰难。［71］英发：才华外露。［72］皆有驱除，羽不足忌：谓关羽之强大，正好为吴驱除祸患，不必有顾忌。［73］作军：治军。［74］部界无废负：谓在统辖区内，没有因为废职而获罪者。［75］抗：举起。［76］汉川：此指襄阳、樊城一带之汉水流域。［77］票骑将军：官名，位次于大将军。票，又写作"骠"。［78］假节：即有行使皇帝使命的权力。假，授予之意。节，代表皇帝使命的凭证。［79］踞（jù）吾着（zhuó）炉火上：使我蹲在炉火上。胡三省认为："盖言汉以火德王，权欲使操加其上也。然操必以权书示外者，正欲以观众心耳。"［80］祚（zuò）：皇帝位。［81］适：仅，只。［82］巍（wéi）巍：高大貌。［83］周文王：周文王在殷商末年受到众多诸侯的拥戴，三分天下有其二，却还臣服于商朝。

臣光曰：教化[1]，国家之急务也，而俗吏慢[2]之；风俗，天下之大事也，而庸君忽[3]之。夫惟明智君子，深识长虑，然后知其为益之大而收功之远也。光武遭[4]汉中衰，群雄糜沸[5]，奋起布衣[6]，绍恢前绪[7]，征伐四方，日不暇给，乃能敦尚[8]经术，宾延[9]儒雅，开广学校，修明礼乐，武功既成，文德亦洽[10]。继以孝明、孝章，遹追[11]先志，临雍[12]拜老[13]，横经[14]问道。自公卿、大夫至于郡县之吏，咸选用经明行修之人，虎贲卫士皆习《孝经》，匈奴子弟亦游大学，是以教立于上，俗成于下。其忠厚清修之士，岂惟取重于搢绅[15]，亦见慕于众庶；愚鄙污秽之人，岂惟不容于朝廷[16]，亦见弃于乡里。自三代[17]既亡，风化[18]之美，未有若东汉之盛者也。及孝和以降，贵戚[19]擅权，嬖幸[20]用事，赏罚无章，贿赂公行，贤愚浑殽，是非颠倒，可谓乱矣。然犹绵绵[21]不至于亡者，上则有公卿、大夫袁安[22]、杨震[23]、李固[24]、杜乔[25]、陈蕃、李膺[26]之徒面引廷争[27]，用公义以扶其危，下则有布衣之士符融[28]、郭泰[29]、范滂[30]、许邵[31]之流，立私论以救其败[32]，是以政治虽浊而风俗不衰，至有触冒斧钺，僵仆[33]于前，而忠义奋发，继起于后，随踵就戮，视死如归。夫岂特数子之贤哉？亦光武、明、章之遗化[34]也。当是之时，苟有明君作而振之，则汉氏之祚犹未可量也。不幸承陵夷颓敝[35]之余，重以桓、灵之昏虐，保养奸回[36]，过于骨肉；殄灭[37]忠良，甚于寇仇；积多士之愤，蓄四海之怒。于是何进召戎，董卓乘衅，袁绍之徒从而构难，遂使乘舆播越[38]，宗庙丘墟[39]，王室荡覆[40]，烝民[41]涂炭，大命[42]陨绝，不可复救。然州郡拥兵专地者，虽互相吞噬，犹未尝不以尊汉为辞。以魏武之暴戾强伉[43]，加有大功于天下，其蓄无君之心久矣，乃至没身不敢废汉而自立，岂其志之不欲哉？犹畏名义而自抑也。由是观之，教化安可慢，风俗安可忽哉！

（以上为第十一段，写司马光对东汉王朝政治的得失及其灭亡原因的探索与评论。）

【注释】

[1]教化：教育感化。[2]慢：轻忽。[3]忽：忽略。[4]遭：遇到。[5]麋（mí）沸：比喻动乱纷扰之甚，如粥在锅中之沸腾。[6]布衣：平民。[7]绍恢前绪：谓承继恢复前汉传统。[8]敦尚：崇尚。[9]宾延：礼聘。[10]洽：谓流播深广。[11]遹（yù）追：遵循追

随。[12]雍：辟雍，太学。[13]老：师长。[14]横经：谓横执经书。表示恭敬。[15]搢绅：即“缙绅”，谓士大夫。古时士大夫皆垂绅（束腰大带下垂部分）插笏（手板），故称士大夫为搢绅。[16]延：据章校，有的版本“延”作“廷”。当改之。[17]三代：夏、商、周三代。[18]风化：风俗教化。[19]贵戚：指外戚。[20]嬖幸：宠爱之人。此指宦官。[21]绵绵：连续不断。[22]袁安：历仕汉明帝、章帝、和帝三朝，为太仆、司空、司徒。和帝即位，外戚窦宪兄弟专权。袁安不避权贵，多次弹劾窦氏专横。[23]杨震：汉安帝时为司徒。安帝乳母王圣及中常侍樊丰等贪侈骄横，杨震多次上书切谏，后被诬自杀。[24]李固：汉顺帝时上书直陈外戚、宦官专权之弊，为顺帝所采纳，任议郎。冲帝时为太尉。桓帝初为外戚梁冀所诬，被杀。[25]杜乔：汉顺帝时为大司农，上书切谏外戚梁氏及宦官之徇私舞弊，桓帝时为太尉，后被梁冀及宦官所诬，死于狱中。[26]陈蕃、李膺：汉桓帝时，陈蕃任太尉，李膺任司隶校尉。二人皆反对宦官专权，为太学生所敬重。灵帝时与外戚窦武谋诛宦官，事败被杀。[27]廷争：在朝廷上向皇帝谏诤。[28]符融：于汉灵帝初至太学，尊李膺为师。时有晋文经、黄子艾炫虚名于京师，公卿士大夫皆向慕，符融揭发其虚伪，二人名声顿落。[29]郭泰：汉灵帝时为太学生首领，深得李膺之赏识。不就官府征召，善于品评人物。[30]范滂：汉桓帝时曾为清诏使、光禄勋主事，后为汝南太守宗资属吏，抑制豪强，与太学生结交，反对宦官专权。后与李膺等被逮入狱，终死狱中。[31]许邵：即许劭，于汉末以品评人物著称。[32]立私论以救其败：谓在民间议论当权者与朝政，从而矫正朝政之失。[33]僵仆：死亡。[34]遗化：遗留下来的教化。[35]陵夷颓敝：衰落败坏。[36]奸回：奸邪。[37]殄灭：灭绝。[38]乘舆播越：谓皇帝四处流亡奔走。[39]丘墟：废墟，荒地。[40]荡覆：倾覆，废毁。[41]烝（zhēng）民：众民百姓。[42]大命：天命，谓上天赋予之权力和使命。[43]暴戾强伉（kàng）：粗暴强横。

【点评】

关羽大意失荆州。关羽失荆州，从而夭折了隆中路线。那么如何评价关羽的功过呢？

建安二十四年（219），刘备打败曹军，取了汉中，关羽趁此局势统大军北伐，向曹仁镇守的樊城进攻。当时曹操从汉中败归，还在长安，急令大将于禁和庞德赴襄阳前线增援。于禁是曹操的心腹大将，百战百胜的将军，庞德是北方著名勇将，关羽擒于禁，斩庞德，威名大振，达到他在军事上的巅峰。

关羽得志于荆襄，东吴的孙权却沉不住气。因荆州是蜀国的东方屏障和门户；对吴国则是居高临下，直接威胁着吴国的安全。孙权深知荆州的重要，他决心竭尽全力相争。先前由于疆埸未靖，曹操在北，江东无力单独对抗曹操，孙权在赤壁之战后把荆州南郡借与刘备阻滞曹操，当刘备取得益州后，孙权立即索要荆州。孙刘两家差点闹翻，以中分荆州告一段落。这次虽然和解，但是裂痕已经显露。孙权时时提防着关羽，但表面上给关羽频送秋波，孙权还派人说项，要与关羽结为儿女亲家。可是骄狂的关羽不识大体，极为藐视孙权，怒斥东吴使者，拒绝了这门亲事，让孙刘关系的破裂雪上加霜。不久，东吴主张孙刘联盟的鲁肃死了，吕蒙统兵。吕蒙是疏刘派的中坚人物，他一接任就规划着袭取荆州，为了麻痹关羽，装病回东吴，推荐胸有韬略但还未崭露头角的陆逊代替自己。关羽果然上当，大发兵北伐，荆州成了一座空城。关羽俘获于禁官兵三万，粮食一时紧张，他不经外交协商就擅取孙权辖地的粮食。这一举动不仅加剧了孙刘矛盾，而且给孙权出兵制造了口实。赳赳武夫的关羽，就这样破坏了孙刘联盟。孙权派遣吕蒙率领大军杀向荆州，在关羽的背后捅了致命的一刀，夺了南郡。关羽率领疲惫之军退还荆州与吕蒙交战。曹操欲使孙刘相斗，严令曹军不得追击，因此关羽才未受到两面夹击。尽管如此，已丧失斗志的荆州兵也非东吴精兵的对手。加上孙权统率大军为吕蒙后继，更增强了东吴士气。这时关羽向上庸的蜀兵呼救，不料那里的守将刘封、孟达两人正闹矛盾，坐视不救。这一来关羽陷入了四面楚歌的境地，一路上将士逃散，溃不成军。关羽眼见大势已去，就退走麦城，向上庸方向撤退，最后在突围中被吴将潘璋所擒。孙权杀了关羽，把首级送给曹操。关羽败走麦城，是从空前胜利的顶峰一下跌落到失败的深渊，格外令人惋惜。荆州丢失，意味着隆中路线半道夭折，“兴复汉室”成为泡影。可以说关羽个人的悲剧带来了蜀汉的悲剧，使刘备的事业受损。关羽一介赳赳武夫，他的责任是奉命打仗，胜败乃兵家常事，关羽打了败仗，要负直接责任，但荆州丢失的根本责任不在关羽，而在刘备和诸葛亮两人身上，刘备更要负主要责任。第一，刘备与孙权争荆州南三郡，破坏同盟，责任在刘备，而非关羽。第二，刘备得汉中，为了扩大战果，兵进上庸，有一个孟达，或一个刘封就足够了，刘备把两人都派上，造成两人闹矛盾，不救关羽，亦刘备之过。第三，孟达驻守夷陵，可为关羽后援，调走孟达，关羽孤掌难鸣，亦刘备之过。第四，关羽北伐，不是擅自兴兵，从调孟达北上来看，关羽北伐，亦应是刘备之命，疏于防吴，是胜利冲昏头脑的利令智昏之过。袁绍灭了公孙瓒，急于南进失败于官渡；曹操兵不血刃下荆州，急于发动赤壁之战而败北，均是利令智昏。欲速则不达，英雄难免。人们同情刘备与关羽，于是含混地说，“关羽大意失荆州”，谁都没有过错。诸葛亮隆中路线太看重荆州，不看形势变化，胶柱鼓瑟，亦是智者千虑必有一失。孙权背叛同盟，最易遭到两线夹攻，不能有任何失误，因此战战兢兢，设计周密，不惜屈身辱志，称臣于曹操，刚柔相济，成了赢家。当然最大的得益者是曹操，孙刘相争，为曹丕代汉创造了时机。